2003

中国电力年鉴

《中国电力年鉴》编辑委员会

中国电力出版社

图书在版编目（CIP）数据

2003中国电力年鉴/《中国电力年鉴》编辑委员会编.
北京：中国电力出版社，2003
ISBN 7-5083-1759-9

Ⅰ.2... Ⅱ.中... Ⅲ.电力工业－中国－2003－年鉴 Ⅳ.F426.61-54

中国版本图书馆CIP数据核字（2003）第088228号

中国电力出版社出版、发行
（北京三里河路6号 100044 http://www.cepp.com.cn）
汇鑫印务有限公司印刷
各地新华书店经售
*
2003年12月第一版 2003年12月北京第一次印刷
787毫米×1092毫米 16开本 44.5印张 1503千字 12插页
印数0001—3700册 定价150.00元

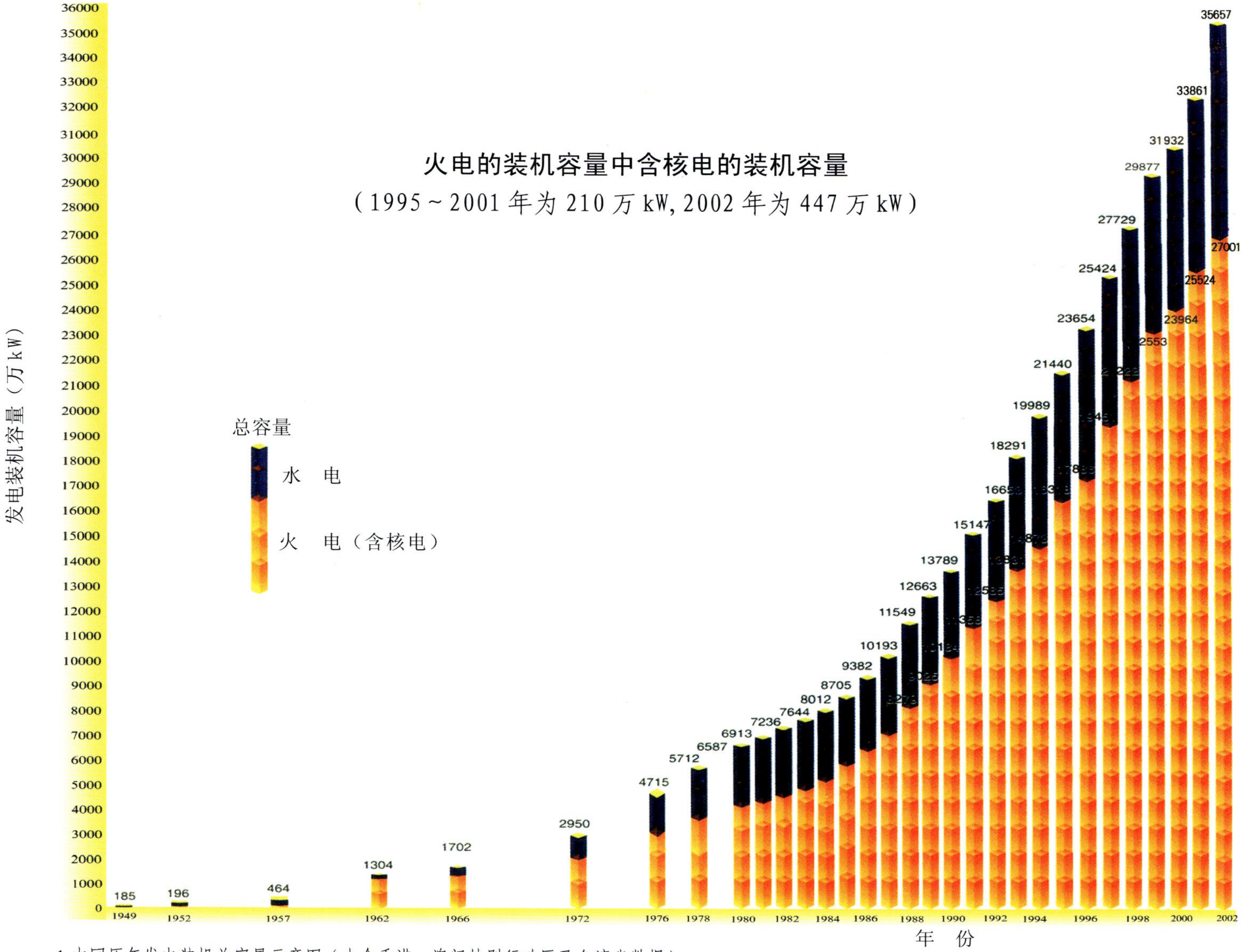

1.中国历年发电装机总容量示意图（未含香港、澳门特别行政区及台湾省数据）。

火电的发电量中含核电的发电量

年份	数量（亿kWh）	年份	数量（亿kWh）
1995	138	1999	148
1996	143	2000	167
1997	144	2001	165
1998	141	2002	265

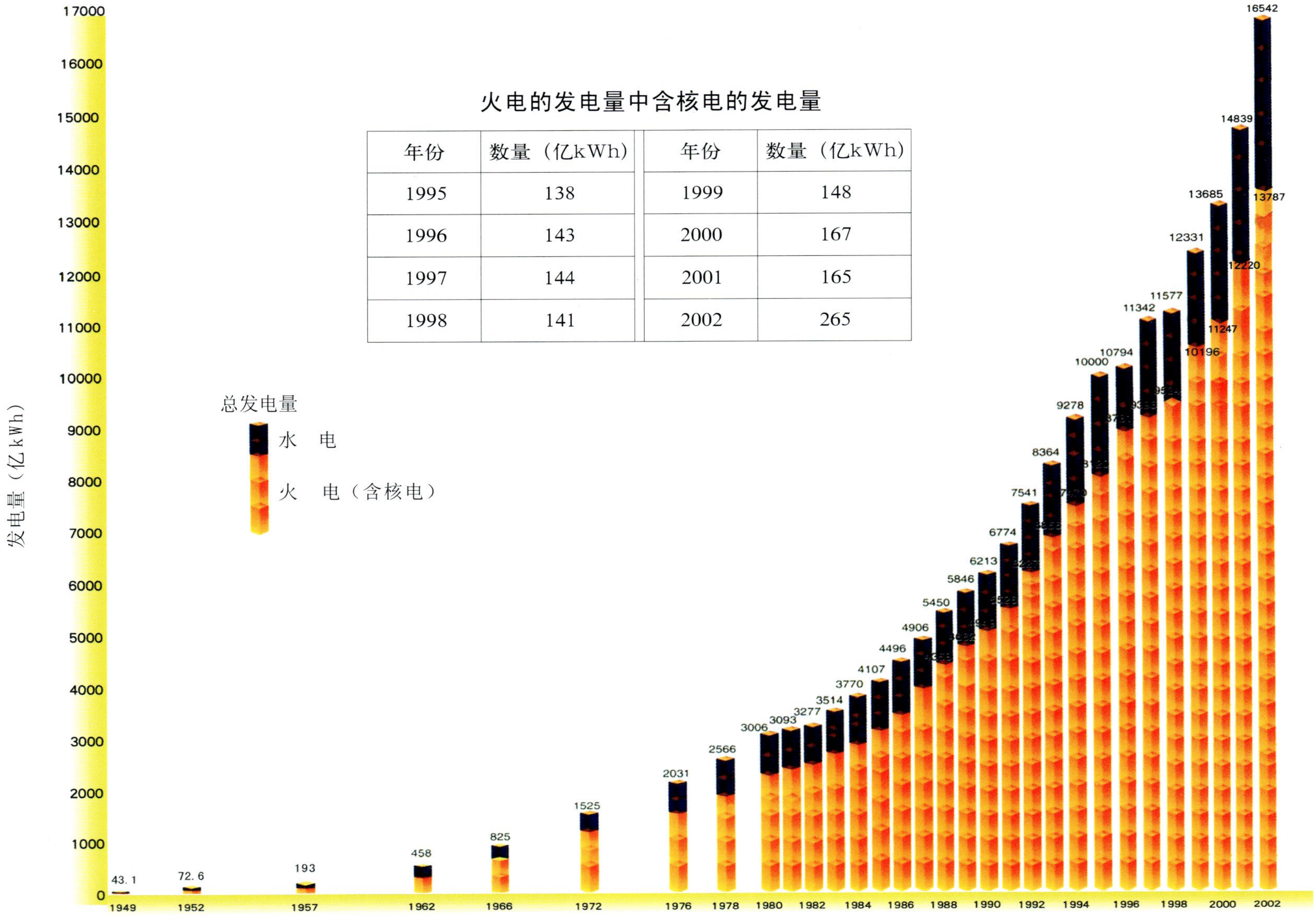

2. 中国历年发电量示意图（未含香港、澳门特别行政区及台湾省数据）。

3. 中国各主要电网分布示意图。

注：（1）四川、重庆电网组成川渝电网；云南、贵州、广西、广东电网组成南方电网。
（2）东北电网中含内蒙东网；华北电网中含内蒙西网。

电网和地区		装机容量（万kW）					发电量（亿kWh）				
		总计	水电	火电	核电	其他	总计	水电	火电	核电	其他
东北电网(NEPN)		3986.45	566.80	3411.81		7.85	1676.28	80.30	1594.75		1.23
华北电网(NCPN)		4972.59	315.47	4650.17		6.97	2632.40	33.91	2596.96		1.52
华东电网(ECPN)		6250.16	665.31	5412.03	167.80	5.02	3145.05	154.00	2933.54	56.12	1.39
华中电网(CCPN)		5056.23	1664.25	3391.98			2169.97	599.34	1570.63		
西北电网(NWPN)		2083.40	799.63	1282.93		0.84	962.07	233.31	728.58		0.18
南方电网	云南电网(YNPG)	789.40	507.11	282.29			375.79	220.23	155.56		
	贵州电网(GZPG)	599.37	159.47	439.90			383.87	63.61	320.26		
	广西电网(GXPG)	751.95	436.33	315.62			317.03	186.34	130.69		
	广东电网(GDPG)	3587.99	777.53	2523.78	279.00	7.68	1610.08	169.13	1230.81	208.77	1.35
川渝电网	四川电网(SCPG)	1676.40	1065.57	610.83			682.95	405.46	277.48		
	重庆电网(CQPG)	302.30	32.39	269.91			144.57	10.38	134.19		
山东电网(SDPG)		2435.25	5.08	2430.16			1196.86	0.15	1196.71		
福建电网(FJPG)		1340.61	639.42	699.99		1.20	529.47	220.73	308.50		0.24
海南电网(HNPG)		178.04	54.75	122.41		0.88	51.91	15.89	35.90		0.12
乌鲁木齐电网(WLMQPG)		299.94	38.31	254.70		6.93	132.48	17.32	113.56		1.60
拉萨电网(LSPG)		23.77	17.98	3.07		2.72	6.36	5.30			1.05

4．2002年底中国各主要电网装机容量和发电量数表。

注：（1）未含香港、澳门特别行政区及台湾省数据。

（2）东北电网数据中含内蒙东网；华北电网数据中含内蒙西网。

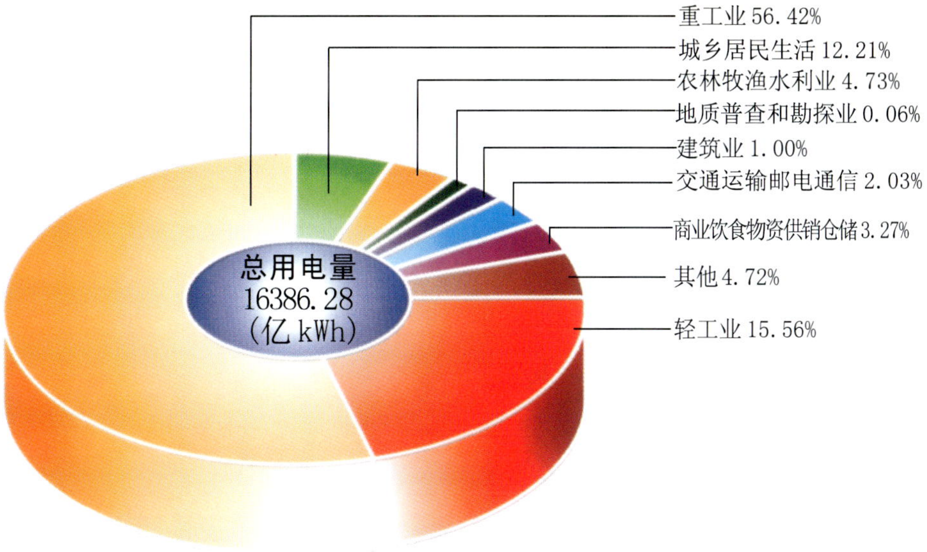

5．2002 年中国总用电量及其构成示意图（未含香港、澳门特别行政区及台湾省数据）。

年份	总用电量(亿kWh)	用电量构成(%)								
		城乡居民生活	农林牧渔水利业	重工业	轻工业	地质普查和勘探业	建筑业	交通运输邮电通信	商业饮食物资供销仓储	其他
1987	4902.7	5.46	7.05	64.53	16.45	0.07	0.82	1.57	1.01	3.04
1988	5358.7	6.00	7.01	64.04	16.22	0.07	0.81	1.62	1.14	3.00
1989	5762.0	6.46	6.95	63.99	15.80	0.07	0.77	1.67	1.18	3.11
1990	6126.0	7.53	6.78	62.60	16.07	0.08	0.74	1.71	1.26	3.23
1991	6696.8	7.94	6.93	61.69	16.03	0.08	0.79	1.73	1.34	3.47
1992	7455.4	8.50	6.78	61.22	15.86	0.08	0.85	1.78	1.47	46
1993	8201.1	8.89	6.30	61.19	15.48	0.08	0.99	1.84	1.63	3.60
1994	9046.5	9.67	6.27	60.32	15.10	0.09	1.07	1.85	1.82	3.81
1995	9886.36	10.17	6.22	59.78	15.04	0.08	1.10	1.84	1.93	3.84
1996	10570.29	10.71	6.11	59.28	14.80	0.08	1.10	1.86	2.12	3.94
1997	11039.11	11.35	6.19	58.33	14.64	0.08	1.04	1.87	2.39	4.12
1998	11347.30	12.22	5.88	57.61	14.16	0.07	1.05	1.94	2.62	4.44
1999	12092.28	12.16	5.75	57.46	14.36	0.07	1.01	1.96	2.75	4.49
2000	13466.22	12.42	5.26	56.75	14.94	0.06	0.98	1.94	2.98	4.66
2001	14682.51	12.53	5.19	56.38	15.06	0.07	0.99	1.99	3.10	4.69
2002	16386.28	12.21	4.73	56.42	15.56	0.06	1.00	2.03	3.27	4.72

6．中国总用电表及其构成情况表（未含香港、澳门特别行政区及台湾省数据）。

7. 2002年5月20日上午，中共中央总书记、国家主席、中央军委主席江泽民在四川视察武警水电部队承建的紫坪铺水利枢纽工程，亲切接见水电部队官兵。

（武警水电部队 供稿）

8. 2002年11月，李鹏委员长、吴邦国副总理、邹家华副委员长在参加完三峡导流明渠截流后，视察了武警水电部队工地，并亲切接见官兵。

（武警水电部队 供稿）

《中国电力年鉴》编委会

《中国电力年鉴》编委会

《中国电力年鉴》编辑部

特约撰稿人（按姓氏笔画排列）

丁国生	孔志鹏	尹兰英	王小萍	王元相
王开成	王文庆	王方红	王东颖	王冬松
王平福	王守佳	王　丽	王迎苏	王进强
王宝国	王晓平	王锡淳	车丹军	车洪林
冯水英	包　鹏	卢晓山	左宇龙	田光华
田　京	乔仁贵	任龙献	全晓华	刘　丰
刘志强	刘宝聚	刘春梅	刘胜鸿	刘　健
刘　晖	刘清鑫	刘　博	刘福长	刘　雷
刘德禄	孙长伟	孙秀平	孙建华	曲祖文
朱二苗	朱耀泉	何大春	何润生	余传毅
余勤德	吴利民	宋力生	张为龙	张永军
张怀廉	张明燕	张重汶	张家胜	张海青
张　莉	时香丽	旷路明	李川云	李永庆
李　扬	李　威	李悠勇	李　敏	杜　兵
杨　倞	杨　勇	杨凌云	沈夫林	肖振官
陈秀杰	陈叔康	陈宗桂	陈祥健	房庆红
林　红	林　建	林耀庭	柏　敏	柯晓阳
柳定祥	段人琦	祝敬泉	胡光耀	胡耀斌
赵文华	赵连雨	赵　炎	赵新华	原增光
徐万里	徐晓文	桂　力	高一萍	高同全
高建国	高爱革	崔文富	崔保卫	曹成林
黄兴仓	黄秀芳	黄恩利	傅楚武	温志鹏
董志新	谢兴发	鲁承宏	蒲秀兰	雷树华
魏爱臣				

编 辑 说 明

1.《中国电力年鉴》于1993年创刊，已连续出版9期，是一本融史实性、资料性为一体的专业年鉴，也是一本全面实用，文、图、表并茂的综合性大型年刊。其主要服务对象为从事电力生产、建设、经营管理、科研技术的有关人员，以及与电力相关的政府和企事业单位的有关人员。

2. 本《年鉴》的编纂指导思想为：围绕电力工业改革与发展的主线，突出政企分开和公司化运作，全面记载电力工业改革与发展、生产与经营、科技与进步等各方面的成就，重点反映电力体制改革、西部大开发、重点工程、城乡电网建设和精神文明建设等方面的内容。

3. 本《年鉴》是在国家电力监管委员会和中国电力企业联合会的指导下，由以国家电网公司为主，并联合中国南方电网、中国华能集团公司、中国大唐集团公司、中国华电集团公司、中国国电集团公司、中国电力投资集团公司共同组织编写的。《年鉴》的编委会由国家电网公司、中国南方电网公司、中国三峡长江开发公司、五大发电集团公司、各区域电网公司、各省电网公司和四个辅业集团公司的主要负责人，国家电网公司有关部门的主要负责人，以及有关单位的负责同志为委员组成，并作为《年鉴》的领导机构，决定《年鉴》编辑出版的指导思想、主要内容和编写大纲。

4. 本期《年鉴》主要收录了2002年我国电力工业各方面所取得的成绩，重点反映了2002年电力体制改革的内容，全面地、系统地提供电力工业的经济技术资料和统计数据。本期《年鉴》的框架结构由篇目、栏目、类目、条目4个层次组成。主要包括“特载”、“大事记”、“电力工业宏观管理”、“组织机构”、“电力发展与生产经营”、“重点工程”、“电力工业行业管理与服务”、“电力科学技术”、“国际交流与合作”、“教育培训与新闻出版”、“精神文明建设与企业文化”、“部分电力企业单位”、“各地区电力工业”、“学术团体与行业协（学）会”、“重要文献”、“统计资料”、“人物”、“附录”、“索引”共19篇目、近百幅彩图组成。

特载：通过纪念中国电力工业120年、电力体制改革、电力工作会议、重要会议讲话四个栏目突出反映了2002年电力工业发展的重大脉络。

大事记：给出了2002年电力工业十件大事，并按国家电力公司、中国电力企业联合会分别分月记载了电力工业的大事要闻。

电力工业宏观管理：以综述性文章论述了电力工业的发展概况，并从行政管理、行业管理、企业管理三个方面概述了电力工业宏观管理的主要方面。

组织机构：重点介绍了国家电力公司系统和中国电力企业联合会的机构设置、干部配置和组织机构图。

电力发展与生产经营、重点工程、部分电力企业单位、各地区电力工业：此4个篇目全面反映了2001年度全国电力工业生产和建设所取得的巨大成就。

电力工业行业管理与服务：由负责行业管理的中国电力企业联合会全面介绍行业管理与服务情况。

电力科学技术、教育培训与新闻出版：用两个篇目介绍了科教与新闻出版方面的信息。

国际交流与合作、学术团体与行业协（学）会：介绍了电力专业的国际合作、外事管理、国际会议、国际展览、学术会议和学术交流方面的情况，并对电力行业主要的学术团体作了介绍。

重要文献：收录了国家综合管理部门、国家电力公司、国家经贸委和中国电力企业联合会有关电力的重要文件、规章等。

统计资料：来自国家电力公司统计部门的权威数据，未包括我国台湾省和澳门地区。

人物：给出了2001年度国家电力公司系统全国“五一”劳动奖状获得单位和奖章获得者名单，电力系统第九届全国人大代表名单，电力系统第九届全国政协委员名单。

附录：收录了国家电力公司系统表彰先进的内容和文号，选编了方便读者了解世界电力工业情况的世界电力工业资料和世界主要国家资料。

索引：本期《年鉴》在保留英文目录和主题内容索引的基础上，扩大了索引的范围，索引范围包括条目的部分内容。大事记、重要文献、统计资料、附录未作索引。

5. 本《年鉴》实行文责自负。条目内容、数据、彩图等均由撰稿单位校核及审定。

篇　目

目　录

电力工业宏观管理

组 织 机 构

电力发展与生产经营

重点工程

电力工业行业管理与服务

电力科学技术

国际交流与合作

教育培训与新闻出版

精神文明建设与企业文化

部分电力企业单位

各地区电力工业

学术团体与行业协(学)会

重　要　文　献

统　计　资　料

人 物

附 录

索　引

Content

Special Report

Chronicle of Events

Macro-management of Electric Power Industry

Institutional Framework

Electric Power Development and Production & Operation

Major Projects

The Management and Service for the Electric Power Industry

Electric Power Science and Technology

International Exchanges and Cooperation

Education & Training and News & Press

Ideological and Ethical Progress and Corporate Culture

Part of Enterprises and Institutions in Power Sector

Electric Power Industry in Provinces, Autonomous Regions and Municipalities Directly Under the Central Government

Learned Societies and Associations
(Societies)

Main Documents

Statistical Data

Personage

Appendix

彩 图 目 录

一、电力工业总况

二、亲切关怀

三、各级领导到基层视察和指导工作

四、改革及重要会议

五、火力发电

六、水力发电

七、输变电工程

八、供用电

九、科技技术

十、精神文明建设

特　　载

纪念中国电力工业120年

世纪跨越　百年辉煌

赵希正

中国电力工业从1882年有电以来，至今已经走过了120年的光辉历程。100多年中国电力工业的发展史，是一幅波澜壮阔的历史画卷，她记录了中国人民饱受帝国主义列强蹂躏的屈辱，也记录了中国清政府和国民党统治的软弱，更记载了中国电力职工在中国共产党领导下奋发图强，英勇拼搏的战斗历程。

回顾中国电力工业走过的120年发展历程，可以分为两个截然不同的发展阶段：旧中国的67年，民不聊生，百废待兴，电力工业的发展则是步履蹒跚、发展缓慢；新中国的52年，人民扬眉吐气，经济蒸蒸日上，电力工业则是波澜壮阔，大步前进，快速发展。经过120年的艰苦努力，我国电力工业已经由当初的10马力直流发电机，发展到了今天装机容量超过3亿kW的世界第二电力生产和消费大国，取得了世人瞩目的成就。这是值得骄傲的创举，这是中华民族的光荣。这是在中国共产党领导下，广大电力职工不怕困难、英勇奋斗取得的伟大胜利。

艰难中曲折前行

从1882年有电以来，一直到1949年新中国成立，中国的电力工业经历了艰难曲折、发展缓慢的67年。

1875年法国巴黎建成第一座发电厂，标志着世界电力时代的来临。与世界有电的历史几乎同步，1879年，中国上海公共租界点亮了第一盏电灯，随后1882年由英国商人在上海创办了中国第一家公用电业公司——上海电气公司，从此中国翻开了电力工业的第一页。但是，中国电力工业从它脱胎的第一天就深深地刻上了半殖民地半封建社会的烙印，从这一天到1949年新中国成立前，中国电力工业基本上被外国资本与封建买办所控制，民族资本十分薄弱，因此，1949年前的电力发展史既带有帝国主义侵略控制的深重印记，同时也是我国民族资本主义拼搏奋争的历史。

辛亥革命前的清朝。中国公用电业首先出现在帝国主义列强占领的租界和他们控制的铁路、矿山。1882年上海电气公司开业后，随着1890年八国联军的入侵，上海、天津、汉口、广州、北京，以及东北等地租界相继开办了一些以解决照明为主的公用电业。同年华裔商人成立广州电灯公司，开始了民族资本创办电力的历史。1904年比利时商人与北洋军阀在天津签约成立了电车电灯公司，并于1906年开始了中国交流供电的历史。到1911年满清王朝被推翻时，在长达29年的时间里，全国发电装机容量才有2.7万kW，其中民族资本经营的发电设备容量只有1.2万kW。有电的地方仅是上海、广州、北京、香港、台北、唐山、武昌、天津、杭州、苏州、青岛、福州、大连、满州里、安阳、哈尔滨、成都、重庆、芜湖、太原、吉林、北海、兰州、昆明、长沙等中心城市和租界地内，中国电力工业处于刚刚起步的幼芽状态。

民国初期。从1912年民国成立到1937年抗日战争爆发的25年间，满清王朝被推翻。第一次世界大战爆发，民族资本工业得以较快发展，我国电力工业规模有了进一步扩大。到1936年底，全国发电装机容量达到136.59万kW（不含台湾）。当时，最大的电力公司为上海电力公司，装机容量16.1万kW。1924年江苏建成了第一条33kV输电线路，到1935年东北出现154kV输变电线路，输电配电网络也相应得到发展。

抗战期间。从1937年抗日战争爆发到1945年日本投降的八年抗战期间，中国电力工业遭受了极大破坏。八年间，全国电力装机容量只增加9万kW。这期间，国民政府主要在四川、云南、贵州、陕西、甘肃等后方地区，共筹建了27个小电厂，总装机容量只有2.84万kW。日本人则基本控制了东北与华北的电力。在日本占领的沦陷区，为掠夺中国的煤炭资源和其他战略物资，日本侵略者主要在东北地区建设了一些电厂。1945年日本投降后，东北地区电力设备大部分作为战利品被苏军拆走，余下的设备因战争的破坏，也已残破不全。

解放战争期间。从1946年到1949年的解放战争时期，中国电力工业基本处于停滞状态，仅在1947

年在杨树浦电厂建成1台180t/h高温高压锅炉和1台1.765万kW的背压式汽轮发电机组，这是中国第一台高参数火电机组。在解放区，为支援前线作战，军民积极恢复生产。1947年在山西长治市郊区西白兔村建设了“华北军工部第四总厂军工一分厂”，到1948年底该厂发电装机容量达到2170kW；同时晋察冀边区的军民在平山县建设了一座水电站，装机155kW，在十分艰难的环境中为三座军工厂和西柏坡党中央所在地供电。

到新中国成立前夕，全国发电装机容量只有185万kW、发电量43亿kWh，人均年用电量只有9kWh，发电装机容量和发电量分别居世界第21位和第25位。当时除东北仅有一条220kV线路和几条154kV线路，以及京津唐与台湾省建有规模不大的77kV电压等级的电网和上海、江苏建有33kV电压等级的电网外，其他地区只有以城市供电区为中心的发电厂及直配线。中国当时的电力工业处于落后地位。

扬眉吐气快速发展

新中国成立后，人民政府遵循电力工业发展的内在规律，把电力工业作为国民经济的先行工业和基础产业优先发展。到1978年，在不到30年的时间里，全国发电装机容量达到5712万kW，发电量达到2566亿kWh，分别比1949年增长了29.9倍和58.7倍，装机容量和发电量分别跃居世界第8位和第7位。电网也初具规模，建成了330kV和220kV输电线路535km和22672km，变电设备49万kVA和2479万kVA。

改革开放使神州大地焕发了青春，全国掀起了以经济建设为中心的社会主义建设新高潮。电力工业加快了发展步伐。为了解决办电资金不足的问题，经国家批准，电力工业采取了集资办电的形式筹集资金，以此为突破口，充分调动各方面办电的积极性，同时积极合理有效地利用外资办电，弥补了中国电力建设资金的不足和发电设备的缺口，提高了电力工业的技术含量，使电力工业不断跨上新的台阶。1987年，中国发电装机容量实现了历史性的突破，达到了1亿kW。此后，电力工业连续每年新投产发电机组都超过1000万kW，从1987年后仅用7年的时间到1995年3月，全国发电装机容量翻了一番，跨上2亿kW的台阶。1995年后又仅用5年的时间到2000年，全国发电装机容量又跨上3亿kW的台阶。这期间，我国发电装机容量和发电量先后跃过法国、英国、加拿大、德国、俄罗斯和日本等发达国家和经济大国，于1996年底跃居世界第2位。

据统计，2001年底全国发电装机容量和发电量达到3.3861亿kW和14839亿kWh（不含台湾和港澳地区，下同），分别是1949年的183倍和345倍，50多年来年均增速在10%以上，这样的增长速度在世界电力发展史上是罕见的。我国的电网建设也取得了巨大的发展，全国大区联网和西电东送联网建设不断加强，相应的城乡电网也得到改造和加强，到2001年底，全国220kV及以上线路达到17.66万km，变电容量达到4.73亿kVA。

电源开发方面。针对我国能源结构的实际情况，我国的电源发展实施了“优先开发水电，大力发展火电，适当发展核电，积极发展新能源发电”的方针，使电源发展呈现多种能源互补的格局。到2001年底全国水电装机达到8301万kW，火电达到25314万kW，核电达到210万kW，风力和新能源发电达到37万kW。我国自1912年在云南建起第一座石龙坝水电站到1949年的48年间，水电只有装机16.3万kW，而新中国成立后的52年间，就开发建设了8000多万kW。目前水电开发已占到全国水电可开发资源的22%，水电装机容量也居世界第二位。在水电建设方面，我国取得了骄人的业绩，有许多世界之最：1994年12月14日开工建设的长江三峡工程是世界最大的电站，已建成的装机容量为240万kW的广州抽水蓄能电站是世界最大的抽水蓄能电站，西藏的羊卓雍湖水电站是世界海拔最高的电站。

随着我国电力工业装机规模的扩大，我国发电技术装备也得到不断提高：60年代投产10万kW机组，1972年投产20万kW机组，1974年投产30万kW机组，1985年投产了60万kW机组，2000年投产了80万kW机组，90万kW的机组也已于2001年在上海外高桥电厂开工建设。相应的我国火电设备制造能力也有极大提高，目前30万kW和60万kW机组国内已经能够批量制造，60万kW超临界机组也正在中外合作准备制造。1994年国产30万kW压水堆核电机组在浙江秦山核电站投入试运行，同年引进的广东大亚湾核电站也建成投入商业化运行，从此实现了中国核能发电零的突破。此后，又相继开工建设秦山二期、三期和广东岭澳核电站，改变了长期以来中国电源结构中只有水电和火电的局面。

自20世纪50年代开始小型风力发电机的研究以来，我国对新能源发电一直十分重视。1977年西藏羊八井地热电站投运以及1980年江厦潮汐电站第一台500kW机组的发电，使新能源和可再生能源发电技术进入了电力领域。从90年代开始，我国对可再生能源特别是风力发电给予了更高程度的重视，风力发电增长很快。1990年全国风力发电装机只有4.1万kW，到2001年全国风力发电装机已经达到39.9万kW，年均增速在20%以上。此外，我国还在甘肃和西藏等地建设了10kW的光伏电站，到2001年底，全国太阳能电池累计用量已达8000kW。

电网建设方面。在建国以后的50多年里，我国电网不断由小变大，由低压、高压到超高压，从城市孤立电网逐步发展成地区电网，再发展成省内电网，进而发展为大区电网，电网规模不断扩大，电压等级不断提高。1972年我国第一条330kV超高压输变电工程——刘家峡经天水到陕西关中全长534km的线路投产，1981年又建成了从河南平顶山到湖北武汉的我国第一条全长为595km的500kV线路。1985年全部采用国产设备的辽宁锦州到辽阳的500kV输变电工程的投产，表明中国输变电设计、制造、施工和运行的水平跨上了一个新台阶。此后，500kV（包括330kV）电网工程在我国许多省份和大区内的省际间迅速发展，逐步形成了东北、华北、华中、华东、川渝、南方四省500kV跨省区主干电网和山东、福建的500kV电网以及西北地区结构紧密的330kV电网。1989年，我国建成了第一条跨大区远距离的±500kV直流输电线路——葛沪线，开始了大区电网之间的联网。在统一规划下，具有坚强的网架结构、先进的技术装备和调控手段，担负着电力输送和各类发电厂联合运行、互相调剂，发挥综合效益的现代化大电网正在不断形成。随着华北与东北大区电网实现了互联。2002年福建与华东、川渝与华中电网又实现了互联，我国的电网建设已经进入了跨大区联网送电、逐步实现全国统一联合电网的新阶段。

随着三峡工程正式开工，与之配套的三峡输变电工程也于1997年1月正式开工，三峡输变电工程的建设，将确保三峡的电力输送到华中、华东、广东及重庆等地区，同时也将促进中国逐步形成以三峡电站为中心的全国联网。

针对我国能源资源不平衡的状况，同时响应我国西部大开发的号召，我国加强了对西部电力的开发力度。一条横贯我国西南的能源大动脉从90年代初就开始将强大的电力源源不断地送往广东，到2002年5月，南方跨省电网已累计上网电量938亿kWh，西电送广东电量406亿kWh，送广西电量225亿kWh，为云南、贵州电网送出电量176亿kWh。尤其是从2000年开始，我国特别加强了西电东送输变电工程的建设，2002年6月25日，天生桥至广东第三回500kV交流输变电工程投入运行，使西南地区西电东送的电力大通道达到了四条，为顺利实现国务院所确定的“十五”末期西电新增向广东送电1000万kW的目标打下了良好基础。

随着电网的不断扩大，配电网建设也逐步得到加强。特别是自1998年以来，党中央、国务院为扩大内需，做出了实施城乡电网建设与改造的重大决策，总投资规模超过3000亿元。全国城乡电网建设与改造项目新增10～220kV变电容量2亿kVA，新增10～220kV线路90万km，进行了5000万户居民的一户一表改造，更换高耗能变电设备5000万kVA，累计建设投产近5000座无人值班变电站。全国全社会用电量三年增长22%，城乡居民生活用电量增长33%；城市居民用电可靠率明显提高，平均停电时间缩短15.3h；农村电价每度电普遍降低0.1元，全国减轻农民负担300亿元，得到广大农民普遍欢迎，被广大农民群众誉为“德政工程”、“民心工程”；农村电力体制改革不断深化，“人情电、关系电、权力电”以及“乱加价、乱摊派、乱收费”现象得到了有效治理。城乡电网建设与改造，不仅直接推动了城乡两个文明建设，而且对于促进全社会经济增长发挥了重要作用。

我国电力工业的科技水平也不断提高，科技进步有力地促进了电力工业的高速发展，电力科技对电力经济发展的贡献率达到35%。现在，我国已经掌握了先进的30万kW、50万kW和超临界60万kW火电机组、100万kW级核电机组和500kV交直流输变电工程的设计、施工、调试和运行技术；掌握了180m级的各类大坝的筑坝技术，大型电站的设计、施工技术；各大电网的计算机监控调度系统进入实用化阶段，电网运行和调度实现了自动化、现代化。在环境保护方面，我们确立了环境保护与电力发展相协调的方针，使电力建设与环境保护“同步规划、同步实施、同步发展”，努力实现经济效益、社会效益和环境效益相统一。1995年全国火电厂实现了停止向江河排灰，进入90年代，电厂的烟气脱硫及降低氮氧化物等被提到重要日程，并且取得了显著成绩，到2001年全国已装设脱硫设施的电厂达到500万kW，在建的有500万kW。另外，还开展了洁净煤燃烧技术的研究，以期彻底解决向大气排放二氧化硫和氮氧化物等问题。

管理体制方面。我国从建国开始，就对电力工业发展十分重视。1949年中华人民共和国成立，中央人民政府成立了燃料工业部，管理全国煤炭、电力和石油工业。之后几经体制变迁，分分合合，到1988年的能源部时历时38年中经历4次水利与电力的合并与分开，都是根据不同时期电力改革和发展的不同要求而在中央政府管理层面作出的相应调整。对于下属各大区电管局和省级电力局则稳定机构，完善职能，整个电力建设和生产管理体系逐步完善，保证了电力建设和生产运行的稳定发展。

1993年4月，八届人大一次会议决定撤销能源部，重新成立电力工业部。1998年3月，九届人大一次会议又批准撤销电力工业部，组建国家电力公司。电力工业的管理体制改革，为电力工业的更快发展提供了有力保证。从1988年至2001年这十多年，是我国电力工业发展最快、规模最大、技术管理水平得到极大提高的时期。这期间，我们解决了长期困扰经济发展的缺电问题，调整了电力结构，飞速发展了电网，为国民经济发展和人民生活水平提高做出了巨大贡献。

在我国电力管理体制的历次改革中，成立国家电力公司标志着我国电力工业管理体制由计划经济向社会主义市场经济转变，实现政企分开的历史性转折。这一改革，撤销了电力工业部，电力行政管理职能移交国家经贸委等综合管理部门，行业管理职能移交中国电力企业联合会，国家电力公司实施公司制改组、商业化运营、法制化管理，确立了建设“控股型、经营型、现代化、集团化管理和国际一流电力公司”的战略目标。

为了进一步促进电力工业发展，提高国民经济整体竞争能力，国务院决定加快深化电力体制改革的进程。2002年2月，国务院颁发了国发［2002］5号文件，印发了电力体制改革方案。方案提出了改革的总体目标是“打破垄断，引入竞争，提高效率，降低成本，健全电价机制，优化资源配置，促进电力发展，推进全国联网，构建政府监管下的政企分开、公平竞争、开放有序、健康发展的电力市场体系。方案明确：“十五”期间电力体制改革的主要任务是：实施厂网分开，重组发电和电网企业；实行竞价上网，建立电力市场运行规则和政府监督管理体系，初步建立竞争、开放的区域电力市场，实行新的电价机制；制定发电排放的环保折价标准，形成激励清洁电源发展的新机制；开展发电企业向大用户直接供电的试点工作，改变电网企业独家购买电力的格局；继续推进农村电力管理体制的改革。

电力要发展，必须深化改革。只有改革，才能带来新的发展机遇，为发展注入新的活力。事实证明，我国电力工业的发展始终是伴随着电力体制改革而前进的，改革始终是我国电力工业发展的一个重要推动力。我们相信，深化电力体制改革将会继续极大地促进电力工业的进一步发展。

中国电力在120年的发展历程中，经过了一代又一代电力工作者的努力拼搏，我国电力工业经过百年来的发展，特别是新中国成立后50多年的发展，已经实现了由弱小到强大、从落后到先进、从局部城市到覆盖全国的巨大发展，一个规模宏大、技术先进、管理完善的中国电力工业体系已巍然屹立于世界的东方。今天，我们隆重纪念中国有电120周年，回顾我国的电力发展史，使我们对取得的成绩倍感骄傲；学习领会党中央、国务院对电力体制改革的部署和要求，展望我国经济发展和电力工业的美好前景，我们更感到了肩负的历史重任。我们坚信，在中国共产党的英明领导下，在邓小平理论和江泽民同志“三个代表”重要思想指导下，中国电力工业在新世纪的征程中，必将展现出更加美好的前景，必将为我国经济发展、社会进步和人民生活水平的提高，为中华民族的伟大复兴做出新的、更大的贡献。

光明的事业

1882年7月26日，上海电气公司一台12kW的蒸汽发电机组发电，点亮了南京路上15盏弧光灯。这是中国大地上的第一座发电厂，是中国电力工业的发端。

几个简单的数字足以说明问题：120年前，中国电力工业发端时是那样的弱小，而且是外商所办；经过67年之后，即在新中国成立之年，全国电力装机也不过185万kW，年发电量43亿kWh；而今天，我国电力装机已达到3.38亿kW，年发电量1.48万亿kWh，分别居世界第二位。如果说中国电力工业的起步与世界电力工业的发端相差无几，那么，在经历了漫长的落后、徘徊之后，终于迅速崛起，走在了世界的前列。

120年的中国电力发展史是一轴色彩斑斓的画卷，是一部内涵十分丰富的教科书。它给我们提供了思索、探求的宝贵资源，为我们与时俱进、创造更辉煌的明天，提供了有益的启示和借鉴。

它告诉我们，电力科技是推动社会文明进步的第一生产力

在人类社会近二三百年中，科学技术的三次革命引发了三次产业革命，极大地推动了人类社会的文明进步。19世纪末到20世纪上半叶，以电力广泛应用为标志的电力技术革命承前启后，它的巨大作用不仅在发达国家，在中国也早已显现并继续显现。电能作为二次能源清洁、方便、效率高，具有一次能源不可比拟的优越性，一百多年来保持不断的增长。电力是20世纪推动人类社会文明进步最重要的科技成果。电气化成为一个国家现代化水平和社会文明的重要标志。

中国电力产生之时，我国正处于半封建、半殖民的状态，积贫积困。然而，120年后的今天，我国的现代化建设取得了巨大成就，国家自立于世界民族之林，人民生活实现了小康，社会面貌发生了天翻地覆的变化。这当然首先是社会经济制度变革和改革开放政策的结果，但包括电力在内的科学技术的进步，也是非常重要的推动力量。电力的广泛应用，改变了我们的生产方式和生活方式，极大地提高了我国的生产

力水平和人民的生活质量。不难想像，如果没有电力，那人类将是一个怎样的生存状态。

在电力工业尚在萌芽时期，电机发明者维·西门子就曾预言："电力技术很有发展前途，它将会开创一个新纪元。"科学社会主义的创立者马克思、恩格斯从第一次直流输电实验的成功中，就敏锐地意识到电气时代的到来及其不同寻常的意义，热情洋溢地称赞："这个发明彻底地把工业几乎由所有的地域条件的限制中解放了出来……它终究成为消除城乡对立的杠杆。"以后则有大家都知道的列宁那句名言："共产主义就是苏维埃政权加全国电气化。"联系电力给中国社会带来的跨时代变化，重温这些睿智的论断，更有助于我们对"三个代表"重要思想的理解和实践。

它告诉我们，新中国的建立和改革开放政策的实行，为中国电力开辟了广阔的发展前景

在旧中国，内忧外患，电力发展极其艰难。最初的办电都是外商投资，后来虽有民族资本和官商合资投入电业，也往往在竞争中破产。1936 年是中国电业发展相对顺利的高峰期，当年除东三省和台湾以外，公用电厂发电设备总装机达到 63.12 万 kW，但外资电力企业的规模及技术水平仍然占据优势，总容量也占到 43.6%，在上海则占到 79%。电能的使用也基本是大中城市和少数用户。即使是在困境中发展起来的电力工业，由于帝国主义的侵略和连年的战乱，也常常遭受到严重破坏。

新中国成立之后，随着社会主义制度的建立和完善，电力工业迅速恢复，并逐渐走上快速发展的轨道。党和政府把电力工业作为基础产业，置于国民经济"先行官"的地位，并在一定的时期以电力为中心安排能源计划，在投资上给予倾斜。虽然有工作失误造成的严重损失，但发展的速度还是前所未有的。特别是党的十一届三中全会之后，我国改革开放，社会稳定，经济发展，电力工业实行集资办电、多家办电政策，进行以市场化为基本取向的体制改革，获得了世界罕见的发展，扭转了长期的缺电局面，基本满足了日益增长的广泛的社会需求。

事实说明，电力工业技术密集，体现了先进的生产力。但生产力是在与生产关系相互作用中实现发展的，是在一定社会经济政治制度下发展的。社会革命的成功和改革开放政策是中国电力工业快速发展的必备条件。

它告诉我们，电力工业健康发展必须遵循客观规律

电力工业是国民经济的基础产业，是社会物质财富再生产的基本生产要素之一。电力工业有与其他工业相同的共性，但更有其自身的技术经济特性。如电力的产供销在同一瞬间完成，不可储存；电力生产产品单一，社会需求量大，规模效益显著；电力企业具有某些公共事业的属性，又具有一定的区域垄断性；电力工业有机构成高，一次性投资大等等。这些特性及其在国民经济中的地位，决定了其自身固有的发展规律。

从我国电力工业发展的轨迹可以看出，开始是独立的小电厂，以后才出现电网，技术参数越来越高，发电机及电厂容量越来越大，输电电压越来越高，电网从分散到区域以至到全国联网。而且，特别重视电网的集中统一管理。早在上世纪 30 年代，全国电气事业指导委员会就统一规定了电气事业的频率和电压。新中国成立后，随着电网规模的扩展，国家先后发布了若干规定，强调电网调度的集中统一、安全稳定。"安全第一，预防为主"更是电力工业一以贯之、长期遵循的方针。安全生产规程制度完善，安全生产工作常抓不懈。这些都是电力工业的技术经济特性使然，是提高供电质量和供电可靠性的要求，是企业效益和社会资源优化配置所必需。

经验说明，只有认识、遵循电力工业发展规律，电力工业才能得以顺利发展，不然就要碰钉子，走弯路。历史上曾出现的工程建设中的"三边"、发电生产的超铭牌，以及电网的重复建设等不尊重规律造成的损失，从反面丰富了我们的经验。

120 年的中国电力发展史，是中国电业职工的创业史。纪念中国电力诞生 120 周年，我们思绪万千：我们感慨，因为中国电力工业发展道路的曲折和艰难；我们自豪，因为一代代电业人不懈努力而取得的令世界瞩目的辉煌成就；我们欣慰，因为电力给社会带来的光明和进步；我们感奋，因为祖国及其电力工业更为灿烂的前途和我们担当的历史责任。

在跨入新世纪的今天，我国已进入全面建设小康社会，加快推进社会主义现代化建设的新阶段。为适应我国社会发展的需求，电力工业不仅要有数量的显著增长，而且要有更高水平上的技术创新、结构优化、效益提高，要实现电力与经济、社会、环保相协调的可持续发展。同时，要按照建立现代企业制度的要求和市场化改革的方向，进行体制改革和机制创新，建立与社会主义市场经济体制相适应的电力体制。到 2050 年我国第三步发展战略实现之时，预计全国的发电装机将达到 15 亿 kW 左右，人均装机容量 1kW 左右。洁净煤发电技术将得到极大发展，丰富的水力资源将得到充分的开发，清洁能源发电将有较大幅度增加，分布式电源供应系统也将得到适度发展。全国将形成"安全、可靠、高效、开放"的统一

联合电网，实现在最大范围内的资源优化配置。

电力事业是光明的事业。我们从事的是光明的事业。写就了中国电力不朽篇章的中国电业职工，在开创祖国未来的宏伟事业中，定当努力实践“三个代表”的要求，竭力推进电力工业在新世纪高水平的发展，写就中国电力更新、更光辉的篇章。

李鹏委员长在三峡工程导流明渠截流合龙后发表讲话

李鹏讲话指出：我们一定能够完成历史赋予的建设好三峡工程这一光荣任务

2002年11月6日上午9时50分，长江三峡工程导流明渠截流胜利合龙。中共中央政治局常委、全国人大常委会委员长李鹏在截流合龙后发表讲话。他说，举世瞩目的三峡枢纽工程胜利地实现了导流明渠截流，这是三峡工程建设的一件大事，必将给全国各族人民以巨大的鼓舞，为即将召开的中国共产党第十六次全国代表大会献上一份厚礼。

在响彻峡江的欢呼声中，李鹏发表了讲话。他代表党中央、全国人大、国务院，向三峡工程的全体建设者和库区的广大干部群众，表示热烈的祝贺和亲切的慰问，向支持三峡工程的全国各族人民，向关心三峡工程的香港、澳门特别行政区、台湾同胞和海外侨胞以及国际友好人士，表示衷心的感谢！

李鹏说，1992年4月3日，七届全国人大五次会议通过了关于兴建长江三峡工程的决议。经过十年的努力，三峡工程建设各方面都取得了很大的成绩。目前，三峡左岸大坝已全线浇筑到坝顶185m高程，永久船闸已转入有水调试阶段，首批发电的机组正在安装。三峡二期移民工作即将全部完成。输变电工程进展顺利，可以满足2003年并网送电的需要。这些成绩的取得，凝聚着以江泽民同志为核心的党中央的关怀和心血，与全体三峡工程建设者和库区各级政府、移民群众的奋勇拼搏、艰苦创业，与全国各族人民的大力支持是分不开的。体现了我们中华民族拼搏奉献的伟大精神，体现了社会主义的优越性。

李鹏希望全体三峡工程建设者和库区各级政府以及广大干部群众，一定要进一步发扬“为一流工程，创一流质量”精神，认真负责，严格把关，确保工程质量万无一失。一定要抓紧时间，争分夺秒，完成明年并网发电前的施工、安装和设备调试任务。一定要采取更有力的措施，加快库底清理工作的进度，加大地质灾害和环境污染防治工作的力度，全面做好大坝下闸蓄水前一切准备工作。

李鹏指出，三峡工程是世界工程建设史上的一个壮举。自古以来，“水治则国治”。确保长江安澜，造福于民，是中国世世代代人民的夙愿。实现这一夙愿的历史重任，则落在了我们的肩上。三峡工程是一项具有防洪、发电、航运、环保、引水等综合效益、符合国家可持续发展战略的跨世纪宏伟工程，“功在当代，利及千秋”它的建设，无疑是中国历史进程中的一座丰碑，必将有力地促进我国的社会主义现代化建设。

李鹏说，十年前，中国共产党、中国政府和中国人民就庄严地向全世界承诺，一定能够建设好三峡工程，现在，巍巍的左岸大坝屹立在长江汹涌波涛之上，十几座现代化的城市坐落在翠绿群山怀抱之中。事实告诉世人，我们一定能够完成历史赋予的建设好三峡工程这一光荣任务！让我们在邓小平理论和“三个代表”重要思想指引下，团结拼搏，为全面完成三峡工程的任务而努力奋斗！

讲话结束后，李鹏兴致勃勃地来到上游合龙现场，会见了三峡工程参建单位代表并同大家合影留念。随后，李鹏等考察了正在进行调试的永久船闸、已经全线封顶的二期大坝和正在紧张进行机组安装的发电厂房。李鹏、吴邦国还为三峡水力发电厂揭牌。

全国人大常委会副委员长邹家华也参加了今天的活动。

国务院三峡工程建设委员会副主任郭树言主持了截流仪式。参加截流合龙仪式的有关方面负责人有：曾培炎、李荣融、项怀诚、杨振怀、姚振炎、马凯、柴松岳、张春贤、孙文盛、蒲海清、李永安和湖北省、重庆市负责人俞正声、罗清泉、黄镇东、王鸿举等。

朱镕基强调三峡工程质量

国务院三峡工程建设委员会第十一次全体会议10月29日在京召开，国务院总理、国务院三峡工程建设委员会主任朱镕基主持会议并作了重要讲话。他强调，三峡二期工程建设已进入关键阶段，要全力以赴做好各项工作，确保2003年如期实现初期蓄水、永久船闸通航、首批机组并网发电的工程建设目标。要以对国家、对人民、对历史高度负责的精神，科学施工，严格把关，确保工程质量、设备运行万无一失。继续贯彻“两个调整”方针，加大农村移民外迁安置力度，做好企业迁建及结构调整工作，大力发展库区经济，使库区人民安居乐业。

国务院副总理、国务院三峡工程建设委员会副主任吴邦国，全国政协副主席、国务院三峡工程建设委员会质量检查专家组组长钱正英和两院院士、质量检查专家组副组长张光斗出席会议并讲话。

会议指出，三峡工程自1993年开工以来，在党中央、国务院的正确领导和全国人民的大力支持下，经过数万名建设者艰苦奋战和各方面的共同努力，工程建设取得了很大成绩。三峡工程总体进展顺利，工程进度按计划进行，质量达到设计要求。目前，三峡工程导流明渠截流的条件已经具备，会议决定，今年11月实施截流。

朱镕基指出，移民问题始终是关系三峡工程建设成败的一个关键问题。1999年5月，国务院三峡工程移民工作会议适时提出了“两个调整”的方针，采取多种方式安置移民，尤其是鼓励农村移民外迁安置，加大库区企业结构调整力度。在迁出、迁入地各级党委、政府和广大移民的共同努力下，外迁移民安置总体情况良好。实践证明，“两个调整”方针符合三峡库区实际，是完全正确的，应毫不动摇地贯彻执行。

朱镕基强调，三峡工程是中华民族的千秋大业，质量是三峡工程的生命。参与工程建设的各有关单位和广大建设者，一定要牢固树立质量第一的思想，一切工作都要服从于质量，确保三峡工程质量经得起历史考验。当前，三峡工程已进入二期施工的最后关键阶段，施工安装任务都十分繁重，“行百里者半九十”，千万不能产生自满和松懈情绪，以免功亏一篑。特别是三峡导流明渠截流，施工难度超过上次大江截流，一定要精心施工，确保一次成功，要加强对工程质量的监督检查，严格验收，绝不能放过一丝一毫隐患，对发现的问题必须及时整改。

朱镕基说，目前距三峡水库蓄水仅有8个月，时间紧，任务重，要采取更加有力的措施，全面做好蓄水前的各项准备工作。要加快进行库底清理，清除各类障碍物和固体废物，做好卫生消毒工作。加大地质灾害防治力度，切实完成各项治理项目建设。加强库区生态环境建设和保护工作，大力推进退耕还林，综合治理水土流失，加快水污染治理和垃圾处理的工程进度，继续做好三峡库区文物保护工作。科学制定三峡电能的销纳预案，确保首批机组并网发电后送得出、用得上。要完善三峡水库管理体制，合理利用和保护各类资源，确保枢纽工程安全运行和长期发挥效益。

国务院三峡建委副主任、办公室主任郭树言就工程建设进展情况和有关问题作了汇报。

吴邦国副总理致信祝贺
中国长江电力股份有限公司创立

9月29日，中国长江电力股份有限公司在人民大会堂举行创立大会。中共中央政治局委员、国务院副总理吴邦国致信祝贺，要求在确保三峡工程顺利建设和葛洲坝电厂安全运营的前提下，要努力把中国长江电力股份有限公司真正建设成为自主经营、自负盈亏的法人实体和市场主体。

吴邦国在信中指出，依法设立中国长江电力股份有限公司，是贯彻落实党的十五大和十五届四中、五中全会精神，深化国有企业改革，建立规范的现代企业制度，培育市场投资主体的重大举措和有益探索，是一项开创性的工作。他要求在确保三峡工程顺利建设和葛洲坝电厂安全运营的前提下，依法改制，规范上市。要精干主业，分离办社会职能，妥善分流安置富余人员。要健全法人治理结构，转换经营机制，建立市场化的电力运营体制，提高企业整体素质。要利用资本市场，完善投融资功能，发挥资本纽带作用，壮大经济实力，增强竞争能力，努力把中国长江电力股份有限公司真正建设成为自主经营、自负盈亏的法人实体和市场主体。

中国长江电力股份有限公司是由中国长江三峡工程开发总公司、华能国际电力股份有限公司、中国核工业集团公司、中国石油天然气集团公司、中国葛洲坝水利水电工程集团有限公司和长江水利委员会长江勘测规划设计院共同发起设立，注册资本55.3亿元。

今天的创立大会审议通过了十项议案，签署了创立大会决议。会后分别召开了首届董事会和监事会会议，董事会选举陆佑楣为中国长江电力股份有限公司董事长，聘任李永安为公司副董事长、总经理。监事会选举林初学为监事会主席。

在随后的庆祝仪式上，中国长江电力股份有限公司董事长陆佑楣致辞说，三峡总公司对其下属电力企业进行改制重组，联合其他发起人共同发起设立中国长江电力股份有限公司，是为适应社会主义市场经济的发展和国家电力体制改革的要求而采取的重大措施。股份公司将按照现代企业制度的要求和证监会、国家经贸委公布的《上市公司治理准则》等法律法规的规定，建立健全法人治理结构，规范运作，转换机制，按照自己的发展战略，努力实现生产经营达到国际先进水平的目标。

据悉，中国长江电力股份有限公司是主要以三峡总公司葛洲坝水力发电厂为基础组建的。新组建的股份公司将专注于电力生产、经营和投资，并受三峡总公司的委托，管理三峡电厂。公司计划在2003年三峡首批机组投产发电期间，根据资本市场状况择机上市，并通过持续融资逐步收购三峡工程陆续投产的发电机组，实现规模与效益的快速同步扩张，最终发展成为具有提供清洁电力等鲜明特色和较强竞争力的大型发电企业。

国电公司副总经理赵希正、李小鹏出席了创立大会。

电力体制改革

国务院关于印发电力体制改革有关问题的通知

（国发［2002］5号文摘要）

加快电力体制改革的必要性

● 电力工业发展迅速，有力地支持了国民经济的快速发展。

● 现行的电力体制暴露出一些不适应社会主义市场经济体制要求的弊端。

● 党中央、国务院十分重视电力体制改革，社会各界要求加快改革。

（一）改革开放以来，我国电力工业发展迅速，电力建设取得了巨大成就。发电装机容量和所发电量年均已跃居世界第二位，大部分地区形成了跨省的区域性高电压等级的主网架，缺电状况得到明显改善，电力工业有力地支持了国民经济的快速发展。

（二）在电力市场供求状况发生明显变化之后，现行的电力体制暴露出一些不适应社会主义市场经济体制要求的弊端。垄断经营管理的体制性缺陷日益明显，省际之间市场壁垒阻碍了跨省电力市场的形成和电力资源的优化配置，现行管理方式不适应发展要求。为了促进电力工业发展，提高国民经济整体竞争能力，必须加快深化电力体制改革的进程。

（三）经过几十年发展，我国电力工业形成了强大的生产能力，许多国家进行电力体制改革的经验和教训为我们提供借鉴，国内先期实行的多家办电以及改革试点工作为进一步深化改革积累了经验。党中央、国务院十分重视电力体制改革，社会各界要求加快改革。这些都为电力体制改革创造了良好的条件。

电力体制改革的指导思想和目标

（四）电力体制改革的指导思想是：按照党的十五大和十五届五中全会精神，总结和借鉴国内外电力体制改革的经验和教训，从国情出发，遵循电力工业发展规律，充分发挥市场配置资源的基础性作用，加快完善现代企业制度，促进电力企业转变内部经营机制，建立与社会主义市场经济体制相适应的电力体制。改革要有利于促进电力工业的发展，有利于提高供电的安全可靠性，有利于改善对环境的影响，满足全社会不断增长的电力需求。要按照总体设计、分步实施、积极稳妥、配套推进的原则，加强领导，精心组织，有步骤、分阶段完成改革任务。

（五）改革的总体目标是：打破垄断，引入竞争，提高效率，降低成本，健全电价机制，优化资源配置，促进电力发展，推进全国联网，构建政府监管下的政企分开、公平竞争、开放有序、健康发展的电力市场体系。

（六）“十五”期间电力体制改革的主要任务是：实施厂网分开，重组发电和电网企业；实行竞价上网，建立电力市场运行规则和政府监管体系，初步建立竞争、开放的区域电力市场，实行新的电价机制；制定发电排放的环保折价标准，形成激励清洁电源发展的新机制；开展发电企业向大用户直接供电的试点工作，改变电网企业独家购买电力的格局；继续推进农村电力管理体制的改革。

厂网分开重组国有电力资产

● 实行厂网分开。

● 重组国家电力公司管理的发电资产，组建若干个独立的发电企业。

● 重组电网资产，设立国家电网公司。设立南方电网公司，计划单列。

● “十五”期间，电网企业可暂不进行输配分开的重组。

● 对现国电公司系统的辅业单位和“三产”、多经企业进行调整重组。“三产”和多经企业参加发电企业的重组，也可以交由地方政府管理。

● 在厂网分开的重组完成以后，允许发电和电网企业通过资本市场上市融资，进一步实施股份制改造。

（七）实行厂网分开。将国家电力公司管理的资产按照发电和电网两类业务划分，并分别进行资产、财务和人员的重组。

属地方政府和其他部门管理的电力企业，也要实行厂网分开。以小水电自发自供为主的供电区、要加强电网建设，适时实行厂网分开。

（八）重组国家电力公司管理的发电资产，按照建立现代企业制度要求组建若干个独立的发电企业。华能公司可直接改组为独立发电企业，其余发电资产（含股份公司或有限责任公司中相应的股份资产）通过重组形成3～4个各拥有4000万kW左右装机容量的全国性发电企业，由国务院授权经营，分别在国家计划中实行单列。

发电资产重组要综合考虑电厂的资产质量和所在地域条件等，进行合理组合。每个发电企业在各电力市场中的份额原则上不超过20%。

（九）重组电网资产，设立国家电网公司。由国务院授权国家电网公司，作为原国家电力公司管理的电网资产出资人代表。国家电网公司按国有独资形式设置，在国家计划中实行单列。

设立华北（含山东）、东北（含内蒙古东部）、西北、华东（含福建）、华中（含重庆、四川）电网公司。这些区域电网公司的经营范围内，原国家电力公司资产比重较大，其组建工作由国家电网公司负责，各地方以所拥有的电网净资产比例为基础参股，组建区域电网有限责任公司或股份有限公司。西藏电力企业由国家电网公司代管。

设立南方电网公司。其经营范围为云南、贵州、广西、广东和海南。在南方电网公司经营范围内，原地方电网资产比重较大，其组建工作由控股方负责，按各方现有电网净资产比例成立董事会，组建有限责任公司或股份有限公司并负责经营管理，在国家计划中实行单列。

区域电网公司按现代企业制度设置，做到产权明晰、权责明确、政企分开、管理科学，享有法人财产权，承担资产保值增值责任。区域电网公司根据电力市场发展的具体情况以及合理的企业法人治理结构，将区域内的现省级电力公司改组为分公司或子公司，负责经营当地相应的输配电业务。区域电网公司可以拥有抽水蓄能电厂或少数应急、调峰电厂。个别暂未纳入重组后发电企业的电厂，可由区域电网公司代管。

（十）国家电网公司的主要职责是：负责各区域电网之间的电力交易和调度，处理区域电网公司日常生产中需网间协调的问题；参与投资、建设和经营相关的跨区域输变电和联网工程，近期负责三峡输变电网络工程的建设管理；受国家有关部门委托，协助制定全国电网发展规划。

（十一）区域电网公司的主要职责是：经营管理电网，保证供电安全，规划区域电网发展，培育区域电力市场，管理电力调度交易中心，按市场规则进行电力调度。

（十二）"十五"期间，电网企业可暂不进行输配分开的重组，但要逐步对配电业务实行内部财务独立核算。目前在一县范围内营业区交叉的多家供电企业，应以各方现有配电网资产的比例为基础，组建县供电有限责任公司或股份制公司。国家电力公司以外供电企业的资产关系可持续现状。

（十三）对现国家电力公司系统所拥有的辅助性业务单位和"三产"、多种经营企业进行调整重组。电网企业可以拥有必要的电力科研机构。经营主业以外的业务要按规定程序报经国家有关部门批准，并与电网业务分开核算。有关电力设计、修造、施工等辅助性业务单位，要与电网企业脱钩，进行公司化改造，进入市场。医疗和教育单位按国家规定实行属地化管理。"三产"和多种经营企业参加发电企业的重组，也可以交由地方政府管理。

（十四）重组后各类电力企业要注重转变经营机制，优化组织结构，精简管理层次，深化企业内部劳动、人事和分配三项制度改革，建立健全企业内部的激励和约束机制。

（十五）在厂网分开的重组完成以后，允许发电和电网企业通过资本市场上市融资，进一步实施股份制改造。电力企业出售国有资产的变现收入，按中央与地方的资产比例和收支两条线的原则，分别列入中央和地方财政专户管理，原则上优先用于电力建设、完善电力环保及监控设施和处理电力体制改革中的"搁浅成本"等方面。

（十六）电力体制改革涉及到中央政府与地方政府在电力企业财政利益格局方面的变化与调整问题，由财政部研究制定解决办法。

竞价上网实行电价新机制

- 建立电力调度交易中心，实行发电竞价上网。
- 各地区实施竞价上网的进度要因地制宜。
- 健全合理的电价形成机制。
- 开展发电企业向大用户和配电网直接供电的试点工作。

（十七）建立电力调度交易中心，实行发电竞价上网。在区域电网公司经营范围内，根据各地电网结构、负荷分布特点及地区电价水平的具体情况，设置一个或数个电力调度交易中心，由区域电网公司负责管理。电力调度交易中心之间实行市场开放。

（十八）逐步终止过去各级电网企业与发电厂签订的购电合同。对于外商直接投资电厂，其项目符合国家审批程序的，可采用重新协商等办法处理已签订的购电合同，也可继续执行原有购电合同。

（十九）各发电企业要尽量在内部消化新、老电厂因历史原因形成的电价水平差别或通过资本市场的兼并收购，形成各类电厂新的市场价值，实现上网电价的平等竞争。也可采用在规定期限内过渡性的竞价方式。具体竞价办法可根据各电力调度交易中心的不同情况制定。

（二十）各地区实施竞价上网的进度要因地制宜，根据电网结构、管理水平和技术支持系统完善的条件决定。具备条件的地区应尽早建立电力调度交易中心，实行竞价上网。

（二十一）健全合理的电价形成机制。将电价划分为上网电价、输电电价、配电电价和终端销售电价。上网电价由国家制定的容量电价和市场竞价产生的电量电价组成；输、配电价由政府确定定价原则；销售电价以上述电价为基础形成，建立与上网电价联动的机制。政府按效率原则、激励机制和吸引投资的要求，并考虑社会承受能力，对各个环节的价格进行调控和监管。

（二十二）在条件具备的地区，开展发电企业向较高电压等级或较大用电量的用户和配电网直接供电的试点工作。直供电量的价格由发电企业与用户协商确定，并执行国家规定的输配电价。

设立国家电力监管委员会

（二十三）国务院下设国家电力监管委员会（正部级）。该机构为国务院直属事业单位，按国家授权履行电力监管职责。电力监管委员会按垂直管理体系设置，向区域电网公司电力调度交易中心派驻代表机构。

（二十四）国家电力监管委员会的主要职责是：制定电力市场运行规则，监管市场运行，维护公平竞争；根据市场情况，向政府价格主管部门提出调整电价建议；监督检查电力企业生产质量标准，颁发和管理电力业务许可证；处理电力市场纠纷；负责监督社会普遍服务政策的实施。

分步推进电力体制改革

（二十五）尽快成立国家电力监管委员会；用一年时间组建国家电网公司、区域电网公司及各发电企业。各区域电网公司要抓紧完善竞价上网技术支持系统和环保实时监控设施，到“十五”末，各地区主要的发电企业均应参加统一竞价，在全国大部分地区实行新的电价机制。

（二十六）完成上述改革以后，在做好试点工作的基础上，逐步实行输配分开，在售电环节引入竞争机制。

（二十七）随着“西电东送”和全国联网的推进及时总结电力体制改革经验，进一步深化区域电网企业的体制改革。

完善电力体制改革的配套措施

- 适时制定和修改有关电力和电价方面的法律和法规。
- 转变政府职能。
- 进一步充实和完善中电联的自律、协调、监督、服务功能，发挥其桥梁、纽带作用。

（二十八）适时制定和修改有关电力和电价方面的法律、法规和其他相关的行政法规。尽快制定电力市场运营规则、电力市场监管办法以及发电排放环保折价标准，与竞价上网同时实施。

（二十九）转变政府职能。充分发挥市场配置资源的基础性作用，改善政府宏观调控，改革电力项目审批办法，加强电力市场监管，在国家中长期规划指导下，做好电力建设项目的前期储备工作。

（三十）进一步充实和完善中国电力企业联合会的自律、协调、监督、服务功能，充分发挥其在政府、社会、电力企业之间的桥梁、纽带作用。经政府授权，履行电力行业信息、资料的统计和分析等职责。

加强电力体制改革的组织领导

（三十一）在国务院领导下，成立由国家计委牵头，国家经贸委、国家电力公司、中组部、中央企业工委、中编办、财政部、法制办、体改办，以及广东省和拟成立的国家电力监管委员会等相关部门和单位组成的电力体制改革工作小组，具体负责电力体制改革实施工作。按照积极稳妥的原则精心组织，区别各地区和各电力企业的不同情况，重点安排好过渡期的实施步骤和具体措施，在总体设计下分步推进改革。有关政府部门要加强对改革的指导，各级地方政府要积极配合。

（三十二）电力企业在改革过程中要进一步加强领导，做好政治思想和宣传工作，加强组织纪律性，保持干部、职工队伍思想稳定。对于国有资产的处量，必须严格执行国家规定，防止流失。各电力企业要明确责任，坚守岗位，服从调度，保证电网安全运行。

关于研究电力、电信、民航体制改革方案实施有关问题的会议纪要

（国阅［2002］18号文摘要）

（一）2月9日下午，国务院副总理吴邦国主持

会议，研究电力、电信、民航体制改革方案实施的有关问题。国家计委主任曾培炎对电力体制改革方案实施有关问题做了汇报和说明。

（二）成立由中组部、中央企业工委、中编办、国家计委等十五个部委组成的电力、电信、民航体制改革工作领导小组，组长由国务院副总理吴邦国同志担任，曾培炎、吴基传、刘剑锋、尤权同志任副组长。

（三）电力体制改革工作小组，由国家计委牵头，国家经贸委、国家电力公司、中组部、中央企业工委、中编办、财政部、法制办、体改办，以及广东省和拟成立的国家电力监管委员会等部门和有关单位主要负责人参加。

（四）电力体制改革工作组由曾培炎同志任组长，国家计委副主任张国宝及国家经贸委、国家电力公司有关负责同志任副组长。

（2002年3月1日）

国家计委关于国家电力公司发电资产重组划分方案的批复

（计基础［2002］2704号）

国家电力公司：

你公司《关于报送发电资产重组划分方案的函》（国电办［2002］566号）、《关于报送发电资产重组划分方案微调意见的函》（国电办［2002］772号）均悉。为抓紧贯彻落实国务院《电力体制改革方案》（国发［2002］5号），根据国务院批复的《国家计委关于电力体制改革实施方案的请示》（计基础［2002］1013号）、《国家计委关于落实电力体制改革实施方案的情况报告》（计基础［2002］1171号）、《国家计委关于发电资产重组划分方案的请示》（计基础［2002］1685号）等有关文件和电力体制改革工作小组各次会议精神，现对国家电力公司发电资产重组划分方案批复如下：

一、发电资产重组划分的主要原则

（1）各发电集团公司的资产规模、质量大致相当，地域分布基本合理，在各区域电力市场中的份额原则上不超过20%。

（2）将现有独立发电公司、水电流域公司、上市发电公司整体、均衡地划入各发电集团公司。

（3）在保持发电企业各投资方原有控股地位不变的前提下，尽可能将一个发电厂中国家电力公司系统的资产，重组到同一家发电集团公司，避免“一厂多制”。

（4）在保持各发电集团公司在区域中的市场份额大致均衡，以及在各电力交易中心不致形成市场垄断的前提下，原则上将一省内的发电资产相对集中，以便于新组建的发电集团公司设立分支管理机构以及安置原系统发电专业管理人员。为便于集中管理，将国家电力公司系统现有风电（除华能风电外）、核电资产集中重组，分别各划入一家发电集团公司。

（5）为有利于职工稳定和改革平稳过渡，将“十五”期间计划关停电厂和“空壳”电厂（只有职工，没有发电容量的电厂）一并纳入资产重组范围，分别划入各发电集团公司。

（6）对现存少数投贷不分、产权关系不清和尚未进行公司制改组的发电企业，暂维持现有财务处理方式，划入各发电集团公司，今后由有关投资方按《公司法》进一步界定和规范。这次重组不涉及发电企业其他股东和投资方的优先受让权。

二、组建5家发电集团公司

以2000年的财务决算为依据，将国家电力公司系统的发电资产，重组划分为5家全国性的发电集团公司。

（1）中国华能集团公司，拥有发电资产可控容量为3797万kW，权益容量1938万kW；

（2）中国大唐集团公司，拥有发电资产可控容量为3249万kW，权益容量2121万kW；

（3）中国华电集团公司，拥有发电资产可控容量为3134万kW，权益容量2116万kW；

（4）中国国电集团公司，拥有发电资产可控容量为3078万kW，权益容量2045万kW；

（5）中国电力投资集团公司，拥有发电资产可控容量为3015万kW，权益容量2222万kW；

华能、大唐、国电、中电投集团公司在北京注册，华电集团公司暂在北京注册。5家公司领导班子均由中央组织部考察任命和管理。各集团公司发电资产分布及在相应电厂所占股权比例见附表1。

附表1中有关电厂容量和股权比例等数据，可作为各发电集团公司组建和注册的依据，在具体执行中如有与实际情况有较大出入或产权异议等问题，由电力体制改革工作小组再进行协调。

发电企业重组的主要内容是组建5家发电集团公司。以后各集团公司的发电资产如需进一步重组，包括划转到境外等事项，须按国家规定的程序，另行审批。

三、改组或组建4家辅业集团

(1) 中国水电顾问有限公司改组为中国水电工程顾问集团公司；

(2) 中国电力工程顾问（集团）有限公司改组为中国电力工程顾问集团公司；

(3) 中国水利水电工程总公司改组为中国水利水电建设集团公司；

(4) 在中国葛洲坝水利水电工程集团有限公司的基础上，组建中国葛洲坝水利水电建设集团公司。

以上4家辅业集团公司，除中国葛洲坝水利水电建设集团公司在湖北宜昌注册外，其余3家均在北京注册。4家集团公司领导班子由中央企业工委考察任命和管理。

四、重组其他直属辅助性企事业单位

(1) 中国电力科学研究院、国电电力自动化研究院、国电电力建设研究所、国电武汉高压研究所、国电动力经济研究中心、国电通信中心、中国电力信息中心、国电高级培训中心、中国电力出版社、驻深圳经济联络处（国电深圳科技发展有限公司）等单位保留在国家电网公司。

(2) 华北电力大学划归教育部管理，设立国家电网公司、南方电网公司和各发电集团公司组成的校董会，与教育部共建；中国电力报社由国家电力监管委员会主管，中国电力企业联合会主办。

(3) 国电热工研究院改组为由中国华能集团公司控股，其余4个发电集团公司参股的有限责任公司；国家电力公司现在中国水利电力物资有限公司持有的70.72%的股份划入中国大唐集团公司；中国华电工程（集团）公司划入中国华电集团公司；龙源电力集团公司、国电电力环境保护研究所与国电电力发展股份有限公司有关环保产业合并重组，划入中国国电集团公司；国家电力公司现在中国电能成套设备有限公司持有的75.5%的股份划入中国电力投资集团公司。

(4) 中国电力财务公司、中国电力技术进出口公司分别改组为国家电网公司、南方电网公司、各区域电网公司和各发电集团公司共同持股的有限责任公司；中能电力燃料公司改组为各发电集团公司共同持股的有限责任公司；中兴电力实业发展总公司改组为国家电网公司和有关发电集团公司共同持股的有限责任公司。

(5) 国电苏州热工研究所划归中国广东核电集团公司；中国超高压输变电建设公司与华中电网公司超高压业务合并重组；中国安能建设总公司（武警水电部队）的管理体制按中央规定执行，资产暂由国家电网公司管理，以后再研究归属问题。

五、关于电网公司暂时保留和待出售的发电资产

(1) 在电力体制改革的过渡时期，为有利于电网安全稳定，国家电网公司系统暂时保留抽水蓄能和调峰调频电厂的可控容量为1968万kW；南方电网公司暂时保留的可控容量为372万kW。其发电资产分布及在相应电厂所占股权比例见附表2。

(2) 为支持电网建设、降低改革风险、支付必要的改革成本，国家电网公司暂时保留并将在两年内出售变现的发电资产的权益容量为647万kW（可控容量870万kW），其发电资产分布及在相应电厂所占股权比例见附表3。

(3) 为规范资产变现和资产管理工作，防止国有资产流失，国有电力资产的出售变现要按照统一管理、公开拍卖的方式进行，将变现所得资金单列财政账户，实行收支两条线管理，按国家规定的程序审批使用。由国家电网公司根据国务院国发［2002］5号文件确定的原则，研究提出资产变现、资金使用的具体办法，报国务院有关部门批准后实施。

上述647万kW权益资产可暂由国家电网公司管理或委托发电集团公司、地方电力投资公司管理。

六、关于划转给辅业集团的发电资产

为支持主辅分离重组，改善困难的施工、修造、勘测设计等辅业单位的经营状况，划转给重组中设立的辅业集团公司（包括区域公司、省公司设立的辅业集团公司）的参股发电资产权益容量为920万kW。其发电资产分布及在相应电厂所占参股权益比例见附表4。该920万kW参股权益暂由国家电网公司代管，单列财政账户，各网省公司的主辅分离工作完成后，再研究确定资产及收益的管理和分配办法。

七、其他有关政策问题

国家已经批准的三峡基金、农网还贷资金现有政策不变；关于核销由于非经营性原因造成的呆坏账，清理、核销确实无法收回的陈欠电费问题，按有关文件办；对其余拖欠的电费问题，在5家发电集团公司正式组建后进行划分财务和资产时统筹研究解决；关于继续安排基本建设国债资本金问题，我委将按照国家对国债资本金的有关政策，积极给予支持；对离退休人员享受行业统筹政策问题，由劳动和社会保障部研究落实。

二〇〇二年十二月三日（印）

5家发电集团公司发电资产的分布情况

附表1

发电集团	可控容量（万kW）	权益容量（万kW）	可控资产（万元）	权益资产（万元）	职工人数（人）	已拥有或新进入的独立发电公司	进入发电集团的水电流域公司	进入发电集团的上市公司	进入发电集团的辅业单位	进入发电集团的发电厂(公司)	
中国华能集团公司	3797	1938	12646265	5726863	37712	华能国际电力开发公司（51.98%）（华能国际电力开发公司持有华能国际电力股份有限公司42.58%的股权）	澜沧江水电开发公司（56%）	浙江东南发电股份有限公司（25.57%）	国电热工研究院改组为由各发电集团公司共同持股的有限责任公司，华能集团公司控股	东北	辽宁能港(33%)、华能辽宁公司、华能国际丹东公司(51.98%)、华能国际大连公司(51.98%)、华能国际营口公司(51.98%)、华能股份大连公司(22.13%)、华能股份丹东公司(22.13%)、长山1、2号机、长山3、4、5号机、长山热电厂(68%)、华能黑龙江公司、大庆新华(70%)、鹤岗(64%)、伊敏煤电(51%+49%)
										华北	华能国际北京热电厂(30.15%)、杨柳青(50%+10%)、华能河北公司、华能华北公司、邯峰(40%)、华能股份石家庄公司(22.13%)、榆社(50%+10%)、华能山东公司、辛店电厂、白杨河电厂、山东日照(34.5%+13.51%)、济宁电厂(39.73%)、威海电厂(31.78%)、华能股份德州电厂(52.97%)、华能股份德州电厂(在建)(52.97%)、蒙电华能(13.15%)
										华东	石洞口（70%+30%）、申能股份（0.3%）、华能上海公司、华能股份上海公司（22.13%）、华能淮阴（44.16%）、苏州热电（63.8%）、苏州工业园区华能电厂（70%+5%）、华能股份南京公司（22.13%）、华能股份南通公司（22.13%）、华能浙江公司、石塘（73.4%）、长兴电厂、海宁电厂（20%）、华能股份福州公司（22.13%）、华能国际福州公司（51.98%）、华能国际南京公司（51.98%）、华能国际南通公司（51.98%）
										华中	华能苏家湾(53.25%)、华能熊渡(26.25%)、华能湖北公司、华中华能(阳逻)(40%+35%)、华能国际岳阳电厂(51.98%)、井冈山(60%+30%)、华能国际成都电厂(51.98%)、华能四川公司、太平驿（60%）、康定（50%+10%）、东西关（55.33%）、宝兴河（68%）、明台（52%）、珞璜电厂（51.98%）、重庆江北燃机（51.98%）
										西北	华能陕西办事处、甘肃平凉发电有限责任公司（65%）
										南方	华能广东公司、广东粤华（49%）、汕头南澳风电（52%）、华能股份广东公司（22.13%）、华能股份广东燃机（22.13%）、华能股份广东煤机（22.13%）、大朝山（在建）（10%）、漫湾（56%）、大理华能水电（60%）、海口火电股份公司（15%）

续表

发电集团	可控容量（万 kW）	权益容量（万 kW）	可控资产（万元）	权益资产（万元）	职工人数（人）	已拥有或新进入的独立发电公司	进入发电集团的水电流域公司	进入发电集团的上市公司	进入发电集团的辅业单位	进入发电集团的发电厂（公司）	
中国大唐集团公司	3249	2121	7210373	4476681	73368	北京大唐发电股份有限公司（35.42%）	龙滩水电开发公司（65%）	广西桂冠电力股份有限公司（54.54%） 湖南华银电力股份有限公司（48.03%）	中国水利水电物资有限公司（70.72%）	东北	长春二热（62.7%）、四平热电（发电运营中心）、珲春（48.6%）、长山热电、长春一热（25%）、辽源热电（69%）、辽源发电厂、佳木斯二厂、鸡西热电（在建）（50%）、鸡西发电厂、七台河（在建）（60%）
										华北	盘山（在建）（26.57%）、马头股份（80%）、微水电厂、华泽水电（在建）（32.03%）、唐山电厂、下花园（35.42%）、下花园（非经营）、华源热电（在建）（61%）、保定电厂、保定7号机（33.33%）、国华定州（在建）（30%）、王快电厂、沧州电厂、峰峰电厂、恒山电厂、太原二热、阳城国际（在建）（25%）、张家口电厂（35.42%）、沙岭子二期（35.42%）、高井发电厂（35.42%）、陡河发电厂（35.42%）、大唐托克托（在建）（21.25%）
										华东	徐塘技改（50%）、下关、马鞍山万能达（40%）、合肥联合（20%＋7.5%）、陈村、淮南洛能（洛河二期）（52.8%）、安徽电力股份（62%）、田家庵（62%）、洛河、合肥、马鞍山、淮北发电厂、铜陵发电厂
										华中	株洲、张家界（24.5%）、株洲火电（48.03%）、株洲火电（在建）（48.03%）、金竹山（华银）（48.03%）、衡阳股份（66.23%）、金竹山、耒阳、石门（47%＋14.5%）、湘潭（60%）、首阳山、洛阳双源（60%）、洛阳热电、安阳电厂、安阳华祥（85%）、许昌龙岗（60%）、信阳华豫（51%）、三门峡华阳（55%）、登封
										西北	石泉发电（48.59%）、石泉水电厂（97.17%）、新力发电（14.58%）、延安电厂（100%）、渭河电厂（97.17%）、秦华发电（40%）、灞桥热电厂（97.17%）、略阳电厂（97.17%）、韩城电厂（97.17%）、陕西电力发电公司（97.17%）、灞桥热电（在建）（77.74%）、户县热电厂（97.17%）、连城、碧口水电、甘谷、八〇三、兰西热电（75%）、西固热电（46.88%）、永昌（25%）、永昌（老厂）
										南方	岩滩水电厂、百龙滩水力发电厂（54.54%）、大化水力发电总厂（54.54%）、大化水力发电厂（非经营）、天生桥一级水电开发有限责任公司（20%）

续表

发电集团	可控容量（万 kW）	权益容量（万 kW）	可控资产（万元）	权益资产（万元）	职工人数（人）	已拥有或新进入的独立发电公司	进入发电集团的水电流域公司	进入发电集团的上市公司	进入发电集团的辅业单位	进入发电集团的发电厂（公司）	
中国华电集团公司	3134	2116	7603518	4976340	78448	山东国际电源开发股份有限公司（53.56%）	乌江水电开发公司（51%）	黑龙江电力股份有限公司（40.19%）	中国华电工程（集团）公司	东北	铁岭（57%）、哈三（50%）、佳木斯、牡丹江二厂（非经营）、牡丹江电厂、牡丹江二厂（34.24%）、富拉尔基、哈尔滨发电公司（56.95%）、哈尔滨热电厂、哈尔滨热电厂5号6号（37%）
										华北	京西发电（48%）、北京三热、密云水电、北京二热、河北热电（在建）（68.48%）、石家庄热电、石家庄华电供热（45%）、石家庄水电厂、邹县（53.56%）、黄岛1号2号、莱城（53.56%）、青岛、菏泽、莱城二期（在建）（53.56%）、潍坊、十里泉（53.56%）、章丘（在建）（37.49%）、滕州新源（在建）（29.18%）、淄博（在建）（48.2%）
										华东	江苏电力股份（25.52%）、望亭发电公司、望亭电厂、戚墅堰（41.5%）、扬州（55.29%）、苏源（34%）、苏州工业园发电公司（10%）、艮山门、闸口、望江门（10%）、半山（64%）、乌溪江、钱清二期（在建）（10%）、钱清（10%）、永安、漳平、拿口（6.3%）、湄洲湾、厦门、古田溪、邵武、南靖船场溪、闽东（在建）（51%）、闽东（51%）、龙岩、华安、棉花滩（60%）、安砂、晋江晋源（5%）、闽能邵武（60%）、闽能（67%）、漳平（75%）、榕昌（10%）、池潭、福州
										华中	富水水电、武昌热电、金源水电（28.36%）、黄石股份（52.41%+5.35%）、黄石电厂、华能苏家湾（44.49%）、青山热电、内江、五通桥、磨房沟、攀枝花、宝珠寺水电厂、二滩（4%）、成都三源（60.8%）、岷江福堂（10%）、杂谷脑（在建）（49%）、乐山金粟（12.05%）、四川广安（80%）、南充马回股份（1.35%）、宜宾发电厂、宜宾发电（在建）（80%）、黄桷庄（67.25%）
										西北	蒲城二期（在建）（60%）、蒲城（70%）、新疆昌吉热电（51%）、苇湖梁发电厂、新疆苇湖梁公司（82%）、喀什发电公司（在建）（90%）、新疆红雁池第二发电（在建）（60%）、新疆哈密天光公司（在建）（85%）
										南方	巡检司、石龙坝、以礼河、昆明、绿水河、遵义总厂、洪家渡（在建）（51%）、乌江渡（51%）、乌江渡扩机（在建）（51%）、东风电厂（51%）、清镇、安顺（18%）、引子渡（在建）（31.05%）、贵州黔源股份（27.42%）、普定（27.42%）、水城（27.42%）、毕节头步（60%）、大龙

续表

发电集团	可控容量（万 kW）	权益容量（万 kW）	可控资产（万元）	权益资产（万元）	职工人数（人）	已拥有或新进入的独立发电公司	进入发电集团的水电流域公司	进入发电集团的上市公司	进入发电集团的辅业单位	进入发电集团的发电厂（公司）	
中国国电集团公司	3078	2045	7354828	4599560	77305	国电电力发展股份有限公司（国家电力公司划转股份34%，龙源电力集团公司持有9.9%）	清江水电开发公司（34.2%） 国电大渡河水电开发公司（国电电力发展股份公司持股51%，四川省电力公司划转39%）	湖北长源电力发展股份公司（37.64%）	龙源电力集团公司 国电电力环境保护研究所	东北	太平哨（34%）、桓仁（34%）、朝阳（34%）、大连开发区（34%）、辽宁国电节能环保（98%）、丹东海洋红风电（45%）、锦州、桓仁明昊（4.9%）、丰满国电水力（39.2%）、沈阳热电（98%）、吉林松白增容（4.9%）、吉林省风力股份（11.5%）、吉林热电厂、双辽发电公司（60%）、双辽发电厂（44.85%）、北安热电公司（49.91%）、北安发电厂、双鸭山第一发电公司（74.4%）
										华北	天津一热、天津津安（35%）、天津滨海（40%）、天津（北塘电厂）、天津陈塘（1.8%）、天津（桃花寺）、张家口北方股份（0.15%）、河北衡丰（40%）、河北邯郸、邯郸热电股份（35%）、邯郸热电厂、滦河电厂、一五零电厂、霍州发电厂、大同二电厂（34%）、山西太一（55%）、太原第一热电
										华东	外高桥第二（40%）、谏壁、浙江风力、湖州浙北、梅屿、苍南风电（90%）、北仑发电公司（15%+51%）、百丈际、北仑第一发电公司（70%）、东屿、潮汐水电、平潭长江澳风电（60%）、东山澳仔山风电（60%）
										华中	汉新（3.76%）、长源江津（37.64%）、华能江山（38.13%+7%）、长源富水（37.64%）、长源一发（19.2%）、十堰陡岭子（在建）（23.73%）、武汉高新（3.76%）、沙市、荆门、锁金山（6%）、宜昌东山（7.4%）、南河、松木坪、松源发电（70%）、丰城发电（20%+25%）、九江三期（在建）（70%）、九江、万安、华蓥山、万源、龚嘴、蜀润（35.54%）、紫马（35.54%）、南桠河（在建）（64%）、四川电力股份（72.53%）、岷江、江油、成都南新（5.71%）、嘉陵（49%）、成都热电
										西北	洁源风电(51%)、洁源风电(在建)(51%)、兰州二热(62%)、靖远一公司(51.44%)、靖远二公司(5%)、石嘴山(在建)(50%)、石嘴山发电厂、大武口发电厂、新疆精河(60%)、新疆风电、新疆天风股份(在建)(40%)、达坂城风电(25%)、红雁池发电厂、红雁池四期(75%)、天石燃气(51%)、塔城铁厂沟(50%)、吉林台水电(在建)(60%)
										南方	南宁电厂（退役）、合山、桂林电厂（退役）、桂林虹源（50.9%）、云南宣威（66%）、宣威电厂、阳宗海（51%）、曲靖二期（在建）（20%）、六郎洞、硕多岗河（47%）、大寨、小龙潭、都匀、红枫、凯里、贵阳、贵阳技改（在建）（50%）、安顺发电公司（60%）

续表

发电集团	可控容量（万 kW）	权益容量（万 kW）	可控资产（万元）	权益资产（万元）	职工人数（人）	已拥有或新进入的独立发电公司	进入发电集团的水电流域公司	进入发电集团的上市公司	进入发电集团的辅业单位	进入发电集团的发电厂（公司）	
中国电力投资集团公司	3015	2222	8012024	5887519	73847	中国电力国际有限公司（100%）所属电厂：清河、姚孟、常熟（50%）、平圩、神头一、贵溪、沙溪口、芜湖（45%）、上海电力股份（60%～16.27%）	黄河上游水电开发公司（87.1%）五凌水电开发公司（56.25%）	山西漳泽电力股份有限公司（41.27%）重庆九龙电力股份有限公司（26.48%）	中国电能成套设备有限公司（75.5%）	东北	辽宁清河（60%＋40%）、阜新发电（89%）、阜新发电二期（89%）、大连一热（76.5%）、大连发电总厂、阜新发电厂、抚顺发电（在建）（95%）、抚顺发电（95%）、抚顺电厂、辽宁电厂、北票电厂、瓦房店（20%）、通辽发电总厂（87.8%）、赤峰电厂（87.8%）、元通公司（37.7%＋22.31%＋10.26%＋17.53%）
										华北	神头第一发电厂、娘子关发电厂、永济热电厂、侯马发电厂、巴公发电厂、大同热电（21.66%）、阳城国际（在建）（4%）、稷山热电（67.5%）、漳泽股份河津发电厂（41.27%）、漳泽股份漳泽发电厂（41.27%）
										华东	上海电力股份（60%＋16.27%）、外高桥（50%）、南市（60%）、外高桥第二（在建）（20%）、闵行（60%）、杨树浦（60%）、吴泾（60%）、长兴岛二厂、吴泾二厂（2号机）（50%）、吴泾二厂（50%）、吴泾热电六期（50%）、中电洪泽（60%）、江苏核电（在建）（30%）、常熟发电（30%＋20%）、淮南平圩（60%＋40%）、芜湖兆达（45%）、芜湖电厂、核电秦山联营（在建）（6%）、秦山三核（在建）（20%）、沙溪口
										华中	马迹塘、洪江（在建）（56.25%）、碗米坡（在建）（56.25%）、凌津滩（56.25%）、近尾洲（在建）（56.25%）、五强溪（56.25%）、鲤鱼江（在建）（40%）、鲤鱼江、姚孟（60%＋40%）、郑州电厂、鸿翔热电（52.96%）、新乡豫新（在建）（35%）、新乡电厂、开封光明（在建）（15.43%）、开封新力（5%）、开封电厂、焦作丹河（10%）、南阳新光（55%）、蒲山运营、南阳普光（15%）、南阳电厂、江西东津（29.84%）、分宜、分宜凯迪（在建）（54%）、贵溪、江西三和（80.5%）、三和洪门（80.5%）、三和上犹江（80.5%）、乐平、景德镇（44.6%）、南昌、下正街、江口、罗湾、渝永股份（5.53%＋0.02%）、狮子滩、白鹤
										西北	八盘峡、盐锅峡、公伯峡（在建）（87.1%）、青海省三江（在建）（8%）、李家峡发电（87.1%）、龙羊峡发电（87.1%）、宁夏青铜峡水电厂、青铜峡唐渠（70%）
										南方	广东核电集团公司（10%）

国家电网公司暂时保留的抽水蓄能和调峰调频电厂

附表2 (1)

区域电网	所在省	类型	机组构成	原始股东	股权比例	可控容量	权益容量
一、东北						371.25	349.95
中朝界河发电厂	辽宁省	水电		国家电力公司东北公司	100	43.00	43.00
丰满发电厂	吉林省	水电	5×7.5+1×6+2×14+2×8.5	松花江水力发电有限公司	100	87.25	87.25
松江河发电厂	吉林省	水电	2×8	吉林省电力有限公司	70	16.00	11.20
白山发电厂	吉林省	水电	5×30+4×5	松花江水力发电有限公司	100	170.00	170.00
黑龙江莲花水电有限责任公司	黑龙江省	水电	4×13.75	黑龙江省电力有限公司	70	55.00	38.50
二、华北						523.00	358.52
十三陵抽水蓄能电厂	北京市	水电	4×20	中国华北电力集团公司	52	80.00	41.60
天津大港发电厂	天津市	火电	3×32	中国华北电力集团公司	100	96.00	96.00
潘家口蓄能电厂	河北省	水电	3×9	中国华北电力集团公司	100	27.00	27.00
秦皇岛发电有限责任公司	河北省	火电	2×20+2×30	中国华北电力集团公司	50	100.00	50.00
山西省电力公司神头第二发电厂	山西省	火电	2×50	山西省电力公司	100	100.00	100.00
山东中华发电有限公司	山东省	火电	4×30	山东电力集团公司	36.6	120.00	43.92
三、华东						473.00	305.61
上海闸电燃气轮机发电有限公司	上海市	火电	4×10	上海市电力公司	70	40.00	28.00
紧水滩水力发电厂	浙江省	水电	6×5	浙江省电力公司	100	30.00	30.00
新安江水电厂	浙江省	水电	4×7.25+4×7.5	国家电力公司华东公司	100	59.00	59.00
华东天荒坪抽水蓄能有限责任公司	浙江省	水电	6×30	国家电力公司华东公司	41.67	180.00	75.01
富春江水电厂	浙江省	水电	4×6	国家电力公司华东公司	100	24.00	24.00
福建水口发电有限公司	福建省	水电	7×20	福建省电力有限公司	64	140.00	89.60
四、华中						344.75	339.35
江西柘林水电开发有限公司	江西省	水电	4×4.5	江西省电力公司	70	18.00	12.60
焦作电厂	河南省	火电	3×22+1×20	河南省电力公司	100	86.00	86.00
黄龙滩水力发电厂	湖北省	水电	2×7.5	湖北省电力公司	100	15.00	15.00
湖南省柘溪水电站	湖南省	水电	5×7.5+1×7.25	湖南省电力公司	100	44.75	44.75
湖南省凤滩水力发电厂	湖南省	水电	4×10	湖南省电力公司	100	40.00	40.00
湖南省东江水力发电厂	湖南省	水电	4×12.5+3×1.85	湖南省电力公司	100	55.50	55.50
重庆发电厂	重庆市	火电	2×20	重庆市电力公司	100	40.00	40.00
映秀湾水力发电总厂	四川省	水电	8×4+3×4.5	四川省电力公司	100	45.50	45.50
五、西北						256.00	219.81
安康水力发电厂	陕西省	水电	4×20	陕西省电力公司	100	80.00	80.00
刘家峡水电厂	甘肃省	水电	4×22.5+1×26	甘肃省电力公司	100	116.00	116.00
玛纳斯发电有限责任公司	新疆	火电	6×10.5	新疆电力公司	39.69	60.00	23.81
合计						1,968.00	1,573.24
其中：水电						1,326.00	1,105.51
火电						642.00	467.73

南方电网公司暂时保留的发电资产

附表2（2）

电厂名称	所在省	类型	机组构成	原始股东	股权比例	可控容量	权益容量
国家电力公司南方公司天生桥水力发电总厂	广西壮族自治区	水电	6×22	国家电力公司南方公司	75	132	99
云南省鲁布革发电总厂	云南省	水电	6×10	云南电力集团有限公司	100	60	60
广东抽水蓄能电厂	广东省	水电	6×30	广东广电集团有限公司	54	180	97.2
合　计						372	256.2

国家电网公司暂时保留并待出售的发电资产

附表3

单位：万kW

电厂名称	所在省	类型	机组构成	原始股东	股权比例	可控容量	权益容量
天津市电力公司军粮城发电厂	天津市	火电	20×4+5×2	天津市电力公司	55.55	90.00	50.00
马头发电总厂	河北省	火电	2×10+3×20	河北省电力公司	100.00	80.00	80.00
元宝山发电有限责任公司	内蒙古自治区	火电	1×60	国电公司东北公司(60.62%)，黑龙江省电力有限公司(7.4%)，吉林省电力有限公司(5.71%)，辽宁省电力有限公司(11.91%)	87.00	60.00	52.20
元宝山发电厂	内蒙古自治区	火电	1×60+1×30	元通火力发电有限责任公司(100%×87.8%)	87.00	90.00	78.30
徐州发电厂	江苏省	火电	4×20+4×12.5	江苏省电力公司	100.00	130.00	130.00
湖北襄樊发电有限责任公司	湖北省	火电	4×30	国家电力公司华中公司	65.00	120.00	78.00
湖南益阳发电有限责任公司（在建）	湖南省	火电	2×30	国家电力公司华中公司52%，湖南省电力公司3%	55.00	60.00	33.00
陕西省宝鸡第二发电有限责任公司	陕西省	火电	3×30	陕西省电力公司25%，国家电力公司西北公司40%	65.00	90.00	58.50
陕西省宝鸡第二发电有限责任公司（在建）	陕西省	火电	1×30	陕西省电力公司25%，国家电力公司西北公司40%	65.00	30.00	19.50
宁夏大坝发电有限责任公司	宁夏回族自治区	火电	2×30	宁夏回族自治区电力公司	60.00	60.00	36.00
宁夏电力工业局大坝发电厂	宁夏回族自治区	火电	2×30	宁夏回族自治区电力公司	53.00	60.00	31.80
合　计						870.00	647.30

划转给辅业集团的发电资产

附表4

划转的发电资产及所属区域电网	所在省	类型	原始股东	股权比例	权益容量
一、东北					103.00
锦州东港电力有限公司	辽宁省	火电	辽宁省电力有限公司	45	54.00
沈海热电有限公司	辽宁省	火电	东北电力开发公司	22.5	9.00
绥中发电有限责任公司	辽宁省	火电	辽宁省电力有限公司	25	40.00

续表

划转的发电资产及所属区域电网	所在省	类型	原始股东	股权比例	权益容量
二、华北					328.97
国电电力发展股份有限公司	北京市	其他	辽宁省电力有限公司	31	88.12
北京京能热电股份有限公司	北京市	火电	中国华北电力集团公司	47.86	38.29
天津国华盘山发电有限责任公司	天津市	火电	中国华北电力集团公司	25	25.00
河北兴泰发电有限责任公司	河北省	火电	河北省电力公司	44.7	55.88
河北西柏坡发电有限责任公司	河北省	火电	河北省电力公司	40	48.00
山西阳光发电有限责任公司	山西省	火电	山西省电力公司	10	12.00
阳城国际发电有限公司	山西省	火电	山西省电力公司	10	21.00
山东鲁能发展集团有限公司	山东省	其他	山东鲁能控股公司	19.31	40.69
三、华东					189.51
上海申能股份有限公司	上海市	其他	上海市电力公司	1.1	2.23
上海电力股份有限公司	上海市	其他	上海华东电力发展公司	23.73	37.62
江苏射阳港发电有限责任公司	江苏省	火电	江苏省电力公司	40	10.00
扬州第二发电有限责任公司	江苏省	火电	江苏省电力公司30%， 国家电力公司华东公司15%	45	54.00
嘉兴发电股份有限公司	浙江省	火电	浙江省电力公司	30	18.00
浙江镇海发电有限责任公司	浙江省	火电	浙江省电力公司	37.5	30.00
皖能股份有限责任公司	安徽省	火电	安徽省电力公司	7	4.38
安徽力源电力发展有限公司	安徽省	火电	安徽省电力公司	48	25.79
厦门华夏国际电力发展有限公司嵩屿电厂	福建省	火电	福建省电力有限公司	12.5	7.50
四、华中					162.33
江西新余发电有限责任公司	江西省	火电	江西省电力公司	40	8.00
江西赣能股份有限公司	江西省	火电	江西省电力公司	25.6	11.83
河南豫能控股股份有限公司	河南省	火电	国家电力公司华中公司8.14%， 河南省电力公司32.56%	40.7	17.91
鹤壁万和发电有限责任公司	河南省	火电	河南省电力公司	20	8.00
南阳鸭河口发电有限责任公司	河南省	火电	河南省电力公司	30	21.00
河南信阳华豫发电有限责任公司	河南省	火电	河南省电力公司	29	17.40
湖北汉新发电有限公司	湖北省	火电	湖北省电力公司	20	12.00
湖北汉元发电有限责任公司	湖北省	火电	湖北省电力公司	30.68	18.41
湖北鄂州发电有限责任公司	湖北省	火电	湖北省电力公司	40	24.00
湖北长源第一发电有限责任公司	湖北省	火电	湖北省电力公司	21.95	6.59
湖南五凌水电开发有限责任公司	湖南省	水电	国家电力公司华中公司	11.7	17.20
五、西北					94.00
渭河发电有限责任公司	陕西省	火电	国家电力公司西北公司	30	36.00
甘肃小三峡水电开发有限责任公司	甘肃省	水电	甘肃省电力公司	20	6.00
青海省桥头发电有限责任公司	青海省	火电	青海省电力公司	40	20.00
陕西秦岭发电有限责任公司	陕西省	火电	陕西省电力公司20%， 国家电力公司西北公司20%	40	32.00
六、南方					42.20
柳州发电有限责任公司	广西壮族自治区	火电	广西电力有限公司	27	10.80
黔桂发电有限公司（在建）	贵州省	火电	贵州省电力公司	20	8.00
黔桂发电有限公司	贵州省	火电	贵州省电力公司	20	12.00
曲靖发电有限责任公司	云南省	火电	云南电力集团有限公司	19	11.40
合　　计					920.01

中组部副部长王东明同志在宣布国家电网公司等6家电力公司筹备组成立会议上的讲话（摘要）

（2002年10月15日）

根据党中央、国务院有关电力体制改革精神，设立国家电网公司、南方电网公司，重组、设立中国华能集团公司、中国华电集团公司、中国国电集团公司、中国电力投资集团公司、中国大唐集团公司等5家发电公司，这7家电力公司列入中央管理，其领导班子组建工作由中组部负责。经与电力体制改革工作小组研究，除中国华能集团公司外，国家电网公司等6家电力公司领导班子的配备拟分两步走，第一步先成立筹备组。在筹备组运行一段时间，筹备阶段工作基本完成后，再通过考察了解，正式组建领导班子。新组建的中国华能集团公司以现中国华能集团公司为主进行改组，有了一定的基础，拟直接组建领导班子。新的中国华能集团公司领导班子正式批准之前的有关重组工作，暂由现中国华能集团公司领导班子负责。

中央组织部在民主推荐和考察的基础上，经研究，并征得中央、国务院领导同意，分别批准成立国家电网公司等6家公司筹备组。下面，我宣布中央组织部对6家公司筹备组成员的任命决定（宣布任命决定）。

中央对以上6家电力公司筹备组组长和成员的任命，是在充分考虑电力体制改革的要求、各家电力公司的职责和所面临的任务，经过充分听取各方面的意见，经过慎重研究做出的决定。这次筹备组的组成，坚持了选拔任用中管干部的条件，并遵循了以下主要原则：

（1）考虑电网和发电公司职能特点和业务结构的不同，区分两类领导班子的不同特点，合理搭配班子结构。

（2）配强公司主要负责人。“一把手”要有较丰富的领导经验和较强的组织协调能力，在群众中有较高威望。筹备组中以老带新，有利于电力企业改革重组和电力安全运行，实现平衡过渡。

（3）充分考虑干部来源的代表性和工作的连续性，兼顾资产划分、所属单位构成以及地缘情况，以有利于实现各方融合。

（4）人选掌握一定年龄界限。现国家电力公司班子成员原则上按60岁掌握，根据工作需要，个别人选年龄适当放宽；新进班子成员原则上按不超过57岁掌握。

（5）筹备组人员配备适当留有余地。这次筹建工作时间紧，所需干部较多，筹备组人员配备严格把握人选条件，各公司筹备组成员先按5~7人掌握。

一、充分认识电力体制改革的重要性，严格按照党中央和国务院的要求，努力做好筹备阶段的工作

2002年3月份，国务院下发了《电力体制改革方案》（国发［2002］5号文件），明确了电力体制改革指导思想和工作目标。电力体制改革工作小组根据要求制定了实施方案。作为7家电力公司筹备组（领导班子）成员，对这次电力体制改革的重要性和必要性要有深刻的认识，把思想真正统一到中央、国务院的精神上来，坚决服从和执行有关决定，齐心协力做好公司筹建工作，不辜负党中央、国务院的信任和重托。

当前，落实好中央、国务院的精神，就是要按照电力体制改革工作小组的要求，主要抓好两个方面的工作，一是做好新机构的筹备工作，二是对原单位工作继续负起责任。筹备组的同志多数是原单位的法人代表或负责人，肩负原职责范围内电力生产安全运行的重任，在开展紧张繁重的筹备工作的同时，要统筹安排好原所在单位的工作，正确处理改革、发展、稳定之间的关系，做到生产不断、秩序不乱，确保生产安全。体制改革涉及干部职工的切身利益，要耐心细致地做好过渡时期的思想政治工作和其他各项工作，把工作做深、做细、做实，保持干部职工队伍的稳定。所有筹备组的同志要认真、负责地完成好双重任务，确保平稳过渡，各项工作顺利交接。

二、树立政治意识、改革意识和全局观念，在政治上、思想上、行动上与党中央保持高度一致

7家电力公司重组设立后，作为关系国家安全和国民经济命脉的重要骨干企业，统一交中央管理，体现了7家公司在国民经济中的重要地位。筹备组成员要按照中管企业的要求，增强政治意识、全局意识和大局观念，自觉与党中央保持高度一致，充分认识肩负的重任，在电力体制改革和公司重组的工作中，认真贯彻落实“三个代表”重要思想，按照十五届六中全会“八个坚持、八个反对”的要求，树立良好的思想作风和工作作风，深入、扎实地开展工作。公司重组工作量大，涉及面广，要深入调查研究，了解基层的实际情况，处理协调好各方面关系。提高责任意识，增强群众观念。各筹备组成员要带头坚持和发扬艰苦奋斗的精神，勤俭办一切事情，力戒大手大脚和

铺张浪费。要自觉遵守党纪国法，保持清正廉洁，树立良好的风范和形象。

三、认真贯彻党的民主集中制原则，加强团结协作，增强组织原则性和纪律性

筹备组的同志大多是所在单位主要负责人，在新的领导集体里，要摆正位置，加强沟通、协调，维护团结。公司筹备期间，各筹备组要认真贯彻执行民主集中制原则，凡属重大决策、重要干部使用、重要工作安排以及大额资金使用等，都应集体讨论决定。各筹备组组长要注意发扬民主，集思广益，发挥集体的智慧和每一位成员的主观能动性。筹备组其他同志要积极主动支持配合筹备组组长的工作，严格遵守组织纪律，重要问题及时请示报告，认真执行集体决定，认真履行好自己的职责。筹备组的同志来自各个方面，有的是国家电力公司系统的同志，也有其他单位、部门的同志，在一起工作有一个互相加深了解、重新磨合的过程。这就要求我们一切从大局出发，加强团结和协作，互相尊重，互相支持，相互配合。遇事多商量、多沟通，大事讲原则、小事讲风格。真正使班子成为一个团结协作、有凝聚力战斗力的坚强领导集体。

国家电网公司等7家公司筹备工作时间紧、任务重，希望同志们以高度负责的精神，扎实工作的作风，良好的精神面貌投入到工作中去，齐心协力做好公司筹备工作。相信大家一定能够圆满地完成党中央、国务院交给的光荣任务，以优异的成绩迎接党的十六大的胜利召开。

中共中央政治局委员、国家计委主任曾培炎在中国电力新组建（改组）公司成立大会上的讲话要点

（1）中国电力新组建（改组）的11家公司正式宣告成立，实现了厂网分开，引入了竞争机制，这是我国电力体制改革的重要成果。它标志着电力工业在建立社会主义市场经济体制，加快社会主义现代化建设的宏伟事业中，进入了一个新的发展时期。

（2）新成立的电力公司包括：国家电网公司、中国南方电网有限责任公司、中国华能集团公司、中国大唐集团公司、中国华电集团公司、中国国电集团公司、中国电力投资集团公司、中国电力工程顾问集团公司、中国水电工程顾问集团公司、中国水利水电建设集团公司和中国葛洲坝集团公司。

（3）电力体制改革要按照总体设计、分步实施、积极稳妥、配套推进的要求，进一步统一思想，加强领导，分阶段地完成改革任务。他要求，新公司组建后，要按照建立现代企业制度要求，抓紧公司化改制工作，建立科学的法人治理结构，优化组织机构，精简管理层次，健全各项管理制度，做到产权明晰、权责明确、政企分开、管理科学，认真做好新旧体制的衔接工作，加强班子建设，理顺工作关系，保证人员到位、责任到位，实现企业生产经营活动的平稳过渡。

（4）2003年要继续组建区域电网公司及各省市电网公司，进一步做好主辅分离和“三产”、多种经营企业的重组，以及与电网企业的剥离工作。进一步加强国有资产管理，要对新组建或改组的公司逐步开展资产、财务审计工作，进行清产核资。积极稳妥地推进区域电力市场建设，加快建立电力市场交易中心，制定电力市场运行规则，构建电力监管体系，落实电价改革方案，逐步实现竞价上网，研究制定发电排放环保折价标准，在有条件的地区开展发电企业向大用户直接供电的试点等工作。

（5）要正确处理好改革与发展、稳定的关系。在推进电力体制改革的同时，根据经济发展的实际需要，对电力“十五”规划作出适当调整，加强电源电网建设。要抓紧电力项目建设的前期工作，高度重视西电东送等重点工程的建设，确保建设的进度和质量。希望电力系统广大干部职工，继续发扬优良传统，加强管理，明确责任，坚守岗位，保证调度命令畅通和电网安全稳定地运行，防止发生重大电力安全事故。

11家新电力公司的组建（改组）

根据国务院正式批复的《发电资产重组划分方案》，在原国家电力公司的基础上，成立了2家电网公司，5家发电集团公司和4家辅业集团公司。其中，2家电网公司是国家电网公司、中国南方电网有限责任公司；5家发电集团公司是中国华能集团公司、中国大唐集团公司、中国华电集团公司、中国国电集团公司和中国电力投资集团公司；4家辅业集团公司是中国电力工程顾问集团公司、中国水电工程顾问集团公司、中国水利水电建设集团公司和中国葛洲坝集团公司。

厂网分开的工作按行政划拨方式，以2000年的财务决算数为依据，5家发电集团公司的资产规模、质量大致相当，地域分布基本合理，在各区域电力市场中的份额均不超过20%。平均可控容量为3200万kW，权益容量为2000万kW左右。

已形成较大规模的水电流域开发公司分别划入5

家发电集团公司：澜沧江水电开发公司划归华能集团，龙滩水电开发公司划归大唐集团，乌江水电开发公司划归华电集团，清江水电开发公司和国电大渡河水电开发公司划归国电集团，黄河上游水电开发公司和五凌水电开发公司划归中电投集团。

除华能国际电力股份公司、北京大唐发电股份公司、国电电力发展股份公司、山东国际电源股份公司外，原国家电力公司在规模较小的上市发电公司的股权也分别划入5家发电集团公司：浙江东南发电股份有限公司划归华能集团，广西桂冠和湖南华银电力股份有限公司划归大唐集团，黑龙江电力股份有限公司划归华电集团，湖北长源电力发展股份公司划归国电集团，山西漳泽电力和重庆九龙电力股份有限公司划归中电投集团。

11家公司的组建（改组），是我国电力体制改革的重要成果，标志着中国的电力工业进入了一个新的发展时期；是中国电力体制改革的一件大事，是建立社会主义市场经济体制不可分割的组成部分，是实践江泽民同志“三个代表”重要思想的体现。电力体制改革的成功将为全面建设小康社会、加快推进社会主义现代化和电力工业的持续、快速、稳定发展奠定良好的体制基础。

电力工作会议

国家电力公司2002年度工作报告

——国家电力公司总经理　高严

（2002年1月18日）

一、2001年公司工作回顾

2001年是实施“十五”计划的第一年。我国政治安定，经济持续快速增长，各项事业蓬勃发展。江泽民同志在庆祝建党80周年大会上发表重要讲话，北京成功获得2008年奥运会举办权，上海成功举办APEC会议，我国加入世界贸易组织。这标志着进入新世纪我国改革开放和经济发展进入了一个新的阶段。在党中央、国务院的正确领导下，公司党组带领公司系统广大员工，认真学习贯彻江泽民同志“七一”讲话和十五届五中、六中全会精神，解放思想，抓住机遇，知难而进，锐意进取，全面完成了公司工作会议确定的2001年各项任务和目标，继续保持改革、发展、稳定的良好局面，为落实“十五”电力发展计划，实现公司战略目标奠定了坚实基础，促进了国民经济持续快速健康发展。

2001年，预计公司直属发电量完成2168亿kWh；公司系统售电量完成9550亿kWh，同比增长8.3%；跨区输电完成234.5亿kWh，同比增长35%。预计公司系统主营业务收入3477亿元，同比增长10.1%；实现利润105.7亿元，同比增长8.9%；公司资产总额10027亿元，同比增长8.9%；资产保值增值率完成102.1%，同比提高0.31个百分点；工业企业劳动生产率达到34.9万元/（人·年），同比增长10.7%。预计投产330kV及以上交流线路3181km、变电容量1891万kVA；直流输电线路960km，输电容量90万kW；公司系统电源投产1061万kW，开工1731万kW。

预计2001年全国投产发电装机1713万kW，全国发电装机容量达到33800万kW；全国发电量完成14780亿kWh，同比增长8%。

回顾2001年的工作，主要有以下特点：

（一）电网继续保持安全稳定运行

2001年全国安全生产形势严峻。公司根据党中央、国务院关于加强安全生产工作一系列指示精神，坚持“安全第一、预防为主”的方针，坚持“责任重于泰山”，进一步落实安全生产责任制，加大了对安全生产特别是电网安全的管理力度。公司系统严格执行安全生产各项规定，一年来没有发生电网稳定破坏事故，维护了安全生产的大局。上海沪东造船厂“7·17”特大事故发生后，公司党组高度重视，在积极配合国家有关部门对事故进行调查的同时，立即部署全系统进行安全大检查，认真吸取教训，及时消除各种隐患，确保了电网安全稳定运行。公司系统先后完成了北京申办奥运、庆祝建党80周年、上海APEC会议、世界大学生运动会、全国九运会等一系列重大活动的保电任务，较好地满足了经济发展和人民生活对电力的需求。

(二)“西电东送、南北互供、全国联网”取得新进展

公司认真贯彻十五届五中全会和九届人大四次会议确定的“十五”电力工业改革和发展的方针，在全面总结“九五”工作的基础上，坚持以发展为主题，以结构调整为主线，以改革开放和科技进步为动力，紧密联系国家宏观经济和电力供需形势的变化，坚决贯彻落实党中央、国务院确定的西部大开发战略，积极促进全国资源优化配置，调整电力规划布局，优化电力投资结构，进一步明确了“西电东送、南北互供、全国联网”的发展方针，明确提出了在三峡发电后逐步实现全国联网的宏伟目标，有力地推动了工作的进展。

电网投资和建设力度加大。电网规划、建设、运营管理进一步理顺和加强。预计全年完成电网投资1033亿元，占公司固定资产总投资的66%。落实向广东送电新增1000万kW任务取得突破性进展，天广直流实现双极投运，向广东输电能力达到300万kW。第二批西电东送项目顺利开工，至此，向广东送电新增1000万kW的输变电项目全部开工。全国联网工程继续推进，东北与华北、华东与福建联网工程建成投产。三峡输变电工程投产“五变六线”，新开工“五变六线”。充分利用现有发电能力，通过组织跨区输电，确保了北京、广东、上海、浙江等用电增长较快地区的电力供应，二滩、阳城、伊敏等电站的电能消纳计划得到较好落实。

电力结构调整步伐加快。坚持优先开发西部地区水电、煤电基地，严格控制东部地区新上火电项目，通过西电东送和全国联网解决东部地区电力电量平衡。在2001年新开工电源项目中，西部项目1251万kW，占72%；水电项目726万kW，占42%。龙滩、公伯峡等大型水电站和第二批西电东送电源项目开工建设。陕北煤电基地前期工作步伐加快。关停小火电机组140万kW。严格电力基本建设程序和项目“五制”管理。为缓解电力建设资本金不足，重点对部分在建和拟建电源项目的投资结构进行优化，充分发挥上市公司和发电公司的作用，积极开放电源投资市场。水电流域滚动开发取得新进展，洁净煤发电优惠政策出台。公司获准发行企业债券40亿元。

城乡电网建设与改造成效显著。城网改造工程进入竣工验收阶段，累计完成投资1070亿元，占总投资规模的88.1%；241个城网项目有137个竣工。建设和改造35～220kV变电站2200座，新增变电容量7100万kVA，高压线路16500km。公司系统农网累计完成投资1488亿元，占总投资1537亿元的96.8%；竣工县完成1729个，占总数1881个的92%；建成高低压线路320万km、35kV及以上变电容量5340万kVA；解决了2500多万人口的用电问题。城乡电网网架结构更加稳固，供电安全性和可靠性不断提高，城乡用电量大幅度增长，农村电价明显降低，有力地拉动了国内需求，促进了经济发展。

(三)电力改革开放稳步推进

公司党组始终坚持与以江泽民同志为核心的党中央保持高度一致，认真贯彻落实党中央、国务院的各项部署。公司系统坚持公司党组提出的五项原则。积极跟踪研究国际电力体制改革和国内有关行业体制改革动态，本着对电力事业高度负责的态度，提出了深化电力体制改革的意见和建议。政企分开改革取得重要进展。撤销大区电业管理局的准备工作基本完成。公司系统27个省电力局已撤销25个，21个省成立了电力行业协会。6省（市）厂网分开、竞价上网试点工作继续深化。农电体制改革进一步推进，全面完成了乡电管站的改制，完成了262个县的股份制改造和37个县的子公司改革试点。“两改一同价”工作取得实质性进展，江苏、上海、山东等省市实现居民用电同价，全国365个县实现居民生活用电同价，减轻农民负担350亿元。电价形成机制研究进一步深化。公司内部改革积极推进。加强分公司职能与作用，打破行业垄断和地区封锁，进一步明确发展区域市场，做到“两个充分”，建设“四个中心”的目标。科研事业单位改制继续深化，并取得阶段性成果。积极推行现代企业制度，开展了法人治理结构试点。深化企业用工制度改革，减人增效工作逐步深入，继续保持人员负增长。建立健全激励与约束机制，完善经营者考核奖励办法，进行年薪制试点，企业内部分配结构不断调整和优化。

对外开放取得新成绩。积极开展境外投资和项目合作。公司系统第一个境外BOT项目——柬埔寨基里隆水电站一期工程正式开工。境外业务新签合同总额5.58亿美元，利用国外贷款签约额2.63亿美元。加强国际交流与合作，与国际有关咨询机构和同业交往日益密切。

(四)管理创新力度不断加大

实施综合计划管理和全面预算管理，落实资产经营责任制，加强对公司经济活动的分析、监测和调控。开展电力负荷特性研究，细化市场预测，加强市场营销，积极开拓电力市场。突出资金、成本、质量、造价、合同管理。重视加强内控制度建设，主动配合监事会和有关监督部门加强监督，严肃财经纪律。公司系统多种产业在加强管理中得到新的发展。加大技术改造力度，提高技术创新能力，科技贡献率达到46%。创建“一流电力企业”工作走向制度化，推动了基层企业管理水平的提高。

值得指出的是，在国内煤炭价格上涨、城乡电网改造带来财务成本大幅度增加的情况下，通过强化内部管理，积极开拓市场，坚持勤俭办企业，努力增收节支，公司实现了全年经营目标。公司系统各单位坚持以经济效益为中心，克服困难，苦练内功，为保证经营目标的完成，做了大量卓有成效的工作。32个资产经营考核单位均超额完成了利润目标，山东电力集团公司、江苏省电力公司、华能集团公司位居前列。

（五）“电力市场整顿和优质服务年活动”展示了良好的公司形象

积极贯彻国务院关于整顿市场秩序的部署，坚持“优质、方便、规范、真诚”的服务方针，在公司系统开展“电力市场整顿和优质服务年”活动，取得丰硕成果。依法治电，依法经营，从严治企，规范服务。在电网调度信息披露、电价标准、电能质量、抢修服务、报装接电等方面，向社会公布了八项服务承诺。从公司本部到基层，自上而下设立并公开电力服务投诉和举报电话，自觉接受社会各界监督。组织“两改一同价”先进事迹报告团巡回演讲，鼓舞了基层员工队伍。各省公司结合本地实际开展了独具特色的服务活动。认真受理电力客户投诉举报，严肃处理城农网改造中发生的问题，让客户满意，让政府放心。通过开展这项活动，推动了员工思想观念转变，进一步提高了供电服务质量，促进了公司系统内强素质、外塑形象。黑龙江省哈尔滨电业局客户服务中心李庆长同志牢记服务宗旨，恪尽职守，心系群众，持之以恒地为群众做好事、办实事。他的事迹集中体现了公司系统员工爱岗敬业、诚实守信、优质服务的职业道德。上海等9个省市公司在地方行风评比中名列前茅。实践证明，公司党组关于开展“电力市场整顿和优质服务年”活动的决策，符合江泽民同志“三个代表”的重要思想，进一步在全社会树立了人民电业为人民的良好形象，为公司改革、发展和稳定提供了重要保证。

（六）党的建设和精神文明建设进一步加强

通过多种形式开展建党80周年庆祝活动，认真组织学习江泽民同志“七一”重要讲话，全面贯彻“三个代表”重要思想，各级领导干部增强了政治意识、大局意识和责任意识，较好地落实了“三严一表率”的要求。认真学习贯彻十五届六中全会精神，公司党组制定了贯彻《中共中央关于加强和改进党的作风建设的决定》的实施意见。各级领导班子以整风的精神，召开民主生活会，对照检查作风建设中存在的主要问题，明确了整改方向和措施，推动了公司系统作风建设。深化干部人事制度改革，加强领导班子和干部队伍建设，大力培养选拔优秀年轻干部，积极推进干部交流。公司党组直接管理的领导班子平均年龄由50.2岁下降到49.6岁。全面落实党风廉政建设责任制，狠抓领导干部廉洁自律、查处违法违纪案件、纠正行业不正之风等三项工作，反腐败斗争不断深入。继续开展双文明公司、双文明单位、文明行业创建活动，取得新的成绩。公司系统已有15个省电力公司被评为文明行业。制定颁发《国家电力公司2001～2003职业道德建设规划》，积极推进企业文化建设。开展形势任务教育，加强思想政治工作，组织多种形式的员工教育和培训，队伍素质进一步提高。公司系统8家企业被表彰为全国思想政治工作优秀企业。关心员工和离退休人员的生活。进一步加强信访工作，维护了企业稳定。坚决同“法轮功”邪教组织进行斗争，促进了社会稳定。

2001年公司取得的成绩来之不易。这是党中央、国务院正确领导的结果，是国家各部门、地方各级党委和政府大力支持的结果，是公司系统认真贯彻党组决策和部署，全体员工团结拼搏、辛勤努力的结果。公司系统在响应党和国家的号召，贯彻公司党组的部署中，在推进西电东送、城乡电网改造、安全生产、经营管理、电力服务等重点工作中，涌现了许多尽职尽责、无私奉献、不怕困难、艰苦创业的优秀员工，他们的精神值得学习和发扬。

二、当前公司面临的形势及战略思考

我国进入了全面建设小康社会，加快推进社会主义现代化建设的新阶段。2002年是我国加入世界贸易组织后的第一年。冷静分析国际国内形势的新特点，清醒面对加入世贸组织带来的机遇与挑战，认真思考公司发展战略的深刻内涵，统一思想，坚定信心，对于公司改革、发展和稳定具有十分重要的意义。

中央经济工作会议对当前国际国内形势作出了正确判断。从国际形势看，世界多极化、经济全球化、信息网络化深入发展，科技进步日新月异。美国“9·11”事件的发生和美国在阿富汗采取的军事行动，对国际形势和未来格局造成重大影响，对世界经济带来巨大冲击。2002年，我们将面临比亚洲金融危机更为严峻的国际经济形势。从国内形势看，以党的十六大召开为标志，2002年将成为我们党和国家历史上具有重大意义的一年。加入世界贸易组织，对我国经济发展和社会进步将产生重要而深远的影响，将推动我国电力体制改革深化和电力市场进一步开放。市场环境变化对电力需求、电力成本、电力价格、电力建设，以及不同类型电力企业的经营与发展，都将产生不同程度的影响。电力企业将直接面对国际竞争与合作。对此我们必须有清醒的认识，有克服困难的思想准备和应对之策。

新的形势，新的机遇，新的挑战。我们要从加快发展电力工业的历史使命中，从推进“西电东送、南北互供、全国联网”的宏伟工程中，准确把握公司定位，不断解放思想，深化改革，加强管理，提升服务，积极推进公司“两型两化、国际一流”的发展战略。公司1999年工作会议提出“把国家电力公司建设成为控股型、经营型、现代化、集团化管理的国际一流企业”的战略目标。两年来，公司改革和发展取得了显著成绩。公司进入世界企业500强，2001年位列77位。实践证明，这一战略符合党中央、国务院的要求，符合我国电力工业发展的规律，符合国家电力公司改革发展的实际。但是要充分认识到，实施公司战略，登上国际经济舞台，只是我们迈出的第一步。我们还需要找准差距，弥补不足，克服困难，迎接挑战。一是电力发展任重道远。落实“十五”计划，推进“西电东送、南北互供、全国联网”任务艰巨，公司资本金短缺，城乡电网建设与改造还贷付息压力加大。二是电力市场还不完善。国家电力公司成立后，积极培育电力市场，取得了一定进展。但总的看电力市场建设还不适应电力发展的要求。行业垄断、地区封锁、市场壁垒仍然存在。三是管理水平亟待提高。与入世的要求相比，与世界500强企业的先进水平相比，市场意识、竞争意识、效益意识不强，企业资源配置效率不高，市场化、国际化运作经验不足。安全生产基础仍不牢固。信息化应用不适应企业发展的需要。四是监督约束机制还不健全。经营管理还存在薄弱环节，缺乏强有力的约束和监督。党风廉政建设和反腐败斗争需要进一步加强。五是电力服务需要继续深化。与广大电力客户的需求相比，与国际先进公司相比，仍存在不小的差距。电力服务科技含量不高，科学有效的现代服务机制尚未形成。个别地方还存在一些乱收费、乱加价等问题。六是队伍建设有待加强。公司系统熟悉市场经济、熟悉国际规则的高级管理人才不足，人才流失问题不容忽视。建设一支高素质员工队伍刻不容缓。

公司工作中尽管存在不少困难，但推进公司战略也有很多有利条件。充分发挥市场配置资源的基础性作用，建设统一、开放、竞争、有序、透明的电力市场，已成为我国电力工业改革和发展的必然选择。国家电力公司改革和发展一直得到党中央、国务院的关怀和重视，进一步深化电力体制改革必将为公司发展注入新的动力；“西电东送、南北互供、全国联网”，为公司发展创造了历史机遇；我国稳定的政治环境和持续的经济增长，为公司发展开辟了广阔的市场空间；公司已经积累的较为雄厚的物质基础，为公司发展提供了可靠的保证。国家电力公司改革和发展充满希望。

在新的形势下，我们必须坚定不移地推进改革和公司“两型两化、国际一流”的战略，进一步丰富和深化对这一战略内涵的认识。建设控股型企业，必须充分发挥国务院授权的投资主体和资产经营主体的作用，进一步完善资本纽带关系，推动子公司建立现代企业制度，切实履行好国有资产出资者的基本权利，增强控制力。建设经营型企业，必须理顺公司本部电网建设和运营管理体制，加快“西电东送、南北互供、全国联网”进程，在公司层面推行集约化管理和实体化经营，加大公司资源整体优化配置的力度，发展核心业务，增强核心竞争力。建设现代化企业，必须积极推行现代企业经营管理理念，完善企业治理机制，广泛采用计算机信息网络等现代化管理手段，进一步提高公司管理水平和管理效率；建设学习型企业，加快科技进步，增强企业创新能力，始终保持市场竞争优势。建设集团化企业，必须理顺母公司与子公司、总公司与分公司的企业体制和管理关系，充分发挥公司本部的作用，充分向分公司授权，发挥分公司作用，提高公司整体实力。通过以上努力，把国家电力公司建设成为具有国际竞争能力、持续盈利能力和抗御风险能力的国际一流企业集团。

实施公司战略，建设国际一流企业集团，必须以改革为动力。要认真贯彻中央关于国有企业改革的部署，从企业实际出发，密切关注和把握改革发展的趋势。一是市场化趋势。市场化是电力改革的方向。企业作为市场主体，必须在市场竞争中求生存、求发展。要打破垄断，消除壁垒，开放市场，引入竞争，提高效率，加快建立以市场为导向的企业经营机制。二是股份化趋势。建立现代企业制度是国有企业改革的方向。积极推行公司制改组和股权多元化，健全完善法人治理结构，为转换经营机制创造条件。三是国际化趋势。认真学习借鉴国际先进电力公司和跨国公司的运营经验，开阔视野，转换思路，掌握国际规则，充分利用国内国外两种资源、两个市场，服务于公司发展。四是多元化趋势。作为集团企业，必须在突出核心业务、培育核心竞争能力的同时，不失时机地推进多元化经营，进入具有竞争优势或潜在竞争优势的领域，谋求新的发展。

积极实施“西部大开发”战略和“走出去”战略，根据改革发展的趋势，围绕落实公司“两型两化、国际一流”的战略目标，加快形成公司总战略与专业战略、总战略与地区战略、总战略与子公司战略相辅相成、统一配套的集团战略体系，并以此指导公司发展规划的制定和落实。当前要重点深化和完善八项专业战略。一是电力发展战略。认真贯彻“十五”《纲要》，加快电力结构调整和资源优化配置，促进

“西电东送、南北互供、全国联网”，推动电力工业可持续发展。二是资本运营战略。以集约化管理和实体化经营为手段，加强对全公司资源的整合和运作，积极推行资产重组和结构优化，充分利用资本市场，提高公司资本运营能力，以实现最大限度的资本增值目标。三是人力资源开发战略。树立现代人力资源观，以发挥员工潜能、实现员工价值为目标，逐步建立基于业绩的激励机制，加速培养高素质的领导团队，鼓励人尽其才，才尽其用，形成优秀人才脱颖而出、富有生机与活力的用人机制。四是服务营销战略。坚持“客户至上，服务第一”，以市场为导向，以提高客户满意度和价值增长为目标，通过现代化的市场营销提供高品质的电力服务，实现公司经济效益和社会效益的统一。五是技术创新战略。建立有利于技术创新的体制与机制，形成较为完善的技术创新体系，加强公司改革和发展中重大技术经济问题的研究。选择关系公司可持续发展的重点项目，在引进、消化和吸收的基础上，进行自主开发和技术创新。积极推进信息化建设，促进管理现代化。六是多种产业战略。紧密跟踪国际电力企业发展动态，充分发挥企业资源优势，在优势领域发展优势产业和优势企业，加强现有项目的整合和管理创新，开辟公司新的效益增长点。七是国际化战略。面对入世后更加激烈的市场竞争，充分发挥本土优势，改进管理，勇于创新，努力提高竞争力；同时走向广阔的国际市场，开拓新的发展空间。八是企业文化战略。坚持以人为本的管理思想，继承艰苦奋斗的优良传统，树立走向世界的战略眼光，发扬与时俱进的创新精神，确立追求卓越的价值标准，构筑真诚服务的工作机制，形成奋发向上的企业文化。

健全公司战略体系，加强公司战略管理，要促进内强素质、外塑形象。内强素质是外塑形象的基础，外塑形象是内强素质的重要体现。要坚持内强素质与外塑形象相结合，加强工作总结和宣传，加强工作汇报和沟通，与政府、客户和社会各界保持密切联系，优化公司发展的内外环境，树立和展示公司良好的形象。

三、2002 年公司主要目标和工作重点

2002 年公司工作的指导思想是：认真学习贯彻江泽民同志“七一”重要讲话，十五届五中、六中全会和中央经济工作会议精神，按照“三个代表”的要求，深化电力体制改革，落实“稳定、安全、灵活、多元”的思路，为党和国家的工作大局服务。抓住我国加入世界贸易组织带来的历史机遇，以发展为主题，推进全国联网和公司可持续发展；以结构调整为主线，推进水电流域开发和电源结构调整；以安全稳定为基础，确保电网安全经济运行和队伍稳定；以经济效益为中心，确保完成经营目标和国有资产保值增值；以改革开放和科技进步为动力，加快体制和机制创新；以人为本，加快建设高素质的员工队伍，为实现“两型两化、国际一流”的战略目标而努力工作，以改革发展稳定的新成绩迎接党的十六大召开。

按照这一指导思想，2002 年工作的主要目标是：

（1）电力产量：全国发电量预期目标为 15300 亿 kWh；公司直属发电量 2136 亿 kWh；售电量 10120 亿 kWh；跨区送电量 320 亿 kWh。

（2）电力建设：固定资产投资 1293 亿元。其中，电网投资 821 亿元，电源投资 438 亿元。电网新开工 330kV 及以上交流线路 7916km，变电容量 2286 万 kVA；直流输电容量 36 万 kW；投产交流线路 3879km，变电容量 1393 万 kVA。电源新开工 1500 万～2000 万 kW，投产 829 万 kW。关停小火电 104 万 kW。

（3）资产经营：主营业务收入 3657 亿元；利润总额 100.2 亿元；资产总额 11327 亿元；应收电热费余额 261 亿元。工业企业劳动生产率 36.8 万元/（人·年）。

（4）安全管理：不发生特别重大事故；人身事故死亡人数同比下降 20%；不发生人员责任的重大电网事故；人员责任的重大设备事故同比下降 20%；不发生重大火灾事故。

（5）电力服务和精神文明建设：不发生影响公司形象和稳定的重大事件。

为全面完成以上目标，2002 年要重点做好以下几项工作：

（一）确保电网安全稳定经济运行

电力系统安全生产事关国民经济发展大局，也是电力改革与发展的重要基础。要牢固树立安全责任意识，把安全生产特别是确保电网安全稳定运行放在首位，健全、完善安全管理规章制度和组织体系，做到责任落实到人，措施落实到位。在深化改革的重要时期，要克服麻痹思想，防止工作上、管理上的任何松懈，特别要防止发生电网瓦解、大面积停电等重大事故。加强电力生产安全、基建施工安全管理，杜绝重大伤亡事故、重大设备事故和垮坝事故。

加强电网调度运行管理，充分利用现有发电能力，进一步做好跨省、跨大区输电调度，优化资源配置。贯彻“公开、公平、公正”的原则，依法调度，并积极采用现代电力市场运营技术和管理手段。加强负荷预测和负荷特性研究，合理安排运行方式，提高电网安全经济运行水平。加强能源安全战略研究，及早采取防范对策，确保能源安全特别是电网安全。

（二）卓有成效地加快公司发展

继续贯彻十五届五中全会提出的电力工业改革和

发展的方针："电力建设要立足当前，着眼长远，调整电源结构，加强电网建设，推进全国联网。充分利用现有发电能力，发展水电、坑口大机组火电，压缩小火电，适度发展核电。深化电力体制改革，逐步实行厂网分开、竞价上网，健全合理的电价形成机制。发展新能源和可再生能源。推广能源节约和综合利用技术。"

在推进电力发展中加快公司发展。要加快制定公司发展规划，以发展为主题，以结构调整为主线，把有限的资金优先用于电网建设，大力推进"西电东送、南北互供、全国联网"。巩固电源结构调整成果，进一步优化电源结构，积极组织落实电源投资，努力营造有利于国际资本、国有资本和社会资本投资建设电源的市场机制，广泛吸纳各方力量参与电源投资。积极培育和提高公司的投融资能力，继续争取国债和发行企业债券，缓解资金压力。建立投资约束机制和风险承担责任制。在发展中既要充分发挥主观能动性，尽力而为，又要科学分析客观条件，量力而行。

全面推进"西电东送、南北互供、全国联网"。从实施西部大开发战略、加快调整产业结构、在更大范围优化资源配置的高度，加快西电东送和南北互供联网工程建设。打破市场壁垒，切实把跨区输电纳入电源电网规划，特别是东部地区应更多地通过西电东送和全国联网实现电力电量平衡。健全完善跨区输电制度，规范跨区输电管理，优先通过跨区输电平衡省区电力市场。加快骨干网架和受端网架建设，确保跨区输电"送得出，落得下"。加快第一批、第二批"西电东送"工程建设，确保2005年向广东送电1000万kW。按计划完成三峡输变电工程开工和投产任务，确保2003年三峡首批机组电能可靠送出。加快大区之间、省区之间联网工程建设和前期工作。

继续加快电源结构调整。按照"流域开发、盘活存量、资产重组、争取政策、滚动发展"的原则，理顺水电流域滚动开发机制，加快落实资本金，落实电价，增强项目发展能力和流域滚动开发能力。积极推进陕北煤电基地前期及有关项目建设工作。加快西南、西北等地区大型坑口电站和水电项目的前期工作，增加西部项目储备。严格控制东部地区新建常规火电，为西电预留市场空间。支持东部地区抽水蓄能电站建设，提高电网调峰能力。电力建设要严格执行基本建设程序和"五制"要求，努力降低工程造价。在电力生产和建设中都要严格执行国家环保政策。

进一步加强城乡电网建设与改造。把实施城乡电网建设与改造作为实践"三个代表"重要思想、贯彻中央积极财政政策和扩大内需方针的实际行动。全面总结第一批农网改造经验，积极落实农网改造还贷政策。坚持按基本建设程序，开展第二批农网改造。切实抓好城网竣工验收，尽快形成生产能力。争取城网还贷电价政策，形成城网良性发展机制。

加快发展多种产业。加大资源整合力度，在优势领域发展优势产业。加强结构调整，规范企业管理，增强核心竞争力，培育知名品牌，做强做大优势企业集团。加快多种产业企业市场化改革步伐，实现股权多元化。通过发展多种产业"修渠放水"，实现减人增效，为企业稳定创造条件。

（三）认真贯彻党中央、国务院的部署，深化电力体制改革

中央经济工作会议要求"推进垄断行业改革，通过政企分开和企业重组，打破行业垄断，形成适度竞争"。公司系统要继续坚持党组提出的五项原则，即"坚决与以江泽民同志为核心的党中央保持高度一致，坚决按照党中央、国务院关于深化电力体制改革的精神，认真搞好电力体制改革；确保安全生产，确保电网稳定、职工队伍稳定和企业效益稳定；按照十五届四中、五中、六中全会精神和"十五"计划《纲要》的要求，全面完成各项任务；切实搞好电力优质服务；以高度负责的精神提出电力体制改革的建议。"认真总结6个省（市）试点的经验，深入研究运行模式、运营规则、技术支持等相关问题，深化"厂网分开、竞价上网"改革。加强电力市场研究，积极开放省内市场，发展区域市场，培育全国市场。进一步研究电价形成机制，建立清晰、完整的分环节电价体系，形成各环节电价与销售电价的联动机制。继续完善农村电力管理体制。深化研究并加快电力通信体制改革。

（四）全面提高公司运营水平

坚持体制创新，加快现代企业制度建设。以建设区域电力市场为核心，深化分公司改革，公司本部要向分公司充分授权，分公司要充分发挥区域战略规划中心、调度指挥中心、电力电量交易与结算中心和内部利润中心的作用。按照"产权清晰、权责明确、政企分开、管理科学"的要求，完善子公司现代企业制度，健全责权统一、运转协调、有效制衡的法人治理结构。要在保持对电网等核心业务控制力的前提下，积极推进子公司投资主体多元化，实行股份制改革。要以管理有效为原则，减少管理层次，实现组织结构扁平化。加快公司系统施工、修造、设计等单位的改组和改制。

坚持机制创新，深化企业内部改革。坚持以人为本，重视人力资源开发，建立和完善吸引人才、留住人才的政策和有利于人才脱颖而出的制度。开展多层次的员工职业道德和职业技能培训，重点加强中高级管理人员的培训。深化公司内部用工、分配制度改

革，建立激励与约束相协调的运作机制。稳步推进减人增效，妥善安置富余员工。

坚持管理创新，强化经营管理。树立与市场化运作和国际化运作接轨的管理理念，始终保持企业对市场变化的快速反应。继续完善三项责任制，进一步提高公司系统管理水平。全面推行综合计划管理，发挥综合计划的平衡、调控作用。深化全面预算管理，加强对资金、资本、资产的有效运营和管理，提高理财能力。严格控制成本、造价、费用，积极研究和争取电价、税收等政策，改善公司经营绩效和财务状况。建立和完善资产、负债、权益、担保、重大物资采购、成本费用、税收管理等内控制度，加强合同管理，防范经营风险。理顺公司电网建设与运营管理体制，加强电网项目立项、建设、运营、投资及其回收等全过程管理。加强市场结构、用电结构、客户结构的分析，加大市场开拓力度，合理疏导电价矛盾。积极配合监事会开展工作，确保国有资产保值增值。完善约束机制，强化审计监督。越是深化改革、加快发展，越要坚持依法治企，确保企业健康发展。

坚持科技创新，推动科技进步和企业信息化建设。进一步完善科技创新体系，通过引进、消化、吸收国外高新技术和先进适用技术，推进企业技术改造，进一步提高科技贡献率。围绕解决全国联网的重大和关键问题，如目标网架、联网方式、传输容量、电压等级、输电电价、电力市场、环境保护、节水省地等，积极开展攻关和研究。要充分发挥现代信息技术对提高公司管理水平和整体运作效率的促进作用，充分利用公司系统先进的通信资源条件，加速建设覆盖全公司、覆盖管理全过程的信息网络，促进信息流、资金流、物流的快速流动。加快信息资源的开发、传递、共享和利用，实现企业决策和管理的信息化、网络化、智能化。

（五）进一步提升电力服务水平

“让客户满意，让政府放心”，是电力服务工作的基本准则。要把优质服务作为企业核心竞争力的重要内容，纳入企业经营发展的正常轨道。认真实施《国家电力公司2002～2005年纠风和行风建设规划》，通过建立责任明确的领导机制、运转有序的工作机制、奖罚分明的激励机制、内外结合的监督机制，巩固和扩大“电力市场整顿和优质服务年”活动的成果，实现优质服务工作制度化、规范化。继续坚持“优质、方便、规范、真诚”的服务方针，坚持八项服务承诺，不断创新服务内容，为客户提供超值服务和个性化服务。坚持以客户为中心，以提高客户满意度为目标，改革和完善营销组织结构与业务流程，提高营销管理和服务水平。利用现代技术支持系统，加快建设电力营销服务商务网络。

为农民生活、为农业生产、为农村经济服务，在我国加入世界贸易组织后，具有十分重要的现实意义。要认真贯彻中央农村工作会议精神，把农电优质服务工作摆到更加突出的位置来抓。

（六）继续加强党的建设、精神文明建设和员工队伍建设

按照“三个代表”的要求，全面加强公司系统党的思想建设、组织建设、作风建设，发挥企业党组织政治核心作用、战斗堡垒作用和党员的先锋模范作用，为公司改革发展稳定提供坚强的政治保证。坚持用邓小平理论和“三个代表”重要思想武装员工。发扬理论联系实际的学风，建立领导干部理论学习责任制并严格考核。在企业改革和改组中，要及时抓好党组织的建设，加强党员教育和管理，提高企业党组织的凝聚力和战斗力。切实加强思想作风、学风、工作作风、领导作风和领导干部生活作风建设，努力把公司系统作风建设提高到新的水平。

认真落实“三严一表率”的要求，对各级领导班子和领导干部严格教育、管理和监督。认真贯彻党的干部“四化”方针和德才兼备的原则，用好的作风选人，选作风好的人。进一步深化干部人事制度改革，加强董事、监事、经理三支队伍建设，大力培养选拔优秀年轻干部，继续加强干部交流，优化领导班子结构，努力建设一支政治素质高、管理能力强、作风过硬的领导干部队伍。领导干部要自重、自省、自警、自励，筑牢拒腐防变的思想防线，经得起各种考验。健全责任追究制度，全面落实党风廉政建设责任制。

坚持“两手抓，两手都要硬”，加强以为人民服务为核心，以社会公德、职业道德和家庭美德为主要内容的思想道德建设。认真贯彻《公民道德建设实施纲要》，实施公司职业道德建设规划。深化双文明单位创建活动，大力创建文明行业。开展向优秀共产党员李庆长等先进模范人物学习活动，通过学习宣传先进典型推动工作开展。积极推进企业文化建设，增强公司凝聚力和向心力，塑造公司良好的社会形象。全心全意依靠员工办企业，围绕改革发展稳定的大局，加强民主管理，深入开展形势任务教育，切实加强思想政治工作，引导好、保护好、发挥好员工的积极性、创造性。

四、切实加强工作领导

做好2002年的工作，全面完成各项任务，意义深远，责任重大。结合公司改革与发展实践，公司系统要与时俱进，转变观念，改进作风，狠抓落实。

（一）统一认识，把握大局

要完成2002年各项目标和任务，更好地服务于

党和国家的工作大局，我们必须进一步统一认识，把思想统一到江泽民同志“三个代表”的重要思想和十五届六中全会精神上来，统一到中央经济工作会议关于2002年工作的总体要求上来，统一到党中央、国务院关于深化电力体制改革的部署上来，统一到公司党组改革发展的各项决策和措施上来。公司作为集团化管理的特大型企业，要建设国际一流企业集团，就必须从全局利益出发，加强全公司资源的整合与运作。因此，在落实“十五”计划，实施公司发展战略，加快各项改革，推进跨区输电和全国联网，优化资源配置中，必须牢固树立全局一盘棋的思想，同心同德，齐心协力，步调一致。公司系统的一切工作、每个局部都要自觉维护全局，服从服务于全局。

（二）转变作风，真抓实干

中央要求把2002年作为转变作风年、调查研究年。为贯彻中央精神，公司党组决定，把2002年作为公司系统“求真务实、作风建设年”。各级领导班子和领导干部要全面落实“八个坚持，八个反对”的要求。要讲政治、讲大局，始终与以江泽民同志为核心的党中央保持高度一致，严格遵守党的政治纪律，坚决维护中央的权威。严格执行民主集中制原则，反对本位主义和个人主义，坚决克服个人独断专行和软弱涣散现象，加强团结，互相配合，提高领导班子的战斗力。增强组织纪律性，确保政令畅通，令行禁止。牢固树立勤俭办企业的思想，坚决反对享乐主义，反对铺张浪费、大手大脚，把有限的资金用在电力建设上。

（三）切实做好稳定工作

2002年我们党要召开十六大，保持一个稳定的政治、经济和社会环境非常重要。公司面临着十分艰巨的发展任务，又处于深化改革的重要时期，稳定压倒一切。要在确保电网安全稳定、员工队伍稳定和经营秩序稳定，维护社会稳定的基础上，深化改革，加快发展。公司系统稳定工作总的形势是好的，但是也存在一些不稳定的因素，决不可掉以轻心。各级领导干部要正确处理改革、发展和稳定的关系，对深化改革过程中出现的热点问题，要进行分析和跟踪，做深入细致的思想政治工作，及时排解各种可能引发不稳定的因素。要保持与员工群众的密切联系，认真解决员工普遍关心的问题和涉及员工切身利益的问题。做好富余人员的分流安置工作，重视解决好下岗员工、困难企业员工和离退休人员的实际问题，解决好养老、医疗保险制度改革中的有关问题。要重视并加强信访工作，充分依靠地方政府，把信访问题解决在当地。继续同“法轮功”邪教组织作坚决斗争，为维护社会稳定作出新贡献。实行稳定工作责任制，各单位党政主要负责人是稳定工作的第一责任人，要切实负起责任，保一方平安。

国家电力公司2002年工作会议上的总结讲话

——国家电力公司副总经理　刘振亚

（2002年1月18日）

一、会议的基本情况和收获

2001年是我国实施“十五”计划和现代化建设第三步战略部署取得良好开局的一年。一年来，在全球经济增长明显减缓、世界很不安宁的情况下，我国实现了国民经济的较快增长，保持了社会稳定。庆祝建党80周年、申奥成功、加入世界贸易组织、成功举办APEC会议等，大事多，喜事多，鼓舞士气，振奋人心。特别是江泽民同志在建党80周年大会上发表的重要讲话，是指导中华民族伟大复兴的纲领性文献，更加坚定了我们全面建设小康社会，加快推进社会主义现代化建设的信心和决心。十五届六中全会的召开，使党的作风建设进入了一个新的阶段。中央经济工作会议对2002年的工作提出了总体要求，做出了全面部署。这次会议，是全面贯彻江泽民同志“七一”讲话，贯彻六中全会和中央经济工作会议精神的一次重要会议。

天津市政府、国务院派驻国家电力公司监事会、中央企业工委、国家经贸委、中组部、财政部、中国能源化学工会、中国电力企业联合会的领导同志，有关专家学者出席了会议。国务院派驻国家电力公司监事会主席路耀华同志、国家经贸委电力司司长史玉波等有关领导同志作了重要讲话，对国家电力公司工作提出了要求。

2002年的工作报告，全面客观地总结了公司2001年工作的成绩和经验，深刻系统地分析了当前公司工作面临的形势，精辟阐述了公司“两型两化、国际一流”发展战略的深刻内涵，准确清晰地提出了公司2002年工作思路、主要目标和重点任务。报告以邓小平理论和江泽民同志“三个代表”的重要思想为指导，站在服务我国国民经济和社会发展大局的高度，密切联系实际，把握新形势、新机遇、新挑战，总揽公司改革、发展、稳定的全局，高屋建瓴，重点突出，内涵丰富，具有很强的理论性、战略性、前瞻性，是做好公司各项工作的纲领性文件。

与会各位代表认真听取报告，总结工作，交流经验，分析形势，探讨问题，畅所欲言，提出了许多好的建议和意见，体现了高度的历史使命感和责任感。

会上，六个部门的负责同志作了专题发言，对公司2002年综合计划、财务预算、落实“十五”规划和加快全国联网、安全生产、党建和精神文明建设，以及2001年三项责任制考核奖励等重要工作提出了意见，作出了安排；17日晚，公司还召开了各分公司、省公司和公司本部主要负责人会议，通报了电力体制改革有关情况；与会代表参观了天津经济技术开发区，亲身感受了天津市改革开放的新成就。

这次会议是一次成功的会议。公司党组对开好这次会议十分重视。公司领导班子成员根据分工，多次组织对会议文件进行讨论、研究和修改。公司进行了专题调研，分别召开了部分省公司、在京单位和分公司座谈会，充分听取了各单位对公司2002年工作的意见和建议。公司召开总经理办公会议，听取了各部门的工作汇报和建议。公司有关部门会前做了大量工作，进行了认真准备，为开好这次会议打下了坚实的基础。

这次会议成果显著，大家在一系列重要问题上统一了思想，提高了认识。

(1) 认真总结了2001年工作取得的成绩和经验。2001年，国家电力公司党组带领公司系统员工，内强素质，外塑形象，创建“两型两化、国际一流”企业迈出了新的步伐。在电力生产、建设和运营遇到很大困难的情况下，电网稳定运行，利润过百亿，西电东送、南北互供、全国联网取得重大进展，城乡电网改造成绩巨大，“优质服务年”活动成效显著。大家认识到，取得这样的成绩，有三条基本经验值得总结和坚持：①坚持公司党组五项原则，始终与以江泽民同志为核心的党中央保持高度一致，坚决贯彻党中央、国务院的决策和部署；②坚持改革发展稳定协调推进，服务于党和国家工作的大局；③始终坚持“两手抓、两手硬”，重视发挥党的政治优势，建设高素质的干部队伍和员工队伍。

(2) 统一了对当前形势的认识。深入分析了当前工作中的困难和问题，以及工作中的有利条件，指出了今后改革发展的四种趋势，进一步深化了对“两型两化、国际一流”内涵的认识，提出了公司当前需要高度重视的战略课题。与会的各位代表也结合本地区经济发展，结合本单位、本部门的实际，分析了新的一年改革、发展和稳定工作中面临的困难与挑战。总的看，2002年公司系统机遇与挑战并存。适应入世要求，落实“十五”计划，深化体制改革，确保实现利润目标，确保安全和稳定，工作难度比较大。大家表示，要把思想统一到中央对复杂的国际局势作出的重要判断和重大决策上来，统一到公司2002年工作的总体要求和部署上来，把工作中的困难估计得足一点，把应对预案准备得充分一点，做到未雨绸缪，有备无患，趋利避害。

(3) 明确了2002年工作的任务和重点。大家认为，在改革发展稳定新的形势下，会议确定的2002年公司工作的指导思想、目标和任务是非常明确的，也是符合公司系统实际的。要进一步理清全年工作的思路，集中精力抓好电网安全稳定经济运行，卓有成效地加快公司发展，深化电力体制改革，全面加强公司运营管理，进一步提升电力服务水平，继续加强党的建设和精神文明建设，确保各项重点工作的落实。

(4) 坚定了做好全年工作的信心。大家一致认为，中央经济工作会议确定了2002年宏观经济的大政方针，我国经济将继续稳定增长；公司党组政治坚定，工作思路清晰，各项决策和部署十分明确；公司系统干部和员工队伍在多年的实践中，锤炼出了艰苦奋斗、不怕困难、善打硬仗的意志和品质。更为重要的是，国家电力公司成立五年来，两个文明建设不断迈上新的台阶，我国电力工业结束了电力供应长期短缺的历史，公司实现利税持续增长，2001年实现利润突破了百亿元，为国民经济发展做出了重要贡献，也为今后改革和发展奠定了坚实的物质基础。这些都是我们迎接挑战、乘势而上的信心和力量所在。总之，大家对改革的认识更加深刻，发展的思路更加清晰，稳定的意义更加明确，信心和干劲进一步增强。

二、全面领会和贯彻会议精神

2002年，我们党将召开十六大，以此为标志，这一年是我们党和国家历史上具有重大意义的一年。对国家电力公司来讲，也将是很不平凡的一年。我们不仅肩负着确保安全和稳定的重大政治责任，而且面临着艰巨的改革和发展任务。电力体制改革要深化，农电体制改革和“两改一同价”要全面推进；发展要进一步加快，“西电东送”项目进入了建设高峰，大区之间、省区之间的联网工程逐步展开，农网改造第二批工程即将开工，城网改造尚未结束；2002年的利润目标100.2亿元，比2001年实际完成数低了一点，但是完成这一目标的难度是很大的，需要克服和消化诸多的增支因素；在形势严峻、任务繁重、困难很多的情况下，做好安全稳定工作，需要付出异常艰苦的努力。因此，我们必须认真学习领会好高总的报告，全面贯彻好这次会议所提出的各项要求。

(一) 坚持五项原则，深化电力体制改革

改革始终为大家所关心和关注，这是一种积极负责的表现。我们要充分认识到，深化电力体制改革是大势所趋，是发展社会主义市场经济、适应入世的必然要求，是电力工业发展的客观规律所决定的。纵观

新中国电力工业的发展史，我国电力工业一直在深化改革中不断发展，在发展中不断深化改革。改革是动力，是机遇，必将促进电力工业的更快发展，促进电力企业管理水平的进一步提高，促进电力服务质量的进一步提升。改革更是挑战，必然对我们的思想观念、管理模式、利益格局带来深刻的影响。对待改革，公司党组态度十分明确，多次重申五项原则。实践证明，这五项原则是正确的，公司上下必须进一步按照五项原则统一思想和行动。在电力体制改革方案还没有出台的情况下，公司系统特别是领导干部，必须认清形势，认清自己所肩负的重大责任，把握改革中的机遇，迎接改革的挑战。现在有的同志对改革有顾虑，有畏难情绪 。这些问题和倾向要尽快予以克服。我们要在党中央、国务院的正确领导下，坚定改革的信心，讲政治、讲大局、讲原则、讲党性，坚持个人服从组织，下级服从上级，全党服从中央，以积极的态度、务实的作风深化改革；对改革中复杂的问题和困难，要认真研究，客观分析，做到心中有数；要团结和带领职工，用创新精神，用我们的智慧去克服改革中的困难，确保改革的顺利进行。要把支持改革、拥护改革，体现在确保安全和稳定上，体现在完成全年任务上。

（二）把握发展主题，加快公司发展

在深化改革和入世的新形势下，我们必须高度重视加快公司发展，壮大公司实力，增强市场竞争力。要正确处理电力发展与公司发展的关系。电力发展与公司发展，是一个有机的统一体。我们要坚持两个发展并举，通过电力发展带动公司发展，通过公司发展促进电力发展。在发展中既要充分发挥主观能动性，尽力而为，又要科学分析客观条件，量力而行，坚持公司效益与社会效益相协调。

要用公司“两型两化、国际一流”的战略目标，指导公司发展。高总在分析了改革发展趋势的基础上，对建设控股型、经营型、现代化、集团化企业的内涵进行了深入阐述，提出了需要深化和完善的八项专业战略，提出经过几年努力，把国家电力公司建设成为具有国际竞争能力、持续盈利能力和抗御风险能力的国际一流企业集团。这一阐述充分体现了创新的精神。我们要进一步加强战略管理，坚定不移用战略指导公司的全面发展。

要认真分析电力发展的形势，特别是我国加入世界贸易组织后，电力供需形势的变化，深入研究电力发展问题。在电力结构调整中，要优化投资结构，把有限的资金优先用于电网建设；优化地区结构，重视西部电力基地开发，加大西电东送的力度；优化电源结构，加快水电流域滚动开发，继续关停小火电。要积极开放电源市场，吸引国际资本、国有资本和社会资本投资建设电源。要加快联网工程建设，大力推进“西电东送、南北互供、全国联网”。打破市场壁垒，加大跨区输电力度，加强跨区输电管理，充分发挥资源优化配置的综合效益。积极争取政策支持，进一步加强城乡电网建设与改造。在多种产业发展中，要理清思路，突出重点，优化结构，加强管理，积极发展优势企业集团。

（三）依靠改革创新，提高企业管理水平

管理是企业永恒的主题，改革创新是企业永恒的动力。不改革，科学的体制、机制就建立不起来；管理跟不上，改革就难以推进，改革的成果也难以保证。改革和管理都是为了理顺生产关系、解放生产力。高总在报告中对如何进行体制、机制、管理和科技创新进行了系统阐述，提出了新的要求。结合公司本部和公司系统的实际，我们要依靠改革创新，重点研究和加强三项管理。①加强综合计划管理。公司综合计划是覆盖发展、生产、经营、建设等全过程及其重要环节的目标管理体系。要尽快建立和完善综合计划管理体系，充分发挥综合计划管理的协调、平衡、控制、考核作用，强化综合管理效能。通过层层计划分解和落实，确保公司各项任务与预期目标的实现。②加强全面预算管理，确保完成2002年利润目标。全面预算管理是公司实现年度经营目标，开展经济活动和实施管理控制的依据与标准。要加强资产、资本、资金的科学管理和有效运作。进一步强化公司集约化管理，强化公司资源的整体配置和市场化配置，增强公司整体实力。各单位要加强管理，增收节支，疏导电价，缓解压力，确保完成100.2亿元的利润目标。要适应“厂网分开、竞价上网”的要求，加强对电网经营环节的利润分析和管理，保持良好的财务状况，为深化电力体制改革创造好的条件。③加强队伍建设，提高服务水平。加强内质外形建设，内强素质，外塑形象，是新形势下公司系统的一项战略性任务。内强素质的根本在于建设一支高素质的员工队伍。要始终坚持“两手抓、两手硬”，加大教育培训力度，完善有利于吸引人才、留住人才的政策。注重加强企业文化建设，凝聚团队精神，形成员工共同的价值观。外塑形象的关键在于切实加强电力优质服务工作。要继续贯彻“优质、方便、规范、真诚”的八字方针，巩固“电力市场整顿和优质服务年”活动的成果。加大电力法规的社会宣传，规范农电管理，提高农电服务水平。

（四）切实抓好安全和稳定工作

高总在报告中对安全稳定工作提出了很高的要求。各级领导干部特别是各单位党政主要负责同志，一定要提高认识，高度重视，真正做到思想和工作到位。电力安全关系国计民生。我们一定要从实践“三个代表”的要求，从维护最广大人民的根本利益出发，牢固树立责任重于泰山的思想。始终把确保电网安全运行放在首位，坚持“安全第一，预防为主”的方针，坚持“三不放过”的原则。进一步完善安全管理体系，加大安全监督力度，严格执行安全生产奖惩规定，确保安全生产各项要求落到实处。

正确处理改革、发展和稳定的关系。在深化改革过程中，要充分发挥党政工团的整体优势，高度重视加强员工思想动态分析，对于热点问题，倾向性、苗头性问题，要及时解决。加强思想政治工作，多说多做有利于团结稳定的话和事，坚决同一切有损和破坏团结稳定的现象进行斗争。进一步加强党风廉政建设，继续纠正行业不正之风，深入开展反腐败斗争。在信访工作中，既要维护员工的合法权益，又要不失时机地做好工作，立足于把矛盾化解在本单位，解决在基层，严格防范集体上访和进京上访。各单位党政主要负责人是安全稳定工作的第一责任人，要增强政治敏感性，切实负起责任。

（五）始终保持良好的精神状态和工作作风

江泽民同志在中央经济工作会议上指出：“面对新形势、新任务、新挑战，各级领导干部一定要有一个奋发有为的精神状态，要有强烈的事业心、责任感，勇于迎难而上，开拓创新。”公司党组把2002年作为“求真务实、作风建设年”。要制定规划，明确任务，提出措施，落实公司党组要求。公司各级领导班子和领导干部要认真学习贯彻十五届六中全会精神，对照高总报告的要求，确保政令畅通，令行禁止。牢固树立勤俭办企业的思想，进一步倡导和发扬艰苦奋斗的作风。多深入基层，调查研究，真抓实干，办实事，求实效，努力使作风有一个大的转变，工作有一个新的气象，更好地完成党中央、国务院交给我们的各项任务。

三、会议贯彻与要求

公司2002年工作会议是一次非常重要的会议。要认真抓好会议精神的学习传达和贯彻落实，用会议精神统一公司系统各级干部和员工的思想与行动。各位同志回去后，要召开各单位和部门负责人会议，系统地学习高总的工作报告和会议精神。各单位要尽快召开公司职代会和工作会议，把这次会议精神贯彻到基层。要深刻领会这次会议的精神实质，把公司党组对改革的态度讲清楚，把发展的思路讲明白，把安全稳定的重要意义讲到位，统一思想，统一行动。

春节将至，党中央、国务院对做好节日期间的各项工作十分重视。中央办公厅、国务院办公厅、中纪委先后发出了有关通知。公司系统要认真贯彻中央要求，做好节日期间的各项工作。发扬艰苦奋斗的作风，坚决反对奢侈浪费，纠正各种不正之风，加强节日期间廉政建设，大力提倡文明、健康、节俭的社会主义新风尚。认真贯彻1月10日公司安全生产电视电话会议要求，组织开展好安全大检查，落实好保证安全稳定的各项措施，过一个欢乐、祥和、喜庆的节日。

重 要 讲 话

刘振亚副总经理在国家电力公司安全生产电视电话会议上的讲话

（2002年1月10日）

新年伊始，我们召开安全生产电视电话会议，目的是认真贯彻中央经济工作会议精神，落实中央关于“稳定、安全、灵活、多元”的思路，全面分析公司系统安全生产形势，总结经验教训，统一思想，部署当前和全年的安全生产工作，为进一步巩固公司系统改革、发展、稳定的良好局面，为全面完成2002年各项任务奠定坚实的基础。

刚刚过去的2001年，是我国政治安定、经济增长、各项事业蓬勃发展的一年。国家电力公司系统在党中央、国务院的正确领导下，认真学习贯彻江泽民同志“七一”重要讲话和党的十五届六中全会精神，努力实践“三个代表”的重要思想，开拓进取，扎实工作，两个文明建设都取得了较好的成绩。公司全面完成了各项生产经营目标和任务。电力生产继续保持安全稳定运行，全国发电量完成14640亿kWh，比2000年增长8%，保证了国民经济发展和人民生活用电，确保了北京申办奥运、庆祝建党80周年、上海APEC会议、世界大学生运动会、全国九运会等重大活动的供电。深入挖潜，努力节支，消化煤炭涨价等增支因素，公司实现利润首次突破100亿元，完成105.7亿元，比2000年增长8.86%。西电东送、南北互供、全国联网的工作取得重要进展，开工建设西电东送第二批项目，向广东送电能力达300万kW。加快调整电源结构，公司系统新开工电源1611万kW，投产发电机组1014万kW，全国新投产机组1713万kW。关停小火电机组140万kW。城乡电网改造收到显著成效，完成37个城市电网和1350个县的农网改造，通过农电“两改一同价”，减轻农民负担350亿元。开展“电力市场整顿和优质服务年”活动，电力服务取得了新进步，行业作风建设得到进一步加强。积极稳妥推进电力体制改革，深化企业内部改革。在改革发展的新形势下保持了队伍稳定。这些成绩的取得来之不易，为实现我国经济增长7.4%的目标，为满足人民生活用电需求作出了新的贡献。

在这里，我代表公司党组、向一年来付出辛勤努力的公司系统全体员工，向关心和支持公司工作的离退休员工及其家属，表示衷心的感谢和诚挚的慰问！

2002年，是我们党和国家历史上具有重大意义的一年。党的十六大将要召开，这是我国进入全面建设小康社会、加快推进社会主义现代化新的发展阶段的一次极为重要的会议，是全党和全国人民政治生活中的一件大事。这次会议将进一步明确我国在新世纪的发展目标和任务，动员和激励全国各族人民继往开来、与时俱进，开创建设有中国特色社会主义的新局面。稳定压倒一切，安全生产责任重于泰山。电力安全事关国民经济发展和人民生活的大局，时刻也不能松懈和麻痹。我们要认真贯彻江泽民同志“三个代表”的重要思想，动员公司系统各级干部和广大员工进一步重视安全生产，采取有力措施，积极维护和发展安全生产的良好局面，为维护社会稳定作出积极贡献。

一、充分认识当前安全生产面临的形势，进一步增强责任感和紧迫感

2001年，公司系统安全生产总的情况是好的。但是我们也要看到，安全生产的形势依然严峻。2001年以来公司系统发生的大大小小各类事故，有些性质是十分严重的。上海沪东造船厂发生的“7·17”事故，损失惨重，教训深刻。必须引起公司上下的高度重视。

江泽民同志“三个代表”的重要思想，体现了我们党的根本宗旨，也是我们搞好安全生产工作的指导思想。用“三个代表”的重要思想指导我们的工作，就必须坚持全心全意为人民服务，把广大人民的根本利益作为我们工作的出发点和归宿。要结合电网的实际情况，落实各项反事故措施，及时消除设备故障和隐患，不断提高设备的健康水平，积极探索和推广科学、先进的管理方式和生产技术，不断促进企业生产力水平的提高。要采取各种形式，用先进的文化知识教育、培训员工队伍，提高员工技术水平和综合素质，培养员工遵章守纪的自觉性，提高队伍的战斗力。

要充分认识确保电力安全生产对社会稳定具有特别重要的意义。2002年我们党要召开十六大，必须有一个稳定的政治、经济和社会环境。我们要从改革、发展和稳定的大局出发，站在讲政治的高度，持之以恒地抓好安全生产工作。2002年电力改革和发展任务繁重而艰巨。在改革过程中，安全生产至关重要，它既是改革能否顺利进行的重要条件，也是检验改革成败的一个重要标志。我们必须以求真务实的作风扎扎实实地做好工作，创造一个稳定的安全生产环境。近年来，发电企业的事故在事故总量中的比例上升幅度较大，与一些企业投入不足，与一些同志精力不够集中，有一定的关系。认为厂网要分开，就忽视安全生产的思想和做法是错误的，也是有害的，必须认真克服和解决。随着经济的发展和时代的进步，电力对于现代社会的作用越来越显著，电力行业为人民服务的责任越来越重大，电力安全生产的特殊性、重要性日益突出。我们必须深刻认识所肩负的责任，始终保持电网安全稳定运行。当前不安全的因素很多，事故隐患明显存在。要树立忧患意识，克服麻痹思想，坚持“安全第一，预防为主”的方针，对安全生产工作常抓不懈，防患于未然。

二、进一步加强对安全生产工作的组织领导

实践证明，做好安全工作，关键是要落实各级人员的安全生产责任制。其核心是各级第一责任人要真正到位。最近几年，公司对各单位实行三项责任制考核，其中一项就是安全生产责任书。建立和实行这一制度效果是显著的，是完全正确的。要在认真总结工作的基础上，不断完善这一制度。安全生产责任制要分层落实，各分管副职、各部门、各岗位的职责也必须明确，并负起相应的责任。只有各级人员责任明确，各司其职，各负其责，真正到位，才能保证良好

的安全生产局面。

要通过落实安全生产责任制，完善安全生产保证体系和监督体系，建立有效的安全生产管理机制。各级领导要加强对安全工作的领导，认真组织对薄弱环节的分析，落实预防措施，保证安全管理所需的资金投入。要认真贯彻执行《中华人民共和国电力法》、《中华人民共和国劳动法》等各项法律法规，要知法、懂法，依法办事。继续认真贯彻落实安全生产方面的各项规程、规定。严格按照“三不放过”的原则认真调查处理事故。杜绝发生对人员、设备造成重大损失，对社会造成重大影响的特大事故。

安全生产得之于严、失之于宽。要认真贯彻国务院《关于特大安全事故行政责任追究的规定》和国家电力公司《安全生产工作奖惩规定》。凡是麻痹大意，心存侥幸，玩忽职守，造成事故和损失的，要严格按规定追究有关人员特别是领导人的责任。

三、全面开展春节安全生产大检查

春节即将来临。确保节日期间活动用电和市政用电，确保城乡居民生活用电是我们义不容辞的责任。公司系统各单位要把春节期间的安全供电作为近期的主要工作任务组织好、落实好。要立即开展一次安全生产大检查。重点抓好现场安全管理，做到“严”字当头，坚决杜绝一切违章行为，对暴露出来的问题及时进行整改。做好铁路、车站、码头、机场等处的供电工作，决不能因供电影响节日期间交通运输。要加强农电安全检查，保证广大农民节日期间的安全用电。高度重视解决好发电用煤问题，决不能因缺煤而造成停机。合理安排电网运行方式，努力避免限电拉路，防止发生大面积停电事故，确保电网安全运行。要加强对多种产业系统生产现场、宾馆、饭店、商场和文化娱乐场所的安全检查，确保安全监督与管理不留死角。提高警惕，加强警戒，做好防火、防盗、防爆炸、防破坏等工作。要关心员工生命财产安全和家庭生活安全。严格公车管理制度，加强交通安全管理，防止发生重大交通事故。要制定反事故预案，确保各种安全设施可靠有效，救援设备齐全完好，提高处置突发事故的能力。

四、确保队伍稳定和企业稳定

当前电力改革和发展正处于重要时期。改革是发展的动力。不改革就没有活力，不改革就没有出路。稳定是改革、发展的基础。我们一定要充分认识稳定工作的重要意义，正确处理改革、发展和稳定的关系，确保员工思想稳定，确保队伍稳定。

在改革和发展的新形势下，公司党组多次强调和重申五项原则，即“坚决与以江泽民同志为核心的党中央保持高度一致，认真贯彻党中央和国务院的决策和部署；确保安全生产，确保电网稳定、职工队伍稳定和企业效益稳定；按照十五届四中、五中、六中全会精神和“十五”计划《纲要》的要求，全面完成各项任务；切实搞好电力优质服务；以高度负责的精神提出电力体制改革的建议。”当前，各种活动、各方面工作都要在确保安全稳定的前提下开展。公司系统稳定工作总体上较好，但是也存在一些不稳定的因素，决不可掉以轻心。各级领导干部要立场坚定，态度鲜明，发挥表率作用，集中精力做好本职工作，认真负责地抓好本企业的稳定工作。对深化改革过程中出现的热点问题，要进行分析和跟踪，做深入细致的思想政治工作，及时排解各种可能引发不稳定的因素。要保持与员工群众的密切联系，高度重视员工普遍关心的问题和涉及员工切身利益的问题。重视解决好下岗员工、困难企业员工和离退休人员的实际问题。要发挥党政工团的整体优势，切实保证员工队伍的稳定，尤其是做好生产、基建一线员工的稳定工作。要加强员工思想政治工作，关心员工生活，充分调动员工的工作积极性。要重视并加强信访工作，积极化解矛盾，理顺情绪，把问题解决在初始阶段。要同“法轮功”邪教组织作坚决斗争，为维护社会稳定作出新贡献。要认真落实稳定工作责任制，对于因工作不力导致发生影响公司稳定和形象的事件的单位，要追究党政主要负责人的责任。

五、切实加强节日期间廉政建设

春节将至，党中央、国务院对做好节日期间的各项工作十分重视。中央办公厅、国务院办公厅发出了《关于做好2002年元旦、春节期间有关工作的通知》，中纪委发出了《关于2002年元旦、春节期间加强廉洁自律反对奢侈浪费的通知》。公司系统要认真贯彻中央要求。各级领导干部要切实转变作风，坚决克服形式主义、官僚主义，大力精简会议和文件，减少接待应酬。要深入基层，深入到困难企业，帮助解决有关困难。要发扬艰苦奋斗的作风，坚决反对奢侈浪费，纠正各种不正之风。领导干部不准收受与自己行使职权有关系的单位、个人和外商、私营企业主的现金、有价证券和支付凭证；禁止用公款向领导干部和有关单位赠送礼品、现金、有价证券和支付凭证；禁止领导干部到企业和单位报销应由本人及其配偶、子女支付的个人费用。要加强财务监督管理，严肃财经纪律。严厉查处各种违反规定的乱花钱行为，坚决制止岁末年初乱发钱物。要大力提倡文明、健康、节俭的社会主义新风尚，过一个欢乐、祥和、喜庆的节日。

国家电力公司2002年工作会议即将召开。当前各方面工作千头万绪。希望公司系统各单位认真总结工作，认清形势，把握大局，安排好全年工作，确保安全，确保稳定，加快改革和发展，以优异的成绩迎接党的十六大的胜利召开。

赵希正副总经理在国家电力公司环境保护工作会议上的工作报告

（2002年4月18日）

一、“九五”电力环境保护工作取得的成就

“九五”期间是我国环境法制化建设最为重要的时期，国家先后两次修订了《大气污染防治法》，修订或制定了《水污染防治法》、《海洋环境保护法》、《环境噪声污染防治法》、《节约能源法》等，颁布了一系列关于建设项目环境保护、生态保护与总量控制等相关法规和规划。到2001年底，国家共颁布了6部环境保护法律、10部相关资源法律和30多件环境保护法规，发布了90余件环境保护规章，制定了427项国家环境保护标准，地方性环境保护法规达1020件。

“九五”期间，在电力建设快速发展的同时，电力环境保护得到同步发展。特别是1997年国家电力公司成立后，在国务院的领导下，在各级政府部门的指导和支持下，公司系统按照国家法律、法规要求，坚持电力可持续发展战略，制定了一系列有利于电力环境保护的方针、规划、规定。通过不断加大环保投入，依靠科技进步，加强污染物排放控制和环境监督管理。“九五”期间，在全国发电装机容量增长47%，发电量增长35.9%，燃煤量增长22.8%，35kV及以上输电线路长度和变电设备容量增长28.1%和58.6%的发展情况下，完成了“九五”电力环保计划规定的任务。

“九五”电力环保工作成绩主要体现在以下几个方面：

1. 烟尘和废水基本实现达标排放

“九五”期间，国家对工业企业环境保护的基本要求是：以水污染和大气污染防治为重点，所有工业污染源达标排放，同时对烟尘、二氧化硫、化学耗氧量等污染物排放实现总量控制，到2000年，全国主要污染物排放总量控制在“八五”末的水平。根据这一基本要求，原电力工业部制定了相应的电力环境保护“九五”计划。

“九五”初期，原电力部所属电厂平均除尘效率约95.6%，共有109个电厂316台机组烟尘排放超标，近1/3的除尘器达不到设计指标。工业废水排放达标率80%，113个电厂工业废水超标。“两控区”内共有145个电厂，总装机容量5898万kW，其中45个电厂、2138万kW机组二氧化硫排放超标，超标排放量约125万t，二氧化硫排放基本处于失控状态。

为了完成电力环境保护“九五”计划，公司各级领导高度重视，制订环保治理规划，做到责任到位、措施到位、投入到位。采取了各项有效措施，如：对新建火电机组全面采用高效静电除尘器；对原有低效除尘器加大提效技术改造力度；严格控制燃煤含硫量；加快脱硫工程建设和积极推进脱硫技术国产化；推广应用高倍率循环冷却、高浓度输灰、工业废水净化处理和资源化回收利用技术；积极推行干除灰、干灰分选、干灰碾压，鼓励灰渣综合利用；按计划关停小火电机组，加强节能、节水等综合性措施，在确保新建电厂不欠新账的基础上，重点解决老厂烟尘、废水排放超标问题。

“九五”期间，公司系统每年用于环保治理的资金约24亿元，共完成318项各类除尘器技术改造和166项工业废水和生活污水处理与回收利用工程建设，火电厂电除尘设备配备率（按设备容量计算）提高了25个百分点，达到80%。除尘设备技术水平得到显著提高，我国高效静电除尘技术已接近或达到国际先进水平。到2000年底，公司所属火电厂烟尘和废水基本实现达标排放，平均除尘效率提高到98%，烟尘排放量比1997年减少40万t；废水排放总量由1997年的9.8亿t，减少到8亿t，回收利用量由1997年的5.4亿t提高到7亿t，分别减排1.8亿t、增用1.6亿t，废水总回收利用率从1997年的35%提高到50%。目前，华北集团公司，西北公司，天津、山东、吉林、湖南、福建、江苏、浙江、广西、重庆、青海等电力公司都实现了烟尘和废水100%达标排放；黑龙江、山西、湖北、上海、安徽、四川、贵州等电力公司实现了烟尘100%达标排放；河北、江西、华东、云南、陕西、宁夏、新疆等电力公司实现了废水100%达标排放。

2. 二氧化硫排放得到初步控制

在抓紧烟尘、废水达标排放的同时，国家电力公司高度重视二氧化硫排放控制工作。特别是1998年1月国务院关于“两控区”有关问题的批复后，国家电力公司及时制定了“两控区”二氧化硫污染防治规划。当时国内尚不掌握大型火电机组脱硫技术，国内已有的脱硫工程均由国外公司承建，脱硫工程投资比较高而相应经济政策还不配套，难以开展大范围的脱硫改造工作。为落实“九五”计划，通过采取因地制

宜换烧低硫煤以及关停小机组、降低煤耗等综合措施加大"两控区"内火电厂二氧化硫减排力度，同时加快脱硫示范工程建设，燃煤平均含硫量从"九五"初期的1.1%逐步降低到"九五"末期的0.9%左右；2000年底全国投产及在建1100万kW脱硫装机中，国家电力公司所属电厂约占75%；全国投运脱硫装置达500万kW，国家电力公司所属电厂约占70%。经过上述努力，江苏、山东、山西、上海、河南等省市电力公司二氧化硫排放量均比1997年减少了10万t以上。华北集团公司，四川、重庆、江苏、浙江、云南、山东、山西、贵州等电力公司已开始建设脱硫工程，有的脱硫工程已投入运行。到2000年底，尽管公司系统火电装机容量由1997年的9560万kW提高到2000年的1.154亿kW，但二氧化硫排放总量却减少了近60万t，单位发电量二氧化硫排放量下降了约20%，公司系统火电厂二氧化硫排放得到初步控制。

国家电力公司在高度重视改造治理的同时注重依靠科技进步推进脱硫技术国产化。目前，石灰石—石膏法、烟气循环流化床法、简易湿法等脱硫技术已得到工程示范应用。在国家综合部门的领导与支持下，国家电力公司依托脱硫工程建设，在引进技术消化吸收的基础上，通过参与工程建设，现已基本掌握了大型脱硫工程设计和成套建设技术，具备了一定的参与国内外市场竞争的能力和实力。近期100万kW脱硫工程招投标中，全部为国内公司中标总承包建设，脱硫技术国产化初见成效，为"十五"期间较大规模开展烟气脱硫做好了技术储备。

在氮氧化物排放控制方面，按照国家环保要求，新建30万kW及以上大型火电机组，采用了低氮燃烧技术，现有20万kW及以下火电机组开始实施低氮燃烧技术改造。近3年来，火电机组单位发电量氮氧化物排放量下降了约15%。

3. 电力建设项目环保法制化管理得到加强

根据《建设项目环境保护管理条例》和《电磁辐射环境保护管理办法》等法规要求，国家电力公司制定了《电力建设项目水土保持工作暂行规定》，下发了《关于加强水电建设项目前期环保工作的通知》和《关于加强输变电建设项目环境保护工作的通知》，从制度上进一步规范了火电、水电和输变电建设项目环境保护工作。

"九五"期间，所有新、扩、改建火电建设项目，严格依法执行环境影响评价制度和"三同时"制度，电力建设项目全面满足达标排放和总量控制的法规要求。水电建设设计和施工中，坚持开发与保护并重，严格落实环保要求，加强施工期的监督检查，严禁施工弃碴排入河道和乱堆乱放，移民安置过程中严禁毁林开荒，加大植树造林和生态保护与建设的投资力度，水土保持工作得到了加强。在输变电环境保护方面，根据输变电工程线路长、跨越区域环境因素复杂、工程建设进度要求紧、建设任务重的实际情况，按照国家有关电磁场、噪声、水土保持等法规标准要求，逐步开展输变电工程建设前期环境影响评价。

4. 资源综合利用成绩突出

在国家资源综合利用政策的支持下，粉煤灰和脱硫副产物资源化综合利用取得了显著社会效益和经济效益。干灰分选、粉煤灰制砖、粉煤灰筑路和筑坝、脱硫石膏用于水泥和石膏板高附加值建材生产等，已成为电力企业变废为宝、安置富裕人员、维护社会稳定的重要手段。1997年以来，国家电力公司所属火电厂总计利用了1.6亿t粉煤灰，综合利用率达55%，已满灰场基本实现了复垦或植被恢复。2001年，脱硫副产石膏综合利用量达50万t左右，脱硫副产硫铵肥料已成功用于农业生产和复合肥料的生产。

总结"九五"，公司系统的电力环保工作有如下几个特点：

1. 领导重视，资金落实

为了全面落实和完成"九五"环保计划，国家电力公司多次召开会议，研究制订了《国家电力公司"两控区"二氧化硫污染防治规划》，下达了《国家电力公司现有火电厂烟尘和废水达标治理改造计划》，要求公司系统"火电厂烟尘、废水排放三年达标务期必成"，将企业环保是否达标、是否按计划完成重点项目治理任务，与"达标创一流"和新建项目的审批相联系，强化了对环保达标工作的统一领导和监督管理。

网省电力公司高度重视环保达标工作，在达标时间紧、达标任务异常艰巨的情况下，根据国家电力公司达标计划的总体要求，将达标任务逐级分解到厂，逐个项目落实，在电力负荷需求不足，企业经营比较困难的情况下，千方百计筹措资金，落实建设进度，强化达标工作的技术指导和监督检查，确保达标计划的全面完成。2000年，东北公司，华北电力集团公司，上海、四川、江苏、甘肃、黑龙江、河南、吉林等电力公司投入的环保治理资金都超过1亿元。"九五"期间，国家电力公司系统累计投入环保治理资金达120亿元。

在狠抓污染物排放控制的同时，公司系统各级领导高度重视环保制度化建设，不断提高环保管理水平。根据环保法规和国家电力公司发展战略要求，大多数网省电力公司制定了环保管理办法，建立了年度环保目标考核责任制，与所属发输电企业主要领导签订年度环保责任书，定期检查，年终验收考核，将环保责任目标完成情况与企业领导的工作业绩考核和奖惩相联系，使环保监督管理落实到实处。从2001年开始，国家电力公司对所属网省电力公司实施烟尘排放达标率、废水排放达标率、单位发电量二氧化硫排放率、环保设施竣工验收率等四项环保指标年度考核。

2. 注重依靠科技进步

为根本扭转“九五”初期电力环保技术和装备水平落后的局面，原电力部和国家电力公司坚持自主开发与引进消化吸收相结合，在引进国外先进技术的同时组织产学研联合攻关，开展示范试验，取得了一大批具有国际先进水平的科技成果和实用技术。与此同时，鼓励所属企业积极采用具有自主知识产权的技术成果，在提高电力环保装备水平和管理水平的同时也大幅度降低了工程造价。

在烟尘排放控制方面，随着高效静电除尘技术的国产化和广泛应用，火电厂平均除尘效率由95%左右提高到98%以上，烟尘排放浓度从1000mg/m^3左右，降低到200mg/m^3以下；少数电厂达到50～100mg/m^3，与国际水平基本持平。

在二氧化硫排放控制方面，通过国际合作、技术引进消化吸收和自主开发相结合，现已基本具备大型火电机组石灰石—石膏法、烟气循环流化床法、简易湿法等脱硫技术工程成套设计建造能力。

在废水处理方面，由单纯的末端控制，逐步转变为工业废水处理与回收利用相结合，废水资源化利用效益不断提高。

3. 重视队伍建设

电力环保工作涉及面广，法规要求严，责任重大，建设一支专业化队伍是完成环保计划的重要保证。公司十分重视环保队伍的建设和人员素质的提高，通过环保科技开发、环保管理和环保工程建设，公司系统培养了一支热衷于环保事业、总体水平较高、勤奋敬业的从事环保规划、设计、科研、运行、管理和产业化建设的队伍。为了提高环保人员的专业素质，适应新的环保形势要求，公司系统每年都举办各类环保法规和技术培训，通过多种形式，促进环保信息在系统内的相互学习与交流。

在总结成绩的同时，也应看到我国环境形势依然相当严峻，电力环境保护工作还存在一些不足。

1. 二氧化硫排放控制与国家的要求还有相当距离

目前，公司系统尚有大约10%的燃煤机组二氧化硫超标排放，“十五”期间，在燃煤装机容量和发电量还将大幅增加的发展形势下，国家要求削减10%～20%二氧化硫排放总量，因此，我们达标的任务和总量消减任务很重。与国际先进电力公司相比，我们的单位发电量二氧化硫排放率高出2倍左右，距国际一流的水平还有一定差距。公司系统2000年燃煤机组二氧化硫排放总量较1997年下降60万t的成绩，主要是通过换烧低硫煤、关停小火电机组和节能降耗的综合措施取得的，尤其是换烧低硫煤成效显著。由于我国煤炭资源条件的限制，再降低燃煤含硫量的潜力已很有限，进一步降低二氧化硫排放量的措施，除继续采取综合措施外，需要加强以安装脱硫装置为主的工程措施。因此，无论在资金投放上，还是在政策和电价上，对我们的压力都很大，我们“十五”期间控制二氧化硫的任务相当艰巨。

此外，部分燃烧无烟煤和劣质煤的30万kW及以上的火电机组还存在氮氧化物排放超标的问题，而国内排烟脱硝研发工作刚刚起步，尚不具备大型火电机组排烟脱硝工程建设能力。

2. 依法办事的观念有待加强

少数单位对依法履行环保审批手续的严肃性认识不足，在电力建设项目前期工作中，存在不履行环保审批就开工建设的违法违规现象。在电网建设中，由于多方面的原因，公司系统依法补办环保审批手续的任务还很重。少数企业领导对超标违法的严重性认识不足，对企业超标排放问题没有给予足够的重视，对超标排放即属于违法行为的基本认识不到位。

部分单位的主要领导不能正确处理好环保与效益、环保与改革、环保与发展的关系，对环境保护工作，口头重视多，实际行动少，讲困难多，讲责任少，讲软措施多，抓硬措施少，争取政策时积极，落实责任时消极。一些企业在厂房装修和厂区布置时大手大脚，而在需要投资搞环保时就舍不得花钱，能拖就拖，认为保护环境是社会的事，搞好生产和基本建设才是企业的事。这是一些错误的认识。一些单位在机构改革时先改环保机构，减人增效时“优先”裁减环保，经济建设和环境保护工作存在一手硬、一手软的现象。因此，进一步提高认识，真正转变观念，仍然是当前公司环保工作的首要任务。

3. 环保工作发展不平衡

虽然公司系统烟尘和废水基本实现了达标排放，但仍有个别电厂烟尘和废水排放不达标，部分单位达标工作有反弹现象。在火电厂脱硫方面，一些电力公司尚未起步，有等待观望现象。在水电施工建设中，施工弃碴问题还没有得到根本性解决，个别水电站在建设过程中存在向河道弃碴、不按设计规范要求随意弃碴等问题，施工结束后不注意及时恢复生态环境和功能。相对于火电和水电环保工作，电网环保工作就显得比较薄弱。

4. 人员素质需要进一步提高

当前，国内外环保法规、政策、技术发展很快，国家和民众的环保要求越来越高。与发达国家电力公司相比，我们的环保队伍在环境管理方面，以及通过环境保护促进电力企业与当地经济和生态环境建设融为一体等方面，还存在着很大距离。因此，环保工作人员要进一步加强学习，努力掌握现代环保专业知识和技能，提高参与国际环保合作，利用国内外环保资源，促进电力发展的工作思路和工作能力，以适应我国加入WTO和电力体制改革后的新形势要求。

二、电力企业面临的环保形势和任务

《国家环境保护“十五”计划》要求电力行业：以削减二氧化硫排放量为重点，优化电源布局，促进西电东送，控制东部地区新建燃煤电厂，限制“两控区”新建燃煤电厂，禁止在大中城市市区和近郊新建、扩建燃煤电厂（热电联产除外）。调整电源结构，积极发展水电和坑口大机组火电，压缩小火电，关停和替代老旧机组，适度发展核电，鼓励热电联产和综合利用发电，因地制宜发展风力、太阳能、生物质能等新能源和可再生能源发电。新建燃煤电厂要采用低氮燃烧方式，并同步建设脱硫设施；积极推动现役火电机组脱硫。制定优惠经济政策，为燃煤电厂脱硫创造公平的竞争环境。国家在脱硫资金和政策上要给予有力支持：①制定不同地区发电环保折价标准；②国家对电厂脱硫项目给予资金支持；③保证脱硫电厂优先上网；④提高二氧化硫排污收费标准，以调动企业脱硫积极性；⑤加快采用洁净煤技术。到2005年，要求电力行业二氧化硫排放量比2000年削减10%～20%；燃煤燃油机组必须安装烟气在线监测装置；燃煤电厂平均供电煤耗比2000年降低15～20g/（kWh），废水回用率达到60%，已满灰场全部复垦。

最近颁布的《燃煤二氧化硫排放污染防治技术政策》规定：燃用中、高硫煤的电厂锅炉必须配套安装烟气脱硫设施；新、扩、改建燃煤电厂，应在建厂时配套建设烟气脱硫设施，实现达标排放，并满足二氧化硫排放总量控制要求，烟气脱硫设施应与主机同步投运；二氧化硫超标或超总量的已建火电机组，剩余寿命超过10年的，应补建烟气脱硫设施，剩余寿命低于10年的，如采用低硫煤等措施仍不能满足环保要求的，应提前退役停运；超期服役的超标机组，应予以淘汰。

目前，有关部门正在对火电厂污染物排放标准进行全面修订，烟尘、废水、二氧化硫、氮氧化物等排放标准将进一步趋严，不仅对新建电厂提出了更为严格的要求，已经达标的现有电厂也面临着重新达标问题。在输变电环境保护方面，正在制定强制性电场和磁场国家标准，以替代目前执行的推荐性标准，该强制性标准一旦颁布实施，对公司电网建设和运行将产生重大影响。此外，随着民众环保意识的提高，因环境污染、输变电工程电场和磁场影响、噪声扰民等问题引发的民事纠纷越来越多，有的已影响到工程建设的正常开展。

根据《电力工业“十五”规划》，到“十五”末，全国发电装机容量预计将达到3.9亿kW，其中火电装机达2.86亿kW。国家电力公司所属燃煤机组发电量预计将在“九五”末的基础上增加20%左右，燃煤量将相应增加，二氧化硫排放量也将同步增加，要完成“十五”计划提出的二氧化硫减排10%～20%的要求，不仅要对新建火电机组进行脱硫，同时还要在现有火电机组上实施脱硫。目前火电厂环保折价及优先上网等政策尚未落实，资金缺口较大，随着“厂网分开、竞价上网”的实施，电力环境保护任务极其艰巨。

面对严峻的环保形势，公司系统各级领导一定要有清醒的认识，要以高度的政治责任感，从全局出发，统筹规划，标本兼治，努力开创环境保护工作的新局面。

三、“十五”期间电力环境保护工作的主要目标和任务

根据国家对电力环保工作的总体要求，国家电力公司确定的“十五”环境保护工作的指导思想是；以邓小平理论和江泽民“三个代表”重要思想为指导，按照国家环境保护“十五”计划和国家电力公司“十五”计划要求，以国家环境保护法律法规要求为准绳，以科技进步为动力，以二氧化硫排放控制为重点，加强管理，注重综合经济效益，处理好当前与长远、局部与全局的关系，促进电力工业与国民经济的协调发展。

根据这个总体思路，公司确定的环境保护“十五”计划目标是：

（1）烟尘排放达到现行GB 13223—1996《火电厂大气污染物排放标准》要求，2005年底排放总量控制在160万t以下，做到“增产不增加烟尘排放量”。单位发电量烟尘排放率达到2.4g/（kWh），比2000年下降17%。

（2）二氧化硫排放达到现行GB 13223—1996《火电厂大气污染物排放标准》要求，2005年底排放总量控制在385万t的水平，比2000年下降10.4%，在建和投产脱硫装机容量1800万kW（包括循环流化床锅炉400万kW）。单位发电量二氧化硫排放率达到5.8g/（kWh），比2000年下降25%。

（3）氮氧化物排放达到现行GB 13223—1996

《火电厂大气污染物排放标准》要求（不包括燃用无烟煤和劣质煤锅炉）。

(4) 废水排放达到GB 8979—1996《污水综合排放标准》要求，废水回用率达到60%以上，比2000年增加10%。

(5) 粉煤灰及脱硫副产品年综合利用量达到6700万t左右，已满灰场全部复垦或种植。

(6) 城市（城郊）居民区附近电厂厂界噪声达标。

(7) 合理开发和利用土地资源，防止水电工程建设与移民安置产生水土流失，施工弃碴均做挡护和排水设施，减少悬浮物排放量，弃碴场和料场在施工结束后尽快复土垦种和绿化，水电站建成投运后，不降低水域原定水质标准，按审定要求满足水库水质功能，保护好库区及其周围的生态环境。

(8) 全面开展输变电工程环境影响评价，控制电磁场和噪声对周围环境的影响。

应当说公司系统“十五”环保目标是非常明确的，要求也是很高的。为了实现公司“十五”环境保护计划目标，要重点做好以下几方面的工作：

1. 进一步加大二氧化硫减排力度

我国一次能源结构中煤炭占主要地位，煤炭消耗量占一次能源总消耗量的75%左右，在今后相当长的时期内，以煤炭为主要能源的格局不会改变。目前我国约50%煤炭用于发电，而发达国家煤电转换率一般在80%～90%左右。随着我国经济的发展，从煤炭资源的优化配置和保护改善环境质量的需要考虑，煤电转换率和电力在终端能源中的比例必将继续稳步提高，“以电代煤”将是时代发展和社会进步的客观要求。因此，在燃煤发电的同时，有效控制燃煤造成的环境污染，既是我国实施环境保护基本国策和电力可持续发展的需要，也是维系国家能源安全、符合最广大人民群众根本利益的具体体现，对此我们要有清醒的认识并给予高度重视。

国家经贸委在《火电厂烟气脱硫关键技术与设备国产化规划要点》中明确指出，在未来较长的时间内，控制火电厂二氧化硫排放的主流和根本有效的手段仍是烟气脱硫。“十五”期间，国家电力公司将从二氧化硫排放浓度和排放总量两个方面，加大对超标电厂、位于大中城市附近电厂和新建电厂的脱硫力度，力争投产和在建脱硫装机容量达到1800万kW（包括各级管理部门批准的具有脱硫功能的循环流化床锅炉400万kW），确保1200万kW在2005年底前建成投产。到“十五”末，公司系统投运和在建脱硫装机总容量将达到2150万kW，约占公司系统煤电装机容量的16%，二氧化硫实现达标排放，完成国家环境保护“十五”计划规定的电力二氧化硫排放总量减排10%以上的目标，并努力向20%的指标靠拢。

在火电厂脱硫治理方面，这里要特别提到四川电力公司和重庆电力公司。四川电力公司和重庆电力公司均地处西南高硫煤地区，当地经济并不发达，电价承受能力并不高，但他们都非常重视环境保护工作，取得了突出的成绩。四川电力公司高度重视脱硫工作，积极支持脱硫技术的研究开发和示范试验。国内首台大型循环流化床锅炉和主要的脱硫示范试验项目，如旋转喷雾法、磷铵肥法、电子束法、氨法等脱硫示范工程，都是在四川省内进行的，四川省已成为我国重要的脱硫示范试验基地。重庆电力公司也高度重视脱硫工作，在已经建成2台20万kW湿法脱硫机组的基础上，正在进行最后一台20万kW火电机组脱硫工程的改造，加上华能珞璜电厂已经投运的4台36万kW脱硫机组，重庆市在全国各省（自治区、直辖市）中，将成为20万kW以上火电机组全部脱硫的直辖市。

我们有些网省公司，位于发达地区，应该说在财力上、资金实力上，比四川和重庆要强得多，且有些地方由于环境容量小，酸雨已经形成一种公害，所以，我希望我们这些地区的网省电力公司，应该高度重视脱硫装置的改造和脱硫工程的上马。

到2005年底，公司系统内仍不能达到排放标准和排放总量要求的火电机组，将按国家法律法规的要求全部停产改造。

2. 巩固烟尘和废水达标成果

“十五”期间，要进一步加强环保设施的运行维护，继续加强环保技术改造，巩固和深化达标成果，力争烟尘和废水平均达标率提高到99%以上。

3. 加强电网建设项目环保管理

按照国家法规要求，高度重视和进一步规范输变电环境保护工作。严格依法执行电网建设环保审批制度，按环境保护和设计规范的要求，保证输变电线路和设备与环境敏感目标的防护高度和距离，加强电网施工过程环境监督管理，严禁随意更改防护高度和距离，尽可能避免和减少电网建设对自然保护区和生态环境的影响。加强电网环境保护技术的研究开发，研制综合环保性能高的输变电设备；研究有利于环保的杆塔和线路设计施工技术，提高单位面积线路走廊电能输送容量。加强电网环保队伍建设，积极开展电网环保知识的宣传和普及，用科学研究成果正确引导舆论，妥善解决各类环保纠纷。

4. 加强火电厂环保监测装置的建设和管理

按照《国家环境保护“十五”计划》的有关要求，完善电力环保监控设施，加强火电厂环境监测手段和能力的建设，新建火电机组必须安装烟气排放在线监测装置，现有火电机组要因地制宜补装烟气排放在线监测装置。电网调度部门要逐步建立对网内发电企业的环保信息监控网络，确保发电企业主要环境污染物排放得到有效监控，鼓励清洁的环保电力优先上网发电。

5. 严格控制氮氧化物排放

积极开展低氮燃烧和排烟脱硝技术的研究开发，新建大型火电机组全部采用先进低氮燃烧技术；在燃用无烟煤、采取低氮燃烧技术不能达到排放标准要求的电厂，开展排烟脱硝工程试点。加强现有火电机组低氮燃烧技术改造，在提高锅炉燃烧效率和低负荷稳燃性能的同时，有效控制氮氧化物排放。

四、认真做好电力环保工作，促进电力可持续发展

1. 加强领导，全面落实环保责任制

做好电力环境保护工作，既是关系到电力企业发展空间的重要问题，同时也是国家环境保护工作的重要组成部分，对于改善环境、提高人民生活质量具有重要的意义。公司系统各级领导要增强使命感与责任感，要把电力环境保护工作作为一项重要的政治任务来抓，继续坚持“一把手”亲自抓、负总责的环保目标责任制，为“十五”环保计划的落实提供组织保障。

环保工作是一个系统性、综合性、法规性要求都很强的工作，涉及电力生产、发展和应用的方方面面，各级领导要加强对国家环保法律、法规、政策、标准的学习，要带头学法、知法、懂法，加强协调，切实将环境保护工作纳入依法治理的轨道，全面掌握和准确运用国家环保法规，依法办事，依法维护公司的权益。要加强对科技与经济知识的学习，积极采用先进成熟的技术，在提高环保设施的环境效益的同时，注重提高环保设施的经济效益。

这里我想特别强调，现在我们正在实施厂、网分开的改革，在改革过程中，我们网、省公司有可能忽视环保工作。根据体制改革的方案，发电企业要重组，包括华能在内，再组建三到四个独立的发电公司，我们很多发电厂在改革之后要到独立发电公司去了。我们开这个会的目的，第一，就是要求在体制改革之前，网、省公司要落实好“十五”的环保工作计划；网、省公司领导一定要按照这次会议要求，把规划、计划落实下去。第二个要求就是在实施厂、网分开之后，要把环保计划分解到各个电厂，同步移交到各个发电公司，由各个发电公司按照你们所制定的计划继续实施“十五”期间的环保工作，使得这项工作不间断。我们讲检验电力体制改革是否成功，要看是不是有利于发展，要看是不是有利于优质服务、是不是有利于电力企业自主经营，还有一条就是要看是不是有利于环境保护工作得到延续、不间断，环境保护工作的“十五”计划是不是得以全面完成。另外，在电力体制改革方案里还有一条，要制定环保折价标准，将来竞价上网当中，达标排放的电厂优先上网。网、省公司当前环境保护工作仍然肩负着重要任务。

规划设计单位要结合发电装备运行寿命长而国家的环保法规发展较快的特点，按照“环保指标适当超前”的原则，积极采用先进成熟的科学技术，提高发电设备环保性能，将一些环境问题尽可能解决在前期规划设计阶段。在设计审查中，不得擅自更改经环保行政主管部门批复的环保措施。

施工建设单位要积极采用先进施工技术，科学组织，严格施工监督管理，防止施工过程水土流失和环境影响，工程建设结束后要尽快恢复施工场地的环境功能。

电力生产单位要加强发电设备和环保设施的运行维护，加强环保技术改造，加强环境监测，保证各项污染物达标排放。

电力调度部门要配合国家有关部门，参与研究制定不同地区环保折价标准，建立鼓励清洁的环保电力优先上网的市场机制，节能降耗，提高电网总体能效水平，促进社会经济的可持续发展。

对于在环境保护工作中成绩突出的单位和人员，各单位要给予表彰和奖励，对环保违法行为和造成严重环境污染者，要严肃处理。

2. 依靠科技进步，提高环保工程技术经济水平

环境保护工作必须始终贯彻“科学技术是第一生产力”的方针，依靠科技进步，在解决电力生产伴生的环境问题的同时，提高企业经济效益。

“十五”期间，公司环保治理任务很重，环保治理项目非常多，每个项目的投入都很大。要在这样短的时间内，保证治理项目高质量、高水平、高效益，困难很多，难度很大。公司系统各级领导，首先要以严谨的科学态度，严把治理项目技术审批关。要高度重视和认真组织好环保工程前期技术经济论证工作，选择适合当地条件、满足环保要求、技术先进成熟、综合经济性能优异的工艺技术，确保环保决策的科学可行。

要严格项目招投标制度，在保证工程质量不降低的条件下，积极采用国产化技术设备，努力降低工程造价，提高环保工程经济效益。经过多年不懈努力，公司所属环保类科技型企业已拥有先进的脱硫、除尘和废水处理等环保技术，已具备了参与市场公平竞争的能力和实力。目前，黄台电厂 30 万 kW 机组脱硫国产化示范工程已开工建设；北京石景山电厂 20 万 kW 国产化脱硫工程即将建成投产；适合 10 万～20 万 kW 规模的中小型火电机组简易脱硫除尘技术已完

成工业示范试验。由于国产化脱硫技术积极参与市场竞争，国内脱硫工程造价已从3～4年前由国外承建时的每千瓦800～1200元下降到600元左右，实施火电厂脱硫的技术条件已基本成熟。

在环保工程建设过程中，要明确和落实各方面的法律责任，切实加强工程建设质量的监督检查和竣工验收工作。

3. 抓紧落实环保投资

根据测算，"十五"期间现有机组环保治理和新建机组脱硫工程建设所需投资约145亿元。在1800万kW脱硫工程中，除去循环流化床锅炉，烟气脱硫机组容量达1400万kW，所需投资约84亿元，其中，新建机组需37亿元，现有机组改造需47亿元。

火电厂脱硫工程从立项到建成投产，至少需要3年左右的时间，要在"十五"剩下的3年多的时间内落实环保治理项目并建成投产，时间非常紧张。目前，约500万kW机组烟气脱硫工程建设计划和资金已基本落实，各电力企业要抓紧其余脱硫工程的立项审批和资金筹措工作，力争尽早开工，以保证"十五"计划按期执行。

为了落实环保治理投资，电力企业要厉行节约，努力挖潜。要大幅度压缩新建电厂厂前区建设，压缩非生产性建设内容，严格控制生产成本，严格管理，节能降耗，提高企业的经济效益。属非生产性开支中不该花的钱或可花可不花的钱坚决不花，要将有限的资金用在环保上，确保重点环保治理项目如期建成投产。今后，公司系统内凡环保计划没有完成或环保工作不过关的电力企业，不允许上其他的建设项目，要变成一项硬措施。

4. 积极争取政策支持

控制燃煤环境污染，建设与社会主义物质文明相适应的生态环境，需要全社会的共同支持和长期不懈的努力。我国中高硫煤炭资源主要分布在西南、中南、陕西以及广西部分地区，燃煤硫份高、二氧化硫排放量大、脱硫任务重的火电厂，主要集中在中、西、南部经济欠发达地区。火电厂脱硫除了高昂的投资费用外，脱硫工程投入运行后，每度电发电成本将增加约2分钱，脱硫电厂在竞价上网中必将处于不利地位。为了推进火电厂脱硫，在加快脱硫等环保治理项目立项建设的同时，积极争取落实《国家环境保护"十五"计划》中提出的优惠政策。

为了鼓励企业节能环保技术改造，国家制定了一系列优惠税收金融政策，公司系统要积极申报重点环保技改项目在国债和"双高一优"等技改计划中的立项，用好国家在环保技改工程中的贴息和税收减免抵免等政策。

国务院关于电力体制改革方案中已明确将组建几个容量为4000万kW左右的全国性发电企业。由于脱硫工程投资额很高，现行以省为单位的二氧化硫排污收费及返还方式难以适应改革后新的格局。为此，我们积极建议国家有关部门研究将各地所征收的火电厂二氧化硫排污费集中返还发电企业、集中用于重点火电厂脱硫治理的政策。目前，各电力公司要依据国家的政策，积极申请二氧化硫排污费的集中返还，统筹用于重点脱硫项目建设。

5. 构建一支高素质环保队伍

环保队伍的建设，关系到电力环保事业的成败。我们要高度重视和积极实施环保人才开发战略，培养和造就一支专业配置齐全、人员结构合理、综合素质较高的环保队伍。

要从技术创新的定位出发，扶持一支具备国际环保技术前沿水平的研发队伍；要从现代化经营管理的定位出发，培育一支具有环保产业化经营能力的队伍；要从综合管理的定位出发，造就一支专业全面、经验丰富的企业环保管理队伍；要从专业娴熟、勤奋敬业的定位出发，建设一支"一专多能"、全面发展的环保设施运行管理队伍。

要积极利用国内外的技术、资金资源，加强环保人员在职培训，逐步推行环保人员持证上岗和定期考评制度，不断提高环保人员的管理能力和技术水平，以适应新的要求。要加强环保机构建设，在不断提高人员素质的同时，营造尊重知识、尊重人才、人尽其才、鼓励人才脱颖而出的制度环境和工作条件，切实提高环保工作人员的地位和相应待遇，为他们创造更多的学习和发展的机会。

我国加入WTO后，环境保护工作面临着许多新的情况、新的问题。从事电力环境保护的干部职工，肩负着光荣而艰巨的使命，要加强学习，加强自身职业道德教育，提高综合素质，要以对人民负责、对子孙后代负责的态度，全身心投入到电力环境保护的伟大事业之中。

6. 深化体制改革，促进电力环保事业发展

国务院颁布的电力体制改革方案，明确了"十五"期间电力体制改革的目标和任务，要求打破垄断，引入竞争，厂网分开，实行竞价上网，制定发电排放的环保折价标准，形成激励清洁电源发展的新机制。在国务院的领导下，电力体制改革的不断深化，既为电力环境保护创造了更为有利的条件，同时也对我们的工作提出了更高的要求。面对新的改革形势，公司系统各级领导，要按照公司党组和高总的要求和公司的统一部署，以对历史负责、对人民负责的积极态度，正确处理好深化改革与加强环境保护的关系，全面完成公司系统环境保护"十五"计划。

发电企业要通过改革，加快环保技术进步，提高

环保装备和管理水平，按照公司环保“十五”计划的要求，全面完成污染物排放控制任务。电网企业要积极研究优化资源配置的环保折价标准，在竞价上网的同时，逐步建立激励环保电源发展，限制能耗高、污染严重小火电发展的电力生产、调度、营销新机制。随着体制改革的进一步深化，国家电力公司将改革为国家电网公司和几个发电公司。虽然厂网分开了，机构变化了，但对环保的要求不变，电力企业各自承担的责任不变。国家电力公司环境保护“十五”计划各项指标要求将分解到新组建的公司去，要求在新体制下全面完成“十五”计划。

国家发展计划委员会曾培炎主任在表彰第一批农网建设与改造工作先进集体和个人及加强第二批农网建设与改造工作电视电话会议上的讲话

（2002年8月23日）

一、农网建设与改造工作进展情况

（一）农网建设与改造按计划进行，农村供电能力、供电质量和供电可靠性明显提高

第一批农网建设与改造投资计划是1998年确定的，投资总规模1893亿元，工程涉及全国31个省（自治区、直辖市）所有农村县（区、市）。目前，第一批农网建设与改造计划已全部完成。据统计，第一批农网工程共建设与改造110kV变电站1800座、线路3万km，35kV变电站7000座、线路7.6万km，10kV线路95万km，低压线路290万km，更换高耗能变压器80万台，改造配电台区100万个，全国农村低压电网改造的覆盖面达到60%左右。

第二批农网建设与改造计划是2001年在青岛会议上确定的，投资总规模992亿元，到2002年4月中旬，投资计划已全部下达。据初步统计，到7月底，已完成投资220亿元，建设与改造110kV变电站23座、线路260km，35kV变电站117座、线路1800km，10kV线路15万km，低压线路43万km，更换高耗能变压器7万台，改造配电台区10万个。

农网工程的实施，初步解决了农村电网结构薄弱、设备陈旧老化的问题，增强了农村供电能力。已经完成低压电网改造任务的村镇，低压线损全部降到了12%以下，供电半径基本达到了不大于500m的要求，高耗能配电变压器全部更换为节能型，供电质量和供电可靠性明显提高，基本可以满足农民用电的需要。

农网工程之所以能够在较短时间内取得显著成效，原因是多方面的，从具体工作来讲，一是高度重视规划、计划和工程设计。一开始就明确提出了要按照“统一规划、统一标准、明确目标、分步实施”的原则，首先做好农网工程的规划和计划工作，使农网建设与改造建立在坚实的基础上。二是资金到位及时。农网工程用国债资金作为项目资本金，银行贷款作为配套资金。这几年，国债资金基本能够及时到位，根据银行贷款担保困难的特点，及时制定电费收益权质押管理办法，保证了资金的落实和及时到位，促进了农网工程的顺利进行。第三，管理规范，要求明确。根据农网改造点多、面广、影响深远的特点，及时制定了投资管理、质量管理和竣工验收等一系列规章制度，明确要求农网工程实行规范化管理，执行项目法人责任制、招标投标制、工程监理制、合同管理制，建立了行政领导人、项目法人、参建单位法人的责任制，有效地保证了农网工程的进度和质量。

（二）农村电力管理体制改革取得明显进展，农村用电管理走上规范化和制度化的轨道

农村电力管理体制改革是巩固农网建设与改造成果的重要保证。在农村电力体制改革过程中，始终坚持了从实际出发的原则，不搞“一刀切”。根据各地实际情况，对直供直管县、趸售县和自供自管县，分别采取不同的办法和措施。坚持把农网改造和农电改革有机地结合起来，以改造促改革，以改革保改造，实现了改造与改革的同步推进。

经过各级政府和电力企业的不懈努力，目前农村电力管理体制改革总体进展良好。大部分趸售县实现了由省级电力公司进行代管的体制，使县级供电企业的管理水平普遍上了一个台阶，并正在积极探索按照现代企业制度组建县级供电企业的措施和办法，组织开展试点工作。乡镇电管站体制改革全面完成，原乡镇电管站全部改为县级供电企业的供电营业所，由供电营业所对农村电力进行统一管理，形成了县级供电企业直管到农户的管理体制。农村电工全部由县级供电企业统一招聘和统一管理，普遍建立了规范的抄表收费制度，全面推行了“三公开”（电量公开、电价公开、电费公开）、“四到户”（服务到户、管理到户、抄表到户、收费到户）和“五统一”（统一电价、统一发票、统一抄表、统一核算、统一考核）制度，使农村电力管理更加规范和透明，有效扼制了农村电力管理中长期存在的乱加价和乱收费问题，促进了农村用电管理的规范化和制度化。

（三）城乡用电同价工作全面推进，农村到户电价大幅降低

长期以来，由于管理体制方面的原因，加之电网线变损高、用电量小，农村到户电价普遍过高，加重了农民负担。因此，要在改造农村电网和改革农电管理体制的基础上，实现城乡用电同价，有效降低农村电价。农网建设与改造工作开展以来，各地高度重视农村电价过高问题，采取了多种措施努力降低农村电价。一方面，通过电网改造有效降低了农网线变损。另一方面，通过规范电价管理和理顺农电管理体制，彻底清理整顿乱加价和乱收费，降低了供电成本。通过这些措施，农村电价的降低水平大都在每千瓦时0.1～0.3元之间，有些地方降得还更多一些。初步测算，农村电价的降低，每年可减轻农民电费负担300多亿元，效果是非常明显的。

同时，根据“两改”进度，积极推进同价工作。出台了一系列政策措施，要求因地制宜确定同价范围和方式，集中力量实现居民生活用电同价，创造条件逐步实现各类用电同价。研究实施了利用取消“二分钱”电力建设基金腾出的空间用于农网还贷等政策，为同价创造了条件。目前，大部分省（自治区、直辖市）的城乡用电同价方案已经落实。北京、天津、上海、江苏、浙江、山东、广西、陕西、宁夏、青海等10省（自治区、直辖市）已经实现了城乡居民生活用电同价，还有的省（自治区、直辖市）部分地区实现了同价，按县级单位统计，全国有800多个县实现了城乡生活用电同价。

四年来的实践充分证明，党中央、国务院关于开展农网建设与改造的决策是正确的，有效地增强了农村供电能力，改善了农村的生产和生活条件，深得广大农民的拥护和欢迎，是实践江泽民总书记“三个代表”重要思想的具体体现。同时，农网的建设与改造，明显改善了农村消费环境，对于开拓农村消费市场，拉动国内需求，促进国民经济持续快速健康发展发挥了重要作用。

农网建设与改造工作是一项覆盖全国的系统工程，涉及面广，工作难度大。各地方、各部门认真贯彻落实中央决策，采取有力措施，做了大量工作，各地涌现出了许多农网建设与改造工作的先进典型。他们辛勤劳动、无私奉献，为农网建设与改造工作做出了贡献，发挥了重要的示范和带动作用。经有关部门评选，产生了8个先进省，经各省（自治区、直辖市）推荐并经有关部门评选，产生了101个先进县和188名先进个人。希望各地以先进集体和先进个人为榜样，继续认真做好农网建设与改造的各项工作，为农村经济和社会的发展做出新的更大的贡献。

二、关于下一步工作的要求

（一）加快实施第二批农网建设与改造工程，确保2002年内基本完成

据初步统计，到7月底第二批农网工程实际完成投资约为220亿元，仅占投资计划的22%，工作进度不够理想。2002年只剩4个月时间了，要按计划完成第二批农网建设与改造任务，难度比较大。特别是一些西部地区和“一省两贷”的省（自治区、直辖市），由于受还贷能力的制约，困难更大一些，需要引起各地高度重视。各省（自治区、直辖市）一定要按责任书的要求，进一步加强组织协调，切实采取有效措施，加快实施第二批农网工程的步伐，确保到2002年底基本完成第二批农网建设与改造任务。

按计划完成农网工程的任务，关键是资金能否及时到位。根据国务院领导的指示，农网工程贷款主要由农业银行负责提供。这既是对农网建设与改造工作的支持，也是对农业银行工作的支持。由于全国各地经济条件差异较大，统一由农业银行提供贷款，就是为了保证不同品质的资产能够合理搭配，确保全国农网建设与改造工作的顺利进行。因此，对于农网建设与改造的贷款要严格执行国家政策。承贷能力强的项目法人要顾全大局，按要求向农业银行贷款。农业银行对一些承贷能力弱的项目法人不能提高利率，也不能借贷。借贷双方都要按照国家的有关要求，密切配合，把已下达的农网建设与改造投资计划完成好。

（二）继续完善农村电力管理体制，进一步加强农村供用电管理

总体来看，农村电力体制改革进展是好的，农村供用电管理得到了加强和改善，但也还存在一些问题，特别是一些农、林系统农网的管理体制还没有理顺，一些交叉供电地区的县级电力体制改革进展缓慢。这些问题导致机构重叠，增加了管理成本，不利于实现城乡用电同价。

由省电力公司对县级供电企业进行直管或代管，是现阶段加强农电管理的重要措施，也是由省电力公司作为项目法人统一贷款实施农网工程的重要条件。尚未理顺省电力公司与县级供电企业关系的地方或部门，特别是因此而影响农网建设与改造的，要按照农电体制改革的要求，尽快理顺关系。有关的省级电力企业要顾全大局，主动做好体制改革工作。对于目前还存在两个或两个以上供电企业的县（市），要按照建立现代企业制度的要求，组建有限责任公司或股份公司，统一负责全县的用电管理工作，以进一步精简机构，降低管理成本。

（三）认真落实城乡用电同价方案，确保年内城乡居民生活用电同价

各级价格主管部门及有关部门要继续做好城乡用电同价工作，抓紧落实各项政策措施，加快同价步伐。一是尚未实现城乡居民用电同价的地区要集中力量优先实现居民用电同价，将“两改”后降低成本形

成的效益集中体现在居民生活用电上，减轻城乡居民用电同价的压力。二是在制定同价方案时，要充分考虑国家对农村低压电网维护费免征增值税等政策因素，尽可能减轻对城市电价的影响；在落实农网还贷方案时，要充分利用取消电力建设基金腾出的空间，各地不得以减免电费或扩大优惠电价范围等方式，影响还贷资金的落实。三是建立城市低收入居民电价保障制度。城乡用电同价在一定程度上会推动城市电价的上升，必须充分考虑城市电价提高对城市低收入居民的影响。要通过建立和完善城市居民生活用电最低保障线等措施，确保城市低收入居民生活的稳定和社会安定。四是因同价推动城市居民电价提高的地方，要根据《中华人民共和国价格法》及有关规定，召开价格听证会，广泛听取意见。要加强对城乡用电同价工作意义和作用的宣传解释工作，争取社会各界的理解和支持。五是加大监督检查力度，坚持不懈地整顿农村电价和农网改造中的乱涨价、乱收费，巩固农电降价成果。要通过以上工作，确保2002年内基本实现城乡居民生活用电同价，力争实现城乡各类用电同价。

（四）进一步加强农网建设与改造的管理，确保工程质量和效益

目前，在农网工程的管理方面存在两个值得重视的问题。一是一些地方疏于管理，有法不依，有章不循，有的甚至利用招投标采购非法谋取私利；二是有的地方借农网建设与改造之机向农民乱收费和乱摊派，加重了农民负担，引起了农民不满，社会影响很坏。国家计委2002年上半年收到了近百封这方面的举报信件。

对于农网工程的管理，已经制定了一系列规章制度，要求是明确的，关键在于认真执行和贯彻落实。农网工程必须严格执行招标投标制和建设监理制，特别是设备的采购和施工队伍的选择，必须按照招标投标法的要求，公开、公平、公正地进行，接受社会的监督，绝不能搞暗箱操作。各省级项目法人要切实负起责任。对于举报和反映的问题，我们要组织稽察核实，对于违反法纪的，要依法严肃处理，并追究省级项目法人的责任。各省（自治区、直辖市）计委对农网工程的管理要进行跟踪监督检查，特别是要组织好竣工验收工作，把好最后一道关。

农网建设与改造中向农民乱收费的问题屡禁不止，必须引起各方面的高度重视。第二批农网建设与改造要高度重视解决乱收费问题，严禁借机向农民乱收费和乱摊派，特别是对第一批农网工程中已经发生并纠正过的问题，在第二批农网工程中决不能再次发生。如果发现还有某些项目法人单位或个人借农网建设与改造之机向农民乱收费的情况，各级价格主管部门要进行严肃查处。

赵希正副总经理在公司系统主要负责人会议上的讲话

（2002年10月20日）

电力体制改革工作小组第四次会议是在迎接党的第十六次全国代表大会的背景下召开的，充分体现了党中央、国务院对电力工业改革和发展的高度重视和亲切关怀，体现了党中央、国务院对国家电力公司党组和公司系统领导干部在政治上的信任和重托。在电力体制改革的关键时期，党中央、国务院作出加快实施电力体制改革的重大决定，并且调柴松岳同志出任电力监管委员会党组书记和主席，从组织上加强对电力工业的领导，这一决策非常英明、非常正确、非常及时。10月16日上午，国家电力公司召开党组会议，传达党中央、国务院的重大决策与部署，贯彻电力体制改革工作小组第四次会议精神，公司党组坚决拥护并认真贯彻落实党中央、国务院关于电力体制改革的决策和部署，坚定地与以江泽民同志为核心的党中央保持高度一致，决不辜负党中央、国务院对我们的信任和重托，拥护中央组织部关于成立6个公司筹备组和由华能集团公司现任领导班子负责改组华能集团公司的决定，决心认真落实好国务院电力电信民航体制改革领导小组和电力体制改革工作小组部署的各项工作任务。

10月18日，国务院副总理吴邦国同志在工作十分繁忙的情况下，专门抽出时间听取我们关于贯彻国务院电力体制改革工作小组第四次会议情况的汇报，并作了重要批示："希正同志：同意所拟意见和工作安排。十六大召开在即，而电力体制改革又处于实施阶段，希望切实加强领导，确保各项工作的顺利开展。要特别强调的是：①确保安全生产，尤其是华北局不能出事，十六大期间不能出事。②确保队伍稳定，做好干部职工思想政治工作。③防止国有资产流失，不能突击花钱、铺张浪费。④努力完成2002年生产任务和做好2003年生产准备工作。希望这些基本要求能在干部会上明确，全系统上下齐心协力，做好工作，迎接十六大的召开。"明天上午，公司将在华北电力集团公司召开华北电网确保十六大期间安全可靠供电现场办公会，进一步研究落实保证安全可靠供电的具体意见和措施，确保万无一失。

我们这次会议的主题，就是要认真学习传达贯彻吴邦国副总理的重要批示和电力体制改革工作小组第四次会议精神，积极贯彻落实电力体制改革的实施方案，进一步统一思想认识，增强公司系统的凝聚力，坚定不移地推进改革，加快新公司的组建，继续做好

国家电力公司的各项工作，实现新旧体制转换的平稳过渡，确保做好十六大召开的各项电力服务工作，确保安全生产和职工队伍稳定，确保年内完成改革的预定目标，确保年内各项任务和各项指标的全面完成。

一、认真贯彻电力体制改革工作小组第四次会议精神，进一步统一思想，顾全大局，步调一致

电力体制改革工作启动以来，公司党组坚决拥护党中央、国务院关于电力体制改革的决策和部署，坚定地与以江泽民同志为核心的党中央保持高度一致，认真贯彻落实电力电信民航体制改革领导小组和电力体制改革工作小组的部署和要求，本着对党、对人民和对电力事业高度负责的精神，找准定位，按时完成了电力体制改革工作小组交办的任务，确保了电力体制改革的有序推进。公司组织对电力体制改革中有关重大问题进行研究，充分听取和如实反映各方面的意见和建议。公司研究提出的《重组划分电网、发电和辅业、三产（多经）企业的初步方案框架》和《发电资产重组划分方案》得到了电力体制改革工作小组的充分肯定，国家计委已上报国务院并经国务院领导批准。在方案的形成过程中，公司体改办和有关部门做了大量的工作。公司系统各级财务部门在资产重组时间点确定为2000年度的情况下，克服困难，按时完成了资产与财务调查摸底任务。在一手抓改革的同时，公司着力抓了安全生产和职工队伍稳定，着力抓了西电东送三大通道和三峡电网的建设，着力抓了经营管理和经济效益的提高，着力抓了电力发展前期项目的正常进行，着力抓了党的建设和反腐败斗争，着力抓了优质服务工作，公司的各项工作为顺利实施电力体制改革奠定了重要的基础。对此，吴邦国副总理和曾培炎主任很满意，给予了充分肯定。

当前电力体制改革已经进入方案的实施和操作阶段。公司系统各级领导干部要进一步把广大干部职工的思想认识统一到党中央、国务院关于电力体制改革的决策和部署上来，认真贯彻落实电力体制改革工作小组第四次会议精神，积极支持改革，全力做好改革实施的各项工作。要充分认识到体制改革工作的重要性和任务的艰巨性、复杂性，认真履行好各自的职责。在实施电力体制改革的过程中，始终坚持讲政治、顾大局、保安全、保稳定、守纪律，坚持指挥不断、忙而不乱、有条不紊，坚持改革、发展、稳定相协调，以实际行动迎接党的十六大胜利召开。

二、加强领导，认真贯彻党中央、国务院的改革部署，做好电力体制改革的有关工作

电力体制改革的大政方针已定，具体实施方案已定，各公司筹备班子已定，工作任务和时间要求已定。按照电力体制改革工作小组的部署，年内要完成国家电网公司、南方电网公司和五大发电集团公司的筹建工作。时间很紧，任务非常繁重。公司上下要积极支持和参与改革，确保改革任务如期完成。

按照电力体制改革工作小组第四次会议精神，国家电力公司要做好资产的划分、移交以及相关的债权债务、权益的划转工作，做好公司4个直属辅业单位移交中央企业工委的工作。国家电力公司要全力以赴支持电监会的工作，积极地提供帮助，使其尽快到位、尽快工作。积极支持和配合各新组建公司筹备组开展有关工作，积极支持中电联的改革。国家电力公司体改办要在公司党组的领导下继续开展相关工作，加强与电力体制改革工作小组和电监会的联系，积极为各筹备组提供服务，搞好具体工作的衔接，实现平稳过渡。中国电机工程学会和中国水力发电工程学会的改革要纳入公司体改办研究范围，做好相关工作。

在新旧体制过渡期内领导体制不变。即电力体制改革要继续在邦国同志为组长的国务院电力电信民航体制改革领导小组领导下，在曾培炎同志为组长的电力体制改革工作小组领导下进行；公司的全面工作和改革工作要继续在党组集体领导下稳步推进。公司党组各位同志分工职责不变，坚持集体领导和民主集中制的原则，每位党组同志都是双重职责，即一手抓好现在分管工作，一手抓好公司筹建工作。松林同志一手抓好现在分管工作，一手抓好在财务方面全方位为各公司筹建的服务工作。做好公司改革工作，我看要靠三条：①政治上，以毛泽东思想和邓小平理论为指导，努力实践“三个代表”重要思想，在行动上与以江泽民同志为核心的党中央保持高度一致，讲政治，讲学习，讲正气，心无旁骛，集中精力做好工作。②坚持民主集中制，坚持集体领导，反对独断专行，营造既有集中又有民主，既有纪律又有自由，既有个人心情舒畅又有生动活泼的政治局面。③把公司党组和个人工作置于全体党员和群众的监督之下，办事情增强透明度。公司党组有信心、有能力全面完成好双重任务。

各公司筹备组要按照国务院电力电信民航体制改革领导小组和电力体制改革工作小组的部署和要求，在公司党组的统一领导下，认真学习国务院关于电力体制改革的一系列文件，深刻领会精神实质，严格按照改革文件的各项要求，依照有关法律法规和政策要求，尽快研究提出新成立公司的组建方案和章程，按时完成新公司的组建和挂牌工作。在人员的配备、资产的划转和工作的衔接上，要坚持统一领导的原则，树立全局观念和大局意识，顾全大局，讲党性、讲风格，团结合作、互相支持、互相配合，加强协商和沟

通、形成共识。遇有重大问题及时上报请示电力体制改革工作小组。

为了落实邦国副总理加强领导的指示，完成如此繁重的改革任务，公司将充实和加强体改办的人员和力量，同时成立五个专门工作小组，即人事干部工作小组，资产财务工作小组，电厂安全管理移交工作小组，政策及新公司组建指导小组，审计监察工作小组。公司将发文进一步明确各工作小组的人员组成和工作任务。公司还将尽快建立与完善公司月度工作计划会、周一的生产调度会和每日的生产例会三项制度，真正实现公司的企业化运作，为基层和生产一线服好务。在过渡期中，各公司筹备组成员特别是筹备组中的各网省公司一把手，既要完成筹备新公司的任务，更要肩负原岗位的工作职责和任务，两项任务一肩挑，工作期间可能还会出现各种错综复杂的问题，任务十分繁重，责任极其重大。请大家务必担负起重任，千万不能出现管理责任真空，一定不要辜负党中央和国务院的殷切期望，不辜负广大电力职工的重托，团结一致，齐心协力，共同把这一特殊和关键时期的工作做好。

三、全力做好安全生产工作

十六大即将召开，这是全党和全国人民政治生活中的一件大事，令世界瞩目。确保十六大期间电力安全生产事关党和国家的工作大局。当前安全生产工作中的头等大事，就是确保十六大期间电力供应万无一失，特别是华北电网和北京电网，这是我们工作的中心环节，重中之重。我们要把安全生产工作当作一项严肃的政治任务来对待。安全工作的好坏关系到电力系统的形象，关系到改革的成败，我们要确保十六大期间公司系统不出重大事故，不发生影响行业形象的重大事件。现在电力体制改革已进入实质性操作阶段，在体制转换过程中，安全工作面临着极其严峻的考验。在当前形势下，安全工作要警钟长鸣，居安思危，要以高度的政治责任感和严谨认真科学的工作态度，采取有效措施，落实责任，加强管理，严明纪律，坚决杜绝重大事故的发生。在电力体制改革工作小组第四次会议上，国家经贸委欧新黔副主任对安全工作提出了明确要求，刚才又作了重要讲话，我们一定要认真贯彻落实。要确保十六大和2003年“两会”期间的电力安全生产、电力信息网络安全、电网安全稳定运行，确保重要城市、重要用户、重大政治活动的用电。要认真贯彻国庆节前公司召开的确保安全生产和稳定电视电话会议精神，认真贯彻《安全生产法》，坚持“安全第一，预防为主”的方针，突出一把手负责制，加强电网调度管理，加强跨区送电管理，确保不出现大电网稳定事故、大面积停电事故和电网瓦解事故，防止人身死亡事故和重大设备损坏事故等恶性事故的发生。华北电力集团公司、北京供电局等单位在安全生产工作中承担着极其重要的任务，要把保电措施落到实处，确保十六大期间一些重要发电厂、变电站以及重点线路的安全稳定运行。

四、把确保队伍稳定放在更加重要的位置来抓

中央对稳定工作高度重视。曾培炎主任在电力体制改革工作小组第四次会议上指出，当前电力改革工作千头万绪，十六大又即将召开，国家电力公司处于一个非常时期，稳定压倒一切。在改革的关键时期，我们要按照中央要求，进一步落实稳定工作一把手责任制，切实加强思想政治工作，确保队伍稳定。要高度重视信访工作，妥善处理热点和难点问题，及时排查各种不稳定因素，力争把影响稳定的问题解决在萌芽状态，把矛盾化解在基层。要建立稳定工作的预警机制，制定突发事件的处置预案，保证稳定工作的可控和在控。十六大期间要杜绝集体进京上访，杜绝发生影响社会稳定的事件。我们要继续同“法轮功”邪教组织做坚决斗争，积极维护社会稳定。做好公司本部的稳定工作。国家电力公司党组和各新组建公司筹备组将本着“根据工作需要，考虑个人意愿，最后组织决定，分期分步到位的原则”，以认真负责的态度做好本部人员的安排工作。公司首先支持电监会选人。各发电集团公司不管是从公司本部选人，还是从网省公司选人，公司也将大力支持。但是要在党组集体领导下，通过人事干部工作小组来进行，以保持人员的稳定。在此也对人事部门提出要求，要统筹安排，要严肃纪律，要严格保密。队伍的稳定关键是干部队伍稳定，关键是一把手思想稳定。公司本部的稳定直接影响基层的稳定，国家电力公司本部的稳定是重中之重。特别是公司各部门负责同志一定要做好本部员工的稳定开作，保证正常的工作秩序。要负起责任，带好队伍，坚守岗位，为基层服好务，为系统做出表率。

五、切实做好电力优质服务工作

做好电力优质服务工作，迎接党的十六大的胜利召开，是我们当前的一项重要任务。我们要认真学习江泽民同志“5·31”重要讲话精神，学习《江泽民论有中国特色社会主义》一书，用“三个代表”重要思想武装头脑，提高优质服务的自觉性和主动性，在为广大用户提供优质服务的过程中，切实维护好广大人民群众的根本利益。党的十六大的召开，是全党工作的大局，电力工业必须为党和国家的工作大局服好务。要切实做好为十六大服务的宣传部门等重要用户

和重要场所的供电工作，主动加强与有关部门的联系，认真落实有关保电措施，确保安全可靠供电，做好优质服务工作，在改革中进一步树立电力企业的良好形象。

六、切实加强管理，确保全年任务的完成

2002年1～9月，全国发电量完成11758.9亿kWh，同比增长10.6%。公司全资及控股发电量完成5687.9亿kWh，同比增长8.4%；公司系统完成售电量7972.5亿kWh，同比增长11.1%；公司系统实现产品销售收入2919.8亿元，同比增长12.9%。公司利润指标有所提高。公司生产经营建设总体情况良好，但由于燃料成本和财务费用的大幅增长，完成2002年任务依然需要做艰巨的工作。2002年公司工作会议确定的经营目标不变，三项责任制不变。公司系统各单位要认真贯彻全国增收节支会议精神，增强市场意识、效益意识，开拓电力市场，努力增供扩销。要千方百计抓好电费回收，将应收电热费余额控制在年初制定的目标以内。坚持艰苦奋斗、勤俭节约，加大预算执行和考核力度，加强资金集中管理和成本控制，严格控制非生产性开支，严禁铺张浪费。大力压缩会议费用和出国考察培训费用。禁止突击花钱，禁止突击分钱分物，不准巧立名目增发奖金，不得借出差机会用公款游山玩水。加大资产经营责任审计力度，严格财经纪律，落实国有资产保值增值责任。积极克服困难，认真做好清缴欠税工作，完成上交财政任务。要做好公司2002年财务决算工作和2003年的财务预算编制。

七、抓紧电网、电源项目前期工作，积极推进重点工程建设，在改革中保持电力工业健康发展

改革的目的是为了促进发展。改革中要确保电力工程项目建设和前期工作的连续性，绝不能因为电力体制改革影响了电力工程的建设进度和工程建设质量。要认真研究电力的发展和建设形势，切实抓好电力项目的前期工作，继续抓好电源项目和电网建设项目，特别要抓好西电东送和跨区联网等重点项目的建设。加快第一批、第二批西电东送工程建设，确保2005年向广东新增送电1000万kW。同时，加快西电东送北部通道建设。科学安排三峡输变电工程建设进度，确保2003年三峡首批机组发电的可靠送出。加快西北电网750kV输变电工程前期工作。加强各电网主网架建设，满足新的《安全稳定导则》对电网安全运行的要求。进一步加强城乡电网建设与改造，特别是完成农网第二批改造任务，从实际出发，推进“两改一同价”工作。加强对龙滩、小湾、公伯峡等水电项目的建设与管理。积极推进陕北煤电基地开发。保证电力基本建设计划的完成。控制好造价，保证工程进度与质量。同时，要继续认真做好2003年计划的编制工作，做到公平、公正和公开。

八、落实责任，严守纪律，以良好的作风确保各项工作的完成

当前电力体制改革方案开始付诸实施，公司的工作处在比较特殊的时期，做好这期间的安全、稳定、服务、经营、发展等各项工作，各单位领导班子是关键，班子中一把手是关键。一把手工作千头万绪，讲政治、讲大局、讲正气是关键。公司系统各单位主要负责同志，特别是进入筹备组的领导同志，要切实负起责任，加强纪律，转变作风，确保各项工作的全面完成。

我在这里再次强调，改革期间三项责任制考核不变。在过渡期间，一把手对电厂电网的安全生产的第一责任人的职责，对职工队伍稳定的第一责任人的职责，对遵守财经纪律、防止国有资产流失、确保国有资产保值增值的第一责任人的职责以及党风廉政建设第一责任人的职责都不变。筹备组成员中是现在网省公司一把手的，要两个任务一肩挑，承担双重职责。进入筹备组的领导同志要处理好新旧岗位的衔接与交替，顾全大局，先人后己、统筹安排、摆好位置。要首先保证自己所辖的工作范围不出现任何问题。各网省公司要切实负起目前管理的发电厂在正式移交前的安全、稳定和资产保值增值责任，在新的发电公司组建之前，在没有正式办理电厂的移交手续之前，继续承担起相关职责。公司决定下发国家电力公司第二号令，进一步明确过渡时期发电厂的管理，落实责任。参与筹备组工作的主要负责同志离开工作岗位时，要按本单位的工作程序，安排好工作的衔接，明确一位负责同志代行有关职责，但其自身承担的责任不变。各单位的一把手和主管生产的负责同志不能同时出差和出国。对于工作中出现重大失误，失职、渎职造成重大事故、重大损失和影响的，要坚决进行责任追究。

在电力体制改革过程中，各级干部要在政治上、思想上、行动上与以江泽民同志为核心的党中央保持高度一致，按照党中央、国务院的决策和部署，统一思想，统一步调，努力做好各项工作。严格遵守政治纪律、财经纪律、工作纪律、保密纪律，确保政令畅通，做到令行禁止。生产建设的资金该保要保，该投入的要继续投入。资产、资金的划分和移交要按照国家批准的有关文件和规定的程序进行，决不允许擅自做任何手脚，否则，将严肃追究单位领导和当事人的

责任。各单位要严格请假报告制度，对出国团组要严格控制。要特别强调人事组织纪律，筹备组中现任各单位一把手的，要严格遵守中央廉洁自律的有关规定，要模范遵守这次体制改革中关于干部人事冻结的有关规定，不要干预离任后的人事安排，更不准封官许愿，不准请客送礼，不准接受下级的吃请送。要规范自己的行为，按中央的决定办事，给广大干部职工做出好的榜样。要继承和发扬电力系统的光荣传统，大力弘扬正气，艰苦奋斗，廉洁奉公。要认真贯彻中央纪委七次全会精神，重点抓好《关于中央企业领导人员廉洁自律若干规定的实施办法（试行）》的落实。全面落实党风廉政建设责任制，从严抓廉政建设，加大从源头上预防和治理腐败的力度。

国家经贸委欧新黔副主任在华北电网确保“十六大”安全供电会议上的讲话

（2002 年 10 月 24 日）

10 月 24 日上午，国家经贸委电力司贾英华同志受欧新黔副主任委托，参加了华北电网召开的确保十六大安全供电会议，传达了欧主任的三点指示：

（1）各级领导要高度重视并保障华北尤其是北京地区的用电，特别是十六大期间的政治供电。中央和国务院领导同志非常重视电力安全生产，邦国副总理多次对此作出批示和指示。希望各级领导广泛发动广大职工，加强安全生产教育，首先保障电网的安全运行。实现华北保京津唐、京津唐保北京、北京保重点部位政治用电的要求，同时作好拉闸序列及事故预案。

同时，也借此机会要求各级经贸委的电力职能部门，大力协调、协同配合电力企业作好保电的各项工作。杜绝电网的任何责任事故。

（2）层层落实责任制。从集团公司到电网调度以及电厂、供电企业，一直到车间、班组，都要明确安全生产职责。真正按照邦国副总理指出的：克服安全生产严不起来，落实不下去的问题。狠抓层层落实电力安全生产责任制。进入电力改革筹备班子的领导同志，仍然要两肩挑，负起安全生产第一责任人的职责。确保十六大供电万无一失。

（3）排除隐患，做到防患于未然。各单位的领导要本着对党和人民高度负责的精神，认真研究电力安全生产中的关键部位的关键问题、要害问题，把事故消灭在未萌之中。同时把安全生产作为考核干部职工的重要依据。发扬电业职工的光荣传统，完成电力改革和十六大期间保障安全供电的历史重任。

中电联常务副理事长刘宏在省级电力行（企）协工作交流会上的讲话

（2002 年 10 月 16 日）

一、当前的经济形势和电力体制改革

2002 年以来，上半年国内生产总值增长 7.8%；全社会固定资产投资增长 21.5%，比 2001 年同期提高 6.4%，城镇居民人均可支配收入和农民现金收入，实际分别增长 17.5% 和 5.9%，均高于 2001 年同期水平。外贸出口和外商直接投资明显加快，上半年累计实现贸易顺差 134 亿美元，同比增加 54 亿美元，外商直接投资实际到位 246 亿美元，增长 18.7%。国家外汇储备达到 2428 亿美元，比 2001 年初增加 306 亿美元。综合国力进一步增强，各项经济指标都好于预期目标。

1～7 月份，新投产装机容量 531.44kW；总装机容量达 34395.63 万 kW；全国发电量 8894.65 亿 kWh，同比增长 9.47%；国电公司全资及控股电厂完成发电量 4317.13 亿 kWh，同比增长 7.45%；上半年全社会用电量同比增长 8.9%。

根据国务院国发［2002］5 号文件的要求，3～9 月份的中心任务主要涉及资产重组方案、电价改革方案和人事安排等方面，可以说：资产重组是重点，班子组建是核心，新的电价改革方案是关键。这方面的工作正在积极有序地进行。

（一）关于资产重组和划分问题

资产划分重组是改革的前提。自 3 月 15 日电力改革工作小组成立并召开第一次会议。国家电力公司根据工作小组的要求，提出了《重组划分电网、发电和辅业三产企业的初步方案框架》。6 月 3 日工作小组召开第二次会议对这个《方案框架》进行了讨论。国家计委将修改后的《方案框架》摘要上报给朱镕基总理和吴邦国副总理。朱镕基总理和吴邦国副总理都作了批示，《方案框架》得到了国务院领导的认可。

根据国务院领导的批示，国家计委起草了《关于落实电力体制改革实施方案的情况报告》，提出了下一阶段的工作分工和时间安排。7 月 19 日吴邦国副总理批示“电力体制改革的分工安排、主要政策，国务院领导均已同意。请培炎同志主持召开会议，予以落实”。7 月 25 日曾培炎主任主持召开了电力改革工作小组第三次会议，落实吴邦国副总理的批示精神，部署了下一阶段的任务。国家电力公司于 8 月 20 日

提出《发电资产重组划分方案》，8月22～23日征求了小组各成员单位和列席单位的意见。改革已进入了准备具体实施阶段。

这个《方案》明确了三项重大的政策，①为有利于电网安全稳定，国家电网公司管理的各区域电网总计保留可控容量为1992.5万kW（权益容量为1597.74万kW）的抽水蓄能和应急调峰电厂；为南方电网公司预留276万kW（权益容量219万kW）的发电资产。②为补充电网建设资本金和支付部分改革成本，国家电网公司系统暂保留发电资产权益容量647.3万kW，并适时转让，变现收入由中央财政专项管理，专款专用。③为支持主辅分离，划转给重组中设立的辅业集团公司（包括区域公司、省公司设立的辅业集团公司）权益容量为920.01万kW的参股发电资产，辅业集团公司只参加分红，不参与管理。

根据划分发电资产重组的有关原则，除留有调峰应急、变卖以及支持辅业持股的容量外，国家电力公司其余发电资产（可控容量16163.4万kW、权益容量10357.32万kW）重组进入五大发电公司。各发电公司的平均规模约为：可控容量3200万kW，权益容量2000万kW左右。

（二）关于电价改革方案问题

电价改革是这次改革中的关键，它关系着厂网分开后电网公司和发电公司的正常运行。2002年5月由国家计委牵头，国家电力公司和中电联承办，由部分专家组成的一个工作组专门研究重组后的电价改革方案问题。6月初形成了几个配套文件的初稿，之后多次召开专家研讨会，又广泛征求了电网公司、发电公司的意见，国家计委汪洋副主任专程率团出国考察电价问题。此外还组织工作组成员赴山东等地实地调研。经过考察调研和反复讨论修改形成了一个基本思路和框架，并于9月25日印发了电价改革方案，征求相关单位意见。

根据5号文件的精神，电价分为上网电价、输电电价、配电电价和终端销售电价。上网电价包括容量电价和电量电价，容量电价由政府有关部门核定，电量电价通过竞争形成；输配电价由政府定价；销售电价以上述电价为基础形成，建立与上网电价的联动机制。

我国电价从1985年实行集资办电以来，经历了“还本付息电价”和“燃运加价”等多种电价政策，这对解决我国长期缺电局面起到了重要的作用。2001年以后又以“经营期电价”政策逐步取代“还本付息电价”政策，也体现了与时俱进的精神。按照5号文件的要求，电价改革应与整个电力体制改革协调推进，要在总结和借鉴国内外改革经验教训的基础上，从中国国情出发，建立与社会主义市场经济体制相适应的、兼顾效率和公平的电价形成机制。以优化资源配置，促进电力工业健康发展，兼顾企业和社会目标。

（三）统一思想，顺应改革大势

5号文件是国家对电力体制改革的重要文件，要认真学习，深刻理解，贯彻其精神实质。搞市场经济，那就要深刻理解市场经济的真谛：一是开放；二是竞争；三是法制化；四是诚信。

电力行业确实是特殊行业，承担着其他行业所没有承担的责任，它的重要性也是显而易见的，但电力行业毕竟是一个行业，电力行业有自己的特殊规律，但社会主义市场经济的一般规律是更高层面的规律，这是普遍规律。比如一般行业没有这么复杂的改革，而电力启动这次改革就要政治局讨论，而且还设立电力监管委员会，这就是特殊性所在。全世界电力改革趋势也是放松管制、加强监控。

就竞争而言，从市场经济一般规律看，搞众多无序的竞争肯定是有害的，企业划分过小，每家企业搞创新、抓管理，社会总成本费用就很高，不能形成力量，这样对市场发展肯定是不利的。包括市场经济国家也没有这种先例。若把所有企业合成一家，则会使企业效率低下，没有积极性，这经过实践也是不合理的。

一家垄断有害，无序竞争也有害，可由若干家相互竞争，既提高效益，大力量创新，又能形成良好的竞争，这叫寡头垄断。1890年美国通过了第一部反垄断法《希尔曼法》，颁布此法的依据是自由竞争将产生最经济的资源配置、最低价格、最高的质量和最大的物质进步，同时创造一个有助于维护民族稳定的政治和社会制度的环境，现全世界共有84个国家制定了反垄断法，我国也制定了《反不正当竞争法》。垄断可以分为三种：①规模垄断，就是企业要越做越大，达到相当规模，这也即所谓自然垄断；②准入垄断，就是只许自己干，不许别人进入，限制别人发展；③组织垄断，如行政垄断和区域不开放。所以电力行业要用发展的眼光看待此次电力体制改革。

二、对电力行业协会的再认识

电力行业协会当前面临的主要问题：

（1）有关社会团体的法律法规不健全，行业协会定位问题不明确。时至今日，我国还未制定社团法。国务院颁发的《社会团体登记管理条例》，虽然明确了协会的性质，但对于行业协会的地位、职能、机构编制和用人机制、经费来源，以及如何发挥行业协会的职能和作用等，都没有明确的具体规定。国家经贸委印发的《关于加快培育和发展工商领域协会的若干意见》（试行）（国经贸产业［1999］1016号），虽然对行业协会的性质、地位、职能作了规定，但由于这个文件只是一个部门文件，约束力有限，文件中提出的协会的许多职能无法落实；同样，这个文件对工商领域协会的机构编制和用人机制、经费来源等也没有做出明确的规定。所以，行业协会即使从政策层面上有了一个说法，而从法律方面来讲，行业协会的定位问题至今未予解决。政府有关部门对行业协会没有进行必要的分类，有的按事业单位对待，有的按企业对待，使得行业协会的性质和地位等一直得不到明确的定位。

(2) 经费没有可靠稳定的来源。目前，省电力行业协会所需经费，绝大部分是靠省电力公司资助解决的。虽然有些电力行业协会制定了按“级差”收取会费或按单位会员上年的生产产量或销售收入的一定比例收取会费的办法，并经会员代表大会或理事会讨论通过，单位会员也愿意按此缴纳会费。但是，由于没有法律规定或政府的红头文件为依据，在财税大检查中往往被视为乱收费、乱摊派。这样，不仅电力行业协会的活动经费没有保证，连协会本部专职工作人员的工资福利待遇也没有可靠来源。电力行业协会的生存就是问题，更谈不上发展了。

(3) 职能不能完全到位。从理论上讲，“政府宏观管理，企业自主经营，行业协会自律管理与服务”的新型的电力体制格局已初步形成，但是，由于政府机构改革和企业改革还没有完全到位，电力体制的改革仍正在进行中，管理职能的分离、转移和移交，还有一个过程。所以，电力行业协会的职能，特别是一些具有实质性内容的职能，大多数还没有到位。

(4) 人员没有编制规范。我国现有的四大法人，即行政法人、事业法人、企业法人和社团法人，前三类法人都有编制序列，而社团法人的编制序列还没有建立起来。因此，电力行业协会的机构设置和定员编制等均无章可循。目前，各省电力行业协会的机构设置和定员编制，基本上都是根据挂靠单位省电力公司领导的认识和意愿而定。有的协会本部机构十几个，工作人员数十名；有的协会本部机构二三个，工作人员十几名，甚至只有几名工作人员。

1. 中电联在电力体制改革中的定位和应采取的工作方法和工作理念

国务院发布的《社会团体登记管理条例》规定“社会团体，是指中国公民自愿组成，为实现会员共同意愿，按照其章程开展活动的非营利性社会组织”。国家经贸委也在有关行业协会论述中指出：行业协会是本行业企业事业单位及其相关经济组织依法自愿组成的民间性、自律性、非营利性、具有产业性质的经济类社团法人。是社会主义市场经济体系的组成部分，是工商业管理体制中政府与企业之间的社会经济中介组织，是企业和政府之间的桥梁纽带，是会员合法利益的代表。

在国务院国发［2002］5号文《电力体制改革方案》中明确：要进一步充实和完善中国电力企业联合会的自律、协调、监督、服务功能，充分发挥其在政府、社会、电力企业之间的桥梁、纽带作用。经政府授权，履行电力行业信息、资料的统计和分析等职责。

要正确理解国务院文件精神，明确中电联与政府主管部门、电力监管机构、各类电力企业及省电力行业协会的关系。中国电力企业联合会体制改革中定位可否这样描述：中电联是由国务院电力行政管理部门主管，国家电力监管委员会指导，为电力行业各类企事业单位服务，对省电力行业协会进行联系和指导的行业中介组织。

行业协会的定位决定了工作理念、工作思路、工作方式和工作方法，应遵循以下十条：

(1) 行业协会是市场经济发展到一定阶段的产物，是改革的产物，行业协会也一定随着市场经济体制的不断发展完善而成长发展，同时也要接受市场的选择，行业协会只有不断结合行业和企业实际，提高自身素质，提升服务水平，才能生存和发展，才能得到企业的拥护，政府的认可，社会的认同。

(2) 行业协会是社会中介性质的社团法人，既不是政府，靠依法行政的手段工作，也不是企业，依法按资产纽带进行运作，行协的主要手段在于通过自己的优良服务和工作，吸引、影响和引导企业。

(3) 行业协会的工作人员要有强烈的服务意识和平常心态。

(4) 行业协会的服务工作一定要坚持服务最大化、效果最大化、价值最大化，也就是在我们的职能范围内扩大服务面，深化服务的深度，服务工作同时要做到有益、有效。服务工作要不断创造品牌，做到价值最大化。

(5) 行业协会的服务工作要做好普遍服务、特色服务和典型服务，也就是说要做好面向所有会员的一般性服务，如公共信息、工作交流等；还要做好部分企业和特定时段、特定条件下需要的服务，如企业咨询、专项调研等；还要做好典型企业的服务，如特困企业或重大管理措施和技术措施的选择咨询等。

(6) 行业协会应是有“头脑”的组织，而不仅仅只是一个“躯干”组织。要利用联系广泛、中介公正、智力资源丰富的特点，不仅要做到是个思想库，而且要成为智力工厂，不断生产出有益、有效的软科学成果。

(7) 行业协会要不断地创新，不仅在于工作的创新，而更在于职业精神和道德精神的建设和创新。坚持与时俱进、与世共进。

(8) 行业协会的基本工作原则是开门办会、民主办会。随着加入 WTO，要面向会员和一切电力企业及关联企业，坚持会内的事情要小事通气，大事相商。在研究问题的阶段要坚持求异存同，这才能集中到新的思想；在实践阶段要坚持求同存异，这才能形成整体利益的实现和行动的统一。

(9) 行业协会应全心全意依靠会员单位，尤其要充分发挥骨干电力企业的作用，会员单位尤其是骨干企业也应把行业协会的事看成大家共同的事业来关心、支持和帮助。

(10) 行业协会的工作方法主要在“中、协、联”三个字上做文章。“中”就是公正、公平、公开，不偏不倚；“协”就是协助、协同、协作、协调；“联”就是联系、联络，使我们更具广泛的代表性。

2. 省级行业协会在电力体制改革中的任务

省电力行业协会在这次电力体制改革以后，也将会发挥更大的作用。省电力行业协会和中电联的关系就是联系和指导的关系，它也是在省上注册的独立的社团法人，省电力行业协会的定位和作用我认为：

(1) 随着产权的多元化、资本的社会化和管理的法制化这种情况的出现，在一个省肯定有多个独立的电力企业的主体，这样一来，大家既有竞争，又有共同合作的地方，在政府机构管大事、要事，又要机构高效精干的情况下，许多事务性、技术性和业务性的工作就要落在行协肩上，行业管理和自律管理是客观存在。

(2) 根据国家经贸委关于商会和行业协会的管理办法明确提出，按照一地区一行业只设立一个行业协会的基本原则，每个省应该只有一个省级电力行业协会，这样对大家有利。行业协会的任务，国家经贸委曾规定了 17 条，这 17 条任务，省级电力行协除了像标准的制定、电力建设定额和职业技能鉴定标准等必须全国协调的事情以外，都可以在不同层次，按照实事求是、开拓进取、不失时机的原则，成熟一个就接受一个，开展一个。这 17 项任务都可以进行。比如，电力企业标准化工作可以在宣贯标准、监督标准以及指导企业标准化工作在本省的实现。

中电联整个服务体系包括省级行业协会、各分会和代管协会。随着为电力企业服务的协会群体的出现以及中电联在电力体制改革中定位明确，我们将重新调整完善行业协会的服务体系。第一就是加强中电联与各省行协的联系和指导，发挥省行协的作用，以形成全国电力行业服务网络，第二就是通过分会完成较为专业的服务，为会员提供更加有效的有个性化的服务。

3. 关于电力行业协会的职能

电力行业协会的职能问题有多种划分方法，总体上可分为以下四个方面：一是政府授权，委托的事项。如进行行业统计、制订修订标准规程及有关的监督检查工作等；二是行业自律服务和管理职能，通过制定行规行约，维护行业整体的长远的合法权益，树立行业在社会的良好形象；宣贯、监督执行电力行业非强制性标准、服务标准、质量规范及行检行评等；三是参与有关方面的研究和决策，如向政府反映企业的要求，提出有关建议，参与制定行业发展规划，电力市场规划等；四是为企业提供的个体服务，如培训、法律服务等。2002 年我们委托湖北电力行业协会作为组长单位，由 8 家省级电力行业协会参加组成了《电力行业协会职能研究》课题组，对在新形势下的电力行业协会的职能问题进行了认真研究和探讨，具体的研究成果将由湖北省电力行业协会向大家作详细的汇报。

4. 关于协会的经费问题

在全国已成立的 27 个省级电力行业协会中，各电力行协的经费来源，除了靠会费收入外，大都依靠省电力公司资助和拨付，包括在成立初期的开办费，虽有部分省电力行协接受企业委托开展了一些调研、咨询、培训等服务项目，获得了一点收入，但由于没有明确的法律和政策依据，还都不很规范，经费来源很不稳定。为了确保行业协会公正、公平地履行职能，建立独立的、稳定的经费来源势在必行。国家经贸委在《工商领域协会管理暂行规定（征求意见稿)》第二十九条中提出，由会员大会决定会费的标准。2002 年专门委托河南省电力行业协会牵头，由 8 个省级行协参加的《电力行协经费研究》课题的研究工作，研究结果认为：在电力体制发生重大变化的今天，电力行业协会的经费来源主要应依靠以下三个方面：①要靠发挥挂靠企业的积极性和各大企业优势。要尽快建立起以销售收入为基础的按比例缴纳会费的新会费缴纳制度。②要靠政府的支持。行业协会的部分工作是受政府委托，为政府服务的（如统计工作、标准制定等工作），都是要有很大精力和财力的投入才能完成的工作，政府要给予补助。③要靠我们行业协会自身的努力，开展独具特色的个性化服务，在民政部门核准的业务服务范围内适度开展有偿服务，争取建立起一支具有高素质的咨询、培训、认证、审核等专家队伍，为企业排忧解难，提高企业的竞争能力。河南、福建行协在这方面就进行了有益的尝试。

三、中电联 2002 年工作的回顾

（一）通过举办具有标志性的大型活动，服务于会员服务于社会，增强行业凝聚力

(1) 组织召开了中电联 2002 年经济形势与企业

改革分析预测会。会议特邀国务院发展研究中心副主任陈清泰作了题为“经济全球化给政府和企业带来的机遇与挑战”的报告；还邀请了有关部委、国电公司和高等院校的领导和专家，对国内外经济形势、政策走向、电力工业改革等一系列热点、难点问题进行阐述和分析。

(2) 成功召开了中电联2002年电力可靠性指标发布会。此次发布会是有始以来规模最大、规格最高的，2002年较2001年增加了新投产水电机组2001年可靠性指标；主要辅助设备按配置分类的可靠性指标；220kV及以上电压等级变电站全站非计划停运可靠性指标；天—广高压直流输电系统的可靠性指标；全国城市35（66）kV高压用户供电可靠性指标；部分县级（248个）供电企业的可靠性指标的内容。

(3) 在广州成功地举办了第八届国际供用电专业设备及电网技术展览会。本届展览会展出面积6000多m^2，有来自美国、法国、德国、瑞士、澳大利亚、意大利、日本、中国等国家和地区的100多家著名厂商参展，参观展览会的观众达2万多人。

（二）适应我国加入WTO的新形势开展工作，探索行业协会的新任务

(1) 加强标准化工作，按照WTO技术贸易壁垒协议（TBT协议）的要求和我国政府的承诺，帮助政府清理、修订和完善电力工业的有关政策法规和行业技术标准。共清理强制性电力行业标准245项，其中改为推荐性标准202项，继续作为强制性电力行业标准43项。根据建设部的要求，开展了对1995年前颁布的有关电力建设方面的国家标准和行业标准的复审工作。和中国电力出版社一起组织编辑，完成了《电力技术标准汇编》并通过经贸委电力司组织的审查。

(2) 为使发电企业管理人员和技术人员了解国际、国内的先进技术和最新科研成果，中电联在北京举办了“电力行业发电新技术讲座”。国家电力公司、国家科技部等有关领导到会并就目前发电技术的发展方向，以及热点问题作了讲话。会议邀请了中国工程院院士黄其励作题目为“WTO的挑战与电力新技术”的报告，中国工程院院士、浙江大学教授岑可法作题目为“洁净煤与环境工程”的报告，会议还邀请了清华大学、华北电力大学、国家电力公司动力经济研究中心、国家电力公司热工研究院等教授、专家作专题技术报告。

(3) 为配合国家电力公司党组关于开展向李庆长同志学习活动的决定，中国电力企业联合会、中国能源化学工会全国委员会联合发文，在全行业开展向李庆长同志学习活动。

(4) 配合国电公司开展的“供电所管理年”活动，倡导先进的管理理念和管理方法，大力推广供电所改革中的先进经验和做法，使“三为”服务和“人民电业为人民”的宗旨得到更好的体现。

（三）跟踪研究电力体制改革和发展中的新情况、新问题，发挥行业协会的桥梁纽带作用

完成了《中华人民共和国电力法》修改建议稿，并正式移交给国家经贸委。完成了《2001年全国电力供需形势报告》《供电企业优质服务约规》的修改、定稿工作。承担了财政部委托的《加入WTO对我国电力产业的影响及财税对策》课题研究。协助国家计委价格司组织有关人员，参与研究制定《电价改革方案》等相关文件，目前已完成初稿，有待进一步深入研究，广泛征求各方面的意见。

结合电力工业体制改革形势和国务院有关文件精神，对内蒙古电力施工企业改革情况进行调研，形成了调研报告；围绕电力工业体制改革中主辅分离的专题，组织火电、送变电、水电、设计等有关企业分别召开多次小型座谈会进行深入研讨，2002年电力企业家活动日也以“供电企业和多经如何适应电力体制改革”为主题，提出了有关改革建议。

中电联作为电力改革工作小组的列席单位，积极参加有关会议，主动了解会员的情况，反映企业的意见，提出自己的建议。根据电力体制改革工作小组的要求，中电联在这次改革中除提出自身改革方案外，还协助政府深入研究了实施主辅分离的有关问题。

（四）进一步加强国际交流与合作，做好2004年亚太电协大会的筹备工作

在继续开展对外合作交流的基础上，拓展了与国外同行新的合作渠道，中电联领导在北京分别会见了德国技术合作公司的尼伯博士一行，探讨中电联与德国技术合作公司在未来开展合作的可能性。会见了来访的日本九州电力株式会社常务董事松本茂彦一行七人代表团，就中日电力体制改革等方面进行了交流。扩大了协会在国际上的影响。

有针对性的组织赴境外考察与培训团组，重点安排具有专业性和技术性并结合当前电力改革方面的项目。上半年共派出输变电技术、现代化信息管理、职业教育、水电医学管理、农电管理等专题的考察、培训团组10个，共派出人数147人·次。

组织和参加了“中电联与北美可靠性中心研讨会及WEC世界能源理事会”“国际电工委员会第78技术会议”“亚太电协第11届技术委员会”三个国际会议。此次电力可靠性国际研讨会是中美双方兑现《技术交流与合作协议》承诺的具体体现。

2002年初，全面启动了亚太电协大会的筹备工作。成立了亚太电协大会领导小组和秘书处，确定了大会领导小组组长、秘书长人选和2004年亚太电协

大会会标设计及会议主题方案。确定2004年第15届亚太电协大会于2004年10月18～22日在上海召开。

（五）各部门围绕自己的核心业务开展工作，继续提升服务水平

为加强标准化基础工作，编制了DL/T 600和DL/T800两个标准，以此来规范电力行业和电力企业标准的编写与印刷。上半年批准发布了电力国家标准12项、电力行业标准58项，2002年可发布电力行业标准100项、电力国家标准20项。

完成了2001年各类可靠性数据的汇总、整理、核实工作，编辑出版了可靠性管理简报。继续可靠性软件（网络版）的开发，稳步开展《电力设施可靠性统计编码》的修编工作，制定了新编码的设计方案和实施计划，落实了工作进度和具体任务。进行第2次全国大机组产权关系调查，整理服务对象的基本情况。开始初步实施农电可靠性数据的采集与分析工作，有试点单位（山东、山西、陕西、湖北）的248个县级供电企业的向可靠性管理中心报送了可靠性数据。

开展水力发电厂可靠性综合评估研究，使企业可以科学地分析设备的状况，预测其可靠性发展趋势，评估检修质量和技术改造的效果。在此基础上，结合水电厂进入电力市场的状况和发电生产目标，科学、合理地制定发电设备的可靠性保障策略和计划，加强企业的可靠性管理，从而提高电网安全稳定运行水平，获得最佳经济效益。

电力建设技经工作适应改革的新形势，修订的每一项定额、费用标准在上报前都要多方面征求意见，求得共识。上半年，完成了电力工程概算定额——建筑工程、热力设备安装工程、电气设备安装工程2002年修订版的修编工作，完成了《火电、送变电建设预算费用构成及计算标准》（2002年版）的修编工作，并由国家经济贸易委员会2002年第15、16号公告批准发布。完成了电力建设工程预算定额的建筑工程（2001年修订本）、热力设备安装工程、电气设备安装工程、送电线路工程（2001年修订本）、加工配制品（2001年修订本）的编修、出版工作，由中电联技经［2002］12、13号文批准发布并于2002年4月1日起执行。出版了全国电力工程建设常用设备2001年价格汇编。发布了装置性材料综合价和预算价格。完成2000年度造价工程师注册工作，全国电力系统共有246名技经人员通过注册登记。

电力行业职业技能鉴定工作，在做好新就业人员鉴定工作的同时，加快向在岗人员扩展，突出做好在岗和高技能人员的鉴定工作，优化现有人员结构，努力提高鉴定工作的总体水平，力求在2～3年内实现所有在岗人员持证上岗。

电力行业特有工种技能鉴定的题库建设工作取得突破性进展，陆续完成了由部分省电力公司和电力企业承担的32个工种的题库审定工作。至此，电力行业特有工种的题库审定任务于上半年按计划完成。

经各专业专家评审并报高级技师资格评审委员会审核批准，在800余人报名者中，272人取得了高级技师资格。

电力教育培训工作按照市场的需求，组织制定了会员单位的教育管理者培训、工程师培训计划和大纲（草案）。印发了2002年电力行业继续教育培训项目计划，并制定了电力行业继续教育培训班暂行管理办法。配合国家自考委经济管理类专业委员会审定了“电力市场营销”专业《电力企业管理概论》《电力市场法律法规选读》《农村电力市场基础》《电力销售与管理》等7门课程考纲，并参与组织协调教材编写工作。通过协调，“电力市场营销”专业（专科）于4月份在安徽、江西两省开考，其他省也将于10月开考。

组织完成了第一期独立发电公司高层经营管理人员、供电企业教育管理者的培训和电力行业职业技术教育考察任务。与中国项目管理研究会签订了在电力行业开展“国际项目管理专业”培训和认证的代理点和培训点协议，筹备在电力行业开展“国际项目管理专业”培训和认证工作。

立足企业、开拓服务，做好科技交流工作。为适应电力体制改革，提高发电企业技术管理水平，促进交流与协作，中电联科技中心与国家电力公司发输电运营部联合发文《恢复20万kW级火电机组协作网》《组建10万kW级火电机组协作网》。目前，征集20万、10万kW级火电机组协作网年会论文，网员登记，数据报送、论文筛选等工作正在进行。

积极开展专家咨询，提高企业管理水平。2002年，中电联企业管理咨询委员会讨论修改了《关于评选电力系统优秀咨询单位、优秀咨询工作者、优秀咨询论著、优秀咨询成果的暂行办法》和《中电联企业管理咨询委员会人才库管理办法》，认定电力企业管理中级咨询顾问47名，向中企联推荐高级咨询顾问39名。组织火电分会和水电分会，河南电力行协对小浪底水利枢纽管理局的小浪底水电厂进行了一次企业管理咨询，针对小浪底水电厂在管理上存在的问题，提出了改进意见，受到该厂的好评。

2002年4月，在中国企业联合会公布的第八届全国企业管理创新成果名单中，由中电联选送的山东潍坊电业局的《以预算控制为基础的业务流程再造》和广东中山电力工业总公司的《以质量文化为理念的

供电优质服务》获一等奖；山东潍坊发电厂的《发电企业的物流管理整合》获二等奖；贵州送变电工程公司的《送变电施工资源模拟市场化管理》获三等奖。在全国19个一等奖中，电力独得两项。

对全国368个QC小组的材料进行了会审。共评出电力行业优秀QC小组253个，质量信得过班组40个，质量管理小组活动优秀企业30家，质量管理小组活动卓越领导者26名，质量管理小组活动优秀推进者19名。

完成了10万kW及以上火电机组技术经济指标统计工作。2002年统计的10万kW机组有142台、12.5万kW机组有175台，20万kW机组有195台，30万kW及以上机组有280台。这项工作已开展了8年，该信息深受企业欢迎。

（六）各分支机构发挥紧密联系企业的优势，做了大量服务工作

农电分会邀请国家外经贸部、香港中华电力公司的专家做了精彩的专题报告，并组织编辑了《第一期农村电网建设与改造资料汇编》。参与了国家经贸委电力司组织的赴上海、山东“现代化的农村电气化县、乡、村”的调研考查活动，为制定未来“农村电气化县、乡、村标准”积累了大量的基础资料。提供输变电设备技术咨询、标准咨询和工程信息服务。为解决铁塔厂技术难题，组织召开了技术工艺研讨会，请有关专家为企业提供技术服务。

（七）充分发挥信息导向作用，推进信息服务，改变服务观念和服务方式，做好本部管理工作

与中国企业联合会作，中电联网站开通了企业卫星数据广播—电力频道，增加了电力新闻视频信息的宣传，目前在电力企业已建立接收站点36个。创办了《电力行业信息》送阅资料，发给政府有关部门和会员单位，受到经贸委电力司领导的好评。接受经贸委协会办委托，5月份开始按要求进行了中电联相关信息的报送工作。

《中国电力企业管理》会刊结合电力体制改革，组织专家、学者进行研讨，积极组织稿件，发表了一系列高水平的文章，在社会上产生了较大影响。《电业政策研究》涉及改革热点、难点问题研究的文章为宣传改革、推进改革提出了思路。通过一季度的试运行，《电力动态双日刊》已正式向会员单位发送，可以通过E-mail直接接收信息的单位已超过200个，另外还有部分经分会转发。

电力工业史编纂工作已召开会议，研讨了史书编纂的进度、质量问题，交流了史书总纂经验教训。电力工业史各省卷的编纂工作陆续进入了总纂、成书阶段，电力工业史安徽卷已经出书。

大 事 记

2002年电力行业十大新闻

一、李庆长、赵秀玲事迹引起强烈反响

1月，本报首先推出的先进典型——全国劳动模范、哈尔滨电业局职工李庆长被中宣部确定为公民道德建设先进典型，各大新闻媒体也相继报道了李庆长先进事迹。12月，武警水电第三总队副总工程师赵秀玲获得第四届“十大女杰”荣誉称号。她还是第三届中国武警“十大忠诚卫士”。

二、我国常规水电装机容量跃居世界第一位

据年初统计数字，截至2001年底，我国大陆常规水电装机容量已达到7700万kW，从而超过美国而排名世界第一位。统计表明，我国的水电在建规模超过3000万kW，规划水电站容量超过5000万kW，均居世界第一位。

三、国家计委下达二期农网改造投资计划

在农村电网建设与改造工程第一期投资计划基本完成后，年初，国家计委将767亿元的二期农网改造投资计划分三批全部下达。国电公司与国家计委和各省（直辖市、自治区）政府签订农网改造责任书，并与公司系统各省级电力公司签订了二期农网改造责任书。4月8日，国电公司系统“两改一同价”成就展在北京中华世纪坛隆重开幕。

四、全国电网顶住高温负荷冲击

2002年夏天，我国大部分地区出现罕见的持续高温天气，全国各大电网负荷和用电量屡创新高。7月16日全国日用电量达到51.8亿kWh，比2001年最高值增加了近8亿kWh的电量。之后个别地区再次出现短暂的高峰。由于电力系统准备充分，全国除局部地区出现了拉闸限电外，各主要电网总体运行平稳。

五、国电公司系统首批国际一流发供电企业诞生

8月，青岛电业局、绍兴电力局、苏州供电公司、上海市东供电公司、上海市区供电公司、山东石横发电厂、浙江北仑第一发电有限责任公司成为国电公司系统首批国际一流企业。

六、西电东送工程取得重大进展

8月20日，西电东送北通道七个项目正式开工，标志着西电东送战略第三战役正式打响。6月25日，西电送粤第四条大通道天广三回输变电工程投入运行。5月27日，川电东送工程投运，川渝电网和华中电网并网运行。

七、我国750kV输变电关键技术研究取得重大进展

9月20日，西北电网750kV输变电关键技术研究项目通过验收；12月3日，《750kV输变电工程750kV变电所设计技术规定（暂行）》和《750kV架空线路设计技术规定（暂行）》两项技术标准通过审查。

八、长江三峡工程导流明渠成功截流

11月6日上午9时50分，长江三峡工程导流明渠截流胜利合龙。全国人大常委会委员长李鹏出席截流仪式。三峡导流明渠截流是世界水利水电建设史上综合难度最大的一次截流，创造多项江河截流世界之最。三峡水力发电厂同日揭牌。

九、三常直流输电工程极Ⅰ系统送电成功

12月21日，我国输电容量最大的直流输电线路——三峡—常州±500kV直流输电工程极Ⅰ系统送电成功。它标志着三峡首批机组发电前的电力送出工程建设取得了决定性的阶段成果，也标志着我国直流输电技术水平又跨上了一个新的台阶。

十、我国电力体制实行重大改革

3月份，国务院［2002］5号文发布《电力体制改革方案》。新组建两大电网公司、五大发电集团公司、四个辅业公司。12月29日，中国电力新组建（改组）的11家公司正式宣告成立，实现了厂网分开，引入了竞争机制，这是我国电力体制改革的重要成果，它标志着电力工业在建立社会主义市场经济体制，加快社会主义现代化建设的宏伟事业中，进入了一个新的发展时期。

国家电力公司主要事件

1月10日　国家电力公司在京召开安全生产电视电话会议。

同日　国家电力公司审计学会在昆明正式成立，

国家电力公司副总经理赵希正当选审计学会名誉会长，国家电力公司审计部主任欧阳胜英任会长。

1月16～18日 国家电力公司2002年工作会议在天津召开。总结公司2001年工作，分析当前面临的新形势，研究部署2002年工作。

同日 国家电力公司2002年工作会议在北京召开新闻发布会。发布的数字显示，2001年公司系统主营业务收入3477亿元，实现利润105.7亿元，首次突破100亿元。

1月17日 中组部以组任字［2002］12、10号文决定，贺恭同志任国家电力公司党组成员、副总经理。

1月20日 云南小湾水电站主体工程正式开工建设。该电站装机容量420万kW，是西电东送的重要电源点，是实施西部大开发战略的标志性工程。

1月23日 国电电力发展股份有限公司三届十三次董事会在北京召开。

同日 国家计委以计价格［2002］65号文发出通知，要求各地计委、物价局、电力公司加快实施城乡用电同价工作。

1月24日 国家电力公司以国电任［2002］5号文决定，免去王禹民同志国家电力公司副总经济师兼国家电力公司电网建设部（电网建设分公司）主任（总经理）职务。

同日 国家电力公司以国电任［2002］7号文决定，聘任陈飞虎为国家电力公司总经济师，免去其国家电力公司总经理工作部（办公厅）主任职务。

同日 国家电力公司以国电任［2002］6号文决定，聘任马治中为国家电力公司总经理工作部（办公厅）主任；聘任王敏为国家电力公司总经理工作部（办公厅）副主任。

同日 中共国家电力公司党组，国家电力公司分别以国电党任［2002］12、国电任［2002］16、17号文决定，免去郑宝森同志中共黑龙江省电力有限公司党组书记、成员职务，不再担任黑龙江省电力有限公司董事长、董事、总经理。

同日 国家电力公司以国电任［2002］4号文决定，聘任郑宝森同志为国家电力公司电网建设部（电网建设分公司）主任（总经理）。

同日 中共国家电力公司党组，国家电力公司分别以国电党任［2002］11、国电任［2002］14、15号文决定，朱长富同志任中共山东电力集团公司委员会书记，山东电力集团公司董事长。

同日 国家电力公司以国电任［2002］19号文决定，张春城任中兴电力实业发展总公司总经理。

1月28～29日 国家电力公司2002年纪检监察工作会议在京召开。

1月29日 国家计委主任曾培炎来国家电力公司通报了关于电力体制改革的有关情况。

1月30日 国家电力公司以国电任［2002］40号文决定，国家电力公司法律事务部主任吕振勇兼任国家电力公司首席法律顾问。

2月3日 中组部分别以组任字［2002］16、15号文决定，免去王禹民同志国家电力公司党组成员、副总经理职务。

2月4日 国家电力公司本部及在京直属单位第五次党的工作暨纪检工作会议在京召开。

2月6日 国务院以国人字［2002］20号文决定，任命贺恭为国家电力公司副总经理，免去其中国长江三峡工程开发总公司副总经理职务。

同日 中共国家电力公司党组以国电党任［2002］5号文决定，于新阳同志任中共上海市电力公司委员会书记，顾敏芷同志不再担任中共上海市电力公司委员会书记、委员职务。

2月8日 中共国家电力公司党组，国家电力公司分别以国电党任［2002］8、国电任［2002］12号文决定，朱长林同志担任中共四川省电力公司委员会委员、常委、副书记，四川省电力公司总经理；石万俭不再担任四川省电力公司总经理。

2月10日 国务院以国发［2002］5号文，印发了《国务院关于印发电力体制改革方案的通知》。

2月21日 国务院以国人字［2002］22号文决定，免去王禹民国家电力公司副总经理职务。

2月25日 财政部副部长朱志刚一行来国家电力公司调研。

3月1日 国务院以国阅［2002］18号文，印发了《研究电力电信民航体制改革方案实施有关问题的会议纪要》。

3月13日 福建省龙岩市新罗区“白沙电力希望小学”建成。白沙电力希望小学是由国家电力公司投资，龙岩市政府配套投入资金共同兴建的。

3月13～15日 由国家电力公司和亚洲开发银行举办的跨大区电力联网发展国际研讨会在重庆举行。

3月20日 国家电力公司以国电办［2002］168号文转发了《国务院关于印发电力体制改革方案的通知》（国发［2002］5号）和《研究电力电信民航体制改革方案实施有关问题的会议纪要》（国阅［2002］18号）。

同日 三峡—广州500kV直流输电工程换流站技术设计在京全部通过审查，主体工程将随之进入正式实施阶段。

3月20～21日 国家电力公司在公伯峡水电站召开水电建设安全文明施工现场经验交流会暨水电流

域公司管理会。

3月22日　国家电力公司机关本部和在京单位植树活动在京郊密云举行。据统计，自1959年以来，国家电力公司机关干部和在京单位职工累计义务植树达11万人·次，义务植树30万棵，连续多年被评为北京市、中央国家机关绿化先进单位。

3月24～25日　国家电力公司在河北廊坊召开公司系统主要负责人会议。传达九届全国人大五次会议、全国政协九届五次会议、《国务院关于印发电力体制改革方案的通知》（国发［2002］5号）和《研究电力电信民航体制改革方案实施有关问题的会议纪要》（国阅［2002］18号）精神。

3月29日　中国共产党国家电力公司直属代表大会在京召开。

4月3日和5日　赵希正、周大兵副总经理主持会议，听取公司部分直属单位对电力体制改革的意见和建议。

4月8日　赵希正、周大兵副总经理主持会议，分别听取了公司本部计划与投融资部、电源建设部、电网建设部、国调中心、发输电运营部、科技环保部6个部门有关电力体制改革问题研究情况的汇报。

同日　全面展示公司系统三年来实施“两改一同价”成就的展览在北京隆重开幕。

4月8～9日　国家电力公司在北京召开公司系统农电工作会议。会议确定了今年的农电工作思路，提出要继续推进“两改一同价”工作，全面加强县供电企业管理。

4月9日　赵希正副总经理会见到国家电力公司商谈南方电网组建事宜的广东省政府副秘书长张思平一行。

4月10日　国家电力公司召开“求真务实、作风建设年”电视电话会议。

4月11日　赵希正、周大兵副总经理分别主持召开区域电网公司和省电力公司座谈会。

4月12日　周大兵副总经理主持召开发电公司座谈会。

同日　陈飞虎总经济师主持召开公司直属科研、设计、施工单位改革座谈会。

4月15日　赵希正副总经理会见重庆市政府副市长赵公卿一行，听取重庆市政府对电力体制改革有关问题的意见。陈飞虎总经济师、公司本部有关部门负责同志参加了会见。

4月15～19日　中央企业工委副书记郑斯林同志带领中央组织部干部考察组一行10人，对国家电力公司十六大中央委员人选进行了推荐考察。

4月18～19日　国家电力公司环境保护工作会议在河北廊坊召开。会议总结“九五”电力环保工作，部署落实国家电力公司环境保护“十五”计划。

4月24日　赵希正、周大兵副总经理主持召开会议，听取公司本部18个部门对实施电力体制改革有关意见的汇报。

4月25日　国家电力公司党组高严书记主持召开党组会，分别听取高盛（亚洲）公司、国务院发展研究中心以及北京标准咨询公司对实施电力体制改革的意见和建议。

4月26日　国家电力公司党组高严书记主持召开党组会，听取公司体改办研究起草的《重组划分电网、发电和辅业、三产企业初步方案框架》汇报。

同日　国家电力公司分别以国电办［2002］256、257、258号文件转发国家经贸委《关于撤销东北电业管理局的批复》《关于撤销西北电业管理局的批复》《关于撤销华北电业管理局的批复》。同时分别以国电办［2002］259、260号文件向国家经贸委转报了关于撤销华中电业管理局和华东电业管理局的请示。

4月30日　赵希正、周大兵副总经理带队，向国家计委曾培炎主任、张国宝副主任等汇报《重组划分电网、发电和辅业、三产企业初步方案框架》及有关问题。

5月9日　公司召开安全生产电视电话会议。

会议发布了国家电力公司一号令《国家电力公司关于严肃调度纪律确保电网安全运行的规定》，从调度角度提出了确保电网安全的具体要求。

同日　公司党组书记高严主持召开党组会，听取了公司向国家计委汇报《重组划分电网、发电和辅业、三产（多经）企业初步方案框架》有关情况汇报；关于南方电网公司重组方案讨论会情况汇报，并原则通过了公司体改办《近期体制改革工作安排的意见》。

同日　公司以国电发［2002］296号文，印发了《国家电力公司火电厂“十五”节油规划》。

5月10日　公司党组决定（总调研［2002］13号文），5月中旬至6月中旬，由党组成员刘振亚、赵希正、周大兵、谢松林、李小鹏、贺恭、祝新民分别带队，组织7个工作小组，到东北、华北、西北、华东、华中、南方、川渝7个电网，深入发供电企业一线对电力改革和发展、优质服务、行风建设、安全生产和稳定、廉政建设等方面的情况进行调研。

5月13日　国家计委会同国家电力公司召开全国城乡用电同价工作电视电话会议。会议要求，各地有关部门要统一思想、提高认识，增强实现城乡用电同价的责任感和紧迫感，加快工作步伐。

5月16日　赵希正副总经理会见了四川省人民政府邹广严副省长一行，听取了四川省人民政府对电力体制改革的意见和建议。

5月17日 国家计委基础产业司司长李彦梦主持召开会议，就《重组划分电网、发电和辅业、三产（多经）企业初步方案框架（第一稿）》提出国家计委的有关意见。国家电力公司总经济师陈飞虎带队参加了会议。

5月22日 赵希正副总经理会见了吉林省人民政府副秘书长刘仰铁一行。双方就吉林省电力资产置换的有关问题进行了沟通。

同日 赵希正副总经理会见了广西壮族自治区人民政府常务副主席王汉民一行。听取了广西壮族自治区政府对电力体制改革和组建南方电网公司有关事宜的意见。

同日 公司分别以国电办［2002］341、342号文件转发国家经贸委《关于撤销华中电业管理局的批复》《关于撤销华东电业管理局的批复》。

5月23日 国务院副总理吴邦国在中南海会见了法国电力公司董事长兼首席执行官卢赛利先生率领的法国电力代表团一行。

5月27日 赵希正副总经理会见了吉林省人民政府洪虎省长一行。双方就吉林省电力资产重组等有关问题进行了商谈。

同日 “川电东送”工程正式投入运行仪式在国家电力公司举行。国家计委张国宝副主任、国家电力公司赵希正副总经理出席了仪式。这标志着国家电力公司提前完成了川渝电网与华中、华东电网的互联运行，实现了“川电东送”。

同日 贺恭副总经理赴柬埔寨与柬埔寨总理洪森共同出席了中国电力技术进出口公司投资修复的基里隆一级水电站工程竣工典礼。

5月28日 公司召开党组会，认真研究落实国家计委提出的有关意见，修改完善《重组划分电网、发电和辅业、三产（多经）企业初步方案框架》。

5月31日 公司赵希正副总经理主持召开了公司系统负责人会议，陈飞虎总经济师通报了近期电力体制改革的进展情况和公司起草的《重组划分电网、发电和辅业、三产（多经）企业初步方案框架》的主要内容。

同日 以建设部副部长姚兵为组长的国务院安全生产检查组到国家电力公司检查工作，听取了公司副总经理赵希正关于公司系统安全生产工作汇报。

6月5日 公司党组书记高严同志主持召开党组会。

会议认真学习了江泽民总书记5月31日在中央党校省部级干部进修班毕业典礼上发表的重要讲话，认为江总书记的讲话高屋建瓴，内涵丰富，思想深刻，论述精辟，对于全党深入贯彻“三个代表”重要思想，进一步统一思想、与时俱进，具有十分重要的意义，公司党组坚决拥护，并将深入学习领会、认真贯彻落实。会议还通报了电力体制改革工作小组第二次会议的情况。

同日 贺恭副总经理赴埃塞俄比亚出席了中国水利水电工程总公司和中国葛洲坝水利水电工程集团有限公司联合中标的泰可泽项目土建合同签字仪式。

同日 在中国共产党山东省第八次代表大会上，山东电力集团公司总经理曹培玺当选党的十六大代表。

6月9日 在中国共产党山西省代表会议上，山西省电力公司总经理陈进行当选党的十六大代表。

6月10日 国务院三峡工程建设委员会三峡输变电工程稽察组在京召开了三峡输变电工程稽察工作动员会。稽察组组长张德楠作动员报告，赵希正副总经理出席会议并讲话。周小谦顾问及有关方面的人员参加了会议。

6月17日 公司以国电办［2002］391号文，将《重组划分电网、发电和辅业、三产（多经）企业初步方案框架》正式上报国务院电力体制改革工作小组。

同日 公司以国电电源［2002］400号文，印发了《关于进一步加强水电建设安全管理的通知》。

6月18日 2002年电网建设企业债券发行承销签字仪式在北京人民大会堂举行。

6月19日 赵希正、谢松林副总经理会见了吉林省人民政府王儒林常务副省长一行。双方就吉林省电力资产置换有关问题进行了商谈。

6月21日 公司以国电调［2002］411号文，印发了关于贯彻落实国家经贸委发布的《电网和电厂计算机监控系统及调度数据网络安全防护规定》的通知。

6月24日 国家计委在广州主持召开广东省夏季高峰供电工作会议。国家计委副主任张国宝、国家电力公司副总经理赵希正和广东省委副书记、常务副省长欧广源出席会议并讲话。

6月25日 天生桥至广东第三回500kV交流输变电工程竣工投产仪式在广东举行。这标志着国务院确定的“十五”末期新增向广东送电1000万kV宏伟工程的“第二战役”取得圆满成功。

6月27日 公司党组书记高严主持召开党组会，会议要求继续抓好体制改革工作，切实处理好改革过程中的风险，确保公司系统的稳定。

同日 公司党组书记、总经理高严，会见了宁夏自治区党委书记陈建国、自治区主席马启智一行。双方就加快宁夏电力建设，促进宁夏经济发展等问题交换了意见。

6月28日　公司直属机关党委召开大会，表彰公司本部及在京直属单位2000～2001年度优秀共产党员、优秀党务工作者和先进基层党组织，交流争先创优的经验。

表彰大会上，公司直属机关党委表彰了先进集体和优秀个人。

7月1日　公司党组理论中心组召开专题学习会，认真学习江泽民总书记“5·31”重要讲话精神和“三个代表”重要思想，学习《人民日报》“七一”社论，对进一步搞好公司系统改革发展和安全稳定工作提出要求。

7月12日　党组书记高严主持召开公司党组会议，听取国务院发展研究中心关于体制变革下的电力监管制度和高盛亚洲有限责任公司关于电力行业监管框架和市场设计的报告。

同日　北京市市长刘淇、副市长刘海燕，公司副总经理赵希正一行冒着酷暑来到北京供电局，慰问首都供电职工，激励他们再接再厉保供电。当天；北京地区负荷上升到806万kW，供电量1.6227亿kWh，均创首都电网之最。

7月16～17日　公司在河北省廊坊市召开公司系统主要负责人会议。会议总结公司2002年上半年工作，研究部署2002年下半年工作。动员公司系统广大干部职工与时俱进，振奋精神，锐意进取，扎实工作，确保安全生产，确保队伍稳定，确保优质服务，确保完成全年任务，进一步深化电力体制改革，协调推进公司改革、发展和稳定的各项工作。

会议还表彰了2000～2001年度公司系统双文明单位和先进个人。

7月19日　公司党校2002年春季领导干部进修班举行毕业典礼。

7月25日　国务院电力体制改革工作小组召开第三次会议，对下一步电力体制改革工作进行安排和部署。

7月26日　国家电力公司、中国电力企业联合会在上海举行集会，隆重纪念中国电力工业120周年。

中共中央政治局委员、上海市委书记黄菊，出席纪念大会。高菊、高严为中国电力工业120周年纪念碑揭幕。

纪念大会结束后，与会代表观看了纪念中国电力工业120周年专场文艺晚会《与光明同行》。

同日　中共中央政治局委员、上海市委书记黄菊，会见了高严总经理等一行，就加快电力工业发展和上海经济发展，提高上海用电水平等问题交换了意见。

8月14日　党组书记高严主持召开公司党组会议，研究审议公司拟上报国务院电力体制改革工作小组的《发电资产划分重组方案》。

8月20日　“西电东送”北通道项目开工仪式在北京、河北、山西、内蒙古同时举行。

8月20～21日　公司安全生产工作会议在重庆召开。会议要求确保电网安全稳定运行，确保公司系统安全生产的良好局面，保证电力体制改革和各项工作的顺利进行，迎接党的十六大胜利召开。

8月23日　国家计委、国家电力公司在北京召开了全国农网建设与改造工作电视电话会议。

国家计委主任曾培炎、公司副总经理刘振亚出席会议并讲话。会议表彰了第一批农网建设与改造工作先进集体和个人，并对加强第二批农网建设与改造工作提出了要求。国家计委副主任张国宝宣读了表彰决定，对在第一批农网改造工作中认真负责、组织得力、管理严格、成效显著的山东等8个先进省、浙江绍兴等101个先进县（区、市）和刘力男等188名有突出贡献的先进个人进行了表彰。会上，向受表彰的先进集体和个人代表颁发了奖牌和证书。

9月11日　国家电力公司党组以国电党［2002］34号文决定，授予山东黄台发电厂等五个单位“国家电力公司2001年度精神文明建设创新奖”，批准湖北省超高压输变电局等5个单位为“国家电力公司2001年度精神文明建设创新奖提名单位”，对黑龙江省佳木斯发电厂党委书记张玉仁等5位同志予以表彰。

9月15日　赵希正副总经理在公司会见了河南省政府副省长张洪华一行，就河南省政府提出的电力体制改革意见和相关问题进行了沟通和交流。

同日　国家统计局举行第二届中国大企业集团信息发布会。会上，国家电力公司在2001年经营规模最大的十家企业集团中名列首位。

9月16日　公司2001年度精神文明建设创新奖颁奖暨经验交流会在昆明召开。会议宣读了公司党组关于2001年度精神文明建设创新奖的表彰决定。

9月24～25日　公司信息化工作座谈会在杭州召开。

9月26～27日　公司在安徽合肥召开系统实施“走出去”战略经验交流会。对中国水利水电工程总公司等23家国电公司系统实施“走出去”战略先进集体和25个优秀境外项目进行了表彰。

9月27日　公司召开确保安全生产和稳定电视电话会议，贯彻落实国务院安全生产委员会第三次会议精神和“9·25”全国安全生产电视电话会议精神。

9月29日　公司党组在北京召开扩大会议，传达全国再就业工作会议、全国增收节支工作会议精神，学习江泽民、朱镕基、李岚清、吴邦国等中央领导同志的重要讲话。

同日 中国长江电力股份有限公司在人民大会堂举行创立大会。中共中央政治局委员、国务院副总理吴邦国致信祝贺，要求在确保三峡工程顺利建设和葛洲坝电厂安全运营的前提下，努力把中国长江电力股份有限公司真正建设成为自主经营、自负盈亏的法人实体和市场主体。

中国长江电力股份有限公司是由中国长江三峡工程开发总公司、华能国际电力股份有限公司、中国核工业集团公司、中国石油天然气集团公司、中国葛洲坝水利水电工程集团有限公司和长江水利委员会长江勘测规划设计院共同发起设立，注册资本55.3亿元。

创立大会审议通过了十项议案，签署了创立大会决议。会后分别召开了首届董事会和监事会会议，董事会选举陆佑楣为中国长江电力股份有限公司董事长，聘任李永安为公司副董事长、总经理。监事会选举林初学为监事会主席。国家电力公司副总经理赵希正、李小鹏出席了创立大会。

10月8日 公司副总经理赵希正主持召开会议，总结和分析国庆节期间全国电力生产情况，研究部署当前公司系统安全生产、网络与信息安全工作。

10月15日 国家计委主任曾培炎主持召开电力体制改革工作小组第四次会议，电力体制改革工作小组成员参加会议，新组建公司筹备组成员列席会议。会上，中组部副部长王东明宣布国家电网公司、南方电网公司和各家发电集团公司筹备组成员名单并讲话，国家计委副主任张国宝传达国务院批复的《国家计委关于发电资产重组划分方案的请示》主要精神。

10月16日 党组副书记刘振亚主持召开公司党组扩大会议，宣布中央组织部对国家电网公司、南方电网公司和五家发电集团筹备组成员的任命，传达电力体制改革工作小组第四次会议精神，听取总经理部和体改办关于做好过渡时期工作和当前体制改革工作的安排意见的汇报。

10月17日 中共中央组织部以组任字［2002］142号文决定：赵希正同志任国家电力公司党组副书记（列刘振亚同志之前，主持国家电力公司全面工作）。

10月18日 党组副书记刘振亚主持召开公司党组会议，党组成员，中央组织部副部长王东明、干部五局局长王勇出席了会议，总经理部、人事部负责同志列席会议。

王勇同志代表中央组织部宣读了关于赵希正同志任职的通知。王东明同志作了重要讲话，对公司党组的工作提出了希望和要求。

同日 公司党组副书记、副总经理赵希正向国务院副总理吴邦国汇报了公司贯彻落实国务院电力体制改革工作小组第四次会议精神的有关工作。吴邦国副总理作了重要批示，对公司工作提出了四点要求。

10月20日 国家电力公司在京召开公司系统主要负责人会议。

10月21日 公司副总经理赵希正出席华北电网确保“十六大”期间安全可靠供电现场办公会并作重要讲话。

10月26日 国家“十五”重点建设工程、我国首台60万kW超临界火电机组国产化依托项目——华能沁北电厂一期工程正式开工建设。

10月28日 国家电力公司以国电财［2002］750号文印发《关于在电力体制改革中切实加强财务管理严肃财经纪律的通知》。

10月29日 公司副总经理赵希正签发国家电力公司第2号令，颁布实施《国家电力公司关于电力体制改革实施阶段加强发电厂管理的规定》。

10月30日 国家经贸委召开会议。对国家电网公司、南方电网公司和五家发电公司组建方案和公司章程制定工作进行部署。

11月1日 公司党组副书记、副总经理刘振亚主持召开国家电力公司有关辅业单位移交工作布置会议。会议提出了《国家电力公司有关直属单位移交意见》，对移交工作作出了具体安排。

11月4～9日 第14届亚太电协大会在日本福冈举行。以国家电力公司顾问陆延昌为团长，中电联常务副理事长刘宏为副团长的中国电力代表团参加了会议。

大会期间，还召开了亚太电协常务理事会和理事代表会议。中国正式当选为第15届亚太电协大会主席单位，中国电力企业联合会理事长、国家电力公司副总经理赵希正当选为第15届亚太电协主席。

11月6日 国家电力公司以国电计［2002］784号文，印发《关于在电力体制改革中切实加强电力建设项目管理的通知》。

11月12日 由山东电力研究院及其所属鲁能智能技术有限公司自主研制的我国第一台“高压带电作业机器人”，在山东济宁通过国家科技项目鉴定验收。

11月19日 党组副书记赵希正同志主持召开公司党组扩大会议，学习中共十六届一中全会精神，研究部署体制改革工作。公司党组成员，监事会主席、顾问、总师、南方电网公司和各发电集团公司筹备组组长、国家电网公司筹备组成员参加了会议。

11月21日 公司党组成员、纪检组长祝新民出席华北电力集团公司保十六大安全供电总结表彰大会。

11月21日、29日 国家电力公司先后举办两次学习十六大精神辅导报告会，分别邀请中央党校副校长李君如、中纪委宣教室主任戴柬明作了“学习领会十六大精神”和“学习十六大精神，加强党员党性锻炼”的辅导报告。

12月3日　党组副书记赵希正主持召开公司党组扩大会议，研究国家电力公司职能分解、当前电力燃料供应、机关本部人事重组以及有关人事安排问题。

12月7日　公司副总经理贺恭主持召开会议，听取西藏电力公司关于西藏电力建设情况的汇报，公司本部有关部门负责同志参加会议。

12月18日　公司党组副书记、副总经理赵希正向国家电力监管委员会主席柴松岳汇报了公司当前工作。

12月19日　党组副书记赵希正主持召开公司党组会议，研究贯彻落实《国家计委关于国家电力公司发电资产重组划分方案的批复》的意见，研究电力新组建（改组）公司成立大会准备工作。

12月20日　国家计委主任曾培炎主持召开电力体制改革工作小组第五次会议。会上，中编办通报了国家电力监管委员会“三定”方案有关情况；国家计委汇报《电价改革方案》；国家电力公司副总经理赵希正汇报了公司当前有关工作和中国电力新组建（改组）公司成立大会筹备情况。曾培炎主任作重要讲话。

12月21日　三峡至常州±500kV直流输电工程极Ⅰ系统送电仪式在国家电力调度中心举行并获成功。

张国宝、郭树言、赵希正分别代表国家计委、国务院三峡办、国家电力公司对送电成功表示热烈祝贺，对工程建设者表示衷心感谢。

12月29日　国务院电力体制改革工作小组在北京人民大会堂小礼堂召开中国电力新组建（改组）公司成立大会。国家电网公司、中国南方电网有限责任公司、中国华能集团公司、中国大唐集团公司、中国华电集团公司、中国国电集团公司、中国电力投资集团公司、中国水电工程顾问集团公司、中国电力工程顾问集团公司、中国水利水电建设集团公司、中国葛洲坝集团公司正式宣布成立。

中电联主要事件

1月16日　“中国电力企业联合会代管协会工作座谈会”在京召开，中国电力企业联合会副理事长叶荣泗主持会议并讲话，副秘书长范继祥在会上传达了国家经贸委协会办在“直管协会秘书长会议”上对协会近期工作的布置和《中共中央办公厅、国务院办公厅关于进一步精简会议和文件的意见》精神，强调协会要规范开展各项工作。

1月17日　“中德行业论坛专家座谈会”的德方代表到中电联参观访问。中国电力企业联合会副理事长叶荣泗和有关部门负责人参加了会见。叶副理事长代表中电联对德国三个协会代表的参观访问表示热烈欢迎，并介绍了中电联的沿革、性质、宗旨、职责以及2001年开展的主要活动和工作，得到了德方代表的赞赏和关注。

1月29日　中国电力企业联合会以标综［2002］03号文报送了《2002年制修订国家标准项目计划共10项（其中推荐性标准9项，强制性标准1项）》。

2月　向国家统计局上报了《2001年施工企业统计年报》，此项工作在国务院各部门建筑业统计2001年年报和2002年定期报表数据质量评比中，再一次荣获国家统计局授予的特等奖（已连续7年）。

2月21～24日　举办中国电力企业联合会“2002年经济形势与企业改革分析预测会”。电力行业企业经营者和各省行协负责同志共260名代表参加会议。会议对国内外经济形势发展、政策走向、电力工业改革等一系列热点、难点问题进行阐述和分析。

2月　中国电力企业联合会与国家电力公司签署了承办“2003年亚太电协理事会和2004年亚太电协大会的协议书”。确定了2003年理事会及2004年亚太电协大会分别在桂林和上海召开。

3月15日　国务院成立电力体制改革工作小组，中国电力企业联合会是成员单位之一。刘宏常务副理事长、王永干副秘书长参加了国家计委召开的电力体制改革工作小组第一次工作会议，会议要求抓紧实施国发［2002］5号文下发的《电力体制改革方案》。

3月26日　中国电力企业联合会批准了第三届电力行业计算机信息技术标准化技术委员会的组成方案（中电联标［2002］22号）。本届标委会仍挂靠在中国电力信息中心，工作任务不变。

3月27～29日　在重庆市召开了全国电力行业职业技能鉴定工作座谈会，会议交流和推广了各单位开展职业技能鉴定工作的经验和做法；研究解决目前存在的问题；安排部署2002年工作。中国电力企业联合会常务副理事长刘宏、劳动和社会保障部培训就业司有关领导出席会议并做了重要讲话。

3月29日　刘宏常务副理事长当选为“中央企业工委党代会的代表”。

4月12日　中国电力企业联合会召开了2002年电力行业调研工作会议，总结了2001年的调研工作，表彰了“优秀调研工作者”和“有突出贡献的老专家"，部署了2002年的调研任务。

4月16～18日 由国家电力公司、世界能源理事会、中国电力企业联合会和北美电力可靠性协会共同主办的电力可靠性管理国际研讨会在上海召开。国电公司顾问陆延昌、中国电力企业联合会副理事长叶荣泗、世界能源理事会电厂效能分会主席丹尼尔先生等出席会议。

4月17～18日 举办了"中国电力企业联合会理事单位联络员培训班。来自全国电力企业及电力行（企）协的理事单位代表参加了培训。培训班向代表介绍中国电力企业联合会在行业服务、行业信息等情况，并与代表们进行了交流。确定组建中电联联络员及信息员网络，以便继续做好新时期对会员单位特别是理事单位的服务工作。

4月27～28日 由中国电力企业联合会举办的"电力行业发电新技术讲座"在北京举行，参加会议的全国各地代表共150名。国家电力公司原总经理助理、全国电力技术市场协会理事长周小谦、中电联副秘书长王永干、国家科技部发展计划司等有关领导到会并就目前发电技术的发展方向，以及热点问题作了重要讲话。

5月 应小浪底水电厂的邀请，由中国电力企业联合会与河南省电力行协组成联合咨询组，对小浪底水电厂进行了企业管理咨询工作。提出了有较强的针对性和可操作性的整改报告，得到水电厂及小浪底建管局领导的高度重视和好评。

5月24～27日 在杭州召开了"中国电力企业联合会企业管理咨询委员会工作会议"。会议总结了2001年咨询工作，布置了2003年工作任务，讨论修改了《关于评选电力系统优秀咨询单位、优秀咨询工作者、优秀咨询论著、优秀咨询成果的暂行办法》和《中国电力企业联合会企业管理咨询委员会人才库管理办法》，邀请有关领导作了咨询专题报告。同时套开了"电力企业管理咨询顾问资格认定会"，共认定中级咨询顾问47名，向中企联推荐高级咨询顾问39名。

5月30日 在北京长城饭店召开了"中国电力企业联合会2001年电力可靠性指标发布会"，此次发布会是9次发布会以来规模最大、规格最高的一次会议。中央企工委吴晓华副书记、国家经贸委电力司史玉波司长；国电公司顾问、中科协副主席陆延昌；国电公司副总经理、中国电力企业联合会赵希正理事长、刘宏常务副理事长、叶荣泗副理事长；中国机械工业联合会蔡帷慈常务副会长；国家电力公司张贵行总工程师；国家质检总局质量司郛建平副司长等领导出席会议并讲话。

6月 完成对2001年10万kW及以上火电机组技术经济指标统计。纳入统计的10万kW机组有142台，12.5万kW机组有175台，20万kW机组有195台，30万kW及以上机组有280台。

6月4日 中国电力企业联合会副理事长叶荣泗等会见了来访的日本九州电力株式会社常务董事松本茂彦一行七人代表团。会谈就中国电力体制改革问题进行了交流。

6月21日 国家经贸委（国经贸产业［2002］437号）批复同意《中国电力企业联合会代管协会管理暂行规定》，印发有关代管协会执行。

7月23～25日 在厦门召开了许继奖教金工作委员会第四次工作会议，对2002年度许继奖教金的"突出贡献奖""教育优秀奖"和"教师课题资助金"进行了评审。

7月25日 在国家计委召开电力体制改革工作小组第三次工作会议上明确中国电力企业联合会的主要任务是：研究提出落实改革方案中对中国电力企业联合会职责的要求。

7月26日 国家电力公司、中国电力企业联合会在上海隆重举行了"纪念中国电力工业120周年"活动。

8月19日 中国电力企业联合会理事长（亚太电协领导小组组长）赵希正、副组长刘宏（中国电力企业联合会常务副理事长）、领导小组成员魏光耀，秘书长孙守义会见了日本来访的亚太电协理事长丰岛令隆一行，就有关中方派团参加大会情况及大会交接仪式的方案进行了讨论和协商。

8月20～22日 中国电力企业联合会组织召开了20万kW级火电机组技术协作网第20届年会，会议对论文和机组性能指标进行了评比，评出一、二、三等奖论文37篇，优胜机组16台。

8～9月 组织"全国电力行业紧急救护专业培训班"2次，邀请香港急救署、国家灾害救援协会及军队的知名专家、教授讲课，对《电力行业紧急救护工作规范》进行了重点讲授，各级电力企业共有180余人参加培训。

8月28日 以中国电力企业联合会标［2002］59号文就电力行业电力燃煤机械标准化技术委员会挂靠单位的变更向有关单位发出通知，决定变更电力行业电力燃煤机械标准化技术委员会的挂靠单位，由原来的沈阳电力机械总厂变更为中国华电工程（集团）公司。

8～9月 完成了财政部委托的《加入WTO对我国电力产业的影响及财税对策》课题研究报告，受到了财政部的好评。

8～12月 完成了2002年度电力教育基金的"许继奖教金、科研资助金""电力高科奖学金""电力教育培训新星奖”奖学金的申报、评选和表彰工作。

9月2日　国家经贸委和国家统计局以国经贸产业［2002］642号文下发了《关于授予四个行业协会行业统计职能的通知》。决定授予中国包装技术协会、中国电力企业联合会、中国食品工业协会、中国汽车工业协会承担本行业的统计职能。

9月20日　以中国电力企业联合会研［2002］68号文印发了《印发“关于火电、送变电施工企业重组中存在的问题和建议”等5个调研报告的通知》。根据电力体制改革工作小组办公室的要求，中国电力企业联合会对实施主辅分离有关问题进行了深入的调查研究。

9月20～22日　由中国电力企业联合会主办的“第三届防治窃电新技术暨经验交流会”在新疆维吾尔自治区乌鲁木齐市召开。中国电力企业联合会副秘书长范继祥致开幕词。

9月26～27日　全国电力行业CFB机组技术交流服务协作网成立大会在北京召开。会议做了全国电力行业CFB机组技术交流服务协作网建网的工作报告，对专题报告和协作网章程、协作网近期工作设想进行了深入的讨论，对协作网的下一步的工作提出了一些建设性的意见和建议。

9～11月　组织了第三次全国可靠性管理自查与互查活动：①宣传贯彻《暂行办法》，了解各单位落实的情况；②听取各企业在多年来开展可靠性管理工作中遇到的问题和困难，特别是在目前的关键时期的意见和建议；③检查数据的“三性”。

10月　根据国家统计局对建筑业统计改革的要求，结合电力体制改革的形势，在调研的基础上，提出了《电力建筑业统计改革实施方案》和《2003年年报及2003年定期报表制度》，征求有关单位意见后修改定稿，印发各单位实施。

10月8～11日　召开了“可靠性标准化委员会审查会”，审查并通过了《输变电设施可靠性统计评价规程（报批稿）》《供电系统用户供电可靠性统计评价规程（报批稿）》，并对《电力可靠性名词术语（初稿）》进行了初步地讨论与审议。

10月10～12日　在河南郑州召开了省级电力行业协会负责人座谈会，通报了目前电力体制改革的有关情况和全国电力行业协会建设等方面的进展情况，交流了省级电力行业协会工作的经验及《行协职能》《行协经费》课题成果。会议期间还颁发了电力行业质量管理奖和企业管理现代化创新成果奖。

10月11日　由国家经贸委电力司和中国电力企业联合会标准化中心共同在京召开了纪念第33届世界标准日座谈会，国家经贸委电力司史玉波司长、中国电力企业联合会刘宏常务副理事长及国电公司有关部门、电力行业的有关专家24人参加了座谈。

10月16～18日　中国电力企业联合会在河南召开全国省级电力行业协会负责人会议。会议围绕在电力体制改革新形势下，如何进一步准确把握电力行业协会的职能、作用和发展前景等问题进行了广泛交流和探讨。中国电力企业联合会常务副理事长刘宏、副理事长林孔兴出席会议。

10月24日　国家电力公司党组到中国电力企业联合会调查研究、现场办公，研究解决中国电力企业联合会深化改革中的有关问题。会议由赵希正同志主持。刘宏同志代表中国电力企业联合会介绍了中国电力企业联合会的基本情况和2002年以来开展的主要工作，汇报了中国电力企业联合会根据国务院［2002］5号文件精神和电力体制改革工作小组的要求，提出的中国电力企业联合会深化改革的思路和解决有关问题的建议。

10月31日　国家电力监管委员会和中电联共同在京举行电力监管研讨会，政府有关部门、电力行业及研究机构的有关领导和专家参加会议，国家电力监管委员会邵秉仁、宋密、史玉波三位副主席及中国电力企业联合会刘宏常务副理事长、叶荣泗副理事长参加会议。

11月3～9日　以国家电力公司顾问陆延昌为团长，中国电力企业联合会常务副理事长刘宏为副团长的中国电力代表团一行76人和电力艺术团54人，赴日本福冈参加了第14届亚太电协大会。大会期间，中国正式当选为第15届亚太电协大会主席单位，中国电力企业联合会理事长赵希正先生当选为第15届亚太电协主席，刘宏常务副理事长宣读了亚太电协主席赵希正先生的书面发言。

11月13～16日　由中国电力企业联合会和国家电力公司共同举办的第九届国际电力展，在北京隆重召开，本届展览会共有19个国家和地区的二百多家企业参展，展品较全面地展示了目前世界电力工业新技术、新产品的发展现状和水平。

11月18日　组织电力企业参加了中国企业联合会的申报企业新纪录工作，电力行业有6家入围第七批中国企业新纪录。

11月23～29日　中国电力企业联合会、国家电力公司、劳动和社会保障部中国就业培训技术指导中心、中国能源化学工会在昆明共同举办了全国电力行业营业用电专业（装表接电、用电监察）技能大赛。

11月26～28日　在宜昌召开《电力可靠性管理暂行办法实施细则》研讨会。叶副理事长亲自参加并做了重要讲话，山东、上海、四川、湖北省电力公司的副总经理，粤电公司、国电电力、国电南方公司的副总经理以及华北、安徽公司总工程师和部分电力公司的生技、安全处处长共40人参加了会议。

12月1日 第十四届国际科学与和平周开幕式在北京人民大会堂隆重举行。党和国家领导、以及外国使节出席了大会。中国电力企业联合会是国际科学与和平周中国组委会的成员之一。中国电力企业联合会常务副理事长刘宏同志参加了大会。中国电力企业联合会荣获中国组委会颁发的联合国国际科学与和平周贡献奖。

12月3日 中国电力企业联合会根据《国务院关于印发电力体制改革方案的通知》（国发［2002］5号）精神和电力体制改革工作小组要求，在认真调查研究、听取各方意见、参考国内外行业协会经验的基础上，向电力体制改革工作小组报送了《中国电力企业联合会深化改革实施方案》。

12月4日 中国电力企业联合会与电力教育协会在温州市召开了电力教育培训新星奖获得者与电力高等自学考试优秀个人和先进助学、组织单位的颁奖表彰大会，对安徽省电力公司等5个先进省电力公司、浙江省电力助学中心等12个先进省级助学中心单位。河南安阳电业局等29人先进助学辅导站及76名先进工作者和112名优秀毕业生进行了表彰。

12月18～20日 协调组建电力卫生高级专业技术评审委员会，完成了2001年度和2002年度卫生专业正高级技术职务评审工作，共评审240人·次。

电力工业宏观管理

综　述

中国电力工业可持续发展展望

（周小谦）

一、电力工业的历史回顾

2002年，我们庆祝了中国有商品电以来的120周年纪念。

120年来的中国电力工业的发展史，是一部波澜壮阔的历史。中国的电力工业经过了旧中国67年的艰难曲折、蹒跚缓慢的发展，随着新中国的诞生，迎来了中国电力工业的新生。建国后的53年，是中国电力工业快速发展、大步前进、波澜壮阔的伟大的历史时期。在这53年中，中国电力迎头赶上世界先进水平，将失落的半个世纪追了回来，使中国的电力无论从装机容量到发电量都稳居世界第二位。这是世界瞩目的光辉成就，这是中华民族的光荣，是中国共产党领导下中国广大电力职工的光荣。

中国电力装机从1882年的16马力（11.76kW）经过67年发展，到1949年达到185万kW；而从1949年到2002年的3.53亿kW。50多年持续以年均10%以上的速度发展，在世界电力发展历史上都是罕见的。

特别是改革开放的1978年以来，中国的电力工业发展的规模之大、持续时间之长，更是举世无双。从1979年的全国装机6300万kW，发展到2002年的35300万kW，23年中新增装机29000万kW，平均每年新增1260万kW，特别是近10年，即1992～2002年，装机由16653万kW增至35300万kW，连续10年平均每年新增发电容量1860万kW，其中1999年达年新增2150万kW的高峰。

近20多年来，特别是在近10年多时间里，中国电力工业得到全面的快速发展。我国连续跃过法国、英国、加拿大、德国、俄国、日本，从1996年开始就稳居世界第二，基本上扭转了长期困扰我国经济发展和人民生活需要的电力严重短缺局面。电力行业以实现电力供需基本平衡略有裕量的成就，欢别20世纪，喜迎21世纪；而且在电力工业发展的水平上也有了全面的提高。特别在电力结构上，不断调整优化，技术装备水平不断提高，使中国电力工业进入了大机组、大电厂、大电网、超高压、自动化、信息化，水电、火电、核电、新能源发电全面发展的新时期。电网建设极大加强，电力调度水平不断提高，西电东送、南北互供、全国联网的格局已基本形成。科技水平得到提高，电力环境保护得以加强，使中国电力工业的科技水平与世界先进水平日渐接近。环境排放控制、生态保护日益加强，使电力发展的经济效益、社会效益与环境效益渐趋统一。电力管理水平和服务水平不断得到提高，电力发展的战略规划管理、生产运行管理、电力市场营销管理以及电力企业信息管理水平、优质服务水平等普遍得到提高。进一步扩大了对外开放，积极实施国际化战略，在利用外资、引进设备、引进技术、实施走出去战略都取得了巨大的成就。此外还不断提高了电力职工队伍素质，积极扩大了多种经营，不断深化电力企业改革，推动企业重组改造，加强了法制建设，走上了法制化管理的轨道，以及不断加强电力企业的精神文明建设和企业文化建设。

总之这20年，特别是最近10年，是中国电力工业发展历史上成就巨大的10年，是电力体制发生根本性变革的10年，是中国电力工业走向世界前沿的10年。可以预见并坚信，中国电力工业再用20年时间，在中国共产党第十六届代表大会提出“全面建设小康社会，开创中国特色社会主义事业新局面”的伟大旗帜指引下，中国的电力工业必将有更大规模的发展，技术管理水平有更大的提高，为全面建设小康社会，为中华民族的伟大复兴，为电力的可持续发展做出更大的贡献。

二、2002年的电力供需形势分析和2003年的预测

刚过去的2002年，在中国电力近10多年发展的历史中，是具有转折意义的一年。这一年，中国的电力供需形势，已由基本平衡略有富裕局面转为总体平衡趋于紧张，部分地区高峰拉闸限电、系统没有备用

的状况。

据2002年的初步统计，全国电力装机将达到3.53亿kW，比2001年增加1500万kW，增长率为4.3%，而发电量达到1.64万亿kWh以上，比2001年增加1570亿kWh，增长率为10.5%。从2000年开始到2001年、2002年，发电量年增长率分别为10.9%、8.4%和10.5%，而相应的发电装机容量的增长率只为6.8%、6%和4.2%，由于需求猛增，再加上近几年电力建设规模不足，以至将2000年前积累的富裕容量耗光，出现了2002年电力供应紧张局面。电力供应紧张的标志有三，其一为2002年全国发电设备平均利用小时已达4800h，按照世界平均水平来看，正常供电情况下，相对于全部装机容量的平均利用小时约为4300h到4500h，超过4500h即进入供需紧张状态；二是火电设备利用小时，2002年已达5200h，一般合理水平为5000h，超过5000h同样是出现紧张状态的标志，达到5500h就进入了缺电局面；三是从2002年全国电力供需的现状来看，除东北地区电力仍有富裕外。初步统计，全国出现高峰拉闸限电或一台机组事故停机就发生限电的约有10个省市，即占全国的1/3左右省市已出现了不同程度的拉闸限电现象。京津唐地区已出现零备用，在外送60%的情况下，电网供电线路有不少已不具备N-1的安全稳定要求。综上情况，2002年全国已进入主要地区电力供需紧张状况。

对于2003年电力供需形势将更为严峻，总体来说，全国电力供需将进入紧缺的局面。

从2002年的最高日发电量来看，7月16日达51.87亿kWh，比2001年的最高日发电量高出7.94亿kWh，相当于比2001年需要多投入的发电设备容量为3300万kW；从2002年电网的高峰负荷来看，据不完全统计2002年高峰负荷比2001年约高3000万kWh左右；从2002年发电量比2001年增加发电量1600亿kWh所需装机容量测算，也在3500万kW左右。综合上述三种分析，2002年至少要新增装机容量3000万kW才能适应，但实际上，2002年新增装机只有1500万kW左右的容量，这必然使2003年在本已供应紧张的2002年的基础上，使电力供需形势变得更为严峻，很可能形成电力紧缺的局面。

根据初步安排，2003年的发电量计划为1.8万亿kWh，即比2002年增加9.7%，如果GDP增长也按8%进行计算，相当于电力弹性系数为1.2。但是提供给2003年的电力发电装机容量只有3.53亿kW（其中水电8455万kW，火电26420万kW，核电370万kW）。这样发电设备的全年平均利用小时将达5100h，而火电设备利用小时将超过5500h，这两个指标均预示着2003年的全国电力供需将比2002年更为严峻，电力供应更为紧缺。

为了缓解电力供应紧张状况，除了认真安排好机组设备的检修计划，为零备用做好准备，加强需求侧管理，做好错峰、节荷措施，以及抓紧抓好2003年的电力基本建设中的投产项目，争取上半年能多投产，以在今年夏季高峰时发挥作用外，可能还要争取适当推迟“以大代小”的小机组退役时间的特殊措施，以及进一步加强电网建设、理顺交易电价，通过加强调度，充分发挥全国联网工程在大区和省市之间调节余缺及错峰、互为备用的作用，通过上述各项综合措施以把电力供应紧缺的局面限制在最小的范围内。

三、关于电力“十五”规划的调整与2020年的电力发展展望

电力的“十五”规划，原方案到2005年发电量为1.73万亿kWh，装机容量达到3.68亿kW。现在看，这些指标预计2002年就要超额完成了。因此对“十五”的电力规划必须进行调整，而且要求在2002年上半年就要调整完，确定增补的建设规模与项目，并安排一些项目立即开工，方可缓解2005年的更为严峻的电力供需形势，以及为“十五”和到2020年的电力结构调整打下基础。如果不抓住今年这一时机，尽快进行调整，那么就可能出现不是因电力供应的严重短缺而对经济、对社会、对人民生活造成严重影响；就是小机组再成高潮，造成能源浪费，环境污染加剧。

初步预测到2005年全国发电量将在2.1万亿kWh左右，相应需要装机在4.5亿kW左右，在“十五”期内需要新增装机在1.3亿kW左右，相当于五年内平均每年新增2600万kW（尚未计以大代小部分的建设容量）。而2001～2002年增加的装机容量只有3400万kW，尚有1亿kW左右需在2003～2005年投入，即今后3年每年要求投产3300万kW。但根据现在的在建规模8000万kW的分析，在今后3年内能投产的也只有5000万kW左右，尚有5000万kW的差距，因此必须抓紧今明两年，特别是2002年的开工力度，千方百计争取在2005年能多投产，以尽可能缓解2005年电力紧张状况。

在安排今明年开工规模时，除尽可能弥补十五期间装机的短缺，缓解十五电力供应紧张的局面外，同时还得考虑长远的电力规划及到2020年的电力结构问题。

关于2020年的电力规划，首先应对电力需求、建设规模、电力结构及其可持续发展等问题进行深入的研究。十六大提出的全面建设小康社会和到2020

年要使我国国民经济再翻两番这一目标，是我们电力发展规划的依据，也是目标。电力的发展及其供应，要确保全面建设小康社会的顺利进行，要为国民经济翻两番提供电力的可靠保证。

关于到2020年的电力电量需求预测及供应的规划工作，是一个复杂的系统工程。例如全面小康社会对于电力的需求分析就涉及到社会各行各业各部门各单位，需要做大量的调查研究，进行地区和国际的比较，及历史资料的分析对比研究工作，并做定性、定量的分析，其工作量是非常大的，需要进一步组织力量进行研究。但是对于2020年或更远的电力长期需求和供应的分析工作，在90年代以来政府部门、研究单位和学校以及一些公司，国内与国际组织都陆续的开展了研究工作，进行了预测分析，并且已取得相当重要的研究成果，留下大量的研究资料。

根据已有的一些研究成果和资料分析，预计到2020年全国需要的发电量为4.3万亿kWh，相应的装机容量为9.5亿kW左右。这与今后20年GDP平均增长速度为7.2%基本上是相适应的。电力增长速度与国民经济增长速度的关系，根据1980年到2000年的20年的统计，其电力弹性系数约为0.82，也是基本吻合的。而且这一预测值也基本上在以前各种预测值的范围内。

到2020年全国达到4.3万亿kWh的电量，相当于全国人均占有电量约为2900kWh（按预测2020年全国人口数为14.7亿人），这只比2000年世界人均电量2500kWh略高，相当于美国50年代初，英国60年代初的水平，且比西班牙1982年人均占有电量（3100kWh）还低。而西班牙的用电水平是作为我国电力水平国际比较的参照量之一。

考虑到预测时期内许多不确定的因素，因此对2020年的发电量预计值，可取在3.8万亿、4.3万亿、4.7万亿kWh的高、中、低3个方案，相应发电装机容量将在8.5亿、9.5亿、10.5亿kW之间，而把4.3万亿kWh的发电量和9.5亿kW的装机容量，作为达到全面小康社会所需要和保证20年内GDP再翻两番的基本方案。

根据上述预测，今后20年内，中国电力发展的任务将是十分艰巨的。从2000年起到2020年的20年内需要增加装机容量将在6.3亿kW，平均每年要新增装机容量3000多万kW，如再考虑期间还有大量寿命期已到需要更新改造的设备，其建设规模将更为巨大。如何保证中国电力的可持续发展将是一个非常重要与迫切问题，我们必须从现在开始对其能源供应、电源结构、电网结构技术进步、环境保护等进行全面研究。

四、关于电力可持续发展的展望

实现电力可持续发展，目的在于扩大可靠的和能支付得起的电力供应，同时减少负面的健康与环境影响，重点在于优化电源结构、扩大供应范围、激励提高效率、加速再生能源的利用，推广先进技术的应用等方面。

我国的电力结构将包括电源结构、电网结构、电力的产业结构和电力技术结构。而电源结构则更大程度决定于能源结构，电网结构决定于电源布局与负荷分布，产业结构则决定于企业发展战略，技术结构则随科技进步、装备水平等而变动。

目前，从总体上说，我国平均的电力供应水平低，到1999年我国人均发电量979kWh，只为世界平均水平2479kWh的39%，为OECD发达国家8348kWh的12%；我国民用电比例更低，2000年我国人均生活用电为132kWh，只占总消费电量的13.7%，而发达国家达30%以上，按此推算，则相差近20倍；从电力占终端能源消费比例来看，1999年我国占10.9%，而OECD国家为19.2%，相差近1倍。从上述人均占有电量，人均生活电量和电力占终端能源消费比例3个指标，可以明显看出我国电气化处于较低水平。而电力是人类社会可持续发展的桥梁，电气化水平低也就意味着社会总体的能源转换效率低，也是造成森林砍伐，水土流失，生态破坏的重要原因之一。因此，为实现人类社会的可持续发展，加快电力的发展，提高电气化程度是一个重要的途径。

而在发展电力的同时，必须重视电力自身的可持续发展。为此，要重视电力自身结构的调整。目前我国电力自身结构中突出的问题：①电源与电网相比较而言，电网相对落后于电源的建设，电网结构薄弱损耗大。②在电源结构中，水电及新能源发电比重较低，水电开发程度低，到2000年水电容量开发率为20%，电量开发率仅12%，远低于世界平均水电开发率20%；核电和新能源比重极小，特别是核电到2000年仅为210万kW，仅为总装机容量的0.66%，电量的1.2%，而世界平均占到16%左右，从能源投入量来看，中国核能投入只占电源的1.3%，而世界平均水平为20.2%（1999年）。③发电设备技术结构不合理，调峰能力弱；技术经济指标差。在火电机组中，燃气轮机比例低，3亿kW多的机组中，燃机只有700多万kW，燃机最大机组只有E级水平、单机17万kW。在电力能源结构中，1999年天然气只占0.4%，而世界平均水平为18.8%（1999年）；我国煤电的比重大，且机组技术装备水平较低，特别是超临界大机组，我国到2001年底只有780万kW，约占火电机组容量的3%，加上在建容量也不到5%，而日本、俄罗斯等国超临界大机组比重大，如日本占到60%左右。至于调峰能力弱，主要由于火电机组的调节性能差，燃气轮机容量少，特别是抽水蓄能机组比例低。我国2000年统计抽水蓄能电站容量只有550万kW，占全国机组容量的1.8%，而世界平均水平达到3%左右。以上这些问题，都需要在今后20年内，根据我国能源结构及分布特点，要予以调整，并要按实现电力可持续发展目标做好相应的规划工作。

1. 2020年我国电源结构规划设想

根据我国能源结构的状况，我国电源结构在相当长的时期内，直到2020年都将以煤电为主，这是难以改变的。但为了努力减少电力对大气的CO_2排放量，必须要尽可能降低煤电的比例，尽可能的早开发、多开发水电，并尽快增加核电、天然气及可再生新能源发电的比例。根据世界电力发展规律并结合中国的资源和技术供应情况，对2020年的电源结构的规划设想是：在9.5亿kW中，煤电为6亿kW，占63%（电量3万亿kWh，占4.3万亿kWh的70%）；水电2亿kW，占21.1%（电量为7000亿kWh，占16%）；另有抽水蓄能电站2500万kW，占2.6%；核电4000万kW，占4.2%（电量2600亿kWh，占6%）；气电7000万kW，占7.3%（电量3000亿kWh，占7%）；新能源1500万kW，占1.5%（电量400亿kWh，占1%）。

(1) 煤电发展。

到2020年约为6亿kW，占总装机9.5亿kW的63.1%，发电量3亿kWh，占总电量的70%，比2000年火电装机的74.4%和电量的81%下降11个百分点，平均每年下降0.5个百分点；相应的发电量约3亿kWh需耗原煤约14亿t，占2020年原煤预计产量20亿～22亿t的64%～70%左右。

这种电源结构是由我国的能源结构决定的。在世界化石燃料中，随着经济技术的发展以及工业化和城市化的进程，其结构不断发生变化，其中煤炭比重在下降，油气比重在上升，世界平均从50年代初的煤占60%下降到90年代的初的30%，到1998年世界第一次出现全球天然气消耗占能源的比例超过了煤炭的比重，到1999年煤下降到24.95%，而气上升到26%。但我国却不然，我国在化石燃料资源中，气的比重比世界平均水平低得多，因此我国能源一直以煤为基础，煤在能源中的比重一直踞高难下，1949年我国煤炭在能源中的比重为96%，随后逐年下降，但速度缓慢，到1990年煤仍占76.2%，直到2000年仍为67%，比世界平均水平高出40多个百分点。根据初步分析，即使到2020年，我国煤在能源中的比重也在55%以上，而煤主要用于发电，因此在2020年煤电在全部发电量中占70%的预计也是难以再有大幅度下降的。

由于煤电的比重大，所以在进行电源规划时，特别是进行燃煤电站规划时，必须同时做好煤炭发展和运输的规划，将煤、电、运和环境保护的规划统一起来，协调发展。为了减轻电煤对运输的压力，因此要高度重视煤炭基地的煤电联合开发和外送电网的建设。特别是山西、陕西、宁夏、内蒙、贵州、东四盟等煤电基地的开发，要努力实现开发体制上的创新。这几个煤电基地可装机容量在1.5亿kW以上，如山西煤藏丰富，1997年的保有储量是2600多亿t，占全国的1/4，根据其水量可建2000万kW以上，蒙西根据其水量，规划可建6000万kW，东四盟可建2500万kW，陕北基地可建1000万kW，宁夏1000万kW，贵州规划3000万kW等等。煤电基地的电站建设规模，主要受水的制约，因此，我们要大力发展空冷机组，以节约电厂用水，现在我们已掌握20万kW空冷机组的制造技术，30万kW的空冷机组正准备实施，60万kW的空冷机组要尽快掌握，并在煤电基地推广应用。

在大规模的燃煤发电站建设中，一定要高度重视技术装备的科技进步，要积极推广高效、经济、清洁、可靠并具有较好调节性能的装备的应用。要积极推广使用超临界和超超临界的发电设备，首先要在东部沿海的港口、路口电厂中推广应用，并要努力加快发电设备制造供应上的国产化、本地化。使发电热效率由目前一般亚临界机组的37%左右提高到45%左右，并要使火电设备的调峰能力达到50%以上。

此外要高度重视燃煤电厂的环保问题与清洁燃烧。我国现有火电厂的单位发电量的CO_2、SO_2、NO_x的排放量明显高于发达国家，据有关统计资料表明，我国火电厂每发1kWh电的SO_2排放比日本高出6.67g，NO_x高3.82g，CO_2高0.93g。这涉及到发电热效率和脱硫、除氮等电力环保以及煤的清洁燃烧等技术装备的推广应用问题。目前我国火电厂中装有脱硫设备的只有500多万kW，不到火电容量的2%，而发达国家的火电厂一般都装有脱硫装置，因此今后必须严格按国家规定，对含硫量超过一定标准的（现在规定为1%）必须同时装设高效脱硫装置。逐步推广循环流化床（CFBC）和整体煤气化联合循环（IGCC）等清洁煤燃烧技术，这对于我国大规模建设燃煤电厂来说更为迫切。因此必须抓紧“十五”期间的白马30万kW的CFBC和山东烟台的30万～40万kW的IGCC的示范工程试点，尽快总结经验，并实施国产化。

上述高效、清洁、节水、经济的电力技术装备的国产化和充足的供应，这是实现我国电力的可持续发展和保障电力的可靠经济供应的基础与前提。

(2) 水电发展。

到2020年水电要达到2亿kW，占总装机容量的21.1%，电量7000亿kWh，占总电量的16%；抽水蓄能电站装机达到2500万kW，占到总装机容量的2.6%，比2000年装机比重的24.9%下降了1个百分点，电量比重的17.8%下降1.8个百分点。但水电开发率已由2000年装机开发率的21%提高到2020年的53%，电量开发率相当由12.6%提高到36%，都超过目前世界平均水平。

我国水电开发速度比较慢，从1910年开始，经过90多年的开发，到2000年水电开发率只有12.6%，只为世界平均水平的一半多一点，因此优先并加快开发水电，仍然是我国电力发展的基本方针，也是西部开发、西电东送的主要内容。争取在20年内将中部水电基本开发完，西部的大型水电也得到较大程度的开发，即到2020年东部地区、中部的湘西、长江中游、红水河以及西部的乌江、澜沧江中下游和金沙江下游段、黄河上游基本开发完毕，容量在1.2亿kW左右，其中包括如红水河的龙滩、大藤峡，乌江的构皮滩、彭水，清江的水布垭，沅水的三板溪、金沙江的溪洛渡、向家坝，大渡河的瀑布沟，雅砻江的锦屏一、二级，澜沧江的小湾、糯扎渡、景洪，黄河上游的公伯峡、拉西瓦、黑山峡以及乌东德、白鹤滩、独松等等，另外还有一批中型水电站将在20多年内建成。

另外为了适应系统调峰要求，我们还要建设相当规模的抽水蓄能电站。比照世界平均抽水蓄能电站占总容量的测算，我国抽水蓄能电站到2020年应达到2500万kW以上。这就要求20年内建设抽水蓄能机组约2000万kW，约需上百台的20万kW级的抽水蓄能机组，因此水头在200m左右，20万kW级大型蓄能机组成套设备要抓紧研究并实现国产化。

(3) 核电发展。

到2020年，规划核电容量约为4000万kW，占总装机的4.2%，发电量的6%，比2000年1.2%上升约5个百分点，使电源结构有所改善。

我国核电起步不晚，发展缓慢。2000年只有210万kW，到2002年末为370万kW，加上现在在建规模也只有870万kW。在“十五”期间内计划开工600万~800万kW规模的核电，已过去两年，至今一个也没有批准开工。

然而，核电是一个“安全、可靠、高效、经济、清洁”的电力，是实施电力可持续发展战略的重要方面。这也是全世界438座核电站运行近一万堆年的实践所证明了的。核能是能源密度最大的能量，核电是目前世界电力技术发展水平下，技术上成熟、可以大规模用以替代矿物燃料电站、并能有效地作为减少向大气排放CO_2的根本措施。我国政府已承诺了控制CO_2排放的“京都协定书”，因此今后20年内必须高度重视我国核电的发展。特别在沿海能源短缺、环境容量有限的地方，更应积极加速核电发展。现在我们已选核电厂址在4000万kW左右，从现在开始抓紧，到2020年使我国核电达到4000万kW是有可能的，但任务十分艰巨。而在进入21世纪后的世界核电复兴的浪潮，应当是一个有力的促进。

首先是要在思想认识上，上下左右要统一。同时要加快核电成套设备的国产化和设计自主化的步伐，使核电设备制造尽快实现国产化和本土化，以大大降低核电造价，并确保安全可靠性，提高运行的负荷因子，大幅度降低核电上网电价，使之具有与煤电同等的竞争力。这是完全可以做到的，现在的广东岭澳电厂和秦山二期60万kW核电我们看到了希望。

在2020年以内建设的4000万kW核电站，在技术路线上建议原则上仍坚持以原定的100万级压水堆的路线，并充分吸取国际上的技术进步和改造的经验。具体堆型可在明确安全、经济及国产化率的条件下，通过国际标准来确定，并用以批量建设100万级核电站。这是充分发挥现有核电制造能力和建设、管理方面的经验，尽快实现核电设备供应和建设、管理上的国产化的重要条件之一，是使我国核电“既安全，又经济”的可行路线。与此同时，还要在核电技术上加强开发研究，跟踪国际的先进技术，努力发展有自主知识产权的新一代堆型的核电，争取在20年内建设示范堆型，为20年后批量过渡到新一代堆型做好技术供应的准备。

(4) 气电发展。

规划到2020年燃气发电的容量达7000万kW，占总装机容量的7.3%，电量约3000亿kWh，占总电量的7%。这将使20年内燃气轮机组的比重提高6个百分点多，使电源结构得到一定程度的改善。

由于我国天然气资源相对贫乏，再加燃气轮机制造技术落后，所以在世界各国燃气轮机快速发展，在电力比例中很快上升时，我国仍处于很低水平。随着我国“西部开发”“西气东输”及海洋气和进口天然气的计划的启动，在“十五”期间，国家计划安排建设10个电站23台燃气轮机联合循环机组，约800万kW，并拟打捆招标，实现技术转让，引进国外先进的F型35万千瓦级的燃气联合循环机组的制造技术，这可为今后我国气电的发展打下基础。

根据石化部门规划，到2020年全国天然气用量约2000亿m^3，其中进口约600亿m^3。根据建设部的预测到2020年全国天然气用于民用的约937亿m^3，即约1000多亿m^3可用于工业与发电，先初步按800

亿 m^3 用于发电能源系统，即其中 700 亿 m^3 用于常规发电，100 亿 m^3 用于分布式发电系统，一共约可建 7000 万 kW 左右的电站。

燃气轮机能否很快发展，达到预期的目标，关键在于天然气和燃气轮机设备供应的保证与天然气价格问题。我们规划中希望天然气发电比重的进一步提高，这也是电力可持续发展的迫切要求。但同时也要理顺能源价格体系，使天然气发电能与其他煤电、核电等电力相比具有一定的竞争力，使气电成为可支付得起的电力，这同样也是电力可持续发展的目标。

(5) 新能源发电。

规划到 2020 年达到 1500 万 kW，占总装机的 1.5%，发电量 400 亿 kWh，占 1%。

新能源发电主要包括风力发电、潮汐发电和太阳能发电，也包括地热发电和垃圾、生物质能发电等。

人类保护环境的较好出路是大力发展再生能源的利用，而再生能源利用的最好形式是通过发电系统，将新能源转化为电能。20 世纪 80 年代以来，新能源发电是发展速度最快的一个新领域，虽然目前新能源只占总能源的 2%左右，犹如一百年前的石油工业也只占商品能源的 2%（1912 年）。在新能源发电中，近 20 年内重点抓好风力发电。我国风力发电 1986 年起步，到 1990 年为 0.41 万 kW，2000 年为 34.7 万 kW。10 年间平均每年递增 55%，其发展速度是很快的。从 2000～2020 年，按年增 20%左右来安排，则到 2020 年风力发电可达 1500 万 kW 左右。

风电场的发展，关键在于风电设备国产化和规模化，增大单机容量到 2000kW 左右，形成规模经济，从而将风电场造价降下来。目前国内正在生产 600kW 和 660kW 的风机，同时正在引进生产 1300kW 的风机。正如欧洲的风机由 20 世纪 70 年代的 100kW 提高到现在的 2000kW，风力发电成本由 1970 年的 16 美分/（kWh）下降到 1999 年的 6 美分/（kWh），再加政府政策的支持，风力发电有可能成为具有一定竞争力的电能。

其他新能源发电是太阳能发电，目前和今后 20 年内主要用于解决边远无电地区居民的供电。我国光伏电池产量和安装容量仅为世界的 1%左右，我国目前初步统计太阳能单晶硅电池和非晶硅电池产量在 5MW，而世界光伏电池装机容量已达 1500MW，光伏电池的能源转换效率已达 16%～17%，且其造价和电价也大幅度降低。我国“十五”规划高效晶硅太阳电池工业化生产达到年 30MW 的生产能力，发电容量达到 5.3 万 kW；并规划开发 5 座 3～5MW 的屋顶并网发电系统和 2 座 10～20MW 的大型并网系统电站；以及开发薄膜太阳电池生产技术，建立 0.5MW 的实验生产线。这些都预示着到 2020 年我国太阳能电池发电会有一个大的发展，对于解决边远无电地区的电网所未及的用电问题，将会起重要作用。

关于地热发电，我国已探明地热可用于发电的为 150 万 kW（现已开发 3.2 万 kW），“十五”规划中，要建立千瓦级高温地热发电示范工程，以及促进热泵技术的开发及产业化，以进一步充分用好地热资源。

关于海洋能源我国也有很丰富的资源。据统计为 4.6 亿 kW，其中潮汐能 1.1 亿 kW（技术可开发 2000 多 kW），温差、波浪和潮能等约 2.4 亿 kW（技术可开发约为 1.6 亿 kW）。现在我国潮汐发电装机已有 1.1 万 kW，十五期间拟开发万千瓦级潮汐电站示范工程，并完成波浪发电示范装置。海洋能的使用也有广阔前景，特别对解决海岛地区的供电供水等具有重要意义。

生物质能潜力巨大。据农业部评估，我国生物质能资源约为 7 亿 t 标煤。沼气等生物质能气化发电，十五期间拟建立 3～5 兆瓦级的发电示范工程；生物质液体燃料技术，也拟在十五期间建立规模为 100t/年的液体燃料示范工程；此外还有城市垃圾焚烧发电等。使多种生物质资源得到充分利用，既可减少对环境的污染，又可增加能源的供应，是电力可持续发展战略中的重要一环，预计在今后 20 年内都会得到很快的发展，并成为电力供应的补充。

2. 关于 2020 年电力规划中的节能、节电和提高能源利用效率问题

关于节能、节电和提高能源利用效率，同样是电力可持续发展中的一个重要方面，是人类能源活动中永恒的题目。开发和节约并重，这一直是电力发展的基本方针，也是能源发展的基本方针。既包括能源、电力本身的提高能源转换效率，也包括能源电力用户的降低产品能耗、提高能源使用效率。对于电力行业来说，今后重点要抓好如下几方面工作：

(1) 努力发展电力，提高电气化程度。

提高电力在全社会能源终端消费中的比重，实现能源的梯级生产与利用，是节能的重要方面。随着电气化、信息化程度的提高，GDP 产值的能源单耗可不断下降。我国 2000 年的电力在终端能源消费的比重为 11.2%，而世界平均在 17%，发达国家在 19%以上，我们到 2020 年的目标应达到 18%左右。

(2) 加大老机组和小机组的退役速度。

以大代小、以新替旧提高电力技术装备总体水平，这是节约能源的重要措施。到 2000 年统计我国 10 万 kW 及以下的凝汽机组和小于 0.6 万 kW 的小火电共计 6000 多万 kW，占火电机组的 1/4 左右，再加不断增加的到退役期机组的改造、更新，其规模同样很大。安排好这些小凝汽机组的退役和大机组的改造与更新，以及安排新建电站一般为大型高效机组，以

争取使火电厂机组总的供电煤耗由2000年的397g/(kWh)（发电热效率为31%）下降到2020年的330g/(kWh)，使发电热效率达37%，这相当于日本上世纪90年代初期水平。按这一目标，要求每年平均下降供电煤耗3～4g，基本上是我国上世纪90年代煤耗年平均下降水平，因此是可以做到的。

(3) 鼓励发展热电联产及热电冷联产。

由于热电联产的煤耗可以比纯凝汽低23～62g，因此“十五”计划发展纲要中，明确要“鼓励热电联产和综合利用”，在今后20年内同样要坚持这一方针。我国目前热电联产比重低，只有12.8%，仅为俄罗斯的1/3，美国的1/2，因此要积极开发30万千瓦级的供热机组以及发展中小型以及微型的燃气轮机组联合循环供热、供冷等技术，将大型集中供热与分布式供热、供冷结合起来，以达到较好的能源利用效率。

(4) 加强电力需求侧管理。

除了实行需求侧的负荷调整，实现削峰填谷等外，还要致力于电力需求侧节电产品的开发及需求侧用电设备、装置的改造，如推广蓄冰、储热等装置。

3. 大力加强电网建设，努力提高电网技术水平

电力自身结构调整的重要内容就是加快、加强电网建设，改变电网落后于电源建设局面，逐步使电网建设略有所超前，以确保电网“安全、稳定、可靠、高效、经济”的运行，促进电力的发展，推动电力市场的形成。

我国西部10省市人口不到全国的1/4，而国土面积占全国的1/2以上，水力资源占全国的4/5，煤炭保有储量占2/5，而GDP不到全国的1/5。这种资源与消耗的分布状况，确定了我国能源分布的“北煤南运”、“西气东输”与电力的“西电东送”的基本格局。因此，今后20年内电网建设的主要内容就是“西电东送，南北互供，全国联网”，并且“输电网、配电网、信息网”三网并建。由于我国国土广阔，能源与电源和负荷分布的特点，决定了我国电网建设规模将十分巨大，任务十分繁重，所碰到的技术经济问题十分复杂。

第一，关于全国电网的规划。

到2020年，一个全国“统一管理，分级调度，安全稳定，高效开放”的联合电网将基本建成。这个联合电网将以三峡电网为中心，以“西电东送”三个通道为骨干，以“南北互供、大区互联”为主线，将全国各大区电网（可能除西藏及台湾外）全部联结在一起。这一联合电网还将跨国与东南亚泰国等电网互联，这将是欧亚大陆上最大的电网。

到2020年，西电东送的三大通道建设将基本完成，西电东送的规模将达到1亿kW左右，其中北通道是4000万kW，中通道是4000万kW，南通道是3000万kW左右。

北通道中，一部分为蒙西、山西送京津唐、河北南网及山东电网，将以交流500kV送电为主；另一部分为西北陕西、宁夏火电及黄河上游水电向华北、山东输电，将用500kV交直流混合输送；为实现西北水火电“打捆”外送及西北地区的电网互联的需要，在“十五”期间将开始建设750kV超高压输电线路，把中国电网的电压等级提高一级。到2020年北通道总外送规模将达到4000万kW左右，西电东送的500kV交流线路将达30回左右，500kV直流2回。

中通道的西电东送，将以三峡输变电系统和川电外送系统两部分组成。三峡输变电系统将在2009年前建成。对川电外送将以500kV交流和直流或750(800)kV交流混合外送。主要为开发长江中上游及四川水电外送，其送电规模到2020年将达到4000万kW，送电华东电网的±500kV和±600kV直流将达6回。

南通道主要为贵州、云南、广西的红水河、乌江、澜沧江、金沙江等大型水电和贵州的部分火电，向广东和广西送电，并以交、直流混合方式外送，到2020年外送规模在3000万kW左右，另有中部三峡向广东送电300万kW，向广东送电的500kV直流将达6回之多。

在全国联网方面，到目前全国已实现华北—东北，华中—华东，华东—福建以及华中—川渝之间的联网互送，正在建设的有华北—华中，华中—西北，华中—南方等大区之间的联网，预计到2010年可实现除新疆、西藏、台湾外的全国联网，到2020年则可实现除西藏、台湾外的全国联网。

第二，关于全国电网建设中重点要解决的问题。

为了进一步提高电网建设水平，确保建成的电网是“结构坚强，潮流合理，技术先进，调度灵活，经济合理，留有裕度”的电网，从当前的研究来看，有以下一些问题要予以重视。

1) 要进一步加强电网规划及系统设计、工程可研及设计等工作。

规划中要进一步研究明确受端电网接受外送电的比例、电力系统稳定计算的负荷模型及其参数选取、电网规划设计中稳定计算标准与调度运行规程的统一协调、电网安全稳定控制装置的配置规划问题；以及点对网和网对网送电方式、交直流并送、直流多落点等的安全可靠经济比较问题。

2) 要进一步抓好若干技术方案的落实。

包括西北750kV示范工程的落实；提高500kV输电线路的送电能力及单个通道的送电容量，节约走廊占地，500kV的同杆并架和紧凑型输电技术的推广以及线路补偿、大截面导线合成绝缘子的使用等问题。

3) 关于提高技术装备水平问题。

包括高压直流设备国产化和直流背靠背的设计、设备制造国产化以及轻型直流技术的研究和产品开发。

关于灵活交流输电技术包括静补SVC，串联补偿技术（SC）可控串补技术（TCSC）及新型静止无功补偿技术（STATcom）等等。这些装置设备要尽快实现国产化。

此外还有变电站的数字化、智能化、综合自动化的成套技术装置供应问题。

4）调度自动化，电力市场技术和电力通信、信息技术问题。

5）关于农村电网及配电网建设的技术装备的系统化、标准化以及自动化系统建设等等。

第三，关于电网的发展与分布式能源系统发展的关系。

在进入以信息、新材料、生物技术为代表的，社会经济结构从集中到分散，从等级结构到网络结构，从简单选择到多种选择的21世纪，电力将愈来愈成为整个社会运转一刻也不能离开的动力，整个社会的运转、发展对于电力的依赖程度将越来越高。与此同时，对电力的数量、供应的可靠性及品质也提出更高的要求。电源和电网的发展与建设，特别是电网的建设不仅要为保证可靠、安全、稳定、高品质的供应提供保证，并要为适应分散化与网络化社会结构下的生产、生活需要，以及为电源供应将逐步走向分散化与小型化的接入提供方便，为大规模使用新能源、再生能源发电创造条件。

今后20年内，天然气管网的发展及天然气使用比例的增大，必然会推动分布式电力供应系统的发展，新能源发电中，风电在今后20年内将成为电力分布式供应系统中起到主导作用，太阳能电池供电也将成为今后分布式电力供应系统中最活跃、不受空间限制的、普遍得到推广应用的供电方式。此外，燃料电池发电技术、生物质能发电技术等等都将会成为新的电力供应系统中的重要组成部分。新能源是未来能源发展的希望，但大量分散的再生能源只有通过转化为电能并通过电力系统才能得以充分的有效的利用，并且可以大大提高能源效率，减少输送的损失。总之，我们在电网建设中必须高度重视分布式电力供应系统的发展对电网的要求，以及电网的发展建设为分布式能源的发展提供条件和起到促进作用。

总之，在今后20年内，我国的电力建设任务十分繁重，既要确保全面小康社会建设和国民经济翻两番的需要，同时还要努力实现电力的可持续发展，实现经济、社会、环境的协调发展，此外我们还必须不断在突破新能源和再生能源发电的技术经济问题上下工夫，在建设一个结构坚强的主电网和覆盖面广泛的配电网，调度灵活，控制精确，对各种形式发电上网都开放式的电力系统上下工夫，以迎接2020年后电力分散供应系统大规模发展的新时代。

2002年电力生产建设基本情况

（姜绍俊）

2002年是我国加入世贸组织的第一年，尽管世界经济依然普遍低迷，我国经济却一枝独秀，投资、消费、出口等各项宏观经济指标全线飘红，为实现建设全面小康社会的宏伟目标奠定了坚实的基础。在良好的宏观经济环境下，电力工业不断深化改革、促进发展，电力生产与投资再创佳积、呈现强有力发展势头。

电力生产消费持续高涨、各项指标完成较好

受经济增长、尤其是工业生产增长的强劲拉动，我国电力需求实现高速增长。据统计，全年全社会用电16386亿kWh，比2001年增长11.6%，比2001年的增速加速了1.65个百分点。其中，第一产业用电590亿kWh，增长3.65%；第二产业用电11957亿kWh，增长12.31%；第三产业用电1837亿kWh，增长12.62%。城乡居民生活用电2001亿kWh，增长9.05%。与2001年相比，第一产业用电增速有较大下降。而第二产业用电则增速2.63个百分点。第三产业用电增速大体持平，居民生活用电增速继续回落。

全年共完成发电量16541亿kWh，比2001年增长10.5%。其中，水电2745亿kWh，增长5.15%；火电13522亿kWh，增长12.26%；核电264亿kWh，增长51.61%。全国及各省（市、自治区）的装机及发电量完成情况如表1所示。核电2002年岭澳和秦山各投产了一台机组，是核电电量激增的因素。

全国电力固定资产投资完成2296.9亿元，比2001年增长18.12%。其中，基建完成1238.8亿元，同比增长22.57%；城乡电网建设与改造完成987.8亿元，同比增长12.89%。全国新投产大中型发电装机1433万kW，其中水电148.2万kW，火电1285万kW（其中包括：以大代小项目240.5万kW）。到2002年末全国拥有发电装机35657万kW，其中水电8607万kW，占比例24.14%；火电26554万kW，比例74.47%；核电446.8万kW，占比例1.25%。全国供电煤耗383g/（kWh），比2001年下降了2g/（kWh）；线路损失率7.52%，比2001年下降了0.03个百分点保持了连续8年的下降态势。全国6000kW机组利用小时达到4860h，其中水电3289h，火电5272h，分别比2001年增加了160和372h。

表1　全国各地区装机和发电量

地区	装机容量(万kW)				发电量(亿kWh)			
	合计	水电	火电	核电	合计	水电	火电	核电
全国总计	**35657**	**8607**	**26554**	**446.8**	**16541.6**	**2745.6**	**13522**	**264.9**
华北地区	**5380**	**320**	**5050**		**2833.7**	**34.4**	**2797.6**	
北京市	444.6	103.8	340.7		183.5	4.6	178.8	
天津市	625	0.5	624.5		272.7	0.1	272.6	
河北省	1753.5	77.6	1674.6		1014.2	4.1	1009.7	
山西省	1512.3	79.5	1432.8		841.3	18.8	822.5	
内蒙古自治区	1044.7	59.2	977.8		521.9	6.7	513.8	
东北地区	**3629**	**565**	**3053**		**1496.8**	**80.1**	**1415.5**	
辽宁省	1573	126.1	1439		721.2	15.5	704.5	
吉林省	894	357.4	533.5		309.3	49	260.3	
黑龙江省	1162	81.5	1080.6		466.2	15.6	450.6	
华东地区	**10850**	**1541.3**	**9135**	**167.8**	**5167.9**	**440**	**4670.1**	**56.12**
上海市	1138.3		1138.2		616.5		616.5	
江苏省	2073.6	13.7	2059.9		1168.7	1.6	1167.2	
浙江省	2067.7	586.7	1308.2	167.8	889.2	138.8	692.9	56.12
安徽省	970.5	64.9	905.6		470.6	13.6	457	
福建省	1352.4	651.2	700		533.1	224.3	308.5	
江西省	732.6	219.7	512.9		248.0	61.5	186.5	
山东省	2515.3	5.08	2510.2		1241.8	0.1	1241.6	
中南地区	**8999.5**	**2847.3**	**5864.6**	**279**	**3950.4**	**951.8**	**2788.3**	**208.8**
河南省	1834.2	243.8	1590.5		895.9	48.6	847.3	
湖北省	1536.2	721.4	814.8		621.5	278.5	343	
湖南省	1111	613.5	497.6		453.8	253.3	200.6	
广东省	3588	777.5	2523.8	279	1610.1	169.1	1230.8	208.8
广西自治区	752	436.3	315.6		317	186.3	130.7	
海南省	178	54.7	122.4		51.9	15.9	35.9	
西南地区	**3840**	**2161**	**1675.6**		**1752.6**	**835.3**	**916.3**	
重庆市	420	119.5	300.5		184.7	37.5	147.3	
四川省	1800	1185.5	614.2		723.8	445	278.8	
贵州省	707	242.6	464.2		427.4	95.1	332.3	
云南省	877	583.6	293.3		408.5	250.6	157.8	
西藏自治区	36	29.8	3.46		8.18	7.12	0.04	
西北地区	**2706**	**920**	**1775.7**		**1210.5**	**274.3**	**934.3**	
陕西省	819	146.2	673.5		347.8	28.4	319.4	
甘肃省	712	323.8	388.2		342.8	107.6	235	
青海省	401	320.6	80.4		141.6	91.8	49.8	
宁夏自治区	269	30.8	238.6		163.6	8.6	155	
新疆自治区	503	98.5	395.0		214.6	37.8	175	
不分区	**252**	**252**			**129.7**	**129.7**		
南电联	252	252			129.7	129.7		

工业用电是推动电力增长的主要因素

2002年全国全行业用电14385亿kWh，比2001年增长11.97%，各类用电量及增长速度如表2所示。

表2

	用电量（亿kWh）	增长速度（%）	比重（%）
农林牧渔水利业	776	2.26	4.73
工业	11793	12.29	71.97
地质勘探业	10	-1.66	0.06
建筑业	164	13.67	1.0
运输邮电业	332	14.16	2.0
商饮物供业	536	17.97	3.27
其他公用事业	773	12.60	4.71
居民生活	2001	9.05	12.21

与2001年相比，增速再次加快，全社会用电增速由2001年的8.69%增加到11.6%。在结构比例上，第一产业用电由2001年的3.9%下降到3.64%；第二产业用电由2001年的72.43%上升到73.02%；第三产业用电大致持平，由2001年的11.13%变为11.11%。生活用电比重略有下降，由2001年的12.52%下降为12.21%。工业用电增速加快是主导因素。

2002年与2001年相比，工业用电增长11.25%，加速了2.69个百分点。工业用电量比2001年增加1180亿kWh，占全国用电增量的77.8%。其中，交通运输和电子制造业、有色冶金业增长超过20%；

橡胶塑料业、商饮物资供销业增长17%～20%；运输邮电业、金属制品业、纺织业增长14%～17%；电力热水业、医药、黑色冶金业、建筑业、公共服务业增长12%～14%；化纤业、油加工业、建材业、机械工业增长1%～12%；城乡生活、食品饮料烟草业、炼焦煤加工业、化工业增长8%～10%；地勘、采掘增长8%以下。

用电增长地区分布不均反映了经济发展的特征

用电增长按地区分布很不平衡，总体来看东部沿海经济发达地区用电强劲增长，西部地区高耗能产业分布较多的省区用电增长幅度也较大，中部地区增长较慢。据统计，各地区用电增速见表3。

表3

组别	省（市）区	增速组%
第一组	四川 浙江 宁夏 内蒙	15以上
第二组	江苏 广东 海南 河南	13～15
第三组	江西 山东 云南 重庆 青海 福建	11～13
第四组	北京 天津 河北 山西 贵州 陕西 甘肃	9～11
第五组	安徽 湖北 湖南	7～9
第六组	辽宁 吉林 黑龙江 上海 广西 新疆 西藏	7以下

负荷特性继续呈结构性变化

主要表现在以下几点：

（1）用电负荷普遍高于用电量增长，具有不确定性。夏季表现为负荷增长快，冬季表现为用电量增长快。

（2）随着夏季降温负荷所占的比重逐渐加大，气温气候对最大负荷的增长影响越来越大，使最大负荷增长的随机性增大，对温度的敏感性也越大，高温季节的热场面积不断扩大，各网达到最高负荷有同时性。除东北、西北年负荷曲线是双峰形之外，其他各网全年最大负荷同现在夏季，年内季不均衡增大。这是经济和社会发展的特征标志之一。

（3）高峰负荷持续的时间短，华东电网全年负荷超过95%，最大负荷的时间在100h以内，超过90%最大负荷时间为200～300h；华中电网全年负荷超过95%最大负荷的时间在30h以内，超过90%最大负荷的时间在120h以内，北京供电局0.85倍最高及以上的运行天数为17天，而2001年则为43天。

（4）年平均月不均衡系数变化不大，但夏季不均衡系数明显低于冬季月不均衡系数，冬夏典型日负荷率尤其是夏季黄型的负荷率，日最小负荷率有明显上升。

发电能力增长趋缓，有利于发挥现有发电能力，但对今后电力供应造成影响

据快报，2002年我国发电能力新增大中型1433万kW，其中水电148万kW，火电1285万kW，核电投产160万kW，是近几年来投产容量较少的年份。

近年投产容量逐步减少，机组年利用小时数则逐年增加，据统计6000kW以上机组利用时数逐年变化情况如下：

1998年　4501h
1999年　4393h
2000年　4517h

2001年　4588h

2002年　4860h

现在看来，全国综合利用小时达到4860h，大体上是一个临界点了，电力平衡处于一种略微偏紧的平衡。局部地区已出现拉闸限电，福建、安徽省有多余电力；华中电网供需基本平衡，其中河南较为紧张，而江西电力则有余。

川渝电网受来水影响，冬季较紧张，也出现了拉闸限电，东北电网仍然有富余的电力，西北电网供需基本平衡。

大区互联和西电东送发挥了巨大作用

2002年随着西电东送、南北互供、全国配网战略的实施，电力资源配置的范围和规模进一步扩大，对于缓解电力供需矛盾发挥了巨大作用。

东北、华北联网后，2002年东北与华北交换电量29.1亿kWh，有力地支援了华北电网度夏，华中与华东交换电量达到36.3亿kWh；随着三万线的投产，川电东送14.4亿kWh，全部输送到华东；2002年福建实现与华东电网的联网，福建与华东交换电量36亿kWh；南方电网西电东送，向广东送电158亿kWh，向广西送电43亿kWh，同时广东还向香港购电18亿kWh。

省际交换电量也在增加。据统计，2002年，东北、华北、华东、中、西北和川渝电网省间交换电量达到754.3亿kWh，较2001年同期增长了16.9%。

电网建设得到重视

2002年基建投产110kV及以上输电线路17798km。其中，500kV 5728km，330kV 537km，220kV 7385km，110kV 4147km。基建投产变电容量5872万kVA，其中500kV 2233kVA，330kV 129万kVA，220kV 2596万kVA，110kV 914万kVA。

1998～2002年，历年投产110kV以上的输变电能力见表4。

表4

年　份	1998年	1999年	2000年	2001年	2002年
线路（km）	15618	13470	15778	14302	17798
变电（km）	3835	3935	4284	5319	5872

我国电网一方面存在着线路损失率较高，另一方面输电网的负荷率又不高，利用率也不高。同时还存在着输电网与高中低的电网能力不协调的结构性矛盾，需要进一步治理。

宏　观　管　理

电力工业行政管理

1998年，根据九届人大一次会议批准的国务院机构改革方案，撤销电力工业部，将原电力工业部的行政职能和水利部承担的电力工业行政职能划入国家经贸委，并成立电力司，负责电力行业的行政管理与监督。

一、4年多来的工作回顾

（一）制定了《电力工业“十五”规划》，电力结构调整和技术进步步伐加快

根据国务院和全委的统一部署，明确了电力规划工作的职责分工、进度要求和指导思想，形成了《电力结构调整及“十五”规划基本思路》，并研究制订了编制大纲及主要附表格式，促进了各省规划编制工作的规范和统一。通过对各省编制的电力行业“十五”规划进行评审，2000年底完成了各省规划的汇总平衡，开始形成全国电力行业“十五”规划。2001年6月完成了全国《电力工业“十五”规划》的编制工作，并由委里与其他12个行业规划一并公开发布。

以关停和替代小火电机组为主要内容，积极调整电力结构。根据1998年中央经济工作会议和全国经贸工作会议的部署，通过召开研讨会等形式广泛征求意见，起草了关停小火电机组的政策性文件《国务院办公厅转发国家经贸委关于关停小火电机组有关问题意见的通知》、《国家经贸委关于关停小火电机组实施意见》，以指导全国关停小火电机组工作。几年来，

既明确各省和电力企业分年度关停的具体任务和目标要求，又不断对关停情况进行检查监督，使关停小火电工作取得了阶段性成果。到2002年底，预计全国累计关停小火电机组可达到1500万kW，有力地促进了电力工业的结构调整。

结合关停小火电机组工作，实施老旧机组替代改造，审查了约400万kW技术改造项目，这些项目的建成投产有力地促进了电力结构调整，促进了关停小火电机组工作，也解决了当地供热、供电问题，对地方经济发展发挥了重要作用。同时重点推进了大型循环流化床技术、烟气脱硫技术国产化工作，实施了一批示范项目，攻克了国产化难关，实现了技术进步；以节能、节水、节油为重点，走可持续发展之路；针对我国煤矸石量大面广、污染环境的问题，建设了一批煤矸石电厂，总装机约200万kW，每年可烧掉煤矸石800万t，缓解了环境污染问题。

（二）电力政企分开改革和农村电力体制改革取得实质性进展，厂网分开、竞价上网改革试点成效显著

1998年，按照《国务院办公厅转发国家经贸委关于深化电力体制改革有关问题意见的通知》（国办发［1998］146号）要求，电力工业体制改革的任务和重点，主要是推进政企分开、厂网分开和加快农村电力体制改革。围绕这三个方面的重点工作，经过几年的努力，三项改革取得了显著成效。

（1）省级政企分开改革工作基本完成。根据《中共中央、国务院关于地方政府机构改革的意见》（中发［1999］2号）和《国务院办公厅转发国家经贸委关于深化电力工业体制改革有关问题的意见》（国办发［1998］146号）要求，2000年6月，经国务院领导同志同意，中央机构编制委员会办公室会同经贸委联合下发了《关于调整电力行政管理职能有关问题的意见》，进一步明确了国务院关于“地方各级政府均不设立电力专业管理部门”的要求，同时要求各省将分散在各专业管理部门、行政性公司等单位的政府管电职能，一并划入经贸委，实行政企分开。2000年7月，经贸委印发了《关于做好电力行政管理职能调整有关工作的通知》，就调整电力行政管理职能、机构撤销等工作进行了具体部署。截至2002年4月28日批复撤销江西省电力工业局为止，已撤销电力工业局并将职能划归省（区、市）经贸委的有29个，经国务院同意，西藏自治区暂维持“一套机构、两块牌子”模式，待条件成熟后再推进政企分开的改革，浙江省目前不准备做这项工作。已经完成改革和尚未完成改革的省（区、市）经贸委均成立了电力处（电力办、能源处），明确了职能，确定了人员编制。在完成省级电力政企分开改革的基础上，到5月13日为止，已将原电力工业部派出的五个大区电业管理局（华北、东北、西北、华东、华中）先后批复撤销。至此，在中央、大区和省级三个层面上已经基本完成了电力政企分开的改革。目前全国各省地（市）、县级电力政企分开改革工作也不同程度地展开。

（2）农电体制改革取得重大进展。1999年1月，国务院批转了《国家经贸委关于加快农村电力体制改革加强农村电力管理意见的通知》（国务院国发［1999］2号），随即经贸委批复了全国31个省（市、区）《加快农村电力体制改革加强农村电力管理的实施方案》。近4年来，农村电力体制改革和管理工作在各省人民政府的领导下，经过广大电力企业职工的努力工作，已取得了实质性进展。据统计，截至2001年底，全国2450个县中：847个直供直管县中，有98个县改革为省电力公司的子公司；1129个趸售县中，有392个县改革为有限责任公司或股份有限公司，80个县上划为省电力公司直接管理，其余各县全部实现了由省电力公司代管；474个自供自管县中，有136个县实现了由省电力公司代管。全国3.79万个乡（镇）电管站中，已有87%以上改革为县级供电企业的供电营业所，原有农村电工108.8万人已精简了近40万人。农村电价平均降低了0.10元/（kWh），每年可减轻农民负担300亿元。在全国农电企业全面实行“三公开”、“四到户”、“五统一”和“三监督”管理，把争创一流电力企业，规范农村供电所管理，提高服务质量作为农电企业的中心工作来抓。同时为规范城乡电网改造与建设工程采购市场秩序、调整机械电工设备产品结构、防止低水平的重复建设、保证城乡电网建设与改造工程质量，对城乡电网建设市场秩序进行了规范化管理，先后分三批发布了《全国城乡电网建设与改造主要设备产品及生产企业推荐目录》，起到了很好作用。

（3）厂网分开、竞价上网的试点工作取得积极成果。会同有关单位对国内外电力改革作法和经验进行了考察学习，借鉴国外经验，并组织翻译出书，为电力市场化改革服务。组织拟订了发电市场运营规则、发电市场监管办法等基础性文件；组织审查修改试点省市的有关文件，印发了上海、浙江的发电市场运营规则，这些对深化电力工业改革，推进市场化建设发挥了积极作用。

（三）整顿和规范电力市场秩序有新的举措

针对电力调度不够公平、公正和公开的情况及不同发电企业发电量安排中存在的突出问题，2000年出台了《电网调度信息披露暂行办法》，并组织贯彻落实工作，目前，全国绝大部分省（区、市）都开展了信息披露工作，建立了例会制度和信息披露网页，促进了电网调度“公平、公正、公开”，各方面反映

较好；按年度编制全国发电量预期调控目标，并定期总结运行情况，注意研究运行中出现的问题，及时提出意见和建议，对指导全国电力供需平衡和资源优化配置，稳定电力经济运行，促进经济发展起到了积极作用。依法组织全国90%以上的具有申请资格的2500个供电企业换发了我委监制的《供电营业许可证》，对促进政企分开，规范供电秩序、提高服务质量有着十分重要的意义。

（四）电力法制建设和法制化管理得到进一步加强

4年多来，电力司除做好本司建章立制工作外，根据工作实际，有针对性地制定了一系列电力规章，以规范电力生产运营、电力建设、电网安全和水库移民等工作。重点制定颁发了《电力设施保护条例实施细则》(1999年与公安部联合颁发)、《电力行业标准化管理办法》(1999年)、《电力可靠性管理暂行办法》(2000年)、《电力工程建设定额工作管理暂行办法》(2001年)。同时，发布《电力系统安全稳定导则》等电力行业标准347项，报批电力国家标准61项，下达电力标准制修订计划400项；发布《电力工程建设投资估算指标——火电工程》等7项定额标准，批复了《电力工程建设火电、送变电工程定额人工工日单价调整方案》和《水电工程设计概算编制办法及计算标准》。完成了《水电工程验收管理暂行规定》、《水电工程验收规程》；与水利部合作完成了《大中型水利水电工程征地和移民条例（报批稿)》。

（五）深入实际调查研究，注意解决实际问题

对加入WTO对我国电力工业的影响及应对措施的进行研究，2000年1月提出《加入WTO对我国电力工业的影响及应对措施》。牵头组织进行了全国电力监管体制改革框架及若干问题分课题研究；与世界银行合作，组织《中国电力监管机构能力建设》课题研究；开展《电力需求侧管理》课题研究；开展《电力与国民经济相关性》课题研究；组织进行国外电力法研究；组织有关单位进行《电力法》修改研究工作；根据委领导的指示，赴广东调查了解广东电力供需形势，形成了《2001年广东省电力供需形势及对策》，上报国务院和委领导，国务院领导同志批转广东省领导；组织对有关省（区、市）的农电体制改革方案的执行情况进行了检查调研；赴东北对大区电管局政企分开改革有关问题进行了专题调研；配合机关党委进行了“三深入”调研工作召开了各省经贸委电力处长座谈会、电力工业政企分开改革工作座谈会、关停小火电机组座谈会等；对各省（区、市）电力行政管理人员组织进行了业务培训。

（六）积极做好协调工作，及时化解矛盾，维护社会稳定

对各省（区、市）经贸委提交的有关电力方面的突出矛盾和纠纷进行了及时解释、协调，依照有关法律和规章维护供用电双方的权益、保护电力设施、维护社会稳定。协调解决网省公司之间电力资源优化配置，大中型国有企业及地方用电的矛盾和问题，积极为基层排忧解难。出台了《国有矿山企业供电系统破产稳定的若干意见》，协调上海宝钢集团、四川二滩电站供需见面，黑龙江从俄罗斯购电等有关问题，受到地方和企业的好评。几年来共完成了《关于〈电力设施保护条例实施细则〉有关问题的复函》《关于处理窃电行为有关问题的复函》《关于建设500kV架空送电线路拆除建筑物有关问题的复函》等25个法规和规章的解释，帮助有关方面讨回了公道。

回顾近五年的工作，每个成绩的取得都离不开委领导的指导和关心，离不开全体同志的共同努力，发扬团队的精神，克服人少事多的困难，按照研究确定的电力司基本工作思路和原则，做好我们的各项工作。即坚持政企分开，依法办事、正确履行职责；着眼于“四抓”（抓大事、抓改革、抓重点、抓成效)，着力于“五管”(管政策、管规划、管监督、管协调、管服务)；充分发挥有关方面及中介机构的作用，提高工作质量和效率。

二、2002年工作

（一）积极参与电力体制改革

按照国务院对电力体制改革工作的分工，对改革过程中电力安全生产调度工作和经济运行情况进行了监督协调，下发了《关于加强电力安全生产调度工作确保电网安全稳定运行的通知》，同时积极参与电力资产重组划分方案的研究；按照国务院5号文件精神和电力体制改革工作小组的要求，审查了两个电网公司和五个发电公司组建方案和章程，经国务院批复后印发实行。

为搞好电力工业“厂网分开、竞价上网”的改革试点，建立竞争有序的发电市场，审核印发了《浙江发电市场运营规则（试行)》和《上海发电市场运营规则（试行)》。

（二）基本完成大区和省级电力企业政企分开改革

按照政企分开和电力体制改革的要求，撤销了东北、华北、华东、华中、西北电业管理局，将其原承担的跨省（区、市）电力资源配置、规划、设计及电网运营中重大问题的协调等行政职能移交到国家经贸委。至此，除西藏自治区电力管理体制经国务院批准仍保留原有体制，浙江省电力管理体制尚未实行政企分开以外，全国五个大区电业管理局和29个省（区、

市）电力工业局均已撤销，基本完成了大区和省级电力政企分开改革工作。

（三）继续做好农村电力体制改革与管理工作

为进一步贯彻落实《国务院批转国家经贸委关于加快农村电力体制改革加强农村电力管理意见的通知》（国发［1999］2号），检查近四年农村电力体制改革的进展情况，总结经验，巩固改革成果，专题研究并印发了《农村电力体制改革验收办法》，对农村电力体制改革验收工作作出了统一部署。组织国家电力公司、全国农电学会对上海市、山东省和甘肃省现代化的农村电气化建设和农电体制改革情况进行了调研。召开了有机械、电力行业参加的会议，修改完善《电力设备产品管理办法》。补充发布了《全国城乡电网建设与改造所需主要设备产品推荐目录》，保证了第二批农村电网改造所需设备及产品的需要。

（四）做好电量预期调控，调整有关电力政策，减轻企业用电负担

为做好2002年电力供需总量平衡，促进电力资源优化配置，保证国民经济和社会发展对电力的需求，协调确定并印发了《2002年全国发电量预期调控目标》。

根据国务院批准的原则意见国家计委、国家经贸委联合下发了《关于调整供电贴费标准等问题的通知》，决定停止收取供（配）电工程贴费。这项政策出台后，全国电力用户特别是工商业用户每年可减少支出约100亿元，减轻了用户负担，提高企业竞争力，开拓电力市场，提高电力在终端能源消费中的比例。

（五）继续做好关停小火电机组工作

为检查2001年关停小火电机组计划的落实情况，做好2002年关停小火电机组工作，先后公布了《2001年关停小火电机组名单》和《2002年关停小火电机组名单》；组织专家和配合委企业监督局对关停小火电机组有关问题进行了调研和督察。

（六）研究制定有关电力法规，加强政府监督和管理，保障电力系统安全稳定运行

为防范对电网和电厂计算机监控系统及调度数据网络的攻击侵害及由此引起的电力系统事故，保障电力系统安全稳定运行，建立和完善电网和电厂计算机监控系统及调度数据网络的安全防护体系，依法制定发布了《电网和电厂计算机监控系统及调度数据网络安全防护规定》。

为规范电力建设市场秩序，发布了《电力工程建设概算定额》和《火电、送变电工程建设预算费用构成及计算标准》。为促进电力工业技术进步，保障电力安全生产，提高电力企业管理水平，发布了《水电水利工程施工安全防护设施技术规范》等103项电力行业标准。

为优化电网运行方式，节约能源，节约投资，合理用电，提高电能利用效率，印发了《关于推进电力需求侧管理工作的指导意见》。

（七）调查研究和清理行政审批工作

对如何做好新形势下的电力行政执行工作，对广东、江苏、浙江等用电较为紧张地区的电力供需形势、对农村电力体制改革问题比较复杂的地区和电力技术改造工作分别进行了专题调研；开展了与世界银行合作的《中国电力监管机构能力建设》课题的研究；按照国务院的统一部署和委里的统一安排，清理了有关电力行政审批项目，对其中保留的项目建立健全管理办法。

电力工业行业管理

2002年，中国电力企业联合会按照《中国电力企业联合会改革和发展规划框架意见（1999～2003年）》制定的发展目标，以发展为主题，以创新为动力，以服务为宗旨，本着“团结联合、求真务实、创新发展、提高前进”的精神，扎实工作，不断探索，为电力行业的改革与发展做了大量的工作，积累了一定经验，取得了显著成绩，得到政府、企业和社会的重视，其影响和作用逐步扩大和增强。

按照电力体制改革工作小组的整体部署，在完成中电联自身改革方案的同时，跟踪研究电力改革和发展中的新情况、新问题。

（1）认真研究中国电力企业联合会的自身改革问题。根据电力体制改革工作小组的要求，按照国务院5号文件和中央领导同志的有关讲话精神，认真研究了中国电力企业联合会的自身改革问题，明确了改革的总体思路，并就中国电力企业联合会的领导体制、主要职能、运行机制、经费来源和一些重要的具体问题提出了改革建议和解决办法，形成了《中国电力企业联合会深化改革的建议》，并先后征求了国家经贸委、中编办、国家电力公司和电力体制改革工作小组办公室等有关部门和单位的意见，在《建议》的基础上形成了《中国电力企业联合会深化改革的实施方案（送审稿）》，已报送电力体制改革工作小组办公室。

（2）认真调研主辅分离问题，为政府决策提出建议。在各会员单位的积极支持配合下，收集整理了关于辅业和多经企业的第一手资料，召开了近10次关于施工、设计、修造和多经企业座谈会，听取了各单位的情况反映和意见要求，了解了不同地区、不同类型企业存在的困难、问题和基本要求。经过反复研究，找出了各类企业的共性问题和特殊困难，并对其

形成的历史和政策性原因进行了分析。在此基础上依据国务院5号文件精神和相关政策规定以及市场经济的原则，就重组后辅业企业的生存发展、在职人员的妥善安置、离退休人员的管理和待遇，各种历史欠账的补偿等关系企业和职工切身利益的问题提出了建议，最后形成了一个包括情况反映和政策建议的报告，与国家电力公司沟通讨论后，上报给电力体制改革工作小组。

(3) 协助国家计委价格司研究电价改革问题。根据国家计委价格司的要求，中国电力企业联合会配合价格司组织了全国部分专家和有关人员，在国家计委和国电公司的领导和指导下，从5月份开始，对电价改革问题进行了几个月的认真研究。工作小组数易其稿，形成了一个电价改革的总体方案和几个配套文件。国家计委《电价改革方案（征求意见稿）》下发后，中国电力企业联合会又及时组织专家进行了认真研究，负责地提出了修改意见，计委价格司采纳了中电联的大部分意见。

(4) 根据电力改革发展的新形势，中国电力企业联合会对全行业的政策调研工作提出了新要求，确定了重点课题并作出了安排和部署。完成了财政部、国家经贸委委托的《加入WTO与我国电力产业的财税对策》《2002年全国电力供需形势报告》《区域电力市场培育研究》《建立适应电力体制改革的电力法律法规体系研究》等课题；2002年电力企业家活动日以“供电企业和多经如何适应电力体制改革”为主题，反映了企业呼声，提出了有关改革建议，为政府决策及时提供了依据。

此外，中国电力企业联合会还以送阅件的形式，反映了上海电建公司由于隶属关系等体制性原因造成的特殊困难，呼吁有关部门和领导给予特别关注。为配合改革，编写了《电力工业改革历程》和《电力体制改革参考资料汇编》等书籍。

通过举办具有标志性的大型活动，服务于会员，服务于社会，增强了行业凝聚力。

(1) 组织召开了中国电力企业联合会2002年经济形势与企业改革分析预测会。会议特邀国务院发展研究中心副主任陈清泰作了题为“经济全球化给政府和企业带来的机遇与挑战”的主题报告；还邀请了有关部委、国电公司和高等院校的领导和专家，就国内外经济形势、政策走向、电力工业改革等一系列热点、难点问题进行阐述和分析。这次预测会的内容对电力行业认清形势，把握大局，正确理解国家有关政策和方针，确定正确的工作方向具有重要的指导意义。

(2) 成功召开了中国电力企业联合会2002年电力可靠性指标发布会。此次发布会是历年来规模最大、规格最高的一次。发布内容较往年增加了：新投产水电机组可靠性指标，主要辅助设备按配置分类的可靠性指标，220kV及以上电压等级变电站全站非计划停运可靠性指标，天—广高压直流输电系统的可靠性指标，全国城市35（66）kV高压用户供电可靠性指标，以及248个县级供电企业的可靠性指标。

(3) 成功举办了第八届广州国际供电展览会、第九届北京国际电力设备及技术展览会，以及兰州电力行业新技术、新产品交流推广暨展览会。这些展览会为电力企业和电力电工制造企业之间的有效合作提供了一个平台，使电力行业技术及管理人员及时了解电力、电工的新技术、新产品的发展动态及趋势，收集先进技术信息，同时也为国外电力设备制造企业进入中国电力市场，获取需求信息，开发新技术、新产品提供了契机。

(4) 由中国电力企业联合会、国家电力公司、劳动和社会保障部、中国能源化学工会联合举办的全国电力行业营业用电专业（装表接电、用电监察）技能大赛，有来自全国28个省（市、自治区）的29支代表队共174名选手参加了竞赛。通过本次大赛，贯彻落实了全国职业教育工作会议精神，选拔出了优秀技能型人才，达到了为各电力生产服务的目的。

(5) 组织成立了“60万、20万、10万kW级火电机组技术交流协作网”，以及“全国电力行业CFB机组技术交流服务协作网”，开展了全国火电大机组竞赛活动，协作网年会还邀请电力专家作电力新技术报告，促进了发电企业技术管理水平的提高，加强了企业间的技术交流与合作，受到发电企业的欢迎。

适应加入WTO的新形势，配合电力体制改革，继续提升核心业务的服务水平。

(1) 进一步加强电力标准的制修订工作，全年共报批发布了电力行业标准146项，其中国家标准17项，报批和发布的标准为历年来最多；继续指导和帮助企业标准化工作，组织编撰的《供电企业技术标准汇编》、《火力发电企业技术标准汇编》、《水力发电企业技术标准汇编》受到了电力企业的欢迎；根据建设部的要求，开展了对1995年前颁布的有关电力建设方面的国家标准和行业标准的复审工作。

(2) 完成了2001年各类可靠性数据的汇总、整理、核实工作，编辑出版了可靠性管理简报；积极宣贯《发电设备可靠性评价规程》，稳步开展《电力设施可靠性统计编码》的修编工作，制订了新编码的设计方案和实施计划；大力开展可靠性管理的业务培训，全面提高可靠性管理人员的业务素质；开展第三次全国可靠性管理的自查与互查活动，继续开展农电的可靠性管理工作。

(3) 完成了电力工程概算定额——建筑工程、热力设备安装工程、电气设备安装工程（2002年修订版），以及《火电、送变电建设预算费用构成及计算标准》（2002年版）的修编、出版工作，并由国家经贸委以第15、16号公告批准发布；完成了电力建设工程预算定额——建筑工程（2001年修订本）、热力设备安装工程等6册的编修、出版工作；出版了全国电力工程建设常用设备2001年价格汇编；完成了2001年度造价工程师注册登记工作。

（4）电力行业职业技能鉴定在做好新就业人员鉴定工作的同时，加快向在岗人员扩展，突出做好在岗和高技能人员的鉴定工作。电力行业特有81个工种（职业）和水电工程12个工种（职业）《电力职业技能鉴定指导书（题库）》的审定工作已全部完成，共出版发行了82种；为实现计算机智能化组卷命题，完成了《电力职业技能鉴定试题库管理系统》软件的开发工作。目前，全国已建立了173个鉴定站，为职业技能鉴定的开展提供了组织保障。

（5）电力教育培训工作按照市场的需求，面向电力行业在全国新开考了"电力市场营销"专业自学考试；为启动电力行业仿真培训认证，组织完成了面向企业职工的发电、供电、水电专业仿真培训标准、仿真培训指导教师岗位规范及其培训基地建设标准的制定与审定；开展了"国际项目管理专业"培训认证工作，并组织了第一期"国际项目管理专业"的培训和认证。

（6）立足企业、开拓服务，做好科技交流与服务工作。为使电力企业管理人员和技术人员了解最新的先进技术，加快电力信息化工程建设，相继举办了"电力行业发电新技术讲座"、"防治窃电新技术暨经验交流会"和"电力系统计算机网络安全新技术研讨会"，受到了企业的欢迎。

（7）开展了第十届全国电力企业管理现代化创新成果的评审，共评出一等奖13项，二等奖20项，三等奖56项，经上报中国企联，获国家管理创新成果一等奖2项，二等奖1项；组织企业参加中国企联的申报企业新纪录工作，电力行业共有河南第二火电建设公司等5家入选第七批中国企业新纪录。

进一步加强国际交流与合作，做好2004年第15届亚太电协大会的各项筹备工作。

（1）在继续开展对外合作交流的基础上，拓展了与国外同行新的合作渠道，扩大了中国电力企业联合会在国际方面的影响力。中国电力企业联合会理事长赵希正在北京会见了来访的日本亚太电协理事长丰岛令隆一行，刘宏常务副理事长、叶荣泗副理事长先后会见了日本四国电力株式会社、日本九州电力株式会社等代表团，就中日电力体制改革等问题进行了广泛的交流。

（2）组织和参加了"中国电力企业联合会与北美可靠性中心研讨会及WEC世界能源理事会"、"国际电工委员会第57、81技术委员会2002年年会"、"亚太电协第11届技术委员会"等国际会议。此次电力可靠性国际研讨会是中美双方兑现《技术交流与合作协议》承诺的具体体现。通过此次会议，对国际上如何利用可靠性数据与技术来提高电厂的效能与可靠性有了深入地了解，特别是对北美电力可靠性协会可靠性管理的内涵有了进一步的了解。

（3）在对外交流与合作方面，中国电力企业联合会与德国西门子公司多次接触，就与该公司在标准化领域进行进一步交流与合作的有关事宜进行了探讨，双方本着真诚友好和相互信任的态度，初步形成了谅解备忘录的框架。这也为电力行业创造了更多与国际一流企业进行标准化管理经验交流的机会，为了解世界电力科技前沿提供了一个窗口。

（4）以国家电力公司顾问陆延昌为团长的中国电力代表团一行76人参加了在日本举行的第14届亚太电协大会。大会期间，还套开了亚太电协常务理事会和理事代表会议，中国正式当选为第15届亚太电协大会主席单位，中国电力企业联合会理事长赵希正当选为第15届亚太电协主席。闭幕式上陆延昌团长代表赵希正主席接旗并讲话，充分宣传了2004年在上海举办的第15届亚太电协大会及中国建国50年来所取得的伟大成就。中国电力形象宣传片和文艺演出展示了中国电力工业的风采，得到与会者热烈的掌声和一致好评。

为迎接15届亚太电协大会在中国的召开，全面启动了亚太电协大会的筹备工作，成立了亚太电协大会领导小组和秘书处，确定了大会领导小组组长、秘书长人选和2004年亚太电协大会会标设计及会议主题方案，建立了"亚太电协网站"，确定了2004年第15届亚太电协大会于2004年10月18～22日在上海召开等重要事项。

增强信息服务意识，逐步建立高效能的信息系统，提升信息咨询水平，不断推进信息服务。

（1）与中国企业联合会合作，中国电力企业联合会网站开通了企业卫星数据广播—电力频道，增加了电力新闻视频信息的宣传，目前在电力企业已建立接收站点36个，每周一期（20min），已编辑、播出24期。一年来，中国电力企业联合会网站向社会发布了电力行业生产、建设、管理以及改革等方面的信息，日益受到社会和电力行业企业的关注，受到了好评。

（2）创办了《电力行业信息》送阅资料，建立了信息网络，发送政府有关部门和会员单位，受到国家经贸委电力司和会员单位的好评；接受国家经贸委行业协会办的委托，按要求进行了中电联相关信息的报送工作。

(3) 中国电力企业联合会的刊物《中国电力企业管理》结合电力体制改革，组织专家、学者进行研讨，积极组织稿件，发表了一系列高水平的文章，在社会上产生了较大影响；《电业政策研究》涉及改革热点、难点问题研究的文章为宣传改革、推进改革提出了思路；通过一季度的试运行，《电力动态双日刊》已正式向会员单位发送，可以通过 E-mail 直接接收信息的单位已超过 200 个。

(4) 完成了 10 万 kW 及以上火电机组技术经济指标统计工作。2002 年统计的 10 万 kW 机组有 142 台、12.5 万 kW 机组有 175 台，20 万 kW 机组有 195 台，30 万 kW 及以上机组有 280 台。这项工作已开展了 8 年，该信息深受企业欢迎。

党委工作

(1) 抓理论学习，加强机关思想政治建设。2002 年根据中央和国电公司机关党委的有关工作要求，中国电力企业联合会按照年初制订的《中国电力企业联合会中心组理论学习计划》和《中国电力企业联合会机关职工理论学习计划》。进一步改进了学习方式，中心组学习做到了会前结合思考题自学、会上中心发言与讨论结合、会后有学习体会论文；处级以上干部和全体职工学习采取了自学、座谈、专题辅导报告会多种形式；完善了学习制度，坚持了学习的计划性，对学习活动事先都作了具体的学习安排；加强了学习管理，在精心准备了年度学习资料的同时，及时购买和分发了重点学习活动所需的辅导材料。

(2) 2002 年组织进行了处级以上党员领导干部民主生活和机关党员民主生活会。

(3) 落实《条例》，扎实开展党的基层组织建设。一是继续贯彻落实《中国共产党基层组织工作条例》和国电公司直属机关党的工作会议精神，提高机关党组织活动的质量和支部的战斗力，及时建立健全各部门的党群组织。二是努力开展党员教育管理工作和组织发展工作。机关各支部（总支）不断加强内部建设，坚持正常组织生活，严格对新党员和申请入党积极分子的考核、开展积极的谈心活动等；专兼职党务干部在了解分析党员群众的思想情况、反映问题、沟通信息、理顺关系等方面做了大量工作。三是表彰了 2000～2001 年度机关先进党支部 6 个、优秀党员 21 名和优秀党务工作者 13 名，其中被国电公司直属机关党委表彰的先进党支部 2 个、优秀党员 3 人、优秀党务工作者 5 人。2002 年共有 4 名预备党员转正，吸收了 6 名新党员。

(4) 继续深入地开展了党风廉政教育，机关党风廉政建设仍保持良好。①把党风廉政教育贯穿于日常学习活动和思想教育活动以及支部民主生活会中，并特别号召机关干部职工学习电力优质服务模范、优秀共产党员李庆长同志的勤政廉洁的先进事迹。②修订了中国电力企业联合会机关党风廉政建设责任书，中国电力企业联合会会领导与部门领导签订了《2002 年度党风廉政建设责任书》。③坚持了为新聘任的领导干部致信活动，提醒承担新领导职责的同志要始终保持勤政廉洁，做让党放心、让人民满意的好干部，2002 年共致信 24 封。④对人民来信进行了处理，使其件件有着落，并进一步完善了纪检监察工作建档手续。

(5) 认真开展“三观”“三德”教育。2002 年继续学习贯彻《公民道德建设实施纲要》，在机关宣传栏里张贴了宣传画，并开展了知识答题活动，职工参赛率达 98.8%。号召职工认真遵守《首都文明公约》，积极参加各种社会公益活动和上级组织的献爱心、送温暖活动。①继续向河北省阜平县扶贫捐助活动中，中国电力企业联合会各部门和全体职工对扶贫助学活动反应热烈，会领导和各部门领导带头捐款、捐物。捐赠物品送到了阜平县红土山村小学；②参加了牛街街道办事处进行的扶贫活动和国电公司组织的救助贫困母亲活动。

(6) 着力提高干部职工的综合业务素质。①组织了《工会法》和《婚姻法》知识答题活动，参赛率达 98%多。②利用机关办公网，组织全体机关员工开展了为期 2 个月的有关 WTO 知识的学习活动。③根据上级有关精神为机关副主任以上领导干部和扩大的中心学习组成员配发了《全国首批干部培训教材》。

(7) 机关精神文明建设工作成果得到进一步巩固和提高。

1) 中国电力企业联合会各级领导对创建文明单位活动都很重视。对“两个文明”工作，同部署、同实施、同考核、同奖励，安排工作时，都列入年度工作计划，积极指导群众性的创建精神文明活动，使其不断取得新成效。

2) 加强了机关精神文明建设机构的组织建设，调整充实了机关文明办和“五委会”的人员，召开了有关工作例会，认真学习了中央和国家电力公司文明办关于 2002 年的工作部署，研究制定了中国电力企业联合会 2002 年“五委会”的工作要点。各群工机构认真履行相应的工作职责，进一步做到了职责明确，工作有序。

3) 大力表彰先进，弘扬机关正气。机关精神文明单位领导小组表彰了 2001 年度机关文明单位 13 个，机关文明标兵单位 2 个。机关工会评比表彰了 2001 年度 25 名“优秀工会积极分子”，14 名“优秀工会干部”，13 名“优秀职工之友”。中国电力企业联合会机关工会继续被国电公司评为“合格职工之家”。机关党委还评选表彰2001年度“巾帼建功”活动标兵2名，“巾帼建功”活动积极分子12名，“五好文明”家庭3户。其中2名“巾帼建功”活动标兵，3户“五好文明”家庭受到国家电力公司直属机关党委的表彰。

4）机关工会开展了丰富多彩的寓教于乐、有益于职工身心健康的文体活动，丰富群众的文化生活。组织了中国电力企业联合会机关职工春节联欢会；参加物业公司组织的拔河友谊赛，获第二名；组织机关职工乒乓球比赛，并组队参加了国家电力公司在京直属单位乒乓球比赛；组织了职工游泳比赛、象棋比赛和跳绳比赛，老、中、青职工踊跃参加，气氛很热烈；通过OA网宣传有关疾病防治知识，并请专家来机关现场讲解有关紧急救护知识。组队参加了国家电力公司在京单位健美操比赛，获优秀奖。庆祝“三八”妇女节，组织机关女同志参观了焦庄户抗战教育基地。

电力工业企业管理

2002年，在党中央、国务院的正确领导下，国家电力公司系统全体干部职工，以邓小平理论和“三个代表”重要思想为指导，认真学习贯彻十六大精神，深化改革，加快发展，强化管理，努力工作，保持了改革、发展和稳定的良好局面，全面和超额完成了全年的经营发展任务，各项工作取得了显著成绩，为国民经济发展和社会进步作出了重要贡献。

一、电力体制改革情况

2002年，国家电力公司认真贯彻落实党中央、国务院关于电力体制改革的决策和部署，在国务院电力电信民航体制改革领导小组和电力体制改革工作小组的领导下，正确把握和处理改革、发展和稳定的关系，确保了电力体制改革的顺利进行。

国家电力公司按照国务院国发［2002］5号文件和国阅［2002］18号纪要的要求，坚持“总体设计，分步实施，积极稳妥，配套推进”和“先主后辅，先上后下，先易后雄”的原则，开门搞改革，广泛听取各方面意见，积极参与制定电力体制改革实施方案。

根据国务院电力体制改革工作小组提出的以2000年的财务决算为资产划转的依据的要求，国家电力公司进行了2000年财务年度数据的统计和核实工作，同时对69号文件以后发生的资产流动和向电力主业以外的投资进行了认真清理，为准确、合理重组划分电力资产奠定了基础。

在深入研究发展、稳定、财务、安全、信用等方面的风险后，公司采取了积极的防范措施，保证了改革的顺利进行。公司深入开展调查研究，先后到民航、铁路、电信和石油天然气等部门和企业，对改革中国家给予的配套政策及其实施细节进行了解和研究。同时认真研究国外电力行业改革的经验教训，积极跟踪国内电信、民航、铁路等垄断行业改革动态，积极学习借鉴相关行业和企业改革的经验和做法。在调查研究的基础上，研究提出了重组划分电网、发电和辅业、三产（多经）企业的方案，得到了电力体制改革工作小组的批复。

电力体制改革工作小组第四次会议后，国家电力公司党组和各新公司筹备组，加强领导，精心组织，改革实施工作稳步推进。顺利完成了中国电力工程顾问集团公司、中国水电工程顾问集团公司、中国水利水电建设集团公司和中国葛洲坝集团公司等四家辅业公司的移交。同时，还积极支持国家电力监管委员会的工作；配合组建南方电网公司；参与电价改革研究，配合国家计委制定《电价改革方案》和《厂网价格分离实施办法》。

为了确保稳定，保证改革的顺利进行，公司积极落实改革实施中的有关政策，成立了财税政策、劳动和社会保障政策两个工作小组，向财政部、劳动和社会保障部汇报和沟通情况，争取有关政策。

12月29日，中国电力新组建（改组）公司的成立，标志着电力体制改革取得了重要的阶段性成果，是我国电力工业改革和发展史上一个新的里程碑。

二、电力建设和生产情况

国家电力公司坚持以发展为主题，以结构调整为主线，紧密结合国家宏观经济和电力供需形势的变化，贯彻“西电东送、南北互供、全国联网”的方针，调整电力规划布局，优化电力投资结构，加快电力建设，加大开工规模，积极推进全国联网，促进全国电力资源的优化配置。

2002年国家电力公司系统全年固定资产投资完成1645亿元，其中大中型电力项目投资完成786亿元，农网改造700亿元，城网改造124亿元，小型基建35亿元。

2002年电力建设投资结构发生了明显变化。电网投资比重继续上升，电网建设得到进一步加强。2002年公司系统电网项目共完成投资1141亿元，占公司系统固定资产投资的69.4%，同比提高6.6个百分点。电源投资向中西部地区和水电项目倾斜。在电源项目完成投资额中，中西部电源项目完成投资330亿元，占70%以上。在新开工电源2024万kW中，中西部项目为1503万kW，占74.3%；水电项目为964万kW，占47.6%。

三峡输变电工程按计划投产“八线四变”，新增交流线路1034km、变电容量250万kVA；龙政直流500kV输电线路完成单极调试并投运，实现了计划目标；投产规模创三峡输变电工程开工以来的新高。

向广东新增送电1000万kW的电网项目均已开工，宝峰至罗平、天广三回、平果至南宁500kV输变电工程相继投产，向广东送电的最大能力达到370万kW。

北部地区，神头至徐水、托克托一期500kV输变电工程、丰张顺500kV线路加装串补工程已开工；公伯峡水电站送出及750kV输变电示范工程可研已上报国家计委。

全国联网加快推进。华中与华北联网工程开工建设，华东与福建第二回联网工程开工建设并于年初投产。山东与华北联网、东北与华北加强联网可研已上报国家计委。各主要电网骨干网架进一步加强，北京房山等一批网内500kV输变电项目相继开工建设。

城网改造全面完成，农网改造第一批全部完成，第二批已完成88.5%。“两改一同价”工作取得积极进展。

2002年国家电力公司新开工规模2024万kW。山西河曲、神头二厂二期和内蒙古托克托二期电源项目已经开工建设。列入国家“十五”计划的重点水电项目云南小湾、湖北水布垭水电站，以及重要调峰电源项目山东泰安抽水蓄能电站等，均顺利开工建设。

2002年，公司完成330kV及以上输电线路投产3445km，开工7134km；变电容量投产1318万kVA，开工2267万kVA；公司系统电源投产850万kW，开工2024万kW。

2002年，国家电力公司系统安全生产平稳，企业管理水平不断提高，网厂分开竞价上网工作稳步推进，跨区电网建设迎来投产高峰，技术改造和计量工作深入进行，城网改造将全部完成，供电优质服务再上新台阶。公司系统跨区互供电量完成403.4亿kWh，同比增长68.7%。公司完成售电量10716亿kWh，比2001年同期增长11.8%。线损率完成7.05%，比2001年降低0.07个百分点。公司系统供电煤耗为364g/(kWh)，比2001年同期下降3g/(kWh)。城市供电可靠率完成99.9%，客户端电压合格率达到98.08%。

三、安全生产情况

2002年，国家电力公司认真贯彻党中央、国务院关于加强安全生产工作一系列指示精神，坚持“安全第一、预防为主”的方针，全面落实安全生产责任制，加大了对安全生产特别是电网安全的管理力度。

针对电力体制改革过渡时期安全生产的特点，针对新旧体制转换对安全生产带来的影响，公司先后颁发了安全生产1号令、2号令，建立了日生产调度会和周安全生产协调会制度，加强了安全生产工作。公司高度重视电网调度管理。在夏季电网负荷激增的情况下，各电网经受住了严峻考验。

2002年公司突出抓好重要电网、重要城市和重要用户的安全供电，在安全生产管理方面主要开展了五个方面的工作：①强化安全生产工作的法制化和制度化建设。为适应管理方式从经验管理向制度化的科学管理过渡和改革发展的要求，公司制定了《加强当前电网安全管理若干规定》等一系列规章制度。②健全和强化安全生产管理激励和约束机制，强化各级领导的安全生产责任制的落实。按照公司安全生产管理规程和规定的要求，对于性质严重的安全事故，坚持“说清楚”制度，严格按规定对事故进行定性、调查和统计考核。对实现安全生产目标、生产基建全年无人身死亡事故的单位、集体和个人进行评选及表彰。③加强水电厂安全运行管理，做好电力设施防汛和水电厂大坝安全。④强化设备的基础管理，积极推进设备状态检修，提高设备健康水平，夯实安全生产的基础。⑤做好安全生产的日常管理工作。

2002年，公司系统克服困难，确保了电网的安全稳定运行，圆满完成了重大政治活动，节假日和重要用户的保电任务，没有发生大面积停电事故和电网瓦解事故，人身伤亡事故、设备事故大幅下降。2002年国家电力公司系统累计发生人身死亡事故人数同比下降73%；发生电网事故137起，同比减少1起；发生设备事故380起，同比减少91起；恶性误操作事故27起，同比减少3起。安全生产取得历史最好成绩。

四、经营情况经营管理

2002年，国家电力公司系统各单位贯彻落实工作会议要求和公司党组的部署，全面完成了预定的各项资产经营目标。

公司坚持以经济效益为中心，勤俭办企业，全面加强预算管理，不断完善资产经营考核办法，大力降低生产成本、工程造价和融资成本，增收节支，投资规模和融资规模得到了一定控制，特别是融资规模比预算大幅度降低。总资产规模由于融资规模的减少而低于预算目标，从而使主营业务收入增长高于资产规模增长5个百分点，资产效率进一步提高。

公司努力开拓电力市场，在电煤价格上涨、城乡电网改造还贷压力增大的情况下，各单位较好地完成了资产经营考核目标，公司系统财务状况继续保持稳定，经济效益进一步提高，主营业务收入和利润增长幅度双双超过上年水平，实现利润创历史最高水平。

公司积极采取有效措施，保证重点项目建设的资金投入。在改革中，西电东送、南北互供、全国联网和流域水电项目、抽水蓄能电站项目等重点项目的资金得到了有效保证，使改革之年电力建设得以正常进行。公司还加大了科技进步项目的投入力度。在资本性支出结构中，电网和科技项目占64.2%，归还贷款占21.2%。

公司积极向国家有关部门汇报情况，加强联系与沟通，争取国家政策支持，疏导电价矛盾。2002年有21个省市电网出台了疏导电价矛盾方案，平均解决电网电价矛盾1.75分/（kWh）；全年综合平均售电单价比2001年提高3.34元/（MWh）。

在国家有关部门支持下，公司成功发行电网建设企业债券40亿元，有效缓解了电网建设资金的不足。"走出去"战略也取得新成绩，2002年，新签境外业务合同10.7亿美元。

2002年，国家电力公司系统发电量完成7724亿kWh，同比增长11.1%；售电量完成10700亿kWh，同比增长11.1%；公司系统主营业务收入3988亿元，同比增长14.2%；实现利润115.3亿元，同比增长9.1%；公司资产总额10802亿元，同比增长9.2%；所有者权益4749亿元，同比增长6.1%；资产负债率56%；工业企业劳动生产率39.3万元/（人·年），同比增长7%。

五、科技创新情况

国家电力公司认真落实科学技术是第一生产力的方针，深化科技体制改革，完善科技管理机制，推动科技成果产业化进程。围绕全国联网、洁净煤发电等涉及电力发展的重大技术课题，积极推进科技创新。西北电网750kV输变电项目的科研论证取得突破性进展。电网安全稳定控制、输电能力和发电效率提高、大型水电工程、电力环保等技术研究不断深入。坚持统一领导、统一规划、统一标准、统一开发的原则，推进信息化建设，在电网调度、竞价上网、财务管理、营销服务、办公自动化、网络与信息安全等方面，取得重要进展，提高了公司现代化管理水平。

2002年公司系统各单位进一步完善了科技管理机制，组织建立、修订了相关管理制度，为科技工作营造了更为良好的环境。为确保重大项目的完成质量，一些单位开始采用招投标方式确定重大项目承担单位，并加大了项目的监督检查力度；在推动科技成果产业化方面，通过利用科技园区、创办高科技企业等产学研一体化运作模式整合科技资源，取得了积极成效；为鼓励创新、扶持高新技术企业的成长，部分单位从转让科技成果的净收入中提取一定比例重奖科研人员，在激励机制的完善上迈出了重要一步。为了应对我国加入WTO的挑战，公司系统切实加强了知识产权保护工作，在公司技术开发合同条款中进一步明晰了知识产权方面的规定，各级重点科研项目已较普遍地采取了知识产权保护策略和措施。科技工作取得了重要进展，为公司发展起到了重要的支撑作用。

六、电力优质服务情况

2002年度国家电力公司系统新增客户977.7万户，增加18.9%，总营业户数达到6156.9万户。

国家电力公司深入贯彻"优质、方便、规范、真诚"的服务方针，积极服务于党和国家的工作大局，服务于社会经济发展，服务于广大用户，努力满足社会用电需求。公司努力强化服务意识，完善服务措施，创新服务内容，拓展服务手段，提高优质服务整体质量和水平，树立了企业的良好形象。公司不断探索新形势下加强优质服务和行业作风建设的新思路、新途径。进一步健全制度，加强监督检查，完善技术支持系统。

公司系统强化制度建设，积极探索优质服务常态运行机制。各地区针对本地区供电服务中存在的问题，立足于提高供电服务的标准化、规范化水平，制订了一系列优质服务工作标准和管理规定，并实施了有效的运行监督管理，以服务工程打造公司品牌。依靠"民心工程"、"金桥工程"、"连心工程"、"彩虹工程"、"双满意工程"等有效载体，不断提升优质服务理念和优质服务意识，同时通过采取延伸服务网点，改善银行联网技术手段，开通新的电费缴纳方式，以及组建抄表公司、完善电能计量中心等具体措施，扩展优质服务的内涵，提高供电服务的整体质量。

2002年，公司继续开展供电示范窗口创建活动，公司系统城乡示范窗口达到1660个。95598供电服务电话的推广使用取得良好效果，已有225个地市供电公司开通了"95598"，达到公司系统地市供电公司总数的80%。通过"两改一同价"和规范管理，农电系统优质服务水平有新的提高。公司系统在各地行风评比中成绩优异。

此外，公司还加强调查研究，全面深入地了解公司系统的优质服务现状，积极探索新形势下电力优质服务的新模式，及时总结经验，发现问题，提出解决问题的相应措施。

七、党的建设和精神文明建设情况

国家电力公司认真组织学习"三个代表"重要思想、江泽民同志"5·31"重要讲话和十六大精神。把2002年作为"求真务实、作风建设年"，落实"八个坚持、八个反对”的要求，着力加强和改进作风建设。调查研究工作进一步加强。认真落实党风廉政建设责任制，加大大案要案的查处力度，反腐败斗争不断深入。加强和改进思想政治工作，深入开展文明创建活动。切实加强领导班子和干部队伍建设，顺利完成了公司本部的人事重组和有关单位领导班子的移交。公司认真落实稳定工作责任制，依靠地方党委、政府落实稳定措施，确保了十六大期间和改革实施过程中的稳定。在电力体制改革中，广大干部职工表现出良好的政治素质和精神风貌。

八、主要问题

2002年，国家电力公司经营发展取得突出成绩，但也面临四个方面的主要问题：①部分电网网架薄弱，电网建设不适应电力和经济发展的要求。一些地区不同程度地存在着电网“卡脖子”、可靠性低等问题。电网建设面临资本金短缺的困难。②由于城农网改造还贷压力增大，负债率上升，改革后不良资产负担加重，电热费欠缴严重，电网经营困难，部分电网企业面临亏损，严重制约企业发展。一些企业经营管理存在薄弱环节。③安全生产和队伍稳定仍然存在隐患，安全稳定是电力体制改革面临的主要风险。④监督约束还不完善，党风廉政和队伍建设需要进一步加强。

（伍 萱）

组 织 机 构

国家电力公司

国家电力公司2002年组织机构图

制图日期:2002年12月31日

公司系统职工人数:1319647人
其中国电机关本部:582人

国家电力公司
总经理1人,副总经理4人,纪检组长1人,总经济师1人,总工程师1人,总会计师1人,共计9人。

职能部门

- 总经理工部
- 战略研究与规划部
- 人事与董事管理部
- 人力资源部
- 财务与产权管理部
- 综合计划与投融资部
- 电网建设部与电网分公司合署办公
- 电源建设部
- 发输电运营部

职能部门

- 农电工作部
- 科技环保部
- 审计部
- 法律事务部
- 国际合作部
- 离退休干部工作部
- 思想政治工作办公室
- 监察局
- 国家电力调度通信中心

控股公司

- 中国电力财务有限公司
- 中国电力技术进出口公司
- 中国电能成套设备有限公司
- 中国水利电力物资有限公司
- 国电电力发展股份有限公司
- 国电外事服务有限公司
- 深圳国电科技发展有限公司
- 贵州乌江水电开发有限公司
- 龙滩水电开发有限公司
- 黄河上游水电开发有限公司
- 四川杂谷脑水电开发有限公司
- 四川白马循环流化床示范电站有限公司
- 中国葛洲坝水利水电工程集团有限公司

事业单位

- 中国电力科学研究院
- 中国电力信息中心
- 国电动力经济研究中心
- 国电电力建设研究所
- 国电热工研究院
- 国电电力自动化研究院
- 国电武汉高压研究所
- 国电电力环境保护研究所
- 国电苏州热工研究所
- 中国电力报社
- 中国电力出版社
- 华北电力大学

分公司

- 国电东北公司
- 国电西北公司
- 国电华东公司
- 国电华中公司
- 国电南方公司
- 国电电网建设分公司

全资子公司

- 中国华北电力集团公司
- 辽宁省电力有限公司
- 吉林省电力有限公司
- 黑龙江省电力有限公司
- 上海市电力公司
- 江苏省电力公司
- 浙江省电力公司
- 安徽省电力公司
- 湖北省电力公司
- 湖南省电力公司
- 江西省电力公司
- 河南省电力公司
- 陕西省电力公司
- 甘肃省电力公司
- 宁夏区电力公司
- 青海省电力公司
- 新疆电力公司

全资子公司

- 云南电力集团有限公司
- 贵州省电力公司
- 四川省电力公司
- 重庆市电力公司
- 广西电力有限公司
- 福建省电力有限公司
- 山东电力集团公司
- 中国华能集团公司
- 中国水利水电工程总公司
- 中国华电工程集团总公司
- 中国安能建设总公司
- 中国电力国际有限公司
- 国电通信中心
- 中国电力工程顾问有限公司
- 中国水电顾问有限公司
- 国电高级培训中心
- 龙源电力集团公司
- 中兴电力实业发展总公司
- 中能电力工业燃料公司

国家电力公司干部配置

国家电力公司领导

国家电力公司副总经理、党组副书记：赵希正
国家电力公司副总经理、党组副书记：刘振亚
国家电力公司副总经理、党组成员：周大兵 谢松林
李小鹏 贺 恭
中纪委驻国家电力公司纪检组长、党组成员：祝新民

国家电力公司顾问、助理、总师

国家电力公司顾问：陆延昌 潘家铮
何 璟 周小谦
总工程师：张贵行
总会计师：陈月明
总经济师：陈飞虎

国家电力公司各部局领导

总经理工作部主任：马治中
副主任：倪吉祥 王中兴 王 敏
战略研究与规划部副主任：梅宗华 王宝乐
张燕敏
人事与董事管理部主任：程光杰
副主任：曹志安 胡贵福
人力资源部主任：吴志远
副主任：刘洪恩 张成杰 许世辉
财务与产权管理部主任：陈月明（兼）
副主任：方明英 张国厚
高光夫
综合计划与投融资部主任：程念高
副主任：魏昭峰 张 贺
电网建设部主任：郑宝森
副主任：孙家骏 李文毅
孙竹森 舒印彪
电源建设部主任：石成梁
副主任：高伟力 陈东平 张宗富
发输电运营部主任：陆启洲
副主任：李向荣 余卫国 方 晓
农电工作部主任：李振生
副主任：贾福清 原固均 王抒祥
科技环保部主任：张晓鲁
副主任：刘建明 王志轩
审计部主任：欧阳胜英
副主任：许以作 王国平
法律事务部主任：吕振勇
国际合作部主任：魏光耀
副主任：张玉新 齐志坚
离退休干部工作部主任：肖世友
副主任：樊全喜 邱文红
中共国家电力公司
直属机关临时党委书记：刘振亚（兼）
副书记：张安乐 田华香
临时纪委书记：田华香
思想政治工作办公室副主任：张安乐 田华香
监察局局长：李庆奎
副局长：刘淑敏 王颖杰
国家电力调度通信中心主任：赵遵廉
副主任：王益民
总工程师：辛耀中

电力系统其他单位干部配置

电力系统各单位主要负责人

中国华北电力集团公司总经理、党组书记：翟若愚

国家电力公司东北公司总经理、党组书记：刘　忱

国家电力公司华东公司总经理、党组书记：邵世伟

国家电力公司华中公司总经理、党组书记：张学知

国家电力公司西北公司总经理、党组书记：刘本粹

国家电力公司南方公司总经理、党组书记：袁懋振

中国华能集团公司董事长、总经理、党组书记：李小鹏（兼）

中国葛洲坝水利水电工程集团有限公司董事长、总经理：张　野

副董事长、党委书记：杨继学

辽宁省电力有限公司董事长、总经理、党组书记：钟　俊

吉林省电力有限公司董事长、总经理：李书东

党组书记：梁国庆

黑龙江省电力有限公司董事长、总经理、党组书记：路书军

上海市电力公司总经理、党委书记：于新阳

江苏省电力公司总经理、党委书记：寇士清

安徽省电力公司总经理、党组书记：邱国富

浙江省电力公司总经理、党组书记：陈积民

湖北省电力公司总经理、党委书记：孙玉才

湖南省电力公司总经理、党组书记：周绍文

河南省电力公司总经理、党组书记：孟振平

江西省电力公司总经理、党组书记：黄永达

陕西省电力公司总经理、党组书记：赵杰臣

甘肃省电力公司总经理、党组书记：刘肇绍

宁夏电力公司总经理、党委书记：刘应宽

新疆电力公司总经理、党组书记：张铭洲

青海省电力公司总经理、党委书记：任书辉

山东电力集团公司总经理：曹培玺

董事长、党委书记：朱长富

四川省电力公司党委书记：石万俭

总经理、党委副书记：朱长林

重庆市电力公司董事长、总经理、党组书记：陈峰

云南电力集团有限公司董事长、总经理、党组书记：肖鹏

贵州省电力公司党组书记：向德洪

总经理、党组副书记：王久玲

福建省电力有限公司董事长、总经理、党组书记：刘顺达

广西电力有限公司董事长、总经理、党组书记：赵建国

西藏电力公司总经理、党组书记：杨海滨

中国安能建设开发总公司党委书记：徐国武

总经理：陈方枢

中国水利水电工程总公司总经理、党组书记：郭建堂

电力规划设计总院（中国电力工程顾问有限公司）院长、董事长、总经理、党组书记：吕伟业

水电水利规划设计总院（中国水电顾问有限公司）院长、董事长、总经理、党组书记：李菊根

中国华电工程（集团）公司总经理、党组书记：江自生

龙源电力集团公司总经理：谢长军

临时党委书记：王光华

中兴电力实业发展总公司临时党委书记：丁长顺

总经理：张春城

国电通信中心主任、临时党委书记：张志厚

中国电力科学研究院院长、党委书记：吴玉生

国家电力公司自动化研究院院长、党组书记：卜凡强

国家电力公司热工研究院院长、党组书记：蒋敏华

国家电力公司电力建设研究所所长：李一凡

党委书记：薄树明

武汉高压研究所（国家高电压计量站）所长、党委书记、站长：张文亮

中国电力信息中心主任、临时党委书记：孙佩京

中共国家电力公司党校校长：周大兵（兼）

副校长：冯雪原　曹永新　敫桂兰

国家电力公司高级培训中心

副主任：冯雪原　曹永新　敫桂兰

华北电力大学党委书记：徐大平

校长：刘吉臻

中国电力报社社长、党委书记、总编：沈凤仪

中国电力出版社社长、党委书记：宗 健

国家电力公司动力经济研究中心（咨询有限公司）董事长、总经理、主任、临时党委书记：邓建利

深圳国电科技发展有限公司总经理：崔继纯

中能电力燃料有限公司总经理：王 琳

天津市电力公司总经理、党委书记：杨 庆

河北省电力公司总经理、党组书记：刘彭龄

山西省电力公司总经理、党组书记：陈进行

国电电力发展股份有限公司董事长：赵希正(兼)

总经理、党组书记：朱永芃

中国电力国际有限公司执行副董事长、总经理、党组书记：丁中智

中国电力财务有限公司董事长、党组书记：谢松林（兼）

总经理：章钢柱

中国水利电力物资有限公司董事长、总经理、党委副书记：朱明昆

副董事长、副总经理、党委书记：孙淑芳

中国电能成套设备有限公司董事长、临时党委书记：谢振华

总经理：房家栋

中国电力技术进出口公司总经理：叶迎春

临时党委书记：张羡崇

黄河上游水电开发有限责任公司董事长、党组书记：刘本粹

总经理、党组副书记：夏 忠

龙滩水电开发有限公司董事长：赵建国

总经理、党组书记：戴 波

贵州乌江水电开发有限责任公司董事长、党委副书记：戴绍良

党委书记、副董事长：刘撇成

总经理：金泽华

云南澜沧江水电开发有限公司董事长：肖 鹏

总经理、党组书记：寇 伟

四川白马循环流化床示范电站有限责任公司董事长：张宗富

总经理：代先荣

四川杂谷脑水电开发有限责任公司董事长：陈东平

总经理：张长源

中国超高压输变电建设公司经理：万长江

2003 中国电力年鉴

机 构 设 置 文 件

关于核销我公司部分事业单位机构编制的函

（国电人资函［2002］25号）

中央机构编制委员会：

根据《国务院办公厅转发教育部等部门关于调整国务院部门（单位）所属学校管理体制和布局结构实施意见的通知》（国办发［2000］11号）文件精神，我公司原所属的六所学校已从2001年1月1日起划归教育部或地方政府管理，其中：武汉水利电力大学武汉校区已划归教育部管理，武汉水利电力大学宜昌校区、上海电力学院、长沙电力学院、东北电力学院、长春水利电力高等专科学校已相应划归其所在省人民政府管理。请将上述六所学校的事业机构编制从我公司名下核销。

二〇〇二年四月二十六日

关于撤销天生桥一级水电站建设管理局的批复

（国电人资［2002］171号）

国电南方公司：

你公司《关于撤销天生桥一级水电站建设管理局的请示》（国电南方总［2002］5号）收悉。鉴于天生桥一级水电站建设管理局已经完成天生桥一级水电站的建设任务，经研究，同意撤销天生桥一级水电站建设管理局，待从工程节余资金中提取的奖励资金在天生桥一级水电站建设管理局的账务上处理完毕后，再按有关规定办理注销手续。

二〇〇二年三月二十一日（印）

关于撤销国家电力公司锅炉压力容器安全监督管理委员会的通知

（国电人资［2002］495号）

各分公司、华北电力集团公司、各省（区、市）电力公司、华能集团、国电电力、中电国际、热工院、电建所、苏州热工所：

为适应电力体制改革需要，理顺管理关系，进一步做好电力行业电力锅炉压力容器的安全监督管理工作，经研究，决定撤销国家电力公司锅炉压力容器安全监督管理委员会，其相关职能移交中国电力企业联合会。

二〇〇二年七月三十一日（印）

中国电力企业联合会

中电联 2002 年组织机构图

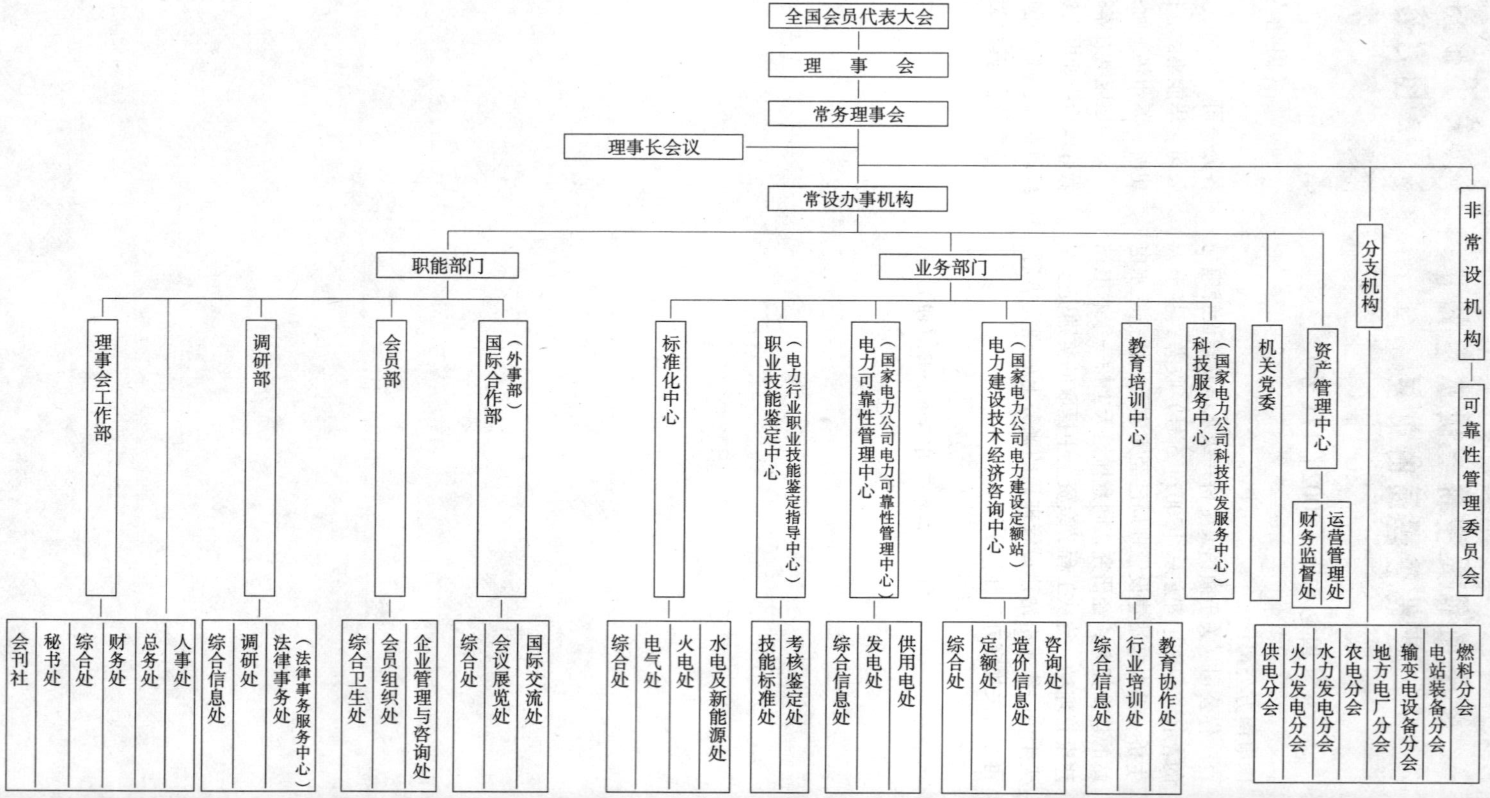

机构设置

中国电力企业联合会机关本部设置4个职能部门(部)、6个业务部门(中心)：理事会工作部、调研部、会员部、国际合作部(外事部)、标准化中心、职业技能鉴定中心(电力行业职业技能鉴定指导中心)、电力可靠性管理中心(国家电力公司电力可靠性管理中心)、电力建设技术经济咨询中心(国家电力公司电力建设定额站)、教育培训中心、科技服务中心(国家电力公司科技开发服务中心)，并设机关党委和资产管理中心。

中国电力企业联合会管理单位2个：电力文协、电力体协。

国电公司社会保险局人员的人事工资关系仍由中国电力企业联合会代管。

中国电力企业联合会直属公司4个：北京中兴联房地产开发有限责任公司、北京中联动力技术有限责任公司、北京华龙电联质量认证中心有限责任公司、中电兴业投资发展有限责任公司。

经国家事业单位登记管理局批准：中国电力企业联合会电力技术经济咨询中心、中国电力企业联合会电力建设定额站、北京电力培训中心、国家电力公司科技服务开发中心、国家电力公司电力可靠性管理中心、国家电力公司社会保险中心(局)、等6个单位取得事业单位登记。

受国家经贸委委托，中国电力企业联合会代管中国电力规划设计协会、中国电力企业多种经营协会、中国电力建设企业协会、中国电力发展促进会、全国电力技术市场协会等5个学协会。

中电联干部配置

(1) 中电联第三届理事会领导成员：

名誉理事长：高　严　张绍贤

理　事　长：赵希正

常务副理事长：刘　宏

副理事长：叶荣泗　钱忠伟　秦中一　吴希荣　乌力吉　林孔兴

秘　书　长：叶荣泗(兼)

副秘书长：王永干　范继祥

(2) 中国电力企业联合会第三届理事会顾问：袁宝华　顾家麒　吴敬琏

(3) 中国电力企业联合会第三届理事会业务顾问：姜贤荣　吉　辅　刘纪鹏

(4) 中国电力企业联合会业务咨询：

王宏超　许英才　张孟扬　李忠志　李宝祺
潘锁华　赵宗鹤　黄幼茹　朱仁元　王桂云
李　岱　刘　华　刘　俭　刘惠民　张选堪

(5) 张凤祥同志为第九届全国人民代表大会外事委员会委员。

黄梦玲同志为第九届全国政协委员。

(6) 2002年度部、中心主任级干部：

理事会工作部副主任：范继祥(兼)

调研部主任：王永干(兼)

会员部主任：孙永安

国际合作部(外事部)主任：孙守义

标准化中心主任：陆宠惠

职业技能鉴定中心主任：王文喜
(电力行业职业技能鉴定指导中心)

电力可靠性管理中心主任：蒋锦峰
(国家电力公司电力可靠性管理中心)

电力建设技术经济咨询中心主任：张千驷
(国家电力公司电力建设定额站)

教育培训中心副主任：薛静　徐玉华

科技服务中心(正处级单位)主任：李玉生
(国家电力公司科技开发服务中心)

机关党委副书记：赵天荣

资产管理中心主任：蒋晓华

(7) 现任中国电力企业联合会直属公司总经理的名单：

北京中兴联房地产开发有限责任公司执行董事兼总经理：蒋晓华(兼)

北京中联动力技术有限责任公司总经理：刘学良

北京华龙电联质量认证中心有限责任公司总经理：罗　勇

中电兴业投资发展有限责任公司总经理：蒋晓华(兼)

电力发展与生产经营

战略规划与投融资

战略研究与规划

战略研究工作

开展企业集团战略体系研究工作。针对电力工业改革与发展的新环境，开展企业集团战略体系研究工作，对公司治理结构及公司的战略性问题进行了深入的探讨。从企业集团、控股公司及其有关概念；现代企业集团的模式；企业集团发展的国际比较；企业集团体制的国际比较；我国大型企业集团发展模式和发展中的问题；国有资产管理体制改革与发展国有大型企业集团的政策；企业经营模式的选择等七个方面对国内外大型企业集团的发展模式进行理论研究。在分析新的电力体制和发展环境后，对国家电网公司的现状进行分析，提出国家电网公司的战略定位、战略目标和战略重点，提出国家电网公司集团模式的选择方向和集团治理结构的模式。

开展电力市场交易系统研究工作。根据厂网分开的新情况，借鉴有关国家电力市场化改革的经验教训，结合我国电力系统“厂网分开、竞价上网”试点单位的运行情况及其实践经验，开展适合我国国情的发电侧引入竞争后的电力市场交易系统的研究。建议根据不同区域电网的特性分别建立二级市场模式和三级市场模式，市场交易的种类要多样化，避免过分地依赖现货市场，建立包括电力远期合同、现货竞价、实时交易和辅助服务等各类市场，并通过各类市场的竞争机制以及在时序上的配套、在空间上的相互协调，使其能够有效地保障电力系统的安全可靠运行和各类市场的有效竞争。

开展需求侧管理的战略研究。完成《国电公司需求侧管理的战略研究》课题研究报告，提出电网公司在未来实施需求测管理（简称 DSM）的战略重点：协助政府尽快解决 DSM 实施效益的确认和有效回收问题，并出台能够激励各参与方实施 DSM 积极性的宏观政策；积极探索多种因地制宜的节电调荷微观激励措施，建立以客户为中心，以 DSM 为手段的用电营销服务体系；根据政府的节电调荷的规划目标，制定切实可行的 DSM 实施计划，在节电调荷项目的推广中使供用电双方获得显著的效益。

开展企业资源计划（ERP）战略研究。完成《企业资源计划（ERP）战略研究》课题研究报告，从 ERP 在电力企业中的应用分析入手，提出国家电网公司制定 ERP 战略的基本思路：以企业总体发展战略为指导，深入贯彻电力体制改革精神，坚持以市场为导向，以发展为主题，以结构调整为主线，以改善企业资产管理、提高资产利用效率为重点，全面提高公司的管理水平，实现电网公司社会效益和经济效益的同步增长。根据电网公司的具体情况，确定企业 ERP 战略目标为：逐步实施 ERP 系统，加强 ERP 系统管理，全面提高企业社会效益和经济效益、增强企业管理水平。电网企业采用的 ERP 软件应该主要包含下面 9 大模块：战略规划管理、物资管理、电网建设管理、电网维护管理、市场营销管理、财务管理、人力资源管理、科研管理、安全管理。

开展构建学习型电力企业课题研究。通过对面向 21 世纪企业管理的新趋势、新理念、学习型企业的特征等方面的研究分析，提出如何把电力企业建成学习型企业的具体措施：电力企业的各级单位，都应把培养学习型企业作为一项战略性目标；电力企业必须从建立适合于学习的组织结构入手；在电力企业具备了一定的组织结构基础上，还要着重塑造企业的学习文化，培养企业的学习习惯和学习气氛；电力企业要更好地提高自己的学习能力，并注意积极地向外界学习，组建知识联盟；重视以人为本的人力资源管理；不断培养与提高电力企业的企业能力。

开展电网企业加强管理、提高效益的途径与措施研究。完成《电网企业加强管理、提高效益的途径与措施研究》课题研究报告，通过对电网运行的大量调研分析，提出电网公司加强管理、提高效益的方法和途径：国家设立专项资金并出台相关扶持政策，以运营收入保障电网建设资金；建立合理的电价形成机制，形成合理的电网购、售电电价和过网电价，出台电网调节电价；加强电网的统一管理，优化管理机制，建立科技创新机制，加大人力资源开发力度，加强财务管理，实行集中采购制度，加强电力营销工作。

开展相关课题研究工作。完成《中国宏观经济与宏观政策对电力发展的影响研究》、《企业现代管理理念及治理机制研究》等课题的研究报告，就电力工业的发展环境、现代企业的治理机制等进行了深入研究，并提出建设性意见。

电力规划工作

完成西电东送重大规划调研工作。结合国家西部大开发战略的实施，在去年完成西北西电东送规划调研工作的基础上，完成了中部和南方电网西电东送规划调研工作，编写调研报告并相继经过国家电力公司组织的评审。通过上述三大规划调研课题研究，统一思想和认识，初步形成国家电力公司西电东送规划及其布局，大大促进了国家西电东送工作。

开展三峡十省市区电源规划滚动研究及调整工作。按照国家计委要求，为充分消纳三峡电能，开展了为期一年的三峡十省市区电源规划滚动研究及调整工作，完成《三峡十省市区电源规划滚动研究报告》，经公司领导批准后正式上报国家计委。在此基础上，配合国家计委研究东部地区“十五”后三年及“十一五”规划调整工作和全国“十五”规划初步调整。

深入调查研究，跟踪市场变化，分析热点问题。结合国家西电东送战略，相继到澜沧江中下游、金沙江中游、怒江、乌江、红水河、大渡河和雅砻江等河流进行实地考察，到陕北煤电等煤炭基地进行调研，研究水电开发和坑口电站建设等规划前期工作。针对华中电网电力市场负荷特性变化及其调峰问题，组织开展华中电网调峰课题研究工作。通过多次深入调查，广泛收资，认真研究，基本弄清楚了真实情况，提出华中电网调峰最困难的月份在初汛期而不是夏季高峰期、在华中电网建设抽水蓄能电站没有经济性的初步结论。

继续做好公司系统天然气发电有关前期工作。结合国家西气东输工程实施，组织开展天然气发电在电力系统中的定位研究工作。在对华东、华中等地区进行实地调查的基础上，认真研究天然气发电项目存在的有关问题，并将研究成果及要求国家出台优惠政策等正式上报国家计委，完成了华能金陵、浙江镇海、浙江萧山等天然气发电工程项目建议书的上报工作。

完成电力项目的立项审查工作。根据电力市场变化和电力项目的前期工作进度，按照规划完成一批电力项目的立项审查工作。一年来共审查上报电力项目41个，总装机规模4534万kW。同时，配合电力体制改革，对发电项目前期工作进行清理，提出前期电源项目划分的初步意见。

电网规划工作

开展西电东送输电网络规划研究。为配合国家西部大开发战略的实施，加快西电东送整体进程，结合全国北、中、南西电东送总体规划，组织完成了陕北神木电厂360万kW向华北电网输电方案专题研究、“十一五”期间云电增加外送120万kW输电方案研究、“十五”期间川电外送150万kW方案的研究，为西电东送项目决策和后续工作打下良好基础；组织开展了贵州构皮滩水电站、四川锦屏一二级水电站、西北拉西瓦水电站、云南糯札渡水电站输电系统规划设计工作。通过研究，进一步理清了西电东送输电通道规划思路，基本明确了21世纪前20年西部各大型电源项目开发需同步建设的西电东送输电通道建设项目；向国家计委及时报送了西电东送北部通道总体规划和实施方案，为国家有关部门最终安排西电东送北部通道项目提供决策参考。

完成金沙江一期工程输电规划设计工作，出版最终研究报告，并编写了研究成果汇报材料，在国家计委主持召开的溪洛渡、向家坝水电站立项论证会议上汇报了我们所做的研究工作，经专家咨询，获得了充分肯定和较高的评价。

开展全国联网规划及联网项目初可研工作。组织完成了东北与华北电网加强联网初可研及评审工作；组织开展全国联网深化研究；基本完成华中与华北加强联网初可研、西北与华北直流联网初可研工作；作为亚行技援项目的执行方，配合美国PA公司完成中国跨大区电网互联发展战略研究大部分工作。

开展电网中长期规划工作。陆续完成了福建、广西、华东、东北、湖南、华北、西北、黑龙江、山东、南方电网2015年目标网架规划评审工作，启动了川渝电网2015年目标网架规划设计工作，从而基本完成了全国各电网2015年中长期规划工作。通过规划及评审，基本明确了各电网2015年合理电网结构目标、受端电网规划方案、西电东送输电通道规划方案、主要大型电源接入系统方案等重大问题。

统计与市场预测工作

全面完成统计工作。按时完成了电力行业和国电公司系统的电力生产、基本建设、以大代小、城乡电网投资等月报统计数据的审核、汇总工作，并综合公司财务经营、安全生产等信息，完成了《国家电力公司综合统计月报》，及时为上级领导和社会各界提供了电力统计信息；采取分组审核、集中会审的形式，并根据国电公司的具体要求严格把关，认真审核，保质保量地完成了2001年度电力生产、基本建设、以大代小、城乡电网投资统计年报数据的审核汇总工作，编辑出版了2001年《电力统计提要》、《电力大中型工程项目概况及利用外资、全部建成投产资料汇编》和《电力工业统计资料汇编》等统计资料。

圆满完成公司系统基本单位普查各项工作。根据国务院的统一部署和安排，2002年组织开展了国家电力公司系统的基本单位普查工作，在4月份完成了各基层单位的普查资料收集工作后，为了确保资料完整准确，先后组织了两次普查资料审核，并将纸介质的资料逐一录入计算机，编制出版《国家电力公司系统基本单位资料汇编(一)》、《国家电力公司系统基本单位资料汇编(二)》两本普查资料，汇编了公司系统8000多家电力企业单位的基本情况及股权构成情况，保质保量地完成了国家下达的普查任务。今后将组织专家和科研力量对普查资料开展更深一步的分析研究工作，以进一步提高普查资料的有效利用水平。

完成电力工业50年统计资料汇编工作。在近年来对历史统计数据进行整理的基础上，2002年对建国以来电力工业统计数据资料进行了进一步的修改、审定和补充，为保证历史数据的可比性，还对统计口径、统计指标做了必要的调整，于2002年正式编印出版了《1949～2000年电力工业统计资料汇编》。

开展发电资源状况调查工作。结合统计报表内容调整，对全国各省、市、自治区的全厂容量在6000kW及以上的发电设备资源状况进行了全面调查，在对资料进行仔细审核、分析和论证后，建立了发电机组资源数据库，编辑出版了《全国6000kW及以上发电机组分类情况》和《全国6000kW及以上发电机组资料汇编》。这次调查使我们对全国发电资源全貌有了一个比较准确的把握。

开展电力市场分析预测工作。完成了2002年一季度、上半年和全年的电力供需形势分析报告，编辑出版了《2003年中国电力市场分析与研究》。编制分析报告过程中，注意把握电力供需中的重点和热点问题，突出重点地区和重点行业，对全国电力供需形势状况进行具体分析和预测，有效提高了电力市场分析预测工作的时效性、针对性和科学性，取得了较好效果，得到了上级领导和社会各界的好评。《中国电力市场分析与研究》自1994年创刊、截至2002年已出版十期。

开展电力供需形势监测预警分析系统研究设计工作。针对近年来电力市场变化较大，地区间电力供需状况不均衡的问题，在做好常规电力市场分析预测工作基础上，选择了重点地区进行电力供需监测预警分析，建立了一套能够准确、敏捷地反映电力供需状况的指标体系，及时对全国及各地区的电力市场状况、供需影响因素以及发展变化趋势进行分析预测。经过近一年的努力，基本完成了监测预警分析系统方案的设计、完善和测试工作，提出了初步设计方案，并先后在2002年一季度、上半年和全年的电力市场分析报告编写过程中进行了试算，取得了令人满意的效果，我们将在以后的电力市场分析预测工作中进一步使用并完善这一系统。

开展数据库和分析预测模型的开发研制工作。为统一、规范电力市场分析预测工作，丰富电力市场分析预测的方法和手段，实现对分析预测基础数据和预测成果的科学化、规范化管理，组织开展了电力市场分析预测数据库建设以及电力市场分析预测软件模型的研究开发工作，完成了《电力市场分析预测支持系统（第一版)》的开发，已满足使用要求。该系统软件是国家电力公司系统各电力企业开展电力市场分析预测工作的基础，它提供了丰富的市场分析预测模型和工具，有助于分析预测人员提高预测水平和工作效率。目前该系统软件已经开始在电力市场分析预测工作体系中推广使用。

开展电力市场专项调研工作。2002年入夏以后，全国范围内出现了持续高温高湿天气，空调降温负荷大幅度上升，各地用电负荷连创新高，出现了不同程度的电力供需紧张状况。为准确把握电力供需和负荷变化情况以及造成供需紧张的原因，提出缓解的对策措施，战略规划部牵头分别组织了几个重点地区的调研，并进行了负荷与供需状况综合分析研究，完成了地区分报告及调研总报告，对今后电力负荷特性的发展变化趋势进行了预测分析，提出了目前急需解决的问题和建议。

开展统计学术交流活动。为了充分发挥学会作用，团结统计与预测方面的专家和学者，共同探讨统计与预测方面的科学理论，支持和配合业务部门开展统计分析与预测工作，中国统计学会电力统计分会开展了征集优秀统计学术论文和征集市场分析与预测学术论文活动，召开了学术交流研讨会，聘请专家对征文进行认真筛选，并将优秀论文编辑成册，于2002年5月出版了《电力统计与预测分析专辑》。其中有两篇论文被选编进了中国统计学会为纪念新中国成立50周年暨全国统计科学研讨会出版的《全国优秀统计论文集》中。

开展学会自查工作。根据中共中央办公厅、国务院办公厅关于进一步加强民间管理工作的通知的有关规定，2002年3月，按照中国统计学会关于对所属分支机构进行复查登记工作的安排，我分会进行了严格的自查工作。通过自查，我分会机构设置完备，有专人负责和规定的住所，遵守《社会团体登记管理条例》和《中国统计学会章程》，能积极开展学术交流和统计科研工作，符合有关规定和条件。

综合计划与投融资

一、关于综合计划管理工作

(一) 国家电力公司2002年综合计划完成情况

1. 电力产量

(1) 售电量：2002年国电公司系统全年完成售电量10700亿kWh，完成计划10120亿kWh的105.7%，同比增长11.06%，增幅比2001年攀升近2个百分点。

(2) 发电量：公司统一核算机组发电量完成2161亿kWh，完成计划2136亿kWh的101.2%。火电机组平均设备利用小时数达到5566h，同比增加393h，高于全国平均水平366h。

(3) 跨区输电：葛沪直流华东与华中两大电网全年交换电量35.8亿kWh；川电东送电量14.4亿kWh；东北送华北电量29.1亿kWh；福建与华东交换电量33.8亿kWh。南方电网"西电东送"广东送最大能力提高到370万kW/159.7亿kWh，比2001年增长38.5%；送广西42.5亿kWh，比2001年增长19.6%。内蒙向京津唐送电81.3亿kWh，比2001年增长15.4%。

2. 固定资产投资

公司系统全年固定资产投资完成1645亿元，其中大中型基建项目投资完成736亿元，限上技改50亿元，农网改造700亿元，城网改造124亿元，小型基建35亿元。

电网投资比重继续上升，电网建设和发展得到进一步加强。2002年公司系统电网项目共完成投资1140亿元，占公司系统固定资产投资的69.3%，同比提高4.5个百分点。

电源投资向中西部地区和水电项目倾斜。在电源项目完成投资额中，中西部电源项目投资占70%以上。在新开工电源2023.5万kW中，中西部项目为1503万kW，占74.3%；水电项目为964万kW，占47.6%。

3. 电力建设规模

(1) 开工规模：

1) 电网开工：2002年新开工330kV及以上输电线路7134km、变电容量2267万kVA，其中三峡输变电工程新开工线路1568km、变电容量75万kVA。完成了全年新开工目标。城网改造全面完成，农网改造第一批全部完成，第二批已完成88.5%

2) 电源开工：2002年公司系统新开工电源项目规模达到2023.5万kW，超额完成了全年新开工规模1500～2000万kW的目标，创公司系统电源项目开工规模的新高。"西电东送"北通道电力建设项目正式启动，山西河曲、神头二厂二期和内蒙托克托二期电源项目已经开工建设。列入国家"十五"计划的重点水电项目云南小湾、湖北水布垭水电站，以及重要调峰电源项目山东泰安抽水蓄能电站等，均顺利开工建设。

(2) 投产规模：

1) 电网投产：全年基本建设投产220kV及以上输电线路7748km，变电容量2695万kVA，其中，500kV输电线路2899km，变电容量1125万kVA。三峡输变电工程按计划投产"八线四变"，新增交流线路1034km、变电容量250万kVA；城网改造全面完成，农网改造第一批全部完成，第二批已完成88.5%。

2) 电源有产：2002年公司系统投产电源项目849.55万kW，完成计划投产自标829万kW的102.5%。其中，水电机组投产102.05万kW，火电机组投产747.5万kW。

4. 资产经营

主营业务收入完成3987.6亿元，同比增长14.2%，完成年计划3657亿元的109%；全年完成利润总额115.3亿元，同比增长9.1%，完成年计划100.2亿元的115.1%。全年共实现上缴投资收益20.9亿元，如期完成年计划目标。

公司资产总额持续扩大。年底资产总额达到10802.2亿元，同比增长9.2%；资产负债率为56.03%，同比上升了1.3个百分点，控制在年计划目标之内。

应收电热费余额得到控制。年底应收电热费余额为228.9亿元，比2001年减少4.6亿元，比计划261亿元少32.1亿元。

5. 劳动工资

年底职工人数为32.3万人，控制在计划范围内。全年工资总额为297.5元，同比增长10.6%，实现了工资总额的稳中有升，且控制在国家下达的工资总额计划内。劳动生产率水平继续稳步提高，全年实现39.3万元（人·年）（现价），同比增长7%，完成全年计划。

6. 供电质量

全年各主要电网频率合格率均在99.9%年计划目标以上；综合供电电压合格率完成98.88%，城市居民端电压合格率完成98.88%，农村居民端电压合格率完成91%；城市供电可靠率完成99.900%，农村供电可靠率完成99%。

7. 安全管理

电网安全运行情况总体较好，未发生重大电网事故、重大火灾事故、有人员责任的重大设备损坏事故。全年公司系统累计发生人身死亡事故13起，死亡30人，同比减少31次、26人。

8. 能源节约

公司线损率完成6.96%，同比下降0.16个百分点，比年计划6.98%低0.02个百分点。公司管理机组供电煤耗完成365g/kWh，同比下降2g/kWh。

(二) 综合计划执行中存在的问题

随着改革的深入和电力供需形势新的变化，也暴露出一些潜在的问题，主要是电力发展任务艰巨，2002年财务费用大幅度上升和折旧大幅度提高给公司经营造成较大压力，电网安全稳定运行的压力较大。

二、加大前期工作力度，推进重点工程建设

1. 加强电网建设，重点做好三峡输变电、西电东送和全国联网工程

330kV及以上输变电项目可研27项6258km2813万kVA得到批复，审批下达220kV及以下输变电工程新开工计划32项17973km4424万kVA。

三峡输变电工程投产“八线四变”、新开工“十一线两变”的目标已全部实现，龙政直流已单极投运。

向广东新增送电1000万kW的电网项目均已开工，宝峰至罗平、天广三回、平果至南宁500kV输变电工程相继投产，向广东送电的最大能力达到370万kW。

北部地区，神头至徐水、托克托一期500kV输电工程、丰张顺500kV线路加装串补工程已开工；公伯峡水电站送出及750kV输变电示范工程可研已上报国家计委。

全国联网加快推进。华中与华北联网工程开工建设，华东与福建第二回联网工程开工建设并于年初投产。山东与华北联网、东北与华北加强联网可研已上报国家计委。

各主要电网骨干网架进一步加强，北京房山等一批网内500kV输变电项目相继开工建设。

城网改造全面完成，农网改造第一批全部完成，第二批已完成88.5%。

2. 优化投资结构，促进电源建设

上报电源项目可研27项1522.5万kW，批复19项1706万kW；上报开工申请24项2257.5万kW，已批复18项1953万kW，预计全年开工规模将超过2000万kW，完成开工1500～2000万kW的计划目标，并比2001年有较大增长。

在新开工1953万kW电源项目中，中西部项目1553万kW，占79.5%；水电项目8项893万kW，占45.7%。

继续推进山东烟台、四川白马等洁净煤示范工程项目，前期工作取得了实质性的进展。四川白马30万kW循环流化床示范工程可研报告书上报国家计委，协助中咨公司对白马示范项目进行了评估。山东烟台IGCC示范电站合作方案征询书正式对外发布，牵头组织对答询书的评议、澄清和答询，为积极申请世界金融组织赠款做了大量工作。

对公司系统参与投资的火电项目有关基础资料进行了整理。完成了电力规划基础数据的整理工作。结合国家确定的西部开发、“西电东送”政策，对北部通道“西电东送”项目及西部地区的重点发展项目和区域电力市场情况进行了调研。

三、拓宽融资渠道，降低融资成本

成功发行了40亿元02电网建设企业债券，并实现在深交所上市交易，在资本市场树立了国家电力的良好形象。由于02电网债的行业背景，再加上深受投资者欢迎，深交所决定将电力债券纳入新的企业债券指数。这些为国家电网公司03电网债的申请及以后利用资本市场融资打下了良好的基础。

2001年三峡输变电工程的创新融资方式明显降低了融资成本。至2002年底，三广直流输变电工程2001年利用工行浮动利率外汇贷款的创新融资方式，累计为公司节省利息支出近3000万元。事实证明，公司的融资方式决策是正确的。

积极筹措国内外银行贷款，支持电力项目建设。经过比选，公司与开行、建行、中电财签署了17亿元三峡输变电工程融资借款合同。山西西龙池抽水蓄能电站工程利用232.41亿日元贷款、沈阳至大连500kV输变电工程利用1亿美元亚行贷款的《贷款协议》均已签订，保证了项目的资金需求。

四、加强基础工作，提高管理水平

1. 加强综合协调，圆满完成领导交办的各项任务

积极参与电力体制改革有关问题的研究，牵头完成了两个规划院改制移交并参与了电源前期项目划分工作。对二滩、大同二厂、宣威、阳城、伊敏等电厂的发电量计划安排做了大量协调工作。积极落实对西藏电力公司的代管工作，落实了2001年和2002年电力援藏项目。

2. 加强队伍建设，提高管理水平

举办了综合计划与投融资培训班，组织网省电力公司计划人员，开展了为期两周的学习培训。完成了电力计划基础数据的整理工作。

财务与资产经营

2002年经营目标完成情况

2002年，国家电力公司系统各级财务部门，按照公司党组的总体部署，认真实践“三个代表”重要思想，积极贯彻落实公司工作会议精神和国务院关于电力体制改革的文件精神，正确处理改革、发展、稳定的关系，求真务实，开拓创新，全面完成了各项工作任务，为公司的改革与发展做出了应有的贡献。

2002年末，国家电力公司资产总额1499997871千元（合并报表口径，下同），比2001年增加107278977千元，增长7.99%；负债总额902733570千元，比2001年增加70435482千元，增长8.46%；所有者权益471518470千元，比2001年增加28964891千元，增长6.55%；资产负债率62.24%，比2001年的上升0.25个百分点。公司系统2002年实际完成售电量1102333190MWh，比2001年增长129784228MWh，增长13.34%；发电量657178062MWh，比2001年增长54010598MWh，增长8.95%；购电量575907728MWh，比2001年增长83710479MWh，增长17%。全年实现主营业务收入净额464019464千元，比2001年增长61480196千元，增长15.27%；利润总额21545932千元，比2001年增长1048314千元，增长5.11%。

财务管理与资产经营

一、积极参与公司体制改革工作

（1）积极主动参与电力体制改革方案制定，为电力资产重组方案和电价改革方案出台做出重大贡献。全面、深入地核实、整理资产、产权数据，按照财政部的要求，进行了大规模的公司系统财务情况调查，及时、准确地提供电力资产重组分案的基础数据。提出电力资产重组方案的原则性意见，其中厂网划分主要原则、项目分配级次、关联单位确定等主要意见得到了各方认可，并始终贯穿在方案的制定过程中。开发厂网资产划分计算机综合测算系统，经过对众多方案的测算、筛选，及时提交了电力资产最佳重组方案并得到了采纳，为电力资产重组方案的出台提供了时间和技术上的保证。集中各方力量，研究提出厂网分开资产划分具体财务处理的原则意见，并上报财政部，为资产的平稳交接创造条件。积极配合国家计委全面参与电价改革研究，向国家计委提出了对《电价改革方案》和《厂网价格分离实施办法》的意见和建议。

（2）抓落实，积极参与新公司的组建工作。积极参与国家电网公司、南方电网公司的组建工作，并就南方电网公司组建中的出资和股权设置等关键问题提出意见和建议，多次与财政部、广东省等方面沟通和汇报。积极参与主辅分离工作，参与了中国水电工程顾问有限公司、中国电力工程顾问有限公司、中国葛洲坝集团有限公司、中国水电总公司等四家辅业集团的组建及移交中央企业工委工作，完成苏州热工研究所划归中广核集团的资产划拨工作等。

（3）争政策，为公司系统体制改革积极争取各项政策扶持。梳理电力系统现行财税政策，结合公司系统改革实际，提出了有关建议，上报了《国家电力公司关于电力体制改革有关财税政策的报告》，并与财政部、国家税务总局进行了多次沟通、协商。研究辅业分离后的政策支持问题，并积极与国家有关部门进行协商。

（4）防风险，严格控制公司系统体制改革的财务风险。在公司系统全面开展对外投资、债权债务、对外担保、经济合同和固定资产“五清理”活动，摸清公司系统财务方面在改革过程中存在的潜在风险。同时，为化解改革中债务和担保方面的财务风险，对公司系统的负债和担保情况进行了专题调查，并形成了《公司系统负债和担保的现状、承继和风险分析》报告，提出了改革中债务和担保的承继和风险防范的政策性建议。

二、完成公司资产经营考核目标

（1）进一步加强全面预算管理，完善资产经营考核办法。强化预算执行过程控制，采取普遍调查和重点调查相结合的方式，定期全面分析公司系统的经营情况，及时分析问题症结，深入探索确保预算有效实施的具体办法，确保不将问题拖到年终解决。修改、完善资产经营考核办法和指标，强化了激励约束机制，层层落实责任制，确保了公司系统财务状况的稳定。

(2) 认真做好决算，规范会计核算，按时编报月报，不断提高会计信息质量。圆满完成了公司 2001 年会计决算任务，并连续第二年受到财政部通报表彰。认真贯彻财政部颁发的各项准则和制度，规范公司本部长期股权投资的核算程序和方法，按照制度要求进行了全面清理和调整；同时完善和规范了公司本部会计账户体系，使本部会计核算工作更加规范化和制度化。按时编制月度会计报表，并对月度财务状况进行分析，查找变动原因，为公司领导经营决策和职能部门日常管理提供了重要的基础财务信息。

(3) 合理调度资金，认真做好工效挂钩和财政资金清算工作。公司系统各级财务部门在面对巨额欠费、资金周转比较困难的情况下，通过积极筹措资金、有效集中资金、合理调度资金，保证了“西电东送、全国联网、农网改造”等重点工程资金需求，保证了电源项目的技改投入，保证了正常生产的资金供应。积极主动与财政部沟通，及时完成了 2001 年工效挂钩清算，基本解决了有关历史遗留问题。

(4) 完善产权管理系统，做好产权年检登记，试行资本金效绩评价，夯实产权管理工作基础。进一步完善了国家电力公司基本产权关系管理系统，其成果获得了公司在京直属单位第三届青年优秀科技成果奖。以此为基础，全面完成了国家电力公司层层出资 4074 户企业产权结构、资产分布等审查及分析工作。受财政部委托，完成了公司系统 1206 户企业 2001 年产权情况的年检工作，及时办理了 764 户各级企业产权占有、变动和注销产权的登记工作。积极开展国家电力公司法人资本金效绩评价课题研究，其成果获得了公司在京直属单位第三届青年优秀科技成果奖，通过运用课题成果对公司系统 32 家网、省电力公司 2001 年度的财务状况与资产经营效绩进行了测评和排名。

(5) 加强股权变动管理，积极参与国力债券发行，深入开展资产管理课题研究，确保国有资产不流失。组织力量对国务院有关文件下发以来的资产、股（产）权变动情况进行清理，加强对资产处置行为的监管。积极参与 2002 年电网建设企业债券的发行、上市工作，完成了募集资金的收缴、拨付，以及还款保证协议的签订等工作。结合公司发展和改革的需要，开展城农网建设与改造绩效评价和发电公司竞争力评价指标体系两个资产管理课题研究。

(6) 积极疏导电价矛盾，研究协调“西电东送”价格，有条不紊地做好电价工作。积极促进电价调整方案出台，缓解公司系统经营压力。经公司系统共同努力，公司系统部分电网出台了电价调整方案，对改善公司系统财务状况、减轻农网改造还本付息和实现城乡居民用电同价带来的财务压力发挥了重要作用。推动“西电东送”价格研究与协调，确保“西电东送”工程的顺利实施。

(7) 认真开展财务稽核，积极配合监事会做好各项监督检查工作。有针对性地开展了专题调研，提出政策建议。完成了对公司所属单位的财务稽核工作，指出了存在的问题，并提出了相关意见。根据国务院关于向国有重点企业增派监事会的文件精神，国务院又向国家电力公司增派了三个监事会。公司系统财务部门与其他部门一起配合四个监事会对九个直属公司进行了监督检查，按时完成了 2001 年度《企业基础材料》填报工作，相关问题得到及时沟通与协调。

三、推进财务管理信息化、国际化进程，加强制度建设，提升财会队伍素质

(1) 继续落实《国家电力公司财务管理信息系统建设规范》，加快财务管理信息化步伐。进一步完善财务信息实时系统，不断研究和解决系统运行和管理中的新情况和新问题，努力保障系统信息完整及时，并不断扩大应用范围，充实数据内容，同时积极研究实时信息的再利用，提高系统信息使用效率。选择有条件的网省电力公司进行财务管理信息系统建设试点，为下一步的工作探索方法，积累经验。进行公司系统财务管理信息化建设方案研究，在分析国内外财务信息系统建设的基础上，进行了各方案的比较和研究，并与相关部门密切配合，以适应信息整合和体制变化的要求。建设公司系统财务信息网站，为公司系统财务人员提供政策咨询和经验交流的平台。

(2) 积极推进财务管理国际化进程。继续做好申报全球 500 强的各项工作，并以此为契机，探索引进国外先进的财务管理经验，提高财务信息的国际可比性。在 2002 年 7 月份公布的《财富》全球 500 强的最新排名中，国家电力公司名列第 60 位，比 2001 年上升 17 位。

(3) 按照建设现代集团公司财务管理制度体系的要求，继续加强制度建设。陆续出台了《国家电力公司外派产权代表财务报告制度》、《企业国有资本与财务管理暂行办法》、《国家电力公司经营输电项目电费结算办法》等制度，为进一步规范公司系统理财行为奠定了制度基础。

(4) 继续加大培训力度，提升财会人员素质，多次召开座谈会与专题讲座，及时传播新知识、新理念。公司系统财务部门克服时间紧、人手少、任务重等困难，如期举办了两期为期3个月的财务骨干英语培训班，共培训财会英语骨干66人；举办了预算管理研修班，还分片召开了总会计师座谈会，聘请专家举办电价改革、美国会计丑闻案例分析、财务信息化等方面的专题讲座。同时，积极开展财会人才库建设课题研究，以建立科学高效、公平合理的公司系统财会人才培养、选拔机制。

电力生产与运营

综　述

2002年是深化电力体制改革的重要一年。一年来，国家电力公司系统安全生产平稳，实现人身事故同比下降20%的目标；发电量完成7724亿kWh，同比增长11.1%；售电量完成10700亿kWh，同比增长11.1%；跨区互供电量完成403.4亿kWh，同比增长68.7%；本部完成跨区送电量130亿kWh，比年初计划增加13%，比2001年增加79亿kWh；线损率完成6.91%，比2001年降低0.06个百分点线损率；供电煤耗364g/(kWh)，比2001年同期下降3g/(kWh)；可靠率指标完成99.906%，综合电压合格率98.88%，客户端电压合格率达到98.08%；企业管理水平不断提高，网厂分开竞价上网工作稳步推进，跨区电网建设迎来投产高峰，技术改造和计量工作深入进行，城网改造将全部完成，供电优质服务再上新台阶。

安　全　生　产

2002年，公司系统保持了安全生产的平稳局面。没有发生人员责任重大及以上电网事故，没有发生电厂垮坝事故，实现人身事故同比下降20%的目标。发生人身死亡事故21起共死亡30人，死亡人数比2001年减少26人。其中：生产死亡11人，同比减少23人；设备事故565起，同比下降22.5%，电网事故155起，同比上升4.7%。

(1) 强化安全生产工作的法制化和制度化建设。为适应迅速发展和体制改革的需要，组织编写了《加强当前电网安全管理若干规定》、《国家电力公司防汛工作管理办法（试行)》、《电力安全工器具预防性试验规程》、《防止电气误操作装置管理规定》和《水电站大坝安全监测自动化系统实用化验收细则》等规章制度；着手组织对《电业安全工作规程》和《输电网安全性评价》的修订。

(2) 健全和强化安全生产管理激励和约束机制。①按照公司安全生产管理规程和规定的要求，对于性质严重的安全事故，坚持“说清楚”制度，严格按规定对事故进行定性、调查和统计考核。②对在2001年度实现安全生产目标、生产基建全年无人身死亡事故的单位、集体和个人进行评选及表彰。③协助做好公司三项责任制的考核，对照有关安全生产考核办法，强化各级领导的安全生产责任制的落实。

(3) 加强水电厂安全运行管理，做好电力设施防汛和水电厂大坝安全。①召开了公司系统2002年防汛和大坝安全工作电视电话会议，全面部署全年公司系统防汛和大坝安全工作。先后组织五个防汛工作抽查小组对西南、华中、西北、东北和新疆等地区的发供电企业防汛和大坝安全工作进行重点抽查，对查找出的问题提出整改意见，并督促落实。②召开了公司水电站大坝第二轮安全定期检查和安全监测自动化工作会议，制定了全年28座大坝进行第二轮定检的工作计划。截至到目前，已有94座大坝开展了定检，其中已完成56座，并已批复了36座大坝的安全等级，其中33座为正常坝。③在公司系统首次开展了对云南漫湾电厂的大坝安全监测自动化系统实用化验收，有力推动了大坝安全监测自动化工作。

(4) 强化设备的基础管理。积极推进设备状态检修，提高设备健康水平，夯实安全生产的基础。完成了《发电厂检修规程》的修订工作。组织召开了发电设备状态检修技术研讨会，对1997年以来发电厂的状态检修试点工作进行全面总结，交流经验，进一步推动状态检修工作的深入开展。

(5) 日常管理工作。①继续抓好《输电网安全性评价》和《25项反事故措施》的落实，组织完成对浙江、安徽、山东、吉林、辽宁、东北、河南、江西电网的安全性评价工作。②针对安全工作不断面临的严峻形势，组织召开了三次安全生产电视电话会议、一次安全生产工作会议和一次安监部主任会议，下发了《关于加强发电厂安全生产管理的若干规定》(国电公司2号令)，对稳定公司系统的安全生产起到了积极作用。③组织安排公司系统的春季、秋季安全大检查和“十六大”保电工作，对北京、上海等地重要用户和重点场所的安全供电措施进行了督促检查，配合国务院安全检查组对公司系统的安全检查，对检查中发现的问题督促整改。④按照《电业生产事故统计分析》和《电业生产事故调查规程》，定期做好事故的统计分析、安全生产的月度分析和11月份后每周的生产安全情况报告。此外，抓好安全情况的通报工作，及时提出反事故的措施要求，2002年共完成十期安全情况通报和十一期事故快报。⑤参加几起性质严重的事故调查工作，针对典型事故组织调研，制订反事故技术措施。⑥完成国家安全生产监督管理局交办的《我国电力安全生产的形势、差距、对策》课题研究，中国安全生产年鉴中的电力工业安全生产工作部分的编写工作，并受国家安全生产监督管理局委托，组织了对大同电厂二期扩建工程、通辽电厂三期扩建工程等项目的劳动安全卫生预评价大纲的评审工作。⑦加强了系统内职工的安全教育培训工作。举办了一期安监工程师培训班和二期《安全法》培训班；组织修编《安全生产监督人员培训教材》；颁发了公司系统《安全监督证》证书；做好国电公司注册安全工程师执业资格认定的申报工作。

一流企业建设

(1) 制订和修订一流企业考核标准。为适应新形势的要求，更好地引导和鼓励公司系统坚持建设国际一流的目标，提高企业的管理水平，制订了《国家电力公司建设国际一流电网调度机构考核标准（试行）实施细则》、《国家电力公司调度通信中心建设中国一流电网调度机构考核办法（试行)》和《国家电力公司创建国家一流水力发电厂考核标准（试行）实施细则》，修订了《国家电力公司一流水力发电厂考核标准》和《水电厂无人值班的若干规定》，使建设一流企业工作的管理进一步科学化和规范化。

(2) 建设一流企业工作成果显著。加大发、供电企业建设国际一流的工作力度，开展了国际一流的调研工作，在公司系统首次创建并批准了青岛电业局、苏洲供电公司、绍兴电业局、上海市区供电公司、上海市东供电公司、山东石横发电厂和浙江北仑第一发电有限责任公司等7个发供电企业为国家电力公司国际一流发供电企业。经审定批准的2001年度一流企业91个，目前公司系统共有一流企业309个。

电力营销与需求侧管理

在电力销售、电费回收、优质服务、营销技术进步等方面取得了明显成效。

1. 年度经营指标的完成情况（营销部门统计）

2002年，国民经济稳定增长，工业经济呈现快速增长态势，公司系统售电量继续保持在快速增长的平台上。

(1) 电力销售情况。国家电力公司系统完成售电量10716.01亿kWh，同比增长11.79%。江苏、浙江、河南、江西、甘肃、青海、宁夏、四川、贵州、云南、福建等11个省的增长率都超过了12%，浙江省达21.38%。从售电分类看，大工业、非普工业、居民、商业、趸售用电均达到了两位数的增幅。

(2) 电费回收情况。截至2002年底，国家电力公司系统累计应收电费余额为118.12亿元，比2001年末欠电费总额137.59亿元下降了19.47亿元，超额完成了年初下达的电费回收任务。

(3) 客户发展情况。2002年，国家电力公司系统新增营业用户977.66万户，累计营业户数达到6156.92万户，增长率为18.87%。

(4) “95598”服务电话开通情况。有225个地市供电公司开通了“95598”客户服务热线电话，达到公司系统地市供电公司总数的86.2%。

(5) 未发生影响公司形象和稳定的重大事件。

2. 深入调查研究，解决实际问题

(1) 1月下旬，召开了公司系统营销部主任会议，认真分析了当前电力营销工作面临的形势和任务，重点研究了在新形势和新政策环境下，如何加强营销管理工作的难点问题，部署了2002年营销工作目标和任务。

(2) 为落实公司“求真务实、作风建设年”的要求，全面深入地了解公司系统电力营销现状，积极探索新形势下电力营销管理的新模式，赴浙江、江苏、四川、重庆、东北三省、北京、天津、甘肃、青海、河南等地开展调研工作，及时总结经验，发现问题，提出解决问题的相应措施。

(3) 针对贴费政策取消后，对各地在营业管理中出现问题进行了调研，并召开了3次专题研讨会，向各省提出要支持国家的改革政策，努力稳定营销秩序，积极向国家有关部门反映实际操作中的问题，并向国家计委、国家经贸委汇报与沟通。

(4) 7月份，对上半年城市优质服务情况进行了调查，在调查的基础上，总结了各地在优质服务中的创新经验，分析了存在的主要问题，提出了加强供电服务工作的措施和建议，并形成“2002年上半年城市供电优质服务情况通报”，以部门文件下发各网省公司。

(5) 8月份，对华北、华东、华中、川渝、南方等电网的迎峰度夏情况进行了调研，在分析今夏电力供需情况的基础上，对2003年夏天电网迎峰度夏提出了相应的应对措施，形成了调研报告。

(6) 针对华东电网明年电力供应将出现短缺的情况，与国家经贸委电力司联合召开了华东地区及部分省（市）电力需求侧管理研讨会，邀请了华东三省一市经委和部分大客户共同研讨如何通过电力需求侧管理措施，团结治网，共度难关。

3. 强化营销基础工作，提高经营管理水平

(1) 全力以赴完成电费回收任务。电费回收是电力营销工作的重点和难点。2002年，各省公司一靠政府的重视与支持，二靠强化管理与考核，三靠法律、技术、经济等手段，在电费回收环境非常困难的情况下，使欠费增长得到了有效控制，取得了较好的效果。总结其经验：①领导重视，早抓早落实。各省公司都把电费回收各项工作的重中之重，不断强化各级电费回收网络，使电费回收责任得到层层分解落实。华北、江苏、吉林、黑龙江、四川、甘肃、宁夏、江西、新疆、辽宁、河南等省公司依靠各级政府，努力形成各方合力，严格控制了新欠电费的增长，确保了电费回收任务的完成。②突出重点，采取灵活多样的收费方式，收到了很好的效果。③开展电费风险防范研究，积极推动电力市场诚信机制的建立。④深化优质服务，正确处理好确保供电安全、维护社会稳定、优质服务、依法催收电费的关系，有效地促进了电费回收工作。⑤加强电力销售信息流控制，对及时掌握用电按客户的经营情况，提高电费催收的管理绩效，提供了技术支持。

(2) 千方百计开拓电力市场。国民经济形势的进一步好转，带动了电力需求的上扬，各地抓住机遇，采取积极主动的营销策略，培育和开拓电力市场，使公司系统售电量比2001年同期增长超过两位数。采取的主要措施是：①积极帮扶困难大企业，使一批高耗能企业走出困境的同时使售电量增长大幅度提高；②刺激居民用电消费，提高居民用电水平；③大力推进城市光亮工程，增加市政用电；④全面推广电加热、蓄冷设备，扩大供热、制冷能源的市场份额。

(3) 加强负荷预测及管理，确保电网安全、平稳运行。2002年以来，电力需求旺盛，一些电网出现了不同程度的电力缺口。各网省公司加强市场调查及负荷预测工作，跟踪用电大户的生产运行情况，努力提高负荷预测和负荷管理水平，保证了电网的安全运行和可靠供电，特别是在夏季高峰时期未发生大面积的拉闸限电，为保一方平安做出了贡献。

(4) 加强了营业基础管理，规范用电秩序。随城乡电网改造的逐步完成和供电能力的增强，用电容量的增长势头很猛，又随着城乡电网的同价，电力营业用户增长很快。为保证既满足市场需求，又有稳定的供用电秩序，各省开展了对内规范工作标准，对外规范用电秩序的工作，在重管理，抓服务上下功夫，并开展了营业用电普查、打击窃电等活动，既挽回了经济损失，也净化了用电环境。

(5) 按照《电能计量装置技术管理规程》的要求，对电能计量装置进行了规范化、标准化管理，并增加了电能计量技术投入，更换了一批电能计量设备，为保证电能计量的准确可靠夯实了基础。

4. 与时俱进，提高优质服务水平

(1) 坚持“与时俱进，不断创新”，努力在强化服务意识，完善服务措施，提高服务质量上下功夫。公司系统广大干部职工增强了实践“优质、方便、规范、真诚”供电服务方针的责任感和使命感，优质服务理念不断得到进一步提升，优质服务意识得到了进一步增强。

(2) 继续依靠优质服务的有效载体，如“民心工程”、“金桥工程”、“连心工程”、“彩虹工程”、“双满意工程”等，使供电服务深入到社会的各个角落，赢得了社会的赞誉和支持。

(3) 强化制度建设，积极探索优质服务常态运行的机制。各省针对本地区供电服务中存在的问题，立足于提高供电服务的标准化、规范化水平，制订了一系列优质服务工作标准和管理规定，并实施了有效的运行监督管理。

(4) 努力创新服务内容并拓展服务手段。各省公司积极出台便民措施，受到了社会的热烈拥护。延伸服务网点，改善银行联网技术手段，开通新的电费交纳方式，以及组建抄表公司、完善电能计量中心等具体措施，为优质服务提供坚实的保障，也树立了企业的良好形象。

(5) 建立新型的客户服务支持系统，提高综合服务能力。各网省公司以开通“95598”供电服务热线电话为契机，全面建设和完善“电力营销管理信息系统”和“95598”客户服务系统。“95598”的开通运营，拉近了供电企业与广大客户的距离，增强了供电综合服务能力，提升了供电服务质量，同时也加快了自身信息化建设的进程。

（6）根据公司行风办的要求，及时公正处理城市供电服务中的客户投诉，并督促各省公司认真处理客户投诉，及时解决服务质量问题。

5. 加强电力需求侧管理工作

（1）贯彻落实国家经贸委下发的《关于推进电力需求侧管理工作的指导意见》，推动了各地电力需求侧管理工作的开展。

（2）召开了国家电力公司需求侧管理指导中心第三届理事会，提出在新形势下如何开展电力需求侧管理工作的新思路、新要求。

（3）有针对性的组织召开了高寒地区电采暖实用技术研讨会、电蓄能技术研讨会，全面推广蓄能技术。为规范蓄能设备的设计制造，组织专家与中国机械工业联合会共同编制《蓄冷空调系统的测试和评价》，准备作为国标由国家质量监督检验检疫总局颁布。

（4）承担国家经贸委“电力需求侧管理课题”研究，由电力需求侧管理中心组织专家对国内外开展电力需求侧管理工作进行了调研，在此基础上提出了今后我国开展电力需求侧管理工作的建议，制定了《电力需求侧管理五年规划》，并代国家经贸委拟写了《电力需求侧管理办法》。

6. 以高度的政治责任感完成供电保电任务

（1）参与迎峰度夏和重大活动的保电工作。对北京、上海等地重要用户和重点场所的安全供电措施进行了督促检查，并对国家广电总局提出的安全供电要求进行了协调。

（2）全面落实党中央、国务院的要求，保证“西新工程”的安全可靠供电用电。由于公司领导重视，各项措施得到落实，荣获“西新工程”先进集体的光荣称号，受到表彰。

（3）及时配合中国人民解放军总装备部完成数次航空航天发射任务的保电工作。

7. 加强营销培训，提升营销队伍素质

（1）通过近一年的时间完成了《电力营销培训教材》的编写、审定和发行工作，及时满足了各省公司开展营销人员培训工作的要求。

（2）在国家电力公司高级培训中心帮助下，举办了公司系统电力营销部门负责人培训班，对来自系统各单位28位营销部主任级人员开展了一个月时间的国内学习和国外考察培训活动，收效很大。同时组织部分省公司营销主任到电力体制改革进程较快的英、德等国进行了学习考察。

（3）各网省公司按照《国家电力公司电力营销培训实施意见》要求，分层次对现有用电营销人员进行了法律法规，营销技能等方面的强化培训。

8. 加强电能质量管理，协调供用电纠份

（1）研究公用电网的谐波污染问题，6月份与教育部电能质量工程研究中心共同组织召开了“电能质量技术发展国际研讨会”，国内外专家就电能质量标准、控制技术、测试分析方法等问题展开了讨论，一致认为保证合格的电能质量是全社会的共同责任，必须坚持国标，宣传国标，治理公用电网污染。

（2）为解决西昌电网谐波污染问题，组织有关专家进行了多次分析和论证，完成了“西昌电网综合治理可行性方案”，已上报国家经贸委。同时分别向国家经贸委、国家标准化委员会行文，表明国家电力公司治理公用电网污染的态度，并请求国家有关部门尽快协调解决西昌电网的谐波污染问题。

（3）协调处理磁浮列车供电方案问题、陕西与河南省公司间供电营业区纠纷问题、《南方周末》刊登的“居民一户一表改造”收费问题、湖北宜昌开展大用户直供问题、长春航空机载设备公司（国营133厂）欠电费问题以及河南万方电厂的合同纠纷等。

跨区电网运营

1. 生产运营工作

在有关各方的共同努力下，2002年公司本部完成跨区送电量130亿kWh，其中葛南直流50.4亿kWh，川电外送14.4亿kWh，绥姜线29.1亿kWh，福双线36亿kWh，实现运营收入逾7亿元。

（1）葛南直流系统大负荷送电工作。2002年葛南直流送电负荷和交换电量剧增，系统投运14年来首次达到额定运行工况。为切实做好葛南直流大负荷送电工作，组织对葛洲坝、南桥换流站的设备进行了全面的大修和预试，并请中试所技术人员对大修工作进行现场技术监督和把关；为提高大负荷运行的安全可靠性，组织电科院等单位进行专题研究，优化了两站的交流滤波器组和无功控制的运行方式，对直流线路再启动保护去游离时间进行了调整，提高了线路事故跳闸再启动的成功率，对南桥额定功率反送工况时交流滤波器组循环投切的原因进行了计算和分析，提出了反事故措施；对南桥站的水冷系统进行重点整治；组织调研并制订了线路第二次调爬方案，对调爬用合成绝缘子进行统一的招标采购。经过有关单位的共同努力，2002年葛南直流输电系统尽管在南桥换流站遭受了‘8.24’强暴风雨的袭击、系统停运半个月的情况下，仍超额完成了年度送电计划，华中、华东电网互送电量达到50亿kWh，较2001年增加58%。葛南直流输电系统能量利用率、能量可用率分别可达到54%和89.46%，双极同时运行率达到87.51%，双极停运事故3次（其中有两次分别属不可抗力自然灾害和非系统设备故障引起），系统各项运行指标均达到了葛南直流投运以来的历史最好水平。

(2) 川电东送工作。组织重庆电力公司和宜昌管理处做好线路投运前的各项生产准备工作，严格按标准对工程进行验收，配合有关单位做好工程启动调试和输电计划制定、输电费用分配等工作。线路投运后，在做好日常运行管理工作的基础上，组织有关运行维护单位及时对线路断股、载波通道频繁告警和龙泉站用电多次跳闸等问题进行了处理，保证了川渝－华中互联电网的安全运行和全年送电计划的顺利完成。

(3) 福双和绥姜跨区联络线及三峡送出投运工程生产运行管理工作。在有关各方的共同努力下，2002年福双和绥姜联网线路不仅做到了安全稳定运行，还超额完成了送电计划，绥姜线送电量完成29.1亿kWh，福双线送电量完成36亿kWh。在保证十六大安全供电、华东电网的迎峰度夏等方面发挥了重要作用。三峡送出投运的各项输变电工程，在各受托网省公司及其运行维护单位的精心运行维护下，不仅作到了安全稳定运行，还在缓解地区供电紧张局面，强化电网的结构，提高供电可靠性方面发挥了重要作用。

(4) 组织有关运行维护单位完成了年度大修和技改项目计划。根据公司2002年生产资金预算安排，组织有关运行维护单位完成了近8000万元的大修和技术改造项目，项目完成率达95%以上。项目实施严格按照《国家电力公司跨区电网生产管理暂行规定》和《国家电力公司跨区电网大修和技术改造工程项目管理暂行办法》的规定执行，并切实加强了大型工程项目的方案审查、资金审查和工程管理的组织工作，确保了工程的安全、质量和效益。

(5) 运行维护费用测算和委托管理协议的签订工作。组织有关网省公司和运行维护单位完成了对2002年投产的输变电工程，如川电东送、武南—瓶窑、武南—繁昌，洛河—阜阳、郑州—开封等输变电工程运行管理费用测算和委托管理协议的签订工作。

(6) 加强跨区电网关口电能计量装置的管理工作。组织电科院、有关网省公司和中试所等单位开展了跨区联络线关口电能计量装置计量监督管理工作，组织有关单位对福双线关口电能计量装置进行了工程验收。为规范跨区电网关口电能计量装置的管理，组织制订和印发了《国家电力公司关口电能计量装置管理暂行办法》。

(7) 组织网联咨询公司等单位开展了葛南直流控制保护系统改造可行性研究。

2. 三峡送出和全国联网工程生产准备工作

(1) 对2002年投产的龙政直流极Ⅰ系统、川电东送工程、武南—瓶窑、武南—繁昌，洛河—阜阳、郑州—开封等输变电工程的生产准备情况进行了检查，协调解决了生产准备工作中的一些问题。组织有关运行维护单位对上述工程进行竣工验收，并协调建设单位尽可能地解决工程遗留问题。配合有关部门完成了川电东送和龙政直流极Ⅰ系统调试和联网试验工作。

(2) 针对三峡送出工程在生产准备、工程验收和移交工作中存在的问题，积极联系电网部协商并提出解决办法。配合电网公司完成了国务院三建委组织的三峡输变电工程稽查和国家电力公司组织的工程达标验收工作。对工程建设和生产准备情况进行了认真的总结，提出了加强和改进工作的意见，为其他在建工程和续建工程中避免出现类似的问题打下了基础。

(3) 研究和明确了2002年新开工工程包括三广直流线路华中—华北联网工程、潜江变电站等输变电工程的运行维护单位。完成了同相关省公司生产准备协议的签订工作，并落实了生产准备费用。

3. 跨区送电计划制定及相关协调工作

研究确定了川电东送计划和过网费分配办法。协调和督促川、渝电网做好二滩水电站电量的消纳工作。

输 电 与 配 电

2002年，根据城网工程实施中施工环境、条件的改变，制订城网建设改造项目的优化调整方案，积极推进城网工程进度，严把竣工验收质量关，全面完成了城网建设改造工程；对现执行的输配电部分规章制度开展清理、归类工作；针对近年事故频发的设备事故组成几个小组进行调研，制订出相应的预防事故措施；依据有关法律、法规，开展清理整顿电力线路设施外挂线路装置的工作，有效遏制“私拉乱接”现象的蔓延。

1. 城网建设改造工作

2002年年初，国家电力公司发输电部组织计划、财务、监察、审计等部门和网省公司分三批对山东全省和宝鸡、绍兴、赣州等试点城网项目竣工验收工作进行检查，确保了工程质量、工程量钱物清晰、档案齐全、程序规范，对公司系统的城网竣工验收工作起到了示范作用。6月末，在四川都江堰召开城网建设改造竣工验收工作会议，交流经验，提出要求。会后了印发国家电力公司《关于做好城网建设改造项目竣工验收工作的通知》（国电发［2002］520号）。同时，为配合推进城网建设改造项目竣工验收，方便电力企业做好竣工验收各项准备工作，整理完成了城网建设改造工作文件汇编。三季度末，国家电力公司提出加快工程进度的要求，印发了《关于确保2002年底前全面完成城网建设改造项目的通知》（发输电输［2002］110号），在公司系统干部职工的共同努力下，年末城网建设改造项目全部完成，并陆续开展完工项目的竣工验收及决算审计工作。针对部分网省公司在城网工程实施过程中因负荷增长热点发生变化，变电站站址和线路走廊难以解决等原因导致的实际完成工程与可研批复工程建设规模不一致的情况，组织对19个网省公司160个城网项目进行工程建设项目的优化调整。到2002年年底，公司系统城网工程累计完成投资1211亿元，占投资总规模1214亿元的97%。

为了探索出城网建设改造项目投资效益分析的评估方法，具体指导今后工作，委托有关单位对江苏、甘肃两个典型省城网建设改造投资效益进行分析，完成了典型省城网建设改造投资效益分析课题。为积极开展城网供电能力的评估工作奠定了基础。根据国家电力公司总体部署，在汇总各网省公司城网“十五”发展规划及数据，综合考虑各省实际情况及三年城网建设改造实施情况，完成公司系统“十五”城网建设改造纲要草案。

2. 输变电专业管理工作

(1) 针对近几年我国超高压变压器类设备事故次数上升的趋势，国家电力公司发输电运营部组织成立专家小组，分专题对事故情况开展调研，通过对事故的统计分析，结合1996年以来变压器类设备在电网中运行及发生事故、障碍的实际情况，对由原电力工业部颁发的《预防110～500kV变压器（电抗器)事故措施》《预防110～500kV互感器事故措施》（电安生［1996］589进行了修订补充，经反复讨论、征求意见，形成了国家电力公司《预防110～500kV变压器（电抗器）事故措施》和《预防110～500kV互感器事故措施》，并颁布实施。

(2) 通过对近几年开关类设备分析表明，隔离开关数量大，故障多，受重视程度不够，导致严重事故情况时有发生，国家电力公司发输电运营部组织部分专家成立了高压隔离开关完善化小组，分区域开展调研工作，形成调查报告。根据调研结论在制造、安装调试、运行、检修等方面进行分析，研究对策。

(3) 针对近几年66～220kV支柱瓷绝缘子在运行中发生断裂的现象较为普遍、数量较多的问题，及时组织人员对高压支柱瓷绝缘子事故情况进行调研,印发了《关于高压支柱瓷绝缘子事故情况的调查报告》，对造成断裂的主要原因进行了分析，明确了采用支柱瓷绝缘子的标准和保证质量的措施，从变配电设计、选购、制造工艺、安装、验收及运行维护等方面提出了具体的规范要求。同时电力企业运行部门对运行中的高压支柱瓷绝缘子进行了一次大普查。

(4) 在新技术应用方面，针对近几年各网省公司配网自动化系统数量增加、建设速度加快，而相关的技术标准、规范不全的情况，在调查研究、总结试点经验的基础上，组织起草并印发了《配网自动化终端通信协议（试行)》《10kV户外柱上配网自动化开关设备通用技术条件（试行)》等规范性技术文件。9月份，在山东青岛召开了配网自动化经验交流会，并着手起草配网自动化系统实用化验收导则，强调系统的实用性，建设的规范化，避免盲目发展。

3. 规范线损的基础管理工作

国家电力公司系统2002年线损率完成6.91%，比2001年降低0.06个百分点。先后组织召开了公司系统线损管理工作会议和线损理论分析研讨会。修订了“国家电力公司系统统一代表日电网负荷实测及线损理论计算工作大纲”，制订了“线损理论计算软件技术规范”。印发了《2001年国家电力公司系统线损理论计算分析报告》。开通了通过互联网上报线损数据和电压合格率网站，提高了工作效率，降低了数据统计的劳动强度。

4. 电力设施保护工作

针对近些年电力线路设施上被电信、广播电视等线路装置违章交越、搭挂情况日益严重的局面，印发了《关于做好电力线路设施外挂线路装置清理整顿工作的通知》（国电办［2002］662号），要求各网省电力公司认真清理“私接乱挂”情况，积极向当地政府和有关部门汇报，加大宣传力度，整顿线路设施秩序，明确各方的产权关系、安全责任和经济利益，确保电网的安全可靠运行。

发电厂技术改造与节约能源

2002年公司系统供电煤耗364g/（kWh)，比2001年同期下降3g/（kWh)。

(1) 为总结和交流“九五”电力技术改造经验，研究“十五”电力技术改造工作的思路和重点工作，召开了公司系统技术改造工作座谈会，为进一步推动公司系统技术改造奠定了良好的基础。同时加大技术改造工作力度，根据国家的能源政策，先后完成了大港发电厂、华能辛店发电厂燃油锅炉改燃煤锅炉的国债贴息专项资金项目的可研报告上报工作，姚孟发电公司的300MW机组锅炉的技术改造和淮南平圩发电厂2号机组通流部分改造、更换低压转子等重大技术改造项目的批复工作。

(2) 继续抓好节水节油工作。①推广等离子无油点火技术，目前已在21台锅炉上进行等离子点火技术改造，并在燃用低挥发性煤、直吹式制粉系统的应用、直接改造主燃烧器等方面进行试点工作。②实施火电厂节水技术改造工作。推广了大型火电厂全厂废水零排放技术，召开了火电厂锅炉干排渣技术研讨和推广会。

(3) 为了规范技术改造管理工作的水平，避免技术改造项目技术经济论证盲目性、低水平重复改造等现象，提高资金的利用效率，组织制定了《发电厂技术改造导则》和《电力工程技术改造项目经济评价暂行办法》。

(4) 顺利完成了中德两国技术合作项目“节能与电力供应现代化”工作，并在已有工作基础上开展二期扩展工作，德国政府已同意从2003年度开始给予200万欧元赠款。

(5) 小火电机组关停工作。根据国家电力公司关于电力结构调整的整体安排，2002年公司系统小火电机组的关停计划为104.1万kW。根据有关省电力公司的请求，考虑2002年全国大部分省区用电增长较快，局部地区出现了拉闸限电，以及随着关停工作的深入开展，人员安置压力日益增大的实际，将2002年的关停计划调整为89.6万kW，是年初关停计划的86.1%。

计 量 管 理

加强计量管理工作，重视质检（检测）机构和计量标准装置的认证复查工作，保证质检（检测）质量和量值传递的准确可靠。

(1) 加强计量管理工作，制定电力行业的有关规范和办法。完成了《电能计量装置接线规则》、《电能表订货技术条件》等电力行业标准的送审工作；组织制定了发电用煤质量监督检验中心所用哈氏可磨仪、测硫仪等6个设备的自校方法以及《热电偶、热电阻自动检定装置测试规范》、《二等标准热电偶自动检定装置测试规范》、《电能计量装置现场检验作业指导书》、《标准电能表检定的补充规定》、《国家电力公司计量认证现场评审实施细则》（讨论稿）和《电厂化学仪表实验室计量确认管理办法》；起草了《燃煤计量管理办法编写提纲》；完成了电测、热工各专业计量标准装置建标、复查所用表格及计量标准申请书和建标报告样本实例；并将电力系统计量工作的各种标准、规范和规程汇编成书。

(2) 重视对质检中心认证复查，及时进行计量标准装置的复查和考核。2002年完成了11个质检中心的复查认证；对78个资质到期或即将到期的动力设备化学清洗单位进行了资质复审；对挂靠在电力试验研究所的30个SF_6监督检测中心进行资质复查；对70套电测、热工计量标准进行了复查，对0.01级电能计量标准的建标考核。

(3) 加大计量检定人员培训考核力度。积极宣贯有关法规，加强了对计量人员的培训，2002年共对371人·次进行了计量培训；完成了网省电力试验研究院（所）电测、热工计量检定员理论和实际操作考核，其中电测专业涉及到23个电力试验研究院（所)的计量检定人员共88人，12个电测专业186人·次的理论和实际操作考核，热工专业涉及到26个电力试验研究院（所）的计量检定人员110人，13个热工专业325人·次的理论和实际操作考核。

(4) 积极开展计量工作调研和实验室资源调查。针对各网省电力公司计量工作差异，以及普遍存在同地方技术监督部门协调关系等问题，3～6月期间分别召开了华中、西南、西北和东北地区计量工作座谈会，走访了部分电力试验研究院（所)、供电企业和直属科研院所，对计量工作进行了调研，完成了电力系统实验室资源调查，按照技术监督局的要求，召开了电力系统实验室资源调查动员会。

(5) 注重基础管理，保证量值传递的准确可靠。按照《电能计量装置技术管理规程》的要求，在对电能计量装置进行了规范化、标准化管理的同时，增加了电能计量技术投入，更换了一批电能计量设备，为保证电能计量的准确可靠夯实了基础。为确保国电公司燃料计量的准确性和有效性，组织专家对“电子皮带秤模拟物料检定装置”的量值溯源及其标准管理的问题进行了重点讨论。为增强电厂化学仪表计量确认意识，提高电厂在线工业化学仪表准确性，以适应电力工业发展和火电机组安全经济运行的需要，与中电联在大连联合召开《电厂在线工业化学仪表确认研讨会》。

网厂分开竞价上网试点

(1) 六个试点单位的电力市场于2000年开始了正式的在线运营，情况良好，技术支持系统基本能够满足电力市场交易的要求。配合国家经贸委完成了浙江发电市场运营规则的批复工作，其他试点单位（除上海、浙江）的运营规则等待批复。

(2) 2002 年初组织召开了《国家电力公司“厂网分开竞价上网”工作座谈会》。在电力体制不断深化的新形势下召开的这次会议对正确把握形势，理清工作思路，总结“厂网分开竞价上网”试点工作经验，发挥市场对资源配置的基础作用，在更大范围内实行“厂网分开竞价上网”工作具有重要的指导意义。

电 力 调 度

国家电力调度通信中心

一、保证电网安全稳定运行，为电力体制改革顺利进行营造良好环境

(1) 在电力体制改革实施阶段，及时召开了以确保电网安全为主题的全国网省调度中心主任座谈会，提出了“生产不断、指挥不乱，保证安全稳定、完成全年任务”的总体要求。起草了国家电力公司 1 号令——“加强调度管理，严肃调度纪律，确保电网安全稳定运行”，并根据 1 号令精神印发“调度实施意见”并组织落实，1 号令和“调度实施意见”的出台对 2002 年电网的安全工作起到了至关重要的作用。

(2) 在调度系统中深入开展了省级以上调度机构无责任事故活动，取得了良好的效果。通过组织有 90 多个生产运行一线单位参加的国电直调系统及相关电网联合反事故演习，锻炼了队伍，积累了处理各种事故的经验。

(3) 确保了各重要保电时期、特别是十六大期间的电网安全和供电。

(4) 积极协助经贸委发布了对电力系统信息安全工作有着重要指导意义的 30 号令《电网和电厂计算机监控系统及调度数据网络安全防护规定》。并提出国电公司贯彻和落实 30 号令的要求和措施，对电力系统二次系统长期以来存在的薄弱环节进行安全评估并提出了加强防护的措施，提高了整个电力系统二次系统的安全运行水平。

二、全力以赴完成全国电网和国电直调系统生产任务

2002 年全国经济依然保持较好的形势，发用电稳定增长。全国发电量完成 15716.50 亿 kWh，完成年度预期目标的 102.72%，同比增长率为 11.80%。其中水电量完成 2418.55 亿 kWh，完成年度预期目标的 96.74%，同比增长率为 6.85%；火电量完成 13052.64 亿 kWh，完成年度预期目标的 101.97%，同比增长率为 12.65%。

2002 年直调系统范围进一步扩大，在原有的葛南直流输电系统、阳城发输电系统、东北华北联网系统、华东福建联网系统的基础上，新增加了川电东送系统和龙政直流输电系统。由于全国联网尚处在初步阶段，系统稳定水平相当低，个别系统不能满足单一设备无故障跳闸不采取措施的要求，配置了非常复杂的安全稳定控制系统及制定了十分繁琐的安全稳定运行规定。中心及时分析电网运行状态，积极组织协调网、省调度，合理安排、精心调度，努力加大西电东送的力度，保证了直调系统生产任务的完成。

(1) 2002 年初适时组织召开首次国电直调系统调度工作会议，对直调系统运行中存在的问题进行了分析；对全年的年度运行方式进行了讨论，对检修工作做了统筹安排，对全年的送电计划进行了预安排；对直调系统全年运行工作做出部署，做到了计划、任务、措施三明确。为 2002 年直调系统的运行奠定了良好的基础。

(2) 为促进直调厂站做好安全运行工作，组织编写《国调直调系统严重故障处理预案》等，做到对严重事故有准备、有措施。

(3) 出台《月度电量结算及联络线考核管理规定》，规范了联网系统的运行秩序。

(4) 精心、精确、合理安排运行方式，下发保护定值、检修计划和新设备投产工作，为直调系统生产任务的顺利完成创造有利条件：葛南直流系统完成交换电量 51.44 亿 kWh（含川电东送电量），占全年计划的 143.11%；阳城输电系统完成输送电量 88.1 亿

kWh，占全年计划的103.65%；华北—东北联络线完成输送电量29.10亿kWh，占全年计划的116.4%；华东—福建联络线完成输送电量33.73亿kWh，占全年计划的112.43%；二滩电厂发电量完成136.07亿kWh，占全年计划的100.05%。

直调系统相关运行指标保持较高水平。至2002年底，交、直流系统继电保护正确动作率分别为97.91%和99.09%；自动化系统月均指标均达到了实用化高档指标要求；事故遥信205个·次，全部正确动作。

三、团结协作完成川电东送系统的投运、龙政直流的调试和有关工程前期工作

对于2002年上半年启动的川电东送系统和下半年开始的龙政直流的调试工作，国调中心给予了高度关注，与公司基建、生产等部门团结协作、密切配合，有力地保证了调试工作的顺利进行和川电东送过渡系统的安全运行。龙政调试成功通过150万kW大负荷试验和单级端对端调试，打通了三峡电厂外送电力的通道。

四、充分发挥联网效益，实现资源优化配置

2002年国调中心在网间联络线的计划外电量交易方面做了大量有益的工作，计划外电量交易大幅度增加，效益显著。联网各方充分利用网间联络线的输送电能力，在保证安全、尊重自愿、公平协商、共同受益的基础上，根据用电负荷和来水情况进行调整，有效地缓解了供电紧张的局面，实现了资源优化配置，同时也达到了国电公司和各网、省公司多赢的目的。

2002年计划外交易电量共计18.84亿kWh，其中华东送华中2.99亿kWh，华中送华东4.8亿kWh，川电东送1.11亿kWh，东北送华北4.03亿kWh，福建送华东4.8亿kWh，华东送福建1.1亿kWh。葛南直流正反方向、绥姜线、福双线、万龙线都实现了满负荷运行，提高了联络线的运营效率。2002年共下达计划外交易执行单42张，组织交易39次，交易金额达4.37亿元。

五、不断深化专业管理，积极推进科技进步

2002年国调中心坚持直调系统实时调度与调度系统专业管理并重的原则，完成生产任务的同时在专业管理方面也做了大量富有成效的工作，不断推进科技进步，将先进的技术手段运用于生产实际并使之发挥效益，是提高国调中心人员素质、积累发展后劲的重要手段。中心承担的公司重点科技项目“三峡电力系统调度方式和调频运行方案的研究”、“三峡电力市场的研究与建设”已通过公司组织的验收；中心承担的国家电力公司项目EMSAPI进行了互操作性试验；中心承担的国家科技部“国家电网中心安全防护体系研究及示范”863项目，现已形成全国电网二次系统安全防护总体框架，组织研制了电力系统网络专用隔离装置，现已在大部分网、省调应用；川电东送工程中在国内首次实现了通过IEC 60870-6TASE2规约直接采集远动信息。

六、深入“建设一流”工作，不断加强调度系统建设和国调建设

调度系统“建设一流”工作的深入开展极大地促进了调度系统的发展与进步，取得了明显效果。2002年又有10家网、省调度机构被国电公司命名为中国一流的电网调度机构，截至目前全国36家网、省调中已有26家成为中国一流电网调度机构。

中心对2002年正处建设中国一流电网调度机构考核期的重庆、吉林省（市）调和正处建设国际一流考核期的山东、福建、湖南省调给予了高度关注并适时进行了工作检查和指导。

中心将2002年列为“建设一流电网调度机构”考核年，提出了“明确目标，提高认识，坚持标准，各负其责，务期必成”的要求。随着“建设一流”工作的细化和深入，调度系统和中心内部建设工作开展得有声有色：①中心在达标成果之上修订了技术标准、管理标准和工作标准的三大标准体系；②适时分析职工思想动态，分析问题、解决问题，保持队伍凝聚力和战斗力；③召开全国网、省调思想政治工作座谈会，坚持两个文明一起抓，两个成果一起要，达到改革期间保持四稳定的目的，出台了《加强思想政治工作的若干意见》；④召开中国电网调度史座谈会，同时征询老领导、老同志对调度系统建设的意见，此项活动广受调度系统好评；⑤组织和开展了多种形式、内容丰富的专业讲座，定期进行的英语沙龙、羽毛球、篮球、足球等活动强健了员工的体魄，起到了激发职工爱岗敬业精神、增强凝聚力的积极作用。2003年1月国调中心通过了国家电网公司组织的“建设中国一流电网调度机构”的考评。

（刘志强）

电 力 建 设

电 源 建 设

基建投产与新开工项目

2002年，电源建设重点加强对“西电东送、结构调整”电源项目的管理；全面加强电源建设项目管理工作，积极推广项目管理先进典型经验，加快推进电力建设项目管理规范化进程，努力实现项目管理与国际惯例接轨，逐步提升电力建设整体管理水平。

一年来，从适应电力市场化程度不断加大、应对WTO的要求，完善投资体制改革和促进国家电力公司工程项目管理的要求出发，进一步深化了“组织、协调、配合、服务、推进”的电源项目管理工作思路，进一步强化了安全、质量、造价、进度四大目标的控制。

2002年公司系统计划新开工电源项目1600万kW，实际开工2023.5万kW。详见附表1。

2002年公司系统计划投产大中型机组28台829万kW，其中水电机组5台84万kW、火电机组23台748万kW；实际投产大中型投产机组779.5万kW。投产项目见表2。

表1 2002年电力建设新开工大中型项目表

单位：台/万kW

火电项目		水电项目	
长兴技改60	耒阳60	小湾420	小峡23
黄石技改60	安庆60	水布垭160	
神头二厂二期100	沁北120	泰安抽水蓄能100	
嘉兴二期240	河曲120	索风营60	
韩城二电厂120		吉林台二级46	
托克托二期120		江口30	
		平班40.5	
		华能晓碛24	
		琅琊山抽水蓄能60	
小计：1060万kW		小计：963.5万kW	
合计：2023.5万kW			

表2 2002年电力建设大中型机组投产表

单位：台/万kW

机组类型	项目名称	
火电机组	徐塘技改1号30	九江三期1号35
	阳　城5号35	徐塘技改2号30
	菏泽二期2号30	阳　城5号35
	秦山二期1号60	沈阳热电5号5
	莱　城3号30	抚顺二期1号20
	灞桥技改1号10	聊　城1号60
	盘山二期4号60	七台河2号35
	德州三期1号66	保热技改1号12.5
	德州三期2号66	蒲城二期3号33
	石嘴山二期1号33	吉林热电技改1号10
水电机组	大朝山2号22.5	大朝山3号22.5
	大朝山4号22.5	柘　林2号12
	洪　江1号4.5	
合计	25台779.5万kW，其中：火电20台695.5万kW　水电5台84万kW	

由于受设备交货拖后等因素的影响，列入2002年度投产计划的部分项目出现了工期紧张的情况。

“西电东送”、“结构调整”项目是2002年电源建设工作的重中之重，在积极组织、协调和推进下，项目总体建设进展顺利。

在建工程协调

随着电力新开工项目规模的增大，电力设备生产和交货日趋紧张。特别是2002年以来，部分电源项目的主机设备交货紧张的矛盾更加突出，使工程建设受到严重影响。为此，一方面，积极开展有关的调查，掌握设备交货拖期比较严重的项目情况及制造厂的情况；另一方面，就有关问题及时向国家计委、国家经贸委汇报。由国家计委、国家经贸委联合召开的发电设备生产协调会议，极大地促进了西电东送等重点项目的设备生产与供应。

围绕向广东送电1000万kW项目等重点工程，电源建设部千方百计，采取一切措施，重点促进工程的质量、安全、进度和造价管理，为确保西电东送等项目务期必成，奠定了重要基础。

达标投产

2002年国家电力公司命名邯峰发电厂一期工程2号等18台火电机组、棉花滩水电站等6台机组为“基建移交生产达标投产机组”。从达标投产机组的总体情况分析，机组的质量工艺水平、经济技术指标、工程建设综合管理水平有了新的提高。尤其是棉花滩水电站，在建设期间，未发生重大工程质量事故和安全事故，工程建设不仅速度快，且工程质量和施工工艺达到国内水电工程施工的较好水平。

棉花滩水电站工程是全国第一个整体达标投产的大型水电站工程，标志着国家电力公司水电工程管理和施工质量水平上了一个新台阶，为水电工程达标投产工作积累了宝贵的经验，进一步增强了水电建设者提高水电建设管理水平的信心和决心，将有力地推动全国水电工程达标投产向纵深发展，全面促进提高水电建设管理水平。

至2002年，全国累计达标投产机组156台，其中火电131台、水电25台。

安全管理

组织公司系统电源建设工程认真学习和贯彻落实《安全生产法》。

根据国家电力公司《关于进一步加强水电建设安全管理的通知》和宜昌水电施工安全座谈会要求，组织开展了对水电总公司、葛洲坝集团公司、安能公司本部的安全检查。检查重点是各单位开展安全检查和事故隐患整改、安全生产责任制落实、安全保证和监督体系的建立与运行、安全培训及持证上岗、危险点识别及控制、事故预防及处理等。针对存在问题，检查组提出了整改意见，促进了水电施工安全管理水平的不断提高。

针对水电工程施工联营体模式，制定有关管理规定，避免联营体及内部各单位职责不清，各母体工程局对联营体内下属单位缺乏有效监督和管理等问题，规范施工联营体运作行为。

认真贯彻落实“9.25”全国安全生产电视电话会议和国电公司“9.29”电视电话会议精神，开展了秋季安全生产大检查工作，特别加强对“西电东送、结构调整”重点项目的安全管理。

2002年电源建设人身死亡事故水电13人、火电1人。

设计定额费用标准管理

为更好地贯彻落实国家计委和建设部发布的《工程勘测设计收费管理规定》和《工程设计收费标准(2002年版)》，正确理解和执行《标准》，维护发包人和设计人双方的权益，结合电力工程的实际情况，提出制定了该标准在实施中的具体指导意见。

修订2002年价格水平的限额设计控制指标，由于受新颁布的人工工日单价调整和主机设备价格变化等因素的影响，2002年价格水平30万kW、60万kW机组限额控制指标较2001年价格水平指标略有提高，符合市场价格变化的趋势。

本着使用方便、改正明显错误、形式简化、编码统一、管理方法先进、定额水平合理及缩短出版周期等原则，完成了现行概预算定额的修订工作，组织有关单位及专家进行了全面审查，颁发执行。至2002年第一次系统地完善了电力工程概预算定额体系。概算定额由国家经贸委颁布，预算定额由中国电力企业联合会颁布。

随着对《电力建设行业基本预算费用标准及管理制度（1997年版）》修订、审查工作的完成，进行了与之配套的《电力工业基本建设预算编制办法》、《电力工业基本建设预算项目及费用性质划分办法》和《电力工业引进成套设备基本建设工程预算编制办法》三个办法的修订、审查。《电力建设行业基本预算费用标准及管理制度（2002年版）》由国家经贸委以16号公告发布，三个配套办法（2002年版）由国家电力公司批准颁发。

建设管理体制改革

2002年以来，电源建设部积极参与制定和配合实施电力体制改革方案。系统地提出了发电公司设置方案的建议、主辅分离方案的建议和水电资产划分的建议。实事求是地向公司党组反映辅业单位的困难，及时提出了改革过程中应给予的政策支持。在公司党组的统一组织下，积极、有序地参与组织了相关的体制改革工作，较好地完成了公司党组布置的相关电力体制改革工作。

根据党中央、国务院的部署，新成立（改组）的电力企业于2002年12月29日正式挂牌成立，在改组过程中相应撤销国家电力公司电源建设部，国家电力公司电源建设部全部完成了自己的历史使命。回顾过去，国家电力公司电源建设部及之前的电源建设管理部门，始终能够严格执行公司党组的工作部署，正确行使其管理职能，积极加强工程项目管理，努力促进电力建设行业标准建设和提高管理水平，为保证全行业电力建设需要和提高电力建设水平，发挥了不可替代极其重要的作用，它的一切是与时代的发展要求和电力建设管理要求一致的。随着新的电力管理体制的建立，重新确定新的电力建设管理体系和管理方式，也是完全符合电力改革与发展总体要求的，是可以保证新的电力建设要求的，相信全国的电力建设整体水平会不断提高，早日接近和达到世界先进水平。

电 网 建 设

电网工程建设

一、概述

2002年是三峡输变电工程、全国联网工程“西电东送”工程建设的关键和取得巨大收获的一年。按照三峡电站2003年8月首批机组发电的总体工期要求，2002年三峡输变电工程及其配套工程建设进入大规模竣工投产的高峰期；西电东送、全国联网工程遍地开花。电网工程建设点多面广、投资量大的特点更加突出，同时呈现出启动调试工作量大、投资密度大、协调难度大、涉及面更加广泛等新特点。电网建设部认真贯彻国家电力公司年初工作会议精神，以工程建设为中心，转变作风，扎实工作，工程建设取得了好成绩，超额完成工作任务；认真接受稽察，坚决、认真、彻底地进行了整改；认真贯彻党组关于“作风建设年”的要求，求真务实，完善内部管理制度，提高了公司规范化管理水平；加强电网建设管理，大力整顿工程分包现象，全面提高安全文明施工水平。

二、工程建设计划执行情况良好

电网建设部(电网建设分公司)2002年直接负责投资的资金计划为53亿元,其中三峡输变电工程43.2亿元,全国联网工程9.8亿元。三峡输变电工程资金计划实际完成93%,即支出40.3亿元,全国联网工程资金计划完成77%,即支出7.5亿元,全年资金计划实际完成90%,即实际支出资金47.8亿元。

1. 超额完成开工计划

投资计划55.9亿元,其中三峡输变电工程46.5亿元,全国联网工程9.4亿元。三峡输变电工程全年实际投资55.7亿元,占投资计划的120%;全国联网工程全年实际投资7.5亿元,占投资计划的80%;2002年实完成投资总计63.2亿元,完成投资计划的113%。

三峡输变电工程计划新开工的14项，即“11线2变1直流”，详见表1。

表1　三峡输变电工程计划新开工项目

序号	项目名称	规模
1	陈家桥至长寿500kV输电线路工程	91km
2	荆州至益阳500kV输电线路工路	220km
3	南昌至乐万500kV输电线路工程	120km
4	政平至宜兴500kV输电线路工程	2×50km
5	荆门至荆州Ⅱ回500kV输电线路工程	78km
6	三峡至万县Ⅱ回500kV输电线路工程	320km
7	长寿至万县Ⅱ回500kV输电线路工程	180km
8	凤凰山至咸宁500kV输电线路工程	55km
9	咸宁至昌西500kV输电线路工程	200km
10	南昌至昌西500kV输电线路工程	80km
11	昌西至新余500kV输电线路工程	120km
12	昌西500kV开关站	75万kVA
13	南昌500kV变电站(包括长沙变3个220kV间隔扩建和南昌变2个220kV间隔扩建)	75万kVA
14	灵宝直流背靠背直流换流站	36万kW

全国联网工程新开工项目1项，即福建与华东联网Ⅱ回500kV输电线路工程，规模为366km。

计划开工规模为：500kV输电线路1930km，变电容量750万kVA，直流换流容量36万kW。

实际开工规模为：输电线路2303km，变电容量75万kVA，直流换流容量36万kW。

2. 按计划完成投产任务

三峡输变电工程计划投产的13项（即“8线4变1直流线路”）全部按计划投产，投产规模为输电线路1944km，交流变电容量250万kVA。另外，川电东送工程按公司党组要求提前建成，三常直流输电工程极Ⅰ系统实现年底送电目标，见表2。

表2 投产工程项目

序号	项目名称	规模	投产时间
1	常州—繁昌500kV输电线路工程	268km	2002.07.02
2	常州—瓶窑500kV输电线路工程	147km	2002.05.14
3	左一电厂—龙泉换流站(Ⅱ回)500kV输电线路工程	215km	2002.04.22
4	龙泉换流站—荆门500kV输电线路工程	161km	2002.04.22
5	荆门—荆州Ⅰ回500kV输电线路工程	62km	2002.12.31
6	洛河—阜阳500kV输电线路工程	128km	2002.07.24
7	武南—政平500kV输电线路工程	2×7km	2002.09.20
8	开封500kV变电站	75万kVA	2002.10.25
9	杭东500kV变电站	100万kVA	2002.11.05
10	荆门开关站		2002.03.31
11	阜阳500kV变电站	75万kVA	2002.07.24
12	陈家桥—长寿500kV输电线路工程	91km	2002.04.22
13	龙泉—政平500kV直流输电线路工程	860km	2002.08.15

3. 三峡输变电工程二次系统同步建成

三峡输变电工程的二次系统中，配合三峡二期首批机组发电的安全控制及调度自动化工程，已完成国家电力调度通信的EMS系统、重庆市调EMS系统、电能量计费主站系统等一系列工程项目。累计完成资金8231.4万元。

通信工程，已建成京沪、京汉微波改造工程、北京地区光纤环网等一系列工程，改善和加强了调度通信网络，提高了通信的可靠性。累计完成资金25929万元。

在建重点工程

在建三峡输变电工程28项，即“18线7变3直流”，输电线路4422km，变电容量550万kVA，直流换流容量1236万kW。安排预开工项目2个。在建华北与华中、福建与华东联网等全国联网工程2个。各在建工程形象进度全部满足里程碑进度要求，工程质量全部达到阶段性质量目标要求。

1. 川电东送工程提前建成投产

“川电东送”工程是党中央、国务院实施西电东送战略的重要组成部分。应国家计委要求，国家电力公司党组决定，为缓解二滩电站弃水窝电的被动局面，利用在建的部分三峡送出工程并投入自有资金建设的川电东送的临时输电通道的特殊工程，要求提前建成投产。该工程西起二滩水电站，经普提、洪沟、陈家桥、长寿、万县等5座变电站，到三峡电站枢纽临时跨接后进入龙泉换流站，再由龙泉换流站到荆门开关站并入华中电网，由华中电网通过已投产运行的葛南直流输电工程送电至华东电网。500kV交直流输电线路总长2200km，额定输送容量60万kW。

新建工程包括三峡至万县第一回500kV输变电工程、三峡左岸电站至龙泉换流站第二回500kV输电线路工程、龙泉至荆门500kV输变电工程、双河至南阳500kVⅡ接输电线路工程、龙泉换流站交流部分、荆门开关站等工程。

电网建设部从国家电力公司的整体利益出发，顾大局，识大体，精心组织，周密协调，克服了点多面广、工期短、系统复杂、穿越无人区等恶劣建设环境等诸多困难，龙泉换流站交流场提前带电，荆门开关站仅用了8个月建设工期实现具备运行条件，为打通川电东送工程通道奠定了基础。2002年4月10日，荆门开关站工程和龙泉至荆门、双河至荆门、荆门至南阳输电线路工程一次启动成功。整个工程于5月24日一次带电启动成功，最大输送容量60万kW，实现了提前送电目标，实现了川渝和华中、华东电网的互联。当年完成15亿kWh的送电任务。

2. 三常直流输电工程建设进展良好，实现单极送电

三常直流输电工程是三峡电站2003年首批机组发电后送电华东的重要通道，工程的如期建成和稳定运行直接关系到三峡电力电量能否送得出和落得下。工程自2000年7月正式开工建设，设备安装阶段很好地处理了因川电东送而造成的工期拖延、施工难度大的问题，组织突击队昼夜奋战，大干100天，9月份如期开始了站系统调试。一般线路工程也于7月份全部架线完成，8月份长江大跨越工程封航放线施工试验成功，10月份线路工程全部完工并通过预验收。调试阶段，工程建设部指定2位副主任分别常驻龙泉换流站和政平换流站，在工程现场实地指挥，问题处理不过夜，连续奋战3个月，政平换流站、龙泉换流站先后于11月12日、14日完成换流变压器充电试验。11月17日和20日，政平、龙泉两换流站先后完成直流线路开路试验，所有一次设备经受住全压考验；11月19日完成线路参数测试；11月22日开始端对端系统调试，换流阀解锁后负荷按试验要求首次达到15万kW；11月29日试验负荷达到40万kW；12月6日负荷达到60万kW；12月8日完成150万kW额定负荷试验并经过6h送电考验；12月12日完成大地回线运行方式下的75万kW功率反送试验，并经过3h考核。调试工作按调试大纲要求，完成极I系统调试的15大类65项试验项目，极I系统调试结束。于12月21日正式送电并连续、稳定运行至2003年1月21日零时。这说明设备制造、安装质量，控制、保护系统，通信系统都达到了设计指标要求。

ABB专家称“三常直流极I系统按计划建成送电，创造了大功率直流输电工程建设史上的奇迹”。

三峡至常州±500kV直流输电工程由龙泉换流站、政平换流站、龙泉至政平直流输电线路、两换流站的接地极及其线路、OPGW及通信工程组成。设计额定电压±500kV，额定电流3000A，单极额定输送功率1500MW，双极额定输送功率3000MW。

工程西起位于距三峡电站以东63km处的龙泉换流站，途经湖北、安徽、江苏3省，跨越汉江和长江，东至位于江苏省常州市的政平换流站，线路全长860km，共有铁塔2007基，国内首次采用4分裂720mm^{2}大截面导线，全线架设OPGW复合地线光缆。龙泉侧接地极线路44.7km，政平侧接地极线路36km。工程静态总投资为50.65亿元，计划于2002年底单极具备送电条件，2003年三峡电站首批机组发电前双极投运。

有关参建单位：

由国家电力公司电网建设分公司为工程建设的代业主，直接负责主体工程建设；中国超高压输变电建设公司负责工程监理；湖北输变电工程公司、江苏送变电工程公司分别承包龙泉换流站、政平换流站的设备安装；浙江第二建筑工程公司和常州第一建筑工程公司分别承包龙泉和政平换流站的土建施工；由河南、吉林、黑龙江、陕西、河北、甘肃、山西、华东、江苏、安徽、内蒙古、北京等12个送变电公司承担线路工程施工；由国电通信中心负责通信工程建设；由国家电力调度通信中心负责安全控制及调度自动化系统建设。

由华东电力设计院、中南电力设计院分别负责与ABB公司联合设计。

参加调试的主要单位有：中国电力科学研究，北京网联直流咨询有限公司、湖北中试所；由国家电力调度通信中心和华中、华东地区的网调、市调、省调负责调试调度；国家电力公司宜昌超高压管理处、常州超高压管理处及输电线沿线的运行维护单位负责调试操作。

3. 三广直流输电工程建设稳步进行

三广直流输电工程是党中央、国务院决定“十五”期间向广东送电1000万kW的重点工程，是西电东送工程的重要组成部分。工程建设期比常规工程短近10个月，是输变电工程建设史上前所未有的。工程于2001年11月25日开工建设以来，工程建设按计划正点进行，完成了两站换流站的四通一平、进站道路和大部分土建工程施工，全面进入设备安装阶段，500kV构架组立完成，荆州5台换流变，1台平抗已到现场并开始安装，另3台换流变正运往现场，交流滤波器组件、荆州GIS等大量设备已抵达中国港口。线路工程基本完成基础施工，组塔施工完成30%。

三峡至广州±500kV直流输电工程由荆州换流站、惠州换流站、荆州至惠州直流输电线路、两换流站的接地极及其线路、OPGW及通信工程组成。设计额定电压±500kV，额定电流3000A，单极额定输送功率1500MW，双极额定输送功率3000MW。

工程北起湖北荆州换流站，途经湖北、湖南、广东3省，跨越沅水、长江、澧水，穿越大窑山脉，南至位于广东惠州市的惠州换流站，线路全长946km，共有铁塔2319基，采用4分裂720mm^{2}大截面导线，全线架设OPGW复合地线光缆。荆州侧接地极线路22km，惠州侧接地极线路45km。工程静态总投资约为63.5亿元，计划于2004年2单极投产，2004年6月双极投运。

国家电力公司电网建设分公司为工程代业主，负责工程建设管理。

监理单位有：中国超高压输变电建设公司、湖南电力建设监理公司，京燕东监理公司、湖南电建监理

公司、江苏宏源监理公司、广东创成监理公司、山东诚信监理公司、河南立新监理公司。

换流站的施工单位有：上海送变电公司、浙江送变电公司、浙江省第二建筑工程公司，黑龙江送变电公司、河南送变电公司、广东省电建第一工程局。

输电线路施工单位有：内蒙古自治区送变电工程公司、河南送变电建设公司、北京送变电公司、东北电业管理局送变电工程公司、湖南省送变电建设公司、华东送变电工程公司、湖北省输变电工程公司、黑龙江省送变电工程公司、山东送变电工程公司、云南省送变电工程公司、江西省送变电建设公司、甘肃送变电工程公司、山西省电力公司送变电工程公司、广东省电力工业局输变电工程公司、江苏省送变电公司、贵州送变电工程公司、宁夏回族自治区送变电工程公司、安徽送变电工程公司。

设计单位有：西北电力设计院、华东电力设计院。

4. 全国联网工程建设有新进展

(1) 福建与华东加强联网的第二回500kV输变电工程于年底前基本完成施工任务。

(2) 华中与华北联网工程施工进度很快。华中与华北联网工程，由新乡经安阳至邯东的500kV紧凑型输电线路、新建邯东500kV开关站、新乡变电站500kV间隔扩建工程组成，线路全长210km。该工程的建设将实现华中、华北两大电网的互联，在两大电网间形成资源互补、互为备用和紧急事故支援的能力，提高了供电安全可靠性，优化电力资源配置，并为扩大二滩、三峡水电站季节性电能的消纳创造条件。

工程于2002年1月28日正式开工建设，经过10个月的紧张建设，至2002年底，工程建设接近尾声，线路施工完成90%，架通输电线路200km；邯东500kV开关站完成构架和一次主设备安装；新乡变电站扩建间隔全部建成，具备调试条件。

该线路工程的主要特点是采用了紧凑型输电形式。新乡—安阳—邯东开关站500kV紧凑型输电线路与常规输电线路相比，在技术上具有更优越的电气性能和显著的经济效益：

1) 紧凑型线路具有较小宽度的地面高场强区；

2) 由于该线路各相参数具有良好的对称性且具有较小的正序电抗和较高的自然输送功率，从而具有更好的稳定性等系统特性，也对远距离输电提高线路输送功率有显著作用；

3) 由于紧凑型线路的“紧凑化”设计思路，使得输电线路走廊大大压缩，不仅使得障碍物的处理量减少，也易于选择优化的路径方案，对出线密集的线路布置与优化具有重要意义。

(3) 华中与西北联网直流背靠背换流站工程完全立足于国内设计、制造，广大工程科研、设计、制造、施工等各参建单位面对挑战，沉稳应对，各项阶段性前期工作目标如期实现，5月份完成了工程系统研究，8月份完成成套设计并通过审查，11月份完成初步设计，基本完成了主要设备招标采购，招标确定了施工、监理承包方，换流站完成了四通一平和部分桩基等基础施工。

5. 其他交流输变电工程

2002年内开工建设的陈家桥—长寿、荆州—益阳Ⅰ回、政平—宜兴（同杆双回)、三峡—万县Ⅱ回、万县—长寿Ⅱ回、荆门—荆州Ⅱ回以及江西外送的500kV输电线路工程全部达到里程碑建设目标；为配合三峡首批机组发电和三广直流工程进度，预开工项目中的左二—荆州500kV线路工程（共3回线）已经开工；原计划2003年开工的荆门—孝感Ⅰ回500kV线路工程也于2002年提前开工。

工程建设管理

2002年，是公司党组确定的“求真务实、转变作风年”。分公司全面贯彻落实“八个坚持、八个反对”的要求，在学习中提高了认识，在工作中得到了锻炼，在具体工作中实践三个代表。按照“集体领导、民主集中、个别酝酿、会议决定”的原则确定工程建设管理中的重大事宜。严格执行工程管理的业主责任制、合同制、招标投标制、监理制。分公司作为工程建设管理的代业主，找准位置，切实全面履行业主职责，严格按基建程序办事。实行招标过程中的招、评、定标三个阶段分工负责，实行相互回避制度。合同管理执行制约机制，尊重合同各方权益。充分发挥监理工程师的作用，鼓励并加强了监理的四控制两管理一协调的力度。

1. 完善建章立制，内部管理水平全面提升

针对2002年工程建设的新特点，公司决定建立每周一早上召开调度会的例会制度。会上，各部门通报上周工作完成情况和工程进展情况，并就工程建设中存在的问题当场协调、当场决策，提高了效率。在总结以往工程管理经验的基础上，适时修订了公司的《合同管理办法》、《施工招标管理办法》、《监理招标管理办法》、《监理考核办法》、《物资采购招标办法》、《预算管理办法》等，这些办法的修订，设备、物资、材料采购突出了低价中标原则，施工招标突出了选择综合能力强和合理报价中标的原则，合同管理突出了法人负责制原则等。通过这些管理办法的实施，公司各项管理工作程序清晰，职责更加明确，管理水平有

进一步提高。

2. 坚持高标准质量管理目标，确保工程质量

按照工程质量要创“精品”的总体质量目标要求，分公司2002年制定并颁发了《工程质量管理办法》，明确了工程质理管理的目标、各级责任、考核办法和指标。坚持高于国家标准的“一流标准”。组织进行了已投产的15个三峡输变电工程质量检查，检查专家组一致认为：工程要求高、起点高，引入了竞争机制，认真贯彻执行了“五制”，运行状况稳定、安全可靠，真正做到了“工程投产之日就是达标之时”，这15个工程全部被命名为“一流输变电工程”。

3. 加快信息化基础设施建设，资料档案管理成绩突出

2002年是信息化管理取得巨大进步的一年。办公自动化系统经过试运行后正式启用，完成了电网分公司综合业务管理系统软件开发，建设完成并正式启用了电网分公司网页，公文和合同办理、会议申请、信息发布等信息管理工作全部上网运作，实现本部与京外3个工程建设部的信息共享，时时在线。修订了工程档案管理办法，制定并颁发了实施细则，初步建立了档案分级管理体系，完成了分公司档案的归档、建档工作，顺利通过达标投产验收、三峡稽察、三峡二期验收3项检查。全年共归档收发文件3368件，41个竣工工程、在建工程的归档，组卷2352卷，查阅档案、资料200余人·次。

4. 认真接受三峡稽察，积极整改

2002年，国务院三建委按计划对三峡输变电工程首次进行了安全、质量、投资控制、工程招标等全方位的实地稽察，仔细审阅了公司提交的报告，实地察看了工程，走访了有运行、基建、设计等单位，广泛地听取了各方意见，向国务院三建提交了稽报告。稽察报告充分肯定了工程建设所取得的成绩，同时观地指出了存在的问题。分公司领导对此高度重视，坚决、彻底、快速地进行了整改，并将情况及时上报了稽察组。稽察组对公司的整改态度、整改力度等给予充分肯定。

5. 做好三峡验收工作，展现三峡输变电工程建设水平

根据国务院三建委批准的《三峡输变电工程验收大纲》和验收的工作计划按排，国务院三峡输变电工程验收组于2002年底对三峡输变电工程进行了验收，抽查了双南线、新乡变、孝感变3个交流工程和中间检查了三常直流输电工程。其间与参建单位、运行单位座谈、查阅了档案和施工记录等。国务院三峡输变电工程验收组在验收报告中对工程建设评价为：三峡输变电工程建设符合基建程序且按计划执行，各项技术指标满足设计要求，工程质量优良，建设管理规范，同时积极推进了优化设计、采用了先进技术、压缩占地面积、减少建筑面积、缩短线路长度，投资和概算控制良好。

6. 加强行业管理，工作准确、到位、有力，安全、文明施工有新气象

2002年年初以来，针对送变电工程施工中事故有上升的趋势，电网建设部组织进行了专题调研，发现存在违反规定进行工程分包，以包代管、以罚代管的现象在一定程度上普遍存在。电网建设部决定进行专项制理，进行了多次安全大检查，上半年召开了安全、文明施工现场会，对工作进行了全面动员和布置，期间举办了两期监理人员培训班，完成了《送变电工程安全施工规程（架空线路部分）》的修订工作等。通过这一系列的卓有成效的工作，违规分包现象得到了制止，事故抬的趋势得以遏止，施工安全状况呈现良好势头，文明施工蔚然成风。

2002年，电网建设部加强了输变电工程达标投产的考核力度，开展了优质工程评选工作，制定并颁发了《变电站工程质量检验评定标准》，进一步加强了电网建设安全管理，加强了对变电工程初设及概算审批管理，加强送变电工程建设的市场秩序管理，加大了对西藏电网建设的协调与指导，组织编写了《输变电工程建设管理手册》等，与电源部等部门共同完成了施工、设计、监理企业有关资质的核查、初审、上报、升级、变更等工作。2002年评选并命名优质输变电工程13个，达标投产330kV及以上输变电工程24个，另有12个工程已完成基础工作，待公司领导批准命名。通过上述一系列工作，促进了公司系统电网建设管理水平和工程质量的提高，规范了输变电工程建设市场秩序。

7. 加强党建，从严治企

在公司机关党委统一部署下，党总支组织党员和员工学习了“三个代表”、5.31讲话，十六大会议精神等。党总支按照党章要求，进行了换届选举，并根据公司内部人员调整，重新划分了支部，咨询公司组建了新的支部，健全了组织机制。组织发展工作取得了背后成绩，有3名预备党员如期转正；经组织考察、培养，有2名同志被批准加入党组织，成为中共预备党员。

开展了党风廉政教育活动。党总支组织全体党员和干部认真学习了《关于中央企业领导人廉洁自律若干规定的实施办法》及《贪污腐败典型案例教育读本》等。领导班子在广泛征求党员和群众意见的基础上，召开了民主生活会，重点检查了廉洁自律规定的执行情况。在公司和党总支领导以身作则的带动下，分公司干部、员工廉洁自律的自觉性和主动性明显增强。

在党总支领导下，工会、共青团组织发挥各自优势，开展了多种活动。团总支继续做好希望工程赞助活动，4月份为资助学校—河北省滦平县大屯乡中心校小学送去了由公司员工自愿捐赠的衣物、图书和软件，并对已捐赠的计算机进行了重新调试。组织青年团员进行了体能训练，组织公司全体职工开展了义务植树活动，共植树苗500余棵。经国电公司机关工会批准，授予公司工会为“先进职工之家”，工会组织了登山、保龄球比赛等文体活动，沟通了感情，活跃了员工的文化生活。

8.基本经验

(1) 公司党组对工程建设的重大问题及时地做出了正确决策，对工程建设部和分公司工作的关心、支持，以郑宝森总经理为首的领导班子与党组保持高度一致，不折不扣地贯彻执行了党组的决定，是取得成绩的前提和基础。在工程建设的关键问题上，郑宝森总经理为首的领导班子把握时机，果断决策，指挥决定是取得成绩的必要条件。

(2) 再一次证明了公司的管理体制是符合实际的，是行之有效的，是我们必须坚持的。

(3) 保持一支技术水平高、业务能力强、具有奉献精神的高素质的干部、员工队伍是公司发存在和发展的关键。

(4) 团结出战斗力，协作出成绩。做好与其他单位、部门间的协调，员工与员工间的协调至关重要，什么时候协调工作做得顺利，工作就取得成绩，什么时候协调出了问题，工作就没成绩，就完不成任务。

主要事件

2001年12月31日，国家电力公司转发国家计委关于调整贵州至广东、三峡至广东500kV直流输电工程可行性研究投资估算（计项一［2001］154号、计基础［2001］2667号）。三广工程动态投资估算为63.5亿元，其中：换流站部分为42.8亿元，输电线路、接地极和二次系统等为20.7亿元。

1月8~9日，西北—华中直流背靠背联网工程换流站设备国产化工作协调组第一次会议在北京召开。

1月9日，国家电力公司批复华北与华中联网邯郸东至新乡500kV紧凑型送电线路工程初步设计（国电电规［2002］12号）。

1月11日，国家电力公司向国务院三峡工程建设委员会上报了“关于三峡输变电工程项目调整方案的请示”（国电计［2002］24号）。

1月15日，国务院三峡工程建设委员会批复西北与华中联网工程使用1.16亿元三峡基金作为项目资本金，但该项目不纳入三峡输变电工程范围（国三峡委发办字［2002］02号）。

1月24日，国家电力公司聘任郑宝森同志为国家电力公司电网建设部（电网建设分公司）主任（总经理）（国电任［2002］4号）。

2月28日，三峡输变电工程和川电东送工程的重要组成部分——500kV三峡左一电厂至龙泉换流站Ⅱ回输电线路工程竣工，线路全长65km。

2月28日，三峡输变电工程和川电东送工程的重要组成部分——500kV龙泉换流站至荆门开关站Ⅱ回输电线路工程竣工，线路全长78.4km。

3月5日，福建与华东联网Ⅱ回输变电工程正式开工。

3月18～20日，三峡—广东±500kV直流输电工程换流站初步设计审查会在北京举行，审查并原则通过了由华东电力设计院提交的荆州换流站、接地极以及接地极线路工程初步设计和由西北电力设计院提交的惠州换流站、接地极及接地极线路工程初步设计。

3月21日上午，川电东送工程启动验收委员会第一次会议召开。

3月31日，川电东送工程和三峡输变电工程的重要组成部——500kV三峡—万县输电线路工程竣工，线路全长293.06km。

3月31日，川电东送工程和三峡输变电工程的重要组成部——500kV荆门开关站竣工。

4月2日，国务院三峡工程建设委员会决定向三峡输变电工程派出稽察组，对三峡输变电工程开工建设以来的工程建设的资金管理、建设进度、工程质量和安全施工等方面进行稽察（国三峡委发稽字［2002］08号）。

4月10日，川电东送的重要组成部分，龙泉—荆门（Ⅱ回）—双河、荆门—南阳输变电线路工程一次启动成功。

4月16日，计委成立三峡二期工程输变电工程验收组（计办基础［2002］436号），曾培炎任组长，张国宝、张德楠、赵希正任副组长，成员单位有国务院三峡办、国家计委、国家经贸委、国土资源部、审计署、长江水利委员会、国家电力公司、三峡开发总公司等。

4月17日，国家电力公司成立迎接国务院三建委对三峡输变电工程稽察工作的协调领导小组（办网［2002］10号），赵希正副总经理任组长，周小谦为顾问，郑宝森任副组长。

4月25日，14时39分，川电东送工程全线一次启动成功，并通过了24h试运行，标志着川电东送工程全线提前建成并投入商业运行。

5月14日，500kV武南—瓶窑线路工程完成启动调试工作，正式投入运行并移交生产。

5月18日，500kV东善桥—繁昌输电线路工程完成启动调试工作，投入运行并移交生产。

5月28日，国务院三峡工程建设委员会通知国家电力公司（国三峡稽必［2002］6号），三峡输变电工程稽察组定于6月10日起进驻国家电力公司，对三峡输变电工程进行为期40天的实地稽察。

6月3日，国家电力公司批复三峡左二电厂—荆州Ⅰ、Ⅱ、Ⅲ回500kV送电线路工程初步设计（国电电规［2002］368号），工程总投资48943万元，共计新建500kV输电线路297.6km。

6月15日，国家电力公司批复岗市500kV变电所七期扩建工程初步设计（国电电规［2002］367号），概算总投资2522万元，扩建1回—益阳500kV出线间隔。

6月7日，国家电力公司批复新乡500kV变电所扩建邯东出线间隔工程初步设计（国电电规［2002］380号），工程概算总投资为2634万元，其中20%为资本金，其余为银行贷款。

6月7日，国家电力公司批复福建与华东联网500kV福州北—金华Ⅱ回送变电工程初步设计（国电电规［2002］379号）。

7月2日，500kV武南—东善桥输电线路工程完成启动调试工作，正式投入运行并移交生产。

7月5～6日，公司在宜昌主持召开了三峡输变电工程安全文明施工座谈会。

7月24日，三峡—常州±500kV直流输电工程启动验收委员会召开第一次会议。

7月24日，三峡输变电工程之一，阜阳—洛河500kV输变电工程完成24h试运行，顺利投入商业运行。

8月12日，公司印发《关于进一步加强三峡及全国联网输变电工程安全文明施工管理意见》（电网办［2002］147号），对安全施工责任制、规章、纪律、安全水平、队伍管理、班组建设、安全体系等提出了明确要求。

8月20日，国家计委和国家电力公司共同举行了“西电东送”工程北通道项目开工典礼，主会场设在华北电力集团公司调度中心，在托克托、神头、河曲、万泉、达拉特等5地设分会场。国务院尤权副秘书长，国家计委张国宝副主任，国家电力公司刘振亚、贺恭副总经理等领导出席开工典礼并讲话。公司孙家骏、舒印彪副总经理分别在主会场和达拉特分会场参加了开工典礼。

8月27～28日，西北至华中联网直流背靠背换流站工程系统研究及成套设计审查会在北京九华山庄召开。

9月13日，公司决定命名凤下线、南昌变、双南线、南郑线、岗长线、长云线、长沙变、益阳变、郑新线、新乡变、孝感变、迁绥线、万县变等14个工程为国家电力公司电网建设分公司“创一流”输变电工程（电网工［2002］172号）。

9月20日，500kV武南—政平输电线路工程完成启动调试工作，投入运行并移交生产。

10月22日，500kV龙泉—荆门输电线路工程一次启动成功,并顺序开展龙泉换流站的站系统调试工作。

10月24日，500kV杭东变扩建2号主变压器工程启动验收委员会召开第一次会议。

10月25日，500kV开封变电站工程完成启动调试工作，投入运行并移交生产。

10月27日，500kV龙泉—荆门Ⅰ回输电线路工程启动成功，并投入运行。

10月29日，郑宝森总经理列席朱镕基总理主持召开的国务院三建委第十一次全体会议。

10月30日，国务院三峡办就三峡输变电工程建设质量、进度、安全、投资和财务等方面进行首次稽察情况向国务院作了报告（国三峡办发稽字［2002］129号）。

11月5日，500kV杭东变电站工程完成启动调试工作，投入运行并移交生产。

11月19～20日，西北—华中联网直流背靠背换流站初步设计审查会在北京九华山庄召开，审查通过了该工程的初步设计。

11月20日，三峡—常州±500kV直流输电工程启动验收委员会召开了第二次会议。

11月26～29日，三峡二期输变电工程验收组分别赴宜昌、武汉、常州、郑州等地对工程进行了验收。

11月26日，上午9时，贵州送变电公司在荆门—荆州Ⅰ回线路工程展放导引绳施工中发生一起高空坠落人身死亡事故。事故发生后立即开展了事故调查和处理工作，公司于12月19日通报了该事故情况并提出了要求。

12月5日，公司颁发并执行《国家电力公司电网建设分公司监理考核办法》。

12月6日，500kV陈家桥—长寿Ⅱ回扩建工程一次启动成功，于12月7日通过24h试运行并正式移交生产。

12月9日，三峡左一电厂—万线Ⅱ回输电线路工程开工，并召开了工程建设协调会。

12月21日，国家电力公司在国家电力调度中心举行了三峡—常州±500kV直流输电工程极Ⅰ系统送电仪式，工程一次启动成功，并投入试运行考核。国家计委张国宝副总任，中国电力监管理委员会柴松岳主席、史玉波副主席，国务三峡办郭树言主任、张德楠副主任，公司赵希正副总经理等领导及ABB、西门子公司负责人出席仪式。

12月26日，三峡输变电江西送出工程在江西省施工现场举行开工仪式。

12月27～28日，国家电力公司电网建设专家委员会第七次全体会议在北京国谊宾馆召开。

核电生产与建设

核 电 生 产

截至2002年底，中国境内已建成和在建的核电站已达6座共11台机组，总装机容量为870万kW，其全年发电量已占全国发电总量的2%以上。

这6座核电站分别为浙江省的秦山(一期)核电站、秦山核电二期工程和秦山核电三期工程，广东省的大亚湾核电站和岭澳核电站，以及江苏省的田湾核电站，其中有4座共8台机组是于“九五”期间开工建设的。

秦山核电站于1994年投入商业运行，其建成投产结束了中国大陆无核电历史，并使中国成为继美、英、法、前苏联、加拿大和瑞典之后世界上第七个能自行设计、建造国内首座核电站的国家。2002年，该核电站发电17.8亿kWh。

2002年12月10～12日，Seong Ho Na先生、Arif Khan先生和Carl Goeran Lindvall先生代表国际原子能机构对RAS/9/022项目(提高亚洲地区核电站职业辐射防护项目)在秦山核电站的开展情况进行了评估。

通过对秦山辐射防护最优化执行情况的评估，专家们认为，从RAS/9/022项目开始至今的3年时间里，秦山核电站取得了明显的提高。在不久的将来，中国核电站在辐射防护方面一定会达到很高的水平。同时，专家还给秦山核电站、中国政府和IAEA提出了一些建议。

2002年，秦山核电二期工程1号机组、秦山核电三期工程1号机组，岭澳核电站1号和2号机组等4台机组相继建成投产。

秦山核电二期工程是中国首座自主设计、自主建造和自主运行的商用核电站，装机容量为两台60万kW级压水堆机组，1号机组2002年发电34.9亿kWh。

秦山核电三期工程是中国首座商用重水堆核电站，也是迄今为止中国和加拿大合作的最大贸易项目，总投资约28.8亿美元，采用加拿大坎杜6型重水堆核电技术，装机容量为两座70万kW机组。

大亚湾和岭澳两座核电站均为从法国引进。前者是中国引进国外资金、设备和技术建设的首座大型商用核电站，总投资40亿美元。

作为我国第一座大型商用核电站，广东大亚湾核电站自1994年投入商业运行以来，始终坚持“安全第一、质量第一”的方针，保持安全稳定运行，年发电量超过100亿kWh，上网电量稳步上升，主要技术指标已迈入世界先进行列。

根据售电安排，大亚湾核电站上网电量的70%输往香港，30%输往广东电网。截至到2002年3月4日，大亚湾核电站已实际分别向香港和广东累计供电666亿kWh和334亿kWh，为粤港两地的经济发展和社会繁荣作出了巨大贡献。

核电建设

岭澳核电工程是国家在“九五”期间开工的最大能源项目之一，是我国第一个自主建造、施工的百万千瓦级核电站，规划建设4台百万级核电机组，分两期建设。首期建设两台，1995年国家批准岭澳核电站可研报告，1997年5月15日主体工程正式开工。总投资概算40.25亿美元。岭澳核电站1号机组在完成土建、设备安装工程后，通过核岛主回路水压试验、冷试、安全壳强度及密封性试验和热试，证明主系统质量优良。在国家核安全局完成了一系列严格审查后，经反应堆装料、达到临界、汽轮发电机冲转和并网发电后，按计划完成了各功率平台的试验，并消除了调试过程中发现的各类缺陷，于2002年5月28日正式投入商业运行，比原计划提前了48天。它的提前投入商业运行，对缓解广东省特别是深圳市用电紧张局面，顺利度过夏季用电高峰有着重要的作用。该工程全面推进工程项目管理、建设安装施工、生产调试准备的自主化，部分设计自主化和部分设备制造国产化，总体国产化能力已达到30%。岭澳核电工程不仅投资比国家批准的概算节约10%，上网电价也比可行性研究降低了25%，产生了重大经济效益和社会效益。与设备、技术、管理全套引进的大亚湾核电站不同的是，岭澳核电站实现了工程管理自主化、建筑安装自主化、生产准备自主化和部分设备自主化、部分设备制造国产化，在核电自主化和国产化方面取得了重大突破。其工程质量、进度和投资控制均优于大亚湾核电站。

秦山核电站

秦山核电三期建设进展

——2002年2月9日，1号机组主系统水压试验完成；

——2002年3月31日，1号机组开始充装慢化剂－重水；

——2002年5月26日，1号机组安全壳结构验证及泄露率试验完成；

——2002年7月18日，1号机组首次装料；

——2002年8月5日,1号机组主系统充装重水；

——2002年9月21日，1号机组首次临界成功；

——2002年11月19日，1号机组首次成功并网发电；

——2002年12月17日,1号机组首次满功率运行；

——2002年12月31日，1号机组提前43天投入商业运行。

秦山三期（重水堆）核电站在两个机组的建设期间，多项施工指标创国际坎杜重水堆核电站之最，实现了多项技术突破。

——1号机组从开工至投入商业运行仅用了近54个月，这是目前我国已运行的核电行组中建设周期最短的，创造了同类型核电站首台机组建设周期最短的世界记录。

——2号机组反应堆厂房安全壳筒体采用了滑模施工技术，创造了14天4h的世界纪录。

——1号机组排管容器燃料通道组装历时66天，比原纪录提前16天。

——1号机组主管道安装历时21天，比原纪录缩短68天。

——2号机组下部给水管安装历时72天，比原纪录提前12天。

——1号机组排管容器试压历时57h，比原纪录缩短99h。

——1号机组安全壳泄漏率为0.21%反应堆容积/天，创造了国际同类型核电站安全壳泄漏率最低记录；2号机组安全壳泄漏率仅为0.132%反应堆容积/天，试验时间仅为169h，创造了国际同类型核电站安全壳泄漏率最低和试验时间最短的两项记录。

——1号机组主回路给水管流量测量历时66h，比原纪录缩短174h。

——首次采用安全壳开顶式吊装设备等先进施工技术,4台蒸汽发生器吊装工期由2个月缩短为14天。

——在循环冷却水水下构筑物施工中，克服恶劣自然条件的影响，成功地解决了水下爆破、吊装、灌浆等技术难题。

——首次采用某些坎杜堆的设计改进。在设计上，进行了80余项改进。与国际同类30多座机组相比，秦山三期核电站的热循环效率高，单位造价低，其技术性能、安全水平和经济指标，均达到了同类机组的最好水平。

从俄罗期引进的田湾核电工程目前建设进展顺利，其1号机组已进入全面设备安装和系统调试阶段，2号机组也由土建施工转入安装阶段。

农　电　建　设

农村用电量

(1) 2002年全国县及县以下总用电量为7212亿kWh，比2001年增长15.24%，占全国全社会总用电量（预计16370亿kWh）的44.06%，比2001年提高1.01个百分点。

其中：农村用电量3663亿kWh，比2001年增长14.28%，占县及县以下总用电量的50.79%；县城用电量3549亿kWh，比2001年增长16.24%，占县及县以下总用电量的49.21%。

县及县以下用电量按其用电分类分：工业用电量（含：县办工业和乡镇工业用电量）4651亿kWh，占县及县以下总用电量的64.49%。

农、林、牧、渔、水利业用电量610亿kWh，占县及县以下总用电量的8.46%。

居民生活用电量1314亿kWh，占县及县以下总用电量的18.21%。

其他用电量637亿kWh，占县及县以下总用电量的8.84%。

（2）2002年全国县及县以下人均用电量达到了628.17kW·h/（人·年），比2001年增长14.73%；人均生活用电量114.42kWh/（人·年），比2001年增长7.39%；农业人口人均农村用电量404.33kWh/（人·年），比2001年增长15.08%；农业人口人均生活用电量90.15kWh/（人·年），比2001年增长8.65%。

农村供电电源

2002年全国县及县以下发电设备装机容量5168万kW，发电量1862亿kWh，扣除厂用电量及供电损耗（按20%计算），县及县以下发电设备的供电量为1490亿kWh，占县及县以下总用电量的20.66%；大电网供电5722亿kWh，占县及县以下总用电量的79.34%。

县及县以下发电设备装机及发电量：

小水电装机为2676万kW，比2001年增加209万kW，占县及县以下发电设备装机的51.78%；发电量918亿kWh，比2001年增加103亿kWh，占县及县以下发电设备发电量的49.30%。

小火电装机1842万kW，比2001年增加91万kW，占县及县以下发电设备装机的35.64%；发电量836亿kWh，比2001年增加78亿kWh，占县及县以下发电设备发电量的44.89%。

柴油发电装机598万kW，比2001年减少57万kW，占县及县以下发电设备装机的11.58%；发电量101亿kWh，比2001年增加10亿kWh，占县及县以下发电设备发电量的5.42%。

风力发电装机22万kW，比2001年增加1万kW，占县及县以下发电设备装机的0.44%；发电量3.33亿kWh，比2001年减少0.01亿kWh，占县及县以下发电设备发电量的0.17%。

其他电源发电装机29万kW，比2001年增加4万kW，占县及县以下发电设备装机的0.56%；发电量4.56亿kWh，比2001年增加1.21亿kWh，占县及县以下发电设备发电量的0.22%。

农村供电及用电设备

1. 供电设备

2002年全国县及县以下共有高压线路360万km，比2001年增加19万km，其中：110kV线路16万km；35～63kV线路38万km；3～10kV线路306万km；低压线路816万km，比2001年增加41万km。3～10kV线路与低压线路之比为：1∶2.67。

全国县及县以下变电站容量38377万kVA，比2001年增加4491万kVA，其中：

110kV变电站4938座，变压器8025台，容量24381万kVA，平均单台变压器容量3.04万kVA/台；

35（63）kV变电站18253座，变压器29311台，容量13996万kVA，平均单台变压器容量4775kVA/台。

配电变压器376万台，容量46755万kVA；其中：

35/0.4kV配电变压器13922台，容量1246万kVA，平均单台容量为895kVA/台；

3～10/0.4kV配电变压器375万台，容量45509万kVA，平均单台容量为121kVA/台。

2. 用电设备

2002年全国县及县以下用电设备47627万kW，比2001年增加5969万kW。其中：农村用电设备28028万kW，比2001年增加3254万kW；县城用电设备19599万kW，比2001年增加2715万kW。

排灌、副业及生产、乡镇企业的用电设备分别占农村用电设备总容量的16.67%、16.22%和39.79%。

农村通电情况

（1）2002年全国乡、村、农户通电率分别为98.54%、98.71%和98.48%。

（2）全国乡通电率达到100%的县2350个，比2001年增加4个；村通电率达到100%的县2112个，比2001年增加47个；农户通电率达到95%及以上的县有2111个，比2001年增加57个；农户通电率低于50%的县有78个，比2001年减少1个。

无电情况：

（1）2002年全国仍有无电县3个，即：西藏自治区的萨嘎县、仲巴县、札达县。

(2) 全国有无电乡608个，比2001年减少21个；无电村9303个，比2001年减少1649个；无电农户约458万户，比2001年减少20万户。

农电体制改革及管理

(1) 2002年，对已经由国家电力公司代管的1168个趸售县供电企业重点抓了健全和完善规章制度，强化管理和协调，明确各自职责等工作。进一步加大了省公司对代管企业的管理、人员控制、领导班子建设、职工培训、农村用电市场规范及优质服务、安全生产、技术进步、资金财务等的管理，对企业投资行为、企业发展规划等工作制订了相应的制度和办法。目前代管企业的整体素质有了显著的提高。

(2) 乡镇供电所的改革和管理进一步完善和加强。撤销27728个原乡镇电管站，组建了县供电公司直接管理的农村供电所24382个。改革后的供电所，对农村供电实行了"三公开"、"四到户"和"五统一"管理，改善了农村供用电秩序，取消了过去供电中的中间环节，农村用电市场不断规范、服务工作水平不断提高，管理水平与工作效率都得到了明显改观。农村电价水平稳步下降，从源头上解决了农村用电"三乱"问题。

(3) 城乡用电同网同价工作取得新的突破。国家计委下发了[2002] 65号文件，提出了同价的要求。国家电力公司下发了《关于认真做好城乡用电同网同价工作的通知》，对于如何组织制定同价方案，测算电价水平，疏理电价矛盾，合理解决农网改造和农电管理成本，本着积极、稳妥、可行的指导思想，提出了指导意见，对做好同价后续工作提出明确要求。到2002年底，国家电网公司系统已有12个省（市、区）实现全省范围内的居民生活用电同价；934个县实现了城乡居民生活用电同价，占国家电网公司全部县数的50%。

(4) 以建设一流县供电企业为载体，全面推动县供电企业管理。加大了对代管县供电公司的管理力度，在"抓管理、抓队伍、抓发展，创一流"上下工夫，明确了"加强指导、积极推进、强调过程、注重实效"的工作指导思想。2002年，又有88个县供电企业被国家电力公司授予"一流县供电企业"称号。

(5) 开展了"农村供电所管理年"活动，加强和规范了供电所管理。通过一年多的努力，40%的供电所达到规范化的标准，供电所管理年工作已经初见成效。供电所的工作职责逐步明晰，岗位定员、定编工作基本完成；安全生产和供电营销工作管理水平明显提高；线损管理、供电可靠性管理、无功电压管理的统计、分析工作已开始建立；农村电工队伍综合素质和业务技能有了一定的提高；供电服务水平和社会形象有了明显好转。

(6) 树立典型，规范服务，提高优质服务水平。2002年重点抓了基层服务窗口的规范化建设和服务人员文明行为规范的落实，对照国家电力公司颁发的《农村供电营业规范化服务标准》《供电营业职工文明行为规范》进行检查，抓坚持、抓落实，使之制度化、规范化、持之以恒，形成常态的服务机制。到年底，1766个乡镇供电所被国家电力公司授予"为人民服务，树行业新风"示范窗口；51个乡镇供电所被国家电力公司授予"优质服务标兵单位"称号，100名乡镇供电窗口服务人员被国家电力公司授予"优质服务先进个人"称号。

(7) 重点培训，提高职工素质。2002年，制定了培训规划，抓年度计划的落实，结合工作实际需要，开展专业培训。到年底，完成县供电企业领导干部培训2615人，完成年度计划的92.4%，累计完成培训县供电企业领导干部人数占应培训人数的66.2%；供电所长培训预计到年底完成8167人，完成年度计划的91%，累计完成培训农村供电所长人数占应培训人数的87.7%；重新招聘的农村电工都进行了统一考试和上岗培训。6月份开展了国家电力公司系统"农村电工知识技能竞赛"活动，重点从基础知识、技能操作两个方面，对农村电工的知识技能进行检验。

农村电网

(一) 农网改造完成情况

至2002年一季度，国家电力公司系统投资1546亿元的一期农村电网建设改造工程全部完成。二期农村电网建设与改造工程国家电力公司系统总投资规模为767亿元。截至2002年底，二期农网改造全系统累计完成投资680亿元，占全部投资计划的88.5%（其中国家电网公司部分完成89.9%）。新建和改造35kV以上高压线路15171km，10kV线路396809km，农村低压线路1057074km；新建和改造35kV以上变电站1703座，容量12402MVA，新建和改造配电变压器205702台，容量15811MVA。

(二) 农网生产运行情况

(1) 农电安全生产水平不断提高，电网运行稳定。2002年，从落实责任制、抓好制度建设、完善管理办法、建立报表及分析制度、加强检查监督着手，加强对县供电企业安全生产的指导、监督，逐步完善管理，使农电安全生产水平不断提高。2002年，国家电力公司农电生产人身死亡30人，重伤10人，分别比2001年（全年）下降33%、70%；供电事故7711起，比2001年（12119起）成倍下降，没有出现大面积的停电事故，农电安全形势有了基本好转。农村用电触电死亡113人，比2001年（153人）下降36%。

（2）电能质量不断提高，电压合格率和供电可靠性的管理工作进一步完善。2002年，制定了《农网电压质量和无功电力管理办法》、《农村电网供电可靠性管理办法》。到年底，农村居民端电压合格率达到91.21%，比2001年同期增加1.18%，比计划增加0.18%。农村供电可靠率达到99.16%，比2001年同期增加0.04%，比计划增加0.06%。

（3）农网科技进步工作：全国已有766个县建立了调度自动化系统，其中530个县调自动化系统通过了实用化验收。一些县供电企业进行了配网自动化试点，县城电网实现了“手拉手”供电。有的县还实现了故障定位，故障自动隔离和恢复供电。农电通信方式已由传统的音频电缆、电话和电力载波为主发展到数字微波、光纤、卫星、扩频等多种方式。一些县供电企业建成了以光纤通信为主的现代化电力通信系统，形成了高效、宽带、多业务的电力通信综合应用平台。管理信息系统也在部分县级供电企业中得到了初步应用。新技术、新产品得到较广泛应用。

电力扶贫

2002年是国家电力公司第一阶段8年定点扶贫的最后一年。8年来，扶贫工作取得显著成效。截止到2002年底，国家电力公司定点扶贫共投入资金3200万元，带动地方资金13019万元，完成129个扶贫建设项目，主要用于无电村通电工程和当地的基础教育事业，同时还开展了医疗、科技下乡活动，赠送了书籍和仪器设备。

农村电工知识与技能竞赛

2002年6月10日，来自全国27个省（直辖市、自治区）的国电公司系统农村电工、裁判员、教练员以及观摩人员200余人云集西北电力培训中心，开始了为期4天的国电公司农村电工知识与技能竞赛的决赛。

为提高农电队伍的技术业务素质，2001年7月，国家电力公司决定在全公司系统开展农村电工知识与技能竞赛活动。刘振亚副总经理担任竞赛组委会主任。各省（直辖市、自治区）电力公司按照《国家电力公司农村电工知识与技能竞赛大纲》的要求，将培训与竞赛相结合，层层选拔，派出了代表本省水平的选手参加决赛。据统计，从竞赛开始到决赛的一年多时间里，国电公司系统共有60多万农村电工参加了竞赛活动。

本次竞赛决赛分理论笔试、知识竞答、技能操作三部分，其中技能操作包括杆上作业、故障处理、计量安装、电机启动等项目。参加决赛的108名选手通过激烈角逐，产生了团体一、二、三等奖和个人名次。山东电力集团公司获团体一等奖，陕西省电力公司段宏亮获得个人总成绩第一名。陈德宝等108名农村电工被授予“全国优秀农村电工能手”称号。

重点工程

三峡工程建设

概况

2002年是实现三峡工程二期目标的关键一年。5月1日和7月1日，三峡左岸大坝上游基坑和下游基坑按计划破堰进水，为导流明渠截流创造了条件；7月1日，双线五级船闸开始无水系统联动调试，圆满完成调试大纲规定的调试项目，并于9月1日开始有水联动调试；10月26日，三峡工程左岸大坝混凝土浇筑全线达到185m坝顶高程；11月6日，导流明渠截流圆满成功；左岸电厂水轮发电机组安装进展顺利，年底完成2号、5号机组主机总装任务；右岸茅坪防护大坝填筑至175m高程，右岸厂坝屏障——混凝土围堰开始碾压施工。

2002年，三峡工程建设投资控制在国家批准的概算范围内，资金筹措满足工程建设和移民资金拨付需要；工程质量稳步提高，安全状况明显好转；汛期及导流明渠截流后的翻坝转运和临时船闸通航安全、畅通、有序；成功完成三期工程一次性整体招标；全年新签订合同107个，合同总金额42.34亿元人民币。中国三峡总公司的改革与发展迈出实质性的步伐，2002年8月，国务院批准中国三峡总公司为国家授权的投资主体，9月28日中国三峡总公司发起成立长江电力股份公司。

固定资产投资及主要项目工程量完成情况

2002年，三峡枢纽工程共完成总投资1588872.44万元。其中，建安工程215696.98万元，机电设备费96737.51万元，金属结构设备费29078.56万元，其他费用23659.53万元，基本预备费13509.01万元，水库淹没处理补偿费584957.86万元，库区移民包干外补偿费53136.46万元，贷款利息236275.30万元。全年三峡主体工程完成土石方开挖1174.05万m^3，土石方填筑609.37万m^3，混凝土浇筑158.62万m^3，固结灌浆5.91万m，帷幕灌浆4.80万m，接缝灌浆9.12万m^2，钢筋制安5.57万t，锚杆3.54万根，混凝土防渗墙0.26万m^2，机电安装2.15万t，金属结构安装4.64万t。

至2002年底，三峡工程累计完成投资890.27亿元。其中：枢纽工程静态投资完成326.57亿元，占枢纽工程概算500.9亿元的65.2%；库区移民完成静态投资279.06亿元，占库区移民概算400亿元的69.76%；价差164.4亿元，贷款利息112.92亿元；库区移民概算外补偿费7.31亿元。静态、动态投资均控制在国家批准的初设概算及预计的投资范围内。三峡工程主体工程共完成土石方开挖13225.37万m^3，占执行概算的97.94%；土石方回填3332万m^3，占执行概算的76.72%；混凝土浇筑2037万m^3，占执行概算的70.51%；金属结构及机电埋件安装17.19万t，占执行概算的38%。

主要工程形象

左岸大坝：左岸厂房坝段、泄洪坝段10月底全部达到185m高程；帷幕灌浆左排16坝段以左全部完成；上、下游基坑分别于5月和7月实现破堰进水。

左岸电站厂房：安Ⅱ-9号机上游副厂房10月完成混凝土浇筑，1号～6号机组段三期混凝土浇筑完成，7号～13号机上下游墙全部浇至设计高程，12号机开始浇筑二期混凝土。

机电设备安装：2号、5号机组安装总装完成；1号、4号机定子机座调试安装完成；3号机水轮机转轮吊入基坑，顶盖开始安装。

航建工程：双线五级船闸地下工程及地面工程主体混凝土浇筑分别于5月、6月完成，较计划提前1个月；8月中旬完成船闸无水联合调试，9月1日开始进入有水联合调试阶段。

右岸工程：地下电站进水口进水塔浇筑至138～155m；茅坪防护沥青心墙铺至175.4m；三期土石围堰年底完成填筑并闭气抽水；三期RCC混凝土开始浇筑。

砂石骨料项目：2002年供应砂石料531万t，质量满足规范要求。

设备、物资采购供应情况

中国三峡总公司进一步完善采购和检测体制，保证设备物资质量。成套设备2002年采购45个项目，金额3189万元；金属结构设备全年到货350批·次，总计2.67万t；支付总金额2.26亿元；签订金属结构设备制造合同34份，总金额3042.55万元。

六大物资供应：全年供应水泥39.38万t；供应一级粉煤灰10.43万t；钢材合计采购总量为6.57万t，供应总量为6.68万t；木材采购验收1732.2m^3，批料供应2921.9m^3；油料采购验收14158t，批料供应15705.6t，供应435.6t；沥青采购供应2433.9t；炸药供应总量2936t。

质量和安全管理

坚持“零质量事故”目标管理，完善“4+1”即施工单位自检、监理单位总体把关、业主项目部直接监督、质量总监专项负责、国务院三峡建委质量检查专家组权威检查的质量管理体系，健全工程建设全过程的质量保证体系。对发生的质量事故和质量缺陷高度重视，认真进行处理，确保不留隐患。2002年，三峡工程顺利通过上游基坑破堰进水前验收、下游基坑破堰进水前验收、船闸下游引航道破堰进水前验收和导流明渠截流前验收四项阶段性验收。

2002年共评定11773个单元工程，全部合格。其中主体工程混凝土单元质量评定8319个，全部合格，优良7645个，优良率91.9%。至2002年底，三峡工程共评定135107个单元工程，全部合格，其中优良109522个，优良率81.06%。在二期工程建设五年中，主体工程混凝土单元工程质量评定优良率逐年提高。

安全生产管理逐步走向制度化、标准化和规范化。2002年，坚持"零安全事故"管理目标，认真贯彻落实《国家安全生产法》，进一步建立和完善全员安全岗位责任制，安全管理法律意识不断增强，安全事故得到遏制。

投资控制与资金筹措

投资控制采取"静态控制，动态管理"的办法。按照"公开、公平、公正"的原则依法组织招投标，编制工程项目实施控制价，推行全面预算管理，费用实行归口负责，加强投资计划和立项控制，进行经常性的投资跟踪预测和风险分析，工程概算得到有效控制。

2002年共到位资金168.36亿元。其中，三峡基金40.16亿元，发行企业债券50亿元，国家开发银行贷款30亿元，其他资金33.50亿元，利用外资14.70亿元。

至2002年底，三峡工程累计到位资金910亿元，其中三峡基金386亿元，国家开发银行贷款269亿元，其他商业银行贷款76亿元，国外出口信贷及商业贷款37亿元，企业债券余额140亿元，其他为2亿元。中国三峡总公司总资产达到1036亿元，资产负债率为53%。

工程科研

2002年经验收提交成果的项目44项。成果显著的验收项目主要为：三峡工程三期围堰碾压混凝土的试验研究、三峡—葛洲坝梯级调度有关设计问题的专题研究、三峡大坝坝区滚动天气预报方法的研究、三峡工程枢纽泄洪及船闸充泄水对通航水流条件的影响和改善措施的研究等。2002年三峡工程按程序完成立项、签订合同的科研项目共50项，合同总金额1800万元。"九五"重大装备项目完成验收，组织有关单位和专家对"十五"重大装备项目的可行性报告进行评审、论证和修改并上报。《三峡工程大坝混凝土快速施工新技术的研究和实践》获湖北省科技进步一等奖。完成《三峡工程大坝混凝土快速施工新技术的研究和实践》、《三峡深水高土石围堰研究及实践》、《三峡水电站厂房充水保压蜗壳结构关键技术研究及应用》三个重大课题的总结并已申请国家级奖励。

施工区环境保护

2002年，三峡施工区环境质量良好，施工区江段长江干流水质良好，基本维持在Ⅱ～Ⅲ类水标准；生活用水的水源水、出厂水、管网水基本符合饮用水卫生标准；环境空气质量较好，除悬浮颗粒物（TSP）有超标现象外，二氧化氮、二氧化硫等指标均符合国家一级标准；功能区环境噪声符合国家有关控制标准。2002年清运垃圾3757.4t，绿化面积130万m^2，清理截（排）水沟15786.8m。处理各类违章425起，查扣被盗废旧物资4.3t，拆除左岸110营区、195平台、柳树湾、20小区，高家溪、120平台等处违章建筑38800m^2。2002年施工区内共办理卫生许可证118家（户），从业人员体检1000余人·次。保持多年来坝区"红线"内无食物中毒及传染病流行事件发生。

三峡水利枢纽梯级调度中心成立

4月9日，三峡水利枢纽梯级调度中心（以下简称三峡梯调中心）成立。三峡梯调中心是三峡、葛洲坝枢纽防洪、发电、航运、排沙等综合运用的调度管理单位。按照三峡水利枢纽运行调度规程，对外统一接受国家有关部门的调度指令，对内负责梯级枢纽防洪、发电、航运、排沙等综合运用的运行调度（不含航运日常调度），协调梯级枢纽在防洪、发电、航运和排沙等工作中的关系，负责梯级枢纽内部的水文气象预报，编制梯级枢纽度汛方案等工作。

吴邦国副总理考察三峡工程

4月14日，吴邦国副总理在三峡建委副主任、三峡建委办公室主任郭树言、国务院副秘书长马凯、中国三峡总公司总经理陆佑楣等有关同志的陪同下，视察建设中的三峡工程并重点检查蓄水验收前局部质量缺陷的处理工作。吴邦国副总理对工程建设取得的成绩给予了充分肯定，并强调指出，2003年三峡工程建设第二阶段三大目标即水库初期蓄水至135m、双线五级船闸通航、首批机组发电正日益临近，全体三峡建设者要在抓紧各项工作的同时，始终坚持把质量放在首位，将三峡工程建成世界一流的工程，不辜负党中央和全国人民的期望。

2002 三峡债券发行

2002年9月20日，总金额为50亿元人民币的三峡债券开始发行。此次债券期限20年，采用固定利率方式，票面利率为4.76%，按年付息，到期一次还本。该债券信用等级为AAA级，以三峡工程建设基金作为还款担保，是此前国内企业发行期限最长、单只规模最大的债券，也是2002年度中央企业债券发行计划中安排的第一只债券，所募集的资金全部用于三峡工程建设。

该债券采用承销团余额包销方式销售，主承销商为中信证券股份有限公司。9月24日，发行工作结束。

三峡水力发电厂成立

11月6日，李鹏委员长、吴邦国副总理为三峡水力发电厂（以下简称三峡电厂）揭牌。三峡电厂负责三峡水利枢纽的电力生产运行管理与维护，负责管辖范围内的生产安全和设备安全，负责生产成本控制。三峡电厂共安装26台混流式水轮发电机组，单机额定容量均为70万kW，总装机容量1820万kW，年均发电量847亿kWh。2009年三峡工程全部竣工后，三峡电厂的规模包括：三峡左岸电厂、三峡右岸电厂、2座500kWGIS开关站、22个导流底孔、23个泄洪深孔和22个泄洪表孔的泄洪设施，以及三峡工程（除通航设施以外）的水工建筑物和相关生产辅助设备与设施。三峡电厂的生产由中国三峡总公司委托中国长江电力股份有限公司进行管理。三峡电厂总定员370人，2002年底，有员工217人。

国务院三峡工程建设委员会第十一次全体会议召开

10月29日，国务院三峡工程建设委员会第十一次全体会议在北京召开。会议对三峡工程自1993年开工以来所取得的成绩给予了充分的肯定。国务院总理、国务院三峡工程建设委员会主任朱镕基主持会议并作重要讲话。国务院副总理、国务院三峡工程建设委员会副主任吴邦国，全国政协副主席、国务院三峡工程建设委员会质量检查专家组组长钱正英和两院院士、质量检查专家组副组长张光斗出席会议并讲话。国务院三峡工程建设委员会办公室、中国三峡总公司、湖北省和重庆市的有关负责人在会上作汇报和发言。

朱镕基总理在讲话中强调，三峡二期工程建设已进入关键阶段，要全力以赴做好各项工作，确保2003年如期实现初期蓄水、永久船闸通航、首批机组并网发电的工程建设目标。要以对国家、对人民、对历史高度负责的精神，科学施工，严格把关，确保工程质量、设备运行万无一失。继续贯彻“两个调整”方针，加大农村移民外迁安置力度，做好企业迁建及结构调整工作，大力发展库区经济，使库区人民安居乐业。

导流明渠截流

11月6日9时10分，导流明渠截流仪式开始，国务院三峡建委副主任、三峡建委办公室主任郭树言主持，中国三峡总公司总经理陆佑楣汇报工程进展情况。9时50分，在116台自卸车高强度抛投下，上游围堰戗堤合龙。吴邦国副总理宣布截流成功，李鹏委员长发表重要讲话。邹家华、姚振炎、杨振怀等党和国家领导人出席截流仪式。

（张明燕）

三常直流输电工程极Ⅰ系统送电

12月21日11时，随着国家电力公司党组副书记、副总经理赵希正下达的送电指令，三峡至常州±500kV直流输电工程极Ⅰ系统开始送电并获成功。它标志着三峡首批机组发电前的电力送出工程建设取得了决定性的阶段成果，也标志着我国直流输电技术水平又跨上了一个新的台阶。

在国家电力调度中心，参与工程建设的各方领导和专家共同庆祝这一激动人心的时刻。国家计委副主任张国宝，国务院三峡办主任郭树言应邀出席送电仪式并讲话；国家电力监管委员会主席柴松岳、副主席史玉波以及国家经贸委电力司有关负责人应邀出席送电仪式；国家电力公司顾问陆延昌、周小谦、总工程师张贵行以及ABB集团高级副总裁杜尔、西门子股份公司输配电集团变压器部经理帕撒格等出席送电仪式。

三峡至常州±500kV直流输电工程级Ⅰ系统由龙泉和政平两座换流站、两站的接地极及接地极线路、龙泉到政平的直流输电线路、OPGW及通信工程组成，额定电压±500kV，额定电流3000A，额定功率3000MW。龙泉换流站500kV交流出线8回，220kV交流出线9回。政平换流站500kV交流出线4回。线路工程西起湖北宜昌的龙泉换流站，途经湖北、安徽、江苏三省，东至江苏常州的政平换流站，跨越长江和汉江，线路全长近860km。工程静态总投资50.65亿元人民币。该工程1995年开始进行前期研究，2000年7月工程正式开工。2002年8月龙泉、政平换流站极Ⅰ设备安装基本结束，2002年9月线路工程全线架通，进入调试阶段。

送电成功后，张国宝、郭树言、赵希正发表了简短的讲话。他们分别代表国家计委、国务院三峡办、国家电力公司对送电成功热烈祝贺，对工程建设者表示衷心感谢。

赵希正在讲话中说，三峡至常州±500kV直流输电工程极Ⅰ系统输送距离长、容量大、系统复杂、技术含量高，与世界上其他著名的大型直流输电工程相比，在很多方面处于领先地位。其输送流量最大，建设工期最短。现在我们可以得出初步结论：该工程设计水平高；设备质量好，施工和安装质量处于国内先进水平；安全情况良好；投资控制在概算以内；调试工作组织严密、紧张有序，指挥、调度得当。各项技术指标达到了设计和合同要求，并符合有关规程规定。该工程送电成功，是三峡输变电工程的重要成果，也是我国电网建设史上的一件大事。他希望全体三峡输变电工程建设者以此为契机，鼓舞斗志，继续抓好三峡至常州±500kV直流输电工程极Ⅱ系统的安装和调试工作，全面完成三峡首批机组发电前的各项工程建设任务，确保工程质量，确保按期投产，确保施工安全，同时把工程维护好、运行好，以实际行动落实党的十六大会议精神，为全面建设小康社会、开创中国特色社会主义事业新局面做出更大的贡献。

“川电东送”工程投入运行

5月27日10时10分，随着国家电力调度中心调度员发出调度命令，川渝电网和华中电网并网运行，川电东送工程正式投运。这标志着国家电力公司落实党中央西部大开发战略，推进西电东送、南北互供、全国联网又迈出了坚实的一步。

国家计委副主任张国宝，国家电力公司副总经理赵希正、顾问陆延昌以及国家计委、国家经贸委有关部门的领导在国调中心参加了川电东送工程投运仪式。

川电东送工程是我国西电东送战略的重要组成部分。川电东送工程输电通道全长2000多公里，西起攀枝花，经川渝电网，临时跨过尚未建成的三峡枢纽电站接入华中电网，再接入华东电网。川电东送工程的实施不仅有利于发挥川渝、华东电网水火电互济的优势，促进华东长江三角洲地区的经济发展，而且对于送出四川特别是二滩电站的富余电能，实现更大范围内的资源优化配置有着十分重大的意义。

在实施西电东送战略的过程中，国家电力公司坚决贯彻落实党中央西部大开发战略部署，根据四川水能资源丰富，四川水电及多余季节性电力需尽快外送的实际，投入自有资金，利用已投产的二滩送出输变电工程和正在建设中的部分三峡输变电工程，在丰水期之前建成了川电东送首期输电通道。

据介绍，川电东送输电通道距离长、环境复杂、施工难度大，系统稳定问题也十分突出。为保证川电东送工程的顺利实施，确保2002年丰水期间实现川电东送，国家电力公司系统及相关建设单位克服困难，提前3个月兑现了国家电力公司对国务院和四川省委、省政府的承诺。本次川电东送工程经全线验收，验收合格率达到100%，分项工程优良率100%。整个工程建设中未发生任何安全事故和质量事故。

自5月27日川电东送工程正式投入运行开始，预计2002年丰水期四川将首次经华中向华东送电15亿kWh。

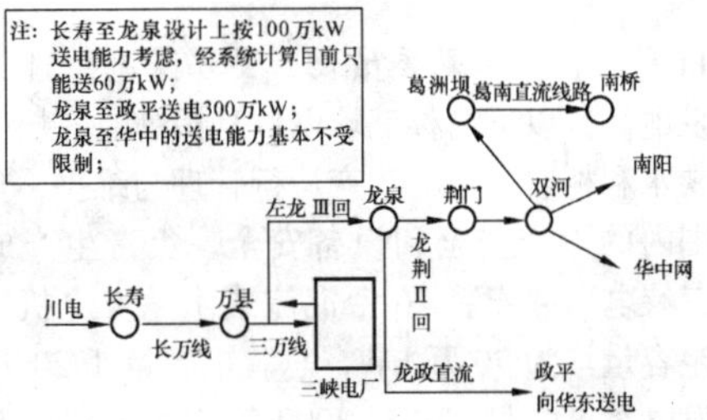

川电东送线路示意图

“西电东送”北通道建设规划

长远规划：在现有内蒙古西部和山西向华北送电的基础上，逐步将输电通道延伸至黄河上游，实现黄河上游水电、“三西”（蒙西、山西、陕西）地区火电向华北、山东送电。

“十五”期间北通道的建设目标：进一步开发“三西”地区煤电基地，配合相应的输变电工程建设，首先实现由内蒙古西部和山西向京津唐和河北南网送电新增500万kW。抓紧开展黄河上游公伯峡、拉西瓦等水电和陕北地区火电向华北和山东送电的输电线路规划论证工作，争取“十五”期间初步形成陕北地区火电和黄河上游水电向华北的输电通道，实现“十一五”向华北送电的目标。

（一）电源建设

内蒙古西部“十五”计划开工的项目有托克托电厂二期2×60万kW、达旗电厂三期2×33万kW、正蓝电厂2×60万kW，岱海电厂2×60万kW。到“十五”末，实现向京津唐新增送电300万kW。

山西省“十五”计划开工建设神头二电厂二期2×50万kW，大同二电厂2×60万kW、王曲电厂2

×60万kW，河曲电厂2×60万kW。到“十五”末，争取实现向京津唐送电新增100万kW、向河北南网及山东送电180万kW、向江苏送电210万kW的目标。

（二）输电线路建设

“十五”期间安排新增输变电工程送电能力500万kW以上。

规划的输电工程有：托克托—应县—安定双回500kV线路，神头—徐水—天津吴庄Ⅰ回500kV输电工程，王曲—邯东—山东聊城2回500kV输电线路和正蓝—北京双回500kV输电线路等，以上工程可形成400万kW的输电能力。同时，对现有丰—张—顺、大—房输电工程进行扩建改造，使输电能力分别达到150万kW和210万kW，再增加100万kW。

“西电东送”北通道开工项目

输变电工程项目

1.托克托经浑源至安定双回500kV输变电工程项目

建设由内蒙托克托电厂经山西浑源至北京安定变电站双回500kV线路，输电线路总长度2×498km，并建设浑源开闭站，预计动态总投资22.48亿元。

2.神头至保北双回500kV输电线路项目

建设由山西神头第二发电厂至河北省保定北变电站双回500kV输电线路，线路总长度2×297km，预计动态总投资12.2575亿元。该工程投产后可将山西神头第二发电厂二期、大同第二发电厂二期等山西北部的电力输送到京津冀等东部负荷中心。近期可将山西北部盈余电力东送至河北南网，缓解该地区供电紧张状况。

3.丰镇—万全—顺义500kV输电线路加装串联补偿电容器工程项目

在已投入运行的内蒙古丰镇至河北万全双回500kV线路加装2组串联补偿度为35%的串联补偿装置，每组串联电容容量260Mvar；在河北万全至北京顺义双回500kV线路加装2组串联补偿度为45%的串联补偿装置，每组串联电容容量445Mvar，动态总投资2.698亿元。加装串补装置后，线路输送容量预计可增加60万kW。

上述三个输变电工程项目均由华北电力集团公司负责出资、建设和经营，计划在2003年投产。

电源工程项目

1.神头第二发电厂二期工程项目

神头第二发电厂位于山西省朔州市北，一期已建成2×50万kW进口机组。二期工程继续扩建2×50万kW进口机组，预计动态总投资47.2902亿元。由北京大唐发电股份有限公司和天津津能投资公司分别按60%和40%的比例出资，山西大唐神头发电有限责任公司负责建设和经营。计划2005年第一台机组投产发电。

2.托克托发电厂二期工程项目

托克托发电厂位于内蒙古自治区呼和浩特市南70km处，规划容量360万kW。一期工程2×60万kW机组由北京大唐发电股份有限公司、北京国际电力开发投资公司和内蒙古蒙电华能股份有限公司分别按60%、25%和15%的比例出资，由内蒙古大唐托克托发电有限责任公司负责建设和经营，目前正在紧张的施工建设中。二期工程2×60万kW，将与一期工程连续建设，预计动态总投资41.0742亿元，计划在2005～2006年投产。

3.河曲发电厂一期工程项目

河曲发电厂位于山西省忻州市河曲县境内，规划容量4×60万kW，本期工程2×60万kW由山东鲁能集团公司、山西晋能集团公司和山西省地方电力公司分别按60%、30%和10%的比例出资，预计动态总投资44.0241亿元，向河北南网送电。计划2005～2006年投产。

4.达拉特发电厂三期工程项目

达拉特发电厂位于内蒙古自治区鄂尔多斯市达拉特旗，目前已建成有4×33万kW燃煤机组。三期工程2×33万kW属扩建工程，预计动态投资22.7亿元，本期工程由内蒙古电力（集团）有限责任公司、北京国际电力开发投资公司和北京国华电力有限责任公司分别按40%、30%和30%的比例出资，由京达发电有限责任公司负责建设和经营。计划2004～2005年投产。

“西电东送”北通道供电现状

1985年，山西大同第二发电厂开始向京津唐电网送电，北通道“西电东送”开始。1991年，除大同二电厂外，又从山西电网增加受电0.398亿kWh，到2001年，同口径受电量已达22.77亿kWh，增长57倍，从1991年到2001年，11年累计输送电量219.83亿kWh。

内蒙古西部电网从1989年开始向京津唐电网送电，年送电量为0.5233亿kWh，到2001年送电量增加到70.44亿kWh，增长了135倍，13年累计输送电量990.5亿kWh；电力负荷由开始时的5万kW增加到2002年的130万kW。

到目前，华北电网已经形成了“西电东送”的山西和蒙西两个主干通道，即：山西大同至北京房山双回500kV线路和内蒙古丰镇经河北万全至北京顺义双回500kV线路。2001年，山西电网向京津唐输送电力140万kW，年送电量为89.7628亿kWh（均含大同二电厂）；蒙西电网向京津唐最高输送电力109万kW，年送电量为70.4359亿kWh。

龙滩水电工程

2002年是龙滩水电工程建设非常关键的一年。一年来，在国家电力公司、广西区政府和公司董事会的正确领导和关怀下，在工程参建各方的大力支持和配合下，龙滩水电开发有限公司全面贯彻落实年初工作会议确定的“奋战两年，确保截流”提出的各项任务与目标，取得了可喜的成绩。上半年龙滩公司果断采取了一系列重大的组织、管理、技术、经济措施，全面加大管理和协调力度，顺利实现时间过半，完成任务过半目标，赶回了大部分严重滞后的工期，截流重点项目处于受控状态，各项工作稳步向前推进。下半年，龙滩不畏艰难曲折，从容面对重重困难，以科学的态度与大自然作斗争，不断提高应变能力和管理水平，凝聚全体建设者的智慧、心血和汗水，创造了稳定高产的新纪录新水平。地下厂房洞挖屡创世界纪录，突破月强度12万m^3大关；左右岸导流洞开挖，航道开挖，主厂房第二层开挖支护等五项重点项目形象目标全面实现；工程建设总体目标顺利推进，为2003年按期截流创造了有利条件。

一、工程投资和实物工程量基本完成

2002年全年完成的实物工程量为：土石方明挖783.7万m^3；洞挖164.32万m^3；锚杆183646根；预应力锚索117932千KNm；土石方填筑252.34万m^3。完成工程投资139171.99万元，超额完成了138000万元的年计划任务目标，其中建安投资82200万元，占年计划107.91%。控制截流的重点项目完成或超额完成了各项年度计划指标。

二、重点项目形象面貌基本实现既定目标

左、右岸岸坡开挖形象面貌基本满足年度计划要求，其中左岸岸坡开挖最低达到▽300m，▽310m以上坡面基本形成，支护跟进，比合同工期要求有所提前。

左岸导流洞进水口明渠开挖达到▽224m，出口明渠开挖基本结束；洞身段开挖除进口段20余m外，其余全部结束，具备大规模浇筑混凝土的条件。完成底板混凝土浇筑400m，顶供混凝土213m，混凝土衬砌满足年度计划要求。

右岸导流洞开挖在工期严重滞后的情况下，经过多方努力，不断优化施工方案，加大资源投入，强化内部管理，上半年赶回了大部分工期。下半年一鼓作气，继续保持稳步高产，提前完成洞挖施工任务。进水口开挖、锚喷支护全部结束，比年度计划提前1个多月。出水口开挖、支护基本满足年度计划。航道一期开挖和支护比年度计划有所提前。

地下引水发电系统除引水洞开挖外，其余各部位施工情况良好，完成或超额完成了年度形象面貌要求。特别是处于关键线路的主厂房施工，由于受诸多不利因素影响，上半年施工进度一度滞后合同近两个月。针对严峻局面，下半年各方采取强有力的措施，在制止进一步滞后的同时，抢回了前期损失的全部工期。目前，地下引水发电系统施工进度满足合同要求，为2004年按期提交机电标工作面和如期发电打下了坚实的基础。

三、大坝项目全面启动

一年来，大坝主体工程项目各项前期准备工作按照预定目标有计划、有步骤地稳步推进。大坝监理和施工招投标工作进入了尾声，龙滩公司做了大量卓有成效的工作，进行了充分的准备。大坝辅助项目建设全面展开：右岸拌和系统和那边沟场平，大坝主体Ⅲ标房建工程、大法坪砂石系统土建工程，长皮带机运输洞工程等正按计划抓紧施工；皮带运输设备的设计、制造和安装进入实施阶段，进展基本顺利；场内供水、供电、道路、营地和通信等基础设施建设不断完善，生产生活条件满足需要，为大坝主体后续项目施工做好了技术、物资、设备等方面的充分准备，为2003年龙滩工程按期实现截流目标打下了坚实基础，为龙滩工程建设实现重大阶段性转移，由大开挖向大坝主体混凝土浇筑目标转移创造了非常有利的条件。

四、工程建设创造了新纪录新水平

一年来，1478联营体在地下厂房项目施工中，克服开工准备不足，施工技术复杂，地质条件差，场地狭窄，施工干扰大，特别是联营体处于磨合期等重重困难，加大资源投入，精心组织，苦干巧干，全年石方洞挖突破100万m^3大关，跃居国内同类型工程领先水平；石方洞挖月强度屡创新高，7月份突破9万m^3，9月份突破10万m^3，10月份突破12万m^3，多次刷新洞挖世界纪录。

左岸高边坡开挖是控制2003年截流的关键部位，

坡度高，工期紧，难度大，边坡下降速度制约着导流洞进水口开挖进程，关系到导流洞能否按期全部贯通，事关截流大局。2002年以来，在业主、设计、监理、施工单位的共同努力下，不断优化施工方案，加大资源投入，配置到位，科学合理地组织施工。经过一年的努力，岸坡开挖从年初的▽520m高程，下降到年底的▽224m高程，下降了将近300m。这一水平在全国同类型边坡施工中是罕见的，为工程2003年实现截流赢得了主动。

五、工程质量总体良好

在保证工程形象进度的同时，龙滩工程各参建单位以国家电力公司质量巡视检查为契机，针对巡视检查组第一次、第二次巡视报告中提出的问题，全面进行行为质量和实体质量的认真整改和落实，严格过程控制；各参建单位及全体参建人员的质量意识和质量行为有了很大的提高，质量体系不断健全，质量管理制度建设进一步完善；同时，各监理和施工单位加强了对原材料、工程分包和民工队伍的管理和监督，使施工质量逐月提高，工程质量总体良好。全年主体工程项目共验收4376个单元，合格率100%，优良率88.28%。（其中主体Ⅰ标优良率91.05%，主体Ⅱ标优良率85.85%，主体Ⅳ标优良率86.91%）

六、安全管理常抓不懈

龙滩工程地质条件复杂，施工环境复杂，主体交叉、洞室平面交叉施工部位多，安全隐患多。针对以上情况，龙滩公司组织监理工程师认真审批施工单位的安全保障措施，每月组织一次安全文明大检查，发现问题，下达整改通知书。定期或不定期组织爆破安全和用电安全专项检查，对严重违规单位实行封闭整改。重点防范边坡安全、交通安全、爆破安全、用电安全、防洪渡汛等项目，制定并实施《坝区交通安全管理规定》等文件。不断加大安全工作力度，特别是防洪渡汛，参建各方高度重视，准备充分，按照《2002年龙滩水电工程渡汛工作安排》周密部署，落实防汛措施；监理督促各单位提交防洪渡汛措施和应急抢险预案，并先后组织对工程防洪渡汛进行六次大检查，及时解决防洪工作中存在的问题。在大汛来临之前，做到思想、组织、措施、物资四个落实，人员、设备和工作三个到位，使工程经受住了8月16日洪峰流量达14500m^3/s的考验，夺取了2002年防洪渡汛工作的全面胜利。

七、工程设计与科研管理

龙滩工程是世界级工程，很多重大的技术问题需要深入研究和科学试验才能得到解决。2002年，公司的工程技术管理工作以设计管理为中心，以现场技术服务为重点，进一步加强科研管理、专题技术研究和安全监测项目管理，为工程建设提供强有力的技术保证。设计单位按照设计工作协议，及时提供主体Ⅰ、Ⅱ标开挖图、支护图、导流洞开挖及支护图、洞身钢筋图；Ⅳ标的主厂房、主变压器、尾调、尾水隧洞、母线洞等主要洞室的开挖支护图等240多份图纸，完成了预应力锚杆、喷钢纤维混凝土、喷聚丙烯混凝土及预应力锚索施工的试验大纲和地下洞室开挖支护技术要求等，满足了工程建设对设计文件和图纸的要求。年内完成了14项设计招标工作和40多项设计专题报告以及25项专题研究工作；先后组织召开了碾压混凝土大坝浇筑方案技术专题咨询会议、大坝混凝土浇筑方案及混凝土生产系统规划专题研究报告审查会、大坝施工专题咨询会、01专题碾压混凝土大坝快速施工技术研究中间成果汇报及咨询会、03专题巨型地下洞室群开挖及围岩稳定研究中间成果汇报及咨询会等；组织开展了龙滩工程关键技术研究、大坝材料与配合比试验研究、锚杆无损检测试验研究、喷聚丙稀纤维混凝土试验等；加强LT/CJ—Ⅰ标、LT/CJ—Ⅱ标、LT/CJ—Ⅳ标安全监测项目的管理工作，对关键线路、高边坡进行全面监控，有效地避免了人员、设备安全事故的发生；加强水文气象管理，及时发布水情气象信息，对工程安全渡汛发挥了非常重要的作用。

八、征地移民工作全面展开

（1）征地工作：坝区征地和库区征地工作均按工程进度的要求顺利展开，确保了工程建设用地的需要，全面完成了坝区永久征地工作，办理了施工区临时征地手续；龙滩库区贵州省部分征地预审已经贵州省国土资源厅的审批并上报国土资源部批复；组织开展了龙滩库区征地报批材料的编制工作并与贵州省国土资源厅签订了《龙滩水电站库区（贵州部分）淹没耕地占补协议》。完成龙滩了水电站淹没区林地征用手续的报批工作，完成了南丹物资转运站征地手续的报批工作。

（2）移民工作：全面完成了龙滩坝区93户共419人的移民搬迁安置工作，保证了主体工程施工的顺利进行；2002年4月16日在广西北海与贵州省正式签订了《龙滩水电站水库淹没处理和移民安置补偿投资包干协议》；组织中南院、广西区移民局等有关单位完成了《龙滩水电站施工区占地移民安置和专项迁建规划报告》的修编工作；参与了龙滩库区和围堰影响区的移民安置实施规划的编制工作，并配合两省（区）移民主管部门对专项设施的复建和集镇、居民点基础设施的建设进行了审查；协调两省区政府颁发了《龙滩水电站移民安置实施管理办法》；与广西移民局共同完成了广西库区移民综合监理的招标工作；开展了400m一次建设的相关工作。

九、环境建设与工程建设同步推进

环境保护与水土保持工作，龙滩公司坚持预防为主、统一规划、因地制宜、综合治理、注重实效的方针，依法建设、依法施工，保证投入；按“同时设计、同时施工、同时投产运行”的要求进行建设；一年来，按照国家有关规定委托地方环境监测部门，组织开展了对施工区的环境监测；委托中南院编制完成了《龙滩水电站施工区水土保持专题报告》和《龙滩水电站移民安置生态环境影响评价大纲》，并分别配合国家电力公司和国家环保总局进行了审查；积极协调与地方环保、水保行政主管部门的关系，组织完成了施工区水土保持及环境保护执法情况的自查工作，建立并完善了施工区参建单位的环保、水保管理体系。确保了坝区生态环境建设工作的顺利开展。截止2002年12月底，累计完成环保水保投资约1.36亿元，完成龙滩工程坝区边坡喷混凝土38.5万m^3，浆砌石护坡和挡土墙6.5万m^3，干砌石护坡4.85万m^3，钢筋石笼砌筑1.3万m^2；麻村砂石料场的生态废水处理系统已建成并投入试运行。目前，龙滩坝区施工道路的边坡已得到初步治理，大部分边坡逐渐趋于稳定；按照龙滩坝区水保环保总体实施方案要求，各重点部位生态环境建设全面展开；各参建单位的生活营地的环境绿化美化工作已初见成效，整个施工区的环境状况不断改善，环保、水保管理工作有了一个良好的开端。

十、坝区管理成效显著

为维护好坝区社会治安和安全文明施工环境，龙滩公司从狠抓坝区总体规划布置入手，联合地方政府对坝区社会治安秩序和施工环境，从3月份开始先后多次组织了大规模的清理整顿；重点清理整治了坝区移民、游民及其民工队伍乱搭乱盖现象；加快了坝区各主要干道的环境和设施建设步伐，道路排水系统、照明系统、交通安全设施得到了很大的改善，使整个施工现场的面貌焕然一新。各参建单位也加大了施工部位的安全文明施工整治，特别是洞室照明、排水、排烟系统有了明显的改观。与此同时，龙滩公司联合地方有关部门全面加强了陆上水下交通安全管理，爆破安全管理，社会治安管理；对维护坝区交通秩序，打击偷盗团伙作案，不法分子行凶闹事等方面起到了良好的作用。龙滩工程坝区文明施工环境建设，有了显著的改观，上级有关领导及社会各界均对龙滩工程坝区管理给予了充分肯定。

十一、项目管理不断加强

工程建设和项目管理运行机制在2002年有了较大的突破。①强化了业主的核心主导作用。龙滩公司作为项目法人，在工程建设和项目合同管理等方面得到全面加强；进一步明确了工程建设部和公司各部门的职责范围、管理权限，落实了责任制；公司管理重心和管理力量向工程一线转移和倾斜；各职能部门加大了现场的管理和控制力度，并在工程建设部的总协调下，充分发挥了设计、监理和施工单位的作用，落实合同所规定的质量、工期和造价控制目标，做了大量卓有成效的工作，各项基础管理得到全面加强。②逐步规范了设计和监理的项目管理行为。2002年的设计工作技术难度高，技术供应质量大，现场遇到的问题层出不穷。通过年度设计工作会议，签订了年度设计合同，提高了设计和现场服务工作质量，满足了工程进度需要。根据监理管理办法，各监理单位均制定了监理规划、监理细则，监理职责和人员正在逐步到位；加强了原材料的把关和对施工单位质量三检制的监督检查；完善了监理日志和原始资料的管理；监理人员素质和监理工作水平在逐步提高。③建立健全了激励机制。为促进龙滩工程建设的进度、质量、安全及文明施工管理，增强合同意识，建立激励、约束、竞争机制，有效调动各参建单位的积极性。龙滩公司结合国家电力公司《水电工程达标投产考核办法》，运用经济杠杆的作用，建立了龙滩工程进度、质量、安全及文明施工考核评比制度，制订管理办法，设立了奖励基金，每月进行考核评比。从4月份开始试行以来，参建各方高度重视，量化目标，明确责任，落实措施，使组织管理、技术准备、资源配置不足的问题得到加强和改进，各项基础管理工作明显加强，对工程建设起到较大的推动作用。④参建各方加大了合同变更、索赔的管理力度。龙滩公司对施工单位特别是Ⅰ、Ⅱ、Ⅳ标的合同变更以及一些过去遗留的经济问题，抓紧予以合理解决。对涉及面宽、难度大且一时解决不了的问题，则采取预结算或缓扣预付款的办法来帮助施工单位解决资金困难。2002年工程三大主标及十余个辅标中，龙滩公司清理审查变更批文（批次）59个，批复变更单价1045个，支付变更及索赔金额高达6516万元，从一定程度上缓解了各施工单位的资金压力，促进项目合同管理朝着规范化、正常化的方面迈进。

十二、严格工程招投标和合同管理

招标工作是公司十分重要的工作。这方面工作的好坏是关系到工程能否顺利进行和工程成败的大事。为此，无论是工程项目招标，还是在物资采购方面，龙滩公司都能严格按照国家有关法律法规和规章制度办事，坚持公平、公正、公开的原则，择优选择承包商。根据国家计委关于基本建设大中型项目开工条件的规定，结合龙滩水电站工程总体进度安排的需要，公司经营班子按照国家有关招投标法、合同法的规定，通过公开招标和邀请招标的方式，2002年招标项目148个，其中签订各类合同、协议138个，签订合同金额约34.13亿元，已在洽谈合同和发售标书的项目10个。在招标和评标过程中，龙滩公司积极主动接受外界监督，邀请广西检察反贪局对各主体和其他标段招标评标，全过程进行监督。这是广西大型工程项目第一次邀请检察院反贪局进行全过程监督，各方面反映良好。

在合同管理方面，公司经营班子严格执行合同条款和公司制定的各项工作制度管理程序，使合同管理工作始终处于有序和受控。合同管理从产生、执行、终止，全过程建立了一套工作流程。2002年公司共计审查了左岸主体土建Ⅰ标、右岸主体土建Ⅱ标、地下厂房主体土建Ⅳ标三大主标及十余个辅标的变更，审查变更批文（批次）计59个，严格控制了工程造价，确保工程建设的正常开展。

十三、精心安排资金保障工程建设需要

根据工程建设需要，龙滩公司采取了多种方式进行融资筹资，精心安排工程建设资金，努力降低资金成本，有力保障了工程建设资金需要。

资金筹措使用管理是保证工程顺利进行，节约工程投资的一项关键工作。根据董事会审定的年度投资计划，2002年需筹措资金19.86亿元：其中资本金7.48亿元，银行融资12.38亿元。由于受电力体制改革的影响，各股东单位未能按计划投入资本金，全年只收到资本金1.54亿元，占应到位资本金的20.59%。

为了保证工程建设的资金需要，公司经营班子督促有关专业部门积极与多家银行及金融机构洽谈临时贷款问题，经过努力，与开发银行等9家金融机构签订了18.7亿元的短期贷款合同，并争取到利率下浮5%～10%的优惠，仅此一项，即节约利息支出968万元，既保证了工程建设巨额的资金需要，又较好地降低了资金成本。2002年在融资和资金使用方面共节约资金利息1607万元，有效地降低了建设成本，有力保障了工程建设的顺利进行。

十四、高标准、高起点、严要求进行公司建设

一流的工程建设，必须由一流的公司来完成。2002年，龙滩公司努力按高标准、高起点、严要求的原则，着重抓了公司管理体制、机制、制度的建设和理顺，以及公司人员结构的调整，以适应公司发展和工程建设的需要。

1. 队伍建设

根据公司的机构设置和人员编制及配置要求，对公司机构进行了重新调整。目前设立了9个部，正式员工85人，平均年龄39岁左右。同时聘用了6名专家和60名辅助人员作为必要的补充，基本上满足了龙滩水电工程建设和公司工作的要求。同时，经公司考核提拔了7位中层干部，大大加强了管理力量。

在职工队伍建设方面，公司组织职工开展各类文体活动以及组织职工外出考察学习共20多次，职工的业余文化生活丰富多彩，对公司工作和工程建设起到了积极的促进作用。2002年以来，多次组织开展了安全质量、专业技能的培训和考试，使职工的综合素质和业务水平有了进一步提高。在双文明建设方面，公司成立并调整了精神文明建设委员会机构、人员，制定了相应的制度和管理办法，以及创建文明单位的规划和实施的具体措施，并把这项工作深入扎实地开展下去，并申报自治区“双文明单位”。

龙滩规模宏大，特别是业主对工程招标、物资、设备采购、合同履行、资金安排等方面掌握的权力特别大，责任也特别重大。确保公司领导班子和公司全体职工清正廉洁，遵纪守法尤为重要。一年来，公司领导班子建设、职工队伍建设、党风廉政建设和反腐败工作得到了明显加强，公司领导和职工能够严格招投标程序和纪律，在廉洁自律方面起表率作用，在努力交出一项合格高质量工程的同时，带出一支高素质的、技术过硬的职工队伍。

2. 制度建设

2002年2月，公司组成了新的领导班子。鉴于公司经理层的管理关系和工作关系不规范，公司各职能部门职责范围和工作关系未理顺的情况，公司专门成立规章制度清理领导小组，清理和完善了多项不适应公司工作和工程建设的规章制度，并相应出台了一批新的规章制度，使公司规章制度进一步健全，构筑起较为完善的公司制度体系。公司各部门做到责权对应、职责明确、界面清楚、分工合作、管理有序，有效地杜绝了工作中出现推诿，扯皮现象，使公司工作环节保持顺畅，大大地提高工作质量和办事效率。

与此同时，公司逐步形成并完善了各项工作会议制度，先后形成了公司党组会、总经理办公会、公司招标领导小组会、公司月生产计划会、工程建设月生产计划会等多个例会制度。

3. 班子建设

龙滩公司是龙滩工程建设的主导单位，只有把班子建设好，才能把公司建设好，才能带领参建各方把

工程建设好。2002年2月，公司新的领导班子组成和党组成立后，严格按照国电公司党组提出的“从严治党，从严治企，从严治各级领导班子，领导干部要做表率”的要求，强调要加强班子的组织建设和作风建设，规范公司领导干部的行为，强调班子成员并坚持身体力行，深入现场、深入工程，实事求是地与设计、监理、施工单位和地方政府一道解决工程和工作中的矛盾与问题。公司党组多次召开专门会议，研究并制定党组织民主集中制、组织建设和作风建设、党风廉政建设以及纪检监察等一系列工作制度。经中共广西壮族自治区党委组织部、区直属工委同意和批准同意公司成立了机关党委；团工委机构建设也已完成，团青工作逐步走上正轨，公司党组织建设得到进一步健全和完善。

4. 改革劳动、人事、分配制度

为适应公司“小业主，大监理”的管理要求，达到精简高效，依法和规范管理公司的目的，提高办事效率和管理水平，公司从2002年下半年开始实行三项制度改革，制订了机构编制、岗位设置及岗级规范方案。公司完成了对原来的劳动、人事、分配制度进行改革，对公司各部重新定编定岗，对副主任以下的人员全员竞聘上岗。这次改革取得了积极的效果，打破现有的分配机制，逐步形成竞争、激励为主要标志的岗位能上能下，职工能进能出，优胜劣汰的用人机制，充分调动职工的积极性，提高办事效率和管理水平。

电力工业行业管理与服务

调查研究与咨询服务

1. 调研主辅分离问题，为政府决策提出建议

在改革方案研究制定阶段，中国电力企业联合会(简称中电联)协助电力改革协调领导小组组织了多次企业人员及专家座谈会，收集整理对改革的意见和建议。在改革实施阶段，配合政府部门对实施主辅分离问题进行调研，2002年3～4月份先后召开了10多次施工、设计、修造和多经企业座谈会，听取了各方面的情况反映和意见要求，找出了辅业企业存在的共性问题和特殊困难，并对其形成的历史和政策性原因进行了客观分析，针对辅业企业的生存发展、在职人员的妥善安置、离退休人员的管理和待遇、各种历史欠账的补偿等关系企业和职工切身利益的问题提出了建议，形成了五篇调研报告，上报给电力体制改革工作小组，对政府部门的决策产生了积极影响。2002年12月，为落实国家经贸委等八部委关于主辅分离、人员安置的文件精神，我们又一次召开100多家辅业单位参加的座谈会，进一步研讨辅业改革面临的机遇和挑战，为下一步网省公司实施主辅分离奠定基础。

2. 协助国家计委价格司研究电价改革问题

电价改革是电力体制改革的关键，中电联根据国家计委价格司的要求，配合价格司邀请行业内外部分专家组成工作小组，在国家计委的领导下，在国家电力公司的指导下，对电价改革问题进行了几个月的认真研究。工作小组数易其稿，形成了一个电价改革的总体方案和几个配套文件。国家计委《电价改革方案(征求意见稿)》下发后，中电联又及时组织专家进行了认真研究，负责地提出了修改意见，其中大部分内容被计委价格司采纳。

3. 积极做好承担新增职能的准备工作，确保职能转移的平稳过渡

国务院［2002］5号文件明确规定，由中国电力企业联合会履行电力行业统计职责。为落实这一规定，在国家经贸委和国家统计局的指导帮助下，中电联提出了搞好行业统计职能平稳过渡和履行好行业统计职责的构想，得到国家经贸委和国家统计局的肯定。国家经贸委和国家统计局的授权文件下发后，中电联又积极与国家电力公司协商，就有关具体问题达成了共识，并联合签发了搞好2002年报和2003年统计工作的通知，计划2003年1月20日在北京联合召开了2003年统计工作会议，对做好2003年和改革过渡期间的行业统计工作做出了全面部署和安排。

4. 承担政府部门委托的重大课题研究并获得好评

受国家经贸委和财政部委托，先后完成了《电力法》修改、《我国工商领域行业协会现状和发展机制研究》《加入WTO对我国电力产业的影响及财税对策》等课题研究工作，课题报告受到了委托部门的充分肯定。《加入WTO对我国电力产业的影响及财税对策》以详实的数据说明我国电力产业实际税负偏高，并对其原因进行了深入具体的分析。在此基础上提出了鼓励电力产业，尤其是鼓励清洁能源、可再生能源发展的政策建议，包括改生产型增值税为消费型增值税，降低增值税率，实行水电投资成本合理分摊，取消水电建设中不合理的税费，扩大电力设备投资抵免政策的适用范围，减少其限制等。

5. 组织会员单位开展重大课题研究，取得丰硕成果

围绕改革发展中的热点、难点问题组织会员单位开展课题研究，先后完成的主要课题有：《区域电力市场运行机制研究》《农村电气化持续发展机制研究》等十五个课题。其中《国电西北公司区域电力市场研究》现已通过专家验收并获得较高评价。

6. 电力市场分析预测工作开始起步

从2001年起，中电联开始对电力供需情况及趋势进行分析预测，先后完成了《2001年上半年全国电力供需形势及下半年预测》《2001年全国电力供需形势报告》和《2002年上半年全国电力供需形势及下半年预测》三个市场分析报告，在对市场态势进行分析和预测的基础上，提出了需重点关注的问题和政策建议。

7. 探索行业自律，起草《供电企业优质服务约规》

为研究行业自律问题，并配合国电公司系统开展的优质服务活动，中电联组织会员单位研究并起草完成了《供电企业优质服务约规》，已经三届四次常务理事会讨论通过，拟选择适当的时机发布。

8. 积极开展个性化服务，不断拓宽服务领域

根据企业的需求，积极开展咨询服务。受深圳供电局和成都电业局委托，为这两个局制定创国际一流供电企业规划提供了咨询，并完成了咨询报告。

电力企业管理与咨询服务

1. 企业管理与咨询工作

(1) 组织召开了中电联2002年经济形势与企业改革分析预测会。电力系统的企业经营者和各省行协负责同志等260位代表参加会议。会议特邀国务院发展研究中心副主任陈清泰作了题为“经济全球化给政府和企业带来的机遇与挑战”的报告；还邀请了有关

部委、国电公司和院校的领导和专家，对国内外经济形势、政策走向、电力工业改革等一系列热点、难点问题进行阐述和分析。代表们普遍反映，预测会对于认清形势，把握大局，正确理解国家有关政策和方针，制定正确的工作目标和方向，深化改革，加强管理具有很好的指导意义。

(2) 推动省级电力行业协会工作。到2002年底全国已组建省级电力行业协会27家。为更好地促进省级电力行业协会的建设与发展，2002年10月在河南郑州召开了省级电力行业协会负责人座谈会，通报了目前电力体制改革的有关情况和全国电力行业协会建设等方面的进展情况，交流了省级电力行业协会工作的经验及《行协职能》、《行协经费》课题成果，研讨了行业协会建设等方面的问题和解决问题的办法和建议，展望了行业协会的前景。会议期间还颁发了电力行业质量管理奖和企业管理现代化创新成果奖。

(3) 积极主办好电力企业家活动日标志性活动。2002年7月在吉林省延吉市举办了电力行业企业家活动日。围绕学习贯彻国务院关于电力体制改革方案的有关精神，就供电企业主业与多种经营如何适应国家电力工业体制改革进行了座谈和研讨，会上与会代表还相互交流沟通信息，最终根据大家提出的宝贵意见，形成了建议报有关领导。

(4) 中电联分别组织火电和送变电施工企业、设计、多经等单位召开了改革座谈会。对今后改革中主辅分离的问题进行了进一步的探讨。会议就主辅分离后重组中存在的问题和建议提出了建议，分送到有关部委和领导，产生了积极的影响。

(5) 2002年6月，对2001年10万kW及以上火电机组技术经济指进行了统计。纳入统计的10万kW机组有142台、12.5万kW机组有175台，20万kW机组有195台，30万kW及以上机组有280台。统计结果表明，该信息深受企业欢迎，同时也为政府决策和宣传媒体提供了依据和分析报告。

(6) 召开了第十届全国电力行业企业管理创新成果评审会。在申报的138个成果中，共评出一等奖13项，二等奖20项，三等奖56项。在2002年“第八届全国企业管理创新成果”名单中，电力系统有山东潍坊电业局的《以预算控制为基础的业务流程再造》和广东中山电力工业总公司的《以质量文化为理念的供电优质服务》获一等奖；山东潍坊发电厂的《发电企业的物流管理整合》获二等奖；贵州送变电工程公司的《送变电施工资源模拟市场化管理》获三等奖。这是电力行业获奖最多的一年，在全国19个一等奖中，电力独得两项。

(7) 出版发行了2002年度的《全国电力企业管理现代化创新成果（汇编）》。完成了《我国电力企业管理创新的动态及发展趋势》的分析报告。

(8) 为了提高企业的核心竞争力，提高企业经营管理水平，组织编制了《独立发电企业和供电企业经营评价指标体系（试行）及实施细则》，并在发电供电企业中试行。目前供电分会已正式发文，根据评价体系指标，收集了72家供电企业的资料。火电分会已在秦皇岛电厂、姚孟电厂和北仑等电厂试行。这项工作的开展，主要是贯彻落实《“十五”电力企业建立现代企业制度和加强管理指导意见》，企业结合这套标准衡量其在行业中的位置，找出差距，在激烈的市场竞争中增强核心业务能力。

(9) 组织电力行业企业参加了中国企业联合会的申报企业新纪录工作，电力行业有6家入围第七批中国企业新纪录，它们是：河南第二火电建设公司从1988年11月3日～2002年7月13日连续安全施工生产5000天，创国内火电施工企业安全生产新纪录；河南南阳鸭河口发电有限公司2001年7月建成的干煤棚，平面跨度108m，长度90m，中间拱高40m，干煤棚网壳施工采用在地面分片拼装绞节点连接，利用塔柱千斤顶计算机同步液压整体提升到设计高度，然后补齐少量杆件形成网壳整体的全新施工工艺，为国内跨度最大的圆柱面煤棚网壳；深圳能源集团月亮湾燃机电厂2001年安装完成的PG9171E燃气轮机燃气蒸汽联合循环发电机组在燃用重油条件下，在环境温度17.42℃时效率为49.72%，创国内电力行业同类型机组热效率最高新纪录；深圳能源集团月亮湾燃机电厂2001年采用高性能双压联合循环气轮机配PG9171E三压立式余热锅炉，用于燃用重油的燃气蒸汽联合循环，属国内首创；黑龙江省送变电工程公司承建的（2001年12月10日竣工）三峡至万县500kV输电线路工程采用孤立文件耐张塔跨越方式，跨越距离1658m，全塔运行张力131T，单线运行张力10T，耐张塔采用530kN四联绝缘子，均属国内首创；上海电力安装第二工程公司承建的吴泾八期工程2×600MW机组，其中2号机组2001年5月6日完成168h试运转，轴系振动的最大轴振值仅为49.7μm，创国产600MW机组轴系振动最小新纪录。

(10) 2002年5月29～31日，在浙江杭州召开了中电联企业管理咨询委员会工作会议。会议总结了2001年咨询工作，安排了2003年的工作，讨论修改了《关于评选电力系统优秀咨询单位、优秀咨询工作者、优秀咨询论著、优秀咨询成果的暂行办法》和《中电联企业管理咨询委员会人才库管理办法》，并邀请有关领导作咨询专题报告。同时套开了电力企业管理咨询顾问资格认定会，共认定中级咨询顾问47名，向中企联推荐高级咨询顾问39名，组织建立了咨询库的模型。这次会议对推动今后的咨询工作具有一定的影响。

经中国企联第十六次咨询工作会议认定委员会认定，电力行业有38名同志被认定为中国企联高级管理咨询顾问。

(11) 应小浪底水电厂的邀请，由中电联与河南省电力行协组成联合咨询组，于2002年5月对小浪底水电厂进行了企业管理咨询工作。通过对全厂管理和生产现场的了解和现场查看，与干部、职工的访谈，咨询组提出了全面诊断和整改意见的咨询报告。由于咨询报告具有较强的针对性和可操作性，得到厂方的好评，并得到小浪底建管局领导的高度重视，小浪底水电厂立即将报告印发建管局及水电厂的各个部门，对所提出的问题加紧整改，此项工作得到了企业的肯定。

(12) 中电联与美国UMS公司共同完成了对北仑电厂创国际一流火电厂咨询。经过三个阶段的工作完成了咨询报告，对促进北仑电厂成为国际一流电厂具有指导意义。中电联通过此次的合作与尝试，进行了认真总结，为今后的咨询工作打下了良好的基础。随着中国加入WTO及电力体制改革的不断深入，电力咨询工作也要不断创新，需要尽快掌握国际咨询业的一些新的理念、方法和手段，通过国际间的合作，进一步提高我们的咨询工作水平，进一步摸索建立一套适合自己的管理方法和系统。同时，我国的大型、特大型电力企业也需要尽快将自己的企业管理水平与国际水平进行比较，找出差距，进一步提升企业竞争力。

(13) 在电力体制深化改革中，中电联与国家电力公司等有关部门协商，将电力系统非金属材料归口管理接管过来。并于2002年12月17日在深圳召开了有关工作会议，换发了2003年度许可证。

2. 职业安全卫生

(1) 由中电联组织编写的《电力行业劳动环境监测技术规范》，于2002年4月27日经国家经贸委正式颁布，9月1日实施。本标准涉及粉尘、噪声、毒物、高温、微波辐射、极低频电磁场等6项共7章。为贯彻《电力行业劳动环境监测技术规范》，中电联两次举办了《电力行业劳动环境监测技术规范》技术培训班，有网、省电力公司及基层电力企业共150人参加了培训。

(2) 对山东电力集团公司“HST—1型输煤系统除尘器及粉尘在线监控系统”申报科研成果进行测试及鉴定。

(3) 举办全国电力行业《医疗事故处理条例》高级培训班。邀请国家卫生部法监司、北京大学、北京医院管理研究所和法院高级法官授课，全国电力行业各级企业共220人参加培训。

(4) 举办了两期紧急救护专业培训班，邀请香港急救署、北京急救中心、解放军总医院的专家、教授讲课，对《电力行业紧急救护工作规范》进行了重点讲授，各级电力企业共有180余人参加培训。

(5) 组织编写《安全生产法和职业病防治法百题解答》一书，现已出版发行。

(6) 完成2001度和2002年度卫生专业正高级技术职务评审工作，共评审240人·次。

3. 电力建筑业统计工作

(1) 按照国家统计局的要求，完成2001年年报统计工作，此项工作在国务院各部门建筑业统计2001年年报和2002年定期报表数据质量评比中，再一次荣获国家统计局授予的特等奖（已连续7年）。在汇总年报资料的基础上，完成了《2001年度电力建筑业统计资料汇编》的编制、印刷、出版、发行工作。

(2) 撰写《电力施工企业2001年完成主要经济指标统计分析报告》分送有关领导并分别发表刊登在《中国电力企业管理》、《电力建设》杂志。

(3) 根据国家统计局对建筑业统计改革的要求，结合电力体制改革的形势，组织专题调研，在调研的基础上，提出了《电力建筑业统计改革实施方案》和《2003年年报及2003年定期报表制度》，征求有关单位意见后修改定稿，印发各单位实施。

(4) 按照国家统计局的要求，编制了2002年季度快报，结合电力建筑业实际制定了2002年年报及2003年定期报表。

4. 会员组织与发展工作

(1) 按照中电联分会工作的有关规定，分别于1月、7月两次召开分会秘书长工作交流座谈会，总结工作，交流情况，沟通信息；积极推动、筹划、建设中电联分会信息化网络系统，并取得进展。

(2) 积极筹备组建新的中电联分支机构，2002年基本完成了中电联后勤分会、工业卫生分会、电力试验研究、电力物资流通四家分会的筹组工作。

(3) 加强与理事单位的联系。2002年4月在湖北省宜昌三峡，组织了中电联第一次理事单位联络员培训班。通过此次活动加强了与中电联理事单位联络员及相关领导的联系，为进一步做好会员服务与联系工作进行了有益的探索。

(4) 为提高行协工作人员的综合素质，学习国外行协先进的工作经验，增强做好行协工作的信心，先后组织省级电力行协及分会赴澳洲、美洲进行学习考察。

(5) 做好为会员单位的信息服务，编辑发送了《电力企业管理信息》25期；《电力动态双日刊》正式复刊，2002 年共向会员单位发送 144 期。

电力标准化管理与服务

1. 进一步加强电力标准的制修订工作

中电联加大了对计划项目的执行力度，对历年计划跟踪管理，督促项目承担单位按计划时间完成。并对 1996 年以前的计划项目进行了清理，对不适应电力工业技术发展要求的项目、或在电力体制改革中承担单位或主要起草人变动，无法完成的项目进行撤销处理，对继续保留的项目又重新进行了落实。因此，2002 年电力标准制修订工作完成得较好，共发布的电力标准 124 项，其中国家标准 21 项，发布的电力标准为历年来最多。计划立项电力行业标准 103 项，其中制定 60 项，修订 43 项，电力国家标准 16 项，其中国家标准委立项 7 项，建设部立项 9 项。

2. 电力标准宣贯工作

宣传和贯彻标准是标准化工作中的主要内容之一，标准的实施效果如何，与标准宣贯力度有很重要的关系。为了使广大工程技术人员准确地理解和掌握新颁标准的条款和内容，中电联加大了新颁布标准的宣贯力度，选择一些涉及面广、技术难度大的新颁标准进行了宣贯，讲解者都是标准的主要起草人。据统计，2002 年内共举办新颁标准宣贯会 34 次，约 2050 人·次参加。

为使电力行业标准编写格式按照 DL/T600—2001 的要求执行，中电联组织了两次 DL/T600《电力行业标准编写基本规定》的宣贯会。宣贯会针对各专业标准化技术委员会负责人以及近期主要标准起草人，向他们介绍了编写标准的格式以及注意事项，使电力行业标准从 2002 年起按照新的要求编写打下了基础。

3. 专业标委会的管理工作

标准是科学技术和实践经验的结晶，标准的制修订工作当然离不开有关方面专家的辛勤劳动。电力行业各专业标准化技术委员会汇聚了大量的专业技术人员。2002 年中电联标准化中心继续加强了标委会的组织建设和管理工作，按期对标委会进行换届，2002 年对计算机信息技术、环境保护、高压直流输电技术、气体绝缘金属封闭电器等 4 个标委会进行了换届，对大坝安全监测标委会委员进行了增补。在标委会的换届中，补充了年轻委员的数量，调整了标委会委员的年龄结构，保持标委会工作的连续性。对新当选的委员，进行了标准化基础知识、委员权利和义务等内容培训，便于更好地开展工作。对工作不力的标委会挂靠单位进行了调整，标委会挂靠单位调换以后，标委会的工作出现了新气象、新面貌，各项工作开展得非常顺利。

4. 电力企业标准化工作

服务于企业是电力标准化工作的宗旨，中电联继续对企业标准化工作进行指导和帮助，真诚为企业服务。为了建立健全企业技术标准体系，中电联组织专家编撰了《供电企业技术标准汇编》《火力发电企业技术标准汇编》《水力发电企业技术标准汇编》，受到了相关电力企业的欢迎；为了使广大工程技术人员全面了解电力标准替代情况，编辑了《新旧电力标准对照目录》，收集了历年来修订前后的标准代号及名称，促进了新标准的全面实施，适应了电力行业安全文明生产和创一流工作以及城乡电网改造工作的需要。应企业之邀，2002 年为各类企业进行标准化知识讲座 6 次，听众 460 多人；继续办好中电联子网站“中国电力标准化网”和《电力标准化与计量》期刊，及时准确为企业提供标准信息服务。这些活动均受到有关电力企业的好评。此外，按照国家经贸委电力司的要求，还组织编辑了《电力技术标准汇编》，汇编分 4 部分共 40 册，以满足各专业技术人员的需要。

为切实帮助电力企业建立自己的标准体系，编写适合本企业需要的企业标准，2001 年编制了 DL/T800《电力企业标准编制规则》，其中规定了编制企业技术标准、管理标准和工作标准的基本规则。2002 年，中电联组织专家到多个地区进行了 DL/T800 的宣贯，并组织有关单位和人员着手编制电力企业管理标准、工作标准范本，对企业标准的内容范围、编写格式提出具体模式，企业在编制自己的标准时可根据对应的范本并结合本企业的实际情况进行适当修改即可。范本编制工作经过分工协调，现已进入起草阶段。范本的推出必将大大减少企业标准编制的工作量，提高企业标准的编制水平，加快推进电力企业标准化建设。

5. 加入 WTO 后的电力标准化应对工作

针对 2001 年底中国正式加入 WTO，作为世界贸易组织成员国，标准化工作要按照《技术性贸易壁垒协议》（即 WTO/ TBT 协议）的要求，制定、采用和实施技术法规、标准和合格评定程序不给国际贸易制造不必要的障碍，使国际贸易自由化和便利化。为了帮助电力行业各有关单位学习和掌握 WTO/ TBT 协议，中电联在认真研究和学习的基础上，编制了教学幻灯片，主要内容有 WTO 基本知识、TBT 协议中与标准化有关的条款、对发展中国家的差别待遇、对电力标准化的影响以及应对工作等，对 8 个单位进行了宣讲，听众约 500 人次，受到大家的欢迎。

中电联把采用国际标准和国外先进标准作为一项重要工作来抓，继续提高标准采标率，电力行业归口管理的国际电工委员会 8 个技术委员会（IEC/TC）的采标率达 81%，采标工作得到了国家有关标准主管部门的肯定和表扬。

为全面提高工程建设标准的技术水平，促进建设领域高新技术的推广应用，适应加入 WTO 的需要，中电联根据建设部《关于组织开展工程建设标准复审工作的通知》要求，组织电力行业内有关专家对 1995 年前发布、当前仍有效而未安排修订的电力工程建设标准进行了认真复审，共复审电力国家标准 11 项，电力行业标准 41 项。对国标复审的结论为：建议修订 9 项，局部修订 2 项；对行标复审的结论为：建议修订 20 项，局部修订 12 项，继续有效 7 项，废止 2 项。对于需要修订的标准，中心将尽快安排计划，组织专家进行修订。工程建设标准化工作得到了建设部的肯定，在建设部标准化工作总结大会上，电力标准化工作作为典型材料提供大会交流。

受国家标准化管理委员会的委托，中电联成功组织了国际电工委员会第 57 技术委员会（IEC/TC57）和第 81 技术委员会（IEC/TC81）2002 年年会及六个工作组会议。会议的成功举办扩大了中国与国外先进国家在电力系统及其通信领域的合作与交流，加大了参与国际标准化工作的力度。

在交流与合作方面，中电联与德国西门子公司多次接触，就与该公司在标准化领域进行进一步交流与合作的有关事宜进行探讨，双方本着真诚友好和相互信任的态度对今后合作的谅解备忘录进行了探讨并初步形成了备忘录的框架。这也为电力行业创造了更多与国际一流企业进行标准化管理经验交流的机会，为了解世界电力科技前沿提供了一个窗口。

6.1997 年和 1998 年电力行业标准计划项目验收工作

中电联对 1997 年 130 项计划项目和 1998 年 85 项计划项目完成情况进行了清理，提交了两年的合同项目验收报告、发布的文件、已出版的标准文本等资料，通过了国家电力公司组织的科研项目验收。

电力行业职业技能鉴定管理与服务

1. 适时召开全国电力行业职业技能鉴定工作座谈会，交流经验、明确思路，确定工作总体目标

2002 年 3 月 27～29 日在重庆市召开了全国电力行业职业技能鉴定工作座谈会。会议主要内容是：推广交流工作经验，研究解决存在问题，安排部署 2002 年工作。会议回顾总结了 2001 年的工作，提出了 2002 年电力行业职业技能鉴定工作的工作思路和总体目标：进一步理顺工作关系，完善工作体系，夯实基础工作，加大鉴定实施力度，在做好新就业人员鉴定工作的同时，加快向在岗人员扩展，突出做好在岗和高技能人员的鉴定工作，优化现有人员结构，努力提高鉴定工作的总体水平，力求 2～3 年内实现所有在岗人员持证上岗。中电联刘宏常务副理事长及劳动和社会保障部培训就业司张斌处长参加会议，并做了重要讲话，肯定了电力行业职业技能鉴定工作取得的成绩，对下一步工作提出了明确的要求。同时，在会上有 9 个省电力公司做了专题发言，交流了职业技能鉴定工作经验，开阔了思路，得到会议代表的普遍好评。

2. 成功举办职业技能大赛，促进岗位成才

2002 年 11 月 23～29 日在云南昆明由中国电力企业联合会、国家电力公司、劳动和社会保障部中国就业培训技术指导中心、中国能源化学工会共同举办了全国电力行业营业用电专业（装表接电、用电监察）技能大赛。这次大赛共有 29 个省电力公司参加，174 名选手及领导、教练等 400 余人参加了竞赛活动。此次竞赛规格高、范围广，场面隆重壮观，气氛浓烈。中电联常务副理事长刘宏、国家电力公司人力资源部副主任张成杰、劳动和社会保障部中国就业培训技术指导中心党委书记沈宝英、中国能源化学工会副主席刘建民及云南省电力集团公司副总经理王大竹等负责同志分别出席大赛并讲话。经过 6 天紧张激烈的角逐，共产生 6 名“全国技术能手”、30 名“全国电力行业技术能手”和 60 名“全国电力行业优秀技能选手”。华北电力集团公司和湖北省电力公司分获团体第一名。

3. 全力完成题库建设目标，为全面开展职业技能鉴定提供保障

（1）抓紧了题库建设工作，召开了 7 次专题审定会，共审定通过了 44 个工种（职业）《电力职业技能鉴定指导书（题库）》。于 2002 年 6 月底全部完成了电力行业特有 81 个工种（职业）和水电工程 12 个工种（职业《电力职业技能鉴定指导书（题库)》）的审定工作，并移交中国电力出版社出版发行。到 2002 年年底共出版发行 82 种《电力职业技能鉴定指导书（题库)》；还有 14 种的《电力职业技能鉴定指导书（题库)》书稿，正在抓紧编辑加工过程中，预计 2003 年第一季度全部完成出版工作。

（2）为实现计算机智能化组卷命题，完成了《电力职业技能鉴定试题库管理系统》软件的开发工作，经组织专家审定通过。该软件可以满足职业技能鉴定工作需要。现已由中国电力电子音像出版社出版发行。

（3）12 月 11～13 日在安徽省合肥举办了电力职业技能鉴定试题库软件应用培训班，共有 80 名计算

机管理和命题人员参加，为明年全面实现计算机智能化组卷命题奠定了基础。

4．加强组织机构和人才队伍建设，推动鉴定工作深入开展

(1) 完成了2002年度建站报批和调整工作。经劳动和社会保障部批准，新成立了17个电力行业职业技能鉴定站，并有4个单位调整增设了鉴定工种。目前，全国已建立了173个鉴定站，基本完成了覆盖全国的总体布局，为职业技能鉴定的开展提供了组织保障。

(2) 加强队伍建设，2002年陆续举办了几期职业技能鉴定管理、考评人员培训班，共有1135人参加了培训。

(3) 进一步加大鉴定实施力度，加大了对中高级技能型人才的鉴定工作，使电力职业技能型人才队伍结构更趋合理。全国电力行业共有15.4万多人参加了职业技能鉴定，获证人数11.7万人，合格率为76%，其鉴定工种范围已覆盖全部88个行业特有工种。2002年3月指导中心组织召开了2001年度电力行业高级技师资格考核评审会议，共有800余人参评，经专家评审并报高级技师资格评审委员会审核批准，272人取得了高级技师资格。据劳动部门统计2002年在31个行业部门共鉴定100万人，电力行业鉴定人数位居第2名。

5．完成了其他有关各项工作

2002年9月组织了全国电力行业职业技能鉴定考察团赴澳大利亚、新西兰学习考察。该团由行业指导中心、国家电力公司及有关省、市、自治区电力公司鉴定机构负责同志共16人组成。根据劳动和社会保障部［2002］22号文《关于组织开展第六届中华技能大奖和全国技术能手表彰活动的通知》精神，组织完成了全国技术能手的推荐工作，并于12月完成2002年度全国电力行业技术能手的评选表彰工作，共25名同志被评为“全国电力行业技术能手”，由中电联发文予以表彰。

完成2002年电力行业职业技能鉴定统计、分析工作。

电力教育培训管理与服务

(1) 为贯彻落实全国职业教育工作会议精神，2002年9月在北京召开了电力行业职业教育工作座谈会和电力行业职业学校校长会议，并组织开展了电力行业职工队伍素质结构情况调研工作；于10、11月份先后召开了电力行业职业教育培训工作东北、西北地区座谈会，并完成了相关调研报告。

(2) 行业制度标准建设：

1) 组织完成了电力行业仿真培训教练员岗位规范及教练员培训基地建设标准的制定及审定工作，并经劳动和社会保障部培训司批准，联合中国就业指导中心共同推动电力行业仿真培训工作。

2) 印发了电力行业职业技术教育“钳工工艺”师资培训基地建设标准，并组织完成了对“钳工工艺”师资培训基地的验收。

3) 组织研究制订了电力行业职业教育双师型教师评价体系，并印发实行。

4) 制定了电力行业继续教育培训班暂行管理办法，并印发实行。

(3) 培训工作：

1) 为使电力企业适应国内外竞争的需要，提高项目经理和项目管理人员驾驭企业，驾驭市场的能力，由中国项目管理研究会授权在电力行业开展“国际项目管理专业”培训和认证工作，并组织开展了第一期“国际项目管理专业”的培训和认证工作，有25名通过了“国际项目管理专业”C级认证。

2) 为更好的给企业提供服务，我们充分发挥电力高校、科研院所的优势和作用开展了电力行业的继续教育工作，根据2002年电力行业继续教育培训项目计划，先后组织召开了继续教育校、企供需见面会，并对成立继续教育分会工作进行了筹备。举办的高层次培训班有：①电力企业信息安全构建高级培训班；②现代企业纳税筹划理论与实务高级培训班；③电力行业供电客户服务新技术培训班；④电力行业供电配网自动化新技术培训班；⑤全国电力行业会计工作实务高级培训班；⑥现代人力资源管理高级培训班；⑦电力企业内部审计理论与实务高级研修班；⑧电力负荷预测与管理高级研修班；⑨现代管理方法与经济法律知识高级培训班；⑩电力行业现场成本与企业预算管理高级培训班；⑪电网经济运行节电技术培训班；⑫企业文化重构及建立学习型组织高级研修班。

3) 组织进行了对电力行业职业技术教育师资培训需求的调研工作，嗣后举办了电力行业职业技术教育“电工工艺”师资培训班、多媒体课件制作培训班、校园网维护与管理培训班及组织并进行了电力行业职业技术教育“电工工艺”教师技能竞赛。

4) 向劳动和社会保障部和中国职工教育和职业培训协会推荐了浙江、安徽、四川、天津四省市电力公司及葛洲坝水利水电工程集团公司和延安供电局6个电力企业，作为电力行业职工教育培训先进单位。

5) 完成了向劳动和社会保障部申报全国优秀培

训教材和优秀技工教材的遴选和申报推荐工作。

6）为尽快提高电力行业在职职工技能素质，经劳动和社会保障部批准，在电力行业拟开展国家高技能人才培训工程——电力高级技工培训项目，并进行相关调研工作，为今后“电力高级技工培训项目”的实施奠定基础。

（4）中外合作办学。借鉴澳大利亚职业教育TAFE体系，在中国电力行业，职合八所高等职业学院同澳大利亚齐斯姆学院合作开展高职教育试点，并进行了积极的筹备。

（5）研究生培养。委托清华大学、上海交通大学为电力行业在职工程技术人员分别开办了电力市场、电气工程、热能动力3个专业的工程硕士班（67人），并与上海交通大学联合完成了2002年报考在职工程硕士资格审查及报名工作。

（6）自学考试：

1）为培养适应电力市场需要，培养能运用电力营销理论与技术解决电力销售环节的现实问题的应用型专门人才，组织做好了13个省自治区“电力市场营销”专业（专科）的自学考试开考协调工作。2002年开考的有：安徽、江西、河北、青海、福建、贵州、山西等省，参加电力市场营销专业（专科）自学考试的人员达7000余人。

2）组织电力行业高等教育自学考试先进集体、优秀个人的评选表彰工作，并于12月初在温州召开表彰大会，会上对安徽省电力公司等5个先进省电力公司、浙江省电力助学中心等12个先进省级助学中心（单位）、河南安阳电业局等29个先进助学辅导站及76个先进工作者和112名优秀毕业生进行了表彰。

3）组织完成了电、动两专业《电力电子变流技术》《流体力学及泵与风机》《微型计算机原理及应用》和《计算机软件基础》4门课程习题解，并在网上给学员提供助学辅导。

4）配合国家自考委组织编写和审定了“电力市场营销”专业《电力企业管理概论》《电力市场法律法规选读》《农村电力市场基础》《电力销售与管理》《应用文写作》《电力市场基础》《多种经营管理》等7门课程考纲及教材。

5）组织“电力市场营销”专业《电力企业管理概论》《电力市场法律法规选读》《农村电力市场基础》《应用文写作》和《电力市场基础》等5门课程同步练习册的编写工作。

6）组建电力行业自学考试教学指导委员会的“电力市场营销”专业协作组。

7）将电、动、市场营销三个专业2001年10月及2002年4月考试的33门课程试卷上网公布供自学学员复习参考。

电力外事管理与服务

1．国际合作与交流

6月4日中电联副理事长叶荣泗、调研部主任王永干和国际部主任孙守义先生会见了来访的日本九州电力株式会社常务董事松本茂彦一行代表团，会谈就中国电力体制改革问题进行了交流。8月19日亚太电协领导小组组长赵希正、副组长刘宏、领导小组成员魏光耀，秘书长孙守义会见了日本来访的亚太电协理事长丰岛令隆一行，就有关中方派团参加大会情况及大会交接仪式的方案进行了讨论和协商。10月14日刘宏常务副理事长会见并宴请日本四国电力株式会社副社长栗田昂等9人代表团。11月21日国际部孙守义主任等会见日本东部电力公司火力发电建设厂厂长菊地泰彦一行5人代表团，此次日本东部电力公司来华主要是执行与中电联、黑龙江电力公司签定的定期技术交流协议任务。

12月20日国际部会见日本中部电力株式会社国际部副长中岛哲也先生一行2人。

4月29日～5月4日中电联副秘书长王永干赴英国、新加坡参加中国国企支柱企业发展前景国际研讨会并在会上作主题发言。8月22～25日中电联派员参加了在新加坡举办的第12届亚太电协技术委员会会议。9月中电联副理事长叶荣泗率领的13人团组赴欧洲进行电力行业协会考察。

2．国际会议

9月3～5日中电联在深圳举办了“电力企业成本管理研修班”邀请了澳大利亚越网公司首席财务长官JOHN BYRNE先生和香港中华电力公司叶锦强先生等分别就输电和发电企业的成本管理问题进行了研讨。来自国内电力企业的70多名财务人员参加了研修班，取得了预期的效果。

11月3～9日以国家电力公司顾问陆延昌为团长，中电联常务副理事长刘宏为副团长的中国电力代表团一行76人和电力艺术团54人，赴日本福冈参加了第14届亚太电协大会。来自33个国家和地区的2270名代表参加了这次会议。会议共收到论文445篇，大会交流322篇。中国入选论文6篇，会议交流3篇。大会期间，还套开了亚太电协常务理事会和理事代表会议。中国正式当选为第15届亚太电协大会主席单位，中电联理事长赵希正当选为第15届亚太电协主席，刘宏常务副理事长宣读了亚太电协主席赵希正的书面发言。理事会还通过了接纳广东省广电集团有限公司和国电南方公司为亚太电协新的会员单位的决议，至此，亚太电协中国电力行业的成员单位由原来的7家增加到9家。

圆满地完成了会旗交接等各项任务，尤其是闭幕式上的中国电力形象短片、文艺演出把大会推向了高潮，中国代表团一曲合唱“同一首歌”以强大的阵容、向世人展示了中国电力工业的风采。

3. 国际展览会

6月19～22日在广州成功地举办了第八届国际供用电专业设备及电网技术展览会。本届展览会展出面积6000多m^2，有来自美国、法国、德国、瑞士、澳大利亚、意大利、日本、中国等国家和地区的100多家著名厂商参展，吸引观众2万多人。8月在兰州成功地举办了2002年电力行业新技术、新产品交流推广会暨展览会。

由中国电力企业联合会和国家电力公司共同举办的第九届国际电力展，于2002年11月13～16日在北京隆重召开，本届展览会共有19个国家和地区的二百多家企业参展，展览面积8700多m^2，组织参观观众约4万人·次，举办技术讲座10场。

4. 亚太电协工作

为做好亚太电协工作，2002年年初成立了亚太电协大会领导小组和秘书处，全年共组织召开了6次秘书处会议。2～3月确定了2003年理事会及2004年亚太电协大会分别在桂林和上海召开、确定了会议主题、设计了大会会标、制定了2002年亚太电协大会初步预算方案、落实亚太电协启动经费问题、签署了中电联与国家电力公司承办2003年理事会和2004年大会的协议书。4月中电联与国家电力公司联合函商上海市政府做为2004年亚太电协大会协办单位，并商请上海市有关领导参与亚太电协领导小组工作。上海市政府复函同意并决定由上海市常务副市长蒋以任出任亚太电协领导小组副组长，上海市外办副主任李宣海担任亚太电协大会副秘书长。5月选定11月份赴日本参加亚太电协大会交接仪式文艺演出团体及节目。为宣传中国电力制作专门的宣传短片。6月为各理事单位缴纳了亚太电协注册会费，完成了亚太电协大会对外宣传资料的搜集、整理及翻译印刷工作。初步完成第15届亚太电协网页的设计与制作。完成亚太电协展版、资料及礼品的通关、运输等有关工作。7月中旬与上海会展中心草签了2004年大会场馆使用协议。8～10月完成参会76人团组分类、54人艺术团的组团、政审、申办护照、签证等工作。负责安排各团大会期间的日程、预定宾馆等项事宜。成立先遣组，拟定和明确先遣组31项工作任务。

5. 外事服务与管理

2002年中电联组织会员单位出国（境）考察、培训、参会、观展，共派出出国团组58个，共计664人·次。内容涉及：教育培训管理、电力技术标准化管理、供电可靠性管理、电力工程造价管理、技能鉴定管理、电力生产现代化管理、瑞士投资环境领域、质量管理体制经验、行业电力市场课题调研、电力市场管理、火力发电管理、配网自动化管理、农村电气化管理、医疗管理及社会保障体系、电力后勤与物业管理等。为保证各出国团组的顺利出访，中电联提供了优质的外事服务，主要工作有：出国任务审核立项、报批、出国人员政审、申办护照、签证、护照管理、出国团组外事教育等事项、出国团组跟踪管理等。

电力可靠性管理与服务

1. 召开了中电联2002年电力可靠性指标发布会

于2002年5月30日在北京长城饭店隆重召开了中电联2002年电力可靠性指标发布会。会议有近270位代表参加了会议，其中有近70位各有关单位的局级负责人。此次发布会是9次发布会以来规模最大、规格最高的一次会议。国家企工委吴晓华副书记、国家经贸委电力司史玉波司长；国家电力公司顾问、中科协副主席陆延昌、国家电力公司副总经理、中电联赵希正理事长；中电联刘宏常务副理事长；中电联叶荣泗副理事长、中国机械工业联合会蔡帷慈常务副会长；国家电力公司张贵行总工程师；国家质检总局质量司乌建平副司长、电力行业可靠性管理委员会张毓麟副主任委员等领导出席会议并讲话。会议由刘宏常务副理事长主持，电力可靠性管理中心主任发布了2001年度各项电力可靠性指标。赵希正理事长的讲话主要就我国可靠性管理工作所取得的成绩；开展可靠性管理工作的重要意义；对今后开展可靠性管理工作提出了要求。

2002年的发布内容较去年增加的内容有以下6项：①新投产水电机组2001年可靠性指标；②主要辅助设备按配置分类的可靠性指标；③220kV及以上电压等级变电站全站非计划停运可靠性指标；④我国天广高压直流输电系统的可靠性指标；⑤全国城市35（66）kV高压用户供电可靠性指标；⑥我国部分县级（248个）供电企业的可靠性指标。

发布会期间分别召开了两次座谈会：参加座谈会有各电力公司负责可靠性工作的部门主任、工程技术人员及各企业可靠性领导小组组长（生产副总经理）参加了座谈会。会议重点讨论了在市场经济和新的电力体制环境下如何深入开展电力可靠性管理工作及如何提高可靠性数据上报的准确性、及时性和完整性，收集、听取各企业在开展可靠性管理工作中遇到的困难与问题等进行了座谈。

中电联根据电力体制改革的新形式的需要，下发了中电联电可［2002］46号《关于认真贯彻落实〈电力可靠性管理暂行办法〉，加强电力体制改革期间可靠性数据管理工作的通知》。文中就确保电力体制改革期间可靠性管理工作不断、不乱提出了四条具体要求。

2. 贯彻国家经贸委颁发的《电力可靠性管理暂行办法》，草拟编写《实施细则》

为了使《暂行办法》更具有可操作性，办法下发两年来，中电联一直在跟踪、收集企业的意见和建议，并制定了该办法的实施细则。

3. 开展第三次全国可靠性管理的自查与互查活动

继1996、1999年组织的两次全国可靠性管理自查与互查活动后，2002年3月初，下发了《关于开展全国电力可靠性管理工作自查活动的通知》。供电两个（第三、四）小组分别对青海、云南、湖北、江苏等4个省电力公司及所属的供电局的可靠性管理工作进行了检查。

4. 可靠性简报、年报等刊物编辑出版

截至2002年底，中心功编辑出版各类可靠性年报、简报、通报、汇编及手册15份。其中：《简报》12期（107期至118期）：《2001年全国火电100MW、水电40MW及以上容量机组运行可靠性分析报告》《2001年全国火电200MW及以上容量机组辅助设备运行可靠性分析报告》《2001年全国220kV及以上电压等级输变电设施运行可靠性分析报告》《2001年全国10、35kV用户供电可靠性分析报告》《高压直流输电系统2001年全年运行可靠性分析报告》《2001年全国部分县供电企业供电可靠性分析报告》《2002年中国电力企业联合会可靠性指标发布会资料汇编》《2001年全国220kV及以上电压等级变电站非计划全站停电分析报告》《2000～2001年发电机组300h以上长时间非计划停运分析报告》《全国第三次可靠性互查活动调研报告（发电部分）》《全国第三次可靠性互查活动调研报告（供电部分）》《情况通报》2期（16期至17期）、《高压直流输电系统2002年上半年运行可靠性分析报告》《2002年上半年全国省会城市10kV用户供电可靠性分析报告》《中国电力可靠性管理年报（中英文）》《全国发电机组手册》《NERC发电可靠性数据统计系统报告办法及编码系统》。

5. 宣贯《发电设备可靠性评价规程》，完成输变电、用户供电和名词术语三个行业标准的报批工作

（1）宣传贯彻国家经贸委2001年底颁发的《发电设备可靠性评价规程》——电力行业标准DL/793—2001，已发文并要求各单位要严格执行。

（2）召开可靠性标准化委员会审查会，审查并通过了《输变电设施可靠性统计评价规程（报批稿）》、《供电系统用户供电可靠性统计评价规程（报批稿）》。对《电力可靠性名词术语召开专家会议》，邀请部分资深专家对《电力可靠性名词术语（送审稿）》进行审阅后，送各位标委会委员函审，12月末完成报批稿。

6. 开展《电力设施可靠性统计编码》的修编工作

《电力设施可靠性编码》是做好可靠性统计工作的重要基础之一。现行编码修编于90年代中期以前，已不能完全满足当前形势下深化可靠性管理工作的要求。新的编码也将是新的可靠性应用程序的先进性的重要标志。新的编码将采用更为先进的结构，更长的码位，编码的容量将更大，对设备的描述更详细、全面，对过程和原因的记录将更加具体；新编码还将反映出企业的隶属和产权关系、地理位置，所在电网等信息。经协商，6月份正式委托大唐、华中、浙江在本公司立项承担火电（含燃机）、水电、风机编码的编写工作，7月份正式委托国电东北公司承担该部分编码的编写工作。在大唐公司、国电华中公司、国电东北公司的支持下，截至目前（除直流部分的编码外）初稿已完成。该项工作中的技术代码的编写工作已列为国电2002年科技项目。

7. 继续研制开发“电力可靠性管理信息系统软件（网络版）”

可靠性管理网络版软件的研制工作，是2002年可靠性工作的重点工作。此项工作完成得好与坏，直接关系到可靠性今后各方面工作的开展。2002年做了大量的开发与调试工作：

2002年年初发电和输变电程序已开发的部分模块在可靠性中心的网络环境下进行调试。委托山东电力集团公司对《输变电设施可靠性信息管理系统（网络版）》进行测试。委托山东发电公司对《发电可靠性信息管理系统（网络版）》进行测试。《供电可靠性信息管理系统（网络版）》软件的试运工作在湖北全省正在进行。新版网络版软件的目标，是要能适应多种大型数据库平台；在企业内、企业间，不同的层面，不同的范围能真正做到可靠性数据共享；利用INTER网随时填写、传输、浏览可靠性数据；要能为可靠性数据的自动采集提供规范、合理的接口，逐步实现数据的自动采集；引入可靠性概率数学分析统计理论，能利用多年的可靠性数据进行前瞻性的分析，提出予警性报告等。

8. 开展可靠性管理的业务培训，全面提高可靠性管理人员的业务素质

（1）举办“全国电力可靠性工程技术人员持证上

岗培训班”为了贯彻落实国家经贸委《电力可靠性管理暂行办法》的有关要求，应企业的要求，于2002年举办了两期“全国电力可靠性工程技术人员持证上岗培训班”，参加培训的有368位学员。这是自1996年以来的第2次全国性的可靠性培训班。

（2）协助河南行协举办了四期可靠性培训班，共有280名可靠性工程技术人员参加了培训；继续开展农电的可靠性管理培训，共70人参加；协助大唐发电公司开展发电的可靠性培训，讲解发电主、辅机的可靠性规程和程序（20人）。

9．国际间的交流与合作

（1）在京举办了国际供电可靠性技术讲座。讲座邀请目前国际著名的电力可靠性技术专家、加拿大Saskatchenwan大学的R. Billinton先生来京就用户供电可靠性技术举办讲座。Billinton先生从理论和实际两方面介绍了加拿大近年来用户供电可靠性技术的情况，还介绍了有关可靠性与经济性评价方面理论与实际应用。参加技术讲座的有在电力系统从事电网可靠性的专家、教授；国内一些著名大学的教授和研究生；部分电力公司负责可靠性工作的领导和工程技术人员。

（2）召开了由国家电力公司、世界能源理事会、中国电力企业联合会和北美电力可靠性协会共同主办的电力可靠性管理国际研讨会议。此次电力可靠性国际研讨会是中美双方兑现《技术交流与合作协议》的承诺的具体体现。通过此次会议，对国际上如何利用可靠性数据与技术来提高电厂的效能与可靠性有了深入地了解，特别是对北美电力可靠性协会可靠性管理的内涵有了进一步的了解。会议代表有来自美国、日本、韩国、法国、德国、南非、沙特、芬兰等国的专家；中国香港与台湾的代表；国内各网省公司的代表及国内其他有关单位的代表。

会上做了中国电力工业总体介绍、中国电力可靠性管理总体情况介绍、可靠性在电力规划中的应用介绍、可靠性在电源建设中的应用介绍、可靠性在电力生产中的应用介绍；NERC的代表介绍三部分内容；NERC专制NAERO；电力系统扰动数据库内容介绍；NERC对北美电力系统运行人员的认证。

10．支持并协助有关省公司开展可靠性管理的课题研究

（1）“低压用户供电可靠性统计与评价方法的研究”。中电联和山东电力集团公司联合研究的〈低压用户供电可靠性统计与评价的研究〉已按计划全部完成。该项研究是利用概率统计方法通过设置监测点进行低压用户供电可靠性统计方法的研究。〈低压用户供电可靠性概率统计评价方案理论分析报告〉邀请（清华大学、西安交通大学、上海交通大学、重庆大学、西南大学、山东大学的）有关可靠性理论方面的专家教授进行初次审议，专家们充分肯定了该报告的概率理论分析方法。2002年12月国家电力公司组织了对该项目的鉴定与验收，鉴定验收委员会的全体委员对该课题给予了很高的评价。

（2）开展《水电厂可靠性评估》项目的研究。该项目将对水电厂的可靠性状况进行全面、科学和系统的评价，是生产技术管理的重要课题和建立电力市场条件下发电侧可靠性保障体系的客观要求，也是深化发电可靠性管理工作的重要方向之一，经研究决定委托国电华中公司开展《水电厂可靠性评估》项目的研究。目前，课题组已筹备完成，并进行了第一次会议。该课题已列入华中公司2002年科技项目、国家电力公司2002年科技项目。

（3）开展“商业可用性指标体系”的研究。经与山东电力集团公司协商，委托山东国际电源开发公司立项开展〈商业可用性指标体系〉的研究。11月就该项目进行了交流与座谈，会议明确了该指标体系的定位是：为电力企业提供一套全国统一的、适合电力市场环境的且是企业本身应用的商业可靠性指标体系。项目研究的过程中应注意与现行的可靠性技术指标相结合、与国内电力市场的实际情况相结合、与国际上已开展并应用商业可靠性指标体系的情况相结合，要具有较强的可操作性。就“商业可用性指标体系”的有关设想和进展情况已向WEC第7工作组进行了通报。

（4）〈供电企业可靠性评估〉项目的研究。该项目经江西省公司的努力，并经两次专家技术讨论，目前，评估方法的主要结构已确定，正在江西赣州局进行试点工作。

11．开展农电的可靠性管理工作

协助国电公司先后对华北、山东、浙江、辽宁电力公司等地的招远、龙口、海阳、乳山、荣成、胶州、即墨、富阳、平湖、海盐、海宁、凌海、通州等13个县级供电企业进行了调研与检查。通过调研了解到，县级供电企业中农网的结构和设备虽经一定规模的改造，但同城网比还存在较大的差距；县级供电企业的可靠性管理工作普遍比较粗，可靠性管理工作的各项规章制度还不能全部得到落实。可靠性技术资料管理需要进一步加强，可靠性管理专工的技术素质需要提高，所以应加强对专责人员的技术培训。

12．开展国内可靠性调研

2002年深入开展基层调研工作，上半年对山东、浙江、安徽等省公司，苏州、南宁、乌鲁木齐等地级供电公司和江苏的部分县级供电企业进行了可靠性调研工作。下半年先后赴广州抽水蓄能电厂、中山供电局、广州供电局和惠州供电局；赴北仑港电厂、宁波

电业局、邹县电厂、通辽电厂、通辽电业局；赴山西调太一电厂、忻州供电局、大同供电局开展调研。2002年深入基层调研的单位多达46个（包括互查、农电），创历史新高，通过深入基层，达到了宣传可靠性、了解情况和学习提高的目的，提高了可靠性工作的管理和专业水平，提高独立完成工作的能力。

13. 逐步开展风电的可靠性管理工作

2002年3月开始启动风电可靠性管理工作的前期准备工作，并召开了小型技术讨论会，落实了由浙江省电力公司立项承担风电机组可靠性统计评价办法与风电部分设备编码的工作；完成了编码方案和统计办法的初稿。

电力建设技术经济管理与服务

1. 计价依据体系建设

适应社会主义市场经济条件下工程造价计价依据体系改革的要求，按照统一定额水平、统一价格水平和集中管理的原则，定额站于2002年完成了对电力行业概预算定额和费用标准的统一修订，修订后的定额及费用标准分别以国家经贸委2002年第15、16号公告和中电联技经［2002］12、48号文颁布实施。

2. 信息发布

根据电力建设市场的实际情况，制定并公布了2002年底《电力建设装置性材料综合预算价格》和《电力建设装置性材料预算价格调整系数》，由各省（自治区、直辖市）电力建设定额站在此基础上确定本地区的材料预算价格。同时为使全国技经人员及时了解电力工程的有关文件和信息，中心编辑出版了《2002年电力工程设备价格信息》并定期编辑发行《电力建设技经信息》月刊，及时公布有关的信息。

3. 技经电算化工作

新的电力工程概预算定额及费用标准体系建立以后，技经中心组织研究和开发了电力工程概预算编制应用软件。该软件包括电力工程概预算编制管理系统、设备价格管理系统、材料预算价格管理系统等，促进了计算机在全国电力建设技经工作中的应用和推广，提高了概预算人员的工作效率，取得了较好的社会效益。

4. 业务培训

按照建设部和人事部的安排，在电力行业推行技经人员持证上岗制度，印发了《火电、送变电工程建设概预算人员资格认证管理办法》等一系列文件，同时为适应造价工程师继续教育和电力行业技经人员上岗培训的要求，编写完成了《电力工程技经人员上岗培训教材》，该套教材共包括工程造价综合知识、建筑、机务、电气和高压送电线路五册，已由中国电力出版社出版发行。2002年全国电力行业又有304人通过了全国造价工程师考试，并注册成为了造价工程师。

电力科技管理与服务

（1）立足行业，服务企业，扎扎实实做好协作网的各项工作。2002年初，国家经贸委、中国能源化学工会、国家电力公司将“全国火电100MW级机组、200MW级机组、300MW级机组、600MW级机组技术交流协作网以及CFB循环流化床技术交流协作网”的组织、协调及管理职能转到中电联科技中心，并赋予了更高的要求。

1）恢复和组织召开“全国火电200MW级机组技术交流协作网第20届年会”8月20～22日成功组织了20万kW级火电机组技术协作网第20届年会，此项工作年初定为中电联标志性工作，为完成好此项工作，对会议进行了精心地筹划与准备，会前编制论文集、20万kW级火电机组运行数据表及所需要的相关软件程序，组织各方面专家对论文和机组性能指标进行了评比，评出一、二、三等奖论文37篇，优胜机组16台；会议还特邀中国工程院黄其励院士作技术报告，精选7个电厂作大会技术交流。与会的130多名代表对大会给予了高度评价：“会议是夯实的，论文集对各厂的管理和改造有很好借鉴和指导意义。

2）组织召开“全国火电100MW级机组技术交流协作网成立大会暨第一届年会”11月20～21日组织召开了全国火电100MW级机组技术交流协作网成立大会暨第一届年会，参加本次年会的代表有160人。本次会议得到国家电力公司、上海市电力公司、上海电力股份有限公司、闵行发电厂及各会员单位的大力支持，国家电力公司发输电运营部、中国电力投资集团公司筹备组发来热情洋溢的贺电。中电联副理事长钱忠伟，上海市电力公司副总经理吴平，上海电力股份有限公司总经理周世平等有关领导同志向大会致以热烈祝贺并作了重要讲话，会议宣读了优秀论文及优胜机组获奖名单，并由大会主席团颁发了奖杯和荣誉证书。

3）做好60万kW级火电机组技术交流的交接工作。第七届60万kW级火电机组技术交流年会在珠海召开，会上确定了60万kW等级火电机组技术交流秘书组从粤电资产公司转到中电联科技服务中心，充分显示中电联在电力企业中的形象，推动我国火电大机组的技术进步。

4）举办“全国单机容量600MW等级机组协作网火电厂负责人会议”10月9～12日，在江苏扬州举办了全国单机容量600MW等级机组协作网火电厂负责人会议。会议听取外高桥电厂关于企业资源规划（ERP）的报告，讨论了《600MW等级机组协作网章程》《600MW等级火电机组竞赛评分办法》《火电大机组协作网信息交流》和《600MW火电机组备品配件协作细则》。

5）举办“全国电力行业CFB机组技术交流服务协作网成立大会”

全国电力行业CFB机组技术交流服务协作网成立大会，于2002年9月26日至27日在北京燕京饭店召开。会议由中电联乌力吉副理事长致欢迎词，国家经贸委电力司余维洲处长到会祝贺，国家电力公司有关领导出席会议；中电联科技服务中心主任作了工作报告。本次会议特邀国家电力公司热工研究院、中科院热物理所、清华大学有关专家作了专题报告。还邀请了东方锅炉厂和四川高坝电厂作CFB设计和运行的情况报告。会议受到新闻媒体的关注。全国电力行业CFB机组技术交流服务协作网截止目前已吸纳单位会员67家。会上，代表们认真听取了全国电力行业CFB机组技术交流服务协作网建网的工作报告。并对专题报告和协作网章程、协作网近期工作设想进行了深入的讨论。对协作网的下一步的工作提出了一些建设性的意见和建议。

（2）为促进科技成果转化，做到“产、学、研”的结合，中电联科技服务部门与一些院校、高科技公司对一些电力企业疑难问题进行联合攻关。

1）双鸭山电厂10年来给煤机一直运转不良，经常堵塞造成断链现象，他们曾选择过几家厂商，但均未从根本上解决。2002年通过科技部门介绍的秦皇岛华电测控设备有限公司只用了两个月时间就给双鸭山电厂解决了多年困惑的问题。

2）西固电厂是个老厂，输煤皮带间粉尘相当严重，室内煤尘含量达到52mg/m^3，已有24名职工患矽肺病。为此，厂领导专门成立了粉尘治理小组，曾试验性使用过喷淋、布袋除尘等方法，但都达不到理想效果。2002年8月份，在中电联协调下，利用“正负式旋涡式除尘”方式，在短短三个月时间内，圆满治理了粉尘严重超标的现象，使室内粉尘含量下降到了52mg/m^3。达到了环保要求，为西固电厂节省了资金和人力。

（3）收集和传播电力新技术、新产品及有关的服务信息，促进电力科技成果尽快转化。

1）为配合西部大开发，加快西北电力建设步伐，促进西北电力工业的发展，2002年中国电力企业联合会同甘肃省电力公司主办了“2002年电力行业新技术、新产品交流推广会暨展示会”，甘肃省常务副省长、中电联刘宏常务副理事长、甘肃省省长助理、兰州市副市长、甘肃省电力公司刘肇绍总经理及国家电力公司有关部门负责同志参加了开幕式。中国电力报、甘肃省各大媒体，西北电力报均在显著位置报道了此次盛会。

2）组织召开“电力系统计算机网络安全新技术研讨会”。电力信息化工程是跨世纪的科技导向性工程，在大力建设电力信息化的进程中，随着计算机网络建设的不断加快，网络安全问题成为电力系统企业网络正常运行的重大挑战。2002年召开了两次“电力系统计算机网络安全新技术研讨会”，参加会议的全国各地代表近200名。

3）组织召开“第三届防治窃电新技术暨经验交流会”。第三届防治窃电新技术暨经验交流会于2002年9月20～22日在新疆维吾尔自治区乌鲁木齐市召开。中电联副秘书长范继祥致开幕词，新疆维吾尔自治区电力公司副总经理孙寿年同志讲话并代表新疆维吾尔自治区电力公司对大会的召开表示热烈祝贺，国家电力公司法律事务部处长作了关于依法打击窃电的专题司法解释。参加大会的有省电力公司及大中城市电力局、供电局等代表，还有来自生产防治窃电产品的企业代表共200多名。

（4）组织电力行业管理人员与技术人员的业务培训，推动电力企业技术革新和成果转化。为提高发电企业管理人员和技术人员的水平，了解国际、国内的先进技术和最新成果，推动电力企业的技术革新和成果转化。4月27～28日在北京举办了“电力行业发电新技术讲座”，参加会议的全国各地代表共150名。国家电力公司原总经理助理、全国电力技术市场协会理事长周小谦、国家电力公司发输电运营部副主任李向荣、中电联副秘书长王永干、国家科技部发展计划司副处长黄伟等有关领导到会并就目前发电技术的发展方向，以及热点问题作了重要讲话。举办“ISO14001环境管理体系内审员”“职业安全健康管理体系内审员”“电力系统火电厂热处理技术”培训班。

（5）组织有关专家对青岛颐杰鸿利工程管理软件有限公司的“企业级工程项目管理信息集成系统”、常州市三利电器公司的“GTG30三相工频感应电锅炉”、北京嘉德兴业科技有限公司的“锅炉智能脉冲吹灰系统”等3个项目进行了技术评审。

（6）编辑并发送《发电信息通讯》、防治窃电技术交流简报、网络安全技术交流简报、编辑出版《全国电力新技术新产品推广目录》。

电 力 史 志

一、中华人民共和国电力工业史

《中华人民共和国电力工业史》是“中华人民共和国国史”的重要组成部分。在中国电业史志编委会和各网省编史委员会的精心组织领导之下，以马克思主义、毛泽东思想为指导，高举邓小平理论伟大旗帜，认真贯彻江泽民总书记“三个代表”要求，以生产力为主线，广征博采，精心编纂，辛勤笔耕，历经六年反复评审修改，2002年《中华人民共和国电力工业史》丛书——《安徽电力工业史》、《黑龙江电力工业史》、《江西电力工业史》等已出版发行，其他各卷电力工业史也即将陆续出版。电力史的出版是电力系统物质文明和精神文明建设的一件大事。

《中华人民共和国电力工业史》是新中国第一部电力工业史。在百余年的中国电业发展史中，新中国的建立是中国电力工业迅速兴起的里程碑。全书共分序篇、总论、分论、专论四大部分。着重记载和系统总结了新中国成立50年来电力事业从小到大、从无到有飞速发展的辉煌历史，较为全面的、系统的、科学的总结了电力生产、建设、科技教育等各个领域的成功经验和教训，以史为鉴，继往开来。

中国电力工业100余年的历史，凝聚着几代电业工作者的智慧和奉献，渗透着他们的血汗，业绩昭昭，不可泯没。为了深入、全面地理解电力行业艰苦奋斗的历程，以求在当前与未来的发展与改革事业中得到更多的启迪，使后人“前有所稽，后有所鉴”，电力史的出版必将为电力工业今后的创建与发展起到“资治、教化、存史”的作用，有着十分重要的历史意义和现实意义。

二、开展电力工业志续志工作

2002年8月经中国电力史志编委会研究决定开展“中华人民共和国电力工业志续志工作”。已完成的第一部中国电力工业志丛书上自中国有电开始，下限断在1990年，记述了一百多年的电力工业历史。从第一部志书的完成，至今又经过了十二个年头，这也是电力工业发展最快的时段，当前，又恰逢电力工业深入改革的时候，为此决定立即开展中华人民共和国电力工业志续志工作，完成1991年到2002年的志书修编工作。

电力科学技术

电力科技管理

综述

国家电力公司系统科技工作得到进一步加强。公司系统各单位进一步完善了科技管理机制、组织建立、修订了相关管理制度，为科技工作营造了更为良好的发展环境。为确保重大项目的完成质量，加大了监督检查力度，注重引入市场竞争机制，很多单位开始采用招投标方式确定重大项目承担单位；注重科技成果转化和产业化，利用科技园区、创办高科技公司等产学研一体化运作模式整合科技资源，大力推动科技产业的发展；为鼓励创新、扶持高新技术企业的成长，有些单位用转让科技成果的净收入提取一定比例重奖科研人员，在激励机制的完善上迈出了重要一步。公司科技工作进一步得到各级领导的重视，科技工作与生产建设的结合更加紧密。应对我国加入WTO的挑战，公司系统知识产权保护工作得到了切实加强。公司科技项目合同中进一步明晰了知识产权方面的规定。

中国电力新闻网荣获“新闻科技创新奖”。国家电力公司重大科技项目——中国电力新闻网，荣获中国新闻技术工作者联合会主办的全国新闻（含电视台、广播电台、报社和通讯社）技术领域最高奖——“新闻科技创新奖”的二等奖。这是在荣获2001年度中国报业电子技术一等奖之后又获得的殊荣。也是全国70多家行业报中惟一获奖单位。

《中国电力百科全书》（第二版）获第十三届中国图书奖。经中国图书奖评奖办公室组织评审和向社会公示，由国家电力公司组织编辑、中国电力出版社出版的《中国电力百科全书》（第二版）或第十三届中国图书奖。

国家电力公司重点实验室命名。瞄准国际一流试验能力和管理水平，进一步加强国家电力公司科研基础设施建设和重点实验室的规范化管理。根据《国家电力公司重点实验室管理办法》的规定，国家电力公司2002年9月26日发文命名自动化设备电磁兼容实验室（依托单位：电力自动化研究院）、输电线路杆塔实验站（依托单位：电力建设研究所）；煤洁净燃烧实验室（依托单位：西安热工研究院）、电力大气环境工程实验室（依托单位：南京电力环境保护研究所）为国家电力公司第二批重点实验室。

《电站锅炉等离子点火技术应用指南》公布。该指南共分为八个部分，对产品技术条件、系统设计、安装注意事项、启动调试、运行与维护等进行了详细的描述与说明。该指南对等离子点火的应用提出了一些原则性的要求和指导意见，是等离子煤粉燃烧器及其系统设计、制造、安装、调试和运行的指导性文件，并将在今后应用和探索中进一步完善。该指南适用于已投运的电站锅炉，新（改、扩）建电站锅炉在建设安装阶段增设等离子点火系统时参阅引用。

第三届电力科技出版资金评审委员会第二次会议通过28个资助项目。第三届电力科技出版资金评审委员会第二次会议于2002年11月6日在北京召开，会议分电力、热动、水电及管理3个专业组对申报项目进行了逐一讨论，并提出了评审意见。大会在听取了各组对每个申报项目的评审意见的汇报后，进行了无记名投票，评选出资助项目28个，共1288万字。该资助项目的确定，解决了某些有较高学术水平的电力基础专著、重大科研成果专著、有重大适用价值的电力工程专著等因经费问题不能得到出版的问题，对促进电力科学技术水平的提高，对鼓励创新、培养人才，具有积极的作用。

科技体制改革

对1999年以来国家电力公司贯彻国务院总体部署，积极推进直属科研机构管理体制改革工作情况进行了全面总结。改革促进了科研事业的进一步发展，促进了科技资源的优化配置，公司科研布局、直属科研队伍得到进一步优化，科研实力不断增强。各转制院所运行平稳，在电力重大项目攻关中继续发挥骨干作用，科研任务持续增加，产业规模逐步扩大，发展能力稳步提高。

根据国务院印发的电力体制改革方案的实施意见，按国家电力公司党组要求，在调查、研究分析的基础上，充分考虑了有利于电力科研事业发展，有利于院所企业化转制后的进一步发展，有利于电网、发电企业长远发展对技术创新能力需求等因素，提出了关于电力科研体制改革方案的初步建议。

科技攻关与成果

西北750kV输变电工程的科研和技术论证工作取得突破性成果。西北750kV电压等级是我国第一次在500kV之上采用的更高一级电压等级，针对我国目前还没有750kV系统设计规程的情况，加大攻关力度，研究确定了《西北750kV输变电工程关键技术研究》攻关专题。围绕系统过电压与绝缘配合、最高运行电压、高海拔设备外绝缘特性及电晕特性、输变电工程各种空气间隙确定、主设备规范、系统无功补偿、继电保护、导线截面及其分裂形式、杆塔方案、电磁环境、带电作业间隙及方式等21个子题，组织科研、高校、设计、建设、运行、学会等多个单位的200余名专家、学者和科研人员进行了深入的研究和技术论证。2002年9月20日，国家电力公司组织对《西北750kV输变电工程关键技术研究》进行了验收。验收委员会认为：《西北750kV输变电工程关键技术研究》取得的参数和结论，为西北750kV电网的发展提供了必要的技术基础，为官亭—兰州东750kV输变电示范工程的设计、建设和主要设备选择提供了科学依据，对我国更高一级电压等级电网技术的研究和应用具有重大意义。项目研究取得的成果填补了国内空白，达到了国际先进水平。

我国750kV输变电工程设计有了技术标准。由国家电力公司主持的750kV输变电工程设计技术规定审查会议，2002年12月3日在北京举行。专家组审查并通过了《750kV变电所设计技术规定（暂行）》和《750kV架空线路设计技术规定（暂行）》两项标准，标志着我国将要建设的更高电压等级750kV输变电工程有了技术标准。国家电力公司、中国电力企业联合会、中国机械工业联合会以及科研、设计、建设、生产运行、设备制造单位的专家和代表共50人参加了会议。

专家组听取了有关汇报，并仔细审查了所提供的资料，经过深入讨论、严格评审，认为这两项标准是在国内750kV输变电工程关键技术研究取得重大进展的基础上，充分吸取国际上750kV和国内超高压输变电工程的设计和运行经验而取得的，在高海拔、路径选择、山区气象条件设计方面有所突破，填补了国内空白。为配合黄河上游公伯峡水电站送出工程，计划建设750kV输变电示范工程。为明确首批750kV输变电工程的技术原则和建设标准，促使工程建设达到技术先进、安全可靠、投资节省和有利环保的要求，在我国科技界多年的努力下，经过反复研究、论证、讨论，以及本次专家审查验收，我国终于有了自己的750kV输变电工程设计标准。

科技立项。围绕“西电东送、南北互供、全国联网”和涉及今后电力发展的关键重大技术问题，组织召开了电力系统负荷模型研究等6个技术研讨会，加大选题立项力度，确立了内容涉及全国联网、电网安全稳定控制技术、大型水电工程关键技术、洁净煤发电、信息化等技术领域的63个科技项目。积极争取某些重点领域电力项目的国家立项，共有18个项目分别列入国家重点攻关、国家重点科技、国家高技术研究发展计划、国家重大装备研制计划。

科技验收。2002年有126个项目通过了国家电力公司组织的验收。重点包括自动化设备电磁兼容试验室、三峡电力系统调度方式和调频运行方式研究、100MW CFBC锅炉及相关系统设计研究、天广交直流输电系统安全稳定运行及其对策研究、低压配电网（380V/220V）复合通信方式研究、电力系统分析软件开发等项目的。

国家科技成果登记。按照国家科技部的要求，组织国家科技成果登记，共登记134个重大成果。其中应用技术129项，软科学2项，基础理论研究3项。

4个项目获得国家科技进步奖。组织向国家科技进步奖励委员会申报国家奖励的工作，国家电力公司系统获得2002年度国家级科技进步奖二等奖4个。具体获奖项目见表1。

中国电力科学技术奖奖励通报发布。经中国电力科学技术奖评审委员会审议，并经过异议公示后，评出2002年度中国电力科学技术奖获奖项目50项，其中一等奖3项，二等奖12项；三等奖32项。具体获奖项目见表2。

技术合作与交流

与法国电力公司正式签署了IGCC相关软件合作研究计划，合作开发成果将直接应用于烟台IGCC示范电站的系统设计校核、性能验收和运行设备管理。

与美国能源部合作的“电网规划软件”和“IGCC技术现场培训”合作计划执行顺利，组织了两批共15人到美国接受现场培训和考察。

成功地召开了APEC第十届洁净化石能源和第九届煤炭流动联合研讨会。来自美国、澳大利亚、加拿大、日本、韩国、菲律宾、泰国和越南的国外专家和国内电力和煤炭行业的领导和专家计160多人参加了会议，其中国外专家约70人。

会同国家科技部与法国电力公司举办了电力新技术研讨会。

为配合国家计委燃气轮机设备和技术引进工作，与GE、ALSTOM、SIEMENS、日本三菱和俄罗斯动力设备公司共同举办了燃气轮机研讨会。通过研讨，使公司有关方面的技术人员进一步了解了国际电力新技术的发展动态，对推动技术引进、国际合作具有积极作用。

为了提高国家电力公司系统科技管理人员知识产权保护意识，进一步加强公司系统知识产权保护管理工作，举办了公司系统科技管理干部知识产权培训班，学习世贸组织与关贸总协定、知识产权保护与管理等方面的知识。国家电力公司系统直属单位科技管理部门的负责同志和有关科技管理人员共62人参加了培训。

电力环境保护

全面部署和推进国家电力公司系统“十五”环保工作。根据2002年初两会期间江泽民总书记和朱镕基总理关于环保工作的重要讲话精神，以及全国第五次环保会议对电力行业环境保护工作的要求，在全面调研、总结公司系统“九五”环保工作的基础上，提出了以科技进步为动力，以二氧化硫排放控制为重点，加强管理，注重综合经济效益，处理好当前与长远、局部与全局的关系，促进电力工业与国民经济协调发展的“十五”公司系统环保工作指导思想，颁布了《国家电力公司环境保护“十五”计划》，下达了重点脱硫项目计划，要求进一步加大二氧化硫减排力度，继续巩固和深化烟尘、废水达标成果，加强电网建设项目环保管理，加强环保监督管理，全面总结了公司系统“九五”、部署了“十五”环保工作。

根据国家电力公司环保“十五”计划要求，下达了烟尘、废水达标率、单位发电量二氧化硫排放率、环保设施竣工率四项环保指标考核计划，组织了一批脱硫、除尘和废水回用示范工程项目，其中多个脱硫项目列入了“国债”计划，一批“双高一优”环保技改项目得到批复。

积极参与国家电力环保政策的研究制定。关注环保政策研究，积极参与了对发电企业、电网企业影响重大的“火电厂污染物排放标准”、“排污收费标准”、“工频电磁场标准”等修（制）订工作，充分反映电力企业的意见。与环保总局共同开展火电厂二氧化硫中长期减排规划和西电东送南部通道、北部通道火电建设项目区域环境影响研究；就现有电厂的脱硫成本进入电价、控制二氧化硫需要的优惠政策，向全国人大、国家计委、国家经贸委、国家环保总局提出了意见和建议。

加强建设项目环境管理，促进电力与环境协调发展。完成国家电力公司系统45项火电建设项目、29项水电建设项目、7项输变电建设项目、1项风电建设项目环境影响报告书和水土保持方案的审查和报批。在前期环保管理中强化依法办事观念、提高办事效率和为基层企业服务的质量，以公司文颁布了《关于加强输变电建设项目环境保护工作的通知》，对建设单位、评价单位、设计施工单位提出了要求。

国家电力公司环境保护工作会议。2002年4月18～19日，国家电力公司环境保护工作会议在河北廊坊召开。会议的主要任务是：以“三个代表”重要思想为指导，贯彻第五次全国环境保护会议和中央人口资源环境工作座谈会精神，总结“九五”电力环保工作，部署落实国家电力公司环境保护“十五”计划。会议提出，要依靠科技进步和技术创新，加大对污染物排放控制和治理力度，促进电力工业可持续发展。

国家电力公司领导出席会议并发表重要讲话，副总经理赵希正做工作报告，总工程师张贵行做会议总结讲话。公司顾问陆延昌出席会议并讲话。

国家环境保护总局副局长汪纪戎、污染控制司副司长樊元生，国家经贸委资源节约与综合利用司副司长翟青，中电联常务副理事长刘宏应邀出席会议。

公司领导就如何进一步加强电力环保工作提出三条要求。

（1）充分认识电力环保工作的重要性和紧迫性。要站在实践“三个代表”重要思想的高度，进一步提高对电力环保工作重要性和紧迫性的认识。公司党组一直高度重视环境保护工作，在电力发展、电力建设、电力生产运行的过程中，积极贯彻国家环保法规和政策，始终把环境保护工作作为实现电力可持续发展的大事来抓，层层落实责任，依靠科技进步，加大资金投入，实施了一批重大环保工程，完成了国家环保“九五”计划确定的各项电力环保指标。电力环保的任务还很艰巨，我们与世界先进电力公司在技术、效益和环保等方面，还存在很大差距，创建国际一流电力公司任重而道远。

（2）在电力工业发展中要认真贯彻可持续发展战略。电力工业要实现可持续发展，必须与经济、社会、环境相协调，兼顾现实和长远利益。要在加快电力发展的同时，坚持以市场为导向，以优化资源配置为基础，以结构调整为重点，合理配置发电资源。

要进一步加快电力结构调整。要大力加强电网建设，重点是加强和完善跨区电网及受端网络，继续推进西电东送、南北互供、全国联网；要积极发展水电，不断优化火电机组结构，因地制宜发展新能源发电，适量建设天然气电站，适当发展核电。

要进一步抓好污染物排放控制工作，二氧化硫控制指标的落实和脱硫工程的实施是重中之重。“十五”期间控制二氧化硫排放的关键措施和重点任务是：对新建机组和位于重点地区的已有机组装设脱硫装置。

(3) 切实加强对新形势下电力环保工作的领导。作为电力企业的领导，要善于从战略上、全局上认识环境保护工作，采取切实措施加强环保工作。要把环保规划、重点工程、资金投入、产品开发，以及环保专业力量培养等涉及环保工作的重大问题，纳入电力工业发展和企业发展的整体规划中，常抓不懈。要认真研究电力改革和发展新形势下电力环保工作的新特点，认真研究环保工作的重大政策问题，积极争取国家补助、优惠贷款、排污费集中使用等多方筹措资金的政策，争取鼓励清洁电力优先上网和实行合理电价的政策。

赵希正在工作报告中，充分肯定了“九五”电力环保工作所取得的成绩，主要体现在以下几个方面：烟尘和废水基本实现达标排放，二氧化硫排放得到初步控制，电力建设项目的环保法制化管理得到加强。

赵希正在分析了电力企业面临的环保形势，介绍了“十五”期间电力环保工作的主要目标和任务后，要求重点做好以下几方面工作：①进一步加大二氧化硫减排力度；②巩固烟尘和废水达标成果；③加强电网建设项目的环保管理；④加强火电厂环保监测装置的建设和管理；⑤严格控制氮氧化物排放。

江苏省电力公司、黑龙江电力有限公司、山西省电力公司、河南省电力公司、四川省电力公司和北京国电龙源环保工程有限公司作交流发言。

电力科技扶贫

2002年8月7日，国家电力公司、中国电机工程学会、贵州省电力公司及贵州省电机工程学会“送科技下乡”捐赠仪式在贵州习水县科技一条街举行。

在捐赠仪式上，中国科协副主席、国家电力公司顾问、中国电机工程学会理事长陆延昌，国家电力公司科技部、农电工作部等领导向习水县科技楼捐赠多媒体科普宣传设备和科普局域网络设备各一套，向科技楼捐赠科普图书2300册，向贵州省电力公司扶贫点东皇中学捐赠图书4018册。

习水县是国家扶贫开发重点县。这次“电力送科技下乡”活动，是宣传和贯彻落实《中华人民共和国科学技术普及法》的具体行动。主要是完善习水县科技楼电子阅览室的配置，宣传农网改造的成绩、农网改造相关政策法规、安全用电、电力科普知识等。

陆延昌在捐赠仪式上说，长期以来，党中央、国务院一直把农业、农民和农村工作放在十分突出的位置，把科教兴农作为科教兴国伟大战略部署的重要组成部分。我们希望通过这次活动把促进农村社会主义文明建设，促进科教兴农作为我们各级领导义不容辞的社会责任和决心，全面展示电力职工“人民电业为人民”和电力为农民、为农业、为农村经济“三为”服务的意识和形象，并且把“送科技下乡”活动制度化，促进广大农民科技素质的提高。

这次“送科技下乡”活动，还举办了三场专题讲座，分别由中国工程院院士黄其励作《科学家成长之路、青少年应掌握的电知识》科普报告；国家电力公司农电部副主任贾福清作《农村电网改造及农电工作政策》报告；华北电力大学教授黄元生作《中国加入WTO后，我们面对的机遇与挑战》报告。习水县共600多人参加了学术报告会。

捐赠仪式结束后，陆延昌一行来到习水县城附近的官洞村走访了贫困农户，对农村电网改造工作进行了调研。陆延昌一行还视察了遵义供电局的“95598”呼叫中心和习水电厂。

“国电杯”电力科普知识竞赛

由国家电力公司和中国电机工程学会联合举办的“国电杯”电力科普知识竞赛从2002年9月正式拉开帷幕至2002年12月，历时4个月。此次竞赛旨在学习、宣传和贯彻江泽民总书记“宣传科学思想，提倡科学方法，用科学战胜愚昧”的重要思想和《中华人民共和国科学技术普及法》，激励广大电力职工积极学习电力科技知识，提高自身素质，促使社会各界广泛了解电力生产的有关知识。为保证本次竞赛的顺利进行，成立了由国电公司领导担任主任的竞赛指导委员会，下设办公室，具体负责竞赛的组织工作。在竞赛指导委员会和竞赛办公室具体指导和精心组织下，竞赛活动分阶段、分步骤有序进行。为了广泛普及电力科普知识，配合活动开展，国电公司、中国电机工程学会和中国电力出版社专门组织编写了《面向21世纪电力科普知识读本》，作为竞赛的基本学习用书。该书将为此次竞赛活动提供80%答案，《面向21世纪电力科学技术讲座》和《中国电力百科全书》分别提供5%和10%答案，另有5%的题目为电力常识和有关《电力工业“十五”规划》的内容。国电公司办公厅和中国电机工程学会联合下发了竞赛活动的通知，并先后多次发文指导各竞赛组委会开展工作。《中国电力报》刊发了竞赛活动的消息并刊登了竞赛题和答题卡。此次活动得到全国电力系统各级领导的高度重视和广大职工的广泛参与。据统计，全国共有28个省（直辖市、自治区）约33万人参加了科普知识的学习和竞赛活动，规模空前，仅江苏省赛区就有5万多人参赛。

2002年12月23日“国电杯”电力科普知识竞赛总结表彰会在北京隆重举行。参赛单位及在京单位代表近300人欢聚一堂，气氛喜庆祥和。国家电力公司党组副书记、副总经理刘振亚，中国科协副主席、中国电机工程学会理事长陆延昌出席会议并讲话。

刘振亚代表国家电力公司做了重要讲话，对此次竞赛活动给予了高度评价。他说，此次科普知识竞赛活动是国家电力公司系统各单位、中国电机工程学会各级组织认真学习贯彻“三个代表”重要思想，全面贯彻落实《中华人民共和国科学技术普及法》，推动全民科普活动的重要举措，达到了以竞赛促学习的目的，取得了良好的学习效果和社会效果。他指出，在我国电力工业迅速发展、电力体制改革不断深化的背景下，深入开展科普活动很有价值，很有必要。首先，它真正贯彻落实了“三个代表”重要思想的要求，展示了电力工业的改革成就，揭示了我国电力工业走新型工业化道路的发展方向。其次，进一步提高了广大干部职工的科学素质。其三，通过大力普及与日常生产生活和电力相关的基础科学知识和科学概念，向广大城乡居民宣传普及了安全用电、节约用电知识，为推动电力科技进步创造了良好的外部环境。刘振亚希望，在今后的工作中，要以“三个代表”重要思想为指导，把搞好科普工作与全面建设小康社会的目标结合起来。在公司干部职工中掀起一个学习科学知识的高潮，在干部职工队伍中形成讲学习、钻业务、不断提高自身素质的良好风气。各单位领导应进一步加强电力新科技、新知识的普及工作，依靠科技进步，推动企业发展。

陆延昌在讲话中说，科普工作是我们贯彻落实十六大精神，全面建设小康社会，开创建设中国特色社会主义新局面的题中应有之举，是走新型工业化道路，把经济增长转移到依靠科技进步和劳动者素质的轨道上来的重要方面。这次科普活动通过竞赛这种有效形式，提高了广大干部职工的科学文化素质，形成了学科学、用科学、爱科学的良好风气。他说，学习是一个人终身的任务，目前“学习型组织”的理论已成为当今最前沿、最有效的宏观管理理论之一。坚持不懈地用学习型组织管理的思想和方法管理企业，可以使企业变得更强、更有创造性。因此希望每个企业都成为学习型企业，每个单位都成为学习型单位，每个人都能成为学习型人才。他要求，科普工作必须深入持久地开展下去，同时科普工作又是全社会的事情，需要有政府的领导和关心，有企业的支持与重视，同时也希望各级学会组织在政府和企业的支持下，发挥自己的主观创造性，当好科普工作的主力军。

会上抽出竞赛特等奖2名，一等奖20名，二等奖80名，三等奖500名，并对黄河上游水电开发有限责任公司等26家竞赛先进集体和江苏省电机工程学会等22家竞赛优秀组织单位进行了表彰奖励。

出席此次会议的还有中国科协科学技术普及部副部长高勘以及国家电力公司有关部门负责人。

电力信息化管理

综　述

国家电力公司信息化工作座谈会召开。2002年9月24～25日，国家电力公司信息化工作座谈会在杭州召开。会议对国电公司系统信息化工作进行了阶段总结，并对下一阶段工作进行了部署。国家电力公司副总经理赵希正出席会议并作重要讲话。

国家电力公司对信息化工作高度重视，通过以公司第一把手为组长的信息化领导小组加强领导和管理，从组织上保证了把信息化建设作为企业的“一把手”工程。结合信息化形势的发展，国家电力公司加强了标准化、统计分析、技术培训、信息安全示范工程等工作，以推动公司系统信息化工作的深入开展。

会议对网络与信息安全工作做了强调，要求进一步加强网络和信息安全工作。根据电力系统的特点，信息安全工作主要应从两个层面展开，一是电力生产实时控制系统的信息安全工作，直接关系到电力系统的安全稳定运行；二是电力信息网络与信息应用系统的安全工作，直接影响到公司的正常管理工作和对社会的形象。做好这两个层面的安全工作，并在两个系统之间做好有效的安全隔离是当前研究和防范的重点。

会议对下一步国家电力公司系统信息化工作进行了部署：做好信息化建设的管理工作；做好数据备份工作；做好公司系统信息共享的工作；做好网络与信息安全的评测、防范及应急预案。

赵希正指出，当前正在进行的电力体制改革为电力信息化工作提供了前所未有的挑战和机遇，要求所属各单位按照国家的方针政策，按照国电公司的统一部署，加紧做好信息化工作，为电力工业的可持续发展作出贡献。

赵希正强调，推进电力信息化工作，领导是关键。各单位领导要把电力信息化建设作为关系企业长远发展的一项重点工作来抓，要以“三个代表”重要思想为指导，高度重视网络与信息安全工作，认真落实国家对信息安全工作的要求，抓好电力生产和信息系统的安全工作，提高认识，加强领导，增强责任感，做到严字当头，确保国家经贸委30号令的贯彻实施。

国家电力公司科技环保部张晓鲁主任在会上作了工作报告。全面回顾了2001年国家电力公司信息化工作会议以来，公司系统在贯彻落实会议精神所取得的成绩和存在的问题，对下一步工作进行具体部署。

国家电力公司科技环保部刘建明副主任在会议上作了会议总结。总结会议所取得的成果并对公司系统下一步如何落实会议精神和重点工作提出了明确的要求。

会议期间国电信息中心、浙江省电力公司、江苏省电力公司、辽宁省电力公司、西北公司、华北电力集团等6家单位的代表在会上进行了大会交流。会议期间安排了“信息编码技术”和“信息安全技术”两个专题讲座。

全国首家省级数字电网管理系统纳入国家863计划。2002年12月11日，山西省电力公司举行国家863计划“基于空间信息的省级大区域电网管理系统”项目启动仪式，标志着该公司以信息化带动工业化、以工业化促进信息化迈出了坚实的一步。国家科技部、省科技厅和国家电力公司有关人员出席项目启动仪式。

目前，山西省已形成了以500kV电网为骨干、重点负荷区形成220kV环网的电网格局。以信息技术进步为核心的电网自动化水平的提高，已成为大电网管理的迫切要求。在“九五”期间，基本建成了省电力公司与各地市供电分公司及其他所属单位的信息网络系统。2002年在220kV输电线路采用OPGW光缆，建成了骨干通信网，同时集中开发技术结构为全国一流的全省营销自动化系统。按照863项目计划，到明年夏季，将完成一期工程的实施，在长治、临汾、晋城建成实时数字电网可视化、多系统集成的电网管理信息系统。2003年下半年，在全省其他地市供电分公司将全面推广此系统。届时，为电力系统的正常运行、计划检修、故障排除、系统通信等提供良好的服务与可靠的保障，对提高电网运行效率、降低运营成本、确保供电可靠性将起到至关重要的作用。

启动国家电力公司系统OA系统互联互通工作。启动东北公司、西北公司、华北电力集团公司、华能集团、江苏电力公司、山东电力集团、福建电力公司、浙江电力公司、青海电力公司、辽宁电力公司的联网工作。通过不断扩大试点工作，整体推进，统一标准，提高公司系统办公自动化水平，全面实现办公自动化互联互通。

统计分析工作进一步规范和加强。国家电力公司决定从2002年开始进行全公司信息化指标统计工作。逐步建立公司系统信息化指标统计分析体系。从统计上报的数据来看，各网省电力公司信息网络的硬件建设已经达到了相当的水平。网省公司广域网覆盖率正稳步提高。网络安全运行率保持在高水平上。

规 章 制 度

《省(区域)电力公司信息系统建设规范(试行)》发布。为了指导国家电力公司系统各单位信息系统的完善、升级或新建，规范公司系统信息系统建设，国家电力公司下发了《省(区域)电力公司信息系统建设规范(试行)》。该规范在总结以往信息系统建设的经验教训基础上，引入国内外先进的管理理念，统一规划资金流、物流和工作流，对省(区域)电力公司的信息系统建设提出了具体要求和规定。规定了信息系统的基本功能、技术要求及安全要求，明确了系统建设的步骤，并对系统的实现过程提出了若干原则要求。本规范适用于国家电力公司所属各省(区域)电力公司信息系统的完善、升级或新建。本规定共八章三十七条。对国家电力公司所属省(区域)电力公司信息系统建设的目标、系统模型、基础层、应用层、系统技术要求、系统安全和系统实现等方面提出了具体的技术依据。

《信息系统数据备份与管理暂行规定》印发。为避免信息系统数据的丢失，确保国家电力公司系统生产、经营、管理等应用系统的安全稳定运行和历史数据的保存，加强信息系统数据的备份与管理，国家电力公司制定了《信息系统数据备份与管理暂行规定》。本规定共分14条。各单位信息系统运行管理部门负责具体的数据备份与管理；信息化归口管理部门负责定期检查和监督。对相应的人员提出了具体的要求。对数据的备份方式提出可供选择的模式和需要备份的数据范围、备份的介质、备份的文档管理都进行了相应的规定。本规定从二〇〇二年八月二日执行。

《信息分类与代码体系（试行)》印发。为适应国家电力公司系统信息化建设快速发展，满足对信息代码标准进行修编和补充的迫切需要，实现信息系统的互联互通。按照国家电力公司信息化“十五”计划的要求，国家电力公司编制了《信息分类与代码体系(试行)》。本体系规定了国家电力公司信息分类与代码的体系结构，对“信息分类与代码”标准进行了统一规划，同时，信息系统代码体系是制订代码编写规划和计划，编制信息系统代码标准的依据之一。在文中将采用的“引用国家标准和电力行业标准目录”同时印发，并将根据标准的编订计划在 2002 年底至 2004 年中分期分批进行发布。

网络与信息安全

全力推进网络与信息安全体系的建设。按照国家信息安全战略的要求，借鉴国内外信息安全领域中先进成熟的技术和经验，采用符合我国安全需要的信息安全产品，结合我国电力系统信息化的实际，形成一套有电力特色的信息安全保障体系。启动国家重大科技专项“电力系统信息安全应用示范工程”及“863”有关电力信息安全项目，在国家电力公司系统内进行试点工程工作，加速推进力度，研究和形成电力系统安全技术体系、管理机制及安全策略实施方案，为全面实施信息安全不断提供科学依据和实践经验。

建立重大事件与重大时间期间电力信息安全保障体系。国家电力公司要求通过所属各单位要通过改进技术手段,强化安全管理,落实责任制,建立健全信息安全保障体系和防范机制。组织专家和有关人员制定了网络与信息安全评测大纲、网络与信息安全防范措施、网络与信息安全应急预案,同时,在各网省电力公司开展信息系统评测、制定相应的防范措施、应急预案及其实施细则,加强培训力度,形成从上到下协调一致,分工明确,责任到人,技术到位的保障体系。

技术交流

2002 年 4 月,在北京召开了企业资源管理(ERP)技术研讨会。专门邀请了国际上市场占有率较高、技术较先进的七家 ERP 软件商和咨询公司讲解了企业现代管理理念的发展和实现、ERP 软件的技术特点、现状和发展趋势、ERP 企业管理软件在电力行业的综合解决方案及实施应用情况等。研讨会上山东电力集团公司详细介绍了他们实施 ERP 的过程和体会。

2002 年 4 月，在北京邀请国家信息安全工程专家组的技术人员介绍了信息安全的思想、技术、工程化实现及其在信息系统中的应用。

2002 年 9 月，在杭州邀请有关专家对“信息编码技术”和“信息安全技术”进行讲解。对国家电力公司进一步加强网络与信息安全、信息代码标准化问题进行充分地讨论。

2002 年 12 月，在北京召开办公自动化新技术研讨会。与会专家与代表探讨了办公自动化如何利用最新的信息技术，如何在国家电力公司系统进行办公自动化的互联互通，探讨了有关实施的技术方案。会上，展示了最新的办公自动化的软件产品。

国家科技进步奖

2002 年度获得国家科技进步奖统计

编　号	授奖等级	获奖成果名称	主要完成单位	主要完成者
J—217—2—03	二等奖	电力系统新型静止无功发生器(ASVG）的研制	河南省电力公司、清华大学、河南电力试验研究所、洛阳市电业局、河南电力科技开发公司、国家电力公司华中公司、郑州市电业局	王仲鸿、林孔兴、刘文华、罗承廉、姜齐荣、方志民、韩英铎、李承业、梁　旭、刘遵义

续表

编号	授奖等级	获奖成果名称	主要完成单位	主要完成者
J—217—2—06	二等奖	CSC2000分布式变电站自动化系统	北京四方继保自动化有限公司、华北电力大学（北京）	张振华、秦立军、刘建飞、赵瑞航、罗海云、葛亮、陈钢杰、张忠理、张涛、张阳志
J—217—2—08	二等奖	大型汽轮机部件寿命评定新技术	上海发电设备成套设计研究所、华东电力试验研究院、云南省电力试验研究所	史进渊、周新雅、袁伯英、孙庆、李颖、杨宇、严宏强、吴茜、穆钢、黄华炜
J—217—2—02	二等奖	50MW，400MW蒸发冷却水轮发电机	中国科学院电工研究所、东方电机股份有限公司、安康水电联合实业有限责任公司、黄河水电开发公司李家峡发电分公司、黄河上游水电开发公司建设分公司、中国水利水电第四工程局	顾国彪、郑小康、田新东、朱元巢、马济生、钱光岳、梁学焜、王兴玉、袁康、闫荣民

2002年度中国电力科学技术获奖统计

经中国电力科学技术奖评审委员会的审批，决定对2002年度中国电力科学技术奖获奖项目（50项）给予奖励并通报表扬。获奖项目的应用、推广将使科技成果在电力生产建设中进一步发挥作用，取得更显著的效益。这些获奖项目分别是：

一 等 奖

序号	项目编号	项目名称	完成单位	完成人员
1	20023019	高拱坝应力控制标准研究	中国水利水电科学研究院、昆明勘测设计研究院、成都勘测设计研究院、大连理工大学、清华大学	朱伯芳 董福品 许平 赵国藩 潘家铮 邹丽春 周维垣 王光纶 杨波 宋玉普 杨宜文 王仁坤 赵文光 李雪春 厉易生
2	20021006	大型电力系统中电力电子和FACTS装置仿真软件包EMTPE的研究与开发	中国电力科学研究院	林集明 陈珍珍 王晓彤 陈葛松 杨少勇

二 等 奖

序号	项目编号	项目名称	完成单位	完成人员
1	20021010	RCS—978型微机变压器成套保护装置	国家电力公司电力自动化研究院、南京南瑞继保电气有限公司	陈松林 李海英 郑玉平 李九虎 宗洪良 沈国荣 王正航 乔勇 沈全荣 王俊生
2	20021018	水电站水情自动测报系统的开发研究	国家电力公司电力自动化研究院	孙荣久 江海深 汤煜明 曹年红 周雷 陈德顺 李晓斌 丁杰 王铭业 李永红
3	20021031	PST 1200系列数字式变压器保护	国电南京自动化股份有限公司	孙志杰 曾献华 包晓平
4	20021052	大型油浸电力设备色谱在线监测系统	上海交通大学、南方电力平果有限公司	肖登明 赵杰 李红雷 潘勇斌 朱莉莉 李旭光 刘相枪 杨广源 梁阳 曹玉文
5	20022025	整体煤气化联合循环发电（IGCC）关键技术	国电热工研究院、华东理工大学、上海发电设备成套设计研究所、中国科学院工程热物理研究所、哈尔滨汽轮机厂有限责任公司、中国科学院山西煤炭化学研究所、哈尔滨锅炉厂有限责任公司	危师让 许世森 龚欣 林汝谋 邓世敏 沈邱农 张建民 林公舒 徐宝山 李政

续表

序号	项目编号	项目名称	完成单位	完成人员
6	20022013	SA213—T91 钢药芯焊丝研制	河北省电力试验研究所、北京工业大学	姜运建 王庆 刘建萍 魏琪 张东文 李中伟 蒋建敏 朱学军 熊第京 孙裕昌
7	20022038	火力发电厂设计技术规程（DL5000—2000）	中国电力建设工程咨询公司	杨旭中 李京 张建中 赵敏 胡沛文 刘庆 李武全 范新宽 余乐 师重光
8	20023001	三峡永久船闸 68m 直立墙边坡开挖锚固施工技术研究与应用	武警水电三峡工程指挥部、四川九〇九建设工程有限公司预应力工程处、浙江安峡建设有限公司三峡坝区分公司、水利水电爆破咨询服务部、武汉大学	周光奉 王青屏 陈孝英 刘利军 张文辉 郭冬生 陈太为 赵歌今 荣耀久 许佐龙
9	20023002	高混凝土面板堆石坝施工技术研究与发展	中国人民武装警察部队水电第一总队	李光强 谢映怀 吴桂耀 黄宗营 张耀威 肖彦律 王德军 周贻文
10	20023010	300m 级高拱坝抗震关键技术研究	中国水利水电科学研究院、国家电力公司昆明勘测设计研究院、国家地震局工程力学研究所、清华大学、河海大学、大连理工大学、国家电力公司成都勘测设计研究院	陈厚群 侯顺载 邹丽春 杜修力 廖振鹏 李敏 张艳红 张楚汉 张伯艳 杨宜文

三等奖

序号	项目编号	项目名称	完成单位	完成人员
1	20021005	10kV TSC 型自适应无功补偿装置	中国电力科学研究院、南阳市电业局	汤广福 张伟 张皎 王肖剑 蓝元良 赵贺 张居团
2	20021007	CG 型干式硅橡胶高压穿墙套管	中国电力科学研究院	孙麟 李博 宋继军 胡春海 潘仰光 高克利
3	20021009	超高压输电线路应用海拉瓦技术优化路径	北京洛斯达航测技术咨询有限公司、国家电力公司电网建设分公司、中国电力建设工程咨询公司	万明忠 范光甫 李喜来 殷金华 章龙才 郑怀清 牛山
4	20021011	基于 TASE.2 协议的 EMS 系统间网络通信软件	国家电力公司电力自动化研究院、江苏电力调度通信中心	李斌 奚国富 白义传 崔恒志 彭晖 徐春雷 金益民
5	20021012	GKS-IAS 信息统计分析系统	南京南瑞集团公司/国电南瑞科技股份有限公司、吴县市江远热电有限公司	夏益青 陆安发 刘颖 张帆 王蓓 罗建明 赵锡蓉
6	20021016	水电厂综合自动化系统研究	国家电力公司电力自动化研究院/南京南瑞集团公司、宝珠寺水力发电厂	钟敦美 黄健 陈思宁 徐洁 胥洪远 崔智怀 贺小明
7	20021017	500kV 新型带挡板掏挖基础的试验研究与应用	广东省电力设计研究院	梁沛权 金晓华 黄炳权 高勇 肖志军 李敏生 李海彦
8	20021019	闽江流域水电站群水文信息自动测报及综合调度系统	福建省电力有限公司、国电自动化研究院	杨诗经 许新生 刘子龙 张初旺 李晓斌 蒋昌兴 张建平
9	20021023	白山发电厂水库调度综合自动化系统	武汉大学、东北电力公司白山发电厂	郭生练 李池清 王金星 刘凤学 宋星原 陈凯 戴自逑

续表

序号	项目编号	项 目 名 称	完 成 单 位	完 成 人 员
10	20021030	PS6000变电站自动化系统	国电南京自动化股份有限公司、国电南思系统控制有限公司	郭效军 王荣兴 马文龙 承文新 黄 俊 张 结 余华武
11	20021032	华东电能交易系统	华东电力调度通信中心、华东电力试验研究院	张启平 费正明 郁东升 罗 迅 陈 怀 施炜伟 王利锋
12	20021033	基于频率控制性能标准(CPS)的互联电网运行控制技术	华东电力调度通信中心	张启平 汪德星 郁东升 施炜伟 王忠仁 王 伟 刘华伟
13	20021037	输电导线破损故障诊断	武汉大学	胡基才 吴功平 戴锦春 胡 杰 郭 菁 马建国 肖晓晖
14	20021038	电力网电能损耗计算与分析	苏州供电局、河海大学电气工程学院	陈星莺 江卫中 廖迎晨 吴金荣 向 兵 潘怀刚
15	20021039	基于广域网的计量器具校验管理系统	江苏省电力科学研究院	黄奇峰 陈 斌 徐 晴 吴 钢 范 洁 尹 飞 侯林海
16	20021041	辽宁电力信息网络视频系统	辽宁省电力有限公司信息中心	潘明惠 刘树吉 韩 水 葛维春 胡 博 张亚军 偏瑞琪
17	20021044	继电保护计算及管理平台 RCMBase2000	山东电力调度中心、山东工业大学电力研究所	黄德斌 唐 毅 程慈源 陈 青 张洪起 任志刚 刘炳旭
18	20021046	电网规划可靠性准则建议的研究	中国电力科学研究院、重庆市电力公司	郭剑波 孙渝江 李晨光 周家启 张东霞 龙小平 肖 静
19	20021048	三峡电站500kV输电线路跨越永久船闸时对过闸船舶的通信干扰和工频电场安研	武汉高压研究所、中国电力科学研究院、中国船舶重工集团公司第7研究院第701研究所、长江航务管理局三峡办	邬 雄 邵方殷 万保权 张文亮 张广州 陆家榆 杨敬梅
20	20022001	双中排阴双层床试验研究	安徽省电力试验研究所、安徽省淮南田家庵发电厂	赵治华 郑玉敏 王晓灿 童国祥 何世卫 孙显启 赵 炜
21	20022002	火力发电厂城市污水回用技术研究	北京国电华北电力工程有限公司、国家电力公司热工研究院、华能国际电力开发公司北京分公司	惠兆华 杨东方 曾德勇 汪洪波 李华祥 张富礼 张珩生
22	20022003	低正压气力除灰系统设计研究和应用	江苏省电力设计院	范仁东 张莲莺 赵 峥
23	20022004	内置式除氧器	国家电力公司华东电力设计院	金王贵 陈存恩 马福荣 席启明 龚孟超
24	20022005	600MW超临界汽轮发电机组基础动力特性研究	国家电力公司西南电力设计院、国家电力公司电力建设研究所	罗国澍 丁 洪 高象波 邵晓岩 毛永龙 鄢明章
25	20022006	桩基原体试验测试技术与评价成果研究	中南电力设计院、华东电力设计院、山西省电力勘测设计院	夏明诚 余铁稳 杨 怿 吴耀租 欧阳邵裘 曾渠丰 曹光荣
26	20022007	电除尘器前置烟道喷雾增湿系统	甘肃省电力公司兰州电力修造厂	陶国龙 吕 群 吕文蓝 李如龙 惠海龙 甄 展 杨平健
27	20022018	灰场表面固化防尘技术	华北电力大学	尹连庆 张建平 席 兵 何 凤

续表

序号	项目编号	项目名称	完成单位	完成人员
28	20022019	火力发电厂设备、系统运行节能准确在线分析系统	华北电力大学、山西地方电力公司	张春发 阎维平 王 礼 安连
29	20022024	集成型执行器汽轮机电液控制系统	东北电力调节技术研究所、辽宁省电力有限公司生产部、北票发电厂、沈阳热电厂	刘宝军 张亚祥 徐品生 金 丰 刘朋杰 马仁库 张兴政
30	20022037	中小型燃煤电站水膜除尘器简易脱硫技术与设备研究	国电环境保护研究所、江西省电力公司、江西省贵溪发电厂	王小明 胡德成 于崇德 颜 俭 邹海清 周天旺 曹瑞芝
31	20023006	碾压混凝土拌和设备研制	中国水利水电第八工程局	张祖义 谈兆鹤 范义维 龚国群 李跃兴 刘炎生 杨荣强
32	20023009	高拱坝坝基稳定研究	国电公司昆明勘测设计研究院、清华大学、四川大学、武汉大学、河海大学	邹丽春 周维垣 任青文 寇 伟 陈胜宏 刘 伟 范景伟
33	20023011	工程地质综合分析技术的开发和应用	国家电力公司成都勘测设计研究院、成都理工学院、河海大学	杨 建 杨建宏 任鸣春 黄润秋 雷泽宏 周志芳 黄地龙
34	20023012	拱坝沿拱座基面滑动机制及控制标准的研究	中国水电顾问有限公司、国家电力公司成都勘测设计研究院、国家电力公司昆明勘测设计研究院、国家电力公司西北勘测设计研究院、国家电力公司北京勘测设计研究院	王柏乐 姜军凯 王小润 翁新雄 黄晓辉 孙永娟 艾永平
35	20023013	黄河李家峡水电站坝前Ⅰ、Ⅱ号滑坡初期蓄水后稳定性预测研究	国家电力公司西北勘测设计研究院、黄河上游水电开发有限责任公司、成都理工大学	庆祖荫 李天扶 吕生弟 周新光 聂德新 梁万林 毛国权
36	20023014	黄河上游中型水电站新第三系红层工程地质特性研究	国家电力公司西北勘测设计研究院、成都理工大学	万宗礼 吴曾谋 聂德新 雷凤山 杨永明 任光明 符文熹 刘晓虹 王连福 汤 炀 曹洪波 卢 金
37	20023016	自由式拉压复合型预应力锚索	国家电力公司成都勘测设计研究院	杨俊志 章建跃 冯杨文 崔金海 陈雁鸿 余江洪 吴 丽
38	20023022	复杂地质条件下岩土地基稳定性及治理技术	河海大学	任青文 钱向东 赵 引 余天堂 袁宝远 罗 军

科 研 院 所

中国电力科学研究院

基本情况

1. 经济效益

2002年新签合同总额达到6.32亿元，同比增长23.21%；年末净资产总额2.77亿元；实现收入5.13亿元，实现利润4704.04万元；上交税金2625.82万元。

2. 机构设置

研究所及产业公司：系统研究所（电力系统分析与控制公司）、高压研究所（高压电气公司）、输配电及节电技术国家工程研究中心（电力电子公司）、电网自动化研究所（科东公司）、通信研究所（通信与信息技术公司)、内外贸易公司以及电厂自动化研究所（国电智深公司)、农村电气化研究所（华源公司)、变电站自动化公司、高压开关研究所、电测量研究所、计算机应用研究所及电科院东芝避雷器有限公司等其他参股公司。

职能管理部门：总经理工作部、人力资源部、财务资产部、科技部、营销部、生产部、审计部、党群工作部。

部级电力设备及仪表质量检验测试中心（下设8个检测站)。

其他单位：研究生部、《电网技术》杂志社、后勤部门。

3. 人力资源

2002年新进员工198人，员工总数为1453人。其中：专业技术人员978人，具有本科以上学历者749人；中高级以上职称者558人；中高层管理人员共69人，平均年龄45岁，具有本科以上学历的占83%，中级以上职称的占93%。中国科学院、中国工程院院士各1人；国家级有突出贡献的中青年专家13人，享受政府特殊津贴者106人。

4. 基础设施

2002年该院总占地面积18.6万m^2，建筑面积19.8万m^2。其中：院本部占地面积14.5万m^2，建筑面积18.2万m^2；廊坊产业基地占地面积1.7万m^2，建筑面积1.3万m^2；怀柔产业基地占地面积2.4万m^2，建筑面积0.3万m^2。

主要试验室：电力系统仿真试验室、高压试验大厅、大功率试验站、电力系统动态模拟试验室、能量管理系统开发试验室、电力系统电能计量标准试验室、电力负荷控制试验室、低压电器试验室、电力系统继电保护及安全自动装置检测试验室、电力电子试验室、电磁兼容试验室等。

5. 科研成果

2002年该院科研项目《大型电力系统中电力电子和FACTS装置仿真软件包EMTPE的研究与开发》获中国电力科学技术奖一等奖；《10kV TSC型自适应无功补偿装置》《CG型干式硅橡胶高压穿墙套管》《电网规划可靠性准则建议的研究》《三峡电站500kV输电线路跨越永久船闸时对过闸船舶的通信干扰和工频电场安研》（第二完成单位）获中国电力科学技术奖三等奖；获第六届北京技术市场金桥奖集体二等奖1项，个人一等奖1项；获得实用新型技术专利授权3项，申请专利11项。评出院级科技进步奖34项，其中：一等奖11项，二等奖16项，三等奖7项。详见表1。

6. 双文明建设

继续推进党的基层组织建设和党风廉政建设，加强干部民主考核和任期经济责任审计，增强干部自律意识和预警能力；重视民主建设，完成工会的换届选举工作；创办内部刊物，加强宣传和交流；关心离退休职工生活，积极落实“两项待遇”；做好“法轮功”练习者的转化、帮教工作；完成单身楼的改造，改善了青年职工的居住条件；加强宿舍区的绿化美化工作，完成绿化面积1500m^2；实现宿舍区的封闭式管理，创造安全的生活环境。

表1　2002年度获该院科技进步一等奖项目

序号	项目名称	获奖单位	第一完成人
1	新型晶闸管控制电抗器(TCR)装置的开发	输配电及节电技术国家工程研究中心	张　皎
2	低压配电网电力线高速通信技术研究	通信研究所	赵丙镇
3	电力系统最高电能计量标准装置	电测量研究所	王　猛
4	电力系统电能质量计量标准装置的建立	电测量研究所	李松洁
5	唐山电网EMS/DTS高级应用软件	电网自动化研究所	李　强
6	辽宁电力市场技术支持系统	电网自动化研究所	邵　滨
7	国家电力调度通信中心新EMS系统工程	电网自动化研究所	李立新
8	西北电网750kV系统研究	系统研究所	印永华
9	ZW32—12/T630—20型户外柱上真空断路器的开发、研制及推广	高压开关研究所	王承玉
10	基于状态观测器的状态反馈控制在火电厂热工自动控制系统中的应用	电厂自动化研究所	韩忠旭
11	高压直流试验室技术改造	高压研究所	李光范

行业技术支撑工作

1. 完成的主要科研项目

(1) 三峡—常州直流工程调试。该院作为调式技术负责单位，开展了调试系统的数字计算和物理仿真研究工作，精心制定了站系统调试和端对端系统调试方案，对直流功率正送和反送工况下的各种主要功能进行了试验和检验，并在此基础之上，进行了直流正送1500MW（额定功率）和反送750MW的连续带大负荷运行试验。各项试验操作准确无误，试验中发现的设备缺陷得到了及时处理，确保了2002年底极1系统投运的阶段性目标。

（2）国家电力调度通信中心电网调度自动化系统工程。该工程是国家电力公司为适应三峡输电系统的实时调度以及全国互联电网运行而建设的重点工程，工程采用CC-2000 EMS系统平台，通过事件驱动机制组织各个电力系统应用间的数据通信，通过低层可靠性数据广播协议进行各个网络节点间的数据传送，在系统总体结构、值班报警功能、直流控制功能等方面均处于国内领先地位。

（3）全国联网和更高一级交流电压等级研究。该项目主要取得以下研究成果：分析提出了东北—华北交流联网稳定水平变化的机理、主要影响因素及相应的对策，提出外送电源基地与送端电网之间、电站之间联与不联的利弊及其相关因素，提出2020水平年西电东送工程的可行性方案，提出保持受端电网接受大量区外来电的稳定性应采取的措施，提出防范大面积停电等严重系统事故的措施，提出我国发展特高压交流输电技术应该注意的问题，提出西电东送三个通道各自的技术特点、应该重点考虑的技术问题及需采取的相应措施；分析比较了南北互供工程的联网方案和交直流联网的利弊等。

（4）同步数字体系（SDH）光纤通信方式在电力系统应用的研究。该项目主要取得以下成果：提出电力传输网、同步网、管理网、自愈环网、设备配置与测试验收、系统兼容、通信中心作用功能等关键技术问题的解决方案；提出网管系统、光缆管理系统和电信管理网体系相结合，建立电力系统通信综合管理网的模式；提出使用SDH光纤通信传输继保信号的可行性，提出了各种特种光缆的应用范围、测试评估方法和相关技术指标；分析了雷击对电力特种光缆线路和通信站的影响；完成了《SDH工程设备投资估算及安装工程投资测算与分析》等四套程序的开发。

（5）阳城电厂输电系统稳定运行特性及其安全稳定控制措施研究。该项目针对阳城电厂输电系统投运初期典型运行方式，采用BPA程序和数模混合式实时仿真装置两种手段互相印证。研究得出了阳城发输电系统重要输电通道的稳定极限；验证了现有安全稳定控制装置的有效性；提出了提高阳城发输电系统稳定水平和防止发生大面积停电事故的措施；研究系统小干扰问题并提出了PSS配置及整定方案。

（6）高压直流试验室技术改造。该项目包括改造±600kV直流污秽试验电源、新建±250kV直流污秽试验电源装置、5000h复合绝缘子加速老化试验装置、直流离子迁移试验装置和3600kV冲击电压发生器及陡波试验装置等内容。通过这次改造，该院高压试验室成为一个拥有大容量直流高压试验电源及先进测试手段，既能从事直流设备外绝缘特性和电磁环境的研究，又能为直流输电工程进口设备的验收及国产化服务的高压直流试验基地。

（7）电机效率检测方法的研究及效率检测中心的建立。该试验室引进国际先进的电机效率检测方法，采用德国设备建成，所建立的试验测试系统可以承担2～90kW电机效率的检测，设备先进、实用，可以满足电机制造厂和工业企业等不同用户的需要，对国家标准的实施提供重要的技术支持，对我国电动机的节能有重要意义。

2．主要应用技术开发

（1）低压配电网（380V/220V）复合通信方式研究。该项目开发出了速率为2Mbit/s和14Mbit/s的电力线高速通信设备，并建立了我国第一个电力线宽带接入试验小区，实现了自用户家庭至配电开关柜的高速电力线数据通信，为用户提供访问因特网以及收费、公告、视频点播等的数字化小区服务。实际测试结果表明该系统运行稳定，传输速率高，抗电网波动能力强。

（2）电网快速解列装置研制。该装置能够准确定位系统振荡中心，正确区分同步振荡和异步振荡，可在系统第一个异步运行周期内完成判据计算并发出解列信号，具有运行稳定，抗干扰能力强等特点，满足了三峡电力系统、西电东送以及全国电网互联对失步解列快速性和准确性的要求，符合当前国际上失步解列研究的最新发展趋势，可有效防止电网稳定破坏事故。

（3）静止无功补偿器实用化技术的研究。该项目通过进行TSC和TCR晶闸管阀串稳态和暂态性能的理论分析和系统仿真，解决了高压晶闸管阀串联实用技术，优化了动静态均压回路的设计，开发出10kV TSC和31.5kV TCR，并通过了南阳东郊变电站TSC型SVC和莱芜钢厂TCR型SVC两个实际工程运行的考验。

（4）电力系统最高电能计量标准装置。该装置根据电力系统在用的各类标准电能表的技术指标和测量范围，开发出EPRI—2100B型工频电能/功率计量标准装置和三相电能标准装置。使单相装置的扩展不确定度达到：25×10^{-6}（$k=2$）；电压测量范围：60～600V；电流测量范围：0.1～100A；功率因数范围：0L～1.0～0C；输出频率范围；45～65Hz；三相装置的扩展不确定度：50×10^{-6}（$k=2$）；电压测量范围：60～600V；电流测量范围：0.5～100A；功率因数范围：0°～360°；输出频率范围：50Hz±5Hz。

（5）电力系统电能质量计量标准装置。该装置主要技术指标：谐波标准装置不确定度优于 1×10^{-3}（$k=2$）；频率标准装置技术指标优于 5×10^{-10}（$k=2$）；低频电压标准装置技术指标优于 1×10^{-3}（$k=2$）。相位标准装置：测量电流达到20A，电压可达1kV，角度覆盖0°～360°，不确定度50Hz时0.02°，1kHz及其以下（50Hz除外）0.1°，1～2kHz 0.2°；闪变标准装置技术指标和测量范围均达到国际同类标准装置先进水平。

3．行业管理工作

2002年挂靠在该院的7个标准化委员会适应电力技术发展需要，新修订行业标准15项，主要包括《电气设备状态维修导则》《10kV户外柱上配网自动化开关设备通用技术条件》《12kV少维护户外开关设备通用技术条件》和《电气设备状态维修导则》等。

4．电力设备及仪表质量检验测试工作

经原电力工业部授权，该院部级电力设备及仪表质量检验测试中心下属8个质检站，即电能计量仪表及变送器、电力变压器、远动（方）终端、低压电器、继电保护及安全自动装置、高压开关及直流电源、电力绝缘子避雷器、配用电自动化系统设备质检站。2002年主要工作包括：①顺利通过了国家计量认证/审查认可（验收）复评审并取得资格认证，目前可承接50大类848个检验参数的检测；②全年出具检验报告602份，出具六氟化硫、氢气湿度仪检定证书120份；③按照国家电力公司的要求，提出2000年以来330、500kV电压等级的变压器和500kV电流互感器事故及运行专题的调查研究报告；④按照国家电力公司的部署，完成了变电站综合自动化、远动（方）终端的监督抽检任务；⑤完成了单相电能表国家监督抽检任务；⑥完成了配网自动化终端国家监督抽检任务；⑦对三峡交直流500kV输电线路工程用绝缘子进行了验收检验。

5．学术交流

2002年该院主要学术活动：①协办重要国际会议——电力系统技术国际会议；②承办全国电力系统自动化学术研讨会；③组织召开2002年电力系统高压开关管理工作会议，完成2001年全国高压开关工作总结和事故统计分析报告；④组织召开国家电力公司 SF_6 监督检测中心资质复审及经验交流会，完成了各省 SF_6 监督检测中心资质复审工作；⑤组织召开国家电力公司直流电源工作会议，成立直流电源及配套元器件推广应用委员会，出版《直流电源》期刊等。

主要研究所和产业公司工作

1．系统研究所（电力系统分析与控制公司）

承担的主要项目：川渝电网向华中和华东电网送电工程项目研究和系统调试、三峡—常州直流工程系统调试、华北—华中电网互联系统研究、西北电网750kV输变电工程项目研究、电力系统仿真中心第二期完善化工程等。

主要产品：电力系统分析软件、基于GPS的ADX3000多功能电力系统稳定监录仪、电网安全稳定装置、WKKL系列励磁调节器和电力系统稳定器、电动机综合保护装置、电力试验记录测量设备。

新产品：电网快速解列装置、利用GPS信号的广域监测量装置、电厂发变组保护。

2．高压研究所（高压电气公司）

承担的主要项目：高压直流试验室技术改造、三峡—常州直流工程系统调试、深圳机场变电站地电位升对通信线路危险影响防护的研究等；2002年共生产销售4大类7204台件高压电气产品，完成产值3744万元。其中：合成外套避雷器产值845万元；SF_6 避雷器产值780万元；穿墙套管产值1831万元；互感器产值286万元。

主要产品：氧化锌阀片、合成外套避雷器、复合外套穿墙套管、SF_6 避雷器、SF_6 电压互感器、SF_6 电流互感器。

新产品：110kV倒立式 SF_6 电流互感器、高精度小电流传感器、基于DSP器件的MOA避雷器、套管、电流互感器、变压器、断路器等状态在线检测装置。

3．电网自动化研究所（电网自动化公司）

承担的主要项目：国家电力调度通信中心电网调度自动化系统工程和内蒙古、甘肃、呼和浩特、乌海、赤峰、抚顺、锦州、华北改造等调度自动化工程，以及内蒙古电量系统、内蒙古综合数据平台等。

主要产品：CC—2000开放式、面向对象的EMS/DMS支撑系统、电力市场技术支持系统、配电自动化管理系统、变电站仿真。

新产品：CC—2000系统2.0版、安全隔离设备。

4．输配电及节电技术国家工程研究中心（电力电子公司）

承担的主要项目：可控串补（TCSC）工业装置的研制、静止无功补偿器实用化技术的研究、大功率电力电子试验室建设。31.5kV/50Mvar莱钢SVC工程、35kV/20Mvar唐钢SVC工程、35kV/30Mvar大连钢厂SVC工程、33kV/100Mvar辽宁鞍山红一变电站SVC工程。

主要产品：采用小波原理及GPS定位技术的输电线路故障定位系统、低压晶闸管投切滤波器、低压晶闸管投切电容器（TSC）、高压滤波器自动投切控制器等。

新产品：35kV SVC 系统、TCSC 阀及平台控制保护系统。

5. 变电站自动化公司

承担的主要项目：北京供电局农网改造配电测控仪项目；500kV 变电站监控系统完成出厂调试；上海海陆 220kV 变电站综合自动化项目；内蒙古网调电量计费系统等。

主要产品：EPIA-2000 变电站综合自动化系统。

新产品：PDJC—02 型配电运行综合测控仪、电量计费系统、220kV 综自和 500kV 监控系统。

6. 通信研究所（通信与信息技术公司）

承担的主要项目：低压配电网复合通信方式研究、同步数字体系（SDH）光纤通信方式在电力系统应用的研究、实用化 45Mbit/s 高速 PLC 的研发、特殊光缆试验室建设、国家电力公司燃料调度管理系统、贵州安顺电力局电能量采集系统。

主要产品：集中式电能表数据采集系统、SDH 光传输设备、PCM 复用器、无线扩频系统、电力线载波机、电力通信网监控、多媒体图像监控、配电自动化、FTU、TTU、无功补偿、燃料 MIS 管理计算机应用系统、单项电子表、卡式表、三相多功能表。

新产品：电力系统光纤在线监测系统、智能 PCM、抄表系统。

研究生部工作

1. 研究生培养

2002 年研究生部有博士生导师 1 名、硕士生导师 68 名。招收博士生 8 名，硕士生 12 名；年内有 3 名博士生、7 名硕士生毕业；至 2002 年底，在读博士生 25 名，硕士生 32 名。

2002 年招收在职硕士研究生 11 名；至 2002 年底，在读在职硕士研究生 60 名。

2. 博士后流动站工作

2002 年流动站有 1 名博士后从事纳米氧化锌压敏电阻特性的研究工作。

主要事件

1 月 21 日，承担的重点项目“全国大区电网互联关键技术研究”、“电力系统分析软件的开发”通过国家电力公司科技环保部组织的验收。

1 月 22 日，获国家电力公司在京直属单位第三届青年科技成果奖 9 项，其中一等奖 2 项。

1 月 23 日，学术技术委员会成立并举行第一次会议，对《中国电力科学研究院学术委员会章程》进行了修改，并评审出 2002 年院科技进步奖。

2 月 1 日，召开“2002 年工作会议暨职工代表大会”，王宏军副院长主持会议，吴玉生院长作工作报告，徐磊副院长通报了 2001 年财务决算情况。会上表彰先进单位 4 个，先进集体 8 个，先进个人 26 人。

2 月 7 日，国家电力公司副总经理赵希正、总工程师张贵行等来院拜年，并同院中层以上领导干部座谈。赵总在座谈会上作了重要讲话，对院一年来工作给予充分肯定，并提出殷切希望。

3 月 1 日，该院正式与社会保障体系接轨，除基本医疗保险外，按企业的标准缴纳各项社会保险费用。

3 月 29 日，该院承担的国家电力公司重点项目“电力系统最高电能计量标准装置”通过由国家电力公司科技环保部主持的验收和鉴定。

3 月 30 日，该院“2002 年经营工作会议”召开，会议总结了 2001 年所取得的成绩，分析了当前面临的困难和挑战，安排部署了 2002 年的工作。会议由徐磊副院长主持，吴玉生院长作总结讲话并与各资产经营单位领导签订了经营协议。

6 月 1 日，该院 CC-2000 系统在内蒙古自治区西部电网正式投入使用。

6 月 20 日，该院承担的国家电力公司重点科技项目“低压配电网（380V/220V）复合通信方式研究”通过国家电力公司组织的验收。该项目的研究成功，标志着我国已经基本掌握了电力线高速通信的核心技术，具备了研制和生产实用化电力线高速通信设备的能力。

6 月 26 日，沙特阿拉伯王国工业电力部大臣哈希姆·阿卜杜拉·亚马尼博士一行 13 人到该院考察。

7 月 31 日，该院顺利通过 ISO9000 质量管理体系 2000 版认证的现场审核。

8 月 31 日，该院承担的“全国风电厂建设及运行情况的调查评估与发展政策研究”项目通过国家电力公司主持的项目验收和成果鉴定。

9 月 2 日，该院 800 客户服务热线正式开通。

9 月 23 日，中组部、科技部科研院所长高级研修班座谈会在该院召开。中组部副部长王东明、中组部干部教育局局长高世琦、知工办副主任王广正、科技部政体司司长张景安及科研院所长高级研修班学员 47 人参加了座谈。该院吴玉生院长主持座谈会并简要汇报了电科院改革和发展情况。中组部王东明副部长作重要讲话，对座谈会给予了充分肯定，并指示要更深入、广泛地开展交流。

9 月 29 日，该院承担的《静止无功补偿器实用化技术的研究》通过国家电力公司组织的验收。

10 月 18 日，香港中华电力有限公司黄汉光先生等一行 11 人应邀到该院参观考察。

10 月 20 日，该院部级电力设备及仪表质量检验测试中心顺利通过了国家计量认证/审查认可（验收）

复评审并取得资格认证。

10月29日，该院承担的“基于小波变换技术的输电线路故障测距装置”项目通过国家电力公司主持的验收和鉴定。该装置采用连续小波分析技术实时处理故障行波，属首创技术。

12月21日，该院承担的三峡至常州500kV直流输电工程极1系统调试项目正式投运。

（王冬松）

国家电力公司热工研究院

基本情况介绍

国家电力公司热工研究院（简称热工院，英文名称Thermal Power Research Institute，缩写为TPRI）是国家电力公司直属从事发电厂热能动力工程应用技术研究与开发的机构，主要专业始创于1951年，1965年成立“西安热工研究所”，1994年更名为“电力工业部热工研究院”，1998年随着国家电力公司的成立，改称为“国家电力公司热工研究院”。2001年底，由国家电力公司所属的原科研事业单位转制为国家电力公司的全资国有科技型企业，企业名称为“国电热工研究院”。

至2002年12月31日，热工院共有正式职工620人（不含外聘、返聘人员），其中技术人员455人，高级工程师205人（其中教授级高工54人），具有博士、硕士学位的人员107人；另有离退休人员328人。热工院实行院长负责制，2002年设有院长1名（党组书记兼任），副院长3名（均为党组成员），院长助理2名。设置的组织机构情况为：

（1）4个职能管理部门：院长工作部暨科研业务部、财务部、人事教育部和政工保障部。

（2）6个专业技术中心（部）：电站清洁燃烧国家工程研究中心、电站运行技术中心、化学工程技术中心、材料工程技术中心、自动控制技术中心和研究开发部。

（3）院控股及参股的公司：

2002年热工院对外经营的主要控股及参股公司包括：苏州国电热工研究院有限公司、西安国电水处理有限公司、北京龙源西热电力技术有限公司、西安国电电站控制有限公司。

（4）以热工院为技术依托设立的行业技术机构：

1）国家质量监督检验检疫总局（或国家质量技术监督局）认证授权的检验测试中心：电力工业热力发电设备及材料质量检验测试中心；电力工业热工计量测试中心；国家电力公司发电用煤质量监督检验中心；电力工业部西安锅炉压力容器检验中心。

2）电力行业汽轮机、锅炉、化学、材料、阀门标准化技术委员会。

3）中国电机工程学会火力发电分会及下设清洁煤发电、汽轮机、锅炉、材料、化学、自动化专委会。

4）《热力发电》杂志编辑部（热工研究院及中国电机工程学会主办）。

以邓小平理论和“三个代表”的重要思想为指导，把握热工院改革稳定发展的全局

长期以来，该院一直将党员干部和全体职工的思想政治工作和道德素质教育放在十分重要的地位。在院党组的统一领导下，及时了解党的大政方针和政策，开展多种形式的学习，并将其与该院实际工作紧密结合。

党的十六大召开以后，院党组迅速组织全院党员干部贯彻学习，要求院机关党委组织各支部、各部门，将十六大相关文件作为学习重点，党员同志还着重开展了对新党章的学习。院党组、中心组通过组织多次集中学习交流，加深了对党的十六大提出的重要思想的理解和认识，并以“三个代表”的重要思想切实指导全院工作。

一年来，通过深入学习，对思想政治工作长抓不懈，该院形成了团结向上、稳定发展的良好局面，为该院参与电力体制改革，推进企业制度化建设，保证全年经济目标的实现，起到了关键性的作用。

按照国电公司有关电力体制改革的总体部署，做好热工院改革方案

2002年4月，按照国电公司的要求，该院向国电公司上报了“面对深化电力体制改革，国电热工研究院的定位及参与重组的建议”的报告。在报告中，该院从有利于我国发电技术研发和现实可行性的角度出发，提出了将热工院首先定位为国家级发电公司共同的研发及技术中心，并建立符合市场经济和发电技术自身发展要求的运作机制，今后逐步发展并开放成为中国发电技术的研发及服务中心的建议。据此，具体提出了将热工院改组为有限公司的改革方案，由一家国家级发电公司控股，其他发电公司持股。这一建议被相关电力体制改革领导部门采纳，并最终确定了“由华能集团公司控股、其他四家发电公司持股”的改革方案。这一方案的实施，必将为保持和强化热工院在发电技术领域中的全国性地位、发挥热工院的整体技术优势、促进热工院的长期发展，为发电公司乃至我国发电行业的技术进步，起到至关重要的作用。

在此基础上，按照华能集团公司的要求，该院又于2002年11月向华能集团公司提出了“西安热工研究院有限公司组建方案（建议稿）”，对热工院具体的改革组建方式、运作模式、发展方向等提出了具体的意见和建议，供华能集团公司和其他四个发电公司在热工院改制过程中参考。

适应由事业单位向企业的转制

按照热工院自身发展和外部环境的要求，2002年转制为企业后，该院着重进行了以下几个方面的工作。

（1）进行机构调整以适应企业化运作的需要。

（2）进行无形资产的清理和管理。

（3）加强院制度化建设与规范化管理。

（4）加强公司财务与预算管理。

质量建设年活动成效显著

该院将2002年作为质量建设年，将质量管理和规范化要求放到了十分重要的位置。

作为质量建设年的具体举措，首先，是全面启动了ISO9001:2000认证工作；二是完成依托该院建立的电力工业部热力发电设备及材料质量检验测试中心的复检认证工作。

ISO9001:2000质量管理体系的贯标工作从年初即开始全面正式启动。经过质量管理体系的策划、体系文件的建立、各类人员的培训等，于2002年9月1日ISO9001:2000质量管理体系文件正式发布并试运行，已经完成了两次内部审核和一次管理评审。

依托该院建立的电力工业部热力发电设备及材料质量检验测试中心（简称质检中心）是国家质量监督检验检疫总局认证授权的产品质量检验和计量检定机构，也是电力行业惟一一个通过国家计量认证的，能对大型电站锅炉、汽轮机及其辅助系统进行质量检验的法定质量检验检定机构，下设：汽机质检站、锅炉质检站、材料质检站、化学质检站、热工仪表质检站以及热工仪表自动化质检站，是热工院行业地位的集中体现。

经过一年来的努力工作，2002年11月18～20日，由国家质量监督检验检疫总局和国家电力公司组织专家，对质检中心相关六个质检站进行了严格的考核认证工作。认证专家组对质检中心管理体系的运行情况给予了极高的评价，在评审的十三个要素168项内容中，中心仅8项基本符合，其余全部为符合项，以优异的成绩通过了现场复查评审和增项认证。为2002年国家计量认证电力评审组评审的中心中最好的单位之一（全国平均优良单位为11项基本符合项），在国电公司三大质检中心中名列第一。

科研工作成效突出

（1）总体完成情况。2002年度，签订各类纵向（包括国家科技部、经贸委、国家电力公司）科研合同项目近6000万元，创历史最高记录，项目的执行和完成情况也取得了令人满意的结果，取得了多项重大研究成果。历时7年的“电站煤的清洁燃烧国家工程研究中心建设”项目通过验收，国家电力公司重点实验室——“煤洁净燃烧实验室”也在我院挂牌成立。19项重大科技项目通过国电公司验收，11项课题通过鉴定。全年发表学术论文、著作80余篇，获得国家或省、部级科技进步奖6项，院级科技成果奖40项，申报专利2项。

（2）科技成果。2002年，该院完成的“整体煤气化联合循环（IGCC）关键技术”与“火力发电厂城市污水回用技术研究”分别获得“中国电力科学技术奖”二等奖与三等奖。

（3）通过验收和鉴定项目。2002年，共有19项重大科技项目通过验收（含3项结题），12项通过鉴定，主要包括：

1	100MW CFBC锅炉及相关系统设计研究	验收
2	1MW大型循环流化床燃烧试验台技术改造	验收
3	汽轮机性能试验装备改造	验收
4	直吹式制粉系统一次风粉优化分配及在线监测技术研究开发	鉴定、验收
5	子母式高效细粉分离系统	鉴定
6	煤粉加压气化评价装置的研制及煤粉气化特性研究	鉴定、验收
7	超细煤粉用于燃料分级燃烧技术的研究	鉴定、验收
8	低挥发份煤燃烧技术的改进研究	鉴定、验收
9	300MW机组降耗措施的研究	鉴定、验收
10	亚临界汽包炉给水加氧处理	鉴定、验收
11	锅炉管寿命管理技术研究	鉴定、验收
12	汽轮机部件寿命管理研究	鉴定、验收
13	锅炉部件寿命评估及机组寿命管理系统研究	鉴定、验收
14	凝汽器管腐蚀在线监测装置及其应用的研究	鉴定、验收
15	建立0～2000℃温度工作基准	验收
16	科研院所内部信息网建设(二期)	验收
17	引进型300MW机组GH4145/SQ高温螺栓安全性研究	交报告结题
18	电站燃煤锅炉低NO_x排放测量技术及燃烧器性能评价方法的研究	交报告结题
19	中美石化能源洁净煤技术合作研究	交报告结题

其中，比较重大和具有市场推广应用潜力的项目有：

“100MW CFB锅炉及相关系统设计研究”是国家电力公司1997立项的重大科技项目，经过5年的攻关，于2001年底通过了国电公司组织的项目验收，整个项目的设置和实施具有“超前性、前沿性，为我国具有自主知识产权的CFB锅炉大型化提供了坚实的基础”（项目验收专家组评语）。

本项目通过试验研究、理论分析，并消化吸收的基础上，完成了100MW CFB锅炉的整体性能设计，并与锅炉制造厂合作，完成了工程施工设计和设备制造，该台100MW CFB锅炉已在江西分宜发电厂得到应用，从而使得项目的研究开发成果真正进入实际工程应用阶段。目前该工程进展顺利，机组已经进入启动调试阶段。该台CFB锅炉将是国内首台拥有自主知识产权的100MW CFB锅炉，对于我国自主开发研制大型CFB锅炉技术具有里程碑的意义。

“直吹式制粉系统一次风粉优化分配及在线监测技术研究开发”是国家电力公司1997年立项的科技开发项目，2002年5月21日通过国电公司的验收，并于2002年11月通过了国电公司主持召开的成果鉴定会。专家组认为该项技术成果具有独创性，技术指标优异，解决了长期困扰国内外煤粉燃烧中直吹式制粉系统存在的风粉不均的难题，技术成果整体上达到了国际领先水平。该项目的研究成果已经在三台300MW机组上进行了工程示范。

“粉煤加压气化评价装置的研制及粉煤气化特性研究”为1999年国家电力公司立项的重大科技项目，2002年11月15日通过国电公司组织科技成果鉴定会。与会专家对项目的高质量完成给予高度评价，认为该评价装置设计合理、运行稳定可靠，气化性能指标在国内处于领先水平，并一致同意通过鉴定验收。本课题提出的两段式气化技术已获得国家专利（ZL01240407.1），发明专利正在审批中（申请号：01131780.9）。

“300MW机组降耗措施的研究”是国家电力公司于1999年下达的科技项目。项目通过研究将主、辅设备设计制造、电厂设计、安装及电厂运行等有机结合，对该型汽轮机组提出了一套切实可行的优化改进方案，并付诸实施，取得了显著成效。项目于2002年11月14日通过了国家电力公司组织的项目验收和科技成果鉴定会，专家组认为该项目研究成果处于国内领先水平。

“火电厂重要部件的寿命管理研究”是国家电力公司于1998年立项的科技项目，内容包括了“锅炉管寿命管理技术研究”、“汽轮机部件寿命管理研究”和“锅炉部件寿命评估及机组寿命管理系统研究”等三个相对独立的研究项目，首次构建了完整的火电厂重要部件寿命管理系统并设计、开发出了相应的软件，并结合依托工程首次实施了在线、离线寿命评估相结合的寿命管理模式，提高了火电机组的安全经济运行水平，取得了显著的经济效益和社会效益。

(4) 新立项的重大科技项目。2002年，该院从国家科技部、国家经贸委、国家电力公司等部门争取签订各类重大科技项目合同20余项，合同额近6000万元，主要包括：

国家科技部“863”计划项目：干煤粉加压气化技术；IGCC电站集成设计与动态特性。

国家经贸委重大科技攻关项目（12个专题）：60万kW超临界火电机组研制。

国家电力公司重大科技项目：超超临界火电机组技术选型研究（国家科技部“863”项目配套）；提高火电机组适应电网负荷变动特性的控制策略研究与实施；火电厂生产过程信息系统研究和开发；IGCC校核、验收软件包和机组整体仿真机的研究（国家科技部“863”项目配套）；科研院所内部信息网二期建设。

陕西省科委科技项目：工业锅炉三相流化床烟气净化系统。

此外，该院还在科技部争取了2002年度科研院所技术开发专项资金“气固两相流浓度在线监测技术”项目，并签订了20余项2002年度电力标准制修订项目。

(5) 在研重大科技项目。“60万kW超临界火电机组研制”是“十五”国家重大技术装备研制项目，热工院作为主要技术牵头单位之一，承担了该项目中的12项专题。项目目标是开发我国国产600MW级超临界火电机组，以提高机组热效率、改善环保状况，具有显著的社会经济效益。

项目以华能沁北电厂2×600MW工程为国产化依托工程，通过该项目的研究，将实现600MW超临界火电机组成套设备国产化、优化设计和运行，并批量化形成系列产品，综合技术经济指标达到同类机组国际水平。

“煤气高温净化”是国家重点基础研究发展规划项目（973项目）。开发出具有自主知识产权的、性能优良的高温煤气脱氯和脱除碱金属的吸收剂，技术指标达到国际先进水平。

应当说明的是，以上这些项目，只是热工院近年来承担重大科技项目的一部分。通过承担执行相关重大科技项目，热工院培养和锻炼了大批高素质的科研人才队伍，同时也逐渐形成了热工院的支撑技术，为热工院可持续发展奠定了良好的基础。

(6) 电站锅炉煤清洁燃烧国家工程研究中心建设。经过7年的建设工作，"电站锅炉煤清洁燃烧国家工程研究中心"（简称工程中心）全面完成建设任务。工程中心主要从事清洁煤燃烧技术的工程化应用研究和技术转化。2002年12月，由国家电力公司组织专家对工程中心建设的完成情况进行了全面的验收检查，工程中心的建设情况得到与会专家的充分肯定。

(7) 重点实验室的建设。2002年，该院完成了国家电力公司重点实验室——"煤洁净燃烧实验室"的建设工作。实验室由煤粉燃烧实验室和循环流化床（CFB）实验室组成，实验室总占地面积5500m^2，包括了1MWth大型煤粉燃烧试验台和1MWth大型循环流化床（CFB）燃烧试验台等先进的试验设施。

同时，该院获得国电公司970万元经费资助的材料性能实验室改造工作也正在顺利进行。改造后的材料实验室装备将达到国内先进水平，进一步提高该院在材料领域的研发能力，为开展超临界、超超临界机组材料研究及参与国际合作研究项目创造良好的物质条件。

改革之年力保经济效益不滑坡

总体来看，2002年度，该院在力保经济效益不滑坡的基础上，实现了主要经营指标稳步增长，经济实力有所增强，国有资产保值增值情况良好，财务状况保持持续平稳。按照转制后的企业会计核算制度，2002年度，该院主营业务收入比2001年度增长10%。实现利税总额600多万元，固定资产比年初增长10%。良好的经济效益为该院2003年迎接电力体制改革的深入进行创造了有利条件。

2002年度，该院比较突出的横向技术服务项目包括：

机组性能验收试验项目：掌握最新ASME、IEC、ISO等国际和国外标准，具有国家检测资质认证，从70年代起，该院就一直从事火电机组主、辅设备及热力系统性能的试验研究，承担了数十项国家级鉴定试验、进口机组、引进技术机组热力性能考核验收试验、新投产机组达标验收试验、老机组改造性能评价试验等，迄今已完成150多台进口和国产大容量火电机组的性能试验。2002年度，该院完成许昌龙岗发电有限责任公司2号350MW机组、深圳岭澳2×990MW核电机组汽轮机、华能德州电厂2×660MW机组1号汽轮机、黑龙江七台河电厂2×350MW机组1号汽轮机的性能考核试验工作。此外，尚有包括8个电厂14台容量为125～900MW的各型机组已经确定将由该院完成性能考核验收试验工作。

DCS系统技术承包工程项目也取得了突出的业绩。热工院是国内最早接触掌握进口分散控制系统DCS的单位，既了解各种DCS系统又熟悉电厂生产过程，可根据用户选择的DCS类型和电厂的具体实际情况进行工程设计、组态、成套及现场调试的一条龙服务。近30年来，共完成了80余台大型机组热控系统（包括DCS系统）的调试，其自动、程控、保护和仪表投入率均为国内最高水平。

完成了深圳西部电厂300MW国产引进型燃煤机组DCS系统的MCS、FSSS、BPS设计、调试，平凉电厂3号机组新建国产300MW机组DCS设计、组态，江西分宜电厂循环流化床锅炉DCS设计、组态，西安灞桥电厂2台100MW供热机组热控系统DCS设计改造，华能北京热电厂2台机组热控系统改造等项目，正在实施的项目包括深圳南山垃圾电站DCS控制系统、深圳盐田垃圾电站DCS控制系统、重庆九龙电力公司西广220MW机组烟气脱硫工程DCS系统和河南豫联集团2×135MW机组（循环流化床）DCS控制系统。

火电厂节水和污水处理技术是该院重点研究推广的火电厂环保新技术。我国是个极度缺水的国家，随着我国经济的快速发展，一方面是水资源的紧缺和用水费用的上涨，另一方面是对水资源污染控制的要求日趋严格，迫使电厂必须降低水耗和控制污水排放。该院将节水和污水处理技术作为开发和推广的重点：①合理利用水资源，即对电厂用水实行科学规划和管理，采用梯级利用的技术；②电厂废水零排放技术，将电厂原有的所谓废水、污水全部回用；③城市污水作为电厂循环水的技术。

2002年，该院完成了包括华能北京热电厂利用北京城市污水作为电厂循环冷却水项目、黄台电厂利用济南城市污水作为电厂循环冷却水项目、齐鲁石化热电厂废水回收利用项目、台州电厂废水综合治理工程、菏泽发电厂废水回用工程、大港发电厂废水零排放工程总承包以及多个电厂的水平衡测试、反渗透工程等，取得了良好的社会和经济效益。

此外，"300MW机组降耗措施的研究"成果的推广应用、循环流化床（CFB）锅炉技术服务、火发厂主蒸汽管道及汽水管道支吊架状态检验与调整等横向技术咨询服务项目，在2002年激烈的市场竞争中取得了较好的成绩。

院属公司经营情况良好，科研成果转化取得进展

2002年度，该院调整了院属公司设立与运作的策略，明确公司的设立要与热工院的整体发展与利益一致，公司设立的目的是推进科研成果的转化和扩大市场份额。为此，2002年初，对已有的院属公司进

行了整合。

同时，对于院属公司加强了公司法人治理结构，逐步改变原来沿用的专业部门管理办法，并加强院财务、审计等部门对院属公司的监管力度，制定了详细的院属公司管理办法，建立了定期和非定期财务报告和审计监管制度。运行情况显示，院属公司的经营状况有很大改善，对于扩大该院技术和产品的市场占有率，对于该院科研成果的转化和产业化都起到了很好的推动作用。

广泛开展国际技术交流与合作

2002年度，该院继续开展了广泛的国外技术交流与合作，包括：

(1) 举办“中德火电厂节水技术与管理高级研修班”。

2002年9月23～27日，该项目的最后一期培训班—“中德火电厂节水技术与管理高级研修班”在该院成功举办。来自国内十多家大、中型电站和发电公司的总经理、厂长和总工参加这次研修班。

(2) 中国—丹麦/中国—英国（能源）洁净煤技术合作项目启动。2002年，参加了由国家科技部牵头的中—丹/中—英（能源）洁净煤技术政府间合作项目，结合国内目前在洁净煤技术方面存在的一些薄弱技术环节，提出了与丹麦和英国有关科研单位和大学共同研究开发的合作领域。具体合作内容包括“干煤粉加压气化技术的研究开发”、“超超临界火电机组材料关键技术的研究”、“高温腐蚀与氧化”、“流化床脱硫技术”等。

(3) 接待多个外国政府和企业代表团来访和技术交流。

精神文明建设

2002年度，该院结合学习“三个代表”的重要思想、迎接十六大的召开、学习和贯彻十六大报告精神，加强党建工作和思想政治工作，推动该院两个文明建设的协调发展。

在文明单位的创建工作中，该院认真贯彻和落实国电公司党组有关开展创建全国电力系统双方明单位活动的要求，依据国电公司制定的双文明单位建设管理办法和考核细则，结合该院实际，制定了相应的实施办法和考评细则。2002年6月，国电公司文明单位检查验收组来该院检查验收，充分肯定了我院在两个文明建设中取得的成绩。继2000年被授予双文明单位称号后，该院再次被命名为国电公司双文明单位。

配合电力体制改革和十六大的胜利召开，该院积极强化职工安全生产教育，保持职工队伍的思想稳定，进行了许多深入细致的工作。一年以来，该院无重大安全事故，无群体治安事件，无一个法轮功分子，无一例集体上访等，为维护安定团结稳定发展的大好局面做出应有的贡献。

2002年，全院干部职工团结拼搏，开拓创新，积极开拓市场。科研生产、管理和后勤服务岗位都涌现出了一大批投身科研，忘我工作，尽职尽责的先进集体和先进个人。

主要事件

1月8日，“国电热工研究院”正式挂牌，开始按转制后的企业化运行。

4月20～22日，“中国电机工程学会热工自动化四届二次会议”暨“电厂热工自动化前瞻技术及学术研讨会”在福建武夷山市召开。

8月15～18日，中国电机工程学会第一届清洁煤发电专委会第二次会议在河北省秦皇岛市举行。

10月20～25日，由中国电机工程学会火力发电分会和国电热工研究院主办，中国电机工程学会火力发电分会锅炉、汽轮机、电厂化学、金属专业委员会协办的“火电厂蒸汽通流部件高温氧化皮的影响与防治对策研讨会”在昆明市成功召开。

12月3日，国家计委计基础［2002］2704号文件《国家计委关于国家电力公司发电资产重组划分方案的批复》中，正式确定“国电热工研究院改组为由中国华能集团公司控股，其余4个发电集团公司参股的有限责任公司”的改革方案。

国电自动化研究院

2002年，该院根据国家电力公司对所属科研事业单位转制的有关要求，由原“国家电力公司电力自动化研究院”转制为国家电力公司全资设立的国有科技型企业“国电自动化研究院”，并在南京市工商管理局完成企业注册登记。

一、基本情况

1. 人员

至2002年底，该院在职职工总数896人，其中专业技术人员770人；具有高级职称者375人（含教授级高级工程师30人）、中级职称者267人，获博士学位39人、硕士学位383人。有中国工程院院士2人，国家级有突出贡献的中青年专家4人，享受政府特殊津贴者32人。

2. 机构设置

2002年底该院设有以下机构：①1个研究开发中

心。②15个研究所/事业部，即继电保护、电网控制、系统、稳定技术、自动控制、工业控制、电气控制、大坝及工程监测、信息技术、水情水调及环境监测、农村电气化、配电终端技术、通信技术、深圳南京自动化研究所和城乡电网综合自动化事业部。③13个分公司，即稳定技术、自动控制、电气控制、大坝工程监测、信息系统、水情水调及环境监测、农村电气化、配电终端技术、通信系统、城乡电网综合自动化、技术贸易、成套设备、动力控制分公司。④11个子公司，即国电南瑞科技股份有限公司、南京南瑞继保电气有限公司、深圳南瑞科技有限公司、北京南瑞系统控制有限公司、上海南瑞实业有限公司、南京中德保护控制系统有限公司、南京南瑞广告传播有限公司、南京南瑞电气检测技术有限责任公司、南京南瑞工贸实业有限责任公司、深圳市中瑞达实业有限责任公司、上海南瑞配网控制系统有限公司。⑤1个科研辅助部门，即科技教育中心。⑥10个职能及后勤部门，即办公室、人事处、综合业务处、营销处、质量管理处、财务资产管理处、政治部、后勤处、审计处、工会。⑦1个电力系统自动化杂志社。⑧1个成套设备制造厂。

3. 经营情况

2002年新签定合同额22.5亿元，较2001年增长25%；完成销售收入18.9亿元，较2001年增长26%。

二、科研工作

1. 获奖项目8项

(1) RCS—978型微机变压器成套保护装置（中国电力科学技术二等奖）；

(2) 水电站水情自动测报系统的开发研究（中国电力科学技术二等奖）；

(3) GKS—IAS信息统计分析系统（中国电力科学技术三等奖、江苏省科技进步三等奖）；

(4) 水电厂综合自动化系统研究（中国电力科学技术三等奖）；

(5) 基于TASE.2协议的EMS系统间网络通信软件（中国电力科学技术三等奖、江苏省科技进步二等奖）；

(6) 闽江流域水电站群水文信息自动测报及综合调度系统（中国电力科学技术三等奖）。

2. 全年完成科研成果鉴定/验收26项

(1) RCS—985微机发电机变压器组成套保护装置（保护所）；

(2) DAT配电网自动化终端设备（配电所）；

(3) DAMS—IV型智能分布式工程安全监测系统（大坝所）；

(4) SJ—600型智能分布式现地控制装置（自控所）；

(5) SJ—12双微机自动准同期装置（自控所）；

(6) NS2000基于网络的变电站综合自动化系统（国电南瑞股份公司）；

(7) 国家电力公司电磁兼容实验室（质管处）；

(8) 天生桥梯级水电站联合调度决策支持系统（水情所）；

(9) WD—9001电网水调自动化系统（水情所）；

(10) RODSS—2000.A水库调度决策支持系统（水情所）；

(11) 区域电网稳定控制技术研究（稳定所）；

(12) OPS—1紧急控制在线预决策系统（稳定所）；

(13) EIS2000变电运行管理信息系统（农电所）；

(14) RCS—901型超高压线路成套保护装置（南瑞继保）；

(15) RCS—902型超高压线路成套保护装置（南瑞继保）；

(16) RCS—931型超高压线路成套保护装置（南瑞继保）；

(17) RCS—9000保护故障信息管理系统（南瑞继保）；

(18) RCS—921型断路器失灵保护及自动重合闸装置（南瑞继保）；

(19) RCS—922型数字式短引线保护装置（南瑞继保）；

(20) RCS—923型断路器失灵起动及辅助保护装置（南瑞继保）；

(21) RCS—925型过电压保护及故障起动装置（南瑞继保）；

(22) RCS—941型高压输电线路成套保护装置（南瑞继保）；

(23) RCS—943型高压输电线路成套保护装置（南瑞继保）；

(24) RCS—951型高压输电线路成套保护装置（南瑞继保）；

(25) RCS—953型高压输电线路成套保护装置（南瑞继保）；

(26) RCS—9700变电站自动化系统（南瑞继保）。

3. 获得专利4项

(1) 快速消隐抖动识别开关量变位的方法（发明专利）；

(2) 智能式电压无功自动调节装置（实用新型专利）；

(3) 水轮机导叶分段关闭装置（实用新型专利）;

(4) 调速器液压控制双向随动阀(实用新型专利)。

4. 获得国家版权局计算机软件著作权登记5项

(1) FZY型分布式综合远动装置软件;

(2) ON2000配网综合调度自动化系统;

(3) WFBX型多功能微机防误操作闭锁系统;

(4) FBZ分散式变电站通讯管理系统软件;

(5) DSA系列变电站保护监控一体化系统。

5. 获得计算机软件产品登记6项

(1) FZY型分布式综合远动装置软件;

(2) ON2000配网综合调度自动化系统;

(3) WBFX型多功能微机防误操作闭锁系统;

(4) FBZ分散式变电站通讯管理系统软件;

(5) DSA系列变电站保护监控一体化系统;

(6) DAT配网自动化测控系统。

三、管理工作

1. 科研计划管理

(1) 申报国家级重点科技项目10项，其中包括“水资源调度系统”、“750kV控制保护系统的研制”、“全局分岔与高维混沌的机理研究”、“电力市场经济稳定性的量化分析”、“电力企业通用信息管理平台”、“电力系统自动化设备抗干扰性能研究”、“小型水力发电机组综合自动化装置”、“水资源环境监测评价系统研究”、“大容量并网型风力发电机组微机监控系统”、“中、小型水电站综合自动化系统”等。已批准立项4项，其中包括“电力系统数字化实时信息交换统一平台的研究”、“水资源调度系统”、“全局分岔与高维混沌的机理研究”、“电力工业过程自动化技术产业化示范工程”等。

(2) 申报2002年国家电力公司科技项目13项，其中包括“电力市场稳定性的量化分析及其在辅助服务评估中的应用”、“大型电力市场安全稳定控制系统的研究和开发”、“区域电力市场技术支持系统开发”、“电力系统安全稳定控制装置策略表自定义研究”、“电力调度数据高速网络通信平台的研究和实现”、“信息隐藏在电力信息安全中的应用研究”、“水电机组状态监测、状态分析与评估系统研究”、“大型大坝工程安全自动化监测新技术研究”、“电力系统自动化设备抗干扰研究”、“基于IP网络的电力多媒体通信系统的关键技术研究”、“调度决策智能化理论研究和部分软件的开发”、“设备对象模型在变电站监控系统中的应用研究”、“超高压直流输电控制和保护系统的开发研究”等。已批准立项7项，其中包括“电力系统中长期电压稳定研究”、“大型电力系统安全稳定控制系统的研究和开发”、“大型大坝工程安全自动化监测新技术研究”、“科研院所内部信息网二期工程”、“变压器保护中一些关键技术的研究”、“超高压直流输电控制和保护系统开发研究”、“电力市场经济分析与评估的研究”等。

(3) 申报2002年江苏省科技项目1项，即“计算机显示器的电磁辐射人体暴露场强分析”。

(4) 申报2002年度南京市科技项目3项，其中包括“典型制造行业信息化示范工程”（已立项）、“基于互联网的VOIP网络电话系统”、“计算机网络安全隔离系统的研制开发”等。

(5) 完成院/集团公司科研项目10项，其中包括“工业控制系统软件平台的研制”、“NS2000综合自动化监控系统后台软件开发（NT平台）”、“变电站分布式通信控制系统的研究”、“基于DSP高性能RTU研制”、“嵌入式通信控制器的研制”、“发电商标竞价上网辅助决策系统”、“TASE.2协议在电力系统广域网的开发应用”、“网络分析软件的集成与完善”、“水情水调和环境监测自动化系统平台”、“ECM综合通信网管系统的研究”等。

(6) 通过院/集团公司立项项目19项，其中包括“基于CDMA2000峰窝移动通信系统的电力数据通信网络（PowerWDN）的研制”、“电力无线数据通信网络（PowerWDN）中的关键技术研究”（已立项）、“电力系统自动化设备电磁兼容技术发展及应用研究（质管处、成套设备公司）”（已立项）、“无线集中抄表系统开发”、“新型电力控制机柜研究”（已立项）、“南瑞集团公司网络结构改造及信息发布系统开发”（已立项）、“计算机网络安全隔离设备的研制开发”（已立项）、“基于IP网络的多媒体调度系统的研制”（已立项）、“面向电力信息网的IP网络管理系统”（已立项）、“CAS2000整合型变电站自动化系统”（已立项）、“EIS2000基于Internet技术的电力生产运行管理信息系统”、“DAT-3S子站系统和DAT-ISA开闭所配电终端研制”（已立项）、“水资源系统数据采集器的开发研究”（已立项）、“新型高频开关电源整流模块及直流监控系统研制”（已立项）、“中、小水电厂的综合自动化装置研究”（已立项）、“集团公司财务管理系统建设和应用发展”（已立项）、“DSA保护监控一体化系统升级换代”、“通用厂站总控装置及遥视一体化系统”、“大坝安全监控系统软件研制开发”等。

2. 财务资产管理

实行动态管理，强化资金运作和投资收益管理，提高理财能力。顺利完成研究院财务核算由事业向企业的转换。清理长期个人借款134万元。利用国家对转制科研单位及软件产品的优惠政策，集团公司获得增值税即增即退款626万元，退营业税款253万元及其他税款28万元。各分公司的库存分别比2001年同期减少 3128 万元，减少 33%，应收账款没有相应增加。集团公司资产负债率由年初 52%下降到 43%。加强结算中心的作用，运用银行新的政策对活期存款采用协定存款等方式提高利息收入，减少银行流动资金贷款 2500 万元。以优惠利率为分公司办理银行汇票的提前贴现，并为分公司代开银行承兑汇票。

3. 质量管理

全面完成 2000 版 ISO9001 质量管理体系的转版工作，并同时获得上海审核中心、美国 RAB，荷兰 RVA 的 2000 版质量管理体系认证证书。EMC 实验室 5 月通过国电公司组织的项目验收和技术鉴定，9 月获得国电公司重点实验室的命名。全年颁发出厂产品合格证 10961 台/套，检测各类装置 441 台/套，检测元器件 865 万只，计量检定检测仪器 342 台/套。

4. 教育培训

对博士后科研工作站在站 3 名博士后研究人员进行月度跟踪考核；与有关高校联合招收博士研究生 4 名，按国家计划指标招收定向培养硕士研究生 13 名；举办各类职工培训班 14 期，接受培训 845 人·次；举办对外技术培训 15 期，接受培训 701 人；采购中外文图书资料 1500 册，馆藏图书资料流通率达 6%。组织 2 个全国性信息网的 5 次信息交流会议，出版网刊 10 期。完成水电厂信息网换届，该院继任网长单位；进行了中国电机工程学会会员重新登记和高级会员申报；组建成立了水电自动化与计算机控制工程专委会；完成了电力系统自动化专委会换届工作；组织 17 个挂靠学（协）会机构主（承）办了 14 次大型学术交流研讨活动；开展了 4 项软课题研究及多种形式的技术培训活动。

5. 期刊

国家电力公司期刊《电力系统自动化》继 1999 年荣获首届“国家期刊奖”、2001 年入选“中国期刊方阵”的最高层面——双高期刊之后，2002 年又获得了两项国家级荣誉：一是荣获第二届“国家期刊奖”（成为全国 30 种获奖的科技期刊之一），二是荣获国家自然科学基金的专项资助（成为全国 30 种获奖资助的重点学术期刊之一）；此外，《电力系统自动化》在 2002 年还被评选为首届“江苏期刊方阵”的双十佳期刊、第三届华东地区优秀期刊和 2000～2001 年度中国电力报刊协会的优秀期刊。《水电自动化与大坝监测》荣获首届“江苏期刊方阵”优秀期刊。

四、国内外学术交流与技术合作

1. 学术交流

（1）全年发表学术论文 326 篇，其中入选国际学术会议及发表在国外和我国对外学术刊物的论文 18 篇。经院学术委员会以无记名差额投票方式评选出 2002 年度优秀学术论文 46 篇。其中《电力市场稳定性与电力系统稳定性的相互影响（973 项目）》等 3 篇论文获一等奖；《非线性动力学的轨线分析方法（973 项目）》等 16 篇论文获二等奖；《基于 OFDM 技术的电力系统通信系统的 MATLAB 模拟》等 27 篇论文获三等奖

（2）依托 EC-TC57 标委会组织并开展了一系列标准化活动，组织翻译、讨论和审核了数 10 个相关的国际和行业标准。协助中电联和国调中心完成了 2002 年 10 月在北京召开的 TC-57 国际年会会务工作。

2. 对外合作

（1）全年派往国外、境外参加国际学术会议、进行技术考察与合作、经贸联系等各种活动的团组 44 批 118 人·次，出访了美国、德国、瑞典、俄国、伊朗、瑞士、加拿大、法国、英国、挪威、日本、奥地利等 10 多个国家和地区。

（2）参加国际投标和国内重大投标项目 11 项，其中“拯救咸海基金会项目部大坝监测设备系统”、“引黄入晋自动化系统”、“江苏电网能量管理系统”、“南京配电网管理系统”、“瑞士 ABS 保护系统”、“南京地铁一期 SCADA 及变电所综合自动化系统”等 6 项工程项目已中标，合同额 420 万美元。

五、精神文明建设

（1）思想政治工作。抓好党支部建设，应用南瑞内部网站等进行思想政治、党风廉政、职业道德及法制宣传等教育，开展学习李庆长、郑培民活动。完成年度民主评议党员工作，全年发展新党员 7 名。利用内部闭路电视播放各类宣传教育片 25 期。协助有关部门开展对“法轮功”练习者的思想转化工作。

（2）工会工作。召开第八届职工运动会。开展“安全生产月”、“健身舞培训班”、“庆‘五一’跳绳比赛”、乒乓球比赛等活动。对生病职工进行慰问，对生活困难的职工给予补助。组织参加南京市总工会等单位举办的“伟大的祖国、伟大的党”主题征文比赛并获个人一等奖。组织参加南京高新区越野长跑、鼓楼区“亲子苗苗”夏令营等活动。组织向陕西地区捐赠衣被 758 件，参加南京市开展的“扶贫济困一日捐”等活动。

六、主要事件

1 月 30 日，郑玉平、叶锋、高宗和被确立为“江苏省 333 新世纪科学技术带头人培养工程”首批第二层次培养对象。

2 月 16 日，国家电力公司依托在该院的电力系统自动化设备检测实验室、电力系统自动化设备质量检验测试中心、自动化设备电磁兼容实验室、电力线载波机质量检验测试中心等 4 个实验室，通过中国实

验室国家认可委员会现场认可和认证评审。

4月28日，该院/南瑞集团公司开始全面实施ISO—9001:2000版质量管理体系。

5月21日，中国长江三峡工程开发总公司曹广晶副总经理视察该院。

6月26日，自动控制分公司研制的SJ600型智能分布式现地控制装置在葛洲坝大江电厂并通过验收。该装置将在该厂以后的机组改造中取代加拿大进口监控设备。

7月3日，该院硕士学位评定委员会召开第21次会议，总工程师薛禹胜院士被授予优秀硕士生指导教师。

8月5日，水情水调及环境监测分公司承担的尼尔基卫星水情自动测报系统工程竣工。

8月5日，国家科技部副部长邓楠在江苏省科技厅王永顺厅长陪同下视察南瑞继保电气有限公司。

9月12日，南瑞集团公司获国家信息产业部计算机信息系统集成一级资质认证。

9月20日，中国机械工业信息研究院2002年9月根据国家统计局2001年统计数据推出了第三届中国电气工业100强排行榜，南京南瑞集团公司、南瑞继保电气有限公司分列第56位和第91位，合计销售收入超过排行第20位的企业。这是南瑞公司首次进入中国电气工业100强排行榜。

9月26日，该院荣获国电公司系统实施“走出去”战略先进单位称号。

9月26日，该院获国家电力公司双文明单位称号。

10月18日，《电力系统自动化》杂志荣获国家自然科学基金重点学术期刊专项基金资助。

10月24日，电气控制分公司研制的660MW火电自并励励磁系统在扬州第二发电厂投运。

11月15日，国电南瑞股份公司通过ISO—9001:2000版质量管理体系和现场审核。

11月29日，《电力系统自动化》杂志荣获首届江苏省期方阵、双十佳期刊之首，《水电自动化与大坝监测》杂志被评为优秀期刊。

12月19日，国电公司依托在该院的“自动化设备电磁兼容实验室”获国电公司重点实验室授牌。

（曹成林）

国电电力建设研究所

一、基本情况

2002年，该所按照“三个代表”的要求，积极探索实践科技型企业的自身发展规律，不断提高企业的学习力、创新力和竞争力。以发展为主题，以强化管理为基础，以经济效益为中心，以技术创新为动力，以人为本，加快建设高素质的员工队伍，为实现“创新、发展、稳定”的战略目标而努力工作。

人员。2001年年底，全所在职职工总数415人，其中专业技术人员278人（具有高级技术职称者101人，中级技术职称者93人，初级技术职称81人）。离退休职工240人，调出32人，接收应届毕业生19人（博士4人、研究生14人、本科生1人）。

机构调整。将原结构室、导线室、土建室和施工机械室的光缆融接部分撤消，组建了“电网技术开发中心”；对“北京富通科技发展公司”进行产权多元化改造，成立了由所相对控股、公司骨干入股、职工参股的“北京国电富通科技发展有限责任公司”。

经济目标。2002年完成新签合同额2.0041亿元，完成产值1.539亿元，实现各项收入1.2亿元，计提设备折旧费326.4万元，实现内部利润1.146万元，资产收益率7.7%，资产负债率44.6%，投资收益率24%，职工平均年收入4.24万元。全面完成年初制定的各项经济指标。

二、科研、技术开发

该所为适应企业化转制和电力体制改革形势要求，在近几年对所内的机构和人员进行了大规模结构调整的基础上，2002年继续对所内产业结构进行整合。组建了以输电线路的基础、杆塔、导地线、金具的试验、技术服务与咨询为手段、为输电线路进行全方位服务的电网技术开发中心，这一举措的实施，使该所形成了富通、电网、研发三大主体结构的企业格局，对优化资源配置，加快发展速度，提高业务量增长速度，提升综合实力，都带来了明显效果。

电网技术开发中心的成立，使该所原来条块分割的输变电力学专业形成了合力，中心成立初期在建章建制的同时，充分发挥合力作用，努力开拓市场，提高服务质量，规范管理程序。经过近10个月的勤奋工作，使中心各个方面都取得了较突出的成绩。全年中心共完成新签合同额3003万元，完成产值2646万元，实现销售收入2530万元，完成内部利润726万元。

所专家委员会为全所的科研工作起到了很好的支撑作用。组织专家提出调研或立项项目15项；组织了“流动床生物膜反应器应用技术研究的标准化设计”及“大型燃煤锅炉炉膛在线监测”等项目的论证会；组织了“提高导线发热允许温度的试验研究”、“750kV工程关键技术的研究”、“湿法脱硫石膏脱水及关键设备的研制”、“双套管气力除灰系统超长距离输送的实验研究”等项目的技术方案评审或验收。有组织、有计划地较好地发挥了所专家委员会各级专家的作用。

加强实验室建设，着力改善试验条件。2002年新建岩土试验室，已完成了土建工程验收；新建光缆实验室，已经完成了项目的资料调研、技术方案制定、机械和测控设备的安装调试，报告编写，现已具备课题验收条件。共完成了光缆拉力实验室、机械性能实验室、振动性能实验室、蠕变实验室和环境性能实验室建设；完成了除灰试验室改造工程，并于2002年12月进行了长距离输灰试验，获得成功，其试验测试条件为国际一流。

实施杆塔试验站改造工程，完善杆塔试验技术条件，完成了图像监控与位移观测记录系统的研究与开发；更新数据采集与控制系统，控制通道扩充为64个，缩短循检周期；编制模拟试验软件；完善分裂导线力学实验室技术条件和配套设施，已经完成了项目的资料调研、技术方案制定、机械和测控设备的安装调试，报告编写，现已具备课题验收条件。共完成了大电流实验室建设、卧式拉力试验机改造、过滑轮试验装置和绞线扭力矩试验装置研制。启动1000kV杆塔试验站建设工程，2002年9月5日开工，目前已完成了加荷塔结构设计方案和液压加荷系统技术方案两次专家评审会，完成了横、纵向两个加荷塔的基础施工，具备了加荷塔组立施工条件，万能基础施工正在进行。相关设备采购招标工作均在按计划进行。

焊接与金属材料试验室和非金属材料试验室的认可工作中文件准备工作已基本完成。

2002年11月27日召开科技论文发布会，发表论文14篇。

2002年在研科研课题18项，其中16个项目按计划进度正常完成，计划完成率88%；申报各类标准项目11项；完成部级科技成果鉴定项目6项；通过所级验收项目4项；评出所级科技成果进步奖3项。其中：2002年在研科研项目18项，详见表1。

表1　2002年在研科研项目

序号	项目名称	负责人	单位
1	风力资源技术的研究	毛荷馨	富通公司
2	不同边界条件对输电铁塔杆件承载力的影响	默增禄	电网中心
3	火电厂节水规划及脱硫环保政策研究	林　延	研发中心
4	真型杆塔试验结果分析研究	吴　骁	电网中心
5	输电线路大跨越金具系列化设计研究	王景朝	电网中心
6	T91焊接底层焊道氧化	桂亚骁	研发中心
7	750kV新型钢管塔的研究	李振福	电网中心
8	火电厂燃煤锅炉声波助燃技术研究	李向阳	研发中心
9	电力建设研究所信息网二期建设	赵　芳	信息出版中心
10	多分裂间隔棒及挂线金具开发研究	侯继勇	电网中心
11	流动床生物膜反应器应用技术研究	李　敏	富通公司
12	双套管二代	李向阳	研发中心
13	工程结构整改技术研究	夏开全	电网中心
14	GYT系列液压提升装置同步及加载系统	郭玉莹	施工机械室
15	提高导线发热允许温度的试验研究	刘长清	电网中心
16	火电厂离子交换树脂再生系统及关键设备研制	路光杰	龙源公司
17	西北电网750kV输变电工程关键技术研究——输电铁塔插入式基础的研究	程永峰	电网中心
18	西北电网750kV输变电工程关键技术研究——Q390、Q420高强钢材在输电铁塔上的应用研究	张东英	电网中心

2002年申报各类标准8项，详见表2。

表2　2002年申报各类标准

序号	标准名称	负责人	合同总额（万元）
1	耐磨件堆焊技术导则	徐德录	4
2	汽轮机叶片补焊技术导则	徐德录	4
3	架空光纤地线（OPGW）金具标准	徐乃管	4
4	架空光缆（ADSS）金具标准	徐乃管	4
5	架空配电线路（裸导线）金具标准	徐乃管	4
6	架空绝缘电缆（1～10kV）金具标准	徐乃管	4
7	防扭钢丝绳	郭玉莹	4
8	输电线路施工机具设计、试验及检测基本要求（修订SD165—1987）	郭玉莹	4
9	仓泵进出料阀技术条件	陈　新	4
10	正压气力除灰系统验收试验规程	莫伟军	4
11	灰渣脱水仓技术条件	马宗庆	4

2002年完成部级科技成果鉴定项目6项，详见表3。

表3 2002年完成部级科技成果鉴定项目

序号	项目课题名称	负责人	单位	鉴定、验收等级
1	软土质地区杆塔基础的研究	何长华	电网中心	验收
2	提高导线发热允许温度的试验研究	刘长青 裴志伟	电网中心	验收
3	火电厂离子交换树脂再生系统及关键设备研制	路光杰 孙　川	富通公司	验收
4	高浓度远距离水力除灰技术推广应用	王君林	富通公司	验收
5	双管密相气力除灰系统试验研究	莫伟军	富通公司	鉴定
6	电站燃煤锅炉干式排渣系统及关键设备的研究	刘振强	富通公司	鉴定

2002年通过所级验收项目4项，详见表4。

表4 2002年通过所级验收项目

序号	项目课题名称	负责人	单位
1	500kV输变电工程设计关键技术研究——不同边界条件对输电铁塔杆件承载力的影响	裴志伟	电网中心
2	西北电网750kV输变电工程关键技术研究——输电铁塔插入式基础的研究	程永锋 陈大中	电网中心
3	西北电网750kV输变电工程关键技术研究——Q390、Q420高强钢材在输电铁塔上的应用研究	张东英 于长海	电网中心
4	西北电网750kV输变电工程关键技术研究——750kV新型钢管塔的研究	李振福 裴志伟	电网中心

2002年所级科技成果进步奖3项。其中应用性成果一等奖1项，二等奖1项；理论性成果一等奖1项，详见表5。

表5 2002年所级科技成果进步奖

序号	项目名称	获奖类别及等级	完成单位	主要获奖人员
1	电站燃煤锅炉干式排渣系统及关键设备的研究	2002年度电建所科技进步应用性成果一等奖	富通公司	刘振强、马宗庆、冯晓红、张　彤、王玉玮、张　晶、钱力庚、闫振宇、娜日莎、钱春来、裴志伟、于长海、李　伟
2	提高导线发热允许温度的试验研究	2002年度电建所科技进步应用性成果二等奖	电网中心	刘长青、刘胜春、陈　永郭文坚、王景朝、张宝华、孙丽焕
3	电气装置安装工程质量检验及评定规程共17项	2002年度电建所科技进步理论性成果一等奖	标准室	陈发宇、李志耕、陈桂英、魏国柱、赵殿林、袁继军、周南荣、孙关福、鄢　利、王进弘等

2002年所授权1项专利，详见表6。

表6 所授权专利

序号	专利名称	专利类型	申请人	申请日	申请号	授权日
1	粉料气力输送管道	实用新型	电力建设研究所	2001.7.27	01232420.5	2002.7.24

三、生产、经营与服务

根据国家电力体制改革的总体要求，该所继续进行了经营管理模式和财务运行制度的改革。2002年召开了全所经营工作会议，制订了全年经营工作纲要，与各一线单位签订了资产经营目标责任书、安全生产责任书、领导者目标责任书和党风廉政建设责任书，在2001年的基础上增加了对富通、电网和科研中心领导班子的目标责任管理。制定了预算管理办法和今年的预算计划，强化了以财务为中心的运行模式。建立了季度经营活动分析会和按预算计划季度考核制度，强化了计划执行情况的考核，从而使全所的整体运行结构逐步开始清晰。

大力推进产权多元化，建立规范的现代企业制度。根据党的十六大精神："除极少数必须由国家独资经营的企业外，积极推行股份制，发展混合所有制经济。""按照现代企业制度的要求，国有大中型企业继续实行规范的公司制改革，完善法人治理结构。"2002年6月原国家电力公司赵希正副总经理到该所视察工作时，对在科研院所内实行产权多元化予以了肯定，并鼓励该所在条件成熟的单位进行产权多元化的尝试。为此，对富通科技发展公司进行产权多元化改造。

富通科技发展公司作为一个以发电厂辅机专业为主要业务的所办企业，集中了所内专业技术上的精兵强将，产品是电厂中水、灰、渣、油、管等专业中具有较高的技术含量的产品。2002年公司进行了产权多元化改造。成立了由所相对控股、公司骨干入股、职工参股的股权多元化的“北京国电富通科技发展有限责任公司。公司成立后，依据公司法成立了股东会、董事会和监事会，并两度召开股东大会和董事会，明确了公司章程和2003年度公司经营计划，使公司建立起真正的法人治理结构，实现了规范化经营管理和运行机制。根据统计，富通公司全年新签合同额1.2023亿元，完成产值1.0453亿元，实现销售收入6969万元，完成内部利润240万元。

基础设施建设。为提高综合竞争实力，2002年重点进行了改造与新建。投资240万元对原除灰试验室进行了全面的改造。投资1400万元建设了光缆实验室和岩土试验室。1000kV杆塔试验站建设于2002年9月开工，项目经费3180万元，新征土地21.8亩，2002年年内投入1100万元。

2002年，该所荣获中国计量测试学会“计量、测量、服务”管理达标会员单位称号。

2002年，该所完成了大量经营开发、生产、试验与行业服务工作：

杆塔试验方面。杆塔试验站的力校准装置通过了国家计量考核，一方面力值溯源有了保证，提高了试验结果的可信度，另一方面，结束了大量力传感器送到外面检验的历史，节约了大量的检测费用。

2002年杆塔试验取得了前所未有的成绩，共完成铁塔试验27基，钢管杆试验2基，为近30家混凝土电杆厂进行了产品检验，进行了《钢管塔受力特性研究》的科研工作，投入大量人力进行了《杆塔试验站的技术完善》项目及《1000kV新杆塔试验站的建设》项目的调研开发工作。对杆塔试验场环境进行综合治理和改造工作，共接待来自埃塞俄比亚、爱尔兰、尼日利亚、孟加拉、菲律宾等国家的外国友人近20人·次。全年新签合同额791.4万元，实现收入1375万元，比2001年翻了一番还多。

2002年杆塔试验工作特点是塔重、塔高、荷载大、试验工期紧，给组装、加荷工作带来了很大的困难，为保证安全生产，采取了定期召开班组安全会，编写组塔工艺，对设备进行定期检修等一系列措施。

杆塔试验站被评为国家电力公司重点实验室。

导线金具方面。导线金具实验室2002年新签合同额611.27万元，实现收入801万元。与2001年同期相比，新签合同额和实现收入分别增长了22.3%和23%，超额完成了各项经济指标。

光缆融接方面。完成了山东聊长济线（由山东聊城变电站开始，途径长清开关站，到达济南变电站的一条500kV输电线路。该所承担其中Ⅰ、Ⅱ、Ⅲ标段OPGW接续工程，共69km）和华滨线路（从德州的华德电厂开始，到达滨洲变电站的一条500kV输电线路。该所承担其中Ⅰ、Ⅱ、Ⅲ标段OPGW接续工程，共120km）的光缆熔接施工项目。目前，光缆熔接队伍正在进行荆荆线路的紧张施工。

岩土试验方面。岩土实验室2002年新建，从零起步。采取走出去的战略，到上海、杭州、南京、郑州、对该所小桩课题成果的推广应用进行调研。与新疆电力设计院签订了“新疆精吉220kV输电线路多年冻土地区地基基础试验和优化设计”的技术服务协议，合同额168万元。与河北电力设计院配合，完成斜桩基础的工程科研可行性报告。完成西南盘南电厂的边坡支护设计计算工作，编写了设计计算报告。与江苏电力设计院合作进行扬巴线路顶管设计工作。在进行横向项目的同时，岩土实验室建设按计划进行，积极参加科研和学术交流工作。

金属焊接方面。2002年，组织完成了DL/T819—2002《火力发电厂焊接热处理技术规程》、DL/T820—2002《管道焊接接头超声波检验技术规程》、DL/T821—2002《钢制承压管道对接焊接接头射线检验技术规范》的报批和出版审查。完成了电力行业标准《焊接工艺评定技术规程》和《火力发电厂焊接技术规程》的编制并通过标准化委员会的审查。

2002年协助国家电力公司电源建设部完成了对全国53个电力建设一级金属试验室的复审工作；举办中、高级金相检验人员和力学性能检验人员培训取证班；举办了摇摆焊接法、药芯焊丝氩弧焊技术培训班；举办了多期标准宣贯和P91钢现场施工焊接技术交流等，行业内共有323人·次参加了培训与交流活动。

作为电力行业焊接标准化技术委员会和中国电机工程学会电站焊接专业委员会秘书处挂靠单位回复电力建设公司和火力发电厂的技术咨询11次。

施工机械方面。完成了三峡设备GYT—100C、GYT—100F设备的检修、加工；三峡设备德方600t提升装置的检修；北京电建公司GYT—200型450/6.5吊装架的设计，北京电建公司的提升装置的调试、验收、现场技术培训及工程服务（内蒙古托克托电厂汽包吊装）；河北电建二公司GYT—200型450/10/7.0吊装架的设计及合同签订，全套设备的调试、验收、现场技术培训及工程服务（河北石家庄电厂定子及汽包吊装）；贵州电建一公司GYT—100D型提升装置的现场技术培训及工程服务（贵州纳雍电厂汽包吊装）；河北电建一公司GYT—200型液压提升装置合同签订，加工制造；安徽电建二公司GYT—100D型提升装置的设备调试、验收、现场技术培训及工程服务（上海外高桥电厂汽包吊装）；安徽电建二公司、北京电建公司、广东火电公司GYT—200型检修、调试、验收和技术服务。

电厂综合技术方面：

（1）管道管件：完成了石景山电厂4号机、1号机二台钢带除渣设备的生产加工，并完成了出厂前72h运行实验，多次现场协助安装；负责组织生物处理填料生产线第一台样机的生产加工、组装、协助调试；完成了神头、蒲山、洛阳、开封、陡河以及潍坊等工程双套管、补气器的加工制作，全年加工双套管7300多m；完成了托克托电厂锅炉酸洗车、加药装置加工制作、生产组装及发货工作，侯马污水处理工程中化学加药装置的生产组装工作；完成了托克托、徐塘、厚石、石嘴山、定洲、耒阳、株洲、台山、哈达湾、灞桥等工程项目高压管件的工艺计算、制图、生产流程卡的编制、压制、焊接、机加、修磨及发货工作，全年共计完成3000多件管件加工任务；完成了西气东送项目四种规格弯管的试制，通过有关部门的质量验证，并实现小批量弯管供货。

（2）干除灰、干排渣项目：完成除灰实验室的建设工作并通过验收。双套管、干排渣项目顺利通过部级鉴定。同时配合公司有关部门完成推广会的相关支持工作；完成神头、蒲山、开封、新安、侯马、陡河等干灰项目的设备供货、安装指导、调试工作；完成宣威、潍坊、茂名、平旺电厂输灰设计工作，且已完成了项目的部分设备供货；完成石电1号、3号、4号、干排渣系统安装、调试、试运、投运工作。并对系统设备运行时出现的故障及时抢修；完成石电2号干排渣系统施工图设计工作；完成侯马、富拉尔基、双辽污水项目的电气、热控施工图设计，部分项目进行了供货、安装调试；完成邢台化水程控项目的施工图设计、供货、现场安装、调试等工作，系统即将投运；完成鹤岗加药程控设备供货、现场调试、试运、投运等工作，项目已通过甲方验收；完成托克托加药程控设备供货。

（3）水处理专业：完成大同、侯马、富拉尔基及双辽电厂生产及生活污水回用工程；完成了托克托、河北、伊朗酸车设计、加工制造及发货；完成了准格尔、托克托、蒲城加药设备的设计、加工、调试；唐山发电厂工业废水集中处理系统总承包工程、山东莒南市政污水处理工程、广东新惠双水发电厂循环水管道防腐项目以进行部分工作；完成了大庆石化总厂生产废水回用生物处理试验；完成了北京高井、托克托、达旗、马头循环水零排放试验；完成了北京二热城市污水回用微滤试验；完成了南京焦化废水处理试验。

（4）滤油机、粉尘治理、浓缩机等项目：签订保定电厂、邯郸电厂、唐山陡河电厂输煤系统粉尘治理工程，合同额84.9万元；签订郑州兴隆铺浓缩机，合同额405000元；签订滤芯销售，合同额600000元；签订石景山电厂加药装置，合同额178000元；签订保定热电厂输煤系统照明，合同额90000元；签订娘子关电厂滤油机，合同额41000元；完成保定电厂、邢台电厂、西柏坡电厂滤油机售后服务；完成高井电厂、盘山电厂脱水仓改造。

质量检测。2002年，该所作为行业的质量监督机构，各质量监督、检测中心了承担各类质监、质检任务。其中，该所质量监督管理中心受华能国际电力开发公司委托，完成了华能德州、辛店、白杨河、济宁、上海石洞口一厂、沁北等华能在建火电厂工程等48次工程质量检查；混凝土电杆质量检测中心完成了山西电力公司、北京送变电公司以及河北、山东等64个公司、厂家的环型钢筋混凝土电杆、环型预应力混凝土电杆共计248项·次的质量检测工作；电力工程材料部件质量检测中心完成了北京送变电公司、河北送变电公司、辽宁锦兴电力金具科技有限公司、以及天津、上海、广东、甘肃、新疆等公司和厂家的电力器材、线路、金属制品等315项·次的试验与检测工作；锅炉压力容器质量检测中心完成了电力工业部北京锅炉压力容器检验中心、北京第三热电厂3号炉的定检工作和焊接修复；旋转机械振动质量检测中心完成了天津大唐盘山发电有限责任公司4号机组（600kW）的振动检测工作；施工机械质量检测中心完成山东电建一公司、山东电建二公司、常熟电力机具厂、天津蓟县线路器材厂等单位起重机检测等，共计检测大型吊车9台，其中，应力测试吊车2台；烟囱施工提模装置检测5台，铝合金跨越架、抱杆各1套，各种输变电施工机具31种，其中，应力测试烟囱施工提模装置3台；代表国电公司参加了国华定州电厂、台山电厂起重机械安全检查工作，从而进一步扩大了检测中心的对外影响；保温耐火工程质量检测中心完成了河北电建二公司、山西电建三公司、东电一公司以及北京、天津、内蒙古、甘肃、安徽、宁夏、浙江、新疆等公司或厂家的保温、耐火、耐磨材料等378项·次的质量检测工作。

四、管理工作

合同管理。2002年办理新签合同8018万元，完成计划（4900万元）的164%。完成销售收入4759万元，完成计划（3500万元）的136%。对各项目的成本计划和执行计划认真审核，严格控制成本。

安全、质量管理。2002年认真部署安全生产、防火、交通、治安保卫等项安全工作，并逐项抓落实，全年安全无事故。积极组织编制导线实验室，杆塔实验站质量体系执行计划，并按计划完成，积极组织焊接及金属材料、非金属材料、复合光缆三个实验室认证工作，完成了所内企业标准年审工作，完成了良乡南院供暖的协调工作，基本完成了良乡宜春里家属院天然气工程协调工作。

招标管理。组织完成了光缆实验室的设计、施工、验收、电网中心设备招标采购、杆塔基地施工改造等项目的招标工作，完成的项目以优良的工程质量通过专家竣工验收。截止到2002年底共组织招标活动14次，招标采购金额1780万元。

资产管理。完成了所内各单位固定资产成本分摊核定；对全所设备资产进行了清查登记造册；编制了所内各单位年度设备采购计划，对2002年购置的160台设备和两栋厂房1325万元新增资产进行入账登记。

财务管理。2002年是该所由科研事业财务转为企业财务运行的第一年，财务管理工作按照企业化管理的要求达到平稳过渡，顺利实施，并在原基础上强化了经济管理方式，使以财务管理为主体、以资金管理为中心的管理方式得以实现。

人才管理。①2002年共引进博士、博士后4名，硕士16人。②强化对在职职工的各类培训工作，开办了以中层干部为主的MBA课程班，选派相应的人员参加职业培训和执业工程师培训，继续利用青基会支持在职职工参加各类在职深造。③制订执行了《导师培养制度》，在全所进行了职工个人业务培训需求的问卷调查工作，为今后在职职工的职业发展设计奠定了基础。④制订执行了《内退暂行办法》，从而进一步为人才的置换疏通了渠道。⑤制订执行了《薪酬管理办法》，规范了该所的薪酬管理，建立了良好的激励机制。

社会保障。大力实行社会职能社会化，为职工解决好后顾之忧。2002年1月1日实现了离退休职工养老金社会发放，2002年5月1日完成了全所在职职工的养老保险的个人账户的补建工作；以北京市社会医疗保障体系建立为契机，在2002年底为全所职工建立了社会医疗保险，并以招标方式通过在职职工和离退休职工代表确定了补充医疗保险的委托管理单位；根据房山区市政天然气入户工程，所里为良乡381户职工报装天然气入户，所补贴资金80万元，正在解决职工使用天然气入户问题。同时，正在积极努力解决职工生活用水和冬季取暖与市政接口等问题。

劳动合同管理。完成了全所全员劳动合同的签订工作。按照北京市政府有关政策要求和企业化转制后用工制度要求，制订了全员劳动合同制相关规章制度和实施细则以及与之配套的保密协议，并经职代会通过后执行，采用北京市劳动与社会保障局统一印制的劳动合同文本于2002年10月1日与全所在职职工签订了劳动合同。

政策研讨。2002年，围绕增强企业核心竞争力，促进企业快速发展的主题，征集论文11篇，并于10月30日召开了所第四届政策研讨论文发布会，其中有3篇论文获优秀论文奖。

信息管理。部控项目《电力建设研究所信息网二期建设》，完成了网络升级与改造：①设备购置及安装调试，按院所二期信息网建设整体要求制定网络建设规划，以增加功能和提升服务为目的，购置相应设备。包括：交换机、服务器及相关设备、备份磁带机、机柜等，对机房UPS进行调整。并完成设备的测试和安装调试。同时，完成了良乡北院80个新节点的布线、接入。专线出口带宽升速等。②网络安全建设：增加网络防病毒系统，增加备份系统。③内部网络应用：制定本期内部网络应用规划，并通过审定。建立后台数据库，建立内部信息发布系统，建立综合查询子系统，建立快速下载区域，建立文件存储子系统。

五、精神文明建设

思想政治工作方面。2002年，修订了全所双文明考核管理方法。将所内日常管理工作中的政治学习、企务公开、项目执行情况、经营指标完成情况、党风廉政建设情况、考勤、卫生检查等一系列内容量化后，作为各部门、各单位的考核内容，按季度进行考核打分，并进行相应的奖惩，真正推动了全所双文明建设工作。

工会工作。所工会召开了三次职工代表大会，审议讨论全所工作报告以及经营、财务报告，对全所中层以上干部的考核测评，通过了双文明建设管理办法、所企务公开实施细则、职工养老保险管理规定、职工入股办法、劳动合同文本、职工医疗保险方案等，充分发挥了职工代表大会的民主监督和民主管理作用；同时，为了使广大职工有充分行使民主权利的机会，由所工会组织在职工中开展了第二次征求合理化建议的活动，并建立了企务公开栏，保证企务公开实施细则的真正落实。这些活动的开展有效的促进了民主化管理。

2002年被国电公司直属机关工会评为优秀工会。

党风廉政建设。年初所党政领导与下属各单位党政领导签订了《党风廉政建设责任书》，并在年中和年底进行了全面检查。

附件：

电力建设研究所“单位机构”

单位名称：国电电力建设研究所
北京科建电力工程技术开发总公司
地　　址：北京市宣武区广安门南滨河路33号
邮　　编：100055
电　　话：63405533（总机）
领导班子名单：
所　　长、总经理：李一凡
党委书记：　　　薄树明
副所长、副总经理：梁　兵
副所长兼总工程师、
副总经理：尤传永
副所长、副总经理：王日文
副书记：　　　刘金柱
管理职能处室：所办公室（总经理工作部）
人事教育处（人力资源部）
经营管理处（经营管理部）
政治工作部（政治工作部）
财务处（财务部）
专业研究室：电网技术开发中心
焊接技术研究室
施工机械研究室
标准研究室
科研开发中心
信息出版中心（《电力建设》编辑部）
质量监管中心
公　司
北京国电富通科技发展有限责任公司
北京富通科技发展公司
北京柯力动力化学防腐技术开发公司
（以上三公司并运行）
北京科建电力工程技术开发总公司工程事业部
劳动服务公司

国家电力公司武汉高压研究所

2002年，武高所在国家电力公司党组的正确领导下，团结一心，真抓实干，全面完成了各项经济目标和工作任务，全所产值达到1.3亿元，实际到款额达1亿元，创造了建所以来的又一新高，与1998年的3600万元相比，实际到款额增加了178%。4年来，全所经济收入年均增长率达29%。与此相应，全所职工的收入也大幅度提高，人均收入比1998年增加了185%，全所累计向国家交纳税金1000多万元。

一、主要工作完成情况

1. 重大项目得到全面完成

西北750kV项目的研究、高电压测量技术的研究、特高压试验技术研究——利用工频串级装置产生长波头操作冲击的研究、交流特高压输电环境问题的基础研究、百万伏级特高压输电线路外绝缘特性研究等项目通过鉴定。

其中西北电网750kV交流输电工程科研项目是该所近年来承担的输变电领域最大的重点科研项目。武高所作为该项目的主力科研队伍承担了主要的课题研究，取得了可直接用于工程设计的研究成果。750kV系统过电压与绝缘配合研究、750kV输变电工程电磁环境问题的研究和高海拔导线电晕损失的试验研究、高海拔地区输变电外绝缘特性研究等4个项目通过了有多位中国科学院和工程院院士参加的国家级鉴定验收，被确认达到国际先进水平，得到了国家电力公司领导和国电西北公司的积极评价。

特高压试验技术研究包括利用工频串级装置产生长波头操作冲击研究项目的完成，扩展了该所220kV工频变压器串级装置的应用功能，形成我国第一套能满足特高压试验、产生长波头冲击电压的试验设备。

交流特高压输电环境问题的基础研究和特高压线路外绝缘特性研究项目，通过在特高压试验线段上开展的外绝缘特性的研究，使我们对更高一级电压下的环境影响方面有了较深了解，在该领域的技术储备进一步增强。

顺利完成三峡500kV线路跨越永久船闸所产生的有源干扰、无源干扰以及对船舶的工频电场安全问题的试验研究项目。该项目是该所为国家重点工程而开展的，其成果对于三峡工程的船闸建设具有指导意义，荣获2002年国家电力科技进步三等奖。《中国电力报》、《中国三峡工程报》和《华中电力报》都曾在头版位置加以报道。

国家电力公司投资600万元的“雷电定位系统全国组网”重大项目研究已经启动。

赢得了ABB公司“三峡工程GIS电气试验”项目，并通过了三峡开发总公司的技术方案评审。能够承担举世瞩目的世界最大的水电工程三峡工程项目是该所科技综合实力不断提高的表现，为该所今后进入大型水电工程打下良好的基础。

2. 获得到国家认监委3C认证授权

为了加强对全国认证认可工作的统一领导和监督管理，国务院组建了中国国家认证认可监督管理委员会，授权履行行政管理职能，由认监委统一对强制性产品的认证检测机构授权，统一管理、监督和综合协调国家强制性产品认证（3C认证）工作。该所以其实力和完善的质量管理体系，通过了中国国家认证认可监督管理委员会的检查考核，得到了对低压电器中的整机保护、成套开关设备进行国家强制性产品认证（3C认证）检测的授权，成为首批得到授权的68家检测机构之一。这也是电力系统惟一一家得到授权的检测机构。至此，该所在国家强制性产品认证中迈出了关键的一步，也为争取即将开展的高压电器等第二批强制认证的检测授权工作奠定了坚实的基础。得到国家认监委地授权后，该所积极参加中国质量认证中心组织的各项工作，并有8人参加了工厂检查员的培训，获得3C工厂检查员并受中国质量认证中心的委托，对一些认证企业进行了工厂质量保证能力检查，较好地完成了中国质量认证中心安排的各项工作。

国家认监委还依据新颁布的《产品质量检验机构计量认证/审查认可（验收）评审准则》对设在该所的电力工业部电气设备质量检验测试中心了进行计量认证复评审，一次性通过了审查。

国家高电压计量站也再次得到国家质量监督检验检疫总局全国技监系统（JJF—1069）法定计量机构的授权，并接受了基准评价工作。

3. 抓好知识产权保护维护所的合法利益

完成了“武汉高压研究所”、“华瑞公司”等67件商标注册申报工作，并已通过初审。“国家高电压计量站”也正在申办之中。

4. 完成全所整体转制和所属部分企业的股份制改造

认真贯彻执行《中华人民共和国公司法》和《中华人民共和国企业法》，对武汉高压研究所新技术公司、武汉高电压技术总公司、武汉高压研究所新技术公司华电电器公司、武汉国测电器公司的注册资本金予以到位。对发展较好、规模较大的公司也迈出了股份制改造的实际步伐。

华电电器公司股份制改造取得重大进展，完成了以武汉高压研究所和华瑞公司控股的《武汉华电国电高压科技发展有限公司》工商注册工作。凌志电气公司产权界定工作已经完成，为下一步股份制改造打下基础。

对《高电压技术》杂志社股份制改造也已开始，机构的建立和筹备工作已基本完成。

为进一步引进、学习先进制造企业的管理技术和经验，不断提升该所的企业管理能力和水平，加快全所产品、企业发展速度，还组织了包括所领导班子全体成员在内的考察小组到浙江、上海等著名企业进行实地调研，提高了党委、所领导班子成员以股份制方式进行所内企业改造的认识，经过认真的研究，明确了“走技术扩张和低成本扩张加快企业发展的思路”，慎重地选择了杭州之江开关股份有限公司进行合作。

5. 国家高电压计量站工作再上台阶

国家高电压计量站是我国最早成立的专业计量站，经过多年的艰苦奋斗已建成为国内高电压大电流试验研究基地，并存放着国内的高电压、大电流的基标准。2000年国家高电压计量站通过了中国实验室认可，2001年国家高电压计量站作为全国技监系统首家（JJF—1069）法定计量机构考核试点对该站进行全面的考核验收，并于2002年再次对本站进行了法定授权。同年国家计量站接受了国家质监总局的基准评价工作。今后该所将重点加强实验室建设，维护好基标准，做好实验室管理标准（ISO/IEC17025）的转换工作；加快高压标准的建立，争取国家授权；启动计量保证方案的工作，促进量传方式的完善；开展现场标准工作，扩大计量站的经济收入。

6. 所计算机信息网络已全部建成

顺利通过了由国电系统多个单位和专家组成的一、二期验收工作，在国电8个直属院所中名列前茅。经过三年的发展，全所已建成覆盖全所各部门的以光纤为网络骨干、以三层主交换机为核心的快速以太网，建立了国际国内域名网站。网络的应用也由最初的传统功能逐步扩大到办公自动化和信息管理等方面。信息网的建成对提高办事效率、规范管理和提升管理水平具有重要意义，同时为该所对外树立形象，大力宣传科研开发能力、介绍新产品、加强信息联络，正在发挥着其他媒体不可替代的作用。

7. 办理职工三项保险工作得到落实

在1999年为职工办理了失业保险的基础上，2002年全所积极克服各方面困难，力争各种有利政策，完成职工医疗保险和基本养老保险的注册登记工作，最终使三项与职工切身利益密切相关的重要工作得到全面落实。

8. 对外科技交流取得新的发展

广泛开展了对外技术交流，努力通过各种渠道各种方式积极扩大我所在国际上的影响力，通过与国内多家有实力的单位竞争获得了国外著名大公司的科研项目。多次成功地开展了与台湾大电力试验研究中心的技术交流与互访活动，同时为武汉市的招商引资做出了有益的贡献。所内专业人员几年来出访考察了美国、英国、加拿大、德国、俄罗斯、意大利、日本、西班牙、瑞士、比利时、荷兰、新加坡、巴西、乌克兰、瑞典、澳大利亚、新西兰以及香洪、澳门和台湾地区，该所在国际行业内的影响正日益扩大。

二、主要做法

（1）着力加强领导班子建设。坚持每月一次的中心组学习制度和每年一度的领导班子民主生活会制度，加强班子成员和党委一班人的政治理论学习，同时根据工作实际，适时组织班子成员、党委委员、中层干部的法律知识的学习，着力从班子、党委成员的思想建设和作风建设入手，加强马列主义、毛泽东思想、邓小平理论和“三个代表”重要思想的学习，努力提高政治思想水平、业务水平和在实际工作中运用这些理论的基本观点、立场和方法的能力。

(2) 坚持签订《双文明责任书》。坚持了所党政主要领导与各专业室（中心）、机关各部门负责人签订《双文明建设责任书》制度，把经济任务指标、安全生产、管理职责、精神文明建设和党风廉政建设的有关要求有机地结合在一起，做到“同布置、同规划、同落实”。4年来的工作实践证明，这一制度的实施有效地促进了全所的发展，是贯彻落实两个文明建设方针的具体体现，得到了国家电力公司领导的充分肯定。

(3) 加强两个文明建设。坚持开展思想宣传工作和公民基本道德规范的教育工作；充分利用重大节日和重要政治活动对职工开展政治理论、法律法规和时事教育，积极开展内容丰富的文明创建；突出抓好环境创新工程，为武高所增添了更多新亮点；努力改善职工工作环境与生活环境。所文明单位创建工作也取得优异成绩，2002年全所获得省级文明单位称号。

(4) 落实“依靠”方针，加强民主管理。坚持“所务公开”制度，修定了《武高所（华瑞公司）关于推行所务（企务）公开和民主监督工作的实施办法》，职工积极参与民主管理、民主监督，主人翁意识不断增强，民主参与管理水平不断提高。

(5) 重视加强离退休人员的管理工作。成立了以党委成员为主的离退休工作领导小组，切实抓好老干部的“两个待遇”落实。针对离退休人员党员人数不断增多的情况，加强了离退休党总支建设，充实了离退休工作人员力量，改善和提高了工作条件，使工作管理逐步朝规范化、制度化迈进。切实保障了离退休人员的离退休金按月足额发放，并按国家政策为离退休人员增加离退休费。

国家电力公司苏州热工研究所

一、顺利完成领导班子平稳过渡，全面完成创收任务

2002年3月，中国广东核电集团公司商国家电力公司同意，任命束国刚同志为苏州热工研究所所长。新班子上任伊始大胆改革，以新的理念新的思维全面分析苏州所的历史、现状和将来，根据内外环境的变化和主客观条件，审时度势，提出了“二次创业”的发展思路和“核常交融，独树一帜”的经营理念。在市场开拓、专业结构调整、管理机制改革等各方面采取了一系列的措施。经过全所员工的努力，全年新增合同额为3530万元，其中核电41%，火电占59%，超额完成了年初制定的3400万元的创收任务，比2001年增长44%。

二、以市场为导向，努力开拓任务渠道

(1) 设立市场处。2002年5月，为整合市场资源，强化和规范市场渠道，所成立了市场处，其主要任务就是开拓市场。市场处走访沪、浙十几个电厂，举办了2期所内业务知识交叉培训班，编写了苏州所所情介绍、产品样本，建立市场网络，制定了“市场营销管理办法”。通过努力，市场处全年签订合同529万，取得了可喜的成绩。

(2) 多渠道落实合同任务。①所科技处与岭澳核电公司项目部密切配合，落实了2002年320万合同的续签，并及时主动提出了苏州所为岭澳核电公司提供培训的一揽子建议方案。②主动积极地与集团公司科技委和技术中心联系，两项课题申报获得立项；确定参与“先进核电站发展趋势研究和技术选择”等4个项目的部分研究工作。③与大亚湾、岭澳两个核电站建立了正式联络渠道。④加强与江苏田湾核电站的沟通，为以后更进一步合作奠定了基础。⑤加强与省外中试所的合作，与浙江中试在共同承担浙江省内各电厂的支吊架的检查及调整方面达成意向。⑥组织申报“科技部社会公益性研究基金”项目、省科技厅“电站状态检修决策系统”项目。⑦环保室利用所甲级评价证书的优势，承接了一批“短平快”的常规环评项目，为环保室拓展非核领域打下坚实的基础。全年常规及非核领域项目占到全部合同额的30%。⑧能泰佳德公司及时调整销售策略，合同类型发生显著变化，其中设备设计加工和药剂销售占到全部销售额的70%。

三、强化内部管理，提高整体效益

(1) 出台《合同管理规定》、《项目管理规定》、《项目结算规定》和《成本费用管理规定》，实现了分配制度的一次大改革。四项规定对于规范项目管理、降低成本支出、明确责权利三者的关系，合理调控员工收入有重要意义。四项规定的运作，大大增强了广大员工的成本意识，也大幅度提高了经济效益。

(2) 根据市场导向，改革调整公司结构和机制。东南公司由原来的除灰分公司、自动化分公司和监测分公司改为工程一部和工程二部。原核电质量技术研究中心改为电站寿命管理研究中心，下设5个室；设

备诊断研究室、金属监督研究室、寿命评估研究室、结构强度研究室和质量保证研究室。所参股的新特公司撤销后，员工并入东南公司，成立工程三部。

科技处依据所新出台的项目管理办法，严格合同管理、项目预算书编制及审批、财务用款立项的规范化一条龙服务，同时健全了全所专业室、中心和公司合同总台帐及分类台帐，统一使用各全资控股公司的合同专用章，使科技管理工作转换了新的机制。

(3) 加强财务管理，有效改善财务状况。①继续推行预算管理，切实降低消耗。②对全资子公司实行财务集中管理，建立了集中、统一的资金管理框架和制度。主要措施是：明确资金审批权限，加强资金监督和成本控制，强化风险意识；对子公司实行资金借贷，优化资金资源的配置；加强资金的控制和管理，及时为专业室提供项目的收支情况，设定资金控制点，对到款不及时的部门亮黄灯，督促其催讨欠款；对已出现赤字的部门亮红灯，原则上暂停其资金的使用。③切实做好项目的决算及结算工作，确保所内合同决算制度的正确贯彻执行，确保所人均上缴指标的落实，保证所级财政收入的实现。④积极配合并顺利通过了有关部门对所本部和下属公司的审计检查、税收检查及社保检查工作。

(4) 精简职能管理机构。截至2002年底，所办、党办、财务处、科技处4个职能处室共有员工18人，加上所级领导5人，职能管理人员共23人。为热工所十多年来的最低数。

(5) 全力推进养老保险和医疗保险的属地化工作。“养保”和“医保”工作直接关系到苏州所转制工作的顺利进程。经过近两年的努力，终于在7月实现了养老保险的属地化管理，8月实现了医疗保险的社会化运作。

四、推进双文明建设，促进改革协调发展

(1) 认真学习江主席“三个代表”重要思想，用于指导苏州所的科研、开发、经营工作。

(2) 开展建党八十一周年系列庆祝活动，召开党委总结表彰大会，表彰优秀共产党员4名。

(3) 狠抓党风廉政建设。根据国电公司党组部署，继续认真推行党风廉政责任制，完善反腐败领导体制和工作机制。本年度全所无重大不廉政情况发生。

(4) 坚持所务公开制度。通过所务公开橱窗和MIS网，全年公布重大事项20多项。党委还设立了书记信箱，随时听取党内外群众的意见和建议，及时改进工作。

(5) 改变所容所貌。为泓扬企业文化，规范企业形象，整治了所区环境，改善了办公条件。所容所貌的改变给人以一种蓬勃向上、催人奋进的感觉。

五、主要事件

3月5日，经中广核集团公司研究决定，并商国家电力公司研究同意，聘任：束国刚同志担任苏州核电研究所所长职务，免去吴迪忠同志苏州热工研究所所长职务。

3月12日，所承担的1998～1999年国家电力公司科研课题“核电厂环境评价及核电压力容器检测技术手段的完善”及“核电厂先进堆型和安全评价技术跟踪”项目通过国电公司科技环保部组织的验收。

3月14日，中广核集团公司濮继龙副总经理和郑健超院士来所考察指导科技创新工作。

3月20日，所承担的国家863攻关项目“高温气冷堆监督文件的研究和编制”通过国家核安全局组织的验收。

5月14日，中共中广核集团有限公司党组批复苏热党［2002］第33号文件，同意任命束国刚同志为中共苏州核电研究所委员会委员，党委副书记。

5月17日，任命束国刚同志为苏州东南电力技术开发总公司法定代表人，免去吴迪忠同志苏州东南电力技术开发总公司法定代表人职务。

任命束国刚同志为苏州市华电多种经营公司法定代表人，免去李歌平苏州市华电多种经营公司法定代表人职务。

6月4日，中广核集团有限公司批复苏核技［2002］第6号文件，同意作为《核电》杂志的主管单位。

6月21日，申报的科研项目《核电站金属部件寿命管理研究》和《火电厂经济技术评价预研》，获广东核电集团公司批准立项。

8月19日，中共苏州市委决定给予李歌平开除党籍的处分。

9月9日，经所长办公会讨论决定，给予李歌平开除公职处分。

9月23日，中国广东核电集团公司王禹民董事长、刘锡才总经理、钱智民常务副总经理、尤德良副总经理等一行10人来所考察工作。

9月26日，杨忠勤副所长率市场处、科技处和有关专业部门负责人赴田湾核电站进行技术交流，并就双方长期合作事宜达成了意向。

11月11日，国家电力公司与中广核集团公司在北京就苏州所成建制移交给中广核集团公司事宜进行商谈，就①行文上报财政部，②事业费拨款，③劳动工资管理，④领导班子和其他业务管理等方面达在一致意见。

11月14日，国家电力公司下达所2002年度工资总额控制计划为580万元。

11月19日，中广核集团有限公司就苏州所成建制划转问题请示财政部，主要内容：①划转的时点为：2000年12月31日，资产总额4222万元，负债总额2050万元，所有者权益2172万元。②资产划转后，各项财政事业费指标一并随同划转，由集团公司与苏州所直接办理拨款有关事宜。

11月30日，全面落实国家社保局等五部委[2002]5号文件，完成2000年10月1日前离退休人员的调资工作。

所参股的新特公司于本月终止运行，进行资产清理。

12月1日，中广核集团濮继龙副总经理来所考察工作。

中国水利水电科学研究院

一、综述

中国水科院经过40多年的发展，特别是改革开放以来，已经形成了门类齐全、科技实力雄厚、面向全国并享誉国际的水利水电综合性科研机构。

2002年10月，上级主管部门正式批准了该院的改革方案。在改革试点阶段，进行结构调整、机制转换、人员分流、制度创新，建立“开放、流动、竞争、协作”的运行机制。

1. 机制转换

按照科技部批复的改革方案，作为科技体制改革（非营利科研机构）的试点单位，新的运行机制在中国水科院已初步形成，为在2003年底通过科技部的验收打下了基础。

新的机制包括：非营利部分（社会公益型的研究所、中心）、科技企业部分（有产品，通过竞争可以进入市场的）、后勤企业部分（各种后勤服务将来社会化）以及综合事业部分（由从事工程和设备质量检测、工程安全鉴定、实验室计量认证、质量体系认证、环境体系认证、技术标准编制、科技信息服务以及离退休职工服务部门组成）。见图1。

非营利部分：通过调整学科布局和研究方向，努力跟上新时期治水新思路调整的步伐。

科技企业部分：注重实际、开拓创新、扩大经营范围，积极稳妥推进科技体制改革。

后勤企业部分：积极参与市场竞争，扩大经营服务范围，提高服务质量，适应社会主义市场经济发展的要求。

综合事业部分：组建“北京水利水电管理技术中心”，按事业单位管理，通过政府委托或市场服务取得一定经费，弥补事业经费的不足。

按照要求，管理部门进一步进行调整，压缩人员，使其更加精干，增加办事效率。

2. 人员

截止到2002年底，中国水科院在职职工1334人，其中在京1043人，牧区水科所129人，天津机

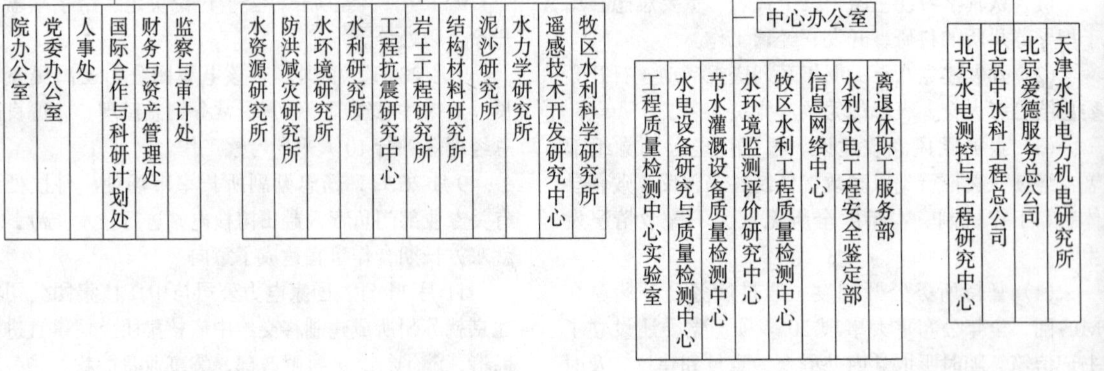

图1 中国水科院改革后的机构设置框图

电所162人；全院共有中国科学院院士2人，中国工程院院士4人；教授级高级工程师88人，高级职称319人，中级职称318人，初级职称150人；科技人员占全院总数65.6%；离退休人员1021人，其中在京823人、牧区水科所67人、天津机电所141人。

3. 固定资产

截至2002年底，全院固定资产总额49233万元，其中房产31295万元，仪器设备图书等17938万元；房屋建筑面积327097m^2。在京固定资产总额45519万元、牧区水科所2053万元、天津机电所1661万元；在京房屋建筑面积285097m^2、房产29235万元，牧区水科所房屋建筑面积29000m^2、房产1082万元，天津机电所房屋建筑面积13000m^2、房产978万元；仪器设备图书等在京16284万元，牧区水科所971万元，天津机电所683万元。

4. 制度建设

多年来，中国水科院在推进科技体制改革的同时，注重坚持制度建设，逐步实现决策科学化、管理制度化和规范化。1998年以来，该院共制定与修订各项规章制度73项，以制度来管理院内的各项工作。

5. 研究生培养

中国水科院作为博士和硕士授予单位，自1978年恢复研究生培养以来，培养了大批的优秀人才，先后有42名博士、24名博士后、391名硕士从该院毕业。2002年在读博士生40名，硕士生28名。

6. 组织机构（参见图1）

7. 领导班子成员

院长：高季章；副院长：匡尚富、贾金生、杨晓东、刘之平；党委专职副书记：陈祥建。

二、2002年主要工作

1. 稳步推进科技体制改革

按照“开放、流动、竞争、协作”的运行机制，先后完成了水资源、水环境、防洪减灾等11个研究所（中心）领导班子和科技人员的竞聘上岗，竞聘面100%。研究所（中心）按新结构、新机制运行。全院通过竞争上岗的处级干部有77人。

改革了分配制度。制订了院聘（A级）岗位的招聘实施试行办法，在科研所设立了A、B、C技术岗位。首批聘任了A级岗位53人，B级岗位146人，C级岗位119人。2002年3月开始试行绩效工资，严格考核、动态调整。

完成了院内部分已有企业的重组。完善了已有的院办公司“北京中水科工程总公司”管委会，修改公司章程，组建总经理工作部、财务资产部、经营开发部。

完成了天津机电所的资产评估和转企工商注册工作。

制订了后勤部分（北京爱德服务总公司）的改革方案，公司有关部门经理、主任聘任办法，确定了机构设置和人员定编，并完成了领导班子和工作人员的竞聘工作。

开始聘任流动科技人员。从国外引进优秀人才10人，国内优秀人才4人。

依托水利所组建“国家节水灌溉北京工程技术中心”，依托减灾所组建水利部“防洪抗旱工程技术研究中心”。上述两个中心的组建和运行，使该院的科研结构由学科导向逐步转变为任务导向，促进了学科的交叉发展。

采用多种措施分流人员，保证了稳定。通过转岗培训，进入后勤企业约30人，符合条件的未聘人员提前退养或病退。

2. 科研和科技开发工作

2002年，经过全体科技人员的努力，全院职工密切合作，共完成了706项科研任务，有5项获省（部）级科技进步奖，其中1项一等奖、1项二等奖、3项三等奖。

主要完成的项目有：完成了南水北调工程可行性论证中的两个附件：“南水北调工程节水规划要点”和“黄淮海流域水资源合理配制研究”；“黑河下游、塔里木河下游应急输水的遥感监测”；“黄河调水调沙试验遥测及气象卫星旱情遥感动态监测”取得重要成果；“田湾核电站软土深基坑支护及软基处理”，“三峡永久船闸调试水力学监测”，“公伯峡工程导流洞改建竖井旋流泄洪洞（即水平旋流）方案研究”通过验收，并在工程设计中得到认可；“高拱坝高强高性能大体积混凝土试验研究”；“小湾拱坝工程抗震关键技术深化研究”；“二滩水电站水库地震监测预警”，“糯扎渡水电站心墙堆石坝坝坡稳定分析及其控制标准以及坝体分区优化研究”；“江西万安水力发电厂水情自动测报系统改造工程”等等。

全年共新签合同额2.6867亿，比2001年增长26.7%。

3. 管理工作

制订了《中国水利水电科学研究院研究所（中心）处级领导干部选拔聘任办法》；《中国水利水电科学研究院研究所（中心）岗位设置、聘任实施意见（试行）》；《中国水利水电科学研究院研究所（中心）未聘人员管理暂行办法》；《中国水利水电科学研究院院聘（A级）岗位招聘实施办法》等等。设立中国水科院人事争议申诉受理委员会；出售公有住房产权证550户。

4. 后勤服务保障工作

南小区宿舍统一实施全面物业保洁工作，南北小区新增绿地4600m^2；建立了基本医疗保险和补充医疗保险，完成了院门诊部成为北京市基本医疗保险定点医疗机构的资格认证工作。

5. 基础设施建设

南院北区整体规划和北院西区改造规划取得进展，均获国务院机关事务管理局和水利部批准；大兴基地建设初具规模，水利所、泥沙所试验厅建设进展顺利，相继投入使用。

6. 精神文明建设

2002年，中国水科院被评为全国水利系统文明单位，并连续6年被评为首都和国家机关精神文明先进单位，南院成为文明小区和节水型小区；2002年初计划办的10件实事超额完成；张金接获水利部直属机关“十佳青年”称号，牧区水科所苏佩凤获“中国杰出青年科技创新奖”。

三、主要事件

1月10日，高季章院长、陈祥建副书记、匡尚富副院长参加“水利部防洪减灾工程技术研究中心”挂牌仪式。水利部索丽生副部长、国家防办副主任鄂竟平及水利部有关司局领导参加。

1月24日，院里召开茶话会庆祝陈志恺教授、韩其为教授当选为中国工程院院士。

4月17日，陈祥建副书记参加“中央国家机关精神文明建设暨综合治理工作会议”。该院再次被评为2001年度中央国家机关文明单位。

7月5日，该院南小区被评为“首都文明居民区”。高季章院长、陈祥建副书记、匡尚富副院长为南小区揭牌。

7月11日，水利部召开专题办公会，听取院长高季章“关于中国水科院科技体制改革方案”的汇报，水利部敬正书、索丽生副部长到会。

院以水科人［2002］57号文发布“关于成立中国水科院体制改革资产处置领导小组的通知。

8月28～30日，陈祥建副书记参加全国科研后勤管理研究会第三次代表大会。陈祥建副书记再次当选为该研究会常务理事、副理事长。

9月10日，由该院防洪减灾研究所承办的“第二届防洪减灾国际研讨会”在北京科技会堂召开。水利部索丽生副部长、院长高季章等中外代表共100多人参加了此次研讨会。

9月11～12日，第七届青年学术交流会召开。本届青年学术交流会共评出一等奖三项、二等奖6项、三等奖12项。

9月13日，该院2002年学术报告会在北京科技会堂召开。应邀参加报告会的来宾及该院部分职工400多人参加了会议。

11月8～14日，高季章院长作为代表参加了中国共产党第十六次全国代表大会。

11月21日，中国大坝委员会召开2002年度工作会议。会上总结了2002年的工作，通报了2003年国际大坝委员会和2004年国际大坝委员会年会的筹备情况。

12月23～27日，“全国水利精神文明建设工作会议”召开，该院被命名为“全国水利文明单位”。

（殷人琦、陈祥健）

国电动力经济研究中心

转制为科技型企业

为了适应国家科技体制改革的要求，加快现代企业制度建设步伐，满足国家电力公司对发展战略、体制改革和技术经济政策研究的需要，建立国家电力公司重大经营决策的咨询支持系统和面向社会的动力经济研究咨询机构，成为面向社会开展研究、咨询业务，自主经营、自负盈亏、自我发展、自我约束的经济实体，根据国务院办公厅国办发［2000］38号及科技部等部门国科发政字［2000］300号文件精神，经国家电力公司国电人资［2002］397号文件批准，于2002年，依据《中华人民共和国企业法》，原国家电力公司所属科研事业单位国家电力公司动力经济研究中心转制为科技型企业。年内完成了企业的名称核准和工商注册登记。

基本情况

1. 机构装置

管理机构：办公室（党委办公室合署办公）、人事处、财务与资产管理处、科研管理处。

研究机构：战略与规划研究所、电网经济研究所、电力市场研究所、电源与环境经济研究所。

子公司：北京华建电力热能设计研究所、北京兴业动经科技有限公司。

其他：国电动力经济研究中心学术委员会、国电动力经济研究中心专家委员会、《电力技术经济》杂志社。

挂靠单位：中国电力发展促进会、中国电机工程学会热电专业委员会、国家电力公司会计学会。

2. 人力资源

2002年底动经中心正式职工86人，离退休人员30人，总计116人。在岗人员75人，主业人员55人。主业人员中全部具有大学以上学历，其中38人具有硕士和博士学位，占主业人员的70%。科研一线人员平均年龄35岁，他们在电力政策、体制改革、技术经济政策、财务等咨询与研究方面具有丰富的经验和资历，是一支年轻、能战斗、有后劲、有发展前途的专业技术人员队伍。

3. 科研合同

2002年中心共签订科研合同41项，其中纵向合同14项、横向合同27项，合同额中纵向有效合同约占40%，横向有效合同约占60%，此外，截止到2002年12月底，另有已签订的待返回合同10项。两类合同总计51项，其中纵向有效合同约占39%，横向有效合同约占61%。

2002年动经中心的主要合同来源包括：国家电力公司、国电集团公司、省（市、区）电力公司、系统内其他单位、系统外单位和涉外项目。主要业务领域包括：发展战略及经营战略研究与咨询、电力企业管理研究、电力改革研究、电力市场需求分析、财务评价咨询、电网经济及财务分析、环境经济研究及节能政策研究、新能源及可再生能源研究、数据库及软件开发等。2002年动经中心与29个客户签订了合同，其中首次合作的客户9个，其主要客户包括：国电战略部、壳牌中国有限公司、国电农电部、国电华东公司、国电计投部、国电科环部、广东电力设计研究院、山东省济宁电力局、国电财务部、国电华中公司等。

科研工作

2002年动经中心完成研究项目45项，到2002年底结转2003年的研究项目45项，全部项目共90项，是自动经中心成立以来任务最重的一年。在全体职工的共同努力下，在科研人员的辛勤工作下，2002年圆满完成了全年的科研工作。由于狠抓了科研质量管理，颁发了新的科研质量管理办法，科研水平有所提高，全年没有发生科研质量事故，也没有接到客户的质量投诉。

1.2002年科研课题情况

2002年已完成研究课题45项：

（1）国电公司需求侧管理的战略研究；

（2）江苏省电力公司发展战略研究；

（3）河北南网“十五”及2015年电力市场分析预测；

（4）我国电力供需监测预警分析；

（5）2002年全国电力市场分析；

（6）中国电力市场研究；

（7）中国实施需求侧管理政策研究；

（8）促进电力行业SO_2减排的相关经济政策研究；

（9）中国洁净煤发电技术经济分析及相关政策研究；

（10）农村电力体制改革及管理模式研究；

（11）水电电价政策研究；

（12）华东区域电力市场研究；

（13）跨省区电力投资项目税收分配原则和方法研究；

（14）福建省湄州湾电厂有关问题的调查研究；

（15）福建省后石电厂有关问题的调查研究；

（16）二滩水电站世行贷款后评估报告财务分析咨询；

（17）广东LNG接收站和输气干线项目燃气电厂竞争力研究；

（18）西部地区电气化进程及措施研究；

（19）湖北沙市热电厂利用天然气改扩建工程项目建议书的咨询研究；

（20）世行贷款华东江苏500kV输变电续建项目财务分析及经济评价；

（21）全国500kV电网现状调查与分析；

（22）跨省区输电价格研究；

（23）电力企业合同管理与风险防范有关问题研究；

（24）动力经济信息系统开发（一期）；

（25）远传电能表在中国市场应用的前景调查研究；

（26）甘肃电力公司战略；

（27）“九五”电力总结；

（28）南方电网“西电东送”后续研究；

（29）迈朗公司中国电力市场研究；

（30）中加合作项目——南方四区能源战略研究；

（31）城网专项经济评价；

（32）联网工程经济评价；

（33）上海电力市场试点工作及未来市场模式分析；

（34）天生桥一级上网电价研究；

（35）亚行全国联网战略研究；

（36）新疆电网2015年目标网架规划；

（37）西电东送价格研究；

（38）中国东北、华北电力市场及燃机发展前景研究；

（39）中国风电开发特许权经营机制示范项目的研究；

（40）福建华东电力市场研究；

（41）天津大港电厂油改煤技术改造咨询；

（42）中国电力项目审批程序及深度要求研究；

（43）西气东输与天然气发电规划；

（44）发电公司竞争力指标体系；

（45）全国500kV电网数据库开发。

到2002年底结转2003年的研究项目45项。

2．市场开拓与科研成果

三年多来，动经中心主要研究咨询领域覆盖了企业发展战略、电力供需形势分析、电力市场化改革研究、电价机制研究、电力发展规划研究、电力经济政策、电力项目经济分析及财务评价、电力节能与环境保护等，完成了多项成果，许多课题的研究成果被政府等有关部门采用。

在企业发展战略研究方面，动经中心完成了国家电力公司经营发展战略及相关子战略的研究课题，得到了国家电力公司领导和各职能部门的肯定，也得到了有关网省电力公司的关注。还完成了江苏省电力公司经营发展战略的研究，并参与了几个省电力公司经营发展战略如甘肃省电力公司、云南省电力集团公司等的经营发展战略的咨询工作。

在电力供需形势的分析和预测方面，从1999年开始与国电战略部合作定期出版电力供需形势分析报告，该系列报告的结论和数据得到了广泛的认可并被大量引用，是目前最具权威的电力供需形势分析报告。同时，为众多的电力公司进行了诸如电力需求预测及供需平衡研究。

在电力市场化改革研究方面，完成了南方电力公司电力市场模式、东北电网区域电力市场方案、上海电力市场试点工作及未来市场模式分析、西北电网建立区域电力市场初步可行性等课题的研究，并跟踪了浙江电力市场竞价上网的试点情况以及国外电力市场的改革和运行情况，比较系统地研究和分析了国内外电力市场改革情况，并在工作中逐步确立了优势。目前，在美国能源基金会和国电华东公司的要求和支持下，正在进行华东电力市场模式研究工作。

在电价机制研究方面，作为主笔单位与国家电力公司财务部共同完成了“三段式”电价研究，得到了国家电力公司领导的肯定，并呈送给国务院有关领导；在国务院发展研究中心与美国能源基金会共同主持的“中国电力工业重组与可持续发展”课题中，承担了“中国电价改革”专题研究；对市场化环境下的电价体系（上网电价、输配电价、过网费、销售电价）、电价结构（单一制电价、两部制电价）、电价形成机制、价格行为等基础理论进行了较深入的研究。还完成了“西电东送电价中输电价格和受电地区电力市场可承受的电价水平研究”、“福建电价‘十五’计划及2015年远景规划研究”。在电力体制改革过程中，动经中心自始至终作为主要咨询机构参加了国家计委物价局就电力体制改革后的电价管理办法的研究和制定工作。

在电力发展规划研究方面，完成了国家经贸委委托的电力工业“十五”规划专题研究，参与了国家电力公司“十五”规划编制和国家电力公司组织的各网省电力公司规划的评审工作。承担了国家电力公司到目前为止所有的天然气发电规划的编制工作，并承担了绝大部分网省电力公司和项目单位开展的天然气发电方面的研究课题，在国内外具有较大的影响力。还进行了西北华北联网工程专题研究、海南向广东送电研究等项目，并全程参与了国家电力公司组织的西南向广东送电后续项目研究、四川、西北西电东送等课题的研究。

在电力经济政策和体制改革研究方面，为国家电力公司完成了多个经济政策研究课题，国家电力公司以动经中心完成的“所得税定额退税还贷政策研究”课题为基础，请中央财政继续对国家电力公司予以财税政策扶持即所得税返还政策，向财政部上报的有关文件引起财政部的高度重视。“梯级水电站间水库调节效益合理分配办法研究”在国内首次较全面地建立了流域开发中水电站间调节效益调整分配的理论和模型，提出了易于操作的调节效益分配办法和实例计算结果；研究成果有利于促进国家出台有关加快我国大型水电开发的政策和规定。“跨省区电力投资项目税收分配原则和办法研究”首次全面分析了我国大型跨区电力开发项目面临的主要问题，从国家和相关省（区）的不同角度，分析了跨区电力投资项目对国家及相关省（区）的综合效益，分析了影响这种效益的关键因素和调整税收分配的主要原则，从理论分析和实务两方面提出了一套完整的相关税额的计算、调整分配及实现方案，供国家立法参考。“电力建设基金相关问题研究”在回顾电力建设基金政策执行历史的基础上，定量分析了农网改造项目的资金平衡问题，预测了电力建设基金收入对农网改造项目还本付息的影响，提出“十五”期间征收农村电网改造还贷专项资金的有关政策建议和具体处理方式。研究成果为国家电力公司财务部向中央财政部提交的关于电力建设基金的申请中所采用。还承担了国家电力公司系统预算管理及资产经营考核的研究工作，形成了新的预算管理办法已在全系统下发执行，近期资产经营考核办法也将下发执行。

根据国家经贸委的要求，在世界银行的资助下，进行了中国电力监管能力建设研究；根据国家电力公司委托，进行了农电管理体制研究；受电力调度通信中心和有关省电力公司的委托，进行了调度体制的研究；受国家电力公司财务部门委托，承担了国家电力公司系统发电资产划分的方案设计及软件编制工作，受到国家电力公司领导的表扬。在国家计委电力体制改革工作小组和国家电力公司电力体制改革工作小组，都有动经中心的专家参加工作。

在电力项目经济分析及财务评价方面，开展了联网项目经济评价办法的研究，联网工程投资回收模式研究。与世界银行、亚洲开发银行进行了多年的合作，承担了世行、亚行在中国几乎所有电力项目的经济评估并得到了好评，建立了良好的信誉，成为国内外投资商进行发电项目经济评估的首选单位。

目前，动经中心在企业发展战略研究、电力市场化改革研究、电力供需形势的分析和预测、电价改革及规划研究、国民经济与电力相关关系研究、电力项目经济评价、天然气发电规划与政策研究等7个领域已处于国内领先水平。

在电力工业五年计划与中长期规划研究、联网及跨区送电研究、经济政策研究、新能源政策研究、环保政策研究、洁净煤发电研究、电力负荷特性研究、电源规划与调峰电源构成经济性研究、水电梯级开发研究、电力公司股份化改制及上市研究、热电项目咨询等11个领域达到国内或系统内先进水平。

国电动力经济研究中心成立三年来，在国家电力公司党组的领导下，在国家电力公司各有关部门的支持下，圆满完成了原国家电力公司党组赋予的职责和任务，为国家电力公司的改革和发展决策起到了积极的作用，在国家电力公司，政府综合经济管理部门，以及有关国际机构享有较高的声誉和影响。

管理工作

2002年动经中心总结了自1999年成立以来在电力规划、企业战略、体制改革与电力市场、政策研究、电力需求与营销、电价、项目投资等方面完成的科研成果，其中：到2002年底共完成143项研究和咨询，其中1999年完成19项，2000年完成46项，2001年完成33项，2002年完成45项，分别编辑出版了《1999～2001年研究成果年报》和《2002年研究成果年报》，今后每年初将定期出版上一年度研究成果年报，以便有关机构和人员能够及时了解动经中心的研究成果。

2002年8月，动经中心专家委员会主持召开了动力经济论坛，国家经贸委、国务院发展研究中心、国家电力公司、中电联等有关单位的领导亲自参加会议，刘振亚副总经理发了祝贺致辞。在会议上动经中心专家就《电价改革及电力企业需要关注的问题》、《区域电力市场模式的探讨》、《我国电力供需预警系统的建立》、《天然气发电——机遇与挑战》等专题分别作了报告，《中国电力报》和《电力技术经济》分别对会议进行了报道。动力经济论坛产生了很好作用和影响。

主要事件

1月27～29日，在北京密云召开动经中心2002年工作会议。

1月29日，动经公司召开第一届董事会第七次会议。

1月30日，国家经贸委电力司史玉波司长率有关处领导来中心，探讨课题研究，进行春节联欢。

2月8日，国电公司党组副书记、副总经理刘振亚同志率有关部、局领导来中心检查指导工作，进行春节慰问。

4月2日，动经公司召开第一届董事会第八次会议。

4月5日，邓建利主任率有关人员向国电公司体制改革领导小组汇报动经中心对体制改革的意见和建议，国电公司党组成员、副总经理赵希正同志及有关领导听取了汇报。

4月9日，召开兴业公司股东大会。

4月11日，召开《电力技术经济》杂志社理事会成立会议。

4月8～12日，胡兆光总经济师在昆明出席“住美丽春城用清洁能源”电炊电热发展论坛。

5月15日，国电公司谢松林副总经理莅临中心检查指导工作。

6月13日，召开动经中心理论学习中心组学习座谈会，专题学习江泽民同志5月31日重要讲话。

6月28～29日，在北京香山饭店召开动经中心2002年年中工作会议。

8月27日，召开《动力经济论坛——暨国电动力经济研究中心专家委员会第二次会议》。

10月下旬，中心编制1999～2001年研究成果年报，并向有关领导部门、电力企业发送。

11月1日，中心完成电力监管研究报告初稿，邓建利主任率班子成员及课题组成员向国家电监会副主席史玉波同志汇报。

11月22日～12月1日，应台湾汽电共生协会邀请，以葛正翔副主任为团长的大陆热电考察团一行8人赴台湾省参观考察。

国际交流与合作

国 际 合 作

2002年，国家电力公司国际合作工作按照公司党组的要求，坚持以邓小平理论为指导，贯彻“三个代表”重要思想，进一步解放思想，实事求是，以奋发有为和与时俱进的精神，在入世和深化改革的新形势下，怀着强烈的事业心和责任感，为加快公司的发展，增强公司的国际竞争力，求真务实，扎实工作，取得了一定的成绩。

一、加大“走出去”力度，提高国际竞争力

贯彻落实中央“走出去”扩大开放战略，推动系统内企业开拓国际市场是工作的重点之一。1月，召开了国家电力公司外经工作会议暨“走出去”战略研讨会。9月底，召开了国电公司系统“走出去”经验交流会，对全系统23家实施“走出去”战略的先进集体和25个优秀境外项目进行了表彰。12月，国电公司系统11家企业赴巴西参加了外经贸部主办的“中国工程技术和成套设备展览会”。

在系统内各外经企业的共同努力下，2002年国电系统实施“走出去”战略成果斐然，实现了跨越式增长。全系统新签境外业务合同约10.67亿美元，是2001年全年总额的1.9倍。公司系统第一个BOT项目——柬埔寨基里隆水电站已正式投产运行。

二、加强国际交流与双边合作，服务于改革与发展

2002年，国家电力公司国家合作工作紧密围绕公司改革与发展的中心任务，积极开展形式多样的国际交流活动，促进科技进步，提高管理水平。2002年公司系统共派遣出国（境）团组2406个、12300人·次，公司共邀请外国人员来华370起，489人·次。国际部充分利用多、双边国际合作渠道，利用有限的国外赠款，为基层项目单位的技术改造和引进服务。通过与加拿大CIDA合作，为丰满大坝加固提供技术支持。利用德国政府赠款，推进节能与能效项目，在电科院建立电机检测平台和在邯郸进行城市配网改造，通过与外经贸部协商，在项目一期结束后，双方政府已同意继续项目二期工作，赠款金额为200万欧元。利用德国政府赠款，推进我国风电事业发展，帮助中国建立风电研究与培训中心，该项目赠款金额1000万欧元，执行期5年。日本荏原公司无偿援助火电厂电子束脱硫装置经过5年的运行基本满足了协议书的技术要求，9月举行了设备移交仪式。完成了第54次中朝理事会决议中各项工作及长甸电站改造工程的前期工作。参加了大湄公河次区域电力联网与贸易专家组会议。完成了中俄总理定期会晤委员会能源合作分委会第四次会议电力工作组的各项任务。

三、认真做好国际招标采购和进口设备的管理工作

2001年，国电公司系统实现进出口额93338万美元，列最大进出口企业第46位，比2000年度增长21.39%，其中公司本部实现进出口额25453万美元。

2002年经国电机电办审批进口的机电产品总值为9.781亿美元，其中自动进口许可产品7.675亿美元，特定配额产品2.106亿美元。受理焦炭出口计划9万t，进口燃料油计划30万t。办理钢材进口44337.96t，合计3463万美元。

四、做好境外培训和引进国外智力工作

2002年公司共申请获得国家资助的审批类境外培训项目6个，合计44人·次，公司系统有关单位人员分赴澳大利亚、美国、英国、加拿大、南非完成了城市电网建设与运营管理、高级财务人员管理、大型企业战略、超高压输电线路等项目的培训，收到良好效果。

2002年度公司系统审核类境外培训，重点放在高层次经营管理人才、高级财务管理人员、电网、电源建设新技术、调度及生产运行高级人才培训等方面。公司系统共派遣培训团组65个，约600人·次。在做好培训团组任务的前期组织、联络及实施的同时，加强了培训成果的交流和对培训渠道的评估，提高了培训效益。

学术会议与技术交流活动

一、学术会议

(1) 1月29日，邀请日本电源开发公司专家在公司本部举办“海水抽水蓄能技术介绍会”。公司电源建设部、水电规划设计总院、北京勘测设计院、华东勘测设计院等部门的领导与专家出席了会议。日本电源开发公司佐野博章、田中邦典先生分别就海水抽蓄的有关技术问题做了介绍。双方表示希望在此领域继续保持接触寻求合作的机会。

(2) 1月30日，邀请高盛公司培训总监科尔先生以“如何面对企业变化”为题在公司本部进行了讲座。公司有关部局领导听取了科尔先生的介绍，普遍

认为该讲座对国电公司目前所面临的改革形势有借鉴意义。

(3) 2月24～26日，在海南兴隆召开了“中加丰满大坝安全评价合作项目”第二次技术研讨会。CIPM公司代表，国电公司国际部、发输电部、水电规划总院、大坝安全监察中心、国电东北公司、丰满电厂及大连理工大学等单位的领导和专家共计20人与会。国际部、东北公司、大坝安全监察中心、丰满电厂有关领导出席会议并讲话。

(4) 3月15日，邀请德国西门子公司输电部Dr·Buchholz先生来国电公司介绍“电网规划”。国际合作部、发输电部、战略规划部、电科院、电规院、可靠性管理中心等单位派代表出席。

(5) 3月13～15日，在重庆组织召开了“跨大区电力联网国际研讨会”。参加会议的有来自中国、法国、日本、美国、澳大利亚、新西兰等国以及亚行、联合国计划开发署的专家和代表。会上介绍了国外电力联网的现状、经验和存在的问题，并对我国电力跨大区联网的发展战略进行了研讨。本次会议对我国进行跨大区电力联网的研究和实施具有十分重要的借鉴意义。

(6) 5月29日～6月2日，与发输电部在北京大观园饭店共同举办了“联合国援助厂网分开技术研讨会”。外经贸部经济技术合作中心、UNDP北京办事处、国电发输电部、国际部有关领导及国电公司所属试点单位及资金分摊单位代表共约150人出席了会议。会议期间，联合国聘请的挪威专家和瑞典专家分别介绍了电力改革的经验与教训。

(7) 6月4～5日，在水规院举办了中日第四次“水电技术研讨会”。日本海电调代表团和水规院的有关水电专家出席。会上中外双方分别介绍了水电站的防渗技术、土工膜技术，大坝防震设计、水库建设的环境保护等问题。

(8) 11月11～13日，在山东济南由国家电力公司和IERE联合召开了“IERE-SP中国论坛”。国电有关领导及中外双方120人参加了论坛会议，中外双方共43位专家在会上宣读了论文。

(9) 11月18～20日，在四川成都召开了“APEC第九届煤流技术研讨会和第十届洁净煤技术研讨会”。国家电力公司、中国煤炭协会和APEC官员参加了会议，会议分煤流技术和煤炭燃烧技术两个分会场进行，中外双方共170多人出席了会议。

二、重要出访活动

(1) 2002年5月27日，贺恭副总经理赴柬埔寨参加基里隆水电站竣工典礼，柬总理洪森亲自出席仪式并剪彩。

(2) 2002年6月5日，贺恭副总经理赴埃塞俄比亚出席泰可泽项目签字仪式，合同金额2.43亿美元，是迄今国家电力公司海外承担的最大单项总承包工程，也是中埃塞双边经济合作的重要支柱。

(3) 2002年8月20日～9月4日，陆延昌顾问率团访问ABB公司、施耐德电气公司，出席国际大电网会议并考察欧洲电网及输电设备制造企业。

(4) 2002年8月27日～9月10日，祝新民书记率团访问伦敦电力公司、法国电力公司、ABB公司，考察客户服务和服务监督功能。

(5) 2002年9月4日～10日，谢松林副总经理赴港参加瑞士信贷第一波士顿银行年会，拜会中华电力。

(6) 2002年9月1日～16日，贺恭副总经理赴肯尼亚、阿尔及利亚、秘鲁考察电力工程承包市场，并通过与到访国家政府高层主管首脑的直接接触，推动企业的市场开拓工作。同时，为指导国电系统企业实施走出去战略开展调研。

(7) 2002年9月22日，谢总、贺总出席香港中华电力公司投资收购贵州安顺二期项目及成立香港中电安顺有限公司仪式。

(8) 2002年11月3日～9日，陆延昌代表赵希正副总经理率中国电力代表团出席在日本福冈召开的第十四届CEPSI大会，并代表中国电力行业进行了亚太电协十五届大会的承办接旗仪式。在日期间，还会见日本东京电力公司市田行则副社长、日本九州电力公司镰田会长、丰岛副社长。

三、接待重要团组来访

1.2002年1月7日，王禹民副总经理会见西门子发电集团总裁。

2.2002年1月22日，周大兵副总经理会见阿尔斯通董事长兼首席执行官。

3.2002年1月24日，谢松林副总经理会见瑞士信贷第一波士顿董事总经理。

4.2002年2月25日，赵希正副总经理会见德意志银行集团全球执行委员会主席。

5.2002年2月26日，谢松林副总经理会见标准普尔评级分析员。

6.2002年2月26日，谢松林副总经理会见瑞士信贷第一波士顿亚洲能源部主管。

7.2002年2月28日，周大兵副总经理会见吉尔吉斯大使。

8.2002年3月7日，谢松林副总经理会见普华永道电力行业全球主席。

9.2002年3月8日，谢松林副总经理会见美国花旗银行代表。

10.2002年3月11日，李小鹏副总经理会见GE公司总裁。

11.2002年3月13日，赵希正副总经理会见摩根士丹利添惠亚洲董事总经理。

12.2002年3月26日，周大兵副总经理宴请AECL主席兼首席执行官。

13.2002年3月26日，刘振亚副总经理宴请尼日利亚钢铁电力部长。

14.2002年3月28日，周大兵副总经理会见ABB集团副总裁。

15.2002年4月1日，李小鹏副总经理会见美亚基金会会长。

16.2002年4月4日，周大兵副总经理会见西门子发电集团总裁。

17.2002年4月8日，刘振亚副总经理会见并宴请瑞典企业联盟主席。

18.2002年4月11日，贺恭副总经理会见韩国斗山重工社长。

19.2002年4月19日，贺恭副总经理会见东京电力水电代表团。

20.2002年4月19日，周大兵副总经理宴请东京电力水电代表团。

21.2002年5月8～10日，谢松林副总经理在上海参加亚洲开发银行第35届理事会能源论坛，并会见了印度电力部长。

22.2002年5月16日，谢松林副总经理会见并宴请香港中华电力董事局主席。

23.2002年5月23日，刘振亚副总经理会见德国巴高克博赛克电力集团董事会副主席兼首度执行官。

24.2002年5月23日，刘振亚副总经理出席法国电力公司亚太区总部成立仪式及庆祝晚宴。

25.2002年5月23日，刘振亚副总经理陪同吴邦国副总理会见法国电力公司董事长。

26.2002年6月17日，贺恭副总经理会见波兰经济部副部长。

27.2002年6月17日，贺恭副总经理会见南非国家电力公司行政总裁。

28.2002年6月24日，贺恭副总经理会见并宴请越南电力公司高级经理代表团。

29.2002年6月24日，贺恭副总经理会见福斯特惠勒能源公司总裁。

30.2002年6月27日，赵希正副总经理会见挪威埃肯公司董事长及挪驻华参赞一行，就电力环保状况及电力发展情况交换了意见。

31.2002年6月27日，张贵行总工程师会见挪威驻华大使。

32.2002年7月1日，赵希正副总经理会见日本亚洲交流协会理事长。

33.2002年7月4日，周大兵副总经理会见阿尔斯通水电集团销售总裁。

34.2002年7月5日，李小鹏副总经理会见中国驻墨西哥大使李全章。

35.2002年7月9日～7月25日，陆延昌顾问率团访问韩国电力公社、美国IEEE/PES，加拿大IMO，参加中日韩电机工程学会、与美国电机工程学会签署协议、参观加拿大输电项目。

36.2002年7月23日，周大兵副总经理会见日本亚洲交流协会石油天然气代表团。

37.2002年7月23日，周大兵副总经理会见俄罗斯能源委员会主席KUTOVOY。

38.2002年7月25日，谢松林副总经理会见全球财富论坛高级商务顾问Mr.SANDS。

39.2002年7月30日，刘振亚副总经理会见斯里兰卡总理特使代表团。

40.2002年8月9日，谢松林副总经理会见美亚基金会会长奎克及美议员助手团。

41.2002年8月29日，赵总、刘总、周总、李总、贺总、潘家铮顾问、何璟顾问、张贵行总工会见并宴请以荒木浩会长为团长的日本亚洲交流协会代表团一行28人。

42.2002年8月29日，李鹏委员长会见由国电公司接待的亚洲交流协会代表团。

43.2002年9月19日，贺恭副总经理会见伏伊特西门子水电集团。

44.2002年9月20日，贺恭副总经理会见并宴请古巴电力公司。

45.2002年9月23日，刘振亚副总经理会见香港中华电力。

46.2002年10月15日，贺恭副总经理会见日本四国电力副社长。

47.2002年10月15日，贺恭副总经理宴请日本四国电力公司副社长栗田昂、顾问滩明等一行九人。

48.2002年11月29日，赵希正副总经理会见瑞典贸工大臣。

49.2002年12月4日，赵希正副总经理会见汇丰能源及自然资源部全球主席及汇丰集团董事。

50.2002年12月4日，李小鹏副总经理会见日本三菱集团高层代表团。

51.2002年12月4日，周大兵副总经理会见香港中华电力中国公司董事总经理。

52.2002年12月11日，贺恭副总经理会见香港中华电力中国公司董事总经理。

. 2002年4月14日，国务院副总理吴邦国视察由武警水电部队承建的三峡永久船闸工程，并亲切接见部队团以上干部。

（武警水电部队 供稿）

0. 2002年2月19日，中共中央书记处书记、组织部部长曾庆红在水电部队承建的三峡永久船闸工地视察，并接见官兵。

（武警水电部队 供稿）

11. 2002年2月9日，国家电力公司副总经理周大兵在广西检查工作期间，观看了广西电力职工摄影作品展。 （邓新南 摄）

12. 2002年2月23日，江西省常务副省长彭宏松（右三）在赣东北供电局视察工作。 （盛江南 摄）

13. 2002年4月27日，国家电力公司纪检组组长祝新民在江苏视察调研。

（江苏电力公司 供稿）

4. 2002年5月21日，国家电力公司副总经理李小鹏一行视察铁岭发电厂。 （张永华 摄）

15. 2002年6月4日，国家电力公司副总经理赵希正、电网建设部主任郑宝森等在电力建设研究所视察“导线金具研究室”。 （电建所 供稿）

6. 2002年6月8日，国家电力公司副总经理谢松林在江苏电力企业调研。 （江苏电力公司 供稿）

17. 2002年6月10日至13日，国家电力公司副总经理刘振亚在江西电力企业调研。 （李三立 摄）

. 2002年6月，国家计委副主任张国宝在南方电网检查工作期间，接受广东电视台关于西部大开发及西电东送问题采访。 （刘德禄 供稿）

19. 2002年7月17日，江苏省吴瑞林副省长视察江苏电力公司。 （江苏电力公司 供稿）

20. 宁夏回族自治区副主席项宗西视察宁夏电力公司银川客户服务中心。（宁夏电力公司 供稿）

21. 2002年8月2日，江西省副省长凌成兴到南昌发电
慰问盛暑中工作的电力职工。（李三立

22. 2002年8月7日，江苏省委书记回良玉视察徐塘电厂建设工程。（江苏电力公司 供稿）

23. 2002年8月16日，国家电力公司副总经理赵希正
营口供电公司。（张永华

24. 2002年9月23日，国家电力公司副总经理赵希正等到浙江省电力调度中心考察电力市场和电网生产情况。（浙江电力公司 供稿）

25. 2002年12月30日，四川省省长张中伟到四川省
调度中心了解全川供用电形势。（丁勇

26. 2002年7月26日，在上海隆重举行了纪念中国电力工业120周年大会。

（中国电力报 供稿）

27. 遵照国务院国发5号文件精神，2002年12月29日在人民大会堂隆重举行了中国电力新组建（改组）公司成立大会。

（中国电力报 供稿）

28. 2002年12月29日，在人民大会堂中国电力新组建（改组）公司的揭牌仪式之一。

（中国电力报 供稿）

29．中国电力新组建（改组）公司的揭牌仪式之二。

（刘德禄 供稿）

30．广西电力有限公司被国家开发银行评为AAA信用等
单位，2002年1月7日，在南宁举行隆重授牌仪式

（广西电力公司 供稿

31．2002年1月28日，国家电力公司在北京召开了纪检监察工作会议。

（国电纪检组 供稿）

32．2002年3月25日，江苏省电力行业协会召开成立大

（江苏电力公司 供稿

33．2002年9月24日，江西、江苏两省电力物资合作协议书在南昌签订，标志着两省电力物资市场相互开放。

（李三立 摄）

34．2002年9月29日，全国电力技术市场协会第二届理
会第二次会议在江西召开。

（李三立 摄

. 2002年6月28日，山西王曲电厂一期工程（2 ×60万kW）举行建设奠基典礼。 （田进 摄）

6. “西电东送”北通道重点电源工程山西河西电厂一期（2 ×60万kW），于2002年8月20日开工建设，山西省省长刘振华主持开工仪式。 （田进 摄）

37. 2002年7月27日，国家重点工程阳城电厂6×35万kW机组全部建成移交运营，图为工程技术人员在精心调试。

（田进 摄）

38. 2002年8月28日，黄石西塞山燃煤电厂工程正式开工，湖北省公司总经理孙玉才和黄石市委书记任世茂为该工程揭牌。

（涂坦

39. 浙江北仑第一发电有限责任公司（装机5×60万kW）被国家电力公司命名为"国际一流发电厂"。

（浙江电力公司 供稿）

40. 宁夏石嘴山电厂扩建工程一号机组（30万kW）于200
11月5日并网发电成功。

（宁夏电力公司 供

教育培训与新闻出版

教 育 培 训

国家电力公司高级培训中心

一、培训的规模、质量有新突破

高培中心围绕培训这一工作主线，圆满完成了国电公司的培训任务，培训的层次和方式向多样化方向发展。全年举办培训班 19 个，培训人数达 945 人·次,其中培训时间在一个月以上的班次 11 个。

在教学部等部门的积极努力下，除了完成党校、工商主体培训班外，新增加了防汛、综合计划与投融资、财务英语、营销、审计等专业培训班。在培训的范围和方式上有了新的突破，直接为企业办培训班，根根企业的培训需求，合理设置课程内容，使企业对培训效果感到满意，并给予很高评价。

在办班过程中，中心始终坚持“质量是培训之魂”这一思想，本着认真负责、实事求是的原则，根据不同学员的特点，采用不同的方式和方法开展教学培训。在培训内容上，重点突出理论和实际的结合。在学习方法上，要求学员联系当前的社会实际、工作实际和思想实际思考问题。在学习组织上，坚持听课、自学、研讨、学员论坛、社会考察相结合的方式。在学员管理上，发挥学员自我教育、自我管理、自我服务、自我提高的作用，充分发挥培训班党支部和班委会的作用。在教学质量监控与评价方面，通过培训效果问卷调查，就相关的多项指标进行统计和定量分析，及时找出问题和有效信息，研究解决办法和对策，使培训质量不断提高。

国际培训规模实现新的突破,2002 年共组织出国考察培训团组 7 个,达 204 人,并创造了良好的社会效益和经济效益。在国外培训的过程中,国际合作处还不断调整国外培训内容和模式,以适应企业和学员的需求,并开辟了新的国外培训基地。另外,国际合作处还承办了两期外语培训班,取得了较好的效果。

二、联合办学、办会

2002 年共联合办班 18 个，培训人数达 1050 人·次,共签订合作办学协议 15 份。承办会议 19 个，共 1100 人·次。

在联合办学方面，教务处等部门努力探索培训市场，尝试合作办学的新路子。靠着锲而不舍的精神，靠着真诚的合作态度，靠着良好的培训环境，使中心在竞争中赢得了机会。先后与新东方英语学校、用友软件、开发银行、电力大学等多家单位建立了合作关系,签订了合作办学协议，特别是新东方英语学校和用友软件公司已将高培中心作为他们的重要培训基地，形成了比较稳定的合作关系。在承办会议上，综合管理处等部门加大了对外宣传力度，靠优良的设施和优质的服务，为中心赢得了良好的经济效益和社会效益。

三、经营管理工作

由于中心加强了经营管理，全体员工树立了投入产出观念，有了成本意识，使全年经济效益指标实现了新的突破。尤其是培训、国际合作收入比 2001 年明显增加，联合办学、承办会议、培训大厦初始年运作，并取得了喜人的成绩。

在对大厦的管理过程中，中心不断调整和研究管理模式和经营思路，在保利物业管理集团完成合同后，大厦实现了平稳过渡。9 月中心全面接过来管理后，进一步调整思路，理顺关系，加强了对培训大厦的财务管理和监控，使大厦的经济效益稳步增长，服务质量得到了进一步巩固和提高。

中心制定的对教学部、教务处实行目标考核这一激励机制，充分调动了员工的积极性，取得了较好经济效益。

开展的“节水、节气、节电”三节活动初见成效，安装了水表、电表，进行独立核算，根据时间、天气调节运行，规范了管理，强化成本控制。

加强财务管理，注重财务分析工作。财务处对培训大厦、中心各项费用和培训项目进行全过程、全方位的监督，增强了全体员工市场观念和经济效益观念,办理了事业单位收费许可证，为中心节约了大量资金。

对通信设备扩容改造，实现了办公通信电力专网和系统外长话 901IP 卡，学员宿舍安装了智能卡直拨电话，既方便了学员，又降低了通信成本。

四、学员食宿条件、教学设施现代化

在基建物业管理处的努力下，培训大厦完成了开业前的准备工作，并聘请了保利物业管理集团来帮助开业和负责半年的运营，使学员的食宿生活条件由原来的简易招待所过渡到星级宾馆，并享受到了星级服务，得到了学员的一致好评。高培中心局域网的建成，实现了高培中心国内、国际窗口功能，为实现视频教学和办公网络化、信息化、现代化奠定了良好的基础。新建成的电子图书馆设备先进、信息量大，有电子图书4万余册、电子报刊3000余种，通过校园网可以在教室、办公室、客房网上阅读和查找图书资料，使中心的教学硬件条件迈上了新的台阶。

完成了多媒体教室、学术报告厅和计算机房的设施配置和维修更换等工作。2002年新改造普通教室8个，均配置了多媒体设备，有些教室还增加了视频采集功能，完成了大厦机房微机的配置，使机房配置达到一流水平。

五、环境整治

2002年是环境革命年，对中心院内环境进行整治，进行了美化、绿化。新绿化草坪18000m^2，绿化面积达到33%，新铺道路面积7706m^2。

完成了学术报告厅、办公楼、会议室的装修和部分围墙、篮球场、排球场的整修改造，建设了两个网球场，对旧宿舍楼、招待所、食堂进行了粉刷，规范了院内的停车场、行车路线。另外，还完成了办公楼门前的改造、窗户的更换、会议室和接待室的装修等工作。

六、精神文明建设

2002年中心被评为西三旗地区精神文明建设先进单位和国电公司先进机关党委。在党风廉政建设方面坚持国电公司党组提出的党风廉政建设责任制，坚持从严管理从严要求，在中心内部一直坚持双人采购制，重大工程项目采用招投标制。

从高培中心发展战略的高度来研究和培育企业文化，不断总结、提炼出了追求卓越、不断创新、超越自我的管理理念，质量是培训之魂、教师是质量之本的培训理念，满足需求、服务至上的服务理念。经党群工作部等部门的共同努力，2002年制定了高培中心员工文明办公行为规范的两条原则、六项标准、八字方针、“十不”要求，经过一年的实践，已深入人心，逐渐变成了员工的自觉行为，也为进一步提炼、升华和加强高培中心的企业文化建设奠定了良好的基础。

在师资队伍建设方面，坚持教师是质量之本，重视师资队伍建设。新聘教师24名，特别是弥补了财务、人力资源专业教师的不足。截至2002年底，高培中心客座教授数量已达78名，客座教授层次不断提高，既有政府部门的领导，又有国内外知名的专家、学者。

加强了对资产的管理工作，对中心成立后新购设备、大厦新配设备和大学移交的设备进行了实物验收，建卡、建账、移交登记等工作，特别是移交的部分资产，因涉及到两个单位，账目不清，给清查带来很多麻烦，经过多次与大学协商和大量细致的工作，使清产工作基本完成。

中心不断改善员工的工作生活环境，员工的收入较2001年有了明显的提高。工会积极组织开展了丰富多彩的文体活动，陶冶了员工情操，增强了中心的凝聚力。

七、主要事件

1月，在国电公司党风廉政建设验收评比中，高培中心成绩满分，获得全国电力系统“十佳”称号。

1月，高培中心被海淀区西三旗地区精神文明建设委员会评为2001年度地区“精神文明单位”。

3月1日，国电公司党校培训大厦试运转并正式投入使用。根据国家电力公司分工安排，周大兵副总经理负责联系中共国家电力公司党校、国家电力公司高级培训中心的工作，并任中共国家电力公司党校校长。

3月8日，国电公司周大兵副总经理及人董部程光杰主任等到高培中心检查工作。

3月11日，国家电力公司系统第一期（网省公司班）防汛专业培训班开学典礼在国电高培中心举行。参加培训学员共36人。

3月18日，国家电力公司系统第二期（防汛重点单位）防汛专业培训班开学。本期学员共有62人。

3月19日，国家电力公司第九期大型企业领导干部工商管理培训班在高培中心举行开学典礼。本期工商班共有37名学员。

4月9日，“国电公司2002年春季领导干部进修班”开学典礼在国电公司党校举行。

4月9日，为期三个月的国电公司首期财务骨干英语培训班在国电公司高培中心举行开学典礼。

4月15～26日，国电公司综合计划与投融资培训班在中心举办。

4月17日，国电公司直属机关工会对2001年度本部及在京直属单位工会工作先进集体和先进个人进行表彰，高培中心工会被评为“合格职工之家”。两名同志被评为“优秀工会积极分子”。

4月17～20日，国电公司第九期工商班学员赴山东省考察参观国内两家著名企业海尔集团和青岛啤酒厂，并与两家企业有关负责同志就人力资源管理等方面问题进行了研讨。

5月8日，国电公司团委对共青团工作的先进集体和个人进行表彰，高培中心徐新容同志被评为国家电力公司优秀青年。

5月18日，国电高培中心校园网正式开通。

5月23日，国电公司系统第二期首席高级法律顾问资格培训班在高培中心举行开学典礼

6月1～21日，国电公司第九期大型企业领导干部工商管理培训班一行18人，将在澳大利亚进行国外阶段的培训考察。

6月～8月，为学习和借鉴国外先进的管理经验，加速培养适应国际竞争需要的高素质人才，进一步提高电力企业经营管理水平，国电公司分别在国家电力公司高级培训中心和成都省电力公司举办外国专家系列专题讲座研讨班。

6月22日～7月1日，国家电力公司党校2002年春季领导干部培训班结合理论教学，赴上海、江苏、浙江、湖北、重庆等地进行了社会调研和考察。

6月28日，国电公司召开2000～2001年本部及在京直属单位“双优一先”表彰大会。高培中心机关党委被评为“先进机关党委”；宗文渊同志被评为“优秀共产党员”；王金霞同志被评为“优秀党务工作者”；高培中心第二支部被评为“先进党支部”。

7月10日，海淀区西三旗街道办事处组织了地区所属单位参加的“千人万题”法律知识竞赛。高培中心3名同志参加了竞赛，并取得了良好成绩。

7月16日～8月17日，国电公司系统2002年度第一期电力营销部门负责人培训班在高培中心举办。

7月26日，国家电力公司高级培训中心、中共国家电力公司党校电子阅览室建成并通过验收，于日前正式启用。

7月31日～8月16日，国电公司系统第一期电力营销部门负责人培训班28人继国内两周培训之后，赴澳大利亚和香港又进行培训考察。

2002年8月20日，国家电力公司系统第十期大型企业领导干部工商管理培训班和第二期多种产业高级经营管理者工商培训班开学典礼在高培中心举行。

8月26日～9月5日，“国家电力公司系统工会干部培训班”第一期培训班在国电公司高培中心举办。

9月10日，为期三个月的国电公司系统第二期财务人员英语培训班在高培中心举行开学典礼

9月18日，我国英语逆向学习法发明人钟道隆教授，应高培中心邀请做了题为“踏踏实实学英语”的讲座。

10月10日～12月26日，国电公司党校青年干部培训班在高培中心举办。

11月5～22日，国电公司第十期工商班在完成国内工商管理培训课程的基础上，赴日本进行了培训考察，圆满地完成了培训考察任务。

11月8～16日，2002年青干班赴湖南、江西、福建地区和单位进行社会考察。

华北电力大学

一、围绕学校中心工作，加强党的建设和干部队伍建设

2002年校部发展新党员391名，审批预备党员转正269名，北京校区发展党员347名，并在入党程序上实行了发展党员公示制。积极组织民主党派代表参加学校有关重大活动，及时与民主党派负责人沟通，了解就学校的发展、建设的意见。

加强了干部队伍建设。完善调整了校、处级两级领导班子，协助国家电力公司党组进行了后备干部考察。

二、加强思想政治工作和精神文明建设，维护学校稳定

学校党委带领广大师生员工积极探索思想政治工作的新方法、新途径，维护了学校良好的稳定局面，精神文明建设水平不断提高，学校被国家电力公司授予“双文明单位”称号。

实行“校务公开”，积极探索“以教代会”为基本载体的民主管理、民主监督、民主决策、依法治校的新途径。2002年12月，学校召开了年度教职工代表大会，大会客观地分析和总结了学校在发展建设中存在的问题和经验，进一步明确了学校的发展目标、工作思路和主要任务，起到了统一思想、凝聚人心的作用。北京校区还组织了“校务公开”问卷调查，开展了网上征求学校工作意见活动，对教职员工关心的热点问题召开了校务公开座谈会。

为了进一步加强同学们的理想信念教育，增强他们的诚实信用意识、责任意识、道德意识、法律意识，分学期组织开展了以“我心目中的大学生形象”和“诚信远离作弊，文明远离低俗，尽责远离唯我，守法远离恶行”为主题的系列教育活动。

认真做好学生学年评优和日常奖励工作，激励学生勤奋学习。2002年的学生评优工作以学生素质评价体系为依据，评出“先进班级体”39个，“班主任工作优秀奖”59名，“三好学生标兵”61名，“校级

三好学生”884名，“系级三好学生”1216名，有5194人·次获得单项奖，评出“一等奖学金”273人，“二等奖学金”513人，“三等奖学金”840人，发放奖学金1517740元。在这一年中，该校学生积极参加全国及省、部级举办的文化、科技、竞赛活动，获得表彰的42人，嘉奖3人，校级通报表扬73人。

深入开展综合治理工作，维护学校稳定。一年来，校党委始终把综合治理工作作为大事来抓，做到了有布置、有检查、有考核。学校综合治理委员会对22个党总支、直属党支部进行了2002年度综治考核，评出优秀单位3个、良好单位6个、合格单位13个，综合治理工作达到预定目标。按上级有关部门要求，开展了校园周边环境和校园治安秩序的治理，使学校周边治安状况及校内交通秩序有了明显好转。

三、整体推进教育教学改革，教育质量明显提高

为了贯彻落实教育部第4号文件精神，组织召开了全校教学工作会议和推进创新教育暨考试模式改革会议，研究制定了《关于进一步加强本科教学工作提高本科教学质量的实施意见》、《关于实施“青蓝计划”全面提高青年教师教学水平的若干意见》、《华北电力大学名牌课程建设计划实施办法》、《关于实施创新教育加强学生创新精神和实践能力培养的若干意见》、《华北电力大学关于考试方法改革的若干意见》等一系列教学改革文件，积极开展教育创新，完善学分制，推进人才培养模式的改革，建立了有特色的人才培养模式和弹性教学管理模式。

按照国际化的办学目标，积极推动使用英语进行教学工作，学校举办了首期教师英语强化培训班，全校在2002年度第二学期已有15门课程使用英语或双语授课。

加大了教学经费投入力度，加强了实验教学建设。累计投入资金746万元，大大缓解了现代化教学平台资源紧张的状况；建立实验室开放机制并出台有关管理办法，使实验室开放工作取得重要进展。

做好各级教改基金项目的立项工作。完成河北省新世纪高等教育教学改革工程立项项目的申报工作，有5项被批准立项；完成国家电力公司教育教学改革项目的申报工作，经国家电力公司有关部门的审批，有41项被批准立项。

2002年，该校学生首次参加国际数学建模大赛并获得了一等奖和二等奖各1个；在全国大学生数学建模竞赛中，该校6个队参加，3个队获得国家二等奖（省级一等奖）、2个队获得省级二等奖；在全国大学生英语竞赛中，获特等奖2项、一等奖1项、二等奖8项、三等奖16项；北京校区在数学建模竞赛和电子设计大赛中分别获得了北京市二等奖和三等奖；校部应届毕业生考研率达到了27.8%，比2001年提高了4.6个百分点，有38.7%的班级考取率超过30%，有100多名同学被清华大学、浙江大学、中国科学院等大学和科研院所录取；在全国英语专业四级统一考试中，通过率为87.5%，比全国高校平均通过率高出12个百分点。

四、学科建设和研究生工作取得了突破性进展

2002年初，电力系统及其自动化学科被评为国家级重点学科，实现了国家级重点学科零的突破，使全校学科建设水平和办学层次有了新的提高。

学校前七批硕士学位点参加河北省质量评估，被抽查的五个专业硕士学位点全部通过评估，其中电力系统及其自动化、控制理论与控制工程硕士点被评为优秀。

2002年研究生的招生规模与2001年相比增长28%，在校研究生人数达1700余人。工程硕士招生领域新增通信工程专业，招生计划比2001年增长33%，工程硕士在校人数达450人。

五、科技水平明显提高

加大了纵向项目申请立项的组织力度，科研立项数量有较大增长，项目层次水平明显提高，资助经费有所增加，共有国家自然科学基金项目、科技部“973”项目、国家电力公司重点科技项目等纵向项目77项，经费投入531万元；全面加强横向科技合作，横向科技经费达到3476.6147万元，其中，校部1711.4047万元，比2001年增长79.02%，北京校区1765.21万元，比2001年同期增长了65%。科研合同总额4007.6万元，创学校历史最高水平。

2002年，学校获得国家科学技术进步二等奖1项、中国电力科学技术奖三等奖2项、教育部提名国家科学技术二等奖1项；此外，组织申报了北京市科技进步奖2项，河北省社科类奖励12项，其中2项获省教育厅三等奖；鉴定验收科技成果18项；发表论文919篇，比2001年增加23%；申报专利15项，其中发明专利4项、实用新型专利8项；学校还获得北京市产学研先进集体称号。

六、学校的管理体制和运行机制进一步理顺，深化了内部管理体制改革

根据国家电力体制改革实施方案，“华北电力大学上划教育部管理，设立国家电网公司、南方电网公司和各发电集团公司组成的校董会，与教育部共建”。

这一方案充分体现了上级领导对学校的关心和支持，体现了学校的办学实际和广大师生员工的共同愿望，为学校的持续、快速、健康发展创造了良好的外部环境、奠定了坚实的基础。

根据学校管理体制改革的新形势和学校两地办学的实际，学校党委经过认真研究，提出了“总体设计、分步实施、积极稳妥、循序渐进”的原则，将现行的“条块结合、以块为主”的管理模式改变为“条块结合、以条为主”的管理模式，进一步推进了大学的实质性一体化，并首先在学校领导班子和10个职能部门实现了一体化办公。新的管理模式运行良好，有些部门的工作已呈现出新局面。

按照“以岗定薪、按劳取酬、优劳优酬”和“效率优先，兼顾公平”的原则，进一步深化分配制度改革，引起竞争机制和激励机制，打破平均主义和大锅饭，在《校内津贴分配暂行办法》的基础上又调整了岗位津贴的分值，完成了加入社会医疗保险的各种准备工作。

启动实施“151人才工程”，师资队伍建设取得可喜成绩。一年来，共调入硕士以上学位教师11人，接收硕士毕业生25人；在册教师硕士毕业6人、博士毕业9人，增加工程院院士2人；全校师资队伍从原来的910人增加为1032人，数量增加约14%，具有博士学位的教师增加为120人左右，增加了17%；共有40人考取定向博士生、20人考取定向硕士研究生。

七、加强国际交流与合作，提高了学校国际知名度

2002年，学校从国家外国专家局获得批准并给予经费支持的外国专家项目不断增加，聘请长期语言专家14人，承担英语专业学生、研究生和学校师资外语培训班的英语教学工作。聘请了43位专家学者进行合作研究和专题讲学。与韩国培材大学、忠清大学、淑明女子大学和祥明大学分别签订了友好交流协议。2002年，共招收外国留学生76人。结合教学和科研工作的需要，选派优秀教师出国进行学术交流等67人·次。举办了由美国弗吉尼亚理工大学、香港大学、清华大学和本校共同主办的CRIS 2002国际研讨会，来自世界10多个国家和地区的120多位专家学者参加了会议。此间本校与香港理工大学、法国GRENOBLE理工大学签订了三方交流合作协议。2002年11月15日接受了北京市外国留学生教育管理评估专家组到学校的实地考察评估，并以优异的成绩通过了此次评估。

八、积极改善办学条件，扩大办学规模

办学规模进一步扩大。2002年共招收本专科学生5026人、研究生682人、成人函授生4412人，使各类在校生规模达到27485人，其中，本专科生14893人、研究生1614人、成人函授生10978人。

加大基本建设力度，改善基础设施条件。2002年，学校加快了基本建设步伐，在保定征地141亩、北京征地130亩，共完成基建投资11800万元。保定校部完成竣工面积34000多m^2，新开工面积17000m^2，还完成了教四、教五楼外部装修，一校区门前广场和西大门的扩展改造等工程。

加强了校园网和图书信息系统的建设。完成了校部和北京校区间的视频会议系统，申请了新的ncepu.com.cn域名和16个C类地址，并投资近50万元购置了两台服务器。投入专款800万元，保证新图书馆的正常启用，加强图书馆电子资源的建设，引进了“IEL”等大型数据库“Apabi”电子图书，并初步实现了与北京校区图书馆的电子文献资源共享，增强了图书馆网络的服务功能和信息发布功能。

九、重要事件

2月15日，该校电力系统及其自动化学科被教育部批准为高等学校重点学科。

3月19日，校纪委、监察处被河北省教育厅评为2001年度全省教育系统纪检监察工作先进单位。

3月15日，经教育部批准备案，本校新增9个本科专业：电子商务、软件工程、网络工程、应用物理学、社会工作、财务管理、电子科学与技术、材料科学与工程、广告学。

3月22日，学校成立国际教育学院，刘吉臻校长兼任院长。

4月3～6日，以燕山大学副校长、博士生导师刘宏民为组长的河北省硕士学位研究生教育质量评估专家组一行6人对本校硕士学位研究生教育质量进行了实地考察评估。

4月9日，由学校组织的两组参加美国国际数学建模竞赛的队员，分别取得了一等奖和二等奖的优异成绩。

4月10日，学校隆重举行2002届研究生毕业典礼。取得学位的有17名博士研究生、162名硕士研究生、60名工程硕士及28名在职人员。

4月23日，学校被授予“河北省普通高校成人教育办学先进单位”荣誉称号。

5月15日，学校隆重召开“151人才工程”启动、管理工作突出贡献表彰大会。此次入选“151人才工程”的教师共209人，其中，有突出贡献的学科带头人11人、优秀中青年学术骨干76人、青年学术骨干培养对象122人；荣获2001年度管理工作突出贡献奖的有17人。入选“151人才工程”的有突出

贡献的学科带头人每人每月荣获1000元特设津贴、优秀中青年学术骨干每人每月荣获500元特设津贴、青年学术骨干培养对象每人每月荣获200元特设津贴，为期两年；对荣获2001年度管理工作突出贡献奖的同志给予5000元奖励。

6月6日，国家电力公司双文明建设工作小组一行四人对学校2000～2001年度的双文明建设工作进行了检查。

7月1日，根据学校发展和学科建设的需要，经校长办公会议研究决定，成立应用物理系，撤销物理教学部。

7月10日，学校荣获2000～2001年度国家电力公司双文明单位称号，这是自1996年国家电力公司开展双文明建设评比以来我校第三次获此荣誉。

7月10日，学校与河北省电力公司合作举办华北电力大学科技学院办学签字、揭牌仪式，校领导刘吉臻、张金辉、安连锁、学校顾问王万金，河北省电力公司总经理刘彭龄、副总经理臧其臣，以及保定供电公司、保定热电厂、该校有关部门领导和河北电力职工大学教职员工参加了会议。

7月24～31日，学校选派了16名运动员（男11名，女5名）参加了全国第九届大学生田径锦标赛由53所高校组成的甲B组的比赛，先后赢得了男子110米栏、跳远和三级跳远的金牌；夺取了男子4×100m接力、4×400m接力、400m、跳高、标枪和女子铁饼的银牌；获得了女子七项全能和男子3000m障碍、400m栏的铜牌。最终以优异成绩夺取了男子团体总分第二名和女子团体总分第八名；并以140分的总成绩荣获男、女团体第三名，为学校争得了荣誉。

9月16日，该校在新建成的图书馆喷泉广场隆重举行了庆祝教师节暨新生开学典礼、图书馆落成剪彩仪式，校领导、各系部、机关职能部门的负责人，全体2002级本专科学生、研究生代表和老生代表、教职工代表共计3355人参加大会。

10月17日，该校管理科学与工程学科、计算机应用技术学科、机械设计及理论学科被确定为国家电力公司（部级）重点学科。

11月15日，南京南瑞继保电气有限公司在本校设立的“南瑞继保”奖教金、奖学金颁奖大会在礼堂举行，9名教师、1名教学管理人员和76名研究生获得了第二届南瑞继保奖教（学）金。

11月29～30日，由部分校友发起的以“大学·企业——共同发展”为主题的“2002中国·保定·华北电力大学青年企业家论坛”隆重举行。国家电力监管委员会副主席史玉波同志、国家电力公司人力资源部副主任张成杰同志、中国电力企业联合会副秘书长王永干同志、中国工程院院士、国家电力公司自动化研究院副院长沈国荣同志等来自全国20多个省市、自治区的近80个企业和单位的108名代表参加了本次论坛。

12月27～30日，学校隆重召开2002年度教职工代表大会，全校19个代表团共330名代表参加了大会。

（赵文华）

2003 中国电力年鉴

新闻出版

中国电力报社

2002年，中国电力体制实现了前所未有的重大改革。中国电力报社，遵循积极稳妥、及时准确的宣传报道方针以及办好媒体和经营好媒体的指导思想，完成了电力改革与电力发展的宣传报道任务和报社自身的经营任务，使中国电力报社第二次创业迈开了实质性的步伐。

报社二次创业　迈开了实质性步伐

2002年，面对电力体制改革、入世等重大形势变化给报社带来的重大影响以及报业的竞争现实，中国电力报社提出了办好媒体和经营好媒体的工作思路，并有效地探索了社会效益和经济效益相结合的报刊宣传经营之路。

按照报业集团化发展的思路和划准划小核算单位

的指导思想，对报社机构进行了较大的调整，扩充和调整了报纸版面,新组建了中国电力报编辑部,适应了电力体制改革的需要和报社进一步走向市场的需要 。传媒实体、大行业报刊两个定位得到了进一步的贯彻落实。报社组建传媒实体的工作已经形成了较为成熟的方案。中电新闻网也已经成为电力行业的主流门户网站,形成了报刊网站互为补充的组合媒体。加强对产业经济、产业政策、非国家电力公司系统电力企业或上下游相关行业等领域的报道,形成了大行业报刊的基本形态,符合了电力市场重组后的市场需要。紧紧抓住电力体制改革的机遇,积极迎接挑战,主动与各方面斡旋,协调了与各大电网、电力集团的服务关系,重新确立了报社在全国电力行业的市场定位,为组建传媒实体进行了新形势下的充分准备。

坚持正确导向　宣传电力改革与发展

全方位多侧面地宣传了党的十六大精神，做到了有计划、有步骤、有高潮。《中国电力报》、《中国电业》、中国电力新闻网站多种媒体开辟了“喜迎十六大，争创新业绩”专栏，推出了“迎接十六大，展示新成就”系列报道，开展了“喜迎十六大，回首庆辉煌”征文；采取专题、消息、特写、图片、专访等形式，集中反映了我国电力工业近年来在“三个代表”重要思想指导下取得的突出成就和电力职工坚决贯彻十六大精神的积极态度。

及时准确地报道了电力行业的大事要闻。以国务院2002年5号文件为指导，本着讲政治、讲稳定、讲大局的原则，贯彻了积极稳妥、及时准确的报道思想，体现了作为行业报的权威性和指导性。报刊网站从2002年4月13日开始报道电力体制改革方案确定，到12月31日报道《中国电力新组建（改组）公司揭牌》，集中体现了报社的整体作战能力。

对中国电力工业120周年的专题报道，策划精心，资料权威，推出的纪念特刊可读性和资料性都比较强。《中国电力报》首次以正版四个版大容量地报道电力行业的单一事件。对三峡工程及其“西电东送”的宣传报道采取消息、专题、专版相配合，做到全年不断，起伏有度。年底，河南、重庆等地出现了近年来少有的缺电现象，报刊网站及时进行了报道，并以新闻观察的形式刊发了《四川全力应对缺电》的分析性文章，对新出现的缺电现象提出了警示。

遵循新闻规律，客观公正地宣传了电力行业的社会形象。随着一期城乡电网改造初战告捷和二期城乡电网改造的陆续开始，报社一方面继续对各地一期城乡电网改造成效进行宣传，另一方面对二期城乡电网改造的进展情况进行及时报道，有效地宣传了国家电力公司进一步加快城乡电网改造进度的要求。同时，对城乡电网改造带来的成果——各地城乡同网同价的进展情况和各地供电所成功的管理经验也进行了及时宣传，使社会各界充分认识到了电力行业的贡献。

通过《中国电力报》的宣传，2002年中宣部将李庆长列为公民道德建设的典型在全国范围内宣传，以此为契机，全国电力系统也掀起了学习李庆长活动的热潮，报纸通过动态消息对全国电力系统学习李庆长的活动进行了全面及时的报道，同时还通过跟踪采访、述评等形式把宣传报道引向深入，特别是述评《李庆长给我们带来了什么》，具有一定的深度和指导性。经过《中国电力报》多次宣传推出的先进典型赵秀玲于2002年12月获得第四届“中国十大女杰”称号。李庆长和赵秀玲的事迹引起强烈反响的效果被《中国电力报》评为2002年电力行业十大新闻。

配合国家电力公司“求真务实，作风建设年”活动，开展了多种形式的报道，对省公司乃至基层企业在行风建设中的好做法、好经验给予了及时的总结和宣传，有效地促进了活动的开展。同时还对供电行风进行了暗访报道，暗访结果证实电力行风多数是好的。暗访报道的做法也受到了国家电力公司监察局的好评。

《中国电业》继续在创新上下功夫，全年共推出12个大型专题调查，如《核电解惑》、《安然冲击波》、《电力监管，依然的悬念》等。不仅紧紧跟踪了最新的电力经济现象或新闻事实，而且具有独到的观点，有刊物自己的声音。在时效性、针对性和读者的认同程度上都有较高的水准。

中国电力新闻网强化独家报道，创出了品牌栏目——头条新闻。网站在坚持正确舆论导向，宣传电力行业两个文明建设方面发挥了重要作用，形成了报社成熟的第三媒体。新华社、中国新闻网等媒体和电力行业的一些主要网站不断转载中国电力新闻网的信息。

报社还充分发挥自身优势和行业优势，结合新闻工作积极开展相关社会活动，延伸办报办刊功能，继续扩大了报社影响。在中华世纪坛举办的“两改一同价”成果展，共展出图片3000多幅，全面地展示了国电公司系统实施农电“两改一同价”工作取得的成果和广大农电职工艰苦奋斗、拼搏奉献的精神风貌。“两改一同价”成果展共吸引系统内外参观者1万多人。中央电视台、《人民日报》等近30多家媒体进行了集中报道，在全国产生了广泛的影响。国家计委、国家经贸委和国家电力公司有关领导出席开幕式，并对展览给予了高度的评价。

再获中国新闻奖　报社品牌初步形成

在新闻业务上，中国电力报社2002年又是一个丰收年。随着办报办刊水平的不断提高，报社近些年来在新闻业务和办报质量方面不断获得各种奖励，突出的有报刊质量检查评比一等奖和三等奖、中国新闻奖三等奖、中国新闻奖副刊类铜奖等。张军焰采写、张青编辑的新闻通讯《西电东送遭遇行业价格垄断》荣获第12届中国新闻奖三等奖，填补了报社在新闻大奖方面的空白。这篇作品同时还获得了第十六届中国产业经济好新闻一等奖。《中国电力报》另有4篇新闻作品获得了第十六届中国产业经济好新闻奖，其中，《农网改造“吹散”袅袅炊烟——夏履镇掀起“厨房革命”》获二等奖，《易贡三记》获新闻副刊作品一等奖，《我与朱总理的诗词交往》获副刊作品二等奖。漫画《拾穗》获得中国新闻奖美术年赛铜奖。摄影《母亲的天空有多高》获第十五届产业报、专业报新闻摄影作品年赛一等奖。在中国产业报协举办的迎接“十六”大专题征文中，《村村通电照亮南疆边陲》获金奖，《把党的关怀送到群众心里》和《托克托：托起西部一片绿洲》分别获铜奖。

培育新的增长点　经营创收稳步增长

在电力体制改革大形势对中国电力报社经营工作诸多影响的情况下，报社所属公司、中心克服困难，增收节支并举。同时发挥新闻和广告总体策划优势，使经营创收工作稳步增长。

中国电力报社广告公司2002年积极开辟广告新客户，特别是产品广告客户比2001年增长了15%。全年完成广告额比2001年增长2.3%。《电气周刊》继续坚持“拉动广告，购物指南，信息桥梁，商务周刊”的办报宗旨，努力使新闻工作和经营工作有机结合，探索出一条中国电力报的商务周刊之路，取得了社会效益和经济效益双丰收。

中电兴艺术发展公司2002年成功地举办了“国家电力公司两改一同价成果展”，与国电公司纠风办合作发行了“95598”宣传画，为国电公司完成了有电120年画册、优质服务年画册等。这些活动都受到了有关部门的好评，同时也取得了较好的经济效益。

北京通宇计算机应用技术公司通过努力开拓书刊排版和相应的发行业务、报社印刷转厂以及压缩其他各项不合理支出等，取得了较好的效益。

新闻信息中心技术服务、数据库销售、光盘销售等全面开花，全年销售收入较2001年增加21%。中国电力新闻网2001年通过了国家电力公司科技项目验收，并荣获了中国报业协会“技术进步”一等奖和中国新闻技术工作者联合会“科技创新”二等奖。

中国电力报社与中国人民大学联合办学，“中国人民大学成人高等教育学院北京城南教学区（中国电力报社教学站）”已经挂牌，并且招生数量和专业都有所突破。中国电力报社与英国高等院校的合作也有新的进展。

《中国电力报》发行168000多份，《中国电业》杂志发行25000多份。一报一刊发行收入比2001年同期增长133万多元。

管理工作思路　初步形成三个系列

为适应电力体制改革形势，同时建立有利于报社发展的体制和机制，进一步理顺生产关系，中国电力报社2002年加强了管理工作的力度，在抓管理、建机制方面进行了大量卓有成效的工作。上半年成立了采编、管理和经营三个改革调研小组，按照三个系列的不同特点进行了大量的调查研究工作，并请北大教授来报社进行咨询，到温州考察民营企业的做法等。在大量调研分析的基础上，逐渐完善了报社三个系列的管理思想，丰富了报社发展的战略构想，为报社实施划小划准核算单位，实行集团化发展的经营思路奠定了基础，并于2002年底完成了机构调整以及中层干部和职工的调整聘任工作。

在报刊业务管理上，对报纸改扩版事宜进行了反复研讨论证，分析了读者对象、发行市场、广告市场、报纸价格、各项成本等关键因素，最后形成了成熟的扩版方案。这个方案基本适应电力体制改革变化，符合报社发展方向，成为2003年改扩版的重要依据。事实证明，改扩版方案所确定的价格是合适的，给报社增加的收入也是显著的。

在报刊编校质量管理方面，报社首次组织了以编校质量为主要内容的业务技能比赛，本着提高效率和简化程序的原则，改进了月度编校质量评比办法。

在财务管理方面，制订了以《财务管理规划》为龙头的一系列财务管理制度，并理顺了报社与公司的资产关系。做到了报社长期投资与所属公司实收资本相符合，规范了报社财务管理和会计行为，为理顺经营关系扫清了障碍。

在其他各项综合管理方面，如交通安全管理、后勤管理、职工房改、退休职工保障等也做了大量实际工作，取得了较好的成绩。

精神文明建设　喜结多项硕果

中国电力报社继续坚持“两手抓”的方针，在精神文明建设、党风廉政建设、党建、工会及综合治理等方面，不断加大工作力度，采取了许多措施，开展了多种活动，对职工进行了各种形式的教育，使职工思想稳定，心态良好，有力地推动了报社各项工作。同时，报社也获得了一大批精神文明建设的荣誉称号。

中国电力报社连续三年取得了“中央国家机关文明单位”称号。在国家电力公司党风廉政建设考评中连续两年获得优秀。报社党委2002年首次荣获国家电力公司直属机关先进党委称号，第一党支部获得国家电力公司直属机关先进党支部称号。报社女工小组首次获得国家电力公司“巾帼建功先进单位”称号，报社工会获得“先进工会”称号。报社交通安全管理在连续两年获得北京市宣武区交通安全先进单位的基础上，2002年又获得了北京市交通安全先进单位。报社广告公司连续六年荣获北京市委宣传部、北京市工商行政管理局、北京广告协会“首都广告业社会主义精神文明建设先进单位”称号。

主要事件

1月22日，《电力快讯》2002年信息员座谈会在京召开。国家经贸委电力司、国电公司办公厅、中电联理事会工作部、北京市新闻出版局等有关领导出席了会议。

2月8日，刘振亚到中电联和中国电力报社、中能电力工业燃料公司等单位慰问职工，了解生产经营情况，共同展望发展前景。

2月10日，国电公司副总经理谢松林、李小鹏赴中国电力出版社、中国电力报社和中国电力财务有限公司慰问。在中国电力报社，谢松林、李小鹏参观了报社的编辑部门，亲切和编辑交谈并致以节日的问候。

2月26日，中国电力报社召开全体员工会议，总结2001年工作，部署2002年任务。

3月2日，中国电力报社2002年通讯工作会议在南京召开。会议提出，要坚持正确的舆论导向，坚持办好大行业报刊的思路，牢固树立读者意识、市场意识，建立适应形势要求的管理体制和机制，与时俱进，努力开创电力传媒事业的新局面。国家电力公司副总经理、中国电力企业联合会理事长赵希正出席会议并作重要讲话。

3月5～8日，“第二届中国国际报业技术设备展览会暨新世纪中国报业博览会”在北京国际展览中心举行，中国电力报刊在展会上整体亮相。“蓬勃发展的中国电力报业”展区由《中国电力报》、《东北电力报》、《西北电力报》、《福建电力报》、《甘肃电力报》、《广西电力报》、《贵州电力报》、《云南电力报》等19家电力报组成，吸引了众多参观者，向全社会集中展示了中国电力报业的整体形象和发展成就。

3月7日，中国电力新闻网继3月5日荣获中国报业电子技术一等奖之后，又顺利通过国家电力公司重大科技项目验收。中国电力新闻网项目验收会由国家电力公司科技环保部主持召开。

3月11日，国家电力公司副总经理周大兵一行到中国电力报社检查指导工作。

4月17日，国家电力公司直属机关工会发出表彰决定，授予京直25个单位“先进职工之家”称号，中国电力报社工会榜上有名。报社新闻部和广告部工会小组被同时授予“先进职工小家”，社长兼总编辑沈凤仪获得“优秀职工之友”称号，工会主席李玉凤获“优秀工会工作者”称号，报社还有9名同志获“优秀工会积极分子”称号。

4月25日，第十二届中国新闻奖新闻摄影作品初评暨第十五届中国产业报、专业报“今日捷成杯”新闻摄影比赛在北京揭晓。在全国40余家报社、近百位摄影记者选送的283幅(组)参赛作品中，中国电力报社作品《母亲的天空有多高》获日常生活新闻类金奖。中国电力报社还获得这次比赛惟一的组织奖。

6月25～28日，中国电力网络新闻研讨会在京召开。

7月9日，中国电力报社举办新闻业务技能比赛，比赛内容包括词语辨析和校验文章。刘超辉获一等奖；彭源长、曾南翔获二等奖；谢毅、陆文辉、管永生、亓艳萍、葛慧获三等奖。新闻信息中心和新闻部分别获集体奖。

8月12日，国家电力公司副总经理贺恭考察了中国电力报社。

8月27日，《电力快讯》2002年信息交流工作会议在成都召开。

9月10日，首都女记协第六届（修正杯）好新闻颁奖大会在北京举行。中国电力报社记者陆文辉的作品《深圳3亿节余电费如数返还用户》获奖。首都50多家新闻单位的200多名女记者参加了这次评奖活动，评出获奖稿件100篇。

9月12日，由中国电力报社负责建设的1998年度国家电力公司重大科技项目——中国电力新闻网，荣获中国新闻技术工作者联合会主办的全国新闻技术领域最高奖——“新闻科技创新奖”二等奖。

9月17日，中国电力报社在广州召开新闻宣传暨发行工作会议。会议提出要为党的十六大召开营造良好的舆论氛围，要努力适应电力体制改革形势，认清历史使命，做好当前的新闻宣传工作，落实2003年报刊发行任务，努力实现报社第二次创业的目标。

10月3日，《中国电力报》一版刊登了华中、浙江、重庆等电力公司安全生产的一组集纳消息。国电公司副总经理赵希正阅后欣然批示：“报道很好。今后要加大对安全生产、稳定供电，确保迎接‘十六大’召开的报道力度，位置要突出，题目要醒目，措施要有力。”

11月8日，中国电力报社社长兼总编辑沈凤仪作序，副社长兼副总编辑赵文图主编的，一部荟萃了《中国电力报》《星期刊》创刊3年来优秀作品的合集《与你同行》，由新华出版社出版发行。

12月10日，由中国产业报协会组织开展的

“‘双星杯’喜迎十六大，回首庆辉煌”征文评比揭晓。中国电力报社记者赵如杰采写、刘辉编辑的通讯《村村通电，照亮南疆边陲》荣获一等奖。另有两篇作品获三等奖。参加这次评比的共有26家报社推荐的74篇作品，经过评委会认真评审，评选出一等奖5篇，二等奖21篇，三等奖35篇。本报获三等奖的两篇作品是：《把党的关怀送到群众心里》和《托克托：托起西部一片绿洲》。

12月16日，经过报社申报、行业报界实地考评，中国报协电子技术进步工作委员会、中国报协行业报委员会授予中国电力报、中国气象报、中国交通报等12家全国性行业报社为“技术先进达标单位”。该活动是中国报协行业报委员会为推动中国报业第二次技术革命，在70多家全国性行业报社中开展的技术达标活动。

（蒲秀兰）

中国电力出版社

2002年，中国电力出版社继续认真贯彻要把中国电力出版社办成“特色鲜明、多元经营、管理科学、优质高效的国内一流、国际影响显著的大型综合性现代科技出版企业”的战略思想，紧密围绕电力工业的改革和发展要求以及出版社自身发展的需要，努力为我国电力行业的改革生产发展、全国各行业用电和广大人民生活用电提供科学知识和技术传播服务。

经营成果 成绩喜人

2002年，中国电力出版社全年出版各类图书共1405种，比2001年的900种增加了38%，其中新书645种，重印书601种，比2001年分别增加了37%和40%。2002年，全社完成生产总值2.1亿元，比2001年的1.3亿元增加了61%；全年总销售额1.48亿元，比2001年的1.02亿元增加了45%；总销售收入8676万元，比2001年的6235万元增加了39%。至2002年末，社本部总资产达到1.28亿元，比2001年增加19%；年末净资产为5282万元，比2001年增加1414万元，实现资本保值增值率为113%；年末资产负债率为59%，比2001年下降6个百分点。2002年该社被北京市西城区人民政府授予“突出贡献企业”荣誉称号。

生产规模 再上台阶

2002年，中国电力出版社在继续做好电力各专业领域图书出版工作之外，在教材、电力行业和企业标准、计算机技术图书、建筑类图书、社会电工类图书以及外语类图书、科技期刊、音像制品和电子出版物等领域，都取得了不小的成绩。全年共出版各类科技图书（含计算机和外语类图书）543种，比2001年的414种增加了31%；工具书56种；电力行业规程、规范和技术标准390种，比2001年的299种增加了30%；各专业不同层次的教材146种，比2001年的121种增加了21%；各类培训教材270种，比2001年的154种增加了75%；还出版了20余种围绕电力安全生产、经营管理等实用性较强的音像制品、电子出版物和4期《电力设备》（光盘）期刊。并优质高效地完成了国家电力公司、中国电力企业联合会交办的紧急和重要任务。全年新书发稿字数近2.9亿字，比2001年的1.8亿字增加了57%；图书印造册数达718万册，比2001年的523万册增加了37%；用纸9.4万令，比2001年的6.4万令增加了47%。全社的生产规模进一步扩大，整体生产经营能力跃上了一个新台阶。

图书精品 服务电业

2002年，中国电力出版社为配合电力工业发展的中心工作和适应电力体制改革的需要，出版了一大批电力生产、建设、科研、经营管理和提高电业职工素质急需的图书，体现了专业科技出版社传播知识和专业技术，为电力行业服务的水平不断提高。

（1）为促进电力行业各专业技术的标准化，使电力生产运行单位工程技术人员的专业工作符合技术规范，出版了《高压电缆选用导则》、《农村低压电器安全工作规程》、《火力发电厂锅炉化学清洗导则》、《水力发电厂照明设计规范》、《变电所给水排水设计规程》等一大批电力行业规程、规范，还出版了《电力系统计量标准汇编》、《火力发电工程调试技术规定汇编》、《电力标准化工作指南》、《电力企业标准化管理》等图书。并接受国家经贸委电力司、中电联标准化部的任务，出版了《电力技术标准汇编》（分为四大部分共47卷）、《火力发电厂技术标准汇编》（共14卷）、《水力发电厂技术标准汇编》（共9卷）、《供电企业技术标准汇编》（共11卷），基本满足了电力行业各企事业单位和广大电力技术工作人员对技术规程、规范的要求。

（2）为适应开展电力职业技能培训和实施技能鉴定工作的需要，按照劳动和社会保障部关于制定国家职业标准，加强职业培训教材和技能鉴定试题库建设的要求，出版了由电力行业职业技能鉴定指导中心统一组织编写的《职业技能鉴定指导书·职业标准·试题库》电力工程类十六大专业共71分册，有力地促进了电力行业职业培训和技能鉴定工作。

(3) 根据教育部印发的《中等职业教育国家规划教材申报、立项及管理意见》(教职成［2001］1号)，作为中等职业教育国家规划教材出版基地之一，中国电力出版社申请并承担了中等职业教育国家规划教材“电厂热力设备运行”、“供用电技术”、“电厂及变电站电气运行”、“建筑设备安装”等4个专业共38种教材的出版任务。这套国家规划教材的编写以经济建设、社会进步和个人发展的需要为导向，以培养学生的创新精神和实践能力为重点，以培养在生产、服务、技术和管理第一线工作的高素质劳动者和中初级专门人才为目标，内容适应劳动就业、教育发展和构建人才成长“立交桥”的需要，使学生通过学习具有综合职业能力、继续学习的能力和适应职业变化的能力。这套教材在理论体系、组织机构和阐述方法等方面均作了一些新的尝试。

(4) 为满足电力行业职工培训需要，出版了《300MW火力发电机组运行与检修技术培训教材》(共5本)、《电力建设总监理工程师培训教材》(共6本)、《电力营销培训教材》(共5本) 等一大批电力技术与管理知识的培训读物，无疑对促进电力职工提高岗位技术技能、培养综合业务和专业技术能力都起到了重要的作用。

(5) 为了适应电力新技术、新设备、新材料、新工艺不断发展的需要，该出版社紧跟时代步伐，组织出版了许多工具书、科技书，如《常用电气设备故障诊断技术手册》、《电力工程材料手册》、《电力营销管理手册》、《供电优质服务规范手册》、《配电线路典型装置图集》、《火电厂循环冷却水处理》、《继电保护事故处理技术与实例》、《电力系统电缆防火指南》、《复杂配电网络简化分析与优化》等。还从美国麦格劳—希尔出版公司引进版权，翻译并原文影印出版了“EPRI电力系统工程丛书”《电力系统电压稳定》和《电力系统稳定与控制》。

(6) 为进一步促进发供电企业安全生产运行，适应逐步建立电力市场新的电力营销体制的要求以及其他新的经营管理方式的需要，出版了多种电力经营管理方面的图书，如《安全生产综合预控法》、《发供电企业安全性评价查评规定》、《电力市场研究丛书》(共6本)、《电力建设危险点分析及预控措施》、《供电企业标准化作业指导书》等。

深入改革　开拓创新

1. 用人制度改革进一步深化

(1) 为了扩大生产规模的需要，该社不断深化用人制度改革，进一步实行了人事代理制度和职工招聘制度，建立健全了企业自主择人、人才自主择业的双向选择用人机制。继续实行固定编制与流动编制相结合的分类管理模式，对新入社职工采用人事代理制、对编辑、发行业务人员、广告业务人员、网络管理员等岗位实行招聘制，并加强上岗前的业务培训。

(2) 对全社在职职工实行全员聘用制，在确定部门设置以及各部门岗位编制的基础上，对部门领导岗位实行竞争上岗，对普通职工实行双向选择，从而达到理顺关系、人尽其才、提高劳动生产率的效果。

(3) 对部分身体健康的退休人员采取回聘制，继续发挥他们的专业特长和创造能力，为出版社的发展做出贡献。

2. 重点实施编辑系统改革

(1) 为了充分发挥成熟编辑的选题、组稿能力，解决文字加工编辑力量不足的问题，该社2002年专门成立了稿件加工中心，通过向社会招聘补充了10余名电力专业文字加工编辑，使具备选题、组稿能力的编辑向策划型编辑转变，不断开拓图书选题，从而进一步扩大了出书品种规模。

(2) 针对新形势下国家教材建设的改革思路，为提高该社教材出版的比重，2002年该社抽调力量组建了教材研发中心，通过竞标形式争取到承担教育部中等职业教育国家规划教材建设的部分任务，成为教育部中等职业教育国家规划教材出版基地之一。还承担了劳动和社会保障部国家职业标准等的组织编制任务及配套培训教程的组织编写任务。中国电力教育协会教材建设办公室和学科教学指导委员会也设在该社，与教材研发中心合署办公。

(3) 为适应出版业激烈竞争的要求，该社下决心走出拓展出书范围的新路子。在充分调查研究的基础上，看准计算机图书和外语类图书的市场前景，并专门成立了北京开源智业科技有限公司和北京世纪东方公司，分别负责开拓计算机和外语类图书，并采用新的管理机制进行公司运作。实践证明，计算机、外语图书的开发，使该社在拓展出书范围上迈出了坚定的步伐，也初步取得了预期的成果。

3. 完善产品结构，向立体出版方向发展

(1) 经新闻出版总署批准，在该社原音像出版部的基础上正式组建了“中国电力音像电子出版社”，下设音像编辑室、电子编辑室和市场营销部，调整和充实了人员力量，为继续做好音像制品、电子出版物的出版提供了保证。

(2) 期刊出版初见成效。2001年该社正式创办了《电力设备》光盘期刊，采用光盘、网站、纸介读物三位一体的形式，为电力行业各企事业单位提供有关各种电力设备的技术交流、市场供求、新产品介绍等大量信息。“电力设备网”(www. cepee. com. cn) 也在电力系统和设备制造业有了比较大的影响。2002年底，该社又申请并经科技部和新闻出版总署批准，正式编辑出版《电力设备》(双月刊) 纸介期刊。

(3) 网上售书、网络出版逐步展开。该社于2001年5月正式开通"www. cepp. com. cn"网站。该网站是开放式互动形的专业网站，不仅包含了出版社所有图书、音像读物、电子出版物的相关信息，还为出版社形象宣传、新闻发布、新书介绍等提供了一条现代化信息渠道。2002年5月起，该网站实现网上售书功能，使广大读者可以通过网站查询、网上订购买到自己需要的图书。网络出版也正在研发过程中。

图书音像产品又获大奖

在生产经营快速增长的基础上，2002年该社的图书和音像制品又获大奖。其中《中国电力百科全书(第二版)》荣获"第十三届中国图书奖"，音像制品《机械制图的动态思维过程》获"第三届全国优秀教育音像制品奖"一等奖，《水轮机转轮的类型与结构》获"第七届全国科技音像制品奖"一等奖。

精神文明建设取得新成果

2002年度，该社的精神文明建设以邓小平理论和"三个代表"的重要思想为指导，按照党的十五届六中全会精神和中共中央颁发的《公民道德建设实施纲要》的要求，围绕深化改革、保持稳定、加快发展的目标，与时俱进，不断创新，继续保持了多年被评为中央国家机关"文明单位"(1996～2002年)、"首都文明单位"(1999～2002年) 以及被中宣部和新闻出版总署授予的"全国优秀出版社"(1993年至今) 的称号。

主要事件

1月，社办公会讨论通过并颁发"社外单项奖奖励暂行办法"，对获奖项目的责任编辑予以重奖，并适当奖励获奖项目的各工艺流程的责任人。

2月10日，国家电力公司副总经理谢松林、李小鹏来到中国电力出版社，代表公司党组向出版社职工拜年。谢松林、李小鹏副总经理听取了出版社领导班子的工作汇报，肯定了出版社全体职工一年来所取得的工作成绩，通报了国家电力体制改革的有关情况，同时也对出版社今后的工作提出了希望和要求。

3月8日，为解决图书稿件编辑加工力量不足而影响正常生产和发展的重大问题，经社长办公会研究决定，成立稿件加工中心。

5月11日，颁布"出书流程管理办法(试行)"，原"出书工作管理办法"同时废止。

9月12日，经社长办公会研究决定，成立电工电子技术编辑室、标准研发中心，为继续拓展出版范围，更好地为电力行业服务创造了有利条件。

11月，根据新闻出版总署"新出音[2000] 1705"号文件精神和出版社的发展需要，撤消原音像出版部，并在此基础上正式组建中国电力音像电子出版社，对外开展音像制品、电子出版物的经营。中国电力音像电子出版社由宗健同志兼任社长，牛忠宝同志兼任常务副社长，聘任毛恩启同志(正处级) 主持日常工作，下设音像编辑室(电力安全录像专辑编辑部)、电子编辑室、市场营销部。

11月5日，社党委发文规定，对社管理的全体处级干部建立领导干部廉政档案，并安排廉政档案具体内容的填报工作。

12月27日，"第十三届中国图书奖"颁奖大会在京召开，社长宗健出席了大会，并领取《中国电力百科全书(第二版)》的获奖证书和奖杯。

(张为龙)

2003 中国电力年鉴

2002年电力版新书图书目录(摘要)

规 程 法 规

1. 电力行业标准

高压电缆选用导则 DL/T401—2002

电能计量装置技术管理规程 DL/T448—2000

农村低压电气安全工作规程 DL/T447—2001

静电继电保护及安全自动装置通用技术条件 DL/T478—2001

农村安全用电规程 DL/T493—2001

农村低压电力技术规程 DL/T499—2001

水轮发电机组启动试验规程 DL/T507—2002

高压/低压预装箱式变电站选用导则 DL/T537—2002

电力行业标准编写基本规定 DL/T600—2001

电力行业紧急救护工作规范 DL/T692—1999

互感器运行检修导则 DL/T727—2000

剩余电流动作保护器农村安装运行规程 DL/T736—2000

LW—10 型六氟化硫断路器检修工艺规程 DL/T739—2000

架空送电线路运行远程 DL/T741—2001

电力系统安全稳定导则 DL/T755—2001

悬垂线夹 DL/T756—2001

耐张线夹 DL/T757—2001

接续金具 DL/T758—2001

连接金具 DL/T759—2001

均压环、屏蔽环和均压屏蔽环 DL/T760.3—2001

架空线路用预绞式金具技术条件 DL/T763—2001

电力金具专用紧固件六角头带销孔螺栓 DL/T764.1—2001

电力金具专用紧固件闭口销 DL/T764.2—2001

输电线路铁塔及电力金具紧固用冷镦热浸镀锌螺栓与螺母 DL/T764.4—2002

架空配电线路金具技术条件 DL/T765.1—2001

电力系统微机继电保护技术导则 DL/T769—2001

微机变压器保护装置通用技术条件 DL/T770—2001

火电厂水处理用离子交换树脂选用导则 DL/T771—2001

火力发电厂水处理用离子交换树脂标准工作交换容量测定方法 DL/T772—2001

火电厂用 12Cr1MoV 钢球化评级标准 DL/T773—2001

火力发电厂分散控制系统运行检修导则 DL/T774—2001

火力发电厂除灰除渣热工自动化系统调试规程 DL/T775—2001

火力发电厂保温材料技术条件 DL/T776—2001

火力发电厂锅炉耐火材料技术条件 DL/T777—2001

带电作业用绝缘袖套 DL/T778—2001

带电作业用绝缘绳索类工具 DL/T779—2001

110kV 及以上送变电工程启动及竣工验收规程 DL/T782—2001

火力发电厂节水导则 DL/T783—2001

带电更换 330kV 线路耐张单片绝缘子技术规程 DL/T784—2001

碳钢石墨化检验及标准评级 DL/T786—2001

全介质自承式光缆 DL/T788—2001

县级电网调度自动化系统实用化要求及验收 DL/T789—2001

采用配电线载波的配电自动化　第一部分：总则　第一篇：配电自动化系统的体系结构 DL/T790.11—2001

采用配电线载波的配电自动化　第一部分：总则　第二篇：制订规范的导则 DL/T790.12—2001

采用配电线载波的配电自动化　第三部分：配电线载波信号传输要求　第一篇：频带和输出电平 DL/T790.31—2001

户内交流充气式开关柜选用导则 DL/T791—2001

水轮机调整器及油压装置运行规程 DL/T792—2001

火力发电厂锅炉化学清洗导则 DL/T794—2001

电力系统数字调度交换机 DL/T795—2001

风力发电场检修规程 DL/T797—2001

配电系统中性点接地电阻器 DL/T780—2001

电力用高频开关整流模块 DL/T781—2001

火力发电厂中温中压管道（件）安全技术导则 DL/T785—2001

发电设备可靠性评价规程 DL/T793—2001

电力系统卫星通信运行管理规程 DL/T798—2002

电力行业劳动环境监测技术规范 DL/T799.1～799.7—2002

电力企业标准编制规则 DL/T800—2001

大型发电机内冷却水质及系统技术要求 DL/T801—2002

玻璃纤维增强塑料电缆导管 DL/T802—2002

带电作业用绝缘毯 DL/T803—2002

交流电力系统金属氧化物避雷器使用导则 DL/T804—2002

火电厂汽水化学导则　第 1 部分：直流锅炉给水加氧处理 DL/T805.1—2002

火力发电厂循环冷却水用阻垢缓蚀剂 DL/T806—2002

火力发电厂水处理用 201X7 强碱性阴离子交换树脂报废标准 DL/T807—2002

副产硫酸铵 DL/T808—2002

水质—浊度的测定 DL/T809—2002

±500kV 直流棒形悬式复合绝缘子技术条件 DL/

T810—2002

进口 110～500kV 棒式支柱绝缘子技术规范 DL/T811—2002

标称电压高于 1000V 架空线路绝缘子串工频电弧试验方法 DL/T812—2002

12kV 高压交流自动重合器技术条件 DL/T813—2002

配电自动化系统功能规范 DL/T814—2002

交流输电线路用复合外套金属氧化物避雷器 DL/T815—2002

立式水轮发电机检修技术规程 DL/T817—2002

低合金耐热钢碳化物相分析技术导则 DL/T818—2002

火力发电厂焊接热处理技术规程 DL/T819—2002

钢制承压管道对接焊接接头射线检验技术规范 DL/T821—2002

聚合物改性水泥砂浆试验规程 DL/T5126—2001

架空送电线路钢管杆设计技术规程 DL/T5130—2001

农村电网建设与改造技术导则 DL/T5131—2001

水力发电厂二次接线设计规程 DL/T5132—2001

水电水利工程施工机械选择设计导则 DL/T5133—2001

水电水利工程施工交通设计导则 DL/T5134—2001

水电水利工程爆破施工技术规范 DL/T5135—2001

火力发电厂、变电所二次接线设计技术规程 DL/T5136—2001

电测量及电能计量装置设计技术规程 DL/T5137—2001

架空送电线路航空摄影测量技术规程 DL/T5138—2001

水力发电厂气体绝缘金属封闭开关设备配电装置设计规范 DL/T5139—2001

水力发电厂照明设计规范 DL/T5140—2001

水电站压力钢管设计规范 DL/T5141—2001

火力发电厂除灰设计规程 DL/T5142—2002

变电所给水排水设计规程 DL/T5143—2002

水工混凝土施工规范 DL/T5144—2001

火力发电厂制粉系统设计计算技术规定 DL/T5145—2002

35～220kV 架空送电线路测量技术规程 DL/T5146—2001

电力系统安全自动装置设计技术规定 DL/T5147—2001

水工建筑物水泥灌浆施工技术规范 DL/T5148—2001

220～500kV 变电所计算机监控系统设计技术规程 DL/T5149—2001

水工混凝土试验规程 DL/T5150—2001

水工混凝土砂石骨料试验规程 DL/T5151—2001

水工混凝土水质分析试验规程 DL/T5152—2001

火力发电厂厂用电设计技术规定 DL/T5153—2002

架空送电线路杆塔结构设计技术规定 DL/T5154—2002

220～500kV 变电所所用电设计技术规程 DL/T5155—2002

电力系统调度通信交换网设计技术规程 DL/T5157—2002

电力工程气象勘测技术规程 DL/T5158—2002

电力工程物探技术规程 DL/T5159—2002

火力发电厂岩土工程勘测描述技术规程 DL/T5160—2002

水电水利工程施工安全防护设施技术规范 DL/T5162—2002

2. 规定、规范

300MW 火力发电厂岗位规范

安全生产监督规定

电力工业基本建设预算管理制度及规定（2002 年版）

电力营销管理信息系统设计规范（试行）

电能计量工作标准

电网和电厂计算机监控系统及调度数据网络安全防护规定

电力工程建设投资估算指标　火电工程

电力工程建设投资估算指标　送电线路工程

电力工程建设概算定额

　热力设备安装工程（2001 年修订本）

　电气设备安装工程（2001 年修订本）

　建筑工程（2001 年修订本）

电力建设工程预算定额

　第一册　建筑工程（2001 年修订本）

　第二册　热力设备安装工程

　第三册　电气设备安装工程

　第四册　送电线路工程（2001 年修订本）

　第五册　加工配制品（2001 年修订本）

　第六册　调试（2002 年修订本）

供电客户服务中心工作标准

国家电力公司电力网电能损耗管理规定

国家电力公司防汛管理办法（试行）

国家电力公司火电厂节约用水管理办法（试行）

国家电力公司火电厂节约用油管理办法（试行）

国家电力公司农村电网电压质量和无功电力管理办法

国家电力公司农村电网供电可靠性管理办法（试行）

国家电力公司农村电网运行管理办法（试行）

国家电力公司农电安全工作管理办法（试行）

国家电力公司送变电优质工程评选办法（2000年版）

国家电力公司系统农网自动化及通信系统建设技术指导意见（试行）

湖南省统一安装工程基价表　工程量计算规则

火力发电厂能量平衡导则（DL/T606—1996）宣贯教材

市场开发工作标准（试行）

水电工程达标投产考核办法（2001年版）

微机变压器保护装置检验规程（LPF—900系列及WBZ—500型）

资质考试必备建筑电气常用法律及规范选编（上中下三册）

职业技能鉴定指导书

职业标准．试题库　电力工程

燃料运行与检修专业（共5个分册）

化学运行与检修专业（共5个分册）

锅炉运行与检修专业（共7个分册）

汽轮机运行与检修专业（共5个分册）

电气运行与检修专业（共5个分册）

热工仪表及自动装置专业（共3个分册）

水电机械运行与检修专业（共4个分册）

线路运行与检修专业（共5个分册）

变电运行与检修专业（共3个分册）

营业用电专业（共5个分册）

锅炉安装专业（共4个分册）

汽轮机运行与检修专业（共3个分册）

热工仪表及自动装置专业（共2个分册）

发电厂电气安装专业（共3个分册）

送变电安装专业（共1个分册）

水电施工专业（共11个分册）

教　　材

1．高等学校教材

高等学校教材

工程电磁场

机械设计（基础）课程设计　（第二版）

机械制图习题集（非机械类专业适用）

计算机导论

自动控制理论　（第二版）

二十一世纪高等学校教材　电路与电工技术实践教程

普通高等教育“九五”国家级重点教材　配套教材　电机学试题分析与习题

普通高等教育“九五”国家级重点教材　高电压绝缘技术

普通高等教育“十五”规划教材　安装工程施工技术及组织管理

高等学校培养应用型人才教材——计算机系列　计算机辅助设计教程

电力系统分析复习指导与习题精解——附研究生入学考试模拟练习及全真试题

高等学校科学素质教育丛书　管理科学导论

热能动力工程专业教学改革教材　汽轮机原理与构造

2．中等职业教育国家规划教材

安全用电

泵与风机

毕业综合实习

变配电所二次部分

单元机组运行

电厂毕业定岗运行实习

电工工艺实习

电工基础及测量

电机

电机与拖动基础

电力系统

电力系统综合自动化

电能计量

电能计量实习

电气运行

电气运行实习

电业安全

发电厂变电站电气设备

仿真机实习

供用电网络及设备

锅炉设备

汽轮机设备

热工基础

热力发电厂

热力过程自动化

热力设备试验

用电管理

3. 电力工业学校重点教材

电子技术

水工工艺基础

4. 培训教材、考核用书

300MW 火力发电机组运行与检修技术培训教材

电气

锅炉分册

化学

汽轮机

仪控

300MW 火电机组培训丛书　电厂化学

大型火电厂生产技术人员培训系列教材　火电厂汽机设备及运行

大型火电厂生产技术人员培训系列教材　汽轮机控制、监视和保护

电力建设工程质量监督工程师培训教材

电力建设工程施工质量监督（安装工程　上下册）

电力建设工程施工质量监督（调整试验工程）

电力建设工程施工质量监督（结论及安装工程）

电力建设总监理工程师培训教材

工程项目管理模式

管理沟通

企业财务会计报告分析

招投标与合同管理

质量安全环境管理体系概论

总监理工程师职责

电力施工企业职工岗位技能培训教材

厂用电安装

锅炉本体安装

锅炉钢架安装

电力营销培训教材

电力客户服务

电力市场营销

电力营销法律法规知识

电力营销基本业务与技能

电力营销技术支持系统

电工进网作业考核培训教材　建筑电工部分

电业职工计算机培训教程

电力客户服务员工培训教材

发电企业安全生产考核题库

供电企业安全生产考核题库

锅炉技术问答 1100 题　（上、下册）

国家电力公司农电干部上岗培训教材

供电企业典型案例评析

农电法律事务概要

焊工培训基础教材

焊工培训实用教材

进网电工考试问答

农村电网电工培训教材

全国风力发电场培训教材　风力发电

现代建筑电气技术资质考试复习问答

工　具　书

1. 手册

常用电气设备故障诊断技术手册

电工电子基础标准应用手册

电工手册

电力电缆施工手册

电力工程材料手册　（电气材料）

电力工程材料手册　（阀门）

电力工程师手册　（动力卷）

电力工程师手册　（电气卷）

电力系统干部人事档案管理工作手册

电力营销管理手册

电路板设计完全手册

电能计量技术手册

架空送电线路施工手册

建筑电气安装工程常用资料便查手册

建筑五金实用手册

钢管式电力及照明杆塔结构设计手册

高压架空输电线路施工技术手册　杆塔组立计算部分　（第二版）

供电优质服务规范手册

水利水电工程施工手册　第 2 卷　土石方工程

水利水电工程施工手册　第 3 卷　混凝土工程

用电检查实用手册

智能建筑设备招标技术文件编制手册　（电气工程部分）

2. 图集、表解、名录

10kV　开闭所　配电站　箱式变电站　电缆分接箱典型方案图集

10kV 配电站工程图集——设计、加工、安装

35～110kV 无人值班变电所典型方案施工图集

35～110kV 无人值班变电所典型方案设计

国内外电力常用网址名录

民用建筑电气标准实用表解—设计与施工必备

农村电网 10kV 架空配电线路典型设计方案

农村电网 35kV 变电所典型设计方案

农村电网 35kV 线路典型设计方案
配电线路典型装置图集
新编电动机绕组彩色接线图集
中国电力企事业单位通信大全
3. 电力史志
中华人民共和国电力工业史　安徽卷
中华人民共和国电力工业史　黑龙江卷
浙江省电力工业志丛书　安吉县电力工业志
浙江省电力工业志丛书　德清县电力工业志
4. 年鉴
中国电力年鉴（2002）

科　技　图　书

1. 技术类图书
35～220kV 送电线路施工技术　上下册
EPRI 电力系统工程丛书（影印版、翻译版）
　　电力系统电压稳定
　　电力系统稳定与控制
常用计算机技术术语释义
抄表微机——手持数据终端
触电事故的预防和现场救护
常用电工计算
大气环境与电气外绝缘
道路三维动态可视化几何设计——纬地三维道路 CAD 系统教程
低压断路器及其应用
电力电缆安装运行技术问答
电力电子学
电力调度技术丛书　过电压保护原理与运行技术
电力设备维修、诊断与预防性试验
电力设施保护工作必读
电力系统电缆防火指南
电力系统计算机辅助设计
电力线载波通道设备应用指南
电力新技术丛书　人工神经网络原理及其应用
电力需求侧管理的激励机制及其应用
电力主题词表
电气主设备继电保护原理与应用（第二版）
电业安全（发电厂和变电所电气部分）
电站风机改造与可靠性分析
电站锅炉空气预热器
发电企业班组技术管理问答
发电用煤质量验收——解析国标 GB/T 18666—2002 专题汇编
发供电企业总工必读
　　第一册　电力系统
　　第二册　火力发电
　　第三册　供电
　　第四册　用电
　　第五册　农电
复杂配电网简化分析与优化
钢球磨煤机噪声控制技术
高压电工技术问答　（10kV 电力网）
高压架空输电线路架线施工计算原理
工厂常用电气设备故障诊断与排除
供配电实用技术问答
国家电力公司农村电网工程典型设计　第一分册 10kV 及以下工程
火电厂循环冷却水处理
火力发电厂气力除灰技术及其应用
继电保护事故处理技术与实例
检测技术与系统设计
建筑病理学——建筑物常见病害诊断与对策
建筑系统工程与 EIB
交流电能（电功率）测量综合误差的测试计算及改进技术
洁净煤发电技术
锚固与注浆新技术——第二届全国岩石锚固与注浆学术会议论文集
农村电网建设与改造
　　0.4kV　配电线路工程标准设计
　　10kV　配电线路工程标准设计
　　35kV　线路工程标准设计
　　35kV　小型化无人值班变电站标准设计
配电设备的特性与选型
配电网新设备新技术问答
配电线路带电作业技术
汽轮发电机故障检查分析及预防
汽轮发电机故障实例与分析
汽轮机组故障诊断技术
燃煤锅炉燃烧试验技术与方法
热工控制系统
施工导截流与围堰工程研究
实用电工技能丛书　建筑安装电工
实用电力接地技术
输电线路覆冰及防护
微机型自动准同步装置的设计和应用
现场总线控制
现代同步发电机励磁系统设计及应用
现代总线技术在电厂应用综论
信息技术基础
信息技术基础学习和上机指导

循环流化床锅炉的启动调试与安全运行

用电管理 （第二版）

中国电力负荷特性分析及预测

中压电网系统实用技术

学看建筑工程施工图丛书

学看给水排水施工图

学看建筑电气施工图

学看建筑结构施工图

学看建筑施工图

学看建筑装饰施工图

学看暖通空调施工图

2. 管理类图书

2002年中国电力市场分析与研究

20世纪中国河流水电规划

火力发电厂危险点分析及预控措施

安全生产综合预控法

发电企业人员安全性评价

供电企业安全性评价 （第二版）

发供电企业安全性评价查评规定

违章与遵章——供电、电建企业习惯性违章查评依据

县级供电企业安全性评价 （试行）

县级供电企业安全性评价查评依据 （试行）

工程建设标准强制性条文 （电力工程部分）辅导材料

建设安全监理

《安全生产工作规定》 《安全生产监督规定》《安全生产工作奖惩规定》学习问答

电力标准化工作指南

电力企业标准化管理

《电力行业标准编写基本规定》 宣贯教材——电力行业标准化实用工作手册 DL/T600—2001

农村安全用电规程宣贯读本

电力工业“九五”总结（上下卷）

电力公共关系丛书 电力公共关系手册

电力建设危险点分析及预控措施

电力企业财务管理创新与探索——国家电力公司会计学会优秀论文精选及点评

电力施工企业安全性评价

电力市场研究丛书

电力市场概论

电力市场技术支持系统设计与关键技术

电力市场理论研究与应用

电力市场机制

电力销售与管理

电力资金市场

电力市场运营及其软件开发

电业安全教育与管理丛书 《中华人民共和国安全生产法》学习问答

电业安全教育与管理丛书 电力企业安全文化问答

奋进中的电源建设——“九五”电源建设管理综述

供电企业标准化作业指导书

管理咨询与企业诊断

国家电力公司首届总会计师培训班论文集

美国电力市场与调度运行

农村供电所规范服务指南

企业经济责任审计

企业两种现金流

水电工程建设监理招投标指南

投资项目可行性研究指南（试用版）

习惯性违章及其纠正与预防

项目投资现代管理

新旧电力标准对照目录

行业用电分析

3. 科普类图书

面向21世纪电力科普知识读本

莫让江河空自流——浅说水力发电

抽水蓄能电站百问

4. 综合性图书

创新——电力青年

国家电力公司系统“四五”普法系列丛书之二 电力企业经济纠纷启示警示录

华东电力系统反腐倡廉教育读本 净土的呼唤——来自反腐倡廉的报告

一诺千钧 行胜于言——电力市场整顿和优质服务年活动巡礼

中国电力发展的历程

中国电网建设

中国能源五十年

音像电子出版物

1. 音像制品

电力安全录像专辑（共6期）

电力生产事故汇编（之二）

电力设备预防性试验操作示范（共4盘）

常用安全工器具的检查与使用

常用安全工器具的绝缘与试验

电阻表的结构原理与使用绝缘

电力生产安全监督培训录像片（共14集、29盘）

电力安全录像专辑特辑（共2盘）
供电营业职工文明行为规范
电力工人职业道德与修养（共3盘）
刘少奇与新中国（共5盘）

2. 电子出版物

技能鉴定题库
电力工业标准汇编
进网电工培训考核试题管理系统
水电技术标准汇编

精神文明建设与企业文化

国家电力公司人力资源

2002年，人力资源部在公司党组的正确领导下，按照年度工作会议的要求和部署，紧紧围绕电力体制改革这一中心任务，在推进改革、加强队伍建设、提高劳动效率、调动职工积极性、维护职工队伍稳定等方面，精心组织，努力工作，较好地完成了各项工作任务。

一、围绕公司中心任务，积极落实了体制改革的有关工作，努力维护了职工队伍的稳定

（1）按照公司的统一部署，研究提出了国家电力公司改革重组中辅业单位和学校管理体制调整的有关建议；拟定了体制改革中劳动工资和社会保障问题的处理意见；组织完成了水总、葛洲坝集团公司等辅业单位劳动工资和社会保障业务的移交工作。

（2）在深入调查研究的基础上，提出了电力体制改革重组中有关施工、修造等困难企业需给予支持的劳动保障方面的政策建议，化解了体制改革中的一些突出矛盾，为电力体制改革的顺利推进创造了条件。

（3）会同公司有关部门完成了“国家电网公司组建方案”和“国家电网公司章程”的起草、上报工作。拟定完成了国家电网公司本部“职能部门机构设置方案”和“人员编制方案”。

（4）针对电力体制改革中存在的不稳定因素，配合公司有关部门进行了全面的分析排查，提出了化解不稳定因素的政策性建议和具体措施，拟定了维护稳定的工作预案，协助信访部门妥善处理了公司系统多起集体上访和不稳定事件。同时针对近年来国家大幅度调整机关事业单位离退休人员待遇、造成在京直属单位和机关本部离退休人员养老金偏低的问题，根据公司领导的要求，及时提出了增加生活补贴的建议，有效地化解了矛盾，维护了稳定的局面。

二、完善了三项责任制考核管理制度，规范了工资管理，改善了职工待遇

（1）在总结经验的基础上，修订完善了三项责任制考核管理办法，促进了三项责任制考核与管理的制度化建设，从而保证了体制改革过程中各项工作责任的有效衔接和落实。

（2）加强工资总量的宏观调控，规范工资管理，为公司改革与发展创造了有利条件。①在国家加强工资总量宏观调控的情况下，积极争取国家有关部门的支持，确保工资合理增长，2002年工资总额约为297.5亿元，较2001年增长10.6%；②将历年来地方政府为鼓励电力发展出台的各项手续费纳入了挂钩工资基数，既规范了工资管理，又有效地保证了职工的合法收入；③根据施工企业的实际情况，引入了市场机制，实行了效益浮动百含系数，为企业改革与发展创造了有利条件。

（3）为解决基本养老保险行业统筹移交地方管理后离退休人员待遇降低的问题，切实维护职工利益，解除离退休职工的后顾之忧，按照国家有关规定，积极着手进行了建立企业年金制度的有关准备工作。起草了一系列制度和办法，争取到了自办企业年金的试点资格，为尽快启动电力企业年金工作，规范企业年金管理打下了基础。

三、加强高素质人才队伍建设，人力资源开发工作取得了成效

（1）围绕建设高素质人才队伍，加强了优秀人才的选拔和培养。会同有关部门组织开展了公司系统“继电保护专业技术竞赛”、“带电作业青年创新创效大赛”等多项技能竞赛活动，选拔表彰了一批岗位成才和技能竞赛优胜个人。2002年，国电公司系统有6名职工获全国技术能手称号，76名职工获电力行业和国家电力公司技术能手称号，255名职工获电力行业和国家电力公司优秀技能选手称号。

（2）围绕开拓电力市场、开展优质服务，加强了电力营销队伍培训和建设。制定了营销人员轮训规划，组织完成了电力市场营销系列培训教材的编写、出版和480余名营销师资的培训工作，为全面开展电力营销人员的培训打下了良好基础。

（3）适应建设高层次专业人才队伍的要求，推进了公司系统博士后流动站和企业博士后工作站的建设。组织了新增企业博士后工作站申报工作，使国电公司系统企业博士后设站单位达到了9家，为企业高层次专业技术人才的引进、培养和发挥作用创造了良好的条件。

（4）加强了高级管理人员的培训，积极推进了国际合作人才培养工作。①先后选送了四批企业领导和高级经营管理人员到发达国家学习先进的企业管理经验；②引进国外智力与所属高校和科研院所合作开展项目研究和人才培养；③与国外大学联合在国内组织国际合作培训，直接受益的中高级管理人员有400多名。

（5）贯彻落实中央第四次西藏工作座谈会精神，组织了第六批人才援藏工作总结，表彰了32名优秀援藏人员，研究制定了《援助西藏电力公司开发人力资源实施计划》，落实了2002年人才援藏任务，选派了22名同志进藏工作。

(6) 加强了对公司系统教育业务的指导与协调。①提出了贯彻《国务院关于大力推进职业教育改革与发展的决定》的实施意见。②组织完成了直属高校、科研院所招生工作，2002年，所属高校和科研机构的研究生、普通本科生和成人本专科生同比增长16.7%、17.1%、10.2%；此外还组织完成了公司系统6000余名职工接受成人中等职业教育的招生工作。

四、加强了劳动管理，有效控制了用工总量，劳动效率稳步提高

(1) 通过加强用工总量调控和劳动管理，到2002年底，国电公司系统职工人数约为132.3万人，控制在计划范围内，劳动生产率约为39.3万元/(年·人)，比2001年增长7.0%，超计划2个百分点。

(2) 根据中央有关文件精神，积极做好“两个确保”工作。针对公司系统有近5万名下岗职工的情况，2002年共向中央财政申请再就业资金1.02亿元，并已全部拨付到各困难企业，保证了下岗职工的基本生活，保持了职工队伍的稳定。

五、深入调研，加强指导，促进了多经企业的规范化管理和产权制度改革

按照电力体制改革对电力多经的新要求，2002年我们将多经管理工作的重点逐步调整为引导和促进多经企业的改制和规范管理方面。在深入调查研究的基础上，针对多经工作存在的问题，重点对多经企业改制、防范经营风险、规范化管理等方面提出了要求。2002年公司系统多经企业中，股份制企业数比2001年度增加约450个。同时对电力多经发展20年的工作历程进行了回顾与总结，编写了《电力多种经营20年发展历程》和《电力多种经营20年大事记》等总结性专集，为深化多经企业的改革提供了有益的参考。

国家电力公司纪检监察工作

2002年，是国家电力公司改革、发展、稳定十分关键的一年，也是极不平凡的一年。在多种复杂矛盾交织共存的情况下，公司系统各单位坚持以“三个代表”重要思想为指导，在中央纪委、监察部和国家电力公司党组的正确领导下，认真贯彻落实党的十六大精神，贯彻落实中央纪委七次、八次全会和国家电力公司2002年工作会议精神，抓住落实党风廉政建设责任制这条主线，按照领导干部廉洁自律、查处违纪违法案件、纠正行业不正之风三项工作一起抓的反腐败工作格局，坚持标本兼治、综合治理的方针，不断加大从源头上预防和治理腐败的力度。

加强检查考核和责任追究，党风廉政建设责任制得到全面落实

2002年，公司党组与所属63个单位签订了《2002年度党风廉政建设责任书》，提出了8项年度工作目标。各单位也层层签订了党风廉政建设责任书。

加强对责任制执行情况的检查考核。各单位成立了自查考核小组，通过召开职工代表大会听取领导班子汇报、领导班子成员廉政述职、召开不同层次人员的座谈会、民主测评、查看有关资料、个别谈话等方式进行了认真的自查。公司责任制领导小组认真评议，共评出优秀单位52个，良好单位8个，合格单位3个。与2000年和2001年考核结果相比，优秀单位所占比例明显上升。

各单位进一步加大了责任追究力度，在严肃查处违纪违法案件中，除对当事人进行处理外，根据责任追究的有关规定，严肃追究有关领导的责任。据统计，2002年公司系统共对62名领导干部实施了责任追究，其中处级以上干部6人。

认真开展思想政治教育，领导干部廉洁自律意识进一步增强

按照中央纪委关于国有企业领导干部廉洁自律的有关规定和公司党组提出的“三严一表率”的要求，认真开展宣传教育工作，继续执行《廉政准则》和制止奢侈浪费行为的有关规定，领导干部廉洁自律意识得到进一步增强。

2002年3月，中央企工委、中央组织部下发了《关于中央企业领导人员廉洁自律若干规定的实施办法（试行)》(中企［2002］9号)，按照公司党组的要求，公司纪检组、监察局会同公司总经理工作部、人董部和政工办，以国电党［2002］22号文件转发了该《办法》，结合实际提出了贯彻落实的7条具体要求。各单位认真组织开展了学习和研究，并制定了具体的实施办法。

公司系统各单位通过“十六大”成果展览、党风廉政宣传教育月、警示教育、权力观教育、党纪条规知识教育等形式，广泛开展了党风廉政教育活动，宣传反腐倡廉所取得的成果，教育引导党员干部树立正确的权力观、地位观和利益观，筑牢拒腐防变的思想防线，干部队伍的思想政治素质得到全面提高。公司纪检组、监察局组织系统各单位参加了由中央企业纪工委和《中国监察》杂志社联合举办的《加强国企党风廉政建设有奖征文》活动，并从各单位选送的文章中推选出10篇参加评选，最后有4篇文章获奖。各

单位积极与媒体联合，加大了对党风廉政建设宣传的力度。

加强民主监督，厂务公开工作已在绝大多数单位全面展开。公司党组推荐河南电力公司为中央企工委表彰的厂务公开工作先进单位，经中央企工委检查考核后，向全国总工会推荐。福建、河北电力公司也分别由省纪委、省工会直接向全国总工会推荐为全国厂务公开先进单位。

以经济案件为重点，案件查处力度不断加大

各单位把燃料、物资、设备采购、城乡电网建设与改造、工程招投标和对外投资及大额度资金使用等工作中的违纪违法案件作为重点，不断加大案件查处工作的力度。2002 年，公司系统纪检监察部门共接受群众信访举报 5582 件（次），初查核实 1137 件，初核了结 876 件；共查办案件 513 件，其中，新立案件 295 件。连同被司法机关和地方纪检监察机关查办的公司系统的案件，共涉及部级干部 1 人，局级干部 4 人，处级干部 46 人；共查结案件 298 件，结案率为 58.1%；受党纪政纪处分 364 人。

2002 年查处案件的主要特点：一是经济类案件居高不下。在立案案件中，经济类案件占 62.7%，主要有：采取隐瞒转移收入、虚列支出和挤占挪用专项资金等手法，私设账外账或“小金库”；在工程招投标、原材料采购、工程竣工验收等过程中以权谋私、贪污受贿；违反“三重一大”的决策程序，乱投资、乱担保、乱借款，造成企业经济损失。二是与公司系统体制改革密切相关的案件比例明显增多。主要表现在：在两网改造过程中，个别人员对群众或客户吃拿卡要，加重群众负担；在企业改制过程中，少数基层单位的个别领导干部侵吞国有资产和集体资产，以及因失职导致国有资产的流失。三是串案、窝案和案中案明显增多。查处一案，牵出一串，涉案人员大多为掌握一定实权的单位或部门的负责人。

巩固“电力市场整顿和优质服务年”活动成果，开拓纠风和行风建设工作新局面

公司党组将 2002 年定为“求真务实、作风建设年”，各单位按照统一部署，继续巩固“电力市场整顿和优质服务年”活动成果，大力开展作风建设，建立供电服务常态工作机制，纠风和行风建设工作取得了明显成效。

国家电力公司纠风领导小组组织并督促系统各单位认真实施《2002～2005 年纠风和行风建设规划》继续开展示范窗口创建活动，2002 年国家电力公司纠风领导小组又审核批准了农电示范窗口 1384 个（国电纠［2002］1 号），使城市和农村供电服务示范窗口达到了 1660 个。根据国家电力公司关于将优质服务工作转入常态运行的要求，继续实行“优质、方便、规范、真诚”八项服务承诺，积极推进优质服务常态运行机制建设，健全了公司及系统各单位纠风和行风建设组织领导机构和工作机构，明确了各部门的工作职责。

国家电力公司纠风领导小组组织了对山西、陕西 2 个地级市供电公司、2 个县供电公司和 15 个供电营业窗口履行供电服务承诺等情况进行明察暗访。结果显示：供电单位和营业窗口均能够认真兑现服务承诺，严格执行供电营业标准、服务标准和有关规定。暗访情况在《中国电力报》上刊登后，引起较大反响，对公司系统行风建设起到了积极的推动作用。

认真受理供电投诉举报。据统计，2002 年，公司系统各单位共受理投诉举报 25.8 万件（次），其中属于城市用电问题 21.2 万件（次），占 82%；属于农村用电问题 4.6 万件（次），占 18%。各单位对投诉举报做到了事事有处理，件件有回音。

截止到 2002 年底，各分公司、集团公司、省（区、市）公司都按要求开通了 95598 电话系统，各地市、县公司供电服务电话系统的建设也在进行中。

自从 2001 年公司系统广泛开展“电力市场整顿和优质服务年”活动以来，供电服务水平不断提高，进一步树立了供电企业良好的社会形象。初步统计，2002 年，福建、四川、青海、河北、黑龙江、宁夏、重庆、新疆、贵州、辽宁等 10 个省（市、区）电力公司参加了地方政府组织的行风民主评议。有 5 个地方公布了评选结果，黑龙江、四川、宁夏、重庆和贵州电力公司的成绩均为优秀，供电优质服务得到了社会和群众的普遍认可。

围绕公司中心工作，执法监察和效能监察工作取得新成效

继续开展城乡电网建设与改造工程执法监察。近 3 年来，全国共开工建设城网工程 471 个，大部分工程于 2001 年底竣工。为确保城网工程质量，确保资金使用合理规范，把好项目竣工验收关，公司纪检组、监察局下发了《关于对城乡电网建设与改造竣工项目开展执法监察的通知》，对开展执法监察的时间、内容、范围、方式等作了详细规定。公司纪检监察部门会同发输电和审计等部门，先后 6 次对山东青岛、江苏徐州、浙江绍兴等 12 个示范性城网竣工项目进行了竣工验收，依照公司监察局下发的《城乡电网建设与改造工程执法监察自查测评表》，对 12 个竣工项目单位的执法监察工作进行了全面检查、测评。检查结果是：12 个城网竣工项目单位执法监察的平均得

分为97分。同时，在发供电企业中全面开展大修更改工程项目管理和资金使用情况的效能监察。加强了对国债资金使用情况的监督检查，进一步规范了国债资金的使用和管理。

2002年公司系统执法监察和效能监察共立项1482项（次），提出建议2859项，被采纳2526项，协助建章立制920项；发现案件线索33个，立案查处31个，处理违纪人员84人；避免经济损失6.3亿元。

纪检监察干部队伍建设进一步加强，调查研究工作取得丰硕成果

根据公司党组《关于进一步加强纪检监察工作的意见》的要求，进一步加强纪检监察机构建设和人员配备工作。特别是在2002年电力体制改革过程中，各单位注意发挥纪检监察部门的监督职能，确保了纪检监察工作不断，纪检监察机构不散，监督力度不减。

公司纪检组、监察局组织了第17期纪检监察干部岗位培训班，共有178名公司系统各级纪检监察部门的业务骨干和（基层单位的）纪检监察负责人参加了培训。系统内各单位也采取多种形式，加强了金融、财务、法律等方面知识的学习，进一步提高了纪检监察干部的政治素质、业务素质和工作能力。

按照公司的统一部署，公司纪检组、监察局组织开展了两项课题的研究。一是根据中央纪委关于对党的十五大提出的反腐败目标实现情况做出评价的要求，成立了《评价体系》课题小组，深入陕西、甘肃、青海、江苏等省电力公司开展调研，完成了《国家电力公司系统党风廉政建设和反腐败目标评价体系》，对十五大以来公司系统党风廉政建设和反腐败工作做出了全面、科学的评价。二是成立了《招标监督机制》课题研究小组，围绕工程建设招标工作存在的问题开展调查研究，对公司系统招投标工作的现状、存在的问题及原因进行了深刻的剖析，提出了解决问题的措施，形成了《国家电力公司招标活动管理暂行办法》和《国家电力公司招标监督管理暂行办法》，进一步规范了公司系统招标活动，明确了监督部门参与招标活动的工作范围、内容以及权力、义务、责任。

2002年，公司系统各单位紧紧围绕公司的中心工作认真开展党风廉政建设和反腐败工作，服从、服务于改革、发展和稳定的大局，坚持标本兼治，综合治理，努力加大从源头上预防和治理腐败的力度，开拓创新，与时俱进，不断取得反腐倡廉工作的新成效，有力地维护了改革、发展、稳定的大局。

在充分肯定成绩的同时，必须清醒地认识到，公司系统反腐败斗争的形势仍然比较严峻，工作中仍存在一些问题和不足。第一，公司系统尚待建立真正符合现代企业制度和法人治理结构要求的企业监督机制，形成有效的权力制衡机制和监控机制。第二，对领导干部严格教育、严格管理、严格监督还存在薄弱环节，重使用、轻管理，重教育、轻监督，特别是对一把手监督不够，一些教训值得深思。第三，有些管理制度不完善、管理程序不规范，在一些单位和部门，消极腐败现象还没有得到有效遏制，经济案件仍然居高不下。第四，纪检监察队伍建设仍有待加强，一些纪检监察干部的创新精神不够，业务素质有待进一步提高。这些问题必须引起高度重视，并在今后的工作中认真加以研究和解决。

主要事件

2002年1月28～29日，国家电力公司党组在北京召开了国家电力公司2002年纪检监察工作会议。会议传达了中央纪委第七次全体会议精神，贯彻了国家电力公司2002年工作部署，总结了2001年公司系统纪检监察工作，交流经验，表彰先进，研究部署了2002年党风廉政建设和反腐败工作任务。

中央纪委一室、干部室，中电联的领导同志到会给予了指导。

中央纪委驻国家电力公司纪检组副组长、国家电力公司监察局局长李庆奎同志宣读了国家电力公司党组关于表彰国家电力公司系统勤廉兼优标兵的决定（国电党［2001］36号）；中央纪委驻国家电力公司纪检组组长、国家电力公司党组成员祝新民同志传达了中央纪委七次全会精神并做了工作报告。

（宋力生）

国家电力公司审计工作

一、紧密结合电力体制改革实际，积极筹划内审工作体系建立，为公司改革与发展服务

公司审计部认真学习了国务院《关于印发电力体制改革方案的通知》（国发［2002］5号文件），按照公司领导提出的“人心不散、秩序不乱、工作不断”要求，正确处理电力改革与当前工作关系。为在改革中延续国家电力公司成功的审计工作经验，在对公司系统审计工作体系（包括审计机构、审计人员、审计定位、审计职能等）现状调查研究的基础上，按照建立现代企业制度要求，向公司提交了“新组建的公司

中如何建立健全审计体系的建议”。同时，根据公司体制改革进展情况，适时调整了下半年工作计划和工作重点。

二、扎实做好任期经济责任审计工作

（1）认真总结分析，提高审计质量。结合电力体制改革，按照人事部要求，公司审计部把任期经济责任审计列为工作重点。按照有关方面要求，在对公司系统经济责任审计工作情况抽查的基础上，对近年来任期经济责任审计的目标、内容、方法以及发现的问题进行了总结与分析，同时剖析了审计质量的控制方法。2002年1月向中央五部委经济责任审计工作联席会议办公室报送了《关于开展任期经济责任审计工作情况的报告》。4月19日，中央五部委联席会议办公室对中央各部门、单位开展经济责任审计工作情况进行了通报（经审办［2002］2号），通报中对公司经济责任审计所取得的成效给予了充分肯定。

为了更好地发挥审计的作用，公司审计部对近几年审计发现的重大问题进行了汇总，选编典型案例提供给公司领导，对问题产生的原因进行了分析，并提出了审计处理的政策依据和建议。

（2）按计划实施任期经济责任审计项目。2002年对贵州、河南、江西、重庆公司等13个单位的原（现）主要负责人进行了任期经济责任审计，其中湖北、龙江、四川、中电财、乌江公司、黄河上游公司等6个单位，由监事会与公司审计部共同委托社会中介机构进行。目前13个审计项目均已完成，并下达了审计意见。

（3）跟踪任期经济责任审计意见反馈情况。为了落实公司领导对审计报告的批示，促进审计意见的落实，公司审计部对1999年以来任期经济责任审计的审计意见落实情况进行了跟踪调查。大多数接受审计单位均能够主动执行审计意见，85%的审计建议已经落实，并初见成效。

三、精心组织，做好“两网”审计及迎审自查工作

（1）完成了农网改造项目审计“迎审”自查工作总结。在2001年积极配合审计署开展农网改造项目审计的基础上，公司审计部对公司系统农网改造项目审计“迎审”自查工作进行了全面总结，向公司领导提交了农网改造项目审计“迎审”自查汇总报告，并于5月底向审计署报送了《关于落实农网改造项目审计意见或决定的报告》。根据审计署反馈的意见，在认真整改的同时，公司出台了农电［2002］2号文件，就加强二期农网改造项目管理做出了10个方面的规定，使农网改造项目从工程立项到竣工验收等各重要环节都有了较为明确的规定。

这次审计署组织的大规模的农网改造项目审计，共检查农网改造资金921亿元，查出各类违规问题29亿元，占审计资金的3.15%。据审计机关下达给公司系统的审计意见和决定统计，公司系统违规金额为17亿元。经过政府审计，没有发现严重的违法违规问题，这既是对公司工程管理水平的总体肯定，也是对内部审计工作的总体肯定。

（2）积极开展城网改造工程审计。2002年上半年，公司审计部组织系统企业认真开展了整体竣工城市城网项目决算审计。派员参加公司组织的对济南、银川、徐州、大庆、岳阳等12个城市电网建设与改造项目的竣工验收检查和考评，同时对其中10个城网竣工项目进行了调查。调查情况表明，城网项目决算审计效果明显。据不完全统计，这10个项目城网建设项目共完成投资45亿元，已审计金额43亿元，占完成投资的95%；审减金额1.63亿元，占审计总金额的3.78%；提出审计建议425条。总之，由于对城网建设项目实行必审制度，审计部门参与物资招标、合同审签，以及与工程、财务等部门开展联合检查，有效地控制了工程造价，促进了竣工决算的真实和交付使用财产的完整。

（3）认真做好外资建设项目审计的“迎审”自查工作。2002年审计署安排部分特派办和审计厅对49个电力外资项目进行审计，其中国电公司系统38个，涉及23个网省公司。

在转发审计署的审计方案的同时，多次到审计署外资司了解对外资项目审计的安排情况，精心组织公司系统各单位开展自查自纠。及时召开了电力外资项目“迎审”及自查自纠工作汇报会议，再次强调各有关单位，特别是有外资审计项目的单位，要立即行动起来，抓好外资项目“迎审”组织领导工作和自查自纠工作，各有关部门协同配合，要有专人负责具体工作，重大问题要及时报告。目前审计部正在跟踪、收集并协调各网省电力公司利用外资项目审计的进展情况及审计意见，进行分析汇总。

四、积极推进总审计师制度试点工作

（1）举办国家电力公司系统总审计师培训班。为了加快后备人才的培养，6月初在四川举办了国家电力公司总审计师培训班。公司周大兵副总经理、监事会路耀华主席和公司人事部、人资部领导参加了开班典礼或结业典礼，并作了重要讲话。本次总审计师培训班共有来自国家电力公司系统分公司、子公司及基层单位的总审计师、副总审计师和审计部门负责人70余人参加培训。聘请国内有关专家讲授了国际最新内部审计动态，以及先进审计理念和方法，介绍了

安然事件等重要案例情况。通过培训开阔了视野，拓宽了思路，提高了学员的政治、业务素质以及驾驭审计工作的能力。

(2) 开展总审计师试点情况专项调查。按照国电人事［2002］468号文件要求，公司审计部配合人事部共同组成三个调查组对黑龙江、福建、河南等三个省电力公司总审计师试点情况进行了专项调查，对一年来总审计师试点工作进行了全面总结。调查结果表明：各方面反映良好，95%的被调查者对建立总审计师制度持积极态度。实践证明，设立总审计师是健全公司自我约束机制的重要举措，有利于加强审计的领导力量，促进企业领导与审计总门的沟通，增加企业领导对审计工作的了解与关注，在更高的层次上为企业服务。从调研情况来看，总审计师试点工作是成功的，富有成效的。

五、加强制度建设，提高队伍素质

(1) 健全审计制度，开展课题研究。2002年以来，为了规范任期经济责任审计，增强可操作性，提高工作质量，印发了《国家电力公司任期经济责任审计指导办法》；对建设一流电力公司审计工作经验进行了现场交流和总结，制定并下发了“关于建设国际一流电力公司审计的指导意见”。组织开展了国家电力公司审计制度体系框架研究、国际一流电力公司审计标准、内部控制制度评价标准和电网工程项目内部控制评审规范等方面的课题研究。

(2) 加大培训力度，提高队伍素质。为加快培养审计人才，提高审计队伍素质，全面建设国际一流电力公司审计，公司审计部加大了审计人才培训力度。①积极组织政治理论学习。按照公司的部署，组织全体审计人员认真学习了江总书记关于“三个代表”的重要思想、5·31重要讲话及十六大报告。结合厦门远华案等重大典型案件，积极组织参加党风廉政建设和反腐败警示教育，认真学习和领会公司领导有关创建国际一流电力公司审计，要同加强党风廉政建设和反腐败工作结合起来的要求。②加强培训和对外交流力度，培养高素质审计业务人才。为落实公司领导关于“培养一批具有国际竞争力的一流审计人才”的指示，2002年的培训工作注重与国际同行的交流与合作相结合。除在国内举办了一期计算机知识培训班和一期总审计师培训班外，还参加了中国内部审计协会组织的国际内部审计理论高级研讨班，完成了两项赴国外的内部审计考察培训。此外，派人担任了国际注册内部审计师协会专业委员会委员，组织人员参加了国际内审学会第61届年会、第4届亚洲内部审计大会。通过扩大对外交流窗口，把握国际内部审计理论和实务的最新发展动态，推进了公司系统审计工作向国际一流电力公司迈进。

(3) 发挥学会作用，加强学术研究。为加强审计理论研究和学术交流，总结和推广审计工作经验，经公司领导批准，国家电力公司审计学会2002年1月在云南昆明成立，成立大会上赵希正副总经理作为名誉会长发表了书面讲话。目前，审计学会在课题研究和审计人员培训等方面已开始发挥作用。

适应电力体制改革需要，积极申请成立“中国内部审计协会电力分会”，并已得到民政部的正式批准，为改革后的审计理论研究、学术交流和业务培训，以及电力企业间审计工作经验交流奠定了基本的组织保障。

六、主要事项

1月9～10日，在昆明召开公司审计学会成立大会暨一届一次理事会。大会选举公司副总经理赵希正为学会名誉会长，公司审计部主任欧阳胜英为会长，刘家星、许以作、王国平、方明英为副会长。聘请财政部部长助理冯淑萍、审计署经贸司司长刘国权、国家经贸委电力司副司长吴贵辉、中国内审学会秘书长马怀平、国家电力公司原总会计师叶继善、原能源部审计局局长黄维景、原电力部审计局局长王万纲等7名同志为学会顾问。

2月26日，在西安举办了审计综合信息管理系统及相关计算机知识培训班。

3月10日，组织召开了审计派出机构会议。

3月16日，协助审计署召开了《中华人民共和国内审条例》研讨会。

4月12日，派员参加了审计署和内审协会组织的亚洲审计年会。

5月9日，在上海组织召开了审计信息化规划工作研讨会。

6月11～25日，在成都举办了公司系统总审计师培训班，周大兵副总经理参加了开班典礼并做了重要讲话，监事会路耀华主席参加了结业典礼并做了重要讲话。

6月26日，在安徽组织召开了电网工程项目内部控制评审课题研讨会，编写了阶段性成果报告。

6月，派员参加了国际注册内部审计师协会年会。

7月5日，组织召开了《国家电力公司审计工作管理办法》和《国家电力公司内部审计制度体系制度框架》研讨会，并对该办法修改完善。

7月，派员参加了国际内审协会第61届年会。

7月21日，响应中组部关于援藏号召，审计部段赟同志赴西藏阿里地区措勤县挂职锻炼。

2002年7月9～21日，分别组织并派员参加了英国、意大利及日本、韩国内部审计控制程序考察团。

8月，正式下发了公司文件《建设国际一流电力公司审计的指导意见》。

9月，按照《关于对总审计师制度试点情况进行总结调研的通知》要求，配合人事部分三组对试点单位进行了实地调研，并起草了调研报告。

9月16～19日，在云南组织召开了电网工程项目内部控制评审课题研讨会，形成中间研究成果。

10月10～25日，在福建组织举办国际注册内部审计师理论与实务培训班，来自公司系统各单位和部分兄弟单位的108名学员参加了培训。

10月，派员赴俄罗斯参加了“WTO与中国内部审计高层论坛”。

国家电力公司直属机关党委

政治理论学习

1. 认真做好公司党组中心组学习的服务工作

制订了2002年学习计划。直属机关党委，按照公司党组的安排，认真做好党组中心组学习的服务工作，及时将学习计划下发到中心组成员和各单位。做到每次学习，事先准备学习材料；学习后，根据学习内容和实际需要，在《中国电力报》等报刊上刊发公司领导的学习发言，有力地推动了公司系统各单位党组（党委）中心组的学习。公司党组先后举办了中心组学习全国干部培训教材及WTO有关知识培训班；邀请了中央党校、国务院发展研究中心等单位的专家、学者进行专题辅导讲座；邀请公司系统出席十六大的代表座谈。

2. 认真抓好公司本部和在京直属单位党员干部的理论学习

重点组织学习了江泽民同志“七·一”讲话、“5·31”讲话和江泽民为《全国干部培训教材》所做的序言等。党的十六大召开后，举办了两次学习十六大精神报告会，请中央党校的领导和中纪委的有关领导作学习辅导报告，为深入领会、准确把握“三个代表”重要思想起到了积极的促进作用。

3. 认真抓好公司本部和在京直属单位一般干部和职工的理论学习

在京直属各单位紧密结合实际，因地制宜，采取了多种学习方法。邀请有关专家先后作了“邓小平理论”、“学习十六大精神”、“三个代表”、“法律、法规及WTO知识”等专题报告会。

思想政治工作

（1）认真开展形势任务教育。紧密结合国内外形势的发展变化，围绕公司改革和发展的中心任务，重点开展了电力改革形势任务、党的十三届四中全会以来取得的重大历史成就等宣传教育。坚持公司本部员工思想动态分析制度，定期进行职工思想动态分析和汇总，为公司党组提供职工思想动态情况，并根据掌握的情况开展了有针对性的思想政治工作。

（2）树立先进典型，发挥示范作用。认真组织开展了向李庆长同志学习活动，组织了李庆长先进事迹巡回报告活动，先后奔赴14个省市进行了18场巡回报告。

（3）认真开展维护稳定教育。认真贯彻中央关于企业稳定工作会议的精神，按照公司党组《关于切实做好维护公司系统稳定工作的意见》的要求，发挥党的政治优势，对本部和在京直属单位广大党员、干部和职工进行了维护稳定教育。深入开展同邪教“法轮功”组织的斗争，重点抓好在京有关单位“法轮功”痴迷者的教育转化、巩固教育转化成果和走失人员的查找工作，取得了较好的效果。

党建工作

1. 加强和改进党的作风建设

认真贯彻党中央关于把2002年作为转变作风年、调查研究年的精神，按照公司党组关于把2002年作为“求真务实、作风建设年”的要求，继续落实《国家电力公司本部贯彻〈中共中央关于加强和改进党的作风建设的决定〉的实施意见》，积极参加公司组织的年中和年末的调研活动，提出了深入基层，深入职工转变作风的意见和建议，推动了党的作风建设进一步深入。

2. 加强党的组织建设

根据中央企业工委的部署，完成了十六大代表候选人的推荐工作，召开了公司直属党代会，选举产生了出席中央企业党代表会议的代表。做好组织发展工作，对公司本部26名入党积极分子进行了培训；公司本部和在京直属单位共发展党员19名，党员转正18名。按照党章有关规定，做好电力体制改革中的组织关系接转、移交工作。继续在党员中广泛开展争先创优活动。召开了“两优一先”表彰大会，对公司本部和在京直属单位先进集体和先进个人进行了表彰。

精神文明建设和企业文化建设

（1）认真贯彻“依法治国与以德治国相结合”的重要思想，加强思想道德建设。在京直属各单位认真落实《国家电力公司2001～2003年职业道德建设规划》，广泛开展电力职工职业道德规范教育活动。

(2) 积极推进精神文明创建工作。组织进行了公司2000～2001年度国家电力公司双文明单位的评比表彰工作。公司党组授予10个电力公司为双文明公司，593个单位为双文明单位，63个单位为双文明单位标兵。向中央文明委推荐了北京供电局等27个单位为第二批全国文明行业创建示范点单位。山东临沂电业局等5家单位为全国创建文明行业活动示范点。

积极推进企业文化建设。编辑出版了《企业文化简明读本》；组织了“创建学习型企业”培训班。

群众工作

1. 工会工作

各级工会组织认真贯彻落实公司党组关于进一步加强民主管理和厂务公开工作的要求，在企业民主管理和政务公开，维护职工民主权利，丰富职工文化生活等方面开展了一系列工作。直属机关工会还表彰了2002年度工会工作先进集体和个人。

2. 妇女工作

开展了“巾帼建功”、“五好家庭”创建活动，激发了女职工的工作热情，活跃了女职工业余生活。女职工在各自岗位上积极发挥作用，做出了积极的贡献。

3. 青年工作

公司团委与团中央联合表彰了首届青年管理创新奖；提出了深化“青年文明号示范岗”的意见；召开了国家电力公司纪念建团80周年团青工作座谈会；表彰了公司“五四红旗团委”、“优秀共青团干部”和“优秀青年”；开展了“青年光明行”优质服务日活动。

4. 统战工作

统战和侨联工作取得新进展。坚持与党外人士工作联系制度，搞好侨联的联谊活动；配合参加政协的换届改选，推荐了全国、北京市和宣武区政协委员候选人选；支持民主党派基层组织在电力改革发展和稳定中积极发挥作用。

直属机关党风廉政建设及反腐败工作

(1) 加强政治理论学习、认真开展党风廉政教育，进一步增强党风廉政建设和反腐败的责任感、使命感。

公司本部紧密结合十六大报告和新党章关于加强党的建设的学习与贯彻，以加强党性教育为主题，请中纪委宣教室主任戴俭明同志结合典型案例的分析、剖析腐败产生的背景、条件和思想根源，充分认识新形势下加强党性锻炼的重要性为内容，讲了党课。

在公司本部和在京直属单位中坚持开展了每年一次集中的党风廉政教育活动，以学习江泽民同志的“5·31”重要讲话、“三个代表”重要论述和在中纪委七次全会上的讲话为主要内容，继续深入学习十五届六中全会《决定》，认真贯彻执行《关于中央企业领导人员廉洁自律若干规定的实施办法（试行)》，结合学习公司系统无私奉献的优秀共产党员李庆长、水利战线党的好干部汪洋湖的先进事迹，结合正反两方面的典型教育，广大党员干部再一次受到深刻、系统的理想信念教育和廉洁自律教育。

(2) 党风廉政建设责任制得到全面贯彻，领导干部廉洁从政的自觉性不断提高。各级纪检组织重点抓了以下几方面的工作：①进一步健全党风廉政建设和反腐败工作领导体制和工作机制，责任人所负责任明确、到位，层层签订了责任书；②健全、完善了党委统一领导、党政班子分工负责、纪委协调监督、广大职工积极参与和监督的责任体系；③加强了对党风廉政建设责任目标执行情况和责任追究的监督、检查；④突出党风廉政建设和反腐败工作与经济工作一起做的特点和原则。

2002年度公司在京直属单位党风廉政建设责任考核优秀的单位比2001年大幅度增加，由2001年的7个上升为19个，连续获得优秀的单位明显增多。

领导干部能够自觉执行《廉政准则》和企业领导干部廉洁自律各项规定，在每年一次定期召开的民主生活会上，以对照检查执行廉洁自律各项规定为重点，进行了自查自律。并按照规定将自查自律的情况向职工群众进行通报，接受广大群众的监督。各单位、各部门认真落实国电党［2002］22号文件中提出的要求，结合本单位的实际制订了具体的实施办法，普遍建立了处以上干部廉政档案，加强了对领导干部廉洁自律的经常性检查和监督，使领导干部廉政勤政意识和自觉性进一步提高。

(3) 强化民主意识，企业民主管理、民主监督的氛围逐渐形成。

(4) 群众信访举报大幅度减少，信访举报核查工作明显加强。

主要事件

2月4日，国家电力公司本部及在京直属单位第五次党的工作暨纪检工作会议在京召开。

2月9日，国家电力公司党组以国电党［2002］7号文印发了《关于设立共青团国家电力公司临时委员会的通知》。国家公司团委是根据中央企业工委、团中央有关精神，为加强国家电力公司系统的共青团和青年工作而设立的。

2月25日，国家电力公司、共青团中央以国电政［2002］93号文印发了《关于表彰国家电力公司首届青年管理创新奖的决定》。

2月28日，直属机关党委召开公司本部及在京直属单位党组织负责人会议，部署公司直属机关党的十六大代表候选人及公司直属机关党代会代表的推荐选举工作。

3月1日，国家电力公司直属机关党委以机党［2002］10号文，印发了《关于表彰巾帼建功活动先进集体、先进个人和五好文明家庭的决定》。国家电力公司在京直属单位“巾帼建功”领导小组评选，决定授予王辉等70名同志“巾帼建功”活动标兵荣誉称号；授予阎华锋、安娜一家等94户家庭“五好文明家庭”荣誉称号；授予国家电力公司财务与产权管理部女工工作小组等16个单位“巾帼建功”先进集体荣誉称号。

3月29日，中国共产党国家电力公司直属党代会在京召开。会议的主要任务是，选举出席中央企业系统党代表会议的代表。

4月10日，中央企业工委召开大会表彰同“法轮功”邪教组织斗争先进集体先进个人。国电信息中心党委和国电华北电力设计院工程有限公司党委书记祁金海分别作为先进集体和先进个人受到表彰。

4月23日，国家电力公司纪念建团80周年团员青年工作座谈会在山东青岛召开。会上，国家电力公司对荣获首届青年杰出管理创新奖和青年管理创新奖的23名同志进行了表彰，并对获得“五四红旗团委”、“优秀共青团干部”、“优秀青年”等荣誉称号的先进集体和个人进行了表彰。田华香同志到会并讲话。

4月28日，国家电力公司、共青团中央以国电政［2002］201号文，印发了《关于命名和认定2001年度电力单位全国青年文明号和全国青年文明号优秀组织单位的决定》、国家电力公司、共青团中央决定：命名华北电力集团公司青工部等10个单位全国青年文明号活动优秀组织单位，命名山东电力集团公司超高压公司500kV淄博变电站等50个青年集体、继续认定江苏省电力公司南京供电局栖霞分局营业厅等230个青年集体为2001年度全国青年文明号。

5月14日，国家电力公司党组以国电党［2002］25号文，印发了《关于切实做好维护公司系统稳定工作的意见》。《意见》就切实做好维护公司系统稳定工作提出了实施意见。

6月28日，国家电力公司直属机关党委召开大会，表彰公司本部及在京直属单位2000～2001年度优秀共产党员、优秀党务工作者和先进基层党组织，交流争先创优的经验。表彰大会上，授予117名同志“优秀共产党员”称号；授予85名同志“优秀党务工作者”称号；授予4个单位党委“先进党委”称号；授予5个单位机关党委“先进机关党委”称号；授予47个党支部“先进党支部”称号。

7月10日，国家电力公司党组决定表彰2000～2001年度双文明单位。在7月16日公司系统主要负责人会议上对双文明公司和双文明标兵单位代表颁发获奖证书。

9月10日，国家电力公司党组决定，授予山东黄台发电厂等5个单位“国家电力公司2001年度精神文明建设创新奖”，批准湖北省超高压输变电局等5个单位为“国家电力公司2001年度精神文明建设创新奖提名单位”，对黑龙江省佳木斯发电厂党委书记张玉仁等5位同志予以表彰。

11月21日，国家电力公司举行学习十六大精神辅导报告会。直属机关党委邀请中央党校副校长李君如同志作了学习领会十六大精神的辅导报告。

11月25日，由团中央和国家电力公司共同举办的全国电力系统配电线路带电作业青年创新创效大赛在上海闭幕。来自全国24大区电网和省级电力公司的代表队参加这次大赛。上海市电力公司获团体第一名，黑龙江电力公司、河北电力公司获团体第二名，吉林电力公司、山东电力集团公司、国电东北公司获第三名；华北电力集团公司彭新立、浙江电力公司石宵峰、宁夏电力公司郭永峰分获个人前三名。国家电力公司刘振亚、团中央胡伟、上海人大常委会、市总工会的包信宝等出席开幕式并讲话。

11月29日，国家电力公司举行学习十六大精神第二场学习报告会，直属机关党委邀请了中纪委宣教室主任戴俭明同志作学习十六大精神，加强党员党性锻炼的辅导报告。

国家电力公司离退休干部工作

努力抓好离退休干部队伍的稳定工作

2002年是我党和国家历史上具有重要意义的一年，也是电力体制深化改革的一年。改革发展稳定的任务很重。把离退休干部队伍的思想认识统一到党和国家的大政方针上来，统一到公司党组的决策上来，是2002年离退休干部工作的重中之重。

(1) 认真学习贯彻重要会议和重要文件精神，使广大离退休老同志心系国家大事，把思想认识统一到中央的路线方针政策上来。组织公司本部16个离退休干部党支部，认真学习党的“十六大”会议精神、江泽民同志5·31重要讲话、中央经济工作会议精神、国务院关于电力体制改革的通知等，深刻理解党和国家2002年的大政方针，统一思想，坚定信心。组织老同志深入学习国发（2002）5号和国阅（2002）18号文件，引导老同志了解掌握电力体制改革的目标、任务，具体安排和要求。先后三次组织部分正局级以上干部专题座谈《实施电力体制改革方案》，就如何实施好电力体制改革广泛听取了离退休老同志意见，统一老同志的思想认识。

(2) 围绕确保公司系统离退休队伍稳定，深入开展离退休干部工作调研。按照中组部关于“结合实际，采取有针对性措施，把2002年作为转变作风年，调查研究年”的要求，围绕确保公司系统离退休干部队伍稳定，以加强离退休党建发挥党支部战斗堡垒作用为重点，把中央组织部老干局印发的离退休干部工作调研题目进行分解组合，印发公司系统各单位。组织各单位把开展离退休干部工作调研作为2002年的重要工作任务，以工作调研推动工作创新。在组织各单位开展工作调研的同时，我部也组织本部工作人员深入上海、江苏、浙江、四川、山西、河南、河北、辽宁等地，以各种形式开展工作调研，推动离退休干部工作的开展。

(3) 认真处理来信来访。首先抓住老同志队伍中对电力改革存在的各种各样倾向性的认识，大力做好中央改革方针的宣传，尽可能做好解疑释惑的工作；其次认真处理好老同志来信来访。2002年共处理来信43件，接待来访26人。抓住来访所提问题的核心，查找政策依据。凡有可能给予照顾的尽力照顾，凡确实不符合政策规定的作详细的解释工作，并及时向中组部老干局呈送报告，说明情况。与老同志原单位沟通，提出工作要求，努力做到“工作一人，稳定一片”。

加强离退休党支部建设

(1) 召开加强党建工作座谈会。工作部党委先后多次召开不同形式的党建工作座谈会，公司本部各离退休党支部书记参加了会议，座谈在新形势下如何加强离退休党建工作问题。工作部党委还通过《支部活动》，刊载公司本部老干部党支部工作情况、交流经验，开展专题研讨，努力把离退休党建工作引入规范化轨道。

(2) 抓好党支部正常活动。一是根据党支部考核标准，各离退休党支部进行了考核自检，党委对各支部进行了考核测评工作。二是坚持支部活动制度，把广大党员和党外老同志团结在党支部周围，努力增强离退休党支部的凝聚力和战斗力。三是根据公司机关党委的安排，在公司本部离退休党支部中开展评选“优秀共产党员、优秀党务工作者、先进党支部”活动。共表彰先进党支部4个、优秀共产党员9人，优秀党务工作者8人。四是走访了公司本部各离退休党支部书记，征求意见，改进工作。五是各支部根据支部工作实际安排工作计划，组织开展参观学习活动，走访慰问活动，个别谈心活动，支部工作更加生动活泼。

(3) 加强支部联络员工作。工作部处级工作人员分别担任16人离退休干部党支部的联络员，党委对做好联络员工作提出明确要求，联络员积极参加老干部支部活动，协助老干部开展党支部工作，及时反馈老同志的思想动态，发挥了“桥梁”作用。

认真落实“两项”待遇

(1) 按照中央组织部、公司党组和公司机关党委关于学习贯彻“十六大”精神的要求，工作部党委对公司本部老同志学习“十六大”文件做了具体安排。举办支部宣传委员学习班，配发有关学习辅导材料，在《支部活动》上刊发了老同志学习“十六大”的体会。

(2) 结合学习领会江泽民同志“5·31”重要讲话，以支部为单位分别举行了学习“三个代表”重要思想座谈会，开展了老党员就如何实践“三个代表”，坚持与时俱进，为实现党的历史任务和奋斗目标再做贡献为主题的专题活动；各活动站开办了学习园地50块，有近200位老同志的学习体会张贴在学习园地中。组织老同志参加了《中国老年》杂志举办的学习“三个代表”重要思想为主题内容的知识竞赛答题活动。各离退休干部党支部结合政治学习分别组织了参观现代工业、农业科技示范区、京郊农村新貌和北京城市建设景观等活动，参加人数达600余人·次。

(3) 聘请中国国际问题研究所中美问题专家宋以敏研究员做报告，分析9·11事件后中美关系的发展走向，世界大国格局变化，世界热点地区、热点问题的成因及我国外交政策；请中央党校经济研究所教授田庆奎博士作《学习“十六大”精神，正确看待国内经济形势和经济制度改革》的报告。700多位老同志参加了报告会。此外还请中国老年杂志社副总编在老年大学作《社会保障基本知识》专题讲座，丰富了老同志的思想认识。

(4) 按照中央有关规定分别为苏哲文、塞先佛、逯昆玉、张铁铮、赵征等同志办理了提高正、副部级医疗待遇工作。

(5) 2002年分别组织了61名老同志到“张家界”和“承德”健康疗养。

(6) 按照京劳社养发［2002］9号和134号文件规定，为公司本部离退休干部调整了基本养老金。

认真抓好各项经常性工作，活跃离退休老同志的晚年生活

（1）筹建白广路老干部活动中心。2002年在白广路大院筹建了公司本部老干部活动中心。活动中心以“老年大学”和“保健中心”为重点，大力发挥老年活动中心的教育功能、健身功能。9月16日白广路老干部活动中心正式投入使用。活动中心开业后组建了兴趣小组12个，已有13000人·次老同志到活动中心参加各项活动。

（2）组织开展丰富多彩的文体活动。公司本部老年门球队分别参加宣武区门球协会举办的“国电杯三八女子门球”、“宣武区门球协会杯”和“西城区会员杯”老年门球比赛活动，分别获第三名和第二名；在北京举办了由公司系统10个单位老同志参加的老年台球邀请赛；在公司本部老同志中开展了书法、绘画、手工艺品征集活动，参加人数200余人·次；在杭州举办了公司系统老年书画笔会；组织老年合唱团参加了北京电视台“同乐园”活动。组织参加了中国老年大学协会举办的《乘“十六大”东风，开老年教育新花》展览活动，公司本部选送20幅书法、绘画、摄影作品参加了展览。

（3）继续办好老年大学。公司本部老年大学开设老年心理与卫生保健、书法、历史、绘画、诗词等11门课程，现在校人数400多人。公司系统不少单位的老年大学也办得很有特色。河北邯郸电业老年大学的办学经验还刊登在《中国老年报》上。

（4）做好医疗保健工作。2002年共完成门诊18270人·次；到活动站巡诊160人·次；重点家访134人·次；医院探视204人·次；外诊费报销1596人·次；中医专家咨询190人·次。组织公司本部离退休老同志年度体检，共有523位老同志参加了体检，占应检人数的94.23%。同时把体检资料输入计算机进行统计分析，结合体检情况在活动站向老同志通报体检结果，讲解注意事项。11月还为公司本部老同志注射了流感疫苗。

加强内部管理和制度建设

（1）加强制度建设，按照“任务目标化、制度规范化、服务标准化”的要求，对工作部规章制度进行了修改和完善，制订印发了老年活动中心、老年大学、医疗保健中心各项规章制度，做好相关管理和服务工作。同时为进一步落实离退休老同志“两项待遇”，提出完善“五个服务配套工作”，即：①开展文化、体育活动要与政教活动配套；②落实离退休干部生活待遇和正常养老金机制配套；③正常医疗待遇、医疗保险与医疗必保待遇配套；④日常党建工作及离退休党建工作研究配套；⑤活动中心和活动站设施配套。使离退休干部各项服务工作更加规范化和制度化。

（2）信息统计工作。①参加了中组部老干部局对山西、河北、江西、广西、湖北、河南等地离休干部信息库检查工作，并对公司单位做了检查。公司系统严格执行中组部有关老干部信息库建库和管理规定。通过几个单位的受检，受到中组部老干部局领导的好评。②按中组部办公厅要求完成了公司系统离退休干部信息统计年报工作。

国家电力公司法律事务工作

合同管理

第一，合同审查、管理及授权书办理工作：2002年各部门送交法律部审查的重大合同、协议共44项，包括委托、担保、买卖、贷款、工程、房地产、服务协议等类型，还有合同范本、董事会文件、股东会决议，其中合同标的额在上亿元以上的重大合同有6项。

全年为公司本部各部局164份合同进行编号及管理；共办理授权委托书33份。

第二，配合相关业务部局参与对杂谷脑、三板溪、澜沧江等国电公司投资的几个电源项目的重组以及主体变更工作。根据公司系统合同管理工作的需要，召开了合同管理研讨会，修改合同管理办法，着手开发合同管理软件，并整理编辑出版《国电公司系统合同管理规章汇编》、《电力企业合同范本》。

第三，对2001年度公司本部合同、授权书进行清理统计，并对合同管理制度执行情况进行了初步分析，重点抽查了重大合同的执行情况。对合同价款的支付、换流站的初期建设、国内分包采购等执行情况进行了肯定；同时对履约主体及按期履约意识等方面提出了问题和建议。对改革涉及的本部合同履约主体问题进行了认真研究，清理了合同文本，完成移交电网公司和发电集团公司的工作，保证合同履行的连续稳定，维护电力系统的诚信形象和国际形象。

在规章制度建设方面

全年审查公司规章制度45件·次，在继续做好整理编辑《国家电力公司业务管理规章制度汇编》的同时，印发了《2002年国家电力公司规章制订计划》，重新修订颁发了《国家电力公司制定规章制度管理办法》。为了便于新组建的电监委、电网公司和各发电

集团公司尽快建立规章制度框架体系，法律部分类汇总了国家电力公司成立以来颁布的300余项企业业务管理规章制度，分别提交监管机构和新公司作为制订规则和建章立制的有益参考。

法律纠纷处理和法律咨询方面

继续做好“四电一费”为重点的法律纠纷处理问题，直接参与协调处理和代理、咨询的法律纠纷案件共59项，进一步加大了诉讼与非诉讼工作的力度。

第一，狠抓最高人民法院颁发的《关于审理人身触电伤害案件适用法律有关问题的司法解释》的落实工作，有效地遏制了触电索赔金额巨额攀升的状况，扭转了电力企业在触电事故责任认定当中的被动局面。

第二，协助安徽省电力公司处理央视《今日说法》栏目曝光的安庆供电局查处窃电纠纷案，经过二审此案彻底纠正了一审判决，从司法上纠正了《今日说法》对电力企业错误的批评。在依法清欠电费和依法打击惩处破坏电力设施行为方面，协助基层电力企业给予大量的法律支持。

第三，协助处理福建省电力公司所属的水、火电厂缴纳水资源费纠纷，参与讨论修改《污染物排放新标准》，积极依法化解针对电力企业的行政收费纠纷，减轻企业负担。

第四，及时处理公司系统的重大案件和在电力行业有重大影响的案件，维护电力企业的重大利益。

第五，认真研究处理电力企业知识产权法律问题，完成知识产权管理总体制度课题研究报告，对电力知识产权纠纷及时提出相关的法律意见。

第六，会同发输电部向国务院法制办反映意见，答复国家质量技术监督局要求重新明确电力计量管理体制和实施主体问题，维护了改革期间电力计量管理体系的稳定运转，指导处理了基层供电企业发生的电表计量检定纠纷。例如，协助黑龙江省电力公司处理工商部门对电表、电费两金违法收费等纠纷。

第七，积极协助公司有关部门和基层单位，处理和咨询其他类型法律纠纷。例如，协助国电电力审查办理增发配股可转换债券有关法律程序；在公司信息网站刊登广东省顺德法院申报债权通知；大唐公司二氧化硫排污交费纠纷；华银电力诉讼管辖权纠纷；山东亚源与上海装饰公司债务纠纷、与陕西借款纠纷等。

参与国家立法方面

对立法机关征求国家电力公司意见的《行政强制法（草案）》、《清洁生产促进法（草案）》、《安全生产法（草案）》、《水法（修订草案）》、《行政许可法（草案）》等共27部国家法律，会同公司有关部局提出修改意见，向国家立法机关反映上去。尤其是《水法（修订草案）》，先后两次正式行文全国人大法律委和法工委提出修改意见，力争电力企业在水电开发和交纳水资源费等方面的正当利益。

在法制宣传教育方面

按照中央普法办的要求，2002年“四五”普法从启动阶段全面转入实施阶段，法律部组织编写了《依法治电实用问答全书》和《电力企业经济纠纷启示警示录》，3月与《中国电力报社》共同举办“法制宣传月”活动，12月举办法制宣传周，向中央普法办汇报了年度普法工作总结和明年普法计划安排，得到中央大企工委和司法部的肯定，“四五”普法向纵深发展。此外，为党校管理干部培训班、工商班、东北公司青年干部培训班、华北设计院等讲法制课十余次，配合公司有关部门编写了《电力营销法律法规知识》、《农电法律事务概要》等法制教材。

在提高法律顾问素质方面

初步建立了电力法律顾问专家库，在总结2001年培训和考评出的第一批首席、高级法律顾问的基础上，2002年又继续举办第二期首席、高级企业法律顾问培训班，推行法律顾问等级资格制度。对这种做法，在2002年6月人民大会堂召开的企业法律顾问论坛上获得轰动，受到与会者的普遍赞同，认为国家电力公司实行的首席法律顾问制度，与国际接轨、与司法接轨，是一种可资借鉴和推广的模式，被认为是深入推进依法治企的新探索，是加强现代企业制度建设的新探索。

重点完成了公司领导交办的任务

（1）落实电力改革、立法先行。委托英国史密夫律师事务所完成党组交办的《与电力体制改革相配套的电力法律法规体系框架研究》。委托国电法律法规研究中心完成了《中国电力法律框架研究与电力体制改革急需法律法规草案建议》，完成了《中华人民共和国电力法》修改立法背景材料国内部分的收集、编辑整理、呈报工作；完成了《电力供应与使用条例》的初步修改研究工作。

（2）参加三峡电量销纳方案的实施工作，牵头起草三峡电站购售电原则协议及年度合同文本。配合有关业务部局，参与对中俄购电有关问题的研究，向国家经贸委电力司提供参考意见。

（3）处理武汉海关对葛洲坝集团涉嫌工程设备走私问题，向国家海关总署报告有关情况并提出以违规案件查处理由办法，为化解重大刑事案件做出了努力；避免了十几名领导干部刑事责任。协助国家有关部门对河南焦作万方公司购电合同纠纷仲裁执行问题，提出法律答复意见；指导处理陕西省电力公司“民乐大厦”投资纠纷案件，取得胜诉；协助湖南省电力公司处理央视《新闻 30 分》栏目的不实报道问题；对吉林通海高科电力资产转让提出法律意见。

(4) 按照总经理办公会的要求，牵头清理了与WTO相关的规章制度。

部分电力企业单位

国电电力发展股份有限公司

国电电力发展股份有限公司（原为大连东北热电发展股份有限公司，以下简称“国电电力”）现有国有法人股股东3家，占公司总股本的74.9%，其中，中国国电集团公司持有34%，辽宁省电力有限公司持有31%，龙源电力集团公司持有9.9%。公司上市流通股份25.1%。

公司目前装机容量已达1410万kW，其中运营621万kW，公司在大力发展发电主业的基础上，积极涉足通信、网络、电子商务等高科技新经济领域，推动了公司的产业升级，为加快电力系统传统产业改造、实现公司多元化发展战略奠定了坚实的基础，实现了公司发展及效益的持续、快速、健康增长，成为二级市场上具有高成长性的绩优股。

2002年，国电电力在全体股东的大力支持下，在董事会的正确领导下，在监事会的有效监督下，内强素质、外塑形象，强化管理，完成了董事会确定的利润目标，为实现国电电力的可持续发展奠定了坚实基础。

保持了良好的安全生产局面。全年完成发电量188.28亿kWh，超发2.08亿kWh（全口径）；主营业务收入36亿元，比2001年增长14%；实现利润总额6.25亿元。电源建设进展顺利，国电宁夏石嘴山发电有限责任公司1号机组通过168h试运行；国电电力大同发电有限责任公司项目可研报告和宣威发电有限责任公司六期、瀑布沟水电站项目建议书已得到国家计委批复；国电电力大同发电有限责任公司厂房建设已出零米；瀑布沟水电站导流洞已开挖，移民规划和移民补偿等政策研究也正在进行。安全生产状况良好，公司坚持“安全第一，预防为主”的方针，健全和完善安全管理体系和规章制度，落实安全生产三级责任制，组织开展了春秋季安全生产大检查活动，夯实了安全生产基础。2002年全公司发电设备非计划停运32次，比2001年减少9次，非计划停运明显减少。

企业管理不断加强。完善了“三项责任制”考核机制，加大了对实现利润的考核力度；继续推行全面预算管理，健全财务预算制度，扩大预算范围，确立了年预算，月计划，周调度的资金管理制度。继续推进综合减员工作，不断优化人力资源结构，坚持效率优先、兼顾公平的按劳分配原则，初步建立了工资总额与经济效益挂钩，员工收入与个人绩效相关联的机制，进一步调动了企业领导班子和员工的积极性。

科技企业综合实力得到提高。科技公司进一步加强重组、改制力度，市场竞争力得到进一步提高，一些领先技术和产品已经占据了较大的市场份额。公司投资管理的10家科技企业中，环保公司、工程公司、国电南瑞公司和广东远光公司利润超千万元。

保持了良好的企业形象。继续保持了上市公司50强地位，且位次有所提高，进一步完善公司法人治理结构，制订了股东会、董事会、监事会议事规则，建立了独立董事制度。公司被大连证管办向中国证监会推荐为落实现代企业制度先进单位。

党建、思想政治工作和精神文明建设健康发展。深入开展党风廉政建设，加大了党风廉政建设责任制的考核和反腐败力度；加大干部培养、选拔、任用力度，进一步优化了干部队伍的年龄结构、知识结构，增强了干部队伍的活力，开展开放型企业文化建设，组织了“庆祝中国国电集团公司成立暨国电电力首届员工文艺汇演”活动，丰富了员工的文化生活，凝聚了员工队伍。2002年公司机关党委荣获国家电力公司优秀机关党委称号，公司所属朝阳发电厂等获国家电力公司2001～2002年度“双文明”单位。

（魏爱臣）

中国华能集团公司

2002年，中国华能集团公司在党中央正确方针的指引下，在国家电力公司的领导下，在有关部门和兄弟单位的支持、帮助下，通过华能全体干部职工的共同努力和辛勤劳动，圆满完成了全年的各项工作任务，实现了“五个确保”，即确保安全、确保稳定、确保完成任务、确保落实改革措施、确保促进长远发展。

全面完成各项任务，经济效益继续提高

2002年，华能集团电力生产超额完成计划，全口径完成发电量1523.46亿kWh，比2001年增长14.97%，占全国发电量的9.2%；电力投产装机132万kW（华能德州电厂5、6号机组），华能辛店电厂油改煤3号炉投产，华能沁北电厂一期（2×60万kW）、华能榆社电厂二期（2×30万kW）、华能自一里水电站（13.6万kW）、华能硗碛水电站（24万kW）实现开工；实现销售收入370.4亿元、利润总额48.97亿元，比2001年增长9.2%、8.9%，全面超额完成了国家电力公司下达的五项经营承包指标。

实现全年安全目标，安全管理再创佳绩

2002年，华能集团从讲政治的高度来抓安全工

作，提高安全工作的法制观念，坚持“安全第一、预防为主”的方针不动摇，认真贯彻“安全生产责任制”和“重大事故行政责任追究规定”，落实“三不放过”和“三点汇报”的要求，建立包括电力、非电产业以及多经在内的安全监察系统，狠抓安全生产教育、设备治理、安全性评价和安全检查工作，使安全工作又上了一个新台阶，实现了年初确定的安全目标，公司系统内没有发生人身伤亡事故和重大设备事故，安全情况创近几年来的最好水平。

资产运作取得新的进展

经过努力，华能集团公司顺利完成了向华能国际电力股份有限公司转让持有的华能石洞口电厂、华能太仓电厂、华能淮阴电厂的股权和拥有的华能长兴电厂资产的工作。另外，华能集团公司还将电力体制改革中划转给华能的石洞口电厂30%的股权及华能太仓电厂5%的股权转让给华能国际电力股份有限公司等；成功收购了长城证券，华能成为第一大股东；同时新组建的华能信息产业控股有限公司、华能能源交通产业控股有限公司、华能新能源环保产业控股有限公司，完成了工商注册登记。

加大前期工作力度，长期发展积极推进

在电力产业方面，华能玉环电厂2×90万kW高效超临界机组项目的初可研和可研的审查等工作已经完成；华能淮阴电厂二期可研报告的补充修改、项目评估等工作已经完成；华能汕头电厂二期、华能太仓电厂二期完成了设计招标、项目评估等工作；华能金陵燃机电厂的项目评估、环评报告的审查等工作已经完成；华能上海燃机电厂项目完成了项目评估工作；华能上安电厂三期完成了可研报告；华能伊敏电厂二期、华能鹤岗电厂二期、华能新华电厂“以大代小”、华能辛店电厂“以大代小”的项目建议书阶段工作全部完成；华能北京热电厂二期、华能杨柳青电厂“以大代小、以煤代油”技改工程落实了初可研的外部条件及初可研审查工作；华能沁北电厂二期的前期工作已经启动，初可研编制完成。

全面完成华能系统内部重组工作

2002年是华能集团贯彻国务院“关于华能系统重组”的第三年，经过全体员工的共同努力，全面完成了内部重组工作，达到了国务院所确定的重组基本任务。一是进一步确立“以电为主、综合发展”的产业发展方针。通过重组电力产业，突出了电力核心产业的地位，突出了华能国际电力股份有限公司作为核心产业的核心企业的地位；通过重组非电产业，围绕电力核心产业重组或新组建了金融、信息、交通、新能源环保、贸易等产业公司，突出了综合发展的特点。二是优化了管理体系，提高了管理水平。通过产业重组，理顺了股权关系，优化了资源配置，有利于增强华能的生存力、竞争力和抗风险力；通过内部管理机制的调整，实现了电力产业的集约化经营，进一步提高了电力产业的管理水平。

认真落实改革要求，资产划转初步完成

按照国家关于电力体制改革的总体部署，圆满完成了资产划转试点工作。根据国家电力公司“关于华能集团开展资产划转试点工作的通知”的要求，2002年11月30日前华能集团完成了有关电厂的安全和生产管理、领导班子人事组织关系的移交工作，并于12月1日零时起实施对上述电厂的安全建设和安全生产管理工作。12月29日，国家电力体制改革工作小组在京召开大会，会议宣布了经国务院批准的包括中国华能集团公司在内共11家中国电力新组建（改组）公司正式成立。

中国电力工程顾问集团公司

中国电力工程顾问集团公司（以下简称电力顾问集团公司）是为适应国家电力工业体制改革需要，根据国务院国发［2002］5号、国家计委计基础［2002］1685号文件精神和国家电力公司《重组划分电网，发电和辅业，三产（多经）企业的初步方案框架》（国电办［2002］391号）文件要求，在中国电力工程顾问（集团）有限公司（以下简称顾问有限公司）及所属企事业单位的基础上组建的国有企业。

电力顾问集团公司由中央管理，下设8个全资企业和1个事业单位，分别为东北、华东、中南、西北、西南电力设计院，国电华北电力设计院工程有限公司、中国电力建设工程咨询公司、中国电力工程顾问（集团）有限公司和电力规划设计总院。

集团公司现有员工8000余人，其中勘察设计大师12人，享受政府特殊津贴的专家136人，高、中级工程技术人员4270人，按照ISO 9001:2000标准建立了质量管理体系，并通过了认证注册。

集团公司是面向国内外市场，为政府部门、金融机构、投资方、发展商和项目法人提供电力工程建设综合服务的中介机构，已取得国家外经贸部批准的对外经济技术合作权，具有进行项目评审咨询的资格，咨询评审结果作为项目审批、决策的依据或参考，其主要服务范围包括电力发展规划，发电、输变电工程的勘测、设计、咨询、监理、总承包，项目融资和建设管理。

2002年，集团公司首度入选美国《工程新闻记录》(ENR)“2001年全球最大的150家工程设计公司”、“2001年世界最大的200家国际工程设计公司”和“世界225强承包商”，分别名列第109位、第147位和第190位。被评为2001年度世界电力工程勘察设计行业500强，列中国入选企业的第一名，进入2001年度中国最具竞争力的大企业集团行列。东北、华北、华东、中南、西北、西南电力设计院从1993～2002年连续被评为中国勘察设计综合实力百强单位。

电力顾问集团公司现任党组书记、总经理吕伟业，副总经理胡志澄、赵洁、姚强、汪建平，总工程师尹福道。内部主要设有专家委员会、总经理工作部、人力资源部、财务部、审计部、技术管理部、工程管理部、规划研究部、党政工合署工作部。

2002年集团公司胜利完成了各项任务，继续保持改革、发展、稳定的良好局面，各项工作都有新提高。

全系统经营财务指标再创新高

签定合同总额30.88亿元，同比增长93.61%；完成产值16.47亿元，同比增长46.01%；全员劳动生产率25.75万元，同比增长47.9%；完成收费16.42亿元，同比增长33.28%；实现利润8716万元，同比增长40%；资本收益率为20%，同比增长33%；实现资产保值增值率为109%；辅业收入5549万元，劳动生产率9.8万元。

全面完成各项生产任务

1. 规划研究工作

2002年，规划研究工作紧紧围绕“全国联网、西电东送、南北互供”，实现更大范围内资源优化配置这一战略重点开展工作，卓有成效地完成了全年规划研究和咨询服务等各项任务。完成一次和二次规划研究项目共26项，包括：《全国联网深化研究》阶段性工作、《电网技术升级研究》、《东北—华北加强联网研究》、《东部地区电源项目调整研究》、《三峡输变电二次系统设计补充研究》及《国家电力数据通信网络设计》等。

《全国联网深化研究》是国家电力公司重点科研项目，该课题在总结过去研究成果的基础上，进一步分析了近期电网互联的可行性，结合电力体制改革和国家西部大开发战略的实施，从建立全国统一、有序的电力竞争市场，保障西电东送电网安全角度出发，深化研究了2030年全国统一联合电网的目标格局，推荐了中、近期全国联网项目及实施方案。

《电网技术升级研究》在分析我国电网发展现状，总结我国和发达国家电网建设经验的基础上，指出了我国电网发展中存在的问题。重点以2015年我国各大区电网目标网架为依托，以翔实的技术、经济数据和工程应用实例为支撑，研究通过科学合理的规划设计和先进技术的应用，提高电网输送能力的措施。报告总结了我国输变电工程的经验，提出了提高输电走廊利用率，提高电网工程投资效益的措施。为正确评价电网建设项目的技术经济性能，提出了“元/万千瓦·公里”评价体系。

受国家计委基础产业司委托，集团公司开展了《东部地区电源规划项目调整研究》，报告对京津唐电网、河北南部电网、山东、江苏、浙江、上海、福建、广东省电网电力增长和负荷特点进行了分析，提出了满足负荷增长需要，科学调整上述地区“十五”期间电源建设规模的建议。

2. 发、输变电勘察设计任务

2002年全系统共完成发电勘察设计项目129项，8228万kW。其中：初可研27项，3216万kW；可研28项，2167万kW；初步设计43项，1771万kW；施工图设计31项，1074万kW。全年共完成发电项目审查、咨询152项，4110万kW，其中初可研、可研及收口56项，2687万kW。初设及收口39项，1423万kW。工程设计、咨询、试桩大纲审查、后评价及其他项目评审等57项，发电工程评审比原设计节约投资29亿元。

2001年水平限额设计指标编制中及时吸纳了“新预规”和“新勘测设计收费标准”的内容，增加了燃机的参考造价、参考电价和500kV直流线路，48芯OPGW通信工程模块的限额指标。

核电项目基础性工作取得较大成果。完成了《百万千瓦级压水堆核电站招标书框架研究》和《中国百万千瓦级压水堆核电厂工程造价和上网电价研究报告》(含核电电价测算及经济效益分析软件开发)。向国防科工委提交了“核电国产化技术攻关课题建议书”，包括核电站设计标准研究、核电站设计技术研究、核电工程项目管理模式研究等三大方面19个课题。

西气东输配套燃机项目正在进一步深入开展。第一批招标的10个项目23台机组，其中6个项目由集团成员单位承担，现已进入招标第二阶段。

超临界项目有了新的突破。由西北院承担的超临界国产化示范工程华能沁北电厂已开工建设。常熟二厂、山西王曲电厂、双鸭山电厂三期、利港电厂三期、苏州工业园二期、汕头电厂二期等项目均已选用国产化超临界机组。华东院已完成《华能玉环电厂百万千瓦超超临界机组选型报告》，项目可研预审查已于2002年12月完成。

2000年西北院承担的燃煤示范工程宁夏石嘴山电厂二期1号机组已于2002年11月通过168h试运投入运行，自动化水平提高，投资比限额设计指标约降低10%。

2002年，公司系统共完成330kV及以上送电工程项目117项，9676km，其中：初可研2项，520km；可研21项，1612km；初步设计50项，3242km；施工图设计44项，4302km。变电工程项目103项，4096万kVA，其中：初可研3项；可研28项，1424万kVA；初步设计41项，1551万kVA；施工图设计31项，1120万kVA。全年完成送电工程评审50项，8000km，变电工程评审60项，4486万kVA，送变电工程评审比原设计节约投资16亿元。

750kV官亭至兰州东输变电工程是我国高一级电压等级示范工程，西北院完成工程可行性研究、变电所所址和送电线路路径选择等工作，并通过了国家电力公司的审查。

三维设计技术应用取得了实质性进展。完成了与三维设计相关的五个专题报告，并作为指导性文件印发各单位。完成了引进软件的本地化开发工作，达到了施工图设计深度。各院已将三维设计技术直接应用于工程设计各阶段，实现了三维建模，二维出图。采用三维设计技术后，在减少碰撞、优化主厂房布置、提高设计质量和设计效率等方面取得了显著效益。

3．工程总承包、项目管理和监理工作

集团公司系统2002年共签订总承包项目合同11项，总合同额为12.07亿元。

加大了项目管理和监理市场的开发力度，全年共签订监理合同59项，合同额1.21亿元，完成产值6665万元，实现收费6993万元。东北院承担的温州龙湾燃机工程业主工程师项目和山东埕岛油田燃机新建工程供水总承包项目获得了中国勘察设计协会和中国工程咨询公司的工程管理和工程总承包优秀奖。

集团公司启动了《总承包管理办法》的编制。集团公司、咨询公司结合贯标已编制了总承包的《质量手册》和程序文件。P3、EXP等先进的管理软件在工程项目管理中得到广泛应用。

2002年集团公司系统共签订境外项目6项，合同额5266万元。参加了外经贸部在巴西承办的中国工程设备展览，集团公司和华北院被国家电力公司评为实施“走出去”战略的先进集体，西南院和中南院分别获得了优秀境外项目奖。

体制改革工作

2002年，在国家电力公司和政府有关部门的领导下，完成了中国电力工程顾问集团公司与国家电力公司的分离，向国家电力公司、国家有关部委反映集团公司分离后需要解决的有关问题；上报了集团公司的组建方案和章程。12月29日，在人民大会堂召开的中国电力新组建（改组）公司挂牌成立大会，标志着电力体制改革取得了阶段性成果，同时也标志着中国电力工程顾问集团公司正式成立。

集团公司作为集团的核心，国务院明确了其主要责任与主要权限（国函［2003］26号、国经贸电力［2003］269号）。

主要责任是：

（1）执行国家法律、法规和产业政策，在国家宏观调控和行业监管下，以市场需求为导向，依法自主经营。

（2）对有关企业中由国家投资形成并由集团公司拥有的国有资产和国有股权行使出资人权利，依法经营、管理和监督，并相应承担保值增值责任。

（3）根据国民经济中长期发展规划、国家产业政策、电力工业发展规划和市场需求，制订并组织实施集团公司发展战略、中长期发展规划、年度计划和重大生产经营决策。

（4）根据国家法律、法规和有关政策，优化配置生产要素，组织实施重大投资活动，对投入产出效果负责。加快技术创新和科技进步，增强市场竞争力，促进我国电力工业发展。

（5）深化企业改革，加快结构调整，转换企业经营机制，建立现代企业制度，强化内部管理，妥善做好企业重组、精减机构和富余人员分流与再就业工作，维护企业和社会稳定。

（6）指导和加强有关企业思想政治工作和精神文明建设，统一管理集团公司的名称、商标、商誉等无形资产，搞好集团公司企业文化建设。

（7）承担国务院及有关部门委托的其他工作。

主要权限是：

（1）在保证有关企业合法权益和自身发展需要的前提下，公司可依照《公司法》等有关规定，集中部分国有资产收益，用于国有资本的再投入和结构调整。

（2）按照国家有关法律法规的规定，自主决定全资子公司国有资产的重组、转让、租赁及外部资产的收购、兼并等事宜。对控股或参股企业的上述相同事宜，通过法定程序决定或参与决定。

（3）享有投资决策权。按照国家有关规定，管理集团公司及有关企业的投资项目，并组织实施。

（4）根据国家有关规定，自主决定集团公司总部内部管理体制和机构设置，依法决定有关企业的经营方式、分配方式和重大生产经营决策，以及合并、分立、解散等事项。

（5）根据国家有关政策规定，经国务院主管部门批准，集团公司享有外事审批权、外贸流通经营权、对外投融资权、对外担保权、对外工程承包权和对外劳务合作权。

(6) 按照干部管理权限和程序，任免和管理全资企业的领导成员以及集团公司总部各部门负责人；按法定程序和出资比例，向控股企业和参股企业委派或更换股东代表，推荐董事会、监事会成员。

(7) 统一管理集团公司及有关企业的涉外工作。集团公司领导人员出国审批权限按国家有关规定执行。

(8) 国务院及有关部门授予的其他权限。

根据功能定位，完成了母公司和咨询公司独立运作，调整了领导分工，重新进行了机构的调整和人员的配备，并从财务上进一步理顺了核算关系。

2002 年 5 月和 7 月集团公司在北京召开了集团公司系统改企建制工作汇报会和专题调研汇报会。会议对集团化运作进一步统一了认识，对体改工作具体原则达成了共识，对改企建制涉及的有关问题达成了一致，系统各单位提出了改制方案。

科技创新

2002 年集团公司 10 个科研项目顺利通过了国家电力公司的验收。这些项目是：《火电结构优化和技术升级研究》、《输变电系统二次设备接口技术研究》、《电力工程勘测设计技术研究》、《大电网设计技术研究》、《洁净煤发电设计技术》、《环保技术研究》、《南方电网多回路直流与交流并联系统的稳定和控制研究》、《大型燃气—蒸汽联合循环机组选型研究》、《高参数大容量大电厂设计技术研究、CAD 技术应用》。至此，“九五”立项的科研项目已全部验收，“十五”新开项目正在有序进行，科研工作的被动局面已扭转。

国家电力公司组织的验收和专家评审会对“中国火电结构优化和技术升级研究”项目给予了较高的评价，指出：研究成果具有科学性、先进性和适用性，达到了国内先进水平，对政府制订产业政策、电力规划决策具有重要的参考价值和积极作用。该项目获全国优秀工程咨询成果一等奖。

集团公司组织西北院等单位完成了《750 千伏架空送电线路设计暂行技术规定》、《750 千伏变电所设计暂行技术规定》和《750 千伏主要设备容量系列及技术规定》等的编制，并通过国家电力公司验收。验收意见指出：技术规定充分吸收了国际上现有的 750kV 输变电工程和国内超高压输变电工程的设计建设运行经验，提出的技术规定论证充分，计算准确，数据可靠，达到了国内先进水平，可作为我国 750kV 设计和设备选择的依据。

西北院完成了《750 千伏输变电工程各种空气间隙的选择》等 5 个 750kV 输变电工程关键技术研究项目，并通过国家电力公司的评审。

2002 年集团公司系统自筹资金开展的科技项目约 491 项，总费用约为 2866 万元，其中规划 18 项、发电（含勘测）309 项、送变电 61 项、信息技术 103 项。

2002 年集团公司系统共获国家省部级各类奖项 59 项。其中：获中国电力科学技术奖 6 项；全国优秀工程咨询成果一、二等奖 5 项；国家电力公司优秀工程设计奖 8 项；国家电力公司优秀工程勘测项目奖 10 项；国家电力公司优秀计算机软件奖 4 项；国家电力公司优秀标准奖 1 项；国家电力公司优质工程奖 2 项。北京市第七届优秀工程设计软件、第三届优秀工程建设标准设计奖 1 项。华北院获国家技术专利项目 2 项，其中一项为发明专利，并有 5 项实用新型专利正在申报。此外，还有建设部 2002 年度全国优秀工程设计、勘察、标准设计奖 23 项已获专家评选委员会评审通过。

管理工作

2002 年经营管理以加强协调为重点，先后召开了 3 次系统经营工作会议。颁发了集团公司系统的《统计管理规定》。开展了《电力工程设计工日定额》的修编和新编工作。2002 年集团公司、咨询公司和华东院也获得了外贸部颁发的对外经营权，集团公司获得了进出口贸易权。

财务、审计工作在坚持为公司生产经营服务的前提下，积极配合和参与集团公司的改革，加强了对公司系统《资产经营考核管理办法》执行情况的监督。各单位对二级公司作了进一步的清理整顿，母公司率先规范了职工持股，成立了北京电顾投资公司，集团公司系统引进了“审计综合信息管理系统”，各直属院统一购置了相关硬件设备。

质量管理工作取得新的成绩。集团公司系统已全部通过 2000 版 ISO 9001 标准认证注册。集团公司本部开展了 ISO 19004 的研究调研工作。华北院贯彻“第一次就做对”的质量管理理念，保证其出手质量，为产品质量满足顾客及法律法规要求打好了基础。东北院组织了顾客满意度问卷调查，经反馈信息统计顾客满意率为 100%。咨询公司获得全国电力行业实施用户满意工程先进单位；全国实施用户满意工程先进单位；全国电力行业质量效益型先进企业。

人力资源管理进一步加强。经考核 3 名同志提为正院级领导干部、7 名同志提为副院级领导干部，2 名副院级领导干部进行了交流，集团公司系统领导干部平均年龄 46.4 岁，其中 45 岁以下占 55%。开展了工资制度改革工作，初步确定了由事业工资制度转为企业工资制度的基本框架。

双文明建设

集团公司系统各级党组织坚持以邓小平理论和“三个代表”重要思想为指导，以加强党的作风建设为切入点，全面加强党的思想、组织和作风建设。经国家电力公司三项制度考核，2002年度获得满分。

集团公司系统文明单位创建活动继续在国家电力公司系统保持先进水平。中南院继续保持国家电力公司文明单位标兵称号；华东、西南、东北电力设计院继续保持国家电力公司双文明单位称号，西北院荣获陕西省文明单位称号。

企业文化建设紧紧围绕集团公司创新战略，以提炼企业价值观为核心，组织开展了大讨论。大讨论活动推动了集团公司系统的企业文化建设向纵深发展。

主要事件

1月30日，集团公司在西安召开国电电力工程顾问集团2002年工作会议，总结2001年工作，部署2002年重点工作。

3月29日，集团公司在上海召开国电电力工程顾问集团党政主要负责人会议，传达国发［2002］5号、国阅［2002］18号、国电办［2002］169号文件精神以及国家电力公司有关领导的重要讲话精神，研究、讨论并提出了电力工程顾问集团公司系统管理体制改革方案的建议和电力系统改革方案的建议，以及电力设计分离的政策建议。

5月9日，集团公司在北京召开公司系统改企建制工作汇报会，吕伟业总经理通报了当前电力体制改革工作的有关情况，听取了各单位改革方案的汇报，会议围绕改革工作中的有关问题进行了讨论，对公司系统集团化运作进一步统一了认识，对体改工作具体原则达成了共识。

7月18～19日，集团公司在北京召开公司系统2002年上半年工作总结会议，会议传达了国家电力公司7月16日廊坊会议精神，学习了国电公司有关领导、国家计委基础产业司李彦梦司长等在会议上的重要讲话，吕伟业总经理就公司战略研究作了重要讲话。

（车洪林）

中国水电工程顾问集团公司

2002年是中国水电工程顾问集团公司（以下简称集团公司）发展史上发生历史性转变的关键之年，也是学习之年、管理之年、改革之年、效益之年。集团公司按照上级部门的要求，深入学习十六大精神，全面贯彻“三个代表”重要思想，强化内部管理，狠抓生产经营，严格安全生产，保证了生产、发展和企业队伍稳定。

电力体制改革顺利实施，集团公司成功组建

在党中央、国务院的统一部署下，电力体制改革有序推进，符合社会主义市场经济要求的新型电力体制和管理格局基本确立，经国务院批准，集团公司2002年12月29日在北京正式成立。

集团公司是在原国家电力公司所属中国水电顾问有限公司及有关企事业单位基础上组建的国有企业，主要成员单位包括中国水电顾问有限公司（集团公司正式注册后注销）及北京、华东、西北、中南、成都、贵阳、昆明勘测设计研究院等9个全资企业和水电水利规划设计总院1个事业单位，由中央管理。集团公司实行总经理负责制，领导班子和领导人员由中央管理，资产管理和有关的财务关系在财政部单列。按照《国有企业监事会暂行条例》的有关规定，国务院向集团公司派出国有重点大型企业监事会，对其国有资产保值增值状况实施监督。集团公司注册资本暂定为人民币5.1亿元，不进行资产评估和审计验资。

国务院批准同意：集团公司对有关企业中国家投资形成并由集团公司拥有的国有资产和国有股权行使出资人权利，依法进行经营、管理和监督，并相应承担保值增值责任。在国家宏观调控和监督管理下，集团公司依法自主进行各项经营活动，在保证有关企业合法权益和自身发展需要的前提下，可依照《公司法》等有关规定，集中部分国有资产收益，用于国有资本的再投入和结构调整。集团公司要规范与有关企业的关系，充分调动有关企业的积极性，提高经济效益。集团公司为完成国家任务所需的资源和生产经营条件，凡属国家统一配置范围内的，均在国家相应计划中。

新批准的集团公司主要经营范围是：依法经营集团公司及有关企事业单位中由国家投资形成并由集团公司拥有的国有资产；从事水电和新能源等发电项目的勘测、设计、咨询、监理、施工、项目管理、总承包及相关技术、中介业务等，以及河流（河段）水电规划；从事水电站、新能源及相关产业的开发、投资、经营和管理；相关的信息、软件等新技术开发利用、服务和转让，材料与设备销售，房地产开发；从事工业与民用建筑、水利、电力、环保、交通、桥梁、市政等工程的勘测设计、咨询、监理、施工、项

目管理、总承包及相关中介业务，以及岩土工程；经有关部门批准从事国内外投融资业务；经国家主管部门批准，自主开展外贸流通经营、国际合作、对外工程承包和对外劳务合作业务；经营国家允许或委托的其他业务等。集团公司的经营权限和主营业务明确落实，相关的辅助业权限充分，经营空间进一步扩大，市场竞争力得到有效保护。

生产、经营情况

2002年，广大干部员工紧紧把握住水电发展的大好形势，拼搏进取，积极开拓市场，扩大服务范围，勘测设计、咨询、审查、安全鉴定等常规业务进一步巩固，监理市场得到有效控制，达标投产验收、劳动安全与工业卫生评价、勘测设计招标代理、重大设计变更审查、大坝定检和安全性评价、水电行业环境监理等新兴业务有一定拓展，以设计为主体的水电工程总承包迈出坚实的一步。

生产方面：受国务院三峡建设委员会的委托，圆满完成了三峡工程蓄水安全鉴定各阶段工作，为国家和中国长江三峡工程开发总公司对三峡工程的破堰进水、船闸和截流验收提供了依据；全国水力资源复查全面有序推进；通过集团公司的积极运筹、精心策划和设计院的紧密配合，锦屏一、二级和白鹤滩等项目前期工作进展顺利，特别是华睿公司投资金安桥水电项目前期勘测设计工作，标志着水电前期工作多元投资格局全面开始。在广大勘测设计人员的共同努力下，列入国家十五计划的开工项目全面开工建设。集团公司承担的：在建水电工程38项，包括龙滩、小湾、公伯峡、三板溪、泰安、桐柏等，总装机规模3237.5万kW（其中抽水蓄能电站5项，总装机500万kW）；可研设计31项，包括溪洛渡、向家坝、瀑布沟、糯扎渡、锦屏一级、拉西瓦、宝泉等，总装机规模4736万kW（其中抽水蓄能电站4项，总装机380万kW）；预可研设计33项，包括虎跳峡、白鹤滩、锦屏二级、丰宁、伍员山、仙游、洪屏等，总装机规模3624.9万kW（其中抽水蓄能电站6项，总装机690万kW）；承担的国际项目精心组织设计，认真履行了合同,各项生产按计划有序推进,进展顺利。

经营方面：加大经营力度，积极开拓新的效益增长点，集团公司全年签订合同总额29.26亿元，签订的合同额和资金到位率都有较大增长，国际市场开拓迈出了坚实的一步，经营工作取得了显著成绩。

根据2002年财务决算，全年主要指标完成如下：

(1) 实现营业收入158207万元，较2001年增长30.46%。

(2) 实现利润总额3476万元，较2001年增长37.06%。

(3) 资产总额增长12.67%。

(4) 所有者权益增长8.83%，完成了国有资产保值增值任务。

(5) 实现长期股权投资收益率8.67%。

(6) 劳动生产率15万元/（人·年），较2001年增长31.67%。

全面完成了年度经营预算的各项指标，完成国家电力公司确定的2002年度资产经营考核指标，为集团公司的发展奠定了一定的物质基础。

积极为政府服务，全力做好水电发展规划工作

为了贯彻党中央、国务院关于实施西部大开发战略和“西电东送”工程的要求，集团公司视做好全国水电发展规划为己任，努力为国家有关部门服好务，当好技术参谋。2002年，集团公司专门召开了规划工作会议，对做好水电发展规划工作进行部署。组织集团公司的专家，经过一年的努力，按计划完成了国家计委委托的《中国未来30年水电“西电东送”规划研究》、《水电梯级补偿效益分配办法研究》、《已建水电站社会效益回顾与总结——黄河上游已建水电站社会效益分析》、《水电工程建设征地移民工作管理体制研究》等4个重大专题研究报告。其研究成果已被国家有关部门采用，其中：《水电工程建设征地移民工作管理办法》已由国家计委正式颁布，《水电梯级补偿效益分配办法》国家计委即将颁布，《中国未来30年水电“西电东送”规划研究》成果已被国家电力公司作为全国联网规划研究的基础。

协助国家计委完成了《金沙江中游河段水电规划报告》的审查，为加快我国最大的水电基地——金沙江的水电开发奠定了基础；协助国家计委完成了溪洛渡、向家坝两座巨型水电站的立项论证工作，为国家批准立项建设提供了重要的科学依据；组织完成了黄河茨哈—龙羊峡河段、任河等水电规划和审查工作；开展了怒江、澜沧江上游、雅砻江、大渡河等重要河流（河段）的水电规划和调整规划工作，为大力开发水电创造了必不可少的条件。

科研课题研究和技术标准制修订情况

为保证持续提高勘测设计质量和效率，提升勘测设计生产力水平，集团公司坚持以科技进步为先导，以水电工程项目为依托，以提高水电设计科技含量、降低工程造价为目的，加大科技投入、技术创新和科技管理力度。组织开展了一大批专项科研课题研究、技术标准制修订、软件开发和信息化建设工作，完成了一批具有重要指导意义的科研课题研究成果和技术标准。

全年承担国家电力公司重点科技课题16项，完成并通过验收《特殊地质工程研究》等3项电力重点课题报告，其他13项电力重点课题研究进展顺利。三板溪、糯扎渡等项目的有关关键技术研究也通过业主列入电力重点课题研究。全年开展了60项技术标准制修订工作，已完成上报稿的有《水电工程等级划分和安全设计标准》等11项，完成了送审稿的有《水工隧洞设计规范》等10项，包括《水电工程设计概算编制办法及计算标准（2002年版）》等10项技术标准和规程规范颁布执行。为提高设计技术水平和质量，创出更多的设计精品发挥了重要作用。

加速科技成果的转化和应用，有《工程地质综合分析技术的开发和应用》等6项获得中国电力科学奖三等奖，组织评选集团公司水电科技进步奖18项，其中：一等奖11项，二等奖7项，有力地推动了集团公司的科技进步，为"十五"开工建设项目提供了科技保证。

审定通过了集团公司全国综合业务网络建设总体方案，其中语音网络建设已开始实施。各直属院相继建立和完善了局域网系统平台，拥有各型号的网络服务器近50台，个人计算机约5400台，实现了生产一线人员人手1台计算机和相应的附属设备，计算机出图率达到100%。工程数值分析等工程设计软件、财务、档案等管理软件得到了广泛应用。信息技术在生产、经营、管理和工程设计以及科研等领域的应用更加广泛深入。

组织国家电力公司"工程四优"评选活动，评出优秀工程设计、勘测和优秀计算机软件成果7项。获得全国第八届优秀勘测金奖3项，银奖1项；第十届优秀设计金奖2项，银奖3项，铜奖3项。

（王开成）

中国水利水电建设集团公司

概况

中国水利水电建设集团公司（Sinohydro Corporation）前身为中国水利水电工程总公司，时为国家电力公司的全资子公司。2002年12月，在国家电力体制改革中正式改组为中国水利水电建设集团公司，归中央企业工作委员会管理。在2003年国有资产管理体制改革中，成为新设立的国务院国有资产监督管理委员会监管的中央企业。集团公司注册资本金20亿元，截至2002年年底，所有者权益33亿元，资产总额166亿元。公司共有23个全资子公司，其中包括中国水利水电第一至十四工程局、闽江工程局、基础工程局、富春江水电设备总厂、夹江水工机械厂。共有员工12万余人。

中国水利水电建设集团公司是大型综合性建设企业，具有国家施工总承包一级企业资质、对外工程承包经营权、进出口贸易权、AAA级信用等级。公司经营范围主要包括：国内外水利水电工程总承包及相关的勘测设计、施工、咨询、监理等配套服务；电力、公路、铁路、港口与航道、机场和房屋建设、市政公用、城市轨道、机电安装等工程的设计、施工、咨询和监理业务；机电设备、工程机械的制造、安装、贸易业务；进出口贸易业务；国内外投、融资业务等。公司具备年完成土石方开挖15000万m^3、混凝土浇筑1500万m^3、发电机组安装800万kW、钢结构制作安装10万t的综合施工能力。

公司一直是中国水利水电工程建设的主力军，先后承担了国内70%的大中型水电站和水利枢纽工程的建设任务，建成大中型水电站近百座，总装机容量5000万kW。目前，在建工程包括三峡、龙滩、小湾、公伯峡等特大型、大型水利水电工程达20余座，装机总规模4000余万kW，在"西电东送"、"南水北调"及其他国家重点项目建设中发挥着骨干作用。

改革开放以来，特别是近几年来，公司改革发展取得突出成绩，主要经济指标连续大幅增长。同时，公司积极贯彻党中央提出的"走出去"战略，充分利用国内国外两个市场、两种资源，国际化经营连续取得突破性进展。国际经营规模持续大幅增长，经营层次逐步提高，地域市场进一步拓展，已经在国际国内市场上牢固树立了"中国水利水电建设第一品牌"的良好形象，成为中国水利水电产业"走出去"的排头兵和中国企业"走出去"的一支重要力量。

主要工作

1. 主要经济技术指标全面完成

全年完成企业总产值153.8亿元，同比增长25.8%；新签工程合同额218.6亿元，同比增长29.3%；全员劳动生产率12.7万元/人年，同比增长27.8%，均创历史最好水平。全年实现利润总额4842万元，超额年计划61%。

"三项责任制"得到有效落实。资产经营责任制考核指标全面完成；安全生产控制在考核指标以内，安全生产形势好于2001年；党风廉政建设责任目标全面实现，集团公司和各工程局（厂）两级均为优秀。

2. 国内市场开拓成绩显著

公司坚持发展观点，始终把市场开发作为企业工作的重中之重。全年新签国内工程合同额181.8亿元，同比增长28%。同时，进一步拓展交通、房建、市政、环保、核电站等工程建设领域，非水电工程签约额达30亿元，同比增长20%。

3. 国际化经营取得重大突破

全年完成国际工程营业额2.2亿美元，同比增长46%。新签工程合同额4.3亿美元，同比增长30%。2002年，公司对外签约额和营业额连续第四年居国家电力公司外经企业首位，并被评为国家电力公司系统实施“走出去”战略先进集体，三个国外项目被评为国家电力公司系统“优秀国外工程”。在国内最大外经企业的签约额排名中，2002年位列第6位。

2002年，在与国际知名承包商的激烈竞争中，以集团公司为主导与国内外有关企业联合，中标了埃塞俄比亚泰可泽水电站和马来西亚巴贡水电站，两个项目按股份计算合同额均在1亿美元以上。这类项目规模巨大、技术复杂，在世界水利水电工程领域和当地政治、经济领域具有举足轻重的影响，它们的中标和建设，进一步显示了中国水利水电建设企业运作大型项目的能力和高超的技术水平，提高了公司在国内外经领域、国际市场上的影响力。

2002年，公司进一步发挥大型企业的影响力和带动力，带动国内企业、资金、技术、设备、劳务走向国际市场，为国家“走出去”战略做出了新贡献。

4. 管理体制发生重大变化

在国家电力体制改革的推动下，于2002年底正式组建集团公司，此举对公司的改革发展意义重大，必将有利于优化资源配置，实现规模经营，提高竞争能力和综合实力；有利于推动战略重组和结构调整，改善市场竞争结构，提高企业的整体效益；有利于实施“走出去”战略，树立国际知名品牌，推进国际化经营战略；有利于进一步深化改革，建立现代企业制度。

5. 内部改革引向深入

一是剥离企业办社会职能步伐加快。各工程局（厂）普遍成立了物业管理公司，撤并、移交了公安机构，对后勤服务系统基本实行了市场化、社会化，对学校和医院进行了移交或企业化经营。二是多经（三产和工业）企业的分离、分立有了新的进展。对一些多经企业进行了改制，对一些亏损企业“关、停、并、转”。三是队伍结构调整初见成效。在大量引进人才的情况下，队伍规模继续呈负增长趋势，队伍素质明显上升，并形成一支初具规模的国际人才队伍。

6. 领导班子建设进一步加强

通过思想建设，各级领导班子政治意识、大局意识大大增强，改革的决心、信心和勇气大大增强。通过组织建设，各级领导班子的凝聚力、战斗力大大增强。通过制度建设，为各级领导班子发挥整体功能提供了可靠保证。

2002年，对22名拟提任的局（厂）级领导干部都进行了任前公示，对12个局（厂）的领导班子进行了调整和充实，对6个局（厂）的领导班子进行了整体换届。在领导班子建设中，公司把培养和选拔优秀年轻干部作为工作的着力点，目前，局（厂）级领导班子成员平均年龄46.7岁，较2001年有所降低；加大了干部尤其是一把手的交流力度，集团内部交流9位领导干部，其中3位同志异地交流到新单位一把手岗位，另对2名同志实行行政和党委交叉任职；继续抓好后备干部队伍的建设，截至2002年底，共有局（厂）级后备干部320人，平均年龄41.8岁。

7. 管理创新成效明显

在项目管理方面，进一步强化法人层次（局、厂）的决策中心、利润中心地位，强化施工项目的成本中心地位，通过加强对项目经营者的监管和对资源的集中管理，增强了局（厂）对项目的调控能力。

在资源管理方面，内部市场进一步规范，已经成为企业资源管理的有效平台。通过资金市场，提高了资金的周转率；通过设备市场，提高了设备的利用率和完好率；通过劳务市场，促进了人力资源的合理流动和与外部市场的对接。

在财务管理方面，现代化、规范化水平进一步提高。已建立起覆盖各局（厂）的财务信息管理系统，为推动财务管理从传统的分散管理向集中管理、从事后静态管理向动态管理、从相对分割的职能管理向相互集成的综合管理方向发展创造了条件。围绕财务管理的重点，制订了资金、成本、预算、担保、项目财务管理等方面的管理制度，推动了财务管理的制度化、规范化。

8. 党的建设和精神文明建设成果丰硕

通过多种形式，认真组织学习贯彻江泽民“七·一”重要讲话、“5·31”重要讲话和十六大精神。

把“创建文明工程、文明小区、文明机关”活动作为文明单位创建的重要内容和载体，促进了两个文明协调发展。7个工程局（厂）、99个局（厂）属二级单位被评为2002年度集团公司文明单位，一批单位被地方政府授予文明单位称号。各级党政组织高度重视稳定工作，把发挥思想政治工作优势和切实关心职工生活结合起来，通过艰苦细致的工作，维护了企业稳定。

2002年4月，公司成立了工会工作委员会，加强了对各企业工会工作的指导。为维护职工群众利益，工会组织在国家电力体制改革中积极向上级反映历史遗留问题，争取国家和上级有关部门的理解和支持。

党风廉政建设取得新的进展，防腐反腐工作不断深入。在层层落实党风廉政建设责任制的同时，坚持做好领导人员廉洁自律、查办案件、效能监察三项重点工作。制订了《党员领导干部廉洁自律若干规定》、《领导干部廉政档案管理办法》，并进行了检查落实。

战略发展

基本战略目标：通过当前和今后较长一段时期的艰苦努力，使集团具备以下特征——综合实力和市场竞争能力处于同行业优势地位，具有持续的盈利能力和抗御风险能力；以水利水电及相关工程建设为核心业务，主业更加突出；技术创新能力强，水利水电工程建设技术处于国际同行领先地位，“中国水电建设”在国际同行业成为知名品牌，集团主要企业成为管理技术密集型组织；管理的现代化水平较高，集约化特征明显，劳动生产率、净资产收益率等主要经济指标达到同行业先进水平；具有较强投融资、设计、施工、物资设备采购总承包能力，经营方式适应国际建筑市场需要。总的来说，就是要成为管理技术密集型，集团化、现代化、国际化的国际一流大型企业集团。

主要事件

1月5日，公司党组书记、总经理郭建堂在接受《China Daily》记者专访时说：走出去参与竞争，是成功的关键，水电总公司（集团公司前身）要继续努力开拓海外市场。

1月20日，“西电东送”骨干项目、西部大开发标志性工程、在规模上与龙滩并列第二的大型水电站云南小湾水电站正式开工。公司所属工程局承担了主要施工任务。

1月22日，公司迁入新的办公地点：北京市宣武区白广路二条1号。

1月22日，就大型卖方信贷项目伊朗塔里甘水利水电枢纽工程，公司与中国出口信用保险公司在北京举行保险合同签字仪式，党组书记、总经理郭建堂在合同上签字。

1月24日，公司受国家电力公司委托，具体承办国电系统外经工作会议。会上，公司作为外经先进单位，作了典型经验发言。

1月30日～2月1日，公司2002年工作会议和纪检监察工作会议在北京隆重召开。

3月9日，公司召开系统总会计师座谈会。党组书记、总经理郭建堂在讲话中提出“以实现现代化财务管理目标为中心，努力提升财务管理水平”的要求。

4月1日，胡锦涛视察了百色水利枢纽工程，听取了承担百色水利枢纽工程RCC主坝项目的公司系统“闽一黄”联营体的工作汇报，勉励大家要以高度的使命感、责任感，保质保量的完成工程的建设，为老区脱贫致富作出贡献。

“五一”前夕，公司系统李积伦、姚源涛、王思义3名职工荣获全国“五一”劳动奖章。

5月15日，公司与水利企业协会等单位联合举办的“小浪底国际工程管理经验与入世后水利水电企业发展高级研讨会”召开。

5月20日，江泽民到紫坪铺水利枢纽施工现场考察，看望了公司系统工程建设者。江泽民强调，水电施工要兼顾防洪、发电和环保等综合效益，合理开发利用，造福后人。

5月24日，胡锦涛到尼那水电站工地考察工作，并亲切看望公司系统职工。

6月7日，泰可泽水电站项目签字仪式在埃塞俄比亚首都亚的斯亚贝巴隆重举行。该项目是迄今为止中埃乃至中非最大的经济合作项目。

7月18日，三峡三期工程竞标结果揭晓，公司系统联营体青云公司、三七八联营总公司承揽近半施工任务。

7月20～22日，公司2002年安全生产工作会议在银川召开，党组书记、总经理郭建堂作了重要讲话。

7月24日，埃塞俄比亚贸工部部长等一行7人的政府代表团来访，希望与公司进一步合作。

8月，美国《工程新闻记录》在互联网上统计公布2001年全球最大225家国际承包商排名，公司位列第128位，比2000年上升8位。

12月29日，中国水利水电建设集团公司连同其他10家中国电力新组建（改组）公司宣告成立。成立大会在人民大会堂隆重举行，曾培炎出席大会并作了重要讲话。党组书记、总经理郭建堂代表集团公司揭牌。

（赵新华）

中国华电工程（集团）公司

概况

中国华电工程（集团）公司（国家电力公司电力机械局），以下简称“华电”，是国家电力公司的全资子公司，注册资本金2.16亿元，截止到2002年12月31日，资产总计29亿元。

主要任务完成情况

1．完成生产经营目标计划

2002年在全体员工的共同努力下，华电实现销售收入15.4亿元，本部销售收入达7亿元；利润3200万元，本部利润1580万元；分别比2001年同期实现销售收入增加2.4亿元，本部增加1.3亿元；利润增加489万元，本部增加300万元。公司本部新签合同10亿元，是全年计划5亿元合同额的200%。

物料输送部自主开发设计了国内最大的煤炭用斗轮堆取料机（取料能力6000t/h、臂长55m）、圆形料场系统及关键设备技术，其秦皇岛化肥管带机项目是第一次采用美国管带机技术投入运行的项目。建立了部门和分公司主要负责人经济责任制，全年共实现合同额39211万元，销售收入11720万元，利润321万元。

钢结构部坚持“一体化”战略管理模式和加强考核的“高效益、高素质、高收入”三高原则，注重合同效益，尤其是对合同执行的财务预算严格把关。目前行业外两个重头项目——“日照木浆”和“仪征化纤”已顺利通过验收。全年共实现合同额17550万元，销售收入10000万元，利润300万元。

水处理工程部开发出具有自主知识产权，其技术在国际先进、国内领先的“高塔分离法”凝结水精处理设备，申报专利、注册商标获得批准。已完成的荷泽电厂凝结水项目是华电采用美国Filter公司技术取得的第一个投产项目，巩固了华电水处理在凝结水处理领域的市场地位。全年共实现合同额11228万元，销售收入4587万元，利润317万元。

管道工程部在上海外高桥电厂二期工程2×900MW超临界机组高压给水管道系统中成功开发应用了具有国际先进水平的CAESERⅡ管道应力分析程序，该项目工厂化分包为国内单机容量最大项目，奠定了管道专业在国内外大容量机组管道工厂化的地位。全年合同额约11121万元，销售收入3800万元，利润110万元。

输变电部开发的铁塔成套招标代理新业务取得可喜成果，全年实现合同额1200万元，销售收入3114万元，利润260万元。

环境保护部2002年获得五项专利，另外还有两项专利正在审查中。其承担的丰镇电厂除灰系统1.8km双套管输送系统一次性调试成功，该输送距离是采用双套管技术输送距离的国内之最。全年实现合同额7486万元，销售收入4200万元，利润130万元。

海外工程部与厦门公司共同发展，全年累计合同额19560万元（含代理额），销售收入16190万元，利润100万元。

水电设备与施工机械部完成了一项专利申请和一项专有技术的专家评审。三峡水电站波纹管已全部交付安装并获得业主好评。全年新签合同1316万元，销售收入530万元，利润18万元。

人工环境公司取得了建设部智能成套安装二级和机电安装三级资质，5位员工取得了二级项目经理资质。健全销售网络，在全国的办事处已增加至25个。全年北京公司实现合同额3305万元，销售收入2562万元，利润99.9万元。

中光公司有较大突破，全年累计合同额500万元。继续协助集团及各公司做好注册地与经营地工商税务协调工作。

华电科贸公司加强各项管理工作。全年新签合同468万元，销售收入431万元，利润20万元。

培训中心努力经营六里桥资产的同时，在集团公司小型基建费用申请上协助计划部作了卓有成效的工作；房改工作全面完成。

华电质量技术咨询公司全年新签合同129万元，销售收入101万元，利润23万元。

华电投资公司的物业管理等各项工作已进入正常运行轨道，在组织华电集团和华电工程公司办公地点落实中作了大量辛苦工作。全年实现销售收入1953万元。

悦宏达公司全年新签合同150万元，销售收入150万元，利润8万元。

抗磨公司全年共完成25个项目，新签合同893万元，销售收入450万元，利润20万元。

摩迪能源公司克服市场变化带来的困难，及时调整经营计划，全年实现销售收入495万元，利润10万元。

株洲电力机械技术公司全年新签合同857万元，销售收入450万元，利润3万元。

2. 经营保持难得的稳定，同时呈现出新的特点

2002年面临国电公司改革关键时刻，党组和领导班子与全体员工一起同心同德，保持了经营状态稳定并取得适度发展，充分显示了华电工程集团适应市场和环境变化的整体素质，经营表现出以下几个特点：

（1）以新技术作为突破或支持的市场项目增加：钢结构部利用管桁设计技术和物料部合作拿下天津港散货物流钢结构总包；市场部牵头与德国GEA公司合作中标大同二电厂空冷系统；环保部与三菱合作参与大巷脱硫工程，并加大对环保新技术——FGD、布袋除尘器技术和市场的投入；物料输送部管带机新技术在秦皇岛矿石码头中中标；抗磨公司的双金属复合耐磨管道获国家新型实用专利，已用于上安电厂，显示了华电工程集团的技术特色在市场营销中的作用，为公司进一步发展、形成自主知识产权奠定了重要基础。初步估算，2002年新技术对市场的贡献率达

30%。

(2) 海外市场和行业外领域拓展取得良好进展：海外工程部中标的美国水电项目、缅甸输变电项目正在执行，印尼火电站项目、巴基斯坦水电项目正在积极争取中；管道部的伊朗 SHAND 电厂（2×325MW）工程收尾；物料输送部在天津港物流中心项目；钢结构部在化工建筑领域；人环公司在铁岭供电局电锅炉供热项目的取得，显示了专业优势在行业外市场的作用，拓展了华电的生存空间和发展空间。据初步统计，行业外市场订单占整个市场订单的37%，有些专业已占到90%。

(3) 新的经营方式暂显成效：市场部牵头签署了山西原平热电厂二期（2×50MW 机组）工程设备的总承包，涉及金额 1.2 亿元；输变电部配合国家电力公司电网建设分公司进行了三峡工程 500kV 铁塔招标工作，第一次以成套方式参与经营；专业合作方式由一般性项目的市场合作转向项目的技术合作，如：物料部和钢结构部在管带机结构设计和天津南疆的皮带机长廊结构设计中的深层次的技术合作。

(4) 出现 8 个合同规模超亿元的专业或单位：

本部由原来 2 个合同超亿元的专业发展到 6 个合同超亿元规模的部门，其中物料输送部（3.5 亿元）、钢结构部（1.75 亿元）、水处理工程部（1.12 亿元）、管道部（1.11 亿元）、海外工程部（1.95 亿元）、市场部（1.43 亿元）。

直属厂、所中有 2 个合同规模超亿元单位：南自总厂（10 亿元）、杭机所（4 亿元）。

(5) 取得多项国家级科研项目，课题费用近1000 万元：围绕国家电力公司“十五”期间调整电源结构、加强电网建设、推进全国联网的发展方向，2002 年华电工程集团承接了西北电网 750kV 输变电工程、燃煤电厂环保、烟气脱硫、冷却燃气轮机提高效率、起重机械加强安全可靠性等多项课题。

3. 财务管理整体水平进一步提高

(1) 资金管理逐步实现合理化，财务管理向现代企业管理迈进。资金财务部完成了集团公司综合经营计划中经营预算的制定和落实；在项目资金的回收和使用上，提出“计划管理、余额控制、量入为出”的理财思路，推行内部模拟银行，建立项目资金回笼的激励约束机制，实现了项目收付款顺差；在经营资金筹措上，积极开展银行借款的还旧借新工作，新增贷款 4000 万元；全年减少财务费用 500 万元以上，当年实现退税 470 万元，取得补助工资指标 500 万元；再次取得 3A 银行信誉等级证书，取得保函授信 2000 万美元，信用证授信 500 万美元。

(2) 销售和管理两项费用控制显现成效。在资金财务部配合、指导下，各专业公司先后制订了新的“财务报销制度”、“费用定额报销管理办法”、“部门费用管理细则”等，使财务在经营和项目执行过程中发挥预测和指导作用，以规范行为，控制开支。2002 年本部两项费用开支为 3997 万元，控制在年初预算范围之内。

(3) 综合计划管理进一步深化。由发展计划部牵头，在 2001 年实行综合计划管理考核办法的基础上，把综合计划管理范围从本部和控股公司扩大到涵盖直属厂、所，并对参股公司提出指导性计划目标。配合控制费用的目标实现，第一次引入了费用预算指标和费用利润比指标；汇总完成国电公司布置的“第二次全国工业基本单位普查”工作；主持运作的“桂冠电力”项目正式流通，获利 2600 多万元；配合各方进行公司改制、清理，所属五厂、三所 2002 年改革全部有所动作。

(4) 人力资源管理框架进一步完善。人力资源部完成 2001 年度公司本部员工的绩效考核及奖惩工作并积极引进人才；会同发展计划部、资金财务部完成华电工程集团本部各部门 2002 年度《工作目标协议》的草拟及组织签订工作；组织出台了华电工程集团《员工招聘管理办法》、《住房公积金管理办法》；为提高员工素质需要，配合出台了《2002 年度培训计划》，并按计划在相关部门协助下成功组织了 450 人·次的员工培训，是华电工程集团迄今为止培训力度最大的一个时期；出台华电工程集团《社会保险管理办法》，进一步理顺社保关系；在住房公积金的新建、补建，社保、医保的建立，职称评定，解决户口进京等方面做了大量工作，免除了员工后顾之忧。

(5) ISO 9000 质量体系管理上了一个新台阶。质量和技术管理部按照年初的安排于 2002 年 4 月组织完成了 ISO 9000（2000 版）内审，5 月组织了管理评审，10 月通过了 2000 版取证工作；协同人力资源部完成“项目经理资格分档管理规定（草案）”，协同商务及法律事务部完成“采购合同范本”；完成华电工程集团 ISO 14001、OHSMS 18000 管理体系文件讨论稿。

(6) 规范化管理进一步加强。2002 年公司出台11 个管理办法，其中商务及法律事务部出台了《印章管理办法》、《设备采购合同范本（中文）》、B 版的《合同商务及法律评审工作指南》；党组办出台了《集团公司派出董事、监事及高管人员管理办法》、《贯彻落实党风廉政建设责任制实施办法》，包括 2000 年以来其他已出台和正在制定、即将出台的管理办法，已初步搭建起现代企业制度下公司规范化管理框架。

市场部继续进行市场推广和大项目跟踪工作；配合各专业部门进行工程资质的申报、申办：取得了涉及火电、水电、输变电及环境工程领域的“工程咨询甲级资质”、钢结构部积极申报的华电工程集团甲级设计专项资质已初评通过、管道部完成通过了ASME工程资质和设计认证（S和PP钢印）工作、人工环境公司取得了建设部智能成套安装二级和机电安装三级资质；成功主办了由建设部委托的“建设项目工程总承包项目经理培训班”，取得良好效果；同时，在华电集团成立过程中做了大量服务工作。

商务和法律事务部组织实行了《采购合同评审流程》；办理了总公司进出口企业年审；取得了对外经济贸易合作部批准的外经权；评审合同315个；组织了范围和内容不同的宣贯会和普法培训共8次；参与解决公司的法律诉讼和争议。

审计部代表集团参加国电公司审计学会成立大会并被增补为理事会成员单位；编制和上报国家电力公司2001年度审计报告；完成《中国华电工程（集团）公司离任审计办法》草案；完成对7家子公司的审计工作。

党组办完成了对直属厂、所领导班子党风廉政建设等各方面的考核；为保持华电工程集团稳定发展做了大量工作。

总经办完成了2001年大量的文件立卷存档工作；与各部门签订了交通安全责任书；协助领导班子及各部门做了大量日常管理工作，很好地起到下情上报、下情下达作用；协助大华电筹组做了很多服务工作。

(7) 直属厂、所改革改制和经营工作有实质性进展，本部成立了自然人公司。2002年是华电工程集团的子公司和其本身改革改制工作量最大的一年。十几个改革、改制报告涉及到资产、土地、人员、产业及稳定、发展等深层次、多层面的问题。

按照2002年党组关于规范公司管理和2001年调整经营结构战略，发展计划部摸清待清理的二十几家公司基本情况，完成了对深圳公司、华力通公司、北京华电四棱耐磨公司、长春华电物资公司的转让清理工作；正着手郑州抗磨公司的清理；地力房地产、华电工程引入战略投资者实现了华电减持；远东电缆和中山电力中华电股份的转让退出已基本完成。

南自厂全年实现合同额10亿元，销售收入9亿元，利润3000万元。以南自体系整体改革的初步方案已向华电集团公司汇报，贺总表态支持改革，要求方案做细致，更具可操作性。现南自和发展计划部正按贺总要求做相关方面工作。

杭州厂在地方政府对中央企业支持缺位和厂内员工认为改不改无所谓的艰难状况下，2002年10月后再次启动改制工作。现正抓紧进行资产评估等工作。其2002年的销售产值比2001年有较大增长，钻机、灌浆泵、搅拌机等产品大幅度产出。

武汉厂在地方政府大力支持下，抓住整体搬迁改造机遇寻求发展，以土地置换整体搬迁，改制已进入土地中心挂牌交易阶段。搬至新开发区的规划已基本完成。

扬州电讯仪器厂改制运行已一年时间，生产经营出现稳中增长态势，现正抓紧改制后期工作。

吉林水工机械厂由于2001年末已资不抵债，目前最大的问题是保持职工稳定和推进改制。对出现的几起突发集体上访妨碍交通事件，在华电工程集团支持和指导下吉林水工厂领导班子克服困难做了大量解释、疏导等工作，把矛盾化解在基层；华电工程集团筹资帮助解决了下岗职工的低保问题。吉林厂相继成立了4个有限责任公司，一些员工开始能够上岗工作。

3个研究所正按国家和国电公司的要求按步骤加紧进行科研院所的转制工作。杭机所克服市政建设动迁办公楼的特殊困难，经营取得长足发展，全年实现合同额4亿元，销售收入1.5亿元，利润100万元；郑机所在探索进入市场求生存上做了很多工作。

12月13日华电工程（集团）公司本部的自然人公司“北京华电恒基能源技术有限公司”正式设立，为华电工程集团进一步改革、发展提供了平台。

(8) 精神文明建设继续取得进展。2002年公司荣获“北京市献血先进单位”荣誉称号；荣获国电公司授予的“先进机关党委”、“先进机关工会”、“先进妇女工作小组”等荣誉称号；直属厂、所中有五个单位被评为“双文明单位”；公司共有22人·次获先进个人奖。

完成了工会的换届改选工作；成立了机关团委；协助做了很多华电集团办公地点搬迁的后勤服务工作。

做到了无法论功、无重大安全和生产事故、无违犯党风廉政建设条例事件，为保持稳定做出贡献。

主要事件

1月5日，中国华电工程（集团）公司设立“商务及法律事务部”。

3月10日，公司出台了“四五”普法规划。

3月25日，战略投资者法人配售的“桂冠电力”正式流通。

4月18日，国家电力公司电站起重设备资质审查办公室向国家质检总局申请更名为：全国电站起重机械安全监督检验中心。

5月29日，国家知识产权局为公司颁发“等通径套筒限位式波纹管膨胀节”专利证书。

8月24日，南京电力自动化设备总厂等5个单位，获国家电力公司“双文明”称号。

9月28日，全国职业安全健康管理体系认证机构认可委员会对“北京华电万方管理体系认证中心”给予认可。

10月8～9日，通过了ISO 9001（2000版）的审查工作。

11月，取得AAA银行信用等级。

12月，取得了涉及火电、水电、输变电及环境工程领域的“工程咨询甲级资质”。

12月13日，“北京华电恒基能源技术有限责任公司”完成工商注册。

12月29日，“中国华电集团公司”在北京宣告成立。

（张海青）

中国电能成套设备有限公司

2002年，公司负责招标成套及投产的机组共49台/1894万kW，其中火电机组35台/1313.5万kW，水电机组14台/580.5万kW，为国家电力公司及三峡等有关的38个输变电项目进行了招标代理工作。

2002年公司销售收入2.1亿元，销售收入再创历史新高。完成利润总额526.7万元，税后利润339.6万元，净资产收益率2.67%。主要做了以下几个方面的工作：

开拓市场、优质服务，不断拓展核心业务内容

2002年，各业务部门全面超额完成经济承包指标。在主辅机设备招标、设备监造、设备进口、技术咨询、现场服务、协调交货进度、前期项目开发等方面适应了市场，积累了经验，锻炼了队伍，提高了技术业务水平，取得较好的成绩。

（一）火电建设项目主辅机设备招标主要完成工作

（1）签订石家庄技改、嘉兴、长兴、徐塘技改、合山、焦作华福技改、白马、平顶山、攀枝花、衡水、河北热电、利港、登峰、广安、周口、哈密、喀什共17个项目的成套服务合同。

（2）主机设备招标进行了北海、常熟、登峰、广安、衡水、温州、叶县、盘南、攀枝花、中宁、谏壁等11个项目共计23台/706.5万kW，完成了石嘴山、彭城主机的续签合同，进行了焦作、平顶山主机设备招标书出版及招标的前期准备工作。

（3）辅机设备招标共进行了北海、常熟、登峰、广安、衡水、温州、叶县、嘉兴、定州、曲靖、周口、台山、石家庄等13个项目共计25台/1040.5万kW。

（二）水电项目的招标代理、技术咨询等工作有了新发展

顺利完成了广西龙滩7×700MW机组的招标代理、合同谈判和山东泰安抽水蓄能电站4×250MW机组国际招标咨询服务工作。这两个项目的具体实施，使公司在水电设备招标成套、咨询服务业绩方面上了一个新的台阶，为公司今后开拓市场、扩大业务范围奠定了良好的基础。

先后配合业主完成了龙滩、公伯峡、洪家渡、吉林台、恶滩、平班6个项目的机电设备的招标代理及合同谈判工作，协助业主完成国内外水轮机模型验收试验的有：恶滩、吉林台、洪家渡、平班水电站。

（三）输变电部超额完成全年工作指标

为国电通信中心和国电信息中心负责的10个项目进行招标代理：主要有办公自动化系统、存储备份系统及系统集成管理、国家电力公司卫星电视会议系统、国家电力数据网工程、北京地区数据网工程、光环网ADSS光缆工程、河北中调—邯峰电厂光缆通信工程、武南—东善桥—繁昌光通信系统工程SDH光纤通信工程、三峡交流及龙政直流工程电源设备、SDH传输测试仪、中电飞华光通信设备、语音平台系统、华沟道光缆。

为国电公司发输电部负责的7个项目进行代理招标：葛南直流通信系统改造工程、葛南直流调爬复合绝缘子、联合国贷款内蒙、重庆、天津、沈阳、大连GIS项目。

为国家电力公司电网建设分公司负责的12个项目进行代理招标：500kV邯郸东变电站、新乡变（扩）电站、惠州换流站、荆州换流站、长沙变（扩）电站、宜兴变电站。还有：灵宝换流站、新乡—安阳—邯郸线、福建—金华Ⅱ回、陈长线、三广线、三万线。

（四）利用进出口经营权积极开发市场

2002年新签订进口合同27个，合同总金额1160万美元。其中与中招国际招标公司合作进行国际公开招标，为曲靖电厂代理进口500kV断路器设备。为国家电力公司国电通信中心、电网建设分公司分别代理进口了三峡输变电等工程光通信设备、三峡—广东500kV直流输电线、保廉线、新安线、安邯线路光缆和金具设备，还进行了三广线SDH设备的招标、评标工作。

（五）设备监造工作取得较大发展

签订了13个项目的监造合同。完成并结束监造项目有火电、水电、输变电共17个项目：沙岭子、益阳、信阳、云浮、盘山、准格尔、姚孟改造、石嘴

山配套、公伯峡、金河、龙首二级、洪家渡、陈家桥—长寿、杭东、福州—金华、荆门、长寿500kV站。正在进行中有15项：长兴、株洲、嘉兴、曲靖、鲤鱼江、蒲城、定洲、荆州、宜兴变电站、叶县、合山、宣威、黄石、耒阳、登封。

出版了《监造工作简报》659期、《监造工作总结》并通过互联网向用户通报设备监造质量状况和生产进度。与制造厂签订设备监造协议95份，比2001年同期增加30%左右的工作量。

（六）其他相关工作

完成国家电力公司下达的《输变电设备国际招标文件技术规范书范本》编制并组织进行英文翻译、校对、出版、发行等工作；对《超高压电力变压器类设备事故分析及防范措施》进行了汇编收集资料、编排、出版、发行等工作；编制审查和出版《2001年开关质量汇编》。

加强管理、完善制度、提高效率，把企业管理的重点转移到降低成本，提高企业的效益和整体素质上来

（一）进一步做好会计核算的各项基础工作

加强内部控制制度建设。建立了财务用章、支票管理、档案管理等制度；编制财务管理和会计核算制度，起草了中国电能成套有限公司财务的《稽核管理》、《资金管理》、《费用成本管理》等办法，为公司财务管理和会计核算奠定了坚实基础。

加强成本分析和成本控制。在提高现有财务会计软件功能的基础上，修改会计核算办法，适应了公司经营管理需要，实现投资核算与新会计制度接轨。

加强财务预算管理，预算按月、季度分解，使领导及时掌握费用支出情况，提高了预算控制能力，保证了全年经营指标的完成。

（二）不断完善企业管理制度

完善公司管理制度，维护企管体系的正常运行，贯彻执行公司已发布的企业管理体系文件，根据实际情况，对《合同管理办法》、《车辆管理办法》进行了补充修改。发布和实施了公司《医疗费用管理暂行规定》、《投资管理办法》和《纪念品管理办法》；草拟了公司《节约开支及费用控制暂行规定》组织完成了有关财务的三个管理制度（预算、资金、成本费用管理）的草稿；设计完成了“项目合同台帐”记录表，陆续建立起公司各部项目合同台帐，使合同从签定到执行完毕始终处于受控状态。

（三）进行了内部质量体系审核和换版工作

完成了质量体系第三次监督审核和对公司有关部门的质量体系定期监督审核，公司质量体系得到了有效控制和持续的改进，证书保持有效。

进行了质量体系文件2000版的转换工作，为维护和保持质量体系的有效运行，为2003年重新取证打好基础，组织编写完成了2000版质量体系文件19个，其中，质量体系指导性文件《质量手册》1个，程序文件17个，修改企业管理体系文件（通用文件）1个。新版文件于2002年12月18日发布实施。

（四）信息工作紧紧围绕公司的业务和公司各项管理及用户的需要来开展

2002年已经设计了备品备件数据库构架，为备品备件工作的进一步发展奠定基础；从互联网上为用户提供设备监造的质量、进度等信息。2002年在公司OA系统中新开发了合同管理、授权书和药费等管理应用，为提高工作效率，节约开支，规范管理提供了有利的技术支持。

公司精神文明建设为企业各项工作的开展提供精神支持，取得丰硕成果

坚持两个文明一起抓的方针，在搞好业务工作的同时，大力加强公司的精神文明建设，积极抓好职工的思想教育和党的建设。2002年中组织了全体干部员工特别是党委成员、中心组成员学习了江泽民同志“三个代表”重要思想、十六大文件的学习活动；开展了党风廉政教育活动，签订了廉政责任书，进行了廉政建设考核检查工作，建立了处以上干部个人廉政档案；组织“国电杯”电力科普知识竞赛活动；开展了评选“两优一先”和“巾帼建功”及文明职工、文明家庭的创建活动；开展了与“法轮功”做斗争的教育活动。2002年公司继续保持了中央国家机关文明单位的光荣称号。

12月8日是公司成立30周年纪念日，公司举行了隆重而简朴的纪念大会，公司董事长谢振华做了题为《总结成绩，展望未来，开拓前进》的讲话；国家电力公司贺恭副总经理、国投电力公司卜繁森总经理、中国电力投资集团公司筹备组组长王炳华及部分兄弟单位主要领导参加大会，与会的主要领导对公司30年来为电力建设做出的成绩，给予充分肯定。

12月29日，经国务院批准，公司原由国家电力公司控股的股份划转到中国电力投资集团公司。

主要事件

2月25日，公司以中电成套火［2002］11号文发出国华定洲发电厂一期工程2×600MW火电机组辅机设备预中标通知。

5月30日，以中电成套总［2002］64号《关于申请工程招标代理机构甲级资格的报告》，申请建设部工程建设项目招标代理甲级资格。

9月17日，公司以中电成套火［2002］116号发

出华润电力（常熟）有限公司 2×600MW 超临界机组第一批主机设备招标通知。

10月9日，向外经贸部报送《申请国际招标资质预乙级资格》（中电成套总［2002］110号）的报告及有关材料。

11月26日，公司以中电成套火［2002］134号发出华润电力（常熟）有限公司 2×600MW 超临界机组主机设备中标通知。

12月29日，电力体制改革，原国家电力公司的股份划转到中国电力投资集团公司。公司领导班子成员为：谢振华、房家栋、施宙、马秀国、齐抗美、琚立生。

附件：

2002年公司完成的主要大中型机组项目明细表

（单位：台×万 kW）

一、火电成套项目

1. 主机招标：

常熟二期	2×60	盘南	4×60
中宁	2×30	谏壁	2×30
广安二期	2×30	北海	2×30
登峰	2×30	衡水	2×30
温州三期	2×30	叶县	2×13.5
攀枝花技改	2×13.5		

2. 辅机招标：

嘉兴二期	4×60	常熟二期	2×60
定州一期	2×60	广安二期	2×30
台山	2×60	温州三期	2×30
登峰	2×30	曲靖二期	2×30
衡水	2×30	北海	2×30
石家庄	2×20	周口	2×13.5
叶县	2×13.5		

二、水电成套项目

龙滩	7×70	公伯峡	5×30
洪家渡	3×20	恶滩	4×15
吉林台	4×11.5	平班	3×13.5

三、设备监造项目

沙岭子	4×30	益阳	2×30
信阳	2×30	云浮	2×12.5
龙首	3×1.5+0.7	贡川	2×2.15
棉花滩	4×15		

四、技术咨询项目

中宁　2×30

（李川云）

中国安能建设总公司（武警水电指挥部）

工作综述

2002年，水电部队坚持以“三个代表”重要思想和十六大精神为指导，认真贯彻武警总部党委总体思路和对警种部队提出的“双四句话”要求，紧密结合实际，积极探索规律，认真抓好落实，努力完成以施工生产为中心的各项任务，部队整体建设水平稳中有进，保持良好发展势头。

（1）坚持用党的最新理论成果武装头脑，思想政治建设进一步加强。支队以上党委机关采取中心组学习、举办理论集训班、召开研讨会等形式，认真学习江主席“5·31”重要讲话和党的十六大报告，加深对党的最新理论成果的认识和理解，在支队以上党委机关进行以学习贯彻“八个坚持、八个反对”为主要内容的党风教育，使领导机关作风不实问题得到集中治理；认真贯彻干部队伍“四化”方针和德才兼备原则，调整配备团以上干部259人，优化班子的知识结构和年龄结构；着眼加强支队以上党委班子建设，指挥部党委常委6次带领机关工作组下部队进行考帮建，通过集中讲评、参加民主生活会、分类指导和重点帮扶，使各级党委班子建设的整体水平得到提高；严格落实领导干部廉洁自律规定，加强对团以上干部的教育管理和监督，党风廉政建设有新进步；广泛开展“赞颂新成就，迎接十六大”的专题教育，广大官兵的政治责任感和使命感进一步增强；以密切内部关系为重点，扎实开展经常性思想教育，部队内部团结进一步巩固；加大对先进典型的宣传表彰力度，激发广大官兵争做“党和人民忠诚卫士”的热情，涌现出以“中国十大女杰”赵秀玲为突出代表的一批先进典型。

（2）坚持以提高经济效益为重点，中心任务基本完成。认真贯彻落实武警总部中心工作会议和警种工作会议精神，狠抓施工生产各项任务的落实。投标工作遵循“三为主”原则，落实“三个到位”要求。在市场竞争十分激烈的情况下，全年寻找任务16.4亿元。贵州洪家渡、广西龙滩、新疆吉林台、河南盘石头、西藏金河5个主要工程施工形势良好，吉林台、金河、水布垭顺利实现截流，三峡永久船闸顺利通过无水调试验收、三峡导流明渠下游围堰截流成功。

认真贯彻武警总部重庆工作会议精神，按照“三管一提高”的要求，狠抓工程项目部建设，强化工程管理。在建工程全面落实施工项目负责制。下大力提高经济效益，召开指挥部中心工作会议进行专题研究，出台《关于提高经济效益的若干规定》，采取清理外包队伍、合理调配人员设备、加大项目评估力度、加紧培训紧缺工种人员等有效措施，扭转部队经济效益下滑的局面。全年共完成施工总产值21.14亿元，占20亿元年度计划的105.7%。其中自营产值12.4亿元，占14亿元年度计划的88.7%。

(3) 注重抓好施工质量和安全工作。积极组织质量、环境、职业健康安全综合管理体系认证工作，单元工程合格率达到100%，工程优良率达到85%以上。坚持“三工制度”，施工生产未发生重大安全事故，实现无等级质量事故、无施工亡人事故“双零”目标。坚持科技创新，进一步提高部队施工技术水平生产能力。三峡永久船闸直立墙开挖锚固技术和天生桥一级水电站面板堆石坝填筑技术获中国电力科学技术进步二等奖，三峡永久船闸直立墙开挖技术获全国工程爆破协会科技进步一等奖。组编的《水利水电施工手册》第二卷正式出版发行。编写《质量事故警示录》，对近10年来个别工程质量事故进行剖析，警示部队。年内，指挥部获国家建筑企业水利水电施工总承包特级资质，水电一、二、三总队均获得一级资质，为增强部队竞争力，促进部队的发展奠定良好基础。

(4) 狠抓部队管理教育。结合贯彻落实新条令，按照武警总部“三个回合”的总体部署，坚持边学边改，着重纠正一日生活不正规、警容风纪不严整、礼节礼貌不周到、施工现场不文明等问题，官兵的纪律观念、号令意识明显增强。狠抓正规化建设。认真贯彻落实武警总部在森林指挥部和廊坊召开的两次正规化管理现场会精神，通过召开正规化现场观摩暨讲评会、新大纲集训和规范实施方案，“三个层次”的正规化水平有新的提高，“四个方面”的问题得到重点整治和规范。围绕治理解决“五个重点问题，突出抓好重点工程、重要时期、重大任务中的管理工作，确保了部队安全稳定。着眼提高基层党支部和党员队伍的能力素质，运用“三治”和“四评”的方法，普遍对党支部进行帮建，对党员进行民主评议，对干部进行称职等级评定。着眼运用典型推动基层建设，在全面考核的基础上，表彰了4个先进支队和15个标兵中队。

(5) 坚持“两保一抓”，后勤综合保障能力提高。认真贯彻“两保一抓”总体思路，进一步正规后勤管理秩序，提高保障能力。组织水电部队后勤保障特点规律研究，举办后勤部（处）长集训，集中梳理工作思路。针对工资发放、成本控制、车牌管理和基层后勤管理等问题进行专项治理，建立工资季报制度、施工企业快报制度、基层财务管理及核算办法。积极落实、稳妥推进财务预算、住房制度、大宗物资集中采购等改革。新建永久性住房7160m^2，临时住房24260m^2，改建洗澡设施24个，疏通军粮属地供应点23个，百人以上的施工点都配备了有处方权的医生。投入资金10153万元，完成设备大中修120台（套），更新设备133台（套）。规范军械装备和爆破器材管理，全部队军械库（室）全部达到“三化”要求。狠抓不经商问题清理检查，基本完成厦门安能公司转让和深圳安能公司歇业任务。

主要事件

1月16日，中共中央政治局委员、国务院副总理吴邦国视察武警水电第一总队二支队承建的贵州洪家渡水电站工地并做重要指示。

1月23日，中共中央政治局委员、广东省省委书记李长春在副省长李容根、广东省水利厅厅长周日方、副厅长彭泽英等领导陪同下，视察水电部队承建的广东东莞市东深供水改造工程，并亲切慰问部队官兵。

2月19日，中共中央政治局候补委员、书记处书记、中组部部长曾庆红一行9人在三峡总公司党组书记、副总经理李永安等领导陪同下，视察武警水电部队承建的永久船闸工地，并与武警水电三峡工程指挥部领导合影留念。

2月24～25日，水电指挥部召开党委扩大会议，总结2001年工作，研究部署2002年工作。

2月25日，武警水电指挥部在京召开水电部队精简整编工作会议，对水电部队精简整编工作的组织实施进行详细布置。

3月28日，中共中央政治局常委、国务院副总理李岚清视察武警水电第一总队二支队承建的贵州洪家渡水电站工程。

3月31日，国家防汛抗旱总指挥部副总指挥长、水利部部长汪恕诚一行在湖南省委书记杨正午、省长张云川，长沙市委书记梅克保、市长谭仲池等领导陪同下，视察武警水电第二总队承建的长沙市长善垸、潇湘大道防洪工程。

4月3日，全国政协副主席、国务院三峡工程质量专家组组长钱正英率专家组成员，视察水电部队承建的三峡永久船闸工程，对船闸混凝土施工质量给予肯定。

4月14日，中共中央政治局委员、国务院副总理吴邦国在三峡总公司总经理陆佑楣的陪同下，视察由武警水电部队承建的三峡永久船闸工地。建设做出更大贡献。

4月23日，新疆维吾尔自治区主席阿不来提·阿不都热西提一行到武警水电第二总队七支队承建的希尼尔水库工程工地视察。

5月6日，新疆自治区党委书记王乐泉视察由武警水电三总队承建的新疆吉林台一级水电站工程。

5月20日上午9时30分，中共中央总书记、国家主席、中央军委主席江泽民在中央政治局候补委员、组织部部长曾庆红，四川省委书记周永康、省长张中伟、成都军区司令员廖锡龙等有关领导陪同下，视察四川紫坪铺水利枢纽工程。

7月3～15日，水电部队师团职工干部理论学习班在江西新余武警水电第二总队机关开班。

7月19日，由武警水电三峡工程指挥部承建的三峡永久船闸主体段开挖工程，全部通过分部分项工程验收。经评审，工程合格率100%，施工质量优良，满足设计要求，符合三峡工程质量标准。

7月30日，由武警水电三峡工程指挥部承建的引黄供水控制性工程、内蒙古自治区历史上最大的水库——金海调蓄水库竣工，并举行竣工仪式。

7月31日，在三峡建设工地主持竣工验收检查工作的水利部副部长张基尧视察武警水电部队承建的三峡永久船闸工程，并亲切慰问一线施工官兵。

7月，武警水电第三总队副总工程师赵秀玲当选中国共产党第十六次全国代表大会代表。

9月17日，中共中央政治局委员、全国人大常委会副委员长姜春云在新疆维吾尔自治区党委常委、政法委书记、公安厅厅长张秀明，自治区人大副主任马建国等领导陪同下，视察由水电部队承建的新疆吉林台一级水电站。

10月14～11月4日，武警水电指挥部以“赞颂新成就，迎接十六大”为主题，以武警水电部队近年来涌现出的部分优秀党员先进事迹为素材，从各单位抽调人员组成“水电部队优秀党员先进事迹演讲团”，由政治部副主任关明生带队，分赴部队人员相对集中的四川、贵州、广西、江西新余、湖北、河南等地进行巡回演讲，大力宣扬改革开改新成就和艰苦奋斗、无私奉献，建设电站、造福人民的优秀党员先进事迹。

10月21～22日，水电部队招投标工作会议在三峡召开。

10月31日，武警水电第三总队副总工程师赵秀玲被全国妇联评选为“中国十大女杰”并名列榜首。

11月6日上午，三峡导流明渠截流庆典仪式在三峡工地举行。全国人大常委会委员长李鹏、副委员长邹家华、国务院副总理吴邦国等党和国家领导人出席庆典活动，武警部队副政委刘源、水电指挥部主任陈方枢等应邀参加庆典。

11月8日，武警水电第三总队承建的西藏金河水电站成功实现截流。西藏自治区人民政府副主席杨海滨等单位领导参加截流仪式。

11月17日，武警水电第一总队承建的广西天生桥二级水电站工程顺利通过国家组织的枢纽工程竣工验收。

11月23日16时25分，由武警水电第一总队四支队参建的四川紫坪铺水利枢纽工程顺利实现大江截流。中共中央政治局委员、书记处书记、四川省委书记周永康出席仪式并下达截流命令。

（张永军　杨　勇）

龙源电力集团公司

概况

龙源电力集团公司（以下简称龙源公司）成立于1993年1月，是经国务院经贸办批准，在国家工商行政管理局登记注册的国有公司。2002年电力体制改革后，龙源公司进入新的发展阶段，成为中国国电集团公司的全资企业，并接收了国电系统直接投资的11个风电项目资产。龙源公司是集常规电站投资经营、电力新技术开发及推广应用、风电场投资经营及人员培训于一体的综合性电力集团公司。

龙源电力集团公司本部框图及龙源电力集团公司全资控股公司框图见图1、图2。

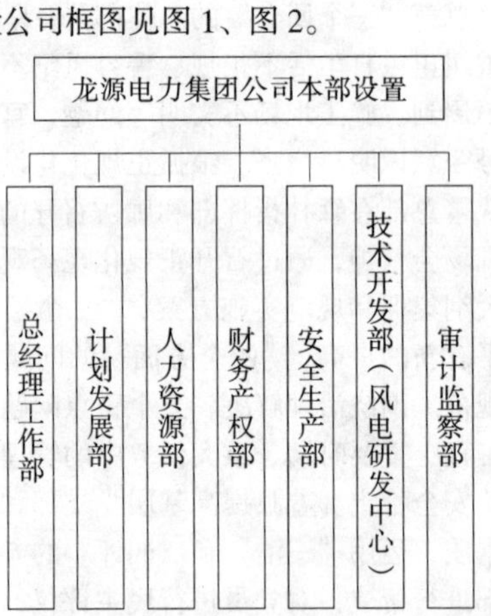

图1　龙源电力集团公司本部设置框图

龙源公司投资的常规电站项目被国际知名的评级机构——美国标准普尔、穆迪公司评定为BBB和Baa1，具有良好的国际信誉；龙源公司具有二级施工总承包权、进出口权、环保专项工程设计证书等。

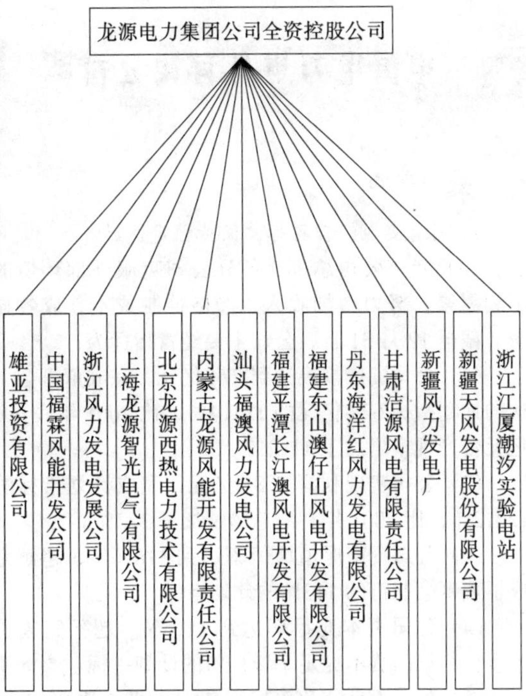

图2　龙源电力集团公司全资控股公司框图

龙源公司的经营范围：

(1) 经营管理中国国电集团公司投入本公司的资本和公司所属全资公司控、参股公司中相应的国有法人股权，承担保值增值责任；

(2) 开展火电项目的投融资、基本建设、经营管理、咨询及相关业务；

(3) 承担风电场勘察，选址，投资，建设及运行管理，开展风电技术咨询，技术服务，技术开发，技术合作及风电专业人员培训，进行风电技术国际合作与交流，开发风力发电设备的专业化制造技术；

(4) 开发电力环保、节能、电力系统安全及稳定运行、可再生能源技术和设备，形成具有一定规模的高科技产业；

(5) 电力工程总承包和咨询服务，产品进出口经营；

(6) 国内、外电力相关产品和设备的技术转让、技术贸易、技术咨询服务、房地产业务等。

龙源公司现有全资及控股公司14个，参股公司12个。其中：中外合作与合资企业4个，境外注册子公司2个。

截止到2002年底，龙源公司资产总额12.38亿元，所有者权益11.48亿元。2002年实现利润总额4601万元，超额完成原国家电力公司下达的4550万元考核利润指标；资产负债率7.22%；长期股权投资收益率8.29%，比考核指标增加2.66个百分点；上缴投资收益450万元。

龙源公司参与投资电站项目：

常规电站投资与经营：龙源公司参与投资的常规电站项目有5个，总装机容量1463.5MW。包括江苏南通天生港电厂562.5MW，江苏江阴夏港电厂410MW，江西景德镇电厂350MW，四川蜀润电厂129MW，丹阳热电厂12MW等项目。龙源公司正在积极组织协调已经批准开工建设的江阴二期2×135MW机组烟气脱硫国产化设备示范项目和景德镇“双高一优”150MW循环流化床锅炉及配套改造工程。目前江阴夏港2×300MW三期和南通天生港2×300MW二期扩建工程正在进行前期工作，预计2003年下半年开工建设，2005年投产发电。

风电投资与经营：龙源公司现已经投入运行的风电场16个，总装机容量224MW，占全国风电总装机容量的50.4%，其中可控容量为166.9MW，权益容量为111.4MW，在建项目3个。这些风电项目分布在广东、福建、浙江、上海、河北、辽宁、甘肃、新疆、内蒙古等全国主要风资源地区。同时龙源公司承担联合国开发计划署（UNDP）对我国8个省、10个测风点风力资源的评估和测试的项目。

高科技产业开发与经营：龙源公司从2001年开始承担国家“863”计划“兆瓦级变速恒频风电机组”的研究工作，课题计划五年完成（2001～2005年）。2003年初，大型风电机组制造技术引进和本地化生产已进入实施阶段。目前，龙源公司风电技术研发中心已经完成了“LY70—1500”——1.5MW变桨变速风力发电机组的初步设计。

房产经营：龙源公司有北京市海淀区车道沟滨河大厦写字楼、北京市海淀区理工科技大厦写字楼、北京西城区四川大厦写字楼、上海中电大厦写字楼等四处房产，长期开展房产租赁业务。

经营管理工作

(1) 资产经营效益稳步增长。2002年，龙源公司将这一年确定为“经营管理年”。经过全体员工共同努力，超额完成了公司2002年资产经营目标计划。

(2) 投资结构调整步伐加大。2002年，公司继续坚持以常规电站滚动发展为基础，大力发展以风电为主的新能源和以电厂环保、节能、节水以及电网安全稳定为目标的高科技产业。在火电发展方面，公司加大了投资和经营的管理力度，保证投资收益，充分利用现有资源，搞好扩建和技改工程。在风电发展方面，公司抓住机遇，加大投入人力财力，着眼于大型风电机组的国产化制造和建设大型风电场示范项目，在项目的具体操作上，以迅速占领国内风电开发和风力资源市场为目标，进行了风电项目的前期开发和成熟风电项目的投资工作。在高科技产业发展方面，公司立足于体制、机制和科技的创新，突出开发核心技术，开发新产品，扩大经营规模，提高市场竞争力，初步实现了高科技产业的新的发展。

其中，江阴夏港电厂二期扩建工程进展顺利。第一台机组已于2003年2月12日投入运行，第二台机组预计2003年6月份投入商业运营。江西景德镇电厂“双高一优”技改工程上半年开工建设。

高科技产业的发展速度加快。厦门龙源风能设备有限公司经过龙源电力集团公司、山东鲁能控股集团公司、福建省亿力电力股份（集团）公司三方股东多次磋商，已进入征地、厂房建设和公司注册登记阶段。对原上海龙源电气公司改制，组建了上海龙源智光电气有限公司，当年经营情况良好，完成了董事会下达的经营目标计划。北京龙源西热电力技术有限公司的经营效益逐年提高，销售收入及利润均超额完成了董事会下达的经营目标计划。

风电产业的发展初具规模。公司2001～2002年间投资的风电项目平均资本金回报率达到10%以上，甘肃玉门二期12MW风电扩建项目实现了当年建设当年大部分机组投产的目标；上海20MW利用世界银行贷款的风电项目建设进展顺利；福建风力发电有限公司正式成立，并已开始进行80MW前期项目准备和9MW项目建设工作。国家“863计划”兆瓦级变桨变速恒频风力发电机组研制工作已取得重大突破，正在形成自主知识产权和“龙源风电”的品牌。

龙源公司在房产经营和资金运作方面也取得了较好的成绩。对福霖公司清理力度加大，财务风险也进一步化解，有助于公司今后的良性发展。

（3）管理创新力度加大。为了使公司依法规范运作，公司继续实施全面预算管理，建立了科学的信息管理系统体系并完善了科学的预算管理体系。

党建和精神文明建设

2002年，公司党委十分重视加强党的建设，通过各种形式组织开展学习贯彻十六大报告精神活动，全面贯彻“三个代表”重要思想和与时俱进、加速发展的精神。提高和增强了全体员工特别是中层以上管理人员的政治意识、大局意识和责任意识，加大了党风廉政建设责任制的考核，并做到了责任制层层落实，杜绝了腐败事件的发生。通过组织“七一”重温入党誓词活动、组织参加电力科普知识竞赛、乒乓球比赛等文体活动，丰富了员工的文化生活，凝聚了员工队伍，促进了企业文化建设，营造一种健康向上的氛围，涌现出一些先进职工，优秀青年和巾帼建功标兵。

（李　威）

中国电力财务有限公司

工作综述

1. 圆满实现经营目标，保持稳定发展

2002年，公司总部、各分公司克服外部环境的不利因素，努力增加收入，严格控制成本，成效显著。截至12月31日，公司主要经营指标为：

（1）公司资产规模达到774亿元，完成董事会下达的计划指标622亿元的124.4%，比2001年底696亿元资产规模增加了11.2%。

（2）公司实现利润7.81亿元，完成计划指标的120.2%，比2001年利润总额增加了3.2%。

（3）公司资产保值增值率达到116.6%，超额完成了董事会制订的113%的计划指标。

（4）公司资本充足率达到11.6%，超额完成了董事会制订的资本充足率≥10%的计划指标。

（5）公司不良贷款率控制在1.94%，比2001年下降了0.38个百分点，大大低于董事会制订的不良贷款率≤15%的要求。

（6）公司净资产为29亿元，比2001年增加了1亿元。

其中，东北分公司实现利润总额1.81亿元，完成计划的125%，资产规模达到122亿元，完成计划的106%；西北分公司实现利润总额0.97亿元，完成计划的176%，资产规模达到129亿元，完成计划的123%；华中分公司实现利润总额1.62亿元，完成计划的111%，资产规模达到116亿元，完成计划的113%；华东分公司实现利润总额1.98亿元，完成计划的137%，资产规模达到213亿元，完成计划的142%。

公司在利润收入稳步增长的同时，十分重视成本费用开支的控制工作和纳税工作，建立了较为全面、科学的成本费用预算管理体系，拓宽预算管理范围，细化预算管理项目，并及时跟踪了解预算执行情况，积极推广各单位先进的成本控制方法，保证预算的贯彻落实，使全公司各项成本费用开支严格控制在计划之内。

2. 努力开拓市场，不断提高公司竞争力

年初，中国人民银行逐步推进利率市场化改革的进程，先后放开了同业拆借、证券回购、银行间国债、政策性金融债利率和境内的外币贷款及大额存款利率，下调了存贷款利率，放宽了贷款利率浮动范围，并将逐步建立起以中央银行利率为基础、货币市场利率为中介，由市场供求决定金融存贷款利率水平的利率体系。随着市场机制的初步确立，电力企业一批优质客户已日益成为金融机构共同争夺的焦点。针对这一形势，公司总部、各分公司一方面进一步强化市场意识，加大市场调研的力度，不断探索、调整公司的市场定位；另一方面以市场需求为工作出发点，完善服务体系，努力开拓、占领、稳定市场。

2002年，公司以存款为核心，以发展内部融资市场和外部货币市场为资金调节运用手段，通过强化服务手段、提高服务质量，推动了吸存工作和存款管理工作，保证了资金的需求，大大提高了抗风险的能力。公司总部和四个分公司2002年的存款规模均创造了历史最好水平。到年底，全公司自营存款达到501.75亿元，完成年计划的124.9%。与此同时，公司内部融资中心也不断壮大，内部融资的利率市场化程度进一步提高、融资品种更加丰富，资金运作效益更加明显。截至12月底，资金内部融通总规模为1103.6亿元。内部融资业务的规模效应和集约运作已经成为保障公司整体经营效益的不可缺少的金融手段。另外，公司积极争取政策支持，扩大在全国银行间同业市场的拆借额度，2002年，人总行批准将公司的融资限额调增到18.22亿元；努力拓宽同业融资渠道，与各大商业银行密切资金合作，已先后与中国工商银行、中国建设银行等建立了资金拆借的相互授信，与中国工商银行总行、光大银行总行等签订了业务全面合作的框架协议；有效运用货币市场工具，积极探索、开展短期资金运作业务。

在信贷市场方面，公司把工作重点放在了开拓贷款市场、调整信贷业务结构上。一方面加大对电力优质项目提供贷款的力度，另一方面加大了对其他类贷款和高风险贷款的清收力度，在保证信贷规模稳定增长的同时，尽可能地压缩不良贷款比例，严格控制市场风险。在贷款结构方面，总公司及各分公司通过努力扩大电网项目贷款和清收其他类贷款，使自营贷款结构得到了根本的改善。电网项目贷款规模已经超过了其他类贷款，比年初增长了122%，电网项目由年初占自营贷款总额的13.6%上升到25.22%；发电项目的贷款规模较年初有所增长，净额增加了23.2亿元；其他类贷款占整个贷款规模的比率由年初的19.35%下降到8.41%。公司的信贷资产结构日趋合理。到2002年底，公司自营贷款223.2亿元，票据贴现2.4亿元，委托贷款225.7亿元。公司2002年办理担保业务4200万元。公司信贷业务有较大的进展，全年实现收入11.7亿元。

在证券投资市场方面，根据2002年的市场行情，公司坚持稳健经营的原则，调整了投资结构，证券投资业务通过有效运作，实现了超过2亿元的投资收益。同时开展了委托理财、财务顾问、新股配售等资本市场业务。经过多方努力公司圆满完成了2002年40亿元电网建设企业债券的发行承销和上市工作，成为国家计委批准的惟一一家作为主承销商承销集团公司债券的财务公司。

3. 加大监控力度，努力防范经营风险

2002年，根据电力体制改革不断深入，金融市场竞争的加剧，公司适时地开展了资产清查工作，对资金、信贷和证券投资经营业务进行了清理、检查，并针对检查结果，采取相应的防范措施；同时加强了内部控制机制建设，编制了《中国电力财务有限公司规章制度汇编》，从制度和管理方式上严格防范，力争把公司经营的风险程度降到最低点。从年初开始，公司就加强了对高风险贷款和其他类贷款的管理和清收，通过对这些贷款项目的逐笔跟踪监控、催收，采用置换借款人、与银行进行资产置换、自营贷款转为委托贷款等方式，有效的降低了高风险项目的规模，公司信贷资产质量明显提高。截止到12月底，其他类贷款规模由年初的35.9亿元下降为19.3亿元。

此外，公司还充分发挥了审计监督功能。稽核审订部门围绕公司的中心工作，除认真落实了年初审计工作会议确定的工作目标外，还重点开展对公司系统各单位内部控制的评审、评价工作。在各级业务部门的配合下，采取了分部门、分岗位、分层次、上下结合的办法对公司总部、各分公司的内控制度的建立、健全和执行情况进行了客观的评价，并提出了整改意见，有效防范了金融风险。2002年，公司有关非现场监管指标都优于人总行要求的监管指标水平。

4. 以创新为手段，加强新业务的探索与开拓

2002年，公司加强了调查研究工作，公司有关部门和各分公司重点组织开展了多项专题调研，如资金计划部对存款组织和管理以及资金市场的调研，信贷业务部对信贷风险防范的调研，债券基金部对电网建设企业债券利率设计、开放式基金投资等的调研，策划发展部对寿险公司市场调查和合资保险公司的研究，信息中心对公司业务管理信息系统建设和计算机系统安全体系建设进行了综合调研等，各分公司也都围绕信贷、资金、证券投资、财务管理、信息化建设等问题组织开展了调研活动，推出了一批高质量的调研成果；开展了信贷资产风险五级分类管理体系的研究，制定了相关管理办法和分类标准，进行了五级分类信息管理系统的开发；集团账户结算系统试点工作稳步推进；商业承兑汇票贴现业务等新业务进展顺利；在开展课题研究工作中，研究报告、论文的数量和质量均有大幅度的提高，推动了公司理论创新和发

展，为公司业务创新创造了条件。

5. 坚持科学管理，不断提高员工素质

2002年，公司继续完善现代企业运行机制和法人治理结构；不断加强基础管理工作，强化公司的制度建设。公司根据形势的发展和政策法规的变化，修订和完善了有关规章制度，相继出台并实施了一系列管理办法和操作规程，编印了公司第一版制度汇编，在作好制度修订和完善的同时，公司总部有关部门组织力量对各分公司的制度执行情况进行了检查和评估，有力地促进了制度的执行和落实。

公司在稳步推进一体化管理体制的过程中，重点加强计划和资金管理、财务管理、信贷管理、证券投资管理等方面的工作；强化人力资源管理和开发，加大了在人事、劳资方面的管理力度，加强了人事培训工作，并制订和完善了相关的配套管理制度。2002年，公司共举办各种培训班10期，参加培训222人·次，参加国电系统、人总行等单位组织的多种专业培训和素质培训30多批，参加人数达40人·次，为提高员工的综合素质起到了一定的作用。

6. 加强“两化”建设，提高公司综合管理水平和服务水平

2002年，公司以信息化和企业文化建设为依托，着力提高公司现代化管理水平，更好地为客户服务。在信息化建设方面，完成了“一网、两站、三系统”的建设和推广工作，即公司广域网二期工程的建设，公司网站的升级改版和利用网站实现客户账务查询的功能，公司视频会议系统建设、业务应用信息系统推广和电子支付系统的验收和试运行。

公司加强企业文化建设，先后召开了企业文化建设办公室会议，调整了企业文化建设领导小组及办公室成员；初步完成了公司的企业宗旨、企业精神的归纳和概括，并在全公司宣传推广；完成了公司视觉识别系统的设计初稿。这些工作为公司企业文化建设的稳步推进夯实了基础。

2002年，公司成功举办了一系列高品位、高知识含量的健康向上的文化娱乐活动和体育健身活动等。公司举办的“中电财”杯乒乓球邀请赛，获得了圆满成功，在电力企事业单位中增强了公司的知名度；为培养员工的奋发向上，团结协作的精神，公司还组织员工进行拓展训练活动，反响强烈，效果明显。锻炼了员工的意志品质，培养了相互协作的团队精神。

7. 加强党的建设，促进两个文明协调发展

2002年，公司始终坚持抓好党的思想建设、组织建设、作风建设和思想政治工作，促进物质文明和精神文明的协调发展。公司在做好基层党组织建设、日常理论学习、评比表彰先进、制度完善等工作的基础上，重点组织全体党员和员工开展了学习贯彻中国共产党第十六次全国代表大会精神和“三个代表”重要思想等活动，使十六大精神和“三个代表”思想深入人心，并贯彻到实际工作当中。在国家电力公司机关党委评优活动中，公司机关党委获得“先进基层党组织”称号。

2002年，公司认真贯彻落实中央关于加强作风建设的有关决定和国家电力公司的工作部署并结合自身实际，大力加强作风建设，制定了《加强作风建设的若干意见（试行）》及实施细则和作风建设考核办法，使公司的思想作风、工作作风、学习作风得到进一步的改善和提高。

2002年6月3日，中央国家机关精神文明建设协调领导小组来公司举行了荣获2001年度“中央国家机关文明单位”和“首都文明单位”的挂牌仪式，2002年12月，公司又顺利通过国家电力公司精神文明建设协调领导小组的复查；华中分公司顺利通过了湖北省最佳双文明单位的验收，华中分公司营业部第5次荣获国家级“青年文明号”的荣誉称号等。

机构设置（详见图1）

资产负债情况（详见表1）

主要事件

1月8日，《金融时报》公告：中国电力财务有限公司及东北、西北、华东、华中四家分公司根据《中国人民银行关于中国电力财务有限公司调整业务范围和更换金融许可证的批复》（银复［2001］211号）文件核准的新的业务范围，相应更换了金融机构法人许可证和金融机构营业许可证。

1月17日，越南国家电力公司财务代表团来公司参观访问。

1月20日，公司2002年工作会议在广东省南海市召开。国家电力公司副总经理、中国电力财务有限公司董事长、党组书记谢松林同志出席会议并作重要讲话。公司领导班子全体成员、各部门负责人，各分公司总经理等有关人员参加了会议。

2月10日，国家电力公司党组成员、副总经理谢松林、李小鹏同志，总会计师陈月明同志等国电公司领导到公司进行春节慰问。

3月26日，公司代表参加了北京市召开的首都精神文明建设大会，公司获得“首都精神文明建设先进单位”荣誉称号。

4月17日，公司代表参加了中央国家机关精神文明暨综合治理大会，公司被授予“2001年度中央国家机关文明单位”光荣称号。

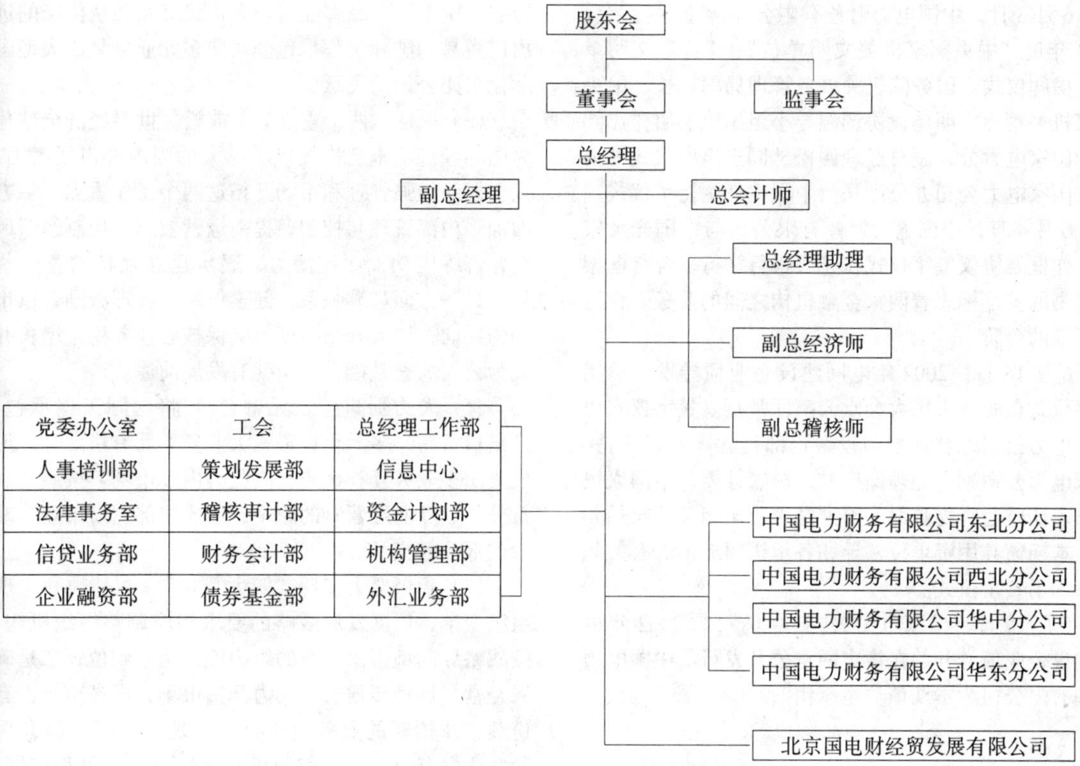

图1　中国电力财务有限公司组织机构图

表1　　中国电力财务有限公司资产负债表　　单位：千元

资　　产	金　　额	负债及所有者权益	金　　额
流动资产		流动负债	
货币资金	27778827	短期存款	48777682
短期贷款	12436195	委托存款	22671718
委托贷款	22631718	应付款项	590916
拆出资金	75589	其他流动负债	1091992
应收款项	344391	流动负债合计	73132308
其他流动资产	3374275	长期负债	
流动资产合计	66640995	长期存款	1385067
长期资产		长期负债合计	1385067
中长期贷款	9443815	负债合计	74517375
长期投资	831656	所有者权益	
固定资产	383687	实收资本	1822000
其他长期资产	27828	公积金	634866
长期资产合计	10686986	未分配利润	441447
无形、递延及其他资产合计	87707	所有者权益合计	2898313
资产总计	77415688	负债及所有者权益总计	77415688

6月3日，中国电力财务有限公司隆重举行荣获2001年度“中央国家机关文明单位”、“首都文明单位”揭牌仪式。国务院机关事务管理局副局长、中央国家机关精神文明建设协调领导小组副组长唐树杰同志和国家电力公司副总经理谢松林同志出席仪式并揭牌，国家电力公司办公厅马治中副主任主持了仪式。

6月4日，中国电力财务有限公司与中国光大银行合作框架协议签字仪式在光大银行举行。合行框架协议书的签定标志着两家金融机构之间的业务合作迈上了新的台阶。

6月18日，2002年电网建设企业债券发行承销签字仪式在北京人民大会堂云南厅举行。签字仪式由国家电力公司综合计划与投融资部程念高主任主持。国家电力公司副总经理谢松林，国家计委、中国人民银行、证监会、财政部、国家电力公司相关部司局领导、本期债券用资单位领导和各承销团成员的有关领导参加了签字仪式。

6月19日，国家电力公司40亿元的2002年电网建设企业债券开始在指定网点公开发行。中国电力财务有限公司为本期债券主承销商。

（张　莉）

中国电力技术进出口公司

2002年各项经营指标完成情况

2002年，全公司新签合同额3.25亿美元，完成营业额2.43亿美元，其中：进出口贸易，全年新签合同额为3.00亿美元，完成营业额2.10亿美元。国际工程承包与劳务，全年新签合同额2500万美元，完成营业额3300万美元。

按2001年经营业绩，加入国家电力公司后列中国进出口额最大的500家企业排名第46名；列全球最大225家国际承包商第147名。

以战略统揽全局，谋求公司长期经营目标的实现

(1) 牢固树立企业正确的经营使命：以“实体型、知识型、集团化、国际化”战略目标为核心，把中电技公司建成为客户提供最大增值、为股东提供最大回报，为员工提供最大发展空间，具有强大凝聚力的现代化跨国集团公司的经营使命。

(2) 加快实现“一个飞跃”的步伐。围绕“两型两化”这个核心问题，以发展为主题，改革为主线，创新为主导，不断完善战略导向型集团化管理手段，树立“中电技”品牌经营理念，最终实现从传统的进出口贸易和国际工程承包公司向多元业务集成大型国际化集团公司的飞跃。

(3) 抓住“两个重点”不放松。世界经济全球化为国际经济技术合作提供了巨大的国内外市场潜力，只要抓住加强管理和市场开拓这两个工作重点，一方面加强内部管理与控制，提高运营效率，控制经营风险，苦练内功，深挖潜力，逐步建立独特的竞争优势；另一方面理顺关系，健全机制，合理激励，以市场为导向，加大开拓力度，确保核心业务稳定增长并成为公司成长基础，公司就有发展前途。

(4) 大力促进“三元融合”。将国际工程承包、进出口贸易、多元化投资三大业务单元有机融合，形成集团多业务互补优势，决胜国内外市场。按照“利益分享、专业经营”的原则，形成内部交易市场，减少内部业务交叉。

(5) 积极努力实现“四大目标”。一是顺利实现组织变革，依据发展战略的要求相应调整组织机构，按战略导向型集团控股的组织模式调整到位；二是确保经营目标稳步增长，大力开拓市场，提高市场占有份额，开拓新的业务增长点；三是成功降低经营风险，建立有效的风险控制机制，加强项目过程控制，提高决策和政策透明度，提高公司获利能力；四是提高组织运营能力，按照现代科学的管理思想，合理分权，完善公司管理体系。

(6) 积极主动参与电力改革。国家实施的“走出去”开放战略和我国加入WTO，都要求企业开拓国内、国外两个市场。进出口业务在电力系统中占有明显优势，但国际工程承包受筹资能力的限制，近年经营业绩不如水电总公司，但专业覆盖宽，种类多，市场控制能力强，公司的组织模式——“经营管理型”符合国际承包公司的发展方向。公司在电力体制改革过程中，积极向有关部门反映情况，主动参与改革，为争取强强联合、在解决长期困扰公司的资本金不足问题方面作出了努力。

根据发展战略要求，优化完善组织决策流程

为使公司真正建立起“产权清晰、权责明确、政企分开、管理科学”的现代企业制度，完善企业法人治理结构，公司多次向上级反映尽快建立健全公司股东会、董事会、监事会，并在经营管理活动中发挥作用的意见。

按照战略导向型集团控股的组织模式，对领导分工和组织进行了调整，公司领导不再兼任事业部总经理，同时注意提高事业部的经营决策能力和控制风险能力。成立计划财务部，加强计划预算管理工作，统

一管理公司账户，统一管理各公司和工程事业部的财务，加强对公司系统各类财务人员的管理。撤消经营发展部，成立战略发展部，加强对发展战略的日常管理，加大对经营项目的决策管理，加强对投资项目的可行性研究和经济评价，加强信息管理工作。撤消离退休管理部，其职能并入党群工作部，进一步改进和加强离退休人员服务工作。

对于投资企业与主体业务有矛盾的，一律并入主体业务内管理，经营有困难或经营业绩不佳的，及时关停。

进一步加大市场开拓力度，加快"走出去"步伐

必须牢记"规模效益"概念，经营项目做到上规模、上档次、出效益，以加快"走出去"的步伐。在开拓市场方面，努力突破财务瓶颈，坚持"三大战略"即大市场、大项目、大合作不动摇。按照"专业经营，利益共享"的原则，建立"内部交易市场"，适时出台市场开发激励政策，加大对开拓市场有功人员的奖励力度。

求实创新，全面提高经营管理水平

实行体制创新，构筑集团管理模式。按照发展战略的要求，调集公司资源，健全总部决策中心、资金中心、人才中心和信息中心功能，通过资本运作、资产管理不断提升经营实力。公司所经营的领域属于竞争性行业，按市场经济规律要求，积极推动投资主体多元化和经营者、员工持股的试点工作。

实行机制创新，激发企业活力。对经营者进行有效的激励和约束是企业管理的关键所在，在继续推行经营目标责任制和年薪制的基础上，对占有公司资源尽可能量化、透明，加强对各经营单位和员工的考核评价，营造企业内部公平竞争的环境，吸引和留住人才。实施人才培养战略，加大培训力度，特别是加强对中层干部综合素质和管理能力的培训，加强对一线业务人员岗位技能培训。

实行管理创新，形成竞争优势。继续抓好决策管理，建立起重大决策责任追究制度。全面推行计划预算管理，提高经营管理水平。加强财务管理工作，改分散式、会计账本管理为集中式管理，改现金流分散、失控、无序管理为集中、在控、有序管理，改财务工作各自为政、信息私有、人浮于事为流程规范、信息共享、精干高效。基本完成对在京子公司财务集中核算管理和国际工程事业部财务与总部财务合并工作。充分利用国家支持企业"走出去"的政策，想方设法，解决困扰经营上规模的筹资能力不足问题。抓好质量、安全管理，完成ISO9000国际工程承包的年度审核和进出口贸易改版换证及年度审核工作，促进质量管理体系运行的有效性。加强安全预防措施，开展安全教育，树立安全意识，落实各级安全生产责任制。

建立部门和员工的绩效评价体系，提高考核效果

公司需要的是具有一定专业技能、熟悉国外法律法规、懂外语、富有创造力和管理能力、能够对企业忠心耿耿的人才，吸引人才和留住人才关键要能够为他们提供发展的舞台，建立科学的业绩评价体系尤为重要。在咨询公司的帮助下，公司建立起了业绩评价体系，并开始全面推行，考评业绩进入档案，实行量化累积，把业绩考核结果同员工奖惩和任用紧密结合起来。

加强国际工程管理、提高经营效益

国际工程承包在公司的发展中置于基础地位，公司效益作为工作重点。国际工程承包存在开拓市场难，加强管理难，提高效益难，风险大的问题，公司努力做到：①加强项目的决策管理，尤其是前期决策，没有效益的项目坚决不上；②加强项目核算，科学评价项目执行的优劣；③利用现代技术开展项目的远程管理，对目前最大项目——阿尔及利亚罗斯法大坝，除了领导亲临现场指挥外，加强现场与公司本部的沟通，使工程质量、工期、成本得到有效控制，确保项目成功实施；④培植核心竞争能力，最终实现拥有市场开拓能力、投标报价能力和项目管理能力；⑤扩大市场范围，利用公司优势，开拓国内、国外两个市场，在国内闯出品牌；⑥通过国际承包工程带动出口业务的发展。

加强党的建设和精神文明建设，推进企业文化建设

公司认真贯彻十五届六中全会决议精神，抓好作风建设。与此同时，大力推进党风廉政建设责任制，按照"三严一表率"的要求，深入开展党风廉政建设和反腐败斗争。按照公司创建双文明单位实施办法的要求，推进双文明建设。开展经常性"两优一先"和先进工作者评选活动，树立典型，强化激励作用。顺利完成工会组织和职工代表的换届选举工作，完成共青团组织的换届选举，加强了党对青年工作的领导。

企业文化的内涵是极其广泛的，公司对各级领导提出如下要求：一是要有活力，即有迎接并应对变化的巨大的个人能量以及充沛的精力；二是要有组织能力，即有能力创造一种氛围，以调动他人的积极性；三是要有锋芒，即具有竞争精神，本能地追求速度和

影响力，具有坚定的信念和大胆的号召力；四是要有执行，即具有确保始终如一执行的能力。

中国电力国际有限公司

2002年，中国电力国际有限公司始终遵循“把握大局、稳中求进”的指导思想，全面贯彻国家电力公司和集团公司筹备组的一系列重要会议精神和公司一届四次、五次董事会精神，把拥护和支持电力体制改革的实际行动落实到各项具体工作之中，公司系统各项工作取得了新的进步。

全面实现三项责任制目标

全面完成安全生产年度目标。各项安全指标均好于2001年，多项安全生产指标创历史最好水平。全系统共实现12个年度百日安全记录。

全面并超额完成资产经营目标。公司2002年实现利润2.89亿元，超额7%，完成了2.7亿元利润目标。及时足额上交投资收益1.5亿元。

全面完成党风廉政建设八项责任目标。公司本部和控股公司经营层自公司改组以来已连续4年没有发生违法违纪事件。

稳步提高安全生产管理水平

公司始终把安全生产置于首要地位，尤其是在电力体制改革的特殊形势下，公司党组、各部门及各控股公司采取了一系列坚决有力的措施，保持了安全生产的稳定局面。

（1）从公司党组做起，认真落实各级安全生产责任制。公司党组定期听取安全生产情况的汇报，及时研究有关问题并作出部署。党组成员带头深入控股发电公司进行安全专题调研。公司2002年先后召开了年度安全生产工作会议、安全生产现场会议和安全生产领导小组会议。

（2）加大安全监督检查力度。2002年，以春季、秋季安全大检查为重点广泛开展各项安全自查和互查活动，9月集中在全系统开展了安全生产月活动。

（3）注重加强安全基础工作。有针对性地加强全员安全教育。加强制度建设，严格制度执行，健全安监机构，充实安监人员。认真贯彻《安全生产法》。广泛深入开展安全性评价活动，全面制定并落实整改方案。

（4）加大技改力度，全面提高设备健康水平。2002年，公司系统4个主要控股发电公司投入的技术改造资金达3.73亿元，累计投资达3亿元的姚孟公司1号机组技改取得成功。技改项目的成功完成，提高了机组安全、稳定、经济运行水平。

在困难中努力争取最佳的经营成果

2002年，公司的经营工作遇到了前所未有的巨大压力。公司系统的干部职工在压力面前，坚定信心，奋力拼搏，做了大量艰苦细致的工作。在姚孟、清河公司分别比年度利润目标少完成3800万元和8900万元的情况下，中电国际超额完成了年初确定的利润目标。

（1）实行全面预算管理，加强对各项经营活动的计划控制。公司编制了《中电国际2002年度执行预算》，压低了本级支出预算，降低了总费用支出。各控股公司实行了严格的费用审批程序，细化了成本管理，加大了内部考核力度，预算管理真正落到了实处。

（2）抓住电价、电量和燃料成本等关键环节，努力增收节支。公司本部和各控股公司都加强了对电量、电价的分析和协调工作，使电价调整对公司的影响降低到了最低程度。对于省公司以各种名义强行压低上网结算电价，中电国际要求各发电公司加强协调、据理力争，公司领导多次带队到各省公司交涉，尽最大努力维护各发电公司的合法经营成果；同时，各控股公司主动与计划、调度部门协调，加强发电设备维护和内部考核管理，千方百计争取多发电量。公司系统还下大力气做好燃料管理工作。

（3）进一步规范了对控股公司的管理。一方面把好控股公司董事会决策关。进一步强化派出董事和董事长的行为管理，保证了公司总体决策意图的贯彻落实。另一方面进一步补充和完善了对控股公司管理的有关制度和办法，公司的整体控制力有所增强。为强化经营管理，进行有效激励，还在控股发电公司扩大了年薪制的试点。

（4）采取措施对芜湖兆达公司的债务进行重组，使多年累积的未分配利润实现分红，公司当年增收8785万元。

有序推进国际融资和国际化发展

根据电力体制改革的形势和相关政策要求，适当放缓了引进国际战略投资者的实施步伐，并根据新情况，与顾问公司共同研究拟定了新的方案，为电力体制改革后董事会进行决策做了充分的准备。与此同时，公司不失时机地全面推进国际化发展项目。制定了公司国际化发展方案，并提交董事会讨论通过后付诸实施。按照董事会确定的原则和步骤，首先推进澳门电力股权收购项目，目前已就收购价格进行了多轮磋商，取得了重要进展。

认真落实电力体制改革的相关工作

在年初的工作会议上，公司党组提出了在改革中必须认真坚持的五条原则。根据改革不同阶段的任务，公司党组及时召开了公司系统主要负责人会议，通报情况，明确要求，统一思想。一年来，电力体制改革中各项纪律得到严格执行，上级布置的有关改革的各项任务按时完成。

集团公司筹备组成立后，公司党组全面贯彻筹备组的各项要求，主动汇报公司各方面的情况，完成了筹备组安排的各项任务。

切实加强党建和精神文明建设

2002年，公司党组认真落实加强领导班子建设的各项制度，重视抓好党组和控股公司党委理论学习中心组的学习，开好两级领导班子的民主生活会。把党建工作的重点放在加强干部教育、管理和考核上，为强化领导班子建设奠定了基础。

公司党组2002年多次分析、研究公司系统存在的不稳定因素，制定措施，明确责任，保证了职工队伍的稳定。党风廉政建设不断深化，姚孟公司1号机组改造和清河公司燃料管理的效能监察，被国电公司评为效能监察优秀项目。

精神文明创建活动取得成果，平圩公司被国电公司授予“双文明单位标兵”。思想政治工作突出了十六大精神的学习宣传，各控股公司还开展了有特色的职工主题教育活动。成功举办了公司系统首届职工乒乓球赛，并组队参加了国电公司在京系统职工乒乓球赛，分获男女团体冠军，树立了公司良好形象。

在公司改革发展取得成绩的同时，也清醒地认识到，公司的境内外发展步伐有待进一步加快；内部管理模式有待进一步完善；本部机构设置有待进一步调整；安全生产管理和职工队伍稳定有待进一步加强；工作作风建设有待进一步改进。

中兴电力实业发展总公司

2002年，国家电力体制改革取得阶段性成果，国家电力公司保持了改革、发展和稳定的良好局面。在国家电力公司的正确领导与大力支持下，中兴公司经营实现历史性突破，当年实现净利润1456万元，圆满完成了公司五年规划确定的2002年战略目标和公司2002年工作会议确定的各项工作任务。

2002年中兴物业公司ISO 9000:2000顺利转版，通过ISO 14000环境管理体系的认证；国家电力调度中心大楼获市优称号，达到国优标准；年底业主综合服务满意率达到了98.75%。

房地产建设走出了徘徊不前的局面。中兴公司第一个完全市场化运作的房地产项目，月坛“国电中兴嘉园”一期顺利实现竣工验收，形象进度良好，2002年为公司创造利润近700万元。

电力工程建设工作有了长足进展，已取得机电设备安装二级、送变电三级、装饰装修三级、防腐保温三级资质、电梯三级维保特种作业资质。在完成内部小型基建项目的基础上，公司积极拓展外部市场，先后承接了甘肃、青海两项110kV送变电线路工程以及福田汽车公司配电等工程，效益显著，全年实现利润600多万元。

依托行业优势，积极开展煤炭、燃油及电力物资的经营，取得了进出口经营资格证、煤炭经营许可证。

国电通信中心

2002年来，中心高度重视安全生产工作，大力加强设备整治和运行管理，通信运行总体上保持了安全稳定的局面，为电力生产和确保三峡送出、全国联网等项重点工程提供了可靠的通信保障。2002年国家电力公司一级干线电路运行率为99.93%，比2001年提高0.03%，完成了通信运行率不低于99.85%的工作目标。调度自动化生产用22个方向的通信电路可用率为99.96%，比2001年同期提高0.03%，累计中断时间为76.16h，比2001年减少了29.72h，首次达到低于100h的水平。

中心积极推动国家电力公司系统通信运行暨通信管理年、优质服务年活动的开展。加强了对骨干电路运行管理制度的建设。抓住安全生产的薄弱环节，举一反三，改进工作。通过中心控股的北京中电飞华公司为国电高级培训中心、华北电力大学、中电投集团公司、华电集团公司、龙源集团公司、大唐集团公司等单位提供了1310部网内电话服务。加强了通信统计工作。较好地完成了“2G”问题基础资料的摸底调查，提出了解决“2G”问题的建议，国家电网公司一级干线电路的改造项目全部做了安排。根据国家有关部门提出的保证十六大至“两会”期间网络和信息安全要求，圆满地完成了国电公司布置的网络和信息安全的任务。2002年，国家经贸委颁布了由中心组织编写的《电力系统卫星通信运行管理规程》、《全介质自承式光缆》、《电力系统数字调度交换机》等规程和标准，为卫星通信运行、电力专用光缆和调度交换机的选型提供了规范和技术依据。

通信重点工程建设取得了突出成效。截止到

2002年年底，建成开通SDH微波干线电路1200km，共计34个站；SDH光通信干线2530km，共计30个站，对2001年开通的2650km微波干线电路进行了整治。

规范工程预验收程序，精心组织，克服通信网络结构复杂等困难，按时开通了联网工程所需的通信通道和通信指挥系统，为川电东送、福金联网、三常送电等重点工程提供了可靠的通信保障。

工程建设的思路有了大的转变，中心与9个相关网省公司签订了责任书，明确了工作责任、竣工时间和工程质量要求，进一步理顺了管理关系，向管理型工作模式迈进了一步。对新开工、新投产的每一项重点工程，实行以项目法人责任制为核心的“五制”管理，逐级落实责任。重视和规范工程竣工验收工作，为电路投产后的运行管理和系统维护打下良好的基础。2002年列入计划的14项工程，基本建成8项，其余6项工程正在进行中。

电力通信干线建设投资取得新成效。2002年中心承担国电公司本部通信工程资金计划27760万元，中心还从实际出发，积极争取国家电力公司的支持，补充了卫星电视会议系统、白广路交换机扩容、网络会议系统、PLC接入等重点工程项目。这些项目的实施对促进中心发展，完善基础设施，开拓新业务发挥了巨大作用。

在认真总结工程计划、工程合同管理和招投标工作经验教训的基础上，进一步完善措施，改进工作，提高工程管理水平。中心下发了《国电通信中心工程竣工决算报告编制办法》，规范了中心工程决算编制工作；加强了对招投标工作的管理，修订、完善了招投标和设备采购管理办法，确保中心招投标和设备采购工作规范、有序地进行。

北京光环网、数据网工程项目，共建设ADSS光缆和沟道光缆350余km，SDH传输站29个，城域网站18个，为三峡送出重点工程的顺利实施，为电力通信抢占市场，参与竞争，拓展宽带网业务提供了强有力的网络支持。

2002年来，通信中心以经济效益为中心，以预算控制为手段，开拓市场，强化管理，实现了经济效益的稳步增长，全面预算管理成果显著，圆满完成了国电公司下达的年度资产经营各项考核指标。

中心PLC推进工作取得很大进展。采用韩国、瑞士、美国、西班牙和福建电科院、国电公司电科院的产品分别开通了11个试验点，截止到2002年12月底，共接入试验小区17个，覆盖用户1600户，开通用户270户，批量试验取得成果。通过对PLC产品的试验和国外考察，进一步明确了在中国推进PLC技术应用的思路，坚定了在中国开展PLC商业化运营、参与电信市场竞争的信心，取得了阶段性的成果，为下一步扩大用户规模和商业化运营奠定了基础。

中心加大市场开拓力度，参控股公司经营管理取得了很大成绩。2002年顺利通过信息产业部电信管理局ISP业务的年检，并获得了信息产业部重新颁发的中华人民共和国增值电信业务因特网接入服务专项经营许可证，为进一步扩展增值业务，开展PLC运营奠定了良好的基础。

中心控股的北京中电飞华通信有限公司在市场竞争逾加激烈的形势下，不断完善市场营销模式，在互联网接入方面有较大增长，积极培育新的业务增长点，语音业务有了突破，23个网省公司接入了语音业务，开设汇接局×7个，放号3300线，12月话务总量达到90万min/月。截至2002年底，宽带接入总带宽达到322M，比同期增长66%。增加了在京电力单位接入数量和网络覆盖范围，接入单位达到18个，网络延伸至昌平。抓住电力体制改革的机遇，发挥自身优势，截至2002年底，已经为中电投集团、华电集团、大唐集团、龙源集团开通了本部的语音与数据接入，为华能集团提供了接入方案，为水规总院系统提供了全国综合业务网络建设方案，进一步跟进各集团公司的市场需求，为电力系统在京机构提供服务。

中心控股的北京意科通信技术有限责任公司加强了太阳能电源的研发和市场开发力度，成功获得了内蒙古自治区光明工程项目的太阳能电源合同。公司与日本夏普公司在太阳能领域开展OEM合作，在中国推出夏普—意科品牌太阳能电池板。推出了商务办公功能的新一代网络增值业务平台，承担了国家电力公司网络会议系统的建设任务。

2002年来，中心加强党建和精神文明建设，认真学习党的十六大文件和“三个代表”重要思想，深刻领会精神实质。进一步加强党建工作，加强企业民主管理，开展精神文明单位的创建活动，完成了献血、绿化、扶贫济困捐款等项工作，精神文明建设也取得了显著的成绩。

中国电力信息中心

概况

中国电力信息中心（国家工商行政管理总局批准注册名称为“国电信息中心”，简称“中心”），为国家电网公司全资子公司。主要负责国家电网公司信息网络、电力信息资源的开发建设和运行维护。服务范围包括：国家电力信息网的运营与用户接入服务，各类网站的建设，信息咨询、信息服务、技术培训；开发、研制计算机及网络产品；信息工程及计算机网络工程的设计、咨询、集成、监理、实施与技术服务，组织电力信息展览；出版、发行电力技术刊物及其广告发布、因特网信息服务业务。

主要工作

1. 信息网络安全管理

电力信息网络安全与信息资源安全工作是国电公司电力生产安全管理体系工作中的重要组成部分，2002年正式将电力信息网络安全管理纳入到电网安全管理工作中。中心借鉴电网安全管理理念和经验，进一步夯实网络安全运行基础工作，建立了“网控中心操作工作单管理办法”等一系列保证信息网络安全生产的管理制度和预防措施，初步建立了网络安全管理工作的基础。优化了网络结构，实施了网络安全、网络管理和数据备份项目。实践证明，中心制定的规章制度和操作规程在处理网络突发故障时发挥了很好的作用。在加强网络安全管理的同时，也加强了信息安全工作，分别制定了上网信息的审核制度、工作规程和出现事故时的处理方案。2002年网络安全运行天数达到364天，特别是保证了十六大会议期间的网络与信息安全。

2. 服务工作

2002年，中心继续为国电公司本部和公司系统做好服务工作，完成服务工作单6614项，服务满意率和技术水平均有所提高。在此基础上，中心不断探索新形势下从终端服务到应用服务的新思路，新途径。初步形成和进一步完善具有特色的网络和终端应用服务模式，中心在电力体制改革的过程中，及时了解需求，开展了为电监会、发电公司、中电联和其他单位的服务工作，为中心开拓服务市场奠定了基础。

“公司本部综合业务管理信息系统”顺利通过国家电力公司组织的验收，标志着中心自主开发软件的水平达到了业界同类产品的先进水平，初步建立了一支研发队伍，为下一步在国电公司推广该项技术和解决方案以及为公司系统的ERP、CRM、移动办公和远程培训等项目的实施创造了有力条件。“公司本部办公自动化系统”通过了公司组织的鉴定，进一步开发形成中心的办公自动化OA产品，目前，已在包括华电集团、国电集团、中电投、西北公司、青海省公司等近20家单位推广使用。第一批办公自动化系统联网工作按照计划正在有序进行。

3. 信息资源开发建设

信息资源是中心的竞争优势之一，经过两年的艰苦努力，2002年中心的信息资源建设有了较大发展，中心建设维护的国家电力信息网和英文网已成为公司系统最大的门户网站，电力行业最大的网站之一，点击率平均每日从年初的1800人·次提高到目前的5500人·次（国家电力信息网的点击率至12月累计达2729614人·次）。系统办公网站、国家电力资讯网、中国发电企业信息网等网站也发挥了一定的作用。

文献数字化项目的实施改变了传统的信息资源建设和获取方式，将中心几十年积累的信息资源实现资源共享，为促进电力行业科技水平的快速发展，奠定了系统化、专业化的科技信息资源基础。

信息资源市场扩大，资源建设队伍形成，初步形成信息资源服务模式；标准化数据库在系统内提供网上服务；SP网改版，增加了检索功能，更加方便和实用。

4. 市场开拓

2002年是电力体制改革攻坚的一年，改革力度之深、涉及面之广、影响之深远都前所未有。在按照公司党组要求正确处理好改革、发展与稳定关系的同时，中心党委十分重视市场拓展工作，年初对中心面临的市场形势和存在问题进行了认真分析，制定应对措施，并加强了组织领导。一年来，中心上下团结一致，克服不利因素，积极开拓市场，取得了一定的市场效益。特别是OA推广和OA联网工作的实施，促进互联互通，为中心市场模式的建立创造了条件。

与中心签定经济指标的内核部门，全部超额完成年初制定的经营指标。

中国电力杂志社利用《中国电力》创刊45周年契机，总结经验，征求意见，扩大市场宣传，收到了较好的社会效益和经济效益。

中心所属公司加大市场开拓的力度，健全企业管理，调动大家的积极性，员工进一步转变观念，坚定信心，克服困难，努力拓展服务功能，经济效益均有增长。

5. 完成科技项目

中心承担的国电公司“中国电力信息网络建设工程”、“电力信息网总体数据库建设”、“国电公司国际信息（英文版）发布系统”等科技项目顺利通过由国家电力公司科技环保部主持的验收，受到了科技环保部领导和专家委员会全体专家的肯定。通过项目的实施和验收表明，中心科技项目的管理逐步科学化、制度化和规范化，项目的技术水平有了进步。

6. 中心内部管理

2002年中心的管理工作突出以人为本，传统的管理观念进一步得到改变，在2001年初步建立管理模式的基础上，中心的管理更加深化和细化。

中心建立了主要业务部门的生产管理流程和制

度，发挥了很好的作用。

中心与所属两个公司和三个内核部门签定了“经济指标协议书”，规范市场经济行为；与各部门签订了“安全责任书”，实行了安全责任管理；与各支部和各部门签定了“党风廉政责任书”，落实了廉政责任制，确立了三项责任制的经营管理制度。

主要业务部门的内部管理和激励机制建设不断创新并各具特色，逐渐为群众所接受，体现了“依靠职工办好企业”的思想。

组建中心流程工作小组，按照科学管理的理念，开始对中心人事管理、生产管理、财务管理、行政管理、内控管理等内部流程进行再造，努力实现电子化管理，提升水平。同时，加强了计划、财务、项目、合同和招投标工作的管理，使中心业务工作更加规范有序。

2002年，中心实行了全员劳动合同制，中心与全体职工签定了劳动合同。

7. 党的建设和精神文明建设

坚持党委中心组学习；根据2002年改革发展的形势和任务，在党内开展了“远学榜样、近学先进”的学习教育活动；坚持民主生活会制度；注重听取职工意见，定期召开党风监督员会议，对职工反映的意见汇总分析，认真答复和落实。

按照党中央和国务院的要求，深入实践“厂务公开”制度建设，坚持通过职代会，实行民主管理、民主监督和民主决策，充分发挥职工代表大会的作用。

中心因地制宜地举办节日庆祝活动、文体活动、植树绿化、支援贫困地区，锻炼身体、陶冶情操，密切员工交流，增强企业凝聚力，为营造团结和谐的工作氛围起到了积极的作用。

主要事件

4月1日，国家电力公司副总经理赵希正及总经理工作部、科技环保部、体改办等部局领导到信息中心检查指导工作。

4月22日，国家电力公司《中国电力》杂志社在北京召开了“《中国电力》杂志创刊45周年暨发刊400期座谈会”。国家经贸委电力司、科学技术部、国家电力公司、中国电力企业联合会、中国电机工程学会和有关的网、省电力公司、科研院所及《中国电力》杂志的主办单位国电信息中心等单位的代表近百人出席了会议。国家电力公司赵希正副总经理作了批示：“再接再厉，开拓创新，为电力工业的改革和发展服务”。全国政协常委、原电力工业部部长史大桢题词：“传播电力科技成果，促进电力工业发展”。全国电力系统许多单位及电力期刊的同行也以不同形式纷纷发来贺信、贺词、题诗表示祝贺。

6月27日，中共国家电力公司直属机关临时委员会在京召开了表彰大会，信息中心党委被授予“先进党委”的光荣称号。

7月22～23日，“中国电力信息网络建设工程”、“电力信息网总体数据库建设”、“国家电力公司国际信息发布系统”、通过验收；“国家电力公司本部办公自动化系统”通过验收暨鉴定。

鉴定委员会一致认为，该系统技术先进、功能完善、使用方便灵活，具有较好的扩展性和实用性，其综合技术水平在电力系统处于国内领先水平。

9月12日，因特网服务提供商的通信链路发生故障，使国电信息网因特网出口不能正常工作。经采取事故应急解决措施，对链路故障点进行修复，对备用通道方案进行调试，恢复了国电信息网因特网出口的正常工作状态。

这次事故的发生和处理，引起了国电公司各级领导的高度重视，此次事故也说明国家电力信息网已经成为国家电力公司正常办公的必要工具，网络运行的安全直接影响到电力生产和公司正常的工作秩序。

9月18日，按照国电公司网络安全评测大纲的要求，国电公司网络安全专家工作小组对中心的网络安全工作进行了评测，评测结果较好，还需进一步查找漏洞和安全隐患，使网络与信息安全工作做到万无一失。

10月29～30日，国电信息中心承担的“国家电力公司本部综合业务管理系统”通过了国家电力公司主持的项目专家验收。该项目完成了国家电力公司9个部局的综合业务管理系统建设。

该项目的验收标志着国电信息中心自主开发软件的水平达到了业界同类产品的先进水平，建立了一支高水平的研发团队，为下一步在国电公司推广该项技术和解决方案以及为公司系统的ERP、CRM、移动办公和远程培训等项目的实施创造了有力条件。

9月～10月，按照中心二届四次职代会通过的“国电信息中心劳动合同制度实施方案”，中心与全体员工签定了劳动合同。

11月20日，国家电力公司总经理工作部发文，全面启动公司系统办公自动化联网工作。

（王小萍）

中能电力工业燃料公司

2002年是中能公司改革与发展的关键一年，也是具有深远影响的一年。面对新形势、新问题、新矛盾，公司在国家电力公司党组的领导下，认真贯彻党的十六大精神，全面落实“三个代表”重要思想，按照国电公司党组的各项部署要求，适应改革、强化职能、抓住机遇、加快发展，各方面工作都取得了很大成绩，开创了新的局面。归纳起来，有十件大事较为突出，对系统工作和公司发展都影响重大。

一、圆满完成了2002年电煤订货任务

2002年全国煤炭订货交易会于2001年12月28日至2002年1月18日在福建省厦门市召开。此次订货会是在煤炭供需趋于基本平衡、局部偏紧、电煤供应形势十分严峻的形势下召开的。电煤订货价格矛盾十分突出，成为影响电煤订货的焦点和关键环节。在国电公司的正确领导和亲切关怀下，中能公司与参加订货的电力企业代表相互协作，密切配合，充分发挥电煤订货领导小组和电煤采购成本监测与协调委员会的作用，按照国家计委、国家经贸委确定的订货基本原则和讲话精神以及国电公司领导的指示要求，加强了对订货工作特别是电煤订货价格的统一协调与指导，顶住各方压力、克服种种困难，圆满完成了订货的各项任务，“量、质、价”均取得了预期效果：电煤订货总量为23800万t，同比增加1343万t，为预计需求量的80%；供煤结构得到进一步优化，订货质量有所提高，基本保证了新增机组用煤；特别是电煤订货价格总体涨幅控制在了8元/t以内，有效避免了发电成本的大幅攀升。

二、2002年全国电力燃料工作会议在兰州召开

2002年8月1～2日，全国电力燃料工作会议在甘肃兰州召开。

国家计委、国家经贸委有关领导，国电公司有关部门领导、各网省电力公司分管领导及各电力燃料部门主要负责人参加了会议。会议由国电公司张贵行总工程师主持，国家电力公司赵希正副总经理在会上作了重要讲话。赵总在讲话中充分肯定了中能公司和电力燃料系统多年来在保证电煤供应、提高煤质、降低发电成本，建立比较完善的协调运作机制、维护电力企业利益以及规范系统管理、加强系统建设等方面所做出的巨大贡献，深刻阐述了电力燃料工作是一项长期性、基础性、系统性的工作，要做好新时期的电力燃料工作，就必须把握机遇，开拓创新，确立符合市场经济和电力体制改革要求的新的发展思路和发展方向，努力在电力燃料系统信息化建设，加强电煤采购成本的监测与协调，建设运营具有储煤、配煤、运输等功能的大型中心煤场，建立电煤质量检验新体系，实施“走出去”战略、充分利用好国内、国际“两种资源”、“两个市场”，加强电力燃料分会建设等六个方面取得重大突破。这次会议既总结和肯定了电力燃料系统多年来的工作，又对如何认识新形势下电力燃料工作的重要性和特殊性，开创电力燃料事业发展新局面等关键性问题做出了明确回答，是一次具有里程碑意义的会议。

三、加大了电煤日常供应管理与协调力度，确保了发电用煤需要

根据2002年煤炭市场发展变化和季节特点，中能公司加大了电煤供应管理与协调的力度，针对不同地区、不同电厂因资源、运力、价格以及其他人为因素造成的电煤供应紧张，加强了与国家综合部门以及煤炭、铁路、交通等单位的联系与协调，落实资源，增加运力，提高库存，基本确保了节日期间和特殊时期电煤的稳定供应。公司进一步加强了对31个重点火电厂运输计划的集中编制和监控，并协调铁路部门2002年新增电煤直达专列11列，使电煤直达专列开通总数达到了28列。为加强对下水电煤供应的管理，4月25日公司又组织召开了秦皇岛港中转电煤研讨会，就进一步加强下水电煤的衔接和协调提出了具体意见，明确了中能公司和各网省电力燃料部门在下水电煤供应中的管理程序。通过电煤供应的日常协调、电煤直达专列和下水煤的管理，公司对电煤供应管理与协调的力度进一步加大。2002年，国电公司直供燃料火电厂发电量完成7529亿kWh，同比增长11.4%。供煤总量为3.72亿t，同比增长14.2%，多供煤4626万t，耗煤总量为3.68亿t，同比增长12.7%，多耗煤4125万t。

四、适应电力体制改革要求，中能公司改革方案基本确定

适应电力体制改革发展的要求，公司对本部和电力燃料系统的改革进行了深入细致的研究和探讨。在电力体制改革具体实施方案尚未明确的阶段，根据国发［2002］5号文件精神和国阅［2002］18号纪要要求，结合电力燃料工作的自身规律和特点，公司制订了《关于实施电力燃料体制改革的汇报》，并在4月5日向国电公司电力体制改革领导小组做了专题汇报，国电公司领导给予了充分肯定，认为思路清晰、准备充分、符合实际。在电力体制改革方案得到基本确定后，公司又根据国务院批准的国家计委《关于电力体制改革方案的请示》（计基础［2002］1013号）、《关于落实电力体制改革实施方案的情况报告》（计基础［2002］1171号）以及《关于发电资产重组划分方案的请示》（计基础［2002］1685号）的有关要求，于11月5日向国家电力公司体制改革领导小组

上报了《关于中能电力工业燃料公司实施资产重组的请示》（中能办［2002］50号），提出将中能公司由国电公司的全资子公司改组为五大发电集团公司（华能、大唐、华电、国电、中电投）共同持股的有限责任公司，继续履行原有的协调、服务、监督、指导职能。目前，该改组方案已获基本通过，公司改组工作正在积极有序地进行。

五、在电力体制改革进程加快和煤炭市场形势十分严峻的情况下保证了电力燃料系统和电力燃料供应工作的平稳

在2002年电力体制改革进程进一步加快和煤炭市场形势十分严峻的情况下，为保证电力燃料系统和电力燃料供应工作指挥不断，秩序不乱，有条不紊，确保发电企业安全生产和电网安全稳定运行，公司及时果断地采取了一系列有效的措施。11月26日，召开了由国电公司张贵行总工程师主持，五大发电集团主管燃料负责人参加的电力燃料供应工作协调会，对电煤订货、价格以及日常供应协调等工作提出了具体要求，形成了一致意见。12月3日，国电公司党组会专门听取了中能公司关于电煤供应情况的汇报，对体制改革期间电煤供应和2003年电煤订货工作做了具体安排和部署。12月9日，根据党组会议安排，以五大发电集团公司领导的名义联名给国家计委、国家经贸委的主要领导写了信，提出了电力企业对目前电煤供应和2003年订货的意见和建议。12月23日，在2003年煤炭订货会召开之际，国电公司又及时下发了《关于切实做好改革期间电煤供应工作确保电力企业安全生产的通知》（国电总［2002］930号）。这些措施的实施，不仅为2003年电煤订货做了充分准备，而且对改革期间保证电煤的有效供应发挥了重要作用。

六、公司获准进出口经营资格，成立了进出口部，组织开展了进口煤业务

6月26日，中华人民共和国对外经济贸易合作部下发了《关于核准中能电力工业燃料公司进出口经营资格的通知》（外经贸贸秩函［2002］1990号），国电公司以外综函［2002］9号文转发了此通知。《通知》核准了中能公司的进出口经营资格，并规定了公司的经营范围。获准进出口经营资格是中能公司在加强电煤供应协调与服务上取得的又一重要手段，对进一步了解国际资源市场、充分利用国内、国际两种资源、两个市场做好电煤供应工作、加强国际间的交流与合作具有重要促进作用。为积极开展进出口业务，公司于8月19日以中能办［2002］32号文正式成立了中能公司进出口部。2002年，配送公司和进出口部一起，根据国内市场需求，分别从俄罗斯、澳大利亚、越南等地，为山东电、浙江电进口煤炭160万t，有效增加了沿海部分缺煤电厂库存，平抑了市场煤价，缓解了煤炭供应紧张状况。

七、燃料调度管理信息系统建设任务基本完成，进入验收阶段

2002年，燃料调度管理信息系统建设严格按照国电公司工程管理办法要求，克服了地点调整、资金不到位、开发条件不完善等困难，本着边开发、边规范、多调研、多分析、多预测，组织工程建设工作。工程建设中，紧密结合电力体制改革和公司发展的需要，在网络规划、设备配置、数据平台建设、应用平台建设、开发平台建设等方面充分考虑系统发展要求和高度适应能力，以国际先进水平为目标，建设完成了高起点的系统平台、数据平台、开发应用平台。目前，系统资料档案整理、基础数据录入、竣工报告已完成，并进入工程验收准备阶段。燃料调度管理信息系统的建设为加快信息技术在电力燃料管理供应中的应用，实现管理创新，改进工作方式和管理方式，为提升中能公司的服务能力和发展能力打下了良好的基础。

八、公司积极探索建立电煤质量检验新体系，正式成立了华正煤炭检验行

对大宗货物实行第三方公正检验是国际通行的惯例，为在电煤交易中推行第三方公正检验，探索建立电煤质检新体系，2002年10月，中能公司与国家煤炭质量监督检验中心、秦皇岛港务局共同成立了华正煤炭检验行。检验行以推进第三方公正检验为宗旨，将对规范煤质检验市场、加强煤质检验、提高电煤供应质量发挥重要作用。

九、公司发展取得可喜成果

继2001年成立了中能燃料配送有限公司和中能联合电力燃料有限公司之后，2002年11月12日，中能公司与怀仁县芦子沟煤矿正式签订合作协议，由中能公司全面负责怀仁县芦子沟煤矿煤炭的对外销售。这次合作本着相互选择、平等协商、优势互补的原则，不仅有利于中能公司进一步发挥纽带作用，更好地保证发电企业用煤需要，而且对于怀仁县芦子沟煤矿进一步扩大生产能力，提高经济效益，促进企业健康发展也具有重要推动作用。2002年12月19日，中能燃料配送有限公司与天津佳泰矿业发展有限公司合资组建的天津南疆港中心煤场正式揭牌成立。这次合作旨在利用两者在煤炭生产、运输、仓储、再加工以及销售环节的优势，利用南疆港对煤炭进行科学合

理掺配，以质优价廉充足及时的煤炭供应来满足不同用户的需求，这是配送公司在向煤炭储配一体化发展方向上迈出的具有实质性意义的一步。

十、公司经营管理工作成效显著

根据电力体制改革的进程，为进一步探索公有制的有效实现形式，形成有利于公司长远发展的动力机制和监督机制，上半年公司对所属控股、参股公司进行了全面治理、整顿，规范了运作，优化调整了投资结构，降低了投资风险，提高了投资收益。2002 年公司共收取服务费 1868 万元，比 2001 年增长 29%，营业费用 424 万元，管理费用 651 万元，财务费用 83 万元，营业外支出 203 万元，利润总额 973 万元。截止到 2002 年底，公司本部资产总额 10395 万元，负债总额 5287 万元，所有者权益 5108 万元，公司经营状况良好。

各地区电力工业

华 北 地 区

华北电力集团公司

综述

1. 集团公司主要生产经营指标完成情况

发电量：（京津唐电网统调机组）：846.14 亿 kWh，同比增长 9.08%；

售电量：887.32 亿 kWh，同比增长 11.8%（国家电力公司系统售电量同比增长 11.1%）；

销售收入：347.09 亿元，同比增长 17.96%；

资产总额：1009 亿元，同比增长 8.81%；

净资产：659 亿元，同比增长 7.72%；

线损率：7.93%，同比降低 0.02 个百分点。

2002 年电费全部结零，回收陈欠电费 1373 万元，陈欠回收率达到 16.14%。

2. 集团公司（母公司）资产经营考核指标完成情况

利润总额：9.75 亿元，比国家电力公司下达指标增加 8.29 亿元；

应收电热费余额：19.05 亿元，比国家电力公司下达指标减少 1.65 亿元；

净资产收益率：1.34%，比国家电力公司下达指标提高 1.09 个百分点；

资产负债率：34.7%，比国家电力公司下达指标降低 4.57 个百分点；

上缴投资收益：0.86 亿元，完成国家电力公司下达指标。

3. 基本完成了国家电力公司下达的安全生产考核指标

集团公司未发生电网稳定破坏及大面积停电事故；未发生特、重大设备责任事故以及重大以上的火灾、交通事故；未发生电力生产人身死亡事故。北京电建公司在大唐盘山 4 号机组调试期间，由于设备原因造成 1 名职工死亡。

4. 达到了国家电力公司党风廉政建设责任制的考核要求

电力生产

2002 年，集团公司深入落实安全生产责任制，以安全性评价动态管理为龙头，建立电力生产风险管理体系。强化电网运行分析，合理安排主网运行方式；加强设备治理，科学安排检修计划，设备健康水平稳步提高；认真进行安全大检查，进一步夯实安全基础；完善生产现代化管理手段，开展技术监督，努力提高管理水平。各发供电企业不断完善安全生产的闭环控制和循环持续管理，分工明确，责任到位，措施落实。确保了电网的安全稳定运行，保证了首都及各地区的安全可靠供电。

2001 年 7、8 月间，华北地区出现罕见的高温湿热天气，华北电网、京津唐电网以及各地区用电负荷持续快速攀升，供电形势严峻。华北电网最大负荷达到 3654 万 kW，同比增长 12.4%；京津唐电网最大负荷达到 1833 万 kW，同比增长 16%；北京、天津、唐山、张家口和秦皇岛地区用电负荷也都达到了历史最高水平。集团公司及早部署，周密组织，充分准备，做到了责任落实，措施落实。大负荷期间京津唐电网主网及各地区城网输变电设备运行稳定，发电设备运行可靠，保证了社会的电力需求。

保证党的十六大安全供电是一项极为重要的政治任务，党中央、国务院和国家电力公司对此高度重视，提出了很高的要求。集团公司从讲政治的高度认真落实国家电力公司提出的“政治动员、组织落实、责任到位、措施具体、圆满完成”的五条要求，建立严密的组织保障体系，制定详细的保电方案，认真落实各项保电措施，全网干部职工以高度的政治责任感和严谨认真的工作态度投入到保电工作中，发扬政治保电万无一失的光荣传统，全力以赴，艰苦奋战，确保了十六大期间电网的安全稳定运行和对重要用户的可靠供电。十六大秘书处给集团公司发来了感谢信，国家电力公司对集团公司的十六大保电工作给予了高度评价并予以表彰。

集团公司继续加大了对科技的投入，2002 年共安排 5445 万元用于生产科技项目，加快了科技成果转化。获国家电力公司科技进步奖 2 项、北京市科技进步奖 7 项。直升机巡线项目正式投入生产，在线路运行维护中发挥了重要作用，该项目填补了国内空白，达到了国际先进水平。

信息化建设取得新的进展。坚持“统一领导、统一规划、统一标准、统一实施”的原则，完成了京津唐电网生产管理系统和地理信息系统的建设；实现了集团公司办公自动化系统联网运行；进一步完善了网络基础设施，为实现管理创新、提升管理水平奠定了基础。

大力开展职业技能培训，共有10153名职工参加了规范的职业技能培训，职工专业技术水平显著提高。全年集团公司组织参加了5次全国及北京市技术比武大赛，荣获了2次团体一等奖，3次团体三等奖，2次个人全能第一和1次单项第一，共有17人获得国家级和省部级技术能手称号。集团公司被劳动和社会保障部命名为全国职业培训先进单位。

电网建设

京津唐电网投产了500kV盘山—滨海、徐水—房山输电线路2条202.7km和滨海变电站主变压器1台75万kVA；投产220kV输变电工程12项，线路293km、主变压器变电容量96万kVA；与河北南网实现了500kV连接。开工建设丰镇—万全—顺义双回线加装串联补偿装置、托克托—浑源—安定双回输电线路、吴庄—滨海输电线路、徐水—霸州—吴庄输变电工程以及房山变电站改扩建工程等5项500kV输变电工程。

2001年8月20日，国家计委、国家电力公司在集团公司举行了西电东送北通道项目开工典礼，该批项目包括华北网内的3个输变电工程和4个电源工程，全部工程于2006年前投产，将新增500kV输电线路1590km、发电装机容量406万kW。该批项目的建成将对开发西部资源，发展地方经济，促进华北电网资源优化配置，保证京津唐地区特别是首都的电力供应具有重要的战略意义。

电网规划工作进一步加强。集团公司完成了对华北电网和京津唐电网“十五”电力发展规划的调整工作；进行了华北电网、京津唐电网2015年目标网架设计的论证及评审。“奥运电力行动计划”编制结束，并已经上报北京市政府。该计划对2008年奥运会前北京地区从500kV电网到低压配网的建设进行了统筹规划，投资总规模约231亿元，计划的实施将大大提高北京地区电网的供电能力和供电可靠性。

京津唐电网的城网建设与改造工程全部完成。2002年，北京和冀北地区完成城网改造投资9.54亿元，天津完成城网改造投资14.55亿元。农网改造一期工程全部完成，并通过了竣工验收；加强和规范了农网改造二期工程的管理，集团公司与各单位签订了工程责任书，确保了工程进度和质量。北京和冀北地区农网二期共完成了投资计划的92%，超过了国家电力公司提出的完成投资任务90%的要求。

集团公司在工程建设中严格规范工程管理，全面落实安全、质量管理工作目标。全面推行“五制”，继续完善合同管理，加强招投标组织工作，开展工程优化设计活动。500kV顺义变电站和张家坊—顺义一回输电线路工程被评为2002年度国家电力公司级优质工程。北京电力设备总厂立足于市场，服务意识和竞争意识进一步加强；北京电建公司严把工程质量关，投产工程得到业主好评；天津电建公司坚持安全文明施工，按时完成了工程建设任务；尤其是北京送变电公司在保十六大安全供电以及2001年底电网冰闪期间，充分发扬了特别能吃苦、特别能战斗的精神，圆满完成了集团公司交给的各项运行抢修任务。

经营管理

续续坚持以经济效益为中心，加强经营管理，全面落实经济责任制和资产经营责任制，管理水平和经济效益明显提高，全面完成了国家电力公司下达的资产经营考核指标。

经济责任制和资产经营责任制充分调动了各单位提高经济效益的积极性，形成了一个激励与约束相结合的考核体系。通过对经济责任制执行情况跟踪分析、进行经济责任制半年预兑现等措施，加强了对经营过程的管理和控制，保证了经营目标的实现。

进一步加强财务管理工作。强化预算管理，严格控制成本；加强资金管理，提高资金使用效率，通过提前还贷、推迟借款等资金运作，节约财务费用5570万元、在建期利息约2亿元。将竣工决算工作纳入对供电公司的经济责任制考核，大力推动了城农网改造工程以及大中型基建工程的竣工决算工作。加强了财务管理信息系统建设，积极推动财务管理现代化。

集团公司始终将电价调整工作作为经营工作的关键环节，电价调整取得突破性进展。通过不懈的努力，北京、天津、冀北以及河北南网4个价区的2001年疏导电价矛盾方案出台，解决了农网建设与改造工程投资的还本付息问题；北京地区出台了新的调价方案，用于解决“奥运电力行动计划”工程资本金问题；北京、天津实现了城乡居民用电同网同价。

积极开拓电力市场，推广电气化示范小区的建设，加强电费回收管理，确保了2002年电费回收率100%，回收陈欠1373万元。继续开展营业普查活动，2002年增收5217万元。

线损管理水平不断提高，建成了各地区供电关口电能计费系统，京津唐电网关口电能计费系统进一步完善，完成了线损管理软件开发，进行防窃电计量装置改造，实施分台区线损管理，线损率同比继续降低。

体制改革

2002年3月27日，国家经贸委以国经贸电力［2002］185号文批复撤销华北电业管理局，华北地区网省电力公司层面的政企分开改革工作已基本完成。

2002年12月29日，国家电网公司等中国电力新组建（改组）的11家公司正式成立，集团公司严格按照国家电力公司的部署，认真做好划转移交发电企业的各项准备工作。按照国电办［2003］1号文件的要求，于2003年1月14日将北京大唐发电股份有限公司、唐山发电总厂的安全生产、经营和干部管理正式移交中国大唐集团公司；将滦河发电厂、天津第一热电厂的安全生产、经营和干部管理正式移交中国国电集团公司；于1月20日将北京第二热电厂、密云水电厂的安全生产、经营和干部管理正式移交中国华电集团公司。

精神文明建设

集团公司坚持“两手抓，两手都要硬”，紧紧围绕企业中心工作，利用系统和社会媒体广泛宣传集团公司的工作目标和任务，充分发挥舆论导向的作用。在夏季用电高峰和十六大召开前，在集团公司的倡导下，北京供电公司、承德供电公司等单位围绕“确保安全生产和企业稳定”开展了各具特色的主题实践活动，在电网迎峰度夏和保十六大安全供电期间充分发挥了党支部的战斗堡垒作用和共产党员的先锋模范作用。

认真组织实施《党建三年规划》，党建工作稳步推进。对政工干部和基层党支部书记进行了培训，基层党支部书记当年上岗当年培训；75%的基层党委实施了发展党员公示制，一线党员和35岁以下的青年党员分别达到74%和60%。利用现代化手段丰富党建和思想政治工作方式，在北京党建网开设了集团公司网页，组织直属单位进行了电子党务观摩。

落实党风廉政建设责任制，将党风廉政建设与生产经营管理工作同部署、同落实、同检查、同考核，严格奖惩，强化责任追究，确保了年度目标的实现；认真执行“三重一大”等各项制度，规范了领导干部行为；开展党风廉政建设警示教育，进一步增强了领导干部廉洁自律意识；反腐败工作不断深入，通过案件查处，挽回经济损失130万元；执法监察和效能监察卓有成效，挽回经济损失8783万元。

双文明建设取得显著成果。北京供电公司被中央文明办命名为全国创建文明行业工作示范点，被北京市委、市政府命名为首批“首都文明行业”，天津市电力公司被国家电力公司命名为“双文明公司”，集团公司有23个单位获得并保持着省部级以上文明单位称号。华北电业联合职工大学、保定电力学校和北京电力技工学校紧紧围绕集团公司人力资源开发和安全生产工作，在职工教育、岗位培训、技能鉴定方面发挥了积极作用。北京电力医院和北戴河疗养院坚持面向企业、面向社会，医疗服务功能不断强化。

企业文化建设全面启动，成立了领导机构，组织了企业文化建设研讨，推广了秦皇岛发电有限责任公司、天津电建公司等单位的经验，促进了基层单位企业文化建设。开展形式多样的群众性文体活动，成功举办了华北电力集团公司第一届职工运动会，弘扬了团结治网精神，增强了职工的团队精神和企业的凝聚力。

完善优质服务常态运行工作机制，不断改善供电服务设施。严格执行《供电客户服务中心工作标准》，深化供电服务承诺，自觉接受社会监督。按照《集团公司供电客户服务中心建设规划》，继北京、天津建成了供电客户服务中心后，2001年唐山供电客户服务中心正式投入运行，冀北其余4个地区的客户服务中心建设已经启动。供电所规范化管理工作取得阶段性成果，已有40%的农村供电所达到供电窗口规范化服务管理要求。天津市电力公司的优质服务得到了社会的广泛认可，16个基层单位被授予天津市“行风建设先进单位”称号。

认真落实维护稳定责任制，耐心细致地做好职工的思想政治工作，关心困难职工生活，建立了特困及困难职工档案，积极为职工群众排忧解难。加强信访工作，妥善处理了部分协商解除和终止劳动合同人员集体上访事件。认真做好“法轮功”练习者的教育转化工作，全年没有发生“法轮功”练习者进京滋事事件。

主要事件

1月8日，集团公司召开华北电网2002年规划座谈会，总经理翟若愚、副总经理钱遵培，天津、河北、山西、内蒙古电力公司主要负责人参加了会议。国家电力公司周小谦以及战略规划部、计划投融资部的同志出席了会议。

1月21～23日上午，集团公司召开二届五次职工代表大会暨2002年工作会议。会议还明确了集团公司2002年的9项工作目标和8项重点工作。

1月29日，“500kV紧凑型线路大负荷试验研究”成果通过国家电力公司验收。

1月31～2月1日，华北电力调度局通过“创建中国一流电网调度机构”的考评，为华北电力集团创建一流电力公司奠定了基础。

2月6日，国家电力公司副总经理赵希正到华北电力集团公司检查工作，慰问职工。

2月11日，北京市委常委、市总工会主席阳安江一行在华北电力集团公司总经理翟若愚、副总经理张丽英、华北电力工委主任黄鹏良的陪同下来到北京第二热电厂看望坚守在工作岗位的干部职工，并送去慰问品。

2月26日，国家电力公司党组、国家电力公司分别以国电党任［2002］22号、国电任［2002］1号文决定，栾军同志任中共华北电力集团公司（电业管理局）党组成员、中国华北电力集团公司副总经理。

华北电力集团公司党组、华北电力集团公司分别以华北电集党任［2002］6号、华北电集任［2002］5号文决定，胡玉海同志任中共天津市电力公司党委常委、天津市电力公司副总经理。

华北电力集团公司党组、华北电力集团公司以华北电集党任［2002］4号、华北电集任［2002］3号文决定，刘宇平同志任中共山西省电力公司党组成员、山西省电力公司总经济师。

3月27日，在北京市组织的首批“首都文明行业”的评比中，北京供电公司被评为首批三个“首都文明行业”之一。北京市委副书记龙新民、北京市工业工委书记金生官，国家电力公司纪检组长祝新民、集团公司总经理翟若愚出席授牌仪式。

4月3日，集团公司召开直属单位主要负责人会议，传达国家电力公司关于电力体制改革精神。

4月11日，北京市适当调整销售电价实现城乡居民用电调价听证会在北京市物价局召开，与会的各方面代表就此次调整电价实现居民用电同价的申请进行了讨论，一致表示原则同意调价方案。

4月17日，集团公司在华北电力科学研究院召开了“华北电力技术院专家聘任大会”。大会向各级受聘专家颁发了荣誉证书和聘书。经华北电力技术院专家评审委员会评审，共有260名专业技术人员被评审为各级专家并受聘。

4月26日，华北电力集团公司第一届职工运动会开幕式在北京奥林匹克体育中心举行。本届运动会是华北电力集团公司第一次大型运动会，从3月15日开始的本届运动会共进行了田径、游泳、球类等9大项、72小项的比赛，历时43天，整个过程精彩、热烈、文明、圆满，充分体现了本届运动会“团结治网，共同发展”的主题。

5月21日，国家电力公司副总经理赵希正率调研组到集团公司调研，召开了有北京送变电公司、北京电建公司、天津电建公司、北京电力设备总厂参加的座谈会。

6月6～8日，国家电力公司副总经理赵希正率调研组在集团公司领导的陪同下到马头发电总厂调研，召开了调度局长（主任）座谈会，考察了石家庄供电公司客户服务中心，召开了网省公司主要负责同志座谈会，与河北省建设投资公司领导进行了座谈。

6月12日，国家计委副主任张国宝率国家计委发展规划司、基础产业司等有关领导到华北电力集团公司调研。集团公司总经理翟若愚、副总经理朱国桢、张一士、张丽英等陪同参观了华北电力调度局主控室，并就电网及电源点建设规划、2002年北京夏季负荷特点、用电结构、西电东送等情况进行了汇报。张国宝副主任提出7月上旬在华北电力集团公司举行西电东送北线战役（三个电源点、三条500kV线路）开工仪式，会场拟选在华北电力集团公司本部或安定变电站，请华北电力集团公司协办。届时，将有国务院领导，国家计委、国家经贸委、国家电力公司等有关部门及有关省（市、区）领导出席仪式。

同日，在国家电力公司农村电工知识与技能竞赛中，华北电力集团公司代表队获得团体总分第三名以及理论知识竞赛第一名和技能比武竞赛第四名。

6月20日，集团公司总经理翟若愚在国家电力公司向赵希正副总经理汇报夏季大负荷保电措施情况。

同日，河北徐水—北京房山500kV输电线路正式投入运行，成为第一条京津唐电网与河北南网的500kV输电线路。此次联通有利于河北南网的稳定运行，强化了华北500kV主网架结构，提高了河北南网与京津唐电网功率交换能力和事故状态下的相互支援能力。

6月28日，国务院派驻国家电力公司监事会领导路耀华等一行30余人到北京供电公司王府井220kV变电站和客户服务中心视察工作。国家电力公司副总经理谢松林、集团公司总经理翟若愚陪同。

7月3～5日，集团公司总经理翟若愚到秦皇岛地区检查暑期北戴河安全可靠供电工作。

7月11日，国家电力公司为京津唐电网用电负荷持续大幅度上升、保电任务愈加重要给华北电力集团公司发出慰问电。

同日，集团公司副总经理张丽英主持召开电话会议，总经理翟若愚要求各电厂、供电公司主要领导必须在一线值守，随时监控负荷变化及设备运行状态，抢修队伍随时处于临战状态。会后，翟若愚、张丽英赴北京供电公司检查工作。

7月12日，京津唐电网最大负荷达到1832.8万kW，北京地区最大负荷达到805.8万kW，创历史最高纪录。同时，天津、唐山、廊坊、承德、张家口等地区负荷均创历史新高。

同日，北京市市长刘淇、副市长刘海燕、国家电力公司副总经理赵希正到北京供电公司220kV左安门变电站和调度中心慰问职工，对电力职工战高温酷暑保北京用电表示感谢。集团公司总经理翟若愚、副总经理栾军向北京市和国家电力公司的领导汇报了北京大负荷期间保电的部署情况。

8月2日，北京地区最大负荷达到824万kW，创历史最高纪录。

8月12日，集团公司召开2002年年中工作会。

8月13日，集团公司召开2002年迎峰度夏总结表彰大会。

8月20日，由国家计委、国家电力公司共同主办，华北电力集团公司承办的西电东送北通道工程项目开工典礼分别在华北电力集团公司主会场以及内蒙古自治区的托克托发电厂、山西的神头第二发电厂、河北的万全变电站、山西的河曲发电厂、内蒙古的达拉特发电厂5个分会场同时举行。国家电力公司副总经理贺恭主持；国家计委基础产业发展司司长李彦梦宣读开工文件；国务院副秘书长尤权宣读吴邦国副总理的贺信；国家计委副主任张国宝在会上讲话；国家电力公司党组副书记、副总经理刘振亚讲话；内蒙古自治区副主度周德海、山西省副省长杜五安、北京市副市长刘海燕分别代表送电方和受电方讲话；北京送变电公司曹晋恩代表施工单位发言；集团公司总经理翟若愚检查并报告各施工现场的准备情况；国家电力公司党组副书记、副总经理刘振亚宣布：西电东送北通道项目开工。

9月30日，国家电力公司副总经理赵希正到集团公司检查国庆节安全供电情况。

10月12日，国务院副总理李岚清到天津大港电厂视察。国家科技部部长徐冠华、教育部部长陈至立、国家计委副主任张国宝、清华大学校长王大中、天津市委书记张立昌、市长李盛霖陪同。李岚清副总理重点了解了大港电厂在海水综合利用方面的情况，在化学车间闪燕值班室听取了厂长李瑞欣及专业人员关于海水淡化系统情况的汇报，详细询问了海水利用及淡化海水的成本、品质等问题，并参观了海水淡化设备。

10月16日，集团公司副总经理朱国桢会见来访的日本四国电力公司代表团。

10月21日，国家电力公司在集团公司召开确保首都十六大期间安全供电现场办公会。国家电力副总经理赵希正、总工张贵行等国家电力公司领导出席。

10月24日，集团公司召开华北电网各省（市、区）电力公司主要负责人会议，落实国家电力公司现场办公会精神，切实抓好电网稳定和职工队伍稳定，确保党的十六大期间安全供电万无一失。国家电力公司副总经理赵希正、集团公司总经理翟若愚出席会议并讲话。

10月25日，中共中央政治局常委、全国人大常委会委员长李鹏为北京电力设备总厂50周年厂庆题词："发展电力事业，提供优质产品。贺北京电力设备总厂五十周年"。集团公司副总经理朱国桢在庆祝大会上致词。

同日，北京市副市长刘海燕在集团公司总经理翟若愚的陪同下到北京供电公司110kV会城门变电站检查十六大保电工作情况。

10月30日，集团公司召开确保十六大期间安全供电动员大会。

11月21日，集团公司召开传达贯彻十六大精神暨保十六大安全供电总结表彰大会。

12月3日，国家电力监管委员会主席柴松岳、副主席史玉波到华北电力集团公司考察调研并到网调参观了解电网情况。集团公司总经理翟若愚向柴主席汇报了集团公司及电网的情况。

12月4日，国家电力监管委员会主席柴松岳、副主席史玉波到北京供电公司考察调研，并到北京区调、王府井地下变电站、客户服务中心参观考察。

12月29日，中国电力新组建（改组）公司成立大会召开。华北电力集团公司总经理翟若愚任中国大唐集团公司总经理。

天津市电力工业

概况

2002年，天津市电力公司在经营困难的情况下，抓住天津市经济跨越式发展的机遇，加快电网建设，努力增发多供，全面完成了年度生产任务。发电量完成69.88亿kWh，同比增长3.17%；售电量完成220.72亿kWh，同比增长11.17%，为近10年增幅最大的一年。供热量完成5780614GJ；综合电压合格率99.04%；供电可靠率99.926%。及时调整了优惠电价、趸售电价及商业峰谷电价政策，售电均价达到361.07元/（MWh）。推行分台区统计考核线损，110kV及以下变电站线损率完成4.79%。2002年公司主业实现利润7179万元，净资产收益率完成0.75%，资产负债率完成59.11%，上缴投资收益3460万元。资产总额176.74亿元，同比增长13.54%。圆满完成了华北电力集团公司三项经营责任制确定的各项任务。

安全生产

2002年，是国家电力体制深化改革的一年，面对改革带来的变化，公司主动适应改革，认真落实安全生产责任和维护稳定责任制，妥善处理好各种矛盾，保证了各项工作的顺利开展。以高度的政治责任感和扎实细致的工作，维护了企业安全稳定的大局，圆满完成了国庆、党的十六大会议召开等重要节日和重大政治活动的保电任务。全年未发生人身死亡事故、特大重大设备事故和电网事故，各类事故率比2001年明显降低，安全生产创近年来的最好水平。军粮城发电厂、第一热电厂、调度通信中心及城西、城南、津南供电分公司全年没有发生考核事故，高压供电公司安全生产创历史最好成绩，另有10余个单位安全运行超过1000天。2002年夏季高温，供电负荷屡创新高，公司经受了供电最高负荷447.9万kW的考验，保证了全市工农业生产和居民生活的用电需要。

电网建设

2001年，公司在全国电力系统省公司范围内率先实现了“两改一同价”目标。2002年，第二批农村电网建设与改造工程基本完成，城网改造工程进入收尾阶段。至2002年年底，建成投产了滨海500kV变电站。建成220kV输变电工程6项、投产4项；建成投产110kV输变电工程5项、35kV送变电工程5项；主变压器增容184.2万kVA。投产35kV及以上架空线路242km，电缆32.5km。滨吴500kV输电线路和一批输变电工程正在抓紧进行。配合天津市市政重点工程建设，公司筹资垫付近3亿元进行电力配套工作。加快实施天津市三年路灯改造计划，完成投资4.08亿元。积极开展电热负荷开放和小锅炉替代工作，新增供热面积174万m^2。

优质服务

公司认真贯彻国家电力公司“求真务实、作风建设年”的部署，对内倡导务实作风，大力精简会议，深入服务基层，推动工作作风转变；对外强化优质服务，着力建设服务的常态运行机制，全面兑现供电服务承诺。2002年3月，客户服务中心正式运营，为建立“一口对外”的服务系统，奠定了基础。天津市13个区的电力用户可以通过拨打统一服务热线“95598”、登录网站及通过传真等通信手段办理所需业务。服务中心在技术整合及业务功能等方面均处于全国电力系统同业领先水平。标志着天津电力优质服务进入程序化、标准化、规范化的新阶段。以供电营业所达标为契机，规范和加强了农电管理，农村供电服务水平不断提高。各供电单位结合实际广泛开展了形式多样的服务创新活动，推动优质服务向纵深发展，并受到广泛好评。在2002年召开的全国创建文明行业工作座谈会上，公司作为天津市的代表单位在大会上发言。西青供电分公司荣获“全国创建文明行业工作先进单位”称号。城南供电分公司等16个单位被天津市授予“行风建设先进单位”。

企业管理

公司建设一流企业取得新的进展，企业管理水平有了新提高。继军粮城发电厂、调度通信中心、宝坻供电有限公司之后，高压供电公司、城南和西青供电分公司先后通过了国家公司一流企业验收。送变电工程公司取得了电力施工企业一级总承包资质。技术中心通过了ISO 9000质量体系认证。各单位坚持立足实际创一流，推动各项专业管理上水平。军粮城发电厂20万kW机组的运行管理进入全国前列。公司35kV、110kV变电站的无人值班率分别达到100%和93.1%，6个220kV变电站实现了无人值班，变电自动化水平进一步提高。年内顺利完成了110kV站、线管理权限的下放工作。公司信息化建设快速推进，启用了可视电话会议系统，升级了办公自动化系统。调度、用电、客户服务、供电地理信息系统进一步完善。公司档案管理晋升为国家一级。实施管理人员和生产技术人员的轮训计划，与南开大学合作举办MBA高级工商管理课程研究生班，营造良好学习氛围，培养、提高了管理人员和技术人员的素质。2002年，公司荣获“全国企业职工教育先进单位”称号。

精神文明建设

在改革开放发展的新形势下，公司各级党组织认真学习贯彻“三个代表”重要思想和党的十六大精神，全面落实天津市第八次党代会的各项部署，深入开展权力观教育，切实转变领导工作作风和思想作风。认真落实党风廉政建设责任制，重点加强了对经营管理活动的有效监督，推动了反腐倡廉工作深入开展。坚持不懈地推进党建创新，规范了两区三县供电企业的党建基础工作，深入开展党员、党组织“立功立项”活动。厂务公开和民主管理逐步向企业经营管理、投资决策、物资采购、领导干部选任等方面延伸，提高了职工参政、议政意识和企业决策水平。高度关注职工反映的热点和难点问题，努力改善职工物质文化生活。成功举办了公司第七届职工运动会，并完成了华北电力集团公司第一届运动会部分项目的承办和参赛任务。2002年，公司再次被评为双文明电力公司，成为国家电力公司系统4个连续两届被命名为双文明电力公司的省级电力公司之一。公司有10个基层单位被国家电力公司评为双文明单位，2个单位被评为双文明单位标兵。

多种经营

多经企业积极努力，开拓系统外市场。三源电力集团公司进一步提升和壮大现有产业。制造公司在国内10多个省市建立了销售网点，生产销售初具规模。施工公司对外开拓市场、对内加强管理，高质量地完成了市重点工程的配套项目，树立了企业形象，军粮城发电厂1、2号机组供热改造工程正式立项。房地产开发的第一个高层住宅项目已经开工；阳志高科、塘沽新百等项目动作良好。三源工贸及商旅业的经营管理和服务水平都有进一步提高。基层多经企业稳定发展，开拓了相关市场。2002年新增项目投资2225万元，培育了新的经济增长点。多种经营总收入完成22亿元，完成年计划的104%，社会收入占经营总收入的27%。其中，三源电力集团公司总收入5.72亿元，实现利润4991万元。

主要事件

1月30～31日，公司二届六次职工代表大会暨2002年度工作会议召开。

2月10日，中共天津市市常委、常务副市长杨新成、副市长杨栋梁先后到公司本部和调度通信中心慰问职工，向电力职工致以新春的祝福，给大家拜年。

2月28日，经过国家电力公司、华北电力集团公司和天津市档案局联合检查组对公司档案管理进行的考评认定，公司档案工作目标管理通过国家一级验收。5月，国家档案局正式批准天津市电力公司档案目标管理工作晋升国家一级。

3月1日，天津市客户服务中心正式运营。

3月6日，天津市副市长杨栋梁为电力公司客户服务中心开业剪彩。客户服务中心的95598特服电话已纳入市政府为民服务专线电话。

3月18日，《人民日报》一版刊登报道，介绍天津市农电“两改一同价”取得突出成果，城乡分类用电从3月1日起同价，居民生活电价调整至0.41元/(kWh)。执行新电价后，全市将有430多万农民直接受益。

3月31日零时37分，被列为天津市重点工程的滨海500kV变电站工程投入运行。

3月，第一热电厂成功实现冲灰水回收技术改造，该项技术充分利用灰管线，使吹灰水、化学除盐正洗水循环回收，过滤后再次利用到生产中，仅此一项就日节水20000t，还可保护灰场周边环境。运用此项技术每年可节约水资源费用700余万元。

4月6日，公司第七届职工运动会在原天津市火车头体育场隆重举行。

4月20日，经天津市企业管理协会、天津市企业家协会评选，公司总经理杨庆被评为2001年度优秀企业家，天津市三源电力设备制造有限公司被评为优秀企业。

4月29日，公司召开庆祝共青团建团80周年及“五四”运动83周年纪念表彰大会。

5月17日，在天津市召开的纠正行风工作会上，公司供电系统16个单位被授予“市级行风建设先进单位”称号。

5月27日，军粮城发电厂电能计费系统通过华北电力集团公司验收，该系统的建成为实施厂网分开、竞价上网创造了条件。

5月，公司在全国总工会、国家安全生产监督管理局组织的2001年度全国“安康杯”安全生产竞赛活动中被授予优胜企业称号。

6月15日，昆纬路全封闭式220kV变电站土建工程竣工，这是天津市第一座绿色环保型220kV变电站。

6月18日，经国家电力公司检查组审核验收，高压供电公司、城南供电分公司、西青供电分公司被批准为国家电力公司一流企业，成为继军粮城发电厂、宝坻供电有限责任公司、调度通信中心之后公司又一批跨入一流企业行列的单位。

6月，天津滨海至吴庄500kV输电线路开始施工。

7月10日，据国家电力公司国电党[2002]28号文件，关于表彰2000～2001年度双文明单位的决定，天津市电力公司再次被命名为双文明公司并受到表彰。同时受到表彰的双文明单位标兵有第一热电厂和宝坻供电有限责任公司，公司另有10个单位获得双文明单位称号。

8月8日，在中电联举办的第20届2001年度“全国火电200MW发电机组技术指标”竞赛评比中，军电4台200MW机组全部进入前16名。在全国参赛的127台机组中，该厂7号机组以总分第一的成绩荣获惟一的特等奖。

8月17日，公司总经理杨庆、副总经济师高亚树以及客户服务中心负责人等领导同志走进天津人民广播电台经济台《天津早晨》节目直播间，通过“行风坐标”栏目就广大群众关心的城网改造，供电服务承诺，客户服务中心运行等方面的问题与听众进行交流。

8月，公司第二批农村电网建设与改造工程全面展开。

9月1日，公司生产信息管理系统第一阶段系统设计正式开工。按照华北电力集团公司统一部署，年内完成集团公司系统公共模块所需数据的录入、转入工作。

10月10～12日，华北协作组《天津市电力工业史》(送审稿) 评审会在天津召开。

10月23日，公司召开系统主要负责人会议，学习传达电力体制改革工作小组第四次会议及国家电力公司系统主要负责人会议精神，结合公司在改革过渡时期的工作提出了具体要求。

11月，在全国企业职工培训经验交流及工作推动会上，公司被授予“全国企业职工培训先进单位”荣誉称号。

12月2日，公司调整改变公费移动电话管理模式，与中国移动天津公司和中国联通天津公司签订协议，分别组建移动电力 VPMN 和联通 CDMA 电力 VPMN 网（虚拟交换移动网中网）。实行公费移动电话全部由单位统一划账结算。新的办法将于 2003 年1月1日起执行。

12月17日，天津市政府召开 1998～2002 年天津市服务网络暨公仆走进直播间总结表彰会，公司总经理工作部公关处荣获“为民服务网络专线电话十佳集体”。

河北省电力工业

概况

2002年，河北省电力系统在国家电力公司、省委、省政府和华北电力集团公司的正确领导下，认真坚持以经济效益为中心，紧紧依靠和带领广大职工，采取有力措施，努力加强企业管理，不断提高服务质量，积极开拓电力市场，较好地完成了三项责任制考核目标和各项工作任务，确保了电网安全稳定、经营秩序稳定和职工队伍稳定，从而为河北省的经济发展做出了积极贡献。

南网部分

1. 安全生产方面

在电力体制改革的特殊形势下，河北南部电网各单位，认真落实各级安全生产责任制，牢固树立“四保”意识，全面推行“三票三制”，严抓细管，杜绝了人身重伤及以上事故，没有发生重大及以上电网和设备事故，安全生产创近年来最好水平。统筹谋划，精心调度，克服河北省南网电力供需矛盾突出、电煤紧张、气候异常等诸多不利因素，保证了电网安全稳定运行，最大限度地满足了工农业生产和人民生活用电需要。2002 年累计完成购电量 563 亿 kWh，同比增长 10.36%；完成售电量 516 亿 kWh，同比增长 10.52%，售电量居全国第七位。

2. 经营管理方面

2002 年，河北省电力公司全面加强预算管理，大力开展增收节支活动，合理降低成本支出，严格控制非生产性开支。切实加强营销管理，大力开拓电力市场。积极疏导电价矛盾，新电价执行到位。加大电热费回收工作力度，克服电煤价格上涨和城乡电网改造还贷压力增大的困难，全面完成了资产经营各项考核目标。累计实现产品销售收入 168.13 亿元，同比增长 15.05%；实现利税总额 13.4 亿元，其中利润 4.65 亿元；完成净资产收益率 3.9%、资产负债率 58.53%、上缴投资收益 6680 万元、应收电热费余额 5.3 亿元。多种经营实现收入 31 亿元，利润 2.1 亿元。

企业管理水平进一步提高。邢台供电公司、省电力试验研究所、省电力勘测设计研究院及栾城、隆尧、高阳 3 个县级供电企业通过了国家电力公司考核，被授予“一流企业”称号；邯郸供电公司等 6 个单位通过复查，继续保持了“一流企业”称号。石家庄供电公司保持了国家级质量效益型先进企业称号，电建一公司、保定供电公司荣获河北省质量管理奖，省送变电公司第 7 个单位相继通过了质量体系认证。河北省电力公司工业部门劳动生产率完成 13.15 万元 /（人·年），完成了集团公司和省委考核办下达的任务。在河北省组织的“百强企业”评比中，河北省电力公司名列榜首。

3. 基本建设方面

电网建设进一步加快。累计完成基本建设投资 44.45 亿元，其中电网建设投资 32.75 亿元，同比提高 14.9 个百分点，实现了投资重点由电源向电网的战略转移。祝泽、无极等一批 220kV 输变电工程相继投产，新增变电容量 126 万 kVA、线路 6 条 123km。邯东至蔺河、邯东至廉州 500kV 输电线路和望都 220kV 输变电工程实现了开工建设。同时，配合华北电力集团公司完成了保北至房山 500kV 线路建设，实现了与华北 500kV 主网联网。

城网建设与改造任务基本完成。累计完成投资 31 亿元。新建改造 110kV 及以上变电站 48 座，新增容量 314 万 kVA、线路 345km，10kV 线路 2001km。

一期农网建设与改造工程全部竣工并通过正式验收，二期农网建设改造累计完成投资 21.12 亿元，建设改造 10kV 线路 31367km，低压线路 10728km，更换高耗配电变压器 9988 台、容量 71.3 万 kVA，完成 25353 个低压配电台区的改造。

一户一表改造，新增变台676个，新改建供电线路1680km。配合省政府有关部门完成了城乡居民生活用电同网同价测算、方案制定工作。

张河湾蓄能电站项目可行性研究报告获得国家批复，项目公司正式成立，开工前的准备工作正在抓紧进行。

各基建单位市场开发迈出坚实步伐，共签订合同100余项，合同总金额10多亿元。

4. 体制改革方面

按照国家电力公司统一部署，河北省电力公司认真学习贯彻《电力体制改革方案》及相关文件，把干部职工的思想认识统一到党中央、国务院的重大决策上来。深入调查研究，摸清家底，分析利弊，提出建议，为电力体制改革实施做好准备，顺利完成了电力企业划转移交第一阶段工作。扎实开展职工思想动态调查，密切关注改革过程中的企情民意和职工关心的热点、难点问题，确保了省公司系统的职工思想稳定、队伍稳定，确保了指挥不断，工作不散，秩序不乱。

多种经营企业改制重组取得进展。严格按照国家法律法规，通过盘活存量、资产重组、明晰产权、规范出资，河北华瑞、风力发电、河北瑞奇3家规范的公司制企业正式挂牌成立。

5. 党风建设、行风建设和精神文明建设方面

(1) 党风廉政建设进一步加强。2002年，研究制定了加强和改进企业党的作风建设的实施意见和三年规划。加强党风廉政建设，健全领导干部监督约束机制。2002年度基层单位党风廉政建设责任制考评均为优秀。认真开展民主评议干部、干部推荐任用和干部实绩考核，2002年共评出实绩突出的领导班子13个，优秀领导人员76名。

(2) 行风建设和优质服务取得新成绩。健全行风建设工作机制，制订出台了《2002～2005年纠风和行风建设规划》《行业作风建设举报奖励办法》等制度和方案。深入开展"树立行业新风，优化发展环境"和"诚信河北电力"等活动，向社会展示河北电力文明高效、真诚服务的崭新形象。6个城市的供电公司全部开通"95598"服务热线电话。供电营业窗口全部达到《城市供电营业规范化服务标准》。100%的县（市）电力客户服务中心和80%以上的乡（镇）供电所达到《农村供电营业规范化服务标准》。省公司在全省民主评议行风活动中被评为优秀。

(3) 精神文明建设迈上新台阶。在2001年里，深入开展文明单位等系列创建活动。邯郸供电公司获"全国创建文明行业工作先进单位"称号。衡水供电公司、省送变电公司、马头发电总厂获"全国精神文明建设工作先进单位"称号。石家庄、邯郸供电公司被国家电力公司评为双文明标兵单位，9个单位被评为双文明单位。17个基层单位及80个县级供电企业被省政府命名为"文明单位"。国家级青年文明号达到10个，省级青年文明号达到53个。省公司连续6年获省"文明优胜行业"称号，连续4年获得省"思想政治工作优秀企业"称号，省公司系统现有全国思想政治工作优秀企业一家、省级思想政治工作优秀企业12家。省公司政研会连续4年获"全国优秀政研会"称号。

北网部分和南网发电部分

1. 安全生产方面

截至2002年1月4日，秦皇岛发电有限责任公司安全生产实现500天，创建厂10年来安全生产长周期最高纪录。

2000年8月22日，因3号机不间断电源失电，该公司431天长周期记录中断。为此，全厂深刻吸取教训，采取一系列措施夯实安全基础，把安全落实到每一项工作、每一个环节、每一个头上。特别是该公司加大资金投入力度，强化设备治理，使多项设备和威胁机组安全运行的重大隐患得以消除。在机组大小修中，着力推行文件包和作业指导书制度，开展"规范化检修"劳动竞赛。他们严格管理人员岗位责任制，在安全策划工作中加强危险点分析和交底工作，对保证安全起到了积极作用。该公司2002年无事故发生，二类障碍次数较2001年下降78%。

2. 经营管理方面

西柏坡发电有限责任公司年节水达到1400t。

2002年10月30日～11月3日，在河北省石家庄市举办的经济技术创新工程成果展览会上，西柏坡发电有限责任公司"废水零排放工程"成果展在2400多个项目中首屈一指。

西柏坡发电有限责任公司为节约水资源，积极采用新技术，将生产和生活污水全部回收处理再利用，实现了科技节水。作为20世纪90年代新投产的电厂，该公司一、二期工程从立项到设计，从施工到投入运营均严格执行了环保"三同时"的制度，两期工程环保投资分别为2.18亿元和3.19亿元，分别占两期工程总投资的10.49%和11.8%。特别是在二期工程建设的同时，该公司投资6350万元，实现废水零排放工程，不但消除了外排废水，而且节约了大量新鲜水。这个公司单位发电耗水量为2.79kg/（kWh），远低于国电公司5.94kg/（kWh）的平均水平，也低于国电公司"十五"规划要求的4.36kg/（kWh），年节水达到1400多万t。按目前水价每吨2.4元计算，每年可节约水费3360万元。1400万t的节水量可供90万kW零排放节水型机组使用一年。也就是

说，该公司再安装两台60万kW机组，需要增加的取水量极为有限，这样既节约了水资源，又实现了经济与环境的双赢。

3. 基本建设方面

(1) 保定热电厂8号机组投产发电。2002年11月14日，河北省“九五”期间重点技改项目保定热电厂技改工程8号机组举行移交试生产签字仪式，经并网72+24h满负荷试运，正式投入运营。

以供热为主的新机组投产，基本满足保定市供热需求，极大缓解当地电力供应紧张状况，改善民用取暖，同时对改善保定及北京外围的大气环境也将会产生明显的效果。

(2) 京津唐电网与冀南电网首条超高压输电线路联通。

2002年6月20日，河北徐水—北京房山500kV输电线路工程经过华北电力集团公司工程建设部、北京国电华北电力工程有限公司、北京华联电力工程监理公司、河北送变电公司、北京送变电公司及北京供电公司输电处、保定超高压公司的共同努力下，于当日15时正式投入运行。

该线路的投运，标志着京津唐电网与河北省南部电网第一条500kV超高压线路实现联通，为河北省南部电网受电提供了一条大容量通道，有利于河北南网的安全稳定运行，同时，强化了华北500kV主网架结构，提高了河北南网与京津唐电网功率交换能力和事故状态下的相互支援能力，为华北电网的稳定性和供电可靠性提供了支持。

徐水—房山500kV输电线路全长98.305km。该工程于2001年10月15日开工建设，到2002年6月6日，导、地线架设全线贯通，6月14日前完成了质量三级检查验收及运行单位的整体验收工作，6月16日前具备带电投运条件。这期间，为了保证工程质量，华北电力集团公司工程建设部和工程监理单位多次召开工程协调会，组织各参建单位认真统一施工工艺规范要求，加强工程管理，突出抓好“两个审查”，即工程原材料、装置性材料和试验报告的审查以及工程施工方案、措施和作业指导书的审查，有效地保证了工程质量。工程有关负责人和工程技术人员常年深入施工第一线，全线查质量、盯安全、保工期。河北省送变电公司和北京送变电公司的施工人员，克服了线路经过地区道路、电力、通信线路密集和河流纵横交错，地下电缆、煤气管道、油管较多等诸多困难，确保了该工程如期投入运行。

(3) 唐山农网改造一期工程告竣。随着河北省迁安、玉田、唐海、滦县4个县的农网建设与改造工程顺利通过华北电力集团公司的验收，历时3年的唐山市农网改造一期工程于2002年上半年胜利告竣。

唐山农网改造建设始于1998年10月，为确保这项“民心工程”的顺利并达到预期的效果，唐山供电公司按照国家计委、国家电力公司“两改一同价”的总体要求，制定了农网改造与农电体制改革实施方案，10个县（市）电力局也成立了领导小组，建立健全了质量保证体系，严把设计关、安全关和材料关，严格财务管理，建立专门账户，保证专款专用。农电战线广大干部职工，以让政府放心、人民满意为目标，从服务社会、服务群众的角度出发，战严寒、斗酷暑，不分节假日奋战在农网建设与改造的第一线。

网改后，全市共新建、改建110kV变电站5座，35kV变电站49座；架设与改造10kV以上线路3610km，被改造的村达5116个，工程合格率达100%，优良品率达98%以上。改造后的农村电网进一步得到优化，电能质量、供电可靠性、电压合格率明显提高，低压线损率由20%降到12%以下电力“卡脖子”现象全面改观。

供用电环境的改善，有力地刺激了当地经济的增长。迁西县矿区开发热、企业扩建热、农业结构调整热、居民家电消费热等高潮迭起，好戏连台，先后有8家三资企业安家落户，工矿企业由原来的377家增至到现在的563家，生产总值实现32亿元，成为该县新的经济增长点。北水峪、花院、宋庄子等村纷纷发展特色农业，走上了小康之路。丰南市业扩报装呈现了前所未有的火爆场面，新增用电户明显增多，且售电量比网改前增长了33%。

(4) 邯峰发电厂一期工程通过国家环保设施验收。2002年6月29日，由国家环保总局、河北省环保局、河北省电力公司、邯郸市环保局组成的验收组，对邯峰发电厂一期工程进行了环保设施验收。验收组经过现场检查、审阅相关资料和会议讨论审议，认为邯峰发电厂一期工程符合环保验收条件，同意通过竣工验收。这标志着邯峰发电厂一期工程建设任务全面完成。

邯峰发电厂投产后，在河北省电力公司的领导下，该厂把“经济环保型”现代化一流电厂放在重要位置来抓。一是开展了形式多样的环保宣传教育，努力提高全员环保意识。二是强化了环保、节能的组织措施和管理措施，建立了三级管理网络，设置了环境监测站，健全了环境监测、技术监测和环保管理考核办法等规章制度，配备了高素质的工作人员和现代化的监测仪器。三是加大了科技投入，对噪声治理、烟尘监测实行了规范化、科学化管理。四是抓重点，不断优化运行方式，出台有效措施，加大考核力度，使各项经济指标都达到或优于设计值。如该厂最大限度地发挥了污水处理和工业废水处理设施的使用能力，使工业废水实际总排放量为每小时100余t，不仅低于国家标准，而且远远低于设计值。此外，该厂十分重视厂区绿化，目前厂区除建筑物和硬化的地面外，全都被绿色覆盖，绿化面积为13.8万m^2，绿化系数已达20%以上。

4．文明建设及其他方面

(1) 滦河发电厂靠群防群治促进两个文明建设。滦河发电厂积极探索“群防群治，以德治企”的新路子，有效地促进了职工思想道德素质的提高和厂风的好转。该厂2002年先后获得了河北省“文明单位”和华北电力集团公司“双文明单位”称号。

滦河发电厂实行的“群防群治，以德治企”是以精神文明考核三项制度为依托的。他们借鉴电力系统较为严格、较为科学的安全生产的管理考核模式和规格档次，把职工中存在的不道德、不文明现象归类分档，并制定考核标准。如：不文明异常类、不文明障碍类、不文明事故类、不文明重大事故类。

二是加大考核力度。他们把原来每月三十元对员工精神文明、道德建设同企业物质文明建设放在了同一起跑线上，有力地促进了职工道德意识和道德素质的提高。

三是实施“群防群治”考核集体原则。所谓“群防群治”，就是以车间、班组为单位，职工间的自我约束、自我防御、自我教育、自我监督、自我治理不文明不道德的言行。就是不但考核扣罚有不道德、不文明行为的责任人，还要考核扣罚其所在的车间、班组，从而使有不道德不文明的责任人在经济上有切肤之痛，在道义上有负疚心理，以便更好地约束自己的言行。

该厂每月对职工文明和道德行为进行一次评议考核，并在全厂媒体上公布考评结果。自执行此制度以来，有效地端正了厂风，说文明话、办文明事蔚然成风。据统计，2002年上半年获该厂“滦电新风奖”的5人，获厂通报表扬的3人，同时厂内还涌现出了各类典型数十人。

在此基础上，他们还制定了《职工文明公约》、《滦电职工敬语和忌语》、《滦电职工行为守则》，并在全厂广泛开展了“向不文明不道德行为宣战”等专项治理活动，还在离退休人员中成立了“老年新风社”，开展了“争当生活区文明卫士”活动。还利用职工喜闻乐见的形式进行社会公德、职业道德、家庭美德的宣传教育活动，教育引导职工遵守道德规范、提高道德素质、树立文明新风。

(2) 陡电职工把爱心存入“账户”。自2002年6月陡河发电厂设立“爱心捐助基金账户”以来，越来越多的职工慷慨解囊存入了自己的一份爱心。

多年来，该厂热心参与“爱心助学”、“捐资扶贫助残”、“新世纪爱心接力计划”等社会公益活动，对社会弱势群体大力帮助。为统筹安排此类活动，他们专门成立了捐助资金管理委员会，并设立“爱心捐助基金账户”。捐助基金主要用于义务教育阶段家庭收入低于当地最低生活标准或发生意外事故的特困生、贫困生或失学儿童，扶持贫困残疾人从事生产、解决温饱、进行生产培训等。

设立“爱心捐助基金账户”的消息传开，陡电职工热情高涨，纷纷解囊，甚至在该厂实习的人员也积极参与其中。就这样，不到一个月的时间，账户中存入捐助资金已达20万元。与此同时，该厂还与张家口市沽源县高山堡乡胜利村、唐山市乐亭县新海四村结成了对口扶贫点，并与2002年7月6日为沽源县胜利村送去了11万元的扶助资金，用于改善当地的电力设施，救助贫困学龄儿童。

(3) 唐供通过一流供电企业考评验收。2002年5月，唐山供电公司顺利通过国家电力公司创一流供电企业考评验收，综合实力位居全国十大供电企业行列。

华北电力集团公司创一流检查考评组一行12人，对唐山供电公司创一流供电企业进行了考评验收，在听取汇报、观看专题录像的基础上，深入基层车间及处、班、站，按照国家电力公司创一流供电企业标准，进行全面检查，一致认为，该公司具备了国电公司一流供电企业的各项必备条件，符合一流供电企业考核标准要求，验收予以通过，建议集团公司上报国家电力公司审批、命名。

唐山供电公司以推动可持续发展为目标，电网结构日趋完善，已形成南北两个220kV环网，变电容量达729.9万kVA，变电站总数达到66座，35kV以上输电线路达到3246km，年售电量127.54亿kWh，综合实力位居全国十大供电企业行列。

（刘福长）

山西省电力工业

综述

2002年，随着“西电东送”进程的大大加快，山西省委、省政府提出把电力建设作为山西经济结构调整和基础建设的“三件大事”之一来抓，为山西电力工业建设提供了良好的发展环境。山西省电力公司党组抓住机遇，奋发开拓，坚持以发展为第一要务，把思想和行动统一到党中央国务院和国家电力公司的总体决策和工作部署上来，全公司干部、职工以经济效益为中心，以深化电力体制改革为动力，以安全生产为基础，以创一流工作为主线，实现了电网和职工队伍的稳定，推动了两个文明建设，取得新的成绩。

1. 主导产业快速有序发展

2002年是山西省电力建设和发展最快的一年，其中，电网建设是历史上投产220kV主变压器容量和110kV项目最多的一年，建成投运了14项220kV、37项110kV输变电工程，分别新增线路282.3km和597.65km，主变压器容量162万kVA和182.5万kVA。在晋北，大同小营500kV变电站开工建设；在晋南，特别是在夏季用电高峰到来之前，提前建成投运了运城市220kV输电线路双环网工程，有效地缓解了当地的供电紧张局面。还完成了临汾—运城500kV输变电工程、太原—晋中—长治—晋城—临汾的500kV环网输变电工程的前期规划工作。此外，主干光纤通信网建设实现了当年规划，当年开工。在城网建设与改造工程方面投资34.1亿元，基本完成。第二期农网改造工程投资41.5亿元，完成95%。城乡电网供电能力及可靠性大为提高，为了推广山西省电力公司农网改造和供电所管理的经验，国家计委、国家电力公司在山西省召开了全国供电所管理现场会。

电源建设方面，投产了阳城电厂5、6号机组，至此，6台35万kW机组全部移交商业运营。侯马电厂建成了三期1号5万kW机组。4个“西电东送”项目：大同二电厂二期、神头二电厂二期、河曲电厂、王曲电厂；5个省内电源项目：漳泽电厂三期、古交电厂、榆社电厂二期、永济电厂扩建、大同一电厂扩建；西龙池抽水蓄能电站等全部开工建设。由此看出，电源开工项目是山西省电建历史上最多的一年，也是全国最多的一个省份。

2. 电网实现安全稳定运行

省电力公司各单位认真学习国家安全生产法，坚持“安全第一、预防为主”的方针，强化落实安全生产责任制，严格执行二十五项反事故措施，加大反习惯性违章和装置性违章力度，2002年开展了7次安全大检查，进一步加强了安全监督监察。同时，开展规范化管理年活动，促进了设备整治。在发电能力严重不足、电网结构相对薄弱的困难情况下，承受了用电负荷迅猛增长的巨大压力，经受住了为党的十六大保电的严峻考验，迎战了夏季、冬季的负荷高峰。在有力保证全省用电需求的同时，全年未发生重、特大电网事故、设备事故、误操作事故，一般事故大幅度下降，比2001年同期下降60%。供电可靠性指标RS-1完成99.929%，RS-3完成99.931%，分别比2001年提高了0.011和0.012个百分点。主网电压合格率完成99.90%，比2001年提高0.02个百分点。基建施工、城农网改造保持了良好的安全局面，消防、交通安全、电力设施保护和治安保卫都取得了新成绩，确保了全公司安全生产的平稳态势。

3. 经营状况得到改善

省电力公司坚持以提高经济效益为中心，抓住用电增长的有利时机，努力开拓市场，增供扩销，促进了售电量增长。通过艰苦努力，克服大量困难，积极疏导电价矛盾，电价疏导方案和城乡居民生活用电同价方案终于出台实施，为改善经营状况创造了有利条件。同时，注重优化购电结构和经济调度，提高了经营效益。此外，加大电费回收力度，采取多种有效方法清欠电费，完成了清欠指标。在财务管理方面，强化全面预算管理，严格控制成本费用开支的基础上，完善和加强资产经营责任制考核，促进了各项经营指标的完成。山西省电力公司进一步对本系统的“乱投资、乱借款、乱担保”进行清理整顿，减少了经营风险。在电力市场建设上，大力整顿和查处违规用电，促进了供电市场秩序的规范。供电单位不断开展反窃电专项斗争，维护了企业的经营成果。全公司全面开展了“审计系统维护企业内部经济纪律年”活动，狠抓审计结果的落实，进一步规范了经营行为。依法治企，加强合同管理，保证了企业健康发展。

4. 供电优质服务迈上新台阶

所属地市供电公司通过深入开展供电优质服务“民心工程”，在全国率先全部开通了95598服务统一电话，实现了“只要您一个电话，其余的事情我们来做”。加快建立客户服务中心，逐步实行了“一站式”服务。发放“民心卡”，架起公司系统沟通社会各界的连心桥。供电营销战线广泛听取客户意见和建议，虚心接受社会各界的批评和监督，严肃处理违反服务承诺的行为。2002年，投诉举报同比下降了67.09%。在太原、大同试点实施了卫星定位（GPS）系统，促进了供电营销和优质服务手段的现代化。太原供电分公司开展了“共产党员号”供电抢修流动服务。全系统兑现了“九项服务承诺”，做到“政府放心、客户满意”。至2002年年底，山西省电力公司被国家电力公司、省文明办和华北电力集团公司命名的供电营业示范窗口有73个，“民心工程”得到了全社会的广泛宣传和普遍好评。

5. 一流企业群体正在形成

2002年，山西省电力公司系统又有7个单位成为国电公司一流企业。县级有供电企业创一流工作实现了零的突破。施工企业达标投产创优质工程取得新成绩。由山西电建三公司承建的阳泉二电厂3、4号机组荣获了“鲁班奖”；由山西电建二公司承建的河津电厂工程获得国家电力公司“优质工程”；由省送变电、省供电承装公司共同承建的侯侯500kV输变电工程、山西电建四公司承建的太一六期工程被评为山西省优质工程“汾水杯”奖。山西省电力公司档案管理被国家电力公司考评认定为“优秀级”，全系统档案管理工作迈上新台阶。

6．科教兴电迈出新步伐

2002年完成科技开发项目46项。省电力公司承担开发的全国电力系统第一个“基于空间信息的省级大区域电网管理系统”项目在山西全面启动，并列入国家“863”计划，建成了覆盖全省11个地市供电公司的骨干数据网络，其中，9个单位通过了MIS实用化验收，8个地市供电公司建立了计算机计量管理系统。电网“调度、通信、营销、管理”4个自动化建设全面快速推进。省电力公司进一步加大环保投入，重点治理项目基本完成。在加快人力资源开发和结构优化方面，坚持以人为本，加大了继电保护、通信等专业高层次人才的培训力度，开展了变电检修等专业人员的职业技能鉴定，促进了职工队伍整体素质的不断提高。

7．多种产业步入良性发展轨道

山西省电力公司以健康持续发展，稳步提升实力为目标，进一步理顺产权关系，推进产权多元化进程，建立法人治理结构，对58个多种经营企业进行了改组、改制和关停并转。为加快产业结构调整步伐，积极推进煤—电—冶金一体化发展，进行了综合利用煤矸石发电项目的开发，积极推进了晋能关铝、左云、赵城、阳高4个新能源发电项目。2002年新上新产品、新产业、新项目40个，其中，金光铁合金公司新建矿热炉实现了向硅锰转产，成为华北地区最大的同类产品生产企业，大能热电分公司、朔能公司技改项目效果明显。施工、修造和国际经贸等企业实施“走出去”战略，开拓国内外市场，取得初步成效。

8．党建工作、精神文明建设和民主管理取得丰硕成果

山西省电力公司深入学习贯彻“三个代表”重要思想和党的十六大精神，党建工作不断创新，民主建设得到加强，使企业的社会影响力不断提升，陈进行总经理、李援朝副总经理光荣当选为党的十六大代表和十届全国人大代表。省电力公司后备干部和新任厂(处)级干部的公示率达到100%。在全公司深入开展“求真务实、作风建设年”活动中，加强了干部作风建设，各级领导干部廉洁自律，党风廉政建设目标责任制考核达到了优良。在积极开展文明行业创建活动方面，大同和晋中供电分公司被评为全国创建文明行业先进单位。在山西省文明办公室的15个全国创建文明行业先进单位推荐名单中，省电力公司及所属单位占到8个，标志着系统内文明行业创建工作迈上新台阶。省电力公司各单位全心全意依靠职工群众办企业，坚持职代会制度，加强民主管理，推行厂务公开，维护和保障职工合法权益，增强了企业凝聚力。团员青年开展创新创效活动，发挥了生力军作用。全面推进企业文化建设，山西省电力公司在首届中国企业文化年会上获得了2002年度优秀成果奖。山西省电力职工参加华北电力集团公司首届职工运动会，取得金牌总数第二、团体总分第三的好成绩。在劳动竞赛中，山西省电力公司荣获了“山西省五一劳动奖状”，全系统有10个集体、23名个人受到了山西省劳模大会的表彰。社保工作方面，按照“先移交、后调整”的工作要求，实现了由原行业统筹向地方管理的平稳过渡。及时、准确地落实了基本养老金调整工作，确保了基本养老金按时足额发放。通过了电力企业职工医院（卫生所）定点医疗机构资格审核，电力企业参加省直管单位基本医疗保险的改革工作正在稳步推进。

9．存在的主要问题和困难

（1）供电紧张形势日趋严峻。山西省用电需求增长迅猛，供省内用电的发电装机严重不足，已由南部地区局部缺电，扩大为全省范围供电紧张的局面。2002年夏季，山西南部电网晚峰日均限电10万kW左右。进入冬季，全省有计划晚峰限电约30万kW。全年拉闸限电18784条·次，比2001年增加5690条·次。根据负荷预测和电源点建设进展情况，山西省今后3年供用电矛盾将更加突出，制约省内经济发展，同时也给供电优质服务带来一定问题。

（2）安全生产存在薄弱环节。人员习惯性违章、装置性违章还没有杜绝；500kV网架薄弱，220kV电网局部地区不合理；220、110kV网站部分设备陈旧，自动化水平不高，给安全稳定运行带来隐患。

（3）电网经营面临新的困难。随着城农网改造贷款增多，资产负债率还在进一步上升，预计达到81%，欠费仍然十分严重，影响企业资金循环和扩大再生产的能力。递延资产尚未在资产重组中完全消化。四是深化改革的任务艰巨。基建、修造企业队伍庞大，企业困难较重，适应市场能力和竞争力不强；多种产业发展正在起步，机制不活、主导产品不突出、缺乏明显的规模效益；主辅分离、主业与多经企业分离工作任务重、难度大，情况复杂，任务十分繁重。

主要生产经营指标的完成

（1）发电装机容量：全省新增发电装机90.2万kW，全省发电装机总容量达到1506万kW。

（2）发电量：全省发电量完成841.22亿kWh，同比增长18.34%；省电力公司直属电厂发电量完成

271.58 亿 kWh，同比增长 8.08%。

(3) 售电量：全省全社会用电量完成 628.82 亿 kWh，比 2001 年增长 12.78%。省电力公司售电量完成 481.24 亿 kWh，同比增长 10.58%，其中省内售电量首次突破 400 亿 kWh，达到 424.57 亿 kWh，同比增长 9.44%；向省外售电量完成 56.68 亿 kWh，同比增长 19.95%。

(4) 供电煤耗：全省累计完成供电煤耗 400 g/(kWh)，比 2001 年同期下降 4g/(kWh)；省电力公司完成供电煤耗 382g/(kWh)，同比降低 2g/(kWh)。

(5) 线损率：全省累计完成线损率 6.91%，比 2001 年同期下降 1.23%；省电力公司完成线损率 8.00%，同比下降 0.19 个百分点。

(6) 电力销售及利润：省电力公司完成经营总收入 128.88 亿元，同比增长 10.17%，实现利税 14.95 亿元。多种经营实现总收入 69.12 亿元，利润 2.94 亿元，分别比 2001 年增长 71.1%和 55.6%。

(7) 劳动生产率：省电力公司全员劳动生产率完成 28.86 万元/(人·年)，比 2001 年提高 11.87%。

(8) 外欠电热费：省电力公司电热欠费余额由年初的 6.68 亿元下降到 6.67 亿元。各项主要生产经营指标均创造历史最好水平。

电力建设

2002 年是山西电力建设（包括电源和电网）任务最多的一年。因此，设备供货供不应求，交货进度普遍推迟，特别是主机设备推迟交货达数月之久，阳城、侯马、太二电厂扩建工程受到严重影响，其中，阳城电厂最后两台机组在设备缺件问题多的情况下提前竣工投产。加上随之而产生的售后服务跟不上，设备涨价等因素给全省电源、电网建设带来巨大压力。尤其是党的十六大的召开政治保电任务重，时间长，要求严，与 2002 年大量集中的城乡电网改造扩建工程需要生产停电配合形成很大矛盾。针对上述情况，山西省电力公司目标明确，加强基建管理，锁定工期，务期必成，千方百计实现 2002 年基建目标，侯马、太二项目按调整的进度完成了目标任务；一批电网项目分别在夏季、冬季负荷高峰到来之前及时建成投运，为改变山西电力状况贡献力量。

2002 年，山西省新增发电装机 90.2 万 kW（阳城电厂 2×35 万 kW，侯马电厂三期 5 万 kW，朔能 6 万 kW，其他小机组 9.2 万 kW）。因小机组关停减少装机 6.2 万 kW，全省发电装机总容量达到 1506 万 kW，其中：水电 78 万 kW；火电 1428 万 kW。省网发电装机容量达到 1176 万 kW。建成投运 110kV 及以上输变电线路 879.95km，主变压器容量 344.5 万 kVA，其中：220kV 输变电工程 14 项（新建变电站 3 座，扩建变电站 6 座，新建线路 5 条），新增主变压器容量 162 万 kVA，新增线路 282.3km；110kV 输变电工程 37 项，新增主变压器容量 182.5 万 kVA，新建线路 597.65km。同时，建成投运架空地线复合光缆 8 条共 314km。

1. 发电工程建设

阳城电厂 5 号机（35 万 kW）于 5 月 28 日，6 号机（35 万 kW）于 7 月 27 日相继完成试运，总装机 210 万 kW（6×35 万 kW）的阳城电厂一期工程全部提前建成投入商业运营。侯马电厂扩建工程（2×5 万 kW）1 号机组于 12 月 26 日完成 72h 满负荷试运，移交生产，标志着山西省第一台 5 万 kW 循环流化床锅炉建成投产；2 号机组汽机扣盖，基本完成油循环，锅炉具备点火条件。太原二电厂扩建（1×20 万 kW）主体设备安装基本完成，锅炉具备水压试验条件，部分厂用带电。

2002 年省内新开工项目进展情况（10 个电厂 21 台机组共 800 万 kW）：永济电厂改、扩建工程（1×10 万 kW）锅炉钢架开始吊装，汽机基础施工完成。大同一电厂扩建工程（2×20 万 kW）于 4 月 20 日正式开工，年底主厂房部分封闭，1 号炉钢架全部吊装完，开始受热面组装，2 号炉钢架基本吊装完。神头二电厂扩建工程（2×50 万 kW）于 3 月 30 日土方开挖，为“西电东送”北通道项目之一，年底汽机基础施工至 -1.5m，主要附属设备基础已全部完成；锅炉房区域地下设施全部完成，1 号炉钢架中山装到 35.5m；烟囱筒身施工到 27m；冷却水塔区域打桩工作已全部完成。向河北南网送电的河曲电厂新建工程（2×60 万 kW），8 月 20 日开工，年底锅炉已开始钢架吊装，汽机主厂房 A、B、C 列柱 13.5m 以下柱混凝土浇筑完；汽机基础底板混凝土浇筑完；烟囱第五节混凝土浇筑完毕。大同二电厂扩建工程（2×60 万 kW）为国家“西电东送”北通道项目之一，5 月 18 日开工，7 月 20 日施工现场完成“五通一平”；8 月 4 日主体工程基础开挖，年底主厂房基础出零米。西龙池抽水蓄能电站（4×30 万 kW）于 6 月开工，年底各项工作按计划正点进行。漳泽电厂三期工程（2×30 万 kW）6 月 26 日开工，年底锅炉基础出零米。古交电厂新建工程（2×30 万 kW）于 9 月 30 日开工，年底现场“五通一平”工作全部结束，设计合同、三大主机招标合同已签定。向山东送电的王曲电厂新建工程（2×60 万 kW），6 月 28 日开工，年底正进行现场“五通一平”工作。榆社电厂扩建工程（2×30 万 kW）11 月底开始浇筑混凝土。

2. 输变电工程建设

侯马—闻喜（48.5km）、运城三家庄—解州

(41.5km) 及河津电厂—临晋Ⅱ回 (67km) 3条220kV线路工程于6月7日前全部建成投运，运城地区220kV双环网建成。侯马北220kV变电站 (1×15万kVA) 于10月21日建成启动投运。保德220kV变电站改、扩建工程 (2×15万kVA) 1号、2号主变压器先后于11月7日、12月23日投运。方城—保德220kV输电线路 (83km) 于12月23日建成投运。寺庄2号主变压器 (15万kVA)、临晋3号主变压器 (12万kVA)、侯堡2号主变压器 (15万kVA)、高平2号主变压器 (15万kVA) 扩建工程相继建成投运。大同小营500kV (1×75万kVA) 输变电工程于8月1日开工，年底，站内建构筑物基本完成，室外具备安装条件，室内正在进行装修，设备开始安装，工程进度按计划进行。城网建设项目大同南220kV变电站 (2×15万kVA) 于7月1日建成投运；太原杨家堡输变电工程 (1×18万kVA/2×14.9km) 安装完成，年底具备投运条件；太原东流220kV输变电工程 (15万kVA/9.4km) 建构筑物主体工程完成，主变压器就位；阳泉东220kV输变电工程 (2×15万kVA/7km) 大面积地基处理和建构筑物基础浇筑完成。

3. 城乡电网建设与改造

山西省10个城市 (太原市、大同市、阳泉市、长治市、晋城市、朔州市、晋中市、忻州市、临汾市、运城市) 城网建设与改造工程2002年底全面完成。截至2002年底，累计完成改造资金34.1亿元，完成工程项目149项。其中：220kV输变电工程2项，架设220kV线路16km，新增主变压器容量750MVA；完成110kV输变电工程40项，架设110kV线路184km，新建110kV变电站15座，新增主变压器容量1466.95MVA；新建10kV开闭所30座，新建和改造10kV线路987.1km，铺设10kV电缆452.7km，新建和改造低压线路1020km，新增配电容量40MVA。此外，对陈旧的电网二次设备进行了全面改造。12月，省电力公司组织有关部门，对10个城市的电网改造情况进行了检查验收，检查结果表明：历时5年的城市电网改造，极大地改善了山西省的电网结构和装备水平，提高了全省城市配网的供电能力，为地方经济的未来发展提供了保证，为省电力公司实现可持续发展创造了条件。

农网改造一期工程经国家电力公司农网建设与改造检查组全方位检查和抽查，给予了高度评价；省政府组织计委、经贸委、物价局、财政厅、农行、技术监督局、审计厅等9个厅局部门，分两个验收组，在省电力公司所属97个县范围内，按20%的比例随机抽取20个县、62个乡、262个村、1081户农户，对“两改”工作进行了整体验收，验收一次性全面合格。山西省第二期农网建设与改造工程投资规模为41.5亿元，已完成95%，其中10kV线路3339km，低压线路6184km；更换高能耗变压器2249台/142.44MVA，配电台区1887个。在实施农网改造过程中，坚持以实现企业效益为中心，以增电量工程为重点。通过大规模的农村电网改造，农村的供电能力及供电可靠性大为提高，农网10kV供电能力提高了17.2%，农村用电设备容量增幅17.1%，农民家用电数量增幅21%。省电力公司35kV网络综合线损率完成3.25%，比2001年降低0.03%；10kV综合线损率完成9.9%，比2001年降低0.2%；农村综合电压合格率达到90.5%，供电可靠率达到99.31%。

4. 基建管理

2002年，山西省电源建设项目开工达853万kW，省电建施工企业走出了施工任务严重不足的困境。截至12月底，6个电建公司2002年完成施工产值总额16.59亿元，各单位均提前超额完成全年计划产值任务，完成年度计划的128.4%。为2001年同期的146.1%。6个电建公司平均劳动生产率达到12.65万元，是2001年同期的118.8%。施工产值和劳动生产率均达到了历史最好水平。

2002年，山西省电力工程建设坚持以达标投产、创优质工程为中心工作，移交生产运行后的技术经济效益明显提升，为各电建企业在市场竞争中奠定了整体实力。由省电建三公司承建的阳泉二电厂3、4号机组通过国家优质工程最高奖“鲁班奖”；由省电建二公司承建的河津电厂1、2号机组获国家电力公司“优质工程”奖；由省送变电公司、省供电承装公司承建的侯侯500kV输变电工程及省电建四公司承建的太一六期15、16号机组均获山西省优质工程“汾水杯”奖。阳城电厂1～4号机组、侯侯500kV输变电工程通过了国家电力公司达标投产复检，朔州怀仁、忻州义井、东冶、晋城东、长治南、大同南、侯闻、三解、河临9项220kV输变电工程及长治西沟、太原北郊、临汾古县、大同甘庄等7项110kV输变电工程完成了达标投产复检并获得命名。这是山西省推进达标投产、创优质工程活动以来成果最多的一年，圆满实现了山西省电力公司创一流确定的考核目标。同时，把保证施工安全作为2002年工作的重中之重。对几十个项目工地频繁组织不同形式的安全文明施工检查，对4次规模较大的检查结果及时向上级进行专题汇报，并以通报、简报形式下发各有关单位。同时采取自查、自纠与外部联合检查相结合，检查与整改落实提高相结合的方法，使各施工项目安全实现“四个零”的奋斗目标，即：无人身死亡事故、无重大机械设备损坏事故、无重大火灾事故、无重大环境污染事故。此外，各施工单位开展创建“无违章班组"、"无违章现场"及"安全文明施工现场"活动。特别是承担几个大型项目的省电建、省送变电队伍在与外省队伍的竞赛中受到了业主方的充分肯定。省电建三公司、四公司的安全天数达到了4000天以上，跨入全国先进行列。在抓基础管理中，各单位积极组织推进建设施工管理采用国际通行的P3项目管理软件及EXP合同管理软件，在2002年开工的大型电厂及500kV电网建设中普遍应用，为适应业主要求及提高自身的管理水平打下基础，在科学合理的组织进度、控制费用、资源配置及传递沟通等方面发挥了很好的作用。在工程建设中，电建6个公司注重全过程管理，从一开始就对工程档案十分重视，从基础工作做起，加大工程档案管理力度，任何资料及时归档，工程结尾时保证档案的完整性。在竣工决算及工程审计方面，配合省电力公司财务部、审计部，累计完成峻工决算47项。为了保证大型机械的安全高效使用，提高送变电工程的焊接工艺和焊接质量，省电力公司与省电建总公司共同举办了机械、焊接等专项技能提高培训班，为施工单位培训合格的专业人员。

电力生产

1. 发、供电

2002年，山西省电力公司紧紧围绕年初生产工作会议制定的目标和任务，有条不紊地发挥生产组织管理指挥机关的作用，确保了全年生产任务的顺利完成。依据近年来开展的电网及设备现状调查分析的结果，加大了设备的治理力度，用有限的资金最大限度地解决了设备、电网的关键问题。全年完成10个电厂的10台机组、11台锅炉的大修；44台机组的小修。通过一系列技术改造，使机组的健康水平得到很大的提高。供电设备完成主变压器大修56台，断路器大修135台，整治110kV及以上输电线路97条，改造和更换隔离开关148组。按照国家电力公司可靠性中心的要求，组织了全省供电可靠性管理的自查活动，检查了11个供电单位、2个电厂及超高压公司的供电可靠性和输变电设施可靠性，促进了可靠性管理工作。太原、大同等单位进行带电作业400多次，减少了用户的停电，取得良好的经济效益。同时进一步加强节能技术监督工作，多数电厂完善了节能管理机构、制度、考核、计量、月度节能例会等，实现了供电煤耗的下降，其他主要小指标完成也较好。2002年是山西省电力系统确定的"规范化管理年"，重点抓现场行为规范化及反违章工作，把好"两票""三制"的落实关，连续三年杜绝了误操作事故；严格执行"设备停运规定"及维修制度，防止了设备硬撑硬顶，杜绝了重大设备损坏事故的发生。2002年有1座500kV、26座220kV、11座110kV变电站达到管理一流，有171座110kV及以上变电站达到标准化管理要求。发电厂继续推行厂长环保目标责任制，积极拓宽资金渠道，2002年争取到二氧化硫污染专项治理资金4500万元，2002年，省电力公司电网设备运行可靠，安全生产继续保持良好的发展态势，经济效益大幅提高。截至年底，省电力公司直属电厂发电量完成271.58亿kWh，比2001年增长8.08%；供电煤耗完成382g/（kWh），比2001年降低2g/（kWh）。机组等效可用系数累计完成98.89%，比2001年提高1.81个百分点。全省综合电压合格率98.8%。发输电设备可靠性指标显著提高。

2. 电网调度

2002年,山西省各级电力调度充分发挥职能作用,利用电网能量管理系统(EMS系统)积极开展电网稳定分析,科学优化电网运行方式,保证电网安全稳定运行。工作中严格运行考核,推行经济调度,严肃调度纪律,强化服务意识,促进了全省电网的安全运行和高效运转。与此同时,调度系统十分重视专业管理,继电保护、自动化专业管理又迈出新的步伐。针对发电企业的继电保护正确动作率有所下降和继电保护技术监督不到位的问题,先后对漳泽、神一、神二电厂的继电保护工作抽查,使发电企业的继电保护工作有了明显进步。全省继电保护正确动作率达到99.93%。为提高电网稳定运行水平,加强电网第三道防线的建设,针对部分地区存在的电压稳定问题,完成了大同、运城、忻州、吕梁、临汾、长治、晋城、朔州地区电网的低频低压减负荷装置配置及更换。全省11个区域电网调度自动化建设快速推进,调度自动化系统升级工作已基本完成,调度综合管理信息系统(DSMIS系统)得到广泛应用,电网能量管理系统(EMS系统)发挥了重要作用。7个地市的高层应用软件投入运行,为山西电网的安全稳定运行起到了十分重要的作用。2002年省调发电581.1255亿kWh,完成年度调控目标的106.13%,超发电量33.5855亿kWh;同比增长12.57%,比2001年多发电量64.9107亿kWh。2002年省调发电高峰最大平均出力766万kW,同比增长75.1万kW,涨幅10.87%;低谷平均最小负荷566.5万kW,同比增长65.9万kW,涨幅13.16%。山西主网电压合格率为99.9%。山西电网主网网损率为1.52%。全省主网未发生电网瓦解、稳定破坏、大面积停电事故;未发生由于继电保护不正确动作引起的大面积停电和系统稳定破坏事故;省、地两级调度未发生人为责任事故。

3. 电力通信

2002年完成系统微波电路运行率99.98%，光纤电路运行率99.99%，电话会议成功率100%。全年系统未发生通信事故，确保了全省电力通信的安全稳定运行。在光纤通信网建设中，结合山西省实际情况，采用了国际先进的通信技术，创造性地提出了主干光缆以220kV线路为主架设，全部采用OPGW，组成山西电力主干光纤网络。正建设的光设备分为三层：第一层覆盖省、地调及枢纽变电站，共38台；第二层覆盖全省220kV变电站，共61台；第三层利用OPGW及系统现有微波、光设备组成光纤网，全省所有220kV以上线路继电保护均可实现光纤加光纤的方案，将使山西电力通信网的技术装备水平发生根本的变化，一跃跨入全国电力通信网的先进行列，实现全省主干光纤网任何一台设备、一条线路发生问题时，全省通信不受影响的既定目标。

4. 安全生产

2002年，山西省电力公司坚持安全第一的思想，多次召开确保改革期间安全生产工作会议。特别是在党的十六大保电期间周密布置、精心部署、认真落实、严格检查，圆满完成了向北京送电和省内保电任务。2002年，省电力公司杜绝了重大、特大电网、设备事故和火灾事故，连续3年杜绝了误操作事故，一般设备事故大幅下降，由2001年的20次，降到2002年的8次，降幅达60%。电力生产系统发生人身死亡事故1人·次，未发生人身重伤事故，均与上年同期持平；农电系统、基建施工单位、多经系统均未发生人身死亡和重伤事故，与2001年同期持平。经过长期不懈努力，全公司系统的安全生产状况呈现出相对平稳的发展态势。

5. 科技信息

2002年是省公司信息化建设取得突出成就的一年。全年下达技术开发项目46项，技术开发费共2430万元；科技技改项目15项，费用600万元；其他渠道投入390万元。除跨年度项目外，6项科技成果、2项科技新产品顺利通过省级鉴定，3个项目获华北网局科技进步奖。省电力公司重点科研项目“基于空间信息的省级大区域电网管理系统”，列入国家863计划，经国家电力公司申报，科学技术部审查，选择山西省电力公司承担国家重大行业空间信息应用与产业促进应用示范课题，这是全国第一个全省集中体系结构的大区域电网管理系统，达到国内领先水平并填补了国内空白，对电力行业起到应用示范作用，年底正式启动。在企业级千兆局域网的基础上，建成了省电力公司骨干数据网络，使公司系统整体信息化建设迈出可喜的一步。以光纤通道为主的公司系统广域网在建之中；与国家电力公司的VPN联网项目已全面完成，信息安全体系进一步完善。

经营管理

1. 电力营销

在山西省宏观经济形势影响下，电力需求大幅度增加，全省用电市场呈现良好的增长势头，工业、城乡居民、交通邮电、商物仓储等主要行业用电量比2001年同期均有较大增长，其中工业用电累计514.2亿kWh，比2001年增长12.98%；交通邮政累计用电20.7亿kWh，比2001年增长16.6%；商物仓储累计用电10.3亿kWh，比2001年增长18.9%；城乡居民累计用电33.45亿kWh，比2001年增长12.1%。通过占全省用电81.78%的工业用电可以看出，其增长速度之快是2002年用电市场的主流趋势，对全省用电量的增长起了决定作用。2002年电力销售快速增长，省电力公司售电量累计完成481.24亿kWh，比2001年增长10.58%，特别是省内售电量比2001年同期增长9.44%，对全公司销售增长起了决定作用。当年电费回收率完成99.85%；陈欠电费余额降低了12.13%；平均电价完成297.67元/(MWh)，比计划提高1.22元/(MWh)；投诉举报率同比下降67.09%，投诉举报答复率和正确处理率均达到了100%；各供电单位在当地的行风建设评议中均为前三名，其中有7个供电单位名列第一。

2002年，省电力公司售电量占全省全社会用电量（剔除厂用电和线损）82.66%，而1996年电力省公司售电量占到90%，有相对缩小的趋势。根据市场调查结果，上述比例下降的原因是：拥有自备电厂的企业在努力增加其装机容量；地方电厂在努力营造和扩大其自办的用电企业规模（地方电厂的上网电量仅占其发电量的38.8%）而逐步演变为自备电厂；一些发电企业违规发展自己的用电市场；一些高耗能企业和发电企业组成新的联营。

为了认真实践“山西电业为山西”的服务宗旨，4月18日省电力公司举办“民心工程”新闻发布会，全面启动山西省电力公司“民心工程”，向全社会推出了三项创新的服务措施：①所属地市供电公司全部开通了全国统一供电服务电话95598，供电服务实现了“只要您一个电话，其余的事情我们来做”；②建立客户服务中心，逐步实行“一站式”服务；③发放“民心卡”，畅通监督渠道，架起电力系统沟通社会各界的连心桥。各供电单位普遍建立了银电联网交费方式，使居民客户可以就近交纳电费；为缩短电力故障抢修时间，在太原、大同实施了卫星定位（GPS）系统。各县级供电支公司开展“三为”服务活动380次，农村受益客户390万户。投入扶贫上电资金231万元，解决无电村通电36个，减轻农民负担2873.6万元。聘请社会监督员1254名，发放“民心卡”15万份。年底，山西省电力公司有国家电力公司命名的供电营业示范窗口57个，华北电力集团公司命名的供电营业示范窗口6个，省文明办命名的供电营业示范窗口10个。省公司命名的供电营业示范窗口112个。同时，山西省电力公司对全省地方电厂和企业自备电厂进行了全面、深入的调查，形成了完整的市场分析报告，为电力市场的整顿提供了依据。还开展对关口管理的调研和整顿，基本上满足了上下网电量结算与统计的要求。对用电检查和营销稽查工作展开调研，发现和解决某些基层单位用电营销管理存在未建立电费回收考核机制等突出问题。并借助城网改造契机，合理安排有限资金，使全省的营销设施进一步改善。全省新建、改建营业网点41个；太原营销自动化完成一期工程；太原、阳泉、朔州等地完善了银行代收电费管理系统；吕梁、朔州、忻州、运城等地进行了地县关口采集系统的完善；计量装备完成了关口表、以及一些重要表计的改造。

2002年全省共查处窃电1356起，追补电量1364万kWh，补收电费469万元，收取违约使用电费383万元，占丢失电量的很少一部分，防窃电工作面临的困难仍十分艰巨。

2. 资金经营

2002年，山西省电力公司直属工业企业资产总额为357.70亿元，比年初增长4.49%。负债总额240.62亿元，比年初增长5.84%。所有者权益117.08亿元，比年初增长1.83%。省电力公司资产和负债增幅较大，且负债的增幅大于资产的增幅，其主要原因是：城农网改造工程大幅度增加，而城农网改造工程竣工决算又未及时编制完成，年底未按进度完工转成增固定资产。电热产品销售收入（不含税、不含电建、三峡）完成1213774万元，比2001年增长10.24%；电热销售成本完成1118263万元，比2001年增长5.44%；售电单位成本完成228.73元/(MWh)，比2001年降低了5.17%。综合标煤单价完成178.90元/t，比2001年增长7.15%，在燃料成本及购电费急剧升高的情况下，省电力公司销售收入增长幅度大于销售成本的增长幅度，售电单位成本与计划比2001年都有所降低。生产修造企业发生亏损859万元。2002年省电力公司系统预计实现利润17518万元，比2001年增加15509万元。

2002年，针对城农网改造贷款增加，财务费用和折旧成本升高，燃煤价格上涨、外购电成本比例提高等外部经营环境十分不利的形势，深入研究改善省电力公司财务状况的有效途径，并采取相应八项措施：①与省物价局协商提出了山西省城乡居民用电同价的实施方案，并会同物价局召开了“山西省城乡居民用电同价听证会”，该方案经省政府批准后，上报国家计委。12月5日，国家计委以计价格［2002］2660号《国家计委关于山西省疏导电价矛盾和实现城乡居民用电同价问题的通知》，批复了山西省2001年电价调整方案和城乡居民生活用电同价方案。在方案中，不包含城乡居民用电同价，销售电价净提价2.03分/(kWh)。含城乡居民用电同价，销售电价净提价2.41分/(kWh)。其中：新建电源送出工程及联络线路等电网项目0.96分/(kWh)，新投产电厂上网电价推动销售电价提高1.16分/(kWh)，对趸售县实行综合趸售电价每千瓦时0.18分，库区建设基金0.1分/(kWh)。阳光发电公司1号机组由0.344元/(kWh)，降低为0.303元/(kWh)；柳林电厂1、2号机组由0.3975元/(kWh)，降低为0.354元/(kWh)；华能榆社电厂由0.3326元/(kWh)，降低为0.301元/(kWh)；万家寨水电站1号机组由平均0.444元/(kWh)降为平均0.374元/(kWh)。电网项目推动销售电价上升0.96分/(kWh)，在山西省创历史纪录，大大缓解了省电力公司还贷压力，对电力整体经济效益的提高产生至关重要的影响。从2002年12月10～31日，电价方案出台，使收入增加5174万元，扣除购电费成本后，净增利1954万元。②对已执行4年的《山西省电力公司预算管理办法实施细则》进行了修订、补充和完善，出台了《山西省电力公司预算管理办法》，各单位成立了预算管理委员会，本着“以收定支、量入为出”的原则，采取“自下而上，自上而下、上下结合”的方式，编制年度预算，进行月、季预算指标动态分析，全面分析预算执行情况，对异常指标、重点问题进行解剖分析，提高预算管理的深度和精度。全年生产经营过程中的开支，做到了按照预算覆盖的范围正常运行。③年初，省电力公司领导与基层单位行政一把手签订了资产经营目标责任书，对所属发、供电单位，在以内部利润作为主要考核指标的同时，增加了发电量、售电量、平均电价、供电煤耗、线损率、电费回收与上缴率等生产技术经济指标的考核，并与各单位的工资基金挂钩。在对供电单位全年电费回收进行考核的同时，对月度电费回收和上缴提出了明确要求，使货币资金回笼情况明显好转。④对全系统各单位近10年来担保、投资、借款等情况进行全面调查，彻底清理整顿。对省电力公司的投资项目进行了分析，在清理投资额、比例、收益的基础上，对投资风险认真评价，努力提高投资的抗风险能力和投资收益水平。为规范省电力公司系统借款、担保行为，制订并印发了《山西省电力公司担保管理办法》（晋电财［2002］778号），至2002年底，省电力公司共对外提供担保总额为133.2177亿元，比2001年增加12.05亿元，其中：为华北电力集团公司、阳城国际发电有限责任公司、太一发电有限责任公司、大唐平旺热电有限责任公司担保增加30亿元，还及时清理到期担保17.95亿元。⑤为逐步实现对货币资金的集中统一调度，提高资金运营效率和效益，对所属单位银行账户进行检查、清理和整顿，撤并多余或不合理的银行账户，遏制多头开户的现象。利用财务公司非银行金融机构的资金运作功能，吸收省电力公司暂时闲置资金，开展对系统内成员单位的贷款业务，增加了收益。及时与开行、建行、工行、农行商谈贷款事宜，变更提款计划，合理使用银行贷款，节约了利息支出。农网、城网改造工程比年度预算合计减少贷款108830万元，推后了贷款时间，减轻了负债压力。⑥为摸清资产分布及其收益等产权家底，完成了23户企业的产权年检，19户企业的产权变更登记工作。对于产权管理链上的131个单位，明确了省电力公司与73个分公司、12个全资子公司、2个控股公司和44个参股公司等各级被出资单位的产权关系。形成了以财产关系为基础，层层出资、控股经营的体系。⑦对所属单位的保险方案进行了审查和批复。投保资产由27.23亿元增加到37.16亿元，使省电力公司财产保险费率由审查前的平均0.1093%降低到0.0733%，成本降低了32.94%，改善了投保结构，在保险行业方面实现了部分收益。⑧制定了《山西省电力公司财务管理信息系统建设办法》，统一了报表软件格式，完成了所属各单位远光财务实时查询系统的安装、调试及统一的会计实时系统财务指标设置工作。

3. 审计工作

2002年，山西省电力公司全面开展了“审计系统维护企业内部经济纪律年”活动，推动企业提高管理水平和增强防范风险能力。全年共完成审计项目517项，其中：任期经济责任审计117项，资产经营责任审计21项，财务预算审计7项，经济效益审计18项，内控制度审计9项，工程审计127项，会计决算、财务收支、专项审计等其他审计192项，审计调查26项。审计查出违规金额1.99亿元，已纠正1.82亿元，促进增收节支9745.44万元，提出审计建议1109条，采纳审计建议996条，处分处罚违纪人员3人。为促进企业依法经营、维护财经纪律，提高经济效益，充分发挥了审计监督作用。

4. 人力资源管理

2002年底，省电力公司共有直属、控股单位55个，正式职工总人数69740人，比2001年增加50人，幅度为0.07%；临时职工总人数6259人，比2001年增加2214人，幅度为54.73%。工业企业劳动生产率完成288599元/（人·年），比2001年增长11.87%。

年初，在领导班子建设方面，对所属单位的领导班子及省电力公司有关部门进行了职代会民主评议和考察，共任免干部36人。其中新提拔干部6名、副职提正职的2名。举办了2002年度青年干部培训班，各单位49名优秀青年干部参加了培训。并对所属单位后备干部和16名省电力公司级后备干部进行了公示。农网人员的培训从2002年开始利用3年左右的时间实施全员性培训，采取“先供电所长，后一般人员，先军训，再培训”的分步实施方案。并与华北电力大学联合举办了“继电保护”与“通信工程”专业研究生课程进修班。省电力公司本部各专业共举办各类短期培训班64期，参训人员达5620名。外出参加培训的人员达73名。直属各生产单位全员培训率达到77%。全年组织完成系统内3089人的技能鉴定工作。至年底，发供电企业31.3%的生产主岗人员参加了职业技能鉴定，合格率为63.7%。在职称评审、技师评聘工作方面，当年完成2个年度的工作，2001年度有1010人取得了相应资格，有162人获得专业中级任职资格确认；2002年度有1090人获得通过；还有109人获得高级技师资格，873人获得技师资格。2002年开始在全公司推行人工成本控制管理工作。为规范全员劳动合同动态管理，上半年完成所属单位7万余名正式职工的劳动合同清理整顿工作，固定职工99.5%签定了劳动合同；规范清理了长期借调、停薪留职、请长假等人员的劳动合同关系。2002年度系统内职工子女复员退伍军人安置457人，接收各类毕业生291人。按照省劳动和社会保障厅统一部署，完成了电力企业两万余名离退人员离退休金的调整及发放工作。基本医疗保险制度改革也在进行，省电力公司社保局多次向省医疗保险改革领导组反映电力企业生产特点，终于同意山西省电力公司社会保险局作为省医疗保险管理服务中心的分支机构，并受其委托经办电力企业及其职工基本医疗保险基金的征缴、管理和支付。对电力企业兴办的职工医院经与省劳动保障厅、卫生厅协商，由劳动保障厅、卫生厅组成联合审核组，对电力企业职工医院（卫生所）进行了医疗保险定点医疗机构资格审核，年底，已有10余个电力企业职工医院通过了资格审核，由省劳动保障厅认定为基本医疗保险定点医疗机构。

5. 企业策划与管理

根据国家电力体制改革方案和国家电力公司的部署，将省电力公司机构、人员、资产情况以及对电力体制改革的意见和建议报送了国家电力公司、华北电力集团公司，同时，牵头进行了电厂资料的整理工作，发电企业向国电集团公司、大唐集团公司、中国电力投资集团公司的移交划转工作正在有条不紊地进行。同时着重作好电网公司组建、运营和主辅分开、多经分离等电力体制改革的前期工作。从省电力公司的长远发展考虑，年初组织专家对《山西省电力公司经营发展战略》（送审稿）和《山西省电力公司经营发展战略价值化方案》进行评审，并经党组讨论通过后，呈报国家电力公司。4月，启动了《电网企业加强管理、提高效益的途径与措施研究》专项课题的研究工作。10月，编制了课题缩编本（14项课题），为国家电力公司设立和运营电网公司提供了参考，为政府出台有关政策提供了依据。2002年1月8日，省电力公司党组以晋电发字［2002］1号文下发了《山西省电力公司创一流工作规划》，创一流工作正式启动。同时，做好基层创一流、上星级、达标的检查考评申报工作，年度，省电力公司实现了10个全国一流企业、10个省公司一流企业。还积极开展班组建设管理工作，省电力公司命名了一流班组584个。2002年3月，省电力公司制订出台了《山西省电力公司本部合同管理实施细则》，对全公司本部部门与部门之间在订立、履行合同方面的权限、程序、管理职责进行了一系列的规范。对各部门历年来未归存的合同进行催交和整理，开展合同统一归档工作。全年共归存合同168件；共审查各部门和基层单位送审的合同135件，涉及金额38亿余元；出具企业法人授权委托书73件；还对10个城市城网改造与建设工程中招投标和合同签订、履行情况进行了检查；对城网改造中40多个设备招标项目依法实施了程序管理，并建立了省电力公司评标专家库。

6. 对外交流

2002年是省电力公司对外交流与合作成绩较为显著的一年，主要特点是“两多一广”，自己组团多，参团出国多，对外交流与合作广泛。全年组织出国团组19个、135人；参加国家电力公司和其他单位组团，共37团、79人。同时积极扩大对外交流与合作，与国外3个优秀企业（日本电源开发、澳大利亚太平洋国际电力公司、法国国家电力公司）建立了友好合作公司。西龙池、古交电厂的先后开工，吸引了许多来自日本、美国、德国、澳大利亚等地的投资商和竞标商，年内安排和接待的国外来访的主要团体有14个。

7. 档案管理

2002年，省电力公司机关档案管理工作以104分的好成绩被国家电力公司考评认定为“优秀级”。省电力公司办公自动化统一采用Esys文档一体化软件，服务器上已存有文档文件29000条（1996～2002），科档文件16687条。机关各部门都可以通过局域网向档案馆进行电子文件的归档。同时，加强重点建设项目档案管理工作。在河津电厂、阳城国际发电有限公司1～3号机工程达标复检中，档案专项均获得了高分。还积极稳妥地开展了档案目标管理工作，阳泉、运城、朔州、忻州供电分公司、漳泽发电厂通过档案目标管理国家一级认定；河津、永济电厂、省电科院、吕梁供电分公司通过档案目标管理国家二级认定，至2002年年底，所属单位已有10个国家一级、15个国家二级、2个省部级，总达标率为85%。干部人事档案管理也取得较好成绩，2002年5月，省电力公司及大同、晋城、晋中供电分公司、神头第二发电厂、省电力建设四公司6个单位的干部人事档案顺利达到了国家一级标准。在国家电力公司系统中，山西省电力公司获省级档案管理单位第一名，大同供电分公司获基层档案管理单位第一名。

多种经营

2002年，山西省电力公司多种产业在产业结构调整，重大项目重组，产权制度改革等方面都取得了重要的进展。全年全省电力多种产业共完成经营总收入69.12亿元，比2001年增长71.1%；实现利润总额2.94亿元，比2001年同期增长55.6%，其中3个代管单位（晋能努勒尔制衣有限公司、晋能电力设备有限公司、省电力开关厂）亏损706.9万元；资产总额为69.33亿元，负债总额41.56亿元，负债率60%；共有独立法人企业443个，其中：国有企业44个；年末从业人员47846人，其中安置主业职工17734人。

2002年是山西省电力产业结构调整最快的一年，按照省电力公司党组提出的“超常规、跳跃式、大跨度”发展的要求，晋能集团有限公司投资建设的朔州多品种铝硅合金项目，环保评价大纲已经完成，正进行工程设计。晋通电力有限公司、灵石中凯实业有限公司等开发建设的不锈钢复合板项目，这种不锈钢替代品，属国际领先高新产业技术，年底已批准立项。上述两个项目均列入山西省产业结构调整规划项目。同时，积极响应省委、省政府“煤—电—铝”联合的产业结构调整思路，利用自有的电源资产，晋能集团有限公司同太原东方铝业公司强强联合，进行资产重组，共同实施被列为山西省十大潜力产品之一的东方铝业10万t电解铝改造项目，已批准立项，并通过环保评价。年内，新成立的晋能新能源发电投资有限公司，专门从事资源综合利用发电项目，投资建设的左云2×5万kW、阳高2×5万kW、赵城1×10万kW、永济1×13.5万kW机组4个项目，已被列为国家第八批国债重点支持项目，两年建设期利息由国家补贴，同时可享受税收减免等优惠政策，这4个设计规模为53.5万kW的综合利用煤矸石发电、热电联产的热电有限公司已成立，厂址、建设方案已经确定。

金光铁合金公司根据市场调研，将主要生产设备迅速投入转产硅锰合金，形成年产7万t硅锰合金、1.5万t硅铁的生产能力，凭借自己的区位和品种优势，在半年时间里，已成为鞍钢集团、包头钢铁、首都钢铁等北方地区大型钢铁企业最大的硅锰合金供应商。长治容海电力有限公司在拓展金属镁冶炼及镁深加工的同时，调整其所属黎城铁合金厂的产品结构，转产硅锰。吕梁电力实业集团总公司搞煤气发电，文水、汾阳、孝义3个电厂年内全部投产，装机总容量为2.7万kW。山西华星电力实业有限公司与太原凯博乐科技开发有限公司合资，开发、生产、推广以电力为能源的新型供暖方式——低温辐射电热膜采暖系统项目。省电建三公司实业总公司建成投产的静乐电厂、是集投资、建设、运营为一体的环保电站。山西电力设备厂开发的SPM-250型双向细碎机通过了国家电力公司电力规划设计总院的技术评审。全省电力多种产业企业2002年新上项目40个，其中在建项目、工程20个。

在经营领域进一步拓宽的同时，省电力多种产业企业经营者积极改革企业用工制度，朔州能源公司、金光铁合金公司等部分企业，率先打破电力行业的工资结构，实现了工资总额同经济效益的挂钩，实行了双向选择、竞聘上岗制度。

山西电力多种产业为了优化资源配置，加快企业调整重组，已有近30家企业进行了改组、改制。灵石中凯实业有限公司采用兼并、收购、改制、重组等方式，固定资产由100多万元发展到逾亿元，产业涉足冶金、商贸、煤炭、旅游、餐饮、娱乐等10多个系列。临汾临能有限责任公司进行股份制改制，成立了“临汾临能送变电工程有限公司”，资质等级达到三级，逐步与各多经建筑企业结成母子公司关系。省电力开关厂与许继集团、物资公司、山西好风，共同投资成立了“晋能许继有限公司”，合作开发自动化装置及MIS系统。同时，做好关停并转企业资产、债权和债务的清理工作，对28个没有发展潜力、扭亏无望的企业实行了关、停、并、转。晋能集团有限公司为了防止投资损失，转让了在山西兴宇电力开发有限公司和建通监理有限公司中所持股份；山西电力吉达企业公司、华青建安工程处也完成了有限公司改组。

山西晋能物资有限公司通过物资管理“六统一”(统一计划、统一招标、统一定货、统一储备、统一配送、统一结算)，发挥规模优势，物资招标7.6亿元，共为省电力公司系统节约物资采购成本2900余万元。晋能国际经贸有限公司完成进口到货42.5万美元。这两个公司在质量、价格、供货周期上都得到各发、供电、基建单位的满意，保证了基本建设、电力生产和城农网改造的物资供应。在电力燃煤供应方面，2002年，国家加大了关井压产的煤炭宏观调控政策的实施力度，山西省多数乡镇煤矿停产整顿，大矿煤受产量、价格和铁路运力等因素影响增量有限，电力供煤出现了前所未有的紧张局面。太一、太二、娘子关、霍州、漳泽、河津、阳城等电厂纷纷发出断煤停机的求救。晋能燃料有限公司千方百计协调煤矿、铁路，并促成省政府召开协调会议21次，经过艰苦努力，未因煤炭供应问题造成停机停炉。全年完成直属电厂供煤总量2164.09万t；供油总量21576t；综合标煤单价完成178.90元/t，较2001年增长7.15%。

主要事件

1月8日，山西省电力公司党组以晋电发字[2002] 1号文下发了《山西省电力公司创一流工作规划》，省电力公司创一流工作正式启动。

1月28日，山西省电力公司调度通信中心举行获国家电力公司“一流电网调度机构”称号揭牌仪式。

2月9日，山西晋能新能源发电投资有限公司正式注册成立，是山西省电力公司惟一一家开展资源综合利用发电及开发新型能源的实体。

3月1日，山西晋能新能源发电投资有限公司与山西关铝股份有限公司、永济热电厂实业总公司、永济市电力开发公司共同出资组建的山西晋能关铝热电有限公司正式注册成立，标志着山西省产业结构调整煤电铝联营正式启动。8月18日，山西晋能关铝、赵城、阳高、左云4个综合利用煤矸石、热电联产项目公司在太原举行成立大会。

3月12日，为了提高供电服务质量，树立供电企业的良好形象，山西省电力公司各供电分公司的“95598”供电服务特服电话全部开通。该电话和原全省统一的免费服务电话“8008061230”同时运行。

3月18日，因潞安矿务局王庄煤矿对地下煤层的开挖回采，造成220kV漳长线14号铁塔基础下陷，严重倾斜。经长治供电分公司连续5天昼夜抢修，避免了一起重大事故的发生。

3月28日，侯（村）侯（马）500kV输变电工程竣工，投产典礼仪式在侯马500kV变电站举行。5月26～30日，华北电力集团公司对该工程进行达标复检，认为侯马变电站的设计优化、施工工艺和运行管理达到华北地区的一流水平。

3月29日，2001年度日本政府和中国政府贷款协议签字仪式在北京举行，其中包括山西省西龙池抽水蓄能电站贷款232亿日元。6月18日，西龙池抽水蓄能电站工程（4×30万kW）举行开工庆典。

3月，在华北电力集团公司举办的首届职工运动会上，山西省电力公司代表队共获得25枚金牌、19枚银牌、10枚铜牌，夺得金牌总数第二名、团体总分第三名的好成绩。

4月18日，山西省电力公司实施供电优质服务“民心工程”新闻发布会在太原举行，全省11个供电分公司先后举行启动仪式，全面拉开山西省电力公司“民心工程”帷幕。

4月29日，山西省“五一”表彰大会在太原召开，山西省电力公司陈进行总经理荣获“全国五一劳动奖章”。

5月9日，国家电力公司干部人事档案验收组对山西省电力公司干部人事档案目标管理进行评审验收，省电力公司干部人事档案获一级标准。

5月14日，山西省电力公司召开2002年省五一表彰先进集团、先进个人座谈会。对受到山西省表彰的10个先进集体、23名先进个人进行了表彰奖励。

5月18日，山西大唐平旺热电有限责任公司2×20万kW供热机组工程开工。

5月19日，山西省电力公司党组扩大会议确定山西省电力公司投资1.4亿元进行全省电力主干光纤通信网工程建设。9月6日，工程启动，冶峪—南社作为首条线路开工。

5月20日~6月30日，山西省政府对山西省电力公司第一期农网改造工程进行正式验收。验收采取随机抽样的方法，对省电力公司97个竣工县随机抽取20%的比例进行全方位检查。共抽查20个县的乡镇供电所64个，行政村227个，农户971户，验收一次性全部合格。

6月9日，山西省电力公司陈进行总经理参加中国共产党山西省代表会议，并全票当选为山西省出席党的十六大代表。11月8日，陈进行总经理参加了在北京召开的中国共产党第十六次全国代表大会。

6月9日，国家电力公司发出《关于命名一流企业的通知》(国电发［2002］376号文)，山西省电力公司有7个单位被命名为2001年度一流企业。即太原供电分公司、阳泉供电分公司、运城供电分公司、神头二电厂、漳泽发电厂、山西电力科学研究院、山西电力勘测设计院。2002年11月1日，高平、侯马、清徐等3个供电支公司被国家电力公司命名为一流县供电企业，是山西省电力公司第一批被国家电力公司命名的一流县供电企业。至此，全省已有13个单位成为一流企业。

6月26日，山西漳山发电有限责任公司2×30万kW机组工程开工。

6月28日，神头第一发电厂新建储灰场遭受50年一遇洪水袭击，造成260万元左右的损失。

6月28日，山西鲁晋发电有限责任公司王曲电厂一期2×60万kW机组工程开工。

7月27日，阳城电厂6号机组投产，至此，阳城电厂一期6台35万kW机组工程建成，全部投入商业运营。

8月20日，国家计委、国家电力公司隆重举行“西电东送”北通道项目开工典礼。在山西省设立了神头和河曲两个分会场，同时举行了神二二期和神保500kV输电线路工程，河曲一期工程的开工典礼。

9月11日，大同小营500kV输变电工程开工，是山西省建设的第三座500kV变电站。

9月22日，省电力公司机关杏花岭高层住宅小区举行竣工剪彩仪式。

9月23~25日，国家电力公司在山西省太原召开全国供电所管理现场会，推广山西省农网建设与改造及供电所管理的经验。

9月27日，山西电力可视会议系统首次启用。当天在调度大楼30层可视会议室转播了国家电力公司安全生产和保社会稳定电视电话会议。

9月30日，山西省电力公司和山西焦煤集团公司西山煤电股份公司合作建设的古交电厂2×30万kW机组工程正式开工建设。

10月11日，国电电力大同发电有限责任公司2×60万kW空冷机组施工及监理合同签字仪式在北京举行。山西电建一公司中标该工程1号机组的建筑安装工程。

10月30日，由国家电力公司档案专家组成的评审组对山西省电力公司机关档案管理达“优秀级”标准进行了检查认定。山西省电力公司机关档案管理通过了国家电力公司优秀级认定。

11月1~20日，山西省电力公司圆满完成十六大期间北京及省内的保电任务。

11月25日，山西省网发电负荷出现历史新高，突破1000万kW，达到1014.8万kW。

11月30日，山西华能榆社电厂二期2×30万kW机组工程开工建设。至此，山西省“西电东送”及省内用电项目全部开工，再加大同一电厂扩建工程及综合利用煤矸石发电工程，使年内新开工建设的项目总装机容量达853万kW，是山西省历史上电源建设开工最多的一年，也是全国最多的一个省份。

12月1~3日，中国企业联合会、中国企业家协会组织的首届（2002）中国企业文化年会在北京举行，山西省电力公司获2002年度中国企业文化优秀成果奖，是全国电力系统惟一获得表彰的企业。

12月5日，《国家计委关于山西省疏导电价矛盾和实现城乡居民用电同价问题的通知》（计价格［2002］2660号）批复了山西省2001年电价调整方案和城乡居民生活用电同价方案，从2002年12月10日起执行，全省实现城乡居民生活用电同价。

12月11日，由山西省电力公司承担开发的“基于空间信息的省级大区域电网管理系统”项目正式启动，在全国电力系统是第一个，并纳入国家863计划。

（卢晓山 高一萍）

内蒙古自治区电力工业

综述

2002年，在自治区党委、政府的正确领导和关怀下，内蒙古自治区电力公司紧紧抓住国家西部大开发、西电东送和自治区加快工业化、城镇化进程的战略机遇，深入贯彻“三个代表”重要思想，把发展作为第一要务，与时俱进，扎实工作，全面完成了自治区下达的经营责任目标和2002年工作会暨二届三次职代会确定的各项任务，安全生产、经营管理、基本建设、内部改革等各个方面都再创历史新水平。企业实力全面增强，员工队伍安定团结，为深化电力体制改革创造了良好条件，为实现“十五”跨越式发展奠定了坚实基础。

生产经营指标

发电量完成281.03亿kWh，同比增长10.22%，完成年度计划的104.18%；售电量完成276.19亿kWh，同比增长17.13%，完成年度计划的106.75%。蒙西电网售电量完成260亿kWh，同比增长18.33%，完成年度计划的107.31%；其中，区内售电量完成178.76亿kWh，同比增长19.73%；东送电量81.26亿kWh，同比增长15.36%；供电煤耗完成393g/（kWh），比2001年下降1g，比年度计划低2g/（kWh）；线损率完成6.44%，同比下降0.07个百分点，比年度计划低0.54个百分点，工业增加值完成30亿元；利税完成12亿元，同比增长5.2%，完成年计划的107%，其中税金9.9亿元，同比增长5%，利润2.1亿元，同比增长6.6%；工业企业全员劳动生产率完成276466元/（人·年），同比增长10%。

基本建设

全面实施“十五”发展计划和“十一五”发展规划，加快内蒙古电力能源基地建设步伐。2002年是公司固定资产投资规模最大的一年，完成投资60.85亿元，完工和开工建设了又一批重大电源、电网项目，新增发电能力21.2万kW，以丰泰公司2号20万kW机组2002年8月11日投产为标志，全区发电装机容量突破1000万kW大关。海电二期2×20万kW机组工程3、4号机组于2002年12月顺利并网发电。乌海热电2×1.2万kW热电机组等供热工程相继投产，新增供热面积266万m^2。达电三期2×33万kW机组工程被国家列为“西电东送”北通道重点工程项目，8月20日正式开工。薛家湾2号变、伊和2号变、昭君2号变扩建、卓资山高顺变、古一铝、兴一铝、乌海顺达、乌海黄河、五原隆兴昌、察右后旗前进、查干淖尔一化德等11项220kV输变电工程全部竣工投产，新增220kV变电能力900kVA，新建220kV变电站4座，线路342km，进一步提高了蒙西电网的供电能力和可靠性。针对乌海、薛家湾地区负荷迅猛增长的新情况，及时调整电网建设计划，2002年增列一批220、110kV电网建设计划，新开工棋盘井、顺达、达旗地区2号主变压器、薛家湾3号主变压器扩建工程及乌海宝山输变电工程、呼市盛乐等11项220、110kV输变电工程，将于2003年上半年陆续投运。农网二期建设改造工程顺利实施，共计下达投资计划30.8亿元，改造10kV线路1.98万km。低压线路5.75万km，配电变压器112万kVA，无功补偿49.6万kVA。

“十五”重点项目前期工作取得重大进展。岱海、正蓝电厂各2×60万kW机组工程项目可研已上报国家计委。包头二电厂2×20万kW供热机组扩建工程第一台机组已上报开工报告，第二台机组已上报项目建议书，并按两台机组同时建设开展施工准备工作。海勃湾电厂三期2×33万kW机组扩建工程已上报项目建议书，各投资方已达成加快建设进度的一致意见。包头三电厂2×20万kW机组工程完成可研设计审查。丰镇电厂三期2×60万kW机组工程完成初可研设计审查。乌拉山电厂2×30万kW机组扩建工程完成初可研设计。蒙华乌海热电2×20万kW机组工程进入可研设计阶段。包头一电厂2×15.5万kW机组技改工程已批复项目建议书。达一永二回500kV输变电工程已批复可研。

施工企业按照国家新资质标准全部就位，经营状况继续好转，区外、系统外的市场占有份额进一步扩大。电建一、二、三公司和送变电公司完成产值13.49亿元，创历史最高纪录，继续保持了直属施工企业、施工现场人身死亡、重大机械设备事故“双零”目标。

安全生产

大力宣传贯彻《安全生产法》，增强员工的安全生产法律意识。狠抓基础管理和设备治理。机组大修管理全部执行“ISO 9002”国际电站程序化管理标准，大修全优率达到80%。认真贯彻落实25项反措，全年投入资金2385万元。结合春、秋季安全大检查，消缺13899项。合理安排运行方式和检修计划。在丰镇电厂空冷机组出力受阻、万家寨水电出力受限、乌海等地区电力供应日趋紧张的困难情况下，电网经受住了长时间、连续大负荷运行的严峻考验，以安全稳定的生产态势满足了东送电及自治区地方用电负荷快速增长的需求，圆满完成了以“十六大”保电为重点的多次政治保电任务，于9月21日首次实现安全生产1000天，被自治区推荐为2002年安全生产监督管理先进单位。

公司经营

2002年销售收入首次突破70亿元大关，达到72.68亿元，同比增长15%，超额年计划6.8个百分点。严格控制各项成本，完善预算管理体系，在平均电价下滑，燃料、水费等生产资料价格上涨幅度较大的不利形势下，有效地抑制了企业成本的过快增长，始终保持了销售收入增长高于成本增长的良好势头，有效地化解了经营风险，保证了公司经营的稳健发展。加强资金管理，积极开展资金运作。蒙西电网供电单位资金集中支付管理在防范资金风险、加强资金监督等方面发挥了积极作用。强化资金结算中心的管理职能，公司存款享受同业拆借利率，获利748万元。委托贷款实现利息收入8376万元，自营贷款全年盈利1500万元，提前归还未到期银行贷款5.8亿元，节约了财务费用，提高了资金的使用效率。资产质量不断提高，资产负债率保持在合理水平。资产总额比2001年增长8%，资产负债率比年度目标降低3.84%，为62.16%。合理筹集建设资金，及时归还到期贷款本息40.89亿元，提高了企业信誉，为公司大发展提供了良好的资金保证。积极开展审价工作，控制工程造价取得成效。完成了12家单位的经济责任审计和一项财务收支审计，充分发挥了审计监督作用。建立母子公司之间的产权纽带关系，明确了母子公司、总分公司的财务管理权责，初步建立了以资本管理为基础的财务管理新框架。不断推进满都拉资产管理公司实体化运作，多种经营呈现良好发展势头，总收入完成17.1亿元，较2001年同期增加0.74亿元。

营销革命

营销革命实施两年来，市场营销开创了全新局面。适应市场、社会、客户的营销机制基本建立；营销信息化的网络、功能基本完善；实施“真诚服务工程”，实现了营销终端与市场需求的优质对接。西部电网建成营销管理信息基本应用系统，主要220、110kV变电站关口表实现远程抄表，完成远程负荷控制主机升级改造，基本实现电能计量校验设备电子化。全面推进营销体制和机制创新，设置了供电企业电能计量管理机构。继续深化三、四级模拟电力市场运作，实施“末位待岗制”，充分调动了员工的工作积极性。将优质服务、行风建设与日常管理工作有机结合，全面提升优质服务水平。安排建设了呼和浩特、包头、乌海、乌兰察布、鄂尔多斯5个现代化电力客户服务中心。完成呼和浩特、包头、乌海三市“一户一表”改造工程。在蒙西地区统一开通“95598”电力客户呼叫服务系统。全面推行银行联网电费实时代收，城市居民电费银行代收率达80%以上。乌兰察布电业局对客户自建工程率先实施“三不指定”管理。通过实施营销革命和“真诚服务工程”极大地解放了生产力，激发了员工的工作热情，促进了优质服务和行风建设。

开拓和培育电力市场取得丰硕成果。公司售电量高速增长，其中东送电量同比增长15.36%，大工业电量同比增长22.08%，居民照明电量和商业电量分别增长12.05%和25.07%。高载能电量占公司发行电量的18.47%，比2001年提高了54.47个百分点，同比增售17.98亿kWh，高载能增售电量占公司增售电量的44.52%。加强电热费回收，完成了当年电热费回收率100%，陈欠电热费回收率10%的年度目标。随着一期农网改造工程的全面完成，农牧区供电质量提高，农网损耗降低，加强营业稽查和营销宣传，旗县及以下用电量达到74.05亿kWh，同比增长5.19%。

创一流工作

2002年初出台了《内蒙古电力（集团）有限责任公司建设中国一流电力公司实施意见》，全面推进内蒙古电力公司向中国一流电力公司迈进。6月9日，丰镇发电厂被国家电力公司命名为一流电力企业，至此，公司所属两座百万千瓦级发电厂、一家最大的供电企业、电科院和九原农电公司、集宁供电局、东胜供电局三家县级供电企业建设成为中国一流电力企业，中调所具备申报国电一流条件，为内蒙古电力公司建设国家一流电力公司创造了良好条件。乌兰察布电业局、巴彦淖尔电业局、鄂尔多斯电业局、辉腾锡勒风电厂、朱日和风电厂成为国家电力公司达标企业。乌拉山发电厂、包头一电厂、包头二电厂、海勃湾电厂、鄂尔多斯电业局、呼和浩特发电厂、汇流河发电厂和6家旗县供电企业成为内蒙古一流电力企业。目前系统内有16个单位成为国家电力公司双达标企业，11个单位成为华北局三星级企业。建设一流工作的扎实开展，有力地促进了企业各项管理工作，企业综合素质明显提高。

内部改革

积极配合自治区政府做好电力体制改革各项基础准备工作。按照国家电力体制改革的取向，理顺企业内部管理和产权关系，撤消了华能内蒙古发电公司和内蒙古华蒙电力建设公司，蒙西硅电公司已进入破产执行程序。全面推进市场化改革，建立“三公”电力交易市场。蒙西电网发电企业所有现货电量全部统一公平竞价上网，促进了电网商业化运营。进一步深化干部人事制度改革，以创新精神抓紧培养青年领导干部，选派12名年轻干部到山东省电力公司、开发银行、察右后旗挂职锻炼，开阔了眼界，加强了交流学习。继续实行员工总量控制，同口径员工总量连续5年实现负增长。稳步推进货币化分房改革，完成了职工一次性住房补贴审批，发放职工个人住房优惠贷款1.2亿元。

科教兴企

根据公司“十五”和“十一五”科技发展规划，下达三批科技计划和生产重措计划，共安排技术进步89项，资金1600万元，重点推进与电力生产密切相关的主燃烧器等离子点火、节能性磨煤机、行波测距、干式TA等大项目的推广应用。丰镇电厂2号炉、包头一电厂7号炉、乌拉山电厂3号炉完成燃烧器稳燃改造，通过了50%额定负荷不投油稳燃考核实验。瞄准国内领先水平，首次按六功能设计对丰镇发电厂3号机组、包头二电厂7号机组、海勃湾电厂2号机组热工控制系统进行DCS改造，取得良好效果。2002年获省部级科技进步奖励5项，获华北电力公司科技进步奖励3项。评出优秀QC成果81个，其中：获国家优秀QC成果奖7项；获全国电力行业优秀QC成果奖8项；获内蒙古自治区优秀QC成果奖14项；获华北网局优秀QC成果奖27项；获公司级优秀QC成果奖25项。电力公司被中国质量协会、中华全国总工会、中国科学技术协会、共青团中央命名为“全国质量管理小组活动优秀企业”。全面实施电力信息网二期工程，推进内蒙古电力信息化水平，丰镇发电厂、超高压供电局通过了MIS实用化验收。变电站综合自动化装置投运率普遍提高，为无人值守运行打下良好基础。

企业稳定

加大两个保障力度，为施工和困难企业下岗职工筹集扶困资金1459万元，慰问生活困难职工3268户，救助危重病人288人和资助82名困难职工子女上大学。为适应养老保险改革的要求，为公司员工办理一次性企业补充养老保险10600万元。调整了离退休人员养老金。加强集体职工养老金征缴，及时拨付扶困资金，解决了兴安电力公司、送变电公司、电建二公司欠缴养老金350万元。多经系统收缴集体养老金1200万元，超过了2001年水平。全年组织职工国内疗养1949人·次，组织劳动模范和先进工作者160人到港澳与海外观光疗养。全心全意依靠工人阶级办企业，不断将厂务公开活动引向深入，充分发挥职代会职能，有效地提高了企业民主管理水平，增强了员工的向心力和凝聚力。

主要事件

1月16日零时，蒙西电网东送电力潮流增至130万kW。

1月23～26日，内蒙古电力公司召开2002年工作会及二届三次职代会。

2月4日，北京国际电力开发投资公司、内蒙古蒙电华能热电股份有限公司组建岱海、正蓝发电有限责任公司协议仪式签订。

2月4日起，电建三公司300多名“双自”人员到电力公司、自治区党委、政府上访，冲击电力调度大楼，拦截火车，封堵自治区党委、政府大门。经多方做工作，7日返回包头，事态平息。

2月8日21时28分，内蒙古电力公司自己投资、自己建设的准永500kV输变电工程投运。

3月13日，丰镇发电厂通过国家电力公司一流火力发电厂考评验收。

3月15日～4月27日，内蒙古电力公司组队参加华北电力集团公司首届职工运动会，获得金牌总数、奖牌总数第一和团体总分第二的好成绩。

4月12日，内蒙古电力公司与北京国际电力开发投资公司在西安签订合作投资建设海勃湾发电厂三期2×60万kW机组协议。

4月16～17日，兴安盟地区遭受特大暴风雪袭击，造成兴安电网全网瓦解，大面积停电、停水，广播电视信号中断。损失电量280万kWh，直接经济损失达3500余万元。26日基本恢复全盟供电。

4月18日，蒙华乌海热电2×12MW+3×75t/h机组2号机、3号炉正式移交生产，至此，该热电机组全面竣工。

5月21日、22日，内蒙古电力公司邀请全国劳动模范、全国“五一劳动奖章”获得者、中宣部第二批公民道德建设先进典型、国家电力公司特等劳模、黑龙江哈尔滨电业局电力客户服务中心李庆长同志在呼和浩特、包头、鄂尔多斯作先进事迹报告会。

6月8日，自治区党委书记储波考察风力发电厂和乌兰水泥有限责任公司。

6月28日，内蒙古电力公司“真诚服务工程”

正式启动。

7月9日，电力公司召开2002年党政主要负责同志座谈会。

8月11日18时，丰泰发电有限责任公司2号机组168h试运成功，正式移交生产。至此，内蒙古自治区发电装机容量突破1000万kW，成为全国第一个装机容量突破1000万kW的少数民族地区。

8月20日，我国西电东送北通道项目同时开工，达拉特电厂三期2×330MW机组扩建工程和托克托电厂二期2台600MW机组正式开工。

9月15日，黄河万家寨水利枢纽工程通过国家有关部门的竣工验收。

9月21日，电力公司实现安全生产1000天。

10月30日，内蒙古电力公司重点工程，呼伦贝尔岭东岭西联网工程，海拉尔—牙克石—扎兰屯220kV输变电工程开工建设。

11月28日，呼和浩特三期热网工程实现试供热，接带供热面积140万m^2，标志着该工程基本完工。

11月29日，内蒙古电力公司与内蒙古霍林河煤业集团有限责任公司签订《霍林河电厂项目资产重组协议》，双方合作发展煤电铝联营项目。

12月5日，在国内外首次应用的包头二电厂7号炉主燃烧器等离子点火技术项目通过鉴定评审。

12月9日，电力公司召开十六大期间确保“两个稳定”工作总结表彰电话会议，公司圆满完成十六大保电、保安全稳定工作。

12月13日22时32分，区“十五”第一个开工的电源建设项目、西部大开发重点工程——蒙华海电工程3号20万kW机组并网发电。

12月15日，内蒙古送变电公司在西电东送北通道托安500kV工程（A标段）Ⅰ回施工中，成功实施全国首次500kV线路带电跨越作业。

截至12月16日12时，内蒙古电力公司提前15天完成全年发、售电任务，完成发电量268.47亿kWh，售电量256亿kWh。

12月23日6时58分，蒙华海电4号机组整套启动一次成功，提前7天顺利实现并网发电，创造了两台20万kW机组一年内周期并网发电的骄人业绩，创造内蒙古电力建设史新纪录。

12月23日17时38分，包头一电厂3号炉下降管联箱根部突然爆裂，高温高压汽水直接喷射，导致1、2、3号炉停运，17时55分零号到4号机全部停运，包钢3台鼓风机停运。12月24日19时18分，一电厂恢复向包钢4座炉送汽，包钢恢复生产。25日10时，事故处理完毕，包钢恢复正常生产。

12月25日11时16分，呼和浩特昭君变送市区中心变的110kV线路5基钢管电杆倒塌，造成中心变全部失电，经全力抢修12月27日晚20时，恢复市区正常供电。

山东省电力工业

2002年，山东电力集团公司认真贯彻落实国家电力公司和山东省委、省政府的工作部署，突出抓队伍、抓发展、建设国际一流电力公司的工作重点，以落实安全生产、资产经营、党风廉政及精神文明建设和稳定工作“四项责任制”，确保生产安全、政治安全、经济安全、形象安全“四个安全”为总抓手，改革、发展、稳定协调推进，两个文明建设取得了新成绩。

2002年，山东省发电量完成1241.77亿kWh，其中电网发电量完成971.09亿kWh，同比分别增长12.44%和10.12%。电网售电量完成934.34亿kWh，同比增长12.06%。山东电力集团公司实现电力销售收入413亿元，同比增长10.4%，实现利润9.45亿元。鲁能集团实现总收入259亿元。山东电力集团公司各项经济技术指标取得新的成绩。公司营运电厂供电煤耗率完成353.33g/(kWh)，同比降低0.95g/(kWh)，线损率完成4.67%。按现价计算，全员劳动生产率完成79.6万元/(人·年)，同比增长12.4%。

电力安全生产保持良好局面

2002年山东省夏季持续高温，又逢多年不遇的大旱，电网最高负荷和最高日发电量分别达到1621.4万kW和3.4亿kWh，创历史新高。山东电力集团公司上下克服电煤供应紧张、价格上涨等不利因素，认真组织电力生产，科学调度，多发多供，确保了全省电力供应。特别是在全国、全省“两会”、国庆节和十六大期间，周密部署、精心调度，保证了电网安全稳定运行。深入开展争创“无违章企业”和“安全生产月”活动，严格落实各级安全生产责任制，山东电力集团公司所属企业全部实现年度安全生产目标，电网事故、障碍同比下降了19.35%，山东电力集团公司安全生产“可控、在控”水平不断提高。公司全年没有发生人身死亡和重大责任事故。截至2003年1月2日，山东电网实现连续安全生产5000天。一大批发供电企业连续安全生产保持了较高纪录。山东电力集团公司所属的17个市供电企业中有14个实现连续安全生产超过1000天，18个发电企业中有12个实现连续安全生产超过1000天，3个自投产以来一直保持安全生产。集团公司基建系统各单位自1997年以来保持了无施工死亡事故纪录。

山东省电力发展创出历史新高

山东省投产发电装机455万kW，创出全省年度投产发电机组历史最高纪录，其中山东电力集团公司投运机组共147万kW。到2002年底，山东省发电装机总容量已达到2515.32万kW，继续保持全国各省、市、自治区第二位。电网建设也创历史新高，建成投产输电线路977km、变电容量228万kVA，其中，投产500kV线路403km。山东深圳核电公司承建的岭澳核电站常规岛安装工程受到业主的高度评价，国家电力公司召开了经验交流会。500kV黄河北输变电工程获国家优质工程银质奖，日照电厂一期工程被评为“鲁班奖”。所有投产工程单项优良品率土建大于97%、安装达到或接近100%。山东电网与华北电网联网、500kV聊城—长清线路升压工程前期工作取得新进展。山东电力集团公司完成了山东电网2015年目标网架规划设计工作，并通过国家电力公司的审查。基建企业开拓市场取得新成绩，先后签订了省内及广东惠州石化自备电厂4×6万kW机组总承包、尼日利亚8×4.2万kW机组总承包、陕西银河2×14万kW电厂总承包、香港青山电厂大修、输煤皮带改造、宁夏石嘴山电厂安装等95个项目，合同总额61亿元，创历史新高。其中，省外合同金额32.2亿元、国外合同金额17.22亿元，省外、国外合同金额占合同总额的81%；总承包合同金额41.6亿元，占合同总额的68%。山东电力集团公司和电建三公司获得了国家电力公司“实施走出去战略先进集体”荣誉称号，山东核电集团公司获得了山东省政府“实施走出去战略先进企业”荣誉称号。

公司经营管理成效显著

山东电力集团公司坚持以经济效益为中心，抓成本、抓市场、抓电价、抓电费、抓政策，全面完成了与国家电力公司签订的资产经营合同。实施综合计划管理，严格预算管理，加强成本控制和动态考核，所属各单位经营承包责任制完成情况较好。县供电企业经营管理水平进一步提高。加强电力需求侧研究，积极开拓电力市场。菏泽、东营、聊城、临沂、日照、青岛供电公司电量增长率达15%以上。山东电网统调机组提前22天完成了全年发电量目标。加强电费管理，实现了电费“双结零”和陈欠电费全部结零。加强营业稽查，追补电费1220.45万元。严格执行国家产业政策，坚持电网“四统一”原则，规范小火电并网管理，推进企业自备电厂有偿并网取得新进展，较好遏制了个别企业自建电网的倾向。坚持依法经营，诚信经营，加强决策管理和审计监督，经受住了审计、税务等各类检查的考验，维护了企业利益，展示了企业良好形象。

电力体制改革顺利推进

山东电力集团公司认真学习贯彻国务院国发[2002]5号文件精神，以党中央、国务院关于电力体制改革的部署精神统一思想。加强组织领导，成立了山东电力集团公司改革领导小组和工作小组，先后召开了两次所属单位党政主要负责人会议，坚持统一思想、统一领导、统一步调、统一行动，精心指挥、精心准备、精心设计、精心操作，促进了改革、发展、稳定协调推进。加强政策学习和预案研究，及时上报改革建议和意见，把握了电力体制改革的主动权。各单位始终把安全稳定放在突出位置来抓，加强形势任务教育和职工思想政治工作，坚持眼睛向内，集中精力做好企业内部工作，以实际行动拥护改革、支持改革，公司上下保持了思想稳定、队伍稳定。山东电力集团公司顺利完成了2002年的体制改革任务。2002年11月，日照发电厂移交中国华能集团。2003年1月20日，山东国际电源开发股份有限公司及其全资、控股、参股的邹县、十里泉、莱城、淄博热电、章丘、青岛、滕州新源、潍坊等8家电厂移交中国华电集团。

建设国际一流电力公司取得突破

山东电力集团公司始终牢牢把握建设国际一流电力公司的工作主线，坚持“突出重点、整体推进”的工作要求，加强了组织领导和工作指导。青岛供电公司和石横电厂被命名为全国首批国际一流发供电企业。调度中心建设国际一流调度机构工作积极推进。坚持建设国际一流工作与企业经营管理有机结合，集团公司各项经济技术指标水平不断提高。220kV及以下变电站全部实现无人值班，500kV变电站无人值班工作取得实质性进展。ERP系统实现人力资源、供应链、财务模块上线试运行。进一步完善了集团公司MIS系统。在全国火电大机组竞赛中，山东电力集团公司有13台机组获奖。加强环保工作，黄台电厂30万kW机组烟气脱硫国产化示范工程开工建设。坚持“科教兴业”战略，12项成果获省部级科技进步奖，两项科研课题列入国家863计划。

鲁能集团实现健康发展

积极推进以“两改、两重组、两加强”为重点的鲁能集团改革，即：改革所有制、改造机制，重组资产、重组产业，加强融资、加强营销。成立了山东鲁能集团有限公司，法人治理结构初步形成。推进了鲁能集团股权多元化，增强了职工对企业发展的关切度。加强资产重组，实施“走出去”战略，在优势领域发展优势企业，重点加快了一二次能源、房地产和金融项目的发展。一些重点项目取得突破。山西河曲电厂作为国家“西电东送”北通道首批开工项目开工建设。积极推进陕北煤电化项目，神木电厂一期工程可研报告已由国家计委上报国务院，山西王曲电厂项目和晋北铝电项目取得新的进展。河曲煤田和巨野矿区总体发展规划已经国家计委批复。河曲上榆泉矿井项目已经国家计委批准立项。“鲁能”商标被评为“2001年十大公众认知商标”，鲁能集团名列中国企业500强第45位。

农电工作取得新的成绩

山东电力集团公司把农电工作纳入改革发展的整体部署，坚持抓管理、抓发展、抓队伍、抓行风、创一流的工作思路，巩固农电管理体制改革成果，规范和深化县供电企业管理，加强领导，理顺关系，加快接轨，促进了县供电企业管理和效益水平的提高。深入开展建设一流县供电企业工作和“供电所规范化管理年”活动。又有21个县供电企业被命名为国家一流县供电企业，24个被命名为省一流企业。2002年4月1日，实现了山东省城乡居民生活用电同价，同价水平为0.52元/(kWh)，年可减轻农民负担7.06亿元。总投资55亿元的第二期农网建设改造工程基本完成。共建设改造：35及110kV变电站809座、容量818万kVA，高低压线路59639km，台区36552个。到2002年底，山东省县及县以下电网拥有35kV和110kV输电线路27754km，变电站1904座，变电容量3185万kVA；拥有高压线路184329km，配电变压器282651台，容量3559万kVA，低压线路312437km。山东电力集团公司被评为“全国农网建设改造先进单位”。山东省被评为“全国农网建设改造先进省”。农网建设改造有力地促进了山东省农村用电量的较快增长，促进了山东农村经济的发展。2002年，县及县以下社会用电量已占全社会用电量的49%，同比增长16.2%，农村用电量同比增长20.9%，乡村居民生活用电量同比增长11.6%。

精神文明建设取得丰硕成果

山东电力集团公司认真学习贯彻党的十六大精神，深入开展“作风建设年”活动，取得良好成效。加强党风廉政建设，深入开展了反腐败斗争和反“嫌疑腐败”工作。加强企业文化建设。举办了第四届职工文化节。加强信访、值班、治安保卫工作。关心职工生活，企业保持和谐稳定。深化“彩虹工程”，行风建设再上新台阶。行风举报较2001年下降56%。17个市供电企业中，6个在当地行风评比中被确定为免评单位，11个被评为第一名；在开展行风测评的112个县（市、区）中，有63个县供电企业被确定为免评单位，45个被评为第一名，4个被评为先进单位。集团公司先后在全国企业文化建设现场交流会和中宣部深入贯彻落实《公民道德建设实施纲要》座谈会上作了典型发言。山东电力集团公司再次被评为“全国双文明电力公司”，集团公司纪委、监察专员办公室被中纪委等授予“全国纪检监察系统先进集体”称号。烟台供电公司、黄台电厂、青岛电厂、十里泉电厂荣获“全国五一劳动奖状”，13个企业和集体荣获“富民兴鲁劳动奖状”，获奖企业数量居全省各行业之首。青岛供电公司被中央文明委评为“全国创建文明行业工作先进单位”，滨州、济南、莱芜、威海供电公司被中央文明委评为“全国精神文明建设创建工作先进单位”。超高压公司等29个企业被评为“全国电力双文明单位”。中央、省新闻媒体多次对山东电力集团公司工作进行宣传报道。

东　北　地　区

国家电力公司东北公司

综述

2002年，公司累计完成利润9380万元，比预算增加1380万元，增长了17.25%；资产负债率完成56.26%，比预算下降5.74个百分点，比2001年同期下降了9.26%；净资产收益率完成1.55%，比预算上升了0.56个百分点，比2001年同期上升了56.5%；应收电热费余额完成4.41亿元，较预算下降9351万元，比2001年同期下降了17.49%；上缴投资收益1000万元，全面完成了国家电力公司的各项考核指标。

公司全资及控股电厂完成发电量163.29亿kWh，比计划增长2.52%；直管供电公司完成售电量38.28万kWh，比计划增长1.79%；东北向华北送出电量29.18亿kWh，比计划多送出4.18亿kWh。

直管火电厂供电煤耗率完成356g/（kWh），比计划下降5g/（kWh）；直管供电企业地区线损率完成2.93%，比计划下降0.23个百分点；直管水电厂非生产用电在上年压降15%的基础上又实现压降12.72%。直管单位烟尘排放达标率100%，废水排放达标率100%。

2002年，未发生生产人身死亡事故和群伤事故，未发生人员责任的重大电网事故、大面积停电事故和电网瓦解事故，未发生人员责任的重大及以上设备事故，未发生重大火灾事故，特别是没有发生生产人员轻伤及以上事故和一般电网事故，公司实现安全年。

公司完成固定资产投资5.04亿元，其中大中型基建项目3.02亿元，小型基建项目1.7亿元，城网改造完成投资0.32亿元。

公司系统多种产业完成产值14亿元，实现利润4500万元。

太平湾电厂、云峰发电厂进入全国一流水电厂行列；哈尔滨、齐齐哈尔超高压局已经通过全国安全、文明生产达标验收；辽阳变“窗口”建设工程初见成效。

2002年，公司进入辽宁省文明单位行列，荣获辽宁省“五一”劳动奖状，33%的直管单位获得国家电力公司“双文明单位”称号。

安全生产

2002年东北电网安全生产形势严峻。公司系统认真贯彻国家电力公司关于安全工作的部署，狠抓安全管理及安全生产责任制落实，警钟长鸣，居安思危，把安全工作抓实、抓细，抓出成效，公司再次实现了安全年。

加大安全生产考核力度，在总经理与各直管单位行政正职签定的安全生产责任状中，增加了安全一票否决指标，并对恶性误操作等人为责任事故加大了处罚力度。通过电话抽查、突击检查等多种形式检查基层单位安全生产责任制落实情况，进一步促进了安全生产责任制的落实。

按照东北公司总体部署和春、秋季安全大检查领导小组的要求，东北公司组成了由安监、生产、水管、建设部、工委、调度通信中心共同参加的三个检查组，采取“不打招呼、不听汇报、不要基层单位领导陪同、直接到班组”的方式，以了解安全生产责任制、安全管理、生产管理、劳动保护设备和技术监督，通信及继电保护和防汛等真实情况为目的，对公司直管的水电厂、超高压局、火电厂和电业局进行“春检”和专项安全工作检查。在此期间，公司领导也适时下到班组抽查了安全生产责任制落实情况。通过查阅各种记录、安全和生产管理的各种资料，查看作业现场的安全技术组织措施、工作票、现场管理，检查安全工器具，劳动者个人防护用具以及设备缺陷的整改，对现场工作人员进行工作票新列安全措施和事故通报中与本专业有关事故应吸取教训的考问讲解等方式，全面检查了“春检”、“秋检”和专项安全工作的具体落实情况。

积极组织开展安全生产月活动。经中央宣传部、国家安全生产监督管理局、全国总工会、共青团中央共同研究决定，从2002年起，将每年的6月定为“安全生产月”，体现了党和国家对安全生产工作的高度重视。东北公司与东电工委联合下发了关于开展安全生产月活动的通知，要求各单位开展好第一个“安全生产月”活动。同时多次电话了解各单位安全月活动开展情况，促进各单位安全月活动健康、有效地进行。

认真梳理重大隐患，夯实安全基础。东北公司在各直管单位自查上报的重大安全隐患的基础上，结合安全性评价专家评审意见和东北公司《电网三年改造规划》、《发电设备五年改造规划》、《供电设备五年改造规划》及近年来设备、管理出现的主要缺陷，组织力量专题研究，通过认真排查，找出影响电网安全稳定运行的重大隐患和缺陷。依据对安全生产影响的程度和资金情况，分轻重缓急，制定了安全隐患的整改计划。

采取灵活多样的方式开展安全培训教育。抢在农网改造开工前，深入赤峰、通辽地区开展农电安全培训工作，对市、县农电局主管生产的局长、生技、安监处长进行培训，同时在“春检”前夕，又对直管单位领导干部进行了安全规程考试；举办了东北电网Ⅱ级理化检验人员、C级光谱人员资格培训考证班；组织了锅炉承压部件寿命评估研讨班，邀请美国电科院博士做了专题讲学；组织新上岗的安监处长及现场紧急救护人员分别参加国家电力公司举办的安全监察工程师培训班和全国电力行业紧急救护高级培训。

通过与内蒙古自治区质量技术监督局协调，取得了内蒙古自治区质量技术监督局对东北公司直管单位和在内蒙古境内的直调火电厂锅炉压力容器安全监督管理的授权，解决了多年与内蒙古自治区地方关系不顺的问题。

电网建设及城农网改造

公司全年完成电网建设投资2亿元，争取到国家电力公司下达的电力债券2.68亿元；深入开展了东北地区电力市场分析预测，荣获了国家电力公司颁发的全国电力市场分析预测工作特等奖；完成了《东北电网2015年目标网架规划》、《“十五”东北电网建设方案》及《东北地区“十五”电力行业规划滚动调整报告》；包—东—徐、辽西北宁500kV输变电工程可研报告已经国家计委批复；绥中电厂500kV输变电工程、丰满电厂三期F池工程和白山发电厂泵站工程等项目建设进展顺利；赤峰、通辽两市城网改造工程和农网改造一期工程竣工，农网改造二期工程完成投资2.3亿元，电网规划，建设、运营管理进一步理顺和加强。

电网调度

2002年，网调责任频率合格率完成99.999%；监测点电压合格率完成99.94%；一次网损率完成2.4%，网损降低系数完成0.04617；220kV及以上继电保护正确动作率直管部分完成99.32%；全年没有发生网调责任事故、没有发生主网稳定破坏事故和电网大面积停电事故，各项指标继续保持中国一流调度机构的标准，部分指标已经达到国际一流调度机构的标准。

坚持“安全第一”的方针，确保电网安全稳定运行，始终是调度各项工作的重点，是调度通信中心永恒的主题。2002年，调度员完成安全操作28570项，无一差错。操作票合格率100%，DTS培训52次，EMS使用1159次。正确处理了2月15日省调通信机房火险调度电话异常、5月13日元宝山电厂5024开关跳闸、7月12日500kV辽沙1号线等4条线路倒塔、11月15日调度楼电源全停等211次事故和异常，尤其是在元宝山电厂开关跳闸事故中，处理及时、准确，成功地避免了事故的进一步扩大，得到东北公司领导的表扬。

电力体制改革

东北公司党组认真学习贯彻国务院国发［2002］5号文件和国阅［2002］18号《纪要》精神。公司及时提出了“三个确保”和“三个基本不变”的要求，即确保电网安全稳定运行、确保职工队伍稳定、确保生产经营秩序稳定；近期内保持省公司作为子公司的地位不变，电网资产管理范围基本不变、网公司和省公司独立核算、自负盈亏的核算体制与财务管理模式基本不变。这样就大大稳定了人心，稳定了队伍。严格执行国家电力公司的有关规定和要求，暂时停止进人、提干，不准以各种名义分钱分物、扩大非生产性开支；成立了电力体制改革领导小组；超前研究区域电网公司的组建方案、发展问题以及相关改革问题，一些课题已相继取得初步成果。并依据这些成果，分别向国家电力公司、国家电网公司筹备组和国家电力监管委员会等有关部门提出了改革的意见和建议。编制完成东北区域电力市场总体方案（草案）和区域电力市场技术支持系统设计方案，正在编制东北区域电力市场运营规则的建议方案，完成了向中国电力投资集团公司移交元通公司、通辽发电总厂和赤峰热电厂的工作，为下一步改革的深化打下了良好的基础。

经营管理

公司实施了全面预算管理，规范了考核体系，严格控制预算支出，压缩了成本费用；运用信息网络技术，在全国电力系统第一个建成了财务会计信息系统，强化了财务部门全面行使资金管理的职能；以外债转为内债，进一步优化了资本结构；争取免税优惠政策，所得税率由33%下降到7.5%，全面完成了国家电力公司的考核指标及“保八争九”的利润目标。制定了《招投标管理办法》和《招投标监督办法》，进一步规范工程建设的管理，降低了工程造价；狠抓节能降耗，火电厂供电煤耗又有大幅降低，水电厂非生产用电连续两年压降了10%以上；出台了《关于进一步开拓电力市场的若干意见》，积极开展了增供扩销。公司专门召开了农电管理现场会，及时调整了县级农电企业的领导班子，撤销电管站，成立供电营业所，加大了减人增效力度，规范了农电企业管理。水电厂机组经济运行和机组进水口拦污栅清理等工作效果显著。办公自动化系统与国家电力公司实现了首批联网运行。同时，公司还积极尝试分配制度改革，调整了工资结构，以规范三项责任制管理为手段，不断完善激励、约束机制，妥善处理各种各类上访问题。2002年东北公司职工收入适度提高，生活条件有了改善。

在2002年极度枯水的情况下，水力发电量只完成年初计划的58.91%，公司与辽、吉、黑三省公司发扬团结治网的优良传统，执行枯水电价，实现了风险共担；千方百计挖掘企业内部潜力，积极开拓市场，加强全面预算管理，努力增收节支，确保公司实现了利润目标等全年的经营指标。

多种经营

公司下发了《多经企业改制指导性意见》，对直管单位多经企业实施了产权制度改革，进一步健全了企业法人治理结构；制定了《多经发展战略》，加大了对多经企业发展的指导力度，使多种产业的管理体制得到了进一步规范，各直管单位多种产业与核心业务的管理界面、权限进一步清晰，内部生产、成本、投资等基础管理制度不断完善。茂霖公司建立了以资产为纽带的母子公司管理体制，在人事、用工、薪酬制度等方面进行了有益的尝试；不断加大优势产业项目开发和资本运作力度，全年实现销售收入1.37亿元，净利润3038万元。

行风建设和优质服务

2002年，公司紧紧抓住优质服务常态运行机制建设这个重点，出台了《东北公司2002至2005年纠风和行风工作规划》和《公司行风建设处罚条例》，开展了优质服务常态运行管理课题研究，并制定了实施方案。面向社会公开聘请了行风监督员。赤峰、通辽电业局相继开通了备有蒙汉两种语言的95598供电服务热线，行风建设出现了前所未有的好局面。农电大力开展供电营业规范化服务达标活动，通过明察暗访，召开推进会等措施，达标效果与去年相比有了较大的提高，管理水平大幅提升，呈出了新的面貌。已有236个“窗口”实现规范化服务达标，占“窗口”总数的87%。

企业民主管理

公司以“五段闭环”式民主管理新模式为主要形式，进一步扩大了民主管理的覆盖面，初步形成了从公司到基层、再到职工全面参与民主管理的新局面。通过召开职工代表团组长会议和平等协商会议，及时听取总经理联络员反馈的意见和建议；抽调部分基层职工代表对公司15个直管单位落实职代会决议情况进行了检查；进一步规范了厂务公开工作制度等多种渠道，充分发挥了职代会的民主监督作用。开展了“群众性经济技术创新工程”和“立新功，创伟业竞赛”活动；积极完善困难职工救助体系，实施“温暖工程”；加强“女职工素质工程”建设，充分发挥了工会组织的维权和服务职能。

党的建设和精神文明建设

公司党组通过多种形式组织广大干部和职工学习江泽民同志“5·31”讲话和党的十六大精神，开展了“与时俱进，知难而进，支持改革，推进改革”为主题的解放思想学习教育活动；出台了《关于加强农电系统领导班子建设和干部管理的指导意见》和《加强农电企业精神文明建设若干指导意见》，明确了对旗县农电企业党的管理关系、基层组织建设、政工人员配备等方面的要求，提出了“三步走”实施规划；制定了《关于领导干部选拔任用暂行规定》等6项干部管理制度，继续加大了直管单位领导干部特别是主要领导干部的交流力度，大力培养选拔优秀年轻干部、加强了领导班子和干部队伍建设；全面落实党风廉政建设责任制，狠抓警示教育，开展了领导干部廉政谈话活动，对反腐败工作起到了积极的促进作用。继续实施了干部任期经济责任审计。全面落实了稳定工作责任制，狠抓苗头性问题，不稳定因素得到了有效的控制。公司实现了年初确定的“双创”目标，有两个青年集体荣获国家级青年文明号，四个基层团组织和20名职工分别受到中央企业工委、国家电力公司、辽宁省企业工委的表彰。

主要事件

1月7日，东北公司召开2002年安全生产电话会议。

1月24～25日，国电东北公司首届二次职代会暨2002年工作会议在沈阳召开。

2002年春节大年三十，辽宁省委书记闻世震、常务副省长郭廷标、沈阳市委书记张行湘、市长陈政高等省市领导一行到东北公司拜年。

3月7日，东北公司2002年思想政治工作暨纪检监察工作公议在沈阳召开。

3月14日，东北公司电力市场整顿和优质服务年活动暨行风建设总结表彰会在内蒙古赤峰市召开。

3月14日，黑龙江省电力公司对该省森工系统在牡丹江、松花江、合江等林区的供电企业实施代管。此举将为森工系统的电力体制改革和电网改革、最终实现城乡同网同价创造有利条件。代管区域的林工面积达1100万hm^2，电网改造后将有180万人受益。

3月15～18日，东北公司先后分别召开了生产、营销、基建工作会议。

3月27日，东北公司召开直管单位负责人电视电话会议，传达贯彻党中央、国务院关于电力体制改革的决策和国家电力公司的部署。

3月27日，根据国经贸电力（2002）183号文件要求，东北电业管理局撤销。其承担的跨省（区）电力资源配置、规划、设计等行政管理职能移交国家经贸委。

3月，总投资分别为77亿元和34.38亿元的辽宁省和吉林省二期农网改造工程全面启动。辽宁省农网改造投资在全国占第一位。

4月18日，全国政协常委、原电力部部长史大桢到抚顺考察调研期间，专程到辽宁发电厂与该厂领导、职工代表座谈，商讨电厂发展大计。

4月28日，全国职业道德建设先进典型、哈尔滨电业局“李庆长共产党员服务队”队长李庆长，在黑龙江省党代会上当选为党的十六大代表。

5月20～25日，国家电力公司副总经理李小鹏率调研组到东北考察调研，对东北公司和辽、吉、黑三省公司的工作充分给予肯定。

5月25日，辽宁省电力公司党组书记、董事长、总经理钟俊，在辽宁省党代会上当选为党的十六大代表。

7月12日，辽宁省沈阳、铁岭、抚顺、本溪、朝阳、盘锦等地出现罕见的雷雨大风天气，造成当地4条500kV线路，11条220kV线路相继跳闸和部分电力设施损坏。在东北公司和辽宁省公司的统一指挥下，当地职工奋力创救，一周后全部恢复送电。

7月25日，国务院总理朱镕基视察丰满发电厂。1954年，他曾作为国家计委工作人员来此考察。

7月29日～8月4日，国家电力公司副总经理贺恭对东北电网进行了考察调研。

8月16日，国家电力公司副总经理赵希正在东北公司总经理刘忱、辽宁省公司总经理钟俊陪同下，视察了营口供电公司仙人岛风场和华能营口电厂。

8月29日，东北公司召开供电营业所规范化服务达标工作推进会，确保2002年完成30%“窗口”达标任务。

10月19日，辽宁省省长薄熙来视察了阜新发电厂20万kW机组厂房，仔细询问了机组的安全、经济运行情况，还专门听取了阜新发电厂三期扩容替代工程进展情况汇报。

11月22日，东北公司党组发出《关于认真学习贯彻党组的十六大精神的通知》，要求各直管单位、公司机关党委认真学习贯彻党的十六大精神，围绕主题，把握灵魂，狠抓落实，带领广大干部职工迅速掀起学习贯彻十六大精神热潮。

12月9～13日，国家电力监督委员会副主席宋密一行，就建立区域电力市场等问题，到东北电网调研。

（曲祖文　王锡淳）

吉林省电力工业

到2002年末，吉林省内有500kV线路8条，830.56km，省电力有限公司所属1条，72.8km，其余为东北公司所属；有500kV变电所3座，共有500kV变电容量356.8万kVA。有220kV线路123条，线路长6146.82km；有220kV变电所47座、变压器76台、变电容量831.2万kVA，其中用户变电所1座、变压器3台、变电容量18.9万kVA。有66kV线路728条，杆路长12688.12km，回路长13609.66km；有66kV变电所573座、变压器946台、变电容量816万kVA。

公司供电营业区面积18万km^2，有直属8个地市供电公司，下设54个供电分公司或县级供电公司，售电网点80多个，营业户数298万户。

2002年全公司售电量完成235亿kWh，同比增长2.67%。综合线损率完成9.02%，中压用户供电可靠性指标（RSI）完成99.932%。220kV用户端电压合格率完成96.5%。

2002年实现产品销售收入99.86亿元，同比增长13.38%，实现利润4970万元，同比增长41.35%。资产负债率完成63.57%，比预算降低1.28个百分点。净资产收益率完成0.57%，比预算提高0.08个百分点。完成工业企业全员劳动生产率243873元/（人·年），同比提高2.0%。

公司始终坚持“人民电业为人民”的服务宗旨，为全省国民经济发展和人民生活水平的提高提供了安全、稳定、经济的电力供应。公司重视搞好社会服务，连续15年保持了吉林省精神文明建设先进系统的荣誉。所属8个供电公司中有4个被国家电力公司命名为一流企业。调度局顺利通过中国一流电网调度机构考评。

吉林省电力有限公司科技实力雄厚，科研机构健全，设备先进。公司拥有制造电站辅机和配套产品的专业生产企业，技术力量雄厚，设备先进，在国内同类企业中享有较好声誉。公司积极实施多元化经营发展战略，已初步形成了集团化发展、产业化经营、规范化管理的产业发展格局。公司多方位开展国际合作与交流，与美国、德国、加拿大、法国、日本、澳大利亚等40多个国家和地区的电力部门保持着长期合作关系，极大地加快了公司融入世界经济的步伐。

电力体制改革工作稳步进行

党中央、国务院作出深化电力体制改革的重要决策后，省公司按照国电公司党组的部署，为稳步实施电力体制改革做了多方面必要的、有益的准备工作。

省公司成立了电力体制改革办公室，主动向国电公司改革领导小组汇报情况，反映省公司的意见；开展了公司系统资产调查；加深了对改革涉及到的省公司深层次问题的研究，积极争取政策支持；发电企业转移准备工作正在进行；对涉及省公司层面的主辅分开、多经重组等改革框架和预案也进行了积极研讨。

公司系统各单位特别是施工、修造企业不等、不靠，送变电公司的项目经理制改革、电力设计院的股份制试点、长春发电设备总厂的股份制改造等，为下步走向市场进行了有益的尝试。

公司系统的广大干部、职工讲政治、顾大局、守纪律，思想统一，形成了理解改革、拥护改革、支持改革的积极共识，增强了对触及自身眼前利益的改革的承受能力，为保证电力体制改革和企业内部改革奠定了良好的基础。

安全生产保持平稳态势

针对电力体制改革时期安全生产的特点和体制改革对安全生产带来的影响，省公司认真落实上级的要求，重点落实国电公司《安全生产工作规定》和《防止电力生产事故的二十五项重点要求》及“1号令”、“2号令”，从强化安全管理入手，减少各类事故的发生。“安全月”活动卓有成效，安全生产氛围更加浓厚。安全性评价工作取得实效，所属发供电企业全面开展“安评”工作，安全管理水平得到了提升。施工、修造企业实现了安全年。农电、多经企业安全管理体系逐步理顺。

全公司没有发生各类重、特大事故，一般事故同比持平，一类障碍同比有所下降。出色地完成了节日期间和“两会”期间的保电任务，特别是圆满地完成了“十六大”期间的保电任务，为社会稳定做出了贡献。

电力基本建设取得新进展

全年固定资产投资完成42.9亿元，同比增长20.31%。双辽发电厂3、4号机组工程被国家电力公司命名为优质工程；松江河松山引水工程强化质量、工期管理，优化设计，提前一个汛期下闸蓄水，发电8622万kWh，创造了7099万元的经济效益。

电网新增变电容量36万kVA；送电线路12.6km。500kV辽长吉哈佳工程实现了达标投产；长春中心变新建工程于2002年1月29日建成投产；延西输变电工程已被评为部优工程。

历时4年的城网改造工程成效显著，9个地区全部通过竣工验收。电网进一步坚强，结构更加合理，线损率、电能质量等经济技术指标明显提高，为增供扩销和促进全省国民经济发展奠定了坚实基础。农网二期改造工程进展顺利，完成投资20.22亿元，占计划的58.8%。目前，农村居民生活用电平均电价已降为0.63元/kWh，减轻农民负担8600万元。县级城网建设与改造前期已完成可研，上报国电公司和省计委。

经济运行质量进一步提高

在全省综合电价执行没有完全到位，用电市场不旺，城农网改造后财务负担明显加重，购电成本和燃料成本升高的不利情况下，省公司全面完成了国家电力公司下达的资产经营指标，经营状况得到改善。全年实现产品销售收入99.86亿元，同比增长13.38%，实现利润4970万元，同比增长41.35%。资产负债率完成63.57%，比预算降低1.28个百分点。净资产收益率完成0.57%，比预算提高0.08个百分点。工业企业全员劳动生产率完成243873元/(人·年)，同比提高2.0%。

全口径购电量完成258.28亿kWh，同比增长2.67%。由于采取了一系列增供扩销措施，售电量完成235亿kWh，同比增长2.67%，达到历史最好水平。发供电联动机制取得显著成效，增加售电量近4亿kWh，电网经营企业、发电企业、用电企业效益都得到增长。

营销管理进一步加强，按线、按台区承包办法继续收到显著效果，全省综合线损率稳中有降，完成9.02%，同比降低0.26个百分点；地区线损率完成5.64%，同比升高0.06个百分点。全省用户拖欠电费压降到5.78亿元，完成了国家电力公司下达的考核指标。

全面预算管理得到强化，公司资产规模进一步扩大，资产质量明显提高。资金控制和运作效果显著，全年煤电抹账2.97亿元，物电抹账0.64亿元。

企业经营行为逐步规范。通过实施《招标管理办法》、《农网改造招标实施办法》，二期农网改造水泥杆、导线、变压器三大类物资采购节约资金8946万元。依法治企进一步加强，合同管理逐步规范，全年依法避免和挽回经济损失1100万元。审计监督机制进一步健全，审计范围不断扩大，质量得到提升，规避审计风险意识逐步加强。

多种经营稳步发展，实现收入48亿元，同比增长4.65%，实现利润3亿元，同比增长10.7%。

技术创新和信息化建设取得新成绩

省公司坚持以科技进步为先导，科技意识进一步提高，技术创新在基建、生产、经营管理、多种产业等领域广泛展开，技术开发力量不断增强。科技投入达到5460万元，比2001年度翻了一番。科技投入产出比达到1:4.98。

以技术应用开发和科技成果转化工作为重点，2002年取得科技成果156项，一些具有自主知识产权、在国内外处于领先水平的新技术在电力生产领域广泛应用，全面展示了省公司技术创新能力并提升了省公司的科技实力。

信息化建设取得了长足进步。省调度局的调度生产管理信息系统、供电企业能量管理系统（EMS）等一批信息化项目的开发与应用标志着电网管理自动化水平又上了一个新台阶。

信息主干网覆盖全省各地，运行率基本达到100%，上网计算机5000多台，网络和信息安全得到进一步保障，科技信息岛、办公自动化系统、电视会议系统进一步升级，已成为省公司经营管理中重要的技术支持。

精神文明建设成果显著

围绕省公司中心工作，精神文明建设继续加强，为企业改革、发展、稳定营造了良好氛围。以企业精神、经营理念、员工道德观、价值观为主要内容的理念系统宣传活动深入人心，初步形成了企业文化建设管理机制。省公司连续15年保持吉林省精神文明先进系统荣誉。国家级精神文明建设、行业作风建设先进单位达到了9个，占吉林省总数的20%。国家电力公司双文明单位达12个。

延边供电公司、白城供电公司、吉林供电公司、吉林省电力勘测设计院被国家电力公司命名为一流企业。2003年1月省公司调度局顺利通过一流电网调度考评，目前省公司已有9个单位步入国家电力公司一流企业行列。

“转、树、创”活动深入开展，取得实效，干部队伍建设、党风廉政建设和反腐败工作有新的进展，省公司《关于加强小汽车管理的暂行规定》《关于异地交流的省公司直管干部住房安置的暂行规定》得到有效落实，员工对领导干部的满意度提高。“小金库”专项治理的成果继续巩固。省公司实现副处级及以上干部无犯罪。供电系统开展了“营销管理年”活动，“客户服务中心”建设和营销队伍建设不断加强，行风建设没有发生影响省公司形象的重大事件。

企业民主政治建设取得新的进步，民主管理工作进一步加强，职工代表大会制度在企业的各个层面得到了进一步规范和深入落实，厂务公开制度开始向班组延伸，集体合同履约率达到100%。困难职工的帮扶工作逐步建立起常态运行机制。

稳定工作收到实效。面对严重而又复杂的上访事态，省公司党组高度重视，应对得当。在有关部门的共同努力下，通过一系列有效措施，疏导和化解矛盾，把事态控制在预期的范围和程度，确保了省公司的稳定和形象。

（刘春梅）

黑龙江省电力工业

概况

2002年，黑龙江省电力有限公司系统共有供电企业9个，发电企业（厂、公司）13个，火电施工企业2个，送变电施工企业1个，电力修造企业1个，电力勘察设计单位1个，电力科研、调试单位1个，电力学校（大、中专和技校）及培训中心5个，电力医院1个。共有全民职工52405人。

全省装机容量1110万kW，其中省电力有限公司全资、参股电厂容量728.7万kW；全省有输电线路1696条、3.45万km，其中500kV线路（国家电力公司东北公司所有）15条、1945km，220kV线路155条、7355km；500kV和220kV线路全部由国家电力公司系统所有。全省有公用变电站775座，变压器1177台、容量2526.2万kVA，其中500kV变电站（国家电力公司东北公司所有）6座，变压器19台、容量507.3万kVA，220kV变电站56座，变压器94台、容量1077.1kVA。500kV和220kV变电设施全部为国家电力公司系统所有。

2002年，黑龙江省电力有限公司党组带领全体员工以“三个代表”重要思想为指导，按照国电公司党组和省委省政府的工作要求，开拓进取，努力工作，电力生产安全稳定，经济效益稳步提高，改革工作平稳推进，两个文明建设协调发展，全面完成各项任务，保持了改革、发展和稳定的良好局面。

较好地完成了生产经营指标

全面完成了国家电力公司2002年下达的5项资产经营考核指标，实现利润3.02亿元，同比增长7%。全资及参控股电厂发电量290.8亿kWh，同比增长6.1%。售电量322.38万kWh，同比增长3.9%。完成综合线损率8.2%，同比降低0.04个百分点。全资及参控股电厂供电煤耗375克/(kWh)，同比升高1g（主要受哈三电厂60万kW机组因设备制造缺陷停运影响）。供电可靠率99.92%，同比提高0.014个百分点。综合电压合格率93.8%，同比提高3.7个百分点。电费收缴实现连续3年全口径当年结零，超额完国家电力公司下达的陈欠回收任务。热费收缴继续保持无欠款发生。全员劳动生产率完成324249元/(人·年)，同比提高5.8%。

经济效益提高

坚持以经济效益为中心，大力推进增供扩销，增收节支，降低损耗，使利润总额创历史最好水平。实施专项推进、帮助客户启动生产、推广电采暖、实施放心用电工程和城市亮化工程等一系列措施，促进了售电量增长，增加了营业额。在降损节电工作中，各电业局实施了按台区承包办法，并完成了35万户内线改造工程，全年少损电量7800万kWh，挽回损失3369万元。在电费收缴工作中，狠抓欠费大户的收缴，盯住不放，随用随收，用收并进。大庆、牡丹江、绥化、黑河4个电业局继续保持了电热费回收“双结零”，鹤岗电业局也首次实现了电热费“双结零”。运用多种形式进行债务重组，降低了财务费用。开展了委托投资业务，提高了资金使用效率。严格了预算管理，压缩了成本费用，有效地控制了非生产性的支出。加强了综合计划平衡，合理地转移电量。优化了发电资金配置，实现了各发电企业在厂网分开之前不出现亏损。实施了内部模拟电力市场运作，调动了基层企业的积极性，使各电业局出现了内部利润普遍有所提高的大好局面。

企业管理加强

2002年在已有的5个一流企业的基础上，又有双鸭山发电厂、牡丹江电业局、省调度中心等单位进入了一流企业行列。积极开展了带电作业工作，全年累计减少停电时间6000h，使供电的可靠性进一步提高。强化了人力资源开发管理工作，岗位培训人员达11146人·次，增强了技能，提高了素质。完善了营销自动化系统，提高了营业现代化水平。应对改革发展的新形势，积极开展了营销战略研究，开辟营销新思路。加强了企业管理中的信息化建设，供电管理信息系统已全面推广应用，发电管理信息系统开始试行。在强化企业管理中，还大力开展了反窃电等综合整治工作，全年追补电费和违约金581.7万元。加强了电力行业中的法律事务工作。规范了电力工程建设、实施了物资采购招投标的规定。严格执行了《会计法》，重视和加强了审计工作，实现增收节支1970万元，促进了电力企业管理水平的提高。

电力建设与改造工程完成年度计划

2002年完成电力建设投资额53.35亿元，其中大中型项目16.23亿元，城农网改造34亿元，小型基建3.12亿元。七台河电厂一期工程全部结束，两台35万kW机组实现达标投产并荣获国家优质工程奖。鸡西电厂技改工程两台机组年底达到整套启动试运行条件。哈发电厂扩建工程正式开工建设。省电力调度信息中心主体工程完工。哈尔滨电业局平房一次变电站实现了达标投产，全省城网改造工程全部结束，城网供电能力及可靠性得到明显改善。加强了规划前期工作，编制并评审通过了《2015年黑龙江省目标网架规划》，积极开展了双鸭山热电项目、双鸭山电厂三期扩建、鹤岗电厂二期扩建项目及风电等电源建设的前期工作。基建施工企业继续实施“走出去”战略，火电三公司中标越南高岸电站大部分项目。施工企业全年共中标59个项目，总标的金额7.28亿元。全年完成产值8.6亿元，同比增长18%。

落实安全生产各项措施

2002年黑龙江省电力有限公司认真贯彻执行了《安全生产法》、国家电力公司1号和2号令，全面加强了安全管理。落实了“生产责任制”，实施了“安全生产保证体系”。开展了安全性评价工作和反习惯违章活动，安全管理机制进一步完善。全面深入地开展了安全生产大检查活动，及时发现并处理了哈尔滨第三发电公司60万kW机组转子缺陷问题，避免了一起可能发生的重特大设备事故。高度重视电网安全，科学合理地安排电网运行方式，严肃调度纪律，全年未发生电网事故，电网调度实现了连续安全运行7772天。

农电工作取得好成绩

2002年，农村电力工作取得较好成绩。继代管农垦供电企业之后，省电力公司又对森工总局系统有关供电企业进行了代管，基本完成了分散于各地市供电辖区的41个农垦、23个企业管电部门的代管工作，代管企业生产经营运转正常。农村电网改造工作已全面展开，完成农网改造二期投资额19.4亿元，10kV以下工程的预验收工作已全部完成。

共建设改造输电线路311km，变电站33座，12.34万kVA，10kV线路22702.5km，配电台区20143个，更换高能耗配变器13447台，容量142.646万kVA，低压线路28928.3km，电能表1448211块。全省70个县市局的乡站改革全部结束，在全省农村成立了930个供电所，撤并供电所18个，农村电工减少了37.1%。开展了供电所管理年活动，促进了各级供电企业管理水平提高，供电可靠率达到了99.66%，比同期增长0.1个百分点，综合电压合格率达到92.3%。农电创一流工作取得新进展，尚志电业局在省公司率先成为一流农电企业。全省106个农电营业窗口达到国家电力公司标准。农村购电量完成56.8亿kWh，同比增长3.5%，趸售提成收入6亿元，同比增长3.5%，购千千瓦时电量收入完成105.8元，与2001年持平，电费回率完成99.5%，往年陈欠电费回收3%。农村通电普及率：全省998个乡镇已有997个乡镇通电，通电率为99.9%；11576个行政村，已有11561个行政村通电，通电率为99.87%；632.2153万户，已有631.553万户通电，通电率为99.90%。

环境保护继续取得成果

为了搞好环境保护工作，省公司历年都与省政府签订环境保护目标责任状。2002年，公司所属13座火力发电厂，装机容量745万kW，年燃煤总量达1827万t。指标要求年烟尘排放量为12万t以下，实际排放8.9万t，为年指标的74.2%，比2001年少排放烟尘1.38万t。烟尘产量502.2万t，烟尘去除量为493.3万t，为全年责任状的101.2%，烟尘去除率为98.2%，比2001年增加0.54个百分点。工业废水排放量2245万t，为指标的74.8%，比2001年少排525万t。工业废水回收利用量为8082万t，为指标的130.5%，回收利用率为78.3%，比2001年增加7.8个百分点。灰渣综合利用，指标要求250万t，实际完成281.3万t，完成指标的125.2%。2002年省公司加大了污染源的治理力度，投入治理资金11539.9万元，其中富拉尔基二电厂治废水工程3921万元、静电除尘器工程3400万元，双鸭山电厂湿式除尘器改造工程2500万元以及鸡西热电厂环保设备改造等。

多种经营持续发展

黑龙江省电力系统2002年末共有多种经营独立法人企业569个，其中国有企业68个，集体企业297个，股份制和股份合作制企业202个，中外合资企业2个。按行业划分，工业企业163个，建安企业151个，其他企业255个。多种经营企业总资产60.2亿元，所有者权益26.1亿元，负债34.1亿元，负债率56.6%。总资产中流动资产361905万元，固定资产净值134469万元，多种经营企业的实收资本178435万元。多种经营企业人员总数为35144人，其中主业转岗分流职工15742人，占44.8%，集体职工14245人，占40.5%，临时工5157人，占14.7%。在全部职工中，发电系统主业转岗分流职工8006人，供电系统主业转岗分流职工5155人。多种经营企业在2002年的经营管理中，积极推进转机建制工作，完成7家多种经营企业有限责任公司或股份合作制改造。大力调整产业结构，严格控制重复建设，对现有企业进行重组，对老企业进行投资改造，以市场为导向积极开发新项目，建成和投产新项目14个，在建项目11个，处理不良资产8000余万元，完成年产值46亿元，利润3.2亿元，净资产利润率为7.8%。

精神文明建设成果显著

2002年认真学习贯彻了江泽民同志“5·31”重要讲话和党的十六大精神。一是切实加强党风廉政建设，层层落实党风廉政建设责任制，继续开展检企共建活动，有效地预防了职务犯罪，省公司实现了副处级及以上干部零违纪。全面完成了省公司与国家电力公司签定的党风廉政建设责任目标。佳木斯发电厂党委书记张玉仁被中宣部、中组部、中华全国总工会联合授予“全国企业优秀思想政治工作者”称号。二是开展了“求真务实，作风建设年”活动。各级干部转变作风，深入实际，深入基层，省公司比2001年减少大型会议10余次，会议费比同期降低35.6%。三是坚持厂务公开，强化企业民主管理和民主监督，发挥员工主人翁作用。四是关心员工生活，重视离退休职工工作。2002年投入资金1.17亿元用于基层单位住宅建设，按照规定补发了离退休职工生活补贴。五是开展了系列文明单位创建活动，省公司被评为国家电力公司双文明省公司，继续保持了省文明行业建设先进系统标兵称号和思想政治工作优秀系统标兵称号。全省电力系统有8个和19个单位分别获得国家和国家电力公司有关精神文明建设先进荣誉称号。六是开展优质服务活动，落实了国家电力公司八项服务承诺和八字服务方针，以常态运行机制建设为重点，组织行风建设专项推进组进行明察暗访，认真落实“双八”服务承诺和方针。继续开展“连心工程”，发放连心卡5万份，受理客户咨询、投诉举报电话210746个，处理投诉967件。开通了95598呼叫系统，新增银行交费网点1000多个。全省9个电业局均在当地“双评”活动中获“最佳单位”称号。

继续深入开展学习李庆长活动

自1997年3月28日黑龙江电力报以《他用平凡构筑伟大》为题，报道了李庆长的先进事迹之后，引起了电力系统及各级党组织的重视，中共黑龙江省电力工业局党组、东北电业管理局党组、国家电力公司党组、中共哈尔滨市委、黑龙江省委先后做出了向李庆长学习的决定。2002年1月24日，李庆长先进事迹报告团首次赴京在国家电力公司本部，做了首场报告。参加报告会的有国家电力公司领导及全体员工、全国电力系统驻京单位的人员共三百余人。国家电力公司领导对李庆长同志的先进事迹给予了充分肯定。要求学习李庆长先进事迹，切实加强和改进党的作风建设，不断提高全体员工道德水准，搞好电力生产和安全，稳定员工队伍，开发电力市场和优质服务，与树立其他先进典型相结合，让李庆长的先进事迹，在全国电力系统开花结果。中电联和全国能源化学工会做出决定要求在全国电力行业开展向李庆长学习活动。报告团结束北京首场活动后，又赴四川、湖南、江苏、福建、山东等5省电力系统巡回报告，行程万里，大型报告会7场，听报告人数七千余人。李庆长同志的先进事迹在全省、全国电力系统引起了强烈的反响，志愿优质服务的小分队遍地开花。在省内全省成立了280个青年志愿服务队，已有2801人成为首批青年志愿者，2002年共活动479次，义务售电，义务安装接电，义务修家电，义务为用户做好事，义务为用户买电，无偿资助贫困户，义务咨询，义务发放宣传单等，并参与社会公益活动277次。涌现出2个国家级、3个省级先进集体、5个省级先进个人。全省9个电业局全被当地政府授予“先进企业”称号。

主要事件

1月7日，牡丹江电业局实现电费收缴连续22年结零。

1月9～10日，经过检查和考核，黑龙江省电力调度中心以五项考核内容总分486.4分（总分500分）的成绩通过创建“中国一流电网调度机构”验收。

1月11日，中国电力企业联合会、中国能源化学工会全国委员会做出关于开展向李庆长同志学习活动的决定。

1月15日，佳木斯发电厂党委书记张玉仁同志，被中宣部、中组部、中华全国总工会联合授予“全国企业优秀思想政治工作者”称号。

1月16日，黑龙江省火电一公司、三公司和黑龙江省送变电工程公司，被国家建设部批准为“电力工程施工总承包一级企业”称号。

1月24日，国电公司党组下发国电党任［2002］12号文，决定陈望同志任中共黑龙江省电力有限公司党组成员；丁广鑫同志任中共黑龙江省电力有限公司党组成员、工会主席；免去郑宝森同志的中共黑龙江省电力有限公司党组书记、成员职务，调国家电力公司另任；免去姜魁同志黑龙江省电力工会主席职务。

同日，国家电力公司下发国电任［2002］16号文，决定：委派丁广鑫同志为黑龙江省电力有限公司董事；郑宝森同志不再担任黑龙江省电力有限公司董事长、董事职务；姜魁同志不再担任黑龙江省电力有限公司董事职务。

同日，国家电力公司下发国电任［2002］17号文，建议姜魁、陈望同志为黑龙江省电力有限公司副总经理人选；郑宝森同志不再担任黑龙江省电力有限公司总经理职务。

1月29日，莲花水电站工程获国家建设部中国建筑业最高奖——鲁班奖。

2月4日，国家电力公司人事与董事管理部主任程光杰到黑龙江省电力有限公司宣读了国家电力公司任免决定，郑宝森同志不再担任黑龙江省电力有限公司党组书记、董事长、总经理职务，调北京另有任用；黑龙江省电力有限公司党组副书记、副总经理路书军主持全面工作。

2月9日，黑龙江省省长宋法棠、副省长张成义等领导到黑龙江省电力有限公司，向全省电力职工恭贺新年。

2月12日，农历大年初一的19时30分，中央电视台《焦点访谈》栏目报道了鹤岗电业局在2001年“电力市场整顿和优质服务年”活动中，通过对供电区内贫困用户实施“光明工程”给93户贫困用户带去光明的先进事迹。

2月25日，哈尔滨第三发电厂变电员工金洪涛，早上在一期变电站巡视设备时，发现220kV北母线C相支持绝缘子有些倾斜，绝缘子顶部有掉碴痕迹，确系母线支持断裂。及时抢修，避免了一起可能出现的母线短路、变电站全停恶性事故发生。该厂重奖了金洪涛。

3月11日，哈尔滨工业大学韩庆教授和省公司科技部专家对鹤岗电业局自主开发的《无障碍办电、报修、咨询系统》和《用电营销决策支持系统》进行了鉴定。

3月14日，在黑龙江省经贸委领导主持下，黑龙江省电力有限公司与黑龙江省森工总局在哈尔滨举行供电委托代管签字仪式。

3月22日，绥化市供电特服热线95598正式开通，成为省内第一家开通全国统一供电服务电话的城市。

3月25日，哈尔滨第三发电公司20万kW机组向松北新区集中供热工程项目被市政府正式批准立项。

3月26～27日，七台河电厂1号机组通过省公司168h试运后达标投产。

同日，黑龙江省火电一公司承建的哈尔滨垃圾焚烧电厂举行点火仪式。

3月29日，黑龙江省电力工会召开四届八次全委会，增补丁广鑫等10名省电力工会委员、增补丁广鑫为省电力工会常务委员。

同日，七台河发电公司2号机组（容量35万kW），通过整套启动并签发了认证书。

同日，牡丹江电业局通过“国家一流供电企业”考评验收。

4月4日，黑龙江省电力有限公司召开省电力系统主要负责人电视电话会议，传达贯彻国家电力公司系统主要负责人会议精神，以及党中央国务院关于电力体制改革的决策和国家电力公司的具体部署，并成立了以路书军为组长的省电力公司改革领导小组。

4月16日，500kV群林变电所新建工程、500kV群方输电线路工程通过国电公司东北公司达标投产复检。

5月26日，国家计委国债资金检查小组对龙江县农网改造资金国债使用情况进行了检查，对使用情况表示满意。

6月6日，国家电力公司党组下发国电党任［2002］30号文，决定路书军同志任中共黑龙江省电力有限公司党组书记。

同日，国家电力公司下发国电任［2002］46号文，决定路书军同志任黑龙江省电力有限公司董事、董事长。

同日，国家电力公司下发国电任［2002］47号文，建议路书军同志任黑龙江省电力有限公司总经理。

6月13～14日，黑龙江省电力有限公司在哈尔滨召开第二届电力职工田径运动会。共有1000余名运动员参加了64个项目的比赛。牡丹江第二发电厂荣获男女团体、男子团体、女子团体总分第一名。

6月20日，大庆电业局荣获创建全国文明行业活动示范点称号。东风供电局汇丰营业厅获全国青年文明号称号。

6月26日，鸡西电业局局长李岳、党委书记张宝灵代表局职工向鸡西矿业集团捐款21.875万元，向鸡西城子河矿发生的“6·20”矿难中遇难矿工家属表示慰问。

7月8日，牡丹江电业局负控信息查询分析系统与省电力MIS网全面连接。

7月10日，黑龙江省电力有限公司召开第一届六次董事会，聘任路书军同志任公司总经理，路书军提名，聘任姜魁、陈望任公司副总经理。

7月17日，七台河第一发电有限责任公司2号机组顺利通过168h试运行，至此，该公司的基本建设工程全部结束。

8月1日，举办中俄国际输电线路开通十周年庆典。俄罗斯布拉格维申斯克至中国黑河的110kV的“布黑”输电线路，于1992年正式开通到2002年，由俄方向中方输送电力累计10.8亿kWh。

8月5日，220kV富拉尔基一次变电站工程被国家电力公司授予2002年度送变电优质工程。

8月16日，国家电力公司副总经理谢松林来黑龙江省公司检查工作，并在国家电力公司系统总会计师座谈会上（在哈尔滨召开）讲话。

8月22日，双鸭山第一发电公司实现了国家一流火力发电厂的目标，省公司党组书记、总经理路书军，双鸭山市委书记湛胜田，代表国家电力公司为双电公司授牌。

9月6～7日，黑龙江省电网2015年目标网架规划评审会在牡丹江召开。

9月26日，省电力有限公司召开了安全生产紧急电视电话会议。会上通报了哈尔滨电业局“9·19”人身死亡事故情况及处理决定；通报了大庆电业局“9·16”重大交通死亡情况；传达了国家电力公司“关于进一步加强电源建设的紧急通知”。

10月15日，省火电第三工程公司承建的亚美尼亚工程项目，获国家电力公司系统实施“走出去”战略“优秀境外项目奖”。

11月23～25日，省电力有限公司青年代表队，在全国电力系统配电线路带电作业青年技能创新创效大赛上荣获总成绩第二名，罗洪舟获得团中央和国家电力公司联合授予的“全国电力系统青年岗位能手”称号。

12月5日，哈尔滨第三发电公司在黑龙江省电力有限公司12月安全生产电视电话会议上，因及时发现重大设备缺陷避免了重大设备事故而获100万元奖金。

12月20日，鹤岗电业局在黑龙江省科学技术奖、重大科技效益奖颁奖大会上，荣获“供电系统现代化改造工程”2002年度省长特别奖，局长王成文、副局长徐辉等7位同志荣获省长重大科技效益奖。

辽宁省电力工业

2002年是辽宁省电力有限公司改革发展中的重要一年，各项工作取得显著成效。公司时有56个所属单位，其中：分公司19个（供电公司13个，发电厂6个），全资子公司13个，事业及其他单位14个，参控股公司10个。拥有总资产538.48亿元，其中：固定资产278.02亿元，注册资本金总额100亿元，资产负债率56.78%。2002年，省公司认真贯彻国家电力公司的经营发展战略，坚持以经济效益为中心，在改革中顾大局、求发展，开源节流，努力创收，强化预算，控制成本，加强管理和加大资金运作，使公司经济效益得到保障，取得了可喜成绩。

全面完成国家电力公司资产经营考核指标。实现利润5.5亿元；净资产收益率2.38%，比考核指标提高0.43个百分点；资产负债率56.78%，比考核指标降低3.05个百分点；上缴投资收益1.3亿元；应收电热费余额11.66亿元，比考核指标降低1.21亿元；发生人身死亡事故1人·次；发生人身重伤事故1人·次；发生人身轻伤事故7人·次；没有发生大面积停电等重、特大事故。发电量完成717.3亿kWh，同比增长8.6%；销售电量601.5亿kWh，同比增长6.78%；实现销售收入233.95亿元。

全资电厂供电煤耗405g/（kWh），同比下降1g/（kWh）；控股电厂供电煤耗355g/（kWh），同比下降1g/（kWh）；线损率7.61%，同比持平；售电平均单价完成373.05元/（MWh），同比降低5.25元/（MWh）。

劳动生产率完成280413元/（人·年），同比增长11.8%；多种经营总收入72.2亿元，实现利润2.48亿元。

全年新增长期贷款66.45亿元，其中：城网改造支出7.27亿元，农网改造支出40亿元，老旧设备改造支出4.14亿元，沈大、沈秦工程支出4.93亿元，绥中送出工程支出1.93亿元，其他工程支出1.25亿元，结转下年使用6.93亿元。

电网安全，稳定工作

公司将电网安全和职工队伍稳定贯穿全年的安全生产工作中，组成安全检查组和专家组进行安全检查和安全诊断，有效推动了受检单位的安全生产工作。同时加大基建、修造、多种经营及农电的安全管理力度，不留安全管理盲点。认真吸取事故教训，对重要用户的安全供电工作进行认真调查和重点部署。高度重视电网调度管理和电网的运行、检修工作；事故处理及电源负荷的平衡等方面都取得了预期的效果，频率、电压合格率全部完成考核指标，电网运行安全稳定。

通过扎实有效地开展创一流工作，促进了企业整体管理水平的提高。辽阳、朝阳、抚顺3个供电公司获得国家一流供电企业称号。

公司和各所属单位把职工队伍稳定当作一项政治任务认真抓细抓实。分别成立了由主要领导牵头的稳定工作领导小组和工作机构，逐级明确稳定工作责任人。党组及时派出调研组对所属38个单位开展调研，并逐项解决落实各单位反映的困难和问题。加大温暖工程基金实施力度，对困难企业和特困职工进行扶持。

强化经营管理

加强以财务管理为中心的集约化管理。强化预算和成本定额管理，有效控制购电成本。加大对资金回收和上缴考核力度，提高资金使用效率。充分利用国内资本市场，加强资金运作，通过即时集中电费资金提前归还贷款以及实施融资招标，降低财务费用，提高效益。健全资金投入及贷款审批制度，较好地发挥投贷管理委员会在投资、担保等事项中的作用，保证重大项目决策的正确性。

调整完善内部模拟市场，实施“电量转移”和“以大代小”。按同等销售利润原则修改完善了内部模拟电力市场办法。充分利用国家有关能源政策和大机组能耗低的优势，对退役机组实施“电量转移”，对企业自备电厂采取“以大代小”办法，既减轻公司负担又促进售电量的增长。

电力市场开拓成效显著。及时成立了开拓电力市场领导小组，在全面调查摸底的基础上，针对不同类型的用户，制定了新的更加灵活的营销策略，与360户企业签订优惠用电协议，全年新增用电量11.62亿kWh。争取省政府及有关部门支持，制定电采暖面积的推广计划，10个电采暖示范工程全面启动，全年新增电采暖面积150多万m^2，居民用电量增长2.9亿kWh。积极采取各种行之有效的措施，确保当期电费月清月结，陈欠得到压降，圆满地完成电费回收任务。打击窃电工作由单纯查、防窃电损失，转移到提高用户运行维护水平，努力避免事故损失，帮助用户做好安全用电管理工作。

在建工程和施工修造企业电力建设

抚顺发电厂二期技改工程竣工；沈阳热电厂三期工程5号机组并网；辽宁发电厂技术改造工程顺利开工；沈大500kV输变电工程开工建设；阜新发电厂2号机组实现了达标投产；220kV沈阳顺成一次变等一批输、变电工程被命名为达标投产工程。

城乡电网建设与改造顺利进行。总投资94亿元的城网改造工程任务已全面结束。第一期农网改造工程按期竣工，辽宁省被国家评为全国农网改造先进省。总投资76.96亿元的二期农网改造工程全面启动后，在认真总结吸取一期经验教训基础上，提出：①突出工程规范化管理，合理安排工程计划和投资，改变按地区、砍块分配资金办法，实行按项目审批下达资金计划。同时，单项工程决算与工程竣工同步进行，确保投资效益和改造效果。②要求全省统一工程技术标准和施工工艺，编制全省统一的工程技术导则、标准施工图集、工程设计和工程概预算软件，建设典型示范台区。

施工企业全部实现盈利，修造企业全部减亏。施工企业积极转变观念，内抓管理，外拓市场，取得签订省内外合同及在建项目52亿元的好成绩。修造企业积极实施管理创新、产品开发创新和营销手段创新，经营状况明显好转。

人力资源开发与管理

按照人力资源开发规划和需求预测，编制了国民经济发展“十五”计划后3年的人才需求计划，以增强岗位技能和综合素质为重点，开展了高级管理人员、班组长、营销人员的专项培训和职业技能鉴定，使培训工作逐步做到系统化、规范化、制度化；继续巩固减人增效取得的成果，职工合理流动和有效配置状况得到改善；进一步强化了劳动合同意识，规范了劳动关系；人力资源管理的七项机制框架正在形成。离退休人员养老金确保按时足额发放；进一步完善了企业年金和企业补充医疗保险制度，1999～2000年的企业补充和个人储蓄性养老保险金实行了商业化运营。

技术创新和信息化建设

按照营销现代化五年发展规划要求，13个供电公司正全面实施，整体推进，对客户的服务水平有了显著提高。盘锦、大连供电公司两个试点单位的营销管理信息系统均已通过省公司验收。

完成辽宁电网发电侧电力市场技术支持系统的建设，对电量采集、计费系统进行改造，实现了网络传输的电量采集准实时系统；对部分远方终端实施改造，对CC—2000调度自动化系统进行升级。

围绕提高辽宁电网安全经济运行水平，解决生产和运营的关键技术课题开展科技创新。有7项成果获辽宁省科技进步奖，2项成果获国家电力公司科技进步奖，科技贡献率达到47.7%。信息化建设与应用取得较好成绩。国家“十五”重大科技攻关项目——“电力系统信息安全示范工程”取得突破性成果。辽宁电力信息网络视频系统获国家电力公司科技进步三等奖。

多种经营企业改制

电网公司的214个多种经营企业完成改制，10个供电企业完成了集体企业的改制工作，其中阜新、本溪供电公司已实现属地化管理，多种经营企业总数由861家减少到688家。产权制度改革在有效规避主业经营风险的同时，大大提高了多种经营企业的“四自”能力，也促进了多种经营的发展。

优质服务和行风建设

建立行风建设、优质服务常态运行机制的供电、农电一体化的纠风领导；行风建设责任追究和违纪处罚；企业形象宣传；服务质量督查；社会监督；职工培训、激励；客户服务现代化管理和技术；营业窗口规范化建设管理八大支持体系，确立了常态运行工作机制。通过设立省、市、县、乡四级社会监督网络，聘请社会监督员以及加强内部监督，健全了督察体系。以诚实收费，信守承诺，真诚服务为主题的“诚信服务杯”竞赛在全省城乡供电企业全面开展。13个供电公司全部成立了客户服务中心，全部开通95598供电服务热线电话，营销窗口建立了统一窗口人员着装、统一营业窗口标识、统一公示项目、统一岗位机构设置、统一服务内容的“五统一”规范化管理模式。省公司连续6年被省政府评为行风优胜单位以及1996～2001年度行风工作先进单位。

精神文明和党风廉政建设

思想政治工作取得新成效。认真组织开展“三个代表”重要思想的学习，积极贯彻落实十六大精神。深入开展双文明单位标兵创建活动，公司被评为省文明行业；鞍山、阜新、本溪、大连、营口等供电公司及辽宁电科院分别获国家和国家电力公司精神文明和文明行业的奖励，公司系统的精神文明建设水平得到提高。

党风廉政建设和反腐败工作取得新进展。坚持“三严一表率”方针，即从严治党、从严治企、从严治理各级领导班子、领导干部起表率作用。进一步健全和完善党风廉政建设责任制，反腐败领导体制和工作机制得到强化。认真执行《廉政准则》，领导班子和领导干部的廉政意识不断加强。

加强领导班子和干部队伍建设。认真贯彻中央《党政领导干部选拔任用工作条例》，干部选拔任用水平有所提高。坚持以职工代表大会为基本形式，坚持厂务公开，企业民主管理工作有了进一步发展；积极开展以管理创新、科技（专业）创新、岗位创新的“三创新”为主要内容的群众性经济技术创新活动；实施扶贫帮困工程，公司重点帮扶的104户贫困职工脱贫工作有了实质性进展。全面开展班组建设，涌现出以朝阳、阜新供电公司等为代表的班组建设工作先进单位。

审计工作

根据通用的会计、审计准则，对公司2002年度会计决算及主要财务、经济指标完成情况进行了审计。

企业营运能力、偿债能力、获利能力及财务运行状况尚好，内部经济秩序及发展态势较好。

截至2002年末，累计归集住房公积金15.13亿元，累计返还4.08亿元，单位房改贷款及个人住房贷款共占用房改资金1.03亿元，所属单位欠缴1.23亿元（其中发电企业欠缴0.1亿元，供电企业欠缴0.09亿元，施工修造企业欠缴1亿元），实际结存10.02亿元。累计批准1168人的个人住房公积金贷款申请，贷款金额0.88亿元。房改资金归集基本真实，使用大体合理，管理较为规范。

2002年度基本养老保险收入5.78亿元，支出2.68亿元；企业补充和个人储蓄养老保险收入2.08亿元，支出3.39亿元；企业年金基金收入1.01亿元，支出0.01亿元；本年度分配收益0.81亿元。企业补充和个人储蓄养老保险与企业年金合并后基金累计余额为5.08亿元，其中单位缴纳企业年金基金余额4.43亿元，个人缴纳企业年金基金余额0.65亿元。社保基金决算未发现重大违纪违规现象。

截至2002年底，城网建设和改造工程投资计划94.41亿元，资金全部到位，累计下拨资金93.60亿元，其中企业自筹资金18.63亿元，开行贷款67.53

亿元，工行贷款7.44亿元。累计完成投资91.53亿元，其中当年完成投资23.34亿元，已竣工工程投资为89.66亿元。35kV及以上新建工程审计面达100%；改造工程、10kV及以下配电网工程和户表工程决算抽审率达50%以上。

截至2002年底，农网建设和改造工程累计到位资金98.27亿元，其中2002年到位47.64亿元，占到位资金的48.48%。一期工程已全部结束，二期工程行将结束，审计即将全面展开。

2002年对25个县（区）进行了审计，查处违规金额706万元。

2002年公司审计部门认真履行经济监督职责，做了大量的工作，全年共完成审计项目750项，查处违纪违规金额2.5亿元，为企业增收节支0.97亿元，共提出审计建议1147项。

主要事件

1月10日，辽宁省电力有限公司在外部环境十分艰难的情况下，采取加强煤电、电材抹账工作力度等一系列行之有效措施，完成了电费回收任务，实现了当年电费结零。2001年全省累计欠费9.03亿元，比同期减少2.94亿元，下降24.6%，完成了国家电力公司下达的欠费压降任务。

1月13日，省政府授予辽宁省电力有限公司“二〇〇一年扶贫帮困先进集体”称号。

1月26日，省公司所属7家施工企业资质申报获国家建设部批准。其中一公司、二公司、三公司的主项资质登记为电力工程施工总承包一级；四公司、深圳东北核电建设公司为火电设备安装工程专业承包一级；烟塔公司为高耸建筑物工程专业承包一级；送变电公司为电力施工总承包一级（限送变电）。

1月29日，辽宁省政协八届十八次常委会决定增补省电力公司副总经理陈文彬为省第八届政协委员。

1月29日，省公司召开首届三次职代会暨2002年工作会议。会上签定了2002年省公司集体合同。

1月21日1时50分，由辽电四公司承担的华能辛店电厂二期改建工程3号机组顺利通过24h满负荷试运。

1月31日，辽宁省人大常委会发布公告，补选省电力公司总经理钟俊为省第九届人大代表。

1月31日，为适应辽宁省电力体制改革的需要，按照辽宁省经贸委对成立辽宁省电力行业协会的总体部署，辽宁省电力行协成立，陈文彬担任理事长。

1月，辽电三公司与孟加拉巴拉普利亚燃煤电站签定了土建、设备安装调试的施工总承包合同，合同总价值3.365亿元人民币，电站建设工期为38个月。

2月1日，由辽电一公司承建的华能丹东电厂新建两台35万kW机组和辽电二公司承建、辽电三公司参建的华能大连电厂二期两台35万kW机组分别获得鲁班奖。

2月2日，由辽电四公司承建的苏州工业园华能电厂两台30万kW机组被评为国家电力公司2001年度火电优质工程。

3月19日，省电力公司与省政府签下责任状，2002年内将完成全部农网改造投资项目。辽宁农网改造二期工程总投资76.96亿元。

3月29日，受辽宁省科技厅委托，省公司在阜新发电厂主持召开了“BK—100—6型汽轮机低真空循环水供热技术研究”项目鉴定会。这项科技成果可使每个采暖期节煤52619t，折合人民币1269万元。

4月10日，辽宁能凯电力燃料公司在沈阳成立。

4月11日，省公司被辽宁省总工会、省退管会授予“模范退管会”称号，还被中共辽宁省委老干部局授予“老干部工作先进单位”称号。

4月18日，“辽宁电力信息网络视频系统工程”通过了国家电力公司组织的项目鉴定。该项目获得省公司科技进步特等奖和国家电力公司科技进步三等奖。

4月28日，在辽宁省政府召开的全省纠风工作总结表彰大会上，省公司被评为2001年度行风评仪优胜单位和1996～2001年度行风建设先进单位。

4月28日，本溪供电公司发生一起人身感电事故，造成一名职工死亡。

4月，中华全国总工会颁发了2002年全国“五一”劳动奖状和“五一”劳动奖章。朝阳供电公司荣获“五一”劳动奖状，营口市老边农电局李占柱荣获“五一”劳动奖状。

5月19日，由辽宁省经贸委、省委宣传部、省总工会、省企业联合会、省企业家协会、省用户委员会联合主办2001年度辽宁省最具影响企业和企业家颁奖典礼，省公司荣获辽宁省2001年度最具影响力企业称号。

辽宁省电力有限公司2001年销售收入在全省列第一位，其利税总额在全省位列第3位，在全国同行业中位列第4位。并被省政府授予“扶贫帮困先进集体”称号。

5月25日，在辽宁省党代会上，省公司党组书记、董事长、总经理钟俊当选为中国共产党第十六次代表大会代表。

5月，建于大连市长海县獐子岛风力发电场一期工程的12台风力发电机安装完毕，6月初机组陆续投入运行。该项目是利用国家2000年国债投资建设的环保型示范风力电厂。此工程建成后，将安装24

台总容量为1.02万kW的风力发电机组。

6月20日，省公司召开了辽西光缆工程验收会，通过了该工程的验收，7月1日试运行。

6月21日，全省64个县区的一期农网改造全部通过省级验收。

6月28日，抚顺发电厂二期技改工程20万kW机组建设竣工，顺利通过96h满负荷试运行后移交生产。

6月28日，辽电一公司获中国建筑业协会颁发的2001度全国质量效益型先进企业称号。

7月12～14日，罕见的暴风雨使辽宁省电网遭遇强大冲击，灾害涉及9个供电公司和一个发电厂，造成损失之大是继2001年2月雾闪事故之后最严重的一次。电网15条220kV线路、1条500kV线路、2台变压器跳闸，10kV线路跳闸98条，66kV线路跳闸18条，3条220kV线路发生倒塔。农电系统受灾情况也很严重，受灾面达22个县区，其中辽中、新民、苏家屯、台安、灯塔受灾最为严重，涉及停电的乡镇约80个，66kV输电线路倒杆断线共8条，66kV变电站55座全停，10kV线路343km中倒杆1495基，配电变压器损坏49台，直接经济损失达1807万元。灾情发生后，由于抢修迅速，在较短的时间里就完成了事故处理。

7月29日，国家计委、稽查办一行15人对阜新农网改造工程进行了检查，对农网改造的各项工作予以肯定，对工程进度、到位资金的利用率及个别工程的程序、工艺等提出意见。

7月30日，在辽宁省转业复员退伍军人安置工作先进单位及个人表彰大会上，辽宁省电力有限公司等50家单位被授予安置工作先进单位称号，沈阳热电厂关辉被授予转业复员退伍军人先进个人称号。

7月，省公司开始在全省城乡供电系统开展“诚信服务杯”竞赛活动，以确保电费收取准确规范、供电服务承诺兑现。

8月1日，国家电力公司副总经理贺恭率国电调研组到省公司进行工作调研。

8月1日，阜新发电厂三期工程初可研报告审查顺利通过。该工程建设规模为两台30万kW或4台15万kW洁净煤燃烧、环保效率高的机组。

8月1～2日，省公司多经企业质量体系咨询、认证合同签字仪式在本溪举行。有28家多种经营企业分别与北京新标智业咨询公司、北京联合智业认证公司签订了质量体系咨询、认证合同。省公司拨出150万元专项资金扶持多经企业开展质量认证工作。

8月8日，省公司副总经理赵首先在省公司会见了美国宾尼·博莱克·维绮公司亚太地区总裁李华麟、中国总经理安比特等一行4人。双方签署了沈大500kV输变电及电网改造工程亚洲开发银行贷款执行阶段咨询服务合同。

8月14日，国务院第162次总理办公会议讨论通过辽宁发电厂老机组替代改造项目可行性研究报告。

8月15日，省公司举行2002年度地区调度员状元赛，直属供电单位的26名调度员参加了比赛，盘锦供电公司获第一名。

8月16日，国家电力公司副总经理赵希正在省公司总经理钟俊的陪同下，考察了华能营口发电厂、营口供电公司和营口仙人岛风力发电场。

8月18日，辽宁省省长薄熙来视察铁岭发电厂，与运行值班人员亲切交谈。同日还视察了铁岭龙海塑工业园。

8月23日，国家发展计划委员会、国家电力公司联合做出决定，表彰第一批农村电网建设与改造工作先进集体和先进个人，在8个先进省中辽宁占据一席，101个先进县中，辽宁省有建平、新宾、普兰店受奖，另外还有7人获先进个人称号。

8月，两锦供电公司退休干部王贵山研制的电力设备过热监视器获国家知识产权局颁发的专利证书，该成果是一种新型的监视带电设备接点过热缺陷的手段，其技术达到国内先进水平。

8月，在沈阳国际制造业博览会上，辽宁电力科学研究院有9项产品应邀参加展出。共中MOA—RGD—4型无间隙金属氧化物避雷阻性电流测量仪，主要性能指标超过了国外同类产品的水平，价格仅为国外产品的1/4，已经累计生产推广300多台。

8月，辽电一公司获得了国家电力公司颁发的电力施工机械安全管理先进单位荣誉称号。

9月9日，省公司首届三次职代会第一次代表团组长会议在沈阳召开，会议听取了《关于将1999年、2000年企业补充和个人储蓄性养老保险金继续投入商业保险意见》的说明。代表团组长一致认为省公司自实行将企业补充和个人储蓄性养老保险金的一部分投入商业保险后，运作良好，进一步提高了职工的保险水平和受益水平。会议还讨论通过了省公司社会保险事业管理局和中国平安保险股份有限公司沈阳市分公司的特别约定书。

9月30日，辽宁省副省长、沈阳市市长陈政高等市政府领导到沈阳供电公司视察工作并看望值班员。

10月9日，继绥牵1号、2号线竣工之后，秦沈电气化铁路电源重点工程项目220kV锦南线输变电工程竣工，正式投入运行。

10月15日，营口供电公司荣获“国家电力公司双文明单位标兵”称号。

10月22日，500kV沈阳至大连输变电工程在盖州正式开工。

10月22日，沈阳至大连间500kV输电线路工程在营口盖州正式开工。

11月5日，钟俊总经理赴京参加中国共产党第十六次全国代表大会，他是辽宁省委企业工委推举的惟一代表。

11月25日，因偷盗者的破坏，使两锦供电公司辖区内的66万kV线路发生倒塔事故。

11月29日，沈阳至大连二回500kV超高压输变电建设工程，亚行贷款设备国际采购变电一次设备在沈阳开标。该工程总投资25.57亿元，其中利用亚行贷款1亿美元，这是省电力公司利用国际贷款较大规模的电力工程建设项目设备国际招标采购。

11月29日，盘锦供电公司率先运行电力营销管理信息系统，该系统实现了营销全过程的计算机网络化管理，将负荷控制、远程抄表、呼叫中心、GIS、GPS等技术手段融为一体，使电力营销发生历史性变革。

12月1日，沈、秦电气化铁路在辽宁境内的6个牵引站已全部投运。营销部与这6个牵引站签订了临时供电合同。

12月4日，在全国电力系统营业用电技能竞赛中，辽宁省公司选手取得优异成绩，获得用电检查团队第二名的好成绩。鞍山供电公司的孙丽娜勇夺用电检查个人第3名，成为国家级技术能手；朝阳供电公司的田保树获用电检查专业第4名，获得全国电力行业技术能手称号；另外还有3人被评为全国电力行业优秀选手。

（黄秀芳）

辽宁省电力有限公司班子成员

（截至2002年12月末）

党组成员：

党 组 书 记：钟 俊
副 书 记：赵首先
成 员：陈文彬 李效勇 韩 水 赵自力 魏振有 杨金光

公司领导班子：

总 经 理：钟 俊
副 总 经 理：赵首先 陈文彬 李效勇 韩 水 赵自力
纪 检 组 长：魏振有
工 会 主 席：杨金光
总 会 计 师：耿占东
总 经 济 师：王相勤
总 工 程 师：邵维廉
机关党委书记：罗文生
总经理助理：杨全亭
副总工程师：顾培德 吕松海 刘奎光 李如扬 王之茗 赵振和 董恩伏

华 东 地 区

国家电力公司华东公司

综述

2002年是中国电力工业发展史上深刻变革的一年。一年来，华东公司一手抓好当年工作，完成了确保华东三省一市经济发展和人民生活用电的艰巨任务，实现了电网安全稳定、经营秩序稳定和职工队伍稳定；一手抓长远发展，结合电力体制改革，加紧对有关公司改革、发展等重大问题开展调查研究。公司各部门、直（代）管单位根据党组的总体部署，从各自工作职责出发，同心同德，扎实推进各项工作，取得了国家电力公司全系统“三项责任制”考核名列前茅的好成绩。重点体现在以下八个方面。

（一）电网生产调度水平和质量不断提高

2002年直（代）管电厂完成发电量105.06亿kWh，完成年计划的124.47%；完成购电量175.32亿kWh，比2001年同期增长79.45%；完成售电量

218.51亿kWh，比2001年同期增长68.31%。2002年电网频率50±0.2Hz，合格率99.995%，比2001年同期提高0.001个百分点。

在生产运营和电网调度上，新安江、富春江、望亭、天荒坪各发电厂和调通中心精心运行、精心检修、精心调度，表现出了极强的责任意识和严谨的科学态度。在全网夏季统调最高负荷比上年增长19.29%，达到5125.6万kW的严峻形势面前，团结拼搏，保持了电网安全稳定，没有出现大面积拉闸限电，满足了人民群众用电需求，为经济发展和社会稳定做出了积极贡献，得到了国家电力公司和地方政府的表彰。

（二）安全生产责任制得到认真落实

认真贯彻国务院、国家电力公司关于加强安全生产的一系列指示，坚持"安全第一、预防为主"，制定了防止误操作、危险点和危险源管理等一系列运行管理办法和评价标准，专项检查采取内查与外查、网公司查与省公司查相结合，形成了完整的安全生产责任体系，有效地防范了安全隐患和事故发生，使安全生产责任制落到实处，顺利完成了十六大等重要活动的"保电"任务，确保了电网安全稳定运行。安全生产情况好于2001年，实现了连续30年未发生重大电网事故和大面积停电事故，未发生有人员责任的重大设备事故。

（三）以效益为中心的经营管理不断深化

在经营管理中，注重根本，抓住重点。①推进全面预算管理，强化过程控制，建立预算约束和考核机制；②加强电网经济调度，及时修正发电计划，优化电量来源结构，多发水电和高峰电，降低发、购电费用；③逐步完善内部核算和考核，努力降低生产成本和财务费用；④发挥审计部门的监督、评价和咨询作用，有效防范了企业经营风险，为公司全面完成国家电力公司下达的资产经营指标提供了保证。

2002年实现利润总额57517万元，完成率104.58%；上缴投资收益5000万元，完成率100%；资产负债率49.93%，比目标要求下降4.07个百分点；净资产收益率5.10%，完成率130.43%；应收电热费余额指标28500万元，实际完成20350万元，全面完成了国家电力公司下达的考核指标。

（四）电网规划和建设有序开展

根据华东电力需求状况，一是抓紧电力发展规划调整，落实国务院方案和国电公司要求，在优先消纳三峡电力电量的基础上，对华东电网2002～2010年装机方案进行优化调整，滚动修改电网"十五"及2010年电力需求预测方案；二是积极开展华东电网2015年目标网架规划设计，组织省（市）公司讨论，通过了国电公司评审；三是加强电网建设，2002年投产500kV线路960km，变电容量700万kVA；完成国家电力公司委托的三峡配套8个间隔的输变电工程建设；配合做好龙（泉）政（平）直流单极和福（州）双（龙）线双回路的启动投运工作，满足了迎峰度夏和三峡、福建送电华东的要求；投产5万kW以上发电机组11台，总容量279.8万kW。同时还完成了新安江电厂3号机组、富春江电厂1号机组改造，望亭电厂燃机项目已开始主设备招标。

（五）体制改革准备工作稳步推进

国务院5号文件下达以后，遵照国家电力公司党组提出的五条原则，把思想认识统一到党中央、国务院关于电力体制改革的决策和部署上来。向国家电力公司及时提出改革的意见和建议，配合完成了一系列资产调查摸底和望亭电厂划转移交的准备工作，对组建华东区域电网有限责任公司进行了研究和探讨，为改革实施做了各项准备工作。抓紧区域电力市场运营和监管等课题的研究，其中输变电电价改革，经国家电力公司批准已经迈出了重要一步。区域内电量交易继续扩大，2002年省市间交易电量达到118.36亿kWh，比2001年增长143.79%，区域电力资源优化配置的力度有所加大。

（六）管理创新和科技创新并举

为使公司能最大限度地适应以顾客、竞争、变革为特征的现代企业经营环境，加大了管理创新、科技创新力度和投入。和国际知名管理咨询公司合作，开展管理流程诊断（BPR）和对标工作，强调自我消化吸收，为下一步业务流程重组和功能再造，达到"国内最佳，国际先进"电网公司的目标打下了重要的基础。

把科技创新放在十分重要的位置，围绕电网安全经济稳定运行等重点，加大科研开发和科技投入力度。2002年投入资金3700多万元，比2001年增长128.9%，取得了一批有影响的科技成果，其中，"华东电网中、长期电力负荷预测数据库和负荷预测软件"获上海市科技进步二等奖，"基于频率控制性能标准的互联电网运行控制技术"和"华东电网电能交易系统"获中国电力科技进步三等奖。

围绕着管理和科技创新，强调"以人为本"，进一步完善员工绩效考核办法，提高绩效考核的科学性、可操作性，制订了公司内"专业技术带头人"的评选和激励办法，并正式评选出了25名在各专业领域中有造诣或有发展潜力的公司首批"专业技术带头人"。

（七）员工队伍素质建设和精神文明建设不断深化

公司把建设学习型企业作为员工队伍素质建设的一项重要工作来抓，开展了以提高认识、转变观念、扩展知识、增强能力为目的的一系列学习和培训，包括以邓小平理论武装员工头脑，学习和实践“三个代表”重要思想、贯彻党的十六大精神，也包括学习现代管理以及科学文明的生活方式等。仅公司本部全年有2569人·次参加，良好的学习氛围已经形成。公司各单位、部门的精神文明建设开展得卓有成效。目前，公司全部直（代）管单位都已成为省（市）、国家电力公司级的“文明单位”。

（八）党风廉政建设继续得到加强

以落实国家电力公司党风廉政责任制为抓手，认真贯彻“求真务实，作风建设年”的要求，结合公司实际，先后组织召开了“班子建设研讨会”，对“三重一大”的界定及其决策程序、监督检查考核和责任追究等予以明文规定；开展了“争当‘廉内助’，树立好家风”活动等，从源头上预防和治理，结合各方面工作同步推进，效果开始显现，党风廉政责任制得到了落实，反腐倡廉工作机制进一步健全和完善。

存在的问题和不足：①安全隐患依然存在，特别是误操作事故未得到有效遏制；②输电网架还存在薄弱环节和瓶颈问题；③科技创新的力度还很不够，管理手段落后，IT系统运用差距较大；④应对当前的改革，在思想上、工作上准备不足，工作重点转移不够及时到位。

电力生产

2002年公司克服了用电增长迅猛、自然灾害突出的困难，在生产中取得以下主要成绩：

全面兑现与国电公司签订的安全生产责任书的各项内容。公司系统设备、误操作事故分别比2001年下降85.7%和50%。

满足华东电网历史仅见的超常用电增长需要，为区域社会经济发展提供保障。2002年全网统调用电量达到2854.6亿kWh，同比增长14.88%；最大用电负荷达到5125.6万kW，比2001年增长19.26%。经过华东公司和各省市公司共同努力，顺利完成迎峰度夏和十六大的保电任务，有力支持了各省市GDP两位数的持续发展。

继续推进CPS考核和大机组一次调频，电网频率质量明显提高。2002年华东电网50±0.2Hz频率合格率为99.995%，比2001年上升0.001个百分点；50±0.1Hz频率合格率为99.935%，比2001年上升0.829个百分点，成果十分突出。

华东区域内外电力资源配置有所进步。全年通过华东电网电能交易系统ECETS实现各类双边交易电量达118.36亿kWh，比2001年增长143.79%。2002年消纳华中、四川、福建计划电量66.14亿kWh，华东与区外电量交换进一步加大。

加强水火电联调，发好水电，取得较好的经济效益。有效削落了新安江水库水位，避免了新安江弃水，控制了发电成本。2002年新、富发电量为33.67亿kWh，比2001年增加72.8%；新安江发电水耗比2001年降低了1.01m^3/(kWh)，为公司增创了利润。天荒坪抽水蓄能电厂全年完成发电量25.77亿kWh，计价容量179.6万kW，分别超计划7.8%和5.3%，实现利润1.8亿元。

克服了自然灾害在迎峰度夏关键时刻造成的严重困难。经受住了飑线袭击南桥、强台风袭击浙南的严峻考验。

在技术和管理方面取得了进步。拟编了500kV变电站计算机监控系统运行管理办法和评价标准、继电保护及安全自动装置运行管理办法、变压器全过程管理规范、500kV线路绝缘子选型导则、防止电气误操作安全管理规定等一系列技术规范和管理规定。

电力建设

2002年是华东电网建设投产的高峰年，电网建设发展势不可挡；投产工程的总体质量不断提高，涌现了一批以车坊、石牌为代表的优质精品工程；项目管理水平不断提升，现代化管理体系日臻完善。

2002年全网投产火电机组6台共164.5万kW（徐塘电厂4号、5号机组2×300MW；秦山核电二期1号机组650MW；金山电厂5号机组125MW；盐城电厂9号机组135MW；钱清电厂2号机组135MW）。另外秦山三期1号机组728MW已并网调试。

2002年华东电网新增6座500kV变电所、扩建3组500kV主变压器，500kV输变电工程已投产主变压器9组，共计700万kVA；投运500kV输电线路13条，共计960.33km，与2001年相比增长56.1%。

另外还完成了三峡配套输变电项目繁昌、瓶窑、东善桥、武南变电站相应8个500kV间隔工程，配合国家电力公司完成了龙（泉）—政（平）直流、福（州）—双（龙）第二回路等跨区输电通道的投产工作。狠抓江阴大跨越工程质量和进度，跨越塔安装高度已达到93m（塔腿部分）。

上半年按时投产的江苏武南变扩建工程、浙江天一输变电工程、王店输变电工程以及三峡配套的8个500kV间隔工程为确保华东电网2002年迎峰渡夏奠定了基础，也为秦山核电的送出、三峡送电华东的直流工程调试和吸纳三峡来电创造了条件；同时也与下半年相继投运的盐城、扬东输变电工程、南通和三堡扩建工程一起，为进一步加强和优化 500kV 网架结构，提高电网安全稳定和可靠性提供了基本保证。

按照国家电力公司的要求，积极组织好华东电网大中型电力工程的达标投产的各项工作，把达标投产与创优质工程、建精品工程有机的结合，取得了良好的成效。2002 年组织了 2 台火电机组、7 个 500kV 输变电工程的达标投产复检工作，并都已被国家电力公司命名为国家电力公司基建移交生产达标投产机组。其中，500kV 车坊、石牌、杭东输变电工程被授予 2002 年国家电力公司优质工程。

电力经营

2002 年华东公司在国家电力公司授权委托的范围内，按分公司的经营模式运作，坚持“以经济效益为中心”的方针，全面完成和超额完成了国家电力公司确定的各项经营考核指标，取得了良好的经济效益。

(一) 资产经营考核指标完成情况

2002 年，实现利润总额 57517 万元，比国家电力公司下达的利润考核指标 55000 万元，超额 2517 万元，增长 4.58%，比 2001 年实绩 55035 万元，增加 2482 万元，增长 4.51%；上缴投资收益 5000 万元，完成率 100%；资产负债率 49.93%，比国家电力公司下达的考核指标 54%，下降 4.07 个百分点；净资产收益率 5.10%，比国家电力公司下达考核指标 3.91%，增长 30.43%；应收电热费余额 20350 万元，比预算 28500 万元，减少 8150 万元。经考核，在国家电力公司系统 41 家单位中，华东公司和南方公司综合得分为 147 分，并列第一；华东公司的净资产收益率为 5.10%，名列第二。

(二) 资产经营预算执行情况

1. 利润预算执行情况

2002 年华东公司以国家电力公司下达的利润目标这条主线，加强预算管理和跟踪分析工作，超额完成了 2002 年的利润指标。其中，主营业务利润完成 81784 万元，比预算指标 57780 万元增加了 41.54%，比 2001 年实际 49112 万元，增加了 66.53%；财务费用 27893 万元，比预算指标 31010 万元下降了 10.05%，比 2001 年实际 22553 万元，增加了 23.68%；投资收益 38412 万元，比预算指标 29400 万元增加了 30.65%，比 2001 年实际 35945 万元，增加了 6.86%。

2002 年度利润预算执行的特点：

(1) 2002 年新安江、富春江库区来水情况较好，通过加强水情预测，开展经济运行调度，合理安排水资源，避免了弃水，降低水耗，增发水电 8 亿 kWh，降低了发电单位成本。

(2) 根据 2002 年输变电电价调整方案，对秦山核电联营公司开始征收 3 厘/(kWh)(不含增值税)的接网费，约增加收入 1000 万元，这在华东电网历史上是第一次；开始构建输变电价体系，对过网电量开始征收 1 分/(kWh)(不含增值税)的电度电价，约增加收入 2000 万元。

(3) 从团结治网的传统出发，积极协调购电单价，维护全网的经济效益。①通过华东公司结算的区外来电快速增加，达到 73.8 亿 kWh，比 2001 年增加了 40.4 万 kWh，其中新增四川来电 13 亿 kWh 左右，福建来电也比 2001 年增加了 23.7 亿 kWh。面对区外来电的增加，积极参与协调区外来电的电价工作，降低了外购电价。②秦山二期、三期核电机组 2002 年先后投产，其中秦山二期上网电量为 32.47 亿 kWh，积极与国家电力公司、国家计委进行沟通，降低采购电价和调试期电价，通过努力，秦山二期上网电价从 0.45 元/(MWh) 降低到 0.414 元/(MWh)，提高了全网的经济效益。

2. 资本性预算完成情况

2002 年资本性资金预算执行情况良好。2002 年资本性资金来源 111031 万元，比预算增加 3296 万元；2002 年资本性资金使用合计 196008 万元，比预算减少 2243 万元，2002 年度资本性资金使用与资本性资金来源差额为 84977 万元，比预算减少 5539 万元。解决办法为：争取国家电力公司发行电力建设债券 22306 万元用于项目资本金；余下部分通过以 2001 年度节余资金弥补。

(1) 2002 年度电网资金投资额较大，电网建设项目实际完成中新增了黄渡 6 号变 1000 万元，徐行变 2000 万元。在电网资金投向上，加强了电网工程投资成本的控制，全过程参与工程项目的建设和管理，积极推行设备、主材采购的招投标制，加强工程财务管理和工程各项审计工作，重点抓好工程竣工决算，有效地降低各项工程成本支出，提高工程投资收益。

(2) 为适应电力体制改革中厂网分开的要求，及时调整电源点投资计划，减少对嘉兴二期资本金投入 6660 万元，对望亭燃机的投资策略也作了相应的调整。

(3) 技改工程由于新增瓶窑 2 号变更改支出，实际比计划增加了 1961 万元。2002 年度小型基建计划未执行。

精神文明建设

2002 年华东公司努力发挥思想政治工作和党的

组织优势，为电力改革、发展和稳定的大局提供思想保证和精神动力。

党组中心组先后组织由上海市委宣传部副部长等领导、知名学者主讲的9场主题报告会和学习交流会，对提高领导干部思想理论水平、改进思维方式和创新工作方法起到了一定效果。公司提出了建设学习型企业的主体架构，从3月起，举办了10次建设学习型企业系列讲座，广大员工踊跃参加。组织了“七一”党建知识竞赛和“七一”歌会，努力营造企业昂扬向上的氛围。

努力探索分公司形式下以华东电力思想政治工作研究会为纽带的华东三省一市间思想政治工作的交流形式。组织召开了第14届华东电力思想政治工作研究会年会，理论学组和青工学组分别召开了创建学习型企业研讨会和青年安全生产示范岗现场交流会。

注重加强对双文明单位的创建管理工作，认真组织了对直（代）管单位的新一届国家电力公司双文明单位的申报考评工作，超额完成了国家电力公司提出的创建目标；同时对规划创建上海市文明单位的三个单位进行了中途考核管理，向上海市工业党委作了推荐。

主要事件

1月7日，安徽省省长许仲林在淮南市委书记陈维席、代市长陈世礼等陪同下视察洛河电厂。

1月24～26日，国家电力公司华东公司举办了体制改革中新提拔的部室主任、处长上岗培训班。

1月25日，国家电力公司华东公司与国电电力发展股份有限公司签订出资权转让协议，国家电力公司华东公司同意将其拥有的外高桥第二发电有限责任公司20%的出资权有偿转让给国电电力。

1月30～31日，国家电力华东公司2002年工作会议在上海召开。

2月5日，上海超高压输变电公司西郊变电站14号主变压器在运行中突然爆炸起火，造成全站停电，具体影响负荷110MW。2月18日恢复运行。

2月6日，国家电力公司决定于新阳任中共上海市电力公司委员会书记，帅军庆任中共上海市电力公司委员会副书记，曾德君任上海市电力公司总工程师，顾敏芷不再担任中共上海市电力公司委员会书记、委员职务。

2月7日，国家电力公司决定孙刚任安徽省电力公司副总经理，阎少俊任中共安徽省电力公司党组成员、纪检组长，免去孙刚中共安徽省电力公司党组纪检组长职务。

2月19日，上海超高压输变电公司南桥站控自动化装置（P13）操作系统正常运行中突然失控，造成南桥站、杨高站500kV停电。2月20日，P13操作系统恢复正常。

2月28日，国家电力公司华东公司与国电电力发展股份有限公司签订出资转让协议，由国家电力公司华东公司有偿转让其在浙江北仑发电有限公司15%的资本总额给国电电力。

3月5日，江苏徐塘发电厂30万kW 4号机组投产运行。

3月19日，国家电力公司华东公司创建学习型企业系列讲座举行第一讲，至12月26日共举办了10期讲座，近2000人·次听讲。同时，5月16日《基础管理知识培训班》每一课开班，至12月17日共培训12项41课内容，累计参加培训的有2569人·次。

4月2日，洛河发电厂3号、4号机组同时跳闸，造成全厂停电，系统频率从50Hz跌至49.91Hz，当天恢复并网运行。

4月15～19日，华东电力政研会第14届年会在宁波召开。

4月15日，国家重点科技攻关项目——亚洲首座70kW潮汐实验发电站在浙江省岱山县官山岛附近海域建成，并通过专家验收。

4月17日，秦山核电厂二期65万kW 1号机组投产运行。

4月29～30日，华东电网2002年度总工程师会议在上海召开。

5月13日，国家经济贸易委员会批复，撤消华东电业管理局。

6月5～8日，由中纪委驻建设部纪检组组长姚兵任组长的国务院安全生产检查组一行14人对华东公司等单位进行安全生产大检查。

6月，公司企业流程优化（BPR）管理咨询项目在上海启动。

7～10月，请麦肯锡和UMS公司对华东公司进行业务流程重组诊断咨询。11月，成立了BPR项目管理办公室（PMO）和8个BPR专业消化组。

6月23日，国家副主席胡锦涛在浙江省委书记张德江、省长柴松岳等陪同下，视察了秦山核电三期工程，并向工程建设者致以亲切的问候。

6月28日，6台单机容量300MW的天荒坪抽水蓄能电站枢纽工程通过国家验收。

7月1日，国电华东公司在上海音乐厅举行“七一”歌会。

7月8日，500kV江阴长江大跨越输电工程在靖江现场举行了隆重的开工典礼。500kV江阴长江大跨越工程是华东江苏500kV输变电工程建设的一个重要项目，是实现江苏电网“北电南送”的必经通道。

7月14日，江苏徐塘发电厂30万kW 5号机组投产运行。

7月15日，以三峡稽查办副主任张德楠为组长、吴敬儒为副组长的三峡输变电工程稽查组来国家电力公司华东公司检查建设三峡配套间隔工程和电量消纳的准备工作情况，对华东公司负责的三峡配套工程表示满意。

7月23日，国家电力公司决定邱国富任国家电力公司华东公司副总经理、党组成员。

7月24日，国家电力公司华东公司召开了“贯彻国电公司廊坊会议精神暨年中工作会议”。

7月26日，纪念中国有电120周年活动在上海东方电视台召开。中共中央政治局委员、上海市委书记黄菊、国家电力公司主要领导为象征中国第一盏电灯的纪念碑揭幕。上海市常务副市长蒋以任，国家电力公司党组成员以及各网省公司领导等800多人出席了纪念活动。

7月29日，中共中央政治局委员、上海市委书记黄菊，中国工程院党组书记、院长徐匡迪，浙江省省长柴松岳等，在邵世伟总经理的陪同下视察了华东天荒坪抽水蓄能电站。

8月9日，公司举行专业带头人、双文明单位授证仪式，共有钱之银等25人、望亭发电厂等7家单位荣获公司专业带头人和国家电力公司双文明单位称号。

8月15日，国家电力公司决定，对国家电力公司华东公司、上海市电力公司在迎峰度夏中的突出表现给予表彰。

8月23日，华东区域内的上海、江苏、浙江普遍出现了36℃以上的高温天气，上海当天最高气温达到了38.8℃。华东全网统调用电负荷再创新高达到5125万kW。

8月24日，上海500kV南桥变电站遭飑线袭击，造成葛洲坝送上海南桥500kV直流输电中断。事故发生后，经尽力抢修，于9月8日和10日直流极Ⅰ、Ⅱ恢复运行。

9月9日，浙江省省长柴松岳和副省长章猛进在温州市委书记李强的陪同下，来到苍南县龙金大道电力抢修现场，慰问奋战在抗击16号台风第一线的电力职工。

10月28～29日，华东电力系统纪检监察工作研讨会在上海召开。

10月28日，全国政协副主席杨汝岱在江苏省和连云港市有关领导的陪同下视察了国家重点建设工程——田湾核电站。

10月28～29日，为贯彻落实民主集中制，落实“三重一大”规定，有效制约权利，提高“一班人”的拒腐防变能力，国家电力公司华东公司“加强领导班子建设研讨会”在上海召开，公司党组成员和领导、各部门主要负责人、直代管单位“一把手”等60多人参加了会议。

11月11日，嘉兴电厂二期工程4台60万kW机组正式开工。

12月3～4日，华东电网生产运行工作会议在杭州召开。

12月15日，浙江长兴发电厂30万kW 1号机组投产运行。

12月16日，国家电力公司决定程光杰任国家电力公司华东公司副总经理、党组副书记（列邵世伟之后）。

12月23日，国家电力公司副总经理赵希正出席华东公司中层干部会议，对公司各项工作做了肯定的评价并提出新的要求。

12月31日，秦山核电厂三期72.8万kW 1号机组投产运行。

上海市电力工业

概况

随着电力体制改革的不断深入，2002年上海市电力公司定位为电网公司，将主要从事电网的规划、建设、经营、管理以及电能的销售。面对改革、发展和稳定的繁重任务，上海市电力公司全体员工，通过认真学习国务院国发（2002）5号文件精神，与党中央、国务院、国家电力公司党组保持高度一致，自觉遵守政治纪律、组织纪律和财经纪律，按照国家电力公司党组部署，保证了“厂网分开”后各项工作的平稳过渡，维护了正常的工作秩序，确保安全生产、队伍稳定、优质服务和全年计划指标的完成，尤其保证了电源建设项目和进度不受影响，2002年，上海电网统调口径用电量633.84亿kWh，同比增长8.98%；发电量558.92亿kWh，同比增长6.39%；售电量464.49亿kWh，同比增长9.99%；全口径供电可靠率达到99.921%，同比提高0.007%；线损率6.58%，完成国家电力公司下达的指标。公司全年利润总额为7.1亿元；比计划增长7.58%；销售收入217.1亿元，同比增长24.7亿元；净资产收益率1.55%；资产负债率24.06%；投资收益率9%；上缴投资收益1.43亿元。财务应收电费余额为11.21亿元，比国家电力公司计划下降了0.99亿元。用电口径电费欠费4.8967亿元，比2001年下降了

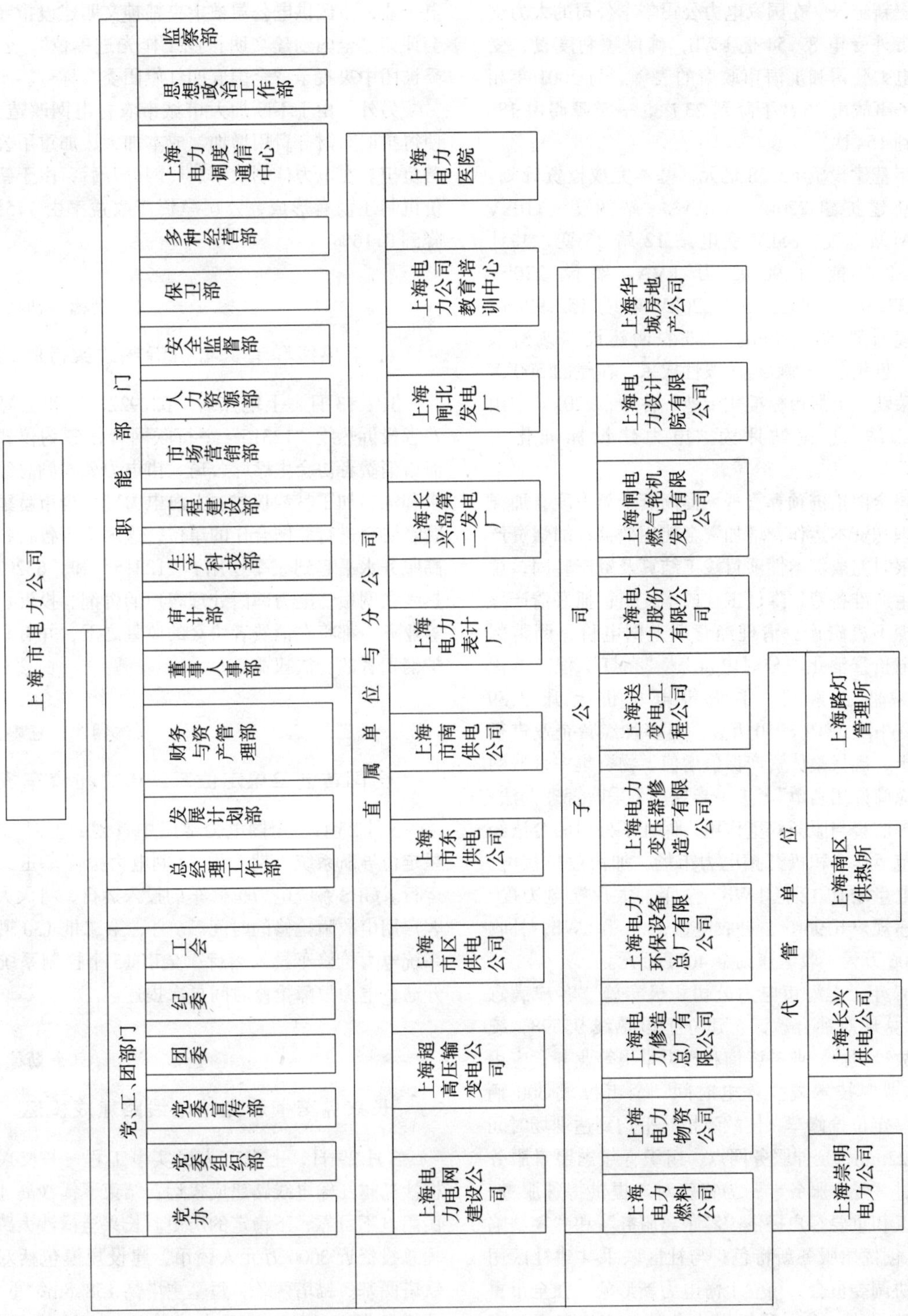

上海市电力公司2002年组织机构框架图

30.04%。

2002年，夏季高峰日用电最高负荷达到1235.1万kW，比2001年的1111.3万kW增长了11.14%，又创历史新纪录。在国家电力公司华东公司的大力支持下，市外受电89.54亿kWh，确保顺利度夏，受到国家电力公司和上海市政府的表彰。与2001年相比，设备事故由26次下降到23次，一类障碍由188次下降到154次。

全年基建投资62.58亿元，基本完成投资计划。其中，新建扩建220kV变电站一站两变、110kV变电站两站五变，35kV变电站12站25变，共计新增输变电能力90.05万kVA。架设220kV输电线37.3km，埋设35～220kV电缆152.98km，市政电缆排管50.899km。二期农网建设与改造顺利完成，创精品工程取得阶段性成果。在建的500kV顾路站荣获“上海市标准化工地”称号，220kV中山站、张二站、惠南站评为“电力建设标准化工地”。

公司全面推进预算管理，提高资金集中度，加强资金管理和资本运作，增加资金使用效益；加强资产管理，限时完成资本性项目竣工结算及资产转固；规范基建生产准备费，降低工程成本支出；抓好清产核资，减少不良资产；清理经营期上网电价，调整削峰填谷电价，消化“分时电价”、“亮灯工程”等优惠电价减收因素后，平均售电单价上升3.59元/(MWh)，增收8950万元。对多种经营企业进行兼并重组，确保集体资产保值增值。物资集中采购明确“供应商许用名单”，进一步规范了采购管理办法，审计发挥监督与服务双重作用，保证了公司的合法经营和规范运作。积极开拓电力市场，加快业扩接电，使年售电量增加12亿kWh。全年加大反窃电力度，共查处违规户6196户，补收电量3338万kWh，补收电费2106万元，收缴违约金4021万元。

2002年，上海市电力公司积极实施“客户满意工程”，兑现对社会承诺，建立上电热线95598，统一管理故障报修、业务咨询和投诉举报等业务，应用“带电作业”技术减少停电时间，全市投放300辆GPS卫星定位抢修车，使故障抢修平均到达现场时间缩短至22min，延伸服务网点，组织青年志愿者服务队，通过“爱心服务卡”为特殊对象提供特殊服务，为开发区和重要客户提供“零距离服务”和“零缺陷保障”，创优质服务新特色；与社区联手共建社区用电事务协调委员会，树立上海电力新形象，在全市重点工程建设中，公司积极以主角精神当好配角，有11个基层单位评为市优秀公司，其中市区供电公司荣获立功竞赛金杯奖，浦东供电分公司荣获金杯集体。2002年，上海市对全市24个大型行业窗口规范服务社会满意度调查测评及26个部门和行业政风行风测评中，公司再度双双获得第一名。公司下属市区、市东供电公司被国家电力公司命名为国际一流供电企业，市区供电公司被中央精神文明建设指导委员会评为“全国创建文明行业工作先进单位”，公司团委被团中央授予“全国五四红旗团委”称号。

另外，由于不断加大市城市农村电网改造力度，使得折旧、财务费用增加，成本加大，加重了公司经营负担。在电力体制改革、厂网分开后，由于新的电价机制还没有形成，公司净资产收益率由1.55%下降到0.16%。

(余勤德　包鹏)

上电热线和消费者投诉热线实行联网

3月13日，上电热线“63292222”和上海市消费者投诉热线“12315”举行联网合作签约仪式，上海市消费者协会主席叶公琦、市电力公司副总经理李崇和等参加了签约仪式。上海电力成为全市首家与消费者协会进行联网合作的单位，这对全市各行各业提高服务水平起到表率作用。“12315”和“63292222”热线联网后，电力部门处理客户的咨询、投诉、举报等业务，都将在消费者协会的监督之下，并有利于维护消费者的合法权益。

(沈倜凡　包鹏)

全国首创卫星定位系统电力抢修车投运

3月23日，全国电力部门中首创的上海GPS卫星定位导航系统首期工程70辆电力抢修车正式投入运行。GPS系统电力抢修车的投入运行，将大大缩短客户用电故障抢修的时间。6月，第二批130辆GPS系统电力抢修车投入运行，全市15个控制系统同时开通，电力故障抢修时间再次提速。

(余勤德)

长兴岛至横沙岛输电线路建成投运

3月29日，上海市为民实事工程——长兴岛至横沙岛越江输电线路建成投运，结束了横沙岛4万居民用电不可靠、不稳定的历史。长兴至横沙大跨越工程总投资近3000万元人民币，建设规模包括双回路铁塔两基、锚塔两基，每基主塔高158.8m，重270t，两塔跨距为1519m；架空线路按110kV电压设计，线路总长度为2413m，双回路间距为16m、相线距离为11.5m，塔高与跨距均为目前上海之最。大跨越送电，替代了原陈旧的海底电缆。原海缆由于风浪侵蚀、绝缘老化、船舶抛锚等外力破坏，损伤已相当严重，曾造成横沙岛多次全岛停电。

（蒋龙喜 徐亚军）

电费代收营业网点再次扩容

5月15日，上海市电力公司与上海市农村信用合作社联合举行业务合作签约仪式。依托市信用社遍布城郊各乡镇的310家营业网点和如意卡转账渠道，增设代收代缴电费业务功能，使得市郊600万居民“用电易、缴费难”的问题从根本上解决。至此，上海电力与有关方面合作，在全市开设的电费缴费网点已经增至1700多家。

（余勤德 金毅）

市用电负荷管理系统建成投运

7月10日，总投资9000万元的上海市用电负荷管理系统全部建成投运。该系统是在用电高峰电力供需不平衡时，发挥“千里眼”作用，并通过它实施有序限电，确保全市安全供电。该系统自1996年开始分三期建设，总计安装双向终端近2000台，可监视用电负荷220万kW，调控负荷达40万kW。此外，该系统还能记录用户用电负荷曲线，以调节用电规律、指导生产。

（余勤德 余传毅）

中国电力工业120周年纪念会在上海举行

7月26日，国家电力公司和中国电力企业联合会在上海举行“中国电力工业120周年”纪念大会，中共中央政治局委员、上海市委书记黄菊出席大会。上海是中国电力工业的发源地，120年前的7月26日，在上海诞生了中国第一家发电公司并正式投入商业化运行。

（余勤德）

浦东供电分公司用电客户突破100万户

10月22日，浦东供电分公司用电客户突破100万户。从1990年浦东开发到2002年10月的短短12年间，浦东供电分公司用户由10万户骤增至100万户，整整翻了10倍。这一飞跃，凸现出浦东电力发展的速度、高度和亮度。

（余传毅 董梁）

单位（部门）：公司领导

姓 名	现 任 职 务	任职年月
于新阳	上海市电力公司党委书记、总经理	1999年11月～2002年2月
帅军庆	上海市电力公司副书记、副总经理	2001年7月～2002年2月
吴 平	上海市电力公司副总经理、党委委员	2000年11月
李崇和	上海市电力公司副总经理、党委委员	2001年7月
陈方增	上海市电力公司副总经理、党委委员	2002年1月
李永鸣	上海市电力公司纪委书记、党委委员	2000年11月
沈志荣	上海市电力公司工会主席、党委委员	1998年1月
杨光照	上海市电力公司总会计师	2000年11月
曾德君	上海市电力公司总工程师，	2002年2月

江苏省电力工业

电力生产

2002年，全省全社会用电量累计完成用电量1245.14亿kWh，比2001年增长15.46%；全省6000kW及以上机组累计完成发电量1148.35亿kWh，比2001年增长12.46%；全省500kW及以上机组装机容量达2042万kW。供电煤耗完成374g/（kWh），比2001年下降1g/（kWh）；线损率完成7.18%，比2001年下降0.22个百分点。

安全生产连续两年实现人身死亡零目标，连续30年实现电网无事故。设备事故和障碍总量明显下降；全系统未发生火灾事故；确保了迎峰度夏期间安全可靠供电；圆满完成了各项重大政治、经济活动的保电任务；电力设施保护工作取得新的突破。

电力开发

1. 电力投资

2002年全省电力建设项目完成投资228.12亿元，其中，大中型基建送变电工程完成投资66.77亿元，发电工程项目完成投资86.96亿元，城乡电网建设与改造工程完成投资49.76亿元，小型基建及其他工程完成投资2.68亿元，以大代小及技改增容项目完成投资6.19亿元，三峡向江苏送电项目完成投资15.76亿元。

2. 电网建设

2002年新建500kV变电站4个、投运主变压器4台、变电容量300万kVA、线路209.44km；三峡向华东江苏直流送电的常州政平直流站已投运；建成投运220kV变电站20座、主变压器21台、变电容量324万kVA、线路1031km；建成投运110kV变电站67座、主变压器76台、变电容量291.75万kVA、线路876km；建成投运35kV变电站57座、主变压器61台、变电容量75.09万kVA；新建和改造10kV及以下线路9万km，配电变压器2.6万台，改造35kV无人值班变电站151座。城农网建设与改造工程全面完成，投资规模全国第一，是全国第二个全面竣工的省份。二期农网改造按期完成。

3. 电源建设

电网新增发电装机容量159万kW（含山西阳城电厂70万kW）。

4. 规划与前期工作

项目前期工作做到了适度超前。2003年和2004年夏季高峰前投产项目进展顺利。500kV车坊变、锡东南、张家港、龙潭、连云港等输变电扩建工程的前期工作全部完成，部分已经开工。2003～2004年220kV电网项目的可研报告书获得国家电力公司批准并陆续开工建设，110kV及以下电网项目方案已全部审定。2003年补充的220kV项目前期工作已全部完成。镇江电厂二期、夏港电厂二期、太仓港环保电厂顺利开工建设，2003年夏季高峰前有望投产5台机组。提前筹划建设500kV“西通道”，项目可研报告书已经国家计委批准。抓住三峡送电华东落点江苏的契机，经国家电力公司同意在江苏省配套建设500kV宜兴、吴江输变电工程。加快推进2004～2005年220kV电网项目的前期工作，初步确定了2004年110kV及以下电网建设方案。积极推进“十一五”期间电源项目前期工作。宜兴抽水蓄能电站项目已通过世界银行的正式评估，可研报告书获得国务院审查批准。戚墅堰、张家港天然气发电项目列入了国家电力公司推荐的2010年前投产首选的8个燃气项目。镇江电厂扩建等项目的建议书已上报。

经营业绩

资产经营指标全面完成。实现利润9.03亿元。资产收益率完成2.41%；上缴投资收益1.52亿元；资产负债率为60.44%；实现了电费回收“双结零”，当年电费回收率100%。多种产业总收入达到148.8亿元，实现利润7.9亿元，比2001年增长12.8%。

创一流企业

具备创建国家电力公司一流条件的发、供企业都建成了国家电力公司一流企业，实现了“满堂红”；苏州供电公司被国家电力公司命名为首批国际一流供电企业，无锡、南京供电公司顺利通过了国际一流供电企业的诊断评价。扎实开展“农电管理年”活动，有效提高了县级供电企业的管理素质，21个县级供电公司被国家电力公司命名为一流县级供电企业。

科技进步

加强220kV变电站无人值班改造，全省220kV及以下变电站无人值班站比例达到60.13%。规范解决生产建设和工程中的重大技术问题，制定了电网建设和运行的主要技术原则。开发研究县级电力调度自动化系统关键技术、电网电能损耗在线计算分析系统等9个项目。示范性推广了主变压器有载开关在线滤油装置、数字式SF_6气体密度在线监视系统等8项产品。

构建“江苏数字电力”迈出坚实步伐，信息资源得到有效整合，信息网络建设向更高水平和更大范围延伸。重视信息安全，开展了国家电力信息安全应用示范工程建设。江苏电力数字档案馆项目在国家档案局立项。电力营销管理系统、供电生产管理系统、工程建设管理系统、财务管理信息系统全面进入了实用化阶段。办公自动化全面推广，公司供电系统基本实现了OA系统单轨运行，成为首批办公自动化与国家电网公司联网的网、省公司。

2002年，江苏省电力公司被评为全国专利工作先进单位；4项科技成果荣获2002年度中国电力科学技术奖，名列电力系统各网、省公司之首；8项科技成果荣获2002年度江苏省科技进步奖。

优质服务

初步建立了以“一个体制、两个标准、三个支撑、四个机制”为核心内容的优质服务常态运行机制，将优质服务工作纳入企业日常工作范围，推动了优质服务工作经常化、制度化。开门听取客户意见，开展“社会看电力”活动，在全国率先开通了“95598”全国统一供电服务电话，客户回访率达99%以上。9个市供电公司荣获省质量技术监督局颁发的“服务质量奖”。99.7%的农村乡镇供电所建成文明供电所，农村供电营业规范化服务示范窗口比例达到了95%。基本完成了全省城乡居民“一户一表”

改造工作。省公司系统14个计量中心全部获政府授权。加快了一流电力客户服务系统建设。

主要事件

1月5日，由国家科技部组织国家密码管理委员会办公室、国家863计划信息安全主题专家组、国家信息安全基础设施研究中心、国家信息安全工程技术研究中心等单位的专家一行12人，对江苏省电力公司承担的“国家信息安全应用示范工程”项目进行了实地考察，并给予了充分肯定。

1月15日，江苏省江阴、溧水、铜山、洪泽、扬中等5个县（市）供电局成为国家电力公司首批共命名的“国家电力公司一流县供电企业”。

1月21日，国家电力公司根据工作需要，经研究并征得中共江苏省委同意，决定赵元杰任江苏省电力公司总会计师。

1月30日~2月2日，省公司在南京相继召开三届二次职代会议和2002年工作会议。副省长吴瑞林、国电华东公司邵世伟、省总工会副主席李晓布、华东电力工委主任庄毅群到会作了重要讲话。

1月27日，江苏省电力公司及所属的南京、镇江、苏州、无锡、常州、泰州、南通、盐城、扬州供电公司和省送变电公司共11家单位被国家电力公司授予“人才援藏先进单位”称号，12人分别被国家电力公司表彰为“优秀援藏人员”和“人才援藏先进工作者”。

1月27日，江苏省公司荣获“省文明行业”称号，无锡供电局、常州供电局、镇江供电局、扬州发电公司、徐州电业局机关、高邮供电局、泰州供电局、新海发电公司获得“省文明单位标兵”称号。

2月18日，作为国家首座城市环保示范电厂的南京下关发电厂2×12.5万kW技改工程环境保护项目，正式收到了国家环保总局的竣工验收文件。

3月25日，全省13个市、58个县（市）全部开通全国统一的95598供电服务电话。

是月，江苏省第二期农村电网建设与改造工程正式启动，首批计划投入资金共20亿元。

4月9日，国务院派驻国家电力公司监事会主席路耀华、25办事处主任刘三省主任率队进驻江苏省电力公司开展监督检查工作。

4月28日，江苏省电力公司在南京栖霞供电公司隆重举行“青年文明号信用建设示范行动”启动仪式。

是月，全省电力系统22家发供电企业分别被全国总工会和国家安全生产监督管理局、省总工会和省安全生产监督管理局表彰为2001年度全国和省“安康杯”竞赛优胜企业。

6月28日，谏壁发电厂“以大代小”火电机组改建工程通过了由国家电力规划总院主持进行的可行性研究预审查。

是月，在国家电力公司命名的电力系统87家一流企业中，江苏省常州供电公司、宿迁供电公司被命名为“一流供电企业”，谏壁发电厂、苏州工业园华能发电有限责任公司被命名为“一流火力发电厂”，省电力科学研究院被命名为“一流电力科学研究院”。

7月8日，江苏省“北电南送”的新通道——500kV江阴长江大跨越输变电工程正式开工。

7月15日，苏州供电公司被国家电力公司正式命名为国际一流发供电企业，成为全国首批5家“国际一流供电企业”之一。

7月16日，停泊于离220kV谏泰过江输电线不远处的江都奥海造船有限公司一艘3.2万t海轮的系泊缆绳断裂并随风漂移，因其水上部分的高度超过了过江输电线通航高度的设计值，造成碰线，致使2号线塔倒线断、1号线断股，供电中断，影响“北电南送”负荷约50万kW，直接造成苏锡地区限电23万kW。事故发生后，江苏省电力公司非常重视，有关领导连夜赶赴现场，组织事故调查和抢修工作。至7月23日，经过7天时间的紧张抢修，断裂线路和两基受损铁塔被更换后，恢复正常运行。

7月20日，江苏省“社会看电力”活动正式启动。

8月5日，江苏省电力公司收到国家知识产权局颁发的“全国专利工作先进单位”奖牌和证书。

8月23日，江苏省全网统调最高用电负荷和日用电量再创历史新高。当19:45，统调最高用电负荷达到1976.2万kW（96点统计数据），比2001年最高负荷净增343.6万kW，增长了约21.05%。最高日用电量达39976万kWh，比2001年增长约19.613%。

8月23日，在国家计委和国家电力公司联合召开的表彰第一批农网改造工作先进及加强第二批农网改造工作电视电话会议上，江苏省被表彰为全国第一批农网改造工作先进。同时江苏省还有5个县（市）和8名个人受到表彰。

8月28日，三峡输变电工程的配套项目——500kV宜兴变电站工程开工建设。

9月1日，省公司南京供电公司与香港中华电力公司“供用电同业比较研究”科技项目顺利通过了国家电力公司组织的科技项目验收。

9月6日，省质量技术监督局召开电能计量监督管理新闻发布会，授权省电力公司系统14个计量中心负责供电部门管理的电能表的计量检定。

9月13日，省经贸委、省公安厅、省高级人民法院、省高级人民检察院和省电力公司联合召开全省电力设施保护工作会议。

9月23日，山西阳城连接江苏电网“北电南送”的国家重点建设工程——500kV盐都输变电工程投运。

9月25日，国家重点工程之一的华东江苏500kV泰兴输变电工程建成投运。

是月，省经济贸易委员会批准成立江苏省电力技术监督检测中心。

10月18日，历时3年，总投资达100.13亿元的江苏省13个省辖市的城市电网建设改造工程全部通过公司组织的验收。

10月18～19日，500kV锡东南、张家港输变电工程先后正式开工。

11月1日，南通500kV三官殿输变电工程竣工投产，标志着利用世界银行贷款建设的华东江苏500kV变电工程全面竣工。

11月1日，国家电力公司命名88个2001年度一流县级供电企业。江苏省占据21席。

是月，国家人事部正式批准江苏省电力公司设立博士后工作站。

12月，动态总投资达47.6亿多元、装机总容量100万kW的江苏宜兴抽水蓄能电站可行性报告获国务院批准。

是月，江苏电力公司按照国家电力公司的统一部署，完成了谏壁发电厂、戚墅堰发电厂、扬州发电厂、下关发电厂、徐塘发电厂等五家发电企业的厂网分开移交工作。

（张怀廉　何大春）

浙江省电力工业

概述

2002年底，全省发电装机容量达2067.738万kW，其中6000kW及以上发电装机容量1831.5601万kW；500kV变电容量达97.5万kVA。线路2237.77km；220kV变电容量达2158万kVA。线路6610.99km。

全省发电量889.2133亿kWh，比2001年增长12.82%，其中6000kW及以上的机组发电量合计847.70亿kWh。2002年统调发电量594.83亿kWh，比2001年增长3.66%。省电力公司管理的发电厂发电量531.54亿kWh，比2001年增长4.20%。

全年全省全社会用电量高达1017.81亿kWh。

电力基建

2002年完成基建投资94.64亿元，其中基建大中型项目44.66亿元，技改项目（长兴发电厂四期工程）10.58亿元，城农网改造项目38.7亿元，小型基建7033万元。注重基建工程的过程管理，不断提高基建工程质量和移交水平。其中，北仑发电厂二期主体工程荣获中国建筑工程“鲁班奖”在浙江电力建设史上创立了新的标杆；温州发电厂二期主体工程、500kV温州输变电工程和220kV绍兴桑港输变电工程获得浙江省建设工程“钱江杯奖”。

高标准完成电源建设，在建项目进展良好。全年投产发电容量435000kW（钱清发电厂四期工程2号机组，长兴发电厂四期工程1号机组）。长兴发电厂四期扩建工程进展顺利，在1号机组于2001年12月15日顺利通过168h试运行动态移交生产的同时，2号机组也已完成水压试验、低压缸扣盖和锅炉酸洗等重要工作。嘉兴发电厂二期主厂房土建工程全面展开，2002年底，3号、4号机组烟囱已经结顶，3号机组的主厂房大板梁已安装就位，循环水进排水管安装完毕。桐柏抽水蓄能电站工程已完成导流洞百丈溪截流工程和地下厂房第四层开挖工作，1号引水斜井已经全线贯通，预计2003年6月完成全部土建工作。温州发电厂三期工程加快工程前期工作。

电网建设力度继续加大。500kV宁波天一输变电工程、嘉兴王店输变电工程、杭东变2号主变压器以及500kV王杭线、秦王线均按计划投运，全年共投产500kV变电容量2500000kVA，线路213.9km。投产220kV变电容量3510000kVA，线路656.5km。

前期工作进展顺利。根据“十五”开局以来我省电力快速增长的实际情况，滚动调整了浙江省“十五”及2010年电力发展规划，抓紧项目的催报催批工作。滩坑水力发电站、半山天然气发电、温州发电厂三期、镇海发电厂及萧山发电厂天然气发电等5个项目均已完成了项目建议书的编报和评估工作，其中半山天然气发电项目、温州发电厂三期项目分别于2001年4、5月完成了可行性研究报告的预审查，半山天然气发电项目的项目建议书已得到批复。华能玉环发电厂和浙江宁海发电厂项目均已完成预可行性研究报告的审查。在国家计委批复了诸暨变、萧山变、甬西变等“3新2扩”500kV输变电工程后，嘉兴发电厂二期500kV送出线路、500kV天一变3号主变压器扩建的可行性研究报告均已得到了省计委批复。

安全生产

浙江省电力公司认真贯彻国务院第58次常务会议等一系列会议精神，进一步落实各级安全生产责任制，确保了系统的安全稳定；组织春、秋季安全生产大检查，及时处理了电网存在的一些重大设备隐患；聘请国家电力公司组织的专家完成了全省首次输电网安全性评价，取得了良好的效果；接受国务院安全检查组的检查，有力地推进了全省电力系统的安全管理工作；开展以“杜绝违章，防误操作，消除隐患，确保安全”为主题的第三届电力“安康杯”活动。通过努力，全省电力系统全年未发生电力生产人身死亡事故，又一次实现了生产、基建人身死亡零目标；未发生重大设备事故、重大电网事故；未发生重大火灾和本单位负主要责任的重特大交通事故；误操作事故比2001年减少70%；顺利完成了十六大保供电等重大政治任务。

生产经营

全省统调发电量594.83亿kWh，比2001年增长3.66%。在省内发电能力增长滞后于用电负荷增长的情况下，通过强化生产运行管理，挖掘发供电设备潜力，精心实施科学调度，加强省际电力交易，积极做好电力供需平衡，各项生产经济技术指标完成良好，基本满足全省经济发展对电力的需求。全省用电量达1017.81亿kWh，比2001年增长19.11%，增幅居全国第一，比全国平均增长率高8.8个百分点，其中统调用电量达到782.13亿kWh，比2001年增长20.28%；统调最高负荷1258.9万kW，比2001年增长21.55%；统调最高日用电量2.715亿kWh，比2001年增长20.23%；从华东统调口子购入电量187.3亿kWh。全年办理业扩用户76.43万户，新增用电容量1391.84万kVA。同时，各项生产经济技术指标进一步优化。城市供电可靠率99.91%；农村供电可靠率99.53%；省公司供电线损率3.81%，比2001年下降0.52个百分点；公司管理发电厂供电煤耗为342g/(kWh)，比2001年下降5g/(kWh)；实现劳动生产率20.54万元/人，比2001年增加19.84%。以上指标均达到或高于年度目标。

经营方面实施综合计划管理，强化财务预算管理和成本控制；坚持和完善经济活动分析制度，进一步完善和落实资产经营责任制考核；加强营销管理，积极开拓电力市场，努力抓紧电费回收，在增支因素较多及经营压力加大的情况下，保持了良好的经营状况和效益水平，完成和超额完成国家电力公司下达的考核指标。全年完成售电量783.64亿kWh，比2001年增长21.59%；实现销售收入329.84亿元，比2001年增长20.58%；完成利润7.83亿元。

现代化管理

加强了企业的生产自动化和管理现代化工作，共安排科技项目154项，资金2.79亿元，比2001年增长31.4%。科技项目继续围绕公司发展战略研究和电力规划、生产、建设、经营、管理、网络与信息安全中的技术难题进行安排。其中“浙江发电市场改革的研究与实施”等3个课题项目达到国内领先水平。企业资源计划软件进一步推广，10个地区供电局全部实现财务模块单轨制运行，SAP的项目管理（PS）模块扩展应用在绍兴电力局获得成功。“浙江省电力公司办公自动化信息管理系统”获OA2002国际交流会典型应用系统项目奖。全省79个供电企业已有62个应用电力营销客户信息系统，覆盖电力用户607万户，占直供用户总数的83%。

从安全性、经济性出发，加快了老设备改造的步伐，全年投入发、供电技术改造资金12.08亿元。完成了一批110、220kV变电站综合自动化改造、220kV及以上主网继电保护和通信系统升级改造；实施了200000kW、125000kW发电机组控制系统汽轮机通流部分、锅炉受热面、除尘器、废气废水处理系统等技术改造。全省110kV及以下变电站基本实现了无人值班，220kV变电站无人值班工作也得到了积极稳妥的推进。

党风廉政

坚持开展党风廉政建设，定期分析活动情况，有针对性地提出整改措施，牢牢把握反腐倡廉工作的主动权；建立并逐步完善党风廉政建设的制度体系，强化责任制落实的监督检查和年度责任目标考核；加强从源头预防和治理各类违法违纪问题，深化廉政监察与效能监察，发案情况呈下降趋势；厂务公开在深化改革中不断完善和规范，民主监督得到有效加强。各级领导班子及领导干部的责任意识、勤政廉政意识不断增强。据年度考核中对52个单位2053名职工的问卷调查，职工对党风廉政建设的平均综合满意率达到92.83%，比2001年提高了5.8个百分点，信心度达到97.15%。比2001年提高了1.95个百分点。

深化改革

浙江电网发电市场运行率提高，技术支持系统进一步完善。全年市场运行率99.58%，比2001年提高0.13个百分点；市场进一步扩大规模，竞价机组容量占全省统调容量的68%；辅助服务得到改进，重新制定了《浙江电网发电市场自动发电控制（AGC）管理规定》，完善了发电市场技术支持系统的安全防护体系和AGC的投撤功能。

实现城乡生活用电同网同价，推动城乡供用电一体化管理。到2002年6月，全省（除舟山外）已全部实现城乡居民生活用电同网同价，其中18个县（市、区）实现了城乡各类用电同价。为适应城乡用电同价后出现的新情况，实现城乡供用电一体化管理，及时制订了一系列管理办法和实施细则。

完善基本养老保险，实施医疗保险改革。完成了基本养老保险费税务征缴任务。积极与省政府及有关部门协商，明确了全省电力企业以属地参保为主的基本医疗保险管理体制，从下半年起按照各地安排逐步参加基本医疗保险，并同步实施公司补充医疗保险。

积极推进电价改革。根据全省电力“十五”发展规划，测算平衡全省2002～2004年电价空间，积极疏导电价矛盾，按照国家计委的文件精神，对省内独立发电厂经营期电价按照分批分期、逐步到位的原则提出了建议。配合物价部门对2002年的趸售电价进行了测算调整。

创一流企业群体

在2002年中，贯彻执行国家电力公司对一流企业实行动态管理的有关规定，经过一年的努力，浙江电力系统各单位，通过自查与检查相结合的办法进行考评，巩固和发展创一流成果，进一步推动了基层单位的创一流工作。

在全年，国家电力公司先后相继正式命名绍兴电力局、北仑第一发电有限责任公司为国际一流发供电企业，命名温州电业局、乌溪江水力发电厂和省电力试验研究所为国一流企业。至2002年底，全省共有国际一流发供电企业2家，国一流企业16家。10家发电企业，除5家为国际一流或国一流企业外，另外5家均为华东电力系统一流企业，公司直属的10家市供电企业，8家为国际一流或国一流企业，形成了一流企业群体。

加大职工教育培训，提高职工队伍素质

坚持以人为本，加大了对干部和职工队伍的建设力度，注重提高领导干部的综合素质，紧抓领导干部的政治理论和业务培训。委托国家电力公司党校开办了两期党委书记培训班，提高了基层单位党委书记的政治理论水平和业务管理水平。切实加强基层企业领导班子建设，严格规范推荐选拔领导干部的程序，扩大民主推荐的范围，逐步推行差额推荐考察，全面推行考察预告制和领导干部任前公示制，增强选人用人工作的透明度。

积极探索高层次、复合型人才培养的新举措，与浙江大学联合办学，选送108名政治素质好、业务能力强、发展潜力大的年轻干部，参加在职研究生学历教育，为建设浙江电力科技带头人、高层次经营管理者和高素质党务工作者三支队伍提供人才资源。继续加大职工教育培训力度，提高职工队伍素质。浙江省电力公司被中国职工教育和职业培训协会授予“全国企业职工培训先进单位”称号。

行风建设

省电力公司系统的各级供电部门主动接受当地政府、社会各界和广大用户的监督，狠抓企业内部管理，使优质服务质量进一步提高。继绍兴电力局率先开通95598客户服务系统后，嘉兴、杭州、衢州、金华、湖州、宁波、温州等局也已相继开通。通过新闻发布会等形式，向社会各界通报夏季供用电形势及应对举措，得到了各地各级政府和广大群众的理解和支持。继续抓好城市和农村供电营业窗口的规范化服务创建工作，至2002年底，全省县级及以上城市供电营业窗口全部达到国家电力公司颁发的供电规范化服务标准。

加强文明行业的创建工作。省、市、县三级供电系统形成上下联动，整体推进，一级对一级负责，一级保一级的创建工作格局。一批供电企业进入了地方文明行业的行列。绍兴电力局被中央文明办、国务院纠风办命名为全国第三批创建文明行业示范单位。嘉兴电力局被中央文明委命名为全国创建文明行业先进单位。2002年初，浙江省委、省政府正式命名浙江省电力公司为全省首批文明行业。

存在问题

（1）用电供需矛盾仍较为突出。一方面发电能力的增长仍跟不上用电需求的增长；另一方面电网供电能力也相对不足，电网基础还比较薄弱。

（2）公司经营发展压力加大。尽管近几年投入大量资金，加大了对高压电网的建设和城乡电网的改造力度，全省电网状况得到较大改善，但电网建设的任务仍然很重，还须连续地大量投入资金；前期电网建设、城农网改造的还本付息和城乡用电同价、电网运行成本增加、收入减少，加上电费回收的风险等，使电网建设缺乏资本金，将制约电网发展。

（3）主辅分离改革难度较大。一方面由于观念上的障碍，利益格局的重新调整等因素，使员工思想容易产生波动，会带来不稳定因素；另一方面由于企业包袱沉重，缺乏活力，需要较大的改革成本。

（4）电力市场改革风险重重。全省已开始进入新一轮缺电阶段，在电力紧缺、供不应求情况下，发电侧市场的电价风险将充分显现；而市场经济的发展和完善，使电力需求侧管理的要求提高，在缺电情况下

要搞好有序用电比以前更为困难，难度加大。

(5) 安全生产基础仍然不牢固。距“可控、在控”的要求还有一定差距，随着电力体制改革的不断深入，安全管理将会面临一些新难点、新问题等等。这些困难和问题，今后必须高度重视，通过深化改革来切实加以解决。

主要事件

1月14日，浙江桐柏抽水蓄能电站主要机电设备合同签字仪式在北京举行。国家电力公司副总经理周大兵、总工程师张贯行、浙江省政府副秘书长楼小东及有关部门的代表参加了签字仪式。桐柏电站装机总容量为120万kW。

1月29日，嘉兴市第一座220kV综合自动化变电所——秀水变竣工投运。

1月31日，浙江省电力工作会议在绍兴召开。

2月1日，浙江95598电力客户服务中心在绍兴率先开通。该中心采用了全国统一的供电服务热线电话。

2月6日，国产首台60万kW核电汽轮机组——秦山核电二期工程1号发电机组正式并网发电。

2月28日，嘉兴发电厂二期（4×60万kW）工程总承包合同签字仪式在平湖举行。

2月，由水电十二局承建的舟山市岑港水库工程，荣获浙江省建筑业最高荣誉——“钱江杯”奖。

2月，浙江省电力公司、紧水滩水力发电厂、嘉兴电力局被国家电力公司评为“人才援藏先进单位”称号；紧水滩水力发电厂陶一军、嘉兴电力局赵平被评为“优秀援藏人员”；省电力公司王壮立、紧水滩水力发电厂张伟清、嘉兴电力局张永杰被评为“人才援藏先进工作者”称号。

2月，调度通信中心职工章华荣获2001年度电力教育培训新星奖。

3月28日，宁波市第一座500kV天一变电所竣工投运。

4月11日，国务院派驻国家电力公司监事会主席路耀华考察浙江电力市场。

4月18日，中央文明办常务副主任胡振民等一行考察嘉兴电力局客户服务中心用电营业厅。

4月24日，龙泉、庆元、云和、景宁、青田和松阳等6个县（市）的农网改造工程通过浙江省政府组织的竣工验收合格，投资7.46亿元的丽水市第一期农网建设与改造工程全面竣工。

4月29日，浙江省总工会在杭州举行隆重的表彰大会：北仑第一发电有限责任公司荣获全国“五一”劳动奖状；安吉供电局姚庆华荣获全国“五一”劳动奖章。

5月4日，钱清热电厂四期2号13.5万kW发电机组首次并网成功。

5月13日，全省除舟山（独立电网）及自行管理的小水电自供区、趸售区、转供区外，全部实现了城乡居民生活用电同价。

5月17日，浙江省电力行业协会在杭州成立。大会审议通过了《浙江省电力行业协会章程》和《浙江省电力行业协会经费收取及管理办法（试行）》，同时选举产生了协会第一届理事会，由77名理事组成。陈积民、韦国忠分别当选为第一届理事会理事长和常务理事长。卢文舸副省长为协会名誉理事长。

5月18日，嘉兴市500kV王店变电所正式投运。

5月29日，萧山天然气发电工程通过国家电力公司主持的初步可行性审查。工程规划建设2台30万kW级燃气蒸汽循环发电机组。建设总投资26.1亿元人民币。

5月，由浙江省送变电工程公司承建的110kV舟山至岱山联网输电高塔工程荣获共青团中央、国家电力公司颁发的“青年文明号”荣誉称号。

5月，浙江省火电建设公司、省电力设计院被评为全国电力行业质量效益型先进企业；省电力建设总公司、浙江北仑第一发电有限责任公司被评为全国电力行业优秀质量管理单位；温州电业局陆焕东、嘉兴电力局叶和平被评为全国电力行业优秀质量管理工作者。

6月3日，国家电力公司顾问周小谦等领导到嘉兴市500kV王店变电所视察。

6月9日，乌溪江水力发电厂、浙江省电力试验研究所被国家电力公司授予“2001年度一流企业”荣誉称号；温州电业局被命名为“一流供电企业”称号。

6月9～14日，中纪委驻建设部纪检组组长姚兵率领国务院安全检查组对省电力公司的安全生产情况进行检查。

6月10日，绍兴电力局被中央文明委、国务院纠风办授予“全国创建文明行业示范点”称号。

6月23日，国家副主席胡锦涛在浙江省省委书记张德江、省长柴松岳、副省长卢文舸陪同下，视察了秦山核电站。

6月，长兴发电厂景兴旅游公司的QC成果《提高旅游市场占有率》，荣获全国“中铁四局杯”QC成果一等奖。

6月，桐乡供电局变电工区QC小组《探索集控站管理》荣获2002年全省优秀QC成果一等奖；义乌市供电局运行工区电力110抢修中心QC小组《制作专用牙板缩短配变抢修时间》研究课题荣获浙江省QC成果一等奖。

7月4～9日，浙江省省长柴松岳和副省长卢文舸、章猛进率省政府有关部门负责人赴丽水、深入云和、龙泉、庆元、景宁、青田等地考察了滩坑电站库区、坝址和移民安置等。

7月10日，杭州市电力局、绍兴电力局、嘉善县供电局荣获国家电力公司授予“双文明”单位称号。

7月11日，国家电力公司总工程师张贯行到宁波电业局检查安全生产情况。

7月12日，温州市220kV上田（吴宅）变电所建成投运。

7月15日，浙江北仑第一发电有限责任公司、绍兴电力局荣登“国际一流”企业金榜。

7月17日，浙江省首座全户内220kV杭州运河变电所建成投运。首次采用了GIS—六氟化硫封闭组合电气技术。

7月18日，浙江省第一个产业作家协会——浙江省电力作家协会成立。

7月19日，温州发电有限公司二期主体工程荣获“2002年度浙江省建设工程钱江杯优质工程奖。”

7月20日，宁波市220kV贤江（慈西）输变电二期工程竣工投运。

7月，省电力调度通信中心调度科周剑波被评为2001年度全国优秀调度员。

8月15日，杭州乔司垃圾焚烧发电厂1、2（2×6000kW）号发电机组顺利移交发电。该发电厂是800t/日大规模清洁焚烧处理城市生活垃圾技术产业化示范工程项目。年处理生活垃圾22.21万t，年发电量7800万kWh，额定供热蒸汽量45t/h。总投资为21089万元。

8月24日，绍兴、淳安县和奉化市在国家发展计划委员会和国家电力公司联合召开全国第一批农村电网建设与改造工作先进集体和先进个人表彰大会上被授予“全国农村电网建设与改造工作先进县”荣誉称号。

8月26～28日，省电力调度中心职工裘愉涛、宁波电业局职工陈东海、北仑发电厂职工杨泽荣代表浙江省电力公司参加国家电力公司举办的2002年度继电保护专业技术竞赛，荣获“全国继电保护优秀选手”称号。

8月，浙江省电力公司被国家知识产权局授予“全国专利工作先进单位”称号。

9月7日，浙江电网遭受16号台风袭击，500kV福双线故障跳闸，13条220kV线路先后故障停运，1座220kV变电所（洋湾变）停电，全省负荷从1035万kW降低到800万kW左右。温州电网受灾严重，全市有8条220kV线路、28条110kV线路、25条35kV线路、401条10kV线路跳闸，19座110kV变电所、18座35kV变电所全所停电，全部约计直接经济损失达1.1亿元。温州电业局组织近500名电业职工、农村电工投入昼夜抢修，3天后全市基本恢复了正常供电。温州电业局因此被温州市政府评为抢险救灾先进集体。

9月9日，浙江省省长柴松岳和副省长章猛进在温州市委书记李强的陪同下，到苍南县龙金大道电力抢修现场，慰问抗台抢险的电力职工。

9月10日，投资42亿元的国家重点工程项目——桐柏抽水蓄能电站下水库截流成功。

9月19日，衢州电力局、温州发电有限责任公司企业档案工作目标管理通过“国家一级”标准考评认定。

9月24日，国家电力公司副总经理赵希正、国电华东分公司总经理邵世伟到浙江电力调度通信中心就浙江电网运行、电力市场运营等情况进行考察。

9月，浙江省火电建设公司对秦山核电二期1号常规岛的焊接质量荣获中国工程建设焊接协会颁发的“全国优秀焊接工程一等奖”。

10月17日，江山供电局外线二班被团中央和国家电力公司授予“青年文明号”称号。

10月28日，国家环保总局汪纪戎副局长一行6人组成的调研组到钱清发电有限责任公司调研烟气脱硫工程。

10月，浙江省电力设计院被中国电力企业联合会、中国水利电力质量管理协会授予为“全国电力行业质量管理奖”荣誉称号。

10月，浙江省电力设计院设计的温州发电厂二期主体工程和220kV绍兴桑港输变电工程荣获浙江省“钱江杯”优秀设计奖。

10月，绍兴电力局被中国质协用户委员会授予“2002年全国用户满意服务单位”称号。

11月19日，秦山核电站三期1号72.8万kW发电机组首次成功并网发电。

11月20日，嘉兴电力局220kV变电所监控中心正式投入运行。该中心对220kV禾城、秀水和嘉善的3座无人值班、少人值守变电所进行集控操作，采用这样的运行管理模式在浙江省电力系统内尚属首次。

11月20日，温州发电厂三期（2×30万kW）工程初步设计通过评审。

11月21～29日，全国政协常委、原能源部部长黄毅诚等领导考察浙江电力企业。

12月5日，全国首次10万kW级火电机组竞赛总结表彰公布：台州发电厂4号国产12.5万kW机组荣获第一名。

12月15日，长兴发电厂四期（技改）工程1号30万kW发电机组顺利完成168h满负荷试运行，正式投运。

12月16日，北仑发电有限公司二期主体工程（3×60万kW）喜获“2002年度中国建筑工程鲁班奖”。

12月，北仑发电厂——绍兴Ⅲ回500kV送电线路工程荣获国家“优秀设计”铜奖。

12月，国家电力公司对2001年度国电公司一流县（市）供电企业命名：诸暨市供电局、江山市供电局、富阳市供电局、萧山市供电局、永康市供电局、平湖市供电局、临安市供电局、德清县供电局、海盐县供电局、海宁市供电局、余杭供电局。

12月，富春江水电职工大学被评为2002度杭州市文明单位。

12月，浙江省电力助学中心获全国先进省级助学中心。

是年，杭州市电力局、金华电业局被国家电力公司授予2000～2001年度“双文明”单位。

是年，乌溪江水力发电厂被中央精神文明建设指导委员会授予“全国创建文明行业工作先进单位”荣誉称号。

是年，温州500kV金温输变电工程荣获2002年度建设工程“钱江杯”奖。

是年，浙江省送变电工程公司在柬埔寨基里隆水电站输变电工程施工的项目荣获国家电力公司系统优秀境外项目奖。

是年，绍兴电力局荣获“2002年浙江省职工经济技术创新活动示范岗（单位）”称号；职工胡雪平荣获“2002年浙江省职工经济技术创新能手”称号。

（任龙献　冯水英）

安徽省电力工业

2002年，是安徽省电力公司改革与发展稳健前进的一年。在“三个代表”重要思想的指引下，在国家电力公司、国电华东公司和安徽省政府的领导下，紧紧围绕电力工业发展和致力服从服务安徽省经济发展的大局，全面落实年度工作会议部署的九项工作任务，克服困难，扎实奋进，顺利实现了年初确定的各项奋斗目标，省公司各项工作步入了新的发展阶段。

机构

安徽省电力公司是国家电网公司的全资子公司，具有从事电力建设、生产、经营、科研、设计和多种经营等综合功能。代表国家电网公司负责经营安徽省境内的部分发电资产和供电资产、负责安徽省的发电、输电、供电的电力调度运行。

截至2002年底，省公司本部设15部1中心，电力物资、燃料、通信等10个直属关联公司。按管理体制和产权关系，公司有内部核算单位26家，其中17家供电企业、3家发电厂、1家修造企业及分支机构5家；公司拥有27家全资子公司（含20家县级供电公司），59家控股公司（其中发电公司2家，县级供电公司53家）。共有职工36472人。

资产及财务状况

公司注册资本35.04亿元，总资产规模330.11亿元，其中固定资产177.15亿元，净资产105.77亿元。

2002年实现销售收入167.20亿元；实现净利润1.97亿元；上缴国家各项税收1503亿元；资产负债率64.88%；销售利润率2.11%；总资产报酬率2.85%；资本保值增值率103.72%；资本收益率5.05%；上缴投资收益5200万元。

多种产业总资产规模527063万元，净资产220031万元，年收入完成746890万元，实现利润37506万元。

电力装备

2002年底，全省全社会发电装机970.54万kW，其中水电64.91万kW，火电861.35万kW；统调口径装机911.23万kW，其中水电49.88万kW，火电861.35万kW。

截至2002年底，全省拥有500kV变电所3座，变电容量360万kVA，500kV线路10条，线路总长950km；220kV变电所59座，变电容量1089万kVA，线路131条，线路总长5250km；110kV变电所250座，变电容量1359万kVA，线路410条，总长7254km；35kV变电所1294座，变电容量750万kVA，线路1426条，总长14840km。

初步形成了以火电大容量机组为主，水电为辅的电源结构；以500kV输电线路为骨干、220kV线路为主网架的电网结构。

电力生产

2002年，全省电力安全形势较为稳定。人身事故有所下降：未发生电力生产人身死亡事故，电力基建发生人身死亡事故1起，死亡1人，与2001年持平；无重伤事故；轻伤4起，同比下降5起；设备事故有所增加：发生无责任重大设备事故1次，同比增加1起；一般设备事故44起，同比增加3起；一类障碍130起，同比增加38起；其他事故均有所减少：未发生特大交通事故。发生重大交通事故2起，同比下降5起，死亡总人数由10人降至1人；未发生恶性电气误操作事故；未发生电力生产火灾事故；未发生重大电网事故。安全形势总体好于2001年。

全年完成发电量470.60亿kWh，同比增长12.74%，其中水电13.57亿kWh、火电457.03亿kWh，同比增长46.57%、11.97%。全省6000kW及以上机组年平均发电利用小时为4850h，其中水电1849h、火电5042h。

全省统调口径发电量完成443.04亿kWh，其中水电9.19亿kWh、火电433.85亿kWh，同比分别增长13.08%、46.36%、12.54%。

全省6000kW及以上火电机组平均供电煤耗365g/(kWh)，其中10万kW以上大机组平均供电煤耗353.5g/(kWh)。

2002年全省全社会用电达到389.94亿kWh，同比增长8.44%。统调用电量364.09亿kWh，同比增长8.86%。全网统调最大用电负荷701.6万kW，比2001年增长11.73%。

全年经500kV电网向华东电网净送出电量78.95亿kWh，同比增长37.65%，最大送网潮流216.5万kW，极大地缓解了省内发电矛盾。

全省全口径线损率为8.05%，较2001年增加了0.01个百分点。

各项技术指标进一步优化。全年综合电压合格率为98.93%，优于创一流指标近7个百分点；全省各类客户端平均电压合格率98.51%；平均供电可靠率99.963%；全口径线损率为6.73%，比2001年计划值下降了0.01个百分点。电网频率合格率、CPS考核列华东三省一市第一名。见表1～表5。

表1

省份	发电量（亿kWh）	发电设备利用小时		火电厂供电煤耗（g/kWh）
		水电	火电	
安徽	470.60	2091	5047	365

注 发电量及利用小时为500kW及以上口径，供电煤耗为6000kW及以上口径。

表2

供电量（亿kWh）	供电量比同期增长（%）	线损率（%）	线损率比同期增长（%）
329.46	8.29	8.05	0.12

表3 2002年安徽电网220kV及以上输变电设备运行可靠性指标

电压		变压器		
	（kV）	统计百台年	可用系数（%）	非计划停运系数
安徽	500	0.243	98.36	0.237
	220	1.313	99.50	0.004
电压		架空线		
	（kV）	统计百公里年	可用系数（%）	非计划停运系数
安徽	500	11.694	98.004	0.01
	220	49.461	99.59	0.001
电压		断路器		
	（kV）	统计百台年	可用系数（%）	非计划停运系数
安徽	500	0.312	98.95	0
	220	4.370	99.51	0.004

注 500kV含直流线路。

表4 2002年安徽电网水电4万kW及以上机组主要可靠性指标

机组容量（万kW）	统计台数	等效可用系数（%）	计划停运系数（%）	非计划停运系数（%）	运行系数
16	3	96.02	3.91	0.08	30.8

表5 2002年安徽电网10万kW及以上机组主要可靠性指标

机组容量（万kW）	统计台数	等效可用系数（%）	计划停运系数（%）	非计划停运系数（%）	运行系数
761.495	34	91.33	7.07	1.6	78.4

电力建设

2002年安徽省电力大中型基建完成投资130528万元（不含城农网建设改造），其中发电工程完成投资79552万元，送变电工程完成投资50976万元。2002年新增主要生产能力为220kV输电线路10条244km，主变压器5台60万kVA；110kV输电线路2条105km，主变压器1台3.15万kVA。

此外，全年完成城网投资39806万元，城网建设改造工程完成的工程量为：新建改造110kV变电所4座，容量16万kVA，线路133km；建设改造35kV

线路 107km；10kV 配变 244 台，容量 8.17 万 kVA，线路 747km；低压线路 833km。全年完成二期农网投资 301278 万元，农网建设改造完成的工程量为：建设和改造 35kV 线路 92km、10kV 线路 30305km、低压线路 79514km；建设和改造配电变压器 30464 台，容量 109.59 万 kVA。

重点电源、电网项目进展顺利。

安徽与华东第三通道 500kV 繁昌至东善桥输电线路工程竣工投产；500kV 洛河电厂至阜东变输电线路及阜东变电所扩建工程完工；220kV 砀山变电所、杨柳变电所、振宁变电所、凤凰变电所投运；安庆电厂一期工程（2×300MW）、琅琊山抽水蓄能工程（4×150MW）项目开工。

农电工作

农电管理进一步得到加强，完成县级供电公司内部机构设置和建章立制工作，县公司管理工作逐步走向正轨；农电“供电所管理年”活动取得实效，公司系统有 392 个乡镇供电所被命名为“2002 年度安徽省电力公司系统农村供电营业规范化达标窗口”，全省有 59.7%的供电所实现规范化管理，85%的供电所成为“人民满意的站所”；农电优质服务水平不断提高，“四到户”率达 95%，全年各类投诉比 2001 年降低一半，农电企业的社会形象明显改善。

优质服务

全省 100%市级供电企业和 15%县级供电企业建立“电力客户服务中心”，全省统一开通 95598 供电服务热线，重组电力营销职能，优化服务流程，实现了服务“网络化”，保证了客户业务办理的“一口对外”和营业大厅的全功能服务；开展文明行业和“人民满意的基层站所”创建工作，成绩显著，省政府推广了创建经验；2002 年省公司及各供电局优质服务得到社会认可：在 2002 年省政府政风行风评议活动中，省公司位于全省各行业前列；合肥供电局被中国质协用户委员会授予“全国用户满意企业”；淮北等 10 个市供电局和阜南等 12 个县供电公司在省消协“水、电、气”公用行业服务评比中被授予“消费者满意的服务单位”，占全省表彰单位的 48.5%。在已开展文明行业评选城市中的供电局全部首批被授予文明行业称号。

精神文明建设

领导班子思想政治建设得到加强，省公司党组中心组被评为省直机关厅局党组中心理论学习先进单位；党风廉政建设责任制全面落实；精神文明创建取得新成果，公司系统 2 个单位获国家电力公司双文明单位标兵，11 个单位、3 个农电企业、3 个多经企业获国家电力公司双文明单位，14 个单位获第三届“安徽省文明单位标兵”称号，有 72%的单位建成省级以上文明单位，97%的单位建成市级以上文明单位；省公司“思想政治工作评价办法；创新项目荣获国家电力公司精神文明建设创新提名奖；工会围绕企业中心开展工作，企业民主管理取得新的进步；青年工作进一步加强，创新创效取得新的成果。省公司荣获“全国青年创新创效优秀组织奖”、“全国青年文明号优秀组织单位”称号。公司实现两个文明建设的双丰收，保持了公司系统改革、发展、稳定的良好局面。

体制改革

按照国务院、国家电力公司党组的部署，完成了电力体制改革相关任务。同时，认真抓好改革过渡期间各项工作，保证了安全生产和队伍稳定，保证了指挥不断、秩序不乱，保持了团结、安全、稳定的良好局面。

2002 年又将合肥电校和安徽电力职工大学重组为电力培训中心，着手开展移交省电力公司所属发电资产的前期准备工作。通过近几年的努力，已逐步理顺了安徽电力发展中诸多体制性障碍和积留问题，初步形成了电力企业发展的良性循环机制，为安徽电力今后的发展赢得了主动。

存在问题

从客观因素看，安徽电网基础还比较薄弱，发展速度和技术装备水平仍落后于华东地区其他省市公司；厂网分开后，省公司赢利能力下降；电价结构迫切需要尽快理顺，城农网还本付息电价缺口造成县公司亏损问题亟待解决；电费回收困难，追缴电费配套的法规政策也有待建立健全。

从公司自身问题看，员工的市场意识、竞争意识还需进一步增强；职工队伍的素质、工作效率、工作质量也存在差距；行风建设、廉政建设仍需加强；安全生产基础还不牢固；一些基层单位的等、靠、要思想还没有根本转变。

重要事件

1 月 22 日，省电力公司 2002 年工作会议暨四届一次职代会在合肥召开，副省长黄岳忠到会并讲话，总经理邱国富作了题为《开创安徽省电力公司改革发展新局面》的工作报告。

2 月，国家电力公司发文决定，孙刚任安徽省电力公司副总经理；闫少俊任安徽省电力公司党组成员，中共安徽省电力公司党组纪检组长。

3月，国家电力公司创一流考查组到省公司考察创中国一流电力公司和国电双文明公司工作，并通过考查，上报待批。

4月3日，国家电力公司发文命名安徽省电力公司为“中国一流电力公司”。

5月18日，由安徽新力电网技术发展有限责任公司等10家企业出资组建的安徽宏鼎电力电气设备制造有限责任公司在合肥挂牌成立。

5月20日，省长许仲林前往佛子岭水电站检查防汛度汛工作。

5月22日，国务院办公会议批准安庆电厂一期2×30万kW机组工程开工建设。

6月13日，省公司迎峰度夏动员大会暨“中国一流电力公司”揭牌仪式在合肥举行。

7月13日，国务院三峡工程稽查组视察芜湖长江跨越工程。

8月28日，副省长黄岳忠率省政府有关部门人员来省公司调研，了解全省电力生产情况、协调解决省公司生产经营中遇到的问题和困难。

9月中旬，省经贸委发文明确了省电力行业协会电力行业管理的十项职能。

11月，省公司正式发布和推行视觉识别系统管理手册（VI手册）。

11月28日，安庆电厂一期（2×30万kW）举行开工典礼。

12月2日，滁州琅琊山抽水蓄能工程（4×15万kW单极抽水蓄能机组）举行开工典礼。

12月2日，国家电力公司二期农网建设与改造工程及农电工作座谈会在合肥举行，国家电力公司党组副书记、副总经理刘振亚到会并作重要讲话。

12月9日，安徽省最大的中外合资合作项目——合肥二电厂工程，荣获中国建筑工程鲁班奖。

（王晓平）

上海电力建设有限责任公司

综述

2002年是上海电力建设有限责任公司实现安全施工生产目标的一年，是开拓经营和精品工程管理取得较好成绩的一年，同样也是全公司面对挑战克服困难和精神文明建设取得较好成果的一年。公司抓住“改革、发展、稳定”这个主题，圆满完成了年初职代会、工作会议制定的各项目标。

2002年，全公司完成施工生产产值10.27亿元，完成年度计划102%；全员劳动生产率141884元/（人·年），完成年度计划109%，与2001年同比增长19.9%；实现利润1150万元，完成年度计划115%。全公司完成多种经营收入1.5亿元，人均经营收入12.42万元；安置主业人员1028人，较好地实现了年初制定的安置效益和经济效益的目标。2002年末，全公司在册职工人数6031人，其中主业5007人，多经1024人。

电力建设

2002年，全公司承担的国家和上海市重大工程建设施工项目，均实现了预定的里程碑目标。

上海外高桥发电厂二期（2×900MW）5号标段工程，合同工期为39个月，由于正式开工延缓了6个月，上海市政府又要求竣工发电比计划再提前1个月，实际工期被压缩7个月，即必须在32个月内完成。另外，大量的设计更改、图纸滞后、设备脱期等众多不利因素，严重制约着里程碑进度目标的实现。但上海电力建设有限公司没有被这些困难所吓倒，坚持按创建21世纪示范工程的要求精心施工，主要里程碑节点（受热面吊装、汽机台板就位、低压缸扣盖）均实现了预定的目标。

上海浦东生活垃圾焚烧厂工程，按合同要求于2002年5月29日完成三炉两机168h试运转移交生产。机组性能、烟气排放、厂容环境、运行水平均达到或高于设计标准。

上海江桥生活垃圾焚烧厂工程实现了当年开工、当年完成主厂房钢结构吊装、主要设备安装、锅炉水压试验、汽机扣缸等里程碑节点进度，按合同要求达到了点火的目标。

上海金山热电总厂二期扩建国内最大的循环流化床锅炉工程，于2002年6月22日完成72h试运行移交生产，施工工期比合同工期提前10个月。

西电东送500kV江茂线（江门至茂名）、龙政线（龙泉至政平）、武繁线（武汉至繁昌）工程实现了高标准投产移交目标。

西气东输上海地区3、4、5号标段管线工程，按合同承诺，均实现了里程碑节点进度目标。

上海沪东造船厂两台600t龙门吊，按照合同要求，分别在2002年2月29日和12月29日一次吊装成功，得到业主充分肯定。

管理工作

1．安全

安全文明施工得到稳固提高。分司各级领导班子用“三个代表”的重要思想，把职工的生命和国家财产安全就是根本利益作为抓好安全文明施工生产的首要政治任务，始终坚持“安全第一、预防为主”的方针，从根除施工生产中的安全隐患，切实提高全体干部职工对安全施工生产重要性、紧迫性着手，强化各级安全责任制落实到位。①在1月10日全公司安全工作会议和3月15日、5月16日贯彻国务院全国安全生产会议精神工作会议上，认真分析和正视公司系统在安全施工生产管理上存在的问题和不足；②以开展安全大检查和安全生产月活动为抓手，突出“7.17”事故警示，以15个方面，连续9次由公司领导和专业部门带队进行反复检查和集中整治，对查出的安全隐患进行逐条分析和100%封闭整改；③结合国务院颁布的《关于特大安全事故的行政责任追究的规定》和《安全生产法》的贯彻，先后12次召开全公司安全施工生产工作会议和安全管理专题会议，采取的安全管理措施逐级落实进行全面布置；④在全公司范围内，开展以起重机械为重点的5个方面的安全技术专项整治监督活动，确保施工起重机械的安全运行和起重作业安全；⑤深化对施工生产中存在的危险源进行辨识和评价，编制了包括14类52项危险源的《危险源清单》，并对其中9类25项重要危险源，通过制定管理方案、加强安全措施的编制、交底和实施情况进行重点控制；⑥在全公司范围内完善了11项与危险源和环境相应的安全管理方案，深化了7项安全应急预案并按工程项目同步组织实施；⑦依靠已建立起的职业安全健康管理体系和环境管理体系，强化逐级施工技术安全措施和安全保卫措施体系、安全防范措施程序化体系、安全监督体系，确保安全责任制的落实。

上海外高桥发电厂二期5号标段施工工地，上海浦东生活垃圾焚烧厂和上海江桥生活垃圾焚烧厂工地被上海市重大工程办公室命名为“文明工地”。

2002年全公司实现了施工生产死亡事故和重大机械设备、火灾事故为零的目标。

2. 质量

工程实物质量的提高确保了精品工程目标的实现。经过连续三年在全公司所承揽的工程项目施工中实施创精品工程目标，确保了工程质量的整体提升。上海外高桥发电厂二期工程5号标段实施以创建21世纪示范工程，实施20个零目标的管理。工程完成的32000多只并经100%无损检测的焊口，质量一次合格率达到99.7%；被飞行抽查的125只焊口，按美国ASME规范评定合格率达100%，创造了全国同行业新纪录。上海江桥生活垃圾焚烧厂2台余热锅炉的3454只焊口质量一次合格率达到98.73%，所有安装焊口无一泄漏。由上海电力质监站组织的三省一市专家对外高桥发电厂二期900MW机组汽机扣盖质监检查，认为安装质量达到零缺陷的目标，质监报告中无整改项目，创造了电建史上的新纪录。外高桥发电厂二期5、6号锅炉基础大体积混凝土、汽机基座平台混凝土浇灌，解决了混凝土水化热与收缩应力所产生的问题，有效地控制了有害裂缝的产生。

已完成的西气东输直径为813mm的大口径管道焊口质量得到业主方的好评。

西电东送施工项目中的塔基基础施工，采用的插入式角钢固定和异型模板组装，拉线塔组立的杆身弯曲、变形和导线的驰度控制，解决了国内同行业长期未解决的工艺质量问题。

2002年，全公司共验收单位工程202项，合格率100%，优良196项，优良率97%；共验收分项工程8792项，一次合格率100%，优良8604项，优良率98%，没有发生质量上报事故。

上海吴泾热电厂八期工程（2×600MW）获得2002年度国家电力公司火电优质工程称号和全国优秀焊接工程一等奖。上海外高桥发电厂二期5号汽机基座和240m烟囱外筒工程被评为上海市“优质结构奖”。上海浦东生活垃圾焚烧厂主厂房荣获上海市金属结构“金钢奖”。

3. 贯标

三个管理体系的有效整合运行，进一步推动了管理工作规范化。

上海电建有限公司本部质量管理体系实现了从94版向2000版质量管理标准的转换，并根据GB/T 19001—2000《质量管理体系要求》和国家经贸委《职业安全健康管理体系审核规范》，对原体系文件重新编写，将质量、职业安全健康和环境管理体系进行整合。《质量、安全、环境整合体系文件》转版发布，其适宜性和充分性进一步得到提高，使管理体系逐步走向一体化，进一步推动了管理工作的规范化。经上海市质量体系审核中心的（复证）监查审核，认为公司的整合型管理体系自我完善的机制健全，运转正常，符合体系文件的要求和程序规定。

有限公司所属上电安装一公司、上电安装二公司、华东送变电公司、上电调试所均通过上海质量体系审核中心复证和监查审核。

4. 科技

科技进步和科技创新取得了较好的成效。2002年，有限公司注重在重点工程施工中开展科技创新，使上海外高桥发电厂二期5号标段施工计算机管理与应用得到了完善和深化，除了已与业主、监理、承包商等联网、信息沟通和实施过程跟踪的动态管理外，P3软件的应用在完善的基础上，基本实现了对施工进度、质量、成本、机械、人工、材料、安全文明施工等方面全过程的动态受控管理。

普遍推广使用的3DMAX和AUTOCAD等软件已熟练地制作成三维动画进行施工程序、方案演示和技术交底，达到了直观的影视效果。对大体积混凝土裂缝控制的施工技术研究，采用的混凝土内部温度与应力测试这一先进的科技手段，其效果达到国内领先水平。外高桥发电厂二期工程5号锅炉及漳州后石电厂锅炉吊装施工，设计出的新一代“C形吊具”和研制的以卷扬机为纵向横向都能移动吊装的“十字起重机”，较好地满足了吊装安全和工期的需要。上电安装一公司在外高桥发电厂二期工程编制的除氧器吊装3DMAX程序软件，获得上海市总工会颁发的“绿十字”一等奖。

5. 经营

市场开拓和经营管理取得显著成绩。在上海地区电力建设项目萎缩的困境下，正视现实，迎难而上，积极开拓外系统和外省市市场，团结、实干、创新，千方百计地扩大市场，争取投标机会。全年共投标620多个项目，中标项目250多个，中标项目合同总金额7.66亿元，为确保2002年计划完成起到了关键的作用。在中标项目合同总金额中，外地项目合同总金额为2.8亿元，占全部合同额的36.6%；外系统项目合同总金额为5亿元，占全部合同额的65.3%。

财务和资金管理发挥了应有的作用。公司在坚持资金集中管理工作中，充分发挥工程项目资金与资金中心的整体优势，规范资金运作，积极推进和完善全面预算管理，使财务收支的预算、控制、考核、监督等保障上有了新的进展。在严格成本管理、控制成本不合理增长，积极消化因扩大市场投标而增加的财务费用方面，也取得了应有的效果。在强化资金管理，严格控制非生产性支出，清理不合理资金占用，提高资金使用效率上发挥了积极作用。在加强产权管理，落实产权代表报告制，以及试行法人资本金绩效评价制度等方面均做了大量工作，推动了财务管理的规范化。

技术经济管理工作进一步走向扎实。根据贯标整合工作要求和合同管理中的存在问题，修订了合同评审程序和分承包商评审程序，加强了施工承包合同的审查和合同履行监督。结合对在建工程发包工作检查情况，有针对性地制定了分包合同标准范本，在外高桥发电厂二期工程及其他工程中推广使用，逐步纠正了个别单位在工程分包合同管理上的随意性。

适时开展经营管理评价，开展项目经济活动分析，强化基础资料管理，为争取获得应有的经济效益奠定了基础。参照吴泾热电厂八期工程技术经济管理工作的经验，根据外高桥发电厂二期工程的特点和要求，拟订了外高桥二期工程管理制度。同时还编制了5号标段施工合同执行中存在问题专题报告和按节点付款的办法，为外高桥发电厂二期工程技经工作的有序管理奠定了基础。

6. 改革

对于上海电建的体制变化，直接相关的是“主辅分离”，上海电建何去何从，这不仅关系到今后的生存、发展和稳定，更是涉及到上海电建的整体利益和职工的切身利益。上海电建有限公司多次书面向国家电力公司、中电联、国电华东公司、上海市电力公司等上级单位汇报想法、建议和要求，主要领导多次赴北京向国家电力公司等上级领导反映上海电建的客观困难，使上级领导和部门更进一步了解上海电建存在的困难和问题并引起重视，以争取国家电力体制改革领导小组、国电华东公司的支持，在主辅分离时形成一个较为实际和理想的方案。

廉政建设

党风廉政责任制和审计监察进一步得到加强。公司制定的《党风廉政建设责任制》等一系列廉洁从政制度和规定，进一步加强了目标责任的监督检查与考核。所属各单位坚持标本兼治，加大从源头上预防和治理腐败力度，从机制和制度上遏制腐败现象的发生，广大干部廉洁自律的意识有了进一步加强，较好地完成了党风廉政考核目标。

在效能监察工作中，继续与有关检察机关密切配合，强化和完善了现行的重点工程施工联合“双创”；继续对设备、材料、物资采购、资金管理等影响到经济效益的重要项目和职工反映的热点问题开展效能监察。与外包施工队共签定廉政协议108份，核减外包工程结算2151万元，节约大宗物资购置款400万元，催收应收款1.47亿元。所属各单位在已开展的效能监察工作的基础上，结合施工生产、经营实际，认真选择效能监察立项，确保实际成效。

审计监督功能进一步得到加强，完成审计项目47项，提出各类需要改进和加强的工作建议122条，在一定程序上对防范经营风险、强化经营责任、发挥经营效益起到积极的作用。

队伍建设

2002年，公司以建设一支高素质的干部职工队伍为目标，重点抓了各级领导干部的思想、组织、作风建设。配比要求及时进行调整充实，总体素质得到较大提高。

围绕工程建设及工作需要，2002年，选送领导干部18人·次参加工商管理、国际工程咨询和管理等的培训；公司教培中心对公司系统的干部职工培训2751人·次，其中干部的学历培训、管理岗位的培训、计算机的培训799人·次；工人的适应性培训、特殊岗位培训 1517 人·次，其他培训为 433 人·次。

结合劳动部门推行的“职业资格证书”，公司系统有 2180 名技术职工参加了统一组织的“复考”和“升级考。”目前高级工以上的技能人才已占技术工人总数的 30%。

精神文明建设

2002 年，全公司在精神文明建设中注重抓基础、抓载体、抓责任落实，使精神文明建设上了一个新台阶。公司所属各单位从文明职工、文明班组、文明科室、文明家庭基础抓起，坚持不懈地开展精神文明创建活动，取得明显成效；以“五重、五加大”为载体，深入开展重点工程实事立功竞赛活动，努力争创上海市优秀公司、上海市建设金杯，并注重企业精神的提炼和企业形象的塑造，使广大职工的职业道德、职业技能、职业纪律及整体素质有了明显提高；制定创建精神文明建设阶段性目标，明确党政一把手共同对两个文明建设负责，对班子成员的考核奖励与两个文明建设的成效同考核、同奖励，从制度上保证两个文明建设创建责任的落实。

公司所属安装一公司、安装二公司和华东送变电公司荣获国家电力公司“双文明单位”称号，其中安装一公司还被命名为国家电力公司“双文明标兵单位”。安装二公司荣获“上海市重大工程建设金杯”三连冠，安装一公司荣获“上海市重大工程建设小金杯”。公司所属 5 个主要施工企业继续荣获“上海市优秀公司”称号。全公司有 8 名建设功臣，25 个优秀集体，47 名记功个人和 9 名优秀组织者受到上海市重点工程立功竞赛领导小组的表彰。

主要事件

1月 15 日，上海江桥生活垃圾焚烧厂开工。该工程为重大环保基础设施，列入上海市重大工程。工程规模为日处理生活垃圾 1500t，一期安装 2×500t/日的焚烧线和 2×12MW 汽轮发电机组。工程总投资约为 7.5 亿人民币，主要设备的安装由公司所属上电安装二公司承担。

1月 18 日，有限公司召开 2002 年安全工作会议。会议回顾总结了 2001 年公司系统安全施工生产的经验和教训，对 2002 年安全工作做了部署。要求严格遵循国家新颁布的安全法规，全面推行全员安全承诺，各级领导要正视存在的问题，用非常手段和严厉的措施抓好安全施工生产。

2月 5～6 日，有限公司召开一届四次职代会暨 2002 年工作会议。

3月 1 日，有限公司召开 2002 年度技术监督工作会议。

3月 8 日，公司所属上电建筑公司召开 600t 门式起重机吊装工程总结汇报会。

4月 28 日，国家电力公司副总经理贺恭、电源建设部副主任高伟力、电力规划总院院长吕伟业、副院长赵洁等视察了正在施工中的外高桥发电厂二期（2×900MW 机组）工程和已竣工的吴泾热电厂八期（2×600MW 机组）工程。

5月 10 日，上海电建有限公司召开党政领导联席会议，传达贯彻国家电力公司安全生产电视电话会议、上海市安全生产工作会议、全国安全生产工作会议精神，学习朱镕基总理在国务院第 58 次常务扩大会议上强调对抓好安全生产工作的重要指示精神，并决定在全公司组织开展 2002 年“安全生产月”活动、“7.17 安全警示日”活动。

6月 5 日，上海电建有限公司举行 2002 年“安全生产月”活动开幕式。

6月 7 日，以建设部副部长姚兵为组长，国家安全生产监督管理局副司长周永平、国家电力公司发输电部副主任方晓等领导以及新华社、光明日报、中央电视台等成员组成的国务院安全生产检查组，检查上海电力建设有限公司的施工生产安全工作。

6月 7 日，国家电力公司副总经理谢松林一行 6 人，专程赴上海电力建设有限公司作国家电力体制改革工作调研。

10月 14～16 日，上海市质量体系审核中心对有限公司质量、职业安全健康和环境管理体系进行了（复证）监查审核。审核组认为，公司的整合型管理体系自我完善的机制健全，运转正常，符合三个管理体系标准的要求。

11月 21 日，有限公司党委召开传达贯彻党的十六大精神会议，要求全公司党员干部深入学习贯彻党的十六大精神，用新的思路研究解决上海电建发展中的新问题，推进各项新任务的完成。

上海电力建设有限责任公司党政领导班子成员

党委书记、董事长	施申新
副总经理	张所庆
党委副书记、纪委书记、工会主席	张心定
总经济师	卫先法
总工程师	韩英明

上海电力建设有限责任公司机构设置如下图。

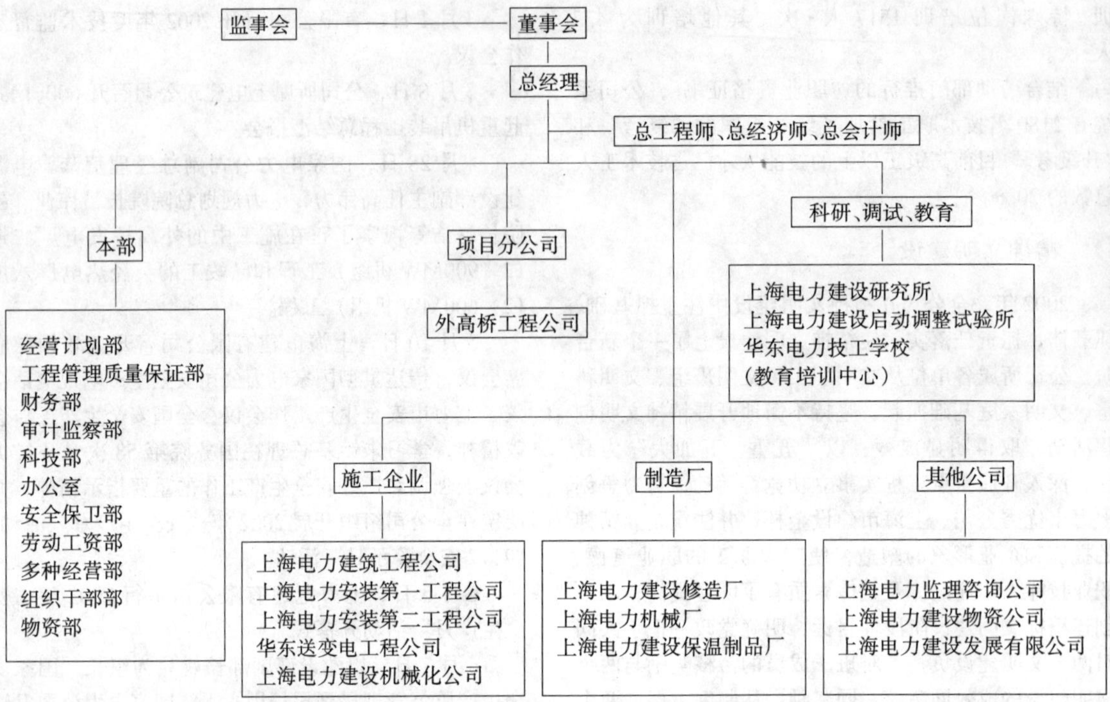

（沈夫林　林　红）

2003 中国电力年鉴

华中地区

国家电力公司华中公司

电网概况

至2002年末，华中四省全口径发电装机容量5214.13万kW，比2001年同期增长2.46%，净增装机125万kW；四省6000kW及以上装机容量达到4942.11万kW，增长2.62%；四省统调装机容量3956.2万kW，同比增加52.1万kW，增长1.31%。在输、变、供电设备方面，共拥有35kV及以上电压等级的变压容量13340.95万kVA，其中500kV变压容量1486.2万kVA；220kV变压容量4793.95万kVA；110kV变压容量5345.53万kVA；35kV（含66kV）变压容量1715.28万kVA。35kV及以上电压等级的输电线路133507.5km，其中，500kV线路长4559.8km；220kV线路长24527.19km；110kV线路长42064.87km；35kV（含66kV）线路长62286km。

电网生产

（一）电力生产情况

截止到2002年末，华中地区全口径发电量为2219.34亿kWh，同比增长10.40%。河南、湖北、湖南和江西四省发电量分别增长12.70%、5.12%、11.40%和15.21%。华中地区6000kW及以上口径发电量完成2147.93亿kWh，比2001年增长10.43%，其中水电增长11.99%，火电增长9.87%。

华中电网统调电厂完成发电量1681.23亿kWh，增长9.56%，完成年度计划的105%，其中网调直调电厂发电量增长7.99%，完成年度计划的107.35%；华中公司控股电厂新投产35万kW后达到335万

kW，发电量完成133.01亿kWh。华中公司经销电量电厂发电量205.32亿kWh，增长率为－2.18%，其中葛洲坝比上年同期少发电量4.8亿kWh，丹江少发9亿多kWh。

（二）电力消费与电力交换情况

2002年华中四省全社会用电量2203.23亿kWh，比2001年增长10.25%。其中，河南增长最高，为13.34%，江西次之，为10.91%，湖南、湖北分别为8.57%和6.83%。

全年华中电网与华东电网、华中电网网内四省之间电量实际交换达到122.33亿kWh（送出端），其中网内四省之间实际交换电量57.39亿kWh，比2001年同期增加了3.7亿kWh。

全网6000kW口径供电标准煤耗完成403g，比2001年同期下降了1g，其中华中电网电力公司全资及控股电厂完成382g，降低了4g。电力系统完成线损率7.22%，比2001年同期降低0.33个百分点。

（三）电力生产特点分析

1.发电能力得到发挥，电网高峰开始吃紧

由于华中四省新增发电设备相对较少，而发电量继续保持高速增长，发电设备利用小时比上年同期增加了200多个小时，达到4418h，其中火电利用小时为4750h。

2000年以来，全网发电量增长持续增加，分别达到7.29%、9.85%和10.43%，全网发电设备的能力得以发挥，平均设备利用小时逐年增加，电力生产企业的生产经营形势逐步好转。

但是，四省之间存在差距。就火电厂的利用小时来看，河南比2001年同期增加了250h，达到5463h；江西虽然也增加了400h，但还没有超过4000h；湖北、湖南也只略高于4000h。

从全年总量来看，华中地区有电量富裕，但年内各地、各月负荷变化较大，盛夏高峰时段电网明显吃紧。2002年7月15日华中电网最大用电负荷3079万kW的时候，全网几乎已经没有备用容量，一旦机组出现问题，只有拉闸限电。用电最紧张的是河南，华中公司从6月开始就从江西调集电力支援河南，既缓解了河南用电紧张的压力，又提高了江西发电设备的利用小时，达到了网内电力资源合理配置的目的。

2.电网运行情况基本良好

华中电网2002年没有发生电网安全事故，主网运行情况良好。全网统调最大发电负荷3145万kW，最大用电负荷3079万kW，分别比2001年同期增长了13.99%和14.72%。最大日用电量6.4894亿kWh，比2001年增加1.0947亿kWh，增长率达到20.27%。最大用电峰谷差1020万kW，增长7.06%，平均用电峰谷差777万kW，增长4.17%。平均用电负荷率80.88%，增加了0.87个百分点。

（四）电力资源供应分析

1.来水水情及水电厂发电量

2002年，华中地区水情总体较好，除葛洲坝、丹江外水情变化较2001年小。全年6000kW及以上水电机组发电量比上年同期增长11.99%。增长较大的是湖南，增长了19.23%，湖北也由2001年的－2.56%转为2.79%的增长。全网统调水电厂发电量453.27亿kWh，比2001年同期增长了9.81%。

上半年，各水库来水较好，发电量完成得比较理想。其中隔河岩水电厂从2002年5月就开始来水，水位升高，华中公司积极协调华中四省购买隔河岩减少弃水多发的电量，使隔河岩到9月就完成了年度发电计划，全年完成发电量26.10亿kWh，比2001年同期多发电量近10亿kWh，增长在50%以上。大东江和五强溪也有13%～15%的增长。10月后，各水库来水减少。隔河岩电厂的水位开始明显低于上年同期，只能满足高峰发电。葛洲坝10月的来水锐减到4200m^3·s，这个流量与往年相比提前了两个月；葛洲坝全厂上半年比2001年同期多发电量3.3亿kWh，但全年比2001年同期少发电量4.8亿kWh。丹江2002年的水情一直不好，连其自供区的用电都无法保证，需要自河南电网转送一部分；全年发电量21.12亿kWh，比2001年同期少发9亿kWh。

华中电网水电装机容量比重占31%，来水的多少和均匀与否对电力生产经营影响很大。特别是在这两年年末，缺水少煤使得拉闸限电现象再次出现。

2.年末煤炭供应紧张，拉闸限电再现

尽管华中地区的河南是产煤大省，但南方三省煤炭资源缺乏，煤炭的供应和运输对电力生产和运行也常常成为瓶颈。

2002年四季度，由于来水减少，电网对煤炭供应的依赖增强。受煤炭价格和运输等因素影响，河南的火电厂存煤开始减少，10月10日，河南电网开始出现拉闸限电。湖北省主要依赖外省煤发电。在各级领导的高度关注下，湖北省电厂的储煤情况整体略好于2001年。但由于电厂存煤不均和四季度以来来水偏枯加大了耗煤量，所以，先后有70多万千瓦机组停机待煤。到年底，受煤炭运输限制，湖北火电厂的存煤也开始告急，12月25日开始拉闸。虽然损失的负荷、电量不是很大，但造成的社会影响较大。针对电网"少水缺煤"情况，公司各级领导积极努力：①自2002年秋季开始，就对发电厂的检修方案作了优化调整，确保不因设备因素影响发电；②依靠政府，在省政府、省经贸委领导的带领下，网、省公司领导和有关电厂联手到河南联系电煤，取得了较好的成绩；③各火电厂，讲政治、顾大局，尽管煤价一再上涨，但为了多发电，仍然千方百计采购电煤，尽可能地保证了电力供应。

（五）电力消费市场特点分析

1. 全社会用电量增长明显加快

1996~1998年，华中地区全社会用电量的增长率逐年降低，1996年5.63%，1997年3.40%，到1998年达到最低，只有1.38%。1999年后，市场开始恢复，1999年增长3.59%，2000年为6.80%，2001年为8.77%，2002年华中地区全社会用电量增长达到了10.25%，增幅为近年来的最高水平。

行业用电中，第一产业用电量增长3.51%，第二产业增长11.08%，是用电增长的主要拉动力，第三产业用电增长9.77%。

在工业用电量增长11.14%中，轻工业增长10.19%，重工业增长11.34%。其中制造业增长12.12%拉动了工业用电的快速增长。

2002年华中地区城乡居民生活用电量262.26亿kWh，比2001年同期增长9.43%，其中乡村增长11.22%，城市增长8.51%。乡村用电增长得益于农网改造的完成。

2. 各省不平衡，有缺有富，资源需要合理配置

华中四省全年用电量不平衡。河南的增长率在2001年增长12.51%的基础上又增长了13.34%，江西也有10.91%的增长。湖南、湖北增长相对缓慢。

分析四省的用电分类，增长率较大基本上是第二产业和第三产业，由于第二产业比重较大，对用电增长的影响较大。

四省GDP的增长与用电增长相一致，主要都是第二产业的贡献。详见表1。

表1 国民生产总值与全社会用电量增长率

	国民生产总值增长（%）				用电量增长（%）			
	合计	第一产业	第二产业	第三产业	合计	第一产业	第二产业	第三产业
全国	8.0	2.9	9.9	7.3	11.6	3.62	12.31	12.62
华中区域	9.4	3.5	11.5	10.0	10.8			
华中四省	9.3	4.1	13.8	9.2	10.3	3.5	11.1	9.8
河南	9.5	4.5	11.5	10.0	13.3	4.7	14.6	13.2
湖北	9.1	2.0	10.3	10.3	6.8	−1.1	7.8	7.8
湖南	9.0	2.6	10.9	10.5	8.6	6.6	7.8	7.3
江西	10.1	4.3	14.9	8.6	10.9	0.6	12.7	9.1
四川	10.6	4.8	14.3	10.0	12.0			
重庆	10.3	4.1	13.8	9.2	12.5			

3. 网、省间电量交换特点分析

2002年5月，华中电网与川渝通过斗笠—龙泉—万县联网，为川电东送创造了条件，全年万斗线实现电量交换14.54亿kWh。12月龙泉—政平调试成功，华中-华东的第二条通道打通，为实现西电东送的战略决策打下了基础。2002年华中电网与华东电网通过两条直流线路实现交换电量50.40亿kWh，创造了华中—华东联网以来交换电量的新纪录。

2002年，网内四省之间交换电量57.39亿kWh，其中河南累计南送2.83亿kWh，湖南累计北送3.30亿kWh，江西累计向主网送出5.08亿kWh。

2002年华中电网为川电东送提供了畅通的输电通道、可靠的安全备用等辅助性服务、稳定的电能调节容量。还为川渝和福建提供了临时应急支援，缓和了川渝和福建由于水情不好引起的用电紧张局面。

电网安全

（一）安全生产的基本情况

2002年，华中电网运行技术经济指标稳步提高。平均发电负荷率81.07%，较2001年提高1.2个百分点；全网频率按50±0.1Hz考核合格率为99.89%，与2001年持平；220kV及以上中枢点电压合格率为99.89%，比上年提高了0.39个百分点；AGC投运率为96.95%，比2001年提高了0.21个百分点，AGC控制合格率为99.8%；220kV及以上继电保护正确动作率为98.96%，比2001年提高0.93个百分点；供电可靠率R_{s1}为99.836，供电可靠率R_{s3}为99.879。

在发、供电设备数量持续增加的情况下，一般设备事故、电网事故呈现明显下降态势。据统计：全网全年累计发生事故129次，比2001年同期170次减少41次，下降24.1%。其中，一般电网事故44次，比2001年同期57次，下降22.8%；发电设备事故18次，比去年同期29次，下降37.9%，发电事故率0.0811次/（台·年），下降0.0669个百分点；供电设备事故67次，比2001年同期84次，下降20.2%，其中输电事故率0.0391次/（百公里·年），下降0.0223个百分点，变电事故率0.0116次/（台·年），下降0.0201个百分点。

全网发生生产性人身重伤3人，同比2001年7人减少4人，下降57.1%。

2002年，华中公司和四省电力公司全面完成了安全生产责任目标：未发生特别重大事故；未发生重大电网事故；未发生有人员责任的重大设备损坏事故；未发生电力生产、基建人身死亡事故；未发生生产重大火灾事故。实现了连续20年无主网稳定破坏和大面积停电事故、连续19年无垮坝、漫坝事故的

安全记录。全网第一次实现了生产、基建无人身死亡和重大设备事故“双零目标”。公司系统生产安全取得了历史最好成绩。

（二）安全生产存在的主要问题

1.220kV及以下变电站全停及母线失压事故频繁

2002年，局部电网事故、变电站全站停电等危及大电网安全的事故仍时有发生。据统计，全网220kV变电站全停19次·座，110kV变电站全停135次·座。电网事故涉及到220kV线路36条，110kV线路194条。另外，全网共发生供电设备一类障碍393次，比去年同期278次，上升41.73%，增幅较大。

从220kV变电站全停事故看，电网结构薄弱、抗御自然灾害能力差和继电保护不正确动作是造成事故的主要原因。全网继电保护故障63次，较去年57次，上升10.53%。其中继电保护不正确动作共38次，误动、拒动34次。继电保护不正确动作的原因既有保护存在原理性缺陷、设备老化等客观原因，也有检修质量不良、保护不按时定检、校验漏项、反措落实不力和误碰、误动等主观原因。

2.违章行为依然严重，人为责任引发的事故仍占有较大比例

全网730次设备事故（障碍）中，人为责任原因造成247次，占设备事故（障碍）的33.29%。

事故的主要原因是：安全责任制不落实；“两票”执行和管理上存在着薄弱环节和漏洞，违章操作；防误装置达不到“五防”要求或没有采取防误措施；随意使用解锁钥匙等等。

3.高压电气设备故障时有发生，严重威胁着电网的安全运行

一是外绝缘水平不够，恶劣天气造成设备跳闸事故。二是高压电气设备运行年久老化，存在着变压器、电抗器、电力互感器总烃、乙炔、含氢量超标等问题。

4.雷击和外力破坏事故在输电事故中所占的比例越来越高

全网376次输电设备事故（障碍）中，有130次为雷击引起，80次为外力破坏引起，占输电事故（障碍）的53.95%。19次220kV变电站失压中，有3次系外力破坏引起。

5.大机组运行不够稳定，设备问题仍是影响生产安全的主要因素

全网统计考核内的300MW机组跳闸、停炉构成障碍或事故共84次（非计划停运次数高于此值），比去年同期的76次增加8次，上升10.53%。仅7月，正是全网负荷最高月份，20MW及以上大机组解列达33次。大机组运行不稳定，直接影响到电网的安全稳定运行，也给电网调度和系统调频带来困难。原因：①新投产机组处于磨合期，相应暴露设备制造、安装质量、特别是热工保护和辅机问题较多；②也反映了设备维护、生产管理、运行监调操作和运行人员处理异常情况能力等方面存在的问题。全年84次障碍或事故按技术分类：锅炉承压部件爆漏11次，锅炉灭火、燃烧异常15次，自控装置故障10次，热工故障12次，参数超限7次，误操作1次，机械性损坏6次。

电网建设

1.投资计划情况

2002年国家电力公司下达给华中公司受托管理的全资、控股项目（信阳电厂、益阳电厂、九江电厂三期、湖北黄石500kV输变电工程）的续建及新开工项目投资计划为133050万元，其中外资33000万元，内资100050万元。各项目下达的年度计划分别为信阳电厂10400万元，益阳电厂16500万元，九江电厂100000万元，湖北黄石500kV输变电工程6150万元。根据工程实际进度及资金来源渠道等原因，投资计划进行了调整，并于2002年10月在下年度建议计划汇报会上向国电公司进行了汇报，由于其他原因2002年未予下达调整计划。所以年度投资计划额仍为未调整数。

2.工程形象进度

河南信阳电厂1号、2号机组和湖南益阳电厂1号、2号机组均在2001年未移交试生产，并顺利通过基建投产达标验收。2002年该两项工程均已基本完成基建施工任务，进入收尾竣工决算阶段。

江西九江三期发电工程截止年底工程形象进度为：1号机组于12月15日1:45分高质量顺利完成168h满负荷试运行，移交试生产；2号机组安装工作基本完成，进入调试阶段。

湖北黄石500kV输变电工程截止年底工程形象进度为：站区的征地、“四通一平”工作基本完成，站内主设备已定货，OPGW光纤通信设备交货，进行土建施工准备等。

3.投资完成及资金到位情况

信阳、益阳电厂2002年进入收尾竣工决算阶段，由于2001年该两项工程分别均已累计完成投资27.5亿元和27.48亿元，竣工决算数已在该数额之内，项目通过基建“五制”的规范化管理，控制了工程造价，分别节省投资约三亿元左右。因此该两项目投资完成及资金到位实际已于2001年底全部完成并销号。

2002年国家电力公司下达九江电厂三期工程年度投资计划100000万元，根据工程实际情况（保证工程形象进度不变）调整计划为90000万元（调整计

划文未下达)。截止年底，九江电厂三期工程完成投资90000万元，按构成分：建筑为11116.4万元、安装为14127.1万元、设备为41809.8万元、其他为22946.7万元。资金到位65269万元，按资金来源分：农行贷款43000万元、利用外资21769万元、地方专项500万元，其中资本金江西省投资公司到位500万元。截至2002年底，该项目累计完成投资320800万元，投资完成较好。截至2002年年底，累计实际到位资金264800万元。资本金到位26556万元，其中国电华中公司16085万元。

2002年国家电力公司下达湖北黄石500kV输变电工程新开工项目建设计划为6150万元，截止2002年底，黄石500kV输变电工程完成投资6150万元，按构成分：建筑为800万元、安装为2100万元、设备为1400万元、其他为1850万元，资金到位4794万元，按资金来源分：企业自有4794万元，全部为资本金。

4. 存在的问题及建议

2002年为维持受托管理项目的正常施工，我们采用由项目公司借款，由华中公司担保的方式为项目公司筹集了部分短期融资，用于补充项目的资金缺口，其中为九江三期工程已融得短期资金24000余万元。采用这种方式，使九江三期工程维持正常建设施工。在确保1号机组年内完成168h试运的总目标时，由于外方设备备件供应跟不上，挪用了2号机部分已安装设备，对2号机组的安装和调试有一定的影响。2号机组进度滞后，比原定网络计划推迟2～3个月，主要是外方设备供应不及时和施工单位力量投入不足。

电网经营

(一) 资产经营考核指标完成情况

1. 利润总额

全网实现利润121371万元，比全网汇总目标利润113580万元多6.86%。

2. 应收电热费余额

四省公司用户电热欠费为475577万元，控制在全网汇总的电热欠费余额目标值505223万元以内。

3. 净资产收益率

全网净资产收益率为2.14%，比1.83%的全网汇总目标值高0.31个百分点。

4. 资产负债率

全网资产负债率为65.74%，控制在目标值69.09%以内。

5. 上交投资收益

全网上交投资收益28290万元，按国电要求及时足额上缴。

(二) 其他主要技术经济指标

1. 发电量

全网直属电厂完成发电量3328469万kWh，比2001年3225910万kWh增加3.18%。

2. 购电量

全网购电量14262690万kWh，比2001年12864048万kWh增长8.72%。

3. 售电量

全网完成售电量16112593万kWh，比2001年14576607万kWh增长10.54%。

4. 线损率

全网供电线损率为7.25%，比2001年8.27%降低1.02个百分点。

5. 发电标准煤耗

发电标准煤耗352.71g/(kWh)，同比下降1.15g/(kWh)。

6. 资产总额

全网资产总额14520139万元，比期初130373447万元增加11.37%。

(三) 利润总额分析

全年实现利润121371万元，比2001年122938万元减少1567万元。

1. 增利因素

(1) 主营业务利润(含农网还贷基金)增加增利26456万元：主营业务利润283802万元，比2001年同期257346万元增加10.28%。其中：电力产品利润288808万元，比同期增加10.62%。

(2) 其他业务利润增加增利8303万元：其他业务利润为45560万元，比上年同期37257万元增加22.29%。主要原因是公司收取的电厂上网服务费和委托管理费增加。

(3) 管理费用减少增利628万元：管理费用4820万元，比同期5448万元减少11.51%。

(4) 投资收益增加增利4499万元：投资收益49048万元，比2001年同期44549万元增加10.10%。

(5) 营业外收入增加增利7527万元：营业外收入19299万元，比2001年同期11772万元增加63.94%。

(6) 营业外支出减少增利10134万元：营业外支出20802万元，比2001年同期30936万元减少32.76%。

(7) 以前年度损益调整减利1201万元。

2. 减利因素

财务费用增加减利60317万元：财务费用250715万元，比同期190398万元增加31.68%。

(四) 主营业务收入分析

全年实现主营业务收入(含农网还贷基金)5432213万元，比2001年同期增加600712万元，增长12.43%。其中：

电力产品销售收入5406140万元，比2001年同期增加598235万元，增长12.44%。其中：售电量由上年14576607万kWh增加到本期的16112593万kWh，增加1535986万kWh，增10.54%。由于售电量增加增收506630万元。

售电均价335.52元/(MWh)，比2001年329.84元/(MWh)提高5.68元/(MWh)，增收91605万元。售电均价提高的主要原因是湖北调整电价。

（五）成本分析

产品销售成本5119793万元，比2001年4548608万元增12.56%，高于销售收入增长幅度0.13个百分点，其中：

电力产品成本5090215万元，比2001年4522405万元增12.56%，比电力收入增幅高0.12个百分点。其中

售电量增加引起成本增支476540万元；

售电单位成本315.92元/(MWh)，比上年310.25元/(MWh)提高5.67元/(MWh)，增支91270万元。

（六）资产负债分析

1. 资产及其结构分析

全网资产总额为14520139万元，比年初13137747万元增长10.52%，其构成为：

(1) 流动资产3725388万元，比年初3563953万元增加161435万元，增长4.533%，占总资产的比重为25.66%，下降1.47个百分点。

(2) 长期投资净额1808962万元，比年初1782914万元增加26048万元，增长1.46%，占总资产的比重为12.46%，下降1.11个百分点。

(3) 固定资产合计8919964万元，占总资产的61.43%，比年初7733581万元增1186383万元，增加15.34%，主要原因是两网改造增加的固定资产。

(4) 递延资产25975万元，比年初25134万元增加842万元，占总资产的比重为0.18%，与上年基本持平。

2. 负债及其结构分析

全网负债合计9546075万元，比年初8366397万元增1179678万元，增长23.57%。负债结构为：流动负债3103460万元，占负债总额的32.51%，比年初下降1.68个百分点；长期负债6442615万元，占负债总额的67.49%，比年初增加1.68个百分点；其中，长期借款6378361万元，比年初增加929674万元，增17.06%，主要是城农网改造增加借款。

3. 所有者权益变动情况

所有者权益期初余额4974064万元，本期增加202714万元，期末余额4771350万元。主要变动项目如下：

(1) 实收资本：期初余额2038000万元，本期没有变动。

(2) 资本公积：期初余额2473486万元，本期减少45485万元，期末余额2428001万元。

(3) 一般盈余公积：期初余额259864万元，本期增加248199万元，期末余额508063万元。主要原因是利润分配带来盈余公积增加。

(4) 公益金：期初余额47841万元，本期增加108829万元，期末余额156670万元。

（七）财务状况的分析和评价

1. 偿债能力

(1) 资产负债率

资产负债率65.74%，比年初63.35%上升2.39个百分点，主要原因是城农网改造引起负债增加，长期偿债能力降低。

(2) 流动比率1.2，比年初1.27降低0.07个百分点，短期偿债能力降低。

(3) 已获利息倍数1.37，比2001年1.18略有增加，说明企业偿还利息不成问题。

偿债能力逐年下降，这与两网改造巨额投资不无关系。

2. 盈利能力

(1) 净资产收益率2.14%，比2001年减少0.15个百分点。

(2) 总资产报酬率3.28%，比2001年基本持平。盈利能力基本稳定。

（八）企业的投资、筹资情况分析

1. 当期股权投资总额及投向

长期股权投资1705293万元，其中对全资子公司投资425569万元，对控股公司投资770598万元，对联营（参股）企业投资500014万元，其他投资9112万元。

2. 当期债权投资总额及投向

长期债权投资103609万元，主要是委托贷款。

3. 两网改造投融资情况

2002年两网改造投资1193489万元，其中：农网改造投资664135万元，城网改造投资529354万元。截止2002年底，两网改造累计投资4729634万元，其中：农网改造投资2958527万元，城网改造投资1771107万元。

2002年两网改造借款1166970万元，其中农网改造借款891159万元，城网改造借款275811万元。截止2002年底，两网改造累计借款5668227万元，其中：农网改造借款3898295万元，城网改造借款1769932万元。

（九）经营中存在的主要困难和问题

1. 成本增长高于收入增长，主营业务利润呈下滑趋势

由于城农网改造增支超过增收来源，加上火电燃煤价格上涨，导致成本增长12.56%，增幅高于销售收入增长幅度，如果不考虑农网还贷基金收入，有的省公司主营业务利润就会出现负数，财务费用也急剧膨胀，随着两网改造借款利息随工程陆续完工后计入了当期损益后，财务费用和折旧费用增长更为迅猛，严重影响电网经营企业经济效益，电网经营形势不容乐观。

2. 厂网分开后投资收益减少，购电成本控制难度加大

厂网分开后优良的电源资产划转出去后，对公司利润影响巨大。①投资电厂收益将明显减少，据初步测算，省公司投资收益占利润总额30%左右，电厂划出这部分投资收益相应划出，直接减少企业利润；②直属电厂划出购电费成本将迅速增加，尽管发电成本会相应减少，但一部分利润空间明显转移，同时购电成本控制难度大，对公司经营影响也难以预料。

3. 城农网改造负面影响凸显，成本费用增长迅猛，负债比率高，还贷压力大，后续工程投入资金量大

城农网改造既为电网带来了一定的经济效益，但随着一期改造完工资产的入账，各项成本费用增长迅猛，据初步测算，四省公司一期城农网改造累计投入资金4729634万元，全部形成资产后，保守估计每年将增加成本费用55亿元（其中财务费用20亿元，折旧费30亿元，运行维护费5亿元），其中城网增加的年费用为20亿元，农网增加的年费用为35亿元。四省公司每年收取的农网还贷基金约为25亿元，尚不够补偿农网改造增加的成本费用，对电网经营企业利润的冲击将是巨大的。

另外，两网改造所需资金80%来源于银行借款，到期需要还本付息。由于目前两网改造工程贷款还款来源仅为农网还贷基金，而省公司每年收取的农网改造基金远不够还本付息资金的需要，2003年即进入还贷高峰期，且还贷高峰期持续时间长，还款金额大，省公司将面临巨大的财务压力和偿债风险。截止到2002年底，全网资产负债率已高达68.98%，其中河南、湖北资产负债率超过70%，随着农网改造二期工程将逐步展开，后续资金需要量更大，如果相应的电价补偿政策仍不出台，省公司的负债比率将进一步提高，偿债能力将会进一步降低。

4. 电热欠费居高不下，经营风险化解困难

截止2002年底，全网应收账款达641877万元，其中：确定为坏账的应收账款超过10亿元；三年以上的陈欠达37亿元，目前全网欠费已占当年销售收入的12%；湖南省公司年末应收账款余额为327905万元，预计坏账10.2亿元；江西省电力公司在实施农电体制改革、县供电企业改制为全资或控股供电公司后，带来了大量坏账和其他不良资产。巨额欠费中蕴藏着较大的风险，如果电费回收的外部环境没有根本性改善，电网经营企业将不得不面临潜亏的危险。

5. 主辅分离面临较大压力

所属企业在经营和发展上面临很多困难，由于历史原因，二级公司人员过多、负担沉重、劳动力生产率水平低，经营规模小，盈利水平低，这也给电力体制改革造成较大困难，随着体制改革的不断深入，压力越来越大。

6. 厂网分开后，合理的输配电价格尚未到位，制约电网企业的经营

厂网分开前有限的电价让给了新投产的机组，厂网分开后电价也随电厂划转转移出电网，而电网项目的电价如果不能及时到位，成本费用得不到补偿，将对电网企业的经营造成较大影响。

7. 亏损企业上交投资收益面临的资金、账务处理问题

由于两网改造负面影响将在2003年全面显现，河南、湖北将出现严重亏损，两省城农网改造投入量大，负债比率高，资金周转困难，上交投资收益缺乏来源；同时，亏损企业上交投资收益有悖于公司法“无利不分”的原则，如果亏损企业分利势必减少所有者权益，账务处理存在一定难度。

劳动工资（表2）

表2 2002年国电华中公司主要劳动指标完成情况

项目	单位	2001年	2002年	增长额	增长率
职工期末人数	人	198462	199265	803	0.40%
华中公司	人	4246	4326	80	1.88%
湖北	人	55660	58222	2562	4.60%
河南	人	52835	52600	-235	-0.44%
湖南	人	44952	43728	-1224	-2.72%
江西	人	40769	40389	-380	-0.93%
职工平均人数	人	0	203241		
华中公司	人		4351		
湖北	人		56825		
河南	人		52371		
湖南	人		46165		
江西	人		43529		

续表

项 目	单位	2001 年	2002 年	增长额	增长率
劳动生产率(不变价)	元/人	104754	123419	18665	17.82%
华中公司	元/人	317484	403918	86434	27.22%
湖北	元/人	61940	65677	3737	6.03%
河南	元/人	135065	165076	30011	22.22%
湖南	元/人	116798	136382	19584	16.77%
江西	元/人	82888	99421	16533	19.95%
劳动生产率(现价)	元/人	284497	338850	54353	19.10%
华中公司	元/人	1163628	1469382	305754	26.28%
湖北	元/人	178486	203484	24998	14.01%
河南	元/人	311594	381825	70231	22.54%
湖南	元/人	333665	377136	43471	13.03%
江西	元/人	236572	281815	45243	19.12%

注 不变价劳动生产率更适合纵向和横向比较，但国电考核是按现价。

科技与教育

(一) 科技工作

(1) 传达了国家电力公司 2002 年度科技工作精神，部署和执行了加快科技进步的战略决策和任务，加快了国电华中公司科技进步的步伐。参加了国家电力公司组织的全国电力科技处长和科技成果管理工作会议，并在华中公司中贯彻落实。

(2) 制定了《国电华中公司科技项目管理办法》。《管理办法》对公司各部门在科技工作中的职责、科技项目的选题、计划编制、立项到合同签订、项目管理、知识产权等进行了规定。在科研项目立项方面较以往有较大改变，明确规定华中公司本部及所属单位(公司)是科研项目立项和申报的负责单位，其他单位只能作为项目协作单位参与申报。确保华中公司有限的科研经费能够优先用于解决本单位生产难点和科研发展问题。

(3) 认真编制下达了 2002 年度国电华中公司科技开发推广项目计划，积极配合国电公司申报国家 863 科技攻关项目。2002 年计划开展科技项目 42 项，经费总额 300 万元。2002 年 12 月，根据国家电力公司的安排，华中公司联合中科院上海技术物理研究所、中科院遥感应用研究所等单位正在向国家科技部申报 863 项目“遥感技术在输电线路监测中的应用”。

(4) 2002 年 4 月 17 日在湖北武汉市召开了 2002 年度科学技术进步奖评审会议，认真组织了科技进步奖的评审工作。共评定出获奖成果 16 项，其中一等奖 2 项，二等奖 8 项，三等奖 6 项。

(5) 加强对华中科技大学、武汉大学、武汉电力设备厂等单位承担的重大科技项目跟踪管理，对历年科技项目进行现场检查和组织协调工作，促使项目按合同执行。

(6) 抓好武汉大学承担专利实施的高新技术项目“零过渡过程动态无功补偿装置”、华中公司与襄樊市湘成化工机械研究所合作研究的“燃煤电厂烟气脱硫新技术的工业规模试验”、华中公司与华中科技大学合作开发的 500kV 组合式光学电流电压传感器(OMU) 等重点科技项目的管理和协调工作。

(7) 依据国电华中公司科技发展规划精神，从华中公司近几年来推广应用的科技成果中遴选出来市场前景好、技术先进、综合经济效益好、符合国家产业政策的科技成果，组织推广。例如技术中心研制的大型地网接地电阻测量装置技术先进，实用性好，解决了测量环境中存在的十分复杂和严重的外界干扰，提高了测试结果的可信度，在湖北省农网城网改造设备招标中，力挫群雄，勇于夺标，设备得到了较大范围的推广应用。

(二) 教育培训工作

(1) 年初，结合年度培训计划的编制工作，在公司员工中进行了培训需求问卷调查，在对员工的问卷进行汇总分析的基础上，制定出了公司的年度培训计划。2002 年，公司的培训任务得到了较好的完成，全年共举办各类培训班近 30 期，培训员工 1128 人次，全员培训率达到 68%。

(2) 2002 年，举办了第 8 期培训班，培训处级干部及二级单位(公司)中层干部 39 人，全面完成了处级干部的工商管理培训任务。随着电力体制改革的进一步深化，为保证改革的顺利进行，帮助广大处级干部统一思想、理清思路、积极投身改革实践，根据公司党组的要求，先后举办 3 期关于电力体制改革的处级干部学习班，共有 109 名处级干部参加了培训。

(3) 加强一般员工培训工作。一是积极开展工商管理知识培训。结合工作岗位需求，组织举办了财经管理、生产管理及综合管理 3 期一般员工的工商管理知识培训班，共有 160 多名一般员工参加了培训。二是举办计算机培训班 2 期，培训员工 84 人次。同时，充分发挥各专业处室的作用，加强对广大专业技术人员的培训，积极对专业技术人员进行新知识、新技术的培训，培养高层次的技术人才。

(4) 2002 年成功地组织了电网生产及安全管理、火电厂生产管理等境外培训，共有华中五省一市及国电华中公司受托管理发电公司的43名高中层管理人员参加了培训。经过认真选拔及考核，公司还选送了5名年轻的管理人员赴加拿大蒙特利尔高等商学院攻读MBA。

(5) 利用国内高校的教学资源，与国外大学合作培养高层次管理人才。2002年10月，在华中科技大学举办的由华中科技大学和加拿大蒙特利尔大学联合全英语教学的华中能源管理在职研究生班圆满完成，参加学习的15名学员都顺利毕业。

(6) 认真做好博士后工作站管理工作。

(7) 继续做好华中电网教育培训的宏观协调服务工作。①为进一步规范培训管理，继续组织华中四省电力公司编制《电力行业教育培训综合管理软件系统》，先后完成了《依据库》和《试题库》的编制工作和《岗位培训手册》的修改工作。②牵头组织进行了现代企业培训标准及培训技术学习班，共有来自网内各省公司人力资源或教育培训管理部门的53名管理或业务骨干参加了培训。③组织召开了全网教育培训工作会议，对《国务院关于大力推进职业教育改革与发展的决定》的贯彻落实进行了部署，并对近两年全网教育培训工作进行了总结。召开了全网成人中专工作总结会，对全网成人中专的有关工作进行了总结。

改革与管理

1. 安全生产工作取得了重大进步

华中公司和四省公司及各独立发电公司始终把确保电网安全稳定运行作为安全生产工作的核心，认真贯彻《安全生产法》，坚决执行国电安全生产1号令、2号令，切实落实各级安全生产责任制和国电颁发的《二十五项反措》，认真开展“全国省级以上调度机构无责任事故年”活动，强化安全生产工作的规范化管理，确保了电网安全稳定运行。电网经受了历史最高负荷的考验，保证了重大节假日、夏季高温时节、年初岁末“缺煤少水”时期和十六大期间的安全可靠供电。华中电网保持了连续20年无主网稳定破坏和大面积停电事故，连续19年无垮坝、漫坝事故发生；特别是全网第一次实现了生产、基建无人身死亡和重大设备事故的“双零目标”，全网的安全生产工作取得重大进步。

2. 经济效益稳步提高

华中公司在年初成立了电力营销工作领导小组，坚持以经济效益为中心，从优化电力电量调度和争取电价政策等方面着手，加大电力营销力度，争取到了华中电网网省间临时电力交易价格，实现了网内网外电力资源优化互补，公司的主营业务收入达到43.12亿元，比2001年增长17.48%。在各省公司的支持下，公司完成了电费回收指标，解决了与湖南石门电厂在融资和河南南阳能源总公司在用电权纠纷方面遗留的问题，维护了国有资产安全。通过层层落实资产经营责任制，并成立了六个经营目标监控小组，帮助有关单位落实电量计划，争取电价政策，解决生产、经营等方面的重大问题，有效地控制了部分单位的亏损额度，促进了三门峡华阳、湖北襄樊发电公司和华中电力物资公司、燃料公司、科技公司等单位增产增收，为公司全面和超额完成资产经营指标发挥了重要作用。公司所属多种经营产业不断开拓市场，加强企业管理，经济效益进一步提高。公司把运用法律手段有效预防和化解经营风险作为进一步加强内部管理、提高经济效益的必要途径，依法治企的水平进一步提高。通过加强审计监督、强化财务管理、创新理财手段、优化财务工作外部环境，进一步完善了财务内控制度，保证了资金有效回收和安全使用，公司的财务状况明显好转。

3. 电力规划和电力建设迈上新台阶

(1) 公司和四省公司根据电力供需出现的新矛盾和电力发展的新要求，着手开展了“十五”后三年华中地区电力发展规划的调整工作，加快了电网、电源项目的前期工作步伐。黄石西塞山、蒲圻和沁北等一批火力发电工程相继开工建设，水电工程水布垭电站实现截流、三板溪电站开工的前期准备工作加快。

(2) 重点围绕落实国家关于“西电东送，南北互供，全国联网”的部署和确保三峡电站电力“送得出、落得下、用得上”的要求，参与了华中电网与华北、西北等周边地区联网工程的前期工作，配合国电加强了三峡配套输变电工程的建设和投产调试、试运工作，开展了与三峡输变电工程配套的220kV电网工程的建设。

(3) 公司围绕促进区域资源优化配置和加快华中区域电力市场建设的要求，完成了建设规模为变电容量200万kVA、线路长度640km、投资估算约17亿元的500kV输变电工程的前期工作，并将相继开工建设；加快了电网二次系统建设步伐，完成了华中电网光纤通信传输网及数字同步网工程的前期及上报可研工作，华中电网系统二次工程、特别是电网信息基础设施的建设将跨上新的台阶。

(4) 公司精心指导受托管理的九江电厂三期工程建设，使该厂的1号机组通过了168h满负荷试运行，2号机组进入调试阶段，实现了九江电厂三期工程建设的年度目标。信阳、益阳电厂各两台机组均被国电命名为基建移交生产达标机组。

4. 电网运行管理水平有了新的提高

(1) 全面推行“运检分开”的电网管理模式。在500kV凤南线先行采用“运检分开”试点的基础上，

2002 年，通过签订新的委托运行维护协议，改变了原来的修理费“大包干”的管理方式，对公司直接经营管理的电网全面实行了“运检分开”，有效地控制了生产成本，加强了对所辖设备的有效治理。

(2) 加大了电网设备治理的力度，精心组织电网非常规检修和事故抢修，提高了设备的健康水平。公司高质量地完成了 7 条线路、607 基杆塔的防腐任务；积极、有效、合理地安排了 500kV 白河变电站的事故抢修工作，确保了电网安全稳定运行；完成了线路调爬、杆塔地网改造、杆塔更新改造等技改和非标检修工作，设备的健康水平进一步提高。

(3) 进一步加强了发供电可靠性管理工作。公司编辑出版了《国家电力公司华中公司可靠性管理年报》；召开了“2002 年度华中电力可靠性指标发布电话会议”，向全网各电力企业发布了 2001 年度的可靠性指标。

(4) 电网的调度与指挥能力和控制水平进一步提高。华中电力调度通信中心进入中国一流电网调度机构之列。加强了备用容量统一管理，实现了全网备用容量共享，全网平均发电负荷率达到 81.07%，比上年上升了 1.2 个百分点，调峰燃油量显著减少；认真执行了《华中电网水电厂减少弃水增发电量管理办法》，优化水库调度，减少了弃水调峰损失电量，全网的水能利用提高率从上年的 4.1% 提高到 5.6%，取得了良好的经济效益和社会效益。全网 220kV 及以上系统的继电保护正确动作率达到了 98.96%，超过了国际一流电网调度机构标准的要求。全网电能质量继续保持优良水平，全网频率合格率按 50±0.2Hz 考核达到 99.99%，按 50±0.1Hz 考核达到 99.89%；全网电压合格率达到 99.89%。

(5) 电力交易系统建设取得新的进步，跨省跨网电力交易取得新的突破。华中电网关口电能量计量系统于 2002 年 9 月 1 日正式用于关口电量结算，使公司与四省公司及有关电厂的计量结算工作实现了规范、高效。华中电网与川渝电网实现联网，500kV 龙政直流输电系统投入运行，华中电网的辐射作用和促进电力资源优化配置的能力进一步增强。加大了网内省间电力交易力度，全年网内省间交换电量 57.39 亿 kWh，比 2001 年增长了 6.90%。积极贯彻落实“西电东送”部署，跨网电力交易力度明显加大，全年华中向华东送电达到 43.84 亿 kWh（含转送二滩电站电量 14.4 亿 kWh），两网交换电量达到 50.40 亿 kWh，超额完成了国电下达的“西电东送”任务，创造了华中与华东联网以来两网交换电量的新纪录。

5. 电力体制改革稳步推进

华中公司按照国电的统一部署，正确把握和处理改革、发展、稳定的关系，积极稳妥地开展电力体制改革的各项准备工作。①组织干部职工认真学习国务院国发［2002］5 号文件和国阅［2002］18 号会议纪要精神，引导干部职工把思想统一到党中央、国务院关于电力体制改革的决策和部署上来；认真落实国电关于贯彻落实《电力体制改革方案》的各项要求，成立了公司体制改革办公室，举办了三期处级干部学习班，为顺利开展改革的各项准备工作奠定了坚实的思想和组织基础。②围绕建立华中区域电力市场开展了比较深入细致的专题调查研究，完成了《华中区域电力市场研究系列课题研究报告》，将为下一步华中区域电网重组和华中区域电力市场的建立提供指导。③积极支持和参与改革，及时向国电提出了关于华中区域电网保留应急、调峰电厂和厂网分开、主辅分离、三产重组等方面的意见和建议。④高质量地完成了有关发电公司移交的准备工作。

6. 党的建设和精神文明建设不断加强

公司以深入学习贯彻“三个代表”重要思想和十六大精神为主线，坚持理论学习，用理论指导实践。制定了《直属单位党委“五好”班子考核评分细则》和《选拔任用领导干部工作暂行条例》，指导了襄樊、信阳华豫、益阳和三门峡华阳发电公司完成了党委换届工作，加强了党的基层组织建设。文明单位创建工作取得新的成果，公司本部再次被中央文明委评定为“全国精神文明建设先进单位”，有一半以上的直属单位已进入国电和省级文明单位行列。军民共建和扶贫济困活动深入开展。公司重视民主政治建设，坚持了行之有效的民主管理制度，积极推行厂务公开，企业的民主政治建设提高到了一个新水平。深入开展了党风廉政建设，各级领导干部抓党风廉政建设的责任感和廉洁自律意识普遍增强；反腐败领导体制和工作机制得到了有效落实；党风廉政建设责任制的配套制度逐步健全；效能监察逐步到位；围绕“制权、管钱和用人”等中心环节，加大了从源头上预防和治理腐败的力度；全面落实了党风廉政建设责任制。工会和共青团围绕电力生产经营，积极开展各种活动。公司认真落实了稳定工作责任制，深入排查了不稳定因素，为维护社会稳定做出了应有的贡献。

主要事件

1 月 24～25 日，国家电力公司华中公司 2002 年工作会议在武汉隆重召开。会议总结了华中公司 2001 年的工作，分析了面临的形势，部署了 2002 年的主要任务，提出“加快发展华中电力市场”的总体要求，号召公司干部职工为适应电力体制改革和华中电网发展的要求而团结奋斗。

3 月 26 日，华中调度通信中心以优异成绩通过国家电力公司组织的创一流调度机构验收，被授予

“中国一流电力调度机构”称号。

5月27日，500kV三万线(三峡—万县)正式投运,华中电网与川渝电网实现联网;12月8日,500kV龙政(龙泉—政平)直流输电线路单极投运,开辟了华中—华东电力输送第二通道。华中电网的辐射作用和促进电力资源优化配置的能力进一步增强。

5月13日，国家经贸委印发了《关于撤销华中电业管理局的批复》(国经贸电力［2002］296号)，华中电业管理局正式撤销。

华中电网日最大用电负荷和日用电量创历史新高。7月15日，华中电网日最大用电负荷达到3079万kW，7月16日，华中电网日用电量达到64894万kWh，均比2001年最大值增加10%以上，这是华中电网日最大用电负荷和日用电量首次突破3000万kW和60000万kWh。

电力建设工作再创佳绩。信阳、益阳发电工程4台300MW发电机组和500kV南阳白河变工程均通过达标投产验收；九江三期发电工程1号机组顺利通过168h满负荷试运行，取得阶段性的重大胜利；500kV黄石变、襄樊变等电网工程的前期工作按计划顺利推进。

华中公司电力营销工作迈上新台阶。3月7日，华中公司电力营销工作领导小组成立并积极开展工作；4月27日，华中电网临时(短期)购售电电价得到国家计委批复。2002年，通过华中公司的组织和协调，网省间新增计划外交易电量23.8亿kWh，明显提高了华中公司主营业务的收入。

华中公司全面完成了国家电力公司下达的“三项责任制”目标，圆满完成国庆节和十六大等重大节日期间的保电任务，保证了职工队伍和生产秩序的稳定。

2002年度，华中公司安全生产责任制考核为“优”，全网实现安全稳定运行20年；实现利润5417万元，完成国电公司考核指标的306.9%；党风廉政建设责任制考核为“优”。

圆满解决华中电力开发公司投资湖南石门电厂股东融资转为项目融资问题，妥善处理了华中公司投入沁北电厂工程的前期资金问题和三门峡华阳发电有限责任公司委贷问题，华中公司债权清理回收工作取得明显成效，公司财务状况得到改善。

两个文明建设工作再传捷报。2002年，华中公司再次被湖北省委、省政府授予年度省级“最佳文明单位”称号，并经全国精神文明建设指导委员会考核，继续保持“全国精神文明建设工作先进单位”称号。

(刘胜鸿)

河南省电力工业

2002年，河南省电力公司党组紧紧依靠和带领广大干部职工，与时俱进，努力拼搏，圆满完成了省政府目标管理、国家电力公司三项责任制和公司各项工作任务。公司售电量完成650.69亿kWh，同比增长13.31%。全省发电量完成895.93亿kWh，同比增长12.56%。全社会用电量完成916.25亿kWh，同比增长13.34%。主要经济技术指标均实现两位数增长。

(一)讲政治，顾大局，以企业稳定的良好局面服务电力体制改革

面对电力体制改革的复杂性、艰巨性，公司党组认真贯彻落实国务院国发［2002］5号文件和国阅［2002］18号纪要精神，按照国家电力公司的统一部署，扎实做好改革的各项工作。积极主动地研究问题，实事求是地反映情况，认真负责地提出建议，争取了工作的主动。完成了有关分离电厂的安全管理和劳动人事资料的移交工作。做到了指挥不断、秩序不乱、管理不散。

始终把稳定工作放到突出位置去抓。落实稳定工作责任制，认真排查不稳定因素，及时做好深入细致的工作，努力把不稳定因素化解在基层和萌芽状态。全年没有发生影响公司形象和稳定的重大事件。

(二)以“零违章”保“零事故”，安全管理开创新局面

认真落实安全生产责任制，完善安全三级管理网络。以反习惯性违章为突破口，全面开展以“零违章”保“零事故”活动。坚持严管重罚，“违章就下岗”。在电力紧缺的情况下，积极采取措施，使电网经受了高负荷、大潮流的考验，保证了电网安全稳定运行，完成了春节、省九运会、十六大等重要时期、重大活动和重点部门的保电任务。

公司系统未发生重大及以上电网事故、设备事故、火灾事故和施工机械损坏事故，一般事故和一类障碍明显下降。22个生产单位实现了连续安全生产超过1000天。平顶山市电业局实现安全生产3160天，列全国发供电企业第二名。公司基建系统实现安全生产10周年。河南第二火电建设公司实现安全生产5110天，创全国施工企业最高纪录。

(三)加快结构调整,电力发展迈上新台阶

抓住“西电东送、南北互供、全国联网”带来的战略机遇，加大电力结构调整力度，资源配置进一步优化。

主网建设取得新进展。争取国家批准了该省

500kV 主网架南北方向梯形网络结构规划。新建、扩建 500kV 变电站 3 座，增加变电容量 225 万 kVA，投运输电线路 164km；新建、改扩建 220kV 变电站 6 座，增加变电容量 72 万 kVA，投运输电线路 176km。省内“西电东送”能力由 150 万 kW 提高到 200 万 kW。

城网和农网一期改造工程顺利完成。城网改造是全国第三个竣工省份，工程质量全部达到优质标准。农网一期改造项目全部通过省级验收，我省被国家计委、国家电力公司评为全国农网改造先进省。城乡居民生活实现用电同价，农村低压电价由每千瓦时 0.85 元降到每千瓦时 0.53 元，每年直接减轻农民负担 13 亿元。农网二期工程全面铺开，完成总投资的 90%以上，达到了省委、省政府和国家电力公司要求的进度目标。

积极支持和推进电源建设。投产新乡、开封火电厂 2 台 13.5 万 kW 技改机组。南阳回龙抽水蓄能电站进展顺利。沁北电厂、永城电厂开工建设。宝泉抽水蓄能电站、郑州天然气电站、平顶山热电联产工程等电源项目前期工作扎实推进。截至 2002 年底，全省 6000kW 及以上装机容量达 1821 万 kW。

“走出去”战略迈出新步伐。与越南第一电力公司在电力建设、机电产品出口等领域的经济技术合作取得积极进展。基建施工企业在孟加拉国、越南、埃塞俄比亚、尼日利亚等亚非国家承揽了多项电力建设工程。公司对外设备进出口、电力建设项目等合同金额累计 3 亿多美元。公司被国家电力公司授予实施“走出去”战略先进集体。

多经企业积极适应体制改革的需要，按照现代企业制度要求，加快公司制改造，不断推进体制和机制创新。在产品结构调整、项目开发、市场开拓等方面取得了新的进展，为公司深化改革、减人增效、稳定队伍发挥了积极作用。

（四）实施管理创新，企业管理进一步加强

实施全面预算管理，大力推进收支两条线。初步建立了“资金集约化、支付预算化”的管理机制。公司集中资金量增加 23.6%，节约财务费用 3000 万元。严肃财经纪律，有效治理乱投资、乱借款、乱担保，防范了财务风险。积极争取政策支持，推动政府部门出台了电网服务费等政策。建立了电费回收风险防范和责任追究制度，不断加大电费回收力度。

审计监督得到加强。健全自我约束机制，增强内部控制力。开展任期经济责任、营销、城乡电网改造等重点项目审计，规范企业经营行为，促进了企业增收节支。积极配合政府审计部门工作，维护了公司合法权益。

“数字豫电”建设取得新进展。全省 2190km 的光缆干线工程全部建成，基本形成了覆盖全省的宽带综合业务数据传输网。同时，加强企业基础数据管理，实现了基层各单位综合管理信息系统联网。建成电力市场技术支持系统、电力营销管理系统、基建管理信息系统。静止无功发生器获得国家科技进步二等奖，是公司历年来获得的最高科技奖项。

加大设备治理力度，不断提高生产管理水平。大修机组全优率达到 50%以上，开关无油化改造达到 70%以上，城区 110kV 变电站基本实现无人值班，中压供电可靠率达到 99.94%。三门峡、焦作、开封市电业局通过国家电力公司一流企业验收，至此，公司系统已有 13 个单位成为一流企业。8 个县级供电企业进入国家电力公司一流行列。

（五）全面启动“金桥工程”，电力优质服务不断深化

以“金桥工程”为载体，着力打造河南电力服务品牌。优化营业服务流程，推进服务程序标准化、规范化建设。各市电业局全部建立了客户服务中心，提前一年建成客户信息服务系统。认真落实“优质、方便、规范、真诚”的服务方针，大力推行客户经理制、代办制和首问负责制。深入开展乡供电所规范化建设和行业文明示范窗口建设。在兑现 9 项服务承诺的基础上，推出 4 项新的便民措施，重点解决客户关心的热点、难点问题，实施全方位、不间断的服务。

建立健全公司系统服务作风监督体系。成立了电力客户关系委员会，聘请了电力行风监督员。完善投诉举报制度。深入开展供电服务明察暗访，组织了“河南电力优质服务中原行”活动，充分发挥新闻舆论的引导和监督作用。根据行风抽样调查，电力行业客户综合满意率达到 97.8%，一批市、县电业局在当地行风评比中成绩优秀，电力服务水平不断提高。

（六）积极推进人才工程建设，队伍素质稳步提高

大力推进管理人员、专业技术人员和生产技能人员三支队伍建设。组织“111”人才培养工程选拔，108 名管理人员、103 名专业技术人员和 808 名生产技能人员进入人才培养工程。加强各级、各类人员的培训，公司共举办培训班 80 余期，3800 人·次参加了培训。在公司系统选拔了 40 名管理和专业技术人员，将分批送到国外进行有针对性的培训。开展了 14 项劳动竞赛和技术比武，举办了河南电力职工生产运动会。积极参加全国继电保护、营业用电技能等比赛，取得了较好成绩。

认真做好人才评价和管理工作，建立专业技术人员信息库，进一步完善了人才培养、使用、引进和激励机制。完善了企业年薪制考核办法，继续实行高学

历、高技能人才津贴制，探索多种分配形式，有效调动了职工学习、工作的积极性。

（七）加强和改进作风建设，推进企业民主管理

公司党组以学习贯彻江泽民同志“5·31”讲话和“三个代表”重要思想、十六大精神为主线，落实“求真务实、作风建设年”要求，以作风建设为突破口，全面加强党的思想建设、组织建设和作风建设。坚持党风廉政建设责任制，加大从源头上预防和治理腐败的力度，狠抓反腐败工作三项任务，全面完成党风廉政建设各项责任目标。

加强公司本部约束激励机制建设。对本部各部门实行双文明建设责任制考核。组织基层单位、职工代表分别对公司各部门、处级以上干部进行综合评议。推行本部财务预算管理、费用包干，堵塞管理漏洞。大幅度精简了会议、文件和简报。

创建文明单位、文明行业工作成效显著。平顶山市电业局被中央文明委命名为创建文明行业先进单位。继许昌市电业局之后，系统内又有安阳市电业局、鹤壁市电业局、送变电公司、新乡火电厂被授予全国精神文明建设工作先进单位。安阳市电业局还荣获全国“五一”劳动奖状。平顶山市电业局、郑州热电厂被命名为国家电力公司双文明单位标兵。11个市电业局被评为当地文明行业。

贯彻依靠职工办企业的方针，认真落实新《工会法》，深入开展企务公开，加强企业民主管理，职工的民主权利得到尊重和落实。公司被中央企业工委授予全国电力系统唯一一家企务公开先进单位。努力改善职工生活。扩大了扶贫济困基金，对困难职工进行了及时救助。医疗保险和职工基本养老保险改革顺利推进，职工利益得到保障。居民小区建设水平不断提高，5个小区进入国家级优秀物业示范小区行列。后勤服务“五个一工程”基本完成。离退休职工的政治和生活待遇得到落实。广大职工安居乐业。

主要事件

1月31日，河南省电力公司四届一次职代会及2002年工作会议在郑州召开。

2月22日，国家电力公司任命吕海平为河南省电力公司总经济师。

3月27日，省公司召开党组扩大会议，通报国电公司《关于贯彻落实电力体改工作有关意见的通知》。

4月3日，省公司召开公司系统党政主要负责人会议，传达国务院关于电力体改的决定。

4月29日，二期农网改造工程启动，总投资为60亿元。

5月26日，河南电力“金桥工程”全面启动。

5月29日，省公司领导率领7个调研小组，到全省电力系统就安全、发展、稳定、经营等问题进行集中调研。

6月13日，省公司被河南省委、省政府评为扶贫开发工作先进集体。

6月19日，省网最高负荷达1087万kW，日用电量达2.13亿kWh。创历史最高纪录。

6月30日，500kV洛郑输变电工程获国家优秀工程。

7月5日，省公司被省委省政府命名为廉政建设优秀单位。

7月19日，省火电二公司实现安全施工5000天。

8月5日，河南省第一座220kV无人值班变电站洛阳中州变电站投运。

8月28日，国电公司副总经理赵希正来省公司考察工作。

8月28日，越南北方电力公司代表团考察河南省电力公司。

9月5日，省计委主持召开全省城乡居民生活店家调整听证会。

9月25日，郑州荥锦垃圾电厂发电。

10月16日，全国省级电力行协负责人会议在郑州召开。

10月26日，我国首台60万kW超临界国产化依托项目——华能沁北电厂一期工程开工。

10月26日，500kV郑开输变电工程建成投运。

11月22日，全省用电实现同网同价。

11月26日，永城电厂奠基，总装机120万kW，一期2×30万kW。

（孔志鹏）

湖北省电力工业

综述

2002年，公司全体员工按照“三化一流”的战略部署，积极适应电力体制改革的新形势，努力营造良好的发展环境，加快电网发展、深化企业改革、加强经营管理，公司经营状况明显改善，经济效益明显提高，三项责任制指标全面完成。

年末，全省6000kW及以上电厂发电设备装机容量1470.39万kW，其中水电656.91万kW，占44.41%。全省35～500kV公用变压器总容量3999.17万kVA，输电线路总回路长度3.85万km

其中，500kV 输电线路 2723.15km，变电站 5 座，变电容量 578.2 万 kVA；220kV 线路 6767.97km，变电站 74 座，变电容量 1510.5 万 kVA；110kV 线路 1.22 万 km，变电站 364 座，变压器容量 1594.14 万 kVA。

年末，省公司资产总额 352.60 亿元，比年初增长 15%；所辖发电、供电、科研、设计、基建、设备制造、专业学校等企事业单位 36 个，年末职工人数 56581 人，比 2001 年净减少 1163 人，减幅 2.6%。工业全员劳动生产率 8.64 万元/（人·年），比 2001 年增长 8.8%。2002 年，湖北省电力公司发、售电量完成情况见表 1。

表 1　2002 年湖北省发电量、售电量完成情况

指标名称	计量单位	2001 年	2002 年	增幅（%）	备注
全口径发电量合计	亿 kWh	590.70	621.55	5.22	
水电	亿 kWh	270.26	278.54	3.07	
火电	亿 kWh	320.45	343.01	7.04	
6000kW 及以上发电量合计	亿 kWh	574.89	604.34	5.12	
水电	亿 kWh	254.69	261.8	2.79	
火电	亿 kWh	320.20	342.54	6.98	
公司直属电厂发电量	亿 kWh	17.78	17.63	-0.82	
公司直属地市局售电量合计	亿 kWh	387.00	410.55	6.09	
其中：					
大工业用电	亿 kWh	222.37	240.63	8.21	
农业用电	亿 kWh	5.27	5.26	-0.19	
商业用电	亿 kWh	14.35	16.04	11.78	
居民生活用电	亿 kWh	64.27	66.54	3.53	
公司直售外区电量	亿 kWh	6.09	4.73	-22.33	
公司直售丹江口电量	亿 kWh	0	2.92	-	
丹江口自供区售电量	亿 kWh	14.03	18.54	32.15	

基本建设

加强电网规划及其可行性研究，根据负荷增长状况，滚动修编完成湖北电网“十五”规划和 2015 年远景规划，完成湖北省及各地区电网规划修编报告；组织湖北电网一次系统的专题研究，确定 2015 年目标网架，电网规划水平不断提高。

电力建设完成投资 65.29 亿元。根据不断发展的市场现状和湖北电源储备容量减少的实情，适时启动了电源项目建设。黄石西塞山电厂（2 台 33 万 kW 机组）、黄龙滩水电厂扩机（2 台 17 万 kW）、蒲圻电厂（2 台 30 万 kW）、青山电厂油改煤（1 台 20 万 kW）等四大电源项目相继开工，总装机容量 180 万 kW，结束了多年来省内无重大电源点开工的历史，扭转了电力建设市场疲软的被动局面。同时，白莲河抽水蓄能电厂项目建议书已报送国家计委，沙市热电厂天然气改造项目已由国家计委正式批准立项。

主网建设完成投资 4.93 亿元，新增 220kV 变电容量 18 万 kVA，线路 170km；新增 110kV 变电容量 68 万 kVA，线路 336km。电网供电能力进一步加强，电网结构趋于合理。实现川渝与华中电网互联。配合三峡电力外送，全省境内的 500kV 宜昌变电站、孝感变电站和荆门开关站相继建成投产；建成 500kV 交、直流线路 8 条、1623km。

总投资 52.89 亿元的城网改造工程全面完工；总投资 88.96 亿元的农网改造一期工程基本完成；总投资 36.5 亿元的农网改造二期工程完成已下达计划的 99.41%。总投资 26 亿元的县城电网改造工程已申报国家计委。

电力设计、施工和修造企业立足湖北，面向全国，走向世界，创市场的路子越走越宽广，仅海外市场就包括伊朗、苏丹、伊拉克、马来西亚和越南等国。7 家主要基建单位累计完成产值 10.00 亿元，其中国外产值 2249 万元。

严格基建程序，加强基建工作的标准化、规范化、制度化建设，保证了整体基建水平的不断提高。省公司先后印发电力工程合同、造价、计划、资金、审计工作管理办法，制定了工程建设管理组织框架及其职责权限，强调基本建设程序和施工工艺流程。嘉鱼、龙凤坝、武展、民生四项 220kV 输变电工程通过达标投产复检。2002 年湖北省电力公司固定资产投资完成情况见表 2。

表 2　2002 年湖北省电力公司固定资产投资完成情况表　单位：亿元

指 标 名 称	计划数	实际完成	增幅（%）
大中型基建投资总额	13.64	10.32	77.26
城网改造投资总额	14.31	13.41	-19.3
农网改造投资总额	44.07	39.85	28.06
小型基建投资总额	1.23	1.78	31.23

生产管理

由于湖北水电比重大，且大部分水电站调节性能较差，枯水季节水电出力大幅度下降，而枯水期煤炭的采购又十分困难，导致1、2和12月份发生全省电力市场出现短时供不应求的局面。7、8月份正值盛夏酷暑，降温负荷高达300万kW以上，高峰时段电力供应紧张。省公司和各发供电企业克服重重困难，千方百计组织生产，实施科学调度管理，满足了国民经济发展和人民生活用电的需要。全省6000kW及以上机组发电量604.3亿kWh，比2001年增长5.12%；发电设备平均利用小时4118h，同比增加144h。电网负荷再创历史新高，最高用电负荷915.2万kW，比2001年增长7.62%；最大日用电量1.96亿kWh，同比增长10.71%；最大峰谷差337.3万kW，同比增长2.8%。调度中心等单位配合国调中心，圆满完成“川电东送”和三峡至常州500kV直流工程的调试任务。

全面落实安全生产责任制，严格执行国家电力公司安全生产1号令、2号令，加强电网调度管理，实现连续20年无主网稳定破坏事故。实施“三抓”（抓人的素质、抓规章制度、抓科学技术）和“四防”（防人身伤害、防电网事故、防主设备损坏、防误操作）措施，开展“安全生产月”和“无违章职工、无违章班组、无违章企业”创建活动，共查出隐患1800余起，全部进行了整改；25个单位累计完成70个百日安全无事故记录（计划46个），农电伤亡事故、电力生产人身重伤事故、性质严重的误操作事故明显减少，实现安全生产“双零”目标。开展安全性评价工作，加强抗洪防汛工作，确保汛期电网、电厂与大坝安全。圆满完成党的十六大等重大政治活动和节日的保电任务，受到省委、省政府明传电报表扬。

经营管理

2002年，省公司面临城乡电网改造带来的折旧费、财务费用剧增，人工成本刚性上升，购电结构难以优化，购电成本持续上涨等诸多困难，经营压力非常大。为此，省公司坚持内抓管理、外拓市场，着力提高经济效益。

在2001年试点基础上，各供电单位全面推行“收支两条线”管理，控制了部分单位资金使用上的盲目性和随意性，有效防范了公司的经营财务风险；建立“网上银行”集团理财系统，实现实时理财、电子化理财，资金使用效益明显提高。加大投融资管理力度，全年收回本息5亿元。通过委派资产经营管理人员担任董事与监事，强化省公司对子公司、分公司的风险管理。执行成本标准化管理，加强基本建设投资和小型基建投资的管理，确保制度的严肃性；改革内部管理制度，省公司机关非生产性成本大幅降低，各项管理费下降了524万元。加强负荷预测和经济调度，精心安排购电计划，优化购电结构，全年购电量440.6亿kWh，比2001年增长7.63%，购电成本完成234.10元/（MWh），低于预算1.46元/（MWh）。开展网间电力交换的运作，寻找新的利润增长点，省间交换电量4.73亿kWh，实现收入1.03亿元。继续开展降损工作，大力打击违章用电和窃电行为，线损率有所下降。对全省使用专用变压器的用户进行全面营业普查，对全省大用户的各类用电电价执行情况进行重点检查，挽回经济损失1039.6万元，进一步规范了电力市场秩序。公司领导督促电费回收工作，电费回收取得很好效果。调整销售电价，实现全省城乡用电同价。开展审计成果运用检查，促进审计成果有效地转化为管理行为，维护了各项管理制度的严肃性，增强被审计单位自觉执行审计决定和审计意见的意识，规避和减少了风险。

全年，公司售电量完成413.56亿kWh，同比增长6.86%；售电均价404.11元/（MWh），同比提高8.99元/（MWh）；在消化了新增人工成本2.4亿元及城农网改造新增资产折旧3.55亿元的情况下，公司仍实现利润2.75亿元，超额完成国家电力公司考核指标。资产负债率72.74%，净资产收益率2.94%。应收电热费余额19.89亿元，比国家电力公司考核指标低820万元。上缴投资收益7910万元。线损率完成8.21%，同比下降0.62个百分点。

市场开拓

加强市场调研，调整营销策略，努力提高公司的市场份额和经济效益。针对丰枯电价造成公司效益流失严重的情况，积极与省政府、省物价局联系，对全省丰枯电价的执行时段及调整比例做了重大调整，每年可为公司增加售电收入4000万元以上。为促进湖北招商引资工作以及用电增长，极大地提高主网用电的市场份额，研究制订了《湖北省发电企业对大用户实行直接供电的试行方案》。

稳步推行电力需求侧管理，努力提高电能在能源终端消费市场上的比例。在大中城市中心营业所开展电力需求侧产品展示活动，展示由省公司统一设计的宣传内容和电器产品，引导社会合理消费电能。继续加大力度推广电热锅炉、蓄冰空调，全年共推广140台，新增用电容量5万kW。

2002年，全省全社会用电量561.96亿kWh，同比增长6.83%，创下了自1995年以来增幅最高的纪录，但比全国平均增幅10.3%仍低3.47个百分点，在全国31个省市自治区（除港澳台地区）中增幅居第23位，在华中四省中增幅居最后一位。全省2002年社会用电构成情况见表3。

表3　　2002年全省全社会用电量基本构成情况表

	单位	2001年	2002年	增幅（%）	备注
全年全社会用电量	亿kWh	526.02	561.96	6.83	
第一产业用电量	亿kWh	22.03	21.79	-1.09	
第二产业用电量	亿kWh	375.03	404.16	7.77	
第三产业用电量	亿kWh	56.71	61.11	7.75	
城乡居民生活用电	亿kWh	72.25	74.89	3.66	
其中：城市	亿kWh	51.61	53.46	3.58	
乡村	亿kWh	20.63	21.44	3.93	
人均用电量	kWh/人	880.43	938.51	6.60	低于全国平均水平
人均生活用电	kWh/人	120.93	125.07	3.42	低于全国平均水平
其中：城镇	kWh/人	210.48	214.11	1.72	
乡村	kWh/人	58.57	61.42	4.87	

优质服务

树立以客户为中心的营销管理思想，建立优质服务常态领导机制和运行机制，加强营业窗口建设，将优质服务重点向城镇居民用户和农村用电市场拓展。进一步完善供电服务承诺制，供电服务内容更加具体化、标准化，制定严格的客户投诉制度和营销优质服务奖惩制度。向社会公开办事程序、收费标准、服务承诺、举报电话等，自觉接受社会监督；对客户提出的问题，及时安排调查和处理落实。加快城市居民一户一表工程步伐，实现供电到户、服务到户。统一和规范农村电力营销管理业务，提高农村供电可靠性和服务水平，拓宽了农村用电市场。

继续开展增供扩销，消除供电卡口，解决用电难、交费难问题。①加强配网建设，加快配电变压器、低压皮线等低压配网的改造步伐，建立反应快捷的抢修服务队伍，提供全天候、全过程的故障处理服务，提高供电可靠性。②加强用电报装工作的日常监督管理，规范和简化工作流程，切实解决收费不规范、工期过长和“三指定”等问题。对报装工程的设计、施工和主设备采购实行委托协议制，提高了办事效率和服务质量。③在武汉、黄石、十堰、黄冈等地区开通银行联网实时收费，积极推行营业收费社会化服务。④积极推广电力营销信息系统、“95598”客户服务系统以及电力负荷管理系统，提高营销管理现代化手段，为优质服务奠定基础。

努力提高供电质量，实现电网频率合格率99.97%（>99.9%，括号内数字为标准要求，下同），城市供电可靠率99.84%（接近99.85%），城市居民客户端电压合格率98.83%（>92%），投诉举报办结率100%。农网改造工程为全省解决了380个未用电村和8万农户的通电问题，使村、户通电率分别达到100%、99.6%，并改善了570个乡镇、2380个村和778万农户的供电质量。农网供电可靠率、农村居民生活用电保证率达到99.5%以上，农村居民用电电价从0.83元/（kWh）降至0.52元/（kWh），每年为农民减轻负担4亿元。参加地方行风评议活动，面向社会广泛征求意见和建议，受到了行评代表和社会各界的一致好评。

信息化建设

按照信息化建设“统一领导、统一规划、统一标准、统一组织实施”的要求，编制了公司信息化发展规划。全面推进信息化建设，建成了覆盖公司系统的光纤网，实现了与因特网的安全连接。对办公自动化系统（OA）进行升级改造，实现了局域网上公文处理，公司本部与各基层单位实现了网上公文传递。管理信息系统（MIS）不断扩充、修改、升级，在企业管理中的作用日益增强。电网电能量采集系统（TMR）已经建成，电网电能量管理系统（EMS）功能得到完善。财务、营销管理信息系统建设取得了新的进展。

机制创新

适应形势的发展变化，不断创新，建立充满活力的企业机制。研究制定公司“三化一流”发展战略，企业发展有了明确的定位和目标。对公司部分部室机构设置和职能进行调整，先后成立随州供电局和武汉供电局桥口分局，组建蒲圻电厂建设项目部。对机关后勤系统进行市场化改革，重组物业公司，提高了后勤系统的经营与管理水平。推进物资采购供应体制改革，规范采购行为，降低管理成本。完成部分电力上下游产品专业化公司以及二级单位多经企业股份制改造工作。以标准化建设为中心，建立健全内部管理制度，改革机关本部招待费、会议费、办公费、车辆使用等管理办法。按照程序化原则，规范招投标、投融资、担保等重大事项的决策程序，杜绝随意对外投资、担保的现象。重新修订资产经营责任制考核办法，明确以“三项责任制”为龙头的管理主线，强调资产经营责任。实行营销改造专项工程项目管理，优化资产结构。加快农电体制改革，成立英山县供电有限责任公司；稳步推进乡镇电管站体制改革，全省已基本完成乡镇电管站体制改革工作；注重对代管县供电企业的管理和指导，代管县供电企业的经济效益全面好转。

多产业发展

2002年，省公司把多产业的发展战略纳入公司总体发展战略之中，统筹规划电力多产业的改革与发展；坚持实事求是的发展原则，因地制宜，突出重点，避免短期行为；继续推行管理民营化，把用工、用人、分配制度改革作为经营机制转变的重中之重。通过物资流通、房地产、信息通信和电力上下游产品等四大产业的开发和运作，有效地改善了电力多产业企业的产业结构。通过产权制度改革，维护了国家、企业、职工的合法权益，已建立244家股份制企业，占多产业企业总数的71%。通过加大内外两个市场的开发力度，为多产业创造一个稳定的创收、赢利空间。

期末，全省电力多产业企业资产总额84亿元，较2001年增长6.3%；实现经营收入58.26亿元，同比增长14.2%；实现利润1.88亿元，同比增长7.4%；全员劳动生产率4.36万元/(人·年)，同比年增长7.2%；职工人数32349人，其中安置主业职工12572人。全省电力多产业346家法人实体，其中亏损90家，亏损面26%，较上年降低2个百分点。

双文明建设

围绕迎接党的十六大召开，学习、贯彻十六大精神，开展标准化支部建设、党员示范班组和党员身边“无事故、无违章、无违纪”等党内主题活动，组织学习宣传贯彻江泽民同志“5·31”重要讲话精神和十六大精神，开展县级供电企业“三个代表”重要思想学习教育活动。深入开展职业道德建设，加强企业文化建设，开展丰富多彩的文化活动。努力为职工办实事，增强了公司的凝聚力，在深化电力体制改革的新形势下确保了职工队伍的稳定。在国家电力公司2000～2001年度文明单位评比表彰中，公司首次荣获“国家电力公司双文明公司”称号，荆州电力局、青山热电厂、电建一公司等21个单位荣获“文明单位”称号，襄樊供电局被评为“全国创建文明行业先进单位”，武汉供电局桥口供电分局通过了“全国创建文明行业示范窗口”的复查确认。

主要事件

1月29～30日，省电力公司召开2002年工作会暨二届六次职代会。

1月底，湖北省超高压局首次采用带电作业方式，圆满完成±500kV天（天生桥）广（广州）直流线路第一标段69基塔的绝缘子更换与调爬工作，表明中国±500kV超高压直流带电作业技术已进入实用化阶段。

4月22日，华中电网经500kV龙（龙泉）斗（斗笠）二回线、万（万寿）龙（龙泉）线与川渝电网成功并网。两电网的互联成功，实现了川电东送的目标。

“五一”前夕，省公司一批劳动模范和先进单位受到表彰。

6月28日，装机容量2台17万kW的黄龙滩水电站扩建工程正式开工。该项目由省电力公司独资兴建，建设单位有省水利水电总公司、中铁十一局集团公司、葛洲坝工程集团公司、中国水电第一工程局等。

7月8日，经湖北省人民政府批准，武汉电力职业技术学院正式成立。学院系专科层次的高等职业学校，前身是创建于1953年的武汉电力学校。

7月底，省电力公司首次获得国电公司双文明公司称号，省超高压局输变电局、黄冈供电局被授予国电公司双文明标兵称号。省电力公司所属19家单位获得国电公司双文明单位称号。年初，省电力公司还获得“全国思想政治工作优秀企业”荣誉称号。

8月7日，湖北电网实现安全稳定运行20周年。省电力公司作出决定，对在湖北电网安全稳定运行20周年作出突出贡献的陈厚章等30名专业技术人员及运行人员给予表彰。

8月28日，黄石西塞山燃煤电厂工程开工。

9月29日，中国长江电力股份有限公司在北京正式成立。

9月，全省关停青山热电厂5号和黄石电厂5号两台小火电机组，装机容量均为5万kW，都是1960年投入使用的。

10月18日上午10时28分，武汉供电局220kV珞珈山变电站220kV、110kV母线相间短路，随后，该站220kV电源侧05、02开关跳闸；110kV 3号、4号母线断电；一台220kV主变压器失压；与珞变相联的7个110kV变电站全部断电。同时，其他地方多处线路变压器也相继发生爆炸。事件引发武汉历史上配电网络波及面最大的外力破坏性停电事故，整个武昌区、洪山1/3的城区停电，损失负荷14.1万kW，损失电量22.2万kW，至最后一条线路送电，停电时间达7小时24分。

10月25日，设计安装2台30万kW机组的蒲圻电厂工程正式开工。

10月26日上午，清江水布垭水利枢纽工程提前一年顺利实现截流。

11月6日上午9时50，三峡坝址长江河道被彻底且永久截断。中央政治局常委、全国人大常委会委员长李鹏出席截流仪式并发表重要讲话。此次截流，共抛投土石料110万m^3，是1997年长江首次截流的3倍。

11月6日，年均发电量846亿kWh的三峡水力发电厂宣告成立。李鹏委员长和吴邦国副总理为该厂揭牌。

12月10日，湖北省城乡用电同网同价方案获国家批准，从当日抄见电量执行。

12月21日，三峡至常州±500kV输变电工程极Ⅰ系统送电成功,标志着中国最大的直流输电工程——三峡至常州500kV直流输电工程极Ⅰ系统胜利建成。

12月，汉川供电局、蕲春电力局和应城电力局被国家电力公司命名为一流县级供电企业，实现湖北省一流县级供电企业零的突破。

12月，“95598”供电服务热线先后在黄石、咸宁、武汉等地区开通。

机构设置

湖北省电力公司机关

总经理工作部	审计部
计划发展部	离退休管理部
资产经营部	保卫部
人事与董事管理部	党委办公室
人力资源部	党委组织部
财务部	党委宣传部
市场营销部	监察专员办公室
政策研究与法律事务部	湖北省电力工会委员会
多产业管理部	团委
生产技术部	基本建设部
安全监察部	调度中心
农电工作部	

湖北省电力公司所属发电厂

青山热电厂

黄石发电有限股份公司

荆门热电厂

沙市热电厂

湖北松源发电有限责任公司

武昌热电厂

湖北汉新发电有限公司

湖北鄂州发电有限责任公司

黄龙滩水电厂

白莲河水电厂

湖北长源发展有限公司

富水水力发电厂

湖北省电力公司所属供电局

武汉供电局	黄冈供电局
黄石供电局	鄂州供电局
孝感供电局	咸宁供电局
襄樊供电局	十堰供电局
宜昌供电局	随州供电局
荆州电力局	超高压输变电局
荆门供电局	

湖北省电力公司所属综合单位

试验研究院	电力建设一公司
电力信息通信中心	电力建设二公司
物资公司	输变电工程公司
电力勘测设计院	武汉铁塔厂
电力职工疗养院	武汉电力学校
汉口电力设备厂	电力建设技工学校

（杨 倧）

湖北清江水电开发有限责任公司

2002年，清江流域开发全年共完成基本建设投资13亿元，发电35.10亿kWh，电力生产实现销售收入9.73亿元，缴纳税费1.93亿元，实现利润0.32亿元；多种经营完成经营收入9.35亿元，实现利润0.25亿元。

流域开发进展顺利

（一）水布垭工程胜利实现截流，主体工程建设进展顺利

1. 项目报批任务全面完成

2002年1月23日，国务院总理办公会审查批准了水布垭工程开工报告，2月7日，国家计委计投资(2002) 158号文把水布垭电站列入2002年第一批基本建设新开工大中型项目计划，标志着水布垭电站项目全面完成报批、正式开工建设。

2. 现场施工进度加快

2002年水布垭工程以截流为中心，全面加快施工进度。导流洞于10月10日正式通水，椰水公路混凝土浇筑及边坡治理工程、基地建设工程、碴场和料场工程提前完成；左右岸趾板、防空洞、防淘墙、地下厂房及马崖高边坡整治工程、滑坡体整治等工程顺利进行，库区250m以下的移民搬迁和清库工作如期完成；10月18日，工程顺利通过截流前阶段验收，26日上午水布垭工程截流一举成功。至此，水布垭工程比原设计工期提前一年实现截流，为后续工程建设赢得了时间、创造了条件。全年共完成投资10.76

亿元，占年计划的131.55%，完成土石方开挖450.1万m^3，土石方填筑13.2万m^3，混凝土浇筑32.2万m^3，钢筋制安76146t。

3. 招标工作成效显著

全年共完成200多个项目，合同总金额达19亿元的招标发包工作。其中大坝及溢洪道、引水发电系统、地下厂房的施工及监理标，合同金额高达15.65亿元，是清江流域开发有史以来，工程量最大、涉及金额最多的一次招标发包。

4. 工程建设管理水平进一步提高

清江公司对水布垭工程建设管理实行经济责任制，完善激励和约束机制，调动了水布垭公司干部职工的积极性；制定了《合同变更与索赔管理办法》，加强了计划合同管理，做到工程完工一项、竣工一项、结算一项；进一步调整、充实了责任组的现场技术管理人员，强化网络管理，多次战胜洪水的袭击，经受住了50年一遇洪水的考验，确保了各项工程建设的工期和质量；设立了质量安全部，加强了质量安全检查，实现了全年无重大人身伤亡事故和质量事故的目标，单元工程验收5875项，合格率100%，优良率82.2%。

（二）高坝洲工程竣工验收正抓紧进行

2002年1月27日，高坝洲枢纽工程顺利通过验收，至此，6个专项验收中，仅剩水库专项验收尚未完成。工程总验收的有关工作已准备就绪。工程量的清理工作已经结束，竣工决算报告的编制工作已基本完成，对工程的审计工作也已完成。

（三）流域航运工程建设顺利进行

隔河岩升船机建设全年完成投资0.84亿元，混凝土浇筑6770m^3，钢筋制安1133t，预应力钢材制安245t。中间渡槽顺利合拢，一级升船机承船厢结构拼装完成并成功下放至锁定位置；二级升船机局部达到170m高程；升船机的永久电源已形成；完成了二级升船机计算机监控系统、电力拖动系统等设备的进口及国内设备招标；中间渠道及下游引道过船及消防优化方案已经通过审查，消拖艇设计工作已完成。

高坝洲升船机建设全年完成投资1.31亿元，完成土石方开挖19.04万m^3，混凝土浇筑8800m^3，钢筋制安1109t。升船机主机房上游侧和左侧结构的混凝土浇筑已经完成；下游引航道开挖及边坡护砌等工程进展顺利；升船机设备（除少量辅助设备外）采购招标、金属结构和机电设备等安装工程招标工作已经完成；主机房和启闭机房检修桥机、上下闸首启闭机已运至工地；主提升设备、承船厢、下闸首工作门等已进入制作阶段。

（四）流域电站环境治理工作成效显著

借隔河岩电厂十年厂庆之际，对电厂厂房、生产管理楼、办公楼、俱乐部、职工食堂、生活区道路等进行了维修改造。隔河岩广场建设、网球馆建设、纯净水厂扩建、西二路和右岸上坝公路改建、滨江区场平及绿化、曾家湾苗圃等均已顺利完工，拆迁了曾家湾临时住户30户，清理违章占地1680m^2，在厂区内外共栽种苗木38万多株。隔河岩广场建成并投入使用，厂区环境面貌较以往明显改观。

高坝洲电厂环境治理工作力度进一步加大。工区供水管网改造、滨江区大桥以下的边坡护砌、郑洞公路路面混凝土浇筑工程，以及深孔11坝段两侧横缝的处理、表孔门机轨道调整和改造等工程已经完成。对厂前区、滨江区、武警营房区及右岸高边坡进行了绿化改造，共种植苗木1700多株，绿化改造面积达17600多平方米。完成了自来水厂综合楼、城池口变电站等维修改造任务。

电力生产成绩突出

2002年，清江电力生产创造了流域电站发电历史最好水平，隔河岩、高坝洲两厂全年累计发电35.1亿kWh，超年计划4.1亿kWh。其中，隔河岩电厂全年发电26.1亿kWh，创近6年来的新高；高坝洲电厂发电9亿kWh，自投产两年来首次超过设计水平。梯级电厂实现连续安全生产623天。各类不安全事件比2001年减少32起，习惯性违章大大减少。隔河岩电厂机组可调用小时达7615h，比2001年增加279h，设备等效可用系数为94.99%，定额完成率为105.44%，分别比2001年提高3.79和4.21个百分点；高坝洲电厂机组可调用小时达7683h，比2001年增加227h，设备等效可用系数为95.85%，定额完成率为105.91%，分别比2001年提高4.65和4.68个百分点。高坝洲电厂“双达标”经华中电网验收合格。2002年电力生产最突出的特点是：安全意识、市场意识和效益意识明显增强：

（1）加强了安全文明生产。逐层签订《安全生产目标责任制》和《工作目标责任制》共计627份，试行安全生产抵押金制度；启动了安全性评价工作，完善了安全生产管理规范，加强了对安全隐患的防范与控制；加大了安全生产检查与考核力度，按照“三不放过”的原则，加强了对不安全事件的分析与处理，确保了安全发电和安全渡汛。

（2）狠抓了计划与营销。进一步改善和加强与网省计划和调度部门的关系，为电力营销创造有利的外部环境。在隔河岩电厂年度计划以外，增发弃水电量18029万kWh，减少弃水6.5亿m^3。加强了对高坝洲电厂非正常结算电量的研究和控制，将部分低价弃水电量转为正常结算电量，净增效益137万元。在弃水电价方面，经过争取，使部分弃水电量的电价高于葛洲坝电厂的电价，净增效益147万多元。

(3) 不断优化调度。不断完善“日计划、日跟踪、日分析、日反馈、日简报”的机制，加强了对生产过程的控制和管理。正确处理发电与设备检修的关系，充分利用低谷消缺，以抢抓电量为核心，不断刷新流域电厂日发电量的新纪录，创造了日发电量2908万kWh的新高。正确处理防汛与发电的关系，精心设计防洪调度方案，在清江流域发生罕见的“桃花汛”的情况下，经过科学分析和预测，最大限度地超蓄水量和加大日发电量，在6月初连续超蓄54h，利用超蓄水量增加发电1837万kWh。

(4) 强化了设备管理。以设备巡检和消缺为重点，加强了设备管理。全年共消除缺陷843项，消缺率98.6%，主辅设备完好率、继电保护装置和自动装置正确动作率均为100%；建立了状态监测与设备诊断系统；完成了计算机监控系统、隔河岩电厂3号和4号机组微机保护系统、隔河岩大坝门机和尾水门机电气部分、高坝洲电厂主轴密封等改造任务；通过开展质量管理体系认证工作，规范了检修工作程序，确保了机组检修的质量与工期。

多种经营稳步发展

2002年多种经营完成经营收入9.35亿元，实现税前利润2550万元，净利润1161万元。其中，清江实业公司实现净利润820万元，清能公司1181万元，水布垭实业公司109万元，绿色产业公司205万元，发展公司－1154万元。

31层高、总建筑面积5.5万m^3的深圳时代骄子大厦12月28日封顶，比计划工期提前1个月；北京雅宝路麒麟公寓项目基本完成了拆迁、项目论证、前期报建等工作，即将正式开工；爱卫信公司通过对外承包经营，实现利润185万元；深圳楚天大酒店通过采取承包租赁经营和部门经营目标考核等措施，酒店经营状况已逐步好转，昌丰公司经过调整经营策略，实现减亏2000万元，新丰公司FDY项目成功投产，成为利润的支撑点；隔河岩度假村被评为湖北省食品及旅店业“百佳”卫生先进单位，并顺利通过“三星级”复查。

多经企业管理进一步加强。①根据清江公司董事会、监事会的要求，委托会计师事务所，对多经企业进行全面审计，盘清了多经发展几年来的资产、经营、投资及收益情况；公司对多经累计投资3.05亿元，累计实现投资净收益0.21亿元，综合投资收益率为7.04%，实现了国有资产的保值增值。这次审计为多经进一步调整结构、加强管理创造了条件、打下了基础。②成功地对多经资产进行重组整合，组建成立了“清江实业有限公司”和“清江发展有限公司”，按《公司法》的要求组建了股东会、董事会、监事会和经营管理层，实行董事会领导下的总经理负责制。

区域经济进展顺利。按照清江公司“一体两翼”的发展战略，于2002年5月注册成立了“湖北清江绿色产业发展有限公司”，先后对20多家相关企业进行考察，经过详细论证，投资2097万元，控股湖北长友现代农业股份有限公司和宜都清江果业发展有限公司，实现赢利205万元。

企业管理水平有新提高

战略研究工作抓紧进行。清江公司围绕发展战略规划和资本运营两大课题开展战略研究工作，请武汉大学研究并提出《清江公司发展规划研究报告（初稿)》，战略发展中心在此基础上提出了《清江公司发展规划（初稿)》；请北京视野咨询中心调查研究并提出《清江流域发展规划报告》，初步确立了“一体两翼”的发展思路。

资本营运工作正式启动。明确了清江电力主业“先转让、后上市”资本营运思路；与美亚电力经过多轮谈判，签订了合作意向书，提出了合资及上市的基本方案，初步完成了资产审计评估和法律调查等基础工作。在省政府的大力支持下，经多方努力，发展公司收购重组中国石化武汉凤凰股份有限公司的工作取得突破性进展，为实现借壳上市的目标打下良好的基础。

内部管理进一步加强。2002年首次实行《工资总额切块管理办法》，实行效益奖制度，调整和完善了工效挂钩分配方案和薪点工资制度，将工资总额与生产经营效益指标、工程建设投资节约率挂钩，调整了技能工资在工资构成中的比例，建立和完善了与效益业绩挂钩的激励约束机制；制订了《计划管理办法》、《统计管理办法》、《计划统计工作管理考核办法》及基本建设、电力生产、多种经营统计报表制度等，建立了“三个层次”和“一个保证”的计划统计管理体系，实行全面计划管理；制订了《非招标项目管理办法》，进一步规范和完善了公司的合同管理。规范了短期聘用工的管理，完成了短期聘用工的人事代理、签订劳动合同和参保工作。实行计划跟踪检查制度，加大了对计划执行的监督力度，促进全年计划的完成。进一步健全和完善各级经济责任制，董事会对水布垭工程建设管理实行责任制，明确了管理目标和考核细则；对电力生产口和工程建设口实行经济责任制，明确各单位的责、权、利及奖惩办法，严格按经济责任制考核细则进行检查考核，提高了经济责任制的严肃性和规范性，形成了有效的约束和激励机制。

（李 扬 柯晓阳）

葛洲坝水利水电工程集团

概况

葛洲坝水利水电工程集团是国务院首批大型企业集团，其核心企业中国葛洲坝水利水电集团有限公司，前身是国家于20世纪70年代初为兴建长江葛洲坝水利枢纽，集全国水电精英而组建的全国最大的水电工程施工企业——长江葛洲坝工程局。集团以工程承包施工为主业，工业第三产业为辅业，具有水利水电工程施工总承包特级、公路工程总承包一级、市政公用工程施工总包一级、送变电工程专业承包一级、地基与基础工程专业承包一级、机场场道工程专业承包一级和对外承包国际工程等国家最高等级资质、资信，享有对外经贸业务权和国际招标业务经营权。

2002年末，葛洲坝集团有在职员工40290人，其中专业技术人员12000多人，工程专业技术人员和管理人员占员工总数的27%，居全国水电行业前列。同时，拥有成龙配套的先进的土石方工程、基础处理、砂石料生产、混凝土拌和及运输与浇筑、金属结构制作安装等各类大中型现代化水电施工设备，总功率近60万kW。企业年施工生产能力：土石方挖填5000万m^3，混凝土浇筑400万m^3，水轮发电机组安装150万kW，金属结构制作安装3万t，水泥生产300万t。形成了专业技术人才齐备、专业门类齐全、施工设备精良、管理规范的国内最大的水电施工企业，并初具管理型、现代化、多元化、国际化的雏形。

2002年是葛洲坝集团发展史上极不平凡的一年。市场开拓取得了新突破，在建工程取得了新进展；工业三产业获得新发展，城区面貌发生新变化；企业管理全面加强，经济效益明显好转；集团公司整体通过省级最佳文明单位验收，文明建设实现新跨越。全年完成企业总产值占年计划的105.6%，同比增长13.2%。投标签约，国内市场合同签约占年计划的130%，国际市场合同签约占年计划的150%；其中水利水电工程施工合同签约金额占签约总额的83%，同比增长14%。剔除消化以前年度潜亏因素，近年来，2002年第一次实现企业效益扭亏为盈。

2002年，实物工程量指标亦在刷新。全年土石方挖填5577万m^3，混凝土浇筑181万m^3，钢筋制安6.83万t，固结灌浆0.66万m，帷幕灌浆1.77万m，接缝灌浆7.19万m，金属结构制作安装2.74万t，水轮机组安装3台、装机容量45.75万kW，生产水泥253万t，电站发电21297万kWh。全年完成34886个单元工程，与2001年同比增长24.25%；优良单元32659个，质量合格率100%，优良率93.62%，与2001年相比，单元工程优良率提高了3.16个百分点；有7项工程被评为省部级以上优质工程，多项工程被业主评为优良工程，工程施工质量创历史最好水平。

2002年，工业第三产业产值完成年计划的112%，与2001年同比增长7.6%；工业产品合格率100%，抽检合格率100%。

2002年，葛洲坝集团公司各级党组织围绕全年实现产值、利税、投标签约、创省最佳文明单位四大目标，以学习贯彻“三个代表”重要思想和党的十六大精神为动力，全面加强两个文明建设，充分发挥企业党组织的优势，加强了领导班子建设和基层党组织建设，进一步改善了领导班子结构，加强了企业管理和施工现场的文明施工管理，特别是继2001年集团公司在广东韶关工程项目施工点召开韶关会议，形成“干一项工程、树一座丰碑、交一批朋友、拓一片市场、育一批人才”的企业经营理念后，2002年又在广西龙滩工程项目施工点召开了在建工程文明建设经验交流会，对在建工程的工期、质量、成本、安全、文明建设五控制达成共识，理清了在建工程管理的思路，以成本核算为手段，经济效益为中心，避免和挽回经济损失1200多万元。公司整体形象和企业发展步入良性循环。在集团公司整体通过湖北省最佳文明单位检查验收的同时，又有大批子、分公司进入部省级单位行列。

葛洲坝集团第三次腰斩长江

在兴建葛洲坝水利枢纽工程期间，时为葛洲坝集团公司前身的三三〇工程局，于1981年1月成功地完成葛洲坝大江截流，这是葛洲坝人首次截断长江。1987年11月，葛洲坝集团以现代化的施工手段和一流的组织管理水平，准时实现了长江三峡工程大江龙口合龙，创造了截流水深60m、截流流量8480～11600m^3/s，围堰日抛投强度19.4万m^3，小时抛投强度1.71万m^3四个世界第一。

三峡工程导流明渠龙口合龙是三峡工程施工中的二次截流，标志三期工程的开始。2002年7月18日，葛洲坝集团在激烈的竞争中，中标三峡三期工程截流（即导流明渠截流）及主体工程土建与安装工程施工。导流明渠截流是葛洲坝人承担的万里长江第三次截流。这次截流成功与否，直接关系到三峡工程2003年蓄水、通航、发电三大目标的实现，关系到三期工程全面启动乃至整个三峡工程建设的顺利进行。为了确保截流龙口优质、准时、安全、有序地合龙，葛洲坝集团根据截流准备时间短、工作量大、备料量大、截流抛投时间短及抛投量大等特点，慎密决策，精心组织，科学管理，调集200多名施工人员、206台套各类土石方设备（其中大型自卸汽车150辆、装载容量5673m^3）投入截流施工。10月25日开始预进展演练，10月27日开始高强度抛投实战演习，28日非龙口段施工完毕，预留龙口137m，10月31日开始龙口段进占，11月5日晚，束窄至20m宽的龙口形成，截流时处千钧一发。6日9时30分，国务院副总理吴邦国下达截流令。龙口两端的5台大型自卸车同时将每块约20t重的混凝土四面体倾卸江中，顿时巨浪排空，紧接着，久已守候在堤头的67台装载物料的大型自卸车有条不紊地依次向左右戗堤进占，9时50分，上游龙口合龙，吴邦国向世人宣布："三峡工程导流明渠截流成功"。导流明渠截流成功比原设计计划时间提前了10天左右，为即将召开的党的十六大献上了一份厚礼。其主要技术指标见表1。

表1 长江三次截流主要技术指标比较表

工程名称	实际截流方式	进占龙口宽(m)	截流时间		龙口进占历时(h)	水深(m)	流量(m^3/s)	最大抛投量(m^3/h)	
			设计计划	实际合龙					
葛洲坝大江	单戗立堵	203	1998.12.下旬至1981.1.上旬	1981.1.3～4	36.38	10.7	4720	3600	72000
三峡大江	平抛垫底单戗立堵	40	1997.11.上旬	1997.11.8	6.666	22.4	8480～11600	17100	194000
三峡明渠	双戗立堵	20	2002.11.中下旬	2002.11.6	0.666*	24	10300～8600	9100	154000

* 据新闻报道，一记者在截流现场卡表记时，自下达截流命令至宣布龙口合龙用时37min。

葛洲坝集团公司获湖北省最佳文明单位称号

葛洲坝集团公司从1998年跨入省级文明单位以后，集团公司党委、集团公司就站在提升企业素质，促进两个文明协调发展，打造文明富强的现代化企业的高度，提出了"整体创建省级最佳文明单位"的最高目标。经过几年的扎实工作，实现了文明创建的新飞跃，提高了企业的竞争力和凝聚力。2002年10月14～21日，以湖北省委企业工委副书记曾瑞潜为团长的湖北省委、省政府组织的省级文明单位检查团对集团公司文明创建情况进行了全面检查。检查团听取了集团公司党委、集团公司《争一流、创最佳、树形象，努力实现企业文明建设新飞跃》的汇报，察勘了集团公司部分承包工程施工现场和子、分公司，召开了座谈会，核实了"七个一票否决"的情况。检查团对葛洲坝集团公司始终坚持"两手抓、两手硬"的方针，高举"建文明葛洲坝城，做文明葛洲坝人"的创建大旗，坚定"争一流、创最佳、树形象"，整体创建省级最佳文明单位的目标，积极探索企业文明建设的新思路、新内容、新途径和新机制给予了充分肯定；对集团真抓实干、开拓进取，实现企业文明建设新飞跃所取得的成果给予了高度评价。经过综合评价，葛洲坝集团公司整体通过省级最佳文明单位检查验收，并荣获湖北省最佳文明单位称号。

改组后的中国葛洲坝集团公司在北京人民大会堂挂牌成立

葛洲坝集团的核心企业——中国葛洲坝水利水电工程集团有限公司，原为中国国家电力公司的直属企业。因国家电力公司改革，2002年12月29日，中国电力新组建的公司成立大会在北京人民大会堂举行挂牌仪式。改组后新组建的公司有：国家电网公司、中国南方电网有限责任公司、中国华能集团公司、中国大唐集团公司、中国华电集团公司、中国国电集团公司、中国电力投资集团公司、中国水电工程顾问集团公司、中国电力工程顾问集团公司、中国水利水电建设集团公司、中国葛洲坝集团公司11家电力企业。

新组建的中国葛洲坝集团公司是经国务院批准，在中国葛洲坝水利水电集团公司及国家电力公司部分企业基础上组建的国有企业，由中央管理。根据中共中央企业工作委员会［2002］359号文件，葛洲坝集团归口中央企业工委管理。中国葛洲坝集团公司的资产与财务关系在财政部单列。葛洲坝集团整体列入国务院确定的试点企业集团和重点企业范围，享受各项优惠政策和国务院对重点企业的有关政策，并接受国务院有关部门的业务指导和行业管理。

（傅楚武）

中国长江电力股份有限公司

概况

中国长江电力股份有限公司（中文简称：长江电力），英文名称为 China Yangtze Power Corporation（英文缩写：CYPC），是以中国长江三峡工程开发总公司为主要发起人、由原葛洲坝水力发电厂改制重组、依照公司法和其他法律规定成立、永久存续的股份有限公司，系中国长江三峡工程开发总公司、华能国际电力股份有限公司、中国核工业集团公司、中国石油天燃气集团公司、中国葛洲坝水利水电工程集团有限公司、长江水利委员会长江勘测规划设计研究院等六大股东共同发起设立。长江电力公司注册总资本金为人民币 55.3 亿元，中国三峡总公司股份数额为 494935 万股，持股比例为 89.5%；华能国际、核工业集团、石油天燃气集团分别为 16590 万股，持股比例分别占 3%；葛洲坝水电集团股份数额为 5530 万股，持股比例为 1%；长江勘测院股份数额为 2765 万股，持股比例为 0.5%。

长江电力公司 2002 年成立后直接承接原葛洲坝电厂的发电业务和发电资产，并计划在 2003 年根据资本市场的情况择机 A 股上市。

公司的经营范围：电力生产、经营和投资、电力生产技术咨询、水电工程检修维护。

公司的经营宗旨：在保障相关社会公共利益的同时，高质量、高效率地从事电力生产经营，为社会提供清洁能源，为股东创造合理投资回报。

公司的发展目标：通过收购三峡工程陆续投产的发电机组和其他发电资产，逐步形成以电力生产经营为主业的现代化大型企业。

2002 年 9 月 29 日，中国长江电力股份有限公司在北京人民大会堂举行创立大会；11 月 4 日经中华人民共和国国家工商行政管理总局核准正式成立，领取《企业法人营业执照》，注册号为 1000001003730，法定代表人为陆佑楣。

新设立的中国长江电力股份公司，其本部设总经理工作部、资产财务部、人力资源部、资本运营部、生产计划部、市场营销部、稽核部等 7 个职能部门，下设三峡水力发电厂、葛洲坝水力发电厂、检修厂、三峡水利枢纽梯级调度中心等生产单位，总人数控制在 1700 人以内，所有单位实行全员竞聘上岗。股份公司本部定编 80 人，三峡电厂定员不超过 370 人；葛洲坝电厂现有 435 人，最终定员不超过 350 人；检修厂为三峡、葛洲坝两个电厂提供设备检修和其他辅助生产服务，人员控制在 800 人以内；三峡梯级调度中心实施三峡——葛洲坝两个枢纽的联合调度，人员控制在 65 人以内。

长江电力公司所属的葛洲坝电厂装机 21 台，单机容量 17 万 kW 2 台、12.5 万 kW 19 台，总装机容量 271.5 万 kW，年发电量 157 亿 kWh 左右；三峡电厂设计装机 26 台，单机容量均为 70 万 kW，总装机容量 1820 万 kW，设计年发电量 847 亿 kWh，2003 年将有 4 台机组投产，当年发电 55 亿 kWh，2009 年全部机组投产。届时，长江电力公司装机达到 47 台，装机容量超过 2000 万 kW，年发电量超过 1000 亿 kWh，加上对中小电厂的收购，成为国内乃至世界上最大的独立发电企业。

长江电力公司将致力于以水电为主的清洁电力生产经营，努力提高公司的发电能力，发展前景是力争早日成为国际一流的电力公司。

第一阶段（2002～2012 年），于 2003 年实现首次公开发行 A 股并上市，加大资本运作力度，持续收购三峡工程投产机组及其他合适的水电、火电项目，到 2012 年公司实现总装机容量超过 2000 万 kW，树立国内一流的独立发电企业地位。

第二阶段（2012～2022 年），继续积极收购扩张，提高电力市场占有率，改善电源结构，进一步提高技术水平和管理水平，不断巩固股份公司在发电行业的地位，到 2022 年总装机容量超过 4000 万 kW，确立世界一流的清洁电力公司地位。

2003 年 2 月，中国长江电力股份有限公司本部及下属生产单位已经按新机构开始运转。

葛洲坝电力生产概况

2002 年，长江来水较为均衡，总量上接近常年平均水平，6、8 月份水量偏丰，7 月份则偏少，全年超过 35000m^3/s 以上的洪峰只有两次，最大洪峰流量为 47000m^3/s。

葛洲坝电厂的电力生产继续保持良好态势，全年发电量达 158.1047 亿 kWh（其中大江电厂发电量为 102.5538 亿 kWh、二江电厂发电量为 55.5509 亿 kWh），超额完成年度计划，比 2001 年略为减少，但仍连续第 19 年居全国发电企业年发电量之首。节能增效工作成效显著，全年节水增发电量达 7.76 亿 kWh，弃水损失电量 1.37 亿 kWh，水能利用提高率 5.16%。全厂机组平均可用小时 7543.2h，平均运行小时6864.04h，全厂等效可用系数为93.82%。大江电厂9号机组全年发电量最多，达到9.1558亿kWh。几项主要经济技术指标均达到国家一流水电企业标准。

全厂实现了全年安全生产无事故，截止12月31日实现连续安全生产624天，未发生任何人身重伤及以上事故、重大及以上设备事故、火灾事故和误操作事故。下属的水工分厂11月30日实现连续安全生产5000天。

电力生产主业完成销售收入13.73亿元，上缴三峡基金5.93亿元，完成年度计划；归还葛洲坝水利枢纽工程基建借款本息9275万元。多种经营产业实现销售收入1.9亿元，净利润-300万元。

在安全生产工作方面，加大了设备整改和环境整治的力度，全年安排生产成本费用4.39亿元，技术改造资金2.5465亿元；全年完成反事故措施计划8项，安全技术劳动保护措施计划3项，两措完成率100%；全厂共办理工作票4912张，合格率100%；完成操作任务3839个，实际操作91032项，操作合格率100%；发现和处理多起重大设备缺陷。机电设备始终保持良好工作状态，确保了全厂的安全生产。

在为三峡工程服务方面，全年向三峡工区供电2.12亿kWh、供水4420万m^3；完成了三峡永久船闸无水和有水调试监测、三峡二期单项工程施工期观测等重要水工监测任务；完成了永久船闸山体高边坡排水系统运行管理及尾工工程；完成了包括吊装三峡首台机组转轮重大任务的左岸重件码头运行管理、柳树湾物资仓库的仓储管理、三峡通信系统运行维护、三峡左岸厂房桥门机运行维护管理以及全面负责三峡大象溪油库管理等工作。

截止到2002年底，葛洲坝电厂投产发电21年来共累计发电2804.28亿kWh，实现工业总产值221.54亿元（按1990年不变价0.079元/（kWh）估算），相当于赚回了近4个葛洲坝工程的总投资；实现社会经济效益2.3万亿元（按华中、华东地区每千瓦时电量产生经济效益8元估算）。

葛洲坝电厂再次荣获2000～2001年度“国家电力公司双文明单位”、“湖北省最佳文明单位”，“全国精神文明建设先进单位”复查合格，首次获得“全国厂务公开工作先进单位”称号。厂团委荣获首批“中央企业五四红旗团委”称号。

葛洲坝与三峡两坝实行联合梯级调度

2002年4月15日上午10时，根据中国三峡总公司《关于三峡梯调中心接管葛洲坝电厂水库调度业务的通知》精神，葛洲坝水力发电厂水库调度业务及其三峡水情预报中心工作，正式移交给中国三峡总公司三峡梯调中心，此举表明葛洲坝水利枢纽工程和三峡水利枢纽工程两坝开始实行联合梯级调度。

从1981年5月23日葛洲坝水利枢纽工程正式蓄水开始，葛洲坝水力发电厂水库调度业务也随之展开。葛洲坝是一个河床径流式的水力发电厂，水库上游水位恒定，必须随时进行水库水位调节，水库调度难度相对较大。23年来，水调工作人员精心计算，精心调度，不仅成功调度了45次长江上大于45000m^3/s的洪水，其中尤其是1981年7月19日72000m^3/s的特大洪水，及1998年长江历史上罕见的八次大洪峰，为葛洲坝水利枢纽发电生产、航运安全、充分发挥其经济效益和社会效益，发挥了重要作用；而且为三峡水利枢纽工程的水库调度、为我国大江大河的开发利用积累了丰富的经验。

三峡水情预报中心是葛洲坝水力发电厂为三峡工程服务的项目之一，1993年1月1日开展工作。九年来，中心不仅为三峡工程业主和施工单位提供了准确及时的水情预报，而且为1997年11月8日的三峡工程大江截流提供了正确的决策依据。

中国三峡总公司三峡梯调中心是2000年3月开始筹建的。两年来，筹建处已组成水调部、电调部、自动化部和综合管理部四个部门，启动了《三峡——葛洲坝枢纽梯级调度规程》和《三峡梯级电力调度规程》的编写任务，完成了人员的招聘工作，具备了在今年汛前接管整个葛洲坝水力发电厂水库调度业务及其三峡水情预报中心工作的条件。2002年4月16日中国三峡总公司宣告三峡梯调中心正式成立。

两坝实行联合梯级调度以后，葛洲坝水利枢纽作为三峡工程的反调节水库和航运梯级的作用将开始显现，发电量和综合效益将会提高。三峡梯调中心将在确保梯级枢纽安全运行的前提下，协调防洪、发电、航运等综合利用关系，在发挥枢纽防洪作用和保证航运安全的同时，充分发挥两个枢纽最大的经济效益和社会效益。

220kV开关站母线支柱加固

葛洲坝二江电厂220kV开关站母线支柱，是母线正常运行的直接支撑。自建站以来已运行21年，部分母线支柱根部严重开裂、内部钢筋锈蚀严重，影响了支柱的承载能力；同时由于母线瓷瓶改造更换后，支柱负荷增加。基于以上两大原因，必须对母线支柱进行加固处理，以提高其荷载能力。于是，2001年10月22日，由中南电力设计院设计、武汉武大巨成加固实业公司施工、葛洲坝水电建设监理公司监理的220kV开关站母线支柱加固工程正式开工，历时近5个月，设计、施工、监理人员协同配合，完成了对37根母线支柱加固、95根母线支柱抗裂防腐、66组母线支柱钢梁加固的任务，于2002年3月20日竣工验收。这一工程彻底消除了安全隐患，为开关站安全可靠运行提供了保证。

月发电量刷新中国企业新纪录

2002年7月，葛洲坝水力发电厂创造了单月发电量达到20.4911亿kWh的新高，再次刷新了由该厂2001年8月创造的20.1319亿kWh的我国企业单月发电量的“吉尼斯”——中国企业新纪录。

葛洲坝水力发电厂是一个库容仅15.8亿m^3的河床迳流式水电站，长江来水太大或太小都不利于发电。2002年长江来水平稳，有利于发电，5月份发电量达到17.936kWh，创造了投产以来往年同月的最高值。一般年份的7月，又正是长江上洪水来临形成大流量的季节，而2002年7月份葛洲坝水库入库最大流量仅为26300m^3/s，最小流量为14500m^3/s，平均入库流量维持在20000m^3/s左右，与全厂21台机组满负荷运行所需流量18000m^3/s基本相当，对发电非常有利。

葛洲坝电厂抓住这一有利时机，千方百计保证设备稳定运行，加上华中电网合理调度和持续高温社会用电量剧增，使葛洲坝电厂7月份创造了一个厂单月发电量达到20.4911亿kWh的最高纪录，比18.5亿kWh的月计划多发电近2亿kWh，比2001年8月20.1319亿kWh的纪录还多3600万kWh。这一纪录既是该厂投产发电21年和全部机组投产14年以来的单月发电量最高纪录，也是国内发电厂单月发电量的“吉尼斯”纪录；相当于一个中型发电厂一年的发电量，相当于我国建国初期全国年发电量的一半，可供一个中等城市（50万人口左右）的年用电量；若按社会用电效益每千瓦时电量8元人民币估算，可产生社会经济效益160多亿元；按每千瓦时电量440g标煤估算，相当于为国家节约标准原煤90万t。

这些比较便足以说明，葛洲坝水力发电厂正在并将继续为我国国民经济的发展发挥出巨大的经济效益和社会效益，2003年三峡工程蓄水以后，葛洲坝与三峡两坝实行联合调度，效益将更加显现。

田胜中资助贫困女童

葛洲坝电厂机关党委副书记田胜中同志，从2002年以来默默地参与全国妇联少年儿童基金会“春蕾计划”行动。2002年他无偿资助了新疆一名叫姚艳的小学生，按初中生每年600元的标准，一次寄去了3年费用1800元；2001年他又与全国妇联少年儿童基金会联系，资助了山西省方山县圪洞镇建军庄村一名叫樊志霞的小学生，也是按初中生每年600元的标准，一次性寄去了3年费用1800元。2002年7月樊志霞同学的父亲给葛洲坝电厂写信真诚感谢田胜中同志的义举。田胜中同志的行为代表了葛电人的精神风貌。

顺利完成改制重组

为了有利于提高企业的核心竞争力和可持续发展能力、有利于实现滚动开发长江水力资源的战略目标、有利于实现生产经营和资本经营相结合的原则，中国三峡总公司适时进行了葛洲坝电厂改制重组工作。2001年11月，国务院领导对改制重组工作批示；12月三峡总公司向国家经贸委报送《关于报送〈中国长江三峡工程开发总公司整体改制思路〉和〈中国长江三峡工程开发总公司电力企业改制重组及上市初步设想〉的请示》，国家经贸委组织有关专家进行了审查；随后三峡总公司又分别向国家计委、国务院三建委、财政部、国务院发展研究中心、证监会等部委汇报。2002年3月，《三峡总公司改制重组方案》正式上报国家经贸委，在征求了国家计委、财政部、中国证监会等部门意见后，国家经贸委上报国务院领导同意，于8月21日批准，同时批准三峡总公司为国家授权投资机构。9月23日，国家经贸委正式批复同意设立中国长江电力股份有限公司。

2002年5月15日葛洲坝电厂宣布改制重组工作正式启动。5月29日，葛洲坝电厂六届八次职工代表大会通过了改制重组方案和《职工内部退岗实施办法》、《职工内部退养实施办法》，制定了《职工自愿解除劳动关系经济补偿办法》、《职工转岗培训及内部待岗实施办法》。方案确定，葛洲坝电厂原所属生产单位如大江、二江、水工、检修分厂、通信、空调中心等划入中国长江电力股份有限公司；多种经营、第三产业、社会职能、服务三峡的单位如光耀、能达、志发、旅游、九洲公司、三峡供电局、三峡水厂、学校、医院等划入长江三峡实业投资公司。葛洲坝电厂及时开展了固定资产和有一定价值可移动资产的登记、造册和标签工作，完成了2002年全厂财务资产的清算、清理工作，完成葛洲坝电厂水调车间和三峡监理公司业务、人员和资产向专业化公司和单位划转的工作。中国长江电力股份有限公司和长江三峡实业投资公司成立后，两个公司于12月3日开始展开全员竞聘上岗工作。竞聘上岗坚持“公开、平等、竞争、择优”和工作需要、群众参与、综合考评、组织决定的原则，分层次、分岗位竞聘上岗、双向选择；人员分流则坚持职工转岗不下岗、不把职工推向社会的原则，结果原葛洲坝电厂分离多经企业572人，剥离社会职能138人，内部退岗退养464人，自愿解除劳动关系8人，保证了改制重组工作的顺利进行。

三峡水力发电厂概况

三峡水力发电厂是三峡水利枢纽工程的运行管理单位，是当今世界上最大的水电厂。从2000年2月18日开始筹建，2002年10月16日中国三峡总公司决定正式成立三峡水力发电厂，2002年11月6日全国人大常委会委员长李鹏、国务院副总理吴邦国亲自为三峡电厂揭牌。三峡水力发电厂主要负责三峡工程电力生产、安全运行与维修，以及生产成本控制。三峡电厂共安装26台（左、右岸电站分别安装14台和12台）混流式水轮发电机组，单机额定容量均为70万kW，总装机容量1820万kW，年均发电量约847亿kWh。2009年工程全部竣工后，三峡电厂的管理规模将包括：三峡左岸电厂、三峡右岸电厂、2座500kV GIS开关站、22个导流底孔、23个泄洪深孔和22个泄洪表孔的泄洪设施，以及三峡工程（除通航设施以外）的水工建筑物和相关生产辅助设备与设施。三峡工程在右岸山体内留有为后期扩机（6×70万kW）的地下电站位置，其进水口与大坝主体工程同期建成。

按计划，2003年三峡工程首批共4台机组将投产发电，以后每年投产4台机组。三峡电厂所发电量通过3回±500kV直流和12回500kV交流输电线路往外输送，输电范围半径达1000km，主要供电区域为华东、华中和华南地区，并与川、渝电网相连，这将促进全国电网的形成，为华中、华东、华南地区的经济持续发展注入强大的生机和活力。

三峡电厂在组织机构设置上，参照国际一流水电厂的标准，共设置七个部门，设有综合管理部、党群工作部、成本财务部、生产技术部四个职能部门，设运行部、机械水工维修部和电气维修部三个生产单位，总定员370人。年内，坚持“公开、平等、竞争、择优”招聘原则，采取公开招聘、竞争上岗方式，按计划两批次在总公司内和社会完成了98名员工招聘和5名毕业生招收分配工作，年底共有员工217名（其中短期用工21名）。

2002年三峡电厂按照年初制定的各项工作目标，正式接管运行了三峡大坝泄洪坝段的22个导流底孔的闸门和启闭机，全面负责了导流底孔运行管理，全年共完成操作任务117个，实现操作3291项无差错，发现缺陷159个，其中重大缺陷7个，办理工作票258张，办理工作票、操作票的合格率均为100%。

已由三峡电厂在2001年接管的三峡工程左岸厂房2台125/125t小桥机，全年安全运行达7290多h；2002年11月5日左岸厂房两台1200/125t大桥机也正式验收移交三峡电厂，年内累计安全运行2300多h，先后完成了2号机和5号机转轮、定子和转子等重大件吊装任务，配合完成了左岸厂房4台定子机座等大件吊装和厂房网架安装工作；

在左岸电站接管的1台I型尾水门机，也运行正常；

年内三峡电厂基本完成了电站监控系统应用软件联合开发工作，并全面启动了电厂生产管理信息系统（EPMS）的开发、调试和培训，开展了贯彻ISO 9000质量管理体系认证标准化工作；

这一年成功完成了三峡电厂筹建使命，结束了两年多的筹建工作，配合三峡总公司和长江电力股份公司完成三峡电厂挂牌成立、组织机构设置和领导配备工作，各项生产技术准备工作按接机发电的倒计时计划有序进行。

检修厂概况

中国长江电力股份有限公司检修厂（以下简称检修厂）是中国长江电力股份有限公司下属的生产管理机构，由原葛洲坝电厂检修分厂和水工分厂合并组建。检修厂负责葛洲坝、三峡两个水利枢纽的发供电设备、闸坝机电设备和金属结构的检修、大坝安全监测及水工建筑物的运行和维护；负责葛洲坝枢纽生产区域空调设备管理及生产用机械配件加工等。

检修厂于2002年11月28日经长江电力公司批准正式成立，下设综合管理部、党群工作部、生产技术部、安全监察部、成本管理部等职能部门，设电气检修部、机械检修部、水工检修部、监测部、公用部等生产单位，整个检修厂初步定员800人。检修厂正按照长江电力公司企业发展战略和新企业、新机制、新作风、新形象的要求，努力建设一支“技术精良、作风严谨、管理科学、素质一流”的专业化国内一流检修队伍。

2002年在设备检修、技改和环境整治工作方面，检修厂全年共完成了葛洲坝电厂1台机组扩修，4台机组大修，36台次机组小修工作；完成两个开关站设备、全厂辅助设备的检修以及6kV、400V系统检修；完成重措17项，技术改造105项。主设备完好率达到100%，其中一类率98.1%。自动装置投运率100%，自动开停机成功率99.2%。全年安排资金额达到43929万元，比2000年的18217万元增加了2.41倍；比2001年的21757万元增加了1.2倍。其中，技改资金25465万元，比2000年的7585万元增加了3.36倍，比2001年的8932万元增加了2.85倍。

圆满完成第21次护坦检修任务

从1981年以来，葛洲坝电厂二江泄水闸护坦每年都要进行一次年度检修。2001年11月19至2002年3月21日，葛洲坝电厂水工分厂对二江泄水闸护坦进行了第21次岁修，继续采用了两种常用的检修方式：采用浮式检修门对二江泄水闸六孔闸室进行了检查修补，闸室检修面积大2100m^2；采用平盾底气压沉柜检查护坦面积1230m^2，修补破损面积19.12m^2。施工过程严格执行了班组、车间、分厂三级质检制度，层层把关，确保了工期和质量，圆满完成第21次护坦检修任务。

三峡梯级调度中心概况

三峡水利枢纽梯级调度中心（简称：梯调中心）是中国三峡开发总公司在防洪、发电、航运等各方面的调度、协调机构，全面负责总公司所属电厂的水库运行、电力生产以及航运设施的运行调度；对外统一接受上级调度部门的调度指令，对内全面协调梯级枢纽在防洪、发电、航运等各个方面；负责编制和实施枢纽优化调度方案；负责编制梯级枢纽的度汛方案；负责制作和发布梯级枢纽内部的水文气象预报；对梯级电厂的有关专业管理工作督促和检查的责任；负责梯级电力营销有关技术工作；负责生产调度通信系统的有关技术管理工作及上级部门交给的其他任务。按照职责，梯调中心的工作对外涉及到设计、交通、电力、防汛几大部门，对内有调水、调电、通航等几大任务。

三峡梯调中心设水库调度部、电力调度部、自动化部和综合管理部4个部门。

三峡梯调中心是2000年3月开始筹建的。两年来，筹建处已组成水调部、电调部、自动化部和综合管理部，启动了《三峡——葛洲坝枢纽梯级调度规程》和《三峡梯级电力调度规程》的编写任务，完成了人员的招聘工作，具备了在2002年汛前接管整个葛洲坝水力发电厂水库调度业务及其三峡水情预报中心工作的条件。

2002年4月16日中国三峡总公司宣告三峡梯调中心正式成立。

从2002年4月15日开始，梯调中心正式接管葛洲坝水库调度业务，开展对葛洲坝水库调度业务及防汛协调工作，为葛洲坝2002年汛期洪水过坝，制订了合理的调度方案，精心调度，各种泄洪设施及时开启，保证了葛洲坝枢纽的安全运行。

在确保葛洲坝枢纽安全运行的同时，积极开展节水增发电量工作，全年平均抬高水头0.20m，节水增发电量7.76亿kWh，水能利用提高率达5.06%。

在三峡—葛洲坝梯级联合调度的准备方面，2002年迈出了几个重要步伐：9月，梯级调度室从葛洲坝电厂搬迁到了三峡坝区梯级调度区域，实现了运程调度葛洲坝枢纽；11月，开始对三峡导流底孔进行调度，标志梯级联合调度工作初步形成。

对三峡工程施工水情预报准确，2002年共发布水情预报1100余段次，最大洪水预报误差仅1.03%，平均预报误差24h 1.73%，48h 2.85%。

在三峡工程导流明渠截流预报中成绩斐然，中心与长江委水文局、四川大学两单位共同进行导流明渠截流预报专题研究，结合三峡工程大江截流预报的经验，在截流前一个月就提出了三峡坝址以上流域的降水趋势预测意见及三峡坝址各种流量的预报意见。在截流期间组织技术骨干进行了长达2个月的中期跟踪滚动预报，5天预报的平均预报误差仅4.05%。

中心注重了各种规程的编制，《三峡（围堰发电期）—葛洲坝水利枢纽梯级调度规程》、《三峡梯级电力调度规程》和并网调度协议正在起草和编制之中，电力调度工作也正在筹建之中，正在开发三峡水文泥沙信息分析管理系统。

1月29日，中心与南京南瑞公司签订水调自动化系统采购合同，10月中旬，第一批设备通过了现场验收，完成葛洲坝系统的前期接入，从10月15日起，梯调中心水库调度值班工作开始在三峡坝区新建的调度室进行，标志着水调自动化系统正式投入业务运行。

7月1日～9月30日梯调中心在瑞典ABB总部与ABB公司签订了三峡梯调监控系统建设联合开发协议，11月25日～12月18日完成监控系统出厂验收。

主要事件

1月12日，由葛洲坝电厂能达通用电气公司生产的PCC智能调速器，通过国家科技型中小企业创新基金会组织的验收。

1月18日，中国三峡总公司改制重组第一次中介机构协调会在三峡坝区召开。

1月22日，“葛洲坝水利枢纽工程通航发电20周年”被评为“2001年度湖北省企业界20件大事”之一。

3月7日，由阿尔斯通公司设计制造、辽宁省葫芦岛市滨海水电大件制造有限责任公司加工焊接的重约350t、直径达9.8m的混流式水轮机转轮正式验收出厂，这是首台在国内组焊加工的三峡水轮机转轮。

3月8日，英国《金融时报》围绕中国三峡总公司对葛洲坝电厂改制重组上市问题，采访了中国三峡开发总公司党组书记、副总经理李永安。

3月17日，三峡电厂首台机组转轮，经过82天长途跋涉后，安全抵达三峡左岸电站厂房，这是VGS联营体历经三年设计制造的，转轮重428t、直径10.6m、高5.5m、价值960万美元。6月18日吊入三峡左岸电站5号机组机坑，进入正式安装阶段。

4月3日，中国三峡开发总公司与华能国际电力股份有限公司签订发起设立中国长江电力股份有限公司的合作备忘录。中国三峡开发总公司总经理陆佑楣、党组书记、副总经理李永安、副总经理曹广晶与华能国际电力股份有限公司董事长李小鹏、总经理叶大戟、副总经理黄龙等出席签字仪式。

4月5日，中国三峡开发总公司与中国核工业集团公司签订发起设立中国长江电力股份有限公司的合作备忘录。中国三峡开发总公司党组书记、副总经理李永安和中国核工业集团公司副总经理孙又奇等出席签字仪式。

4月10日，葛洲坝水力发电厂荣获湖北省首届诚信纳税“十强企业”称号。

4月12日，由葛洲坝电厂和国电南京自动化研究院合作开发研制的SJ—600型现地自动控制装置和SJ—12型自动准同期装置，通过了湖北省科技厅组织的鉴定。

5月1日，三峡水利枢纽二期工程上游围堰破堰进水。葛洲坝电厂三峡供电局巾帼站站长龚兰枝（女）获得“全国五·一劳动奖章”。

5月15日，中国三峡开发总公司宣布葛洲坝水力发电厂改制重组工作正式启动。

5月29日，葛洲坝电厂六届八次职工代表大会正式通过改制重组方案。

5月31日，三峡电厂正式接管三峡工程泄洪坝段导流底孔的运行维护管理。

7月1日，三峡水利枢纽二期工程下游围堰破堰进水。

8月21日，经国务院领导审核同意，国家经贸委批准同意三峡总公司改制重组方案，并批准三峡总公司为国家授权投资的机构。

8月22日，中国长江三峡工程开发总公司与华能国际电力股份有限公司、中国核工业集团公司、中国石油天燃气集团公司、中国葛洲坝水利水电工程集团有限公司、长江水利委员会长江勘测规划设计研究院等6家大型公司在宜昌共同签订发起人协议，发起设立中国长江电力股份有限公司。

8月28日，葛洲坝电厂二江分厂实现连续安全生产2700天。

9月2日，全国政协人口资源环境委员会“长江水资源保护”调研组陈邦柱一行考察葛洲坝电厂。

9月23日，国家经贸委正式批复同意设立中国长江电力股份有限公司。

9月29日，由中国长江三峡工程开发总公司、华能国际电力股份有限公司、中国核工业集团公司、中国石油天燃气集团公司、中国葛洲坝水利水电工程集团有限公司、长江水利委员会长江勘测规划设计研究院共同发起设立的中国长江电力股份有限公司创立大会，在人民大会堂举行，国务院副总理吴邦国致贺信表示祝贺。

9月30日，位于葛洲坝电厂西坝生活区的西坝广场正式开园。

10月15日，三峡梯级调度中心值班人员，首次在距葛洲坝40km的三峡坝区新启用的三峡水利枢纽工程梯级调度室，对葛洲坝水库实施远程调度功能，已运行近20年的葛洲坝水库调度室同时停用。

10月16日，世界上最大的发电企业——三峡水力发电厂正式成立。

11月1日，为宜昌市点军区高耗能企业供电而兴建的紫阳35kV变电站正式投入运行。此举为葛洲坝电厂对外供电走出了第一步。

11月6日，三峡水力发电厂在三峡坝区举行揭牌仪式，全国人大常委会委员长李鹏、国务院副总理吴邦国为三峡电厂揭牌。

11月19日，葛洲坝电厂最后一台PKG开关819DL安全吊出现场，标志大江发电机出口开关彻底结束用压缩空气控制的历史，全部采用BBC公司的六氟化硫SF_6开关。

11月26日，葛洲坝500kV交流开关站构架横梁改造工程开工，工程计划工期3年。

11月30日，葛洲坝电厂水工分厂实现连续安全生产5000天，从1989年3月23日以来13年零8个半月里未发生任何事故，这是大型水电厂安全生产的一个奇迹。

12月，国家计划委员会正式批复将葛洲坝水力发电厂电价从2003年1月1日起由0.101元/(kWh)提高至0.151元/(kWh)，增值税实际税赋超过8%的部分实行即征即退政策。

（谢兴发）

湖南省电力工业

概况

2002年，湖南省电力公司克服了年初缺水缺煤和前8个月遭受洪涝灾害等困难，突出重点，强化措施，齐心协心，保证了各项责任目标的实现；同时，稳定了大局，稳定了队伍，保证了改革之年各项工作的顺利进行。

全年省公司完成利润总额4.68亿元，净资产收益率3.06%，资产负债率60.2%，上缴投资收益9520万元，应收电热欠费余额16.16亿元。全面完成国家电力公司下达的五大考核指标。同时，其他主要经济技术指标也完成较好。其中产品销售收入达到122.3亿元，同比增长11.7%；利税总额14.3亿元，同比增长9.8%；售电量331亿kWh，同比增长8.0%；发电量251亿kWh，同比增长6.17%；供电煤耗388g/（kWh），同比下降1g/（kWh）；线损率8.45%，同比下降0.11个百分点；多种经营总收入62.8亿元，利润3.1亿元，同比分别增长21.8%和51%。

电力建设

2002年，该公司完成电力建设投资71.17亿元(其中电源39.3亿元，主网7.36亿元，城网7亿元，农网17.51亿元)，同比增长10.44%。

电源建设方面：洪江、碗米坡、凤滩、三板溪和株洲、鲤鱼江、耒阳新扩建工程，即“四水三火”全面建设，容量达366.5万kW，创湖南省电力建设史上新纪录。其中洪江水电站1号机组已经投产；碗米坡水电站1～10号坝段均已浇至220m高程；凤滩水电厂进厂交通洞已全线贯通，地下主厂房开挖已达128m高程支护；三板溪水电厂对外道路全线具备通车条件，施工电源、人工砂石系统正在建设；株洲电厂主厂房主体工程已基本完成，3、4号汽机房均已交安，240m烟囱施工完毕；耒阳电厂3、4号汽机房钢结构吊装完成，3号汽机台板已就位，烟囱主体工程已经完工；鲤鱼江电厂1、2号机正式交安，烟囱主体施工基本完成，汽机扣盖、厂用受电均已完成。另外，金竹山扩建、湘潭扩建已上报项目建议书，建设容量240万kW；东江扩机、柘溪扩机正在进行初可，建设容量约115万kW。

电网建设方面：主网竣工投产220kV变电站2座、容量66万kVA，线路23条、350km；竣工投产110kV变电站2座、容量5.15万kVA，线路11条、156km；新建光纤通信站60个，架设OPGW光纤线路842km、ADSS光纤线路428km，省公司南北主干光纤传输通道形成。城网建设改造的新增投资基本完成，除110kV变电站全部实现无人值班外，又有7座220kV变电站实现了无人值班，并完成了对13个地区城网改造的竣工验收工作。第二期农网改造任务基本完成，除完成续建的110kV、35kV送变电工程之外，按照省政府的要求，重点是新建、改造了10kV线路8548km，400kV线路57633km，新增、改造配变9636台，新建、改造配电台区7192个，整改行政村6577个。

电力生产

2002年，全系统保命、保网、保主设备的安全目标全面实现，创造了自1980年以来首次无职工生产性人身伤亡事故的安全管理新纪录。湘潭电厂、耒阳电厂、金竹山电厂、凤滩水电厂、郴州电业局、衡阳电业局、电力线路器材厂、电力电瓷电器厂、电力安装工程公司9个单位，保持十年以上无人身死亡事故。金竹山电厂、长沙电业局等29个单位完成了安全目标任务，所有生产单位都实现了2个及以上百日安全纪录，东江水电厂、马迹塘水电厂、五强溪水电厂、鲤鱼江电厂、湘潭电业局、调通中心6个单位连续安全运行1000天以上。农电安全管理日趋规范，农电系统全年没有发生重大设备损坏事故和内部人身伤亡事故，农电外人施工、触电死亡事故明显下降。电力基建创造了连续7年无职工伤亡事故、无重大设备事故、无重大火灾事故和无环境污染事故的安全新纪录。同时，通过全面开展创建中国一流电力公司的工作，省公司（经过自验收）已基本达到《中国一流电力公司考核标准（试行)》的要求；基层“一流企业”又有增加，东江水电厂和湘潭、娄底、岳阳、长沙电业局被国家电力公司命名为一流企业，赫山、临湘、临澧、韶山、攸县电力局被国家电力公司命名为一流县级供电企业。

电力营销

2002年，该公司进一步加强了营销策略、营销手段的研究，开展市场细分，有效地扩大了电力市场。采取灵活多样的政策，积极参与电力市场竞争，怀化、永州、常德、益阳、长沙、衡阳等电业局的售电量增长速度均高于省公司平均水平。继续实施超基数用电优惠，工业用电市场进一步发展。采取“一厂一策”销售策略、挖掘节假日用电、推广应用蓄能电空调电锅炉等，进一步引导和激活了电力市场。与此同时，加大了营销改革的力度，促进了优质服务水平的提高。各供电企业围绕供电服务八项承诺，成立“电力110”，提供24h电力故障抢修服务，实现了无周假日服务。重点抓“95598”客户服务系统建设，进一步更新了服务手段。营销稽查共查处营业差错事故600多起、营业责任事故40多起、内外勾结4起，查处窃电和违章用电电量8000多万kWh，挽回了经济损失。营销现代化建设初见成效。电费回收继续实行“两挂钩、两重点、两突破、一整顿”，克服重重困难，基本完成了年初确定的电费回收任务，其中煤电互抵回收电费 7000 多万元、物电抹账回收电费 2.6 亿元。

精神文明建设

2002 年，湖南省电力公司抓住迎接十六大、宣传十六大、贯彻十六大和实践“三个代表”重要思想这一条主线，广泛深入地开展了“共产党好”主题教育活动。注重两个培育，即认真贯彻落实《公民道德建设实施纲要》，培育一流的行业作风，培育一流的文明行业形象。突出三个重点，即突出加强党的作风建设，突出加强企业文化建设，突出加强调查研究工作。抓好四个创建，即继续创建全省文明建设先进系统，创建国家电力公司双文明公司，创建全国精神文明建设先进单位，创建文明行业示范点和标兵单位。通过这一系列活动，使全系统精神文明建设又上新的台阶。除省公司荣获全国“五一”劳动奖状和保持全省文明建设先进行业、全国精神文明建设工作先进单位、全国思想政治工作优秀企业、全省文明标兵单位称号之外，邵阳、湘西电业局等 17 个单位荣获全省文明单位和标兵单位称号，耒阳电厂、调通中心等 22 个单位荣获国家电力公司双文明单位和标兵单位称号，长沙电业局荣获全国创建文明行业示范点称号，攸县电力局荣获全国“三个代表”学教活动先进集体称号，湘潭电业局荷塘变电站荣获全国青年文明号称号。岳阳电业局苏仲衡、柘溪水电站李建辉、永州电业局李言秀等 3 位同志，荣获全国“五一”劳动奖章和省劳模。评选表彰省公司劳模 22 名，先进生产（工作）者 168 名，先进集体 30 个。同时，在全系统开展了一系列党风廉政教育活动，并成功组织了王郁之同志先进事迹巡回报告等正面引导活动，党风廉政建设取得了新的成绩，党风廉政建设责任书确定的六大责任目标基本实现。

另外，教育、科技、对外开放、后勤管理、劳动人事、法制建设、多经、审计、经保、离退休管理等各项工作也取得较好成绩。

存在的问题

主要问题是电费拖欠数额巨大且回收越来越难。截止到年底，累计欠费仍有 27 亿元，而其中呆坏账约占一半以上。

要事特辑

1. 湖南省电力公司荣获全国五一劳动奖状

近年来，湖南省电力公司坚持以邓小平理论和江泽民“三个代表”重要思想为指导，争当“创建国内电力一流，争当省内行业一流”为目标，按照该公司“发展、改革、管理、效益”的整体工作思路，坚持“规范化、制度化、程序化、公开化”的办事原则，做好“人、钱、电”“三篇”文章，突出“严、实”两个字，抓机关促基层，抓典型带全局，扎扎实实开展创建活动，取得了两个文明的协调发展，各项工作成绩显著。连续四年全面完成国家规定的六大考核经济技术指标，电网连续安全稳定运行 20 余年，公司所属发、供电企业，全部实现了安全文明生产达部标。耒阳电厂、石门电厂、五强溪水电厂、电力调度通信中心、电力试验所、益阳电业局、湘潭电厂、株洲电业局等八个单位已被国家电力公司命名为一流企业，形成了一流群体，一流单位的个数在全国处于领先水平。省公司本部自 1987 年以来，连续 14 年获得省文明建设先进单位，1999 年获全国精神文明建设工作先进单位，公司系统自 1995 年连续 6 年三届获省文明建设先进系统。2000 年获国家电力公司首批双文明公司。近 6 年来，先后有 6 个单位获全国“五一”劳动奖状，6 人获全国“五一”劳动奖章，18 人被评为省劳模，9 人被评为国家电力公司劳模。该年，该公司又被授予全国“五一”劳动奖状的荣誉。

2. 湖南省出台新的《关于办理盗窃电能案件的意见》

为进一步依法打击盗窃电能行为，湖南省经贸委、省高级人民法院、省人民检察院、省公安厅于 8 月 8 日联合下发了最新的《关于办理盗窃电能案件的意见》。该意见对盗窃电能的违法行为、电力管理执行人员的权利，窃电量、金额和窃电日数等作了新的认定，它的实施将进一步依法遏制和打击盗窃电能的违法行为，保护电力企业和广大用户的合法权益。

3. 湖南省掀起向王郁之同志学习的高潮

8 月 29 日，王郁之先进事迹首场报告会在省公司机关举行，随后王郁之先进事迹报告团分赴全省 14 个市州电业局做巡回报告，全省电力系统掀起了向王郁之同志学习的高潮。

王郁之同志是全国用户满意服务单位、湘潭电业局电力 110 班班长，是国家电力公司优质服务先进个人和优质服务年活动标兵。多年来，他在“电力 110”这个及其平凡而又普通的岗位上，一边以革命的乐观主义态度与病魔作斗争，一边以优质、方便、规范、真诚的为客户服务，努力实践着“三个代表”的重要思想和人民电业为人民服务的宗旨，赢得了广大客户的赞誉，为党、为政府、为湖南电力行业树立了良好的形象，为员工树立了光辉的榜样。

4. 鲤鱼江至广东 500kV 线路开工

6 月 1 日，被誉为“黄金通道”的鲤鱼江电力送广东500kV输电线路正式开工。该工程是国家西电东送第二批开工项目——鲤鱼鉴电厂扩建两台30万kW发电送出的主要配套项目，全长184.904km，总投资3.4648亿元，由（香港）电力股份有限公司和湖南省电力公司共同投资。其建成后将鲤鱼江电厂电能直接送往广东，参与国家西电东送水、火电协调互补，对提高西电东送综合输电能力和送电可靠性具有重要意义

5. 三板溪水电站获贷41.2亿元

7月12日，国家开发银行与五凌水电开发公司三板溪水电项目贷款签字仪式在长沙举行。根据合同，该行将向三板溪水电站工程建设提供41.2亿元贷款。这是目前湖南电力所获贷款金额最大的建设项目，标志着三板溪水电项目的建设资金已基本到位。湖南省委副书记、常务副省长周伯华，国家开发银行党委副书记、副行长姚中民，省电力公司总经理、五凌公司董事长周绍文出席了签字仪式。

三板溪水电站是国家“十五”重点工程之一，位于沅水上游清水江段，距怀化市140km，安装4台25万kW混流式水轮发电机组，是沅水流域梯级开发的龙头电站，具有多年调节性能。工程建成后对下游梯级电站具有显著的补偿效益，可改善湖南电网的电源结构，增加湖南电网的调峰容量，帮助湖南消纳三峡电量，并有利于加强沅水的防洪体系。预计该工程总投资65.27亿元，2006年全部机组竣工投产，年发电量24.28亿kWh。

6. 关注弱势群体

12月20日，湖南省电网城乡居民生活用电同价听证会在长沙召开，来自全省各行业及农村的30名代表就该省的电价调整方案进行了听证。

此次会议是就省电力公司的申请对该公司所辖电网城乡居民生活用电实行同网同价，具体包括省电网直接供电管理到户的14个市州、直供直管的70个县（市、区）、代管的21个县、与地方交叉供电的9个县中城市与农村居民生活用电，会同电力有限责任公司供电管理的城乡居民生活用电。并将价格统一到0.559元/（kWh)。电价一直是全省人民群众关心的一件大事，此次城乡同价的提出是基于该省农网改造和农电体制改革的进度，以及农电系统经营状况而确定的。通过此次听证会，体现了该公司充分关注消费者权益，既保护弱势群体的利益，又兼顾经营者事业发展的需要。

主要事件

1月11日，湖南电力高科技股份有限公司成立。

1月15日，长沙电业局电缆管理所获英国乔治亚公司颁发的ISO 9001国际质量体系认证证书，这在该湖南供电系统还是首家。

1月22～25日，全省电力工作会暨三届二次职代会在宁乡灰汤召开。

2月7日，湖南省委书记、常务副省长周伯华，省人大副主任高锦屏等到长沙电业局慰问电力职工。

2月9日，湖南省副省长郑茂清到电力调度中心看望和慰问电力职工。

4月28日，湖南省庆祝“五一”国际劳动节表彰大会在长沙举行，湖南省电力公司获得全国“五一”劳动奖章。

4月29日，湖南省国有农林场中率先实现电力体制改革的西洞庭湖管理区（农场），农村电网改造也率先启动。

5月27日，中央文明办、国务院行风办发出通知，确定长沙电业局为创建文明行业活动示范点。

6月13～15日，国家电力公司党组副书记刘振亚到湖南进行调研。

7月12日，国家开发银行与五凌水电开发有限公司三板溪水电项目贷款签字仪式在长沙举行。

7月20日，省委书记杨正午视察扩建中的鲤鱼江电厂。

7月31日，由东江水电厂东屋机电制造有限公司研究开发的新型压力钢管伸缩节获得国家级科技成果鉴定。

8月8日，省经贸委、省高级人民法院、省人民检察院、省公安厅联合下发《关于办理盗窃电能案件的意见》，进一步打击盗窃电能的行为。

8月19日，省首次电网调度信息披露听证会在长沙举行。

8月29日，全国政协副主席毛致用视察马迹塘电厂。

8月29日，王郁之先进事迹首场报告会在湖南省电力公司机关举行，王郁之是全国用户满意单位——湘潭电业局电力110班班长，是国家电力公司优质服务先进个人和优质服务年活动标兵。

9月15日，由湖南电力物流公司研制的国内最先进的大型设备运输车在株洲通过专家鉴定。该车将为“西电东送”设备运输提供急需的工具。

9月20日，湖南省电力系统劳动模范、先进集体（个人）表彰大会在省电力培训中心举行。

9月27日，湖南省送变电建设公司在220kV电业送电线路施工中，首次成功地应用动力伞展放引绳。

10月9日，湖南省第一个直接利用外资的电力项目—湖南华润电力鲤鱼江有限责任公司正式成

立。

10月13日，五强溪水力发电厂实现安全运行2600天，位居全国大型水电厂首位。

10月17日，湖南省委、省人大主任杨正午，省委书记、常务副省长周伯华到碗米坡水电站指导工作。

10月，湖南省电力公司连续第四届被省委、省政府授予全省文明建设先进单位（系统）称号。

11月5日，湖南省电力公司创建“学习型组织”活动拉开序幕。

11月16日，湖南省电力公司首期多经企业总经理工商管理培训班在电力培训中心举行。

12月2日，省委书记杨正午视察电力疗养院。

12月6日，湘潭电厂通过ISO 9001:2000质量管理体系认证，成为该省首家通过认证的电厂。

12月20日，湖南省电网城乡居民生活用电同价听证会在长沙召开。

江西省电力工业

综述

2002年，江西省电力公司全面并超额完成资产经营考核目标。全年实现利润总额1.29亿元，比2001年增长17.32%，完成售电量191.84亿kWh，比2001年增长17.13%。其中，向省外送电7.55亿kWh，“赣电外送”实现了历史性突破；应收电费余额为5.51亿元，比2001年降低4.18%；净资产收益率完成0.93%，比2001年提高0.04个百分点；资产负债率完成61.51%，比上年提高1.95个百分点；上缴投资收益完成3598万元。

电力生产

省电力公司发、用电量和电网最高负荷均创历史最高水平。全网统调电厂 完成发电量205.9亿kWh，首次突破200亿kWh，比2001年增长17.1%；全省用电量完成246.5亿kWh，比2001年增长10.92%；全网用电最高负荷达391万kW，较2001年最高负荷增长14.1%，均实现了两位数增长。

安全生产

截止到2002年12月31日，全网连续19年未发生电网瓦解大面积停电事故，主网连续安全稳定运行7016天；全系统连续15年消灭了重大火灾事故，连续9年未发生负主要责任的重大及以上设备事故。全系统安全生产和治安状况保持平稳态势。主要抓了下面几项工作：

（1）加大宣传力度，广泛深入地开展了“无违章”活动年活动。①利用广播、电视、简报等多种形式在全系统进行了广泛深入的宣传活动。②开展多种形式的安全竞赛活动和安全考试，组织了各单位领导、有关职能部门负责人参加的安全规章和安全知识闭卷考试；分5个片区组织了“安全杯”演讲选拔赛，7月在南昌电厂进行了决赛，并组织优秀选手分三个组赴系统各单位生产、施工一线巡回演讲30场次，直接受教育面达12000人·次。③为认真抓好班组安全日活动和安全例会的开展，省电力公司印发了7篇安全文章和《安全警示录》，将系统内近6年来发生的人身事故和恶性误操作事故案例汇编成册供各单位作为班组安全活动学习。

（2）稳步有序的推进了输电网安全性评价工作。从学习、培训到自查，通过近10个月的努力工作，经两轮认真查评整改，全面完成了省电力公司的自查评工作，并报国家电力公司。

（3）广泛深入地开展了安全生产大检查和发供电企业安全性评价查评及整改工作 。深入开展了电网稳定检查、防汛检查、春、冬季安全生产大检查等专项安全检查，尤其是加强了夏季高温高峰负荷和“五一”、国庆节、十六大等重大活动期间保电措施的检查。通过检查消除了许多隐患，促进了安全生产，确保了节日和重要保电时期的安全可靠供电。另外，省电力公司组织专家组完成了对江口水电厂、洪门水电厂、罗湾水电厂、上犹江水电厂、东津发电有限责任公司、柘林水电开发有限责任公司的安全性评价初查评和对丰城发电有限责任公司和万安水电厂的安全性评价复查工作。

（4）狠抓规范化管理和制度化建设，规范职工安全操作行为。组织制定了《江西省电力公司电气两票管理规定》，已正式颁布执行，并编制成册下发到班组组织学习，要求认真执行。年底组织制定了江西省电力公司《电气防误装置管理规定》，将通过这一规定的贯彻执行，进一步强化电气和规范防误工作，使安全工作进一步朝规范化、制度化进程迈进。

（5）反窃电工作取得明显成效。①在全省各设区市和部分县（区）组织开展了《江西省反窃电办法》实施两周年成果图片展。观看图片展的人数达52500人，散发宣传资料35000余份，现场咨询1700人·次，受理投诉68起；会同省电视台制作了一部反窃电宣传片在江西卫视播放。②在12个供电局全部成立了反窃电工作机构，并制定下发了省电力公司《关于规范违约使用电费管理的通知》，对反窃电工作中收取的电费和违约使用电费进行统一规范管理。③在各级公安机关的大力支持下，在全省范围内继续开展了反窃电专项整治工作，通过整治，查获违章和窃电户5000余户，挽回电量近600余万kWh，追补电费和违约使用电费879万元。依法判处了7名窃电违法犯罪分子有期徒刑，刑拘了5人，治安处罚了26人。

(6) 加强了电力设施保护工作。我们重点抓了110kV以上线路聘请群众护线员工作，全省共计聘请群众护线员946名。加大了对盗窃、破坏电力设施犯罪活动的打击力度，全省共计发生盗窃、破坏电力设施案件34起，破案16起，抓获盗窃人员11人，其中判刑1人，刑拘8人，治安处罚3人。

(7) 高度重视抓好消防工作。①加强了消防教育宣传工作，广泛开展了对"二十五项重点反措"和新颁布的《机关、团体、企业、事业单位消防安全管理规定》宣传贯彻；组织编撰了《江西省电力系统消防知识辅导资料》。结合开展"11·9"消防宣传日活动，组织了一次系统员工消防知识普及和消防知识竞赛活动，系统员工参与消防知识普及率和参考率均达90%以上。②加强了消防检查监督工作，先后对系统26个单位进行了消防工作抽查。③突出重点的抓了电缆防火、变电站、调度、主控室、公共娱乐场所、单位宾馆招待所和强化了对易燃易爆物品的管理工作。

(8) 有效地开展了内部治安稳定工作。重新调整了省电力公司社会治安综合治理领导小组，向系统各单位下发了"2002年社会治安治理责任书"，建立了领导责任制，领导述职报告制，一票否决权制等各项综治工作管理制度；开展了对系统不稳定因素的排查工作；认真组织开展了创建安全小区和人防、物防、技防工作，确保了系统"法轮功"练习人员无进京滋事和在当地聚集滋事，确保了节假日和党的十六大期间内部治安稳定。开展了侦查破案和查处治安案件工作，2002年，系统共计发生一般刑事案件56起，破案31起，查处治安案件124起，调处治安纠纷和民事纠纷288起。为企业追回经济损失67.4万元。

电网安全存在的问题：①少数职工安全意识不强，习惯性违章现象未得到根本遏制。因此，反习惯性违章仍然是我们要继续坚持抓实的工作。②电力设施保护的形势比较严峻。电力设施遭破坏、盗窃的案件时有发生，解决高压输电线路廊道下的超高林木和违章建筑问题难度大，对安全生产极为不利。③厂网分开后，随着改革深入，体制发生变化和人员分流带来职工情绪可能的波动将对安全生产带来影响。

电力建设

电力建设快速发展。全年新增发电装机容量57万kW。柘林水电厂6号机组5月移交试生产、分宜电厂循环流化床技改机组实现了年内并网发电。全年开工建设110kV及以上电网工程共计67项，年内建成投产26项，为历年开工建设投产项目之最，其中：新建投产220kV变电容量42万kVA，线路118.39km。原定2006年开工建设的三峡配套500kV输变电工程"两站三线"项目于12月26日正式开工。景德镇发电有限公司15万kW机组技改工程项目已正式奠基。全省城网改造累计完成投资29.62亿元，完成总投资规模的100.1%，11个城网全部通过了省电力公司的竣工验收。农网建设与改造累计完成投资76.69亿元，占总投资规模77.71亿元的98.7%；86个县完成了第一期农网改造任务，36个县完成了验收；全省行政村通电率达到99.7%，农户通电率达到99.37%；农村用户平均电价由电网改造前的每kWh1.5元降到了1元以下，减轻农民负担达9.86亿元；城乡电网同价工作取得进展，省物价局已正式批复16个县的同价方案，全省居民生活用电同价方案初步形成。同时，经过艰苦的努力，江西电网生产调度科研综合楼建设基本完成。

经营管理

经营管理水平稳步提高。加强了"量、本、价"管理和预算过程控制，强化了资产经营责任制考核和审计监督，狠抓了市场开拓、电费回收和节能降耗，完成供电线损率6.69%，同比下降0.36个百分点；完成供电标准煤耗率374g/(kWh)，同比下降3g/(kWh)；完成劳动生产率28.18万元/(人·年)，同比增长19.1%；完成售电收入67.85亿元，同比增长15.95%。江西历史上最大的电费拖欠户新余钢铁厂"摘帽"，物电互抵完成1.54亿元，反窃电挽回经济损失879万元。全省县级供电企业在消化农改新增资产折旧30%的情况下，实现盈亏基本持平。省电力调度通信中心获国家电力公司"一流电网调度机构"称号。赣西供电局建设一流供电企业通过网、省电力公司考核，已正式申报国网公司。

科技工作

科技进步为电网安全稳定运行和提高经济效益发挥了技术支撑作用，有26项科研成果获省电力公司科技进步奖；国家"九五"重点科技攻关项目"中小型燃煤电站水膜除尘器简易脱硫技术与装备研究"获中国电力科技进步三等奖；省电力试研院开发的"热工微机保护系统"获江西省政府科技进步三等奖。

电力教育

(一) 紧扣培训重点，培训质量和效益进一步提升

(1) 全员培训：全年共举办公司层面培训班9[illegible]

期，累计培训近8000人·次，培训计划完成率达97.9%。全系统职工培训率达66.3%，其中，培训管理人员16729人，培训率70.8%，培训生产人员7663人，培训率64.4%。

（2）生产培训：一年来，根据电力生产需要，举办了继电保护、机电一体化、高压试验、市场营销、农村电工五项技术竞赛。此外，还派选手参加了国电公司、江西省等单位组织的继电保护、市场营销、农村电工及计算机竞赛。

特殊工种培训在省安全生产监督管理局的大力支持下各项工作进展顺利，①与省安全生产监督管理局联合发文，明确电工培训由省电力公司负责组织实施，为充分利用现有教育培训资源节省培训经费争取了政策支持。②根据特殊工种培训需要制定了《特殊工种培训管理标准》，规范了特殊工种培训工作。③根据国家电工作业人员培训要求，结合省电力公司电工作业人员岗位规范编制了一套《电工培训讲义》。④省电力公司举办了一期带电作业培训班，南昌发电厂、赣州供电局、赣东北供电局、省火电建设公司等单位举办了多期电工作业、起重作业、架子工等人员培训班，学员全部顺利通过了省安全生产监督管理局的考试、考核，取得了国家统一的证书。

（3）工商管理培训：为培训高素质的企业领导及后备队伍，与江西财经大学联合举办MBA工商硕士班，并在公司内组织有关人员参加MBA报考及考前辅导工作，目前，工作进展顺利。科级干部工商知识培训：2002年共举办培训班二期，培训61人，已培总人数达882人，完成应培训人数的25%以上。

开展境外培训是省公司提高培训层次和培训效果，提升企业管理水平的重要举措。2002年9月，省电力公司与加拿大SNC·兰万灵公司任凭对省公司及所属单位7位处级领导及后备干部开展了为期18天的培训。主要培训《西方电力企业经营管理》、《企业战略管理》、《如何创建学习型组织》等课程。

（4）农电培训：根据国家电力公司教学计划举办了二期县级供电局局长、三期供电所长培训班，重点培训企业管理、用电专业等知识，此外，还对财会、工会等人员开展了培训。

（5）援藏培训：根据国家电力公司国电计［2001］338号《关于对西藏电力公司有关单位进行对口支持的通知》、国家电力公司办计［2000］33号《关于加强西藏电力公司管理和促进西藏电力发展的纪要》等文件要求，省公司针对西藏送培人员的年龄、技术、专业等情况，经过反复、认真的研究编制了切实可行的培训计划、落实了培训内容、培训方法，并对送培人员的生活、学习做了细致的安排，培训期间还对培训情况进行了检查、反馈和督促，达到增进民族团结、促进西藏电力发展的培训目的。

（二）加强指导和管理力度，专业学校改革进展顺利

（1）为适应教育体制改革的需要，为学校今后的发展创造有利条件。江西省电力中心经江西省政府同意升格为江西电力职业技术学院，并于9月挂牌成立。

（2）在专业设置上加大了非电力专业的设置力度，增设了数控机床、计算机网络等社会急需的新专业。共招收学生1760人，其中高职102人、职大691人、电校237人、技校730人。

（3）组织2002年228名退伍军人入校考试及录取工作，并对免考人员进行资格审核，并对录取人员进行为期2年的培训。

（4）在教师节期间对优秀教师、教育工作者进行表彰并组织外出休养。

（三）强化各项管理，教育环境不断优化

（1）进一步强化教育归口管理。针对教育培训中出现的不规范办班、收费、送培等问题，明确了对外派学习培训，“必须有省电力公司科教处下发文件；外系统及本系统文件，未经省电力公司科教处批转或发派遣单不得派人参加”的规定。

（2）组织部分教育科长参加华中分公司现化企业培训标准和培训方法与技术培训班，通过培训掌握了解ISO 10015培训质量标准的框架体系和基本内容，提高了教育培训管理水平。

（3）为促进教育培训研究工作的开展，进行了教育论文评选工作，共有117篇论文参评。

（4）积极参加省经贸委组织的培训活动，加大与省内企业的交流力度。积极主动地加强与省经贸委、省劳动厅、省安全生产监督管理局等有关业务部门的联系，取得他们的支持，为充分利用教育资源，不断拓宽培训渠道，营造良好的职工培训外部环境奠定了基础。

（5）根据国电公司、中电联、省教委要求，对教育资源进行了全面认真的统计。

电力改革

省电力公司改革稳步推进。根据电力体制改革的总体部署，按照“统一安排，分步实施，分区移交，积极稳妥”的原则，公司系统所属发电企业划转移交第一阶段工作圆满结束。其中九江电厂、丰城电厂、万安水电厂划转中国国电集团公司；南昌电厂、贵溪电厂等13家划转中国电力投资集团公司。2002年1月28日零时顺利完成了发电企业安全生产、经营管理和干部及组织关系的移交。与此同时，企业配套改革不断深化。医疗保险、养老保险制度不断完善，企

业年金制度全面实施。在企业资产重组、优化资源、引资合作等方面取得实效，江西省火电公司首次跨省竞标30万kW火电机组安装项目成功、江西电力设计院走出国门参与竞标成功、省电力试验研究院参与国外机组性能鉴定试验，以及电力修造企业与民营集团嫁接、民营资本投资电源建设、民营企业自建220kV输变电工程、苏赣两省电力物流互通、赣电物业管理有限公司的成立，为电力辅业发展开辟了新的途径。

优质服务

优质服务不断深化。通过开展优化外商投资及经营环境工作，新推出对外资企业服务承诺和优质服务“十一”条，提升了为外商服务的水平。通过拓展“诚信工程”，自我加压，诚恳纳谏，层层深入地开展“走千家访万户”供电优质服务活动，走访客户18348户，发放企业形象测评表17712份，解答客户疑问1773个，进行整改187项，进一步塑造了江西电力良好形象。广泛开展了农电示范窗口创建活动，新建供电营业规范化服务示范窗口197个，全省农电示范窗口达到309个，有力地推动了农电系统行风建设，电力优质服务工作继续走向深入。

公司外部环境得到改善。加快电网建设，改变电网落后于电源、落后于负荷发展的现状已为各级政府所关注。2001年，在建设项目、电价政策、优化投资结构、理顺政企关系等方面争取了一系列政策和措施，给公司发展提供了新的空间。江西富余电量外送和三峡配套500kV输变电工程提前建设，对加强和改善电网结构、优化江西电力乃至更大范围的电力资源配置起到了至关重要的作用。国家计委批准的江西电网电价调整方案，解决了部分农网还本付息和新投产机组的电价矛盾。同时，在城网建设改造工程、工业园区建设、电缆入地、电费回收、峰谷电价、深化县级供电企业改革、专业学校体制改革等方面，积极争取了省政府及有关部门的支持，与省计委、省经贸委联合出台了5项政策和办法，为省电力公司发展和地方经济发展创造了良好条件。

党风廉政

党风廉政建设和领导班子建设进一步加强。加大了党风廉政建设的检查、考核力度，首次把党风廉政建设责任制与资产经营、安全生产责任制实行同比兑现奖惩。开展了多形式、多层次党性党风党纪教育，与省人民检察院建立了《共同预防职务犯罪联系制度》。紧贴企业经营管理实际，认真开展执法和效能监察，挽回经济损失507万元，避免经济损失4943万元。“三评议”活动的开展，促进了领导干部和领导机关的作风转变。公司领导带队深入基层调研，密切了干群关系，促进了基层领导班子建设。加强了对领导班子和班子成员的监督与考核工作，增强了领导干部讲政治、讲大局的意识。

精神文明创建活动

企业民主管理和精神文明创建活动取得新成果。职工代表巡视检查活动的开展、领导干部基层联系制度和工会干部联系群众制度的建立，有效地增强了各级领导的民主意识和员工主人翁责任感，建立了通畅的民主渠道。职工董事、监事制度的建立和完善，群众性经济技术创新工作和丰富多彩的文娱活动及员工生活的进一步改善，极大地调动了广大员工的工作热情和参与民主管理的意识。“创建学习型企业、做诚信电力员工 ”活动的开展，推进了企业文化建设。创“十佳”系列活动和双文明创建活动不断延伸，86%的单位建成为省级文明单位，100%的单位建成为地市级文明单位，17个单位及4个县级供电企业获得国电公司双文明单位称号，省电力公司及赣西供电局、萍乡电厂荣获“全国精神文明建设工作先进单位”光荣称号。景德镇供电局用电分局被评为全国创建文明行业工作先进单位。

机构设置

党组书记、总经理毛日峰：负责省电力公司全面工作，直接管理总经理工作部、人事劳动部（领导班子建设处、人事管理）、计划发展处、审计处、董事监事局。

联系：纪检组、监察专员办、工会。

党组成员、副总经理李宁生：协助总经理管理财务处、市场营销处、人事劳动部（劳资处、社保中心、人才交流中心）、计划发展处。

联系：江西省电力燃料有限公司。

党组成员、副总经理张卫平：协助总经理管理总工办、生产技术部、安全监察部、科技教育处（科技）、青山湖基地办。

党组成员、纪检组长、监察专员熊家森：直接管理纪检组、监察专员办；协助党组书记管理思想政治工作办公室；协助总经理管理农电处、新闻中心。

主要事件

1月1日零时，江西电网2001年统调电厂发电量176亿kWh，全省用电量182亿kWh，分别比2001年增长7.75%和6.85%，电网安全运行5928天。

1月28日，“全省城乡电网建设与改造成果展”在江西省展览馆举行，集中展示了江西省城乡电网建设与改造成果，展现了电力员工勇于奉献、敢打硬仗的精神风貌。凌成兴副省长观看了展览。

1月30日，永丰县供电有限责任公司挂牌。至此，全省93个县（市、区）县级农电管理体制全部理顺。

2月6～8日，省电力公司2002年工作会议暨三届二次职代会在赣州召开。

2月28日，省电力公司召开纪检监察工作会议，强调要进一步加强和改进公司系统的作风建设，大力营造干事创业的氛围。

3月7日，省电力公司召开安全工作会议，决定在全系统广泛开展“无违章活动年”活动。

4月6日，省电力公司召开系统党政主要负责人会议。传达贯彻《国务院关于印发电力体制改革方案的通知》、《研究电力电信民航体制改革方案实施有关问题的会议纪要》和国家电力公司《关于贯彻落实电力体制改革工作有关意见的通知》文件精神。

4月6日，江西正泰电力设备公司揭牌暨产品推介会在南昌举行，副省长蒋仲平出席会议。这是江西电力企业与浙江民营集团的一次成功合作。

4月18日，江西省农电“两改一同价”领导小组会议举行。近3年的农村电网建设与改造，有效地提高了江西农村的供电能力和供电质量，使全省农村到户电价下降了0.57元，为农民减轻用电负担9亿元，给广大农民带来了实惠。

4月20日，省电力公司召开1季度经济活动分析会议，重点研究扭亏工作。因多方面原因，省公司1季度亏损4670万元。

4月28日，省检察院召开“建立预防职务犯罪联系协调制度会议”，省委常委、政法委书记舒晓琴到会讲话。会上，省检察院与省电力公司等8个行业单位签订共同预防职务犯罪联系协调制度责任书。

5月13日，省电力公司印发《关于党风廉政建设责任制考核办法的通知》，将党风廉政建设、资产经营、安全生产纳入省公司统一考核。

5月24日，省委书记孟建柱视察了江西三和电力股份有限公司上犹江电厂。

5月29日，中共中央政治局委员、全国人大常委会副委员长姜春云视察江西柘林水电站水利枢纽工程。

6月9日，江西电力调度通信中心被国家电力公司授予中国一流调度机构。

6月18日，国家计委下发《关于疏导江西省电价矛盾有关问题的通知》，将江西省电网销售电价平均每千瓦时提高0.8分，其中0.5分用于农网还贷，0.3分用于新机投产核定的上网电价。

6月20日，江西七大水库全力抗洪渡汛，省电力公司领导坐镇防汛办指挥。

7月，根据工作需要和干部任职年龄的有关规定，经研究并征得江西省委同意，国家电力公司党组决定：黄永达同志任中共江西省电力公司党组书记，免去胡德成同志中共江西省电力公司党组书记、党组成员职务。

7月11日，全省电网最高用电负荷达391万kW，比去年高出49万kW，南昌市最高用电负荷突破100万kW，均创历史新高。

7月16～18日，江西电网通过华中电网首次向四川售电424万kWh。

7月29日，省电力公司与省计委联合发文，贯彻省委省政府致全省农民朋友第二封公开信精神，小水电上县网电价要求降至0.25元左右。

7月31日，省电力公司领导班子慰问省军区，赠送了10台计算机，开展科技拥军。

8月15日，省电力公司与省经贸委联合印发《关于切实加强电费回收工作有关问题的通知》，明确改制、破产企业电费优先清算，加快“灯动分开”，加强“亮化工程”电费管理。

8月24日，公司系统办公室主任会议召开。会议不设主席台，不发会议材料，不发纪念品，不组织游览，不搞表彰，开得简朴、充实，会风清新。

8月26日，柘林水电开发有限责任公司发电三十周年厂庆暨新机投产庆典举行，省委副书记、省长黄智权致信祝贺，副省长凌成兴到会做重要讲话。

8月29日，江西万安宏源发电有限公司揭牌，开创了江西省利用民间资本投资电源建设的先河，副省长凌成兴到会祝贺。

9月6日，省电力公司与南昌市政府联合召开南昌城网建设商谈会，合力打造南昌新城网。省委副书记、南昌市委书记吴新雄要求有关部门在一个月内完成土地拆迁，一个月内落实站址及出线路径，一个月内开工建设。

9月12日，省电力公司对省里安置的5000三峡移民实现了户户通电，为三峡移民的生产生活提供了电力保证。

9月22日，省委常委、秘书长陈达恒视察省电力公司。

9月24日，《江西省电力公司与江苏省电力公司物资合作协议书》签字仪式在南昌举行，黄永达与寇士清分别代表两省公司出席。

9月27日，省公司与西藏606厂来宾召开座谈会，研究援藏工作。

10月17日，省政府召开全省农村电网建设与改造电视电话会议，省委副书记、常务副省长彭宏松发表重要讲话。

10月20日，九江三期发电公司首台350MW机组并网发电。

10月23日，江西赣源实业总公司注册成立，这是在原赣电实业公司的基础上兴办的民营性质的股份合作制法人实体，注册资金5000万元。

10月28～30日，赣南出现历史上罕见的大秋汛。赣南电力企业干部职工临危不惧，精心安排生产调度，确保了电网安全运行。

11月2日，在江西省第十一届运动会上，省电力代表团在系统组30个参赛单位中，获金牌32枚，总分1049分，名列第二。

11月3日，华能井冈山电厂一期工程（2×300MW）通过国家环保总局验收。

11月6～8日，省电力公司总经理黄永达率工作组赴赣南视察水情，慰问灾民，代表省公司向赣州市捐赠100万元。

11月12日，副省长赵智勇主持召开南昌高校园建设会议，省电力公司负责高校园区的电网规则与建设。

11月13日，副省长凌成兴视察九（江）南（昌）四回工程和九江供电局。

11月17日16时38分，分宜电厂410t/h循环流化床锅炉、100MW汽轮发电机组顺利发电并网。

12月10日，省计委召开江西省城乡居民生活用电同价方案听证会，这是全省首次的价格决策听证会。省电力公司以企业经营者身份向大会陈述了《江西省城乡居民生活用电同价方案》，来自该省各地的23名听证代表（12名消费者代表、3名经营者代表、5名人大等部门代表、3名专家学者代表）对此进行了充分讨论，基本同意同价方案

12月15日1时45分，九江三期发电有限责任公司第一台350MW发电机组顺利通过168h试运行，这是江西电网目前单机容量最大的机组。

12月20日，省电力公司邀请上海明德学习型组织研究所所长张声雄教授讲授学习型组织管理。

12月23日，柘林水电站扩建工程通过竣工验收，这是江西省第一个水电达标投产工程项目。

12月26日，三峡500kV输变电工程江西“两站三线”项目开工。副省长凌成兴参加了分别在南昌昌西和新余罗坊举行的开工仪式。

12月29日，景德镇发电有限责任公司150MW循环流化床技改工程开工。

12月31日，全年统调发电量完成205.9亿kWh，同比增长17.1%；完成售电量191.84亿kWh，同比增长12.9%，其中向外省送电7.75亿kWh。主要经济指标均完成或超额完成国家电力公司考核指标。

（崔保卫　丁国生）

西 北 地 区

国家电力公司西北公司

主要生产经营指标

2002年，国电西北地区管理电厂完成发电量1007亿kWh，同比增长10.93%；国电西北地区完成售电量900.16亿kWh，同比增长11.82%；线损率6.81%，同比下降0.12个百分点；电网频率合格率99.9979%。全网最大日用电量达28519万kWh，同比增长18%；最大日用电负荷1365万kW，同比增长18%；均创历史最高纪录。直属发电厂完成供电煤耗412g/（kWh），同比下降8g/（kWh）。

按原集团口径统计，累计利润总额完成26138万元；净资产收益率完成0.71%，比年度目标值提高0.27个百分点；资产负债率完成56.91%，比年度目标值降低4.02个百分点；应收电热费余额完成222385万元，比年度目标值降低17450万元；上缴投资收益7000万元。

西北公司本部实现利润5150万元，比年度目标值增加240万元；净资产收益率完成1.2%；资产负债率完成31.41%，比年度目标值降低3.88个百分点；上缴投资收益941万元。全面超额完成了国家电力公司下达的年度经营责任目标。

电网运行

认真贯彻国务院、国家电力公司多次安全生产电视电话会议精神和国家电力公司1号、2号令，切实加强对安全生产工作的组织和领导，全面落实安全生产责任制，组织开展了多种形式的安全生产调研和检查活动；创新安全管理，在全国第一个组织完成了对区域电网的安全性评价工作；认真实施科技技改项目，加强安全生产基础管理和现场管理，精心制定和落实各项防汛预案和应急措施；扎实开展调度机构无责任事故年活动，抓好各项反事故技术措施的落实，首次采用DTS联网方式等先进技术支持手段，成功举行了西北电网联合反事故演习，提高了电网事故应变能力。2002年全系统未发生重大设备损坏、重大电网事故和大面积停电事故。圆满完成了十六大、省（区）党代会等重要政治活动和社会公众假日期间的安全保电任务。公司安全生产保卫及防范工作进一步加强，直属单位实现了“无人身死亡事故、无电网事故、无责任性重大设备事故”的“三无”安全生产目标。

在黄河上游来水特枯的情况下，狠抓水库运用和经济调度，适时多蓄、节水增发，服从大局，按时完成了黄河上下游联合调度任务，确保了下游防凌、抗旱任务，保证了梯级水库的正常运行，成功实施了公伯峡的零流量截流，西北电网整体调度管理水平进一步提高。西北电力调度中心及陕、甘、宁、新四省（区）电力调度通信中心同时被国家电力公司命名为“一流电网调度机构”。

电力建设与发展

西北五省（区）2002年新增装机98.5万kW；新投产330kV线路546.06km，新增变电容量105万kVA；新投产220kV线路753.23km，新增变电容量105万kVA。城、农网改造完成投资共计120.57亿元。两网改造后的西北电网顶住了高速增长的电力负荷冲击。2002年底西北地区在建水、火电项目12个，总规模为609.5万kW；送变电项目11个。

积极配合国家电力公司完成了西北与华北联网的初步可行性研究、西北与华中背靠背联网工程初步设计审查、西北电网2015年目标网架的规划和评审工作。

在国家电力公司及有关部门的大力支持下，《西北电网750kV输变电工程关键技术研究》21个科研项目如期通过评审验收。5月，《西北电网公伯峡水电厂送出及750kV输变电示范工程可行性研究报告书》（国电计［2002］295号）正式上报国家计委。8月23日，国家电力公司赵希正副总经理亲自带队向国家计委作了“西北电网750kV电压等级科研论证和工程可研情况”的汇报，得到国家计委主要领导的肯定，标志着西北电网发展750kV电压等级的前期工作取得了突破性的进展。目前，示范工程的选所、选线、工程大件运输方案的可行性研究报告已通过审查，有关初步设计等前期工作正在有序进行。

区域电力市场研究

培育和发展区域电力市场得到国家计委、经贸委、国电公司、中电联以及有关科研院校的有力支持和指导，中电联以［2002］6号函决定由中电联立项，委托西北公司承担西北区域电力市场的课题研究；国家计委也下发了《关于同意国电西北公司“西北区域电力市场价格机制”课题研究的函》，到年底已取得实质性突破。《西北区域电力市场运行规则初步研究课题报告》已通过课题评审委员会的评审；《西北区域电力市场电价机制研究》课题成果在国内率先通过了国家计委组织的专家评审，并受到高度评价；电力市场风险防范课题研究工作正在按计划进行。

加强省际间互供电秩序的协调管理，组织开展网际、省际、省厂间的电力电量交易。甘肃电力公司与宁夏电力公司签订了购售8亿kWh电量协议，宝二发电公司分别与宁夏、青海电力公司签订购售电合同，不仅为区域电力市场的培育和发展做了有益的尝试，而且有效地推动更大范围的资源优化，提高了全网经济效益。

电力市场开拓

在2001年开展电力企业优质服务年活动的基础上，将电力优质服务从过去重点开展活动转变为今后重点放在建立优质服务常态运行机制、建立优质服务技术支持系统和培育优质服务高素质队伍上来，把依法经营、依法管电，努力形成双赢联动的电价形成机制，培育公平竞争、开放有序、健康发展的西北区域电力市场体系作为今后电网企业一项重要任务。组织市场营销工作座谈会，深入五省（区）积极开展调研，研究探讨市场营销工作的问题和解决办法。在《西北电力报》上对五省（区）电力公司抓好优质服务，实现体制、机制、管理和技术创新，有效促进电力营销的经验及做法进行宣传推广。西北电力市场优质服务常态运行机制已具雏形，市场营销工作取得良好成绩。完成售电量879.73亿kWh，同比增长11.83%（用电口径）；售电收入273.85亿元，同比增长12.44%；五省（区）平均电价为311.29元/（MWh），同比增长1.70元/（MWh）；应收电费283.53亿元，实收电费283.26亿元，当年回收电费率 99.91%；1999～2001 年欠费总额为 1.08 亿元，已收回 6753 万元，回收率 62.33%；1998 年及以前陈欠电费总额 6.56 亿元，已收回 4091 万元，回收率 6.24%。一年来，没有发生任何造成重大社会影响的行风事件及人员违规行为。

公司理财

加强预算管理，强化预算指标的约束性和预算管理的严肃性，严格控制成本支出；加大过往费、平衡费、管理费、调度费和折旧等项费用的收取力度，全年收取各项费用 15236 万元；积极清理来往账户，解决了历史遗留的：甘肃与李家峡上网电量电价问题、甘肃与陕西关于碧口水电站的结算问题、陕西与李家峡结算问题、陕西电力公司与西北公司往来账款问题等。

积极开展资金运作，克服证券市场持续低迷，一级申购改为配售，债券市场中标利率过低等不利因素，制订资金运作方案，实现较好收益。与中电财西北公司、证券公司签订协定存款协议书，提高了暂时沉淀资金的收益。

积极疏导电价矛盾。西北五省（区）的电价调整方案已于 2002 年 12 月 10 日全部出台。销售电价调整水平为：青海每千瓦时 1.2 分，陕、甘、宁、新均为 2 分。销售电价的调整如完全落实，可为西北电网企业年增加收入 7 亿多元。其中陕西电网每千瓦时调价 0.98 分，增收 2.5 亿元；甘肃 0.5 分，增收 1.2 亿元；宁夏 1.16 分，增收 1.6 亿元；新疆 1.17 分（含农网 3 厘），增收 0.9 亿元；青海 1.2 分，增收 0.8 亿元。李家峡和宝二公司的上网电量和电价也得到了合理的解决，李家峡 30 亿 kWh 的电量，上网电价按每千瓦时 0.26 元执行，宝二公司 27.6 亿 kWh 的电量，上网电价执行每千瓦时 0.27 元，此上网电量和电价的执行，可使两发电公司扭亏为盈。

努力争取税收优惠政策。经与税务部门沟通，陕西省国税直属分局以陕国税直发［2002］20 号文批复，同意将报废资产在税前扣除。经过大量艰苦细致的工作，国家税务总局于 2002 年 11 月 4 日以国税函［2002］946 号文批复免征秦岭电厂资产转让的营业税，为西北公司缓解经济困难起到了重要作用。为了减轻黄河上游水电的税赋，向国家电力公司提出了积极争取黄河公司及“西电东送”输电线路税收优惠政策的相关建议。

配合 750kV 电网示范段工程申请立项，取得了开行、建行、中电财、交行四家金融机构的贷款承诺函。积极开展 750kV 电网工程低成本融资课题研究，并着力实施，与有关金融机构积极接触，就低成本融资初步达成一致意向。2002 年已累计为 750kV 电网工程前期支付资金 1500 余万元。专项用于公伯峡送出工程的 3.5 亿元电网建设债券 2002 年 6 月发行，7 月 25 日资金已全部到账。

企业管理

加大控股、参股公司股权的管理力度，制定了《国电西北公司股权管理办法》，明确了股权管理方面的责任，明晰了办事程序，健全公司法人治理结构。加强了对宝二公司成本、费用管理，全力争取秦岭发电有限公司股东借款的置换，抓好西安黄河喷涂公司的清算关闭工作，处理了凯信公司委托贷款利率问题。

重点抓好制度建设工作。《国电西北公司政策研究课题管理办法》、《国电西北公司年度目标管理办法》、《国电西北公司驻京办事处财务管理暂行办法》、《国电西北公司本部基建工程财务管理办法》、《国电西北公司过往费、平衡费、管理费、调度费和折旧等项费用收取奖惩办法》、《国电西北审计部关于开展县级供电企业内部审计工作的指导意见》等规章制度的制定与修订，对于理顺管理关系、明确分工、落实责任，起到积极的作用。

努力实现管理手段的现代化、信息化。成功开发了“国电西北公司法律法规信息系统”软件，并通过国电公司专家审查验收，已投入使用。开发审计软件系统，促进了审计手段现代化。完成了“预算管理软件系统”的开发，近期将投入试运行。

加强审计监督，认真进行审计分析。对公司全年资产经营指标的完成进行适时跟踪，为领导决策提供服务。对五省（区）电力公司资产经营指标完成情况进行审计分析，配合有关部门制定确保指标完成的措施。制定工程细则，全面推动县、乡级供电企业内部审计工作的开展。

全面完成原宝鸡发电厂热电联产技术改造和公司化改制任务，从根本上解决了宝鸡电厂职工的生存出路，稳定了职工队伍。新体制、新机制，充分调动了各方的积极性，机组全年稳发、超发，经营成果显著，实现了职工收入多元化，解决了长期困扰企业的“经济包袱”，成为西北公司和宝二发电公司职工密切关注的新经济增长点。

执行工资管理有关政策，依靠国电公司的支持，确保职工收入不断增加。调整 2002 年工资总额计划，核增 2001 年工效挂钩工资总额和一次性单列工资。建立职工补充医疗保险、人身意外保险和一次性个人补充医疗保险。

电力体制改革

在认真学习国务院、国家电力公司有关深化电力体制改革文件精神的基础上，公司明确了贯彻落实国发［2002］5号文件和国阅［2002］18号纪要精神，实施体制改革的基本思路、重点工作和安排意见。按照“加强调研、摸清家底、积极稳妥、统筹兼顾”的工作思路，深入广泛地开展调查研究工作，摸清了西北各省（区）电网、电源资产及组织机构、辅业等有关情况，完成了基本资料汇编；就重组后西北电网公司的性质、功能定位、主要职责、组织形式、经营范围以及与国家电网公司、与省（区）电力公司的关系等问题进行了认真的思考和研究；提出了对保留应急调峰电厂、设立调度交易机构、分离辅业、多经和“三产”、保留非主营业务等问题的意见和建议，以及改革中需要解决的重大问题和落实的政策等，并按照国家电力公司要求，在分别征求五省（区）电力公司意见的基础上，形成专题汇报材料，上报国家电力公司。

学习型组织创建

公司党组把干部职工的政治理论学习和业务学习放在突出位置，为创建学习型组织进行了有益探索。党组中心组带头抓好政治理论学习，以江泽民总书记“5·31”、“七一”重要讲话和十六大精神为重点，坚持理论联系实际，解放思想、实事求是，用“三个代表”重要思想和十六大精神指导公司各项工作。以政治理论、公民道德规范和现代企业管理知识为主要内容，公司连续举办三期理论学习班，对机关全体处级和一般干部分别进行了轮训；并举办了党风廉政学习教育会，组织开展了电力科普知识、法律知识、《全国干部学习读本》系列丛书等学习活动。公司还特约国务院法制办副主任、中国参加WTO谈判副代表李适时做了“WTO”专题报告；两次与湘财证券公司联合举办“产业资本证券化”专题讲座；多次邀请有关专家、学者来公司做区域电力市场学术报告及技术讲座、国家税收法律法规知识讲座；加强与国内外同行间的交流与合作，组织有关人员出国、出省就750kV超高压技术、电力市场、电网管理、财务管理、企业文化等进行考察调研学习；连续多次举办安全生产、电力调度等各种知识竞赛答题活动；掀起了全员参与、深入学习的热潮。干部职工的思想理论修养得到增强，整体素质进一步提高。公司机关被评为陕西省直“文明机关”，无一人违规违纪。

党建和精神文明建设

先后召开西北电力系统新闻宣传工作会、组织工作会、改革发展稳定与思想政治工作专题研讨会，分析研究和部署新形势下的宣传思想工作和组织工作。以确保稳定为重点，抓好政治理论学习，加大形势和任务教育，加大舆论宣传力度，有针对性地开展了多种形式的思想教育，进一步加强了对“法轮功”人员的教育转化工作。双文明单位和文明机关创建工作深入开展。健全干部工作制度，坚持按照公平、公开、竞争、择优的原则选拔任用干部，干部队伍建设进一步加强。大兴调查研究之风，大力弘扬富有西北电力特色的龙羊精神，积极主动地为五省（区）政府和电力公司以及基层单位服好务，推动优质服务常态运行机制建立，“求真务实，作风建设年”活动得到扎实开展。

切实抓好部署、检查、考核三个关键环节，坚持把落实党风廉政建设责任制作为重点，加强权力监督，加强治本和源头防范，突出警示教育，办好《反腐倡廉半月读》，各级领导干部廉洁自律意识进一步增强。加强了对技改工程施工、设备材料的招标监督管理和两栋大楼基建工程的效能监察工作。公司信访举报和案件查处工作受到陕西省纪委检查组的充分肯定。

真心实意为职工、为基层、为省(区)电力公司办好事、办实事。在西北电力系统全面铺开厂务公开工作，以职代会为基本形式的企业民主管理和民主监督得到加强。广泛开展形式多样的宣传文体活动，丰富职工业余文化生活。职工住宅楼、电网调度楼工程实现了安全、优质、文明施工。职工持股会工作取得明显成效。离退休职工管理工作得到加强。扶贫帮困和送温暖工作扎实认真开展。

机构设置

截止2002年底，国电西北公司设总经理1人，副总经理4人，纪检组长1人，工委主任1人，总工程师1人，总会计师1人，现职公司级领导共9人。总经理助理2人，副总师7人。处以上管理干部77人。公司本部现有职工240人，党员155人。其中大学以上占65%，大专以上占87%，中专以上占90%。

公司本部设有总经理工作部、行政事务部、计划发展部、财务部、经营部、生产技术部、人事部、国际合作部、思想政治工作部、审计部、党组纪检组、西北电力工委和西北电力调度通信中心等13个部门。

国电西北公司直管单位有黄河上游水电有限责任公司，国电公司持有61.5%的股权；宝鸡第二发电有限责任公司，国电公司持有40%的股权；西北电力国际经贸公司，国电公司持有31%的股权；西北电力凯信有限责任公司，国电公司持有49%的股权。参股单位陕西渭河发电有限责任公司30%的股权；陕西秦岭发电有限责任公司20%的股权。应划未划归国电西北公司的有陕西安康发电有限公司40%的控权；甘肃刘家峡发电有限公司40%的股权；宁夏大坝发电有限公司10%的股权。

主要事件

1月23日，国电西北公司召开党组中心组学习扩大会，认真学习贯彻国家电力公司2002年工作会议精神，提出了2002年"统一一个思想、实现两个突破，确保三个稳定"的工作思路。

1月30日，国电公司总工程师张贵行一行到西安对西北公司落实国电公司"1.10"安全生产电视电话会议精神及春节保电的情况进行了检查。

1月31日，陕西省省长程安东到西北公司指导工作，慰问电力职工，并表示，陕西省委、省政府支持西北公司发展750kV电网建设，支持黄河上游水电滚动开发。

2月4～5日，由国家电力公司科技环保部组织的西北电网750kV输变电工程关键技术项目中期检查会在西安举行。

2月7～8日，国电西北公司2002年工作会在西安召开。工作会上，国电西北公司还与西北五省（区）电力公司分别签订了经营资产委托运行管理协议。

2月21日，国电党任［2002］24号和国电任［2002］35号文件，任命于崇德同志担任国电西北公司党组副书记、副总经理。

2月22日，公司召开机关党员代表会议，会议选举公司党组书记刘本粹同志代表国电西北公司系统出席中共陕西省第十次党员代表大会。

2月27日，公司召开2002年纪检监察工作会议。

2月28日～3月1日，西北电力工委全委会在西安召开。中国能源化学工会副主席刘建民、陕西省总工会常务副主席李怡霞出席会议。

2月28日～3月2日，国电西北公司在西安组织召开西北电力系统生技部主任座谈会，研究加强西北电力系统生产技术管理工作。

3月8日，由国家电力公司主持的西北电网2015年目标网架规划中间汇报会在京召开。

3月18日，黄河水电公司股东会暨第二届第一次董事会在西宁召开。

同日，国电西北公司申报的《西北电网750kV输变电工程变电站关键技术研究》项目在京通过了由国家电力公司科技环保部组织的专家论证。

3月20日，国家西电东送北部通道重要电源点公伯峡水电站成功截流，黄河上游水电滚动开发再迈实质性步伐。青海省副省长苏森、国家电力公司副总经理贺恭、顾问何璟，国电西北公司总经理刘本粹等领导出席截流仪式。

同日，国家电力公司系统水电建设安全文明施工现场经验交流会暨水电流域公司管理会议在公伯峡召开。国电公司副总经理贺恭在讲话中对公伯峡水电站地处青藏高原，环境艰苦，做到安全文明施工给予充分肯定。

3月21日，西北电力调度通信中心以485.5的总评分通过了由国家调度中心和国电西北公司联合组织的创建中国一流调度机构考核验收。

3月18～22日，由张嗣兴副总经理带队的西北区域电力市场工作小组部分成员进京汇报，取得重要收获。中电联以中电联研［2002］6号函决定，由中电联立项，委托西北公司承担西北区域电力市场的课题研究的具体工作。国家计委《关于同意国电西北公司"西北区域电力市场价格机制"课题研究的函》，明确了西北公司作为牵头单位负责课题研究。

3月25～26日，国家电力公司在北京主持召开了西北电网公伯峡水电站送出工程及750kV示范工程可行性研究报告审查会。与会专家和代表一致通过设计方案，预示着国内最高电压等级750kV输电线路示范工程即将开始实施。

3月27日，国家经贸委以［2002］184号文作出《关于撤消西北电业管理局的批复》，原西北电业管理局承担的跨省（区）资源配置、规划、设计等行政职能交给国家经贸委。

3月31日，宁夏回族自治区党委书记陈建国、主席马启智、副主席马锡广等一行来西北公司同公司党组书记、总经理刘本粹进行了座谈，就宁夏电网建设、火电、水电建设和电价问题交换了意见。

4月10日，宝二发电有限公司召开十一次股东会暨五届一次董事会。股东会审定了部分董事成员的变更；董事会决定由国电西北公司党组副书记、副总经理于崇德同志担任宝二发电公司第五届董事会董事长。

4月11～12日，西北电力新闻宣传工作会议召开。西北电力报刊协会年会同期举行。

4月15～17日，国电西北公司在黄河水电公司主持召开西北电力系统防汛及大坝安全工作会议。

4月16日，由国家电力公司组织的李庆长先进事迹巡回报告团报告会在西安举行，国电西北公司和陕西省电力公司所属500余名电力职工听取报告，反响热烈。

4月22～23日，2002年西北电力审计工作会在宁夏银川召开。

4月29日，公司举行仪式，热烈祝贺西北电力调度通信中心被评为陕西省先进集体，宝二发电有限公司锅炉分场电焊班班长杨宝周、西北勘测设计研究院副总工程师姚栓喜被评为陕西省劳动模范，欢送他们光荣参加陕西省委、省政府召开的全省劳模表彰大会。

5月11日，陕西宝鸡第二发电公司举行3、4号机组达标投产揭牌仪式，陕西省副省长潘连生出席揭牌仪式并讲话。

5月14～20日，国家电力公司副总经理周大兵带领总经理工作部、人事与董事管理部、综合计划与投融资部等部门负责人在国电西北公司、陕西省电力公司、甘肃省电力公司及所属部分基层单位考察、调研、指导工作。

5月20日上午，公司首次采用电视电话会议系统、DTS联网方式等先进技术支持手段，成功举行了西北电网联合反事故演习。

5月21日，宁夏电网与西北电网第三回330kV联络线及青铜峡330kV变电站扩建工程投入运行。

6月3日，公司召开党组中心组专题学习会，认真学习江泽民总书记5月31日在中央党校省部级干部进修班毕业典礼上的重要讲话。

6月9日，国家电力公司正式命名西北电力调度通信中心、陕西电力调度中心、甘肃电力调度通信中心、宁夏电力调度中心、新疆电力调度中心为“一流电网调度机构”。

6月11～12日，公司在青海召开组织工作座谈会。

6月18日，西北电力系统安全生产工作会议在西安召开。

6月19日下午，由国电西北公司主持的甘肃电力公司和宁夏电力公司购售8亿kWh电量协议及两省（区）电力公司与西北公司输电协议签字仪式在西安举行。此举标志着西北区域电力市场试点工作的正式启动。

6月19～22日，中国能源化学工会主席赵永金、电力工作部部长王峰在西北电力工委主任史高社、陕西电力工委主任李长安等陪同下，先后到宝鸡第二发电有限公司、西安电力机械厂、延安供电局等单位视察指导工作。

6月21日，公司本部全体职工通过陕西省救灾募捐办公室，向遭受严重水灾的陕西部分地区捐款25340元，捐献衣物、被褥等物资共计541件。同时，公司以企业的名义向灾区捐款25万元。

6月23日，国家电力公司总经理工作部在西安组织召开华中、川渝、西北地区各分公司、省公司办公室主任座谈会，就当前面临深化电力体制改革、防汛和迎峰度夏形势，加强国电公司系统重要信息报送和值班工作等进行了研究和部署。

6月26～27日，国家电力公司战略研究与规划部在西安主持召开“西北电网2015年目标网架规划”和“西北—华北联网初步可行性研究”中间检查会。

7月2日，刘本粹总经理会见了来访的法国阿尔斯通（中国）公司输配电中国总裁杨国威先生一行，双方就互相关心的问题进行了友好交谈。

7月4日上午，日本古河电器工业株式会社裸线事业部技术部长木股隆三先生一行来访。

8月5日24点，陕西宝鸡第二发电公司实现投运以来第一个安全生产1000天记录。

8月23日，国家电力公司赵希正副总经理带队（国电西北公司刘本粹总经理、辛保安总工程师参加）向国家计委汇报了“西北电网750kV电压等级科研论证和工程科研情况”，得到国家计委曾培炎主任的肯定。西北750kV电网建设工作取得重大突破。

8月27～28日，由国务院三峡办和国家电力公司共同组织的“西北—华中联网背靠背直流工程成套设计书”审查会在京召开。

8月28～29日，国家电力公司在京主持召开“西北电网2015年目标网架评审会”。2015年目标网架规划突出了西北750kV网架规划，勾画出未来西北电网“A”字型750kV主网架蓝图。

8月30日，国务院副总理温家宝一行视察青海龙羊峡水电站。在听取国电西北公司总经理刘本粹和黄河水电公司总经理夏忠做的专题汇报后，温副总理对750kV输电线路建设表示出极大的关注。

9月18～20日，西北电力系统厂务公开经验交流会在兰州召开。中国能源化学工会副主席刘建民、甘肃省副省长杨志明、甘肃省总工会主席赵宝生，国电西北公司党组书记、总经理刘本粹、纪检组长薛传殿、西北电力工委主任史高社等出席会议。

9月19～20日，《西北电网750kV输变电工程关键技术研究》在京通过了由国家电力公司主持的专家委员会验收。该研究为西北750kV电网的发展提供了必要的技术基础，对我国更高一级电压等级电网技术的研究和应用具有重大意义。

9月27～29日，由国电西北公司协办的中国电机工程学会第七届青年学术会议在西安召开。国电公司顾问、中国电机工程学会理事长陆延昌、科技环保部主任张晓鲁出席会议，国电西北公司总经理刘本粹出席会议并致词。

10月9日，《西北区域电力市场运行规则初步研究》科研项目正式通过国电西北公司验收。

10月10～11日，美国加州ISO技术专家Kenny Li和Yenren Liu应邀与西北公司进行电力市场技术交流。

10月10～17日，以栗田昂副社长为团长的日本四国电力株式会社代表团一行9人对公司进行访问。

这是双方自1993年签订《技术交流协议》以来的第十次领导互访和技术交流。

10月11日，由国电西北公司、西北电力工委联合主办的西北电力调度安全知识竞赛在西安举行。陕、甘、青、宁、新五个电力调度中心各派一支代表队参加竞赛。经过激烈较量，新疆代表队获竞赛一等奖。

10月18～31日，公司党组书记、总经理刘本粹，党组副书记、副总经理于崇德，党组成员、副总经理邵仲仁，总工程师辛保安，副总工程师乔礼杰分别带队赴陕西、宁夏、甘肃、新疆、青海电力公司，黄河水电公司，以及部分基层单位检查安全生产和稳定工作。

10月21日，西北电网750kV输变电示范工程大件设备运输方案可行性研究报告在西安通过了由西北公司主持的专家组的审查。

10月25日，由国家电力公司、电力规划设计总院组织召开的“西北电网公伯峡水电站送出及750kV输变电示范工程补充可行性研究审查会”，统一了“严格控制工程造价、以推动实现750kV示范工程立项为第一目标”的思想，同意因线路路径变化增列4900万元送电工程概算费用。

10月，公司被陕西省直工委授予省直“文明机关”称号。

11月1日，《西北区域电力市场运行规则初步研究》科研项目在京通过专家评审。

10月30日～11月2日，为确保陕西部分地区受灾群众安全过冬，公司本部233人踊跃参加献爱心捐赠活动，共募捐到现金12200元，衣物506件，已全部送至省救灾办公室。

11月4日，西北电力调度通信中心实现安全运行1500天。

12月6日，《西北区域电力市场价格机制研究》课题在京通过了由国家计委价格司组织的评审验收。

12月6日，西北电力法律实用网通过国家电力公司验收。

12月10日，西北五省（区）的电价调整方案全部出台。销售电价调整水平为：青海每千瓦时1.2分，陕西、甘肃、宁夏、新疆均为每千瓦时2分。

12月10～13日，西北电力审计工作会议在新疆乌鲁木齐市召开。研究在电力体制改革新形势下，内部审计工作面临的新局面和重点工作任务。

12月15～17日，西北电网省际互供电工作会议在西安召开。会议组织缺电省（区）电力公司同有关发电企业就签订省际间余缺电量交易合同进行了协商和洽谈。

12月23日，公司积极响应陕西省总工会等6家单位联合发起的“百户企业援助万名困难职工大行动”倡议，向陕西省困难职工援助中心捐款20万元。

12月23日，西北750kV输变电工程示范段线路路径和变电所所址经由国电电力规划设计总院在兰州主持召开的审查会最后敲定。工程线路自青海民和县至甘肃榆中县全长153km，两座750kV变电所分别确定为青海官亭变电所和甘肃兰州东（洪亮营）变电所。

12月27日，西北电网最大负荷1365万kW，同比增长18%，日用电量28519万kWh，同比增长18%，均创出历史新高。

12月31日，经西北公司协调，宝二发电公司与青海电力公司签订5亿kWh购售电合同。

陕西省电力工业

综述

2002年末，陕西省发电装机容量819.77万kW，其中火电673.54万kW，水电146.23万kW。330kV送电线路43条，3131km；220kV送电线路9条，824km；110kV线路529条，9864km；35kV线路663条，9268km。拥有330kV变电站22座，变电容量783万kVA；220kV变电站6座，变电容量96万kVA；110kV变电站279座，变电容量1220.18万kVA；35kV变电站340座，变电容量217.08万kVA。

陕西省发电量完成347.82亿kWh，同比增长12.6%，其中火电319.41亿kWh，水电28.41亿kWh。全社会用电量355.97亿kWh，同比增长10.80%，其中，农、林、牧、渔、水利业用电26.45亿kWh，工业234.60亿kWh，地质勘探业0.20亿kWh，建筑业2.71亿kWh，交通运输、邮电通信业20.27亿kWh，商业、公共饮食、供销仓储业11.28亿kWh，其他事业18.47亿kWh，城乡居民生活用电合计39.89亿kWh，其中乡村用电13.84亿kWh，城市26.04亿kWh。全社会净用电量293.66亿kWh，同比增长10.29%。

陕西省电力公司计划管理电厂发电装机容量696.5万kW，其中火电588.75万kW，水电107.75万kW。发电量完成301.4亿kWh，同比增长13.32%，其中火电279.41亿kWh，同比增长14.73%；水电21.99亿kWh，同比下降－1.97%。公司累计售电量完成275.07亿kWh，同比增长10.65%。利润完成1.1139亿元，同比增长63.66%，供电煤耗完成379g/（kWh），同比降低

4g/(kWh)。线损率完成7.28%，同比下降－0.52个百分点。城市供电可靠率完成99.91%，农村供电可靠率完成98.50%，居民客户端电压合格率完成98.60%，当年电费回收完成100%。全公司在职职工人数46366人，全员劳动生产率210759元/(人·年)。

电力建设

电源建设，坚持变资源优势为经济优势，实施"南水北火"战略，优化发展电源。在建两个项目：蒲城二期(2×33万kW)、灞桥扩建(2×10万kW)；新开工三个项目：韩城第二发电厂(2×60万kW)成为西北地区单机容量最大的项目，为陕西电源建设进入大机组的时代奠定了良好基础；银河榆林电厂(2×14万kW)和汉江喜河水电站(3×6万kW)的建设，标志着陕北煤电基地建设和汉江流域水电滚动开发进入了一个新的历史阶段。

电网建设，相继建成投运330kV罗敷变、罗张变、张村变、神朔电铁扩能工程、330kV神木变与榆林北部地区联网供电工程、襄渝电铁扩能供电工程等项目。投产330kV变电总容量39万kVA，330kV线路102km；110kV线路59km。城农网建设改造进展顺利，宝鸡、延安等8个城网通过竣工验收，效应得到充分发挥。

1. 城网建设

2002年，城网建设改造工程已进入收尾和整体竣工验收阶段，历时四年半的城网改造，取得了明显的经济效益和社会效益。

截止2002年末，累计完成投资规模46.07亿元，完成投资率100%。累计完成工程规模：新建、改造110kV变电所71座，新增变电容量277.75万kVA；新增、更换10kV配电变压器3052台，总容量78.8万kVA，新增配电容量46万kVA；新建、改造110kV线路819.9km；35kV线路51km；10kV线路2797km、0.4kV线路2293km。完成一户一表改造35.45万户，其中实现集中抄表6.35万户(西安、延安)。9个城市全部实现了光纤通信，9个地调进行了升级扩容并达到国内先进水平。10个供电局已建成生产管理自动化系统。西安、宝鸡等6个城市进行了配网自动化试点，并建成西安配调中心。

2002年，供电可靠指标(RSI)99.91%、综合电压合格率98.6%，分别比1998年提高0.187个百分点、3.6个百分点；综合线损率7.28%，比1998年降低1.73个百分点。

2. 农网建设

2002年，公司所属各县局完成售电量68.56亿kWh，同比增长15.42%；线损率完成8.12%，同比降低0.21个百分点；农村供电可靠率98.5%，同比提高0.5%；农村电压合格率97.1%，同比提高0.65%。农电安全生产实现"三无、两减少、一达标"，未发生责任性农村触电伤亡和火灾事故，直供直管县局电费回收100%。

电力生产

1. 电网调度

2002年调度中心通过了国家电力公司组织的一流电网调度机构考核验收，成为西北电网首家一流电网调度机构，完成了调度中心成立时确定的三年创一流的奋斗目标。

编制了历史上最高质量的年度运行方式，有效地指导了电网运行。安全完成了330kV罗敷变、张村变、灞桥11号机组、蒲城3号机组等重大工程的新设备启动工作，尤其在330kV罗敷变启动工作中首次实现了安全自动装置和一次设备同步投运；加强地区电网的研究，提出并完成了神东电网及榆林电网接入陕西电网的工作，同时完成了陕北电网的二次方面的改造，提高了陕北电网的供电可靠性；顺利完成了陕西电网低频减负荷的联网工作；针对电网实际，进行了电磁环网开环运行、电网备用电源自投方案等专题的研究并取得实效。

(1) 省调责任频率合格率：99.9994%(一流标准99.9%)；

(2) 考核点电压合格率：99.69%(一流标准99%)；

(3) 主网线损率：1.72%(一流标准2.5%)；

(4) 220kV及以上系统继电保护及安全自动装置正确动作率：99.04%(一流标准97.5%)；

(5) 主保护投运率：99.82%(一流标准97%)；

(6) 调度端计算机系统可用率：100%(一流标准99.9%)；

(7) 调度日报制表合格率：100%；

(8) 职工培训率：85.3%(一流标准80%)；

(9) 两票合格率：100%。

2. 技术改造

2002年，发供电单位和省调度中心技术改造资金安排预算2465万元，其中供电单位550万元，水力发电单位和调度中心1915万元(不包括农电)。发供电单位检修资金安排预算10475万元，其中供电单位8825万元，发电单位1650万元。截止年底，发电单位和省调中心下达技术改造项目27个，资金1765万元，发电单位下达大修项目52个，资金1650万元；供电单位下达技术改造项目45个，资金550万元，大修项目272个，资金8825万元。水电厂(石泉、安康)技术改造项目19项，资金1365万元；大修项目52项，资金1650万元。

多种经营

2002年，多种经营产业完成总收入50.5亿元，同比增长17.4%；实现利税2.8亿元，其中利润1.36亿元。职工总人数为26654人，其中安置主业职工18982人。

按照集团化、集约化、现代化的发展思路，以银河集团公司为龙头，银河科投、银河信通、银河旅游等已成为省内外知名公司，其中科技投资公司已进入了全国50强。银河集团资产规模达到了45亿元，实现经营收入21亿元，实现利润8630万元，具备了一定规模和实力。

修造企业加大改革、改制力度，通过招商引资，引进技术、管理，与国内外知名公司合资合作，组建了14个股份公司，安置职工1330人。组建的陕西银河国梁乒乓球俱乐部已开始营运，参加全国乒乓球超级联赛，取得了良好社会反响。

管理

1.安全生产

2002年在电力负荷增长迅猛、电网运行方式变化大、抗洪防汛及城农网建设改造、电力发展任务繁重的情况下，保持了公司系统安全生产总体平稳的良好局面。截止12月31日24时，公司系统圆满实现了年度安全生产目标，连续安全生产记录504天，创公司独立运作以来最好水平，特别是人身安全方面取得了历史性突破，实现了人身零死亡目标。电网及设备事故同比下降50%，一类障碍同比下降20%。

2.生产经营

2002年公司销售收入同比增长10.48%，成本增长7.13%，低于收入增长3.35个百分点。圆满完成了年度预算计划，超额完成了与国家电力公司签订的经营责任书。

创新经营管理，加快资本运作，效益全面提高。减少工程成本及财务费用支出约8000万元。系统资金归集率达到96%，创造了效益，防止化解了资金风险。

大力开拓市场，积极开发电热锅炉、冰蓄冷空调市场，广泛推行客户交费信誉等级评估办法，对不同信誉等级的客户采取不同的结算办法，确保电费及时足额回收，电费回收率100%。

科技创新

2002年，公司5项科技成果获陕西省科学技术奖。配电自动化系统与XL系列移动式化学清洗平台两个项目获陕西省企业技术创新一等和二等奖；智能配电软件经省科技厅推荐申报国家科技进步奖。汽轮机监视保护装置项目通过国家电力公司组织的专家鉴定，已列入国家电力公司重点科技项目。县级电网综合自动化系统、标准化全文数据库系统、生产实时信息系统、电力工程投资管理系统四个项目通过国家电力公司鉴定。银河自动化公司形成了完备的具有市场特点的科技创新体系，信通公司“生产实时信息管理系统”等三项成果通过国家电力公司鉴定验收，达到国内领先水平。

精神文明

一年来，公司系统637个党支部全部建成规范化达标党支部。同时，实现了国家电力公司双文明单位标兵企业两个；双文明单位14个；多种经营双文明单位两个；农电双文明单位两个。宝鸡供电局通过了创建全国文明行业工作先进单位的复查，荣获了全国“五一”劳动奖章。延安等三个供电局被国家文明委授予“全国文明行业先进单位”。在全国农村电工技能比武中，公司获团体二等奖、个人全能第一名的好成绩。

主要事件

1月24日，公司工作会议在西安召开。

2月26日，公司机关党委和陕西电力银河集团临时党委召开党员代表大会。公司党组书记、总经理赵杰臣当选陕西省第十次党代会代表。

3月21日，陕西电力调度中心研制的《LSM-2001电网继电保护信息处理系统》、《机房无人值班报警自动寻呼系统》、《电网继电保护整定计算、管理及定值仿真系统》三项科研成果通过国家电力公司科技开发中心验收和国家有关方面专家鉴定，创国内领先水平。

3月27日，江泽民总书记视察陕北煤电基地。江总书记在陕北神木锦界电厂厂址上听取了公司总经理赵杰臣关于建设陕北煤电基地的工作汇报。称赞“这是一个好项目”。

4月7日，陕西银河乒乓球俱乐部成立。陕西省委副书记、常务副省长贾治邦，国家电力公司党组成员、纪检组长祝新民和国家体育总局乒羽管理中心主任刘凤岩为银河乒乓球俱乐部揭牌。俱乐部地处西安，可摆放80张赛台，是可容纳两千人观看的训练竞赛场地，属西北第一。

5月14日，国家电力公司副总经理周大兵到陕西西北电建一公司、西安电力机械厂进行调研。

8月28日，陕西乃至中国西部单机容量最大、建设规模最大、除尘设备最先进的韩城第二发电厂开工建设。陕西省委书记李建国，国家电力公司领导贺恭等出席奠基仪式。

11月1日，由陕西银河集团公司控股建设的陕西汉江流域最大支流任河梯级开发的龙头电站毛坝关水电站顺利实现截流，工程进入全面施工新阶段。

11月19日，灞桥热电厂扩建工程11号机组胜利完成72h试运行后，整套机组又连续安全平稳运行120h。在国内引进的14台同类机组中，运行质量最好，实现了整套机组安装施工质量18项控制考核指标。

12月9日，公司提前22天完成全年计划275亿kWh的发电任务。12月中旬，公司供电企业完成售电量248.5亿kWh，同比增长5%。

12月28日，公司顺利实现连续安全生产500天，创独立运作以来的最高纪录。

12月28日，蒲城发电有限责任公司3号机组圆满完成168h试运行。该工程是陕西“十五”重点建设项目，安装两台33万kW引进型国产燃煤机组，于2000年10月27日开工，工程动态投资25.68亿元。

（原增光）

黄河上游水电开发有限责任公司

概况

2002年，全年完成发电量79.89亿kWh，为年度调整计划的105.87%；完成售电量79.28亿kWh，为年度调整计划的105.8%；全年回收电费142955万元，当年电费回收率为96.25%，比2001年同期增长27.45%，年末累计欠收电费168428万元；全年实现经营利润-16403万元（董事会批准的利润指标为-16400万元以内）；全年缴纳各种税金21648万元；完成基建投资152900万元，为年度计划的92%，其中公伯峡完成109754万元，拉西瓦完成31695万元，李家峡完成14709万元，小型基建完成4939万元；年末总资产为17987017.37万元，资产负债率为90.83%，比2001年同期下降2.2个百分点。

安全生产

2002年，公司始终坚持“安全第一，预防为主”的方针，认真贯彻国家有关安全生产的一系列精神，严格遵照行业上级主管单位有关安全生产的规定和要求，从加强安全管理的基础工作入手，积极开展安全性评价和危险点分析工作，狠抓“三违”和设备整治，强化全员安全意识，进一步完善安全管理机制，全面落实各级安全生产责任制，大力推进生产运行和基建施工安全标准化管理，认真开展安全生产监督检查，保证了公司全年安全形势的稳定，实现了公司系统安全生产“七个不发生”的目标。截至2002年底，龙羊峡发电分公司实现连续安全生产1974天，李家峡发电分公司实现连续安全生产938天，检修安装分公司实现连续安全生产1840天。

2002年黄河来水达到极枯，龙羊峡水库全年入库水量为108.9亿m^3，较多年平均来水偏少47%，创历史最枯纪录，加之国家为缓解黄河中、下游严重旱情而实施的调水计划，使公司的发电量受到了严重影响。面对严峻的现实，公司一方面顾全大局，服从和支持国家的调水计划，有力地支持了地方经济建设，为缓解黄河中、下游严重的旱情做出了贡献。另一方面为切实保证发电量任务的完成，针对黄河来水偏枯和机组低水头运行的特殊情况，精心安排，精心运行，并采取了积极有效的措施，一是在认真做好水情预测、预报的同时，积极实施人工降雨，千方百计增加黄河来水；二是进一步加强了机组检修、设备管理、技术改造和技术监督等项工作的力度，保证了设备运行的可靠性和完好率；三是积极开展经济运行分析，及时采取措施，努力降低发电水耗和厂用电率，提高了运行的经济性；四是加强与调度部门的工作协调，合理安排机组运行方式，尽可能的多发电。经过大量艰苦细致的工作，较好地完成了发电调整计划，实现了龙羊峡水库水位不低于2530m高的控制目标。

技改与科技

2002年，主设备完好率达100%。全年共安排各类生产资金8868万元，完成各类生产设备检修46项，其中机组大小修12次，检修后机组一次启动成功率达100%。继续加大了生产设备的技术改造工作，全年实施技改项目共30项。公司高度重视和加强新技术引进以及专家咨询工作，大力开展设计优化工作，提高了设备健康水平和自动化水平，保证了工程质量和进度，节约了工程投资。实施技改和设计优化部分项目有：

（1）李家峡水电站4号水轮机发电机组在2002年小修中发现水轮机静止漏环开裂的重大设备缺陷，经总公司研究决定对其进行扩大性检修。扩修中更换了水轮机静止下止漏环，同时完成了4号机单元的自动化元件完善、330kV GIS第四串管母更换及开关的大修、主变压器中性点防火隔离墙加装、发电机出口开关1804DL冷却风机回路改造、操作系统操油管路焊缝处理等一批技改项目。扩修后，机组的健康水平及自动化水平进一步提高，为电站的安全经济运行奠定了基础。

（2）经多次现场踏勘，拉西瓦水电工程将原址在离垭口 6km 以外山凹处的炸药库改在了现在离垭口 1.4km 的位置。将炸药库与施工现场的距离缩短了 4.6km，直接节约公路建设费用 300 万元左右；利用有利地形，将炸药库布置在山体内，大大提高了炸药库的安全系数。

（3）经过科学的论证，充分考虑龙羊峡水库的调洪能力，并结合李家峡、公伯峡水电站导流洞运行的经验，大胆地对拉西瓦水电站导流洞设计断面提出优化：洞身无压段Ⅱ类围岩开挖，由原设计宽 14.00m、高 15.00m，改为宽 12.20m、高 14.60m；Ⅲ类围岩由原宽 15.08m、高 15.70m，改为宽 13.66m、高 15.78m。有压洞身段，Ⅲ类围岩开挖半径由原设计 8.58m，改为 7.68m；Ⅱ类围岩开挖半径由原设计 7.65m，改为 7.10m，减少洞挖工程量约 8 万多 m^3，节约投资约 700 万元。

（4）拉西瓦水电站伊黑龙碴场挡墙原设计断面为 10m×8m，在充分了解设计意图后，将重力式挡墙改为贴坡式挡墙（3.5m×6m），平均断面面积减少 $59m^2$，按挡墙长度 5km 计算，减少砌石工程量 3 万 m^3，节约投资约 500 万元。

（5）公伯峡水电站旋流消能水头总落差 88.0m。最大泄量为 $1871m^3/s$，为目前全国最大旋流消能系统。旋流泄洪洞采用淹没出流形式，由开敞式进水口、竖井段、水平旋流发生装置（起旋器）、水平旋流洞段、通气孔、水垫塘段、退水洞（导流洞）及其出口挑流鼻坎等部分组成。满足泄流条件。采用旋流消能方式，可极大地方便泄洪洞进水口的布置。洞身结构安全和施工安全条件得到改善，洞内消能率有较大幅度提高，改善了洞内流速和出口雾化条件，工程投资较原方案降低造价 1245 万元。

（6）公伯峡面板混凝土采用无轨滑模，混凝土面板为不等厚结构，顶部厚度 30.0cm，底部最大厚度为 70cm，面板分块宽度为 12m，面板最大斜长约 220m。面板设计标号为 C25W12F100，二级配混凝土。面板钢筋单层双向布置，配钢筋率为 0.3%～0.4%，面板基础为挤压边墙混凝土，边墙混凝土标号为 5Mp 左右。面板的一次性施工，可以减少面板混凝土施工后各种坝料间的不均匀沉降，防止蓄水后混凝土面板发生结构性裂缝，同时避免因分期施工而造成一期面板顶部的脱空现象，以确保大坝安全运行。一次性浇筑最大块长度 218.50m，具有极大的挑战性。

（7）混凝土挤压式边墙技术是混凝土面板坝上游坡面施工的新方法，这种技术因其能明显提高垫层料的压实质量，简便及时地提供上游坡面的防护等特点而得到坝工界的广泛关注。公伯峡水电站混凝土面板堆石坝可以作为国内第一个推广应用挤压式混凝土边墙技术的大坝工程。挤压式混凝土边墙就是沿设计断面用挤压机制出连续的混凝土小墙，然后在其内侧按设计铺填筑垫层料，用振动碾平面碾压，合格后重复以上工序的方法，边墙施工一般速度可达 40～60 m/h。使用挤压式混凝土边墙施工技术后，传统工艺中的坡面斜坡碾压可以完全被垂直碾压取代，密实度得以保证，蓄水后这一区域的变形量会大大减少。对大型工程尤其对导流标准较高的工程，因其提供了一个可抵御冲刷的上游坡面，从而使导流、渡汛安全性提高。

（8）公伯峡水电站原坝体总填筑量 486 万多 m^3。在满足大坝安全稳定的前提下，考虑到当地筑坝材料的特点，对大坝体形进行了优化，面板堆石坝上游 1A 区顶宽由 5m 优化为 3m，坡比由 1∶1.65 变为 1∶1.405；IB 区顶宽由 5m 优化为 3m，坡比由 1∶2 变为 1∶2.5。大坝下游坡由原设计的干砌石护坡改为浆砌石菱形网格护坡；菱形网格中间填充鹅卵石；菱形网格表面采用砂浆抹面。优化后的坝后菱形护坡形式新颖、造型美观、施工便利。

大坝基础建基面由原设计的 EL.1871.00m 调至 EL.1877.8m，基础岩石抬高 6.8m。3BI 区与 3A 区的分界线高程由 1909.00m 降为 1905.00m，大约减少 3BI 区 5 万 m^3 料。3C 区与 3BII 区的分界线边坡由 1∶0.8 适当变陡并向下延伸至 1905.00m 高程，优化后的坝体工程量为 451 万 m^3，比原坝体设计节约填筑量约 35 万 m^3。

（9）K_{30}实验采用快速检测法，以荷载与沉降量综合控制实验进程。K_{30}值高的地方，干密度大，碾压过程中的沉降量大。K_{30}值随着碾压遍数的增加提高，结果表明由实验得出的定性结论与常规检测方法是一致的，定量方法具有可比性，但与常规的坑挖方法相比，K_{30}检测法具有操作简单、取得成果周期短的优势。而且，K_{30}值本身就是表征坝料变形特性的物理指标，对于评价面板坝的变形问题，将开拓一种新思路。根据实验结果，提出了对公伯峡水电站各种坝料采用 K_{30}控制指标，具有深远的意义。

基本建设

2002 年公司始终坚持以开发建设为主题，以安全文明施工为基础，以创造精品工程、争创鲁班奖为目标，认真贯彻工程建设“五制”管理，切实规范基本建设管理机制，严格控制质量、进度、造价，克服工程地质情况复杂、资金短缺等重重困难，圆满地完成了各项工程建设任务，取得了显著的成绩。

在公伯峡水电站建设中，公司上下共同努力，克服了地质条件复杂、导流洞塌方等诸多困难，于 3 月

20日顺利实现了截流，工程建设全面进入施工高峰期。在主体工程建设中，我们攻克了上游围堰闭气困难、上坝料不足等问题，保证了主体工程各大标段的施工进度，工程形象达到了网络计划的要求。主要机电设备招标及安装工程的前期准备进展顺利，已完工程一次性验收合格率为100%，优良品率达到85%以上，工程形象和工程进度满足2004年投产发电的目标，现场文明施工管理和工程质量在全国水电建设行业居领先地位，成功地承办了国家电力公司于2002年3月在公伯峡工地召开的国电系统水电建设安全文明施工现场经验交流会暨水电流域公司管理会。

龙羊峡水电站尾工已全部完成，并通过竣工决算。李家峡水电站消防复查等39项尾工工程已完成，后期环境整治等项工作正在进行。

拉西瓦水电站前期工作全面展开，可行性研究报告已通过审查，项目建议书已由国家电力公司上报国家计委。目前，施工场地的平整、施工用房的建设和左右岸高低线公路及黄河大桥、伊黑龙大桥等项工程正在加紧施工，导流洞工程已开工，生活营地（一期）已建成。

苏只水电站开发的前期准备工作进展顺利，黄河中型水电开发有限责任公司已经注册成立，可行性研究报告和项目建议书正在积极上报之中。

经营管理

2002年公司的经营工作受上网电价偏低、黄河来水特枯造成发电量锐减等诸多因素的影响，经营形势极为严峻。对此，公司上下迎难而上，艰辛经营，以减亏和改善财务状况为重点，对外加强沟通和联系，积极争取良好的外部经营环境，对内强化管理，努力降低成本。在实现发电量比年初计划发电量减少3.1亿kWh、销售收入比年初预算少了6334万元的情况下，实现了董事会确定的利润控制在－16400元以内的经营目标。

针对困扰公司经营工作的主要矛盾，一是努力争取合理的上网电价与电量销售政策，经过不懈努力，国家计委对李家峡水电站分省电价作了批复，并走出了部分电量；二是进一步加大电费回收工作力度，努力改进工作方式，提高服务意识，竭力提高电费回收率。在国电西北公司的协调和西北四省（区）电力公司的支持下，电费回收工作取得了可喜的成效，全年电费回收率达到96.25%，比2001年提高了27.45个百分点；三是积极筹措资金，保证了公司生产、经营和开发建设的资金需要；四是积极争取优惠政策，反复向国家税务总局、财政部和地方政府及金融机构反映公司的开发建设和经营情况及存在的困难；五是积极与各股东单位联系，催促股本金的到位，2001年度的股本金全部到位，2002年度大部分股本金已到位，进一步降低了公司的资产负债率；六是开展了黄河水电公司经营状况诊断分析研究，提出了改善公司经营现状的对策和可持续发展的思考及建议，为公司下步开展经营工作提供了理论依据。

企业管理

根据公司运作3年来的实践和生产经营、开发建设的需要，制定、增补、修改和完善了规章制度，公司确定的《制度建设三年规划》工作目标基本实现；狠抓管理薄弱环节，堵塞管理漏洞，进一步规范了各项工作的办事程序，逐步完善了公司的管理机制和运作机制，提高了管理效率；认真研究和运用现代化管理手段，提高了企业管理水平；进一步加大了科技工作的力度，大力推进科技成果的转化和运用，有效地提高了企业管理的科技含量；按照精干、高效、一流的原则组织筹建了公伯峡发电分公司，为公伯峡水电站明年按期发电和投产运行后的安全生产奠定了基础。

根据年初确定的工作目标，公司创一流建设取得了可喜的成效。龙羊峡发电分公司在巩固国内一流电厂成果的基础上不断进取，以管理创新、机制创新、科技创新和企业文化创新为主导，企业的安全生产、设备管理和职工队伍的综合素质得到了进一步的加强和提高，通过了国家电力公司组织的创一流复查考评；李家峡发电分公司年内以达标和创一流工作为主线，外树形象，内练硬功，不断深化企业改革，加强企业管理，在实现了安全文明生产和无人值班（少人值守）达标的基础上，2002年10月创一流工作通过验收并报原国家电力公司审批；检修安装分公司已制定了创一流工作目标、规划，并成立了工作机构，创一流工作正在逐步推进。

党建和精神文明建设

公司坚持把干部职工的政治思想教育放在突出位置，以江泽民总书记“5·31”、“七·一”重要讲话和党的十六大精神为重点，坚持理论联系实际，解放思想，实事求是，用“三个代表”重要思想和十六大精神指导公司各项工作，增强了广大党员的全局意识、政治意识、责任意识和创新意识；从规范管理入手，逐步完善了各项规章制度和组织机构，党的组织生活步入了规范化管理的轨道，各级党组织的政治核心作用、战斗堡垒作用和党员的模范带头作用得到了较好地发挥；围绕公司的中心任务，根据工作中出现的新情况、新问题，积极探索思想政治工作的新思路、新方法，增强了思想政治工作的实效性和针对性，在电力体制改革过程中保证了职工队伍的稳定；按照“八个坚持、八个反对”的要求强化了监督机制，开展了党风党纪教育，落实了党风廉政建设责任制，全公司系统没有发生违法违纪案件；精神文明建设不断加强，龙羊峡发电分公司被授予全国精神文明建设先进单位荣誉称号，李家峡发电分公司继续保持省级文明单位标兵称号；企业文化建设健康发展，《黄河水电报》已经创刊，内外宣传工作得到强化，职工群众文化生活丰富多彩，企业向心力和凝聚力日益增强。中央政治局常委、国务院总理温家宝同志在2002年9月视察青海时对在黄河上游水电开发和生产运营过程中锤炼出来的“龙羊精神”给予了高度赞誉。

人力资源开发与培训

公司党组进一步研究健全干部管理工作制度，坚持按照德才兼备和公平、公开、择优的原则选拔任用干部，干部队伍结构得以进一步优化，干部队伍建设进一步加强；按学以立德、学以增智、学以致用的要求，积极开展政治理论和业务技能的学习培训，干部职工队伍综合素质明显提高。一是基层党政班子平均年龄比2001年有所下降，大学及以上文化程度的占82%，比2001年度提高了9个百分点；二是对后备干部进行调整，根据工作实际，对3名后备干部进行了脱产培训；三是向国家电力公司推荐各类评委和专家6名；四是职工参加各类不脱产学历教育培训587人；五是继续执行领导干部任前公示及机关人员上岗公开竞聘制度。

困难和不足

(1) 经营形势十分严峻，经营亏损局面暂时难以扭转，资产负债率居高不下，电费欠费严重；

(2) 基建和安全生产的任务十分繁重，部分同志对此认识不足；

(3) 管理工作中计划经济的思维习惯依然存在，个别单位等靠要思想严重，粗放管理的现象屡见不鲜；

(4) 思想解放程度不够，部分干部职工的观念滞后，市场竞争意识不强；

(5) 队伍建设有待加强，职工综合素质有待提高；

(6) 监督约束机制还不够完善，干部作风建设需进一步改进。

主要事件

1月4日，青海省人民政府副省长苏森一行15人在夏忠总经理陪同下，视察了公伯峡水电站。

1月15日，龙羊峡发电分公司荣获国家电力公司“九五”期间安全生产先进单位称号。

1月30日，公伯峡水电站导流洞混凝土浇筑全部完成。

1月31日～2月1日，由国家电力公司战略研究与规划部在北京主持召开了黄河拉西瓦水电站装机容量论证报告审查会，会议确定拉西瓦水电站装机容量为4200MW。

1月，青海省计委以青计价格（2002）80号《青海省发展计划委员会关于印发贯彻〈国家计委关于疏导青海省电价矛盾和实现城乡用电同价有关问题的通知〉的意见的通知》，明确公司李家峡水电站上网电价由0.294元/(kWh)降为0.26元/(kWh)，从2002年1月10日抄见电量起在青海电网执行。该电价是李家峡水电站按照剩余还贷经营期测算的上网电价，降价空间用于青海省按分电比例认购电量的电价问题。

1月，共青团青海省委、省经贸委、省科技厅、省质量技术监督局、省科协、省质量管理协会联合对在企业创新创效工作中成效突出的单位和个人进行了表彰。龙羊峡发电分公司电气分场《尾水门机电源滚动导向装置》项目获技术创新成果二等奖、《乌龙线电抗器重瓦斯高温保护跳闸回路改造》项目获技术创新成果三等奖，水工分场《改用PC—150袖珍计算机作水准观测记录》项目获技术创新成果提名奖；分公司总工程师胡一栋获管理创新三等奖；黄河水电公司获优秀组织奖。

2月28日，拉西瓦水电站左岸高线、右岸高低线专用公路明线段工程正式开工。

2月28日，美国驻华使馆环境科技参赞唐伟康先生及其助理钱镇江一行，在青海省外事侨务办公室、青海省气象局有关人员陪同下考察了龙羊峡水电站。

3月1日，检修安装分公司荣获2001年度全国“安康杯”竞赛优胜企业奖。

3月5～6日，公司2002年度工作会暨首届一次职代会隆重召开。

3月18日，公司2002年股东会暨二届一次董事会在西宁召开，公司各股东方代表和公司董事会、监事会成员，以及国电西北公司、黄河水电公司有关职能部门负责人出席会议。

3月20日，11时38分，公伯峡水电站成功实现截流，青海省人民政府、国家电力公司、国电西北公司、黄河水电公司等单位有关领导及参加水电站设计、施工单位和地方各族群众千余人参加了截流仪式。

3月20～21日，国家电力公司系统水电建设安全文明施工现场经验交流会暨水电流域公司管理会在公伯峡水电站施工现场召开。来自国家电力公司系统水电建设项目法人单位、水电施工企业、设计单位、监理单位的100多名代表参加了会议。

4月11～12日，经公司严格考评，李家峡发电分公司在七项必备条件，安全指标及管理、设备管理、经济指标及科学管理、文明生产四项指标方面以339分成绩通过了安全文明生产达标验收。

4月12～15日，黄河拉西瓦水电站工程可行性研究报告（等同原初步设计报告）审查会议在北京召开，会议审查通过了可行性研究报告。

4月17日，检修安装分公司在小浪底水利枢纽工程建设管理局小浪底水力发电厂5号机组大修项目投标中一举中标，实现了该公司年内制定的“立足西北、挺进中原”的目标。该公司4月5日组织精干检修队伍前往小浪底开始检修，7月25日顺利完成检修任务，受到了业主的好评。

4月23日，在由青海省电力行业协会举办的第十次QC小组发布会上，龙羊峡发电分公司水调班QC小组发布的《减少玛曲站遥测月均流量误差》成果获得二等奖，并由省电力行协推荐参加全国电力系统行业协会举办的成果评审；电气分场自动化班WC小组发布的《事故报警自动寻呼系统的完善》和水轮机班QC小组发布的《2F水轮机主轴密封改造》成果获优秀奖。

4月23日，李家峡发电分公司运行六值发布的《提高发电设备的等效可用系数》成果获得三等奖、机械分部机电政QC小组发布的《改善推力轴承严重内甩油状况》和电气分部保护班QC小组发布的《330千伏GIS刀闸连锁回路改造》成果获优秀奖。

4月26日，由陕工局研制的面板堆石坝挤压墙技术在公伯峡工地试验取得了初步成果，为国内运用和推广此技术奠定了基础。

5月4日，青海省委副书记、省长赵乐际一行在公司副总经理周新光、总经理助理毛国权等有关领导的陪同下视察了拉西瓦水电站施工工地。

5月10日，国家电力公司以国电党（2002）28号文件正式命名龙羊峡发电分公司为2000～2001年度国家电力公司双文明单位标兵，李家峡发电分公司为2000～2001年国家电力公司双文明单位。

5月9日，龙羊峡发电分公司团委被授予国家电力公司“五四红旗团委”荣誉称号，李家峡发电分公司赵洪慧被授予国家电力公司“优秀青年”荣誉称号。

5月31日，公伯峡水电站厂房第一块混凝土开盘浇筑。

5月6日，在贵州天生桥发电总厂召开的2001年度全国大型水电厂（站）劳动竞赛暨经验交流会上，龙羊峡发电分公司连续第三次被评为劳动竞赛先进单位。

5月9日，检修安装分公司被中华全国总工会、国家安全生产监督管理局授予2001年全国“安康杯”优胜企业；李家峡发电分公司被青海省总工会、青海省安全生产监督管理局授予2001年度“安康杯”竞赛优胜企业。

5月13～16日，由国家开发银行、黄河水电公司共同组织召开的拉西瓦水电站贷款评审座谈会在西宁召开。

5月19日，青海省常务副省长蒋洁敏一行15人在公司总经理夏忠的陪同下，视察了公伯峡水电站工程建设情况并考察了苏只水电站坝址。

7月9日，青海省副省长邓本太在李家峡发电分公司领导陪同下，参观了李家峡水电站。

7月13日，2002年西北电力安全技术通信网交流研讨会在龙羊峡发电分公司西宁办事处召开。

7月15日，青海苏只水电开发有限责任公司（暂定名）发起人协议在北京签署。发起人协议确定苏只水电站由黄河上游水电开发有限责任公司、中国水利水电总公司、青海天河电力股份有限责任公司、青海富源电力股份有限公司分别以40%、30%、20%、10%比例出资共同开发苏只水电站。

7月18日，由龙羊峡发电分公司和青海省水利发电学会共同编制的《龙羊峡发电分公司30万kW发变电机组检修定额》项目，荣获由国家经济贸易委员会、中国科学技术协会颁发的“千厂千会协会行动”优秀成果奖。

7月20日，天津市副市长杨栋梁率政府访问团在青海省政府苏森副省长的陪同下，对李家峡水电站进行了考察。

7月30日，全国人大常委会副委员长铁木尔·达瓦买提和夫人努儿古丽一行在青海省人大常委会副主任姚湘成、公司副总经理张民政等领导的陪同下视察龙羊峡水电站。

7月30日，国家计委副主任汪洋一行在公司总经理夏忠、副总经理周新光及有关职能部门人员陪同下在龙羊峡就水电站的工程概况、水库运行、大坝安全运行情况、黄河上游来水情况、发电机组效率以及黄河上游滚动开发、西电东送等情况进行了考察和了解。

7月，拉西瓦水电站项目建议书上报国家电力公司。

8月5日，广西壮族自治区常务副主席王汉民（原青海省常务副省长）在黄河水电公司总经理夏忠等领导陪同下视察了公伯峡水电站。

8月8日，国家电力公司副总经理周大兵、国家电力公司电源部主任石成梁一行，由黄河水电公司副总经理周新光陪同到李家峡水电站视察工作。

8月9日，青海省委副书记冯敏刚、省人大副主任姚湘成、李明金一行视察了拉西瓦工地。

8月13日，中共青海省委书记苏荣、海东地委、行署领导一行30余人，在黄河水电公司总经理夏忠等陪同下，视察了公伯峡水电站。

8月19日，国务院西部开发办高开元司长一行8人，在黄河水电公司副总经理周新光陪同下到公伯峡水电站调研。

8月30日，中央政治局委员、国务院副总理温家宝一行视察了龙羊峡水电站。温家宝副总理对在长期基建、生产运营过程中锤炼出来的“龙羊精神”给予了高度赞誉。

9月4～5日，国家电力公司发输电部“无人值班（少人值守）”验收组，对李家峡发电分公司“无人值班（少人值守）”工作进行了考评验收，并顺利通过验收。

9月18日，国家开发银行市场局唐若霓副局长一行六人在黄河水电公司副总经理周新光、总经理助理毛国权等陪同下到拉西瓦工地视察工作，并了解了拉西瓦前期工程进展情况。

10月10～15日，公伯峡水电站机电设备安装工程开标会分别在公伯峡工地和循化县进行，水电四局和水电十一局联营体中标。

11月5日，龙羊峡发电分公司机械分场水轮机班荣获“全国质量管理优秀小组”荣誉称号。

11月6日，中共青海省委、省政府《关于命名2000～2002年文明单位标兵、文明单位和创建文明行业工作先进单位的决定》，李家峡发电分公司继续保持了青海省文明单位标兵的荣誉称号。分公司党委书记王克诚被评为“精神文明建设先进工作者”。

11月15日，黄河水电公司上报公司总经理夏忠为青海省第九届政协委员。

12月18日，龙羊峡水电站虎山坡治理工程和尾工工程财务竣工决算，2002年5月15日至2002年6月5日经陕西省中恒信会计师事务所审定，2002年12月18日国电西北公司审计部以国电西北审字[2002] 06号文通知，龙羊峡水电站虎山坡治理工程和尾工工程财务决算已通过审计。

12月28日，黄河水电公司与国家开发银行签订了拉西瓦水电站前期工程费B类技术援助借款合同，借款期限5年，年利率3.6%。

12月28日，拉西瓦水电站导流洞工程正式开工。

12月31日，黄河水电公司全年完成发电量79.8881亿元kWh，完成年计划的105.8%。其中：李家峡发电分公司全年完成发电量46.7042亿kWh，完成年计划的106.9%；龙羊峡发电分公司全年完成发电量33.1839亿kWh，完成年计划的104.45%。

12月31日，2002年黄河水电公司电费回收取得显著成绩，电费回收率为96.25%，比2001年同期提高27.45%。

（胡耀斌）

甘肃省电力工业

综述

2002年全省发电量342.8亿kWh，同比增长16.09%；省公司系统发电量270亿kWh，同比增长20%。

全社会用电量339.66亿kWh，同比增长10.97%；省公司售电量274亿kWh，同比增长17.16%，其中省内售电量266亿kWh，同比增长13.76%。

主业实现收入69.76亿元，同比增长13.85%；利润8436万元，同比增长50.94%。

净资产收益率1.20%，高于国家电力公司考核指标0.67个百分点；资产负债率63.06%，低于考核指标5个百分点；应收电热费余额10.8亿元，较考核指标减少951万元。

多种产业收入30.16亿元，同比增长7.3%；利润1.24亿元，同比增长16.9%。

全员劳动生产率23.63万元/（人·年）。

未发生电力生产和电力基建人身死亡事故，未发生重大电网事故、重大设备事故、火灾事故，以及其他造成较大社会影响的事故。

公司售电量、主业收入、利润和安全生产达到多年来的最好状态，生产经营指标全面完成。

电力建设

2002年，电力建设步伐加快，全年电力建设投资完成61亿元，同比增长62.3%，其中电网项目49.2亿元，电源项目8.7亿元。完成城网投资4.28亿元，农网投资39.96亿元。电网新增110kV及以上输电线路1202km、变电容量204.45万kVA。

（1）电源建设。20×600kW风电机组投运。连城电厂二期、小峡水电站、九甸峡水电站已经开工。平凉火电厂1、2号机组建设荣获国家建筑工程鲁班奖，3、4号机工程建设顺利。

（2）电网建设。330kV张掖、金昌供电所和平天输变电工程投产，河西二回输电工程开工，完成

220kV兰州、白银分网工程。38个110kV输变电工程陆续投产。城网和一期农网改造工程基本结束，二期农网形象进度达到国家计委批复投资的90%以上。甘肃省农村乡、村、户通电率分别达到了100%、97.06%、95.01%。

改造后的城市110kV变电站均为双回路供电，兰州实现在330kV电网支持下的110kV环网供电；省内其他城市110kV容载比均达到2.0以上，基本可以满足城市用户用电和工业生产用电的需要。城市供电通信网络基本实现光纤通信，110kV变电站实现光环网通信，城网调度实现自动化，110kV变电站全部实现无人值班。农网改造后，高压电网综合线损降低到10%以下，低压电网线损降到12%以下；农村用电"四到户"率在95%以上；全年减轻农民负担约1.3亿元。

前期工作

配合国家西部大开发战略，年初完成《甘肃省电力工业"十五"计划及2015年远景规划纲要》，7月份编制了《甘肃省电力工业"十五"计划及2020年发展规划》。十六大以后，结合甘肃省委、省政府"工业强省"战略的实施，经过充分论证，提出了推动750kV输变电工程建设，发展330kV主网架，完善全省110kV输配网络，在"十一五"末期建成坚固灵活、吐纳自如、信息化的甘肃电网；提出调整甘肃电源水火电比例和布局，重点发展火电，积极发展水电，加快新能源和清洁能源开发研究的电源建设原则，力争在"十一五"末期总装机达到1370万kW。

同时，天水至成县、平凉至西峰等输变电工程前期工作正在抓紧进行，张掖电厂、靖远三期等项目前期工作取得重大进展。积极配合黑山峡、小峡、九甸峡、古城、汉平嘴、西流水、小孤山、镜铁山等水电站和兰州燃气电厂、酒钢自备电厂的前期工作，并完成其接入系统设计审查。

电力生产

2002年电力生产、经济技术指标完成较好，全年累计发生一类障碍及以上设备不安全情况比2001年同期减少36%；没有发生人身死亡事故，轻、重伤事故比2001年同期有较大幅度降低；一般事故比2001年同期减少59.6%；一类障碍比2001年同期减少24%。

35～330kV送电线路事故率较2001年同期下降12.9%；35～330kV变电站事故率较2001年同期下降59%。输变电设施可用系数：线路99.009%，变压器99.251%，开关99.664%。发电机利用小时数同比上升682.11h。发电机等效可用系数完成情况较2001年同期上升0.67个百分点。发电机非计划停运次数同比下降9次，创历史最好水平。全公司综合线损率较2001年同期下降0.04个百分点。电压合格率较2001年同期提高了0.21个百分点。

发电大修机组全部按计划完成，发电设备大修共25台（套），其中省公司直属11台（套），完成大修计划项目49个，总投资4728万元；直属发电厂完成技改项目资金4869万元。

科技与环保

科技与环保工作取得新进展。首次承担国家电力公司科技项目可控串补国产化研究。国内首例220～330kV设备带电清扫机器人研发列入国家"863"计划。电压稳定性研究及应用在河西电网取得成功。信息广域网及火电厂脱硫技术在更大范围得到应用。省公司建设项目环保验收率达到100%。与中国电科院进行全面合作。以科技园为主体的科技产业化取得进展。

年内共安排科技经费2703万元，涉及项目110个，当年项目完成率85.2%。在保证重点科技项目经费的同时，促进系统内所有单位都承担公司的科技项目。科技经费主要投入领域：信息819万元、重大项目299万元、基础管理262万元、继电保护及自动装置243万元、供电专业状态维修237万元、电网调度228万元、生产工作中的难题解决228万元。

全年安排环保资金1292万元，涉及项目12个，集中资金568万元用于西固电厂和靖远电厂的脱硫项目。兰州第二热电厂的烟气脱硫项目整体脱硫率达到45%，通过了省环保局的验收；靖远电厂20万kW机组脱硫示范项目预计2003年初完成；西固电厂6号炉脱硫工作处于调试与完善阶段。各发电厂主要污染物排放在发、供电不断增长的形式下得到有效控制，烟尘达标率超过国电公司考核标准，单位SO_2排放率达到5.49mg/（kWh），保持在一个较低的水平。

电业管理

（一）安全生产

抓好安全生产，重在超前预防。甘肃电力通过加强技术监督，提高供电可靠性，全方位开展安全性评价，实施科学管理，健全安全管理机制，形成有效的安全管理体系等措施，确保了电网的安全稳定运行，强化了各级安全生产责任制。着重坚持严管理、反违章，突出抓现场、抓预控和抓实效，落实了生产环节的"两控"、"三措"。加大了技术管理及监督、设备改造和安全性评价整改力度。打击破坏电力设施违法犯罪的活动取得了成效。县供电企业安全生产和基础管理初步改善。26个发供电单位全部实现百日安全目标，其中24个单位实现3个百日安全生产目标。220kV以上继电保护正确动作率达到99.52%。一般设备事故、人身伤害事故同比分别下降59.6%和76.7%，全公司没有发生电力生产、基建人身死亡事故；没有发生重大电网事故；没有发生重大设备事故、火灾事故以及其他造成较大社会影响的各类事故。实现了保人身、保电网、保设备的基本目标。

（二）经营工作

为全面完成2002年的资产经营目标，公司系统加强了经营状况的分析预测与环节控制，坚持切实有效的成本管理、预算管理和资金控制，高度重视电价工作，确保电价政策执行到位。积极开拓市场，实行阶梯电价、峰谷电价及企业阶段性优惠电价等办法和措施，经营成果显著。线损率、煤耗率、购电均价、可控成本、电费回收、控股公司利润等指标全部实现正向增长，好于预期目标。梳理电价矛盾，理顺电价关系取得进展，在甘肃省政府物价部门和省公司的共同努力下，国家计委出台了甘肃省调增2分钱销售电价和城乡居民同网同价方案。电费回收情况良好，欠费额度逐年上升的势头得到遏制。实行全面预算管理，强化过程管理与动态控制，健全了公司系统资产经营保障体系。完善了资金管理等内控制度，强化经营全过程审计监督，经营行为有所规范。多种产业进一步发展。修造企业减亏初见成效。

1．财务与资产管理

积极探索适应公司运营要求的财务管理体系，强化全面预算管理，不断加强和改进财务管理、会计核算。推行和完善资金集中统一管理，对资本性支出、大修支出、科技开发支出等资金实行集中管理和预算审批制度，以资金结算中心为载体，强化资金的集中使用与监管，从生产、经营、基建等环节加强成本控制，降低资金成本。继续加大对外投资、借款、担保的清理力度，建立债权、债务清理定期报告制度，严格审批管理。重点清理核对公司本部与各分公司、控股公司的往来以及其他长期挂账的往来款项，掌握负债状况，积极寻求对策。对控股公司、集资电厂及相关单位设专岗进行财务监管和监督。

2．审计

继续进行领导干部任期经济责任审计、城农网建设与改造工程项目审计，推进“同级审计”和总审计师制度，加强审计机构建设和审计人员培训，坚持“审计监督与服务并举”方针和审计回访检查、整改落实工作。年内共完成审计项目511项，其中：主业项目353项，多种产业项目158项（其中：任期经济责任审计105项）；签证审计6229项，其中：主业签证5680项，多种产业签证549项。提出审计建议1151条，采纳审计建议1096条。

3．营销

2002年采取了有效的市场营销策略，注重需求侧管理，充分做好预测，加强营销分析，启动了市场营销管理信息系统，建立了适应市场运营的电力营销机制。全力以赴抓好电费回收工作，落实措施，及时结算，当年电费当年回收，对旧欠电费运用经济、法律手段进行清缴。优质服务常态机制初步建立，确立了规范化服务的新标准。全省11个地、州、市开通95598特服电话。完成7个供电单位客户服务中心建设。362个农村供电所、43个城市供电站达到规范化标准。全年没有发生影响公司形象和社会稳定的重大行风事件。

4．人力资源配置

根据公司改革发展的要求，优化人力资源配置，改革用人、分配机制，加强领导干部队伍、经营管理人才队伍、专业人才队伍和技能人才队伍的建设，高度重视全员培训，规范和深化用工管理，努力营造和谐的发展环境，把甘肃电力的发展融入地方经济发展和西部大开发建设中。年内以甘肃省电力公司就业服务指导中心为依托建立了就业信息渠道和定期商讨会议制度；同时注重高层次、复合型人才的培养，加强专业队伍建设，结合实际进行短期培训，创建岗位培训和职业技能鉴定机制；规范工资和奖励管理，加大考核兑现力度；完善医疗保险体系，拓宽养老保险范围。

5．企业改革

电力体制改革进一步深化，企业市场化运作逐步推进，实施各地区电力局政企分开准备工作，形成规范的分公司构架，加快农电体制改革步伐，全面完成了乡镇电管站的改制工作。15个趸售县供电企业改制准备工作基本结束。厂网分开的改革完成阶段性目标。成立了集体资产监管中心。辅业与多种产业企业重组和结构调整取得进展。

多种经营

实施以集团化、规模化为基础，突出品牌为重点的多种产业战略，提高资产运营收益。强化资本、资金、产权、股权的统筹运营能力，推动多种产业持续健康发展。深入研究辅助产业、多种产业适应市场和后勤物业化改革的新思路，着力改善内部经营要素和外部经营环境，把改制的效果体现在发展的效益上，逐渐形成多种产业良性发展机制。

坚持“清理、整顿、规范、发展”的方针推进多种产业集团化、专业化、现代化进程，优化资源配置，提高规模效益和盈利水平。通过清理整顿，甘肃省电力公司系统多种产业企业由413个减少到313个，注销100个。提出明珠集团和集团公司组建方案，以及多种产业改革重组、发展战略总体思考。在党风廉政建设、企业管理、资产经营、清理整顿、改革改制、项目管理等方面都有新的突破。

党的建设和精神文明建设

2002年，甘肃省电力公司党组认真组织学习“三个代表”重要思想、江泽民同志“5·31”重要讲话和十六大精神，各级领导干部理论联系实际的能力明显提高。对229名基层领导干部进行岗位适应性强化培训。落实“八个坚持、八个反对”，着力加强作风建设。在中外合资企业、改制企业健全和完善了党群组织。党的基层组织不断健全，党委管大事、管方向、管全局的能力进一步增强，大力开展权力观教育和警示教育，加强了权力监督和源头防范。高度重视信访举报受理和调查，加大了案件直查力度。加强了招投标的监督管理和重点工程效能监察。在对15个基层单位领导班子“五风”建设测评中，职工群众满意率98%。全年各单位领导班子成员没有发生和发现违法违纪问题，没有发生严重影响行业形象和稳定的重大事件。

年内，天水供电局被评为全国创建文明行业工作先进单位，省公司本部和靖远第一、二发电公司“全国精神文明建设先进单位”复查合格，天水供电局、靖远第一发电公司、甘肃电力调度通信中心和民勤县电力局获国家电力公司一流企业称号，碧口电厂等17个单位获国家电力公司双文明单位（标兵）称号，兰州供电局被评为“省级文明行业”，火电工程公司等6个单位被评为省级文明单位。送变电工程公司杨建伟同志获得“全国五一劳动奖章”，公司党组关于“远学李庆长、近学杨建伟”的号召，在全系统深入开展；省公司本部邓元凯同志获甘肃省科技功臣荣誉称号。

主要事件

1月15日，甘肃靖远二期电厂移交接收仪式隆重举行。由国投电力公司控股、中美合资的股份制电厂两台30万kW机组（原委托靖远第一发电公司运行），从16日零时开始，正式移交靖远第二发电公司管理运行。各股东方代表、省公司有关部室及两个公司负责人出席了签字仪式。

同日，兰州电力技术学院成立大会在兰隆重举行。省长助理陈钢、省劳动和社会保障厅厅长朱志良出席会议并为学院揭牌。

1月22日，由甘肃省电力公司、甘肃电力多种经营集团公司、甘肃鑫森电力开发有限公司发起、出资组建的甘肃电力明珠集团有限公司正式挂牌成立，注册资本金5000万元。

1月31日，甘肃省电力公司2002年工作会议既三届一次职工代表大会在兰州召开。甘肃省副省长郭堃、杨志明出席了会议。

2月11日，甘肃省电力公司通过碧广线向四川电网正式送电，缓解了四川电网的缺电矛盾。

2月28日，330kV平兰东送电工程、330kV眉岘变电工程被评为国家电力优质工程。

同日，西北电网主干线——330kV靖永线发生两侧开关跳闸、线路停电的严重事故。

3月3日，甘肃电力青年志愿者大型主题宣传服务活动在兰州东方红广场隆重举行。

3月8日，甘肃省电力行业协会召开首届四次理事会，会议一致推举甘肃省副省长杨志明、甘肃省经贸委副主任蒲承宏为名誉会长，一致选举甘肃省电力公司党组书记、总经理刘肇绍为会长，并增补平凉发电公司、白银供电局、天水供电局为常务理事单位。

3月13日，甘肃省副省长吴碧莲赴靖远第一发电有限责任公司视察工作。

4月1日，甘肃省电力公司技术标准全文数据库检索系统正式开通。

4月3日，全省农电工作会议在兰州召开。

4月15日，由国家电力公司组织的李庆长同志先进事迹报告会在兰州举行。

4月18～22日，省电力公司党组书记、总经理刘肇绍参加中共甘肃省第十次代表大会，并当选为甘肃省出席中共中央党的十六大代表。

4月28日，甘肃省西固热电有限责任公司经理梁永磐同志荣获兰州市第四届“十大杰出青年”称号。

同日，甘肃330kV张掖送变电工程投产。

5月1日，甘肃送变电公司职工杨建伟荣获全国“五一”劳动奖章，省电力公司党组向杨建伟同志颁发了荣誉证书和1万元奖金，号召系统职工向杨建伟同志学习。

5月12日，甘肃省省委书记宋照肃一行到平凉发电公司视察。

5月17日，国家电力公司副总经理周大兵一行到甘肃电力公司进行调研。

5月20日，甘肃电力调度通信中心顺利通过“中国一流电网调度机构”调研考评。

同日，2002年度西北（甘肃）电网联合反事故演习在甘肃省电力公司电力调度通信中心举行。

5月24日，由甘肃电力信通公司负责设计、安装调试的“甘肃电力信息广域网及IP语音系统”顺利通过验收，为省公司全系统的信息传送提供了一个安全、稳定、高效的数字传送通道。

同日，刘家峡水电厂历时17年进行的5台机组经增容改造全部完成，净增容量19万kW，总装机容量达到135万kW，相当于新建了一座中型发电厂。

5月27日，甘肃省电力公司与中国电力科学研究院技术合作协议签约仪式在兰州举行。

6月6日，甘肃省日用电量达8736万kWh，同比增长13.6%，创甘肃电力史上日用电量最高纪录。

6月7日，甘肃电力系统农电企业“青年文明号”创建活动拉开帷幕，有12家农电企业供电营业窗口获此殊荣。

6月8日，“黄河水利水电工程”特种邮票首日发行，其中刘家峡水电站第三次出现在国家邮政总局发行的邮票上。

6月9日，靖远第一发电有限责任公司被国家电力公司命名为“一流火力发电厂”、天水供电局被命名为“一流供电企业”、甘肃电力调度通信中心被命名为“一流电网调度机构”。

6月10日，由蒙古外交部新闻司司长嘎尼巴勒率领的蒙古新闻团一行12人在外交部新闻司及甘肃省外事办相关人员的陪同下参观访问了兰州第二热电厂。

6月18日，甘肃330kV金昌变扩建工程竣工投产。

6月24日，甘肃省电力人才评价网站正式开通。

6月30日，省委副书记韩忠信、常务副省长郭琨一行视察了330kV张掖变电站。

6月下旬，国务院、国家计委批复兰州燃气电厂项目建议书，建设规模为2×30万kW，总投资25亿元。

7月19日，330kV平眉送变电工程投产；330kV天水输变电工程建成投运。

7月25日，甘肃省召开首次城乡居民生活用电电价听证会。

7月26日，甘肃电力公司召开半年工作会议，1～6月，主要技术经济指标完成情况好于往年。

7月31日，甘肃电力公司“科技功臣”邓元凯在全省科技奖励大会上接受甘肃省委、省政府60万元重奖。同时，白银供电局的科技成果“HDZ大型地网接地电阻测量仪”荣获甘肃省科技进步二等奖。

8月1日，全国电力燃料工作会议在兰州召开，国家电力公司副总经理赵希正，总工程师张贵行，甘肃省常务副省长郭琨出席会议。会后，视察了甘肃电力调度通信中心和兰州供电局。

8月5日，全国电力市场分析预测会在兰州召开，来自各网省公司的近60名专家代表参加了会议。

8月6日，2002年度电力行业“双新”（新技术、新产品）展示会在兰州举行。

同日，《中华人民共和国电力工业史·甘肃卷》（初稿）顺利通过西北地区电力工业史编纂协作组的评审。

8月12日，中国投资协会地方电力投资委员会2002年年会在兰州召开。

8月13～18日，国电公司顾问周小谦视察了兰州750kV降压所址和张掖电厂厂址。

8月14日，国家计委批复刘家峡水电站排沙洞及扩机工程项目建议书，按2001年价格水平测算，总投资7.22亿元。

8月19日，甘肃电力行业协会网站正式开通。

8月，由兰州供电局和中国电力科学研究院共同完成的“电网谐波对电能计量影响的实验研究”通过了鉴定，该项成果处于国际先进水平。

同月，甘肃省经贸委将全省电力行业安全技术监督管理及咨询、评价服务职责，委托省电力行业协会承担；甘肃省安全生产监督管理局授权省电力行业协会设立特种作业电力培训站，培训内容设定为电工、金属焊接、建筑登高、爆破等四个专业。

9月6日，甘肃省副省长杨志明在省电力公司总经理刘肇绍的陪同下，到兰州供电局电力客户服务中心调研。

同日，甘肃陇能电力燃料有限责任公司在兰州正式挂牌成立。

9月11日，甘肃电力公司邀请中央和省市新闻单位，举行新闻恳谈会，共话甘肃电力行业的改革与发展。

9月15日，国电西北公司党组书记、总经理刘本粹一行莅临甘肃电力公司调研。调研期间，刘本粹拜会了甘肃省委副书记、省长陆浩及兰州市有关领导。甘肃省委副书记、省长陆浩，听取了国电西北公司总经理刘本粹、甘肃公司总经理刘肇绍关于750kV输变电工程在甘肃选址等有关情况的汇报，表示甘肃省支持750kV输变电工程，并要求有关部门做好协调工作，营造良好的投资环境。

9月18日，西北电力系统厂务公开经验交流会在兰州举行。

9月26日，甘肃电力明珠旅游集团有限公司正式成立。

9月28日，甘肃省副省长杨志明和兰州市市长张志银、副市长杨在溪等领导及有关部门同志到兰州第二热电厂视察工作。

9月，甘肃省二期农网改造共25个项目全面开工。

10月11日，在河南濮阳举行的首届中国职工艺术节“中原油田杯”全国舞蹈展演中，甘肃电力公司太平鼓队代表国家电力公司参加展演并夺得金奖。

10月23日，甘肃省电力公司被省政府评为承办人大代表建议政协提案工作先进单位。

10月25日，甘肃电力同兴智能科技发展有限责任公司正式成立。

11月4日，甘肃电力太平鼓队被选中在北京21世纪剧院参加由中国文联举办的“庆祝十六大文艺晚会”。

11月22日，甘肃电力新调度系统正式投运。

11月29日，国投华靖电力控股股份有限公司在兰州举行揭牌仪式。

同日，国家计委批复了甘肃省城乡居民用电同价方案，同价水平为每千瓦时0.47元，调整后的电价方案于12月1日抄见电量起执行。

11月30日，黄河小峡水电站主河床截流成功。该电站首台机组预计于2004年底投产发电，2005年将全部建成投产。

同日，甘肃电力公司调度通信中心与中国电力科学研究院共同完成的“甘肃电网330kV海—金—张—嘉系统稳定性研究及应用”项目，在北京通过国电公司组织的科技成果鉴定。

12月1日，甘肃省电力公司与华能集团公司顺利完成原控股的平凉发电公司的安全生产管理以及领导层人事、组织关系的移交工作，华能集团即日起承担其相应的责任。

12月9日，甘肃明珠旅通集团有限公司在兰州海天宾馆揭牌成立。

12月10日，甘肃省副省长杨志明带领兰州市政府及省、市环保部门领导同志，视察了甘肃省电力公司本部的电锅炉供暖工程和兰州西固热电有限责任公司环保工作。

12月16日，靖远第二发电公司青工高国飞在全国青年电工网上模拟创新创效大赛决赛中获得第二名，被团中央、国家经贸委、国家知识产权局、中国科协联合授予“全国青年创新创效奖”。

12月17日，国家电力公司发输电运营部正式批复甘肃省电力公司，同意甘谷电厂1、2号两台1.2万kW机组、永昌电厂1、2号两台1.2万kW机组和西固热电公司5号5万kW机组推迟关停。

12月19日，甘肃电力信通公司和中国电力科学研究院联合施工的电力线上网技术（PLC）产品落户甘肃电力信通公司。

12月20日，甘肃火电工程公司承建的平凉电厂1、2号机组安装工程，荣获中国建筑协会颁发的国家建筑工程最高奖项——“鲁班奖”。这是西北地区电力建设工程中首次获此殊荣。

同日，330kV平眉线遭遇重冰灾害，被迫停电抢修。

12月24日，中共甘肃省委工会工作会议在兰州召开。甘肃省电力工会荣获“甘肃省先进工会”称号，并受到省委表彰。

同日，甘肃电力办公自动化系统通过了国电信息中心、西北公司、西北各省（区）电力公司组织的实用化验收，认为该系统处于省内第一、西北先进、国内领先水平。

12月26日，国家开发银行兰州分行和省电力公司、省电力建设投资开发公司签订银企合作协议，授予省电力公司AA级信用证书，授信60亿元贷款额度。

同日，220kV兰白分网工程龙银一回投运。

12月30日，甘肃白银供电局龙川至西岔110kV送变电工程率先通过达标投产验收。

青海省电力工业

综述

2002年，青海省电力公司紧紧围绕地方经济建设，转变作风，开拓进取，优质服务，圆满完成了各项工作目标和任务，保持了改革、发展、稳定的良好局面，为青海国民经济发展实现两位数增长做出了重要贡献！

截止到2002年底，全省发电装机容量401万kW，其中水电321万kW，火电80万kW；35～330kV输电线路青海电网为7634.92km，省公司所属7144km。变压器总容量青海电网为778万kVA，省公司所属565万kVA。线损完成5.78%。较2001年提高0.21个百分点。供电标准煤耗392.6g/（kWh），较2001年上升3.3g/（kWh）。其中：桥头铝电有限责任（省公司参股）一厂平均煤耗为428.9g/（kWh），较2001年降低3.3g/（kWh）；二厂平均煤耗384.2g/（kWh），较2001年降低3.5g；火电机组年利用小时一厂为7891h，二厂为6769h。

2002年公司完成工业总产值3.45亿元（按90年不变价格计），全员劳动生产率182077元/（人·年），比2001年下降5745/（人·年）。截止到2002年底，公司所辖供电、电力建设、科研、设计、电力调度、通信、电力培训等单位14个，职工总数7756人，固定资产净值514614（汇总）万元。

公司机构设置

（1）公司领导：设总经理兼党委书记1人，党委副书记兼纪委书记1人；副总经理4人，电力工会主席1人，总会计师1人；总工程师由副总经理兼任。

另设：副总工程师2人，副总经济师1人，副总政工师1人。

(2) 公司本部机构设置。设：总经理工作部、领导人员与董事管理部、审计工作部、发展计划部、财务与资产管理部、人力资源部、市场开发营销部、安全监察与保卫部、生产技术部、工程建设部、农电工作部、青海电力调度中心、监察室（纪委办)、思想政治办公室（包括：新闻中心、青年团、政治处）电力工会、(内设：综合部、组织宣传部、生产保护部、民主管理与权益保障部)。

本部机构定员总数237人（含调度中心人)。

电网建设

公司注重科学规划电网布局，优化电网结构，结合城农网建设与改造，大力推进电网建设，取得新成绩。2002年电网建设投资17964.7万元。330kV湟源送变电工程建设330kV线路10.2km，安装主变1台24万kVA，于年内按期投运；330kV硝湾变扩建工程安装主变压器（2号变）1台，24万kVA，年内顺利投运。110kV孙家寨、米拉湾、别勒、隆务、锡铁山等8项变电设备先后投运；110kV明渔线、格渔线、格察T别线，格察T锡线，龙源线等24条输电线路也都先后顺利投运。这些线路的投运，使电网结构进一步得到改善，电网技术装备水平和运行可靠性得到提高，特别是格尔木电网通过联网工程和设备整治，网架结构得到加强，供电能力、供电可靠性、供电质量明显提高，为柴达木盆地区优势资源开发提供了充足的电力保障。此外，330kV线路设计长度48.3km，一期变电容量2×24万kVA的330kV景阳送变电工程、110k千线路长度475km，变电所3座，主变压器容量4.12万kVA的青藏铁路格尔拉段、拟新建750kV变电所1座，线路全长146km公伯峡水电站送出工程可研报告等先后得到国家计委和国电公司批复。

电力生产

1. 发、购电

2002年全省发电量为141.64亿kWh，与2001年基本持平；青海电网发电137.68kWh，较2000年增长9.27%，其中：水电91.20kWh；火电46.48kWh，分别较2001年增长6.0%、16.2%；公司参股电厂发电量41.73kWh，2002年，由于黄河上游来水持续特枯，年平均流量345m^3/s，较2001年同期下降22.47%；入库水量108.97亿m^3，较多年平均来水偏少47%，创历史最枯纪录。减少发电6.94亿kWh。使电网中低电价的龙羊峡电厂上网电量连续第三年大幅度下降，导致公司购电量结构发生较大变化，李家峡发电厂电量、并网小水、火电量份额增大。与2001年相比，购龙羊峡电量由41%下降至28%，购桥头铝电有限公司新厂电量由30%下降至27%；购李家峡电量由20%上升为26%；购桥头铝电有限公司老厂电量由1%上升为6%，购小水、火电量由8%上升为13%。购电结构的变化，对公司的经营产生了较大影响；致使公司购电费支出高额增长，成本增加，2002年购电平价单价162.06元/(MWh)，同比增长10.21/(MWh)；全年购电费支出188620万元，较2001年增加40751万元，增长27.56%，影响收入11883.37万元。

2. 安全

2002年公司系统认真贯彻《安全生产法》，积极落实国务院、国家电力公司安全生产电视电话会议精神，采取各种有效措施，确保电网的安全稳定运行，为公司开拓电力市场，保证售电量稳定增长和取得经济效益奠定了坚实的安全基础。年内圆满完成了十六大期间以及“青海经济贸易洽谈会”、“郁金香”节、“环湖国际自行车赛”等省内各项重大活动的安全供电任务。公司全面实现了年初制定的“七杜绝”、“五控制”的安全生产目标。

2002年全公司未发生电力生产人身死亡、重伤事故。年内发生电力生产轻伤事故2人·次，比2001年的3人·次，减少1人·次。截止年底，全公司实现无电力生产人身死亡记录3666天。年内共发生电网事故7次，较2001年增加2次；发生设备事故12次，较2001年减少7次，其中中断记录事故6次，较2001年减少3次。

在所发生的事故中：输电设备事故2次，较2001年增加1次；变电设备事故10次，较2001年减少6次。年内发生设备一类障碍59次，较2001年增加16次；发生人员责任设备事故（含一类障碍）14次，占全部事故（含一类障碍）的17.95%，较2001年减少3次；共发生继电保护事故（含一类障碍）14次，较2001年减少3次；共发生道路交通事故12次，较2001年增加7次，其中重大交通事故6次，一般道路交通事故6次，供电可靠率（RSI）为99.87%。

2002年安全生产中存在的主要问题，①违章作业突出，误操作事故大幅度上升。年内发生4次误操作事故，较2001年增加3次。②电网设备运行监测存在漏洞，设备隐患未能及时消除。③农电安全管理存在薄弱环节，随着农网配电容量、线路长度和农电工作人员的增加，其人员素质，管理水平与配网规模不相适应，出现了安全问题。④重大交通事故仍未得到有效遏制，年内公司系统发生多起重大交通事故，并造成严重后果，交通安全形势依然严峻。

3. 电网调度

2002 年电网调度以开展调度机构无责任事故活动为契机，以确保电网安全稳定和经济运行为己任，重点加强电网调度管理和专业职能管理，全力做好新设备投运，格尔木联网等重点工作，圆满完成了各项工作任务。

截至 2002 年底，电力调度中心连续安全运行 1495 天；责任频率合格率 100%，主网电压合格率 99.67%，主网线损率完成 1.91%；全网全部保护装置正确动作率 99.76%，较 2001 年提高 0.47 个百分点；330kV 系统保护装置正确动作率 99.69%，较 2001 年提高 0.7 个百分点，故障录波装置录波完好率 98.98%，较 2001 年降低 1.02 个百分点。

2002 年电网负荷再创新高，年内最高负荷 176.6 万 kW，较 2001 年增长 19.00%；最大日用电量 3710 万 kWh，较 2001 年增长 21.40%；最大峰谷差 39.5 万 kW，较 2001 年增加 11.2 万 kW。

4. 设备技术改造与大修

2002 年省公司共安排技改大修项目 93 项，资金 3592.9 万元，其中技改项目 37 项，1592.9 万元（网局技改资金）；大修项目 56 项，2000 万元。项目总完成率 98.5%，计划资金完成率 100%。项目分类与投资详见下表：

项目分类	项　目　数	资金（万元）
输　电	15	337
变　电	30	466.98
自　动　化	3	400
继电保护	10	746
通信、直流	20	297
技术进步	10	269
全网防汛	9	154.17
安　措		150

变电方面：乐都变电综合自动化改造，解决了该站设备陈旧、老化，严重影响安全运行的问题，同德变改造和增容满足了当地小水电上网，明显提高了设备健康水平，西宁供电局、海东、黄化供电局、海南州电力局主变压器、开关大修，海东供电局 330kV 阿兰变 10kV 开关柜，110kV 隔离开关、变压器有载开关变压器等更换及变电站电压监测布点，为保证电网主变压器设备的安全运行，提高了供电可靠性。

在输电方面，通过线路腐蚀拉线棒更换，线路基础处理，消除了隐患，保证了线路安全运行。

在自动化、通信、保护方面对 110kV 小桥变、乐都变进行综合自动化变电站改造后，将达到国内较先进的互遥功能，完全满足变电站少人值班，无人职守的要求，对网内直流电源设备进行更换和改造，实现了直流系统的自动化、智能化、彻底解决了多年以来直流电源设备的各种缺陷及遗留隐患，对网内保护设备改造及青海电网设备可靠，稳定运行上了一个新的台阶。

存在的主要问题是网内输变电设备改造项目多，但技改资金严重缺乏。①部分 110kV 变电所一、二次设备老化情况突出；②网架结构尚欠合理；③供电可靠性低，需解决单电源供电问题；④网内部分 110kV 变电所为传统设计站，设备陈旧自动化水平低，维护困难；⑤部分线路老化情况严重、频繁跳闸问题突出等等，都需要大量技改资金。

经营管理

1. 电力营销与用电

2002 年电力营销的特点是先抑后扬。主要表现：西部大开发给全省地方经济发展带来机遇，用电量增加，电解铝用电增长强劲，是售电量增长的决定因素；另外，城乡电网建设与改造工程效益初步显现，城乡居民用电持续高速增长。针对年初售电量呈下滑趋势，公司及时调整了营销策略，增供扩销，确保了电力市场稳步发展。2002 年青海电网用电量为 116.4 亿 kWh，较 2001 年增长 12.64%，公司售电量 109.7 亿 kWh，较 2001 年增加 12.1 亿 kWh，增长 12.38%。全年平均售电单价 277.76 元/（MWh），较 2001 年提高 2.4 分钱。当年电费回收率完成 100%。陈欠电费回收率 2.65%。

用电情况：第一产业用电量为 0.71 亿 kWh，较 2001 年下降 28.20%；第二产业用电量为 103.51 亿 kWh，增长 10.60%；第三产业用电量为 12.17 亿 kWh，增长 29.81%其中：城乡居民生活用电为 6.50 亿 kWh，增长 30.68%。受地方产业结构调整影响，网内用电结构也相应发生了一些变化：长期以来占全社会用电量 90%以上的第二产业用电量比重下降为 89%，而平均电价相对较高，电费回收风险较弱的第三产业用电量增幅加快，占全社会用电量的比重上升了 1 个百分点。①随着工业增长，尤其是电解铝生产规模的扩大，工业用电量增速加快。2002 年工业用电总计完成 102.41 亿 kWh，增长 10.26%，其中 10 家电解铝企业用电量达到 55.43 亿 kWh，增长 19.51%，占工业用电量增量的 94.96%，是拉动用电量增长的决定因素。在工业用电中，同期电量相比增长较快的行业依次为：金属制品、医药工业和建材及非金属制品业，增长率分别为 67.22%、56.90% 和 36.87%。②城乡居民生活用电持续高速增长，用电的需求日益扩大。但增幅较 2001 年有所回落，农村居民生活用电量增长明显滞后于城镇居民生活用电量的增长。2002 年城乡居民生活用电完成 6.5 亿 kWh，较 2001 年增长 30.68%，其中：城市增长 35.06%，乡村增长 12.43%。2002 年新装及改造“一户一表” 18271 万户，容量 50.23 万 kWh，电量达到 2.34 亿 kWh。③西部大开发带动青海地方经济快速发展。省内建筑业、交通邮电业、商业、其他事业用电增长迅猛，分别增长 55.72%，36.94%、36.02%和 21.19%，以上行业电量虽不大，但其迅猛的增长趋势对改善青海电网的用电结构具有重要的作用。

2. 财务

2002 年省电力公司经营形势严峻。①由于购电结构变化较大，购电费大幅增加。②随着城、农网改造的完工，供电区域的扩大，资产规模迅速增长，折旧货款利息等固定费用增长较快，财务压力进一步加大。③出台的电价政策落实难度较大。针对上述情况，公司认真研究制定并采取有效措施，在基层单位和省公司部门的密切配合下调动各方积极因素，落实电价政策，疏导电价矛盾，加大资金运作力度，强化内部考核和内部控制，规范财务秩序，全面完成了国家电力公司下达的经营考核指标。利润总额下达 50 万元，完成 125 万元；应收电费余额下达 13250 万元，完成 12125 万元；净资产收益率下达 0.01%，完成 0.09%；资产负债率下达 44.29%，实际完成 37.58%，上缴投资收益下达 615 万元，实际上缴 615 万元。

2002 年省公司实现电力销售收入 260371 万元，较 2001 年增长 17.4%，其中：售电量增加销售收入 27453 万元，售电单价提高 10.16 万元/(MWh)（不含税），增加销售收入 11144 万元；2002 年公司资产总额为 131.21 亿元，增长 10.33%；负债总额 49.30 亿，较 2001 年增长 3.63%；资产负债率为 37.58%，增加 0.14 个百分点，主要由于农网建设与改造贷款增加；变现能力：流动比率为 3.47%，速动比率为 3.46%，分别较 2001 年提高 0.56 和 0.55 个百分点；资产运用能力：应收账款用固转变为 20.92 次，较 2001 年增加 4.24 次，存货周转率为 138.63 次，增加 70.78 次；盈利能力：主营业务利润率 1.39%，较 2001 年下降 2.64 个百分点，原因是购电成本加大；总资产报酬率为 0.84%，增加 0.41 个百分点；资本收益率 -0.02%，较 2001 年提高 0.83 个百分点；销售利润率 0.05%，较 2001 年提高 1.16 个百分点

3. 人力资源管理与社保工作

随着近年来城网、农网改造工作的进行，原省电力公司的定员发生了较大的变化。对此，经公司组织力量对各企业的设备台账、实物反复测算，完成了劳动定员的核定工作。随着桥头发电厂五期、六期扩建工程的完成，该厂的资产构成已发生了变化，由青海省投资公司实行完全控股，因此，电力公司将该厂机构及全民职工、集体职工、离退休人员成建制移交青海投资公司。

截止 2002 年年底，省公司职工平均人数 8115 人，比 2001 年增加 1098 人，增加的主要原是接受地方电网人员及转退伍军人。工资总额 20185 万元，比 2001 年增加 2551 万元，人均工资 24874 元，较 2001 年下降 256 元；全员劳动生产率为 182077 元/(人·年)，较 2001 年下降 5745 元。

年内省公司进行了内部工资分配改革，在保证工资总额不变的前提下，在企业进行了多种分配制度的改革试点工作，为省公司的进一步改革进行了探索和尝试。①坚持按劳分配为主，多种分配方式并存的办法，打破大锅饭，逐步缩小全民职工与外聘用工人员的差别，制定了《员工收入工资管理办法》；②坚持企业工资分配市场化和效率优先，兼顾公平分配方式，坚持工资宏观调控以及综合配套的原则，规范工资分配行为，建立符合企业改革要求的具有内在激励与约束作用的现化企业内部分配制度的试点工作。

2002 年社保工作，自行研制开发了计算机基本养老保险数据转换程序，利用计算机对近几年的个人账户进行了数据传输及核查工作。清理核对公司所属企业的补充和储蓄性养老保险。

清结了龙羊峡水电厂、李家峡水电厂以及黄河检修公司的基本养老保险金，协助海西电力公司对接收的来自不同单位的人员的养老保险、医疗保险、失业保险、住房公积金、企业年金等不同参保种类、不同管理区域存在的问题进行理顺及补办了有关手续，保证了职工个人账户的准确性。

在基金管理方面，通过努力，使企业补充和个人储蓄性养老保险的综合回报率达 12% 以上，维护了职工的切身利益。年内还调整了养老金，涉及 2520 人，12 个标准，补发金额达 41.59 万元，保证增发的养老金按时足额发放到每位退离休人员手中。

优质服务与行风建设

电力优质服务开展多年来，取得了显著的成效。为了进一步提高优质服务的水平，2002 年省公司不失时机地把优质服务转入常态运行，作为一项永不竣工的工程来抓。在运行过程中，坚持制度规范，机制创新，技术支持，考核激励，监督保证，逐步建立起

优质服务常态运行机制。年内相继出台了多项管理制度，制定了《关于进一步加强优质服务工作的意见》和《青海省电力公司城市供电营业规范化服务标准》使业务流程不断优化，初步建立了一口对外的工作机制。

行风建设以抓规范服务，建立与客户的沟通渠道为重点，统一编印《客户服务手册》，推行文明用电公约，制定《青海省电力公司行业作风建设的规定》，明确了违反行业作风行为的处理规定。年内共受理投诉25件，做到件件有落实；召开电力行风点评会，认真分析行风建设中存在的问题和原因，相应制定了四项13条措施，不断提升质量和服务水平。年内在工行、建行和农业银行新增交费点120多处，向广大电力客户发出一万份“贴心卡”（客户意见征询卡），其回收率和提出建议的人数是历史最好的一次，评价服务质量好、较好和良好的平均率为96%以上。这种方式既反映了对服务质量评价的公证性，又从中找出了不足，收到了较好的效果。针对西宁地区广大居民客户要求“一户一表”改造的迫切愿望，在加快“一户一表”集中成片改造的同时，制订了零散客户“一户一表”改造解决方案，以最大满足客户的需求。此外，通过召开优质服务新闻通报会，电力客户座谈会以及在青海经济广播电台开办“电力之声”专题节目，在每日黄金时段播出5～10min的电力新闻等多种形式，宣传“优质、方便、规范、真诚”的服务方针，建立与客户沟通联系的渠道。对13家国有破产企业居民实施了“一户一表”改造，为社会稳定做出了贡献！

科技教育

2002年共下达科技开发项目17项，资金372万元。其中电网运行6项，主要是110～330kV超长线路安全问题研究，330kV龙乌线跳闸原因分析等。电网安全性评价2项，主要是110kV、330kV送电线路地质灾害分布及稳定性评价等。电网管理6项，主要是输变电设备缺陷管理制度编制等。信息技术应用3项，主要是青海电网地理信息系统综合应用研究等。在科技进步方面，公司还重点抓了广域网工程的管理。年内全部完成光纤架设，安全设备、视频会议和营销系统可同步接入，使公司信息化工作迈上一个新台阶。公司本部MIS相关主页和应用系统开发工作运行正常。业务流程的重新梳理、规范工作已完成，并在进行软件开发。

年内，省公司与青海电机工程学会联合举行了“国电杯电力科普知识竞赛”活动，公司系统共8家基层企业的835名职工参加了竞赛。年内还对2001年科技成果进行了评审，共评出一等奖2项，二等奖17项。其中，由电力设计院承担的“盐湖抗腐蚀电杆研究”成果，对于解决青海西部盐湖地区盐渍土条件下钢筋混凝土电杆的耐久性问题具有重要意义。它不仅解决了盐湖地区混凝土电杆的腐蚀问题，延长预期使用寿命，而且质量满足国标要求，工程造价较以往工程可降低20%。

2002年职工教育培训工作仍然以抓好“三高”队伍（高素质的干部培训，高水平的专业技术人员队伍和高技能工人队伍建设为中心，加大员工教育结构调整力度，健全培训体系，狠抓落实。在工商管理培训方面，2002年系统内有10名副处级以上干部参加了国家经贸委组织的工商管理培训，完成率为51.0%；中层管理人员工商管理培训全部结束，有约600人持证上岗；一般人员全系统有1500人接受培训，已基本完成。在研究生培养方面，2002年送培10名工程技术人员参加电气工程硕士研究生的学习，年内有17名电气工程硕士研究生即将毕业；有78名管理人员取得了西安交通大学工商管理硕士研究生（MBA）课程班结业证书。有74人接受了继续教育工程培训；有805人参加了函授、自学以及大专升本科不同学历教育；有500人分别参加了政策法规，岗位规范、现代经营理念、WTO知识、计算机应用等专项专责培训。

农网建设与改造

2002年是农网建设与改造一期工程全部竣工二期农网改造与建设工程全面启动、实施“两改一同价”工作至关重要的一年。农电工作时间紧、任务重、压力大，公司采取有力措施，克服重重困难，积极稳妥地推进农电工作持续、快速、健康发展，取得了较好成绩。截止2002年底，第一期农网建设与改造工程全部完成，投资规模为181878万元。第二期农网建设与改造投资规模为128700万元，工程涉及42个县（区），全年分四批下达项目计划。年内完成110kV变电站5座，增容10.63MVA，新建110kV线路227.5km，新建和改造35kV变电所19座，容量78.7MVA；35kV线路667.2km，建设改造10kV线路3856km，0.4kV线路7346km，完成3340个农村配电台区改造工作，完成投资120000万元，占总投资的93.24%，农网建设与改造二期工程基本完成。

城乡用电同价全面推进。已有19个县实行了城乡居民生活用电同价，其余县（大电网供电区域外）11个县所有村社电价均控制在省物价部门批准的电价水平之内，农村到户电价大幅降低，每年可减轻农民电费负担1.1亿元。整后的农村低压线损平均降低为15%，农村中压用户供电可靠率RS—1达到

98.017%，农村用户端电压合格率达94.7%，农村生活用电保证率平均达到96.5%，排灌用电保证率达100%，农村用电进一步规范。湟源和平、海晏西海、湟中鲁沙尔、大通塔尔、共和县恰卜恰、互助县沙塘川、尖扎县马克塘、平安县三合等8个乡镇供电营业所基本达到国电公司系统文明示范窗口验收条件。

城网建设与改造

2002年是西宁城网建设与改造的收尾年，在前两年西宁城网建设与改造工作的基础上，重点完善了西宁配网网架。全年共下达城网改造计划两批，52项，资金7841.89万元。圆满完成了西宁——湟源高速公路，西宁生物园区，城东高新技术开发区等青海重点建设项目配套供电设施的建设任务。为进一步加强西宁配网架的建设，完成了西宁城区重要用户保电措施和西宁城区110kV变电所N—1负荷转移方案论证，并完成了西宁城网建设改造二期工程的规划工作。随着西宁城网建设与改造的完成，电网布局得到了调整，进一步完善了网架结构，供电能力大为增强，安全性、可靠性大大增加，促进了电网的发展，为公司的发展、售电量的增长、确保青海经济的快速发展，打下了坚实的基础。

企业改革

2002年根据国发5号文件和国家电力公司对改革的五项原则，对涉及企业改革的重大问题实事求是地进行了专题研究，提出了青海电力公司电力体制改革的意见并上报。在改革不断深化的情况下，实现安全生产局面稳定、员工队伍和经营秩序的稳定。年初，完成了原西宁电力学校体制改革，撤消了西宁电力学校和西宁电力技工学校，调整了培训中心机构。同时，将属于西宁电力学校的全部土地、建筑设施和仪器设备等2859万元资产整体移交西宁市人民政府管理。3月中旬对青海电力服务公司进行重组，成立青海电力宾馆和青海电力物业公司，通过多种渠道合理分流。安置人员，实现了平稳过渡。7月中旬，经国家电力公司同意，省公司完成了青海海西东部三县，格尔木，黄南三县，果洛三县，祁连等电网资产，人员上划报批工作。至此，青海电网覆盖面积由占全省面积14%上升到53%。继续推进农电体制改革。新组建35个供电营业所，将134个供电营业所纳入省公司统一管理，重新考核录用了1890名镇及乡村配电营业员，并在自愿的基础上签订了劳动合同。经过农电体制改革，青海大电网覆盖下的19个县实现了城乡居民生活用电同价，农村到户电价大幅度降低，每年可减轻农民电费负担约1亿元，城乡用电同价工作走在全国的前列。

党建与精神文明建设

2002年党建工作进一步加强，制订了《基层党委（支部）目标责任制考核办法及标准》和《流动党员管理办法》，强化了组织管理。根据企业改制和党员队伍的实际，调整和设置了万立公司等5个基层企业党委、支部；完成1个基层企业党委、纪委换届工作，有效促进了党建工作的开展。此外，对所属基层企业领导班子和中层领导人员进行了任期内的考核，对5个企业班子作了调整补充，进一步规范了外派董事、监理的管理。干部人事档案工作目标管理成绩明显，公司所属6家企业通过国家一级标准验收。在党风廉政建设责任制方面制订了《领导人员任前党风廉政、廉洁自律教育制度》和《中层领导人员从业承诺书制度》，并与130名中层干部签订了“从业承诺书”，加强了企业内部问题的查处力度，“谁主管、谁负责”的工作机制得到进一步巩固。

在精神文明建设方面，公司印发了《青海省电力公司道德实施意见》，“以德治企走向深入，精神文明创建活动再创佳绩。公司系统共有14家基层企业获得省级以上文明单位称号，占公司所属企业总数的80%。公司系统被省委、省政府命名为创建文明行业工作先进行业，成为全省惟一连续三次获此殊荣的行业。宣传工作紧紧围绕中心工作，加强了与社会媒体的沟通。设计、建成了集青海电力工业发展50年成就和前景展望为主要内容并具讲座等功能的多媒体展厅。同时，对青海电力网站进行了改版，重点加强了企业政策调研和信息报道工作，得到了省委、省政府的充分肯定。

多元产业

2002年，省公司系统多经企业开展企业改制，实行资产优化组合，法人治理结构日趋完善，经营管理日渐规范，员工技资回报稳定。部分有条件的企业实现了资本重组，大大激发了企业生机，使电力多元企业展现出前所未有的良好发展势态。资产重组后的昂特电气制造公司，运行状态平稳，实现了开门红，全年销售收入突破六千万；桥头铝电实业总公司所属发电厂，顺应市场需求，全开满发，销售收入首次突破亿元大关，实现利润323万元；华电铁合金公司，近年来以质量认证为纽带，狠抓产品质量管理，以优质求效益，在持续低迷的硅铁行业中，独领风骚，连年盈利，2002年实现销售收入21865万元，利润513万元；西宁电力实业公司成功收购青海变压器厂，培育了新的经济增长点。

到2002年底，青海省电力公司多元企业形成资本结构多样化、法人负责制为主要管理模式的现代企业雏形，实现资产总额为12.7亿元，比2001年增长24%，当年实现销售收入91960万元，比2001年增长23.5%，利润总额2660元，较2001年增长125%。

主要事件

1月6日，国家计委计价格［2002］12号文批复，青海电网销售电价自2002年1月10日起抄见电量平均每千瓦时提价0.012元。

2月10日，青海智鑫电力建设监理公司通过由北京华龙电联质量认证中心审核注册的2000版ISO 9001质量管理体系认证。成为省内工程建设监理领域率先通过该项认证标准的首家企业。

3月1日，330kV伏湟源变电所工程开工建设(变电总容量为24万千kVA)，该工程于当年12月26日投产。

3月12日，印发《青海电力服务公司体制改革意见》。省公司对青海电力服务公司进行体制改革，实施资产重组，将电力服务公司重组为青海电力宾馆和青海电力物业公司。西宁元顺物业公司并入电力物业公司。

3月29日，格尔木电网正式并入青海电网主网运行，同时还陆续投运一批与大电网配套的输变电工程。

4月1日，按照省公司城乡用电同价方案的总体安排，通过竣工验收的大通、湟中、乐都、互助、共和、同德、海晏、刚察8个县实现城乡居民生活用电同价。下半年通过验收民和、循化、化隆、尖扎、贵德、门源、祁连等7个县和西宁效区，自2002年8月1日起实施城乡居民生活用电同价。

4月3～4日，青海主电网与格尔木电网联网工程的主要项目330kV格尔木变电所与格尔木110kV渔水河变电所，联线格—渔线与钾肥自备电厂联线格—厂线和格尔木变至格尔木炼油厂的主供线路格—炼线分别顺利投运。标志着青海西部格尔木电网与青海主电网联网成功。

4月26日，青海省政府法制办召开地方法规论证会，《青海省电力设施保护办法》通过专家论证，上报省政府，待省人大常务委员会审议批准。

5月10日，召开了2002年全省农电工作会议，苏森副省长到会，对农电“两改一同价”工作做了重要指示。会上，省计委代表省政府与省电力公司签订了《第二期农村电网建设与改造工程国债项目责任书》，标志着全省第二期农网建设改造工程全面展开。

5月28日，青海昂特电气制造有限责任公司正式挂牌成立，该公司是在原青海省电力光达实业总公司及其所属分公司的基础上重组改制建立的。

5月，青海送变电工程公司荣获全国“五一”劳动奖状。

6月5日，青海省副省长蒋洁敏在省电力公司总经理任书辉陪同下，对海北州境内大通河流域的水电梯级开发工作进行了实地考察。

6月9日，青海省电力工会被中华中国总工会、国家安全生产监督管理局授予2001年度全国“安康杯”竞赛优秀组织奖。

6月18日，青海省电力公司下发《关于理顺果洛州大武地区电网管理体制有关问题的通知》(青电人资［2002］298号)，统一接收原果洛州电力公司所属大武、甘德、达日地区电网有效资产及相应的供电营业区，将上述地区电网、资产及供电营业区交由海南州电力局管理和经营。

7月1日22时零5分，西宁供电局在中国质量万里行明察暗访小组对西宁市商业和服务业进行突击抽察活动中，在模拟同一时间内，以10min速度第一个到达了现场。得到了组织者高度赞扬并出具了相关证明。

7月1日，青海经济广播电台《生活与法》栏目“青海电力之声”特别节目开播。全年播送12期。

7月18日，国家电力公司同意国电人资［2002］441号文批复将黄南州地区电网、海北州祁连地方电网、海南州贵南地区电网、果洛州大武地区电网、海西东部地区电网，格尔木地区电网的资产、财税、人员划转青海省电力公司管理。同年11月25日，财政部财企［2002］517号文批复同意将上述6个地区的电网资产从2002年1月1日起无偿划入国家电网公司。至此，省公司完成海西东部一市、三县、格尔木地区、黄南州三县、果洛州三县、海北祁连县、海南州贵南县等电网资产、人员上划报批工作。电网覆盖面由14%上升到53%。

8月19日，国家计委以计基础［2002］403号文批复了《青藏铁路格尔木至拉萨供电工程可行性研究报告》。

8月23日，国家计委和国家电力公司联合召开全国农村电网建设与改造先进集体和先进个人表彰大会，青海省是受表彰的8个先进省份之一。

8月27～31日，化隆、尖扎两县相继发生两起特大电力设施被盗案件。被盗导线13.14km，直接经济损失21.86万元。为此，赵乐际省长做出重要批示，要求公安部门及时破案。

9月24日，以宣传青海电力优质服务的10万册《电力客户服务手册》，通过全省各供电营业窗口与广大电力客户见面。

9月26日，省电力公司被青海省消费者协会评为“2001~2002年诚信单位”，并颁发奖牌和荣誉证书。

10月1日8时04分，西宁供电局110kV海湖变因10kV母线避雷器制造质量不良发生爆炸引发全站失压电网事故。此次事故造成10kVⅠ段母线高压开关柜绝缘严重受损。

10月2日，即将投运的330kV龙海Ⅲ回Ⅱ接硝弯变线路被盗导线1500m，两基塔严重变形，直接经济损失32万元。

11月16日，青海省委、省政府命名表彰2000~2002年全省文明单位标兵、文明单位、创建文明行业工作先进行业。青海省电力公司系统获得创建文明行业先进荣誉称号，并成为全省惟一三次荣获“创建文明行业先进单位”。

11月，青海省国家税务局以青国税函［2002］233号文批复，青海省电力公司获得2001年至2010年享受西部大开发15%企业所得税优惠率的资格（原税率为33%）；

12月3日，青海省电力公司售电量达到100.32亿kWh，首次突破百亿kWh大关。

12月18日，西宁供电局110kV海湖变电所发生了带负荷拉刀闸的恶性误操作事故。

12月26日上午9时58分，330kV湟源变电所投运成功。该变电所是青海省规模最大的超高压综合自动化变电所。有两回330kV线路接入，110kV出线9回，330kV主变器一台，容量240MWA。

12月30日，国家电力公司党组根据干部任职年龄的有关规定，经研究并征得中共青海省委同意，决定：

免去李本昌、张惠清二同志的中共青海省电力公司委员会委员职务：

同日，国家电力公司根据干部任职年龄的有关规定，经研究并征得中共青海省委同意，决定：

免去李本昌同志青海省电力公司副总经理职务；

免去张惠清同志青海省电力公司副总经理、总工程师职务。

12月底，青海省电力公司再次荣获青海省财政支柱企业称号，受到青海省人民政府表彰奖励；

31日，中电财西北分公司青海业务部自营贷款达3.3亿，创业务部成立以来最高纪录。

年底，青海电力公司13年来首次实现电费收缴当年结零。

年底，万立水电有限责任公司年发电量突破1亿kWh。

（尹兰英）

宁夏回族自治区电力工业

概述

到2002年底，全口径发电量达到152亿kWh，为年计划的107.5%，比2001年增长10.5%；售电量完成149.2亿kWh，比2001年增长15.89%；厂用电率完成6.12%，比计划下降0.51个百分点；线损率完成6.73%，比2001年下降0.95个百分点；供电煤耗完成378g/（kWh），比计划降低3g/（kWh）。

电力销售总收入达到42.75亿元，为年计划的104.28%，比2001年增长13.2%。全面完成与国家电力公司签订的经济责任书的五项指标，其中实现利润3426万元，比计划增加1126万元，增长48.96%；应收电费余额7072万元，比计划减少222万元；净资产收益率1.02%，比计划高出0.54个百分点；资产负债率56.76%，比计划降低3个百分点；上缴投资收益960万元，完成计划指标。

完成基建投资总额29.38亿元，为年计划的100%。其中电源项目完成投资12.42亿元，电网项目完成投资3亿元，二期农城网改造工程完成投资13.05亿元，小型基建完成投资0.91亿元。

多经产业全年总收入达到24亿元，比2001年增长33%；利润完成1.2亿元，比2001年增长42%；安置主业分流职工累计达7488名，安置社会就业人员累计达11800多人。

电力建设

电力建设取得重大突破。2002年是宁夏电力发展史上投资最多、建设任务最重的一年，也是投产项目完成最好的一年。

1. 电网电源建设

宁夏与西北电网第三回330kV联络线从2001年7月国家计委批准，立项到2001年7月开工，于2002年5月21日一次投运成功，总共只用了2年左右的时间，创造了立项、建设的最快记录。该线路的投产对加强电网结构，解决宁夏缺电的矛盾，起到了至关重要的作用，确保了宁夏国民经济发展对电力的需求。建成投产了四条220kV线路265km；建成投运110kV线路近百公里，新增变电容量达130万（kVA）；农城网二期工程的年度计划全面实现。

石嘴山电厂扩建工程是国家2000年燃煤示范电厂，在各有关方面的关心和支持下，工程参建单位精心组织、精心施工，克服种种困难，于2002年12月

单　　位：人
制图日期：2002.12.31

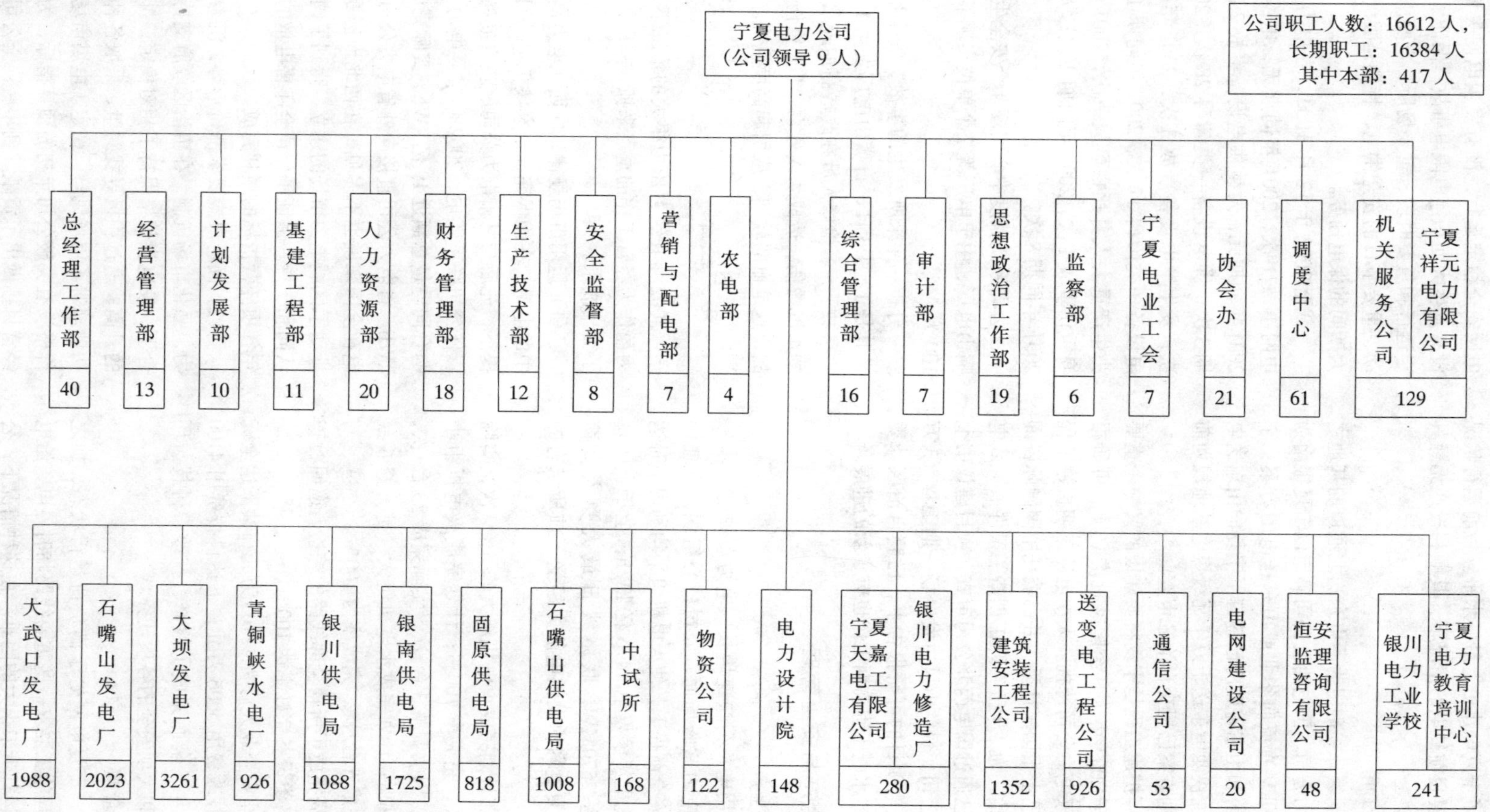

宁夏电力公司2002年组织机构图

24日，圆满完成168h试运行。工期、质量、投资等方面都创造了宁夏电建史上最好水平。目前运行状况稳定。在宁夏目前缺电的情况下，其顺利投产无疑具有重要作用。

2. 前期工作

宁夏被国家计委确定为西电东送北通道的基地之一；国家电力公司、国电西北公司确定以宁夏银南为起点，以500kV直流向华北或山东送电的方案；宁夏自治区政府和山东省政府已签订了宁夏向山东送电的意向书，加快西电东送千万千瓦级煤电基地规划前期工作，规划方案已提交自治区审查。

中宁电厂扩建工程是宁夏将要建设的又一个重要电源项目，于2002年7月经国家批准立项。可研报告已上报国家电力公司待批。大坝电厂三期扩建工程项目建议书已上报国家计委，并已委托中国国际咨询公司进行评估，为"十五"开工创造了条件。灵武电厂新建工程已通过国电西北公司审查，项目建议书上报国家电力公司。贺兰山风力发电场一期工程（3万kW）风力发电项目的可研报告书，已获自治区计委批准。大柳树水电工程前期工作也有了新的进展。

电力生产与安全管理

1. 电力生产

2002年用电负荷快速增长、电力短缺进一步加剧。为缓解电力紧张局面，公司精心组织，合理调度，在保证安全前提下，使火电机组平均利用小时达到7487h，比上年多发电14.6亿kWh；全年全区日最大负荷达2570MW，联络线日最大受入负荷570MW，宁夏电网的发供电能力经受了前所未有的考验。

公司全年计划完成火电机组大修6台·次，实际完成6台·次，完成率100%；计划完成火电机组小修26台·次，因故调整3台·次，实际完成23台·次，完成率88.46%；计划完成水电机组大（扩）修6台·次，实际完成6台·次，完成率为100%。

各供电局完成了所辖全部线路的综检，巡回检查率100%，各类设备完好率达100%。

共下达全资企业大修费12103万元；共下达全资和控股企业技改费用5006万元；下达科技费用4100万元。2002年，全面完成了检修、技改、科技、环保以及防汛和大坝安全的各项任务。

2. 安全管理

2002年，宁夏电网处于满负荷运行状态，加之有的电力工程施工要求一些重要线路临时停电，给电网安全稳定运行带来很大的困难。在这种情况下，公司认真贯彻执行国电公司各次安全生产电视电话会议精神和"1号令"、"2号令"，进一步落实安全生产责任制，特别是加大强化电网安全管理的力度，实现了电网安全稳定运行，没有发生电网失稳、瓦解事故，没有发生大面积停电限电事故。保证了电网的安全稳定运行和重要时段、重要场所、重要用户以及重大活动、重要节日的安全供电，特别是圆满的完成了十六大期间的保电任务。

截至2002年12月31日，在电力生产中共发生电网事故1次，2001年同期无；电网一类障碍无，2001年同期无；发生供电设备事故2次，2001年同期3次；供电设备一类障碍28次，2001年同期20次；发生发电设备事故3次，2001年同期2次；发电设备一类障碍11次，2001年同期13次；发生电力生产重大人身死亡事故一次，2001年同期无；人身重伤事故1次，2001年同期1次；人身轻伤1次，2001年同期8次。

公司系统调度中心实现4个安全生产100天，石嘴山电厂、中宁电厂等7个单位实现了3个安全生产100天。

分析一年来所发生的事故，安全形势十分严峻。尤其是12月3日，石嘴山电厂发生1起重大人身伤亡事故，5名检修人员在改造高加疏水母管时被喷出的水汽烫伤，造成4人死亡，1人重伤的严重伤亡事故，这是血的教训，应引起高度重视。

电力经营

2002年在经营压力很大的情况下，公司把扭亏为盈作为经营工作的重点来抓，采取得力措施，取得了突出成果。

（1）运用市场规律，向西北电力市场购进价位适中的电量，在确保完成李家峡7.48亿kWh电量的前提下，先后与甘肃电力公司、陕西宝鸡第二发电有限责任公司联系购电，2002年宁夏电力公司签订的外购合同电量总额近19亿kWh。实际完成购电17.6亿kWh。省电力公司直接向外省电力公司或发电公司购电在全国来说也不多见，在西北地区是开创了先例，推动了区域电力市场的建立，得到了国电西北公司的认同和支持。保证了公司全年售电量的稳步增长和全年各项经营指标的顺利完成。

（2）面对煤炭要求涨价形势，沉着应对，群策群力，强化市场机制，在自治区政府支持和煤炭部门配合下，使电煤价格保持了相对稳定，抑制了发电成本的升高；通过积极寻找对策，采取各种有效措施，成功地规避了市场风险，稳定了电煤市场，保证了电煤价格没有突破公司年初的预算指标，为公司完成年度经营目标做出了贡献。到年底，全公司累计进煤量达到795.06万t，比2001年同期增长15.6%，其中：统配煤进量508.17万t，比2001年同期增长

3.36%；地方煤进量286.89万t，比2001年同期增长46.29%。全公司库存煤量达到41万t，为电厂安全运行提供了可靠的保证。同时协助燃料公司调研考查，确定了银北储煤中心的方案。

(3) 成功地推行了价格联动的营销策略，增加了电量销售，实现了增收目标。实施电价联动，开拓了电力市场。充分发挥了市场配置资源的基础作用和价格杠杆的调节作用，在经营过程中供需双方实现双赢，从促进宁夏经济发展和公司自身发展的战略高度出发，在完成PVC—电价格联动方案的基础上，进一步在区内开展价格联动的试点工作，通过多次调研和反复论证，相继完成硅铁—电价格联动方案、电石—电价格联动方案、铝—电价格联动方案的制定工作，依据这些方案，公司陆续与十几家企业签订了价格联动协议，并从5月份开始进入实施阶段。回顾2001年底全区共有硅铁、电石和碳化硅高耗能企业51家，用电容量70.4万kVA，投入生产的有40家，用电容量为57.9万kVA；停产11家，用电容量为12.5万kVA，高耗能企业开工率为78.43%。在2002年3月时，高耗能企业开工率有所下降，投入生产的高耗能企业由40家减少到37家，用电容量也下降到49.4万kVA，停产企业由2001年底的11家增加到14家，高耗能企业开工率降为72.55%。从2002年5月开始实施价格联动以来，一些停产的高耗能企业重新投入生产，用电容量也逐步回升，据统计，实施价格联动后仅石嘴山地区就增长了17万kVA的恢复性负荷。截止2002年9月底，高耗能企业投入生产计有45家，用电容量上升到67.7万kVA；停产企业有4家，用电容量为2.7万kVA，高耗能企业开工率上升到88.24%。实施电价联动，开拓了电力市场。

(4) 对农电系统实行了收支两条线管理，有效地降低了管理成本。

(5) 强化了资产经营责任制和财务管理，加强了指标考核和成本控制，积极地开展了疏导电价报批工作，顺利实行了城乡居民用电同网同价。

(6) 加大电费回收力度，电费余额比国电公司下达的计划指标略有降低。这些措施的实施，取得令人满意的经营成果，使公司各项经营指标全面完成，实现扭亏为盈。

多种经营

2002年，多经企业有突破性发展，总收入和实现利润再创新高。其中英力特公司实现总产值3.944亿元，完成计划的155%，比2001年增长46%；实现总收入3.3亿元，完成计划的101.2%，比2001年增长111.53%；实现利润5813万元，完成计划的145%，比2001年增长92.86%；上缴税金3057万元，比2001年增长13%；企业总资产达到9.3亿元，比2001年增长170.34%；资产保值增值率达到175%；资产负债率为45.64%；资本金收益率达到了18.81%。

2002年英力特公司多种经营重点加快了新能源、重化工、高耗能和房地产产业的发展。英力特（集团）公司按照抓住机遇、加快发展的战略思路，实现了参股石嘴山电厂扩建工程、控股中宁电厂扩建工程、托管上市公司的宁夏宁河民族化工有限公司，并接收了原启明公司两台5万kW机组，使其成为相关项目的自备机组，为增强融资功能、加快发展创造了有利条件。

改革迈出新步伐。按现代企业制度要求，进一步完善了天净电能开发公司、天鹰电力物资公司和天嘉电工有限公司的法人治理结构，使这些公司步入了正常运行轨道。公司所属各单位的多经企业大多数都能及时抓住发展机遇，兼并和改造了一批企业，新建投运了一批项目，企业效益有了进一步提高，安置能力不断增强。由于主业效益明显提高和多种经营快速健康发展，职工收入也相应有所提高。

电力体制改革

随着“厂网分开”的实施，电力体制改革进入实质性操作阶段。宁夏电力公司所属发电厂分为两类：①进入国家新成立的有关发电公司的发电厂；②暂时留在宁夏电网内部，今后将所属股权出售，股权收入用于补偿主辅分开过程发生的搁浅成本的发电厂。其中石嘴山发电厂和大武口发电厂划归中国国电集团公司，青铜峡水电厂划归中国国际电力投资集团公司；大坝发电厂暂时留在电网内部，将在两年内出让电力公司股权。目前，按照国电公司要求已经将石嘴山发电厂和大武口发电厂有关资料正式移交中国国电集团公司，将青铜峡水电厂有关资料正式移交中国国际电力投资集团公司。对这三个发电厂的有关情况，已与两家发电公司进行了沟通。下一步，还要按照国电公司部署，与有关发电公司商定正式移交程序并逐步移交。主辅分开工作将在“厂网分开”后，按照国家电力体制改革方案要求逐步实施。目前主要是要做好相应的准备工作。

宁夏电力公司及所属企业开办的多经公司均为集体性质的企业，从资产组织形式上分，不属于主辅分开范畴，但大部分多经公司的业务与主业联系紧密，特别是供电企业开办的多经公司与主业关系更为密切，也由此产生了许多问题。因此“厂网分开”后，电网公司必须考虑进行内部主辅分开的改革，为下一步建立宁夏电力工业新格局奠定坚实的基础。

精神文明建设

1. 宣传学习十六大

一年来，在公司改革、发展、稳定任务十分繁重的情况下，公司党委中心组以身作则，严格执行领导干部理论学习责任制，紧密联系公司实际认真学习了江泽民同志“5·31”重要讲话。下发了《关于传达十六大精神的安排通知》和《宁夏电力公司党委关于深入学习宣传贯彻党的十六大精神的通知》，组织了6期处级干部、2期宣传科长和3期机关党员学习班，并编发了6期反映公司学习宣传贯彻十六大精神情况的简报。制作十六大宣传展览，展出图片300张。

根据公司党委的要求，还下发了《关于做好电力体制改革过程中的宣传教育提纲》，及时、准确地向广大职工传达了关于电力体制改革的有关精神。在《宁电报道》和《电力新闻》中开辟了《回顾与展望》栏目，并制作了以“宣传先进典型”和“迎十六大、保电保安全”为主要内容各类展板45块，对公司近年来两个文明建设的成就和“三个战略定位”、“五项发展目标”，进行了全方位、多角度、深层次的宣传报道。目前新闻中心已出版《宁电报道》50期，制作电视新闻51期，向中央台发稿3条。向《国电动态》和自治区电视台的发稿量分别达到44条（发稿量位居全国第二）和127条。对统一思想，保持稳定，解惑释疑，增强职工信心起到了积极作用，特别是新闻中心与宁夏电视台合作，完成了集政策性和艺术性为一体的大型政论性电视专题片《历史的抉择》，受到自治区领导和专家的好评，为大柳树工程早日开工创造了良好的舆论环境。

2. 反对邪教 维护稳定

同“法轮功”邪教组织作斗争，是维护稳定的又一项重要工作。根据自治区政法委关于处理“法轮功”非法活动专题会议精神，公司党委下发了《关于继续做好处理“法轮功”问题的紧急通知》，要求各单位党委克服厌战和麻痹情绪，成立反“法轮功”领导小组，把继续打击“法轮功”的非法活动作为一项重大而紧迫的政治任务来抓。坚持落实同“法轮功”邪教组织做斗争的“三个责任制”，即领导责任制、帮教责任制和办公设备管理责任制，对重点人员进行重点监控，敏感时间加强监控。坚持做好对原“法轮功”习练者的帮教转化工作。对个别痴迷不悟，仍不悔改者，进行了党纪和政纪处理。去年的几个敏感时期，公司系统未发生“法轮功”滋事活动。

3. 优质服务与德政工程

2002年，公司把优质服务同职业道德建设结合起来，加大了对先进人物的宣传报道。在《电力新闻》和《宁电报道》开辟了《劳模风采》等栏目。在“五一”前夕，将公司10位劳模的照片和先进事迹材料，印发公司系统各单位，通过宣传橱窗和宣传展板的形式，在公司系统进行了统一展出。十六大召开前夕，又以“学典型，争先进，以优异的成绩迎接十六大”为主题，在《宁电报道》连续刊发了3个专版，制作3期8块展板，对在优质服务活动中涌现出来的24个先进集体和36个先进个人事迹，以图文并茂的形式进行了连续宣传报道。举行了李庆长先进事迹报告会，在全公司范围内形成了学先进、比先进，立足岗位做奉献的热潮，推动了优质服务活动的深入发展。全面落实“优质、方便、规范、真诚”的服务方针，开展了全区客户服务系统建设，开通了“95598”客户服务电话，有效地改进了服务作风。随着城乡居民用电同网同价的实施，农民用电负担大大减轻，广大农民对用电服务满意程度大大提高，并誉之为“德政工程”和“民心工程”。

4. 党建工作

按照组织工作年度总体要求，公司系统当代建设进一步得到加强。一是按照“三个代表”的要求，统一组织干部、党支部书记及全体党员的思想。上半年举办1期组织科长学习班，7期党支部书记学习班，培训支部书记199人，参学率占公司系统党支部书记总人数的87.7%；组织了学习“三个代表”重要思想及“5·31”重要讲话知识竞赛；结合“庆十一、迎十六大”活动，组织各基层单位主要领导上党课，安排公司领导下基层和广大干部职工共同参加庆祝活动。按照《党章》和自治区党委的有关规定，组织公司系统广大党员选举产生了公司出席自治区第九次党代表大会的2名代表，党组织和党员参与率分别达到100%和91.49%。按照组织程序顺利完成了公司系统酝酿推荐考核十六大代表候选人的工作。基层党组织和党员参与率分别达到100%和92.5%。

2002年，公司先后荣获“国电公司双文明公司”和“全区思想政治工作先进集体”称号。10个单位分别荣获“国电公司双文明单位标兵”和“国电公司双文明单位”称号。经过自治区文明委考核，宁夏电力公司通过了自治区级文明行业复查验收。去年，公司组成宁夏电力体育代表团，参加宁夏自治区第十一届运动会和第五届少数民族传统体育运动会，取得丰硕成果。在“两会”上，共摘取16枚金牌、11枚银牌和18枚铜牌，并荣获成年组团体总分第一名。

公司系统进一步落实党风廉政建设责任制，签订党风廉政建设责任书的25个单位全部完成责任书规定的各项指标；推行厂务公开制度，进一步落实职工民主权利，维护职工合法权益，发挥了广大职工的主人翁作用。

离退休干部管理工作进一步加强，离退休干部对企业的兴衰更加关心；宁夏电力工业史志编委会办公室加大编史工作力度，完成了宁夏电力工业史编纂出版工作。

存在的问题与不足

2002年12月3日石嘴山电厂发生了一起重大生产人员伤亡事故，公司对此深感痛心。这起事故暴露出公司系统在安全管理上仍有漏洞，特别是生产现场的安全管理和安全监督存在死角，教训十分深刻。一定要认真吸取教训，采取坚决措施，杜绝类似事故再度发生。

公司管理人员的思想观念、思维方式和工作方法与当前的发展形势有些不相适应。今后要在创新思维、创新能力、市场意识、竞争观念、综合素质、独立工作能力等方面进一步提高，以更好地适应公司快速发展的要求。

主要事件

石嘴山电厂扩建工程一号机组并网发电成功。国电宁夏石嘴山发电有限责任公司石嘴山电厂4×330MW扩建工程从开工到第一台机组投运仅用了20个月，创造了建设的最快记录。于2002年11月5日并网发电成功。于12月17日零时开始，至12月24日零时顺利通过168h试运。并正式投入电网运行，目前运行状况稳定。在宁夏目前缺电的情况下，其顺利投产无疑具有重要作用。

宁夏与西北电网第三回330kV联络线工程一次投运成功。铜靖（青铜峡—靖远）二回330kV输变电工程5月21日一次投运成功，这对强化西北电网间的连接，增强电力调节能力，缓解宁夏自治区近两年电力供需矛盾，促进全区经济发展和社会稳定，具有重大的经济意义和政治意义。

公司发售电量和电力销售收入实现新突破。全年累计发电152亿kWh，为年计划的107.5%，比2001年增长10.5%，售电量为149.2亿kWh，比2001年增长15.89%，连续3年保持了10%以上的增长速度，电力销售收入42.75亿元，实现利润3426万元。

多种经营实现新突破。总收入达24亿元，利润实现1.2亿元，比2001年增长42%。宁夏英力特电力集团股份有限公司对上市宁夏宁河民族化工股份公司实施托管。

城乡居民用电实现同网同价。据国家计委计价格［2002］1293号文决定：全区城乡居民用电按照2002年8月20日起的抄购见电量，执行同网同价，从而降低了农村电价，减轻了农民的用电负担。

中宁发电有限公司挂牌成立。中宁电厂2×300MW扩建工程通过国务院批准立项，宁夏英力特中宁发电有限公司挂牌成立。

宁夏电力体育代表团获第一名。宁夏电力体育代表团在自治区第十一届运动会和第五届少数民族运动会上（7月15～8月21日在大武口地区举行）顽强拼搏，共得金牌16枚，银牌11枚，铜牌18枚，团体积分303.5分，取得宁夏回族自治区第十一届运动会成年组团体部分第一名；并以良好的道德素质和文明赛风获得本届运动会团体道德风尚奖。

供电职工周海涛授予全国电力行业专业技术能手称号。银南供电局职工周海涛在全国电力行业用电营业专业技能竞赛中获得装表接电专业个人第一名，被国家劳动和社会保障部及中国技术培训指导中心、中国能源化学工会全国委员会授予专业技术能手称号。

宁夏电力公司获奖。宁夏电力公司在7月16日廊坊召开的国家电力公司系统主要领导人会上，荣获“国家电力公司双文明单位”光荣称号，为国电西北公司唯一获此殊荣的公司，大武口电厂、银南供电局荣获“国家电力公司双文明标兵”；大坝电厂、青铜峡水电厂、石嘴山供电局等单位荣获“国家电力公司双文明单位”。

1月25日，由宁夏电力开发投资公司（甲方）、宁夏电力公司（乙方）、宁夏英力特电力（集团）股份有限公司（丙方）在银川签订了宁夏启明发电有限公司全部固定资产整体转移协议书。

2月7日，公司总经理刘应宽代表宁夏电力公司与国电西北公司签定了“国电西北公司经营资产委托运行管理协议。”

4月2日，宁电总发［2002］176号文决定：成立宁夏电力公司公体制改革办公室。

5月11日，中共宁夏回族自治区党委书记陈建国在宁夏电力公司总经理刘应宽、副总经理曹友治的陪同下，先后在大坝电厂和灵武新电厂预选厂址调研考察，并听取了宁夏电力公司的工作汇报。

6月9日，国电公司（国电发［2002］376号文）命名电力公司大坝发电厂为“一流火力发电厂”，命名宁夏电力调度中心为“一流火力电力调度中心”。

7月4日，国务院正式批准了中宁电厂扩建工程（2×30万kW国产燃煤发电机组）的项目建议书。

7月8日，国家电力公司副总经理贺恭来宁考察电力工业时，由自治区副主席项宗西、国电公司电源建设部主任石成梁、西北电力公司总经理刘本粹、宁夏电力公司总经理刘应宽陪同，对石嘴山电厂扩建工程，大坝电厂三期扩建工程厂址、中宁电厂扩建工程厂址、大柳树水利枢纽工程坝址进行考察。

7月16日，宁夏电力公司荣获“国家电力公司双文明公司”；大武口电厂、银南供电局荣获“国家电力公司双文明单位标兵”；大坝电厂、青铜峡水电厂、石嘴山供电局、电力试验研究所、调度中心、天能集团股份有限公司、中卫县供电局、惠农县供电局荣获“国家电力公司双文明单位”。

8月7日，全国人大常委会常委、财经委员会副主任姚振炎一行在电力公司总经理刘应宽、副总经理田世存等陪同下，考察了石嘴山电厂扩建工程和宁夏电力调度中心。

8月29日，自治区主席马启智宣布：银川热电厂二期扩建工程开工。

8月30日，宁夏回族自治区计委（宁计基土［2002］522号文、宁计基土［2002］523号文）批准了贺兰山风力发电场一期至三期工程（3万kW）的可行性研究报告书。

9月6日，国务院发展研究中心调研组一行20余人，在宁夏电力公司副总经理田世存的陪同下，对石嘴山电厂4×330MW扩建工程进行了考察和调研。

9月6日，宁宣发［2002］35号文授予宁夏电力分司、大武口发电厂为“思想政治工作先进集体”，曹友治同志为“思想政治工作先进工作者”。

10月23日，宁夏回族自治区主席马启智在自治区有关部门和当地政府领导的陪同下到石嘴山电厂4×330MW扩建工程现场进行调研考察。

12月3日，石嘴山发生1起重大人身伤亡事故，5名检修人员在改造高加疏水母管时被喷出的水汽烫伤，造成4人死亡，1人重伤。

12月17日，国电宁夏石嘴山发电有限责任公司石嘴山电厂4×330MW扩建工程1号机组于2002年12月17日零时开始，至12月24日零时，顺利通过168h试行，7天共发电5589.95万kWh。

宁夏电力公司领导班子名单

刘应宽 党委书记、总经理
曹友治 党委副书记、副总经理
田世存 党委委员、副总经理
马力克 党委委员、副总经理
郭少锋 党委委员、副总经理
韩瑞祥 党委委员、副总经理
高凤林 党委委员、工会主席
王向东 总工程师
赵华威 总会计师

（高爱革）

新疆维吾尔自治区电力工业

概况

2002年末，新疆电力公司所属发电设备装机容量299.9382万kW，其中火电254.7万kW，水电38.3082万kW，风电6.93万kW。2002年内新增发电设备容量29万kW，均为火电机组。2002年内报废发电设备容量7.2918万kW。新疆电力公司所属6000kW以上容量发电厂（站）42座，其中火力发电厂27座，水力发电站12座，风力发电厂3座。

2002年末，新疆电力公司所属35kV以上送电线路778条，20883km，其中220kV线路24条2450km，110kV线路205条7464km，35kV线路549条10969km。35kV以上变电所484座，变电容量970.3787万kVA，其中220kV17座289.5万kVA，110kV126座466.5219万kVA，35kV341座214.3568万kVA。

2002年新疆电力公司所属5万kW以上容量发电厂（站）统计见表1。

表1 2002年新疆电力公司所属5万kW以上容量发电厂（站）统计表

序号	发电厂（站）名称	发电设备容量（万kW）	发电量（亿kWh）	设备年均利用小时（h）
1	玛纳斯发电厂	60.00	34.81	5526
2	红雁池第一发电厂	42.00	20.81	4955
3	红雁池第二发电厂	40.00	18.47	4617
4	苇湖梁发电厂	25.00	12.91	5165
5	哈密天光发电厂	20.90	4.36	5895
6	伊犁第二发电厂	5.00	2.49	4996
7	塔城铁厂沟发电厂	5.00		2361
8	塔什店发电厂	9.90	4.42	
9	拜城发电厂	9.90	5.33	
10	喀什发电厂	10.00	1.50	3003
11	托海水电站	5.00	2.36	4724
12	大山口水电站	8.00	3.57	

建设

2002年，新疆电力公司大力开展“安全文明施工年”活动，基建管理水平不断提高。认真贯彻落实基建工作“48字”方针，统一管理，规范程序，加强协调，严格要求，公司基建管理水平有了新的提高。

电网建设稳步推进，主网结构不断完善，实现了主网与阿克苏电网联网，全疆联网工程继续向前推进。电源建设创历史新高，全年在建工程项目实现了预订目标。在前期工作中，高度重视项目的投资效益，根据市场变化，果断决策缓建了克（克拉玛依）—北（北屯）220kV输变电工程。

为提高工程质量，实现达标投产，严格执行施工队伍准入审批制度，确保真正具有施工资质和能力的队伍参与施工，从源头上加强了安全、质量的管理和监督工作。以制度建设为先导，建立了涵盖安全生产、文明施工、程序化管理、标准化施工等多方面的规章制度。坚持安全质量一票否决制，狠抓现场施工管理，通过“示范工程”和项目间的交流，初步实现了安全文明施工的制度化、标准化和规范化。哈密天光三期工程、红二电3、4号机组工程和吉林台水电工程的施工现场管理工作得到了自治区领导的充分肯定。

认真执行《控制工程造价管理办法》，坚持以设计为龙头，以经济定额为指导，将控制造价贯穿于工程建设的每一个环节，明确责任，细化目标，狠抓落实，使在建工程和2002年投产的铁厂沟、喀什火电项目等重点工程造价得到有效控制。

2002年新疆电力公司电力基本建设完成投资191320万元（发电165427万元，送变电24378万元）。建设规模为发电工程总容量193.15万kW共75台，送电工程110kV及以上1666.5km共8条，变电工程110kV及以上146万kVA共21台。

投产项目有：①发电工程总容量23.5万kW共3台，主要工程项目是哈密二电厂三期扩建1号机组（13.5万kW，12月31日投产），喀什发电厂1、2号机组（2×5万kW，2月10日、11月6日投产）。②送电工程492.9km共7条，主要工程项目是奎屯至精河线（220kV，全长172km，11月20日投产），乌鲁木齐天津路至开发区、三宫至天津路及苇湖梁至鲤鱼山线（110kV，3条线总长19.4km，12月28日投产），库尔勒至轮台线（220kV，全长196km，10月14日投产），轮台至库车线（220kV，全长103km，10月14日投产），220kV库车变电所配套送出工程（110kV，全长2.5km，10月14日投产）。③变电工程41万kVA共5台，主要工程项目是精河变电所（220kV，1×9万kVA，11月20日投产），老满城变电所二期扩建（220kV，1×15万kVA，12月24日投产）、天津路变电所（110kV，2×4万kVA，12月28日投产），库车变电所（220kV，1×9万kVA，10月14日投产）。

生产经营

2002年，新疆电力公司系统围绕年度安全生产责任目标，坚持“安全第一，预防为主”的方针，加强设备管理，在严格实行设备管理专责制的同时，强化生产技术的基础管理，积极推行标准化检修，设备的健康水平显著提高；进一步完善了技术监督组织体系和技术支持系统，积极开展技术改造、技术攻关和技术推广活动，加大了承压部件爆漏等设备事故的治理力度，有效地防止了设备事故的发生；认真开展“调度机构无责任事故年”活动，合理优化电网调度运行方式，强化运行值班纪律，提高了电网安全、优质、经济运行水平，圆满完成了十六大及重要节日的保电任务。

狠抓安全生产责任制的落实，调整了安全生产责任制考核指标，严格执行《新疆电力公司安全生产奖惩规定》，加大了对人身和重大、特大事故的责任追究力度；认真组织开展安全大检查和《中华人民共和国安全生产法》、“安全生产月”的宣传教育活动，举行了新疆电网联合反事故演习；深入推广“安全性评价”、“危险点分析与预控”等科学的管理方法，狠抓反事故措施、事故隐患整治和反习惯性违章，加大了“两票三制”的考核监察力度，人为因素事故大幅度减少；明确了电力建设安全管理责任，规范了电力建设工程安全管理。

通过努力，公司系统全年未发生重、特大设备和电网事故，一般电网事故、设备事故较去年同期均有所下降，各水电站在主汛期内安全度汛，安全生产局面保持平稳。

创一流工作取得新的进展。以达标创一流为载体，把持之以恒的规范管理与坚持不懈的日常教育结合起来，初步建立了达标创一流常态运行机制。继玛电之后，乌鲁木齐电业局和电力调度中心先后获得了国电公司“一流供电企业”和“一流电网调度机构”称号。

以市场为导向，及时调整了城网建设与改造工程的项目计划和建设布局，强化了重点项目全过程管理，乌鲁木齐4个110kV输变电工程实现达标投产，创城网建设与改造历史最好水平。加强了网架结构，改善了输配能力，提高了电能质量，降低了线变损耗，经济效益显著。

坚持以人为本，加强了对职工的教育培训。下发了《新疆电力公司教育培训“十五”规划》；组织召开了公司教育培训现场会，积极推广红二电、玛电教育培训工作先进经验；有针对性地组织各类岗位培训班58期，2235人·次参加了培训。通过广泛开展各种形式的岗位培训活动，职工的技术业务素质和安全意识不断提高。

2002年新疆电力公司完成发购电量141.9601亿kWh，其中发电量完成132.4808亿kWh（火电

113.5585亿kWh，水电17.3233亿kWh)，比2001年增长4.84%。售电量完成119.73亿kWh，比2001年增长4.87%。

2002年新疆电力公司所属6000kW及以上容量发电厂发电设备年平均利用小时4716h，比2001年减少79h，其中火电设备年平均利用小时4819h，水电设备年平均利用小时4522h，风电设备年平均利用小时2307h。火力发电厂供电标准煤耗率443g/(kWh)，比2001年降低5g/(kWh)。发电厂用电率7.62%，比2001年降低0.14个百分点。线路损失率9.25%，比2001年上升0.47个百分点。

2002年，新疆电力公司严格执行资产经营责任制，经营管理进一步规范。坚持以落实资产经营责任制为核心，从制度建设入手，规范各项工作。按照“三个层次”管理模式，在总结经验的基础上，完善和优化了三项责任制实施方案。加强对各单位资产经营责任制考核管理，完善资产经营分析、监督机制，发现问题及时指导，跟踪解决，增强了各单位资产经营责任意识，提高了新疆电力公司的控制力，经营管理工作逐步纳入了制度化、规范化的轨道。

以全面完成年度财务预算和综合计划为着力点，控制经营收支、资本性收支、现金流量预算和国电公司资产经营各项指标，完善了资产经营责任制和预算管理的运行机制。修订了《新疆电力公司财务指标测算与资产经营指标考核实施细则》，明确指标体系，量化测算办法，强化内控制度，公司统一核算单位基本实现了“在途、结存双结零”，保证了经营目标的实现。

狠抓成本管理，注重成本动态控制和经济活动分析，在抓好预算内可变成本控制的同时，高度重视基本建设、城乡电网建设与改造工程的成本控制，初步建立了从融资担保到竣工结算的造价控制体系；加强资金管理，根据银行利率变动，及时调整和置换流动资金贷款7亿元，节约了财务费用；积极推进电价管理，配合物价部门完成了电价加价和部分地区城乡用电同价方案的批复工作。

坚持依法治企，积极开展了“四五”普法工作。加大了对地(州)和县级电力企业法律事务的管理和指导，将合同管理工作纳入法制化管理，企业的法制化管理水平得到提高。吉林台一级水电站工程由于实行规范的招投标，近20亿元工程量招标未发生违规问题，受到国家计委和自治区监察厅的充分肯定。加强制度建设，制定并下发了《新疆电力公司标准化管理标准》，规范了公司系统标准化工作。

强化审计监督，重点加强了基本建设、城乡电网建设与改造工程的结算审计，全年审减各类工程成本净额3.34亿元，为有效控制工程造价积累了经验。坚持把审计成果运用于事前管理和过程控制之中，对推动规范管理和控制成本起到了积极的作用。

2002年新疆电力公司利润总额完成779万元，投资收益率完成0.15%，资产负债率完成71.7%，应收电热费余额完成2.098万元，上缴投资收益766万元。

2002年，新疆电力公司大力开拓电力市场，优质服务常态机制初步形成。坚持以市场为导向，积极开展增供扩销。在认真分析市场的基础上，完善了客户代表、大客户调查回访制度，提升了报装水平和速度。大力推进城市居民“一户一表”改造和清理转供电工作，全年累计完成城镇居民户表改造达22万户，促进了居民用电的增长。对自建外网工程资金未落实的客户，主动与其协商，采取共同承担建设费用的方式，较好地解决了用电问题。规范“供用电合同”，加强了有源客户的管理。通过采取这些措施，遏制了售电量增长下滑的趋势。加大了电热费回收工作力度，完成了应收电热费余额指标。

加强规章制度建设，推进营销体制改革，初步建立了优质服务常态机制。按照公司建立优质服务常态机制的总体部署，认真贯彻“优质、方便、规范、真诚”的供电服务方针，在制定一系列优质服务工作标准和规章制度的同时，大力改革营销管理体制，全疆大部分供电企业按公司的统一标准，组建了客户服务中心，14个地级市全部开通了“95598”供电服务热线电话。奎屯电业局、吐鲁番电业局等单位全面推行以“顾客满意为中心”ISO 9000质量标准，形成了覆盖供电服务全过程的质量保证体系。公司优质服务转入常态运行，为全面提升优质服务水平奠定了基础。按照公司向社会公布的“供电服务承诺”，各供电企业的供电可靠率、居民端电压合格率均达到承诺的指标。

通过实施“心桥工程”，把优质服务和行风建设结合起来，涌现出一批心系客户、乐于奉献、真诚服务的先进人物和感人事迹，受到政府和社会的普遍好评。在自治区纠风工作会议上，公司被授予“自治区纠风先进单位”称号。

年内，根据国家计委和自治区人民政府的总体部署，新疆电力公司全面加强了对两改一同价工作的组织和领导，调查研究，把握重点，充实力量，精心安排，狠抓落实，确保了各项工作的顺利推进。

坚持“先改革、后改造”，农电管理体制改革工作取得了重大进展。为进一步理顺产权关系，规范和完善农电体制改革，公司出台了《关于新疆地、市、县电力企业体制改革中资产处置和界定的有关意见》，在各方的共同努力下，地州和县级电力企业的资产确认批复工作取得了重大进展。为核销不良资产，改善资产质量，理顺县、乡两级电力企业产权关系创造了条件，巩固了改革成果。目前，83 个县（市）已基本完成了电力管理体制改革；全疆 845 个乡镇中成立了 625 个供电所，管辖着 792 个乡镇，直供直管覆盖范围已达到 93.7%，基本实现了城乡供电一体化管理。供电所对其所辖供电营业区已基本做到了抄表到户。全疆累计精简农村电工 5137 人，占原有农电工总数的 66.7%。

在农网建设与改造过程中，公司坚持安全、质量、进度、造价相统一的原则，抓住制约工程进度的主要矛盾，科学安排投资计划，明确管理要求，分片区召开了农网改造工作会议。由于计划合理，措施得力，确保了一、二期农网工程投资计划的基本完成。截止 2002 年年底，一期农网投资累计完成 53.83 亿元，占一期投资规模的 98.1%；二期农网投资累计完成 19.34 亿元，占二期投资规模的 88.1%；一、二期农网投资累计完成 73.17 亿元，占总投资计划的 95.2%。实现了乡乡通电的目标。农网一户一表改造工程累计完成 169.1 万户，占应改造总户数的 65.8%。

坚持以地区为单位整体推进城乡用电同网同价工作。目前，全区已有 27 个县市实现了以县市为单位同网同价，占全疆县市的 31.7%。阿克苏地区在全疆率先实现了以地区为单位的城乡用电同网同价，对我区的同价工作起到了积极的促进作用。

两改一同价工作的实施，减少了农村供电中间环节，降低了供电成本，为广大农牧民减轻经济负担累计 3.89 亿元。

2002 年，新疆电力公司积极推进体制机制创新，多种产业持续健康发展。多经企业全面贯彻落实 2001 年公司多经工作会议确定的发展思路和总体要求，加快企业改制，建立激励机制，规范内部管理，积极开拓市场，提高经济效益，多种产业稳步健康发展。

公司系统各单位按照“一个单位组建一个多经总公司”的要求，紧密联系本单位实际，一手抓清理整顿，一手抓规范提高。在通过合并、重组、新建等方式加快多经企业改制的同时，大力推进劳动用工分配制度改革，建立健全管理体系和规章制度，提升了企业的自主经营能力和经营管理水平，促进了企业的发展。

新能集团公司和各专业公司在认真总结发展成果和经验的基础上，坚持以企业发展战略为指导，充分利用和挖掘现有的人才、技术、资产等资源优势，依托内部市场，开拓外部市场，形成了工矿业、流通业、金融业和信息业并举，传统产业与新兴产业互补的发展格局；坚持以制度创新和转换机制为动力，积极推行市场化的用工机制和与效益挂钩的薪酬机制，增强了企业的内在活力和市场竞争能力；坚持以规范管理和严格考核为手段，提升企业的整体素质和经营水平，提高了企业的管理效率和经济效益；建立了企业退出机制，坚决关停连年亏损、扭亏无望的企业。

管理

2002 年，新疆电力公司积极推进电力体制改革，企业内部改革继续深化。国务院关于电力体制改革的方案下发后，公司党组及时召开系统主要负责人大会，认真组织学习，统一思想认识，按要求成立了公司体制改革领导小组和办公室。认真贯彻国电公司提出的电力体制改革“五条原则”，全面落实“六个不变”和“一个深化、四个确保”的总体要求，保证了生产经营管理系统的正常运转，做到了指挥不断、秩序不乱。严格遵守政治纪律、组织人事纪律、财经工作纪律，按照国电公司《关于贯彻落实电力体制改革工作有关意见的通知》精神，积极做好公司系统资产清查核算工作，坚持实事求是的态度，一切从新疆电力工业实际出发，提出了新疆电力体制改革的意见和建议。切实加强安全生产和宣传教育力度，确保了公司改革发展形势稳定和各项任务的全面完成。

为建立适应市场经济要求的劳动、人事管理体制，公司制定了《聘用制人员管理办法》，在新能实业公司等 5 个单位试行，有力地推动了试点单位的机制转换，促进了职工思想观念的转变，增强了企业活力。各单位积极探索新的劳动分配机制，取得了良好的成效。电力建设公司把“三项制度改革”与优化资源配置结合起来，大幅度精简机关编制，撤消了职工子女学校和幼儿园，减少了无效成本支出，充实了生产一线的力量。在完善竞聘上岗制度的基础上，坚持分配和培训向人力资源短缺的岗位倾斜，有效地优化了人力资源结构，提高了企业的竞争和发展能力。

年内，新疆电力公司认真落实党风廉政建设责任制，精神文明建设稳步推进。认真贯彻落实党的十五届六中全会精神，对照“八个坚持、八个反对”的要求，制订了《关于进一步加强和改进党员干部作风建设的实施意见》。根据党员队伍和干部队伍思想作风中存在的普遍问题，坚持开展经常性的教育活动，提高了广大党员和干部解放思想、实事求是、与时俱进的自觉性，促进了职工思想观念的转变；坚持以贯彻执行民主集中制为核心，完善企业各级党组织的工作制度，较好地发挥党委的政治核心作用和党支部的战斗堡垒作用，为加强和改进作风建设提供了有力的组织保障；坚持以制度建设促作风建设，进一步完善了干部的培训、选拔、公示、任用和诫勉制度，规范了领导干部和领导班子的考核方式和评价机制，为加强和改进领导干部和领导班子作风建设提供了有力的制度保证。

大力推进党风廉政建设，围绕公司中心工作和体制机制创新的要求，充实和调整了部分考核指标，规范了考核办法，强化了责任追究制度。在落实执行责任制的过程中，不搞就事论事，强调综合治理，坚持正面教育与警示教育相结合，制度建设与案件查处并重，调动了各单位和各职能部门加强党风廉政建设的主动性和自觉性。企业执法监察与效能监察、城乡电网建设改造项目督审及规范招投标等工作都取得了一定成绩，有效地堵塞了管理漏洞，达到了以制度预防腐败的目的。

认真落实公司思想政治工作会议精神，紧紧围绕公司改革、发展、稳定的大局，坚持把管理作为两个文明建设的最佳结合点，积极创新思想政治工作的方法和思路，形成了强化管理与精神文明相互推动的工作模式；坚持把以德治企与企业文化建设结合起来，初步构建了具有新疆电力特点的企业文化；坚持以“爱岗敬业、团结诚信、求实创新、服务卓越”为主题，学习宣传李庆长和白克日·卡依尔等先进人物的感人事迹，加强职工的职业道德教育；坚持以“三个有利于”为基本标准，把握正确的宣传导向，以改革的思路引导人，以发展的事实教育人，以明确的目标鼓舞人，以优秀的文化陶冶人，营造了团结稳定和谐的工作氛围，为推进改革发展和确保 2002 年各项任务的完成，提供了可靠的思想保证。

主要事件

1月1日，自治区党委副书记、常务副主席王金祥在喀什地委书记姚永峰、行署专员卡米力·阿布都拉及新疆电力公司有关领导的陪同下，前往喀什发电厂建设工地视察机组建设情况，并向各单位建设者们表示节日的问候。

1月4日，经自治区综治委批准，自治区保护电力设施工作领导小组及办公室成立，由自治区副主席和自治区政法委、综治委、经贸委、公安厅、电力公司等单位领导任正副组长，领导小组办公室设在公司公安处。

1月10日，自治区副主席艾力更·依明巴海代表自治区人民政府赠予公司纪念牌匾，上书“送温暖雪中送炭，献爱心一片真情”，感谢公司在自治区扶危帮困中做出的突出贡献。

1月15~25日，公司县级供电企业创一流工作考评验收小组先后对吐鲁番市供电局、鄯善供电局、阜康供电公司、玛纳斯供电公司、沙湾供电公司等5家县级供电企业进行创一流工作验收。

1月16日，乌鲁木齐城网 110kV 公园输变电工程投运，总容量 2×4 万 kVA，转带乌鲁木齐仓房沟变电站部分负荷，缓解了黑龙江路片区供电紧张局面，同时提高了该地区的供电可靠性和电能质量。

1月18日，220kV 喀（喀什）—莎（莎车）输变电工程建成投运，莎（车）—泽（普）电网并入喀（什）—克（孜勒苏）电网。

1月19日，华北电力大学与新疆电力学校联办的首届技术经济及管理专业研究生课程班开课，由华北电力大学研究生部教授授课，学制 2 年。

1月23~24日，公司验收组 12 名专家代表国电公司对玛纳斯供电公司创建“国电公司一流县级供电企业”工作进行了考核验收，在 8 项考核内容中有 6 项获得新疆同行业验收单位中的第一。

1月25日，公司 2002 年工作会议暨二届四次职工代表大会召开。自治区党委常委、自治区副主席艾力更·依明巴海和国电西北公司副总经理邵仲仁、自治区总工会副主席依买尔白克力、自治区经贸委、自治区计委等有关领导出席会议，并作重要讲话。

1月28日，天富热电股份有限公司在上海证券交易所公开发行 6000 万 A 股，发行方式为累计投标询价。公司主营业务是电力、热力供应，控股股东为石河子电力工业公司，这是西北地区第一家上市电力企业。

2月6日，新疆送变电工程公司中标 500kV 贵（贵州）—广（广东）送电线路 16 标段工程。

2月8日，春节前夕，自治区党委常委、自治区副主席艾力更·依明巴海和自治区人民政府副秘书长张仁杰率自治区经贸委、安全生产监督管理局负责人一行，在公司副总经理买买提艾明·沙比提和洪连忠陪同下，前往红雁池第一发电公司检查指导安全生产工作，并慰问和看望了生产第一线的电力职工。

2月12日，（农历正月初一）自治区党委副书记司马义·铁力瓦尔地等领导带领自治区春节慰问组来公司机关，代表全区各族人民向为新疆电力工业发展做出贡献的电力职工表示节日的问候。

2月19日，公司机关一届一次职工代表大会召开。

3月6日，喀什地区、克孜勒苏州物价局公开召集电价调整听证会。会上，喀什地区人大工委、政协工委和喀什地区纠风办以及工矿企业、街道办、工商、消协、离退休老干部、教师、市民等 50 余名代表直陈己见，绝大多数代表对调价方案表示赞同。25日起，喀—克电网执行新电价，平均每千瓦时由 0.39 元调整为 0.436 元，其中大宗工业电价由 0.425 元调为 0.471 元，普通工业电价由 0.435 元调为 0.481 元，居民生活电价由 0.475 元调为 0.521 元，商业及饮食服务电价由 0.53 元调为 0.576 元，农业排灌电价由 0.24 元调为 0.286 元。这次调价还包括农三师部分团场的趸售电价以及伽师、岳普湖、巴楚、疏勒等县的趸售电价。

3月15日，公司召开供电优质服务新闻发布会，向社会公布10项供电服务承诺，虚心接受社会各界和客户对供电服务的意见和建议，尽快向社会提供“零等待、零距离、零投诉”和“足不出户、方便快捷”的全新供电服务模式。

3月17日，公司基本建设现场座谈会在哈密第二发电厂三期扩建工地召开。

3月20日，公司综治委2001年度社会治安综合治理工作总结表彰会在红雁池第二发电公司召开。会上表彰了14个综合治理工作的先进单位和49名综合治理先进个人。

3月21日，公司被乌鲁木齐市委授予“功勋企业”称号，公司2001年度纳税额为2.37亿元，位居乌鲁木齐15家功勋企业第三位。

3月27日，苇湖梁发电公司锅炉专业司炉工巴吐尔江·牙尔买买提荣获自治区第五届“十大杰出青年”荣誉称号，他还先后荣获全国青年岗位能手、自治区十佳青年岗位能手、公司十大杰出青年、自治区“公民道德建设月”十大典型等称号。

当月，新疆电力科学研究院范旭华获得全国“五一”劳动奖章，公司总经理助理、副总工程师刘光被授予“开发建设新疆”奖章，淮东供电公司石聪被评为自治区职业道德先进个人，乌鲁木齐电业局被评为自治区职业道德建设十佳集体。

当月，新能实业公司天宁公司产品—复合绝缘子通过国家绝缘子避雷器质量监督检验中心抽检，该产品已取得了出口产品质量免检证书，销往全疆各地及其他省区，取得了良好的经济效益和社会效益。

4月1日，和田市供电公司取消农村最高限价，再次大幅下调农村电价，照明电价由每千瓦时 1.2 元下降至 0.7 元，动力电价调为 0.685 元，井灌 0.36 元。据初步统计，此次下调农村电价，每年可减轻农民电费负担183.6万元。

4月18日，自治区党委书记王乐泉等领导在塔城地委书记唐定邦、行署专员柯塞江陪同下，视察塔城铁厂沟发电厂，指出电厂已具备建设 12.5 万 kW 机组的条件。

4月20日，自治区党委副书记、常务副主席王金祥在哈密地委书记白志杰、专员库热西·买合苏提、公司副总经理许伯通陪同下，赴哈密天光发电公司现场办公，检查了建设中的三期工程（2×12.5 万 kW）现场，听取工程建设进展情况汇报，对工程建设和公司运营提出了要求，还向参加工程建设的全体人员转达了自治区党委书记王乐泉、自治区主席阿不来提·阿不都热西提的问候。

4月27日，公司与国家开发银行乌市分行合作协议及新疆电网联网工程项目借款合同签字仪式在乌鲁木齐市举行。参加签字仪式的有自治区副主席艾力更·依明巴海、国家开发银行纪委书记李昌富、自治区计委副主任何晓荣、国家开发银行乌市分行行长陈剑英和公司总经理张铭洲、总会计师夏乾元、总经理助理刘光等。此协议和合同涉及新疆电网联网工程、吉林台水电站、昌吉热电厂扩建等7个重点项目，总投资166.6亿元,开发银行意向承诺贷款133.2亿元。

4月28日，新疆电力试验研究所更名为新疆电力科学研究院，公司副总经理洪连忠、乌鲁木齐市副市长孙文琦为研究院揭牌。

当月，新疆送变电公司和电力设计院共同研制的自立式大根部混凝土锥形电杆试制成功。

5月6日，自治区党委书记王乐泉在伊犁哈萨克自治州党委书记林天锡、副书记兼州长努尔兰及尼勒克县等领导陪同下，视察建设中的吉林台一级水电站，肯定了工程建设各项工作，并对工程质量和安全工作提出了具体要求。

5月9日，公司离休干部信息管理系统通过自治区党委验收组检查验收。

5月20日，昌吉热电公司通过公司安全文明生产达标和无漏泄电厂验收。

5月21日，自治区主席阿不来提·阿不都热西提、常务副主席王金祥带领自治区有关部门和国家各银行新疆分、支行负责人前往红雁池第二发电公司，对自治区固定资产投资重点工程项目、电力工业建设情况进行了专项调研。

当月，新疆电力设计院荣获2001年度全国电力行业“质量效益型先进企业”称号。

6月3日，自治区党委副书记、自治区主席阿不来提·阿不都热西提、自治区政府秘书长阿尤甫在喀什地委书记姚永锋、行署专员卡米力及喀什市委等领导陪同下视察喀什发电厂，并了解了南疆电源建设和农网改造情况。

6月7日，新疆主网举行2002年度联合反事故演习，演习参加单位12个，观摩单位10个，设立了21个分会场。

6月9日，公司电力调度中心被国家电力公司命名为“中国一流电网调度机构”。

6月10日，公司“青年文明号”、团干部、青年志愿者代表前往自治区粮食运输工贸公司开展“一助一”送温暖活动，为20多户特困职工送去了慰问品和慰问金，并为老人、孩子提供了医疗服务，赠送了药品。

6月11～13日，新疆电力建设公司接受了中国质量管理协会质量保证中心 ISO 9001：2000 国际标准换版复评审核。

6月14日，乌鲁木齐、昌吉、吐鲁番、奎屯、阿勒泰陆续开通供电客户服务热线“95598”，统一了电力事故报修、供电服务投诉等电话，提升了公司供电服务水平。

6月19日，国务院总理办公会议批准吉林台一级水电站项目可研报告、开工报告。

6月20日，公司农电工作会议召开，公司党组书记、总经理张铭洲作工作报告。自治区党委常委、自治区副主席艾力更·依明巴海出席会议并作重要讲话，对自治区“两改一同价”工作给予高度评价。

6月26日，为庆祝中国共产党成立81周年，公司在红雁池第二发电公司召开2001～2002年度“两优一先”表彰暨党支部工作经验交流会，对公司系统43个先进党支部、112个优秀共产党员及34名优秀党务工作者给予了表彰。

当月，新疆电力设计院首次中标涉外工程—苏丹110kV送变电工程设计。工程为2条110kV线路，合计总长70.7km，以及6座110kV变电所。

7月2日，公司党组书记、总经理张铭洲带领有关部门、单位负责人一行先后到220kV呼图壁变电所所址、220kV奎（奎屯）—精（精河）—吉（吉林台）—伊（伊宁）送变电工程沿线及精河发电公司、吉林台一级水电站等地，对工程建设情况进行了实地调研。

7月4日，公司被自治区授予“纠风工作先进单位”称号。

7月7日，新疆新能—鲁能电气公司发起人协议书签字仪式在乌鲁木齐举行。

7月20日，自治区党委副书记、自治区常务副主席王金祥一行在塔城地区行署专员柯赛江陪同下，前往塔城铁厂沟发电厂进行工作调研。

7月25日，公司举办第二届电网调度员技术培训班，培训主要内容为电网知识、调度技术、事故处理知识等。

当日，阿勒泰北屯发电有限责任公司由于发电机组技改资金投入不足，设备缺陷较多、发电成本较高，亏损严重，负债率高达199%，无力清偿债务，经阿勒泰电力公司研究并报请新疆电力公司批准后，阿勒泰地区中级法院宣告破产。

7月29日，因抢救落水儿童英勇牺牲的塔什店火电厂职工白克日·卡依尔被追认“开发建设新疆”奖章，自治区党委和政府号召全区各族干部群众向白克日·卡依尔同志学习。

当月，玛纳斯发电公司、苇湖梁发电公司、乌鲁木齐电业局、吐鲁番电业局、奎屯电业局、电力教育培训中心、电力设计院、电力建设公司、送变电工程公司、巴音郭楞州电力公司跻身国电公司双文明单位行列，电力宾馆荣获国电公司双文明多经企业称号，昌吉电业局玛纳斯供电公司、阿克苏电力公司阿瓦提供电公司荣获国电公司双文明农电企业称号。

8月8日，公司电力调度中心被命名为“中国一流电网调度机构”，乌鲁木齐电业局被命名为“中国一流供电企业”授牌仪式在公司举行。公司党组书记、总经理张铭洲发表了讲话。自治区党委常委、自治区副主席艾力更·依明巴海和乌鲁木齐市副市长郭依坤、国家电力公司西北公司总工程师辛宝安等出席了授牌仪式。

8月14日，中央企业工委副书记吴晓华等在公司副总经理洪连忠陪同下，前往天风发电公司达坂城风电场参观考察。

8月21日，塔什店火电厂职工白克日·卡依尔被自治区党委、人民政府授予“自治区民族团结进步模范个人”称号。10月18日被自治区党委命名为“革命烈士”。

8月27日，苇湖梁发电公司被国家电力公司命名为“安全文明达标企业”。

9月5日，国家开发银行与新疆吉林台水电梯级开发公司关于吉林台一级水电站工程项目18.19亿元贷款合同签字仪式在乌鲁木齐举行。自治区副主席达列力汗·马米汗、国家开发银行副行长王益、自治区计委副主任何晓荣、公司总经理张铭洲等有关领导及各界人士到会祝贺并讲话。

9月9日，全国人大副委员长铁木尔·达瓦买提视察哈密天光发电公司三期工程。

9月15日，吉林台一级水电站上游围堰龙口截流成功。

9月17日，全国人大副委员长姜春云在自治区有关领导陪同下视察吉林台一级水电站工程施工现场。

9月19日，吉林台一级水电站工程开工。自治区主席阿不来提·阿不都热西提，伊犁州党委书记林天锡、州长努尔兰、自治区计委党组书记麦买提依敏、公司党组书记、总经理张铭洲等为开工典礼剪彩奠基。

9月19～23日，国电西北公司党组副书记、副总经理于崇德一行在公司副总经理洪连忠陪同下先后到公司调度中心及玛纳斯发电公司、疆南电力公司、阿勒泰电力公司等地调研。

9月22日，新疆新能源股份有限公司与华中科技大学签署太阳能热气流发电技术的引进和推广合作协议。

9月25日，乌鲁木齐电网内使用集中式电锅炉、低温辐射电热膜及发热电缆进行冬季采暖的客户开始执行新电价，每千瓦时高峰时段0.45元，平段0.28元，低谷0.198元。以进一步节约能源，促进更多的燃煤燃油采暖向电采暖转换，彻底解决首府大气污染问题。

9月28日，公司建设路宽带小区正式开通的重要举措，是公司在开展信息增值业务方面进行的有效尝试，也将极大地丰富小区居民的业余文化生活。

当日，巴音郭楞州大山口水电站通过公司创建自治区一流水电企业考核验收。

当日，220kV库（库尔勒）—兹（库车，古称龟兹）输变电工程投入运行，新疆主网延伸至阿克苏地区，提高了该地区电网供电的安全可靠性。

当月，继沙湾供电公司农网改造工程被自治区评为样板工程之后，沙湾县又被国家授予全国农网改造先进县称号。

10月10日，自治区党委副书记、自治区常务副主席王金祥带领自治区有关单位领导视察吉林台一级水电站工程。

10月11日，公司调度中心代表队在西北电网调度安全知识竞赛中获得第一名。

10月15日，公司供电规范化服务检查活动开始。

10月16日，玛纳斯发电公司通过国家级文明单位检查验收。

10月22日，新疆主网2002年1～8月运行分析电视电话会议召开。这是公司电视电话会议系统建成试运行后召开的第一次会议。

10月26日，喀什发电公司一期工程（2×5万kW）建成投产，自治区党委书记王乐泉出席了剪彩仪式。

10月29～30日，公司创一流班组经验交流现场会在玛纳斯发电公司召开。公司副总经理洪连忠、工会主席李纪全及有关部室负责人参加了会议。会上命名了2001年度87个一流班组并颁发了奖牌。一流班组代表交流了经验并参观了玛电创一流班组工作情况。

当月，玛纳斯发电公司大修监察项目—4号机组节能提高出力改造项目荣获国电公司“2001年度效能监察优秀项目奖”，3篇论文分获中国电力监察学会优秀奖和西北电力监察学会二、三等奖。

当月，新疆天富热电股份公司红山嘴水电厂五级电站运行四班被中国质量协会、中国科协、中华全国总工会和共青团中央联合命名为“全国质量信得过班组”。

当月，公司团委自7月开始的全疆电力系统青年文明号集中检查结束，98个青年文明号中有45个文明号因年龄构成、机构设置发生变化或单位不复存在、开展活动及服务质量达不到要求而摘牌。

11月1日，全疆第一个室内门球场在新疆电力建设公司落成，极大地丰富了退休职工生活。

11月8日，“新疆电力工业发展成就图片展”开幕。

11月10日，吉林台一级水电站大坝开始填筑。

11月12日，新疆电力设计院荣获全国“CAD应用工程示范企业”称号。

11月19日，220kV奎（奎屯）—皇（精河皇宫变电所）输变电工程建成投运。

11月25日，公司被授予自治区“城镇青年就业工程”优秀组织单位称号。

11月28日，220kV乌鲁木齐老满城变电所增容扩建工程一次送电成功，投入运行。

11月30日，南疆骨干火电工程—库车发电公司一期工程破土动工，自治区党委常委、自治区副主席艾力更·依明巴海和阿克苏地委书记侯长安、行署专员吾买尔江·米孜艾合买提、公司党组书记、总经理张铭洲等领导参加了奠基仪式。

当月，奎屯电业局被授予“自治区文明行业”称号。

当月，乌鲁木齐电业局在全疆首次采用先进的牵、张机设备更换导线，不仅省时省力，而且旧导线能够再次回收利用，新导线也不会因地面上的拖拉被划损。

12月1日，经自治区计委批复，吐鲁番地区城乡用电实现同价，从今日抄见电量开始执行，农村居民照明用电每kW·h调减0.119元，非普工业用电调减0.085元，全疆最低价的农业灌溉用电再调减0.0005元，同价后的调减部分可使农民年减少支出523.37万元。吐鲁番地区1999年共投资3.0541亿元实施农网建设和改造工程，全面实现了地区电力一体化管理的体制改革，并于12月17日顺利通过自治区农电体制改革验收小组验收。

12月30日，哈密二电厂三期扩建工程第一台13.5万kW机组并网发电。三期扩建工程规模为2×13.5万kW，总投资9.78亿元，是新疆“十五”计划的重点电力建设项目，将对推进新疆优势资源转换战略产生重大影响。

（旷路明）

2002年12月31日新疆电力公司机构

局长（总经理）、党组书记：张铭洲

副局长（副总经理）：买买提艾明·沙比提　孙寿年　洪连忠　孙少平　许伯通

总　会　计　师：夏乾元

纪　检　组　组　长：木沙·牙合甫

工会工作委员会主任：李纪全

西北电力建设集团公司

综述

2002年，西北电力建设集团公司围绕全年工作思路和目标，狠抓在建工程，加大市场开发，实施管理创新，强化作风建设，确保企业稳定，两个文明健康协调发展，各项工作进展顺利，目标任务全面完成。

全年完成施工产值3.51亿元。完成经营总额8625万元。完成劳动生产率10.36万元/（人·年）。实现利润100.72万元。承揽工程19项，合同额7596万元。宝二工程3、4号机组获国电公司火电优质工程。由公司施工总承包的灞桥工程11号机组、蒲城工程3号机组移交投产，创国内同类型机组最好水平，罗敷变工程达标投产。公司监理的准格尔工程顺利完成，韩二工程如期开工，进展顺利。

通过职业健康安全管理体系（OHSMS）认证。获得建设部电力工程施工总承包一级资质、陕西省电力公司系统“双文明单位”、“思想政治工作优秀企业”称号。取得陕西省建筑施工安全资格证。办公楼硬件设施更新改造、计算机局域网建设、宽带网接入完成。所有搬迁住户均入住新居，居住环境局部改善，职工收入增长高于社会平均增长水平。

电力建设

2002年，集团公司加大各工程资源、技术的投入和管理力度，各工程项目部排除万难，同心协力，顽强拼搏，加大安全、质量、进度管理力度，全面实现了年初“三投两具备”的目标。全年实施的各监理、调试工程进展顺利，质量优良。

陕西宝鸡第二发电厂工程3、4号机组被国家电力公司评为2002年度火电优质工程，创造了西北电力建设近二十年来的最高荣誉。

陕西蒲城电厂二期工程加大施工质量考核力度，设立了37项工程精品示范项目，有力地推动了工程整体质量的优化。3号机组顺利完成168h试运，各项经济技术指标达到国内先进水平，向“鲁班奖”的工程目标迈出了坚实的一步，为陕西电力的改革与发展做出了应有的贡献。陕西省电力公司专此发来贺信，以示祝贺鼓励。4号机组完成锅炉水压，整体质量状况优良。

陕西灞桥热电改扩建工程挖掘管理深度，先后涌现了小管道安装等8个“亮点”工程。11号机组顺利移交生产，机组各项技术指标创国内同类型机组最好水平。陕西省电力公司赵杰臣总经理视察时对该工程的管理、质量、安全文明施工、整套启动等工作给予了充分肯定，并认为，11号机组达到了“创一流工程,创精品工程,创样板工程,创示范工程”的要求。

罗敷变工程移交生产，工程施工质量达到业主和设计要求，通过了陕西省电力公司质检站的验收。

伊朗阿拉克工程4号机组完成30天满负荷试运；国华准格尔工程顺利结束。

企业管理

1. 安全

2002年，集团公司围绕“三无、两控制、一达标”的安全生产目标，加大安全管理创新，狠抓安全文明施工，使安全管理水平再上台阶。全面推进职业安全健康管理体系（OHSMS）认证。导入全面安全管理理念，把多经、后勤纳入管理体系整体策划。管理手册发布实施后，先后进行了内审、咨询单位审核、管理评审和模拟审核，发现问题，及时整改，管理体系不断完善，顺利通过认证机构的审核。加大安全管理创新，开发完成了安全文明施工计算机三维展示系统软件，在蒲城工程广泛应用并取得较好效果，得到了国电公司安全检查组的高度评价，并进入向系统内推广阶段。加大工程安全文明施工管理，灞桥、蒲城工程均通过了省建设厅验收，被授予“省级文明工地”称号。罗敷变工程自开工至移交实现了人身、设备事故零目标。加大安全检查力度。全年共开展安全大检查12次，查处问题280条，逐一敦促整改，及时消除了安全隐患。2002年，集团公司圆满实现安全目标，陕西电力基建系统连续四年无工伤考核死亡事故。

2. 市场开发

按照“巩固省内、占领西北、步入全国、涉足国际”的市场占领思路，发挥整合优势，积极出击市场，全年先后承揽了陕西韩二工程监理、调试、工程管理，云南曲靖电厂、广西北海电厂监理、伊拉克瓦西特电厂（6×20MW）技术服务合同等19项工程，合同总额7596万元。另外，草签了印度瑞亚西玛电厂监理技术服务合同（约520万元）。

3. 人力资源管理

召开人力资源管理专题座谈会，拟定了集团公司人力资源规划。加强干部管理，全年共调整任免干部52人·次，对提任的20名干部进行了任前公示。拟定干部管理办法，两次对41名干部进行了考核，完成了集团公司和中层后备干部的推荐建档工作。在充分调研的基础上，出台了《聘用人员管理办法》，为公司聘用人员的合理控制和科学管理奠定了良好的基础。

完善职工培训管理办法，坚持内外培训相结合，全年共举办WTO、计算机网络、财务管理、税务知识、人力资源、英语等各类培训12期，589人·次参加了培训。举办了6期领导干部系列讲座。对新进人员进行入司教育,并及时推荐优秀青年干部和技术骨干参加上级培训。经过培训,71人·次取得了监理、质量、造价工程师等资格证书,干部职工素质进一步提高。

4.财务管理

完善预算管理体系,把集团公司的财务收支全部纳入预算管理,分解落实预算指标,实施在线控制;加强资产管理,建立资产的三级管理及责任划分,严格控制资产购置程序;建立经济活动分析会制度,召开了两次经济活动分析会;积极发挥资金结算中心职能,合理调配资金,提高资金运作效率,确保了资金异常紧张情况下企业生产经营活动的正常运作。引入远光财务管理软件,资金管理得到实时监控。加大审计监控力度,推进经营者任期审计,全年共开展各类审计40项,审减小型基建投资60万元,促进增收节支56万元。

5.技术创新

建立激励机制，推进技术进步。经过广泛调研、深入讨论，出台了《技术专家评选及管理办法》。召开第二届科技经验交流会，出版了论文集。在省公司的科技进步表彰中，5项科技成果获得三等奖，两个部门（单位）获先进集体，两名同志获先进个人。信息化建设取得新进展。本部局域网全面建成，办公和生活区接入宽带，公司内外实现信息共享。集团公司和监理公司网站建成开通。由集团公司策划、党黎军同志主编的《循环流化床启动调试与运行》一书，由中国电力出版社正式出版发行。宝二工程施工管理总结初步完成。

企业稳定

2002年，集团公司始终把稳定作为各项工作的重中之重来抓，准确把握形势，落实稳定责任，正确教育职工，及时采取措施，较好地维护了企业稳定。建立了集团公司维护稳定抵押金制度。及时召开政工例会，了解职工思想动态，准确把握稳定工作重点。认真扎实做好来信来访工作，做到以理服人，以情动人，对一些大的信访事件，召开专题会议，落实责任，及时得到有效解决。通过各种会议讲形势，讲政策，引导广大干部职工把思想统一到本职工作中，为改革的顺利推进和企业的发展扎实工作。针对一些离退休干部对电力体制改革心存疑虑的情况，及时召开座谈会，共同探讨交流，答疑解惑，确保了离退休职工的稳定。售房工作中，多次召开专题会，落实相关责任，多次公布房价，较好地维护了职工的利益。关心离退休职工生活，按照政策及时落实待遇，认真做好医疗和社保工作，整修改造活动中心，开展丰富多彩的文体活动，重阳节、春节召开茶话会，通报公司生产经营情况。开展慰问和帮困扶贫活动。全年先后深入各工程现场，发放慰问金1.66万元。向灾区捐款1.7万元，看望职工125人·次，发放各种慰问金和困难补助1.33万元、互助金9500元。

多种经营

多经总公司加强企业发展战略研究，修订了五年发展规划，制定了系列管理制度。星源公司加强制度创新，强化内部经营，加强财务管理，改革分配制度，取得较好成效。多种经营全年完成经营额4356万元，实现了稳步发展。

公司控股的西安回天血液制品有限公司勇于创新，敢于实践，企业生产能力进一步增强，产品质量更加优化，市场占有率逐步扩大，企业整体竞争力明显提高，受到各大媒体的广泛报道和关注。全年完成产值4056万元，同比增长102%；实现销售收入3123万元,同比增长82%,实现了三年发展规划目标。

精神文明建设

加强规范化党支部创建，集团公司14个支部全部创建成规范化党支部，实现了100%的创建目标。集团公司被陕西省电力公司授予“规范化党支部达标先进单位”称号。加强党支部班子建设，精心组织，严格程序，及时指导，顺利完成了11个支部的改选工作。党支部（总支）的工作水平有了明显提高，战斗堡垒作用进一步发挥。加强组织发展工作，新发展党员10名。认真组织开展民主评议党员和“一先两优”活动。组织全体在职党员，按照评议工作计划和程序，进行了民主评议，合格率100%。在此基础上，开展了“一先两优”评比活动，评出3个先进党支部，8名优秀党员标兵，32名优秀党员，4名优秀党务工作者，在“七一”前夕进行了表彰奖励。并将优秀党员标兵的先进事迹汇编成册，在全体党员中开展了学习宣传。2002年，面对繁重艰巨的工程建设任务，各工程现场特别是国外的伊朗、伊拉克工程中，共产党员顾全大局，知难而上，率先垂范，努力工作，为工程的顺利推进和优质完成，发挥了良好的先锋模范带头作用。

加强党风廉政建设和反腐败工作。签订党风廉政建设责任书，分解目标责任，得到全面落实。各级干部按照“八个坚持、八个反对”的要求，在工作、生活、学习及决策、管理等各个方面对照检查，不断改进，呈现了新的良好作风。按照“机关为一线、一线为业主”的服务思路，各职能部门深入基层开展调研，帮助一线解决实际困难和问题，各工程现场树立“业主为尊”的思想，全心投入工作，全力服务业主，为各工程的顺利推进发挥了积极作用。加大反腐败工作深度，对反腐败工作目标责任进行细化，制定了招标监督管理工作细则、认定和处置嫌疑腐败行为补充规定等制度。对部内处以上干部、近两年新提拔干部进行专题讲座和培训，各级干部的廉洁自律意识进一步增强，根据干部年终考察结果，经过支部评议、公示、会议决定，评选了5名“勤廉兼优”先进个人。加大执法监察和效能监察力度，对涉及资金600余万元的8个招、议标项目进行了全程监督，节约费用50余万元。

加强双文明单位创建，制定创建计划，细化目标，明确责任。积极开展“青年文明号”、“文明小区”、“争先创优”、献计献策、歌咏比赛、桥牌赛、书画摄影展等活动，丰富了创建内容，强化了创建实效。2月，被省公司授予“双文明单位”称号。坚持“依法治企、以德治企”方针，深入开展“四五”普法工作，举办了多次法律法规学习活动。加强公民道德建设，编印学习读本，做到人手一册。开展岗位道德规范自我描述活动，并藉此形成了集团公司岗位道德规范初稿。

推进司务公开，强化民主管理。积极宣传贯彻新《工会法》，进一步发挥工会优势。深化司务公开，开展问卷调查，查找不足，分析原因，加强改进。积极开展“争先创优”活动，涌现了4个先进单位（部处）、7个先进集体、7个先进班组、14名先进个人标兵、19名先进个人。

改善办公和生活环境，职工生活水平不断提高。完成了办公楼和职工活动中心的整修改造，以及单身公寓的改建。所有搬迁住户全部入住新居。加强小区综合治理，完成了火电新村马路、电视线路、水电系统改造，新增绿地2400m^2，小区整体环境进一步优化，通过了新城区“示范社区”的达标验收。投入120万元解决了丹尼尔小区的供暖，并为该小区住户接入生活用天然气。完成了公司电话系统更新改造，为职工家庭接入宽带网络，新增9套电视节目，职工的生活水平进一步提高。

主要事件

5月10日，电力施工企业职工培训教材建设总结座谈会在集团公司召开，中电联、中国电力出版社、电建集团公司及西北电建一、三公司及陕西送变电工程公司有关领导和教材编审人员20余人参加了会议。

6月18日，罗敷变工程移交生产，工程施工质量达到业主和设计要求。

6月28日，集团公司获得国家建设部颁发的工程施工总承包一级企业资质。

8月，由集团公司组成的电力桥牌队代表陕西电力系统参加陕西省第十一届运动会桥牌项目，获得两枚金牌。

10月28日，集团公司人事部组织召开了集团公司人力资源管理专题座谈会。集团公司领导何德兆、朱明清、周良福、何怀兴及各部门、单位负责人及主管人员参加了会议。

11月22日，陕西灞桥热电改扩建工程11号机组顺利完成整套试运，移交生产，机组各项技术指标创国内同类型机组最好水平。

12月26日，公司与陕西韩城第二发电有限公司签订韩城第二发电厂2×600MW工程建设期工程管理服务协议。

12月28日，陕西蒲城电厂二期工程3号机组完成168h试运，各项经济技术指标达到国内先进水平。

（徐万里）

南方四省区

国家电力公司南方公司

基本情况

2002年，国家电力公司南方公司认真学习贯彻国务院国发［2002］5号文件《电力体制改革方案》及党的十六大精神，在国家电力公司的领导下，在南方四省（区）党委、政府的关心支持下，坚持西部大开发，西电东送大目标，加快完善现代企业制度，努力转变内部经营机制，建立与社会主义市场经济体制相适应的电力体制。在实际工作中，高举服务的旗帜，正确把握改革、发展和稳定的大局，围绕“建好

1000万kW，管好1000万kW电力工程”，全力支持广东电力供应的目标，以“一发展、两稳定”为工作重点，讲政治，顾大局，弘扬企业精神，艰苦奋斗，真抓实干，保持电网安全稳定和职工队伍稳定，全面落实了三项责任制目标。全年完成电网建设投资33.8亿元；完成上网电量258.1亿kWh，售电量202.1亿kWh，送广东电量159.7亿kWh，天生桥二级电站发电量77.6亿kWh；实现总收入50.6亿元，利润3.85亿元，各项主要指标均创历史最好水平。

主要工作

（一）电网运行

在广东经济发展对电力的需求增长迅猛的情况下，克服了电网检修任务重，基建配合难度大，电网长时间、大负荷送电等因素影响，连续安全运行3166天，全年未发生重大特大电网事故，未发生系统稳定破坏事故、重大设备事故、人身伤亡事故。全网频率合格率99.99%，中枢点电压合格率99.99%，继电保护正确动作率98.37%，电能质量不断提高。电网和电厂安全度汛。

按照“增强责任心，提高责任能力，落实责任制”的要求，研究制定措施，强化安全生产保证体系和监督体系。把落实各级人员特别是生产单位第一责任人的安全生产责任作为中心环节来抓。持续深入地与“三大安全敌人”作斗争，开展“安全生产月”活动，加强全员安全思想教育，提出小题大作、提级分析的要求，重点解决误操作、习惯性违章两个突出问题。认真学习贯彻《安全生产法》，增强安全生产的法制意识，规范安全生产行为。严格“两票三制”和现场作业的规范化管理。加大了安全监察的力度，严格按照新的《电业生产事故调查规程》进行事故的分析和认定。

认真贯彻国家电力公司2002年1号令和2号令，修订完善了《南方直属电网调度管理规程》等一系列规程规定，进一步理顺了调度关系，强化了调度管理。按照广东省夏季高峰供电工作会议的要求，加强与南方四省（区）电力公司的协调与沟通，建立迎峰度夏工作机构，及时研究落实迎峰度夏的各项措施。针对天广三回投产后电网网架的新变化，精心安排电网运行方式，落实电网安全稳定措施。加强备用管理，协调并落实四省（区）电网的备用容量。有针对性地开展全网联合反事故演习，制定了电网在最不利情况下的控制措施。加大继电保护和安全自动装置改造的力度，提高了电网自动化水平和运行可靠性。建立了天广直流运行分析制度，加强对交直流并联系统的特性研究，提高了驾驭交直流混合大电网的能力。广州、天生桥等超高压局加强对直流系统的运行管理，2002年直流强迫停运的次数比2000年减少一半。天广直流经受了长时间、大负荷送电的考验，全年累计向广东送电83.2亿kWh。调通中心认真开展“调度系统无责任事故年”活动，在责任重、压力大的情况下，调度指挥得当，为保证电网安全稳定做出了贡献。公司认真制定落实十六大及其他政治任务的保电措施，圆满完成了保电任务。

（二）设备整治

按统筹协调生产检修、基建配合和发送电任务的安排，抓好设备检修和改造，为迎峰度夏打下了坚实的基础。天生桥总厂完成了2台机组扩大性大修、1台机组大修，2条引水隧洞检查。在检修人员减少的情况下，干部职工日夜奋战，仅用了35天就完成了5号机组扩大性大修，是国内同类机组扩大性大修时间最短的。超高压局完成了天广直流线路全线调爬，玉林、来宾高抗漏油处理，以及变电、线路设备检修、预试和接地网改造等工作。积极推广应用新技术，加强设备缺陷管理。广州、平果、梧州等超高压局利用红外线、油色谱在线检测等技术对设备进行跟踪监视，及时发现处理设备缺陷，保证了设备长时间稳定运行。全年完成大修技改项目165个，资金10820万元；科技项目22个，资金738万元。

（三）电网建设

在去年建设西电东送1000万kW工程的基础上，公司承担的天广三回、贵广交流、贵广直流等多项工程，经过艰苦努力，均已达到了计划预定目标。

（1）天广三回工程提前投产。在广东、广西各级政府及电力公司的大力支持下，克服重重困难，经过20个月的紧张建设，6月25日实现了天广三回工程高质量投产。天广三回投产以来，运行平稳，未发生事故，最大送电负荷60万kW，已累计向广东送电20.1亿kWh。电网部、物资公司和有关生产单位为此做出了积极贡献。

（2）贵广交直流工程建设实现了网络计划目标。作为西电东送1000万kW第三战役的贵广交流工程，是保证2003年广东夏季高峰用电的关键项目，是2002～2003年上半年基建工作重中之重。公司按照计划要求，倒排工期，加强现场管理，保证资金到位和设备供应，保证工程质量和安全。经过努力，克服了多个标段因林木补偿费问题受阻的困难，河池站、贺州站、柳州站、罗洞站土建工程已完成，开始设备安装，线路工程基础和立塔已基本完成，架线完成40%，已验收工程的质量优良率达到95%。贵广直流工程完成了换流站联合设计，两端换流站土建工程已基本完成，阀厅、主控制楼开始钢结构吊装，线路工程的施工和监理招标已完成。天广交流串补、河池串补、天贵π接、鲁天二回工程完成立项申请，已全面开工建设。完成了罗天线升压、贵阳变间隔扩建、天马线和天广光纤等工程。天广直流工程被国电公司授予达标投产工程。天生桥二级电站通过了国家组织的竣工验收。

(3) 电网建设规划和前期工作。完成了南方电网2015年目标网架规划，初步确定了“十一五”“十二五”西电东送的规划设想。完成了龙滩、小湾电站送出工程选站、选线规划方案，启动了构皮滩电站输电规划研究。完成了天广四回、柳贺罗二回工程可行性研究审查，并已上报国家计委。开展了海南联网工程可行性研究。EMS和电能计量计费系统完成了项目前期工作。贵广交流安全自动装置、调度数据网、同步网等二次系统的规划建设取得阶段性成果。

（四）经营业绩

(1) 电力营销。2002年公司电力交易方面突出抓了购售电合同的签订和优质服务两项工作。加强与南方四省（区）电力公司的协调与沟通，5月底签订了云南、贵州2002～2003年送广东购售电合同，为今后签订中长期购售电合同奠定了基础。认真组织电价和过网费测算工作，国家计委批复了南方电网新的输电价格。积极主动为南方四省（区）电力公司做好服务，加强对购售电合同执行的跟踪和协调，满足送受电各方的需求。在广东夏季高峰用电期间，认真做好负荷预测，合理安排输电通道，灵活调度，为云南、贵州多送电，全力支持广东电力供应。11月，公司与广东、云南签订了云电送广东补充合同，增加云南向广东送电电量2.0亿kWh。2002年西电送广东最大电力374万kW，比2001年增长23%，送广西最大电力134万kW，增长52.3%；云南送出最大电力103万kW，增长71.7%，贵州送出最大电力110万kW，增长69.2%。南方直属电网上网电量258.1亿kWh，比2001年增长30.2%；售电量202.1亿kWh，增长33.6%。其中送广东电量159.7亿kWh，增长38.8%，比合同计划超9.4%；送广西电量42.5亿kWh，增长19.1%；为贵州送出47.8亿kWh，增长130%；为云南送出32.0亿kWh，增长133%。天生桥二级电站发电量77.6亿kWh，增长11.4%，提前50天完成年度计划。2002年西电送广东综合平均电价为0.308元/(kWh)。加大电费回收力度，2002年，当年电费结零，旧欠回收15%。

(2) 财务状况。公司坚持正确的经营方向，加强了财务管理，强化了经营管理基础工作。发扬勤俭办企业的优良传统，严格预算管理，从严控制经营成本，落实经营承包责任制，完善了《生产经营目标责任制考核办法》。坚持依法经营，加强财务监督，修订了财务稽核制度和经济责任追究制度。进一步加强招投标和合同管理，全面开展自查工作，严肃招投标纪律。积极配合国有企业监事会的监督检查，配合国家计委稽察办对贵广交直流工程的经常性稽察工作，公司工作得到了上级领导的充分肯定。加强国有资产管理，完成了公司系统固定资产清查。积极筹措资金和安排债券资金到位，共筹措生产、基建资金37.1亿元。2002年公司可控成本增长率比收入增长率低11%。在改革中不但保证了国有资产完整，而且取得增值率10.46%的好成绩，2002年上缴投资收益3100万元。

（五）多经产业

多经企业理顺了资产和业务关系，以独立法人资格，通过市场竞争获得了多项工程业务。加快了小水电开发的步伐。建立健全财务审计监督体系，强化了集团内部控制管理，提高了市场竞争力和经济效益。在电力体制改革的过程中，多经集团的干部职工与公司党组保持一致，人心稳定，队伍稳定，维护了大局。全面完成了全年的经营任务。

（六）行政管理

(1) 制度建设。按照“提高管理水平、管理能力、实现管理到位”的要求，全体干部职工对从发展出实力转入管理出实力取得了共识。围绕“建好1000万kW，管好1000万kW”的目标，把创一流工作转入到加强企业管理的正常轨道上来，与做好各项日常工作相结合，重点加强了制度管理、安全管理、基建管理、预算管理和资金管理。成立了内部制度修编领导小组，广泛发动干部职工，通过大量细致的基础性工作，共完成111项内部管理制度，310项工作、管理、技术标准的修编，进一步推动公司管理工作向规范化、制度化方向迈进。在改革的过程中，各项工作有条不紊，秩序井然，没有出现管理上的空缺。天生桥发电总厂、贵阳超高压局被国电公司授予“一流电力企业”称号，调通中心、平果超高压局通过了一流电力企业的动态考核。广州、贵阳、曲靖超高压局通过了国家二级档案验收，机关开展了人事档案达一级标准工作。MIS系统通过了国电公司组织的实用化验收。

(2) 干部管理。认真贯彻落实《党政领导干部选拔任用工作条例》，健全了干部选拔任用和监督管理机制。强化对年轻干部的教育，培养其成为政治上靠得住、业务上有本事，肯干事、干成事的人。对各级干部从严要求，从严管理，基层单位领导班子通过公司组织的考察和考核，22名中层干部全部通过了试用期考核。选送12名干部参加国电公司、广东省直工委举办的管理知识培训，组织了直流技术、人事管理、监察审计等各类培训班25个，安排60多名新员工集中教育和到国内一流电力企业现场实习，公司全员培训率达到84%。

（七）党建和思想政治工作

（1）切实抓好党的思想建设、组织建设和作风建设。坚持党组中心组和各级干部理论学习制度，不断提高学习质量。组织40多人参加省委有关部门组织的党建工作培训班和十六大理论骨干培训班，举办了公司基层党委、支部书记学习班，开展了6次大型系列党课教育。深入开展“一个党员一面旗帜”“党员身边无事故、无违纪、无邪气”活动。以改进学风、增强纪律性、转变工作作风和反腐倡廉为重点，加强了作风建设。加强党风廉政建设，构筑教育、管理、监督和考核四道防线。开展“廉洁自律教育月”活动，通过组织科以上干部进行警示教育、参观番禺监狱等多种形式，增强干部职工的反腐倡廉意识。完成了公司副处级以上干部《廉政卷宗》建档工作。建立了8项监督约束制度和《廉政建设公约》，全面开展了与合作伙伴廉政共建活动。

（2）以队伍稳定为重点，增强思想政治工作的针对性和实效性。在改革的新形势下，公司把确保队伍稳定放在重要的位置上来抓，落实了稳定工作责任制，通过抓思想稳定、队伍稳定来保证电网稳定，为改革的顺利进行提供了强有力的保证。做到了“六个确保”：确保了电网的安全稳定，确保了经营方向的正确，依法经营，确保了1000万kW工程建设按照网络计划稳步推进，确保了职工队伍稳定，确保了党风廉政建设不放松、不出问题，确保了工作秩序井然、有条不紊。

（3）企业文化和双文明建设。出台了企业文化宣传提纲，通过简讯、板报、演讲等形式和载体，宣传企业文化。积极发挥工会和团组织的作用，开展了以弘扬企业文化为主题的征文、演讲比赛、文艺汇演和体育比赛等系列活动，汇总企业文化论文26篇加大了宣传工作的深度和力度，中央电视台、人民日报、南方日报等20多家媒体对公司和西电东送进行了深入报道，全年在省部级报刊上发表宣传文章171篇。

公司双文明建设也取得了较好的成绩。调通中心、平果超高压局被评为国家电力公司双文明单位标兵，总厂、贵阳超高压局、能发集团公司被国家电力公司评为双文明单位。国电南方公司，天生桥、平果超高压局分别被广东、贵州、广西省（区）政府推荐为全国文明单位候选单位。公司工会被评为全总能源化学工会先进工会组织称号。贵阳局被评为贵州省文明单位。公司团工委被国家电力公司、广东省分别授予“五四红旗团委”称号。国家计委、全国总工会、国家电力公司、广东省政府及省直工委对公司的两个文明建设给予了高度评价。一年来，公司涌现出一批先进单位和先进个人。经过总结评比，天生桥发电总厂、来宾局等8个单位被评为文明单位，毛时杰等19位同志被评为劳动模范。

公司机构

公司领导班子成员：总经理袁懋振，副总经理张恒伟、吴世昌、李强、曲曙、王良友、侯卫东、余建国、纪检组长王玉霜，工会主席王方，总会计师冉燕德，国家电力公司华南审计部主任黄聿邦。另设有副总工程师4人，副总经济师1人。

公司机关设置：总经理工作部、人事部、思想政治工作部（与公司工会、新闻中心合署办公）、监察部、审计部、计划发展部、财务部、电网部和质监中心站、生产技术部、安全监察部、电力交易部、电网研究中心。

南方电力调度通信中心。

国家电力公司华南审计部。

公司下属单位：天生桥水力发电总厂，国电南方公司平果、来宾、梧州、贵阳、广州、天生桥、曲靖、南宁超高压局。

多经企业：广东能发集团有限公司、深圳市南能投资发展有限公司等。

主要事件

2月4～5日，国家电力公司南方公司首届四次职工（会员）代表大会在广州召开。

3月9日，天生桥二级水电站新扩建的一条220kV超高压线路——天兴（天生桥二级至贵州兴义）Ⅱ回，首次在中央控制室采用计算机全自动操作控制投运成功，并顺利通过72h试运行。

4月14日，国有重点大型企业监事会范有年主席等10人检查组，到国电南方公司开展监督检查，检查组对南方公司的工作给予了充分肯定。

4月16日，广东省电网统调最高负荷1749万kW，首次超过2001年全年最高负荷（2001年8月23日1728万kW），4月23日上午最高负荷达1800万kW，统调机组全部开出，电力供应紧张的状况已十分突出。

国电南方公司按照广东省政府的要求，立即组织电网运行和生产调度人员，一方面加强西电东送大电网的维护管理，调整原电网检修计划，保证西电东送大通道的畅道。同时加快天生桥二级水电站正在检修机组的速度，尽快投运。另一方面，发文与云、贵、桂三省（区）联系，请云南电网在目前只能东送25万kW的基础上，增加5万～30万kW；请贵州电网增送20万～30万kW；请广西电网加快有关电网检修，加大岩滩电厂出力，在日购西电80万kW的基础上少购20万～30万kW。合计西电送广东在每天200万kW的基础上再增加50万～60万kW，以缓解广东电网供电紧张的局面。

2002年4月25日22时3分，天广直流天生桥换流站发生一起误操作事故，运行人员在执行调度命令将天广直流双极功率定值设定为1000MW的操作过程中，由于在工作站上将数字输错，误将天广直流双极功率定值设定为100MW，致使直流双极功率向下调整，待直流双极功率达到700MW时，才引起了值班调度员和现场运行人员的注意，并终止错误操作和执行正确操作命令，此时直流双极功率已降到520MW，并导致交流500kV天平双级超稳定极限约350MW运行。这次事故是一起典型的不按命令操作的误操作事故，所幸发现并纠正及时，否则南方电网将有可能面临一次电网崩溃的危险。

5月21日，云南罗平至广西天生桥输电线路升压500kV启动成功，云南电网与南方电网主网架相连的第一条500kV输电线路正式投入运行，至此，云电东送的极限能力由原来的40万kW提升到120万kW。突破了云南向广东送电的瓶颈制约，为向广东送电160万kW创造了条件。

5月31日，西电送广东购售电合同在昆明签订。根据合同，全年西电送广东电量142亿～144亿kWh，其中天生桥一级电站送广东37.6亿～39.6亿kWh，天生桥二级电站送广东48亿kWh，云南电网送广东25.3亿kWh，贵州电网送广东31.1亿kW。2002年西电送广西合同电量40.37亿kWh，其中天生桥一级电站送广西10.3亿kWh，天生桥二级电站送广西15.52亿kWh，贵州盘县电厂送广西14.55亿kWh。

6月23日20时23分，天生桥至广州第三回500kV输变电工程完成24h试运行后顺利开通。于25日举行开通仪式，国家计委副主任张国宝、国电公司副总经理赵希正、广东省副省长游宁丰等到会并讲话，对该工程及时建成投产给予了高度的评价。

该工程建成投产后，西电向广东送电能力将由原来的300万kW提高到370万kW。

9月20日，公司圆满完成迎峰度夏任务，有力地支持了广东电力供应，南方电网实现安全运行3040天。

2002年以来，广东省经济快速发展，南方电网用电负荷增长迅猛，截至9月20日，南方电网统调最高负荷3346万kW，比2001年同期增长11.5%，其中广东统调最高负荷达到2001万kW，增长15.7%；广西最高负荷429万kW，增长0.5%；云南最高负荷461万kW，增长14.75%；贵州最高负荷572万kW，增长22.5%。

2002年以来，全网频率合格率99.98%，电压合格率99.99%。

截至9月20日，西电送广东最大电力374万kW，比2001年同期增长23%；西电送广东电量112.6亿kWh，比2001年同期增长56%；为云南送出19.4亿kWh；为贵州送出34.1亿kWh，增长188%。天生桥二级电站发电58亿kWh，增长37%。超额完成发送电计划。

10月1日，《南方直属电网调度管理规程（试行)》正式颁布执行。

10月18日，南方电网天生桥至广州光纤通信工程正式投运，系统传输容量2.5G。

12月29日，按照国务院国发5号文件及党中央、国务院关于电力体制改革的决策和部署，在国家有关部门和粤、桂、黔、滇、琼五省（区）党委、政府的大力支持下，在原广东省广电集团有限公司、国家电力公司所属南方公司、云南电力集团有限公司、广西电力有限公司、贵州省电力公司以及海南省电力有限公司的基础上，由广东省政府授权投资主体、国家电网公司和海南省政府授权投资主体共同出资设立，在北京人民大会堂揭牌成立中国南方电网有限责任公司。公司由中央管理，在国家实行计划单列。公司驻地广东广州市，董事长、常组书记袁懋振，董事、党组成员、总经理王野平，董事、党组成员、副总经理赵建国、肖鹏、周继太、王久玲、祁达才。

中国南方电网有限责任公司成立后，原国家电力公司南方公司即被分拆，其主要功能如电网调度、西电东送电力营销，电网发展规划、电网建设、财务、审计、监察等转移至电网公司，公司本部成为南方电网的战略规划中心、经营决策中心、电力调度指挥中心、电力交易管理中心和资本运营中心。原国电南方公司直属电网的运行维护管理及对直属调峰调频电厂的管理等，另行按专业设立南方电网超高压输变电分公司、电力财务分公司和拟组建调峰调频电厂分公司。

中国南方电网有限责任公司的经营范围为广东、广西、云南、贵州和海南。原五省（区）的电力公司实行网厂分开后，电网企业为其全资子公司。主要职责是：依法经营南方电网，保证供电安全，规划区域电网发展，培育区域电力市场，管理电力调度及交易中心，按照电网运行规律及市场规则进行电力调度。

中国南方电网有限责任公司的成立，是我国深化电力体制改革的一项重大举措，对保证南方五省（区）经济发展和人民生活水平提高对电力的需求具有重要意义。这次改革，打破了垄断，引入了竞争，必将进一步提高效率，降低成本，健全电价机制，优化资源配置，促进电力发展，为推进全国联网，构建政府监管下的政企分开、公平竞争、开放有序、健康发展的电力市场体系打下坚实基础。

南方电网是国内装机容量最大的区域电网之一，也是极具发展潜力的电网。南方电网覆盖广东、广西、云南、贵州和海南五省（区），紧密联系着改革开放的前沿广东省和经济欠发达的西部省份，并与香港、澳门电网相连，东西跨度近2000km。网内拥有水、煤、核、抽水蓄能、油、气、风力等多种电源，2001年底总装机容量6029万kW（不含香港、澳门）；500kV输电线路总长6950km，变电容量3040万kVA；220kV输电线路总长20777km，变电容量5818万kVA。2001年全网统调最高负荷3002万kW，各省（区）统调最高负荷分别为1728、410、428、538、76万kW。随着五省（区）经济的快速发展和西部大开发战略的实施，国家确定的“十五”期末西电新增向广东送1000万kW各项工程以及后续项目将陆续投产，南方电网联系将更加紧密，规模将进一步扩大。

南方电网对实施西部大开发的标志性工程西电东送战略，实现东西双赢的目标将发挥积极作用。由于自然、历史和社会条件的差异，五省（区）经济发展和资源分布极不平衡，使得西电东送成为了实现资源优化配置的重要途径。经过各方的共同努力，西电东送已经建成“三回交流、一回直流”四条500kV输电大通道。预计到2002年底，南方电网累计向广东输送西电523亿kWh，送广西电量244亿kWh，为云南、贵州电网送出电量234亿kWh。目前，广东省已经与西部省（区）签订了“十五”及以后扩大西电东送规模的框架协议，西电东送发展前景十分广阔。

南方电网发展的目标是：建设一个代表五省（区）人民根本利益、代表先进生产力发展要求、充满生机与活力的现代化大电网。电力行业关系到千家万户的生活，责任十分重大。南方电网公司将紧紧依靠国家和南方各省（区）党委、政府的领导和支持，统筹考虑南方电网的发展规划，深入分析各省（区）的供电形势和发展趋势，形成正确的发展思路，把握电网建设的重点突出问题，保证各省（区）经济发展对电力的需求。贯彻落实国家西部大开发战略，加快西电东送步伐，实现资源优化配置；在抓好主干网架建设的同时，加强省内配套电网建设，加大城乡电网的建设改造力度，建设发展调峰调频电厂，逐步使公司发展成为具有较强影响力和竞争力的现代化特大型电力企业。不断提高电网的管理水平，保证电网安全稳定运行。逐步实施厂网分离、竞价上网，建立竞争、开放的南方电力市场，实行新的电价体制，为广大客户提供优质、方便、规范、真诚的服务，造福南方五省（区）人民。

（刘德禄）

广东省电力工业

2002年，广东省广电集团公司经受了安全供电、企业经营环境发生变化的严竣考验，确保了广东电网安全稳定运行和全省供电，确保了企业和职工队伍的稳定，为广东经济发展和社会稳定做出了积极的贡献。

至2002年底，广电集团公司资产总值1104.42亿元，其中固定资产总值717.47亿元，净资产631.56亿元；资产负债率42.82%，资产保值增值率为119.25%；销售收入784.31亿元。在2002年9月国家统计局发布的中国十大企业集团信息中，广东省广电集团有限公司排名全国第九；在广东最大50家企业中排名第一。

2002年，广电集团公司累计完成供电量1406.82亿kWh，比2001年1191.96亿kWh增长18.03%。2002年购西电159.69亿kWh，同比增长38.9%；购香港电21.75亿kWh，同比增长37.58%。省网线损率为7.04%，频率合格率为99.994%，电网电压合格率为99.53%。

广东电网最高电压等级为500kV，到2002年已形成以珠江三角洲地区500kV主干内环网为中心、向东西北三翼辐射的形式，通过“三交一直”500kV线路与广西、贵州和云南电网互联，通过4回400kV核电专线与香港中华电力系统互联，通过2回110kV线路向澳门地区供电，通过110kV线路向湘南、赣南供电。至2002年底，广电集团公司共有110kV及以上变电站814座，主变压器容量11053.65万kVA，输电线路23362km。其中：500kV变电站11座，变电容量1775万kVA，输电线路2238km；220kV变电站128座，变电容量4143万kVA，输电线路8479km；110kV变电站675座，变电容量5135.65万kVA，输电线路12645km。

广东电网整体装备水平处于国内先进水平。220kV和500kV电网线采用了先进的微机保护，建成了珠江三角洲地区SDH光纤传输网环，基本实现了以SDH光纤通信为主、数字微波为辅的传输网络数字化。ATM广域骨干信息网络实现了21个地市供电分公司以及15个统调电厂的信息网络互联。省、市电网全部实现调度自动化。到2002年底，全省有220kV无人值班站20座、少人值守站22座；110kV无人值班站482座、少人值守站35座；广州蓄能水电厂实现无人值班。

一、全力以赴确保广东电网安全供电

受经济快速增长和电价降低对用电需求的双重拉

动，广东用电需求持续快速增长。2002年全省全社会用电量1673亿kWh，同比增长14.7%；省网统调最高负荷为2008.1万kW，比2001年最高负荷1728.8万kW增长16.16%。

围绕确保电网安全和电力供应这一首要任务，广电集团公司开展了大量卓有成效的工作，全力以赴确保安全供电。牢固树立“安全第一、预防为主”的方针，及时且多次召开安全生产电视电话会议，总结安全生产情况，研究和部署新形势下的安全生产工作。针对全省用电负荷一再攀升、电力紧张的形势，认真做好负荷预测，从电源组织、电网建设和安全生产方面积极采取措施，充分组织省内大机组、西电、地方电和香港电等电源，落实错峰用电和地方电厂顶峰发电方案，精心调度，合理安排运行方式，全年没有出现因电源不足而导致大面积限电的现象。

各单位认真开展全国安全生产月活动和《安全生产法》的宣传和贯彻工作。加强设备运行维护管理，做好设备可靠性技术分析和诊断，对重大设备威胁安全可靠运行的缺陷和隐患及时整治和消除，组织开展防止电气误操作技术研讨，提高设备健康水平，为电网安全度夏做好精心准备。争取地方政府和公安部门的大力支持，开展清除输电线路线行下违章建筑和防止外力破坏电力设施的专项整治工作，取得了明显的成效。

经过广电集团公司上下一系列积极有效的工作和艰苦的努力，确保了全省的安全供电，实现了安全供电目标，到2002年12月31日，广东电网安全运行天数达到2573天。还出色地完成了党的十六大、省九次党代会、国庆节等重大活动和重要节日期间的保供电任务。

二、日夜兼程加快电网建设

2002年是广东电网建设再创辉煌的一年，广电集团公司完成电网建设投资136.25亿元，建成投产110kV及以上工程111项，新增主变压器容量1154万kVA，新增线路长度1577km。尤其是8项重点工程全部建成投产，为国家实施西电东送战略，配合岭澳核电机组发电送出，缓解深圳、东莞地区供电紧张局面起到了积极的作用。

广电集团公司紧紧围绕年初制订的工作目标，更新管理理念，以树立电网建设市场观念为导向，以编制实施新的技术标准为基础，以推进规范化管理为手段，加强工程质量、安全及进度管理。在110kV输变电项目试行里程碑拨款方式的基础上，扩展到所有110kV及以上工程，积极探索工程进度、前期工作和资金控制之间良好的协调关系。通过与下属建设单位逐个项目签订责任书，确保工程质量、安全、工期与投资均得到控制和监督。通过推广标准化设计、实施设计与施工联合招标和物资批量招标，充分发挥广电集团公司电网建设规模化优势，进一步降低造价，加快了进度。招投标管理工作进一步规范，广电集团公司在省建设工程交易中心进行的输变电工程招标，连续四年实现零投诉。

2002年，广东8项重点工程全部建成投产，为实施国家西电东送战略，配合核电机组发电送出，缓解深圳、东莞地区供电紧张局面起到了积极的作用。同时，广电集团公司又及早对今后的全省电力供应形势进行了预测和平衡，确定了广东电网建设的12项重点工程，部分工程于2002年开工建设。

从满足经济发展和人民生活水平日益提高的需要以及追求电网公司效益最大化的原则出发，加强了对广东电网规划的滚动修编工作。通过多次专家评审和修编，完成了88本具有前瞻性、合理性和实效性的广东省及各分公司“十五”电网规划、电网IT规划和地区配网规划，成为全省“十五”电网建设的指导性文件。对开展分区域供电的原则，220kV电网的解环方案、西电东送等进行了专题研究。

三、积极稳妥推进企业改革

按照政企分开和建立现代企业制度的要求，加快了市、县供电体制改革，完成政府职能移交。4月10日前，21个市级供电分公司挂牌运作；7月底，大部分县级供电分公司挂牌。企业内部劳动、人事、分配三项制度改革在年底前基本完成。

农电“两改一同价”工作取得重要成果。农电管理体制改革进展加快，全省79个县（市）供电企业中，29个县（市）供电企业由集团公司直接管理，其余50个县（市）供电企业由广电集团公司实行代管。在完成第一批农网改造任务的基础上，积极实施第二批45亿元的农网改造项目。至2002年底，广州、佛山等供电分公司已经率先完成这批改造任务。从2002年12月1日起，全省102个农电单位农村住宅电价全部降到0.79元/（kWh）及以下，52个直供直管农电单位实现了各类用电同网同价目标。

按照国务院《电力体制改革方案》，2002年12月29日，中国南方电网有限责任公司正式成立，广东省广电集团公司成为中国南方电网公司的全资子公司。

四、千方百计提高经营效益

根据广东电价政策、国家投入政策变化，广电集团公司采取积极应对措施，努力落实经营成果。市场营销工作抓住购销两头，努力适应外部经营环境的变化。配合省物价部门对全省装机容量在 10 万 kW 以上的燃煤电厂上网电价进行了重新测算，调整了平均上网电价。加强经济调度，努力降低购电成本，提高经济效益。全面理顺电价体系和购电机制，实现全省直供直管范围的统购统销。根据电价调整的要求，及时调整电费计费系统，同时加大了依法催收电费的工作力度，确保企业经营成果得到落实。

利用现代信息技术，增强经营管理手段。购电成本实时管理系统、资金实时查询系统及电力客户服务呼叫中心系统的全面投入，有效地提高了公司经营管理的现代化水平。

全面推行预算管理，基本实现了合理控制供电成本的目标，为下一阶段推行收支两条线作好准备。针对国家投入政策的改变，公司积极研究政策变化对经营、电网建设和现金流量的影响，想方设法多渠道筹集资金，保证了基建生产各项资金的正常支付，最大限度满足了企业的运作要求。同时，通过资金存量的运作，在一定程度上减少了公司的贷款额度，从而少付利息，取得了一定的经济效益。2002 年，在广东省组织的企业效绩评价考核中，广电集团公司获得“优秀”等级。

五、加快推进企业规范化管理

2002 年，广电集团公司狠抓规范化管理，各项规章管理制度逐步建立、健全和完善。加大了计划目标管理力度，集团公司本部推行工作计划管理，制订了全年 48 项主要工作计划，实际完成率 98%。集团公司本部各部门工作计划 267 项，共完成 258 项，完成率 96.6%。

2002 年，建成广电集团公司数据中心（IDC）工程，为构建公司系统统一的信息管理平台奠定了重要的基础条件。全省电力广域宽带骨干信息网络工程通过竣工验收，并承载办公自动化、视频会议、电网调度信息、客户呼叫服务等多项数据通信网络业务，有效解决了各种信息远程传输的瓶颈问题，集团公司信息网络化迈上了新台阶。结合规范化管理的要求，完成了办公自动化系统的升级改造，基本实现了无纸化办公，工作效率大幅度提高。

强化“以人为本”的管理理念，建立科学的价值评估体系和价值分配体系，初步形成有效的激励机制和规范有序、管理科学的组织管理体制。在企业内部逐步形成用人新机制，合理配置人力资源。坚持引进人才与教育培训相结合，加大与国外公司的交流及培训力度，分层次、分专业制订并实施员工培训，进一步提升了员工队伍的素质。在公司本部，开展了员工的绩效考核工作，为建立有效的激励约束机制进行了有益的探索。

六、努力实践“三个代表”重要思想，坚持不懈加强企业精神文明建设

2002 年，广电集团公司对全省山区电网现状的深入调研，提出了加大山区电网投资力度的工作思路和计划。通过对直属 21 个市供电分公司的工作调研，广电集团公司党委制订了学习贯彻十六大精神的具体措施和工作目标，进一步统一了全体干部职工的思想，为全面建设小康社会、加快推进社会主义现代化建设提供强大的电力供应保障奠定了良好的思想基础。

各级党委坚持以“三个代表”重要思想为指导，充分发挥企业党组织的政治核心作用和广大党员的先锋模范作用。紧紧围绕企业的改革、发展和稳定大局，党政工团密切配合，开展切实有效的职工思想政治工作。充分发挥思想政治工作的强大威力和优势，消除职工的各种疑虑，统一职工的思想认识，保持了职工队伍的稳定。

坚持不懈抓好党风廉政建设和反腐败工作，认真落实党风廉政建设责任制，抓好责任考核，落实责任追究，加大从源头上预防和治理腐败的力度，工作取得了新进展和新成效。

加强企业精神文明建设，开展供电优质服务，坚决纠正行业不正之风，树立了群众满意、社会称赞、政府放心的良好企业形象。

主要事件

1 月 13 日，国家计委副主任张国宝、广东省常务副省长欧广源到广电集团公司视察。

2 月 9 日，广东省省属资产经营公司《资产经营责任书》签字仪式在广东大厦举行，王野平董事长代表广电集团有限公司在《资产经营责任书》上签字。

2 月 11 日，游宁丰副省长在省经贸委、广州市政府领导陪同下到广州供电分公司调度室慰问节日坚守岗位的供电职工。广电集团公司领导王野平、祁达才、吴周春、许超英向游宁丰副省长汇报了广电集团节日保供电工作。

2 月 21～22 日，王野平董事长陪同广东省常务副省长欧广源前往韶关考察农电体制改革情况。

2 月 28 日，广电集团公司广州、深圳、珠海、汕头等 18 个供电分公司正式挂牌运营，广东地市级电力体制实现政企分开。

3 月 6 日，广电集团公司邀请国家 863 信息课题组及香港中华电力公司的专家，对广电集团电力营销系统进行专家论证。

3 月 11 日，广东省厂务公开协调小组授予广电集团及下属茂名、清远、惠州、汕尾供电分公司为

“广东省厂务公开工作先进单位”。

4月10日，广电集团佛山供电分公司、东莞供电分公司挂牌，至此，广电集团直属供电分公司改制工作全部完成。

4月12日，广东省经贸委刘富才副主任到广电集团公司宣布广电集团公司监事会主席、监事任职通知，省经贸委派驻广电集团公司监事会成立。

4月，广电集团公司及下属广州、深圳等5个供电分公司同时荣获“电力代表团参加第九届全国运动会贡献奖”，广电集团公司还荣获了由国家体育总局授予的“全国群众体育先进单位”称号，这是全国电力系统惟一获此殊荣的单位。

5月8日，国家电力公司、共青团中央命名茂名供电分公司分界供电所、省输变电公司变电工程处、广州供电分公司用电业扩组、500kV汕头变电站、深圳供电分公司客户信息服务中心、新会供电公司客户服务中心、珠海供电分公司明源公司为2001年度“全国青年文明号”。

按照供电“优质、方便、规范、真诚”的服务方针，广电集团公司于5月22日，出台了《广东省广电集团有限公司供电服务承诺》。

5月29日～6月3日，广电集团公司王野平董事长陪同广东省委副书记、常务副省长欧广源赴贵州、云南进行西电东送工作考察，并签订2002～2003年西电送广东购售电合同。

5月31日，在四川绵阳举行的全国第二届体育大会上，由广电集团公司肇庆供电分公司组队成立的中国电力醒狮团夺得全国舞狮比赛亚军。

6月22日，广电集团公司与茂名信宜市供电企业签署代管协议。至此，广电集团公司按照广东省政府要求，全部完成了与18个自供自管（趸售）县（市）供电企业代管协议的签订工作。

6月30日，广电集团公司在深圳500kV变电站举行广东省电网重点项目投产仪式，游宁丰副省长按下投产按钮。

7月1日，沙特阿拉伯王国工业电力大臣哈希姆·阿卜杜拉·亚马尼博士一行访问广电集团公司，商洽广电集团参与沙特电力建设有关合作事宜。

7月3～6日，王野平董事长陪同游宁丰副省长到梅州、河源调研山区开发工作。

7月13日，中共中央政治局委员、广东省委书记李长春做出批示：“挖掘资源潜力，加强调度，尽量减少电力对经济发展的制约，不要出现拉闸限电，并抓紧平衡明后年的电力供应，早做准备”。7月15日，省委副书记、常务副省长欧广源和副省长游宁丰分别做出批示，要求省经贸委、广电集团公司认真落实李长春书记的批示，全力确保全省供电。

7月26日，广东省电力行业协会在广州成立，广电集团公司董事长王野平当选首届会长。

经国务院批准，集团公司总经理祁达才和设计院庚日锴同志当选为2001年享受政府特殊津贴专家。截至2002年底，广电集团公司有享受政府特殊津贴专家26名。

9月15日，国家统计局发布中国企业集团最新统计信息，广东省广电集团有限公司以2001年总资产1204亿元、产品销售收入646亿元，首次跻身全国经营规模最大的十大企业集团行列，排名第九位。

10月11日，广电集团公司在2001年度省属国有资产经营公司资产经营责任制考核工作中，以考核总分94分的成绩荣获优秀等级单位。

10月18、19日，旨在促进粤港澳三地电力客户服务工作、交流经验、增进三地友谊的第七届粤港澳电力服务研讨会在穗召开。

11月6日，中共十六大代表、集团公司董事长、党委书记王野平与广东代表团一起，赴北京出席中国共产党第十六次全国代表大会。

11月18日，广电集团公司党委召开扩大会议，传达十六大精神，制订了公司系统学习贯彻十六大精神的意见。

12月20～23日，集团公司组成代表团参加了广东省第二届珠江三角洲地区与山区经济技术合作洽谈会，并与河源、清远、韶关、梅州等四个山区市签订了小水电送出工程建设意向性协议，总投资额达16.2亿元。

12月29日，中国南方电网有限责任公司正式成立，广东省广电集团有限公司成为中国南方电网公司的全资子公司。

中国广东核电集团有限公司

综述

中国广东核电集团（以下简称中广核集团）由核心企业——中国广东核电集团有限公司（以下简称中广核集团公司）及16家主要成员单位组成。中广核集团是1994年经国务院批准的大型试点企业集团之一，在国家计划中实行单列。1994年9月29日，中广核集团公司注册成立。注册资本102亿元人民币。

到2002年底，中广核集团已拥有400万kW的核电装机容量，年发电能力近300亿kWh，拥有约100万kW的常规电力权益容量，年发电能力近30亿kWh，总资产546.2亿元，净资产（不含少数股东权益）157.7亿元。2002年，中广核集团实现营业收入72.47亿元人民币。广东大亚湾核电站（以下简称广一核）和岭澳核电站（以下简称广二核）四台机组上网电量超过177亿kWh的计划指标，达到187亿kWh。

核电生产

2002年，广一核全年商运上网141.16亿kWh，机组平均可用率85.88%，平均负荷因子85.55%。广二核商运上网电量45.84亿kWh，机组平均可用率99.92%，平均负荷因子92.03%。2002年，广一核完成基建贷款还本付息2.25亿美元，累计还本付息45.3亿美元，占全部基建贷款还本付息总额的84.8%，公司财务状况继续保持健康水平。

2002年，广一核、广二核四台机组的安全状态保持良好；三道屏障保持完整，未发生意外放射性排和泄漏事件；各项安全指标均在可控范围内；全年未发生重大工业安全事故和火灾事故。

与世界核电站营运者协会（WANO）8项指标比较，2002年，广一核5项指标超过世界中间水平，3项指标达到世界先进水平，广二核有5项指标达到世界先进水平。广一核、广二核的安全运行水平保持在国际先进水平。

2002年，广一核两台机组废气、废液排放量和中低放固体产生量均远低于国家规定的限值，其中废液排放为国家限值的0.32%，废气排放为国家限值的1.12%，低放固体废物产生量为125.9m^3，为设计标准的12.6%。广一核、广二核环境监测系统运转正常，周边环境状况良好。

核电建设

2002年，广二核继续抓好工程建设，全面实现“二核比一核好”的目标。工程建设者们始终坚持“安全第一、质量第一”的方针，在大亚湾核电站工程建设和安全生产运行取得良好经验的基础上，进一步解放思想，实事求是，在整个工程建设过程中精心组织，精心管理，精心操作，加强对工程各环节质量的监督和检查，发现问题及时处理，不留隐患，技术、安全、质量、进度、投资五大控制一直保持良好。

工程建筑安装“一次达标率”保持在98%以上。两台机组经过核岛安全壳密封性试验、热态功能试验和临界物理试验，证明完全符合设计规范。1号机组在2002年5月28日提前48天投入商业运行，对缓解广东省夏季负荷高峰时的用电紧张局面起到了重要作用。2号机组也于2003年1月8日提前66天正式投入商业运行。

岭澳核电站的主要技术经济指标均超过大亚湾核电站历史同期水平，实现了工程管理自主化、建筑安装自主化、生产准备自主化和部分设计自主化、部分设备制造国产化，工程建设周期比大亚湾核电站缩短一年，工程总投资比预算降低10%，全面实现了“二核比一核好”的目标。

核电发展

2002年，岭东核电站（以下简称广二核二期）进入实质性的启动阶段，已完成了标书和可研报告的修编、审评和统稿工作，并就工程组织方式、采购模式、设计自主化、设备国产化、技术改进与创新、投资控制与经济分析、进度控制以及工程信息化管理等专题进行了深入研究。广二核二期项目公司筹组工作正在按计划进行，领导班子和组织机构已经建立起来。

阳江核电站（以下简称广三核）项目也已启动。组建了阳江核电项目筹建办公室，并开始了相关的前期准备工作。

综合管理

2002年，中广核集团公司与时俱进，不断加大管理与改革的力度。

(1) 管理方面。积极推进资产经营、安全生产和党风廉政建设“三项责任制”考核体系的建立，完成了相关考核细则与奖惩标准的制定，为2003年全面推行“三项责任制”工作奠定了坚实的基础。加强信息化建设，促进集团资源共享与有效利用，优化管理流程，提高工作效率。

(2) 组织结构方面。研究确立了运营管理公司作为核电站的群堆管理主体，经广一核、广二核董事会批准，在国家环保总局和国防科工委等政府主管部门的大力支持下，各项筹建工作正稳步开展。

(3) 资本运作方面。加大了房地产、商业、高科技领域的资源优化与整合力度，强化对多种经营投资的监控，进一步改善存量结构，防范经营风险，促进多种经营资本运作效率和效益的提高。继中广核01企业债券首发成功后又顺利进行了中广核02债40亿元人民币的发行工作，拓宽了集团的融资渠道。

(4) 技术创新方面。进一步整合集团科技开发力量，积极组织参加国内外核能合作和学术交流，开展科技成果评奖等活动，营造出良好的科技创新氛围，一些重点课题的研究取得了阶段性的成果。

党建工作

2002年，中广核集团公司坚持两手抓，党的建设与干部队伍建设取得显著成效。

中广核集团各级党组织紧密围绕企业改革与发展这一中心任务，以“三个代表”的重要思想为指导，在组织学习贯彻十六大精神、认真做好领导班子和干部队伍建设、加强党组织建设和思想政治工作、落实党风廉政建设任务及对口扶贫工作等方面做了大量工作，取得了较好的成绩。

主要事件

1月25日，经中央企业工委研究决定：王禹民同志任中广核集团公司党组书记；钱智民、贺禹任党组成员；同时免去昝云龙同志的党组书记职务。

5月28日，岭澳核电站在工地举行1号机组正式投入商业运行庆祝招待会。中广核集团公司党组书记王禹民为岭澳核电站工程向生产移交仪式揭幕。

6月6日，2001年中广核集团公司企业债券在深圳证券交易所上市。

7月1日，岭澳核电站1号机组投产招待会在深圳市麒麟山庄举行。中共中央政治局常委、全国人大常委会委员长李鹏出席招待会并亲切接见了岭澳核电站中外建设单位的代表以及与中外来宾和中广核集团的代表合影留念。

7月2日，岭澳核电站在岭澳核电站现场隆重举行1号机组投产庆典活动。中共中央政治局常委、全国人大常委会委员长李鹏出席庆祝大会，并为岭澳核电站1号机组投入商业运行剪彩。

9月14日，10时35分，岭澳核电站2号机组首次并网发电，比原计划提前92天实现2002年第十一项工程重要里程碑。

11月6日，2002年中广核集团公司企业债券发行仪式在北京举行。根据国家计委审批意见，该期债券15年期的利率确定为4.5%。

12月18日10时，岭澳核电站2号机组自5月28日投入商业运行以来累计上网电量达43亿kWh；大亚湾核电站2002年上网电量134.47亿kWh。提前完成两核电站年发电量177亿kWh的发电任务。

12月20日，中广核集团公司董事会第十九次会议在深圳科技大厦19楼会议室召开。经会议审议批准，同意聘任钱智民担任中广核集团公司总经理职务，免去刘锡才的中广核集团公司总经理职务。至此中国广东核电集团有限公司董事长、党组书记王禹民，总经理钱智民，副总经理贺禹、樊鹤鸣、濮继龙、谭建生，党组纪检组长袁鹏雁，副总会计师岳林康，总经济师张善明。

广西壮族自治区电力工业

2002年广西有发电装机容量751.95万kW，比2001年增长2.42%。其中：水电436.33万kW，比2001年增长2.28%；火电315.62万kW，比2001年增长1.88%。发电量317.03亿kWh，比2001年增长6.68%。其中：水电186.34亿kWh，占发电量的58.78%；火电130.69亿kWh，占发电量的41.22%。向天生桥一二级电站和盘县电厂购电42.67亿kWh，向外省送电2.75亿kWh。2002年全区全社会用电量356.95亿kWh，比2001年增长7.54%。

截至2002年底，广西境内有500kV线路558.04km，公用变电容量275万kVA；220kV线路4719.03km，公用变电容量723.60万kVA；110kV线路7934.82km，公用变电容量856.91万kVA；35kV输电线路19071.28km，公用变电容量352.14万kVA。

2002年，完成广西电网责任频率合格率为99.999%，同比提高0.001%；220kV及以上电压监视考核点电压合格率为99.36%，同比提高0.11%。完成主网网损率为2.10%，同比下降0.04%。

2002年电力体制改革进入全面实施阶段，广西电力有限公司党组以“三个代表”重要思想为指导，把保稳定作为全年工作的重中之重，公司成立了稳定工作领导小组，并明确了各单位保证安全生产和队伍稳定的第一责任人，实行安全与稳定工作责任追究制度；及时宣布改革中必须严格遵守的政治、组织和财经纪律；在改革过程中，公司统筹兼顾，指挥不乱，工作不断，人心不散，确保了电网的安全稳定运行、员工队伍的思想稳定、全年各项工作任务的顺利完成和各项改革工作的顺利实施。

2002年，广西电力有限公司全面完成了国电公司的五项资产经营考核指标，实现利润2.11亿元，完成考核目标的112.28%；净资产收益率1.77%，完成考核目标的117.22%；资产负债率51.65%，比考核目标低6.21%；应收电费余额8.11亿元，比考核目标减少5900万元；上缴投资收益5000万元。按照国务院电力体制改革工作小组的部署和国电公司的要求，及时研究上报了公司对电力体制改革工作的意见，提出了发电企业和辅业的资产重组方案，并及时编报了有关体制改革的各种材料。配合自治区政府提出对组建南方电网公司的有关意见。按国电公司的统一要求，2003年1月27日顺利进行了发电企业的经营、安全生产和干部管理的移交工作。

电力建设

2002年，广西电力有限公司组织编制了《2015年广西电网目标网架规划》（已通过了国电公司组织的评审）和地区电网规划，开展了代管县县城电网改造工程的可行性研究工作。

2002年，广西电力有限公司完成电网建设投资31亿元，其中：主电网基建项目完成投资9.9亿元，城网项目完成投资5.9亿元，农网项目完成投资15亿元。投产了500kV沙塘变电站扩建工程，新增变电容量750MVA；220kV变电站6座，容量780MVA；220kV线路12条，线路总长272.6km。随着220kV田东、下雷变电站和田岭至挡村等一批220kV输电线路的建成投产，主电网已经基本解决了输电“卡脖子”问题，并实现了南宁、柳州、桂林三市的220kV环网。城网和农网一期改造工程基本完成，农网二期改造工程全面开工。建成投产的电力工程项目全部实现一次投运成功，单项工程质量合格率达到100%。

2002年是广西电力有限公司全面实施西电东送项目的关键一年，该公司加大了电源项目前期工作和报批力度。平班、恶滩水电站及合山电厂改扩建工程项目建议书已得到国家主管部门批复，11月国务院批准了平班水电站可行性研究报告和开工报告。这些项目的现场施工进展顺利，为实现广西电力发展“十五”计划提出的电源建设“9321”（即在建规模900万kW、投产300万kW、“十五”末期向广东送电100～200万kW、“十五”末期发电装机容量达到1000万kW）目标奠定了坚实的基础。广西电力有限公司还组织开展了大化、岩滩水电站扩容工程预可行性研究、红水河下游桥巩河段的补充规划论证工作，为广西的水电建设做好了项目储备。

安全生产

认真宣传贯彻《安全生产法》，贯彻落实安全生产有关规定和国电公司1号令。坚持“安全第一，预防为主”的方针，进一步落实安全生产责任制。不断完善规章制度，充分发挥三级安全网的作用，强化工作现场的安全监督。深入开展反违章和危险点分析活动以及“安全生产劳动竞赛”“查找身边习惯性违章行为”“班组安全文化建设”活动。“1.27”事故后，通过对施工单位进行安全生产整顿整改，及时扭转了基建施工事故屡有发生的被动局面。

进一步完善设备管理制度，实施从设计、施工、制造、调试、运行、检修、直至报废全过程管理。加大对设备重大隐患的监督力度。制订了现场规程标准范本，完成了现场规程修订。

加强设备检修、技术监督和可靠性管理，重点对继电保护等设备进行技术改造，设备健康水平不断提高。2002年，共安排水电机组扩大性大修机组2台（大化4号机增容改造和西津2号机大轴处理）、大修机组3台（岩滩3号机、六甲1号机、拔贡2号机）、小修机组29台。计划检修总工日为1029天，实际检修总工日893天，比计划少耗工日136天。火电机组共安排大修机组8台·次，小修机组13台·次（其中扩大性小修机组2台·次）。各供电局，认真做好全网220kV线路及一、二次设备的检修计划，配合电厂的检修安排，及时地安排电网相应的线路、变电站的检修预试等工作。重点安排了继电保护、安全自动装置及30多个变电站微机五防系统改造。主电网的继电保护装置基本上已实现了微机化，2002年，220kV继电保护正确动作率达到99%。

充分发挥技术监督的作用。2002年6月28日取得了自治区质量技术监督局对公司系统电能表强制检定工作的授权。各发供电单位按照分级管理的原则，建立建全技术监督组织机构，补充和完善各项规章制度，贯彻各种新标准、规程，使技术监督工作管理逐步走向制度化、规范化、科学化。

严格执行电网调度管理规程和“两票三制”，完善了操作监护制度。抓好电网继电保护全过程管理，坚持开展反事故演习活动。在火电厂缺煤、大机组运行不稳定等情况下，合理安排运行方式，确保了广西电网安全稳定运行，2002年未出现拉闸限电现象。完成了重大活动、重大节日的保供电任务。电网责任频率合格率、网损率、220kV及以上电压合格率和继电保护正确动作率等电网运行的各项指标均达到或优于国电公司一流调度机构考核标准。

2002年，广西电力有限公司安全生产状况总体是好的，全年电力生产无重大事故。但由于广西水电工程局发生了“1.27”人身伤亡事故，未能达到国电公司安全生产责任制考核中人身死亡“零目标”要求。

营销工作

2002年，广西电力有限公司成立了优化发购电运行小组，在确保电网安全运行的前提下，按购电费用最小的原则合理安排发购电计划，努力优化发购电结构，购电平均单价同比明显下降。开展销售电价和销售市场调查分析，对高电价客户进行重点营业普查，清理和规范分类电价，扭转了售电单价下滑趋势。及时出台了丰水期低谷用电的促销政策和超合同电量购销联动办法，共增销电量4.97亿kWh，拉动公司售电量增长2.13%。完成城市“一户一表”改造9.2万户。

围绕“优质、方便、规范、真诚”的八字方针，大力开展“创三佳”劳动竞赛活动，把优质服务作为实践“三个代表”重要思想的具体体现。在主动服务、承诺服务、跟踪服务、个性服务上有新的突破，取得了良好成效。开通了“95598”供电服务热线，共受理电话12.5万·次，办结率100%，客户的服务诉求得到了良好的回应，供电服务热线已经成为供电企业与用电客户及社会各界之间联系、沟通的重要桥梁。

高度重视电费回收工作。继续强化了电费分类管理，坚持实时检查监督和每月例会制度，制订实施了《电费回收暂行管理办法》，将电费回收作为内部经营责任制考核的重点内容。各供电局领导带头，分片包干，落实到人，将电费回收与工资奖金直接挂钩，极大地调动了员工回收电费的积极性。所属供电局均实现了当年电费结零，完成了公司电费回收目标。

加大反窃电、反违章用电和反盗窃电力设施的工作力度。配合公安部门开展打击盗窃、破坏电力设施和窃电犯罪专项行动，共查处窃电和违章用电518户，补收电费和收取违约电费共360万元；破获案件454起，打掉犯罪团伙46个，打击了盗窃电力设施和窃电犯罪分子的嚣张气焰，维护了公司的经济利益和正常的供电秩序。

不断完善新营销管理信息系统，拓展了银电联网等功能。该系统已在三个供电局正式运行，已有33.8万户实现银电联网交费。通过新营销管理信息系统的推广运用，规范和简化了工作流程，推行了电费计算的标准算法。公司对统调电网关口计量进行了全面的清查和整改，保证了买卖双方的合理利益，为电量的正确结算提供了可靠的技术保证。

2002年广西电力有限公司完成售电量248.13亿kWh，同比增长6.04%，主营业务收入72.7亿元，同比增长5.4%，实现了售电量和效益的同步增长。

企业管理

2002年是广西电力有限公司的“管理车”，公司以管理年为契机，大力开展建章立制工作。从理清部室权责入手，组织修订了部室职责范围、管理权限。清理补充了业务管理制度，完成了公司规章制度汇编，建立了网上“标准化”栏目，逐步建立起公司的技术、管理、工作三大标准体系。公司系统各单位进一步清理和完善了本单位的规章制度，一些单位还进行了标准化的建设。经过一年的努力，公司在制度建设方面取得了较大的进步，管理理念进一步更新，管理水平不断提高。

加强财务管理和资金管理，在总结过去经验的基础上，进一步修改完善了内部经营责任制和财务预算管理办法。供电局的工资奖金、成本费用直接与售电量、售电平均单价、电费回收和线损率挂钩。对其他单位领导班子的考核奖励也直接与经营成果挂钩。这些措施，极大地调动了各单位开拓市场、增收节支的积极性。针对现金流量和投融资规模不断增大的情况，进一步加强资金集中管理，通过资金结算中心的网络建设，增强了与各开户银行的联系，提高了资金的集中度、安全性和效益性。通过加强与各金融机构的合作，在保证投资项目资金需要的同时，控制了债务规模，降低了投融资成本，减少了财务费用支出。

完成了贵港供电有限公司的组建工作，初步实现了贵港市城郊电网的统一管理；整体接收了北海供电局和金海电厂，初步理顺了北海市的供电管理关系；完成了南宁电力学校划转移交地方政府管理的工作。

为推进代管县供电企业的体制改革，开展了试点改革单位的调研工作，重点指导试点单位做好清产核资，为下一步农电体制改革打下了基础。编制了《代管县（市）供电企业管理制度体系》，强化农村电工管理，开展了“创一流县级供电企业”和“农村供电所规范化管理”活动，代管县供电企业管理水平有了提高。

制订了“十五”信息化建设规划。实施了信息化基础设施建设、信息化应用、信息资源开发利用三大工程。信息化基础设施初具规模，各供电局已建成局域网，实现骨干网1000M，以及100M到桌面的能力。运用现代网络技术，建立了以企业集团内部结算系统为中心，连接企业集团分支机构的计算机企业银行综合业务网络系统。启动了公司财务经营管理信息系统和人力资源管理信息系统的建设。生产、管理各应用系统的开发也取得一定成果，信息资源开发利用有了好的开端，信息网络和系统已逐步成为公司各项业务管理的基础平台。

继续抓好各项责任制管理工作。加强各级领导班子安全生产、资产经营和党风廉政建设“三项责任制”管理。改进了“三项评价”办法，完善了评价工作内容，重点检查整改措施的落实情况，对突出问题进行专项评价，使评价工作取得了实效。

充分发挥审计工作的监督作用。继续做好对领导干部任期经济责任、工程项目和代管县供电企业的审计工作。审计联席会议制度得到完善，审计报告、审计意见、审计决定的执行力度加大，审计成果得到有效运用。审计工作在加强内控、防范风险、维护企业合法权益等方面发挥了积极作用。2002年共完成审计项目1312项，查出并已纠正违规金额2645.40万元，促进企业增收节支3429.40万元。

继续推进企业“创一流”工作。继岩滩电厂获得“一流水电厂”、电力试研院获得“一流电力试研院”之后，2002年南宁供电局又获得“一流供电企业”的光荣称号。大化电厂“无人值班（少人值守）运行方式”通过了国家电力公司的验收。

在认真开展“四五”普法依法治理工作的基础上，以企业经营管理的法制化、制度化、规范化为目标，以加强合同管理、预防经营风险、依法维护企业的合法权益为重点，积极开展法律服务工作。充分利用法律武器，通过开展民事诉讼工作，维护了公司的合法权益。

开展民主管理、民主监督、劳动竞赛、班组安全文化建设和文体活动，增强了企业的凝聚力。

进一步完善了社会保险制度，稳步推进补充养老保险和医疗保险改革。认真做好后勤及离退休工作，减少了员工的后顾之忧。

干部队伍建设

2002年，广西电力有限公司进一步加强了对管理人员、专业技术人员、技能人员的培训，建立专业技术带头人及后备带头人二级骨干队伍，加大职业技能鉴定工作力度，开展岗位练兵和技术比武活动，提高了员工的整体素质。

加快年轻干部的培养步伐，2002年共有30名基层单位后备干部参加管理人员高级研修班；并对选拔任用的25名优秀年轻干部进行了跟踪考核，帮助年轻干部健康成长。

2002年举办了公司系统各单位企业领导人、经营管理人加入WTO法律培训班，组织安排学习了《婚姻法》《个人所得税法》《中国加入WTO班干部培训读本》和《机遇与挑战——中国加入WTO基本知识专题辅导》，组织职工参加各种法律知识考试和知识竞赛。

深入开展创建“青年文明号”活动，2002年，广西电力有限公司共有6个单位获“全国青年文明号”称号；24个单位获“广西青年文明号”称号。

精神文明建设和党风廉政建设

2002年广西电力有限公司进一步加强了企业精神文明建设。做到“四个到位”，即思想认识到位、组织领导到位、责任压力到位、措施落实到位。建立健全“四种机制”即建立健全责任机制、激励机制、保障机制、监督机制。抓好“基础工程”即创建文明班组、文明部室、文明车间；和“细胞工程”即创建文明职工、文明岗位、文明家庭建设。以人为本，在创建活动中，做到以科学理论武装人、以现代科学知识提高人、以高尚的精神塑造人、以健康向上的文体活动陶冶人。2002年，广西电力试验研究院、岩滩电厂等2个单位获得国家电力公司双文明单位标兵称号，西津电厂等14个单位获得国家电力公司双文明单位称号；电网调度中心等6个单位获得广西文明单位称号，南宁电力学校获得广西军（警）民共建精神文明先进单位称号。南宁供电局客户服务中心、河池供电局经过复查，玉林供电局、梧州供电局、大化电厂经过检查已分别被国家电力公司和自治区文明委向国家文明委推荐为全国创建文明行业工作先进单位评审。思想政治工作评价体系荣获国家电力公司2001年度精神文明建设创新奖。到2002年底，广西电力有限公司有创建任务的单位全部进入文明单位行列。

加强党风廉政建设。坚持签订责任书，全面落实廉政责任。1月份，在公司电力工作会议上，公司党组书记、总经理赵建国与公司所属各单位党政一把手签订了《党风廉政建设责任书》，会后，各单位党政一把手与所在单位中层领导、中层领导与管理人、财、物的具体办事人员也层层签订了《责任书》，确保责任到人，形成了齐抓共管，纵向到底、横向到边的责任网络。同时，下发了《关于落实2002年党风廉政建设和反腐败工作责任分工的意见》，将党风廉政建设和反腐败工作进行逐条分解，理清管理界面，责任落实到部门，具体到工作岗位。修订了《广西电力有限公司2002年党风廉政建设责任制考核评分标准》和考核办法，对考核内容具体量化。做到履行责任有规范，检查考核有标准，追究责任有依据。有力地促进了公司系统党风廉政建设深入持续开展。

2002年，广西电力有限公司对公司系统处级以上在职干部配偶、子女个人经商办企业做出了具体规定，并对相关情况进行了登记摸底，要求各单位认真对照检查，对涉及违规的，要及时进行纠正和处理。并将结果及时上报。使各级领导干部廉洁自律意识普遍增强，从政行为进一步规范，已有268名领导干部申报了相关的情况，群众较为满意。

加大了查办案件的力度，查处了一批案件。在查办案件中纪检监察部门认真履行“教育、监督、保护、惩处”的四项职能，启迪教育广大员工、以挽救保护干部为目的，积极采用监督和惩处手段。通过典型案件的查处和剖析，在公司系统中起到了警示和防范作用，通过查办案件挽回经济损失583万元。因成绩显著，广西电力有限公司监察室被评为国家电力公司系统案件管理工作先进集体。

存在问题

经营形势严峻，电网发展缺乏后劲。至2002年底，客户共拖欠广西电力有限公司电费总额达8.11亿元。3年以上陈欠电费4.5亿元，其中破产企业已确定无法收回的电费坏账近8000万元。随着加入WTO后产业结构调整力度的加大，关停企业将逐步增加，拖欠电费和电费呆、坏账问题愈加严重。

由于城网改造和电网建设还贷电价不到位，农网改造还贷资金不足，电网运营成本不断增加。厂网分开后，公司从2003年起失去了桂冠等投资收益约1.58亿元，同时新增了大量的成本费用，主要有近年来投资借款的巨额利息以及新增资产的折旧、维护费用约3亿元。如果维持目前的电价机制和利润分配格局，公司将面临严重亏损。

“十五”期间主网架建设和低压配网改造需大量的资金投入。特别是由于低压配网基础薄弱，“卡脖子”的现象比较严重，未来的建设任务繁重，取消了电力建设基金和供配电贴费后,公司资本金严重短缺。

主要事件

1月7日，国家开发银行副行长姚中民在自治区人民政府副秘书长王跃飞等领导及专家的陪同下考察了田东电厂2×13.5万kW厂址。

同日，广西电力有限公司被国家开发银行评为AAA信用等级单位，在南宁举行了授牌仪式。

1月17日，2001年年度广西电网调度信息发布会召开。2001年，广西电网频率合格率、主网电压合格率、继电保护正确动作率等电网运行指标均达到国家一流水平。

1月22～23日，广西电力有限公司召开2002年工作会议。

1月29日，广西电力有限公司与中国建设银行广西分行签订银企合作协议。

2月9日，广西电力有限公司在南宁召开公司机关副处级及以上干部大会，国家电力公司副总经理周大兵率有关部门领导到会，国家电力公司人事与董事管理部副主任曹志安宣布了国家电力公司党组关于赖崇能、黄进平、卢柳春三位同志的职务任免决定：赖崇能、黄进平任广西电力有限公司副总经理，卢柳春任广西电力有限公司党组成员、纪检组组长。

同日，自治区政府副主席王汉民、国家开发投资公司副总经理王会生、公司总经理赵建国出席了国投北部湾发电有限公司合资合同及公司章程签字仪式。公司副总经理陈允鹏与其他两方股东代表在合资合同及公司章程上签字。北海电厂一期2×30万kW燃煤电厂计划2002年上半年正式开工。

3月4～5日，南方电网“西电东送”后续研究第二次调研会议在南宁召开。

3月7～8日，自治区政府副主席周明甫、区政府副秘书长文明到龙滩水电站库区现场办公。

3月14日，国务院办公会议通过了恶滩水电站工程项目建议书，同意建设恶滩水电站。

3月27日，国家电力公司贺恭副总经理、贵州省副省长陈大卫在国电公司电源建设部副主任陈东平等有关领导的陪同下，到龙滩水电工程建设工地检查指导工作。

3月30日，《2015年广西电网目标网架规划》通过国家电力公司评审。

4月8日，国家电力公司系统三年实施“两改一同价”成就展在北京举行，广西电力有限公司被展览组委会授予最佳组织奖。

4月15日，大化电厂4号机组增容改造完成，并提前10天并网发电。至此，大化电厂4台水轮发电机组增容改造工作全部完成，总装机容量由40万kW增到了45.6万kW。

4月27日，国家电力公司农网及外资项目审计成果落实情况汇报会在南宁举行。

同日，河池500kV变电站正式开工兴建。

5月10日，合山火电厂装机容量10万kW的8号机组锅炉脱硫改造工程开工。

5月17～19日，国家电力公司副总经理贺恭带领调研组到广西调研，先后到南宁供电局、广西水利电力建设集团公司、龙滩公司、合山火电厂检查工作。

5月22日，自治区政府副主席吴恒到南宁电力学校调研。

5月24日，国家经贸委正式批复同意广西合山电厂利用现有场地和公用设施改造建设2台30万kW燃煤机组。

5月31日，广西电力有限公司与中国工商银行广西区分行签署代收电费业务合作协议。

6月3～6日，2001年度全国大型水电厂（站）经验交流暨劳动竞赛会议上，广西桂冠大化水力发电总厂、广西岩滩水力发电厂被评为“2001年度全国大型水电厂（站）劳动竞赛先进单位”。

5月6日，供电服务热线“95598”开通仪式暨客户恳谈会在南宁举行。

5月9日，自治区政府副主席王汉民率自治区考察工作组一行15人在柳州地区行署专员张少康等领导的陪同下，莅临合山电厂检查指导工作，并重点考察了合山电厂2×30万kW机组改扩建工地和8号炉脱硫改造工地。

5月10日，自治区政府主席李兆焯到平班水电站考察。

5月12日，广西合山发电有限公司三大主机合同（合山电厂改扩建2×30万kW机组工程）举行签字仪式。

5月17日，龙滩水电站大法坪砂石加工系统建设及运行管理工程合同项目举行签字仪式。

5月20日，国家电力公司顾问何璟到龙滩工地检查指导工作。

5月20～21日，广西电力有限公司召开三届二次职工代表大会。

5月25日，国家重点工程——天广三回500kV百色变电站正式投入运行。

5月26～27日，国家电力公司安全生产检查组到广西检查公司安全生产工作落实情况。

5月28日，由广西质量技术监督局与广西电力有限公司联合成立的广西电能计量检测中心举行揭牌仪式。

同日广西电力试验研究院、广西岩滩水力发电厂获国电系统2000～2001年度双文明单位标兵。西津水力发电厂、合山火力发电厂、南宁供电局、梧州供电局、玉林供电局、桂林供电局、广西电力工业勘察设计研究院、广西电网调度中心、广西送变电建设公司、南宁建宁供用电工程公司、柳州天鹤电力有限责任公司、北流市供电公司、邕宁县电业公司、临桂县供电局等14个单位被评为2000～2001年度双文明单位。

8月4日，由自治区副主席吴恒率队的"基层文化建设考察研讨团"到广西送变电建设公司考察。

8月10日，中纪委驻国家电力公司纪检组组长、国家电力公司党组成员祝新民在公司党组书记、总经理赵建国，党组成员、纪检组组长卢柳春的陪同下，到柳江县供电公司百朋镇供电营业所考察农电管理工作。

8月12～13日，国家电力公司召开系统案件管理工作座谈会。广西电力有限公司纪检组、监察室被评为"国电公司系统案件管理工作先进集体"；何其保被评为"国电公司系统案件管理工作先进个人"。

8月15日，北海电厂一期2×30万kW工程通过初步设计预审查。

8月23日，邕宁县电业公司、临桂县供电局以及公司农电部李广明、鹿寨县电力公司卢世军分别被评为全国第一批农村电网建设与改造工作先进集体和先进个人。

9月2日，广西电力工程建设公司成立。

9月3日，广西电力有限公司召开安全生产工作会议，落实国家电力公司电力生产工作会议精神，学习和贯彻《安全生产法》。

9月16日，广西电力有限公司荣获"国家电力公司2001年度精神文明建设创新奖"。

10月8日，广西壮族自治区厂务公开领导小组到广西电力有限公司检查厂务公开工作。

10月10日，沙塘500kV变电站2号主变压器扩建工程竣工投产。

10月18日，加拿大著名学者、国际电气电子工程师学会（IEEE）会士、IEEE电力系统动态特性委员会主席Prabha Kundur博士、汪磊博士到公司作专题学术报告。

10月23日，谢正经副总经理率领广西电力有限公司有关部门负责人到北海供电局正式宣布北海供电局划拨广西电力有限公司直管。从2002年8月31日起，北海供电局正式划拨广西电力有限公司直管，金海发电厂由北海供电局暂行代管。

10月25日，广西电力有限公司召开系统党政主要负责人会议，传达国家电力体制改革精神和国电公司系统主要负责人会议精神以及传达国电公司《关于当前电力体制改革过程中切实加强安全生产和维护稳定工作的通知》，并就公司系统当前的安全生产和稳定工作进行布置。

10月29日，邕宁县电业公司五塘供电所、临桂县供电局五通供电所；桂平市电业公司南木供电所蒙宗伟、灵山县供电局檀圩供电所黄永步、宜州市电业公司龙江客户服务中心吴桂岳、北海供电局南康供电站曹文芳分别被评为国家电力公司"农电优质服务标兵单位""农电优质服务先进个人"。

11月18日，南宁五一220kV少人值守变电站投入运行。

11月19日，广西电力有限公司召开宣传贯彻党的十六大会议精神报告会，由十六大代表、广西电力工业勘测设计研究院党委副书记、副院长黄麟芬传达会议精神。

12月13日，石西至林村220kV输电工程通过竣工验收，南宁市五座220kV变电站实现"手拉手"环网供电。

12月18日，国家发展计划委员会以《国家计委关于下达2002年第十五批基本建设新开工大中型项目计划的通知》下达平班水电站开工计划，同意平班水电站开工建设。

12月28日，合山溯河500kV变电站开工建设。

（林 建）

云南省电力工业

概况

2002年，云南电力集团公司坚定不移地推进二次创业，牢牢把握"安全稳定、加速发展、重组整顿、巩固提高"的工作方针，与时俱进，开拓创新，进一步开创了改革、发展、稳定和两个文明建设的新局面。云南电网完成统调发电量301.04亿kWh，同比增长24.03%；完成售电量278.23亿kWh，增长22.40%，其中：省内售电量246.24亿kWh，省外售电量31.99亿kWh；完成电力建设投资66.26亿元，其中电源30亿元，电网36.26亿元；实现主营业务收入72.92亿元，增长20.03%，实现利润总额2.26亿元。2002年初制定的10大目标任务全面实现，圆满完成了与国家电力公司和省政府签订的各项责任制考核指标。继获得国家开发银行80亿元的公开授信后，公司又获得工商银行80亿元的授信额度和招商银行10亿元银企合作综合授信。省委3号文件明确提出重点支持云电集团做大做强，列为全省10户大型工业企业之一给予政策扶持，明确要求云电集团努力成为拥有自主知识产权和具有较强核心竞争力的企业集团，在云南省经济发展中发挥重要作用。

电力生产

确保了电网安全稳定运行，主营业务实现跨越式发展。集团公司牢固树立“责任重于泰山”的思想，以“关注安全、关爱生命”为主题的安全文化也引入生产管理，坚持“安全第一，预防为主”的方针不动摇，认真贯彻落实全国、全省和国电公司系统10余次安全会议及国电公司1、2号安全生产令的精神，切实把安全生产特别是电网安全放在改革发展稳定的基础地位，狠抓各级安全生产责任制的落实，全面进行安全性评价，大力开展调度机构无责任事故活动，优化生产管理流程，规范和提高公司系统安全生产管理水平，不断提高设备检修质量、可靠性、自动化水平和健康水平，为云南电网发电量突破300亿kWh大关和发电量售电量实现20%以上的快速增长奠定了坚实基础。2002年未发生特大事故、电网大面积停电事故和重大设备事故，胜利完成“十六”大、昆明国际旅游节等重大保供电任务，实现了云南电网生产系统人身死亡零目标，在全省安全检查责任制考评中名列前茅。

电力建设

集团公司从扩大西电东送规模，彰显电网资源的战略延伸和全局掌控的高度，确定了新形势下实施电网战略性扩张和输配售一体化的电网发展思路，着眼于省内、省外和国外三个市场，立足于充分发挥资源、区位和企业综合实力三个优势，加快电网规划和电网延伸步伐。完成了全省16个地州“十五”电力发展规划和云南电网220kV目标网架规划。继续加大电网投资建设力度，电网建设完成投资36.26亿元，比2001年增加12.94亿元，建成投产500kV宝罗、大昆等标志性输变电工程，全面启动“云电送粤”500kV“三变五线”工程。2002年建成投产110kV及以上输变电项目22个，新增变电容量291万kVA，输电线路1209km。城乡电网建设改造取得新的进展，农网一期工程完成收尾，二期工程完成投资计划，2002年减轻农民负担18800万元，自“两改一同价”以来，累计减负4.85亿元。通过实施城网改造，配网新增能力22.6万kVA。

电力经营

积极适应内外环境的变化，按照现代企业管理需要，优化经营管理流程，加快各个层面的制度建设。建立全过程、全范围、涵盖整个生产经营各个环节的全面预算管理体系，购电成本和公司运营成本得到合理控制。加强对外投资管理，全面清理了公司不良资产和对外投资。电价政策取得新的突破，上网电价得到相应调整，41个县实现城乡电网同价。加大电费清缴力度。深化薪酬制度改革，实施公司薪酬绩效制度评估。根据2002年云南电网供求形势，集团公司认真总结电力市场开拓中的经验和问题，在需求侧引入市场机制，积极引导并调整用电市场结构，开展更具有市场效率的电力营销策略，出台汛期电力促销方案，扩大趸售市场，保证居民生活用电，培育和开发省内区域性市场，积极实施矿电联营，省内增速达13.91%，高于全国平均水平增长。集团公司积极实施“走出去”战略，加快景洪项目前期工作步伐，老挝政府已原则同意通过老挝向泰国送电的输电线过境，向老挝送电配套的相关输变电工程已经基本完成，缅甸北部局部地区供电量进一步扩大。继电力市场供需关系缓和以来，集团公司售电量首次实现了20%以上的增长速度。围绕塑造服务型公司和打造云电彩虹品牌，继续巩固和扩大“电力市场整顿和优质服务年”活动成果，加强了对电网上游发电商和下游用电户之间的沟通和联系，加强调度信息发布，开通全省统一的“95598”特号服务，启动客户服务系统建设，大力开展行风建设和提升文明窗口服务形象，优质服务转入常态，投诉举报回复率100%。集团公司命名了城市及农村“供电营业规范化服务窗口”97个，27个农村供电所被国电公司命名为“为人民服务，树行业新风”示范窗口。

电力改革

集团公司党组按照“应有预案、对有良策”的指导思想，及时成立电力体制改革工作小组和办公室，全面、深入、前瞻地认真研究改革问题，积极主动地向国家电力公司和省委、省政府汇报，反映观点，提出有关意见和建议，同时加强与广东省和南方电网公司筹备组的沟通，积极派人配合南方电网公司筹备组开展工作，一些重大原则性问题得到采纳和吸取。按照国家电力体制改革精神，积极研究制定公司“网厂分开、主辅分离”的改革方案和辅业改革方案，并向省委、省政府提出进一步适应电力体制改革、做大做强云电集团的地方电力改革发展思路。依托电网规划延伸和股份制改造，进一步增强了对全省电力工业发展的影响力和控制力，个旧、蒙自、祥云、巍山等地方电力公司通过资产组带新加盟云电集团。

西电东送

西电东送进一步取得历史性突破。在完成“十一五”期间增加外送容量与输电方案研究的基础上，国家电力公司明确云南省“西电东送”规模从2006年起增加至280万kW，云南、广东两省政府也签署了关于“十一五”期间增加“云电送粤”规模的协议书。为保证“西电东送”落到实处，集团公司充分发挥在云南电力工业中的主导作用，与广东签定了为期两年的云电送粤合同，大幅度扩大广东用电市场，加强“西电东送”主力电源建设的协调，大朝山水电站三台机组实现投产发电，小湾电站和曲靖二期工程建设进一步加快，宣威电厂六期项目建议书得到国务院批复，滇东电厂一期项目建议书通过评估，景洪电站项目建议书和开远电厂可研报告已经上报，高桥等中小水电也加快建设。集团公司在省内用电紧张的情况下，积极组织电源生产，扩大云电送粤规模，2002年向广东送电31.99亿kWh，同比增长182%，实现了省政府要求向广东送电翻一番的目标。

多角化经营

圈定战略资源取得积极成效。滇能集团加快发展步伐，参与电源建设，初步形成与公司主营业务互动的战略关系。加强与各级地方政府沟通和协调，与思茅、迪庆、昭通、楚雄等地方政府签定了泗南江、岗曲河、牛栏江、礼社江等流域共200多万kW装机容量的合作开发意向。资产重组整合迈出新步伐。云电控股完成云电清华同方公司、云南省投融资担保公司以及云电信通等公司的组建工作；滇能集团参与了硕多岗河发电公司、田坝电站等水电资产的增资扩股工作；马龙化建成功收购3家企业并整合了中轻依兰；完成燃料公司重组改制。滇能集团和云电控股两大平台业务不断发展。集团公司产融结合进程加快，电力高科技、金融、主题基建、优质水电、矿电联营等各个业务门类构架基本形成。云电控股经过一年来的运作，已具备成功的赢利模式和较强的盈利能力，参与招商银行上市的战略配售，在资本市场上的一些组合投资取得较好收益。云电英纳超导研究进展顺利，获准建立博士后工作点。云电阳光稳步推动以高尔夫带动房地产战略。马龙化建一举实现扭亏为盈。高桥、弥勒等电站和个旧铝业建设进展顺利。全公司系统多种产业总收入达到31.03亿元，实现利润3.14亿元；其中滇能集团完成总收入7.68亿元，实现利润1.38亿元。

两个文明建设

学习型企业创建取得阶段性成果。加强了学习型企业创建的领导和指导，并制定了相应规划和方案，积极开展学习型领导班子和学习型机关的创建活动。以学习推动创新，提高工作水平和效率，加快企业发展的学习活动在公司系统深入广泛地开展起来，初步形成工作学习化，学习工作化的可喜局面，领导干部考核也开始将述学与述职结合起来，有力促进了学习型企业的创建。文化创新呈现新气象。围绕二次创业的推进，公司着力于建设具有强大支撑力的云电新文化，全面推进文化创新。云电集团“兴企报国、追求卓越”的核心价值观得到树立和有效传播，唤起了公司系统广大员工的创业热情和将个人成长与做大做强云电集团紧密结合相互融通的崭新局面，控股县电力公司也旗帜鲜明地提出了“转变观念，融入云电”的强烈呼声，文化的凝聚、引导作用初见成效。双文明单位创建成果得到巩固发展，个旧供电局获得“全国创建文明行业工作先进单位”，送变电公司、鲁布革电厂获得“全国精神文明建设工作先进单位”，一批单位被新评为全国、云南省和国家电力公司系统双文明单位。

贵州省电力工业

电力生产

2002年贵州电网统调发电量达383.87亿kWh，比2001年增加53.83亿kWh，增长率达16.3%；售电量342.76亿kWh，比2001年增加47.3亿kWh，增长率达16.01%，其中省外完成售电量59.5亿kWh，比2001年增长70%，贵州电网连续10年保持了年发、供电量两位数的增长。

黔电外送取得重大成果。贵州电网向广东送电最高负荷首次突破100万kW，2002年累计向广东售电量35.76亿kWh，比2001年多售电23.98亿kWh，增长203.61%；送广西12.46亿kWh，送湖南6亿kWh，送重庆4.77亿kWh，均比2001年有较大幅度增长。

安全工作认真贯彻执行《中华人民共和国安全生产法》，安全生产水平不断提高。2002年未发生电网瓦解大面积停电事故，未发生重大设备损害、重大火灾及交通事故，人身重伤死亡事故。基本建设狠抓安全文明施工取得显著成效，连续五年实现了人身死亡为“0”的目标。

2002年，由于燃煤供应不足，致使贵州电网火电机组少发电量达10亿kWh，部分火电机组被迫降低负荷甚至停机，加剧了省内电力供应紧张的局面。

电力建设

按照国家实施西电东送工程安排，2002年贵州省电源、电网建设进入施工高峰期。各参建单位坚持“精细管理、精心施工、无私奉献、优质服务”，狠抓安全文明施工，确保工程实现达标投产，较好地完成了基建计划任务。

2002年完成电力大中型基建投资57.9亿元，投产火电机组40.5万kW，在习水电厂（4×13.5万kW）工程中，创造了贵州电力建设同一工程项目、同一施工单位，一年“三机投产”的新纪录。至2002年底，贵州电网装机容量已达599万kW。电网新增220kV变电容量72万kVA，线路404km；建成500kV变电容量215万kVA、线路660km。

贵州电网500kV主干网架建设再上新台阶。经过一年多的努力，高质量建成500kV安顺、青岩两座变电站，扩建了500kV福泉变电站和500kV福（泉）青（岩）、青（岩）安（顺）双回、安（变）电（厂）双回和安（顺）贵（阳）双回、纳（雍）安（顺）Ⅰ回、黔（北）鸭（溪）Ⅰ回共9条线路。这些输变电工程与2001年建成的鸭溪变电站、福泉变电站、玉屏变电站，形成贵州电网500kV“5站13线”，容量约475万kVA、线路总长约800km的500kV“日”字型环网，不仅增强了贵州电网自身的安全可靠性，同时为扩大贵州电网的外送电能力提供了坚实可靠的网架基础。

贵州省初步完成农电“两改一同价”任务。全省一、二期农网建设与改造累计完成工程投资68亿元。城网改造任务基本完成，至2002年底，全省3年共完成城网改造计划资金23亿元。

加快电煤基地建设。根据对“西电东送”发电用煤需求和贵州省火电项目装机计划进度，省委、省人民政府高度重视现役火电厂供煤不足，在建火电项目配套电煤基地建设滞后问题，提出大力推进煤电联营，按照“大煤保大电”的思路，尽快建成一大批煤炭生产基地。贵州省电力企业按照“积极促进煤电联营，加快贵州电力发展”的要求，在煤电联营实施上迈出了步伐，投资控股或参股有关煤矿建设。

电力经营

贵州省电力公司全年实现销售收入77亿元（按合并口径为105.4亿元），比2001年增长19.8%；实现利润2.7亿元，2002年末资产总额285.57亿元、所有者权益88.74亿元；电费回收率当年100%，完成国家电力公司下达的应收电费余额的考核指标。保证了企业生产经营的正常运转。全员劳动生产率410025元/（人·年），比2001年增长14.9%。

及时调整、创新营销思路。各供电局积极配合国家及省政府实施产业结构调整，不断适应电力营销形势的变化，进一步调整营销思路和策略，在电力供需矛盾突出的情况下，适时调整用电结构，削峰填谷，稳定和巩固省内了电力市场。

贵州省电力公司坚持全过程、全方位控制融资成本、生产成本和工程建设成本，按工程进度和需要，合理安排现金流量计划，精打细算，有效地减轻了因城网、农网改造增加的财务负担。

积极推进贵州电力“95598”客户服务系统的建设。贵州省90%的地区供电局建成了集服务、管理、监督的“贵州电力95598”三级电力服务体系，实现了在“95598”系统支持下的客户服务，使贵州电力市场服务发生了巨大的改变，获得了良好社会服务效益和企业管理效益。

电力法制建设与管理取得突破性进展。《贵州省反窃电条例》于2002年7月30日，经贵州省九届人大常委会第二十九次会议通过，自2003年1月1日起施行。这是贵州省电力行业实施的第一部地方性法规。

电力改革

在“厂网分开”的电力体制改革中，贵州电网划归中国南方电网有限责任公司。中国华电集团公司、中国国电集团公司进入贵州，分别拥有了贵州的国有资产电厂，贵州电力形成了新的管理格局。

按照国务院电力体制改革方案，南方五省（区）电网形成了新的利益共同体。中国南方电网公司的组建，对于进一步实施西部大开发、西电东送战略，促进五省（区）资源优化配置，实现优势互补、东西双赢，具有十分重要的意义。

贵州省电力公司牢牢抓住“西电东送”历史机遇，通过加快电力发展，电源和电网结构已发生重大变化，电网电压等级提升，电网不断地扩大和加强，投产的电源规模不断增加，电网和电源点自动化程度不断提高。贵州电力正在向大电网、大容量、大机组、高电压、高参数、高自动化方向迈进。

主要事件

1月14日～15日，习水电厂2号机投产起动验收委员会召开。

1月22日，陈大卫副省长、省计委陶谋立副主任来公司，会见国家电力公司石成梁主任、张贺副主任等及我公司总经理王久玲。

1月23日，省委书记钱运录、省长石秀诗、副省长陈大卫等亲切会见来黔考察的中电控股集团主席米高·嘉道理先生及夫人一行，双方就加快贵州能源开发交换了意见。省公司领导向德洪、王久玲参加会见。

1月24日下午15时35分，习水发电厂2号机组完成96h连续满负荷试运行，正式投产。

2月9日上午，贵阳市委副书记罗大林，副市长陈石、李忠一行来省公司慰问，朱远春、匡忠雄、唐新庆副总经理与贵阳市领导亲切会见。

2月12日（大年初一）上午，省委副书记、省长石秀诗，省委常委、省政法委书记姜延虎，副省长陈大卫等一行来到贵州电力调通局，向坚守在生产岗位上的电力职工致以新年的慰问。

3月4日，公司党组书记向德洪随同省委书记钱运录、省长石秀诗、副省长陈大卫等到国家计委汇报工作，重点汇报贵州省实施“西电东送”工作情况和请求国家计委支持解决的有关事项。国家计委主任曾培炎、副主任张国宝等听取汇报，加快实施“西电东送”等给予充分肯定和支持。曾培炎主任指示，加快第二批电源项目前期工作，成熟的抓紧审批。

3月7日，中央政治局常委、书记处书记、国家副主席胡锦涛到全国人大九届五次全体会议贵州代表团参加讨论。省公司党组书记向德洪在讨论会作了实施“西电东送”的专题发言。

3月20日，公司三届三次职代会暨2002年工作会在机关会场隆重召开。

3月25日，陈大卫副省长听取电力建设工作汇报，省政府副秘书长李飞跃、省计委副主任卢世昌、省经贸委副主任金隆昆参加了汇报会。

3月27日，陈大卫副省长陪同国家电力公司贺恭副总经理到龙滩电站工地视察，省公司尹炼副总经理随行。

3月28日，陈大卫副省长陪同国家电力公司贺恭副总经理到构皮滩水电站工地视察工作。

3月30日晚上，中央政治局常委、国务院副总理李岚清及国家有关部委领导，在中共贵州省委书记钱运录、省长石秀诗陪同下，到省公司本部会场观看贵州省民族歌舞表演。

3月31日，全国政协副主席任建新在省政协主席王思齐、副主席袁荣贵陪同下，到清镇发电厂检查工作。

4月1日下午，党组书记向德洪到省委参加省委、省政府向中央政治局常委、国务院副总理李岚清工作汇报会，听取李副总理指示。

4月2日，陈大卫副省长在省国债建设项目工作会上，要求确保一、二期农网改造任务年内完成。

4月8日，省委书记钱运录在匡忠雄副总经理陪同下，到构皮滩电站考察。

4月13日，陈大卫副省长在匡忠雄副总经理等陪同下，到纳雍电厂工程现场检查工作。

4月21～22日，国家环保总局在京主持四个电源项目（纳雍二厂、鸭溪电厂、盘南电厂、黔西电厂）的环境影响评价报告审查，参加三个电源项目电规总院主持的（纳雍二厂、鸭溪电厂、盘南电厂）可研报告收口审查。

4月25日上午，根据省政府安排，广东省政府副秘书长张思平一行到省公司就组建南方电网公司事宜进行会商。省政府副秘书长吴跃、省计委副主任赵家兴、省经贸委副主任金隆昆及省公司总会计师李文中等参加会商。

4月28～29日，广东省政府在深圳召开有国家电力公司、云南、贵州、广西、海南等省区有关负责参加的“南方电网公司组建方案研讨会”。

4月29日上午，贵州省召开表彰大会，省公司系统贵阳市北供电局、贵阳市南供电局抢修中心、电建二公司习电项目部锅炉加热队获“贵州省五一劳动奖状”；祝明（贵州电力试研院）荣获“全国五一劳动奖章”；卢都匀（贵阳市北供电局）、颜东升（遵义电厂）、薛冬渠（六盘水供电局）、胡宗国（清镇发电厂）、石国玺（贵州送变电工程公司）、申友强（遵义供电局）、吴必周（榕江县电力局）、尚勋宏（凯里供电局）荣获“贵州省五一劳动奖章”。

5月9日，陈大卫副省长主持召开的专题会，研究贵州省对南方电网公司组建方案的意见。

5月15日，省委书记钱运录听取省公司党组书记向德洪汇报“西电东送”工程进展情况，要求在电力体制改革中加快实施西电东送步伐。

5月29日晚上，省电力公司和国电南方分公司签订2002～2003年“黔电送粤”电费结算的补充合同。

5月30日上午，黔粤两省政府“西电东送”工作座谈会暨2002～2003年购售电合同签字仪式在省政府举行，两省领导对黔电送粤给予充分肯定。广电集团、国电南方分公司和省公司负责人在会上签订2002～2003年购售电合同。

6月7日，经与广东省粤电资产经营集团充分协商，达成合资建设盘南电厂协议，广粤电、西电、金元分别投资55%、35%、10%。

6月12日，石秀诗省长主持召开154次省长办公会：审议并原则通过省计委提出的《对广东省提出的〈南方电网公司组建方案〉的建议意见》。

6月26日，香港中华电力、省电力公司、省基建投资公司就组建贵州中电电力有限责任公司（合资建设安顺电厂二期工程）的合资、建设、营运、购电、调度等合同签字仪式在贵阳举行。

7月7日17:33，习水电厂3号机组于完成96h满负荷试运行，移交生产。

8月5日中午，省委书记钱运录，省委常委、秘书长庹文升，副省长刘长贵及省有关部门负责人视察盘县电厂，对该厂建设、生产经营管理给予充分肯定。

8月5～8日，中国科协副主席陆延昌一行到习水进行科技扶贫活动。

8月9日，省公司与广东粤电资产经营集团会商盘南电厂建设事宜，明确一期工程按4×60万kW规模建设。

9月9日，贵州电力职业技术学院成立挂牌。

9月17日，陈大卫副省长在匡忠雄副总经理陪同下，到国家计委向张国宝副主任汇报贵州省“十一五”黔电送粤方案。

9月23日，由香港中华电力控股，贵州省电力公司、贵州省基建投资公司参股组建的贵州中电电力有限责任公司在北京人民大会堂香港厅举行揭牌仪式。国务院港澳办副主任陈佐洱、外经贸部副部长龙永图、中国贸易促进会副会长戴克祥、国家电力公司副总经理谢松林、贵州省副省长陈大卫和中华电力董事局主席米高·嘉道理先生出席。

10月3～7日，包克辛副省长一行到安顺发电厂及二期工程、安顺500kV变电站工程、纳雍电厂工程、纳雍第二电厂厂址、发耳电厂厂址、盘县发电厂、盘南发电厂厂址及相关的煤炭项目视察调研。

10月9日，陈大卫副省长主持召开电煤供应协调会。

10月14日，石秀诗省长，陈大卫、包克辛副省长等听取省公司关于实施西电东送、电煤供应与开发、电力生产情况的工作汇报。省政府秘书长王远海，副秘书长刘学新、吴跃，省计委主任赵家兴，省经贸委主任李平及省电力公司领导向德洪、匡忠雄、唐斯庆参加会议。石秀诗省长，陈大卫、包克辛副省长在会上作了重要讲话。傍晚，陈大卫副省长主持召开专题会议，协调电煤供应事宜。

10月16日，陈大卫、包克辛副省长主持召开专题办公会：检查落实第一批电源项目电煤供应事宜，明确组织三个工作小组督促检查黔北电厂、纳雍电厂、安顺电厂二期工程配套电煤项目进展情况。

10月18～20日，包克辛副省长等到在建的乌江渡电厂扩机增容改造工程、拟建的鸭溪电厂工程、在建的黔北电厂和洪家渡水电站工程、黔西电厂厂址、大方电厂厂址、在建的索风营水电站工程及相配套煤炭项目进行检查调研。

10月21日上午，陈大卫、包克辛副省长主持召开第一批电源项目电煤供应协调会：决定组成三个工作组分别检查落实2003年建成投产的安顺电厂二期、黔北电厂、纳雍电厂的煤炭供应事宜。

10月27日凌晨5时，习水电厂4号机组完成96h连续试运转，投人生产。

11月6日下午，省公司召开习水电厂启动验收委员会：同意4号机组竣工移交生产。

11月13日，陈大卫、包克辛副省长主持召开专题会：听取纳雍、黔北、安顺电厂（二期）三个2003年投产电厂项目煤炭供应检查督促落实的情况汇报。

12月13日，国家电力公司转发国家计委文件，同意对贵州电网售电价格作适当调整，平均每千瓦时售电价格调增1.92分，从2003年起执行。

12月31日，省人大常委会召开实施《贵州省反窃电条例》新闻发布会。省人大常委会副主任杨谨华、副省长陈大卫、省经贸委副主任金隆昆在会上讲话。

其 他 地 区

福建省电力工业

安全生产

2002年，全省发电量533亿kWh，同比增加19.4%；用电量496.8亿kWh，同比增加13.1%。福建省电力公司直属电厂发电量52.6亿kWh；省电力公司省内售电量363.9亿kWh，同比增加14.3%，向华东售电量34.9亿kWh。省电力公司实现利润总额42695万元，完成国家电力公司下达指标的133.97%；净资产收益率完成2.87%，比指标高0.66%；资产负债率完成55.31%，比指标低

. 为保证三峡水电站首批机组于2003年按期投产发电，四川东方电机制造有限公司制造的外径4.16m、高6.3m、重120t的三峡水电站首台水轮机主轴，于2002年5月11日由四川德阳运往三峡工地。

（选自《中国电力发展的历程》）

42. 三峡左岸电厂500kV出线工程需在2002年内完成，为2003年三峡水电厂第一台机组发电的电力外送提供了可靠保证。图为湖北省输变电工程公司施工人员正在空中作业。（杨亚西　黎平　摄）

3. 2002年11月6日，三峡导流明渠截流成功。（邱煜　摄）

44. 武警水电部队正在热烈欢呼三峡导流明渠截流成功。（武警水电部队 供

45. 恶滩水电站工程（装机60万kW）是广西落实西部大开发战略、实现“西电东送”的重要电源建设项目，2003年3月5日国家计委下达了开工令。（邓新南 摄）

46. 2002年11月26日，清江水布垭水电站截流成功。

（清江水电工程公司 供

7. 正在建设中的三峡水电站向华东送电的送电端——±500kV龙泉换流站，位于宜昌市内，送电容量300万kW。

（选自《中国电力发展的历程》）

48. 运输途中的龙泉换流站换流变压器。

（电网公司 供稿）

49. 2002年2月，三峡电力送出重点项目——江苏武进至浙江瓶窑500kV输电线路架通，图为施工人员在该线段最后一基铁塔上架线的情况。

（选自《中国电力发展的历程》）

50. 229m 高的三常±500kV 直流输电芜湖大跨越塔。

（电网公司 供稿）

51. 2002年5月27日上午10时，四川电网正式向华东电网合闸送电，川电东送终成现实。图为“川电东送”新闻发布会现场。

（丁勇 摄）

52. “西电东送”第四条大通道——天生桥至广东第三回50
交流输变电工程于2002年6月23日投运。图为开通仪
现场。

（刘德禄 供

53．"西电东送"北通道项目开工仪式于2002年8月20日在北京、河北、山西、内蒙古同时举行。图为北京会场主席台。

（中国电力报 供稿）

4．广西将建成"西电东送"的电网支撑和电源补充基地，图为广西南宁500kV变电站的施工现场。（邓新南 摄）

55．2002年12月，浙江省省级变电检修工技术比武在建德举行。

（浙江电力公司 供稿）

56. 2002年4月8日，国家电力公司在北京世纪坛举办“两改一同价”成果展览会，图为展览会开幕式情景。（选自《中国电力发展的历程》）

57. 山西吕梁供电公司开展优质服务“民心工程”以来，深得客户好评。为巩固发展成果，该公司组成督查组经常进行明查暗访工作。图为公司领导正在客户服务中心进行检查。（田进 摄）

58. 为保证党的十六大安全用电，山西电力调度中心人正在研究调度方案。（田进 摄）

59. 武汉供电路灯分局职工每天奔波在江城大街小巷，保证5万余盏路灯盏盏发光，图为工作现场。（杨亚西、蓝天、张岚 摄）

60. 武汉素有“火炉”之称，夏季负荷屡创新高。为此，各供电分局配备了充足的抢修力量及时抢修各类用电故障。图为抢修人员正在更换过载变压器。（聂长青 摄）

61. 2002年6月4日，国家电力公司副总经理赵希正、电网建设部主任郑宝森参加国家认可委认可的电建所杆塔结构、导线金具实验室揭牌仪式。

（电建所 供稿）

2. 2002年9月11～12日，水科院召开了第七届青年学术交流会；9月13日召开了2002年学术交流会并为第七届青年学术交流会的获奖者颁奖。（李磊 摄）

63. 2002年9月10～13日，在北京召开了第二届国际防洪学术讨论会。图为大会主席台。（李磊 摄）

4. 云南大朝山水电站工程于2001年11月蓄水，12月第一台机组发电。2002年6月，水科院水力学研究所与昆明院水科所共同承担了大朝山水电站原型观测任务，获得了十分宝贵的运行资料。（李磊 摄）

65．2002年2月6日，国家电力公司举办春节团拜会。

（中国电力报　供稿）

66．2002年3月23日，广西电力有限公司机关及所属单
共数百人在广西电力大厦门前摆起长龙阵，为广
市民提供多种服务项目，发扬电力职工学雷锋、树新
的高尚品质与作风。

（邓新南

67．赣东北供电局在开展“创建学习型企业，做诚信电力员工”活动中，广大党员表示要在提高自身素质上下功夫，学习得更多更好。图为该局部分党员重温入党誓言。

（盛江南　摄）

68．2002年四川省电力公司在全系统落实“党员先锋工
取得实效。公司成立的共产党员服务队成为全省实
“三个代表”重要思想的一大亮点。图为四川省电力公
赴巴塘援建微型水电示范电站的共产党员义务服务

（丁勇

69．2002年5月30日，四川省委、省政府授予四川省电力公司系统省级“文明行业”称号。

（王玉才　摄）

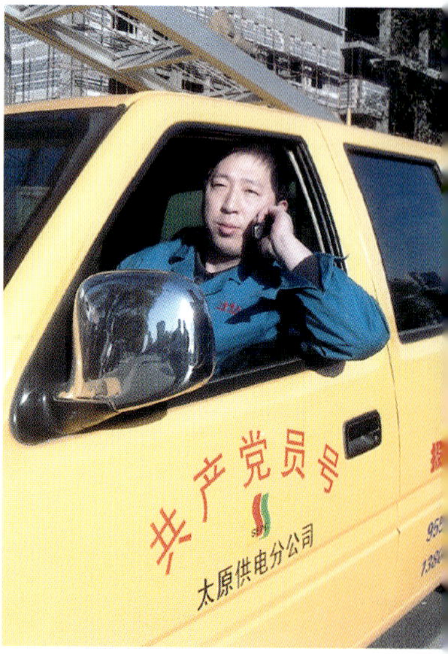

70．太原供电分公司为了强化优质服务
成立了“共产党员”抢修服务车
24小时全天候服务，赢得客户的
赞扬。

（田进　摄

3.69%；完成投资收益8000万元。省电网线损率5.14%；全员平均劳动生产率38.2万元/（人·年）。

省电力公司坚持“安全第一、预防为主”方针，健全和完善安全生产规章制度，认真落实安全生产责任制和事故“四不放过”原则，深入开展安全性评价和安全分析工作，开展“零违章、零违纪”活动、“安全生产月”活动和变电站规范化建设。省电力公司上下齐心协力，战胜了“6·16”金溪流域特大洪灾、“9·7”森克拉台风袭击，电网保持安全稳定运行，连续安全生产达2793天。未发生重大及以上电网、火灾、交通、施工机械设备损坏和特别重大的设备事故。有21个单位取得三个及以上百日无事故记录，其中三明电业局、漳平电厂、华安水电厂的安全生产记录分别达到1586天、2170天、4020天，有25个单位全面完成了安全生产责任书目标。

基本建设

2002年，全年完成电力投资41.7亿元，其中主网架建设12.3亿元，城网改造10.6亿元，农网改造11.6亿元，电源建设5.6亿元，小型基建1.5亿元。新增装机容量97万kW，新增110kV及以上变电容量221.9万kVA，线路987km。500kV福（州）—莆（田）—泉（州）输电线路全线建成，形成省内500kV三角环网。与华东联网的500kV二回线路全线建成。福州500kV变电站重450t的75万kVA的超大型变压器顺利运输就位，整体安装完成。电网建设得到国家电力公司的充分肯定，农网改造工程全面按期完成。棉花滩水电站工程被国家电力公司评为全国第一个整体达标投产水电工程。周宁水电站（3×12.5万kW）工程实现当年开工当年截流。开展了泉州沿海一带LNG电厂电源点的选择及优化工作。

基建企业“走出去”战略成效明显。2002年签订省外和国外合同金额2.92亿元。其中第二电力建设公司中标承建省外3条500kV输电线路工程；第一电力建设公司中标承建3座1×13.5万kW电厂工程；火电承包公司中标孟加拉国巴赫巴里电站天燃气压缩机项目；闽能监理中心在海南连续中标5个输变电工程项目监理业务；电力设计院承接了山东腾州电厂设计任务。

科技、体制、管理创新

技术中心市场化运作初见成效，设立了首席专家、硕士、博士后工作站，技术创新能力不断提高，省电力公司被认定为省级企业技术中心。科技项目试行招投标、重大项目前评估制度，推进了科研攻关体制市场化改革。推进在线管理，继续实施“数字电力”工程。2002年，投入科技开发资金10600万元。1项成果获得中国电力科技进步三等奖，7项成果获省科技进步二、三等奖，各有2项成果获第30届日内瓦国际发明博览会金、银奖，申请实用新型专利3项，1项发明专利通过初审。

积极做好电力体制改革配合工作，完成了龙岩电厂体制转换。积极探索农电体制改革方案，研究起草了股份制改革有关文件。深入实施乡镇电管站改制，改制率达99.59%。

2002年，福建电力公司确立了“两全”管理（全面计划管理、全面预算管理）在企业管理中的核心地位，使管理活动主线清晰、目标及职责明确，加快了流程重组，推动了扁平化、柔性化、网络化组织结构的建立，加速了企业信息化的整体进程，推动了企业管理水平的不断提高，促进了企业战略目标的实现。省电力公司本部通过了流程重组方案。开展了营销业务流程重组并取得初步成效。建立了信息技术支撑平台，建立了电力市场预测中心。实施物流改革，实现了物资统一招标和集中配送。法治工作形成了以标准化、法制化管理为目标，以“质量、环境、职业健康安全”为格局，企业维权，合同管理得到加强。省电力公司和漳州电业局被列为省依法治企试点单位。有6项管理成果获全国电力行业管理创新一、二、三等奖，《大型电力企业监控体系的构建》获国家级企业管理现代化创新成果一等奖。

农电管理

2002年，全省广泛开展农电管理年活动，农电安全管理水平稳步提高。农电行风建设逐步加强，各电业局、县供电企业均将优质服务和行风建设纳入两个文明建设的常态管理范畴。全省创建了38个全国农电系统“为人民服务，树行业新风”示范窗口单位，建立客户服务中心97个，设立供电服务窗口550个，增设营业收费网点2347个。加强农电企业领导班子建设和职工队伍建设，强化安全生产、行风建设和基础管理，扭转了农电生产事故多的局面。农村供电可靠率达98.49%，农村居民端电压合格率达94%。推行乡镇供电所规范化管理标准，达标率为47.97%，有326个供电营业厅被列为示范窗口。推行“合价”改革，618万农户实现了一户一表，累计减轻农民电费负担13.45亿元。全省农网投资完成进度继续保持全国前列，2002年完成一、二期农网投资73.91亿元，已基本完成国家计委下达的农网改造投资任务。

“双满意”工程

2002年，福建电力“双满意”（以客户满意、政府放心为核心的上下满意、内外满意。）工程继续被省委、省政府列为“为民办实事”项目，坚持“人民电业为人民”的服务宗旨，通过开展管理革命和营销革命，着力从体制、机制、管理、服务、技术、监督等六个方面进行创新，使供电质量和服务水平明显提升，电力员工服务观念得到转变，促进了供电服务机制的创新，打响了电力优质服务的品牌，形成了扎实有效的社会监督机制,电力企业的社会形象得到改善。

推行客户经理制和项目经理制，开展“当天工程”“零点工程”“节假日工程”等活动，推广设备状态检修、带电作业、移动发电车等技术，不断提高供电可靠性。通过健全客户端电压监测系统，加大低压配网投资等手段，不断提高客户端电压合格率。推行首问责任制、限时答复制、无周休日制度，预约上门服务。实现多银行电费储蓄制度，推行营业窗口、电话语音查询服务，96996（后改为95598）电话服务，网上客户服务中心查询服务。同时，还开展“110”社会联动报修服务、社区延伸供电服务、大客户个性化服务，实施项目超前、跟踪服务。

行风建设

2002年，省电力公司在开展民主评议行风工作中，通过建立“外举内查、外奖内罚、以外促内”的投诉举报激励机制，广开言路，深入查找问题，广泛收集、听取社会各界和客户的意见和建议，并着力落实整改。供电系统上街设点接受群众投诉和咨询共287场·次、12323人·次；设立投诉电话台，设置意见箱973个；建立客户关系委员会55个，共收集意见和建议1977条；受理投诉、举报电话912件，比2001年下降46.76%，并做到办结率100%。

继续开展走访调查等活动。2002年，省电力公司及所属各电业局共走访调查27823户，收集意见和建议1347条。通过召开行风监督员、行风评议代表、人大代表、政协委员、政府部门、新闻媒体、重点工程客户、电力大客户等座谈会,收集社会各界对本行业行风建设的意见和建议。2002年共召开座谈会598场,其中,省电力公司(含客户经理)13场,供电系统163场,农电系统432场,参加座谈会人数达17037人。

（林耀庭）

四川省电力工业

基本概况

1. 电网规模

2002年四川电网总装机容量1810.85万kW，其中水电装机1173.15万kW，占64.8%，居全国第一位，火电装机637.7万kW，占35.2%；由四川省电力公司统一调度的电厂装机1262.71万kW，其中水电778.99万kW，火电483.72万kW（含二滩分给重庆的容量90万kW）。共建成500kV输电线路1862km，220kV输电线路7447km，110kV输电线路9901km；拥有500kV变电容量300万kVA，拥有220kV变电容量1149万kVA，110kV及35kV变电容量1790万kVA。

2. 电网生产情况

2002年四川全省发电量为733亿kWh，同比增长15.17%，其中水电460亿kWh，增长7.61%，火电273亿kWh，增长31.2%；全省统调电厂累计完成发电量476.52亿kWh，同比增长21.08%，其中水电254.11亿kWh，增长7.1%，火电222.41亿kWh，增长42.29%。公司管理电厂（包括公司参股及代管电厂）完成发电量294.16亿kWh，增长27.50%。公司全资电厂完成发电量117.32亿kWh，增长23.1%。二滩电站累计完成发电量136.07亿kWh，增长7.09%。系统日最大负荷895万kW，最大日电量1.7亿kWh，均创历史新高。供电标准煤耗率394g/（kWh）与2001年持平；线损率为8.2%，比2001年下降0.08%；电网频率合格率为100%，与2001年持平。

2002年公司累计完成售电量450.43亿kWh，比2001年增长18.94%，增幅居全国前列，其中省内售电量427.79亿kWh，比2001年增长15.45%，净售重庆电量9.5亿kWh（不含二滩送重庆），送华东电量14.79（上海南桥口13.14）亿kWh。

3. 基本建设

2002年，公司累计完成固定资产投资56.11亿元，其中电网投资44.16亿元，电源投资11.15亿元。城网改造全部结束，二期农网改造工程基本结束，完成投资30亿元，完成农村户表改造731万户，超过省政府下达目标，为全省同网同价创造了条件。攀枝花500kV输变电工程建成投运，南充500kV输变电工程和思蒙500kV变电站开工建设。电网新增500kV变容量75万kVA；新增220kV变电站13座192万kVA、线路380km；新增10kV配变70万kVA，10kV及以下线路106.6万km，电网结构更加完善。

在电源建设方面，公司负责的冶勒水电站（2×12万kW）、宜宾电厂循环流化床技改工程（1×10万kW）等在建项目进展顺利；广安电厂二期扩建（2×30万kW）已全面开工，紫兰坝水电站（3×3.4万kW）前期工程已开工，白马循环流化床工程（1×30万kW）开工准备工作基本就绪；攀枝花电厂、岷江电厂、华蓥山电厂、江油电厂、豆坝电厂等5个(共70.5万kW)技改项目已获国家经贸委批准，项目公司已完成组建，前期工作加紧进行。此外，瀑布沟水电站已获国家批准，开工准备工作进展良好。

4. 电力供需情况及展望

2002年，四川省国内生产总值（GDP）完成4875.1亿元，比2001年增长10.6%，增速较2001年上升了1.4%，比全国平均水平高2.6%，创1996年以来新高。

2002年，四川省电力公司累计完成售电量450.43亿kWh，同比增长18.94%，其中省内售电量427.79亿kWh，同比增长15.45%，净售重庆电量9.5亿kWh（不含二滩送重庆），送华东电量14.79（上海南桥口13.14）亿kWh。

2002年，全省统调电网累计完成发电量476.52亿kWh，同比增长21.08%，统调电网全社会用电量474.26亿kWh，同比增长19.67%；趸售地方电量56.51亿kWh，同比增长9.65%。其中，一产业用电5.31亿kWh，同比下降2.57%。二产业用电359.02亿kWh，同比增长21.91%，第二产业用电量的增长主要由工业用电量增长带动（工业用电量同比增长21.86%，达到355.85亿kWh，其中轻工业用电41.09亿kWh，同比增长9.14%，重工业用电314.75亿kWh，同比增长23.74%）。三产业用电50.32亿kWh，同比增长16.12%。居民生活用电59.58亿kWh，同比增长12.41%。统调电网分产业用电情况（公司+自备）见表1。

表1 统调电网分产业用电情况（公司+自备）

项 目	2002年（亿kWh）	2001年（亿kWh）	增长率（%）
全社会用电总计	474.26	396.3	19.67
（1）按产业类别分	414.67	343.29	20.79
其中：第一产业	5.31	5.45	-2.57
第二产业	359.02	294.49	21.91
第三产业	50.32	43.34	16.12
（2）城乡居民生活用电	59.58	53.01	12.41
其中：乡村	17.15	15.03	14.11
城市	42.42	37.97	11.73

从用电增长情况看出：第三产业用电快速增长，今后有较大的发展空间。随着旅游等支柱产业的发展、城乡电网建设和改造的实施、居民收入的增加及生活水平的提高，将极大地促进电力市场的发展。

主网八大行业2002年的用电与2001年比较有较大变化。农、林、牧、渔、水利业用电量略有增长，用电8.24亿kWh，同比增长1.24%；工业用电292.01亿kWh，同比增长11.49%，其中重工业用电254.36亿kWh，同比增长12.36%，轻工业用电37.65亿kWh，同比增长5.97%；地质普查和探勘业用电1314万kWh，同比增长28.2%；建筑业用电2.47亿kWh，同比增长26.6%；交通运输、邮电通信业用电13.45亿kWh，同比增长19.25%；商业、公共饮食、物资供销仓储业用电12.59亿kWh，同比增长30.74%；其他事业用电14.37亿kWh，同比增长30.74%。详细情况见表2。

表2 2002年统调电网分行业用电同比情况

产 业 类 别	2002年（亿kWh）	2001年（亿kWh）	增长（%）
全社会用电总计	474.25	396.3	19.67
农、林、牧、渔、水利业	8.07	8.24	-2.07
工业	355.85	292.01	21.86
地质普查和探勘业	0.0929	0.1314	-29.3
建筑业	3.17	2.47	28
交通运输、邮电通信业	14.62	13.45	8.71
商业饮食物资供销和仓储业	15.85	12.59	25.92
其他事业	16.99	14.37	18.23
居民生活	59.58	53.01	12.41

2002年，统调电网第一产业、第二产业、第三产业和城乡居民用电分别占主网全社会用电量的1.12%、75.70%、10.61%和12.56%，其中工业用电占全社会用电量的75.03%。

从用电结构看出：工业是全社会用电的主体，比重较高，是用电增长的重要拉动点，对2002年统调电网全社会用电增长贡献率达到81.88%，在四川省电力市场中起到举足轻重的作用。

2002年全省全社会用电量增速加快的主要原因有：

（1）经济增长速度加快。2002年，在国家西部大开发、加大固定资产投资力度、扩大内需、增加出口等一系列政策措施作用下，国有企业的运行环境有所改善，工业生产持续增长，用电量快速增长；三产业蓬勃发展，用电量大量增加。

由于统调电网的用电结构是重型结构，工业用电量占统调电网全社会用量的75.03%，而重工业又占工业用电量的88.45%。2002年重工业用电增长23.74%，这对统调电网全社会用电量增幅加大起到显著作用。

(2) 消费需求快速增长。增加城乡居民收入、刺激消费等措施的出台，促进了商业、旅游业、餐饮业、交通运输和邮电通信业的蓬勃发展，新的经济增长点逐步形成，带动了用电量的增长。2002年，交通运输和邮电通信业用电14.62亿kWh，同比增长8.71%，其中交通运输业用电13.07亿kWh，同比增长7.91%，邮电通信业用电1.55亿kWh，同比增长15.95%；商业饮食物资供销仓储业用电15.86亿kWh，同比增长25.92%。

(3) 气候的影响。2002年一季度，尤其是春节前后，全省各地区普遍出现低温天气，居民生活和其他事业用电增长较快。入夏以后，全省出现持续高温天气，降温负荷和降温用电高速增长，统调电网最高负荷和最大日电量均创历史新高。

(4) 城、农网改造推动了用电量的增长。居民生活用电除受经济收入制约外，还受消费观念、气候变化等因素影响，随着时代进步和人们收入的增加，消费观念已经逐步发生变化，人民对舒适度的追求欲望日益加强。由于"光明工程"的进一步深化、城农网改造步伐的加快，低压网络输电"卡脖子"的问题得到了初步缓解，电网的网架结构更趋合理，供电能力和可靠性大大提高，为居民生活用电增长创造了条件，推动了城乡居民用电量的增长。

(5) 加强需求侧管理，增供促销。从2000年下半年始，省公司所属各电业局通过出台一系列增供促销措施，努力开拓电力市场，拓展电量空间，充分挖掘用电潜能，促进了用电量的增长。

近年来省网的负荷发展经历了快速增长、下滑、复苏、高速增长几个阶段。1997年前的5年中，全社会用电量年均增长8.58%，增长速度较快；但1998年全省用电量出现历史上首次负增长，1999年开始回升，同比1998年增长3.4%。2000年，受国家西部大开发战略的实施和各项经济拉动政策的影响，全省经济全面提速，带动全社会用电量同比增长11.37%。2001年用电量增长速度进一步加快，全社会用电量达到589.57亿kWh，同比2000年增长13.11%。进入2002年后，全省电力负荷更是大幅度增长。全省电力市场已进入枯期缺电、丰水期保证外送后富余不多的时期。预计2003年全省GDP增长率将基本保持2002年的增长速度，采用回归预测方法，预计2003年四川省全社会用电量将达到740亿kWh。

主要工作与发展基本情况

1. 经营管理工作

2002年，省公司着重对本部职能部门的管理权限、管理责任和管理流程进行了进一步明确，努力做到用制度管人、按程序办事。各部门切实负起责任，加强沟通协调，严格遵守报告、报批、会签把关和发文程序，坚决杜绝个别不规范的现象。办公自动化系统投入运行，提高了工作效率。切实加强财务、投资、融资、物资供应、基建工程管理和审计监督，树立大经营思路，坚决落实资产经营责任制。在资金分配上，突出重点，集中资金用于安全生产、设备整治、电网建设和市场营销等方面，充分用好有限的资金。强化公司经济活动分析会制度，通过召开月度、季度和半年经济活动分析会，对公司经营态势、技术经济指标和生产经营中存在的问题，及时把握，详细分析，制定措施，限期落实，取得了良好效果。强化人力资源管理并取得积极成效，2002年公司员工总数下降1%，连续五年实现员工人数负增长；员工素质和劳动生产率进一步提高，2002年公司全员培训率达到60%，全员劳动生产率达到37.87万元/(人·年)，同比增长18%。到2002年底，公司共有7个单位获得国电公司"一流企业"称号，14个单位建成省公司"一流企业"，形成了一批一流基层企业群体。推进了公司本部标准化体系建设工作，基本建立起以技术标准为主体，包括工作标准和管理标准在内的企业标准化体系，为公司整体创建一流企业奠定了基础。

2. 川电东送工作

2002年5月27日上午10时，国家计委和国电公司发布调度命令，四川通过华中电网向华东送电正式启动运行。四川省广大电力职工为之奋斗多年的"川电东送"的梦想终于实现，为四川水电资源开辟了广阔的市场，是四川电力发展史上的一个新的里程碑，给全公司以极大的鼓舞。"川电东送"启动以来，川渝、华中、华东三大区域电网间密切配合，通力协作，确保了跨区输电正常运行，累计向华东送电14.79亿kWh。四川电网顾全大局，在7月中旬本省缺电的情况下，仍保证每日送华东电量1200万kWh及以上，树立了四川电力诚实守信的良好形象，受到各方的好评。四川省各界高度重视川电东送工程，在送电的当日，省政府举行新闻发布会，原省委书记周永康、省长张中伟等领导出席，祝贺川电东送实现历史性突破，号召全省人民以此为新的起点，进一步加快水电开发步伐，不断扩大川电外送规模，切实把四川的资源优势转变为经济优势。

3. 电力体制改革工作

2002年，四川省公司按照国电公司的统一部署，在确保安全稳定的基础上，努力做好各项改革准备工作。加强了对改革的组织领导，成立了以公司总经理任组长的电力体制改革领导班子，设立了体改办公室。进行了深入调研和认真分析，结合四川省电力工业的现状和省公司的实际情况，提出建议意见。积极向省委、省政府、国家电力公司和国家计委汇报公司的意见和建议，并得到了国家的部分采纳。按照上级要求，配合相关发电公司筹备组，按时完成了各种基础资料的整理、上报工作。抓紧时间理顺内部管理，稳步推进学校等事业单位改革和电厂技改扩建工程，加快多种经营结构调整，尽量解决问题。多次召开主要负责人会议和稳定工作专题会议，加强信访、值班工作力度，公司职工队伍保持稳定，生产经营正常，发展势头良好，为实施电力改革奠定了良好基础。

4. 优质服务工作

2002年，公司继续深化优质服务活动，全面实行“营销革命”，不断提高优质服务水平。通过建立职责明确的领导机制，高效有序的工作机制，奖罚分明的激励机制和内外结合的监督机制，使优质服务工作制度化、规范化、经常化，实现优质服务常态运行。公司系统共建成客户服务中心337个、客户服务部237个，设立供电服务窗口574个，其中全国供电营业示范窗口14个，省公司供电营业示范窗口29个，57个农村供电所被国电公司授予“为人民服务、树行业新风”农电示范窗口。客户服务中心实行挂牌服务制、值班主任制、首问负责制和无周休日制，让客户真正享受到了方便快捷的服务。积极采取“带电作业”和“零点检修”等方式，尽量减少停电时间。“95598”电力服务呼叫电话已在全省开通，集报装、抢修、投诉举报等功能于一体，极大地方便了电力用户。认真处理客户投诉举报，定期召开客户代表和用电服务质量监督员会议，听取意见，整改落实，进一步规范经营行为。在成都双流供电局和高新供电局进行了营销创新试点，为在新形势下建立全新的营销模式进行了良好探索。

5. 精神文明建设

公司坚持“两手抓，两手都要硬”的方针，狠抓精神文明建设，深入开展文明行业创建活动，取得新的成果。公司系统被省委、省政府命名为“四川省文明行业”，成为全省第二个获此殊荣的行业，标志着公司系统“两个文明”建设工作迈上了一个新台阶。同时，公司还获得了国电公司系统2001年度“双文明公司”称号。至2002年底，公司所属46个单位全部建成了地市级以上文明单位，其中省级文明单位和最佳省级文明单位41个，占90%，公司所属电业局除新成立的两公司外全部建成地市级文明行业。

主要事件

1月23日，四川省电力公司召开“光明工程”总结表彰大会，对在实施“光明工程”活动中涌现出的先进集体和先进个人进行了表彰。

2月10日，根据国家干部制度和工作需要，国家电力公司党组任命朱长林担任四川省电力公司总经理（法人代表）、党委副书记。

2月12～14日，四川省省委书记周永康，省长张中伟，副书记秦玉琴、席义方，副省长邹广严、黄小祥、王怀臣，省委常委甘道明等领导分别到江油电厂、四川电力调度中心、成都电业局等单位，向节日期间坚守岗位的电力职工拜年。

2月28日，四川省电力行业协会正式成立。

3月22日，四川省电力公司第二期农村电网建设与改造工程全面启动，工程以农村用户户表改造为核心。完成国家计划投资30亿元，改造农村用电户710万户，到年底使供电区域内农村户表改造率达到85%，农村用户受益面达到95%，为进一步实现城乡用电同网同价目标打下了良好的基础。

3月25日，国家西电东送重点工程——总投资10亿多元的南充500kV输变电工程正式开工。它的建设标志着四川500kV环网将初步形成。

5月27日上午10时，四川向华东地区供电合闸开始运行。至2002年国庆，“川电东送”胜利告一段落，四川电网丰水期第一次成功向华东地区送电14.2亿kWh。为庆祝川电东送的历史性突破，省委省政府举行“川电东送新闻发布会”。时任四川省委书记周永康与省长张中伟以及省委省政府的主要领导参加了新闻发布会。

5月30日，四川省委、省政府命名省电力公司为省级文明行业，并号召各市（州）、各行业认真学习该公司创建文明行业的先进经验。

7月12日，全网水力发电量首次达到1.012亿kWh，接着又连续3天上亿，最高达1.042亿kWh，创下崭新历史纪录。

9月10日，电子束脱硫设备正式移交中方。电子束脱硫技术为火电厂提供了一种可供选择的脱硫技术，为减少城市二氧化硫排放，避免酸雨和城市大气污染做出了贡献。

9月28日，位于南桠河的设计装机两台12万kW的冶勒水电站成功截流。11月23日，位于岷江上游的，装机76万kW的紫坪铺水电站截流成功。

2002年1～10月，四川电网主网的全社会用电量屡创新高，达353.86亿kWh，同比增长15.29%，居全国网省公司前列。最高日负荷达884.8万kW，最高日电量达1.75亿kWh。

2002年，省公司抓住安全不放，加强对安全制度执行的监督检查和对事故的分析处理，切实打牢了安全生产基础，使安全形势继续保持良好态势。至12月底，全公司生产、基建、修造企业再次实现全年均无人身死亡事故。

（左宇龙　杜　兵）

重庆市电力工业

概况

2002年，重庆市全市发电量184.21亿kWh，比2001年（下同）增长8.10%；全市统一调度发电量129.31亿kWh，同比（扣除重庆电厂东厂，下同）增长19.30%（水电7.63亿kWh，火电121.68亿kWh），其中：重庆发电厂31.37亿kWh，同比增长10.76%；白鹤发电厂6.48亿kWh，同比减少11.58%；狮子滩水力发电总厂3.07亿kWh，同比减少19.70%；华能珞璜电厂63.99亿kWh，同比增长28.33%；华能江北燃机电厂1.02亿kWh，同比减少3.22%；九龙电力股份公司13.30亿kWh，同比增长23.77%。重庆市主网统调发购电量176.90亿kWh，其中购二滩电量37.01亿kWh，增长3.3%；购四川电量9.50亿kWh，增长16.55%；购贵州电量1.22亿kWh，减少34.75%。主网售电量156.57亿kWh，增长10.97%。重庆市电力公司售电收入净额53.26亿元（不含税），同比增长10.71%；厂用电率9.33%，增加0.26%；供电煤耗390g/（kWh），降低4g/（kWh）；线损率8.07%，下降0.33%。全员劳动生产率26.69万元（人·年），增长10.22%；实现保值增值率101.57%，资产负债率68.40%，净资产收益率1.36%；主网最高负荷374万kW，同比增长9.61%，最大日电量7514万kWh，增长11.45%，最大峰谷差158万kW，增长13.62%。

2002年主网社会用电量184.51亿kWh，增长11.11%；其中：工业116.09亿kWh，增长11.51%（轻工业18.18亿kWh，增长24.33%；重工业97.91亿kWh，增长9.42%）；农、林、牧、渔、水利业4.45亿kWh，下降3.17%；地质普查和勘探业0.16亿kWh，下降19.76%；建筑业2.69亿kWh，增长21.17%；交通邮电通信业4.55亿kWh，增长5.74%；商业公共饮食物资供销仓储业7.39亿kWh，增长37.99%；其他事业4.80亿kWh，增长12.43%；城乡居民生活用电30.95亿kWh，增长13.21%（乡村6.11亿kWh，增长15.94%；城市24.84亿kWh，增长12.56%）；趸售电量13.43亿kWh，下降1.79%。全市工业万元产值耗电量892.38kWh，产值11.21元/（kWh）。

截至2002年底，全市发电装机容量420万kW（水电119.55万kW，火电300.45万kW）。其中主网统调262.44万kW（水电27.61万kW，火电234.71万kW）。重庆市电力公司直属电厂63.20万kW（水电13.20万kW，火电50万kW），九龙电力20万kW，华能重庆分公司154.86万kW；地方电网145.55万kW（水电106.35万kW，火电39.2万kW）；企业自备电厂32.39万kW。主网拥有变电站217座，容量1579万kVA。其中，500kV变电站3座，容量300万kVA；220kV变电站26座，容量546万kVA。输电线路454条，长度7442.90km。其中：500kV线路6条722km，220kV线路70条1793.60km。

2002年，重庆社会用电量以11.11%的速度增长，售电量增长达到10.97%，是近年来的最高增幅。主要原因是重庆经济的快速发展促进了电力需求的同步增长。2002年，重庆市全市经济增长10.30%，GDP达到1971亿元，重庆进入了富民兴渝，加快建设长江上游经济中心的新阶段。从产业结构来看，第二、三产业用电增长均在10%以上，占全社会用电量62.93%的工业用电增长了11.51%，占全社会用电量16.75%的城乡居民生活用电增长了13.21%，商业、建筑业等用电都保持了10%甚至30%以上的增幅。为了满足社会日益增长的用电需求，重庆市电力公司奋力开拓电力市场，努力提升优质服务水平，全力打造优质服务品牌：①实施优质服务品牌战略，改善服务质量。公司建立了“重庆电力客户服务中心”和“用电展示厅”，2002年9月30日开通了全市统一的“95598”客户服务热线，为主城区六个供电局的电力客户提供每天24h不间断服务，通过电话、传真和互联网等各种方式受理客户电力故障报修、业务咨询、信息查询、服务投诉等业务请求，使电力营销服务从传统方式提升到采用信息技术方式的新阶段，深受客户欢迎。深入开展行风评议活动，设立200万元奖励基金，面向社会广泛征求意见和建议。②实施营销管理现代化战略，提升服务品质。各用电营业窗口实现了无纸化办公，建立了电力营销信息管理系统，完善了三个供电局负荷管理系统数据应用平台的开发建设，实现了大客户远方抄表数据自动用于电费结算、大客户计量自动监视和防窃电分析、公用配电线路电量采集和监视等功能。扩大银行缴费网点，全面实现了与工商银行、中国银行、建设银行的实时联网同城异地缴费，部分实现了与农业银行和邮政局的联网收费，为客户提供了银行柜台交费、委托代扣、查询和自动缴费等多种缴费方式。③

继续实施增供扩销战略、努力开拓电力消费市场。依据增供扩销政策，继续稳定和促进高能耗企业用电，开展现有市场调研，对能源市场竞争趋势进行分析，采取了有力的应对措施。继续推行一户一表，全年安装15.28万户，实施生产生活用电分离工程14个，共为1.5万户困难企业职工安装了一户一表，使直供客户达到74.20万户。进行了低压集中抄表试点和安装智能化配表库，全年改造纸压台区774个，低压线路790km，安装低压无功补偿装置720台。通过城乡电网的建设与改造，供电质量进一步提高，城市供电可靠率达到99.922%，居民客户端电压合格率97.14%，投诉举报办结率100%。2002年12月，国家计委批准了重庆电网城乡用电同价方案，重庆市电力公司直供农村居民用电电价每千瓦时下降0.20元，每年为农民减轻负担1.6亿元。④抓好电网安全，做到“四个确保”。重庆电力公司把安全稳定工作放在首位，2002年圆满完成了亚洲议会和平协会第三届年会、重庆市一会一节、重庆市第二次党代会、党的十六大等重大政治活动和节日保电任务，确保了电力安全生产，确保了队伍稳定，确保了优质服务，确保了市政府目标和“八大民心工程”的完成。

2002年随着重庆经济的持续健康发展，重庆电力公司总体经济运行状况良好，电力建设形势喜人。主网电力建设总投资达到33.20亿元，是近几年投资最多的一年。其中电网建设投资20.71亿元，电源建设投资10.43亿元。2002年城网投资6.73亿元，首批城网建设与改造工程已全面完成；第三期农网改造投资完成11.40亿元。2002年电力建设投资呈现如下特点：①电力建设重心由电网建设向电源建设转移。2002年主干电网建设投资为上年的44%，电源建设同比增加98.94%；②城网、农网建设投资比重增大。城农网完成投资共18.13亿元，占电网建设投资87.53%，同比增加15.8%。500kV陈（家桥）长（寿）Ⅰ回和500kV三（峡）万（州）线相继投运，三座220kV变电站竣工，系统新增线路209km，变电容量109.9万kVA，形成了横贯东西的骨干网架。渝东南电网工程顺利推进，为全市联网打下了坚实基础。重庆电网实现了与华中联网，构筑了贯穿西电东送的大通道。电源建设取得实质性进展，白鹤电厂二期2×30万kW扩建工程顺利进展，江口电站3×10万kW工程第一台10万kW机组在2003年一季度可投运，滕子沟、鱼剑口、大溪河等电站按计划推进，重庆电厂30万kW扩建工程进入前期准备阶段。重庆市电力公司2002年完成售电量156.57亿kWh，同比增长10.97%，资产负债率68.4%，全年电费同综合回收率100%，旧欠回收5.68%；实现利润6045万元，经营形势出现以下特点：售电量增幅突破两位数，高于全国平均水平；资产负债率首次出现下降趋势，比国家电力公司下达的考核指标低4.55%；公司净资产增长速度超过了资产和负债增长速度；当期电费回收首次实现结零，公司经营呈现良好态势。

2002年11月28日，重庆电网出现了直辖以来的第一次拉闸限电，当天拉闸308条·次，最大限电负荷达36万kW。从11月到12月底共限电22天，单日最大限电负荷51.60万kW，总计拉闸6444条·次。这一情况表明，重庆电网新一轮的缺电局面已经来临。

按照目前电量增长和发电资源配置情况，预计重庆电网2002年后三年每年将新增用电负荷60～70万kW，电力负荷将出现15%左右的缺口。造成这一状况的主要原因：①重庆经济的快速增长。2002年全市电力电量增长均在10%左右，是近几年增长最快的一年。②峰谷差拉大，加快了供需矛盾。2002年最大峰谷差已达158万kW，高峰负荷缺口迅速增长，无法补充。③重庆电网网内发电容量不足，省外购电比例占36%以上，一旦省外电力紧张，外购电减少时，网内必然出现拉闸限电。④网内无备用容量，几个大机组长期满负荷运行，一旦发生故障停机，电力供应缺口迅速增大，系统负荷就严重不足。据预测，重庆市2003年电力消费将达到257亿kWh，用电增长9%左右。为此，重庆市电力公司做了如下工作：①充分依靠和发挥现有机组潜力，确保现有机组安全、稳定运行，尽可能做到多发、满发。②向国家反映，要求二滩电站按照国家计委有关文件和国家电力调度中心有关规定执行，保证按国家计划及指令向重庆送电，在必要时可争取向相邻电网（贵州、华中、四川）适当购电。③加快在建项目建设，争取早日投产，为应对明、后年电力供需局势变化创造条件。④加强电网调度，从电网峰谷差大的特点出发，实施错峰填谷的措施，缩小电力电量缺口。⑤根据重庆目前电力需求情况，要求在消纳二滩电量之后，再陆续接受三峡电力最终达到170万kW。

中共重庆市第二次党代会明确了“分三步走”，在2020年把重庆建设成为长江上游经济中心的战略目标。实现这一目标的关键是前十年，从现在起到2010年，要构建成长江上游经济中心的基本框架，必须尽快建立起安全可靠的能源供给保障体系。目前，重庆市电力生产和消费水平都落后于全国水平，人均电力装机拥有容量（0.13kW）仅相当于全国平均水平（0.25kW）的1/2，年人均消费电量700kWh，仅为全国年人均消费电量1100kWh的3/5。到2010年，重庆市人均电力装机和电量消费要达到或接近全国平均水平，每年电力消费增长率保持在8.5%～9%，与全市GDP增长水平大体同步，实现电力生产能力和消费水平翻一番，重庆市发电装机总量跃上1000万kW以上的新台阶。为构筑安全可靠的能源保证系统，2003～2010年期间重庆市规划建设一批电源重大项目，建设总规模近1000万kW，总投资643亿元，在2010年前确保建成发电装机容量600万kW，全市发电装机总容量达到1000万kW，十年建成装机超过前50年。届时，重庆市人均电力装机拥有容量为0.3kW，人均消费电量1500kWh，基本接近当年全国平均水平。初步安排是：除抓紧完成在建的江口水电站（30万kW）、白鹤电厂二期工程（2×30万kW）、藤子沟水电站（2×3.3万kW）、鱼剑口水电站（2×3万kW）、梯子洞水电站（3.6万kW）外，规划建设珞璜电厂三期2×60万kW工程、合川草街电站50万kW工程、彭水电站112万kW、重庆电厂东厂1×30万kW扩建工程和合川双槐电厂一期2×60万kW工程；再进一步建设石堤电站、任河梯级水电站、浩口水电站，綦江盘龙抽水蓄能电站及珞璜电厂三期续建工程和合川双槐电厂二期工程、天然气发电厂、重庆核电厂等大中型电源项目。这些项目建成后，重庆电网的电源结构将日臻完善，供需矛盾将大为缓解。

重庆市电力公司在电力体制改革中加强安全稳定工作

10月20日，国家电力公司在北京召开了国电系统主要负责人会议，就贯彻国务院［2002］5号文精神，在电力体制改革进入实施阶段中加强电力安全稳定工作提出了明确要求。重庆市电力公司于10月28日召开公司系统主要负责人会议，陈峰总经理就当前电力体制改革进入实施阶段，落实党中央、国务院领导指示和国家电力公司关于安全稳定工作的要求，提出了五点要求：①要把思想和行动统一到党中央、国务院关于电力体制改革部署和要求上来，按照国电公司统一部署，做到指挥不断、秩序不乱。②把确保十六大期间的电力安全生产作为头等大事，确保电力安全生产、电力信息网络安全、电网安全稳定，确保重要用户、重大政治活动用电；③把确保队伍稳定摆在更加重要的位置上来抓，落实稳定工作责任制，妥善处理热点、难点问题，及时排查不稳定因素，把矛盾化解在基层，为改革顺利进行保架护航；④抓好全年任务的完成，坚持“严、细、实”的作风和“诚实、守信、公平、透明”的行为规范，抓好各项管理工作和队伍建设；⑤讲政治、顾大局、守纪律，要严守政治纪律、财经纪律、工作纪律和保密纪律，坚决做到政令畅通，令行禁止，确保安全生产、确保队伍稳定，确保优质服务，确保全年任务的完成。

川渝电网与华中电网联网成功

5月25日，500kV万（县）龙（湖北龙泉）线正式与华中电网联网，川渝电网实现了川电东送。国家电力公司于4月22日在500kV万县变电站组织川电东送工程启动调试工作。此次系统启动调试涉及国家电力调度通信中心，华中电网、湖北省、四川省和重庆市等调度中心，设有包括川渝、华中的500kV变电站共159个点，500kV交直流输电线路共2200km。经启动调试，4月22日19时21分川渝电网与华中电网第一次联网成功。此前涉及川电东送的重要输电线路500kV万（县）龙（湖北龙泉）线和陈（家桥）长（寿）Ⅰ回线路相继竣工。500kV万龙线是三峡工程第一个建成的送出工程，既是国家“西电东送”的重要组成部分，又是川渝电网与华中、华东电网联网的枢纽工程，它是二滩电站外送的惟一通道。此线路经重庆超高压工程局和万州电业局走线验收，并进行了缺陷处理，保证了川电东送的成功。500kV陈长Ⅰ回线路是川渝送电通道陈家坪至长寿的第二回输电线路,在川渝电网中占有重要地位,投产后可大大提高西电东送的可靠性和重庆电网的稳定性。

重庆市政府“民心工程”全面完成

重庆市电力公司涉及市政府“民心工程”共14项，建成110kV变电站8座，220kV变电站2座，500kV变电站2座，新增变电容量2599MVA，线路333km。其中500kV长寿、万县两座变电站是西电东送的重要通道，新建的110kV新民街变电站是目前西南地区第一座全室内、全无油化地下变电站。“民心工程”涉及的第二期农网改造完成投资11.40亿元，累计改造行政村5929个，一户一表改造197.7万户，改造率达88%。公司圆满完成了市政府“民心工程”。10月28日，新上任的重庆市委书记黄镇东、代市长王鸿举以及政协主席张文彬、市委副书记姜异康、副市长黄奇帆、人大副主任金烈等市领导及有关部门负责人一行30人，视察了2002年“民心工程”220kV人和变电站，该站是为北部新区开发建设新建的一个重要电源点。黄镇东书记对变电站的建设质量表示满意，并希望重庆电力公司继续为重庆经济发展服好务。

重庆电网实现城乡同电同价

国家计委于11月29日下发了《关于重庆市城乡用电同价有关问题的通知》（计价格［2002］2625号），批准了重庆市电力公司供电范围的城乡用电同价方案。此方案使重庆市电力公司供电范围的农村居民用电价格每千瓦时降低了0.20元，每年为农民减轻负担1.6亿元。这对于繁荣农村经济、改善农民生活，全面建设小康社会有着积极的促进作用。为解决城乡用电同价，国家计委批准重庆市电力公司销售电价平均每千瓦时提高2分钱，其中用于解决农网维护费平摊1.68分钱，其他用于解决农网改造投资还本付息和中央直属水库移民遗留问题。按国家计委批准的《重庆市电网销售电价表》规定，居民生活低压用电每千瓦时由0.396元调至0.432元，非居民照明低压用电由0.61元调至0.645元，商业低压用电由0.725元调至0.765元；非工业、普通工业用电每千瓦时提高0.025元，大工业提高0.024元，对县级电力公司趸售电价每千瓦时降低0.02元。其他类别用电也相应有所调整，调价从2002年12月1日抄见电量执行。在方案出台前，重庆市物价局于7月22日召开了"重庆市城乡居民用电同网同价价格听证会"，41名听证会代表出席会议，14名行评代表列席会议。12月7日，国家计委批准文件下达后，由重庆市物价局和重庆市电力公司联合召开了新闻发布会，向新闻界公布了同价方案。

重庆市电力公司设立200万元行风建设奖励基金

重庆市电力公司被列为2002年市行风评议单位。4月30日，公司召开行评动员大会，邀请40余名行评代表参加，通过公司系统电视电话会议设立15个分会场，1000余名干部职工参加了会议。5月20日，公司在《重庆电力报》上公布了《2002年民主评议行风有奖征求意见公告》，设立行风建设奖励基金200万元，实行"开门纠风，开门纳谏"，从5月20日到8月31日向社会广泛征集行评意见。通过4个多月的行评工作，9月2日，公司召开行评整改工作汇报会，40余名行评代表听取了陈峰总经理的工作汇报，并对公司的整改工作予充分肯定，并提出了希望和建议。在行评活动中，公司收到征集意见信193封。9月9日，经由市纠风办及公司领导组成的评委评选，评出一等奖3名，二等奖15名，三等奖36名，鼓励奖129名，并给予奖励兑现。公司下属供电局相继通过当地行风评议，璧山供电局以93.15的高分获全县第一，公司荣获重庆市2002年行风评议优良单位称号。

重庆电力客户服务热线"95598"开通

重庆市电力公司坚持以市场为导向，以客户为中心，塑造优质服务品牌，全面提升服务品质，以高标准建立了"重庆电力客户服务中心"和"用电展示厅"，并于9月30日12时正式开通"95598"客户服务热线，实现了"只要您一个电话，其余事情由我来做"的服务目标。"95598"这个全市统一的客户服务热线和客户服务网站，实行24h不间断受理客户的电力故障报修、电力信息咨询、用电业务查询、行风举报投诉等服务，服务热线共设60路中断线路，服务对象覆盖城区、沙坪坝、南岸、杨家坪、江北、北碚六个供电局。设立在两路口电力大厦的"用电展示厅"，以声光电加图文并茂的形式，向客户介绍了用电知识，也为青少年科普学习提供了又一阵地。客户服务中心的建立和服务热线的开通，标志着重庆市电力公司的服务品质上了一个新台阶。9月30日，市政府副市长吴家农、副秘书长吴连帆等市领导出席了客户服务中心启动仪式。

周年庆典上街征求意见成为重庆市电力公司传统活动

重庆市电力公司于1997年6月6日随重庆直辖而成立，2002年6月6日，公司成立五周年。6月6日，公司举行了五周年庆祝大会，国家电力公司发来贺信，重庆市市长包叙定向大会发来贺电，市人大副主任刘文、副市长吴家农及市有关部门领导到会祝贺。6月8日，公司组织全系统在全市各营业网点开展大规模的征求意见活动，公司9个基层单位在解放碑设立主会场，其他13个供电局分别在所在地中心设立分会场，农村用电营业所在所在乡镇中心设立了100个宣传点。五年来，每年周年庆典公司都要组织上街宣传征求意见，已成为公司成立周年庆典的传统活动。这次活动向客户宣传了公司2002年继续开展优质服务的主要措施，现场发放了征集意见表，以"优质、方便、真诚、规范"的服务向全市人民展现"诚信服务，追求卓越"的企业形象。

重庆地区遭受特大暴雨，电力职工奋力抢险

6月12～13日，持续10h的暴雨袭击，重庆部分地区遭受几十年不遇的特大暴雨，璧山、沙坪坝、南岸、九龙坡和綦江地区受灾较重，其中部分地区电力设施出现重大险情。据不完全统计，公司财产损失284万元。灾情发生后，各有关单位全力组织抢修，制定电力应急预案，及时恢复了供电。灾情最为严重的璧山县，6月13日遭受40年不遇的特大暴雨，受灾农田达22万亩，毁坏电力提灌站62个，47个企业和37所学校被迫停产、停课。璧山供电局立即组织12个抗洪抢险小分队，制定了周密的抢险措施，昼夜抢修。由于组织措施得力，整个抗洪抢险工作有条不紊，当晚19时以前，所有停运配电、输电线路和配电变压器全部恢复了供电，保证了工农业生产和人民生活的正常用电，为璧山县抗洪救灾作出了重大贡献。

重庆电力走出国门对外交流取得成果

由重庆电力物资公司城区供电局、永川供电局等和越南义当省荣市共同投资兴建的“庆荣水泥制品和电工产品有限公司”于10月12日在越南荣市北荣经济开发区建成并正式投入生产。庆荣公司占地2.7万m^2，经营范围包括生产和销售各种水泥制品和电工产品，目前以生产水泥杆为主，销售范围为越南及周边国家。越南义安省副省长黄必胜、越南国家电力公司副总经理陈曰义出席了投产仪式。澳门电力公司总裁、中法能源投资公司代表迪褓曦率澳门电力公司高层管理人员一行10人再次来重庆电力公司访问，并与陈峰总经理签定了“渝澳电力技术合作意向备忘录”，确定了双方在技术合作方面的长期交流意向。日本国际开发学会ODA研究会的专家学者一行8人，7月9日到重庆电厂参观考察。九龙西厂脱硫工程项目是日本国际协力银行“环境示范城市”项目之一，由日本国际协力银行组织实施。重庆电力与国外交流合作日益频繁，并取得实质性成果。

重庆电网近年来首次出现拉闸限电

11月下旬以来，重庆电力供需矛盾加剧，由于珞璜电厂和九龙西厂相继事故停机，二滩水位降至最低水位下6m运行，削减重庆电力近50%，导致重庆电网缺口达35～40万kW，四川、贵州也出现较大电源缺口，无力支援。11月28日，重庆电网实施近五年来的第一次拉闸限电，当日拉闸308条·次，最大限电负荷36万kW。从11月28日～12月31日，共限电22天，单日最大限电负荷51.60万kW，总计拉闸6444条·次。这一情况表明，重庆电网新一轮的缺电局面已经来临。

国家电力公司进行资产重组，重庆电力实施体制改革

按照国务院国发［2002］5号文精神，国家电力公司进行资产重组，组建五个发电公司，即中国华能集团公司、中国大唐集团公司、中国华电集团公司、中国国电集团公司、中国电力投资集团公司；两个电网公司，即国家电网公司，中国南方电网公司；改组或组建四家辅业集团，即中国水电工程顾问集团公司、中国电力工程顾问集团公司、中国水利水电建设集团公司、中国葛州坝水利水电建设集团公司。重庆市电力公司由国家电网公司管理，公司直属的白鹤发电厂、狮子滩水力发展总厂和控股的九龙电力股份有限公司划归中国电力投资集团公司管理，并于2003年1月27日24时移交管理权。12月29日上午，在北京人民大会堂举行了“中国电力新组建（改组）公司成立大会”，中共中央政治局委员、国家计委主任曾培炎出席大会并作了讲话。

重庆广信电力建设公司获中国建筑工程“鲁班奖”

由重庆广信电力建设有限责任公司（原重庆电力建设一公司）承建施工的重庆电力大厦工程，从全国140多家参评工程中脱疑而出，被中国建筑业协会评为2002年度中国建筑行业最高奖“鲁班奖”。2002年全国共80项工程获鲁班奖，重庆市有两项工程获奖。重庆电力大厦是重庆市标志性建筑之一，以其独特的建筑和立面造型以及智能化的管理受到业内人士好评。该工程曾获2001年重庆市“巴渝杯”第一名，并入围2002年度“中国建筑工程鲁班奖”评选。

海南省电力工业

概述

2002年，在省委、省政府的正确领导下，省公司党委领导班子认真贯彻落实党的十六大精神，努力实践“三个代表”重要思想，与时俱进，开拓创新，目标明确，思想统一，带领公司系统12000名职工，坚定不移地推进企业内部三项制度的改革，正确处理改革、发展、稳定的关系，以发展为主题，以结构调整为主线，以改革为动力，以经济效益为中心，以安全生产为基础，以优质服务为宗旨，深化企业内部改革，转换企业经营机制，加强电网建设，开拓电力市场，强化企业管理，加强精神文明建设，提高人员素质，转变作风，扎实工作，团结全系统广大干部职工克服种种困难，保持了队伍稳定和电力生产稳定，取得了电力生产建设、企业经营管理、精神文明建设的丰硕成果，完成了公司年初确定的各项工作任务和目标。

2002年，电力产品销售收入完成24.80亿元，同比增长16.38%。全电力系统实现利税4.53亿元，税前利润总额达2.65亿元，其中，省公司实现利润总额8610万元。由于电价下调和电网财务和折旧费用增加，致使2002年的利税和税金还保持较高水平，达到2.38亿元，夺得全省上缴税金第一名。

电力生产

1. 发电装机

目前海南电网是一个孤立运行的电网。截至2002年末，全省发电装机总容量179万kW，其中水电装机53.8万kW，约占30.0%；火电（包括煤电、

气电、油电等）装机124.5万kW，约占69.5%；风电装机0.88万kW，约占0.5%。其中可调发电厂总容量148万kW（水电32万kW、火电116万kW）。六大直调发电厂为：海口马村火电厂60万kW，大广坝水电厂24万kW，牛路岭水电站8万kW，南山电厂10万kW，清澜电厂15万kW，洋浦电厂31万kW。

2. 主网

海南现已形成统一电网，现有最高电压等级220kV，属海南电网主网架，110kV及35kV网架已覆盖全省。截至2002年末，全省拥有220kV变电站6座，主变压器9台，114万kVA；220kV线路11条，580km，已建成由海南北部经西部至南部单环线，沿西部工业走廊联结各主要电源和主要负荷区的220kV输电网架。全省已建成投运的110kV变电站45座，主变压器67台，172万kVA，线路86条，1751km。

3. 电量与负荷

电网最高负荷达87.6万kW，同比增长15%。2002年全省发电量完成51.9亿kWh，同比增长13.65%，其中直调电厂发电量44.1亿kWh，同比增长14.56%。全公司完成售电量40.06亿kWh，同比增长13.86%。线损率为13.21%，同比下降0.03%。

4. 电网运行

公司系统各单位认真贯彻“安全重于泰山”的思想，始终坚持“安全第一，预防为主”的方针，认真贯彻《安全生产法》，各发供电企业认真落实安全生产责任制，安全可靠性进一步提高。由于2001年上半年干旱少雨，用电负荷增长较快，发电设备基本处于满负荷运行，电力供应出现紧张局面。全省电力系统及时采取各种有效措施，优化电网调度，合理安排机组调峰、调频，加强设备管理，及时消除设备隐患，提高设备健康水平，精心组织保电措施，全系统没有出现大面积电网瓦解事故，顺利完成了在党的十六大、省党代会、博鳌“亚洲论坛”等重大政治活动的保电任务，保证了全省的用电需求。

电网建设与改造

2002年，全公司完成投资9.96亿元，完成年计划的86.3%，其中，主网建设工程1.95亿元，完成年计划的62.3%。二期农网改造工程6亿元，完成年计划的100%。

三亚城网改造工程0.85亿元，完成年计划的84.7%。其他工程1.16亿元，完成年计划的82.7%。罗带、培兰、东坡等一批重点工程项目按期投产，产生了良好的社会效果。

至2002年底，全省农网建设与改造累计投资已达16.7亿元，城网建设与改造累计投资已达5.5亿元。一期农网建设与改造工程项目已全部完成，并于2001年11月份通过了市县级、省电力公司级的整体验收。城乡电网于去年9月份开始实现了同网同价，居民照明用电全省统一实现0.60元/（kWh）。

改革与经营

1. 企业内部三项制度改革

通过对省公司本部进行的三项制度改革，以及对19个供电公司等单位的全员竞争上岗的改革，基本上建立了新的选人用人机制，干部能上能下，收入能增能减的现代化管理机制。通过深化改革，发电企业形成了以牛路、广坝主业和南山电厂、清澜电厂、洋浦电厂等几个发电企业精干高效的运营模式。

2002年5月初，省电力公司将11个供电子公司改为分公司，实行统一核算和收支两条线的管理。6月份，以东方供电公司为试点进行供电公司内部的竞争上岗改革，有力推动了全系统的三项制度改革，激发了企业活力，增强了职工对改革的信心，为分公司内部竞争上岗积累了经验，奠定了基础。10月份完成了省公司本部内部空缺岗位和中调、中试领导班子的竞岗工作。11月调度中心、中试所也完成了内部的竞争上岗工作。12月份完成了三亚、儋州供电公司领导班子的竞聘。在改革中涌现出一批优秀的年轻干部，企业焕发了生机与活力，企业精神面貌发生了翻天覆地的变化。

通过改革，目前海南电力系统总人数12622人，除退休和内退人员外，在职人员8266人。其中：6个发电厂有2469人，主业有1352人，分流在辅业的有1117人。19个供电公司有5161人，在辅业的有422人；其他直属单位有500人；省公司本部现有134人。

2. 农村电力体制改革

从1998年开始实施以来，基本实现由县-乡-村级模式改为市县供电企业一体化管理模式，以及供电营销管理实现“三公开”“四到户”“五统一”目标。特别是农村生活照明电价在1999年由原来平均1.28元/（kWh）降至0.8元/（kWh）基础上，又于2002年10月1日起全省城乡生活用电实现同网同价，统一为0.6元/（kWh），每年减轻农民负担1亿多元。由于实施农村电网建设与改造工程，目前全省电网已覆盖了全省乡镇。全省乡镇通电率100%，行政村通电率99.35%，自然村通电率88.38%。

3. 利税情况

1998年以来，全电力系统实行经营目标责任制，严格控制成本开支，经过这一阶段的改革和发展，全省电力系统迎来了1998年到2002年5年连续盈利的大丰收，全省电力企业实现了全行业盈利。全系统1998年完成利税0.68亿元，1999年完成利税0.85亿元，2000年完成利税3.67亿元，2001年完成利税4.89亿元，2002年完成利税预计4.53亿元。在不断深化三项制度改革中，海南电力经济效益不断提高，从1998年到2002年的5年间，海南电力实现利税合计将接近15亿元。

4. 总资产

截至2002年底，全省电力企业总资产已达到114.74亿元，资产负债率54.2%。六大电厂总资产58亿元，其中：省电力有限公司持有的股权和拥有的净资产约9亿元。电网总资产约56亿元，其中净资产约26亿元，负债约30亿元，负债率53.6%。

党的建设和精神文明建设

1. 班子建设

公司党委紧紧围绕电力企业的改革和发展，加大党建力度，重点是加强班子建设。认真贯彻党的十六大精神、十五届六中全会精神和省第四次党代会精神，紧紧围绕企业中心工作，加强班子的思想建设、作风建设和廉政建设，做到凡是企业的重大事项决策，都做到集体领导，民主集中，个别酝酿，会议讨论决定，达到了高度的团结和统一。不断增强班子的战斗力和凝聚力，确保党和国家的路线、方针、政策在海南电力得到贯彻落实，较好地发挥了战斗堡垒作用。省公司领导班子倡导各级干部逐步形成了重实际、说实话、务实事、求实效，脚踏实地、埋头苦干的工作作风和领导作风。

2. 保持稳定

在十六大召开期间牢固树立稳定压倒一切的思想。在改革的关键时期，以稳定为前提，采取各种措施做好了稳定工作。省公司领导班子在稳定问题上认识一致，思想统一，旗帜鲜明地反对一切不利于稳定的事情，把矛盾化解在萌芽状态，解决在基层，保持了企业稳定、生产稳定、队伍稳定。

3. 厂务公开

大力推行厂务公开，加强民主管理，建立完善与干部职工沟通的渠道，广开言路，认真听取群众意见。通过厂务公开，职代会民主评议企业领导人，推动广大职工参与企业的民主决策、民主管理、民主监督，在企业形成了广大职工参与管理的氛围，促进了企业的改革、发展、稳定。

4. 优质服务

供电企业全面落实“优质、方便、规范、真诚”的八字方针，推行供电服务窗口承诺服务，执行电网调度信息披露制度，主动接受社会和政府的监督。同时规范了各种收费行为，清退了各种违规收费，加大投入，改善了装备，加快建设电力营销系统，提高了供电企业服务质量，树立了我公司的新形象。

（王守佳）

西藏自治区电力工业

概述

2002年，西藏自治区电力系统干部职工在自治区党委、政府和国电公司的领导下，以邓小平理论和“三个代表”重要思想为指导，按照2002年工作会议的部署，克服困难，努力奋斗，与时俱进，开拓创新，全面落实资产经营、安全生产、党风廉政建设和社会治安综合治理责任制，各方面工作取得了优异成绩，为实现“十五”计划目标任务奠定了基础。

到2002年底，全区装机总容量达到37.6万kW，全区用电人口达到150万。网内共有水电、地热、火电站11座（不含由水利部门管理的满拉水利枢纽电站），装机容量21.02万kW；110kV变电站6座，总容量19.95万kVA，输电线路568km；35kV变电站34座，总容量14.53万kVA，输电线路579.58km。

中央第三次西藏工作座谈会以来的电力工作

中央第三次西藏工作座谈会以来的8年，是自治区电力工业发展最快最好的时期。

1994～2002年，自治区累计完成电力建设投资60多亿元。“十五”期间已经开工的在建容量和储备容量24万多kW。羊湖、沃卡、查龙等一批重点电源建设项目建成投产；藏中电网建成并不断完善，大电网建设开始起步；城乡电网建设与改造工程的实施，使供电范围不断扩大。

8年来持续不断的技术改造，使电力生产技术水平和设备完好率明显提高，调度通信现代、自动化手段、高频和微机保护、安全自动装置、变电站综合自动化等先进技术的应用，大大提高了电网的安全稳定性和供电可靠性。安全文明生产双达标活动使企业面貌和设备健康状况等发生了明显变化。以“四项责任书”为主体的目标管理，促进了企业管理工作的不断加强。依法治企、制度建设得到加强，民主管理、民主监督在基层全面推行。优质服务，增供扩销，促进了电力销售，提高了用户的满意率。

1995年自治区电力厅（局）成立，电力工业在国民经济中的基础地位进一步加强。1997年自治区电力公司成立，标志着自治区电力工业管理体制由计划经济向市场经济的过渡迈出了新的步伐。2000年国家电力公司对西藏电力公司实施管理，自治区电力体制实现了历史性突破。山南、日喀则、昌都电力公司改制为自治区电力公司的分公司和子公司，区内电力管理体制改革基本理顺。积极稳妥地推进减员增效、转岗分流和劳动、人事、工资制度改革，自治区电力公司正在逐步向建立现代企业制度迈进。

1997年自治区电力公司成立时，资产总额为7.5亿元，到2002年底，经营资产总额达到40多亿元。公司成立时，当年亏损为500多万元，2002年按可比口径实现盈利200多万元。全员劳动生产率增长10倍多。随着效益的提高和实力的增强，企业工作、生活条件不同程度得到改善，职工收入有所增加。

中央第三次西藏工作座谈会以来，原电力工业部、国家电力公司和全国电力系统加大了援藏工作力度，援助资金、物资、设备总计近3亿元，援藏人员300多人，有力地促进了自治区电力工业的发展。

8年来，电力系统党的建设和干部队伍建设为电力工业改革发展稳定提供了可靠的政治和组织保证，培养造就了一批优秀的管理、技术人才，一批年轻、优秀干部走上了各级领导岗位。实施“科教兴电”战略和“全员培训”工程，职工队伍整体素质有所提高。加强政治文明、精神文明建设，深入开展反分裂斗争，广大干部职工经受住了严峻斗争的考验。社会治安综合治理工作力度不断加大，保证了正常的工作生活秩序，保持了系统局势长期稳定，为电力工业改革发展创造了良好的环境。

生产经营

2002年，自治区全口径完成发电量9亿kWh。其中，地市以上电网完成发电量6.82亿kWh，同比增长19.94%；售电量5.4亿kWh，同比增长20.75%。自治区电力公司系统累计完成发电量6.3亿kWh，同比增长20.84%；累计完成售电量4.96亿kWh，同比增长21.33%；纳入国家电力公司考核的企业实现销售收入26377万元，比2001年同期增长20.95%。按可比口径计算，完成利润总额277万元，增幅为75%，上缴税金3100多万元。发、售电量和销售收入同创历史最好水平。

安全生产

2002年，局（公司）始终坚持“安全第一，预防为主”的方针，狠抓安全生产管理与安全监督工作，全面落实安全生产责任制，确保了电网的安全、优质、经济运行。全年电力生产保持了重大事故和人身伤亡事故“0”的记录。一般事故率比2001年同期有大幅度下降。圆满完成了重要节日和重大活动、重要会议、重点场所的保电任务，确保了十六大期间安全稳定供电。

2002年局（公司）所辖范围共发生各类事故36次，比2001年的46次下降10次，降低了21.7%；一类障碍33次，比2001年的52次下降了36.54%。金河水电站、夏曲卡水电站、藏中电网网架完善、第二期农网建设与改造等重点电力建设工程做到了安全施工。系统没有发生重、特大安全生产事故，没有发生电网瓦解和大面积停电事故，也没有发生生产系统的人身死亡事故和重大设备、设施损坏事故。

重点电力建设和电力项目前期工作

2002年自治区共完成电力基本建设投资15.82亿元。其中，自治区电力公司为业主的电力建设项目累计完成投资8亿元，基本完成年度目标任务。昌都金河水电站按计划实现截流；直孔水电站工程开工前的各项准备工作进展顺利；夏曲卡水电站提前一年实现发电目标；藏中电网网架完善工程拉-墨-泽线路架通；二期农网建设与改造主体工程基本完成；一期农网验收工作基本结束。

认真贯彻国家和自治区基本建设管理法规、政策，严格执行工程建设“四制”，精心组织、精心管理、精心设计、精心施工、精心制造、精心监理、严格把关，各重点工程基本实现了质量、进度、安全、投资等主要控制目标。在重大工程组织、管理、招投标等方面取得了一定的经验。

电力项目前期工作取得新的进展。直孔水电站已经国务院正式批准立项建设；巴河雪卡水电站可研报告已上报；狮泉河水电站通过中咨公司评估；青藏铁路（西藏段）供电工程初设已经批复；昌都电网工程可研已经审查并上报。

企业改革

2002年完成了日喀则地区电力体制改革，实现了藏中电网统一调度、统一经营、统一管理。开展了农电体制改革和电价改革的初步调研工作。“三项制度”改革是公司一项重大改革，经过努力，目前已基本完成，取得了预期效果。安全文明生产“双达标”成果得到进一步巩固，新增4个达标单位。职工教育培训完成年度计划。财务管理和审计工作进一步加强，不断向制度化、规范化推进。着重对夏曲卡水电站、藏中电网完善和二期农网建设与改造等3个重点工程和5个单位的领导任期经济责任进行了审计。

党风廉政建设

局（公司）系统各单位深入学习江泽民同志的

“5.31讲话”和“7.1讲话”，认真开展“三个代表”重要思想和十六大精神的学习教育活动，各级领导干部政治意识、大局意识、责任意识和执政为民的意识进一步增强，作风明显转变，局（公司）机关工作质量和办事效率不断提高。建立和完善党员目标责任制，充分发挥了党组织的战斗堡垒作用和党员的先锋模范作用。各级领导班子和领导干部执行党风廉政建设纪律、准则和规定的自觉性不断增强，从源头上遏止腐败产生的机制逐步形成。深入开展反分裂和反邪教斗争，加强社会治安综合治理，积极开展人民内部矛盾排查和调处，认真落实“两个确保”和“三条保障线”的政策措施，化解和消除不利于稳定的因素，保持了电力系统局势稳定。依法治企工作，民主监督、民主管理和工会工作取得了新的进展。试验研究、勘测设计工作也取得了新的成绩。企业文化建设开始起步，精神文明建设不断加强。

大事记

1月1日起，山南地区沃卡电厂直属自治区电力公司管理。

1月12日，沃卡电厂发现距三级站进水口500m处的渠道旁的公路护坡垮塌，公路塌陷并出现了30m长、0.25m宽和20m长、0.05m宽的两条裂缝。沃卡电厂立即组成60多人的抢险小组投入抢险工作。

1月29～30日，西藏电力公司在拉萨召开2002年工作会议。自治区党委副书记、自治区常务副主席徐明阳出席会议并发表重要讲话。

1月30日，西藏电力公司对平措电厂、山南泽当110kV变电站、林芝八一电厂二级站安全文明生产“双达标”工作进行了表彰。

1月30日，西藏电力公司表彰荣获团中央、国家电力公司联合授予的国家级“青年文明号”称号的拉萨电业局营业大厅。

1月30日，西藏电力公司对荣获全国“三五”普法先进单位称号的拉萨电业局给予表彰。

2002年2月2日，西藏自治区电力调度通信局安全运行1000天。

2月4日，自治区党委常委、政法委书记李光文、党委副秘书长邓子跃在西藏电力局（公司）检查指导“法轮功”修练人员教育转化工作。

3月22日，西藏自治区政府副主席尼玛次仁及有关部门领导一行专程考察金河水电站。

3月29日，西藏电力局（公司）在拉萨召开第二期农网建设与改造工作座谈会，对第二期农网建设与改造工作进行全面动员，对有关工作进行安排部署。

4月9日，自治区党委书记郭金龙在自治区人民政府副主席、昌都地委书记杨松和自治区党委秘书长胡春华及昌都地区行署专员孟德利等陪同下到金河电站首部工地视察指导工作。

5月20日，西藏电力局（公司）在拉萨市堆龙德庆县柳梧乡隆重举行第二期农网建设与改造工程开工典礼，标志着西藏自治区二期农网建设与改造工程进入全面施工阶段。

6月3日，西藏电力局（公司）召开首次重点电力建设项目调度协调会。

6月12日，自治区副主席、中共昌都地委书记、金河电站协调小组组长杨松再次到金河电站工地视察工作。

6月16日，西藏自治区电力公司日喀则公司、日喀则发电公司隆重举行成立揭牌仪式。自治区电力工业局、自治区电力公司、日喀则地委、行署、人大、政协、组织部、经贸委等部门领导参加了揭牌仪式。

6月24日，西藏自治区人大常委会副主任江措一行在昌都地委、行署、人大工委、西藏电力工业局、金河电站指挥部等单位领导的陪同下，在昌都视察金河电站工程建设情况。

6月24日，堆龙德庆县羊达乡帮普村二期农网改造工程竣工，从此结束了帮普村等六个村长期无电的历史。国家计委农网改造稽查工作组领导参加了羊达乡农网改造工程竣工典礼，并对该工程给予了肯定。

6月24日，武警水电三总队负责的那曲查龙电站维修工作全面展开。

7月9日，沃卡电厂三级站4号机组检修工作顺利完成投入正常生产运行。

7月15日，日喀则发电公司塘河电站在遭受特大泥石流灾害后，全厂干部职工奋力抢修，提前恢复发电，受灾设施基本得到修复。

7月23日，西藏电力公司总经理杨海滨视察平措电厂、纳金电厂，重点检查防洪工作。

7月25日，我国驻西欧使节赴藏考察团一行30多人在区党委常务副书记、区人大常委会主任热地和自治区副主席武继烈及西藏电力工业局局长、电力公司总经理杨海滨的陪同下，考察了羊八井地热电厂。

7月28日，自治区人大副主任江措、自治区副主席杨海滨视察拉萨至墨竹工卡至泽当110kV输电线路施工现场。

8月8～14日，江苏省电力公司副总经理徐斌一行专程进藏慰问江苏省电力公司3位在拉萨电业局工作的援藏工作人员，并考察对口援藏工作。

8月13日，西藏电力公司圆满完成“雪顿节”保电工作。

8月20日，山东电力集团公司再次向西藏电力公司损赠价值100万元的资金和调度设备仪式在拉萨举行。

8月23日，吉林省电力公司副总工程师汪忆新率领的援藏考察团一行进藏考察对口援藏单位拉萨西郊电厂援藏项目，共商援藏事宜。

8月25日，日喀则至和平机场35kV线路工程建设开工。

9月7日，上海市电力公司副总经理吴平率领的援藏考察慰问团一行赴藏看望援藏干部，向对口援助单位山南电力公司、沃卡电厂捐赠资金70万元。

10月8日，自治区副主席、中共昌都地委书记、自治区人民政府金河电站工程协调小组组长杨松及昌都行署领导一行到金河电站工地检查指导工作。

10月10日，自治区副主席杨海滨在拉萨亲切会见中国国际工程咨询公司西藏阿里狮泉河水电站项目赴藏评估专家组一行。

10月12日，西藏藏中电网网架完善工程拉-泽110kV环网工程项目墨竹工卡110kV变电站工程开工。

10月13～25日，受国家发展计划委员会委托，中国国际工程咨询公司西藏狮泉河水电站项目评估组专家在阿里地委、行署、自治区计委、自治区电力局(公司)和有关部门领导陪同下，对狮泉河水电站项目进行现场查勘和调研。

11月6～9日，自治区副主席杨海滨到金河水电站视察、指导工作。

11月8日，西藏昌都金河水电站截流于11时8分合拢成功。西藏自治区副主席杨海滨、国家电力公司电源建设部副主任陈东平、昌都地委副书记、行署专员孟德利等领导参加了截流仪式。

11月8日，自治区电力重点工程直孔水电站的辅助工程直孔大桥正式开工。在业主单位自治区电力公司的主持下，施工、设计、监理等单位在建设工地举行了简朴的开工仪式。

11月21日，国家电力公司质量巡视组对金河水电站工程进行第二次现场检查。

12月7日，夏曲卡水电站机组通过启动验收，标志着夏曲卡镇人民从此告别无电的历史。

12月10日，贡嘎110kV变电站实现安全运行2000天。

12月23日，西藏电力调通局被西藏自治区团委命名为全区第八批青年文明号单位。

12月25日，拉萨电业局用电营业大厅被自治区团委评为2002年优秀青年文明号。

12月30日，西藏自治区全口径完成发电量9亿kWh。其中，地市以上电网完成发电量6.82亿kWh，同比增长19.94%，售电量5.4亿kWh，同比增长20.75%。自治区电力公司系统累计完成发电量6.3亿kWh，同比增长20.84%；累计完成售电量4.96亿kWh，同比增长21.33%；市场营销实现新的突破，发、售电量和销售收入同创历史最好水平。

（香港）中电集团

中电集团在香港经营发电、输电及供电的纵向式综合业务，同时也在中国内地和亚太区投资能源业务，并选择性地拓展在香港和内地的商机，以发挥电力资产的优势。

2002年度，总盈利为7079百万港元，而2001年度的总盈利为7257百万港元。中电在香港由香港特别行政区政府按管制法制协议监管的电力业务，继续表现良好，是集团盈利的主要来源，占2002年经常性业务盈利86.7%。

监管机制

中电在香港的电力业务，受到与香港政府签订的管制法则协议所监管。这个监管机制由1964年起生效，至今一直无大改变，其要点包括：

(1) 中电每年溢利的上限为固定资产平均净值的13.5%（如利用股东资金购置的资产，则为固定资产平均净值的15%）减去若干扣除项目，是为“纯利”(2002年中电的纯利为12.75%)。

(2) 电价水平及资本投资由政府进行财务审批；

(3) 政府每年进行审查，检讨中电的财务及营运表现。

(4) 年内电费收入若超过准许溢利及营运成本的总和，则将差额拨入发展基金。发展基金的结余乃用以购置固定资产和稳定电价。

(5) 中电深明本身有责任对香港的发展作出贡献，因此提供设施，满足未来的用电需求。

(6) 中电本身及其股东享有赚取合理回报的权利，但中电亦须向政府保证，以最低的合理价格，为市民提供足以应付需求的高效率、高素质的电力供应。

现行的管制法则将于2008年届满。根据本章的讨论，只要监管机制简单而稳定，并获得政府的公正执行及中电的贯彻落实，便可确保我们为客户提供的电力服务能配合香港经济及社会的发展需要，而且绝不会逊于世界级水平。

供电可靠

可靠的电力供应，是任何现代经济体系保持运作无间的必要条件。由于香港独特的环境因素，中电有责任提供最可靠的电力服务：

（1）中电的供电地区人口稠密（部分供电地区每平方公里的人口多达50000人），个别设备的故障，足以使成千上万的客户受影响。

（2）香港夏季天气炎热，而且高楼大厦林立，若空调、冰箱和升降机出现故障，将令市民极为不便。

（3）倘本港的发电和供电系统欠缺可靠性或效率，以目前华南地区的发电容量和输电系统而言，难以向本港提供足够的电力支援。

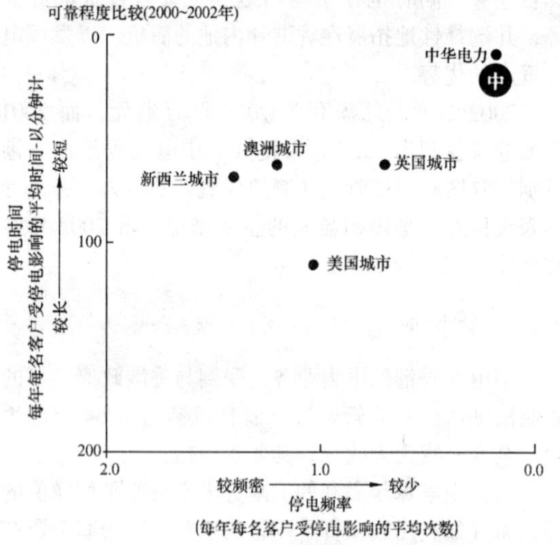

资料来源：UMS Group(2000~2002年)

倘与美国、英国、澳洲及新西兰等地区比较，中电的供电可靠程度跻身全球前列位置，于2002年超过99.99%。自2000年10月推行供电管理系统以来，我们的系统可靠程度和客户服务已进一步提升。2002年，中电安装和启用了2313部遥控终端极，加强了供电网络的实时监控和遥控能力，因而进一步提高了营运效率。

具体来说，中电供电范围内的典型客户在2000～2002年期间，平均每年的意外停电时间是11min；相比之下，美国城市在该段期间，每年平均的意外停电时间则超过100min。

电价合理、符合市民的负担能力

中电的电价合理且符合市民的负担能力。在1983～2002年间，每千瓦时电的平均电价实质下降38%（已计算实际通胀率）。2002年，宣布冻结2003年的电价，并向客户提供总额达910百万港元的电费回扣，包括：

（1）住宅客户可获享按2002年总用电量计算，每千瓦时电1.5港仙的回扣优惠，而每名客户最少可获250港元之回扣。

（2）非住宅客户可获享每千瓦时电1.5港仙的回扣优惠，而每名客户最少可获700港元之回扣，并享有每千瓦时0.2港仙的“营商纾困回扣”优惠。

自1982年以来，中电的整体电价水平一直为全港最低。中电宣布冻结电价后，在2003年的整体电价仍然维持在最低的水平，较市场低约16%。

中电自1998年起冻结电价至今，期间已经4度向客户提供电价回扣优惠。由于各地的电价架构不同，加上公开的资料不多，因此中电的工商客户电价难以与其他地区作出合理比较，但住宅客户的电价则比其他主要城市优胜。

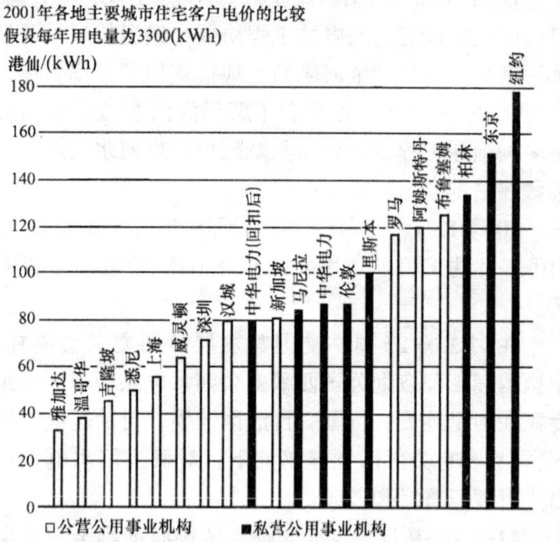

资料来源:UK Electricity Association,网上搜寻及调查

电价高低往往与供电素质成正比，因此在评估电价水平时，必须一并考虑供电可靠程度。以中电的服务来说，价格既具竞争力，可靠程度也高。

大部分亚洲国家的电力事业均为政府拥有，因此或会有补贴电价的情况出现。但中电是私营的电力公司，在投资和营运电力基建时，毋须使用纳税人的金

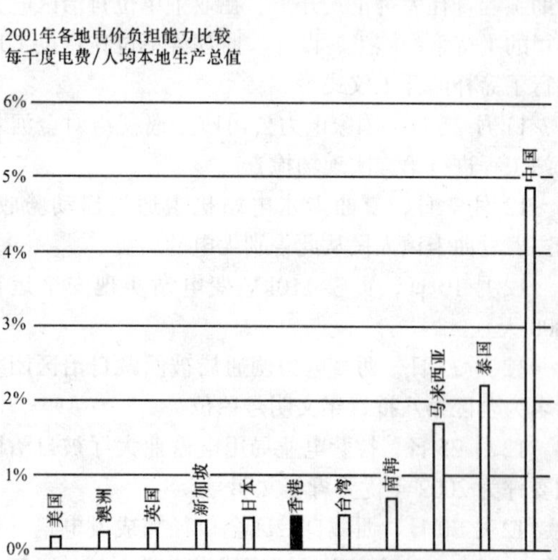

钱。

客户衡量中电的电价水平时，不但会看绝对数字，更会参照负担能力（根据家庭的整体收入和电费占住户开支的比重来计算）。在这方面，就汇价波动和生活水平差异的因素作出调整后，中电的平均电价相对大部分亚洲国家来说，是客户更能负担的。

1999/2000 年香港住户每月平均开支是 21797 港元
住户每月平均开支比率

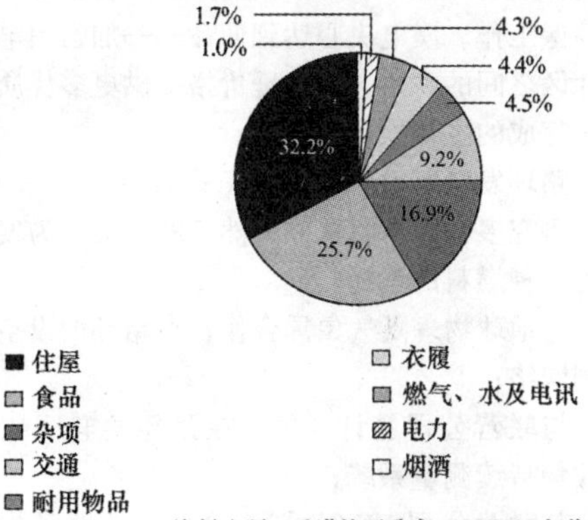

资料来源：香港特区政府 1999/2000 年住户开支统计调查及重订消费物价指数基期

根据 1999/2000 年度已掌握的最新统计数字，电费支出占本港住户每月平均开支 21797 港元中的 1.7%。

生产力和效率

近年来，中电一直维持高度的生产力，并致力提升效率及节约成本。在成本管理方面，尽管电力需求由 1992 年至今的 10 年间，上升了 47%，但中电的雇员人数却由 6500 名减至 3800 名，按人均产电量计算，生产力在过去 10 年提高了 153%。

多年来，中电推出多项提升效率的措施，例如推出企业财务管理系统，将所有采购及财务交易自动化；逐步为青山燃煤发电机组引进分布式控制系统；运用流动电脑科技和卫星导航系统，协助外勤员工快速确定设备位置和处理停电事故。此外，中电多年来还致力提升供电网络的自动化水平，促进以远距方式恢复供电的效率，从而尽量减少停电对客户带来的不便，并提升生产力。

客户服务

“以客为先”是中电客户服务的宗旨，不但尽量满足客户的需要，更务求超越客户的期望。因此，透过不同的渠道加强与客户的沟通，包括客户咨询小组（于 2002 年庆祝成立 10 周年）和 14 个分区客户咨询委员会，并透过客户专题研讨小组及客户经理举办的外展计划，定期收集客户的意见。

为了配合主要工商客户的需要，成立了一个客户经理小组，因应客户的具体需要提供服务，并就能源方案提供商业上可行的技术建议。2002 年，超过 1300 家公司参加了电力素质座谈会，而大约 60 家公司邀请专业工程师进行能源审核工作，取得了节约高达 10%能源支出的成效。中电亦与客户合作制订能源效益方案，成功协助医院和酒店等多家大型机构减少对本地环境的污染，同时用于提供热水的成本节省高达 50%。

中电最大的尖沙咀客户服务中心已于 2002 年 7 月开幕。该中心除提供服务申请和缴费等核心服务外，更提供一系列崭新的客户增值服务和设施，包括烹饪和其他兴趣班、网上服务，以及能源效益产品及资讯的展览等。2002 年共有超过 2.3 百万名客户使用中电 15 间客户服务中心。

2002 年下半年度提升客户电话服务的水平，至今已向客户作出约 44000 次的回复跟进。若客户于留言系统内留下联络电话，客户服务部的同事致力于 1h 内回复。中电网站亦于 2002 年 4 月更新，为中电客户提供更多简便易用的资讯和功能。中电网上通推出后，已迅即取得超过 4000 位新登记客户。2002 年开始提升客户资讯系统，透过操作简便的网上综合系统，全面提供客户服务、电表、账户管理、市场推广和销售服务等。

中电透过培训和奖励活动来建立优质服务文化。在 2002 年 10 月举行优秀服务大使选举，邀请中电客户从 500 名前线服务人员中选出他们心目中的优秀服务人员。这次选举反应热烈，共有超过 100000 名中电客户投票，有助推广重视优质服务的文化。

为了掌握客户对中电服务的满意程度，中电聘请独立顾问机构对公司不同的客户群进行意见调查。2002 年的调查结果显示，高需求用电客户和大量用电客户对电费单、紧急服务、供电可靠程度和一站式服务均给予优异评分。中电被客户推选为香港最出色的公用事业服务供应商。至于对住宅客户进行的意见调查，中电的评分同样逐步上升。根据客户意见卡的评分，在 2002 年的满意水平高达 98.9%。

中电集团的主要附属公司有：中华电力、中电控股有限公司、中华电力（中国）、中电国际、中电地产。中电控股有限公司是中电集团的控股公司，已在香港联合交易所上市，是亚洲最大的私营电力公司之一。

中华电力：香港最大的电力公司，为 2100 万电力客户（约占香港人口总数的 80%）供应电力，总装机容量 8263MW，输电及供电线路超过 11227km。2002 年，售电量 2988.7×10^3 万 kWh，同时与广东签订第三份供电合同。

中华电力（中国）：公司负责发展和投资中国内地的电力项目，拥有在中国内地的发展资产，净权益为3163MW。2002年，完成贵州安顺2期2×300MW发电项目（净权益为420MW）的财务安排，山东荷泽2期电厂（2×300MW）及聊城电厂（2×600MW）施工顺利。

中电国际：负责发展、经营及投资亚太区的电力项目，拥有在澳洲、印度、台湾及泰国的发电资产，净权益为2675MW。2002年，收购Powergen持有在印度GPEC的80%权益，净权益为524MW；达成收购协议，购入Powergen在GPEC、澳洲雅洛恩能源及泰国BLCP的余下权益；台湾和平电厂（2×660MW）投入商业运行。

中电地产：负责发展及代理中电集团毋须用作供电用途的现有物业。

澳门电力股份有限公司

一、综述

过去数年间，澳门有着许多重大转变。随着赌权开放，以及举办第四届东亚运动会，澳门在2005年以前将有更多的发展和盛事。在电力产业方面，环保工作的持续发展、电力收费以至服务素质等方面均面对着越来越大的压力。

为应付上述事项，澳门电力股份有限公司（简称澳电）实施了改革策略，致力成为亚洲最好的电力供应商之一。首先，澳电推行效率文化计划，通过订绩效指标和奖励员工的表现，建立一套注重成果的文化。而安全、健康、环境及质量管理办公室（SHEQ）的设立，则带领公司取得ISO国际标准和环保国际基准的认证。与此同时，澳电全面改革内部程序，将澳电的资讯系统与世界最佳典范相结合。最后，澳电开展客户关系管理系统，引入以客为尊的待客态度，满足客户的要求和需要。

这些极具挑战的计划和措施得以落实执行，除有赖各股东的支持外，员工和管理人员的努力贡献亦功不可没。现在，澳电全体人员均在工作时考虑到客户及股东，并且作好准备向外展示澳电达到承诺的成果。澳电采用最佳而持续有效的科技运作，以配合未来发展。例如，澳门引入天然气后，路环发电厂B厂将尽快使用天然气发电，而路环发电厂A厂则引进选择性催化还原系统，此系统可为澳电在2004年年初提供370MW的洁净发电容量。此外，全体人员致力满足客户需要，并尽可能超出客户的预期。澳电的目标是成为具前瞻性的伙伴，故此澳电不但有责任供应电力，亦有责任尽其所能达到用电需求，彻底满足客户。

电力是日常生活不可或缺的要素，而澳电的使命就是以合理价格提供安全可靠的电力，以此配合政府发展澳门成为亚洲地标的政策，并推动本澳的持续发展。

二、2002年要绩

澳电在2002年的要绩在于改善和扩展服务，并致力于环保工作。澳电决心达到使命——加强澳电与客户及社区之间的联系，以合理价格提供更多优质服务。当年完成的主要项目包括：

（1）路环发电厂B厂第一期正式启用；

（2）研究多个为本澳提供天然气的方案，为发电厂提供另一种燃料的选择；

（3）与地球物理既气象局合作，在路环增设空气质量监测网络；

（4）与联营公司签订合约，在路环发电厂A厂实施排放物持续测量系统；

（5）与联营公司BWSC签订合约，在路环发电厂A厂设置选择性催化还原系统，以减少废气，投资金额达澳门币2.2亿元；

（6）取得第二个广东省110kV特输电联网工程的合约；

（7）与澳门自来水有限公司共同发展多项创新服务，为拉近与客户的关系，与邮政局达成合作协议，让市民于邮政局缴交水、电费用；

（8）澳门特区政府批准澳电于2003年1月推出两项优惠计划，为长者及霓虹光管和饰灯招牌的使用者提供电费优惠。

澳电致力提升运作效率，达成上述项目。感谢全体员工的努力，他们不断自我增值，并积极参与公司的重组和内部程序改革，其中下列项目尤为重要：

（1）重组发电部（GED）、客户服务部（CSD）及资讯系统部（ISD）；

（2）设立新部门发展部（DVP）负责发展新业务；

（3）发展“客户关系管理”计划（CRM），包括客户分组及重整沟通渠道；

（4）率先为客户及员工开展电子商务；

（5）采用“电子采购”平台进行采购活动；

（6）推行“企业资源编程”系统（ERP），首先采用的型号为SAP R/3—HR；

（7）按“效率文化”计划，修订评估及绩效管理系统和员工报赏计划；

（8）为有机会晋升为部门主管的员工提供综合培

训课程（员工职程规划）。

在全球经济增长率下降的情况下，澳门特区凭藉本身利好条件，第二及第三季度的生产总值获得近8%的增长，是年的入境旅客更超越11500000人·次。

与此同时，本澳的总耗电量亦增长5.9%，达1864GWh，远高于澳电所预期。如表1所示。

表1

		2002年	2001年
利用本身产电量及输入电量，继续满足本澳整体需求	澳电本身产电量(GWh) 输电网输入电量(GWh) 焚化中心购入电量(GWh)	1611.4 193.6 59.3	1510.4 193.2 56.2
最高负荷在7月录得，而最低负荷则在1月录得；相比2001年，最高及最低负荷分别在8月及1日录得。最高负荷之增长符合预期	最高负荷（MW） 最低负荷（MW）	374.1 95.8	365.3 91.9
用户增长少于售电增长，人均耗电大幅上升	用户人数 增长率（%）	191164 2.1%	187236 2.5%
主要投资项目：新路环发电厂（澳门币3.18亿元），于路环发电厂A厂设置减少氧化氮的催化还原系统（澳门币0.21亿元）、扩充及改善输配电网（澳门币0.54亿元）及中央调度（澳门币0.28亿元）		500	542

按专营合约所规定的最低利润，澳电2002年度的纯利为澳门币4.478亿元（2001年为澳门币4.339亿元）。由于是年投资项目较少，故除税后、融资前的净现金流量为澳门币2.169亿元（2001年为澳门币1.258亿元）。澳门商业银行为路环发电厂B厂第二期工程贷款澳门币1.5亿元。

三、经营收益

1. 外围经济因数

亚太地区的平均通长率维持在低水平——稍稍高于1%。除印尼预计获得超过11%的通长率外、其他地区如日本、香港、台湾和新加坡，甚至可能包括中国，均出现通货紧缩。

在全球化经济越来越严重的环境下，上述指标远胜于其他地区的预期，证明此间的增长潜力。美国的预计经济增长率为2.5%，欧洲国家预计低于1%，而日本更可能出现负增长。

关于中央银行认为通胀压力不大，利率趋向持续稳定，甚至可能向下调。

原油价格于2001年底及2002年初下降后，随着中东战争爆发，油价急剧上升；此外，由于委内瑞拉的石油业发生罢工事件，油价以前所未有的升幅上涨，全球极为关注原油价格的走势以及对经济造成的影响。

关于澳电的运作十分依赖燃油，故此浮动的油价严重冲击公司成本，进而影响利润和电费。

由于本澳实施了多项持续的发展措施，加上利用外围经济条件，令本澳取得多项利好指标——本地生产总值可能增长7%以上，主要收益来自旅游业及博采业。另外，游客数目增加了12%，酒店的平均入住率亦由2001年60%上升至66.5%。此外，公共预算亦估计有澳门币17亿元的盈余。

然而，较疲弱的指标仍然持续：通缩率继续上升，由2001年的2%增至2.64%。虽然出口量增加但进/出口的比率却由2001年的96.4%下降至93.1%。此外，失业率高企在6.3%的水平，而房地产业依然停滞不前，虽然2002年比去年有较多新建筑获发牌照，却无助于房地产业的发展。

2. 生产与供应（见表2）

表2

	2002年（GWh）	2001年（GWh）	Δ%
路环发电厂A厂（CCA）	1490.9	144.5	3.2
路环发电厂B厂（CCB）	58.2	2.8	…
澳门发电厂（CMC）	62.3	4.1	38.0
澳电本身产电量	1611.4	15.4	6.7
输电网输入电量	193.6	19.2	0.2
焚化中心购入电量	59.3	5.2	5.5
毛耗电量	1864.3	175.8	5.9

特别消耗计算、热力效能、燃油消耗量、发电系统使用率如表3所示。

表3

	2002年	2001年
特别消耗计算（MJ/kWh）	8.7	8.5
热力效能（%）	41.6	42.5
燃油消耗量（t）	306564	291.729
锅炉燃油消耗量（t）	18965	7.143
发电系统总使用率（%）	88.2	88.0
扣除永久流失率后之发电系统使用率（%）	89.6	90.8

可收费供电量增长了5.4%，低于毛耗电量所增长的5.9%，显示售电/产电量的比率下降，由2001年的90.6%降至约90.1%。

总体售电增长继续分布不均，建造业及公共工程大幅下降6.1%，娱乐、社会及康乐类则劲升10.4%，占去大部分售电量，削弱了制造业，印证澳门特区的宏观经济指标。

客户人数比2001年上升2.1%，相对于售电增长，用户的增长同样分布不均。跟2001年相反，是年的人均耗电量上升，尤以住户方面的升幅最为显著。

3. 环保

环保方面的主要项目是跟联营公司BWSC签订合作意向书，与该公司共同合作研究和测试，在路环发电厂A厂设置催化还原系统，减低废气中实质污染物的排放。此外，澳门发电厂只会在日间运作，而部分装置亦只会在紧急情况下运作。

澳电的服务质素依然媲美国际标准，反映澳电不断努力，加强服务质素。

4. 收益

对比2001年，收益表内主要项目之比较如表4（以澳门币百万元计算）：

表4

全年收入		
售　电	1796	1742
各类服务	25	28
总收入	1821	1770
开支		
生产及购电	629	581
人事费用	276	272
折旧及备付	372	368
其　他	108	96
总开支	1385	1317
营运效益	436	453

纯营运利润率由2001年的26%跌至24.3%，下跌原因是由于燃料价格上升，以及采用了效率较低的装置，令生产及承购的成本单价上升。

四、2002年重要事件

1. 生产

路环发电厂B厂投资额为澳门币3.18亿元，于路环发电厂A厂设置催化还原系统（SCR）的投资额则为澳门币0.21亿元。除此两项投资外，还包括：

（1）维修路环发电厂A厂的热能隔绝装置，并维修澳门发电厂的废气输送管；

（2）为G7/G8机组新设海水化淡系统；

（3）为G6机组更换锅炉蒸发器；

（4）推行中央维修管理软件；

（5）为路环发电厂A厂装置采用新润滑油进行测试；

（6）发展获取环保认证的程序。

2. 输电及供电

表5为2001年及2002年在输电及供电方面项目的比较，同时反映出本澳的经济活动模式。

表5

新接驳楼宇			
中压电网	4	10	（-）60.0
低压电网	15	20	（-）25.0
工程计划分析			
建筑方面	79	67	17.9
电力方面	195	127	53.5

网络扩充之数据如表6。

表6

高压电缆（km）	165	0	
中压电缆（km）	729	19	2.7
低压电缆（km）			
·架空电缆	373	20	5.5
·地下电缆	1161	20	1.8
公共照明设备（km）	566	37	7.0
公共照明设备（设点）	14113	1175	9.1
变压站	928	14	1.5

下列各点最值得关注的包括：

（1）电脑原则管理系统（GIS）计划顺利完成，取代原有的绘图系统；

（2）获得新氹仔变电站与横琴之间的第二份广东

省输电联网合约；

(3) 启用路环发电厂B厂及新氹仔变电站之间的第二条110kV特输电线；

(4) 与调度中心合作，使中压环型开关掣(RMU) 自动化；

(5) 完成主教山变电站的土木工程；

(6) 与澳门大学合作，研究输配电的亏损。

3. 客户服务

以优质服务满足客户需求是全公司的责任，同时亦是最近重组的客户服务部(CSD)的主要工作重点。

在以客为尊的大前提下，澳电按客户关系管理计划发展相关项目，其中较重要的项目包括：

(1) 合并客户资讯及开单系统；

(2) 通过互联网，加强客户沟通渠道；

(3) 与澳门自来水有限公司跟本澳邮政局达成合作协议，市民可在邮政局柜台缴付水、电费用；

(4) 推行“电力质素监察系统”计划；

(5) 主办第二次“电力同乐日”，并由学校组织，向学生介绍电力的不同应用方法，学生的反应良好，认同这方面的知识十分重要；

(6) 筹备自动读表计划，并发展首期工程；

(7) 为B组及C组客户提供新形式的账单，提升质素之余，亦使客户更容易读取有关资料；

(8) 与澳门大学达成合作协议，进行问卷调查，取得客户对澳电服务的满意程度；

(9) 与电力客户资询委员会合作，展开“神秘客户”计划，监察前线服务的质素；

(10) 更换旧楼宇电表板(共137个电表板，约达4100客户)，并在主要客户建筑物安装电子计量系统。

4. 采购及存货

澳电试行“电子采购”平台，并完成数宗交易，使澳电减低交易成本和简化运作流程，基于此，澳电决定扩展此交易方式，并引进在常规商业运作上。

由于燃油价格上升，加上路环发电厂B厂需要留有储备，令平均存货总额上升至澳门币1587亿元(2001年为澳门币1482亿元)。尽管澳电曾采取措施压抑上升趋势，但单是路环发电厂B厂的储备便占澳门币0.158亿元，故未能成功阻止存货总额上升。

除燃料外，澳电其他物料的主要供应地仍然是香港，连同本地的供应商，一共占总额的75% (2001年占80%)；而采购货币则以美元及本地流通货币为主，共占96% (2001年占93%)。

除原油外，是年的货品价格转变不大，加上采购货币大部分为美元及本地流通货币，故对交易未构成巨大压力。

5. 人事及培训

此范畴的项目主要集中在以下三点：

·实施一体资讯系统；

·职程管理培训计划；

·修订医疗援助系统。

澳电继续与本澳多间大专院校合作，一方面提供培训，另一方面与校方合作进行研究工作。同时，澳电亦就卫生、劳工及教育方面，加强与政府部门的合作。

虽然澳电于是年推行多项计划来提升服务质量，但员工人数却由2001年的750人降至746人，保持多年来员工数目下降的趋势。

员工人数下降并非由于澳电人事政策的改变，而是因为架构重组和内部程序改革，令澳电得以重新分配人手，令各人的责任相对增加。

五、电力统计资料摘要 (表7)

表7

	单 位	1993年	2001年	2002年	2002/2001年	2002/1993年
*发电设备总容量	MW	260	352	397	13%	52%
最高负荷	MW	273	365	374	2%	37%
电机发电电量	GWh	1073	1510	1611	7%	50%
购入电量(中国内地)	GWh	118	193	194	0%	64%
购入电量(垃圾焚化场)	GWh	37	56	59	6%	61%
总电量	GWh	1228	1760	1864	6%	52%
厂用电量	GWh	52	69	76	10%	…
输电电量	GWh	1133	1602	1688	5%	49%
无偿供电电量	GWh	7	8	9	3%	…
售电量	GWh	1126	1594	1679	5%	49%
输配电损耗电量	GWh	43	88	100	13%	…

续表

	单位	1993年	2001年	2002年	2002/2001年	2002/1993年
人均用电量	kWh	3187	3997	4239	6%	33%
燃油消耗量						
重油	kg·t	222	292	307	5%	38%
柴油	kg·t	4	7	19	166%	417%
售电收入	百万元澳门币	1050	1743	1796	3%	71%
燃油支销	百万元澳门币	192	402	436	8%	126%
购电支销	百万元澳门币	86	161	172	7%	101%
*输配电设备						
发电容量						
电机变压器容量	MVA	290	428	608	42%	110%
联网变压器容量	MVA	250	500	500	0%	100%
配电变压器容量	MVA	696	1152	1152	0%	66%
66kV输电网电缆长度	km	112	155	155	0%	39%
开关站		6	3	3	0%	-50%
中压电网电线长度	km	431	710	729	3%	69%
用户变电房容量	MVA	969	1433	1453	1%	50%
用户变电房数目		664	914	928	2%	40%
低压电网电线长度	km	1015	1494	1534	3%	51%
公共照明	km	247	529	566	7%	130%
**客户数目	千	142	187	191	2%	35%
***雇员人数		808	750	746	-1%	-8%
全年投资总额	百万元澳门币	275	549	500	…	…

注　*12月31日；

**2002年人口数目（439800）乃第三季估数；

***无意义或不适用。

学术团体与行业协（学）会

学　　会

中国电机工程学会

一、以改革为动力，推动学会各项工作的开展

为了贯彻中国科协《关于推进所属全国性学会改革的意见》的主要精神，结合国务院颁发的《电力体制改革方案》实施以后电力工业管理体制的新格局，坚持实行“因会制宜”和与电力体制改革密切结合的原则，积极稳妥、逐步深入地推进改革进程。

1. 加强对改革工作的领导，深入调查研究，充分发扬民主

对于改革工作学会领导予以了高度重视，由国家电力公司与学会领导共同组成了由陆延昌理事长担任组长的改革领导小组，同时成立了有辽宁、天津、广东、北京、河北、江苏等省级学会和燃机、热电、输电线路等专委会秘书长参加的改革工作小组，制订了工作计划。工作小组走访了中国建筑学会、中国电工技术学会、中国金属学会等兄弟学会；对广东、上海、宁夏、陕西等省级学会和燃机、继电保护、环保、火电分会等专委会进行了调研。借鉴和参照了兄弟学会的经验，吸收了省级学会、专委会的意见，按照依法办会、民主办会的程序，几上几下广泛征求意见，初步形成了《学会改革方案》，已经向国家电力公司党组作了汇报，通过常务理事会审议后，将上报中国科协。

2. 认真总结学会工作，积极探索扩大学会的活动空间

在探讨改革方案的过程中，学会总结了过去的工作，探索活动的空间和方式，深深地体会到，学会在历史上发挥了不可替代的作用。在加入 WTO 后与国际学会接轨和当前电力体制改革的形势下，学会将起到其他机构和部门不可替代的作用。在电力工业改革的新形势下，学会的发展空间和前途是广阔的，对此充满了信心。积极主动争取委托，努力争取在科技奖励、制订电力行业规划、成果鉴定、职称的技术评审等方面拓宽学会活动空间，目前已经在承办科技奖励方面取得实质性的进展。

3. 坚持以会员为本，突出会员在学会中的主体地位

为了落实中国科协提出的在改革中要“坚持以会员为本，突出会员在学会中的主体地位，实行民主办会。”的精神，在 2002 年的工作中，学会加强了会员的会籍管理和重新登记工作，目前已经登记的会员近 6 万名。2002 年审批了 397 名高级会员。在学会网页上开办“会员之家”栏目，充分体现会员在学会中的主体地位。

4. 实行民主办会，积极发挥各工作委员会的作用

在日常工作中，我们积极发挥各工作委员会的作用。例如，学术工作委员会、组织工作委员会、科普工作委员会、外事等工作委员会年初审查学会学术交流、组织工作、科普工作和国际交流等活动计划，确定重点学术会议和重点工作，审查高级会员、评选优秀论文、优秀科普作品和先进集体等，充分体现了民主办会。在学术工作委员会的指导下，学会完成了专委会的重新登记工作，并对专委会工作条例进行了修订，加强了对专委会依法办会和民主办会的管理。

5. 积极推动学会工作信息化

为了充分发挥学会的组织网络优势和信息资源，推动学会信息网络资源的开发、整和，发挥省级学会、专委会的作用，在原有学会网页的基础上，2002 年学会建立了以中国电机工程学会注册独立域名网址的网站。建立了学术论文库、单位会员库、个人会员库、学术会议库、学会大事记数据库、网站动态信息数据库以及英文版国际会议数据库等 7 个数据库，实现了在 INTERNET 网浏览、检索功能以及在网上在线科技论坛等功能。已经于 2003 年 1 月 1 日正式投入运行。

二、活跃学术思想，积极开展学术交流活动，努力创办品牌会议，提高学会的凝聚力和影响力

学术工作是学会工作的灵魂和生命力所在，开展学术交流是学会最基本的任务。2002 年学会各级组织围绕努力提高学术会议质量，创办品牌会议，开展

了多层次、多种形式、内容丰富、主题突出、紧密联系实际的学术活动。据不完全统计，2002年总部和各专业委员会召开工作会议25次，学术研讨会46次（其中国际会议1次），参加人数达4580人·次（其中国外学者200人），交流学术论文或技术报告2587篇（其中国外会议论文587余篇），编辑印制论文集近50种，共5000余册。学术活动活跃，论文质量明显提高，学术交流取得显著效果。学术交流的主要特点是：

1．紧密围绕加入WTO后中国电机工程科技发展和电机工程建设中的难点热点问题，认真组织学术交流活动

为了适应加入WTO后中国电机工程科技发展，结合中国科协2002年学术年会，与中国电工技术学会联合举办了“加入WTO后中国电机工程科技发展的机遇与挑战”学术会议。

此次会议是中国科协2002年学术年会的第7主题分会场。会议旨在针对我国加入WTO后电机工程科技发展所面临的机遇和挑战进行学术总结和发展研讨。会议得到省级学会和专委会的大力支持和积极响应，迅速组织有关专家投稿和向学会推荐稿件，许多省级学会和专委会的理事长、主任委员等领导亲自带队参加会议。来自全国各省市的电机学会、电力生产、设备制造、科研院所等单位的180余位代表出席了会议。会议论文集从收到的120余篇应征论文中经专家认真评审，最终收录了50篇论文。论文质量代表了我国电机工程学科发展的前沿水平。

会议有10位院士和9位专家学者作有关电机工程学科发展的学术报告。整个会场座无虚席，院士专家们高瞻远瞩的学术见地、深入浅出又绘声绘色的现场演讲让广大代表和电子科技大学的师生员工受益匪浅。来自上海市17岁的小发明家郇咲博同学的“自动变翼流体动能转换装置”的小发明吸引了广大与会者的浓厚兴趣。她的参会成为科协年会的一个亮点，成都市各大新闻媒体纷纷予以报道。会后，四川省电力公司、四川省电机工程学会还邀请了16位院士专家对四川电力发展提出建议。

学会各级组织主动选择政府部门和电力企业在电力发展中遇到的重大关键技术问题，积极组织开展各种学术活动。例如针对加入世贸组织后电力设备制造行业、供电企业面临的新形势，华东六省一市电机工程（电力）学会联合举办了输配电技术研讨会，研讨加入世贸组织后制造行业、供电企业面临的新形势及输配电工程、输配电设备的新技术。结合广东电网在发展中不少地区电网出现了无功不足，电压偏低运行状况，广东电机工程学会在澳门召开了“粤、港、澳电力系统无功补偿电压管理交流会”，香港中华电力公司、澳门电力公司与广东电力系统专家对有关问题进行了交流与探讨，交流会在澳门反映较大，各大报纸都作了专门报道。北京电机工程学会结合北京举办2008年奥运会的“绿色奥运、科技奥运、人文奥运”，大力推广应用清洁能源为主题，组织“绿色能源—风力发电与奥运”研讨会。针对福建与华东联网后联络线控制、低频振荡、电力市场运营等方面，福建省电机工程学会积极开展调研活动及各种学术活动。在电力体制改革和市场竞争下，电网稳定尤为重要，江苏省电机工程学会、安徽省电机工程学会举办了围绕电力市场和电网互联对稳定分析技术的要求举办了学术研讨会。山东省电机工程学会针对发电厂“节约用水，废水污水处理及回收利用和环境保护”召开了学术交流会议。

2．加强青年学术交流，激励创新思维，倡导敢为人先的胆识，为发现和培养青年创新人才做出贡献

中国电机工程学会青年学术会议1988年开始创办，它是学会主办的面向全国青年科技人员的全国性电机工程学术会议，是中国电机工程各个专业领域青年科技人员交流、学习的盛会，也是展示青年科技人员科研成果、发现和培养优秀电机工程科技人才的重要舞台。

本届会议是第七届，主题是“21世纪的中国电机工程”。陆延昌理事长出席了开幕式并对青年科技工作者提出了殷切的希望；院士、专家分别作了题为“依靠科技进步、促进电力发展”的大会主题报告和“电力技术的发展趋势和应用前景”“西北电力发展的战略重点”的专题报告，使青年科技人员更清晰、全面地了解我国电力工业发展规划以及国内外电力技术进步的发展趋势。

会议吸引了国内大学、电力技术研究、生产、运行、管理等部门的青年骨干投稿，共收到论文250余篇，经专家评审录用146篇，论文内容涵盖电机工程各个领域，充分展示了我国年轻一代电机工程专家的聪明才智。院士们还利用休息时间与青年科技工作者进行座谈，对青年科技人员取得的成果给予了高度称赞和鼓励。会议充分展示了我国年轻一代电机工程领域技术人员的研究水平和才华。学会将以此为契机，努力把青年学术会议办成品牌会议。

省级学会也积极开展青年学术活动。例如江苏省电机工程学会、广西区电机工程学会、辽宁省电机工程学会和安徽省电机工程学会在2002年召开了青年科技论坛和青年学术会议，宁夏电机工程学会等也开展了青年优秀科技论文的评选工作，为青年科技人员脱颖而出搭建展示才华的舞台和发展的空间，促进他们刻苦学习新知识、新技术、树立新思想、新观念。

3. 抓住重点，择优支持重点学术会议，各专业委员会争创品牌会议

为了提高学会学术交流的质量，学会在年初确定计划时，根据会议的内容、规模，经过学会学术委员会的认真评选，确定了12个重点学术会议，对重点学术会议，学会重点指导、支持，要求对论文严格把关，注意会议的效果，并要求认真做好会议总结，争取年终评为优秀会议。

2002年的重点学术会议全部按计划完成，并取得了良好的效果。例如自动化专委会举办的“2002年全国电力系统自动化学术研讨会”，特别邀请院士做了《新世纪电力系统展望》的特邀报告。燃气轮机发电专委会本着“要努力创立中国电机工程学会品牌”的要求，年会主题内容紧密结合我国燃气轮机发电的发展战略目标，突出我国“西气东输”，应用天然气燃气轮机发电的内容。城市供电专委会、理论电工专委会、电磁干扰专委会、输电线路专委会、电力通信专委会等分别召开了本年度的学术交流活动。这些学术活动起到了扩大学会知名度和影响力的良好效果。

中国水力发电工程学会

2002年是中国改革开放继续深化的一年，尤其是对全国电力体制进行了彻底的改革，对今后电力的发展将产生深远的影响。学会的工作始终把注意力放在改革和发展上，旨在建成符合社会主义市场经济体制要求，既有国际学会功能，又有中国特色的组织机构和行为规范的世界一流学会。

加强常务理事会的责任制。常务理事应对学会活动提供必要的支撑条件，承担社会责任。常务理事所在单位需从人力、物力、财力上支持学会的工作。学会办事机构（秘书处）挂靠国家电网公司，其工作人员由国家电网公司配备，党政财纳入国家电网公司的管理体系。工作人员需由国家人事调配方式，逐步向选聘和招聘方式过渡，定用人和流动人相结合，专职与兼职相结合，建立学会工作志愿者队伍。

学会专业委员会的设置要促进学科的交叉、融合和综合，在指标严格考核后和评估的基础上，逐步实现专业委员会的专业优化配套和结构合理的学术活动基本单元。

技术咨询是学会发展的基础，也是发挥学会综合技术优势，为水电发展服务的主要形式和渠道，要充实、完善现有咨询服务执业机构，多接受委托任务和功能。

中国水力发电工程学会第五届第一次常务理事会于2002年3月1日在北京召开，出席会议的常务理事24人（含部分通信方式），会议由学会副理事长兼秘书长郦风山主持。会议决定第一批向民政部报请审批的分支机构共27个。

水电行业经济政策的研究

我国正在实施西部大开发和西电东送的战略，为水电开发带来了宝贵的机遇。但是，当前水电发展面临一些具体困难，特别是现行税制未考虑水电行业增值税进项环节基本不能抵扣，造成水电企业税负过重，是一个亟待解决的问题。对此，国家电力公司曾多次向财政部等国家综合管理部门反映，希望得到解决。中国水力发电工程学会建设管理专业委员会委托中国社会科学院数学经济与技术经济研究所和国家税务总局税收科学研究所，进行水电行业经济政策研究。这次研究与往常不同的是偏重于定量分析上。2002年元月16～18日在京召开了水电增值税问题工作会议，对水电增值税降税的理由、时机、途径进行了研究。会后，请有关单位填写学会拟订的调查表格，并组织了两次调研。在各单位提出的基本资料和调研基础上，从定量上进行研究分析，联合提出了“调整水电行业增值税政策的分析及建议”和“公平税赋、调整增值税政策、积极发电水电”的研究报告，报送国家计委和有关部门。国家税务总局许善达副局长批示，指出“特别是测算数据告诉我们，仅机器设备转消费型尚不能解决水电税负问题，这是个重要结论”。9月3日国电公司以国电财［2002］599号文《关于调整水电行业增值税政策和报告》行文给财政部，抄送国家税务总局。报告建议先按17%税率征收，再按6%～8.5%生产型增值税计算，将高出部分由财政予以退还。

学术活动

（1）中国工程咨询协会水力发电专业委员会于1月31日在北京科协科技会堂召开成立大会。水力发电专委会是中国工程咨询协会内设工作机构，在协会领导下，对本行业工程咨询单位在技术上给予服务和指导，同时承担本行业非地方管理的工程咨询单位的自律性管理工作。出席大会的有国家电力公司顾问、中国水力发电工程学会副理事长周小谦、中咨协会副秘书长王文松、处长张烽、陈厚群、张勇传等院士和数十位专家组成员。中国水电学会秘书长郦风山主持会议，并汇报了专委会筹备工作。张烽处长在大会上宣读了成立“中国工程咨询协会水力发电专业委员会”的批复。王文松副秘书长代表刘国冬副会长致词。他说中咨协会的职责是对我国工程咨询机构资格进行认定；对注册咨询（投资）工程师执行资格管

理；实施技术指导和业务协调以及应用菲迪克条款，开拓国外咨询业务。他特别强调水力发电专委会是水利与电力两个专业的结合，要高标准严要求，提高自身的业务管理水平和技术服务水平。2002年还要认真贯彻人事部、国家计委人发［2001］127号文的通知，做好工程咨询业实行咨询（投资）工程师执业资格制度的各项工作。

经过充分酝酿、协商，邴凤山任专委员主任兼秘书长、陈东平、贾金生、刘经迪、王民浩、张庆堂为副主任。

（2）水工及水电站建筑物专委会会同中国水利学会水工专委会和大坝委员会在云省丽江于2002年5月10～13日召开“2002年水工专委会学术交流会”。与会代表有70余人。会议由专委会主任刘文雷主持，他强调此次会议有三个特点：①筹备时间达一年之久，就会议的内容，论文出版等曾多次研究，准备比较充分；②会议主题突出，内容丰富。此次大会以坝工新技术、坝基处理和基础防渗为主，但还有国内外技术信息，水工结构、枢纽水力学、地下工程，沥青混凝土、碾压混凝土、抗裂水泥、混凝土建筑物修补技术等；③会议得到国际大坝委员会水力学专委会，大坝设计计算与分析专委会和坝与洪水专委会的支持，以及院士和老专家的积极参与和大力支持。

中国大坝委员会副主席沈崇刚介绍了我国水电工程建设形势和发展状况，强调了在加入WTO后应重视专利的申请和管理工作。李其友介绍了小浪底建设情况，利用世界银行贷款、业主管理、监理的授权等管理经验。丽江地区水电局李清胜副局长介绍了丽江的“供排水”分家原则，利用自然落差的水流清洗街道，从古到今规定了洗涤时间，供水时间、排污时间等水管理的经验。大会期间共有31名代表作了学术交流。朱伯芳院士为大会提供了《论拱坝应力控制标准》和《关于微膨胀混凝土筑坝技术的几个问题》两篇论文。

（3）水能规划及动能经济专委会于2002年8月26～29日在贵州洪家渡电站工地召开2002年年会。参加大会的有各单位48名代表。乌江水电开发公司戴绍良董事长在会上介绍了乌江流域梯级滚动开发情况，洪家渡水电站建设情况。专委会主任、中国水电顾问公司副总经理晏志勇就水库移民和建设与环保的协调规划与发展问题，水能规划发展方向和规划设计部门如何为政府和建设业主服务等问题做了专题报告。专委会秘书长李世东向大会做了2001～2002年工作总结及2003年工作计划。完成了“溪洛渡、向家坝水电站开工时机及有关送电支撑政策专题研究”的专题报告，并通过了三峡总公司组织的专题研究成果评审。组织编辑出版《中国20世纪河流水电规划》。与会代表除了进行学术论文交流外，还结合流域滚动、水电梯级补偿效益分配，跨省区水电工程税收分配、水电开发与可持续发展等问题进行了研讨。

（4）面板坝专业委员会、贵州省水电学会与贵阳勘测设计院和贵州省水力发电工程学会于2002年8月13～16日在贵阳市联合召开了全国混凝土面板堆石坝经验交流会，有35个单位135名代表出席会议，大会收到论文41篇。会议总结了近年来我国面板坝设计，施工，特别是中、高面板坝的关键技术，如堆石碾压、软岩应用，防止面板脱空等的设计和施工经验。对一批高混凝面板堆石坝的有关问题，特别是止水材料、止水结构设计与安装、边角部位堆石的碾压方法，碾压加水工艺的优化，工程的环保等进行了交流与研讨。

（5）计算机应用（信息化）专委会和国家电力公司电源建设部于2002年8月22～25日在新疆乌鲁木齐共同召开2002年度学术研讨会。参加会议的有20多个单位的66名代表，收到论文40余篇，为了交流方便，出版了论文集。与会代表就水电工程项目管理及应用、水电工程生产管理系统与企业资源管理系统及应用、水电厂及梯级水电厂控制系统及应用、水电厂无人值班、水电厂自动化、3S及可视化技术等进行了交流与讨论。对自动化设备生产资质认证、水电站网络及通信系统统一规划、计算机监控系统模式、规范修订，机组状态检修规程与导则等热点问题，提出了许多建设性意见。对行业行政主管部门有很大的咨询作用。

（6）水工水力学专委会年会及宽尾墩台阶式坝面联合消能学术讨论会于2002年9月25～28日在云南省昆明市召开。会议由水工水力学专委会、大朝山电站有限责任公司、云南省水电学会联合主办，会议收到25篇论文，有74名代表与会，有16名代表宣读了18篇论文。在会议期间水工水力学专委会讨论下一年度的活动安排。会议将挑选优秀论文，向《水利学报》《水力发电学报》《天津大学学报》及 Journal of Hydraulics 推荐。会后组织36名代表赴大朝山工地参观。

（7）碾压混凝土筑坝专委会与中国水利学会碾压混凝土筑坝专委会，于2002年10月23～25日在宜昌召开了2002年碾压混凝土筑坝技术交流会，收到论文52篇，有72个单位159名代表与会，22名代表在会上发言交流。会议重点交流了在碾压混凝土高重力坝、高拱坝、负温和高温季节施工技术等关键技术进行了交流。这些技术代表着国际领先水平，结束了季节约束碾压混凝土施工的时代，是一个发展的里程碑。同时，还结合三峡三期工程碾压混凝土高围堰及龙滩水电站碾压混凝土高坝施工等项目进行了交流。会议展示了我国在碾压混凝土筑坝技术的新成就。

国际学术交流

2002年出访团组3个，共31人，接待采访团组1个，6人。2002年10月25日至11月14日，水电水利规划设计总院与中国水力发电工程学会环境保护专委会共同组织水电环境保护赴美培训、考察团共有10人参加。学习考察了美国早期开发的水电环境保护工作，美国水电建设项目环境保护工作报审程序，对水生生物的保护情况，水质监测技术。参观了美国水资源控制和鱼类保护试验室。这对美国环保人士在国际大坝会议上所谓"拆坝现象"进行了详细了解。拜访了美国环保署，听取了环保执法情况介绍。

地方学会工作

(1) 贵州省水力发电工程学会于2002年3月12日在贵阳市召开第三届第四次理事会。会议由常务副理事长黄坤主持。秘书长殷新德作2001年工作总结和2002年活动计划报告。会议通过了以下事项。

1) 贵州省水力发电工程学会第四次会员代表大会代表产生办法及代表名额分配方案。

2) 贵州省水力发电工程学会第四届理事会产生办法及理事和常务理事名额安排方案。

3) 贵州省水力发电工程学会第四届各专业委员会等工作机构调整的建议。

4) 贵州省水力发电工程学会第四次会员代表大会会议经费筹措意见。

(2) 陕西省水力发电工程学会于2002年5月15日在西安召开了第三次议事班子会议，会议由理事长张庆堂主持。田又涵秘书长汇报了学会秘书处按照《陕西省水力发电工程学会理事会、常务理事会动态管理办法》，并征求多基层学会意见后，初步提出置换意见。本次调整将有7名理事（常务理事）改任名誉理事，有3名理事（常务理事）因工作调动不再担任学会理事；同时增补9名理事，1名常务理事。这次变动即可通知，待下一次常务理事会议追认。

根据1997年西北五省（区）水电学会联系网会议决定，将《陕西水力发电》更名为《西北水力发电》，从2002年开始正式更名，组成新编委会共20人，其中陕西学会1名，甘肃、宁夏、青海、新疆学会各2名，西步理工大学6名，编辑部由6人组成，李建中副理事长任主编。

(3) 南方12省（市、区）水电学会2002年联络年会于11月5~6日在云南省景洪市召开。会议由云南水电学会主持，有37名代表到会，中国水力发电学会秘书长邴凤山、副秘书长毛亚杰、云南省科协副主席蔡仲明莅会指导。会议收到论文20篇，在大会宣读交流了10篇。这次会议的主题是围绕西部水电开发、西电东送的实施，介绍交流各省（区）水电（包括抽水蓄能）建设的进程和经验，对水电开发的一些主要问题进行探讨、研究，提出采取的措施和建议。另外，由于电力体制改革、厂网分开后水电学会所面临的形势进行了研讨。会议认为厂网分开后，省级水电学会挂靠在电网公司，独立发电公司与水电事业单位（如水电设计院、大专院校）都是可行的，需根据各省自身的特点来决定。对政府职能转变过程中，如何发挥学会中介组织的作用进行了探讨。

科普活动

经国务院批准，从2001年开始，每年5月份的第三周作为"科技活动周"，在全国开展群众性科学技术活动。2002年科技活动周以"科技创造未来"为主题，5月18日在北京中华世纪坛举行了开幕式。中共中央政治局委员、国务院副总理温家宝出席开幕式并作了重要讲话。中国水力发电工程学会积极参加了开幕式和北京玉渊潭公园举行的大型科技游园会，作了展板，宣传抽水蓄能电站科普知识，同时展示了我国水电50年的巨大成就。

编辑出版工作

《中国水力发电年鉴》第一卷始编于1983年，已出版6卷。由于内容丰富、专业齐全、资料翔实、实用性强、编辑严谨，深得广大水电工作者的欢迎。

中国水力发电工程学会在2002年组建新一届年鉴编委员和编辑部。为了适应西部大开发和西电东送，水电建设大发展的形势，与时俱进，增强时效性，将原空三年出版一卷改为二年出版一卷。2003年将再缩短出版周期，力争做到每年一卷。

第七卷年鉴为新世纪首卷，在特载中，编录了国家能源宏观发展规划，电力工业"十五"计划及远景规划的文献资料，领导人讲话及专家论坛等，特别是刊录了国家有关电力工业体制改革的重要文件，具有重要指导意义和历史价值。在篇目设置上增加了三峡工程、西部大开发、西电东送、电网建设等。为便于读者查阅统计数据、资料，将散于各篇的有关内容，汇集一起，列为一个篇目，并配有合并状、柱状示意图，有助于对历年资料进行比较。年鉴第一、二卷早已售完，其他各卷所剩无几，将1~6卷（1949年~2000年）制成光盘，附于本卷后，一并发行。

第七卷年鉴于2001年12月即开始框架设计工作，经过二次专家、学者及在京各单位领导审查，修改后，形成框架设计（初稿）。于2002年8月25～26日，在云南昆明召开了《中国水力发电年鉴》第七卷编审工作会议，到会的编委、专家，学者约70多人。由云南省电力局协办。会议由中国水力发电学会秘书长郦风山主持，云南省电力局肖鹏局长到会祝贺，国家电力公司副总经理贺恭到会做了重要讲话。各个代表对第七卷框架提出了65条意见，发言热烈，充分体现了大家对年鉴的关心、支持和爱护。积极投稿，撰写条目，已于2002年10月开始将稿件分批交付中国电力出版社，预计2003年二季度初可正式出版发行。

（陈叔康）

中国电力发展促进会

2002年，在国家有关部门、国家电力公司、中电联、网省公司、相关电力企业等有关部门及各位领导的支持和带领下，中国电力发展促进会（以下简称电促会）在机构、人员、业务等方面均取得了较好的成绩。

电促会机构作为民政部重新注册登记认定的首批六个电力行业协会之一，基本完成了相关手续的办理。电促会业务的开展在2002年度有了较大的收获，圆满完成了多项国电公司、相关电力企业委托的专题研究任务，现将主要情况汇报如下。

一、电力规划咨询工作

(1) 配合国电公司战略规划部开展了“中部（四川）西电东送规划研究”及“西北地区西电东送专题研究”2大课题的组织、参与工作，并均圆满完成，取得了较好的成果，受到国家综合管理部门的重视。

(2) 受国家电力公司战略规划部委托，就华中电网的调峰问题开展了“华中电网调峰规划研究”，对华中电网的负荷发展、负荷特性、用电结构、电力供应、电源结构等进行了深入的剖析及分析，对今后华中地区的电力发展及规划提供了良好的依据。

(3) 受湖北武昌电厂委托，对武昌电厂天然气发电改造项目进行了咨询，目前项目进展顺利，国家计委已批复项目建议书。

(4) 与中国能源研究会合作，开展了对深圳能源集团公司发展的相关专题研究，主要涉及了“西部电厂电价模式的研究”“关于国外LNG电厂运营情况研究”“关于加入WTO对中国电力企业的影响与对策研究”“关于电力企业资本运营的研究”“关于发电厂电力安全及可靠性的研究”“关于发电厂降低成本降低成本工作的研究”“关于LNG接收站与LNG电厂一体化的研究”等专题，基本圆满完成。

(5) 受国家电力公司投融资部委托，开展了“核电在能源发展中的前景分析”专题的研究，并圆满完成。

(6) 根据国家计委基础产业司要求，受中国广东核电集团公司委托，开展了“中国核电发展战略研究——资产重组、构建新体制”课题的研究。

(7) 受国家电力公司战略规划部委托，开始进行“全国电力和一次能源布局与西电东送总体规划研究”。

(8) 受国家电力公司战略规划部委托，进行了“三峡供电区电源规划滚动调整”课题的开展，并已圆满完成。

二、《中国电力年鉴》编辑工作

根据国家电力公司《〈中国电力年鉴〉编辑部设在电促会》的文件要求，电促会主要承担每年年鉴的组稿、编审、年鉴工作会议等。2002年7月编辑出版了《中国电力年鉴》特刊——《中国电力工业发展历程》，11月又出版了2002年《中国电力年鉴》。

三、中国电力网站工作

中国电力网站（www.chinapower.com.cn）在2002年对机构重新进行了调整，充实了一线工作人员，并于2002年6月重新建设发布了新版本的网站系统。网站分为新闻、企业、产品、商务、社区、会员中心6大频道，提供了企业自助建站、个人自助建贴、网上合同签定等在国内电力行业处于领先地位的功能。

截至2002年底，网站注册个人会员超过10000名，注册企业会员已经达到9000家，提供邮件服务的会员数量约11000个，日均访问量突破25000。

在电力行业信息发布上，通过建立全方位的信息渠道，基本作到国内最新、最全发布。

在功能上，网站均采用一系列自主研发的成熟系统，如内容管理系统，大型分布式权限系统，信息发布系统等，保证了网站在今后的会员类型扩展和功能扩展中处于快速领先地位。

此外，网站充分发挥技术和市场优势，与电力行业多个相关机构合作，推出了核电之窗、中国电力规划设计网、中国电力建设网等系列网站，在行业细分市场上实现了双赢合作。

通过努力，中国电力网站已经成为国内最具影响力的电力专业网站，并且实现了良好的经济效益。

中电联分会

中电联电站装备分会

2002年3月中旬，在北京召开了一届二次常务理事会议，会长、副会长、秘书长等出席了会议，中电联到会指导。会议汇报了2001年工作开展情况(已发纪要)，讨论研究了2002年的工作。会议介绍了中电联服务职能的发展情况，强调要更好地为会员单位服务。

6月下旬，在北京召开了有部分电力企业参加的改革研究会。会议由会长白绍桐主持，中电联副秘书长王永干同志介绍了全国电力体制改革进展情况，并认真听取了大家的发言后做了重要讲话，对企业今后的改革起到积极的推动作用。

12月中旬，配合中电联组织了部分会员企业参加的电力企业主辅分离改革研讨会，国家经贸委领导同志介绍国家有关政策，大家感到深受鼓舞，增强了改革信心。与会代表认识到主辅分离是电力体制改革的重要内容之一，任务艰巨，关系到电力市场体系的建立，关系到企业的生存发展的大问题，不可轻视。

对会员企业的主导产品，在2001年基础上进一步作了一些调查研究。2002年底，全国一些省市出现了不同程度的缺电、限电情况。开展了结合工程项目引进制造设计技术，为电站装备制造企业发展，提高制造水平，起到了积极的推动作用。主机和辅机不仅现实生产任务重，又在发展自有技术，提高市场竞争力和管理水平方面，迎得了一个发展的好机遇。

收集编辑了16期电源建设信息，及时通报了全体会员单位，使会员了解了160多台机组8400多万千瓦的改造、新建投资项目，以及火电、水电、清洁发电技术及抽水蓄能电站建设进展概况，和相关的重要技术政策及我国制造业发展状况，为企业参与市场竞争，发展新技术提供了信息资源。

中电联水力发电分会

1. 以活动为载体　增强分会凝聚力

(1) 召开技术改造交流会。水电分会于3月中旬在湖南长沙组织了水电厂技术改造及产品信息发布会，邀请专家和部分为水电厂服务的厂商厂家做产品信息发布或产品在水电厂运行状况的介绍，使与会代表及时了解了新产品、新技术，推动了水电厂设备改造和技术创新工作。

(2) 召开廉政建设研讨会。水电分会于3月下旬在全国最大的水电厂——二滩电厂，召开了纪检监察经验交流及研讨会。30个会员单位的44名代表参加了会议，收到论文19篇。

(3) 召开物业管理经验交流会。6月份，水电分会在湖南常德主持召开了水电厂小区建设暨物业管理经验交流会。

(4) 召开水工建筑物管理研讨会。水电分会9月份在李家峡电厂组织召开了水工建筑物安全管理经验交流及研讨会，交流了水工建筑物的运行、维护和管理经验，探讨了水工建筑物的设计、改造与加固等技术问题。会议收到专题论文30余篇。

(5) 组织新的课题调研。水电分会及时地组织了由葛洲坝电厂、三峡电厂、丹江口电厂、水口电厂、岩雄电厂、青铜峡电厂、三门峡电厂等单位参加的《水利枢纽工程投资合理分摊》课题调研，与火力发电分会联合进行了《发电企业直供大用户》的课题调研。

2. 强化分会管理　建立会员沟通快捷渠道

水电分会从创立以来，一直坚持“反映、交流、探索、创新”的宗旨。分会于6月在牡丹江电厂召开了联络员工作会议，总结过去一年的工作，通过了财务工作报告和财务预决算，评选优秀联络员，表彰优秀通信员，确定新的年度工作安排。2002年8月在西藏羊湖电厂召开了分会秘书长（扩大）工作会议，对分会今后的发展方向、如何加强内部管理等问题进行了研究，明确水电分会要转变观念，强化内部管理，在政府与企业之间架起一座桥梁，为水电管理者建造一个平台，更好地为会员单位服务。

为了适应电力体制改革的新形势，扩大分会的影响力、凝聚力，充分尊重会员单位的意见和建议，对流域性发电公司加入分会进行了审议并获得通过。

3. 办好分会“二刊”塑造企业改革的全新形象

为了办好《水电厂》《水电厂信息》二个刊物，

利用这块阵地积极宣传贯彻党的路线、方针、政策，推进电力体制改革与发展，介绍各水电厂在改革中的经验、动态、做法。2002年，分会在注重提高刊物质量和编辑人员素质的同时，将《水电厂》杂志全面改版，加大了杂志信息量和容量，增添7彩色插页。紧紧围绕会员单位需求面向水电生产企业，报导他们立足基层，依靠和团结全体职工，抢抓机遇深化企业内部改革、加强企业管理、安全生产、设备技术改造、多种经营、精神文明建设等等方面进行了重点报道。2002年共出版了《水电厂》杂志4期，报道了荣获“全国五一劳动奖状”的乌江渡发电厂；勇于拼搏争创一流的万安水力发电厂；举世注目的三峡工程与三峡水力发电厂；中国长江电力股份成立等，共刊载高质量稿件120多篇。为了弥补《水电厂》杂志(季刊)周期长的缺陷，分会还办有《水电厂信息》半月刊，注重时效。2002年共编辑出版《水电厂信息》24期，刊登了会员单位的1000多条信息。中国电力企业联合会在狠抓杂志质量的同时，还注重通信员队伍的建设，对优秀通信员进行评选表彰，在2002年的联络员工作会上还特邀优秀通信员谈经验，为办好《水电厂》杂志献计献策。

中电联供电分会

1. 突出改革主线，搞好超前调研

2002年3月得知国务院《电力体制改革方案》下发的信息后，主动学习文件精神，通过学习逐步认识到，改革要坚持“三个有利于”“两个稳定”的基本原则；积极稳妥、配套推进、总体部署、分步进行的实施步骤；建立市场机制、形成电价机制等改革要点，都是贯穿电力体制改革全过程的，供电企业改革也是其中的重要环节和组成部分。特别是文件中指出的“有关电力设计、修造、施工等辅助性业务单位，要与电网企业脱钩，进行公司化改造，进入市场”。据此开展了三项调研工作：

(1) 对供电多经企业经营现状的调研。分会通过学习文件感到，电力体制改革体现在供电企业方面的重点是主辅业务分离，改革的难点是主辅分离中主业人员的安置问题。组织了专题研讨，听取了大同、安阳、福州、北京、上海市南、上海市区、上海市东等七个供电多经企业的情况介绍，并实地调研走访了广州、珠海、西安、宝鸡、沈阳、阜新等六个供电多经企业，仅用二个月的时间，就完成了《关于供电多经企业改制重组情况的调研报告》，2002年9月份在中电联召开的座谈会上，基本被中电联的上报方案所采用。

(2) 对供电营销管理的调研。建立规范电力市场、构建新的电价机制、实施大用户直接从发电企业购电等改革举措，对传统的营销管理是个巨大的变革。为此，分会开展了包括营销体制、电力市场、电价机制、财务核算、农电管理、直到大用户直接购电等8项内容的调研工作，以五大电网为主体组成了5个调研组，在对分组调研资料汇总的基础上，于7月末完成了专题调研报告，并在黑河召开的供电分会经营管理研讨会上定稿。

(3) 对地市级电力行协的建立发展情况调研。改革方案进一步明确了分会的四项功能，明确提出了发挥桥梁纽带作用及行业管理职能。使电力行协的工作更加明确了方向。就此，分会把发挥行协作用、加快行协建设，作为贯彻电力体改方案的组成部分，开展了专题调研，面对供电系统40多家已建立了地市级电力行协，部分电力行协还正式被政府授权开展工作的发展形势，就行协的职能定位、行协的运作程序及行协工作的保证措施等进行深入调研，经过多次修改，完成了调研报告。

2. 坚持管理创新，深化专题研讨

(1) 组织召开了供电分会年度工作会议（联络员会议）、在2002年度工作会议上，分会在完成会议全部议程的基础上，还与时俱进，就初步掌握刚刚下发的国发5号文件《电力体制改革方案》的信息，向与会代表、联络员进行沟通，从而澄清了错误认识、稳定了职工情绪。

(2) 在广州召开的第十次技术管理研讨会上，从会议内容到会议方式上都有所创新，会上提出的信息开发一体化、坚持技术手段与管理措施并重、强调安全责任与效益意识统一，把电能质量管理从系统向客户侧延伸、配网进行网络、设备、技术、管理、投资五个优化相结合的思路，都体现了研讨内容与时俱进、步步深入，研讨水平明显提高。

(3) 在黑河召开的经营管理研讨会上，不仅结合贯彻电力体制改革方案提出了调研报告，而且紧密结合供电企业实际，就降损增效、营销管理手段、电费催缴措施、营销体改思路、优质服务措施等热点难点问题，提出了许多营销理念创新、管理方式创新、管理手段创新的作法和建议，促进了营销管理水平的提高。

(4) 分会工作年会暨第15次深化改革研讨会，是在《电力体制改革方案》下发后的第一次年会，是事关两年的重要会议，更要以改革主线贯穿始终。其中有包括紧紧围绕电力体改有关多经发展、经营管理、行协工作的三篇调研报告；有充分体现管理创新、技术创新观点的技术研讨综合调研报告；有三个局进行经验介绍，包括会议承办单位福州局介绍的多经企业改制重组经验；有深圳局介绍的运用现代化管理手段和管理方法开展优质服务的经验；有首批建成国际一流供电企业的青岛局介绍创建经验。

3. 坚持求好求精，树立品牌优势

2002年，在开展分会工作中，注意发挥分会的群体优势和行业优势，力求出品牌、出精品。

(1) 在与第十次技术管理研讨会同时举办的第八届国际供用电专业设备展览会期间，分会充分发挥由需求方办展的特色，依据200多家会员单位的群体优势和技术优势，紧密结合技术研讨的内容，有选择地进行产品设备介绍。与此同时，在技术管理研讨中，按照配网优化、状态检修、信息一体化、电能质量及不停电作业等5个专题分组，让供电企业总工同制造厂商和科研院所的代表一起，供需双方切磋交流，既为厂商了解市场需求、开展市场竞争提供了机遇，又为供电企业及时把握供电技术发展趋势，开展技术创新、设备优化创造了条件。

(2) 在完成由中国电力企业联合会下达的《供电企业综合评价体系》调研课题中，分会力求破除传统升级达标中，考核指标定性多、项目杂、效益指标少的弊端，建立了以效益指标为主体、定量考核易操作、又附以权数突出重点指标的供电企业综合评价体系。

(3) 由供电分会牵头完成的《配电自动化系统及管理功能规范》，经国家经贸委审定批准，自2002年9月1日起实施；由供电分会牵头完成的《供电服务约规》，经过十多次的研讨修改，于2002年4月在昆明召开的中电联调研工作会议上正式发布。

4. 积极不断创新，专委会工作成效显著

2002年各专委会都各具特色，技术管理专委会在实践中总结的供需结合、产研结合、滚动开发、阶段总结的研讨方法，取得了良好的效果，完成课题多、论文技术含量高、研讨效果好；行协管理专委会持续深入地就培育发展地市级行协开展研讨，先后发表了三篇调研报告，使这项工作得到了广大会员单位的认可，对地市级电力行协的成立起到了推动作用，使地市级电力行协从上年的十几家发展到目前的40多家；多经专委会听到国务院关于电力体改文件下达的信息，围绕多经企业改制的热点和主业人员安置的难点，抓紧时机开展调研，南至珠海、北至沈阳，实地考察，仅用一个月的时间，就完成了调研报告，给上级机关下一步的改革提供了重要的参考意见；经营管理专委会紧密结合供电企业增供扩销、电费回收、优质服务，认真开展调研，促进了会员单位间的信息、经验交流，同时完成了长达万字的《供电优质服务规范》，这一成果已报送中国电力企业联合会和国家经贸委审定；民主管理专委会也适应市场经济特点，深化了“厂务公开”的研讨，并先后出版了论文集；企业文化专委会结合“德政工程”，请哈尔滨电业局职工李庆长同志作了“三德”建设报告，武汉、苏州等单位介绍和交流“三德”建设经验和体会，使与会代表得到了很大启发和借鉴。

5. 加速信息沟通，促进经验交流

为促进会员单位间的信息沟通，在原有供电两刊(《供电企业管理》《供电行业信息》)的基础上，开办了中国供电信息网，应用现代化管理手段，提高信息沟通的效率和效果。

供电两刊在2001年由订阅制改为赠阅之后，把原来的《供电企业管理研究》更名为《供电企业管理》，由原来的普通版改为大16开版。与此同时，还通过建立刊物编委会、理事会，开展双评（评比）优秀通讯员、评选优秀文章)，促进通讯员队伍素质的提高，从而，使会刊在装帧版面到文稿质量，都有较大的改观。此外，还完成了同《中国电力企业管理》编辑部（中电联会刊）合办的《城网改造增刊》出版工作。

中国供电信息网自建立以来，得到了会员单位的大力支持，目前，网上信息7000多条，日访问信息量达1000多条，包括全体会员单位的企业概况均已输入，只需手指一点，任何会员单位的简况一目了然，相信在大家的支持下，中国供电信息网必然越办越好、日益壮大。

6. 加强自身建设，提高管理水平

在分会自身建设方面，我们着重做好两项工作：①加大对外宣传；②强化内部管理。在对外宣传方面，分会给尚未入会的地市级供电企业逐个发函，主动宣传供电分会的成员队伍，发挥作用及在改革中的职能地位，使他们认识分会，向往分会。目前，在已有226家供电企业入会的基础上，尚有四川南充电业局、安徽亳州供电公司、福建南平、三明电业局和青海黄化供电局等五个单位申请入会待批，体现了分会组织蓬勃发展的良好势头。在内部管理方面：①出版了分会《管理制度汇编》，使工作有章可循、有序运行，特别在财务管理方面，建立了财务管理领导小组，实施了财务报告制度；②加强了分会领导班子力量，经过分会常务理事会讨论并报中电联批准，增补广州供电分公司原副总经理王登昌、赣东北供电局局长孙涛为分会副秘书长；③出版了包含226个会员单位的通讯录；④为会员单位印制了贺年台历和挂历，并于12月下旬寄至各会员单位。

中电联输变电装备分会

(1) 组织专业人员赴企业考察。为帮助企业提高管理水平，把好产品质量关，2002年组织有经验的技术、工艺、管理人员参加的一行5至6人分别两次赴十余家企业进行考察，与企业领导和技术人员进行座谈，并为企业提出整改书面建议，受到企业好评。

(2) 召开电力体制改革座谈会。2002年正逢电力体制改革力度最大时期，我国电力一直走在国家体制改革前沿，输变电装备分会会员单位均为电力生产服务企业，如何构建科学合理的电力工业格局，建立公平公开公正的电力市场运行机制等问题是我们所关心的问题，根据会员单位愿望分会及时召开电力体制改革座谈会。

(3) 创办绝缘子通信、整顿市场价格。2001年7月在国家电力公司发输电运营部、电力科学研究院大力支持下组建分会的绝缘子专委会。组建前经过广泛调查研究，了解绝缘子企业情况，召开国内生产复合、玻璃、瓷绝缘子主要厂家参加的筹备会。会议一致通过成立分会绝缘子专委会建议。专委会正式成立后，包含合资NGK、国营和私企、股份制造厂20余家。2002年又应会员单位要求创办绝缘子通信，已出版4期，反应会员呼声、新产品动态及工程信息等受到会员单位欢迎。

为保电力安全运行，2002年又应各复合绝缘子厂家要求，整顿价格。近期复合绝缘子市场价格不尽规范，为了占领市场份额，个别厂家竞相压价，保证不了质量，用户时有反应质量问题，应主要复合绝缘子厂家要求，分会在京召开价格研讨会，邀请6家企业、发输电运营部、电力科学研究院、福建省局和电网公司有关人员参加会，通过制订对厂家约束条款，绝缘子销售价格作了预测。

(4) 组织召开国标《输电铁塔制造技术条件》审查会。受中国电力企业联合会委托组织召开了国标GB/T 2694—2002《输电铁塔制造技术条件》审查会。原GB/T 2694—1981，原1981年国标一些参数也达不到工程的要求，20多年生产工艺有不同程度改变，为此邀请中国电力企业联合会、国家电网公司、南方电力公司、规划院、五大设计院、电建所、送变电公司、中国热镀协会及主要塔厂参加了国标审查会。

(5) 为会员提供工程、管理信息。一个企业最关心是产品质量、市场和新产品开发，而市场尤其重要，分会充分发挥电力系统优势，二年来印发《输变电工程信息》24期，《电力金具技术信息》1期内部刊物，工程信息受到广大会员单位欢迎，也扩大了分会的影响，提高分会的知名度，许多非会员单位及跨国公司向我们索取。现已将输变电工程信息、绝缘子通信、电力金具技术信息合并，改版成《输变电行业信息》(暂定名)。此刊物坚持以服务为主线，市场需求为导向，推进企业制度创新、技术创新、管理创新。反映企业共性问题，增加企业之间联系，加强信息服务。

(6) 举办铁塔镀锌技术研讨会。随着我国国民经济迅速发展，进入WTO后我国电力生产对电力产品技术水平，功能特性要求也逐渐与世界接轨，要求电力设备的特性、功能、技术指标达到世界先进水平。输变电铁塔质量从原来耐腐蚀保持50年，增加到对外观、环保等要求，提出将输电线路建成一条美丽风景线。同时也给冶金、铁塔制造业提出了挑战。尤其在三峡送出500kV工程中，外表美观已作为招标必要条件之一。但是多年来，如何保证铁塔镀锌后不同钢材的镀层颜色一致，一直是铁塔制造厂家攻关课题，许多厂也投入一定人力、财力进行研究，改进工艺，但均未找到一个很好解决办法，并出现一时为解决色差又出现漏铁、降低防腐性能等问题，这些都是国标中不允许出现质量问题。为此，分会召开了岗长线现场交流会，组织十余铁塔厂家单位赴岗长线考察。参观已立好并运行的铁塔，就这些铁塔外观质量进行调研。

中电联火力发电分会

1. 以“三个代表”思想为指导，贯彻落实“十五”计划纲要，以市场化改革为基本取向，积极推进电力体制改革

2003年3月火电分会召开了电力体制改革专题座谈会。主要研究两个问题：①在我国加入WTO，电力体制改革方案正式出台的情况下，火电企业的发展方向；②在全球经济逐步走向一体化，电力体制发生重大变化的背景下，火电企业应该“怎么干”。参加会议的有中国电力企业联合会及华能国际电力股份有限公司等20家发电企业的厂长（总经理）和有关代表共33人出席了会议。会议认为，在电力体制改革过程中以下8个问题应给予充分的注意：①电力体制改革过程中，要确保安全生产；②竞价上网希望有一个比较规范的原则；③电价的确定一定要体现科学、合理，体现出市场的公开、公正、公平；④要正确处理好大公司与小公司的关系；⑤要正确处理电厂与电网的关系；⑥要定期公布国内外典型火电厂、典型机组的主要指标实绩；⑦主辅分离要体现市场趋向原则；⑧人员分流的改革，要重视改革成本的注入。

2. 加强组织领导 搞好自身建设

(1) 加强学习，提高认识，认真学习贯彻中国电力企业联合会2002年分会负责人迎春座谈会会议精神。中国电力企业联合会火电分会紧跟形势，与时俱

进。1月31日在北京召开秘书长工作会议。这次秘书长工作会议是在中国电力企业联合会分会负责人迎春座谈会之后召开的一次重要会议。会议决定，要认真贯彻落实刘宠理事长的重要讲话精神，火电分会要联合服务，扎实工作，与时俱进，开拓创新。会议统一了思想，提高了认识，是一次成功的务虚会。会议决定火电分会今年要搞好三项建设（体制、机制、制度）；要开展三大方面服务（为发电企业的改革和发展服务，为发电企业进入市场服务，为发电企业进入市场创造公平良好的环境）；要抓好三个重点（搞好课题调研，加大培训咨询，扩大技术和信息交流）。

（2）加强联络员的工作，发挥主渠道的作用。联络员是火电分会的主渠道，加强联络员工作是加强火电分会工作的重要内容。2002年4月在山西太原召开了三届二次联络员会议，95个会员单位的106人参加了会议，会议总结了2001年联络员工作的成绩和不足，安排了2002年联络员工作的任务，在电力体制改革方案正式印发，国电公司管理的发电资产将进行重组、电力行业协会要进一步充实和完善的新形势下，要进一步加强联络员的工作，充分发挥主渠道的作用。会议根据4月21日召开的会长办公会和秘书长会议精神，在客观地分析了发电企业面临的形势、任务以后，对2002年火电分会的重点工作做了全面部署。会议首先传达了中国电力企业联合会刘宏理事长对2002年行协工作提出的六点要求，分会秘书长在会上作了题为《认清形势，与时俱进，求真务实，奋发有为，开创联络员工作的新阶段》的工作报告。会上表彰和奖励了77名联络员和20名优秀联络员。

3．加强调查研究，扎扎实实地开展课题调研和咨询服务

火电分会从1995年开始就一直把课题调研作为重点工作，在中国电力企业联合会的指导下，在各会员单位的积极参与下，课题调研工作持续深入的开展，企业咨询工作不断进行，推动了发电企业各项工作的开展。今年的四个重点调研课题是："竞价上网的市场化运营""主辅分开""企业发展战略""建立现代企业制度，规范法人治理结构"。两个调研成果转化题目是："火电企业经营指标绩效评价办法"和"低成本运营成果的转化"。一个课题调查的题目是："发电企业向大用户直接供电"。这些课题调研的成果将在年会上发布。

4．对调研工作的几点认识

（1）遵循六项准则。调查研究不仅是一项重点的工作方法，而且它更应该是各级管理工作的一项不可或缺的基本职能。要充分认识调查研究工作的重要性，要通过持之以恒的不懈努力，在理论和实践中不断探索，逐步科学化、规范化和制度化。在调研工作中首先遵循六项准则：①潜心学习、掌握政策、认清大势；②立足企业、紧贴实际、抓住大事；③超前思维、与时俱进、把握大局；④精心组织、培育骨干、课题要实；⑤联合服务、广泛参与、成果要精；⑥推动改革、促进发展、水平要高。

（2）坚持五性方向。调研课题要有一个明确的目标和方向，重在建设，贵在创新，突出重点，抓住实质，要理论联系实际，站得高看得远，调研工作要从实践中来，反过来又要对实践付于新的指导意义，既要把现状调查清楚又能够分析预测未来，要及时拿出有份量的意见和建议，在调研中主要坚持了五性方向：预知性、超前性、开拓性、实效性、可操作性。

（3）抓好四个环节。在课题调研中建立健全相应制度要以制订调研课题计划入手，实施中要把工作落到实处，作到调研课题、负责单位、负责人、参加单位、时间安排五落实，特别是在实际运作中注意培育了以正副会长、正副秘书长和厂长（经理）等为主的一批调研骨干力量，并发动各会员单位广泛参与，90%以上会员单位积极参与调研课题。在课题调研中不走形式，不作表面文章，始终坚持反复论证，力求精品，同时作好成果的发布和评审工作，对优秀成果予以表彰和奖励。调研要抓好四个环节：选准选好课题、落实目标责任、开好课题研讨会、抓好成果发布与评审。

（4）实施三位一体化运作。调研、咨询、培训是为企业服务的重要三大功能，三者既有自身的独立性，但在实际运作中又具有一定的内在联系，互相影响，互为补充，如在进行新的"厂网分开、竞价上网"课题时，大家对电力市场没有整体概念，对电力市场的培育发展走向不清楚，就必须先进行有关电力市场相关知识和电力市场改革政策方向等的培训，才能作好此课题的调研，而咨询工作也是先从调查研究入手，以调研为基础，反之好的调研成果又成为咨询的重要内容和主要依据，三者相辅相成。

（5）发挥二个作用。调查研究工作既要务虚，又要务实。既要为领导政策研究和决策服务，又要为企业解决实际问题。如在现代企业制度、市场化改革、企业战略等课题调研中既要研究其资产重组、市场培训、战略选择、框架结构方案的方向性问题，也要研究公司化改组体制模式、市场规则，战略制订与实施等运作中的实质性问题。

（6）达到一个目的调查研究工作从其自身功能上讲就是要为电力行业的改革和发展服务，其目的是抓改革促发展，把调研成果转化为现实生产力，达到领导满意，企业认可，为电力行业与国际接轨实现现代化作出贡献。

5. 结合企业实际开展各类型培训，为企业可持续发展服务

（1）针对电力市场化改革，贯彻“十五”计划纲要，建立现代企业制度，加入 WTO 等有关内容组织重点培训。2002 年 1 月中国电力企业联合会举办 2002 年经济形势与企业改革分析预测会。火电分会抓住这一有利时机，组织 20 个会员单位的领导和有关人员 40 多人参加预测会培训。大家聆听了领导和专家的《经济全球化给政府带来的机遇与挑战》《经济全球化及对中国经济的影响》《中国经济与 WTO》《电力工业技术发展趋势及科技政策分析》《入世后工商领域行业协会的发展趋势》《2002 年电力工业发展计划及西部开发有关政策》《中国经济与国防建设》等报告，加深了对经济全球化趋势的认识和理解，更新了观念，拓宽了视野，进一步明确了国有企业改革的任务和方向，明确了行业协会在新形势下的主要任务和发展趋势。

（2）把调研成果应用于实际，组织独立发电企业经营指标绩效评价培训班。《火力发电企业经营绩效评价办法（试行）》在 2001 年调研的基础上，又对评价体系和内容，评价的方法和标准，评价的组织和程序，评价指标操作细则等问题进行了深入的调研、反复的探讨和充分的论证。召集部分专业人员进行培训前的准备工作。2002 年 9 月，在重庆举办独立发电企业经营指标绩效评价培训班。20 家独立发电企业的经营副厂长（副经理）、总会计师、财务处（科）长和有关财务人员 44 人参加了培训。培训班对独立发电企业经营指标绩效评价的指标体系、评价内容和方法由中电联领导和专业人员进行了演示和讲解。参加培训的领导和专业人员对本单位的年度资产负债表、损益表、现金流量表、综合计划的年度报表、可靠性年度报表进行了细致的分析，在专业人员的辅导下进行了模拟填表。

（3）积极组织点检定修制培训，实现现代化设备管理跨越。点检定修制（又称全员设备维修管理体制），简称 TPM，是目前国际上广泛采用的现代化设备管理模式，火电分会在 1997 年贵溪电厂年会上按照管理跨越的思路提出了这个问题，1998 年正式作为一项行业管理所要推进的项目进行试点。火电分会于 1998 年开始具体运作，从引进管理软件、编写培训教材和举办各种类型培训班，截至到目前，已举办培训班 80 余期，参加听课的达 6000 余人，已经和正在准备实行点检定修管理的发电有 50 余家，部分水力发电厂和供电局也在分会的协助下开展了此项工作。

作为与国际接轨的现代化电厂设备管理模式将会有强大的生命力而被大家的接受。国家电力公司已将此项管理列入创一流管理的内容，分会为浙江省电力公司和上海电力公司编写了企业标准《点检定修管理导则》，随着电力企业的深化改革，点检定修制的实行更显得顺理成章，分会科技服务中心应邀对大唐发电股份有限公司和中电国华发电公司就点检定修制的推行进行咨询和培训。

（4）组织基础管理培训，出版班组培训教材班组是企业的最基层组织，班组长是企业生产第一线的直接领导者、组织者和管理者。加强对企业班组长的管理与培训，全面提高班组长的素质，是提高企业科学管理水平，提高劳动生产效率和经济效益，实现企业现代化管理的重要措施和保证，根据发电企业班组长培训的需要，火电分会组织编写了《发电企业班组管理培训教材》。

6. 扩大技术交流，推动高新技术的开发和应用

（1）火电分会积极推广“产、学、研”相结合的开发方式，加快推进企业技术创新和科技成果转化，强化服务，拓展功能，扩大交流与合作，提高企业自主开发能力。

2002 年 8 月，在北京召开火电分会生产技术交流会。21 家会员单位的 40 名生产副厂长（副经理）、总工、生技处长（科长）和有关技术人员参加了会议。北京康得机电发展总公司、北京康电新技术咨询中心、哈尔滨九州电气公司的领导和专业人员应邀参加了会议。此次生产技术交流会就发电企业关心的生产技术问题、点检定修制、运行优化及状态监测、节能内反馈串级调速技术、炉内外快装脚手架、中央除尘系统粉尘治理，电厂优质饮用水及零排放等技术进行了交流。

（2）积极探索节能工作的新机制。节能管理在地区协作网的基础上，扩大交流的领域、范围和内容，重点研究一些科技含量高、节能效果好的现代化管理手段和方法，探索了节能管理的新路子。节能专委会 2002 年召开了两次节能专委会研讨会，推动了节能工作的开展。

2002 年 7 月，火电分会节能专委会华北地区 200MW、300MW 机组节能协作网第三次会议在大同第二发电厂召开。会议交流了各发电企业节能指标完成情况、节能工作开展情况、节能工作存在的问题以及在节能降耗中取得的工作成绩等内容。

7. 三届三次年会圆满成功

中国电力企业联合会火力发电分会三届三次会议于 2002 年 10 月 20～21 日在海口举行。83 个会员单位的 169 名代表参加了本次年会。中国电力企业联合会常务副理事长刘宏、海南省电力有限公司党委书记唐义治、海南省电力有限公司总经理朱万顺、中国电力企业联合会副秘书长王永干等领导应邀出席会议。

中国电力企业联合会常务副理事长刘宏做了重要讲话；火电分会会长作了题为《在电力体制改革的大潮中谱写火电企业行业管理的新篇章》的工作报告；会上表彰了2001年度“火电新声”优秀论文；在大会上发布了课题调研的有：《打破垄断，引入竞争，逐步规范火电厂竞价上网的市场化运营》《实现运营低成本，提高市场竞争力》《法人治理结构的规范与完善》《企业发展战略的选择与实施》《火电厂主辅分开的探索与思考》《火力发电企业经营绩效评价办法》《发电企业向大用户直接供电的调查》。

8. 加强信息沟通，继续办好“火电新声”栏目

中国电力企业联合会火电分会和《中国电力企业管理》杂志社共同举办的“火电新声”栏目，为了进一步办好“火电新声”栏目，加强“火电新声”的工作，2002年1月在北京召开“火电新声”编委会工作会议。会议总结了2001年“火电新声”专栏的情况，通过了专家推荐的优秀论文，会议决定2002年中国电力企业联合会火电分会和《中国电力企业杂志社》要继续坚持并进一步开拓联合服务，继续开办并办好“火电新声”栏目，扩大沟通，提高质量，为企业和改革服务。会议对办好今年的“火电新声”栏目提出了具体要求。2002年“火电新声”栏目12期已经发表了厂长、经理和有关专业人员的34篇文章。

《火电信息》2002年发行了13期，共刊登了146篇文章和信息。《火电信息》宣传上级政策，传达中国电力企业联合会的声音，发表企业信息，沟通会员单位之间联系，及时通报分会的工作情况，起到了分会的喉舌作用，是分会的重要信息系统。

中电联燃料分会

(1) 积极配合做好电煤订货工作。为了在维护电力行业利益、树立电力行业良好形象，在2003年全国煤炭订货会前，发挥行业协会沟通、协调、自律作用，完善了电力行业订货工作自律规约，确保电煤订货工作规范、有序的进行。

(2) 结合煤炭供应形势变化和电力生产形势，编发电煤供应形势分析预测报告，对煤炭市场和电煤价格等进行综合分析预测，在煤炭市场价格大幅波动的情况下，指导电力企业正确认识市场形势，合理组织采购和安排电煤供应，避免相互抬价抢购，对电煤市场价格稳定起到积极作用。

(3) 适应中国加入WTO后市场发展需要，促进符合国际惯例和规则的煤炭质量公平公正检验机制的建立，研究电煤质检验中心管理工作，开展电煤质检中心进行情况调查工作，做好全国电煤质检中心筹建工作。

(4) 按照中国电力企业联合会要求，积极了解会员单位在电力改革期间的想法和意见，同时协助各发电集团公司做好燃料管理体系建立工作，协调各网、省燃料公司与各发电公司燃料部门建立工作联系，保证电力改革过渡时期电力燃料系统工作的稳定。

(5) 积极开展宣传工作，树立燃料分会新形象。办好《燃料纵横》期刊，明确燃料分会为主办单位，进一步改进版面，丰富内容，结合工作需要，组织出版了2期增刊。

(6) 进一步理顺工作关系，完善组织机构建设，做好会费收取和上缴等工作。按期完成会费收缴和上缴工作。

中电联农电分会

(1) 不断加强组织建设，做好对会员单位的整顿工作。按照中电联关于“做好会员发展工作，加强会费的收取”的有关要求，我们继续加强对会员单位的清理整顿工作，加强了档案的管理工作，并将会员名单在农村电气化信息网上发布，于上半年编辑出版了会员通讯录。2002年共吸收115个会员单位，会员总数达到267个。

(2) 学习先进的管理理念，深化服务内涵，提高服务水平。为适应我国加入WTO后的经济形势，不断提高县级电力企业的管理水平，我会于2002年1月在深圳市召开了会员代表大会，邀请国家外经贸部、香港中华电力公司的专家做了精彩的专题报告，受到与代表的热烈欢迎，开拓了县级电力企业今后工作的思路。会上还印发了《国外电力体制改革与农村电气化情况摘编》。

(3) 积极发挥“中国农村电气化信息网”的传媒作用，加强与会员单位的沟通，及时传达和宣传有关电力体制改革和农电“两改一同价”等方面的精神和经验，为农电企业改革和农网建设提供及时、快速的信息服务。并于2002年4月在北京召开了“中国农村电气化信息网”第一次理事会。

(4) 为了配合国电公司开展的“供电所管理年”活动，倡导先进的管理理念和管理方法，大力推广供电所改革中的先进经验和做法，不断提高县级供电企业的管理水平，不断提高农电职工的整体素质，最终使“三为”服务和“人民电业为人民”的宗旨得到更好的体现。在国家经贸委电力司农电处、国家电力公司农电工作部支持下，于2002年6月在上海召开了中电联农电分会全委扩大会。会上印发了46篇经验交流材料及相关论文。

（5）编辑、出版发行了《供电所规范化管理读本》，汇集了有关领导指示、文件、规程、条例，成为指导县级供电企业进行供电所规范化管理的必备读本。

（6）编辑、出版发行了《第一期农村电网建设与改造专辑》，收录了农电“两改一同价”工作大事记、国家各部委和国电公司有关“两改一同价”工作的全部政策文件、一、二期农网建设与改造计划、历次农网改造会议领导讲话、各省电力公司第一期农村电网建设与改造工作总结和一些地县农网改造的典型经验，该《专辑》的出版，既是一本记载全体电力职工丰功伟业的史鉴，也是一本难得的历史文献资料。同时，将对今后农网建设发展起到指导、借鉴、学习和全面推动工作的作用。

（7）积极参与了国家经贸委电力司组织的赴上海、山东“现代化的农村电气化县、乡、村”的调研考查活动，为制定未来“农村电气化县、乡、村标准”积累了大量的基础资料。

（8）积极参与了北京市经贸委电力处组织的“北京市现代化农村发展纲要”的编写工作，为北京市现代化农村的发展建设起到了积极的推进作用。

（9）积极协助国家经贸委电力司组织了两次《电工产品使用管理办法》的座谈会，为进一步规范电工产品在电力系统的使用，积极探讨规范化的管理模式，为此《管理办法》的尽早实施起到了推进作用。

（10）协助国家电力公司农电工作部召开了2002年全国农电工作会议，进一步提高了学会的声望，加强了与各省（市、区）农电部的沟通和联系。

（11）受国家经贸委电力司、国家电力公司农电工作部的委托，进行了低损耗卷铁心配电变压器的市场现状调研活动。组织了三次专家组工作会议和一次技术研讨会；经过调研，审核了169家低损耗配电变压器设备生产厂家为农网改造工程可使用单位，由国家经贸委电力厅和国家电力公司农电工作部分别发文，在全国范围内推荐使用。并于10月与国家电力公司农电工作部、成套设备部联合召开了“在农村电网建设与改造工程中推广使用低损耗卷铁心配电变压器技术研讨会”。

2003
中国电力年鉴

电力行业学会、协会、研究会、基金会

中国电力规划设计协会

1. 积极推动电力勘测设计行业体制改革工作

2002年2月《国务院关于印发电力体制改革方案的通知》（国发［2002］5号文）正式下发，标志着电力体制改革工作进入了实质性阶段。文件要求“有关电力设计、修造、施工等辅助性业务单位，要与电网企业脱钩，进行公司化改造，进入市场”，从而为电力勘测设计行业的改革明确了方向。

（1）受中国电力企业联合会委托，4月4日协会在京召开了部分大区院、省（区）院和市属供电设计院共18个单位领导参加的电力体制改革座谈会。协会将改革的意见和建议以电规协［2002］17号文报送中国电力企业联合会，于4月中旬在西安召开了院长座谈会，就省（区）院改革问题进行了研究，并将会议纪要和改革的建议报送中电联，为中国电力企业联合会全面了解电力勘测设计行业的现状及设计企业对改革的希望、要求和建议提供了基础资料。

（2）关于国家电力公司在改革中给设计单位增注资本金问题，协会对此事非常重视，配合中国电力工程顾问公司共同将大区设计院、省（区）设计院、市属供电设计院增注资本金问题测算后上报国家电力公司。

（3）积极向政府有关部门反映设计院在改革中的实际问题，做好设计院改企后享受国家优惠政策的工作，尽最大可能为会员单位争取国家优惠政策。5月初，将行业落实国办发［1999］101号文的情况，向国家电力公司全面作了书面报告。

2. 进一步加强行业市场管理工作

（1）市场准入：

1）根据建设部换发勘察设计证书的总体部署，受国家电力公司和建设部的委托，2002年完成了40个单位的甲级电力设计资质发证工作；从2002年3月起，受国家电力公司的委托对行业内29个乙级单位资质换证申报材料进行审核；受建设部的委托对全国89个单位申报电力设计行业资质的换证材料进行初审并报建设部；同时完成了108个单位的乙级电力设计资质发证工作。受建设部委托2002年完成了137个单位的电力设计丙级升乙级资质初审工作和65个单位的复审工作。

2）根据中国工程咨询协会关于换发工程咨询单位资格证书的安排意见，2002年在全行业范围内开展了电力咨询换证工作。4月份进行了甲、乙级咨询单位咨询证书换证，共收到75份申报资料，初审工作在9月中旬全部完成。11月下旬协会派电力行业专家参加了全国咨询资质的终审工作。换证工作时间紧工作量大，且直接影响到设计单位今后的发展，协会高度重视此项工作。

3）个人执业注册工作，协会根据全国注册咨询工程师（投资）执业资格管理委员会的安排与要求，布置了电力行业申报注册咨询工程师（投资）执业资格的认定工作，9月开始对68家电力行业工程咨询单位申报的523人进行注册咨询工程师的初审工作；进行了造价工程师2002年度注册预审工作和颁发了2001年度《造价工程师注册证书》及《造价工程师执业专用章》；对火电、送变电工程专业监理工程师进行了认定。

4）关于注册电气工程师执业制度筹备工作，组织召开了注册电气工程师筹备管理委员会议，审查了《注册电气工程师执业资格管理制度及考试大纲》并修改上报。2002年6月27日，全国勘察设计注册工程师管理委员会根据协会的报告正式发文（注工[2002]7号）批准成立全国勘察设计注册电气工程师电气专业管理委员会及执业资格考试专家组。

（2）2002年1月由国家计委、建设部联合颁发的《工程勘察设计收费标准》，协会为指导行业各设计单位正确理解和掌握新标准，尽快全面落实执行新标准，受建设部和国家计委的委托，组织编制了勘察设计收费标准释义。为全面执行国家计委、建设部颁发的新收费标准，维护会员的利益，稳定行业市场，在协会常务理事扩大会议上讨论通过了《电力勘测设计行业价格公约》，组织行业全体会员单位签订了行业价格公约，从而加大行业市场的自律行为。

（3）配合建设部参与制定了《关于进一步推行工程总承包和工程项目管理的指导意见（讨论稿）》积极组织会员单位参加全国首届优秀项目管理和工程总承包评奖活动，指导会员单位组织申报材料，并对行业申报材料进行初审、上报。参加制定了建设部评审标准和优秀项目的终审工作，在全国56个奖项中，电力行业获得8项，其中工程总承包金钥匙奖1个，银钥匙奖2个，优秀奖4个，项目管理优秀奖1个。

全国工程总承包评优工作，2002年是第一次进行，协会对此项工作给予了高度重视，组织专家组对申报的17个项目进行了评选，并对上报的13个项目资料进行了规范化的整理。这对电力行业参加全国工程总承包优秀项目的终审工作起到了有力的保证作用。

（4）电力勘测行业管理的规范化工作：

1）组织召开了设计单位勘测处长会议，研究讨论行业勘测的改革与发展问题，研究各设计院的勘测队伍如何稳步走向市场和如何跟上国电公司体制改革的思路；通报了协会在勘测行业管理方面所做的主要工作；颁发了2000年度和2001年度国家电力公司优秀工程勘察奖；还邀请专家做了专题报告。

2）2002年受建设部委托，组织了行业勘测质量检查工作，四个专家组分别对华北、西北、西南和中南四个地区的13个勘察设计单位进行了质量检查，共抽查工程项目47个，勘察现场13个，形成了调查报告上报建设部。此项工作，将对促进行业勘测质量工作的发展起到积极作用。

3）受国家电力公司、建设部的委托，组织了行业优秀勘测工程的评优工作。电力行业勘测工程首次获得国家级金奖3项，银奖6项，铜奖6项，这对行业勘测工作是极大的鼓舞。

（5）行业质量管理始终是协会行业管理工作中的重点之一。按照行业的特点：①加强质量的过程管理，即ISO 9000系列的质量体系认证。2002年质量体系认证的组织工作由天津长城认证中心转移到华龙电联认证中心，并按照2000版复评审核的计划分期分批办理了换版工作。认证工作是企业行为，协会始终把会员的利益放在第一位，积极做好服务、引导工作。2002年与华龙电联认证中心合作，共有23个单位通过ISO 9001-2000标准认证。同时开展认证咨询工作，尤其是乙级院换版是认证咨询工作的重点，协会组织行业专家编制了有关文件，派出专家进行咨询服务，收到了很好的效果，部分乙级院已经通过认证。为了规范行业内国家注册质量体系审核员的使用、培训、晋升和管理，特别制定了《中国电力规划设计行业国家注册质量体系审核员管理办法》，以此规范了行业内注册审核员的管理工作。②加强勘测设计的产品质量管理。

（6）2002年的优秀工程勘测、设计、典型设计、计算机软件的评优工作，在总结前几年工程评优经验的基础上，本着公开、公平、公正的原则，采用回避制分组，对评比要求作了进一步量化，同时增加了变电工程的现场调研，有效地组织了各专业小组的初评工作。共收到申报项目85项，评出46项，所评定的项目质量较高，技术含量较高。2002年进行了部优和国优的评优，尤其是国优的评优工作，受建设部委托进行勘测和设计的评优工作。

优秀工程咨询奖，2002年共有28个项目申报电力勘测设计优秀工程咨询成果奖，有12个项目荣获全国优秀工程咨询成果奖称号。目前各行业只有国家级奖一个档次，经协会向上级有关部门汇报，2002年增设了中国电力规划设计协会“电力勘测设计优秀工程咨询成果奖”，从而调动了企业的积极性。2002年还组织了电力勘测设计科技进步奖的评审。

(7) 组织行业会员单位进行计算机软件正版化工作。2002年协会根据行业会员单位的需求，以协会名义在计算机专委会的协助下与微软公司洽谈Windows正版化问题，经过多次协商，微软公司同意以协会名义对全行业设计单位软件统一正版化，结果仅购置了2200套软件，视同全行业已经完成正版化工作。

3. 不断提高行业标准化和科研水平

(1) 行业的标准化工作仍以组织编制涉及工程安全、环保、节能、节水、节地等国家和公共利益的强制性标准及带有强制性条款的标准为主线。2002年首次征集整理汇总了行业内多年使用的国际、国内、行业标准，初步统计行业内共涉及831本标准，协会将按照专业、工程类别出版电力勘测设计行业标准目录。2002年的标准审查工作，充分发挥了专委会的作用，以各专委会和会员单位为依托，组织开展了2项典型设计、21本规范书、8项规程、6项技术成果的评审。同时协会加强了中间管理，保证了评审质量。

(2) 标准化典型设计，2002年经过认真的市场调研，选择了勘测设计工作中迫切需要的项目，如《火力发电厂、变电所直流典型设计》《火力发电厂汽水管道零件及部件典型设计》等，组织行业内知名专家进行编制，并以各专业技术委员会为依托组织成果评审工作。2002年底，开始对两个典型设计成果进行征订。从而为今后开展标准修编所需费用打下了经济基础。

(3) 科研工作，行业科研项目仍选择安全、环保、节能、节水的综合性项目。科研是标准化工作的依托，特别注意与强制性和带有强制性条款标准化的结合。

4. 深入推进行业创一流工作

(1) 2002年上半年，按照《国家电力公司一流电力设计企业考核标准（试行）》（国电发［2000］201号），依据《国家电力公司一流电力设计企业考核实施细则（试行）》，贯彻落实国电发［2001］691号文《关于新形势下建设一流企业的原则意见》。

(2) 对2000年第一批获得国家电力公司一流电力设计企业的山东院、华东院、浙江院、中南院，按照规定组织了复评工作。四个单位均通过了复评，保持国家电力公司一流电力设计企业的称号，并报国家电力公司备案。

(3) 按照国家电力公司创一流企业工作主要是体现在与国际接轨上的总体要求，协会根据目前全行业创一流发展的形势，把创一流活动向高度和深度发展，在2001年组织研究制定《国家电力公司创建国际一流电力设计企业考核标准》的基础上，2002年又再次组织专家研讨，并安排了考核细则的制订工作。

(4) 为促进小型电力设计院的创一流活动，协会同时着手组织研究制定《一流发供电设计企业考核标准》，为省（区）电力公司和小型电力设计院改革发展提供参考。在2001年组织研究制定的基础上，2002年又再次组织专家研讨，并安排了《考核细则》的制订工作。

中国电力建设企业协会

(1) 召开了分支机构秘书长工作研讨会，中国电力建设企业协会会长及部分副会长参加了会议。会议回顾上年度协会及各分支机构工作的基础上，对2002年的工作进行了研讨，提出了下一步工作计划。各分支机构也分别按专业结合实际情况提出了各自的工作设想。

(2) 认真组织协调各专委会工作。

1) 8月15日，中国电力建设企业协会送变电施工专委会十三次年会在西宁召开。会上，国家电力公司电网建设部郑宝森主任就当前电力体制改革和对送变电施工企业的要求做重要的讲话。中国电力建设企业协会秘书长就协会的职能和作用做了汇报。会上做了十二次年会以来专委会的工作报告，会议进行了经验交流，通过了中国电力建设企业协会送变电施工专委会的会徽和会标。

2) 9月10日，中国电力建设企业协会火电施工专委会第十四次年会在贵阳召开。会上，国家电力公司电源建设部石成梁主任就国家电力公司系统施工队伍的能力和当前电力建设的形势及电力体制及施工企业的改革等问题做了重要的讲话。

3) 10月16日，中国电力建设企业协会电力工程监理专委会一届一次年会在昆明召开。中国电力建设企业协会吉辅会长做了重要讲话。戴晰臣常务副会长受徐相奎会长委托向大会做一届一次年会的工作报告。

4) 10月31日，中国电力建设企业协会工程项目管理专委会在桂林召开三届三次年会。主任委员单位做了专委会三届三次年会的工作报告，会上进行了经验交流。

(3) 随着电力体制改革的不断深入，协会组织火电、送变电施工专委会对全国的火电和送变电施工企业进行调研，提出了电力建设企业改革的建议。

中国电力企业多种经营协会

(1) 充分认识电力体制改革对于改善电力产业结构，建立现代企业制度，发展生产力推动国民经济健康发展的重要意义。以求实的态度，积极参与电力体制改革工作。

2002年2月10日，国务院公布了《电力体制改革方案》，决定在电力工业中实施“厂网分开”“主辅分离”，对电力多经企业调整重组。事关电力多种经营企业84.7万职工（32.06万全民职工）和电力工业健康稳定发展。

(2) 为适应我国加入WTO的要求，努力创造条件，为提高多经企业管理者的素质，改善多经企业职工知识结构、专业能力，促进电力多种经营企业加速自身改造重组，提高企业的市场适应能力。

1) 应我国加入WTO和电力工业改革与发展的需要，尽快提高多经企业经理人员、营销从业人员的业务素质和水平。多经协会在中电联教育培训部与全国高等教育自学考试指导委员会在国家开考的“市场营销”专业（大专）基础上，为全国电力行业开考“电力市场营销”专业（大专）中设立多经专业（大专）的要求。协会组织院校完成了编写有关“考试大纲”和高考《多种经营管理》教材的工作。

2) 2002年，多经协会会同华北电力大学工商管理学院举办多次“电力体制改革与多经企业发展”、“电力财会管理与新会计制度”和“多经企业工会工作”等高级研讨班，使多经企业经理人员的企业改革和企业管理知识得到了及时更新。

3) 为使多经企业管理人员专业知识和对现代企业制度有一个系统的掌握，协会组织了发行并向部门负责干部赠送了《哈佛商学院MBA最新核心课程》，受到了多经企业的普遍欢迎和认可。

(3) 探索行业协会的新工作方法、组织形式，拓宽工作面。基于会员单位的迫切要求和电力多种经营企业结构的特殊需要，即电器生产企业较多的特点，以适应信息时代的发展步伐，积极开发利用中外电气信息资源，加快发展电气信息服务事业，更好地为电力企业和电器生产企业以及广大电力用户发展电气事业服务，促进电力工业发展和现代化建设，协会下设了非盈利性的《中国电力企业多种经营协会电气信息中心》。充分调动会员单位和专业人员的作用，开展网络、信息开发、信息交流、专业培训、咨询策划、中介代理、技术服务、国际合作和展览展示。

(4)《中国电力多种经营20年》的编辑出版工作。电力行业多种经营企业的开创和发展是改革的成果，对我国电力工业的快速发展和稳定有着不可磨灭的贡献。认真总结电力多经20年走过的历程，探索未来的发展，特别是对于当今电力体制改革有着特殊的意义。协会经过长时间的努力，在各会员单位的大力支持下，充分发挥老专家、老同志的作用，用了几年的时间，八易其稿，终于在年内完成了这本100多万字、1000多幅照片，凝聚着几代多经人艰苦奋斗获得成功的经验总结，编辑人员付出了辛勤劳动。《中国电力多种经营20年》年内全部发行。

(5) 坚持为企业服务，适应企业的需要努力做好《电力多种经营》信息的编辑工作。《电力多种经营》是多经协会服务企业的主要渠道和工具。为有效地发挥其作用，协会精心采编、认真校对及时发行。围绕电力体制改革的中心工作，结合电力多经企业的实际情况，将有关信息传递给会员单位和职工群众。在及时宣传报导党中央、国务院做出的各项决定同时，及时将对铁路系统、武钢、大庆石油系统、电信和民航改革重要部署、政策，及相关热点问题的报道和评论，特别是系统地介绍了各行业的改革的决策、措施。对于电力多种经营企业的改革和稳定起到了良好的作用，增强了职工群众对电力改革的信心。《电力多种经营》发行覆盖了全国电力企业和各会员单位。

(6) 完善多种经营协会的组织建设。根据电力企业多种经营协会的现状和工作的需要，对全国电力企业多种经营协会的会员进行了调查摸底。有计划地对现有中国电力企业多种经营协会会员单位进行了登记，截至到年底，网、省局、集团公司会员36个，企业团体会员72个，现已具备了编制《中国电力企业多种经营协会名录》的条件（鉴于电力企业即将全面拆分重组，有待在2003年中调整确认）。

(7) 完成中国电力企业多种经营协会的重新登记，完善内部管理和建设。与2002年5月，完成了电力企业多种经营协会重新登记的工作。协会根据中电联的总体要求和协会工作需要，对协会秘书处人员进行了调整充实。按照国家规定对协会会计工作进行了例行检查，并由中电联财务处指派中科华会计师事务所注册会计师对协会会计工作进行财务审计。

全国电力技术市场协会

1. 召开“全国电力技术市场协会第二届理事会第二次会议”

全国电力技术市场协会第二届理事会第二次会议

于2002年9月28～29日在江西省井冈山市召开。参加会议的有全国各地理事单位的代表共40名。全国电力技术市场协会理事长、国家电力公司顾问周小谦理事长作了题为《树立创新观念，促进电力发展》的专题报告。大会通过了全国电力技术市场协会第二届理事会第二次会议工作报告，2001年度财务报告和2002年上半年财务状况的说明；表决通过增补全国电力技术市场协会副理事长等提案。

2．协会的重新登记工作

2002年2月20日，民政部通过了全国电力技术市场协会重新登记的形式审查后，按照民政部要求，办理各种备案手续。国家经济贸易委员会也于2002年9月3日批准了修改后的协会章程，协会重新登记的一切工作皆已完成，等待民政部统一发证。

3．积极开展技术交流，促进科技成果的转化

（1）配合国家电力公司组织召开“大型燃气轮机技术交流会”。为了配合国家“西气东输”工程和发展燃烧天然气的燃气轮机联合循环发电机组，全国将要建设一批燃气联合循环发电工程。为了做好工程前期的技术研究工作，由国家电力公司组织，于2002年1月31日～2月1日在北京召开了“大型燃气轮机技术交流会”。协会承担了会前与四家国际著名燃气轮机制造厂家的联络，并承担了全部会务工作。会后又开展了多次小型技术交流。

（2）三次组织召开“天然气联合循环余热锅炉技术交流会”。全国电力技术市场协会和中国动力工程学会分别于2002年11月29～30日、12月19日、2003年1月15日，三次在北京组织召开配E级和F级燃机的余热锅炉技术交流及评议会，会议邀请有关燃气轮机电厂的业主、设计院、有关主管部门及全国资深余热锅炉专家参加。由国外和国内有关余热锅炉制造厂家分别介绍各自产品的结构特点和技术性能，会上并作简短的讨论和评议。参加会议的代表近140人。

（3）配合国家电力公司和中国机械工业联合会组织召开“武汉锅炉有限公司600MW亚临界电站锅炉技术评审会”。武汉锅炉股份有限公司于20世纪90年代初，全套引进美国CE公司300MW—600MW亚临界电站锅炉设计制造技术。该公司一直致力于600MW锅炉设计开发和工艺制造能力的准备，现已完成600MW锅炉设计和工艺准备工作。国家电力公司和中国机械工业联合会于2002年12月25日在北京组织召开武汉锅炉股份有限公司600MW亚临界电站锅炉设计方案及工艺能力技术评审会。

由全国电力技术市场和中国动力工程学会共同策划，于2002年12月26日在北京召开了武汉锅炉集团公司产品技术发展规划研讨会。协会承担了两个会议的会前准备工作和会务工作。

（4）全国电力技术市场协会作为协作单位参与了中国电力企业联合会与甘肃省电力公司2002年8月6～8日在兰州联合举办的2002年电力行业新技术、新产品产流推广暨展示会。

4．技术咨询工作

（1）推进我国大型循环流化床锅炉（CFB）的发展。为配合当前我国对发展大型CFB锅炉的需求，协会成立了循环流化床锅炉咨询专家组，组织国内一批从事CFB锅炉研究、设计、运行调试的专家，开展咨询工作，目前的工作重点有两个：①配合国家已批准的一批（30～40台）完全国产化的10万～13.5万kW的CFB机组，从2002年10月后陆续投入试运转。这是我国第一批10万kW国产化CFB机组，这些机组投运是否顺利，将对今后CFB锅炉的发展产生很大的影响。协会与广西电力公司签了一个为合山电厂100MW CFB的咨询合同。二是协助国家电力公司和国家经贸委推动200MW CFB锅炉的国产化研制工作，通过西安的研讨会和北京的技术方案审查会，工程试点和技术方案已基本确定，立项准备工作正在进行当中。研制200MW CFB锅炉：①作为200MW锅炉改造用；②为自主开发研制300MW CFB锅炉作技术准备。目前国内研制的200MW CFB锅炉的依托工程已初步商定，协会将配合有关部门开展工作。

（2）配合大型燃气轮机电站建设和技术引进工作，开展了燃机结构特点和技术性能分析的研究。最近国家计委批准了10个燃用天然气的燃机电站项目，共23台机组，其中大部分为国家电力公司所属的企业，为了配合这批电站的建设，国家电力公司科技环保部下达了一项软课题，针对将要引进的E级和F级机组，开展了对大型燃气轮机结构特点和机组技术性能分析的研究工作。为此，协会成立了一个燃气轮机专家小组，专门从事配合燃气轮机电站建设的有关技术方面的工作。2002年1月31日～2月1日配合国家电力公司组织了与美国CE公司、德国西门子公司、法国阿尔斯通公司和日本三菱公司的大型燃气轮机技术交流会，会后由协会牵头开展了资料的搜集、整理和研究工作，于2002年10月份编辑出版了一本《大型燃气轮机联合循环发电机组结构和技术性能分析》综合性资料。

（3）2002年5～6月，受国家经济贸易委员会技术与装备司的委托，由全国电力技术市场协会组织专家，对2002年全国范围申报的71个电力技术创新项目进行评审。

5．资料、信息的交流

为了使各会员单位更多地了解有关技术市场的信息，为会员单位免费订阅《中国技术市场简报》，协

会秘书处编印了《电力技术市场简报》。另外，秘书处还将协会编辑出版的《电厂高压电动机变频调速装置资料汇编》、中电联科技中心编印的《发电新技术讲座资料汇编》以及从外面购买的有关技术市场政策汇编等资料，免费寄送给会员单位。

6. 作为倡议发起单位，参与《科技中介职业道德规范倡议书》的研讨、修改工作

2002年开展了科技中介道德建设的活动。全国电力技术市场协会代表全国行业性的科技中介机构积极参加此项活动，作为倡议发起单位，参与《科技中介职业道德规范倡议书》的研讨、修改工作，同意在科技部"全国科技中介工作会议"上提出《科技中介职业道德规范倡议书》，以加强行业自律，提高科技中介在社会上的信誉，促进科技中介事业快速发展。

中国电力教育协会

1. 分支（二级）机构的登记、撤销工作

2001年底，教育协会主管部门（教育部）根据民政部《关于印发〈全国性社会团体分支机构代表机构复查登记工作方案〉的通知》要求，对所属社团二级机构的复查登记工作的要求，进程等做了布置。据此，协会于元月份组织有关领导认真学习了民政部和教育部的相关文件，并就协会分支机构的复查登记（撤销）的有关问题进行了全面研究。根据复查登记应按"需要、精简"的精神，结合电力系统机构改革后教育培训体系发展的实际提出了协会保留高等教育、职业技术教育、成人教育和电力教育基金会管理等4个委会员，同时撤销水电建设教育和基础教育两个委员会。申报登记，与拟销二级机构的相关报告于3月报教育部后，于6月份分别得到批复。申报登记的材料亦由教育部转报民政部，但至年底民政部仍在审查中。

2. 关于调查研究工作

2002年4月，经全国教育科学规划领导小组批由协会牵头会同建设、交通、石油、冶金纺织等教育协会共同研究的"行业教育、培训的地位及职能的研究"课题。于2001年先后召开了两次协调会；统一了各子课题组研究的内容、方法和进度，并于6月份在呼和浩特召开了"电力行业教育、培训的地位与职能"课题研究开题会议，组建了由国家电力公司、国电华东公司、四川、甘肃、山西、辽宁等省电力公司和电力职业教育研究中心及中国电力教育编辑部有关同志参加的课题组。由许英才同志任组长、舒以太、薛静、徐玉华、尚锦山等同志为副组长。为贯彻第四次全国职业教育工作会议精神和推动"行业教育、培训的地位与职能的研究"于7月中旬，协会会同中国电力报社、教培中心和电力职业教育研究中心联合开展"关于电力行业教育、培训的地位与职能课题研究论文"的征集评选活动（定于2003年春季评选）。12月初在昆明市召开了"电力行业教育、培训的地位与职能"课题组第一次研讨会。会议学习全国职教会议精神，交流各组调研提纲与计划及工作进展情况并布置了下一步的工作。在此期间根据研究的需要，课题组内增补朱皑强、马德麟等5位同志组成的电力高等职业教育子课题组，研究电力高职范畴内工程学院、技术学院、专科等教育的培养目标等相关问题。

3. 关于电力教育基金会的奖励资助办法

（1）奖励资助工作，2002年3月中旬～4月初分别发文布置了2002年度的"许继奖教金"的奖励、资助及"电力高科"奖学金和"电力教育培训新星奖"的推荐工作。

（2）奖励资助工作的评审和发布，7月下旬在厦门召开了许继奖教金工作委员会第四次工作会议，对2002年度许继奖教金的"突出贡献奖""教育优秀奖"和"教师课题资助金"进行了评审（评审结果见附件1），并于9月13日在山东大学召开了颁奖大会，"工委会"名誉主任张绍贤及山东省教委和山东省电力公司的领导出席大会，"工委会"副主任许继集团董事长王纪年做了"许继"的发展与展望的介绍；9月中旬在青岛召开了电力高科奖学金评委会评审会议，对电力高科奖学金进行了评审，武汉大学邵涛等30名学生获金额5000元/人特等奖学金；11月下旬在北京召开了电力教育基金管理委员会工作会议，对电力教育培训新星（特等）申报者进行了评审，滦河电厂高恩清等27名电力职工获金额5000元/人的奖励，同时还对2003年度电力教育基金对教育改革调研等有关项目的资助金额进行了讨论。12月初与教培中心在温州市召开了电力教育培训新星奖获得者与电力高等自学考试优秀个人和先进助学、组织单位的颁奖表彰大会。

（3）根据许继奖教金工作委员会第三次工作会议关于"为适应许继奖教金奖励资助面向扩大的需要，相应增加新专业范畴的工作委员会的动议""工委会"秘书组多方征求意见的基础上，报有关领导同意后，完成了"工委会"人员的第二次调整工作。新增的工作委员有东南大学的陆宇平、浙江大学的何奔腾、合肥工大的丁明和四川大学的刘俊勇等4名教授。

（4）4月在武汉大学召开"中国电力工业史教育篇"编写组成员会议，讨论通过的中国电力工业史《教育篇》初稿在叙述、评议和结构体系等方面做进一步的修改和需要补充的附录等问题。

中国电力文学艺术协会

（1）与中国电力音舞协会共同举办了“电力人唱电力歌”词、曲评比活动。由有关领导，中国音乐家协会著名词、曲家和中国电力音舞协会专业人士组成评委会，对全国选送的200多首参赛作品，经认真的初评、复评，最后以投票方式评出荣誉金奖13首，金奖15首，银奖34首，铜奖23首，优秀创作奖43首。

（2）电力文协与中国电力音舞协会联合在大连电力培训中心隆重举办了全国电力系统“电力人唱电力歌”歌手比赛。参赛选手共有120名，分小合唱重唱、通俗、民族、美声四组进行比赛。这是一次规模空前的文艺盛会，对于增强电力系统的凝聚力，繁荣电力企业文化发挥了积极的作用。国家电力公司、中国电力企业联合会、能源化学工会等单位的领导赵希正、张凤祥、刘忱、刘建民、范继祥、沈凤仪领导出席观摩了比赛，并对此次活动作了致辞和热情洋溢的讲话。

（3）由中华全国总工会、中国文学艺术界联合会、中央电视台联合举办的首届中国职工艺术节2002年5月12日在北京人民大会堂开幕。这届艺术节是宣传、贯彻“三个代表”重要思想、弘扬先进文化、迎接和庆祝党的十六大召开的一次重要活动，也是一次规模空前的全国性文艺盛会。电力系统组织了200人的合唱团、200人的观众方阵、以及女声独唱参加了开幕式演出。中国电力企业联合会张绍贤、刘宏同志出席了开幕式。

（4）首届中国职工艺术节自2002年5月12日在北京人民大会堂开幕以后，相继进行了音乐、舞蹈、戏曲（京剧）、美术、书法、摄影等专项展演比赛，于12月10日全部结束。在中国电力企业联合会的领导支持下，电力文协组织入选的100项（件）节目和作品参加决赛并取得优异的成绩，其中音乐专项：民族组金奖1名；美声组银奖1名、铜奖2名、优秀奖2名；通俗组铜奖2名；优秀创作奖5名。舞蹈专项：金奖1名，银奖3名，铜奖2名，优秀辅导奖2名，优秀表演奖1名。戏曲（京剧）专项：老生组金奖1名，老旦组金奖1名，老生组银奖1名，小生组银奖1名，对唱组金奖1名。美术专项：油画铜奖1名、优秀奖8名，草书铜奖2名、优秀奖2名。中国电力文协和网省公司获得多项优秀组织奖。

（5）10月份举办了全国电力系统职工美术创作培训班。学习班开拓了电力职工美术爱好者的创作思想和创作氛围。大家首次在陶瓷上作画，取得了良好的效果，受到了陶瓷专家的肯定。

（6）11～12月，举办了以欢庆党的十六大为题的全国电力职工小型书画巡回展。展出的145幅优秀作品受到了专家和职工的好评。巡展先后在内蒙、河南、福建、北京展出，有近万人参观，在社会上为宣传电力职工的艺术水平起到了积极的作用。

（7）受国家电力公司和中国电力企业联合会的委托，承办了在中南海警卫局礼堂举办的首届中国职工艺术闭幕式及《奔向美好未来》文艺晚会的筹备、组织工作。中共中央政治局常委李长春，政治局委员、全国总工会主席王兆国，中共中央政治局委员、中宣部长刘云山，全国总工会、中国文联、中央电视台、中央国家机关各部委领导及国电公司、中国电力企业联合会、五大发电公司的领导观看了演出。甘肃电力公司、山西电力公司、内蒙古电力公司、天津电力公司、河北电力公司的歌舞、京剧节目入选晚会。国家电力公司、中国电力企业联合会作为承办单位为首届中国职工艺术节的圆满结束作出贡献，分获特别贡献奖、贡献奖，电力文协获优秀组织奖。

中国电力体育协会

1. 总结工作、交流经验，表彰先进，做好电力体协2002年工作安排

2002年全国电力系统职工体育工作会议暨电力代表团参加第九届全国运动会总结表彰大会于3月11～14日在福建省厦门市举行。来自国电各分公司，各省、市、自治区电力公司和受表彰单位的有关领导，体协秘书长或专职体协干部共70多人参加会议。中国电力企业联合会名誉理事长、中国电力体协理事长张绍贤，中国能源化学工会副主席刘建民，福建省电力有限公司总经理刘顺达，省电力工会主席李川德、副主席李学军，厦门电业局局长李同智等领导出席会议。这次会议的主要议题是：讨论、通过张绍贤理事长所作的中国电力体协2001年工作的总结报告和2002年的工作要点，交流各单位开展职工体育工作的经验，表彰为电力代表团参加第九届全国运动会做出贡献的单位。

张绍贤理事长代表国电公司、中国电力企业联合会为电力代表团参加第九届全国运动会做出贡献的单位颁了奖。

2. 开展丰富多彩、文明健康的职工体育竞赛活动，促进电力行业全民健身和两个文明建设的发展

（1）由中国电力体协主办，广西电力体协承办的2002年全国电力系统职工桥牌乙级队比赛于4月17～22日在广西南宁市举行。来自全国电力系统的16

支代表队参加了这次比赛。原水电部副部长、中国电力文协会长张凤祥，中国电力企业联合会名誉理事长、中国电力体协理事长张绍贤，广西电力有限公司副总经理谢正经，广西电力工会主席王振升以及自治区的一些老领导参加了开幕式。经过6天15轮紧张、激烈、友好的比赛，东道主广西电力有限公司队荣获冠军。获前四名的广西电力队、浙江电力队、内蒙古电力集团公司队、甘肃电力队将升入甲级队，获第五名的内蒙古包头供电局将承办下一届电力系统桥牌乙级队比赛。

(2) 由中国电力体协主办，浙江省电力工会、金华电业局承办的2002年全国电力系统职工体育舞蹈比赛于6月17～21日在浙江省金华市举行。来自全国电力系统8支代表队的近百名体育舞蹈选手参加了这次比赛。原水电部副部长、中国电力文协主席张凤祥，中国电力体协常务副理事长李志恒，浙江省电力公司党组成员、工会主席江华东以及金华电业局、金华市的有关领导出席了开幕式。浙江省电力公司，广东省广电集团公司，上海市电力公司分获团体总分前三名。浙江省电力公司，上海市电力公司各获得三个单项冠军，湖北省电力公司获一个单项冠军。

(3) 为推动全国电力系统职工乒乓球运动的普及和发展，由中国电力体协主办，山东电力集团公司承办的2002年全国电力系统职工乒乓球比赛于9月16日在山东济宁体育馆隆重开幕。来自全国各地电力系统的12支代表队，近百名男、女运动员参加了这次比赛。电力系统的职工乒乓球好手经过4天紧张、激烈又充满友谊气氛的角逐，决出了全部七个项目名次。国家电力公司直属机关队获得了女子团体、男子单打、女子单打、女子双打和男女混合双打共5个项目的冠军，东道主山东电力队获得了男子团体、男子双打两个项目的第一名。

(4) 2002年全国电力系统职工保龄球比赛于10月10～14日在湖北省武汉市举行。来自全国电力系统的22支代表队参加了这次比赛，比赛得到了湖北省电力公司的大力支持。中国能源化学工会副主席刘建民，华中电力工委主任徐鑫权、湖北省电力公司副总经理龚友明、湖北省电力工会主席张春生等领导出席了开幕式并讲了话。参赛的各代表队运动员经过三天激烈角逐，比赛结果，广西电力有限公司队获男、女两项团体冠军，河北电力、云南电力、三峡总公司、河南电力、江苏电力分获男子团体第二至第六名；北京供电、福建电力、浙江电力、湖南电力、三峡总公司分获女子团体第二～第六名。这次比赛女子单局最高分是三峡总公司的朱琳达到了276分；男子单局最高分是广西电力的潘方强达到289分。

(5) 2002年全国电力系统职工桥牌甲级队比赛于12月10～16日在四川省成都市举行。来自全国电力系统的14支甲级队参加了比赛。这些电力系统的桥牌高手经过5天13轮紧张、激烈的比赛，国电华东公司代表队以VP分226分荣获冠军；上海电力公司、重庆电力公司、广西电力有限公司、陕西电力公司、内蒙古电力集团代表队分获第二～第六名。列后4名的山西电力公司、甘肃电力公司、江苏丹阳供电局、浙江省电力公司降为乙级队。

3. 积极参与行业和全国性体育活动，加强电力体协与各行业、各地区之间职工体育交流，扩大电力影响

(1) 为纪念毛泽东同志“发展体育运动，增强人民体质”题词发表50周年，推动亿万职工健身活动的开展，充分展示我国产业工人朝气蓬勃、意气风发的精神风貌，6月15日，国家体育总局、中华全国体育总会联合在京举办了全国行业职工体育健身展示大会。全国18个行业体协的职工代表队在大会上表演了传统的太极拳、木兰拳、木兰扇及健美操、健身球等健身项目。华北电力大学的职工健美操队代表电力体协参加了展示，并获“优秀表演奖”。

(2) 由国家体育总局主办、四川省绵阳市人民政府承办的全国非奥运项目体育大会于2002年5月25日～6月3日在四川省绵阳市举行。来自全国31个省、市、自治区的14个行业体协共45个代表团参加了这次体育盛会。中国电力体协组团参加了这次体育大会。夺得一枚银牌、一项第四名和两项第六名的好成绩。夺得名次的项目是：由广东广电集团肇庆电力局组队的舞狮队夺得南狮比赛银牌；由广东广电集团为主组队的电力体协女子桥牌队夺得体育大会桥牌比赛女子团体赛第四名，由国电华中公司负责组队的电力体育舞蹈队获得了青少年十项全能和丙组摩登舞两个项目的第六名。电力代表团还被体育大会组委会授予了“体育道德风尚奖”。

(3) 由中华全国体育总会主办，中国火车头体协承办的首届全国行业职工保龄球比赛于2002年10月21日～24日在四川省成都市举行。来自全国的12支行业体协代表队参加了这次比赛。由湖北、广西、云南三个省电力公司、三峡总公司、北京供电局等五个单位职工保龄球运动员组成的中国电力体协保龄球队团结一心，顽强拚搏，一举夺得团体和男子单人两项冠军，男双、女双、混双三个项目的亚军。他们所取得的优异成绩，为全国电力系统职工争得了荣誉。

4. 各级领导高度重视，电力系统的全民健身活动不断普及和发展

2002年，电力系统职工认真贯彻执行《全民健身计划纲要》，大力开展职工群众性体育活动，增强职工体质，提高职工素质。电力系统的一些单位，还

响应体育进社区的号召，新建体育场所和设施进入社区，一些单位还将现有场地设施对居民开放，方便广大职工参加健身活动，为全民健身做贡献。

电力系统人才研究会

（1）进行专题调研。考虑到水电总公司系统近几年来，在开拓国际市场方面有很大的发展，同时在培养适应市场竞争即懂工程、又懂经营管理，懂得国际规则，具有国际交流能力的复合型人才方面也取得明显的成绩和经验。因此，人才研究会专门对水总的国际工程公司、水电五局、七局、八局、十局、十三局和夹江水工厂等进行了调研，在调研的基础上和水总一道，于2002年3月6～8日在杨村基础工程局召开部分工程局参加的专题研讨会，着重就在承建工程过程中，特别承建国际工程中，如何培养复合型人才，进行了专题研讨，取得了良好的效果。

（2）组织编辑2002年电力系统人才会论文选编。

（3）参加了中国人才研究会在广州召开的“中国人才战略理论研讨会”和“经济全球化和加入WTO背景下西部人才开发研讨会”。协会推荐参会论文，分别获得一、二等奖和优秀论文奖。

此外，还与中电联国际部、教培部合作，共同组织了电力系统人才人事工作者到澳大利亚新西兰进行考察，了解与学习这两个国家在电力改革中，在人事工作方面的举措和经验。

中国水利电力质量管理协会

（1）组织专家对优秀QC小组成果进行认真评审，共评审出全国电力行业优秀质量管理小组305个，质量信得过班组42个，质量管理小组活动优秀企业30个，质量管理小组活动卓越领导者26名，质量管理小组活动优秀推进者19名。6月份分别在厦门、长沙两地召开发、供电企业QC成果发布会，共有99个QC小组在大会上发布成果。截至2002年底，已登记注册质量管理小组累计数为39.6993万个，其中：2002年已登记注册QC小组数为3.8736万个。

（2）3月份评审出全国电力行业质量效益型先进企业特别奖3名，即广东省电力设计研究院、江苏省电力设计院、河南省电力勘测设计院，全国电力行业质量效益型先进企业33名，全国电力行业用户满意企业3名，全国电力行业用户满意服务6名，全国电力行业用户满意产品（建筑工程）3名，全国电力行业实施用户满意工程先进单位4名，全国电力行业优秀质量管理单位18名，全国电力行业优秀质量管理工作者40名。

（3）召开了中国水电质协电力分会秘书长工作会议，会上总结了中国水电质协电力分会2001年的工作，研讨2002年工作和在新形势下如何做好质协工作，传达了秘书长工作会议精神，介绍国际上质量管理的发展及动态。

（4）组织全国电力行业积极参加中质协开展2002年优质服务月活动，并有8家企业获全国用户委员会通报表彰；水电质协荣获优质服务月活动优秀组织者光荣称号。

（5）浙江省火电建设公司连续三年获得“全国质量效益型先进企业”2002年荣获“全国质量效益型先进企业特别奖”。同时也获得2002年全国质量效益型先进企业。

（6）2002年举办了QC小组活动诊断师研讨提高班、QC小组活动诊断师考评班、QC小组活动诊断师提高班、ISO 14000环境管理体系标准内审员培训班，主要内容为：“创新型”课题QC小组的理论与实践，新型工具应用研究等。9月份组织全国电力行业开展“2002年全国质量月”活动，提高全体职工质量管理意识。

（7）启动全国电力行业质量管理奖的评审工作，8月份在北京召开质量管理奖评审会，并于10月份在郑州对浙江省火电建设公司、浙江省电力、山东电力工程咨询院、上海久隆电力（集团）有限公司4家获奖单位进行表彰，颁发质量管理奖荣誉证书和奖杯。全国电力行业有23个质量管理小组荣获全国优秀质量管理小组，6个小组荣获全国质量信得过班组，一个企业获得全国质量管理小组优秀企业，两人荣获全国质量管理小组活动卓越领导者。

（8）2002年度组织电力行业参加全国全面质量管理统一考试，共有22068人参加统一考试，并取得合格证。

中国电力后勤协会

（1）为了贯彻国发［2002］5号文件精神和国电公司党组有关部署、要求，后勤协会3月份召开了“全国大型发电企业后勤改革研讨会”。会议的主题是：在电力体制改革进程加快、“厂网分开、竞价上网”等重大改革措施即将全面实施的新形势下，如何与电力体制改革同步加快、深化电力后勤改革？通过认真、深入的研讨，与会代表在改革、服务、发展、稳定等一系列重大问题上取得了共识，提出并初步探讨了一些带有共性的问题。会后，后勤协会及时将这次会议及供电分召开的“供电后勤管理与改革研讨会”的有关情况进行了归纳、整理，向国家电力公司电力体制改革领导小组作了书面反映，供领导决策时参考。

(2) 召开了后勤协会“分会秘书长、理事单位联络员会议”，结合学习、贯彻国家经贸委等六部委合发的《关于进一步推进国有企业分离办社会职能工作的意见》（国经贸企改［2002］267号），紧紧围绕“如何推动电力后勤改革与电力体制改革同步进行”这一主题，进行了比较深入的研究和探讨。11月份，召开了“全国电力后勤宣传工作会议，学习、贯彻党十六大精神，总结、交流近6年来电力后勤宣传工作的经验，并就如何进一步做好新时期电力后勤宣传工作，以促进后勤改革与发展、提升后勤管理与服务水平的问题进行了研究和部署。

(3) 编辑、出版了6期《电力后勤》（双月刊）。宣传党的十六大精神和“三个代表”重要思想，宣传党中央、国务院和国电公司党组有关后勤体制改革的指示精神，研讨后勤理论与实际问题，反映基层后勤改革等工作的情况，交流经验，沟通信息，推进全国电力行业的后勤改革与发展。

(4) 根据电力后勤改革、服务、发展的需要和多数会员单位的要求，年内分别举办了两期“全国电力物业管理企业经理岗位培训班”和一期“全国电力园林绿化管理干部培训班”。

重 要 文 献

重要文献细目

中共国家电力公司党组文件

关于表彰2000～2001年度双文明单位的决定（国电党［2002］28号）

关于授予黄台火力发电厂等五单位“国家电力公司2001年度精神文明建设创新奖”的决定（国电党［2002］34号）

国家电力公司令　第1号

国家电力公司令　第2号

国家电力公司文件

关于印发《国家电力公司系统资产与产权变动档案处置暂行办法》的通知（国电办［2002］773号）

关于印发《国家电力公司援藏资金筹集使用管理暂行办法》的通知（国电财［2002］103号）

关于印发《国家电力公司技术开发费使用财务管理办法》的通知（国电财［2002］209号）

关于印发《国家电力公司资产经营考核暂行办法》的通知（国电财［2002］632号）

关于颁发《电力建设安全健康与环境管理工作规定》的通知（国电电源［2002］49号）

关于颁发《水电工程建设监理招标指南》的通知（国电电源［2002］95号）

关于颁发《电力工程优秀勘测、优秀设计、优秀标准设计和优秀计算机软件项目评选管理办法》的通知（国电电源［2002］158号）

关于印发《国家电力公司水电建设项目法人单位安全生产管理规定（试行）》的通知（国电电源［2002］169号）

关于印发《电力工程基本建设预算编制办法》等三个办法的通知（国电电源［2002］247号）

关于印发《国家电力公司电力设备监造实施办法》的通知（国电电源［2002］267号）

关于印发《控制风力发电工程造价的若干意见》的通知（国电电源［2002］630号）

关于印发《工程勘察设计收费管理规定》和《工程设计收费标准》实施指导意见的通知（国电电源［2002］706号）

关于印发《国家电力公司跨区电网大修和技术改造工程项目管理暂行办法》的通知（国电发［2002］67号）

关于颁发《国家电力公司跨区电网生产管理工作暂行规定》的通知（国电发［2002］78号）

关于印发《国家电力公司防汛管理办法（试行）》的通知（国电发［2002］292号）

关于印发《三峡送出及全国联网工程配套通信电路运行管理暂行办法》的通知（国电发［2002］536号）

关于颁发加强当前电网安全管理若干规定的通知（国电发［2002］556号）

关于印发《电力工程技术改造项目经济评价暂行办法（试行）》的通知（国电发［2002］623号）

关于印发《水电厂无人值班的若干规定》的通知（国电发［2002］685号）

关于印发《国家电力公司跨区电网联络线关口电能量计量系统管理暂行办法》的通知（国电发［2002］707号）

关于颁发《电力安全工器具预防性试验规程》（试行）的通知（国电发［2002］777号）

印发“关于规范电网经营企业与发电企业之间有关处罚的若干要求”的通知（国电发［2002］881号）

关于发布《信息系统数据备份与管理暂行规定》的通知（国电科［2002］513号）

关于印发《信息分类与代码体系（试行）》的通知（国电科［2002］586号）

关于印发《省（区域）电力公司信息系统建设规范（试行）》的通知（国电科［2002］589号）

关于印发《国家电力公司任期经济责任审计指导办法》的通知（国电审［2002］653号）

关于印发《国家电力公司援藏建设项目资金使用监督办法》的通知（国电监察［2002］227号）

关于印发《国家电力公司招标活动管理暂行办法》和《国家电力公司招标监督管理暂行办法》的通知（国电监察［2002］857号）

关于印发《三峡电力系统调度管辖范围划分原则》的通知（国电调［2002］87号）

关于印发《“防止电力生产重大事故的二十五项重点要求”继电保护实施细则》的通知（国电调［2002］138号）

关于颁发《全国互联电网调度管理规程（试行）》的通知（国电调［2002］149号）

关于印发《国家电力公司（第1号）实施意见》的通知（国电调［2002］305号）

关于印发《华中川渝电网联络线电力电量考核管理暂行办法》的通知（国电调［2002］353号）

关于印发《川渝电网联络线电力电量考核管理暂行办法》的通知（国电调［2002］354号）

关于表彰国家电力公司第六批人才援藏工作先进单位和个人的决定（国电人资［2002］28号）

关于2001年度三项责任制考核奖励的决定（国电人资［2002］29号）

关于对2001年度实现安全生产目标的单位和做出突出贡献的个人进行表彰的决定（国电人资［2002］197号）

关于表彰参与川电东送工程建设各有关单位的决定（国电人资［2002］311号）

关于表彰电力施工机械安全管理先进单位、先进工作者的决定（国电人资［2002］312号）

关于表彰国家电力公司系统农村电工岗位知识及技能竞赛优胜单位和个人的通知（国电人资［2002］420号）

关于表彰人才评价工作先进单位和先进工作者的决定（国电人资［2002］494号）

关于表彰电力系统继电保护专业技术竞赛优胜单位和个人的通知（国电人资［2002］672号）

关于表彰农电优质服务标兵单位和先进个人的决定（国电人资［2002］754号）

关于表彰奖励华北电力集团公司的决定（国电人资［2002］842号）

关于表彰三峡至常州直流输电工程建设有关单位的决定（国电人资［2002］945号）

关于表彰2001年度财务决算工作先进单位的通报（国电财［2002］828号）

关于表彰2001年度产权管理先进工作单位的通报（国电财［2002］860号）

关于表彰2001年度预算工作先进单位的通知（国电财［2002］963号）

关于命名500kV顺义变电站工程等21工程为达标投产输变电工程的决定（国电网［2002］132号）

关于命名2002年度国家电力公司送变电优质工程的决定（国电网［2002］491号）

关于命名2002年度第一批达标投产输变电优质工程的决定（国电网［2002］559号）

关于命名2002年度第二批达标投产输变电优质工程的决定（国电网［2002］921号）

关于公布2001年度国家电力公司优秀勘测、优秀设计、优秀标准设计和优秀计算机软件项目的通知（国电电源［2002］492号）

关于公布2002年度国家电力公司火电优质工程评选结果的通知（国电电源［2002］585号）

关于命名荷泽发电厂3号等机组为基建移交生产达标投产机组的通知（国电电源［2002］919号）

关于命名江苏省电力公司、安徽省电力公司为中国一流电力公司的通知（国电发［2002］204号）

关于命名一流企业的通知（国电发［2002］376号）

关于命名国际一流发供电企业的通知（国电发［2002］463号）

关于命名2001年度国家电力公司一流县供电企业的通知（国电农［2002］757号）

关于印发中国电力科学技术奖奖励通报（第二号）的通知（国电科［2002］507号）

关于命名国家电力公司重点实验室（第二批）的通知（国电科［2002］660号）

关于表彰国家电力公司首届青年管理创新奖的决定（国电政［2002］93号）

关于命名和认定2001年度电力单位全国青年文明号和全国青年文明号优秀组织单位的决定（国电政［2002］201号）

关于表彰全国电力系统配电线路带电作业青年技能创新创效大赛获奖集体和个人的决定（国电政［2002］925号）

中共国家电力公司党组文件

关于表彰 2000～2001 年度双文明单位的决定

（国电党［2002］28 号）

国家电力公司系统各单位党组（党委）：

近两年来，公司系统各单位党组织，认真贯彻党的十五大和十五届五中、六中全会精神，努力实践邓小平理论和江泽民同志“三个代表”重要思想，以经济建设为中心，坚持“两手抓、两手都要硬”的方针，深入开展群众性的精神文明创建活动，大力加强精神文明建设，有力地促进了电力改革、发展与稳定，使公司系统两个文明建设提高到了一个新的水平。

为了肯定成绩，总结经验，表彰先进，进一步推动双文明创建活动向纵深发展，国家电力公司党组决定：命名山东电力集团公司等 10 个单位为 2000～2001 年度国家电力公司双文明公司；命名国电东北公司通辽发电总厂等 63 个单位为 2000～2001 年度国家电力公司双文明单位标兵；命名国电东北公司赤峰热电厂等 530 个单位为 2000～2001 年度国家电力公司双文明单位（名单附后）。

应内蒙古电力（集团）有限责任公司、广东省广电集团有限公司、广东省粤电资产经营有限公司等电力企业继续参加国家电力公司双文明单位评比的要求，经考核认定，内蒙古蒙达发电有限责任公司等 4 个单位达到国家电力公司双文明单位标兵考核标准，内蒙古呼和浩特供电局等 36 个单位达到国家电力公司双文明单位考核标准（名单附后）。

希望被命名表彰的单位戒骄戒躁，发扬成绩，不断提高双文明单位创建工作水平，在今后的两个文明建设工作中取得更大成绩。希望国家电力公司系统各单位要以双文明单位为榜样，学习他们的好经验，不断探索和创新，促进本单位的双文明建设向更高的水平和台阶迈进。

附件 1：2000～2001 年度国家电力公司双文明公司名单（见附录篇）

附件 2：2000～2001 年度国家电力公司双文明单位标兵名单（见附录篇）

附件 3：2000～2001 年度国家电力公司双文明单位名单（见附录篇）

附件 4：系统外 2000～2001 年度双文明单位标兵、双文明单位名单（见附录篇）

二〇〇二年七月十日（印）

关于授予黄台火力发电厂等五单位“国家电力公司 2001 年度精神文明建设创新奖”的决定

（国电党［2002］34 号）

公司系统各单位党组（党委）：

一年来，公司系统各单位党组织，高举邓小平理论伟大旗帜，以江泽民同志“三个代表”重要思想为指导，认真落实江泽民同志关于“不断根据实践的要求进行创新”的指示，围绕公司改革发展稳定的中心工作，在继承和发扬优良传统的基础上，从内容、形式、方法、手段、机制等方面积极推进精神文明建设创新，取得了丰硕成果，有力地促进了电力改革、发展和稳定。

为了表彰先进，总结、推广创新的经验和成果，进一步推动公司系统精神文明建设的创新。按照《国家电力公司精神文明建设创新奖授奖条例（试行）》规定，经认真审查评选并公示后，公司党组决定，授予山东黄台火力发电厂等五个单位“国家电力公司 2001 年度精神文明建设创新奖”。同时批准湖北省超高压输变电局等五个单位为“国家电力公司 2001 年度精神文明建设创新奖提名单位”；并对黑龙江省佳木斯发电厂党委书记张玉仁等五位同志予以提名表彰。按照《条例》规定，对荣获“国家电力公司 2001 年度精神文明建设创新奖”单位颁发获奖证书和奖金；对“国家电力公司 2001 年度精神文明建设创新奖提名单位”和被提名表彰的个人，由国家电力公司颁发荣誉证书，由所属网、省公司给予适当奖励。

希望受到表彰的单位和个人，戒骄戒躁，发扬成绩，不断适应新形势新任务的要求，在推进精神文明建设的创新中，不断创造新的经验。希望公司系统各单位以获奖单位和个人为榜样，认真学习他们的创新精神和创新成果，以“三个代表”重要思想为指导，发扬实事求是、探索求知、崇尚真理、勇于创新的精神，努力从理论与实践的结合上积极推进精神文明建设的创新，促进本单位精神文明建设不断取得新成绩，迈上新台阶。

附件1：国家电力公司2001年度精神文明建设创新奖获奖单位名单（见附录篇）

附件2：国家电力公司2001年度精神文明建设创新奖提名奖名单（见附录篇）

附件3：国家电力公司2001年度精神文明建设创新奖提名表彰个人名单（见附录篇）

二〇〇二年九月十日（印）

国家电力公司令

第1号

《国家电力公司关于严肃调度纪律确保电网安全稳定运行的规定》已经国家电力公司总经理会议通过，现予公布，自2002年5月9日起施行。

总经理 高严

二〇〇二年五月九日

国家电力公司关于严肃调度纪律确保电网安全稳定运行的规定

为了保障电力体制改革的顺利实施，确保电网安全稳定运行，国家电力公司制定本规定。

一、电力体制改革期间，在新的电网运行管理机构、新的管理规定和新的运行机制没有到位之前，要继续执行现行调度管理规程、规定，继续按现行调度指挥系统进行调度指挥，以确保电网安全稳定运行。

二、严格执行《电网调度管理条例》和相关法律、法规，强化调度管理，严肃调度纪律。在电网调度业务上，各有关电力生产运行单位必须服从电网统一调度，下级调度必须服从上级调度、指挥，对违反调度纪律者要严肃处理。

依照《条例》的规定，任何单位和个人不得非法干预电网调度。

三、认真贯彻“安全第一，预防为主”的方针，切实落实各级调度的安全责任制，积极开展调度机构无责任事故活动。加强防汛工作，做好洪水调度。

四、合理安排运行方式，落实保证电网安全稳定运行的技术措施。必须严格执行《电力系统安全稳定导则》，凡确需暂降低标准运行者，必须经网、省公司总工程师批准，并报国家电力公司备案，同时落实相应的应急技术措施。

五、根据本网、本地区的实际情况，开展事故预想，制定事故处理预案及切实可行的反事故措施，安排“黑启动”方案，组织联合反事故演习，提高调度人员的事故处理能力。

六、加强继电保护技术监督和运行维护，加强定值和运行管理，提高继电保护的正确动作率。各发电厂要按电网安全稳定要求装设必要的继电保护和安全自动装置，其整定值一定要与电网相协调。

七、强化调度自动化和电力通信的运行管理，确保通信电路畅通，对通信设备及基础设施等进行全面清理检查，及时消除缺陷；要重视系统备份，做好系统关键设备的故障处理预案。

八、认真贯彻执行国家经贸委令《电网和电厂计算机监控系统及调度数据网络安全防护规定》，建立健全电力调度系统信息安全防护体系，确保电网和电厂计算机监控系统与管理信息系统及办公自动化系统的有效隔离，确保调度专用数据网络与综合信息网络及外部因特网的物理隔离。

九、加强电网调度与电厂之间的运行协调，完善电厂接入电网的安全措施；各发电厂要服从调度指挥，遵守调度纪律；电网和电厂必须共同承担电网安全责任。

十、按照《特殊时期保证电网安全运行工作规范》，做好在党和国家重大活动及重要节日期间保证电网安全和可靠供电的各项工作。

国家电力公司令

第2号

《国家电力公司关于电力体制改革实施阶段加强发电厂管理的规定》已经国家电力公司总经理会议通过，现予公布施行。

请各分公司、集团公司、省（区、市）电力公司将本令转发至各独立发电公司和所属发电企业。

副总经理　赵希正

二〇〇二年十月二十九日

国家电力公司关于电力体制改革实施阶段加强发电厂管理的规定

为了保障电力体制改革的顺利实施，实现发电集团公司组建过程中的平稳过渡，确保发电厂的安全、稳定运行，国家电力公司特制定本规定。

一、在电力体制改革期间，各单位主要负责人必须切实履行安全生产第一责任人的职责，进一步加强组织领导，认真落实安全生产责任制。各单位分管安全生产工作的领导必须切实负责，坚守岗位，严格管理。对于因不履行责任制、工作不力而导致重大安全责任事故的单位和领导人员，要按现有规定追究责任。

二、在发电厂正式交接之前，各分公司、网省电力公司应按现有的指挥管理体系，加强对发电厂的管理，切实负起发电厂安全、稳定和资产管理的职责，要按计划保证设备技术改造、机组检修等必要资金的落实；各发电厂应严格服从上级主管单位的统一领导，做到指挥不断、秩序不乱。

三、各发电厂应认真执行《电力法》、《电网调度管理条例》和相关法律、法规，严格遵守调度纪律，服从电网的统一调度；要加强对电厂继电保护、安全自动装置的管理，保证其运行可靠、动作准确，为电网的安全、稳定运行提供保障。

四、认真贯彻“安全第一，预防为主”的方针，认真执行《防止电力生产重大事故的二十五项重点要求》，切实落实各项安全技术措施和反事故措施，防止电力生产重大事故的发生，并根据公司《关于落实全国安全生产电视电话会议精神开展秋季安全检查的通知》要求，对于秋季安全检查中发现的重大隐患和问题，应及时安排整改。要根据冬季安全生产的特点，加强易燃易爆物品的管理，做好防火、防爆、防冻工作。

五、各发电企业要采取有力措施确保完成网省公司确定的各项生产经营计划目标；网省公司对各发电企业2002年度的安全生产责任制、资产经营责任制和党风廉政建设责任制三项责任制考核不变。当前特别要强调严格执行国家电力公司和网省公司颁布的各项有关预算管理、资金管理、成本管理、计划管理、合同管理、招投标管理等各项管理制度，严格财经纪律，严禁以各种名目突击花钱和分钱分物，严禁扩大非生产性开支；要严格执行国发［2002］69号文件，贯彻国阅［2002］18号文件精神，防止国有资产流失。对违反规定的要严肃处理，并追究主要负责人和有关人员的责任。

六、各网省公司和发电厂要按照有关规定继续认真制定好各发电厂明年的技术改造、机组检修等各项生产经营计划；并按计划组织和实施好今冬、明春的发电设备检修工作，保证设备具有良好的健康状况。各发电厂要加强对发电设备的运行管理，精心维护，精心操作，杜绝违章操作；要按照电力工业技术监督规定的要求，认真做好各项检查和预防性试验工作，确保机组的安全、稳定运行。

七、要高度重视燃料管理工作。各发电企业要把保证电煤供应作为重要工作抓好，必要时指派专人到有关煤矿、路局落实车辆和货源，按照规定的储煤量做好今冬、明春的燃料储备工作，确保冬季用电高峰的安全发电。

八、继续抓好在建电源项目的管理，要特别抓好西电东送、电源结构调整重点项目的建设，加强工程建设的安全管理、质量管理、进度管理和资金管理，保证资金投入，保证工程进度，杜绝重大安全和质量事故的发生。继续做好拟建电源项目的各项前期工作，按原有管理和投资渠道，保证前期工作所需资金，保持人员的相对稳定和资料完整，及时组织、上报有关材料，落实有关条件，确保电源储备项目的工作进程。要在保证安全和质量的前提下，确保完成今年的电源投产计划。

九、认真落实十六大期间各项保电措施。各发电厂尤其是对电网安全稳定起重要支撑作用的发电厂要严格按照电网调度的安排做好机组的消缺和运行管理工作，并安排好重点和要害部位的保卫工作，确保机组在十六大期间安全稳定运行。

十、各单位要进一步加强和改进思想政治工作，及时排解各种可能引发的不稳定因素，特别要注意防止“法轮功”邪教组织利用体制改革过程中出现的一些不稳定因素，挑拨、煽动闹事，破坏正常生产秩序，以确保政治稳定、队伍稳定和工作秩序稳定。

国家电力公司文件

关于印发《国家电力公司系统资产与产权变动档案处置暂行办法》的通知

（国电办［2002］773号）

国家电力公司系统各单位：

档案是各企事业单位全部活动的真实记录和凭证，对于企业生产、经营、科研和管理等工作具有重要的参考、凭证作用。为规范公司系统在体制改革中档案的处置行为，防止国有资产和档案流失，为今后档案管理和使用提供便利，根据《中华人民共和国档案法》、《企业档案管理规定》、《国有企业资产与产权变动档案处置暂行办法》，特制定《国家电力公司系统资产与产权变动档案处置暂行办法》，现印发给你们，请在体制改革资产与产权变动工作中认真贯彻执行。

资产与产权变动档案处置工作政策性强，请各单位切实加强领导，认真把这项工作做好。本办法自发布之日起实施。如在执行中发现问题，请及时报国家电力公司。

附件：《国家电力公司系统资产与产权变动档案处置暂行办法》

二〇〇二年十一月四日（印）

附件：

国家电力公司系统资产与产权变动档案处置暂行办法

第一章　总　　则

第一条　为规范国家电力公司系统所属企事业单位（以下简称“电力企业”）在资产与产权变动中的档案处置行为，防止国有资产和档案的流失，有利于电力企业在资产与产权变动后档案的管理和利用，根据《中华人民共和国档案法》、《企业档案管理规定》、《国有企业资产与产权变动档案处置暂行办法》等有关法律、法规的规定，制定本办法。

第二条　本办法适用于国家电力公司系统电力企业重组、分立、兼并、破产、出售、股份制改造和与外商合资、合作经营等资产与产权变动的档案处置工作。

第三条　企业档案是企业在基建、生产、经营管理、科研等全部活动中形成的真实记录和宝贵财富，是企业资产的依据和凭证。电力企业在资产与产权变动中要做好档案的处置工作，确保其完整与安全。

第四条　电力企业资产与产权变动档案的处置工作应遵循下列原则：

（一）维护国家、企业的安全和利益，保守国家机密和企业商业秘密，防止档案散失；

（二）尊重历史，区别情况，依法、合理处置；

（三）维护档案的安全，便于档案的利用；

（四）有利于资产与产权变动后，保持经营管理的连续性。

第二章　档案处置的组织工作

第五条　资产与产权变动档案处置工作，是电力企业进行体制改革工作中的一项重要内容，应列入企业资产与产权变动工作议题，并同资产划分同步进行：

（一）国家电力公司接受国家档案局的监督、检查、指导；负责公司本部资产与产权变动档案处置工作，并对所属系统的档案处置工作进行组织协调，监督和指导；

（二）各电力分公司、集团公司、省公司等，分别按照隶属关系，负责本企业和所属企业资产与产权变动档案的处置工作和组织管理；

（三）各资产与产权变动的电力企业，要按照隶属关系及时报告所属主管部门，申请档案处置事宜，并同时抄送当地地（市）级以上档案行政管理部门备案。

第六条　凡是资产与产权有变动的电力企业，均应成立企业档案处置工作专门组织。由企业分管档案工作的领导、各有关部门和企业档案部门负责人组成，在负责企业资产与产权变动的机构领导下，负责档案处置工作，提出档案去向的方案，研究处理有关重大问题。

第七条 资产与产权变动企业的档案管理部门负责档案处置的具体工作：

（一）收集、整理、统计、保管企业在各项活动中形成的全部档案，清点库存；

（二）按有关规定做好档案留存与销毁的鉴定工作：

1. 鉴定工作由企业有关负责人和负责企业资产与产权变动的机构，企业各有关部门负责人，档案工作的主管领导和企业档案部门组成的鉴定小组主持，对档案进行直接鉴定；

2. 对拟销毁的档案造具清册，经企业领导人和企业资产与产权变动机构负责人审核，企业上级主管部门批准，同时报送当地省级以上档案行政管理部门备案后，方可销毁。销毁档案需二人以上监督销毁，并在销毁清册上签字。销毁清册永久保存。

（三）按照档案的去向分别编制移交和寄存档案的目录；

（四）做好资产与产权变动中形成的文件材料的收集、整理、归档和移交工作。

第八条 档案移交和寄存的目录，由交接双方和企业档案处置工作小组负责人签字，分别保存在交接双方和企业上级主管部门，具有同等效力。

第九条 档案处置工作结束前，档案库房、设备、装具及必要的办公用具等，不得挪作他用。

第十条 资产与产权变动档案处置费用列入企业管理费用。

第三章 档案的归属和流向

第十一条 撤销企业党群工作、行政管理、生产经营、财务审计、人事劳资等档案，由其上级主管部门或指定企业保管，不得分散（以下同）；基建、设备仪器、产品、科研档案按照本办法第十五条规定办理。

第十二条 两个或两个以上企业或单位合并组成新的企业或单位时，其档案由新组建的企业或单位集中保管利用。

第十三条 一个企业或单位的职能、内部机构分解到两个以上企业或单位时，其档案由继承原企业或单位主要职能的企业或单位集中管理，不得分散，并同相关企业或单位商定该部分档案的利用及其他有关问题。不能确定主要职能继承者的，由相关各方协商确定该部分档案的代管方及其他有关问题，并按照隶属关系报企业主管部门和当地地（市）级以上档案行政管理部门批准后，由代管方集中管理，不得分散。

第十四条 因更名或职能与业务范围部分发生变化的企业和单位，其原来形成的档案由该企业或单位的档案部门继续保管利用，不得分散。

第十五条 电力企业整体出售或无偿划转给其他国有企业的，其全部档案归属于买方或划转方。出售给集体、私营和中外合资、合作等非国有企业的，其档案按下列原则处理：

（一）党群工作、行政管理档案移交该电力企业原主管部门，或由原企业主管部门指定有关企业代为保管；

（二）基建档案、设备仪器档案随其实体归属；

（三）产品、科研档案（含专利、商标、专有技术等），随产品、科研项目归属或按协议、双方商定处理；

（四）会计档案按财政部、国家档案局《会计档案管理办法》执行；法律、行政法规有特殊规定的，依照法律、行政法规的规定处理；

（五）生产技术管理、经营管理档案由双方商定，可移交接收方，亦可随党群工作、行政管理档案移交该电力企业原主管部门，或由原企业主管部门指定有关企业代为保管；

（六）涉及国家和企业秘密的档案，由原企业主管部门或指定有关企业代为保管。

第十六条 电力企业依法实行破产的，其档案的处置原则上按本办法第十五条规定办理。

第十七条 电力企业实行承包、租赁的，其档案处置需列入双方合同契约。承包、租赁前该企业的全部档案由发包、出租方集中管理，承包、承租方可以按有关规定查阅利用；承包、租赁期间形成的档案，由承包、承租方按国家有关规定负责收集、整理、保管，承包、租赁期满，向发包、出租方移交，并拥有使用权。

第十八条 国有电力企业以全部资产改组为股份制企业的，改组后的档案另立全宗，由股份制企业管理；以部分资产改组为股份制企业的，进入股份制企业的部分，参照本办法第十五条规定办理，未进入股份制企业的部分，其档案由原企业管理。

第十九条 国有电力企业与外商合资、合作，由中方控股、中方管理的，其合资、合作前的档案属国家所有，可作为独立全宗，保管在新的企业供其所用；非中方控股的企业，其档案的处置按本办法第十五条规定办理。国有电力企业的分部（分厂、车间等）与外商合资、合作的，合资、合作前的档案属原企业；合资，合作后的档案另立全宗，合资、合作期满，合同终止，其档案由中方保存，根据外方需要，可以提供复印件。

第四章 产权变动中形成档案的管理

第二十条 电力企业资产与产权变动中形成文件材料的归档范围主要有：

（一）电力企业资产与产权变动的批准文件；

（二）终止财务决算报告及编制说明；

（三）财产清理报告书；

（四）评估核准申请报告及国有资产管理部门的审核意见；

（五）评估结果确认申请报告和评估机构出具的评估报告及国有资产管理部门的确认批复；

（六）国有股权管理报告及国有资产管理部门的批复；

（七）资产处置请示及国有资产管理部门的批复；

（八）资产处置报告；

（九）各种合同、协议；

（十）企业章程；

（十一）其他有关文件。

第二十一条 电力企业资产与产权变动中形成的档案，由承办部门整理后，依本办法第三章有关条款的规定向有关单位档案部门归档移交。

第五章 处 罚

第二十二条 各电力企业在资产与产权变动工作中执行本规定的情况，应纳入责任制考核体系，因违反本规定造成重大损失的，依考核标准进行处罚。

第二十三条 对违反本办法造成损失或严重后果的直接责任者及领导人，由有关主管部门视情节轻重，给予行政处分。

第二十四条 违反《中华人民共和国档案法》规定的，视情节轻重，依法追究责任。

第六章 附 则

第二十五条 本办法由国家电力公司办公厅负责解释。

第二十六条 人事档案按中央组织部、人事部有关规定执行。

第二十七条 本办法自发布之日起施行。

关于印发《国家电力公司援藏资金筹集使用管理暂行办法》的通知

（国电财［2002］103号）

各有关单位：

为贯彻中央第四次西藏工作座谈会精神，落实对口支援西藏自治区电力公司工作，国家电力公司制定了《国家电力公司援藏资金筹集使用管理办法》，现印发给你们，请认真贯彻执行。

附件：《国家电力公司援藏资金筹集使用管理办法》

二〇〇二年二月八日

附件：

国家电力公司援藏资金筹集使用管理暂行办法

第一条 为贯彻中央第四次西藏工作座谈会精神，切实做好国家电力公司对口支援西藏自治区电力公司有关资金的筹集、使用和监督工作，制定本办法。

第二条 国家电力公司在“十五”期间建立援藏资金，每年安排3000万元，五年共1.5亿元，主要用于以下援藏电力项目的建设：涉及西藏电网安全和稳定运行的项目、科技发展项目，以及提高西藏自治区电力公司自我发展能力的项目等。

第三条 援藏资金由各网省公司根据国家电力公司核定的数额按年缴纳，具体数额详见附表。各网省公司缴纳的援藏资金作为捐赠处理，列入“营业外支出”。

第四条 各网省公司于每年6月底前将当年应承担的援藏资金足额缴入国家电力公司指定的账户。其中，各网省公司承担的2001年援藏资金于2002年2月底前缴入国家电力公司指定的账户。

第五条 西藏自治区电力公司归口负责援藏电力项目的全过程管理，包括前期的可行性研究和初步设计，建设管理，竣工验收等。

第六条 申请使用援藏资金的援藏电力项目，由西藏自治区电力公司报国家电力公司援藏领导小组预安排，并列入年度投资计划。

西藏自治区电力公司根据预安排通知进行项目可行性研究和初步设计，报国家电力公司审批。

第七条 国家电力公司对援藏电力项目可行性研究和初步设计批复同意后，西藏自治区电力公司向国家电力公司提出用款申请。国家电力公司根据援藏资金筹集情况和工程进度，下达资金使用计划，并将资金拨付西藏自治区电力公司。

第八条 西藏自治区电力公司应设立援藏资金专用账户，专人管理。援藏资金必须专款专用，不得截留、挤占、挪用。

第九条 西藏自治区电力公司负责援藏电力项目

的建设管理，并严格按照有关规定实施项目法人责任制、招标投标制、工程监理制、合同管理制，健全投资约束机制。

第十条 国家电力公司系统各单位应按照国电计［2001］338号、599号文件的要求，做好对口支持工作，协助西藏自治区电力公司做好援藏电力项目的建设管理工作。

第十一条 西藏自治区电力公司应聘请会计师事务所对援藏资金的使用情况进行审计，并于年度终了后两个月内将援藏资金的使用情况及会计师事务所出具的审计报告一并报国家电力公司。国家电力公司根据情况对援藏资金的管理与使用进行抽查审计和开展执法监察。

第十二条 援藏电力项目竣工后，西藏自治区电力公司要按规定进行项目审计、验收和后评价工作，并将项目审计报告、验收总结和后评价报告及时报国家电力公司，国家电力公司根据需要组织抽查审计，并将审计、验收和后评价情况通报公司系统各单位。

第十三条 国家电力公司成立监督小组，负责对西藏自治区电力公司使用援藏资金情况的监督检查。

第十四条 本办法由国家电力公司负责解释。

附件：《国家电力公司“十五”期间援藏资金年度筹集计划表》

附件：

国家电力公司“十五”期间援藏资金年度筹集计划表

序号	单 位	年度筹集金额（万元）
1	中国华北电力集团公司	504
2	上海市电力公司	177
3	浙江省电力公司	228
4	江苏省电力公司	278
5	安徽省电力公司	99
6	湖北省电力公司	122
7	河南省电力公司	160
8	湖南省电力公司	96
9	江西省电力公司	54
10	陕西省电力公司	75
11	甘肃省电力公司	58
12	青海省电力公司	21
13	宁夏回族自治区电力公司	28

续表

序号	单 位	年度筹集金额（万元）
14	新疆维吾尔自治区电力公司	20
15	黑龙江省电力有限公司	106
16	吉林省电力有限公司	73
17	辽宁省电力有限公司	191
18	山东电力集团公司	296
19	四川省电力公司	106
20	贵州省电力公司	56
21	云南电力集团公司	54
22	福建省电力有限公司	101
23	广西电力有限公司	53
24	重庆市电力公司	44
合 计		3000

关于印发《国家电力公司技术开发费使用财务管理办法》的通知

（国电财［2002］209号）

公司直属各单位：

为加强对国家电力公司集中收取的技术开发费的使用管理，制定了《国家电力公司技术开发费使用财务管理办法》，现印发给你们，请按照执行。

附件：《国家电力公司技术开发费使用财务管理办法》

二〇〇二年四月三日

附件：

国家电力公司技术开发费使用财务管理办法

第一章 总 则

第一条 为加强国家电力公司技术开发费使用的管理，根据财政部印发的《国家电力公司技术开发费收取使用管理暂行办法》、国家税务总局印发的《企业技术开发费税前扣除管理办法》和《国家电力公司本部预算管理办法》以及《国家电力公司科技项目管理办法》等有关规定，制定本办法。

第二条 国家电力公司技术开发费（以下简称技术开发费）是指国家电力公司经国家有关部门批准向全资子公司收取，用于对技术要求高、投资数额大的重大科学研究、技术开发和推广应用项目的费用。

第三条 技术开发费使用管理的原则是：以推动国家电力公司技术进步为目标，规范资金使用范围和程序，控制资金支出结构和水平，提高资金使用效益。

第四条 技术开发费使用管理由国家电力公司财务部负责。

第二章 技术开发费的使用范围

第五条 技术开发费的使用范围是：研究开发新产品、新技术、新工艺所发生的各项费用；行业标准、规程、规范制定及推广费用；其他经批准的重大科研项目研究经费。

第六条 技术开发费列支内容包括直接费用和间接费用。

（一）直接费用是指项目研究过程中使用的可以直接计入成本的费用，主要包括：

1. 设备费：指项目研究过程中发生的仪器设备购置、试制费用和软件购置费。

2. 试验费：指项目研究过程中发生的各种测试、调试、实验等费用。

3. 材料费：指项目研究过程中所需的原材料、辅助材料等费用。

4. 人员费：指直接参加项目研究人员的工资性费用。

5. 资料费：指项目研究过程中所需的资料费，以及研究成果的印刷费等。

6. 外委费：指项目承担单位将部分研究工作委托给其他单位所支出的费用。

7. 差旅费：指为项目研究进行调研、现场测试等所发生的交通、住宿费用。

8. 其他费用：指与项目研究直接相关的其他支出。

（二）间接费用是指为实施项目而发生的难以直接计入成本的费用，如评审验收费。

第三章 技术开发费的审批和拨付

第七条 技术开发费的使用实行预算管理。国家电力公司财务部根据技术开发费项目计划和规定的费用支出范围，会同科技部提出年度技术开发费使用预算，按国家电力公司规定的程序审批后，报国家有关部门批准执行。

第八条 技术开发费按合同进行管理，通过审核的项目，由国家电力公司与项目承担单位签订“国家电力公司科学技术项目合同”，合同应明确经费预算及签约双方对经费使用和管理的权责。

第九条 技术开发费项目承担单位必须按合同规定的经费预算执行，不得自行调整。如果由于不可抗力因素对经费预算执行造成较大影响时，项目承担单位必须按规定的程序将经费预算调整方案报国家电力公司批准后执行。

第十条 国家电力公司财务部应根据项目经费预算、技术开发费收取情况及科技部提供的年度用款计划将资金划拨到技术开发费项目承担单位，由项目承担单位单独设账进行管理。

第十一条 技术开发费项目进行过程中，经检查有下列情形之一者，暂停拨款：

1. 经费开支不符合国家有关规定及本办法的；

2. 未经批准变更项目负责人的；

3. 项目承担单位未及时足额筹集项目所需的配套资金而影响项目正常进度的；

4. 未能按合同规定完成计划进度的。

凡有以上情形者，项目承担单位必须在整改后提交书面申请，经国家电力公司同意后恢复拨款。

第四章 技术开发费使用的管理与监督

第十二条 技术开发费项目承担单位应加强对项目经费使用的管理，建立健全内部财务制度，研究项目的各项费用开支必须按合同规定的经费预算执行。项目经费的日常管理工作由项目承担单位财务部门负责。

第十三条 技术开发费项目承担单位应严格按项目对技术开发费进行核算，并根据具体的开支内容设置明细科目进行核算。严格划清项目之间的费用支出，不得相互挪用。

第十四条 技术开发费项目承担单位对由技术开发费形成的固定资产、无形资产等资产，相应增加所有者权益，在资本公积金中单独反映。

第十五条 项目承担单位应建立技术开发费使用情况定期报告制度。每半年向国家电力公司财务部报送技术开发费收支情况；年度终了编制技术开发费年度收支决算，随本单位年度财务决算及会计师事务所的审计意见（附技术开发费专项审计说明）上报国家电力公司财务部；项目完成后编制项目经费决算及项目固定资产清单等报国家电力公司财务部。

第十六条 关于技术开发费项目合同的中止，按《国家电力公司科技项目管理办法》的有关规定办理。因特殊原因需中止的项目，项目承担单位应在规定期限内编制经费决算，连同固定资产购置情况，一并报国家电力公司财务部核批，剩余的项目经费缴回国家电力公司。

第十七条 技术开发费项目当年结余的资金可结转下年继续使用，已完工并通过验收的项目结余经费必须缴回国家电力公司。

第十八条 国家电力公司建立技术开发费管理的追踪反馈制度，定期或不定期检查项目经费的使用情况，技术开发费项目承担单位应主动接受和积极配合国家有关部门和国家电力公司的监督检查。

第十九条 任何单位或个人不得以任何形式和理由截留或挪用技术开发费。对于违反规定的，按照有关规定对具体责任人和项目承担单位给予行政处分和经济处罚，同时根据情况可采取通报批评、停止拨款、终止项目等措施，并取消其以后技术开发费项目的申报资格。

第五章 附 则

第二十条 国家电力公司技术开发费项目承担单位均应执行本办法。

第二十一条 本办法自发布之日起实行。

第二十二条 本办法由国家电力公司财务部负责解释。

关于印发《国家电力公司资产经营考核暂行办法》的通知

（国电财［2002］632号）

公司系统各单位：

为进一步落实国家电力公司的资产经营职能，提高资产经营效率，根据现行《国家电力公司资产经营考核办法》、《国家电力公司资产经营考核办法补充规定》和《国家电力公司资产经营考核办法实施细则》的执行情况和实际工作需要，国家电力公司重新制订了《国家电力公司资产经营考核暂行办法》。现印发给你们，请依照执行。

附件：《国家电力公司资产经营考核暂行办法》

二〇〇二年九月十六日（印）

附件：

国家电力公司资产经营考核暂行办法

第一章 总 则

第一条 为了落实国家电力公司资产经营职能，建立和完善资产经营的激励和约束机制，提高资产经营效率，根据国家有关文件精神和公司管理的实际需要，制定本办法。

第二条 国家电力公司的资产经营考核（以下简称资产经营考核）是国家电力公司作为出资者依据其财产所有权并通过责任制的形式对所投资企业的资产经营状况进行考核，以监督和约束所投资企业资产经营行为的管理方式。

第三条 资产经营考核坚持公开性、公正性、重要性原则，并应做到科学化、规范化、程序化。

第四条 资产经营考核期与会计年度一致。

第五条 资产经营考核范围为：国家电力公司分公司、全资子公司（以下简称被考核企业）。

第六条 国家电力公司控股子公司可委托国家电力公司对其考核指标和考核结果进行审核及确认。

第二章 资产经营考核内容

第七条 资产经营考核是通过设置考核指标对被考核企业的经营效益和经营风险等内容进行考核，并通过设置辅助评价指标对被考核企业财务状况作出进一步测评。辅助评价指标只用于对资产经营考核指标评分结果进行修正。

第八条 资产经营考核指标按照被考核企业的类型分别设置为：

1. 国家电力公司的分公司及电力集团公司和省（直辖市、自治区）电力公司等全资子公司（统称电力子公司）的资产经营考核指标为：利润总额、净资产收益率、上缴投资收益、资产负债率、应收电热费余额、长期股权投资收益率（不同企业根据具体情况确定适用指标）。

2. 国家电力公司的其他全资子公司的资产经营考核指标为：利润总额、上缴投资收益、长期股权投资收益率。

第九条 国家电力公司的控股子公司的资产经营考核指标可设置为：利润总额、净资产收益率、长期股权投资收益率。

第十条 资产经营考核指标的辅助评价指标设置为：

1. 利润总额的辅助评价指标为：主营业务利润率、总资产报酬率、利润增长率、利润比重；

2. 应收电热费余额的辅助评价指标为：应收账款周转率、电费周转天数、三年及以上应收账款比重；

3. 净资产收益率、长期股权投资收益率采取设定区间的方式对其进行辅助评价。

第十一条 资产经营考核指标数值按照国家电力公司确定的年度经营目标及相关因素和国家规定的计算方法确定。

1. 利润总额：根据国家电力公司确定的年度利润总体目标及各被考核企业的相关因素确定。

2. 净资产收益率：根据国家电力公司系统的总体水平及被考核企业的相关因素计算确定，计算公式为：净资产收益率＝净利润/上年年末净资产×100％。

3. 长期股权投资收益率：根据社会公认的平均投资回报率水平确定，原则上不低于国家规定的5年期贷款利率。计算公式为：长期股权投资收益率＝长期股权投资收益/平均长期股权投资余额×100％。

4. 上缴投资收益：根据国家电力公司对被考核企业的出资额以及被考核企业的利润目标综合确定。

5. 应收电热费余额：按照当年收入及时回收、陈欠电热费逐年压缩的原则，根据国家电力公司系统平均电热费回收天数和被考核企业的实际情况确定。

6. 资产负债率：根据国家电力公司系统的总体水平及被考核企业的相关因素确定，原则上不得高于65％。

第十二条 资产经营考核指标辅助评价指标的标准值区间划分根据国家电力公司系统的平均水平每年确定一次。

第三章 资产经营考核方式

第十三条 资产经营考核采取将考核指标实际完成情况与下达情况比较并对比较结果进行评分的方式。

第十四条 资产经营考核评分采取基本分值加奖励分值的办法，先计算考核指标应得的基本分值，在此基础上，通过辅助评价指标的评分对考核指标所得的基本分值进行修正后得出最后的考核得分。

1. 基本分值按照各项考核指标的完成情况计算，没有完成考核指标的不得分。考核指标基本分值见附表一。

2. 奖励分值按照辅助评价指标数值所在的标准值区间对应的奖励分值确定。辅助评价指标奖励分值见附表二。

第四章 资产经营考核管理

第十五条 国家电力公司建立资产经营考核工作程序，总经理会议是最高决策机构，预算管理委员会负责审查工作，财务与产权管理部负责资产经营考核的日常管理工作。

第十六条 被考核企业应于每年11月底前将下一年度的资产经营考核指标建议方案报国家电力公司，按规定的程序审批后，国家电力公司以与被考核企业签订资产经营（或经营目标）责任书的形式将资产经营考核指标下达被考核企业执行。

第十七条 资产经营考核指标经批准下达后，原则上不予调整；由于国家重大的政策性调整及不可抗力因素对考核指标造成重大影响的，报国家电力公司批准后作适当调整。

第十八条 国家电力公司于考核年度终了根据被考核企业经审计后的年度会计决算进行资产经营考核评分，确认年度资产经营考核结果，并纳入国家电力公司三项责任制考核兑现。

第十九条 国家电力公司对被考核企业的资产经营考核结果作为经营者任期内工作业绩的主要考核内容之一。

第二十条 被考核企业应加强资产经营考核工作的管理，明确责任部门，建立内部资产经营责任制，确保资产经营考核指标完成情况的真实性和可靠性，对于弄虚作假的将追究其法定代表人及其他有关人员的责任。

第五章 附 则

第二十一条 国家电力公司的分公司、全资子公司应依据本办法制定本企业的资产经营考核实施办法。

第二十二条 本办法自发布之日起执行，原《国家电力公司资产经营考核办法》（国电办［1998］339号）、《国家电力公司资产经营考核办法补充规定》（国电财［1999］557号）文件同时废止。

第二十三条 本办法由国家电力公司负责解释。

附表1

考核指标基本分值表

电力子公司考核指标基本分值表

序号	考 核 指 标	基本分值
1	利润总额	30
2	应收电热费余额（长期股权投资收益率）	25
3	净资产收益率	20
4	资产负债率	15
5	上缴投资收益	10
总 分		100分

注 长期股权投资收益率只适用于中国华能集团公司和中国电力国际有限公司。

其他全资子公司考核指标基本分值表

序号	考核指标	基本分值
1	利润总额	50
2	长期股权投资收益率	30
3	上缴投资收益	20
总分		100分

考核指标说明：

1. 平均长期股权投资余额＝（长期股权投资年初余额＋长期股权投资年末余额）/2，其中长期股权投资余额是指计提长期投资减值准备前的账面余额数。

附表2

辅助评价指标奖励分值表

电力子公司辅助评价指标奖励分值表

序号	考核指标	辅助评价指标	标准值区间	奖励分值
1	利润总额	主营业务利润率＝主营业务利润/主营业务收入×100%		6
				3
2		总资产报酬率＝（利润总额＋利息支出）/平均资产总额×100%		6
				3
3		利润增长率＝（实际完成利润－考核利润）/考核利润×100%		6
				3
4		利润比重＝本公司实现利润/国家电力公司实现利润总额×100%		6
				3
5	应收电热费余额	应收账款周转率＝主营业务收入/平均应收账款余额		6
				3
6		电费周转天数＝平均应收电费余额/电力产品销售收入×360		6
				3
7		三年及以上应收账款比重＝三年及以上应收账款/主营业务收入×100%		6
				3
8	净资产收益率			8
				6
				3
9	长期股权投资收益率			18
				9
				5
奖励加分区间			0分～50分	

其他全资子公司辅助评价指标奖励分值表

序号	考核指标	辅助评价指标	标准值区间	奖励分值
1	利润总额	总资产报酬率＝（利润总额＋利息支出）/平均资产总额×100%		30
				20
				10
2	长期股权投资收益率			20
				10
				5
奖励加分区间			0分～50分	

辅助评价指标说明：

1. 农网改造一省多贷电力子公司的主营业务收入和主营业务利润指标包含在补贴收入中核算的2分钱农网还贷并价收入。

2. 平均资产总额＝(资产总额年初数＋资产总额年末数)/2。

3. 平均应收账款余额＝（应收账款年初余额＋应收账款年末余额）/2，其中应收账款余额是指抵减坏账准备前的账面余额数。

4. 平均应收电费余额＝（应收电费年初余额＋应收电费年末余额）/2，其中应收电费余额是指抵减坏账准备前的账面余额数，包含三峡基金、农网还贷加价、税金及附加等。

关于颁发《电力建设安全健康与环境管理工作规定》的通知

（国电电源［2002］49号）

各分公司、集团公司、省（区、市）电力公司，国电电力，中电国际，水电总公司，安能公司，葛洲坝集团公司，各水电流域开发公司，各水电工程局，各火电、送变电施工企业：

为了规范电力建设安全生产监督、管理工作，促进电力建设安全生产水平的提高，针对我国加入WTO的新形势，结合电力建设实际情况，国家电力公司在原《电力建设安全施工管理工作规定》的基础上，组织制订了《电力建设安全健康与环境管理工作规定》。经审查通过、现予颁布、自颁布之日起执行，在执行中的问题和意见，请告国家电力公司电源建设部。原《电力建设安全施工管理工作规定》同时废止。

附件：《电力建设安全健康与环境管理工作规定》（略）

二〇〇二年一月二十一日

关于颁发《水电工程建设监理招投标指南》的通知

（国电电源［2002］95号）

各有关单位：

为规范水电工程建设监理招投标工作，根据国家有关规定，结合水电建设特点，制定了《水电工程建设监理招投标指南》。现予颁发，请依照执行。

附件：《水电工程建设监理招投标指南》（略）

二〇〇二年二月二十九日

关于颁发《电力工程优秀勘测、优秀设计、优秀标准设计和优秀计算机软件项目评选管理办法》的通知

（国电电源［2002］158号）

各分公司、集团公司，各省、自治区、直辖市电力公司，中国电力顾问有限公司，中国水电顾问有限公司：

为了推动设计革命的开展，鼓励电力勘测设计创新创优，促进电力建设的技术进步，适应电力工业结构调整的需要，国家电力公司对《电力工程优秀勘测、优秀设计、优秀标准设计和优秀计算机软件评选管理办法》进行了修订，现正式颁发施行，有关问题通知如下：

一、新《办法》要求申报项目必须体现设计革命、技术创新和结构调整的思想。今后，对于设计缺乏创新、技术水平一般的勘测设计项目以及小火电机组、其他小规模的电力工程项目将不再评选国家电力公司优秀项目。

二、为与国家级优秀设计评选工作相衔接，国家电力公司勘测设计“四优”的评选工作每两年进行一次。各勘测设计单位的申报期限为每个评选年度的二月底。

三、2002年的评选工作按照新的评选办法执行。请中国电力规划设计协会和水电水利规划设计总院分别负责做好火电、水电项目的组织申报和评选工作。

附件：《电力工程优秀勘测、优秀设计、优秀标准设计和优秀计算机软件项目评选管理办法》（略）

二〇〇二年三月十八日（印）

关于印发《国家电力公司水电建设项目法人单位安全生产管理规定（试行）》的通知

（国电电源［2002］160号）

各分公司、集团公司、省（自治区、直辖市）电力公司，广西龙滩水电开发公司，黄河上游水电开发公司，云南澜沧江水电开发公司，贵州乌江水电开发公司，湖南五凌水电开发公司，四川大渡河水电开发公司，四川杂谷脑水电开发公司，水规总院，水电总公司，葛洲坝集团公司，安能公司：

为了进一步加强公司系统水电建设项目的安全管理工作，保证劳动者和国家财产的安全，确保工程建设的顺利进行，落实工程建设安全生产责任制，根据国家有关安全生产的法规和国家电力公司《安全生产规定》等规章制度的精神，国家电力公司组织制定了《水电建设项目法人单位安全生产管理规定（试行）》，现印发给你们，请认真贯彻落实。执行中的问题和意见，请随时告国家电力公司电源建设部。

附件：《国家电力公司水电建设项目法人单位安全生产管理规定（试行）》的通知

二〇〇二年三月十五日（印）

附件：

国家电力公司水电建设项目法人单位安全生产管理规定

（试行）

第一条 为加强国家电力公司系统投资建设的水电项目的安全管理，落实项目法人安全生产责任制，保障劳动者和国家财产安全，保证建设项目顺利实施，根据国家电力公司《安全生产规定》、《水电建设工程安全文明生产管理规定》和《电力建设安全健康与环境管理工作规定》，结合水电项目建设管理的具体情况，制订本规定。

第二条 工程项目法人单位是工程建设安全管理

第一责任者，对项目建设全过程的安全生产负总责，承担项目建设安全生产的组织、协调、监督责任。

第三条 工程项目法人单位必须认真贯彻国家有关安全生产的法令、法规、方针、政策，认真贯彻和国家电力公司有关电力建设的各项规章制度。坚持“管工程必须管安全”的原则，在工程建设工作的计划、布置、检查、总结、评比的同时，计划、布置、检查、总结、评比安全工作。

第四条 工程项目法人单位要根据施工安全的需要，建立、健全项目的安全管理制度。安全管理制度主要包括：安全生产责任制，安全检查制度，重大危险作业、重大安全技术措施审批制度，安全措施补助费审批制度，安全培训制度，施工供、用电管理制度，施工区交通安全管理制度，防尘、防毒、防火、防爆安全管理制度，安全例会制度，安全考核制度和安全奖惩制度，事故统计、报告制度，施工单位安全资质审查制度等。

第五条 项目法人单位要根据有关规定，制定工程建设期和年度安全目标、安全工作计划、安全技术措施计划，经项目安全生产委员会审议后，组织落实，并报上级主管部门备案。

第六条 建设项目设立由项目法人单位牵头组建的安全生产委员会，其行政一把手任主任，设计、监理、施工单位的主要领导为委员。安全生产委员会的主要职责是：动员和组织参建单位、职工贯彻落实国家有关安全生产的法令、法规、方针、政策，上级关于安全生产的部署和要求；讨论通过项目法人单位制定的项目安全目标、安全工作计划、安全技术措施计划；讨论通过项目法人单位制定的安全生产管理制度，并动员和组织参建单位、职工落实；讨论项目安全措施补助费的使用；协调参建单位之间的相互干扰及其他安全问题。

第七条 项目法人单位必须设立独立的安全监督机构，配备必要的工作人员。安监机构是项目法人单位的安全管理职能机构，同时也是安全生产委员会的办事机构。

第八条 项目安全生产委员会每季度应召开一次全体会议，研究解决项目安全工作方面的重大问题。每月召开一次安全生产例会，传达上级安全文件、会议精神,通报安全生产情况,检查和布置安全生产工作。

第九条 项目法人单位应定期组织安全检查，检查的主要内容：各参建单位各项安全生产管理制度是否完善，安全保证体系和监督体系是否健全，运行是否正常；预防安全事故的措施是否得当；必要的安全投入是否得到保证；安全文明施工是否得到落实；各施工项目工作面存在的安全隐患是否得到及时、妥善的处理。检查应使用检查表，发现的隐患和管理漏洞用“安全生产监督通知书”通知各有关单位，要求限期整改。整改结果经监理单位验收签字后，报项目法人单位安全监督部门。

第十条 为加大工程项目安全投入，保证安全施工，项目法人要设立项目安全措施补助费，其计列标准按建安工程量造价的5～7‰控制。安全措施补助费列入工程概算；安全措施补助费的使用应由施工、监理单位根据实际情况制定统一方案，经项目安全生产委员会讨论后，由项目法人单位批准使用。项目法人要监督安全措施补助费专款专用。

第十一条 项目法人单位要把安全施工的状况和业绩作为选择工程承包商的重要依据。建立严格的承包商安全状况审查制度，在招标工作中进行专项审查。安全状况审查时，必须包括以下内容：近三年的安全施工纪录；施工技术人员及特殊工种人员质资情况；安全机构及专职安全管理人员配备；安全生产管理制度等。

第十二条 项目法人和承包商在签定工程承包合同时，要将安全生产要求列入技术和商务条款中，要根据有关法规的要求，在合同中明确双方应承担的安全责任。项目法人要根据合同的规定，监督、协调承包商的安全管理工作。

第十三条 在承包商进场后，项目法人单位应对其安全监督机构的设置，技术及安全监督人员、特种作业人员的配备，劳务组织的状况等情况进行检查。

第十四条 项目法人单位要根据项目安全考核制度和安全奖惩制度的规定，与各承包商签定安全生产责任书，并组织对承包商安全生产情况进行考核和奖惩。

第十五条 项目法人单位对承包商的人员和招用的劳务人员应进行有效的监督。对不合格的人员及违反规定私招乱雇的人员有权责令退场。

第十六条 项目法人单位要加强对承包商分包行为的监督。承包商需要分包的主体工程项目必须报项目法人单位批准；分包单位的资质等情况须报项目法人单位备案。

第十七条 项目法人单位或其所属人员不得违反规定和约定向承包商指定分包单位，也不得向承包商介绍劳务组织或劳务人员。违反规定和约定指定的分包单位、劳务组织或劳务人员发生安全事故，要加重追究项目法人单位或有关人员责任。

第十八条 项目法人单位要根据工程建设项目事故统计报表制度的规定，要求承包商定期向项目法人单位安全监督部门报送事故统计月、年报表。项目法人单位汇总后，按要求报上级主管部门。在工程设计、施工区域内发生的施工安全事故，都应纳入建设项目事故统计。

第十九条 工程建设中发生安全事故后，项目法人单位要按事故统计、报告的各项规定，报告主管单位、政府主管部门。

第二十条 项目法人单位应该根据有关安全事故调查规程的规定，组织、参与事故的调查和善后处理工作。要按照“三不放过”原则和上级有关规定对事故的责任者进行严肃处理。发生人身死亡事故的要按照有关规定到上级安全管理部门进行“说清楚”，并组织事故的整改工作。

第二十一条 本规定自发布之日起执行。

第二十二条 本规定由国家电力公司解释。

关于印发《电力工程基本建设预算编制办法》等三个办法的通知

（国电电源［2002］247号）

各分公司，各省（市、自治区）电力公司，国家开发银行，华能集团公司，中电联技经中心，中国电力工程顾问有限公司，各电力（勘测）设计院：

为适应当前概预算制度改革的需要，国家电力公司组织电力规划设计总院（中国电力建设工程咨询公司）修订的《电力工业基本建设预算编制办法》、《电力工业基本建设预算项目及费用性质划分办法》及《电力工业引进成套设备基本建设工程预算编制办法》（2002年版）已经审查通过，现予印发，自2002年4月1日起执行。

对执行中发现的问题，请随时反馈到电力规划设计总院（中国电力建设工程咨询公司）。

附件：1. 电力工业基本建设预算编制办法（2002年版）（略）
2. 电力工业基本建设预算项目及费用性质划分办法（2002年版）（略）
3. 电力工业引进成套设备基本建设工程预算编制办法（2002年版）（略）

二〇〇二年四月十九日

关于印发《国家电力公司电力设备监造实施办法》的通知

（国电电源［2002］267号）

各分公司，华北电力集团公司，各省（市、区）电力公司，华能集团公司，成套公司，华电公司，物资公司：

为贯彻国家经贸委颁发的《火电、送变电工程建设预算费用构成及计算标准》（二〇〇二年版），保证国家电力公司系统全资及控股电力建设项目的顺利实施，规范电力设备监造活动，加强对重要电力设备制造过程的监督，国家电力公司组织编写了电力设备监造实施办法，现予印发，请依照执行。

附件：国家电力公司电力设备监造实施办法

二〇〇二年四月十六日（印）

附件：

国家电力公司电力设备监造实施办法

第一章 总 则

第一条 为了贯彻国家经贸委颁发的《火电、送变电工程建设预算费用构成及计算标准》（2002年版），保证国家电力公司系统全资及控股电力建设项目的顺利实施，加强对重要电力设备制造过程的监督，促进设备监造活动的规范有序进行，特制订本办法。

第二条 设备监造是指承担设备监造工作的单位（以下简称监造单位）受项目法人或建设单位（以下简称委托人）的委托，按照设备供货合同的要求，坚持客观公正、诚信科学的原则，对工程项目所需设备在制造和生产过程中的工艺流程、制造质量及设备制造单位的质量体系进行监督，并对委托人负责的服务。

第三条 设备的制造质量由与委托人签订供货合同的设备制造单位（以下简称制造单位）全面负责。设备监造并不减轻制造单位的质量责任，不代替委托人对设备的最终质量验收。监造单位应对被监造设备的制造质量承担监造责任，具体责任应在监造服务合同中予以明确。

第四条 电力设备监造的依据是国家法律、法规政策，国家电力公司的有关规定，以及依法签订的设备供货合同、设备监造合同。

第五条 本办法适用于由国家电力公司系统全资和控股的电力建设工程项目。

第二章 电力设备监造工作的管理

第六条 国家电力公司对国家电力公司及子公司控股的电力工程设备监造工作实行归口管理。其主要职责是：

（一）组织制订电力工程设备监造的有关规范性文件；

（二）负责对国家电力公司系统监造单位进行统一管理；

（三）组织国家电力公司系统设备监造工程师的培训；

（四）监督、指导电力设备监造工作；

（五）负责电力设备监造信息管理、发布工作，组织开展电力工程设备监造经验交流等。

第三章 委托人与监造单位的权利与责任

第七条 委托人应按政府主管部门和国家电力公司的有关规定自主择优选择具有良好业绩和能力的监造单位实施监造工作。

第八条 设备监造实行回避制。监造单位与被监造设备的制造单位不得有直接隶属关系或其他利害关系。

第九条 监造单位在接受委托之前，应当如实向委托人出示相应的资格证明。委托人不得委托无监造能力的单位实施设备监造。委托人应对监造单位和监造人员的资格进行确认。

第十条 委托人与监造单位签订监造服务合同应主要包括：监造项目及监造范围、监造的依据及标准、监造的方式、监造的责任和义务、违约责任、争议的解决、合同金额及付款方式、合同的修改和不可抗力等。监造单位所承接的监造合同不得转让。

第十一条 监造单位与委托人签订委托监造合同后，应成立由总监造工程师、专业监造工程师组成相对固定的监造项目组织机构。

第十二条 监造单位应根据承接的监造业务，在设备制造期间，配备相应的驻厂监造人员，进驻制造单位实施监造。

第十三条 委托人在与制造单位签定设备供货合同时，应明确设备监造的内容和监造单位的职责与权利。

第十四条 委托人应在监造单位实施监造前，将监造单位名称、监造工作内容、监造设备名称、规格型号、数量等书面通知制造单位。

第十五条 委托人在监造服务合同生效后，应向监造单位提供被监造设备的供货合同、技术协议以及相关的技术资料。

第十六条 监造单位在监造实施前，应将驻制造单位的监造人员履历报送委托人。委托人有权要求监造单位更换监造人员。驻制造单位的总监造工程师、监造工程师如有变更，监造单位应书面通知委托人。

第十七条 监造工作过程中如发生争议，委托人、监造单位和制造单位应本着客观公正的原则协商解决。经协商仍有争议，应按合同约定的方式解决。

第四章 监造工作程序与内容

第十八条 监造工作程序：

（一）熟悉设备图纸、技术标准、制造工艺以及设备供货合同中的有关规定。

（二）编制《设备监造大纲》和《设备监造实施计划》，经总监造工程师审核批准后报送委托人备案。

（三）核查制造单位提供的生产计划和有关质量体系，并提出核查意见。

（四）核实制造单位主要分包方的资质情况、实际生产能力和质量管理体系是否符合设备供货合同的要求。

（五）熟悉制造单位的检验计划和检验、试验要求，确认各制造阶段检验、试验的时间、内容、方法、标准以及检测手段。

（六）对设备制造过程中拟采用的重大新技术、新材料、新工艺的鉴定和试验报告进行审核，签署意见，并通知委托人予以确认。

（七）查验主要零件的生产工艺设备、操作规程和有关人员的上网资格，并对设备制造和装配场所的环境进行查验。

（八）对制造设备的主要原材料、外购配套件、毛坯铸锻件的证明文件及检验报告和外协加工件、委托加工材料的质量证明以及制造单位提交的检验资料进行查验。

（九）对设备制造过程进行监督和抽查，深入生产场地对所监造设备进行巡回检查，对主要及关键零部件的制造质量和制造工序进行检查与确认。

（十）监造人员应按制造单位检验计划和相应标准、规范的要求，监督设备制造过程的检验工作，并对检验结果进行确认。如发现检验结果不符合规定，应及时通知制造单位进行整改、返工或返修；对当场无法处理的质量问题，监造人员应书面通知制造单位，要求暂停该部件转入下道工序或出厂，并要求制造单位处理；当发现重大质量问题时，必须立即向制造单位出具书面停工通知，并及时报告委托人。

（十一）监督制造单位的设备装配和整体试验等过程。

（十二）按设备制造合同的规定核实制造单位提交的制造进度付款单，提出核实意见，报总监造工程师批准后开据有关证明，提交委托人作为委托人向制造单位支付设备款的依据之一。

（十三）定期向委托人提供监造工作简报，通报设备在制造过程中加工、试验、总装以及生产进度等情况。

（十四）设备监造工作结束后，编写设备监造工作总结，整理监造工作的有关资料，记录等文件，一并提交给委托人。

第十九条　由国家电力公司系统控股建设的电力项目，应对其使用的主要电力设备进行监造（常规火电、水电、输变电设备的主要监造内容见表一至表十二，略）。

第五章　监造服务费

第二十条　设备监造业务实行有偿服务。监造服务费是委托人依据监造服务合同向监造单位支付的服务酬金。监造服务费和支付方式应写入监造合同。

第二十一条　监造服务费依据国家经贸委颁发的《火电、送变电工程建设预算费用构成及计算标准》（2002年版）计列。委托人应将概算列支的全部监造费用于设备监造服务工作。委托人也可根据工程具体情况，按被监造设备的全部设备购置费乘以0.2～0.25%的费率计算设备监造费。

第二十二条　设备监造服务适合规模经营，各类设备监造成本差异较大，因此委托人原则上应以工程项目为单位签订监造合同。

第六章　附　　则

第二十三条　本办法由国家电力公司负责解释。

第二十四条　其他电力工程项目可参照执行。

第二十五条　本办法自颁布之日起施行。

关于印发《控制风力发电工程造价的若干意见》的通知

（国电电源［2002］630号）

各分公司，华北电力集团公司、华能集团公司，各省（市、区）电力公司，水规总院、电规总院，龙源电力集团公司：

由于各种因素的影响，我国风力发电工程造价长期处于较高的水平，成为制约其大规模发展的重要原因之一。为了促进公司系统风力发电的快速、健康发展，经公司有关部门讨论、研究，提出了控制风力发电工程的若干意见，现予印发。请各单位结合实际情况，贯彻执行。

附件：控制风力发电工程造价的若干意见

二〇〇二年十月八日

附件：

控制风力发电工程造价的若干意见

在国家产业政策和有关部门的支持下，经过风力发电科研、建设和管理等单位的共同努力，我国的风力发电取得了长足的进步，已经初步具备了规模开发和建设大型风力发电场的能力。但是，目前风力发电上网电价相对较高，在很大程度上制约了风力发电的更快发展。作为新兴的可再生能源产业，风力发电的发展，一方面离不开国家在政策上的大力支持，但另一方面我们也应该充分认识到，控制风力发电工程造价，降低发电成本则是风力发电持续发展的内在动力。

为了控制风力发电工程造价，降低发电成本，应进一步加强管理，不断提高风力发电工程建设的管理水平。为此，提出以下意见：

一、充分发挥项目法人在控制工程造价、降低发电成本中的主导作用

1. 项目法人对项目建设的全过程负责。要对项目做长远和统筹策划，在项目前期工作、工程施工、生产运营等各阶段中都要体现控制工程造价、降低发电成本的思想，认真制定和落实控制工程造价、降低发电成本的各项措施。

2. 严格遵守国家有关基本建设的规定。项目法人要认真执行有关风力发电项目的国家和行业标准、规程及文件规定，积极支持、引导设计和建设单位严格控制建设投资。

3. 合理组织风力发电项目的实施。要尽量缩短风力发电项目从立项到投产的时间，避免因从筹建到建成的时间过长而加大项目成本。

4. 拓宽融资渠道、降低投融资成本。项目投融资成本是影响工程造价的重要因素，而项目投融资成本则主要受投融资结构、融资条件和汇率变动的影响。项目法人应拓宽融资渠道，合理选择融资方式，争取成本低、风险小的融资来源；对债务进行动态管理，降低风险。

二、加强风力发电项目的资源评价、立项、设备选择等前期工作

5. 加强风力发电开发的发展规划和布局研究。原则上新上项目必须是国家或地方发展规划中的项目。根据项目的前期工作深度，合理安排项目开发计划。

6. 优先开发风能资源丰富的项目。鉴于风力发电场风能资源的状况直接影响到风力发电项目经济性

的特点，针对我国当前风力发电电价过高的状况，为尽量避免风力发电场建设的盲目性，新建的风力发电项目应优先在风能资源丰富的地区开发。根据《风电场项目风能资源的评估方法》（GB/T 18710—2002），拟建的风力发电场应选在风能资源具有开发价值的地区，即风功率等级达到3级以上（风功率等级3级要求10m高程年平均风速不低于5.6m/s，平均风功率密度为150～200W/m²）。

7. 增强项目可行性研究、分析评估的科学性和客观性。承担可行性研究的设计单位，应切实认真执行《风电场风能资源测量方法》（GB/T 18709—2002）、《风力发电场风能资源评估方法》（GB/T 18710—2002）和《风力发电场项目可行性研究报告编制规程》（DL/T 5067—1996）等国家及电力行业标准，在对风能资源客观、深入和正确地测量和评估的基础上，做出项目可行性研究报告，杜绝人为因素影响。

8. 新建风力发电场应具有适当的建设规模。随着风力发电机制造技术及风力发电场开发经验的成熟，在风能资源丰富、场址条件优越的地区，建设较大规模的风力发电场能够有效降低工程造价和发电成本，具有比较明显的规模效益。我国目前风力发电尚处于发展阶段，整体规模还很小，因此现阶段应提倡因地、因场制宜，鼓励各个地区、各类投资者进入风电产业，建设规模可根据各地的不同条件和投资方的经验来决定。原则上新建项目建设规模不低于10MW。

9. 合理地选择风力发电机组单机容量。风力发电机组单机容量大小对风力发电场的单位千瓦投资有着比较大的影响。一般而言，在一定容量范围内，风力发电机组的单机容量越大，风力发电场的单位千瓦投资就越小，占用土地也较少，但单机容量的选择还要考虑风力发电项目投产后的运行和维护费用。在选择风力发电机组的单机容量时，应综合考虑风力发电场的地理位置、地形地貌特点、交通运输条件及施工条件等因素，选择技术成熟、经济适用的风力发电机组，有条件的都应选用600kW及以上机组。

10. 科学正确地做好风力发电机组设备选型，提高风电场的发电能力。在选择风力发电机组的机型时，应综合考虑拟建风电场的环境条件，对于参与投标的各类风力发电机组，既要根据其功率曲线分别计算和比较理论年发电量和容量系数，同时也要考虑地域的气候特点，包括温度、湿度、雷电和极端最大风速等等，选择适合的切入风速、切出风速、额定风速、极限风速、扫风面积、轮毂高度等参数，以保证所选的风力发电机组在不同特定的环境下能够正常运行。

11. 鼓励和支持使用国产化风力发电机组。目前采用国产化风力发电机组与采用进口机组相比可以明显降低造价，在国产设备能够满足设计要求和运行条件时要优先选用。

三、加强设计阶段的工程造价控制

12. 加强风力发电工程设计的招投标管理。应把控制工程造价、降低发电成本的能力和业绩作为考核设计单位资质和信誉等的主要指标之一。

13. 重视可研设计阶段的技术经济分析。设计单位要提高项目投资概算的准确性。既要解决投资打不足、留有缺口的问题，又要防止高估冒算的倾向，力求概算内容完整。

14. 严格执行风力发电场的设计标准。设计单位在设计中，要认真贯彻国家的有关技术经济方针政策，严格控制风电工程项目中非生产设施建设的规模和标准。

15. 切实控制联网送电工程、土建工程等部分的投资。我国风力发电场投资构成中，基础设施费用与联网工程投资较高，是导致风力发电工程造价居高不下的重要因素之一。因此，在选择风力发电场的场址时，除了考察风能资源条件外，应当把并网条件、交通运输及工程地质条件放在重要位置。新建风力发电场投资构成比例应控制在合理的范围内：联网送电工程投资一般应控制在总投资的12%以内，土建工程投资一般应控制在10%以内。

四、加强工程管理，提高工程建设水平

16. 风力发电项目的建设应严格遵循工程建设程序。要严格审查开工条件，不具备开工条件的项目不得开工。项目法人要作好组织工作，保证设备和建设资金能够及时到位，确保工程按预定工期完成。

17. 充分认识合同的严肃性和法律效力。保证合同的准确和严密性，合同一经签定，必须严格履行。

18. 工程建设要按照国家有关规定实行招投标制。工程建设应通过招投标方式来选择有资质的建设监理单位、设计单位和施工单位。

19. 严格设计变更程序。工程建设要严格按照批准的设计文件进行，未经原审批单位同意，不得擅自改变已审定的设计原则、设计方案、建设标准和工程预算。要严格执行合同，不得随意更改。

20. 加强财务管理，合理安排资金。要严格按照合同要求和工程实际进度进行费用支付，并对招标及各分项工程节余的处理实行有效的控制与监督。财务管理与监督工作要贯穿项目的全过程。

21. 充分发挥咨询和监理等机构在前期工作、工程设计、施工、采购等方面的作用。

22. 加强对工程项目的审计，使审计工作制度化、规范化。

关于印发《工程勘察设计收费管理规定》和《工程设计收费标准》实施指导意见的通知

（国电电源［2002］706号）

各分公司，各集团公司，各省（自治区、直辖市）电力公司，电规总院，各有关单位：

为了更好地贯彻国家计委和建设部发布的《工程勘察设计收费管理规定》（计价格［2002］10号）和《工程设计收费标准》（以下简称《标准》），正确理解和执行《标准》，维护发包人和设计人双方的权益，便于发包人和设计人在电力工程设计及其相关技术服务的合同谈判中合理地计算设计收费，我们结合电力工程的实际情况，并经与有关部门研究，在不突破、不扩展《标准》和坚持普遍性、公平性的原则基础上，对《工程勘察设计收费管理规定》和《工程设计收费标准》的有关条款提出在实施过程中的指导意见，现印发给你们，供国家电力公司系统有关单位在执行新的设计收费标准中试行。

附件：《工程勘察设计收费管理规定》和《工程设计收费标准》实施指导意见

二〇〇二年十月十一日

附件：

《工程勘察设计收费管理规定》和《工程设计收费标准》实施指导意见

（试　行）

一、《工程勘察设计收费管理规定》条文说明

第五条　工程设计收费实行以“政府指导为主，市场调节为辅”的价格形式。建设项目总投资估算额500万元及以上工程的设计收费实行政府指导价，计算出收费基准价后，发包人和设计人在政府规定的浮动幅度内自愿协商确定工程设计收费；建设项目总投资估算额500万元以下工程的设计收费实行市场调节价，由发包人和设计人在《标准》收费基价的基础上协商确定收费额。

第七条　为体现优质优价的原则，鼓励技术创新和应用新技术，对于采用新技术设计部分的设计费，可以在上浮25%的幅度内协商确定收费额。技术创新和应用新技术的范围应符合下列情况：

1. 火力发电工程

在国内采用相同技术的第一个工程投产不满三年，且满足以下条件之一的：

（1）属于当前额定容量等级最高的机组；

（2）采用新型发电技术（含单项技术），可以提高项目经济效益、环境效益和社会效益的项目；

（3）通过优化设计使机组整体布置大范围突破常规方式，显著提高技术水平和经济效益的。

2. 输变电工程

在国内采用相同技术的第一个工程投产不满三年，且满足以下条件之一的：

（1）500kV以上新电压等级工程；

（2）新型输变电技术，如紧凑型线路工程、全方位高低腿线路工程、连续特殊地基处理、大截面导线工程、多回路同塔并架工程等；

（3）设计规程规定的线路大跨越工程。

二、《工程设计收费标准》条文说明

1.0.1　本工程设计收费标准适用于设计人承担国内电力项目，并按规定的设计阶段、设计深度、工作范围和内容、出版方式等提供的设计文件和服务。

1. 工作范围

（1）火力发电工程设计：总体设计，全部生产及辅助生产系统，附属设施工程的设计，厂前区生活福利建筑的总体规划。

（2）变电工程的设计：变电所所区围墙以内的全部生产及辅助生产设施，附属设施的工艺和建（构）筑物的土建设计，所内生活福利区的规划。

（3）输电线路工程的设计：发电厂（或）变电所出线门型构架外侧挂点间的全部输电线路的设计。

2. 工作内容

（1）初步设计阶段的主要工作内容包括：设计准备、配合业主落实设备资料、方案研究、方案优化、设计文件编制、概算编制、成品审核出版、参加初设审查以及根据审查结论进行的可行性研究批准文件范围内的修改工作。详细内容深度按DL-GJ9—1992《火力发电厂初步设计内容深度规定》、DLGJ25—1994《变电所初步设计内容深度规定》、DLGH122—1959《架空送电线路初步设计内容深度规定》执行。

（2）施工图设计阶段的主要工作内容包括：配

合业主落实设备资料、终勘定位、签定设备技术协议等设计准备工作、施工图总图设计及评审验收、施工图详图设计、成品审核出版、设计交底、工地现场服务、参加试运行及竣工验收、文件归档等工作。

(3) 施工图预算应按施工图最终版图纸以及批准的设计变更（变更设计）编制，范围包括：建筑工程费、安装工程费、设备购置费和其他费用。

(4) 竣工图主要工作内容包括：依据本工程的《设计变更（变更设计）通知单》，施工单位、调试单位或业主《工地联系单》等有关文件，编制一、二、三级图和部分四级图的竣工图。

1.0.5 《标准》规定的基本设计收费为设计人承担必要的服务内容所收取的费用。对于发包人提出的超出1.0.1条规定的特殊要求，由发包人和设计人另行协商确定收费额。

1.0.11 对于分岛招标的工程或一个工程由两个及两个以上设计人合作设计的，按各设计人的设计工作量比例计算工程设计费。设计工作量比例可按照扣除设备购置费以后的建筑安装工程费的投资比例计算，也可按照电力行业颁发的设计生产工日定额计算。

1.0.13 对于火电机组采用进口设备进行的初步设计预设计，可视同为总体设计并收取相应的费用。其他电力工程的设计内容应包含总体设计，不再加收5%的总体设计费。

1.0.14 建设项目的主体工程（主要工艺系统）设计由两个或两个以上设计人承担，并且业主确定其中之一为主体设计人时。主体设计协调费的计费基数应为非主体设计人设计部分的设计收费额。

5.1 水利电力工程范围

发电工程包括：水利发电、火力（煤、油、天然气、垃圾、水煤浆）发电、核电工程、新能源（太阳能、风能、潮汐、电磁）等发电工程。

送电工程包括：各种电压等级的交、直流送电、供电线路和电缆工程。

变电工程包括：各种电压等级的交、直流变电站，串补、换流、开关站（所）工程。

5.2 《标准》中“水利电力工程各阶段工作量比例表5.2－1”，除风能、潮汐发电外的其他新能源发电工程各阶段工作量比例与核能、送电、变电工程相同。

5.3.1 《标准》中“电力、核能、水库工程复杂程度表5.3－1”，Ⅰ级应增加“扩建4台以上同容量凝汽式机组发电工程”。Ⅲ级应增加“扩建一台机组的发电工程，扩建2～4台单机50MW以上供热机组发电工程和垃圾发电工程”。

关于印发《国家电力公司跨区电网大修和技术改造工程项目管理暂行办法》的通知

（国电发［2002］67号）

各有关单位：

为规范国家电力公司直接经营管理的跨区电网的大修和技术改造工程的项目管理，国家电力公司组织制订了《国家电力公司跨区电网大修和技术改造工程项目管理暂行办法》。现印发给你们，请依照执行。

执行中遇到的问题请及时告国家电力公司发输电运营部。

附件：国家电力公司跨区电网大修和技术改造工程项目管理暂行办法

二〇〇二年二月六日（印）

附件：

国家电力公司跨区电网大修和技术改造工程项目管理暂行办法

第一章 总 则

第一条 为规范国家电力公司直接经营管理的全国联网工程和三峡输变电工程（以下简称跨区电网）的大修和技术改造工程的项目管理，确保跨区电网的安全、经济、优质运行，控制生产成本，提高生产资金的使用效率和电网运营效益，特制定本规定。

第二条 本规定适用于受国家电力公司委托负责跨区电网生产管理的国家电力公司分公司、电力集团公司、省（市）电力公司（以下简称各级电力公司）及其所属运行维护单位和国家电力公司直属的超高压管理处（以下简称运行维护单位）的大修和技术改造工作。

第三条 本规定主要就跨区电网大修和技术改造项目的申请与审批、工程管理和项目检查与验收作出具体规定。

第四条 本规定所指大修项目是指“国家电力公司跨区电网运行维护费用测算暂行办法”文中所列内容之外的修理项目；技术改造是指采用国内外先进设备和先进技术改造原有生产设施以提高企业生产能

力、安全指标、可靠性指标等综合效益的固定资产投资活动。

第二章 申请与审批

第五条 跨区电网输变电设备年度大修和技术改造项目计划，由运行维护单位根据生产运行需要提出，各级电力公司及国家电力公司直属超高压管理处负责汇总、初审，并于每年11月底前提出项目申请并填写申请表（申请表见附表1、2），报国家电力公司发输电运营部。发输电运营部于次年三月底前审核、批复，并正式下达大修和技术改造项目计划。

第六条 投资超过50万元（含50万元，下同）的技术改造工程项目在填写申请表时应同时附可行性研究报告。可行性研究报告内容应包括：项目名称、立项原因、工程规模、方案论证、费用计划、效益分析及所需购置的主要设备、部件、材料等。

第七条 各级电力公司和超高压管理处在上报项目申请计划时，大修项目和技术改造项目应按有关规定分别编报；单个项目主体工程和配套工程应作为一个项目上报；没有直接联系的几个独立项目，不得捆在一起作为一个项目；也不得将一个独立项目分解为几个项目。

第八条 根据生产运行需要，国家电力公司每年可安排一定额度的零星购置费用，用于运行维护单位生产运行所必需的仪表、仪器和工器具的购置，项目应列入年度技改计划，购置情况应随年度技术改造项目完成情况报国家电力公司有关部门备案。

第九条 依据有关规定实施的安全技术和劳动保护措施、反事故措施项目应纳入年度大修或技改项目计划。输变电设备发生事故损坏，事故抢修所需费用根据设备损坏和抢修工作情况在次年度大修或技改计划中补列。

第十条 跨区电网大修、技改和零购项目费用纳入国家电力公司预算管理。按照《国家电力公司预算管理办法》执行。

第三章 工程管理

第十一条 对于投资超过50万元的技术改造工程项目，原则上由国家电力公司发输电运营部组织项目可行性研究、初步设计审查和概算审查；也可由发输电运营部委托各级电力公司组织审查，报发输电运营部核批。低于50万元的项目，由各级电力公司或由其委托运行维护单位组织初步设计审查和概算审查，报发输电运营部备案。对于涉及多个生产单位的系统性技术改造工程项目，由发输电运营部组织有关单位联合设计并对工程概算进行审查。

第十一条 超过50万元的外包工程项目应实行工程招投标制。招标程序和办法应严格按《招投标法》和国家电力公司的有关规定执行。招标工作原则上由国家电力公司发输电运营部组织；也可委托各级电力公司组织，招标结果应报国家电力公司发输电运营部备案。

第十二条 大宗设备（仪表、仪器、备件）和材料采购应实行招投标制。超过50万元（含50万元）的招标工作原则上由国家电力公司发输电运营部组织，也可委托各级电力公司进行。50万元以下的招标工作，由各级电力公司或运行维护单位组织进行。

第十三条 大修和技术改造项目中确需进口的、资金额度超过50万元的设备（仪表、仪器、备件）或同年度两个及以上单位购置同类型的大宗设备（仪表、仪器、备件）和工器具，由国家电力公司发输电运营部统一组织采购。需由国外供货商承包实施的项目，原则上由发输电运营部组织招标、谈判和签订工程合同。

第十四条 对外包工程，运行维护单位要严格进行安全管理、施工管理和合同管理，确保施工安全和工程质量。

第十五条 大修和技术改造项目预算费用编制标准按国家电力公司和原电力部颁布的有关规定执行。

第四章 项目检查与验收

第十七条 各级电力公司和运行维护单位对实施中的项目要严格进行监督管理，把好工程安全、质量和进度关。国家电力公司发输电运营部将不定期对一些重点项目进行检查。

第十八条 各级电力公司和运行维护单位应按照国家电力公司有关规定和要求，在每年的1月底前将上年大修和技术改造项目完成情况报国家电力公司发输电运营部。

第十九条 工程项目竣工后，由各级电力公司和运行维护单位负责组织竣工验收，并按有关规定，做好竣工决算、固定资产卡片的修改或新增、设立台账等工作。重大项目由国家电力公司发输电运营部组织验收。

第五章 附 则

第二十条 本办法解释权属国家电力公司发输电运营部。

第二十一条 本办法自2002年1月1日起执行。

附表1

______年技术改造项目计划申请表

填报单位：　　　　　　　　　　　　　　　　　　　　　　　　　　年　　月　　日

序号	项　目 名　称	申请立项 原　因	项目主要 内　容	项目实施 后效益	预计工期	预计投资 （万元）	分年度投资（万元）			项目负 责单位	备　注

注　结转项目和外包施工项目应在备注中注明。

附表2

______年大修项目计划申请表

填报单位：　　　　　　　　　　　　　　　　　　　　　　　　　　年　　月　　日

序号	项　目 名　称	项目主要 内　容	需要购置的主 要部件、材料	预计工期	预计投资（万元）			项目负责 单位	备　注
					材料费	人工费	合计		

注　结转项目和外包施工项目应在备注中注明。

关于颁发《国家电力公司跨区电网生产管理工作暂行规定》的通知

（国电发［2002］78号）

各有关单位：

为规范国家电力公司直接经营管理的跨区电网的生产管理工作，国家电力公司组织制定了《国家电力公司跨区电网生产管理工作暂行规定》。现予颁发，请依照执行。

执行中遇到的问题请及时告国家电力公司发输电运营部。

附件：国家电力公司跨区电网生产管理工作暂行规定

二〇〇二年一月三十日（印）

附件：

国家电力公司跨区电网生产管理工作暂行规定

第一章 总 则

第一条 为加强国家电力公司直接经营管理的全国联网工程和三峡输变电工程（以下简称跨区电网）的生产管理，保证跨区电网的安全、经济、优质运行，特制定本规定。

第二条 本规定适用于承担跨区电网生产管理的国家电力公司分公司、电力集团公司、省（市）电力公司（以下简称各级电力公司）及其所属运行维护单位和国家电力公司直属的超高压管理处（以下简称运行维护单位）的生产管理及运行维护工作。

第三条 本规定主要就跨区电网生产管理的组织管理体系，管理职责，规程、制度和报表，以及考核与奖励作出具体的规定。

第四条 本规定未涉及的各项专业管理和技术监督工作按原电力部和国家电力公司制定的有关规定执行。

第二章 组织管理体系

第五条 国家电力公司、各级电力公司和运行维护单位按照相应的职责对跨区电网实行分级管理。国家电力公司直接经营管理跨区电网，根据电网分级管理的原则，通过签订运行管理委托协议的方式委托输变电设备所在地的各级电力公司负责跨区电网交、直流线路和变电站的生产管理和运行维护工作。跨区电网直流输电工程换流站的生产管理工作由国家电力公司直接负责，并由直属的超高压管理处运行维护。

第六条 国家电力公司发输电运营部负责跨区电网生产管理的组织和协调工作，各级电力公司按照委托协议和有关规定履行受托线路和变电站的生产管理，运行维护单位按照委托协议和有关规定具体负责受托线路和变电站（换流站）的运行维护和检修工作。

第七条 各级电力公司和直属的超高压管理处应对受托管理的线路、变电站（换流站）的运行维护单位实行统一的生产管理，并负责汇总各类计划、报告、报表等上报国家电力公司。

第三章 管 理 职 责

第八条 国家电力公司发输电运营部的管理职责

（一）根据国家电力公司有关规定和要求，组织实施跨区电网的生产运营工作。

（二）负责与受托的各级电力公司签订生产准备工作委托协议和运行管理工作委托协议。

（三）负责组织并协调各级电力公司完成跨区电网新建线路、变电站（换流站）的各项生产准备工作和投运后的生产管理工作。

（四）负责组织测算、审查并会同公司有关部门核定跨区电网线路、变电站（换流站）运行维护费用。

（五）负责编制、审批和下达跨区电网线路、变电站（换流站）的年度大修和技术改造项目计划，并根据设备运行情况提出年度大修和技术改造工作的指导性意见。

（六）负责组织跨区电网重大大修和技改项目的审查和招标工作。

（七）负责组织召开跨区电网生产运行工作会议、有关专业会议及重大事故分析会。

（八）负责涉及跨区电网安全、经济、优质运行的重大科技项目的立项和实施的组织协调工作。

（九）负责组织跨区电网大修、技改项目所需重大输变电设备（含备品备件）的进口谈判、合同签订工作。

（十）负责跨区电网重大输变电设备的事故备品备件的配备和协调管理工作，负责审定，批复事故抢修方案，协调事故备品备件的调用工作。

（十一）负责组织跨区电网进口输变电设备的国内试制和试运行工作。

（十二）负责组织跨区电网运行和检修专业技术培训，组织跨区电网线路、变电站（换流站）运行管理劳动竞赛和专业技术交流活动。

第九条 各级电力公司的管理职责

（一）贯彻国家电力公司的有关规定，组织运行维护单位制订受托管理线路和变电站（换流站）的各项生产管理制度和现场运行、检修规程。

（二）按照国电总［2001］613号文《国家电力公司直接投资建设输变电工程生产准备工作暂行规定》的要求，组织运行维护单位做好受托管理线路和变电站（换流站）的各项生产准备工作。

（三）按照国电总［2001］739号文《国家电力公司跨区电网运行维护费用测算暂行办法》的规定，审查运行维护单位测算的受托管理线路和变电站（换流站）的年度运行维护费用，并上报国家电力公司。

（四）按照国电总［2002］67号文《国家电力公司跨区电网大修和技术改造工程项目管理暂行办法》的要求，负责汇总、审核、编报受托管理的线路和变电站（换流站）的年度大修和技术改造项目计划及可行性研究报告，并按批复项目组织实施，包括组织设备采购和工程招投标工作。

（五）组织并督促运行维护单位建立、健全受托管理线路和变电站（换流站）设备的技术档案，包括基建移交资料和运行维护应配备的全部资料。

（六）将受托管理线路和变电站（换流站）的运行管理、技术监督、专业管理和科技项目管理纳入本公司的生产管理工作中统一管理。定期向国家电力公司发输电运营部报告受托管理线路和变电站（换流站）的生产运行情况。对设备存在的问题，应及时提出整改措施并组织实施。

（七）负责织织落实国家电力公司颁发的安全技术措施和反事故措施，对发生的重大设备事故，应及时制订事故抢修方案，报国家电力公司发输电运营部，并组织实施。

（八）负责编制受托管理跨区电网输变电设备年度检修停电计划，属国家电力公司直接管理和调度的输变电设备，应于每年10月底前报国家电力公司发输电运营部和国调中心；属于其他各级电力公司管理和调度的输变电设备，应按调度关系报送相关调度部门，并抄报国家电力公司发输电运营部。

（九）参加发输电运营部组织的重大技术改造工程项目招标，设备进口谈判以及国内试制技术方案的审查工作。

（十）负责受托管理线路和变电站（换流站）安全考核和职工的安全教育、技术培训的管理工作。

（十一）负责汇总和报送受托管理线路和变电站（换流站）的年度运行工作总结和检修、技改工作总结。

第十条 运行维护单位的管理职责

（一）全面贯彻执行上级有关部门制定的各项生产管理制度和技术规程，具体负责受托管理线路和变电站（换流站）的运行维护、检修和安全管理。

（二）按照有关规定做好受托管理线路和变电站（换流站）的各项生产准备工作和年度运行维护费用的测算工作。

（三）负责制定受托管理线路和变电站（换流站）的现场运行规程、现场检修规程、现场试验规程和带电作业规程，经主管生产的领导或总工程师批准颁发执行。新建线路和变电站（换流站）的各类现场运行规程应在投运前一个月完成制定和审批工作，并报上级电力公司、国家电力公司发输电运营部和国调中心备案。遇有设备和系统变更或操作方式有重大变动时，应及时修订现场运行规程，并严格执行审批制度。

（四）负责于每年11月底前提出所辖输变电设备的下年度大修和技术改造项目计划，报上级主管部门，并按批复的计划组织实施。

（五）负责编写重大检修和技改项目的可研报告、施工方案，负责制定施工的技术、组织和安全措施，并上报主管部门。

（六）参加国家电力公司发输电运营部和上级电力公司组织的工程和设备采购的招投标工作，负责工程项目的具体组织和实施。

（七）积极、稳妥地采用各种新的检测手段和在线诊断技术，逐步开展状态检修，提高设备的可用率和运行可靠性。

（八）定期组织开展安全教育、技术培训工作。

（九）负责按月填写线路、变电站、换流站的“运行月报”（见附表1、2、3略），并于每月第10个工作日前报国家电力公司发输电运营部和上级电力公司生技部门。

（十）按照国发［2000］643号文颁发的《电业生产事故调查规程》要求，负责填写、上报有关安全报表。

（十一）负责编写年度运行总结和设备检修、技改工作总结，并上报主管部门。

第四章　规程、制度和报表

第十一条 跨区电网生产管理必须建立健全的主要规程、规定类别。

（一）原电力部和国家电力公司颁发的有关技术规程、安全生产规定、安全技术措施和反事故措施。

（二）有关各级电力公司颁发执行的主要技术规程和安全生产规定。

（三）现场运行规程、现场检修规程、现场试验规程、带电作业规程等现场规程。

第十二条 跨区电网生产管理必须建立健全的主要管理制度。

（一）电业生产安全管理制度。

（二）运行管理制度。

（三）检修管理制度。

（四）试验管理制度。

（五）设备缺陷管理制度。

（六）技术资料管理制度。

（七）技术培训制度。

（八）备品备件管理制度。

第十三条 运行维护单位应及时填报的报表、计划和报告。

（一）按本规定第十条第九款的要求填报线路、变电站（换流站）运行月报。

（二）按本规定第十条第十款的要求，按程序报送有关安全报表。

（三）年度大修和技改项目计划（重大项目应附可行性研究报告或方案论证报告）。

（四）年度运行工作总结和检修、技改工作总结。

第五章 考 核 与 奖 惩

第十四条 国家电力公司将各级电力公司受托管理跨区电网的情况纳入年度安全生产、经营、党风廉政建设三项责任制考核内容，进行考核、检查和兑现。

第六章 附 则

第十五条 本办法解释权属国家电力公司发输电运营部。

第十六条 本办法自2002年1月1日起执行。

关于印发《国家电力公司防汛管理办法（试行）》的通知

（国电发［2002］292号）

各分公司、集团公司，各省（自治区、直辖市）电力公司，各水电流域开发公司，水电总公司，武警水电指挥部，大坝中心，有关建设、施工、设计等单位：

为进一步加强国家电力公司防汛工作，提高公司系统各单位防汛工作管理水平，特制定《国家电力公司防汛管理办法（试行）》，现颁发实施，请各单位认真贯彻执行。执行中遇到的问题，请及时告国家电力公司发输电部。

附件：国家电力公司防汛管理办法（试行）

二〇〇二年五月九日

附件：

国家电力公司防汛管理办法

（试 行）

第一章 总 则

第一条 为加强电力防汛工作，不断提高电力防汛工作水平，促进防汛工作规范化、制度化、科学化建设，根据《中华人民共和国电力法》、《中华人民共和国防洪法》、《中华人民共和国防汛条例》等国家法律、法规，结合电力系统实际情况，制定本办法。

第二条 防汛工作是电力企业安全生产的重要环节，电力防汛工作的基本任务是负责所管辖的发供电设施安全度汛；积极配合地方政府抗洪抢险，保证抗洪抢险和灾后恢复生产的电力供应。

第三条 电力防汛工作实行“安全第一，常备不懈，预防为主，全力抢险”的方针。

第四条 电力防汛工作实行企业行政首长负责制，实行统一指挥，分级分部门管理。全面落实岗位责任制，防汛工作的责任由各部门的正职领导承担。

第五条 本办法适用于国家电力公司所属发供电企业，其他电力企业可参照执行。

第二章 防汛工作职责

第六条 国家电力公司的主要职责是：

（一）贯彻执行国家有关防汛工作的法律、法规，并监督所属企业实施；

（二）负责制定公司系统有关防汛工作的规程、规定；

（三）接受国务院和国家防汛抗旱总指挥部关于防汛工作的统一布署和指令，完成交办的防洪抢险救灾任务；

（四）负责组织国家电力公司系统的防汛工作，参与重大防汛事故的处理和善后工作。

第七条 分公司、集团公司、省（直辖市、自治区）电力公司、各水电流域公司的主要职责是：

（一）在国家电力公司和有管辖权的人民政府防汛指挥机构领导下，做好其直属、控股以及代管发供电企业的防汛组织工作，建立健全防汛组织机构；

（二）组织制定防汛管理工作实施细则，并对所辖单位进行检查考核；

（三）负责对所属发供电企业电力设施重大缺陷和异常情况组织鉴定，落实处理措施，同时向上级有关部门报告；

（四）审查所辖水电站年度洪水调度方案和工程度汛措施，按有关规定报批或审批；

（五）汛前组织对所辖发供电企业的防汛检查。汛期及时向上级有关部门汇报所辖发供电企业抗洪、抗台风、抗暴雨的抢险救灾工作及损失情况。汛后组织防汛工作总结或经验交流；

（六）分公司对区域内省（自治区、直辖市）电力公司防汛工作有监督、协调的职责。

第八条 发供电企业的主要职责是：

（一）建立健全本企业的防汛组织机构。

防汛组织机构主要有：防汛领导小组、防汛办公室、抢险队伍等；

（二）建立健全并严格执行各项防汛管理制度。

发供电企业防汛管理制度主要有：防汛领导小组及防汛办公室工作制度，汛前检查和消缺管理制度，汛期值班制度，汛期巡查、汇报制度，汛后防汛工作总结报告制度。水电厂还要继续执行关于水电厂防汛工作的“五规五制”；

（三）负责组织贯彻落实上级有关部门防汛工作

的要求；

（四）做好汛前准备工作，按防汛检查大纲的要求，进行自查和整改；

（五）编制洪水预案，超标准洪水（暴雨、风暴潮）应急方案，全力抢险减少损失。

第三章 防汛工作的重点和要求

第九条 水电厂防汛工作应与大坝安全管理相结合，做到在设计标准内洪水不垮坝，不漫坝，不淹发电厂房。大坝安全监测系统、水情测报系统、泄洪闸门、起闭设备及其备用电源（应有独立于厂用电的可靠的备用电源）必须保证可靠运行。

第十条 火电厂防汛工作的重点是保证灰坝、供水泵房、厂房及变电站的安全，要求做到遇设计标准暴雨、洪水时不发生灰坝垮坝，水淹厂房、泵房、变电站及生产生活设施。

第十一条 供点企业重点保证110kV及以上的电力设施防汛安全，在防汛部门的统一指挥下保证抗洪抢险电力供应。

第十二条 水电基本建设工程防汛工作按照《水电基本建设工程防汛管理暂行条例》执行。

第四章 防汛工作的管理

第十三条 国家电力公司系统发供电企业的防汛工作由发输电运营部和国家电力公司调度中心归口管理。防汛办公室设在发输电运营部，防汛值班室设在国家电力调度通信中心。各级电力企业应建立相应的防汛机构（以行政第一责任人为组长的防汛领导小组，下设防汛办公室和抗洪抢险队）。

第十四条 为保证防汛工作的开展，各主管电力公司、水电厂、火电厂、供电企业要落实防汛经费。防汛物资、报汛和防汛管理经费列入生产成本。

第十五条 加强汛前安全检查。华南、华东、华中、西南地区应在四月底以前完成。华北、西北、东北地区应在五月底以前完成。

第十六条 严格按照《水库调度工作汇报制度》的有关要求及时向国家电力公司防汛值班室报告汛情信息。

第十七条 加强汛期防汛值班工作，汛前（4月15日前）应将各级防汛负责人名单、值班电话及防汛专用电子信箱逐级上报。汛后（11月底）及时写出防汛工作总结，报上一级主管公司。

第五章 附 则

第十八条 各主管电力公司在安全度汛和防洪抢险工作中做出显著成绩的集体和个人给予表彰和奖励。各单位根据具体情况制定相应的奖励办法。

第十九条 凡违反本办法规定、洪水调度失误、防洪抢险不力造成不应有的损失，要按责任制追究单位正职领导和直接主管防汛工作人员的行政责任和经济责任。凡在设计标准（或经上级批准的标准）内发生工程防汛重大事故的，要按国务院《重大事故调查工作条例》和国家电力公司《电业生产事故调查规程》的要求，分析原因，吸取教训。对事故责任要严肃查处，情节严重者要追究法律责任。根据分析确认事故涉及勘测设计、施工和安装的，亦应追究有关单位的责任。

第二十条 本管理办法由国家电力公司发输电运营部负责解释。

关于印发《三峡送出及全国联网工程配套通信电路运行维护管理暂行办法》的通知

（国电发［2002］536号）

各有关单位：

为规范三峡送出及全国联网工程配套通信电路运行维护管理工作，确保电网安全、稳定和优质运行，经广泛征求意见，国家电力公司组织制定了《三峡送出及全国联网工程配套通信电路运行维护管理暂行办法》，现予印发。请依照执行。

执行中遇到的问题请及时告国家电力公司发输电运营部。

附件：三峡送出及全国联网工程配套通信电路运行维护管理暂行办法

二〇〇二年八月九日

附件：

三峡送出及全国联网工程配套通信电路运行维护管理暂行办法

第一章 总 则

第一条 为确保电网安全、稳定和优质运行，加强三峡送出和全国联网工程配套通信电路（以下简称全国联网通信电路）运行维护管理，依据《全国互联电网调度管理规程》、《电力系统通信管理规程》、《电力系统通信调度管理条例》《国家电力公司跨区电网生产管理工作暂行规定》及《关于随三峡送出和全国联网工程建设的通信电路运行维护管理问题的意见》，制定本办法。

第二条 全国联网通信电路是指为保障三峡送出和全国联网输变电系统安全、稳定、经济运行，承载三峡送出和全国联网输变电系统继电保护、安全自动装置、调度电话、调度自动化等业务的通信电路（包括通信线路、通信设备及相应的配套设施。

第三条 本办法适用于承担全国联网通信电路运行维护管理的国家电力公司分公司、电力集团公司、省（市、自治区）电力公司（以下简称相关网省公司）以及上述公司所属运行维护单位和国家电力公司直属的超高压管理处（以下简称运行维护单位）在全国联网通信电路的投入、退出、转接、调测、检修、故障处理、统计分析与评价等方面的运行维护管理。

第四条 本办法主要就全国联网通信电路运行维护管理的组织机构、管理职责、相关专业工作界面、运行维护管理基本要求等方面做出具体规定。

第五条 全国联网通信电路的运行维护管理实行“统一调度、分级管理、下级服从上级、局部服从整体”的原则。

第二章 组 织 管 理

第六条 国家电力公司、相关网省公司和运行维护单位按照相应的职责对全国联网通信电路实行分级管理。

第七条 全国联网通信电路的生产管理工作由国家电力公司发输电运营部（以下简称发输电部）归口负责，国家电力调度通信中心（以下简称国调中心）负责专业管理和技术监督工作，国电通信中心（以下简称电通中心）负责通信电路设备的运行管理工作。

第八条 对于产权属于国家电力公司的通信设施，由发输电部代表国家电力公司，通过签订运行管理委托协议的方式，委托通信线路及通信设备所在地的相关网省公司及运行维护单位负责运行管理和运行维护工作。

相关网省公司按照有关规定和委托协议，全面履行所委托通信线路和通信设备的运行管理工作，落实相应的运行维护单位，切实加强管理，并负责汇总各类计划、报告、报表等报送国家电力公司。

运行维护单位按有关规定和委托协议，具体负责通信线路和通信设备的运行值班、维护和检修等工作。

第三章 职 责 分 工

第九条 发输电部归口负责全国联网通信电路的生产管理工作，主要职责如下：

（一）代表国家电力公司与相关网省公司签订全国联网通信电路运行维护委托协议；

（二）会同国家电力公司有关部门，组织测算、审查并核定委托管理全国联网通信电路的运行维护费用；

（三）组织编制、审批和下达委托管理的全国联网通信电路的年度大修和技术改造项目计划，并根据设备运行情况提出年度大修和技术改造工作的指导性意见；

（四）协调三峡送出及互联电网生产管理中输电线路专业与通信专业交叉的有关工作；

（五）组织对相关网省公司负责维护的全国联网通信电路运行管理情况进行考核。

第十条 国调中心负责全国联网通信电路的专业技术管理和技术监督工作，主要职责如下：

（一）监督全国联网通信电路的安全、稳定、可靠运行；

（二）协调全国联网通信电路运行中出现的重大问题；

（三）审批直接影响三峡送出和全国互联电网安全运行的相关通信电路、话路的停复役和变更方案；

（四）审批直接影响三峡送出和全国互联电网安全运行的通信电路的计划检修或临时检修方案，审核不直接影响三峡送出和全国互联电网安全运行的通信电路的计划检修或临时检修方案；

（五）审核全国联网通信电路技术改造项目的技术方案；

（六）协调、审核生产电路使用方案及方案变更；

（七）提出电网调度信息传输方面的运行技术要求；

（八）制定全国联网通信电路中与国调有关的通信设备编号方案。

第十一条 电通中心负责全国联网通信电路的运行管理工作，主要职责如下：

（一）编制、下达全国联网通信电路中一级电路（国家电力公司直接使用及跨区联网通信电路）的运行方式，并组织实施；

（二）组织相关网省公司对全国联网通信电路运行情况进行实时监测；

（三）审批、协调全国联网通信电路的临时检修；

（四）制定全国联网通信电路的使用方案及其变更方案；

（五）组织开通与保障国调所需继电保护、安全自动装置、调度电话、调度自动化等业务的专用通道；

（六）根据国调中心制定的一次系统停运检修计划，组织制订全国联网通信电路的检修计划；

（七）负责汇总提出通信设备技术改造及重大维修工程项目计划；

（八）指挥、协调全国联网通信电路中重大问题的处理和组织事故调查；

（九）做好本端直接管理设备的运行维护工作；

（十）监督、检查和考核相关网省公司负责管理的全国联网通信电路的运行维护情况，汇总运行统计报表和运行工作报告，组织分析评价；

（十一）组织全国联网通信电路相关运行维护人员的技术培训。

第十二条 相关网省公司职责：

（一）根据具体情况确定本公司通信运行管理归口单位，落实具体线路和设备的运行维护单位；

（二）贯彻国家电力公司的有关规定，组织运行维护单位制订负责管理的全国联网通信电路的运行维护管理具体办法；

（三）监督、检查和考核所辖运行维护单位对本公司负责管理的全国联网通信电路的运行维护情况，汇总运行统计报表和运行工作报告，由运行管理归口单位报送电通中心；

（四）汇总提出并上报负责管理的全国联网通信电路的线路、设备及配套设施的检修计划、技术改造及重大维修项目计划；

（五）组织运行维护单位职工安全教育、安全考核、技术培训的管理工作。

第十三条 运行维护单位职责：

（一）执行有关规程规定及上级下达的通信调度命令和电路运行方式；

（二）做好负责管理的全国联网通信电路运行维护、状态测试、故障处理等各项工作；

（三）提出负责运行维护的通信线路、通信设备及配套设施的各种检修计划、技术改造及重大维修项目计划等的相关建议，并按时上报；

（四）做好负责运行维护的通信线路、通信设备的运行统计和分析，编制运行统计月报，并按时上报；

（五）组织或协助上级组织的事故调查，并提出实施整改措施；

（六）编制运行维护细则，开展安全教育、安全考核和技术培训；

（七）做好上级委派的其他工作。

第四章 专业分工界面

第十四条 通信专业与线路专业之间的维护管理责任界面：

（一）凡有关规程已作规定的按规程规定执行；

（二）相关网省公司根据当地情况已明确维护管理界面的按已明确的意见执行；

（三）规程中未明确规定、电力公司未明确维护管理界面的，原则上按以下办法处理：

1. 与超高压线路同杆架设的光缆线路（OPGW、ADSS等）进入变电站时，分界点为变电站门型构架光缆线路终端接续箱；

2. 与超高压线路同杆架设的光缆线路（OPGW、ADSS等）进入中继站时，分界点为中继站引入光缆终端接续盒或接出引入缆的光缆线路接续箱；

3. 其他光缆线路在不存在电气安全问题的前提下直接进入通信站时，分界点为光缆线路终端接续盒或光纤配线架（ODF）。

（四）分界点以外（线路侧）的光缆线路、光缆金具（耐张线夹、悬垂线夹、防震锤、调节板、捆绑金属线等）、光缆接续箱等，由线路部门负责运行维护；分界点以内（终端侧）的引入光缆（电力公司另有规定的除外）、尾缆、光端机、数字复接设备、PCM基群设备等，由通信部门负责运行维护；

（五）电力线载波通信的专业分工界面、维护职责范围等按相关规程规定执行。

第十五条 通信专业与二次系统其他专业的维护管理责任界面：

（一）通过音频配线架连接的业务电路，分界点为音频配线架，音频配线架至传输设备以上（含音频配线架）由通信部门维护，音频配线架至其他专业的电缆、转换设备等由相应专业部门维护。

（二）通过数字配线架连接的业务电路，分界点为数字配线架，数字配线架至传输设备以上（含数字配线架）由通信部门维护，数字配线架至其他专业的电缆、转换设备等由相应专业部门维护。

（三）不经过音频或数字配线架、直接由通信设备连接至用户设备的，分界点为通信设备出入口。

第十六条 通信部门检测、检修通信设备，可能影响其他专业使用，必须按本规定第五章相关条款，事先通知相关专业部门并得到许可后方可进行检测、检修工作，检测、检修工作完成后及时通知相关专业部门。

第十七条 线路专业部门对其负责运行维护的通信线路进行检测、检修，可能造成通信中断的，必须按本规定第五章相关条款，办理中断通信业务的审批手续，得到批准后方可进行检测、检修工作，检测、检修工作完成后及时通知通信部门。

第十八条 其他专业对其负责运行维护的用户设施进行检测、检修，可能造成通信设备告警的，必须事先通知通信部门，检测、检修工作完成后及时通知通信部门。

第五章 运行维护管理

第十九条 相关网省公司及运行维护单位必须加强对全国联网通信电路的运行维护管理工作，各级运行管理单位要强化通信调度指挥系统，从人员配备、运行条件、通信手段、仪器仪表等方面要提供有力保障，建立作风硬、业务强、技术精的运行维护队伍，做到能够及时发现和迅速处理通信故障。

第二十条 相关网省公司及运行维护单位应建立健全各项规章制度，实行运行维护岗位责任制和设备专人负责制，明确岗位职责和维护工作内容。严格执行报告制度，重大事项立即报告，按时上报运行统计报表。

第二十一条 运行维护人员必须认真学习有关规程和规定，坚守岗位，遵守纪律，服从指挥，坚决执行通信调度命令，加强通信线路和设备巡视检查，认真填写运行日志和相关记录，进行运行统计分析，做好日常运行维护各项工作，使通信质量符合规程要求。

第二十二条 在一次设备区内进行工作，必须严格执行相关的操作票制度，履行有关手续，采取必要的安全防范措施，防止人身伤亡和设备损坏事故的发生。

第二十三条 通信线路、通信设备出现故障，影响继电保护、安全自动控制信息、调度自动化和调度电话传送的，应迅速采取应急措施，立即组织抢修并直接向相关电力调度部门和电通中心报告情况。

第二十四条 发生重大障碍或通信事故，运行维护单位应严格按照有关规程、规定，按“三不放过”的要求，认真进行调查分析，在事故发生72小时内，提交重大障碍或事故分析报告，逐级上报。

第二十五条 通信线路、通信设备需要临时检修时，影响国调相关专业业务的，应提前3日以书面形式向电通中心提出申请，同时提出拟采用的通信业务迂回和转接方案，由电通中心接到申请2日内协调报国调中心批准，并通知申请单位。申请单位接到批复后，可按批准方案进行临时检修的技术准备，检修操作前10分钟通过电通中心向国调调度值班员确认后方可进行操作。

第二十六条 通信线路、通信设备的计划检修应尽可能与一次系统的计划检修同步进行。影响国调相关专业业务的，应提前10日以书面形式向电通中心提出申请，同时提出拟采用的通信业务迂回和转接方案，电通中心接到申请5日内协调报国调中心批准，并通知申请单位。申请单位接到批复后，可按批准方案进行计划检修的技术准备，检修操作前10分钟通过电通中心向国调调度值班员确认后方可进行操作。

第二十七条 未经上级通信调度部门的批准，任何单位和个人不得在运行中的通信线路上进行操作，坚决杜绝违章、违规操作和人身伤亡、设备损坏事故的发生。

第二十八条 全国联网通信电路的运行考核按电力通信有关规程规定进行。各运行维护单位应于每月5日前将上月运行统计报表报送所在电力公司通信运行管理归口单位，由其汇总后于每月10日前将运行月报报送电通中心。

第二十九条 各通信站必须按规程规定建立和健全技术资料和原始记录，及时填写，妥善保管，做到齐全、完整、准确。

第六章 质量管理

第三十条 质量管理的目的是提高全国联网通信电路的运行率和运行质量；提高运行人员素质、技术水平及排除故障的能力；强化运行设备日常维护制度，及时解决影响通信质量的问题，确保全国联网通信电路、设备良好运行。

第三十一条 验收及投运。

（一）新建全国联网通信电路在投运前，应由建设单位会同有关部门组织相关网省公司及运行维护单位对电路进行竣工验收，竣工验收内容和项目（包括施工质量、设计资料、技术参数、备品备件、工具仪表、图表及说明书等）要依照相应的技术标准及相关的规程、规定进行，任何单位和个人无权降低验收的技术标准。

（二）新建全国联网通信电路在未完成竣工验收时，原则上不能投入使用并承载重要业务。特殊情况下，经国家电力公司批准后可以临时试用，承载重要业务的应按正式投运电路进行运行维护管理。未竣工验收的电路发生故障时，通信运行部门应及时通知工程建设部门，由其负责处理。通信运行部门要做好运行记录及统计分析，并定期向工程建设部门通报。

（三）建设单位应协调运行维护单位与设备厂商建立售后服务渠道，理顺工作关系。在全国联网通信电路所采用的设备正式投运后，相关网省公司及运行维护单位应与设备厂商建立良好的售后服务渠道，特别是设备厂商或代理商发生变更时，要及时理顺关系，确定技术支持单位和人员。

（四）新建全国联网通信电路需经过正式竣工验收后才能正式投入运行。

第三十二条 相关网省公司及运行维护单位应严格按照本管理办法进行管理。凡出现因人为责任（包括维护不善、误操作等）造成通信电路故障中断的情况，国家电力公司将在电力通信系统内部进行通报批评；重大问题或造成重大影响的，国家电力公司将视具体情况纳入对网省公司的安全考核。

第三十三条 全国联网通信电路的运行考核按国家电力公司发输电部与相关网省公司及运行维护单位签定的委托协议确定的运行率进行考核。

第三十四条 全国联网通信电路运行率统计计算

公式。

（一）通信设备（包括微波、载波、卫星）运行率按以下公式计算：

$$设备运行率=\left\{1-\frac{\sum[中断路数(路)\times本端设备故障时间(分)]}{配置路数(路)\times全月日历时间(分)}\right\}\times100\%$$

（二）通信电路（包括微波、载波、光纤、卫星）运行率按以下公式计算：

$$电路运行率=\left\{1-\frac{\sum[中断路数(路)\times电路故障时间(分)]}{实际路数(路)\times全月日历时间(分)}\right\}\times100\%$$

（三）光纤线路运行率按以下公式计算：

$$光纤线路运行率=\left\{1-\frac{\sum[光纤故障芯数(芯)\times故障时间(分)]}{实用光纤芯数(芯)\times全月日历时间(分)}\right\}\times100\%$$

（四）交换设备（包括调度交换机、调度总机）运行率按以下公式计算：

$$交换运行率=\left\{1-\frac{\sum[故障门数(门/线)\times故障时间(分)]}{实用门数(门/线)\times全月日历时间(分)}\right\}\times100\%$$

第三十五条 电路运行统计结果是考核通信系统运行情况的依据，各级通信运行管理部门和运行维护单位应本着认真负责、实事求是的态度，认真填写统计报表，正确反映运行情况，对一些关键问题的统计和记录（包括故障终止时间、故障影响范围、系统运行质量等）应与有关电力调度、通信调度及运行维护部门核实，保证统计报表数据的准确性和严肃性。坚决反对弄虚作假，违反规定者一经发现要追究当事人和单位领导的责任。

第三十六条 国家电力公司将建立全国联网通信电路运行管理奖惩机制，对运行维护管理工作做得好的单位，给予适当的奖励，对发生违纪、违规现象的单位，情节严重的，要予以通报批评，并纳入国家电力公司对相关网省公司的安全生产考核记录。

第七章 附 则

第三十七条 本办法未涉及的有关电力通信设备运行管理的其它内容按原电力部和国家电力公司制订的有关规程、规定执行。

第三十八条 相关网省公司和运行维护单位管辖的与全国联网有关的网、省内通信电路的运行管理仍按现有的规定执行。

第三十九条 全国联网通信电路运行维护管理具体考核办法及责任区段划分，由国家电力公司电通中心负责制定。

第四十条 本办法由国家电力公司发输电运营部负责解释。

第四十一条 本办法自发布之日起执行。

关于印发《电力工程技术改造项目经济评价暂行办法（试行）》的通知

（国电发［2002］623号）

各分公司、电力集团公司，各省（区、市）电力公司，电规总院，水规总院，有关独立发电公司，各电力设计院：

为适应国家经济体制改革的需要，进一步加强和规范电力工程技术改造项目的经济评价工作，满足电力工程技术改造项目的可行性研究报告编制和报批的要求，公司组织有关单位在1992年原能源部颁发的《电力工业技术改造项目经济评价暂行办法（试行）》基础上进行了调整和补充，制定了国家电力公司《电力工程技术改造项目经济评价暂行办法（试行）》，现批准印发，自即日起执行。

各单位在执行中有何问题和建议，请告国家电力公司发输电运营部。

附件：电力工程技术改造项目经济评价暂行办法（试行，略）

二〇〇二年九月十日（印）

关于颁发加强当前电网安全管理若干规定的通知

（国电发［2002］556号）

各分公司，华北电力集团公司，各省（区、市）电力公司，华能集团公司：

为加强当前电力体制改革时期的安全生产工作，确保电网不发生重大事故，国家电力公司制订了《关于加强当前电网安全管理的若干规定》，现予颁发，自即日起开始执行。

附件：关于加强当前电网安全管理的若干规定

二〇〇二年八月十九日

附件：

关于加强当前电网安全管理的若干规定

在当前电力体制改革进入实施阶段，电力安全生产面临新的形势下，为进一步加强电网安全管理，确保电网不发生重大事故，各电网经营企业、发供电企业必须认真做到：

一、电力体制改革实施过程中，在新的管理机构、新的管理规定和新的运行机制没有到位以前，各电网经营企业和发供电企业必须继续严格执行现行的安全管理法规、规定、规程、制度。

二、严格执行国家电力公司1号令，确保调度指挥系统的政令畅通。调度部门要加强电网薄弱环节和运行突出问题的分析工作，组织制订主网N－1事故处理预案，有针对性地制定N－2事故处理预案。

三、认真做好负荷预测工作，合理安排运行方式，充分发挥跨省跨区互联电网的优越性，积极采取错峰、避峰、计划限电等措施，保证电网在高峰负荷期间留有必要的旋转备用容量。

四、加强低频、低压减负荷自动装置管理，按照稳定导则的要求，必须安排足够的减负荷容量。大区互联电网也要统筹协调、研究落实低频减载分配问题。要加强二次系统的安全管理工作，确保电网的安全稳定。

五、结合各自电网和设备的实际情况，组织制订并严格执行防止重要变电站和重要发电厂全停的安全管理技术措施及事故处理预案，并把这项工作的落实作为安全检查的重要内容之一。

六、积极开展输电网安全性评价工作，要充分利用输电网安全性评价的成果指导电网安全管理工作，要有系统、有计划地加强电网薄弱环节整改工作力度，及时消除安全隐患，夯实电网的安全基础。

七、及时制定、完善有关电网安全的管理规定和管理制度，现场规程的颁布和修订要与新项目的投运和设备的变化同步进行，并书面通知有关运行和管理人员。

八、加强电网输变电设备的技术监督管理，重点抓好主变压器全过程监督和输电线路等高压设备的外绝缘管理，对有缺陷的设备要缩短跟踪监视周期，创造条件及时处理，防止发生主设备损坏并引发电网事故。

九、防止电气误操作事故的发生，重点加强运行操作过程中的解锁管理和作业现场临时接地线的管理。在积极采用微机防误闭锁技术，加强闭锁装置维护管理的同时，要加强“两票三制”执行情况的监督检查力度，保证组织措施的落实。

十、切实做好重点地区、重要用户的安全可靠供电工作。要及时掌握供电区域内特殊用户的情况，需要进行预试、检修而变更供电方式的，要及时与用户沟通，共同做好应急准备工作。对于重点地区、重要用户供电存在问题一时难以解决或需要供用双方共同解决的，要将情况及时书面通报给用户并向当地政府汇报。

十一、并网发电厂要承担起保证电网安全的责任，服从电网统一调度，严格执行调度计划，要按照有关导则、规程、规定的要求，确保安全自动装置、继电保护装置、一次调频设备、AGC功能、励磁调节器、电力系统稳定器的正常投入和可靠运行。

十二、要增加电力设施保护的宣传力度，依靠地方政府和广大群众，积极配合公安部门，充分借助各种法律武器和手段，严厉打击偷窃和破坏电力设施的犯罪活动。要增强自我保卫意识，加强线路巡视。

关于印发《水电厂无人值班的若干规定》的通知

（国电发［2002］685号）

各分公司、集团公司，各省（自治区、直辖市）电力公司，华能集团，国电电力，龙滩公司，乌江公司，杂谷脑公司，黄河上游公司：

为了加强水电厂技术改造和技术进步，适应社会主义市场经济的不断完善及新的管理体制，不断提高水电厂自动化水平和劳动生产率，为建设国际一流水电厂奠定基础。经过广泛征求意见，现正式颁发《水电厂无人值班的若干规定》，本规定自发布之日起实施。如在执行中发现问题，请及时报国家电力公司。

附件：水电厂无人值班的若干规定（试行）

二〇〇二年九月二十八日（印）

附件：

《水电厂无人值班的若干规定》

（试　行）

1　总则

为适应新的管理体制，与国际先进管理水平接轨，国家电力公司决定开展建设国际一流水电厂工作，并颁发《国家电力公司国际一流水力发电厂考核标准（试行）》，为配合建设国际一流水力发电厂工作，适应当前水电厂改革形势的需要，在总结水电厂“无人值班”（少人值守）工作经验的基础上，进一步改革值班方式，开展水电厂无人值班工作。

无人值班是水电厂值班方式改革和发展的更高阶段。它对水电厂的设备状态、自动化水平，人员素质和管理水平都提出了更高要求，它是水电厂一流的设备、一流的人才、一流的管理的重要标志，必将进一步促进水电厂的全面改革和发展。

水电厂实施无人值班工作，是一项技术性强、安全性高、涉及面广的系统工程。必须以科学严谨实事求是的态度，慎重行事。采取“全面规划、先行试点、确保安全、因地制宜、讲究实效”的方针，积极稳妥地进行，以达到安全文明、优质高效的目标。

实施水电厂无人值班，必须依靠电网调度部门的支持和配合。要在上级主管部门的领导下，及时做好协调工作，在保证电网安全经济高效的前提下，精诚协作，共同完成。

水电厂实施无人值班工作，应本着循序渐进的原则，在实现“无人值班”（少人值守）工作的基础上进行。实施过程中，应按照水电厂无人值班的各项技术要求，进行有针对性的改造，讲究实效。对机构设置、人员调整应持慎重态度，通过试行，总结经验，少走弯路。

开展水电厂无人值班工作，要在各级电力主管部门的领导下，按照国家电力公司有关规定的精神，有组织、有规划、有步骤地进行。水电厂应把实现无人值班作为努力方向和奋斗目标。全部或主要机电设备成套从国外引进的电厂，其设备条件有利，可先行试点，作出表率；一些中小型水电厂，如客观条件允许，也可试点，以广泛积累经验。

新建水电厂，应根据各自具体情况，从规划设计上为电厂实现无人值班做好必要的考虑和设置，减少后期改造的难度。

为有序地开展和推行工作，特制定本规定。

2　定义

水电厂的无人值班是指在厂房内不是全天24小时都有人值班（或值守），机组相应的调度机构命令自动按程序操作。运行人员定期到厂房巡视，或者只出现在一个班次。正常时设备能够自动运行和工况转换，遇有故障能自动处理，不需要现场人工即时干预。

3　无人值班水电厂的监控方式

无人值班水电厂内部附属设备都能独立自动运行，计算机监控系统能满足远程指令进行断路器切合，机组开、停和工况的转换，以及功率调节等，能根据预先设定的要求，自动进行机组的控制和调节。

3.1　基本监控方式有：

3.1.1　由网、省调度中心直接控制运行

3.1.1.1　采用日负荷曲线的方式下达计划负荷指令。根据调度提前下达的第二天日负荷曲线，电厂监控系统于次日零时自动转换成实际控制曲线，并依此进行控制。

3.1.1.2　根据自动经济调度（ED）及自动发电控制（AGC）的实时计算结果，由调度中心能量管理系统（EMS）向水电厂计算机监控系统下达控制调节指令。电厂监控系统根据机组状态，合理分配每台机组的给定值。

调度也可以计算机指令直接对机组进行一对一控制。

3.1.2　由梯级水电站或水电厂群的集控中心监视和控制

基本情况同上，而网、省调度中心的调度指令则通过梯级水电站或水电厂群的集控中心的计算机监控系统向各被控水电厂层层下达控制和调节指令。

3.1.3　由水电厂自主运行

对于容量不大的水电厂和机组，上级调度仅给出可以运行的范围，只要在允许的限制条件下，电厂自主运行；为简化调节，可自动开机后即带额定功率，停机后即转为备用。

3.2　水电厂向上级调度信息传递的要求

为了建立简明实用、高效可靠的通讯调度关系，水电厂计算机监控系统上送的信息应少而精，满足调度的要求。

3.3　水电厂实行无人值班时，运行维护的第一应急人员，应明确其在厂房内外某规定的地点待命。

该地点应具备以下条件：

- 有可靠的与上级调度联系和对外通讯条件。
- 交通便捷。
- 能够迅速接受厂房内事件的报警信号。

4　保证安全必要的技术措施

4.1　设备

主辅设备运行状态良好，机组应自动避开振动区运行，附属设备都应自动正常运行，在此基础上，还需要增加保护装置、加强保护功能，故障能自动处理。

要求：

- 可靠、自动的控制系统
- 完善的保护系统和可靠的电源
- 能在最不利的情况下，保证发电机的断路器跳开，运行的机组正常停运，导叶前的进水阀或快速闸门关闭。

4.1.1 计算机监控系统

4.1.1.1 计算机监控系统应根据不同情况考虑双重化或部分主要设备冗余配置。

4.1.1.2 计算机监控系统的功能应实用、可靠，满足要求。

4.1.1.3 计算机监控系统能满足自动化程度高的要求。

4.1.1.4 计算机监控系统在开机不成功时应自动返回到停机状态，并自动报警。

4.1.1.5 计算机监控系统应在水力机械故障引起停机时对电力系统参数进行采集、记录。

4.1.2 设备故障自动处理

无人值班的水电厂，运行的机组发生故障时，不但发出故障报警信号，而且，计算机监控系统应能自动地对发生故障的机组进行控制和调节，使之回到安全状态。

4.1.2.1 机组的电气故障信号应接入继电保护系统的跳闸回路，跳机组断路器，灭磁；并通过计算机监控系统进行停机。如：

● 发电机过负荷。

● 发电机定子接地。

● 发电机转子一点接地。

4.1.2.2 机组的水力机械故障信号应接入计算机监控系统，其中经过选择或定义，通过正常的停机程序进行停机跳闸，跳机组断路器，灭磁。应有：

● 推力轴瓦温度过高。

● 上导轴瓦温度过高。

● 下导轴瓦温度过高。

● 水导轴瓦温度过高。

● 发电机冷、热风温度过高。

● 推力油槽液位过高或过低。

● 上导油槽液位过高或过低。

● 下导油槽液位过高或过低。

● 水导油槽液位过高或过低。

● 各轴承油槽外循环油流中断。

● 各轴承油槽冷却水中断。

● 水导密封润滑水中断。

● 导叶剪断销剪断。

● 水轮机顶盖水位过高。

4.1.2.3 与机组安全相关的系统，如励磁系统、调速器及其油压装置、进水阀和快速闸门及其油压装置等的故障信号应接入计算机监控系统，其中经过选择或定义，通过正常的停机程序进行停机，跳机组断路器，灭磁。

4.1.2.4 由于机组的型号和结构各异，4.1.2.2所列项目可考虑增减。

4.1.3 交直流电源

4.1.3.1 直流电源在不同的功能单元之间应交叉配置。

4.1.3.2 交流电源除自机端厂用变取得外，还必须有外来的电源。

4.1.4 其他

4.1.4.1 失电动作停机保护

在二次回路中，失电动作是可靠的保护方法，适用范围有：

● 调速器的紧急事故停机电磁阀装设失电动作的电磁阀。

● 发电机电气保护回路直流电源消失。

● 机组控制回路直流电源消失。

● 机组励磁回路直流电源消失。

4.1.4.2 原动力失效保护。

在原动力失效前应启动的保护有：

● 机组出口断路器原动力降低至保护极限值。

● 机组进水阀、快速闸门等油压降低至保护极限值。

4.1.4.3 双重化冗余配置。

双重化冗余配置的要求：

● 调速器的紧急事故停机电磁阀也可装设通电动作的两个电磁阀、或通电动作有双线圈的电磁阀，均应由不同电源供电。

● 水轮发电机的出口断路器应为双跳闸线圈，并由两路电源分别供电。

4.1.4.4 150MW及以上水轮发电机组，应装设振动和摆度保护装置。

4.1.4.5 紧急停机和联跳硬布线二次回路有：

● 水力机械事故如机组过速、调速器低油压、进水阀低油压、事故停机中导叶剪断销剪断以及紧急按钮等。

● 正常停机时，停机流程由计算机监控系统实现。而就地控制单元完全故障时，其故障信号将停机回路切换到简单硬布线停机路。该停机回路主要包括机组推力减载油泵的启动和机械制动的投入。

● 灭磁开关跳闸直接联跳发电机出口断路器。

4.2 防火

防火要求应符合现行防火规范。

4.2.1 厂房内宜有火灾自动监测报警系统。

4.2.2 水轮发电机须配置火灾自动监测报警，根据实际需要装设自动灭火系统。

4.2.3 油浸式变压器、明敷110kV及以上高压充油电缆以及大容量油罐等应装设固定式灭火系统。变压器应设防火隔墙和事故排油坑槽。

4.2.4 厂房内不宜设置充油设备和油库，如已设有充油设备和油库的应将其以铁门封闭，并有防止油外溢等措施。

4.2.5 以设备为单元作为间隔，对电缆层、电缆廊道必须进行可靠实用的封堵隔离。各盘、柜和装置以及电缆管和孔洞等，必须封堵严密。

4.3 防水淹厂房

4.3.1 厂房集水井应有足够的事故容积。

4.3.2 有必要的备用排水泵，其安装高程宜尽可能提高，并以深井泵为好。

4.3.3 水位信号器应冗余配置。

4.3.4 应有防尾水位过高倒灌的技术措施。

4.3.5 应有防局部暴雨水淹厂房的措施。

4.3.6 监视排水泵工作状况，掌握厂房漏水变化趋势。

4.3.7 增设第3水位信号器于水轮机层以下和集水井层之间，与过高报警输出两者相与，作为水淹厂房报警。

4.3.8 水淹厂房报警应将所有运行机组自动紧急停机，包括关闭导叶前的进水阀以及具有的快速闸门，蓄能机组应关闭尾水闸门。

5 人员素质要求

水电厂实行无人值班，进一步打破运行和维护的界限，实行运行和维护互学和培训。人员坚持少而精，素质高，事业心强，敢于负责，应具有与工作性质相适应的文化程度；要做到一工多艺，一专多能。

5.1 掌握和正确使用各种便携式测量仪器和仪表。

5.2 掌握和应用综合信息管理系统和计算机监控系统所形成、累计的运行记录文件等信息，定期进行分析以指导巡视检查路线和侧重部位等。

5.3 具有对现场出现的一些异常现象进行准确判断及组织处理的能力。

5.4 运行维护人员中，多数应具有熟练维护工作的能力。

6 管理制度

水电厂实行无人值班，必须建立适应无人值班工作的管理制度，明确工作责任，内容和范围，应遵守的纪律以及需要登录备查的内容和汇报联系等。

6.1 根据现场实际，制定出特殊情况重点巡视检查内容和周期。

6.2 建立厂内消防制度。

6.3 设备退出运行作隔离、安全措施的操作和监护制度。

6.4 厂区、厂房、设备清扫卫生制度。

6.5 建立安全警卫制度。

6.6 建立对外和调度联系制度。

7 检验标准

7.1 已经实现了保证安全的技术措施和人员素质要求，并有健全的管理制度。

7.2 无人值班的监控方式已经实用化。

7.3 已实行“无人值班”(少人值守)2年以上。

7.4 机组自动开、停机成功率，全年统计应达到99.5%及以上，蓄能机组水泵工况启动成功率达到97%及以上。

7.5 试行无人值班过程中，厂内发生事件，自动传呼人员的次数一季度内不应超过9次，每次之间的间隔时间应大于168h。（白天有人时处理不计在内，自然灾害、雷雨季节可酌情放宽）

8 附则

8.1 开、停机成功率的统计标准：以机组开、停全过程完成考虑，即从开机指令起至同期并列和停机指令至自动恢复备用状态；否则为不成功。

8.2 关于特殊情况的机动灵活运用，如遇汛期防汛任务紧急、自然灾害、设备故障抢修以及与上级调度或集控中心计算机通讯中断等，则可临时改为少人值守或少人值班。

8.3 本规定适用于国家电力公司所属和控股的水电企业。

8.4 本规定解释权归国家电力公司发输电运营部。

关于印发《国家电力公司跨区电网联络线关口电能量计量系统管理暂行办法》的通知

（国电发［2002］707号）

各有关单位：

为适应国家电力公司跨区电网联络线关口电能量计量系统建设、运行和管理的需要,确保跨区电网联络线关口电能量计量系统准确、可靠地运行,公平、公正地计量跨区电网购售电量,经研究和广泛征求意见,国家电力公司组织制定了《国家电力公司跨区电网联络线关口电能量计量系统管理暂行办法》,现印发给你们,请依照执行。

执行中遇到的问题请及时告国家电力公司发输电运营部。

附件：国家电力公司跨区电网联络线关口电能量计量系统管理暂行办法（略）

二〇〇二年十月十一日（印）

关于颁发《电力安全工器具预防性试验规程》（试行）的通知

（国电发［2002］777号）

各分公司，集团公司，省（区、市）电力公司：

为规范电力安全工器具预防性试验，确保安全工器具在使用当中的安全可靠，国家电力公司在相关规程和标准的基础上，结合当前安全工作的实际，组织编制了《电力安全工器具预防性试验规程》（试行），现予颁发，自颁发之日起执行。执行过程中发现的问题，请及时告知国家电力公司发输电运营部。

附件：电力安全工器具预防性试验规程（试行，略）

二〇〇二年十一月七日（印）

印发“关于规范电网经营企业与发电企业之间有关处罚条款的若干要求”的通知

（国电发［2002］881号）

各分公司、电力集团公司、各省（区、市）电力公司，华能集团公司、乌江公司、黄河公司：

随着电源建设投资主体的多元化，独立发电企业不断增加，电网经营企业为了保证电网的安全稳定运行，制定了关于发电企业的限制或处罚规定，但存在着一些处罚条款依据不充分、操作不规范的问题。为了保证电网的安全、稳定运行，推进电网经营企业和发电企业管理工作的规范化、法制化，保障电力体制改革的顺利进行，公司在广泛调查研究的基础上，制定了“关于规范电网经营企业与发电企业之间有关处罚条款的若干要求”（见附件），请各有关单位认真贯彻执行。并提出如下要求：

1. 各单位要树立大局观念，按照保证电网安全稳定运行的原则，紧密结合各省区的实际，充分发挥各发电集团和各地方发电企业的积极性，积极稳妥地推进电力体制的改革。

2. 各单位要按照该若干要求认真核查本公司在处罚方面制定的有关规定，对存在的问题要积极与有关单位协商解决，提出整改措施。

3. 各电网经营企业要适应社会主义市场经济体制的要求，转变观念，按照“公平、公正、公开”的调度原则，积极推进电网经营企业与发电企业管理工作的规范化和法制化，促进电网整体管理水平的提高。

附件：关于规范电网经营企业与发电企业之间有关处罚条款的若干要求

二〇〇二年十一月二十九日（印）

附件：

关于规范电网经营企业与发电企业之间有关处罚条款的若干要求

近几年来，电网经营企业制定了一些针对发电公司未能按电网要求或协议运行发电设备的限制或处罚规定，对保证电网的安全、稳定运行起到了积极作用。但也存在着一些处罚条款依据不足、不规范的问题。为了保证电网的安全、稳定运行，促进电网经营企业和发电企业管理工作的法制化、规范化，现对电网经营企业与发电企业之间有关处罚问题提出如下若干要求。

一、各电网经营企业必须严格按照国务院办公厅国办发［1998］146号文和国家计委、国家经贸委有关文件的精神开展“网厂分开、竞价上网”建立发电侧电力市场的试点工作，除国务院批准的上海、山东、浙江、辽宁、黑龙江、吉林等6个省市进行试点外，其他省（区、市）可开展竞价上网的前期准备工作。非试点单位开展竞价上网工作，必须有完整的市场运营规则和监管规则，并经国务院有关部门批准。

二、随着网厂分开工作的实施以及电网公司和发电集团公司的成立和独立运作，电网经营企业与发电企业之间的关系必须通过法律的、经济的和技术的手段来规范，国家的有关法规和政策必须严格执行。目前，电网经营企业是发电企业的单一购买者，所有公用电厂的电力电量除国家有特殊规定的外，必须由电网经营企业统一收购，以保证电网的完整和统一，保证各方的利益不受损害。

三、并网运行的发电厂（包括并网运行的自备电厂），应严格执行《电网调度管理条例》，服从有关电网经营企业调度部门的统一调度，认真履行保障电网安全、稳定运行的责任和义务。所有并网发电厂必须与电网经营企业签订并网调度协议和购售电合同，在这些协议和合同中不但要明确电厂对电网的责任和义务，还要进一步明确由于电网经营企业的原因对电厂造成损失的相关责任，共同履行职责，以保证电网向用户提供连续、可靠、合格的电能。

四、发电企业须按照电网经营企业下达的调度计划、规定的功率和电压范围运行,并根据调度命令调整功率和电压,参与电网的调峰、调频和调压。电网经营企业制定的辅助服务收费条款、调度运行的处罚条款等要有法律依据和政策依据,已经省经贸委、物价局等政府部门明文规定的,电网经营企业和发电企业要认真执行;对未经省政府有关部门批准的有关处罚条款,要结合本地区的实际情况,与发电企业之间进行充分协商达成一致,并经过省经贸委、物价局等主管部门批准后实施。

五、电网经营企业制定的对有关运行指标如机组非计划停运、计划出力曲线、AGC功能、电网频率等的考核,要切实考虑发电机组的实际,明确各种不同类型的机组所允许的考核基础值,只对超出国家标准、规范或约定规定的范围的予以处罚。对违规违约的发电企业处罚方式主要以扣减责任者未上网电量、限期整改为宜,而且,扣减电量应按照电网经营企业与发电企业协商一致的办法重新分配处理;电网经营企业对违约的发电企业可以依法收取违约金,不能对发电企业罚款,更不能把罚款作为其经营性收入来源;由于发电企业机组自身问题,对电网经营企业造成损失或对电力用户造成损失的,此损失由相应发电机组的拥有者承担。

六、发电企业的运行值班人员在电网调度业务方面必须服从电网经营企业值班调度员的指挥,并按有关规定认真执行其调度命令。对于违反调度命令的,按照《电网调度管理条例》的规定严肃处理。

七、电网经营企业要根据国家的有关政策、文件和规定,按照"公平、公正、公开"的原则制定调度计划和对每一个并网发电厂实施调度。在同一电网中的不同发电企业的同类型机组的利用小时,目前要基本保持在同等的水平,保证各方合法利益。要明确由于社会用电量增加而对发电计划调整的规则,提高透明度。同时,发电企业和调度机构要按照"电网调度信息披露实施细则"(国电调[2001]109号)的要求按时报送和披露相关信息,做到信息公开。

关于发布《信息系统数据备份与管理暂行规定》的通知

(国电科[2002]513号)

公司系统各单位:

为避免人为的和不可抗拒的自然灾害及计算机软硬件故障造成的数据丢失,确保生产、经营、管理等应用系统的安全稳定运行和历史数据的保存,加强信息系统数据的备份与管理,国家电力公司制定了《信息系统数据备份与管理暂行规定》,现予发布。请各单位依照此规定,制定本单位具体实施细则,切实做好数据的备份和管理工作。如在执行中遇到任何问题,请及时与科技环保部联系。

附件:信息系统数据备份与管理暂行规定

二〇〇二年八月二日

附件:

信息系统数据备份与管理暂行规定

第一条 为避免信息系统数据的丢失,确保生产、经营、管理等应用系统的安全稳定运行和历史数据的保存,加强信息系统数据的备份与管理,特制定本规定。

第二条 本规定适用于国家电力公司系统各有关单位,以下简称各单位。

第三条 各单位信息系统运行管理部门负责本单位的数据备份与管理,国电信息中心负责国家电力公司本部的数据备份与管理。各单位信息化归口管理部门负责定期检查和监督。

第四条 各单位应明确负责数据备份的技术人员及其他责任人员,具体负责数据的备份、恢复和管理。

第五条 数据备份应根据系统情况和备份内容,采用不同的备份方式:

(一)完全备份:对备份的内容进行整体备份。

(二)增量备份:仅备份相对于上一次备份后新增加和修改过的数据。

(三)差分备份:仅备份相对于上一次完全备份之后新增加和修改过的数据。

(四)按需备份:仅备份应用系统需要的部分数据。

第六条 为确保所备份的内容可再现系统的运行环境,数据备份内容应包括公司生产、经营、管理等应用系统中的所有关键业务数据。具体是指计算机和网络设备的操作系统、应用软件、系统数据和应用数据。

第七条 备份数据可选择硬盘、光盘、磁带等存储介质,要确保备份数据的可恢复性。存储介质应存放在远离磁性、辐射性的安全环境。

第八条 必须建立备份文件档案及档案库,详细记录备份数据的信息。要做好数据备份的文卷管理,所有备份应有明确标识,包括卷名、运行环境、备份人。卷名需按统一的规则来命名。卷名由"应用系统名称-(数据类型+备份方式+存储介质)-备份时间－序号”组成。

应用系统名称	数据类型	备份方式	存储介质	备份时间	序号
ABC	0 操作系统 1 应用软件 2 应用数据 3 其他	0 完全备份 1 增量备份 2 差分备份 3 按需备份 4 其他	0 磁带 1 光盘 2 硬盘 3 其他	YYYYMMDD	XXX

如某备份资料文卷管理中记录的信息为：

卷名：办公自动化－221－20020628－001（表示所备份资料是：办公自动化系统的应用数据，是以差分备份方式备份在光盘上，备份时间为 2002 年 6 月 28 日，序号 001）。

运行环境：操作系统名称、版本号，数据库名称、版本号等。

备份人及其所在单位：某某（署单位名称和备份人姓名）。

第九条　存档数据的保存时间各单位可根据数据重要程度和有效利用周期自行确定。各单位根据各种数据的重要性及其容量，确定备份方式、备份周期和保留周期。

第十条　数据备份至少应保留两份拷贝，一份在现办公地址保存，以保证数据的正常快速恢复和数据查询，另一份在现办公地址外保存，避免灾难后数据无法恢复。

第十一条　对计算机和设备进行软件安装、系统升级或更改配置时，应进行系统和数据、设备参数的完全备份。应用系统更新后，应对原系统及其数据的完全备份资料保存十年以上。

第十二条　各单位应建立健全数据备份管理制度，制定确保数据安全、有效的备份策略与管理办法，完善数据备份与管理的技术措施，采取有效的安全运行技术方案。

第十三条　国电信息中心及各单位信息化归口管理部门负责每半年向国家电力公司科技环保部报送数据备份情况。

第十四条　本规定从发布之日起执行，本规定由国家电力公司科技环保部负责解释。

国家电力公司

关于印发《信息分类与代码体系（试行）》的通知

（国电科［2002］586 号）

公司系统各有关单位：

为适应公司系统信息化建设的快速发展，满足对信息代码标准进行修编和补充的迫切需要，实现信息系统的互联互通。按照国家电力公司信息化“十五”计划的要求，编制了国家电力公司《信息分类与代码体系（试行）》，现印发给你们。本体系规定了国家电力公司信息分类与代码的体系结构，是对“信息分类与代码”标准的统一规划，是企业基础技术标准的有机组成部分。各单位在企业信息系统建设中，应遵循本体系的规定与本体系保持一致。

此次将国家电力公司《信息分类与代码体系（试行）》中采用的“引用国家标准和电力行业标准目录”同时印发，其他信息分类与代码标准将根据标准的编制计划在 2002 年底至 2004 年中分期分批进行发布。

如在执行中遇到问题，请及时与国家电力公司科技环保部联系。

附件 1：《信息分类与代码体系（试行）》（略）

附件 2：《信息分类与代码体系（试行）》编制说明（略）

附件 3：代码体系中直接引用国家标准部分（第一部份）（略）

二〇〇二年八月三十日（印）

关于印发《省（区域）电力公司信息系统建设规范（试行）》的通知

（国电科［2002］589 号）

公司系统各有关单位：

建立统一的企业信息系统是公司信息化“十五”计划的一项重要任务。随着技术的进步和管理需求的变化，许多单位已经计划或正在实施本单位信息系统的改建或升级。为了指导公司系统各单位信息系统的完善、升级或新建，现印发《省（区域）电力公司信息系统建设规范（试行）》（以下简称《规范》）。

《规范》在总结以往信息系统建设的经验教训基础上，引入国内外先进的管理理念，统一规划资金流、物流和工作流，对省（区域）电力公司的信息系统建设提出了具体要求和规定。

《规范》是今后建设信息系统的主要技术依据。请各单位对照《规范》检查本单位的信息系统，制定本单位信息系统的升级或新建计划。在建设企业信息系统时，应按照本规范的要求进行设计，并将系统的建设方案报国家电力公司科技环保部备案。

附件1:《省(区域)电力公司信息系统建设规范(试行)》(略)

附件2:《省(区域)电力公司信息系统建设规范(试行)》编写说明(略)

二○○二年八月三十日(印)

关于印发《国家电力公司任期经济责任审计指导办法》的通知

(国电审[2002]653号)

国家电力公司系统各单位:

为了加强对公司系统经营活动的审计监督,更加规范并有效地开展对公司系统各单位主要负责人的经济责任审计,现将《国家电力公司任期经济责任审计指导办法》印发给你们,请依照执行。

附件:国家电力公司任期经济责任审计指导办法

二○○二年九月二十日

附件:

国家电力公司任期经济责任审计指导办法

第一章 总 则

第一条 为规范任期经济责任审计工作,加强对国家电力公司(简称"公司",下同)系统单位主要负责人(简称"主要负责人",下同)的管理,客观评价其任期经济责任,促进公司加强和改善经营管理,保障国有资产保值增值,根据《中华人民共和国审计法》、《党政领导干部选拔任用工作条例》和《国有企业及国有控股企业领导人员任期经济责任审计暂行规定》,制定本办法。

第二条 本办法所称主要负责人,是指公司系统单位的法定代表人或主要领导人。

第三条 本办法所称任期经济责任是指主要负责人对其任职期间的下列行为应当承担的责任,包括直接责任和主管责任。

直接责任主要包括:

(一)直接违反国家法律、法规和公司规章制度;

(二)授意、指使、强令、纵容、包庇下属人员违反国家法律、法规及公司规章制度;

(三)失职、渎职的行为;

(四)其他违反国家法律、法规和公司规章制度的行为。主管责任是指主要负责人在任职期间对其所在单位资产、负债、损益的真实性、合法性、效益性以及有关经济活动应负有的直接责任以外的领导和管理责任。

第四条 本办法所称任期经济责任审计,是指对主要负责人任职期间经济责任履行情况实施的审计。包括对其所在单位资产、负债、损益的真实性、合法性和效益性的验证,以及对有关经济活动应负责任的界定和评价。

第五条 任期经济责任审计分为届中审计和离任审计。届中审计是指对主要负责人任期内阶段性的经济责任审计;离任审计是指对任期届满或调动、辞职、免职、撤职、退(离)休等原因离开工作岗位的主要负责人任期内的经济责任审计。经济责任审计实行周期制。主要负责人在职单位发生资产重组、改制、兼并、破产等重大变动时,必须按照本办法进行任期经济责任审计。

第六条 任期经济责任审计原则上实行谁任免谁审计,按照干部管理权限,实行统一管理,分级负责,下审一级。各单位应对所属单位开展任期经济责任审计情况进行指导、监督和检查。

第七条 任期经济责任审计结果报告是对主要负责人考核、任用和奖惩的重要依据,存入干部档案管理。

第八条 任期经济责任审计以国家有关法律、法规和公司规章制度为依据。通过审计鉴别主要负责人应负有的主管责任和直接责任。

第九条 审计人员依法履行职责,受国家法律、法规和公司规章制度保护,被审计的主要负责人及其所在单位应当积极配合,不得拒绝、干涉、阻碍,不得对审计人员打击报复。

第十条 任期经济责任审计必须客观公正,实事求是,廉洁奉公,保守秘密,遵守审计回避制度的规定。

第二章 审计主要内容

第十一条 任期经济责任审计内容和范围根据主要负责人所在单位章程及主要负责人经营管理职责确定。

第十二条 任期经济责任审计,主要包括:

(一)国家法律、法规、廉政规定、公司规章制度执行情况;对单位违反财经纪律应负的责任;

(二)公司经营战略、决策贯彻情况,以及单位内部控制制度建设和执行情况;对决策失误造成经济损失或不良后果应负的责任;

(三)资产经营考核指标、企业效绩评价结果及主要技术经济指标完成情况;对单位财务会计数据及有关重大问题的报告失实、延误应负的责任；

（四）单位资产、负债、损益的真实性、合法性、效益性；对单位国有资产流失应负的责任；

（五）财务预算管理及执行情况；

（六）债权债务、收益分配，关联交易及对外投资、融资、担保等情况；

（七）单位的经营风险和可持续发展状况；

（八）其他需要审计的事项。

第三章 组织与实施

第十三条 根据人事部门提出的任期经济责任审计建议计划，审计部门编制任期经济责任审计滚动计划和年度计划，经批准组织审计组具体实施。

第十四条 各有关部门应积极配合，提供开展审计工作所需信息，提供开展现场审计和非现场审计的条件。在实施审计前，应征求人事、监察、财务等有关部门的意见。审计组应做好审前调查，编制审计工作方案。

第十五条 任期经济责任审计应当同财务收支审计、资产经营责任审计及财务预算管理审计等专项审计相结合。审计部门可以直接组织审计组实施审计，也可以委托具有法定资格的社会中介组织进行审计。承办审计的社会中介组织，应按公司任期经济责任审计有关规定实施审计。

第十六条 审计组制定的审计工作方案，须经审计部门批准后实施。审计方式应加强非现场审计，尽量缩短现场审计的时间。在实施审计五日前，公司向被审计的主要负责人所在单位送达审计通知，同时抄送被审计的主要负责人。

第十七条 被审计的主要负责人在审计组实施审计前，要按照审计通知要求，提交书面述职报告。主要内容包括：

（一）岗位基本职责；

（二）任职期间所在单位资产经营责任考核指标及主要技术经济指标完成情况；

（三）任职期间重大决策及其实施效果；

（四）遵守国家法律、法规和执行廉政规定情况；

（五）需要说明的其他情况。

第十八条 被审计的主要负责人所在单位要协助做好准备工作，并在审计组实施现场审计时提供以下资料：

（一）单位组织机构、领导岗位职责及议事规则、经营决策程序及主要内部控制制度；

（二）任职期间的单位年度工作计划和工作总结，董事会、监事会、经营办公会等有关会议决议或记录；

（三）任职期间的年度财务会计资料、统计资料、经济活动分析资料及重要的经营合同、协议等；

（四）任职期间的资产经营责任考核指标完成情况及其分析；

（五）预算管理及执行情况分析；

（六）接受审计、财务、物价、税收等外部检查报告、处理决定和整改情况；报送国有企业监事会的企业基础工作材料，检查和整改情况；

（七）内部审计检查情况报告、处理决定和整改情况；

（八）开放计算机信息系统，提供现场审计和非现场审计的条件，提供与审计事项有关的电子数据资料；

（九）审计组认为需要提供的其他有关资料。

第十九条 主要负责人及所在单位须对所提供任期内资料的及时性、真实性、完整性负责，并作出书面承诺。

第二十条 审计组根据审计工作底稿及其他审计资料进行综合分析，撰写审计报告。审计报告的主要内容包括：

（一）实施审计的基本情况，包括审计依据、范围、内容、方法；

（二）被审计的主要负责人所在单位概况；

（三）被审计的主要负责人任职期间的主要经营业绩、企业财务状况和发展能力、内控制度建设其及执行情况的综合评价；

（四）审计中发现的主要问题及其责任界定和处理意见；

（五）审计建议。包括对被审计的主要负责人所在单位和委托审计单位的建议。

第二十一条 审计报告应征求被审计的主要负责人及所在单位的意见。审计组组长对审计报告负责。

第二十二条 被审计的主要负责人及所在单位，自收到审计报告征求意见书之日起，需在十日内以书面形式向审计组反馈意见。逾期没有反馈意见，视同无异议。

第二十三条 审计组应及时将审计报告报送审计部门，附送被审计的主要负责人及所在单位的书面反馈意见和审计评价。

第二十四条 审计部门收到审计报告后，应及时对审计报告中有关问题进行审定,并征求有关部门意见。

第二十五条 在审计中，遇有涉及职权范围以外的问题，应当依照法定程序移交给纪检、监察、人事等有关部门调查核实，有关部门应按规定程序及要求将调查核实结果报公司主要负责人,并抄送审计部门。

第二十六条 审计部门根据审计报告审定情况对被审计的主要负责人作出审计评价，连同审计报告报派出审计组单位主要负责人审批。

第二十七条 审计部门根据所在单位主要负责人批示，向被审计的主要负责人及所在单位下达审计意见。被审计单位主要负责人及所在单位应认真执行审计意见，在收到审计意见之日起六十日内，将执行结果以书面形式报送审计部门，并抄报有关部门。

第二十八条 被审计的主要负责人及所在单位对审计意见如有异议，应向公司审计部门提出书面复议申请，经单位决策机构研究后，下达受理复议申请通知或不受理复议申请裁定。

第二十九条 审计部门应定期分析任期经济责任审计情况，向所在单位的决策机构汇报。

第三十条 各单位应建立任期经济责任审计会议制度。董事会、总经理会应定期研究任期经济责任审计中的重大问题。

第三十一条 各单位应建立任期经济责任审计档案管理制度。对外提供审计报告应履行报批手续。

第四章 附 则

第三十二条 任期经济责任审计委托社会中介组织所需费用，列入公司的年度财务预算。

第三十三条 本办法自印发之日起执行。

关于印发《国家电力公司援藏建设项目资金使用监督办法》的通知

（国电监察［2002］227号）

西藏自治区电力公司：

为加强对援藏建设项目资金使用的监督管理，确保援藏资金的合理流向和使用安全，国家电力公司制定了《国家电力公司援藏建设项目资金使用监督办法》，现印发给你们，请认真执行。

附件：《国家电力公司援藏建设项目资金使用监督办法》

二〇〇二年四月九日

附件：

国家电力公司援藏建设项目资金使用监督办法

第一条 为加强对援藏建设项目资金使用的监督管理，确保援藏资金的合理流向和使用安全，防止违法违纪行为的发生，制定本办法。

第二条 国家电力公司成立援藏资金使用监督小组，由财务部、计划部、审计部和监察局人员组成，负责对西藏自治区电力公司使用援藏资金情况的监督，每年组织开展一次援藏资金使用情况执法监察。

国家电力公司援藏资金使用监督小组办事机构设在监察局三室。

第三条 凡使用国家电力公司援藏资金的建设项目，其项目的实施、调整和资金的使用均应接受国家电力公司援藏资金使用监督小组的监督。

第四条 西藏自治区电力公司须成立援藏项目执法监察领导小组，依照国家法律、法规和本办法的规定，定期自行开展对援藏项目资金使用情况的执法监察，督促国家有关援藏项目政策、管理规定的落实执行。

第五条 西藏自治区电力公司监察部门负责督促援藏资金使用情况执法监察整改意见的落实、受理援藏项目资金使用情况的信访举报，查处援藏项目资金使用中的违纪违规行为；发现重大问题及时向国家电力公司监察局汇报。

第六条 援藏建设项目资金使用情况执法监察内容：

（一）项目立项须符合国家和西藏自治区的有关产业、环保、规划的规定；项目的可研和初设须报经国家电力公司进行审批，并严格实行概、预算管理。

（二）援藏资金须专款专用，建设项目一经批准，其概算及设计内容不得擅自调整；必须调整时，报国家电力公司审批。

（三）建立援藏资金专用账户并设有专人管理；按照规定对资金的使用情况定期进行审计并认真落实审计建议；资金的支付应与该建设项目施工进度一致；不得截留、挪用、克扣、贪污援藏工程项目资金，不得超定额、超概（预）算、高估冒算、弄虚作假多结算工程项目款。

（四）设备和材料采购、外委工程施工队伍的选定，须按《中华人民共和国招标投标法》中的有关规定办理。任何人不得指定产品、设备生产厂家和施工队伍，以及让不具备资质的单位参加投标或拒绝具备资质的单位参加投标；不得弄虚作假、私相授受、串通投标。

（五）工程项目的外委、设备材料采购等必须实行合同制管理；合同的签定和履行须符合《合同法》和国家电力公司的有关规定。

（六）项目实施完成后必须进行项目竣工决算审计、验收和后评价工作，工程质量及验收须符合国家、行业及国家电力公司的规定。

第七条 为加强对资金使用的监督管理，西藏自治区电力公司应每半年报告一次项目实施情况，可统一制定《援藏项目实施进展及资金使用情况一览表》，并附会计事务所对援藏资金的使用情况出具的审计报告，分别于7月上旬、1月上旬上报国家电力公司援藏资金使用监督小组（一式四份）。

第八条 项目概算、预算、招投标文件、合同、经审计的竣工决算、竣工验收报告、项目投资效益评审报告等重要资料，一经批准，其副本（或复印件）要及时上报国家电力公司援藏资金使用监督小组备案。

第九条 发现援藏资金被挤占、挪用或截留，国家电力公司援藏资金使用监督小组将组织调查核实，调查期间，财务部门将暂停援藏资金的拨付。

第十条 滥用职权、循私舞弊、玩忽职守，违反法规、财经纪律和本办法的规定，造成援藏资金流失的有关责任人，将根据有关规定给予党纪、政纪处分；构成犯罪的依法追究刑事责任。

第十一条 本办法由国家电力公司负责解释

第十二条 本办法自发布之日起施行。

关于印发《国家电力公司招标活动管理暂行办法》和《国家电力公司招标监督管理暂行办法》的通知

（国电监察［2002］857号）

公司系统各单位：

为规范公司系统招标活动，加强招标活动的管理和监督，公司制订了《国家电力公司招标活动管理暂行办法》和《国家电力公司招标监督管理暂行办法》，现印发给你们，请认真贯彻执行。

执行中的问题，请及时告国家电力公司。

附件1：国家电力公司招标活动管理暂行办法
附件2：国家电力公司招标监督管理暂行办法

二〇〇二年十一月二十日（印）

附件1：

国家电力公司招标活动管理暂行办法

第一章 总 则

第一条 为加强国家电力公司系统招标活动管理，规范招标活动，保障业主单位（招标人）和投标人的合法权益，依照《中华人民共和国招标投标法》和《评标委员会和评标方法暂行规定》（国家计委等七部委第12号令）等有关规定，制订本办法。

第二条 凡公司系统的招标活动均适用本办法。

国际招标采购活动应执行《国家电力公司利用外资项目和进口设备国际招标暂行办法》和《国家电力公司机电产品进口管理暂行办法》，并参照本办法的精神执行。

第三条 招标活动必须严格执行国家的有关法律、法规以及国家电力公司的有关规定，必须遵循“公开、公平、公正”的原则。

第四条 招标活动必须坚持“推荐、评标、定标三分离”的原则，即推荐入围厂家或者筛选投标单位的人员，不得参与评标和定标工作；评标的人员不得参与推荐、定标工作；定标的人员不得参与推荐入围厂家及评标工作。

招标领导小组成员、资格预审小组组长和评标委员会主任不得交叉担任。特殊情况需要参与推荐、评标、定标中两项工作的，须经业主单位（招标人）批准。

第五条 各相关单位应设立招标活动归口管理部门，集中、统一管理本单位的招标活动，负责日常招标管理工作。

第六条 招标活动必须接受本单位监察、审计等部门的监督；招标活动的监督工作应依照《国家电力公司招标监督管理暂行办法》的规定进行。

第七条 达到下列标准之一的电力技改工程、科技工程、基本建设工程（包括项目的勘察、设计、施工、监理以及主要设备、物资材料的采购等），必须进行招标：

（一）施工单项合同估算价在200万元人民币以上的；

（二）设备、材料等货物的采购，单项合同估算价在100万元人民币以上的；

（三）勘察、设计、监理等服务的采购，单项合同估算价在50万元人民币以上的；

（四）单项合同估算价低于第（一）、（二）、（三）项规定的标准，但项目总投资额在3000万元人民币以上的；

（五）国家法律法规规定的其他必须进行招标的项目。

第八条 电力技改、科技和基本建设工程项目达不到上述标准的，以及非生产基建等方面的招投标活动，可以参照本办法执行。

采用特定专利、专用技术或者其他特殊原因不适宜招标的项目，须经上一级项目主管部门批准，并抄报本单位招标管理部门和监察部门备案。

第二章 组织管理

第九条 招标准备阶段，业主单位（招标人）应及时组建项目招标领导小组，招标管理部门应及时组建项目资格预审小组和评标委员会。

项目招标领导小组、资格预审小组和评标委员会成员为单数，成员名单应当保密。

第十条 招标领导小组由业主单位（招标人）主管领导、项目主管部门负责人、有关业务部门负责人等组成。

招标领导小组负责组织和管理项目招标活动，依据项目评标委员会形成的评标报告推荐的中标候选人的排列顺序，经业主单位（招标人）授权确定中标人。

第十一条 资格预审小组由业主单位（招标人）、项目主管部门、有关业务部门、招标代理机构等专业技术人员组成。

在公开招标时，资格预审小组按照招标文件的要求对投标人进行资格预审；在邀请招标时，按照规定推荐入围厂家名单，提交业主单位（招标人）批准。

第十二条 各单位应结合本单位实际，按专业类别建立和管理由各类专业技术人员组成的评标人员专家库，实行计算机管理，满足随机抽取人员的要求。

第十三条 评标委员会由业主单位（招标人）或其委托的招标代理机构中熟悉相关业务的代表，以及从专家库中抽取的专家组成。其中专家库中抽取的专家人数不得少于成员总数的三分之二。

评标委员会负责评标活动、出具评标报告、向招标领导小组推荐中标候选人。

第十四条 评标委员会成员的确定

（一）招标领导小组确定评标委员会成员数额，招标管理部门会同监督人员，在计算机专家库中按招标项目专业类别，随机抽取评标专家名单。

（二）技术特别复杂、专业性要求特别高或者国家有特殊要求的招标项目，采取随机抽取方式确定的专家难以胜任的，可以由招标管理部门直接确定。

第十五条 招标管理部门或者招标代理机构按选定的专家名单，通知其所在单位及本人。

第十六条 招标管理部门对评标委员会专家实行动态管理，评标委员会专家不能正确履行职责的，或在与招标有关的活动中有违法违纪行为的，应取消评标专家资格。

第十七条 有下列情形之一的，不得担任资格预审小组和评标委员会成员：

（一）投标人主要负责人的近亲属：

（二）与投标人有经济利益关系，可能影响招标活动公平、公开、公正进行的；

（三）监督小组人员。

资格预审小组和评标委员会成员有上述规定情形之一的，应当主动申请回避。

第十八条 资格预审小组、评标委员会成员只对业主单位(招标人)负责,没有向本单位领导汇报情况的义务;对所提出的预审(推荐)和评审意见承担责任。

第三章 招标管理

第十九条 业主单位（招标人）具备招标资格、具有编制招标文件和组织评标能力的，可以自行办理招标事宜。

业主单位（招标人）不具备自行组织招标条件的，可委托具有相应资质等级的招标代理机构办理招标事宜,并签订委托代理合同,明确双方的权利和义务。

第二十条 业主单位（招标人）或者招标代理机构应当根据招标项目的特点和需要编制招标文件。招标文件应当包括招标项目的技术要求、对投标人资格审查的标准、投标报价要求、评标办法等所有实质性要求和条件，以及拟签订合同的主要条款。

第二十一条 招标文件不得要求或者标明特定的生产供应者以及含有倾向或者排斥潜在投标人等其他内容。招标文件的出售价格要合理，并且必须开具税务部门印制的发票。

第二十二条 需要设置标底的招标，业主单位（招标人）应当在保密环境中编制标底，标底计价内容、计价依据应与招标文件完全一致，任何部门不得干预标底的确定。标底在开标前密封保存,不得泄露。

第二十三条 业主单位（招标人）采用公开招标方式的，应当于售卖标书截止日前二十日，在国家有关主管部门指定的报刊、信息网络或其他媒介上公开发布招标公告。招标公告应当载明业主单位（招标人）的名称、地址，招标项目的性质、数量、实施地点和时间，资格审查的要求以及获取招标文件的办法。

第二十四条 在招标公告或者投标邀请书中，业主单位（招标人）可以根据招标项目的要求，明确潜在投标人提供有关资质证明文件和业绩情况

第二十五条 凡公开招标的项目，资格预审小组应按招标公告公布的资格标准对潜在投标人进行资格审查。

第二十六条 资格条件未达到招标公告要求，或者拒不按照要求对有关实质性问题进行澄清、说明或者补正的潜在投标人,业主单位(招标人)可以否决其投标。

第二十七条 资格预审小组成员可根据审查情况，对潜在投标人进行投票，推荐部分潜在投标人入围投标，入围投标人不得少于三家。

第二十八条 业主单位（招标人）采用邀请招标时，应当同时向三个以上具备承担招标项目能力、资信良好的特定法人或其他组织发出投标邀请书。

第二十九条 业主单位（招标人）应当确定入围投标人编制投标文件所需要的合理时间。一般自招标

文件发出之日起至投标人提交投标文件截止之日，不得少于二十日。

第三十条 投标人根据招标文件载明的项目实际情况，拟在中标后将中标的部分工作进行分包的，应当在投标文件中载明。

第三十一条 两个以上法人或者其他组织可以组成一个联合体,以一个投标人的身份共同投标。联合体中标的,联合体各方应共同与业主单位(招标人)签订合同,就中标项目向业主单位(招标人)承担连带责任。

第三十二条 业主单位（招标人）不得以任何方式限制投标人之间的竞争，不得强制投标人组成联合体共同投标。

第三十三条 投标人应当在招标文件要求提交投标文件的截止时间前，将招标文件送达指定的投标地点。投标文件应加盖投标单位印章，并由其法定代表人或者其授权的代理人签署后密封。

第三十四条 投标人在招标文件要求提交投标文件的截止时间前，可以补充，修改或者撤回已提交的投标文件，并书面通知业主单位（招标人）。补充、修改的内容为投标文件的组成部分。

第三十五条 业主单位（招标人）收到投标文件后，应当签收保存，不得开启；在投标截止时间后送达的投标文件，业主单位（招标人）应当拒收；投标人少于三家的，业主单位（招标人）应当重新招标。

第三十六条 评标和定标应当在投标有效期结束日 30 个工作日前完成。不能按期完成的,业主单位(招标人)应当通知所有投标人延长投标有效期并作解释说明。拒绝延长投标有效期的投标人有权收回投标保证金。同意延长投标有效期的投标人应当相应延长其投标担保的有效期,但不得修改投标文件的实质性内容。

第四章 开标 评标 定标管理

第三十七条 开标由业主单位（招标人）或委托招标代理机构主持，必须邀请所有投标人代表以及监督人员参加。

承办招标部门应在开标前五个工作日，向监察部门提供入围投标人的名单、招标文件、评标细则（密封）等有关材料。特殊情况下，至少在开标前二个工作日向监察部门提供上述材料。

第三十八条 开标时，监督人员与投标人推选的代表共同检查投标文件的密封情况，经确认无误后，由工作人员当场拆封，宣读投标人名称、投标价格和投标文件的其他主要内容。在投标规定的截止时间前收到的所有投标文件，开标时都应该当众予以拆封、宣读。开标内容应当完整记录，经投标人签字确认，并存档备查。

第三十九条 开标时，发现投标文件已开封的，业主单位（招标人）应暂停开标，与投标人共同确定是否重新开标，并负责查明原因。

第四十条 评标标准和评标方法应当在招标文件中公开载明，招标文件中没有规定的评标标准和评标方法，不得作为评标依据。

第四十一条 评标细则的确定：

（一）评标细则应依据招标文件中的评标标准和方法拟定；

（二）评标细则由评标委员会提出，报招标领导小组审定。

第四十二条 评标应封闭进行。评标承办单位应做好评标保密工作，统一管理参加评标人员的通信工具，并做好对外通信联络的控制工作。

第四十三条 评标委员会应当按照招标文件确定的评标细则，对投标文件中的商务、技术等内容进行公平、公正的评审和比较，采取实名打分的方式或者招标文件规定的其他方法，产生评标结果。

第四十四条 评标中，评标委员会可以要求投标人对投标文件中的有关问题作必要的澄清、说明或者补正，其结果应以书面方式进行确认，并不得超出投标文件的范围或者改变投标文件的实质性内容。

第四十五条 评标方法包括经评审的最低投标价法、综合评估法或者法律、行政法规允许的其他评标办法。

第四十六条 在评标过程中，评标委员会应按照投标报价高低和技术响应程度，对商务部分和技术部分进行量化，将两部分的量化结果进行加权，计算出每一投标的综合评估分。

第四十七条 评标委员会发现投标人以他人的名义投标、串通投标的、该投标人的投标应作废标处理，并作为今后考察投标人的否决条件。

第四十八条 评标委员会应当审查每一投标文件是否对招标文件提出的所有实质性要求和条件作出响应。未能在实质上响应的投标，应作废标处理。

第四十九条 评标委员会完成评标后，应当向招标领导小组提交书面评标报告。评标报告应当如实记载以下内容：

（一）基本情况和数据表；

（二）评标委员会成员名单；

（三）开标记录；

（四）符合要求的投标一览表；

（五）废标情况说明；

（六）评标标准、评标方法或者评标因素一览表；

（七）经评审的价格或者评分比较一览表；

（八）经评审的投标人排序；

（九）推荐的中标候选人名单与签订合同前要处理的事宜；

（十）澄清、说明、补正事项纪要。

第五十条 评标报告应该由评标委员会全体成员签字。对评标结论持有异议的，评标委员会成员可以书面方式阐述其不同意见和理由。评标委员会成员拒绝在评标报告上签字且不陈述其不同意见和理由的，视为同意评标结论。评标委员会应当对此做出书面说明并记录在案。

监督人员应就评标过程是否履行规定程序、以及执行评标记律的情况在评标报告上签署意见。

第五十一条 定标程序

（一）招标领导小组听取评标委员会的评标情况汇报；评标委员会负责人列席会议，定标前退席；

（二）招标领导小组应依据评标报告推荐的中标候选人进行定标；原则上应确定排名第一的中标候选人为中标人；

（三）监督小组代表列席会议，监督定标，不参加定标表决。

第五十二条 招标领导小组会议集体定标必须充分发扬民主，保证每一成员能充分发表自己的意见，具体表决方式可由领导小组组长确定。对意见比较集中的，可采取举手通过的方式或其他方式表决；对意见不集中的，可采取无记名投票方式表决。定标会议应形成书面会议纪要（含定标结果），并经全体参加会议的招标领导小组成员签字。

定标结束后三日内，应将定标会议纪要和评标报告抄报本单位招标管理部门和监察部门。

第五十三条 定标结束后，业主单位（招标人）应当将中标结果通知中标的投标人和落标的投标人，及时退回落标的投标人所提交的投标保证金。

第五十四条 招标领导小组对评标委员会未发现的，投标人以低于成本的报价竞标、以他人的名义投标、串通投标的；业主单位（招标人）发现投标人以行贿手段谋取中标或者以其他弄虚作假方式骗取中标的，该投标人的中标应作无效处理。

第五十五条 中标通知书对业主单位（招标人）和中标人具有法律约束力。中标通知书发出后，业主单位（招标人）改变中标结果或者中标人放弃中标的，应当承担法律责任。

第五十六条 业主单位（招标人）和中标人应当自中标通知书发出之日起三十日内，按照招标文件和中标人的投标文件订立书面合同。所订立的合同不得对招标文件和中标人的投标文件作实质性修改；业主单位（招标人）和中标人不得再行订立背离合同实质性内容的其他协议。

第五十七条 中标人应当按照合同约定履行义务，完成中标项目，不得向他人转让中标项目，也不得将中标项目肢解后分别向他人转让。

中标人按照合同约定，可以将中标项目的部分非主体、非关键性工作分包给他人完成。接受分包的单位应当具备相应的资格条件，并不得再次分包。中标人应当就分包项目向业主单位（招标人）负责，接受分包的单位就分包项目承担连带责任。

第五章 工作纪律

第五十八条 招标管理部门和项目招标领导小组以及其他工作人员在招标活动中不得有下列行为：

（一）将依法必须进行招标的项目不通过招标而发包，或以肢解项目、化整为零等方式规避招标；

（二）未按国家规定，应该实行公开招标的项目未在政府指定的媒介上公开发布招标信息，或将公开招标的项目擅自改为邀请招标；

（三）与投标人、招标代理机构相互串通，或在确定中标人前，与投标人就投标价格、投标方案等实质性内容进行谈判；

（四）泄露标底、暗箱操作，向投标人透露投标文件的评审、中标候选人的推荐与定标有关的其他情况；

（五）在评标委员会推荐的中标候选人以外确定中标人，或者在所有投标被评标委员会否决后自行确定中标人。

第五十九条 招标代理机构、服务机构及其工作人员不得有下列行为：

（一）泄露标底或对外透露应当保密的招标投标活动情况和资料等；

（二）与业主单位（招标人）、投标人串通，搞虚假招投标；

（三）违反有关规定，影响招标投标工作正常进行。

第六十条 所有参加招标活动的工作人员不得与任何投标人或者与招标结果有利害关系的人进行私下接触，不得收受投标人、中介人、其他利害关系人的财物或者其他好处。当本人的亲属、关系密切的朋友直接或间接参与本项目的投标，或者进行与本投标有关的代理等活动时，招标活动工作人员必须严格执行回避制度。

第六十一条 任何单位和个人不得限制和排斥本地区、本系统以外的法人或者其他组织参加投标，不得为业主单位（招标人）指定招标代理机构，强制业主单位（招标人）委托指定的招标代理机构办理招标事宜，或者以其他方式干涉招标活动。

第六十二条 凡违反招标工作纪律的，按《国家电力公司招标监督管理暂行办法》的规定进行处理；构成违法犯罪的，移交司法机关处理。

第六章 附则

第六十三条 各单位可根据本办法制订实施细则。

第六十四条 本办法由国家电力公司负责解释。

第六十五条 本办法自颁布之日起施行。

附件2:

国家电力公司招标监督管理暂行办法

第一章 总 则

第一条 为加强国家电力公司系统招标活动的监督管理，规范招标活动秩序，保障招标人和投标人的合法权益，根据《中华人民共和国招标投标法》、《国家电力公司企业监察办法》等有关规定，制订本办法。

第二条 本办法适用国家电力公司、分公司、全资子公司、控股公司自行组织承办的招标活动，其监督原则亦适用于公司系统委托社会中介组织承担的招标活动。

对国际招标采购活动的监督参照《国家电力公司利用外资项目和进口设备国际招标暂行办法》和《国家电力公司机电产品进口管理暂行办法》对国际招标业务的规定，按照本办法的原则进行。

第三条 公司系统所有招标活动均应遵守《中华人民共和国招标投标法》、《评标委员会组成和评标办法暂行规定》和国家其他有关招投标的规定，执行国家电力公司招投标管理的有关制度，接受本单位监察部门的监督。

第四条 公司系统各级监察部门按照分级管理、分级监督的原则，行使对招标活动的监督职能，受理对招标活动的投诉举报，查处招标活动中的违纪违规行为。

第五条 特殊或重大的招标活动应邀请上一级监察部门参加监督；上级监察部门应对下级监察部门参加招标活动的监督情况进行不定期检查。

第二章 监督机构与职责

第六条 作为企业内部的综合监督部门，各级监察部门应履行对本单位招标工作的监督职能，但不参与具体招标业务工作。

其主要职责是：

（一）建立和完善招标活动监督约束机制和办法；

（二）监督《国家电力公司招标活动管理暂行办法》和《国家电力公司利用外资项目和进口设备国际招标暂行办法》、《国家电力公司机电产品进口管理暂行办法》的执行情况；

（三）督促有关部门在招标活动中履行工作职责；

（四）协调解决招标监督管理工作中的重大问题；

（五）监督检查招标活动中的执法、执纪情况；

（六）组织查处招标活动中的违纪案件。

第七条 凡重大招标项目，应成立监督小组，对招标活动实行全过程监督。监督小组可由监察、审计、法律和财务等相关部门的人员组成，一般不少于三人。

现场监督人员（小组）主要职责是：

（一）监督资质预审、推荐入围工作的情况；

（二）监督抽取评标专家以及评标委员会组成情况；

（三）监督开标、评标活动；

（四）受理现场投诉，对招标工作中的违纪违规问题提出纠正和处理意见；

（五）参加招标领导小组会议，监督定标；

（六）其他需要监督的招标活动。

第三章 监督方式和范围

第八条 监察部门可视情况，采取派员现场监督、定期检查、不定期抽查等方式进行监督，具体监督方式由监察部门确定。

第九条 公司系统各单位（含控股、多经企业）的招标活动，达到《国家电力公司招标活动管理暂行办法》第七条规定标准的，监察部门原则上实行全过程监督。

第十条 达不到《国家电力公司招标活动管理暂行办法》第七条规定标准的招标活动，监察部门可根据具体情况进行监督，但社会影响较大、较敏感的项目，监察部门必须实行全过程监督。

第四章 监 督 内 容

第十一条 招标监督

（一）对自行组织招标的具体承办部门是否具备招标能力、资格等情况进行监督；

（二）对有无将法定公开招标的项目改为邀请招标，将达到招标标准的项目拆分肢解、规避招标的行为进行监督；

（三）对招标活动中是否存在以不合理条件限制或者排斥潜在投标人，限制投标人之间竞争的行为进行监督；

（四）对法定公开招标的项目是否在社会媒体上发布了招标公告、邀请招标的项目是否按规定程序推荐入围单位等情况进行监督。

第十二条 开标监督

（一）承办招标部门在开标前按规定提供材料的，监察部门原则上应参加开标监督；

（二）监督人员（小组）应在开标现场当众宣布招投标工作纪律，并向投标人公布投诉举报电话；

（三）对承办招标部门是否严格按照招标文件确定的时间、地点，邀请所有投标人公开开标的情况进行监督；

（四）对招标工作人员与投标人推选的代表共同

检查投标文件的密封情况，以及当众拆封，宣读投标文件等开标程序进行监督；

(五) 对承办招标部门拒收投标人在规定的投标截止时间后送达投标文件的情况进行监督。

第十三条 评标监督

(一) 对随机抽取、确定评标专家名单的情况进行监督；

(二) 对承办招标部门在评标过程中做好内外通信控制的情况进行监督；

(三) 对评标委员会专家组成比例、评标过程是否遵守了既定的评标程序、有无违反评标办法规定行为等情况进行监督；

(四) 对评标过程中商务部分、技术部分是否按评标细则进行评价以及现场工作人员有无违反评标纪律等情况进行监督；

(五) 对评标过程中评委异常评价情况进行监督。

第十四条 定标监督

(一) 对有无评标领导小组以外的人员干预定标工作、是否依据了评标报告中中标候选人推荐顺序定标的情况进行监督；

(二) 对是否充分听取成员意见、采取既定表决方式进行定标的情况进行监督。

第十五条 其他违法违规行为监督

(一) 对招标活动中有无严重违反"推荐、评标、定标三分离"原则的行为进行监督；

(二) 对有无强制指定招标代理机构，限制和排斥本地区、本系统以外的厂家参加投标，或者以其他方式干涉招标活动的行为进行监督；

(三) 对与投标人有利害关系的招标工作人员是否严格执行了回避制度进行监督；

(四) 对有无与投标人串通，搞虚假招标，影响招标活动"公开、公平、公正"原则的行为进行监督；

(五) 对有无泄露招标工作机密，(包括评标、定标人员的组成、身份，以及投标文件的评审、中标候选人推荐顺序、中标人等) 行为进行监督；

(六) 对参与招标活动的人员有无索贿受贿的情况进行监督；

(七) 对定标后是否按规定时间通知中标人和落标的投标人以及合同签订情况进行监督；

(八) 对其他违反法律、法规的行为进行监督。

第五章 惩处和奖励

第十六条 对违反国家法律、法规和国家电力公司招标活动有关规定的行为，监察部门应作出监察决定或提出书面监察建议。

第十七条 对违反《国家电力公司招标活动管理暂行办法》的行为，监察部门可直接或责成有关部门调查、处理，调查处理结果纳入该单位党风廉政建设责任制的考核。

(一) 项目单位将必须招标的项目化整为零，规避招标；除追究项目单位负责人和招标部门主管人的相关责任外，同时追究其所在单位主管领导的责任；

(二) 承办招标部门擅自取消投标单位的投标资格，或以不合理条件限制、排斥潜在投标人，致使投标人之间不公平竞争，造成不良社会影响的，对承办招标部门负责人给予相应的党纪政纪处分；

(三) 招标领导小组违反规定，在评标委员会依程序推荐的中标候选人以外确定中标人的，定标无效，对招标领导小组组长给予相应的党纪政纪处分；

(四) 监督人员未履行招标监督职责，对招标活动出现的违纪违规问题不查不问，致使造成严重后果的，给予相应的党纪政纪处分；

(五) 参与招标工作人员发生索贿、受贿行为，向他人泄露招标评标活动秘密的，对责任人给予相应的党纪政纪处分，没收其非法所得；构成犯罪的，移送司法机关追究其刑事责任。

第十八条 对认真履行国家及国家电力公司招标管理的各项规定，招标工作监督约束到位，受理投诉举报及时，查处违纪违规行为有力，工作成绩突出的单位和个人，应予以表彰；对在招标活动中，为单位挽回重大经济损失的突出贡献者，可报请本单位总经理办公会议批准，给予一次性奖励。

第六章 附 则

第十九条 各单位可以根据本办法制订实施细则。

第二十条 本办法由国家电力公司解释。

第二十一条 本办法自发布之日起执行。

关于印发《三峡电力系统调度管辖范围划分原则》的通知

(国电调［2002］87号)

国电华中公司，国电华东公司，四川省电力公司，重庆市电力公司，三峡总公司电力生产管理部：

按照三峡工程进度安排，三峡水电厂首批机组将于2003年6月并网调试，三峡输变电工程部分项目已经或即将竣工投产。为保证三峡水电厂及其电力系统顺利建设和安全稳定运行，理顺调度关系，根据电网调度条例，经国家电力公司研究并征求长江三峡工程开发总公司及相关网、省(市)电力公司意见，确定了三峡电力系统调度范围划分原则。现将《三峡电力系统调度管辖范围划分原则》印发给你们，请依照执行。

附件1：三峡电力系统调度管辖范围划分原则

附件2：三峡电力系统调度管辖范围划分简图

二〇〇二年二月一日

附件1：

三峡电力系统调度管辖范围划分原则

根据三峡工程进度安排，三峡水电厂首批机组将于2003年6月并网调试，三峡输变电工程部分项目也已或马上竣工投产。为保证三峡水电厂及其电力系统的顺利建设和安全稳定运行，理顺调度关系，国家电力公司多次研究并征求长江三峡工程开发总公司及相关网、省（市）电力公司意见，对三峡电力系统调度范围划分原则确定如下：

一、进行三峡电力系统调度范围划分的目的

1. 保证三峡枢纽工程实施过程中各个阶段以及三峡工程全部竣工投产以后，三峡水电厂电力电量的安全可靠地有效地送出，取得预期的经济效益。

2. 保证机组和电站电气设备的安全，保证三峡电力系统及各个电网的安全稳定运行。

3. 有利于三峡综合效益的发挥和电网的优化运行。

二、划分原则

1. 严格遵循《电力法》、《防汛条例》、《电网调度管理条例》等法律法规。

2. 根据国务院下发的电力体制改革的文件，按照国家电力公司的职责，认真履行国调及各网、省调的调度职责和任务。

3. 依据1997年三峡电力系统调度范围划分研讨会达成的一致原则意见。

4. 遵循三峡枢纽水库运用的规律和电网运行的固有规律，坚持“安全第一”的方针，确保三峡电力系统及三峡水电厂的安全稳定运行。

5. 充分考虑三峡水电厂和华东、华中、四川、重庆四个电网的共同需要和可能，照顾各方面的利益，使三峡电力系统形成一个利益共同体。

6. 考虑电力改革的发展及全国电力市场的逐步形成，适应未来电力市场的要求。

三、调度范围划分

根据三峡电力系统调度范围划分原则及国调调度管辖范围现状，三峡电力系统调度范围按下述方案划分：

1. 国调直接调度管辖范围

（1）发电设备及相关二次设备：

1）三峡水电厂；

2）葛洲坝水电厂；

3）二滩水电厂。

（2）直流输电系统及相关控制系统、二次设备：

1）三峡送出全部直流输电线路，即：三峡左换至华东政平直流线路、三峡右换至华东直流线路、葛洲坝至上海直流线路、荆州至广东直流线路。

2）直流换流站全部直流设备及交流无功补偿装置。

（3）交流输电线路及相关二次设备：

1）三峡水电厂全部500kV送出线路，即：三峡左一至万县双回线、三峡左一至左换三回线、三峡左二至荆州三回线、三峡右一至荆州双回线、三峡右一至葛换双回线、三峡右二至右换三回线。

2）直接影响三峡水电厂送出的交流线路，即：左换至斗笠（荆门）双回线、斗笠（荆门）至荆州双回线、荆州至右换线路。

3）二滩送出线路及川渝、华中间联络线，即：二滩－昭觉－洪沟－陈家桥－长寿－万县间全部500kV线路。

（4）500kV变电站及相关二次设备：

1）三峡水电站、二滩水电站500kV母线。

2）全部换流站交流500kV母线，包括三峡左换、右换、斗笠（荆门）变电站、荆州换流站、葛洲坝换流站、华东政平换流站、华东（练塘）换流站、广东换流站，华东南桥换流站500kV母线和220kV母线由华东网调进行调度管辖。

3）昭觉、洪沟、陈家桥、长寿、万县500kV母线。

4）三峡左换、三峡右换、荆州换流站、斗笠（荆门）变电站、洪沟、陈家桥、长寿、万县变500kV主变及低压侧无功补偿设备；

2. 国调许可调度管辖范围

（1）交流输电线路及相关二次设备：

所有与国调直接调度管辖设备直接联系的500kV交流输电线路及相关二次设备。

葛洲坝水电厂送出500kV及220kV线路。

（2）500kV变电站及相关二次设备：

所有与国调直接调度管辖设备直接联系的500kV变电站（开关站）内500kV母线、主变压器及相关二次设备。

葛洲坝水电厂500kV母线、500kV联络变压器、220kV母线。

（3）经系统稳定计算分析，对三峡水电厂送出及系统安全稳定运行造成影响的全部输变电设备及相关二次设备。

3. 华中网调、华东网调、四川省调、重庆市调调度管辖范围

根据各调度实际管辖范围，国调调度管辖范围外交流 500kV 输电线路、母线、主变由华中网调、华东网调、四川省调、重庆市调分别进行调度管辖。

4. 调度分界点

1) 国调与网、省调调度分界点为：线路出线开关、刀闸；主变压器中压侧开关、刀闸。

2) 网调与网内省、市调调度分界点由网调按网内实际情况进行划分。

四、过渡时期临时方案

由于三峡水电厂发电机组的投产是逐步进行的，同时三峡输变电工程也是分阶段逐步投产。因此，在过渡时期，根据系统发展情况，可采取一些临时过渡方案，保证三峡电力系统的安全稳定运行。

1. 葛洲坝水电厂

葛洲坝水电厂目前为华中电网的主力电厂，直接影响到华中电网的安全稳定运行和电力电量平衡，为保证华中电网的安全运行，三峡水电厂机组投产初期葛洲坝水电厂暂委托华中网调调度。过渡期时间根据三峡水电厂机组投产情况，以保证三峡、葛洲坝梯级水电站防洪、发电、航运等综合效益为前提另行确定。

2. 二滩水电厂及其送出线路及川渝电网联络线

由于国调目前暂不具备直接调度的技术手段，故二滩水电厂及其送出线路及川渝电网联络线暂委托四川省调进行调度。在国调具备进行直接调度的技术手段后，上述设备由国调进行调度。

附件 2：

三峡电力系统调度管辖范围划分简图

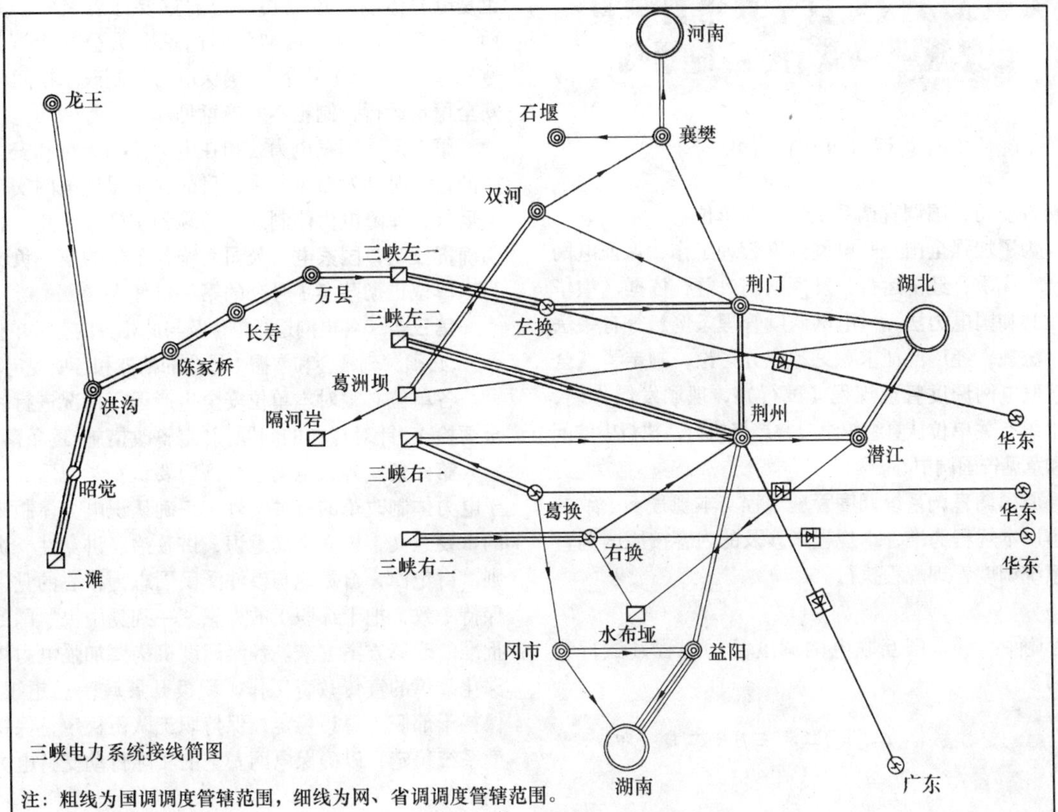

三峡电力系统接线简图

注：粗线为国调调度管辖范围，细线为网、省调调度管辖范围。

关于印发《“防止电力生产重大事故的二十五项重点要求”继电保护实施细则》的通知

（国电调［2002］138号）

各分公司、华北电力集团公司、各省电力公司：

为落实《防止电力生产重大事故的二十五项重点要求》（国电发［2000］589号），结合继电保护专业的特点，国家电力公司制定了《“防止电力生产重大事故的二十五项重点要求”继电保护实施细则》（下简称《实施细则》），现印发给你们，请各单位结合实际情况进行对照检查，贯彻《实施细则》，增强防范事故能力，提高电力系统安全生产水平。

附件：《“防止电力生产重大事故的二十五项重点要求”继电保护实施细则》（略）

二〇〇二年三月六日

关于颁发《全国互联电网调度管理规程（试行）》的通知

（国电调［2002］149号）

各网省公司，国调直调系统各有关单位：

为了加强全国互联电网调度管理工作，保证电网安全、优质、经济运行，发挥联网效益，依据《中华人民共和国电力法》、《电网调度管理条例》等有关法律、法规，经广泛征求意见和充分讨论，制定了《全国互联电网调度管理规程（试行）》，现颁发给你们，请组织有关单位认真组织学习并严格执行，执行中的问题和意见告国调中心。

原国调直调系统调度管理规程与本规程不一致的内容以本规程为准，本规程未涉及的内容按原国调直调系统调度管理规程执行。

附件：《全国互联电网调度管理规程（试行）》（略）

二〇〇二年三月十二日（印）

关于印发《国家电力公司令（第1号）实施意见》的通知

（国电调［2002］305号）

各分公司，华北电力集团公司，各省、自治区、直辖市电力公司：

2002年5月9日，高严总经理签发国家电力公司令（第1号），公布了《国家电力公司关于严肃调度纪律确保电网安全稳定运行的规定》。为了贯彻执行好1号令，国家电力公司制定了《国家电力公司令（第1号）实施意见》，现印发给你们，请依照执行。

附件：国家电力公司令（第1号）实施意见

二〇〇二年五月十三日

附件：

国家电力公司令（第1号）实施意见

第一条 电网安全是电力生产经营的基础，同时也是电力体制改革成功与否的重要标志之一。为全面、完整、准确地贯彻落实国家电力公司令（第1号）（以下简称1号令），确保电力体制改革期间电网安全稳定运行，制定本实施意见。

第二条 国家电力公司在电力体制改革和安全生产的重要时期发布1号令，目的在于保证电网安全稳定运行，保障电力体制改革的顺利实施。为此，必须明确责任制，国家电力公司系统各单位的第一负责人为本单位贯彻落实1号令的第一责任人。

第三条 各电网运行单位及与此相关的有关单位和个人，必须深刻领会和掌握1号令的精神和各项规定。

各单位必须对本单位安全生产运行情况进行一次全面检查，针对存在的问题，制定整改措施，逐条落实。

第四条 各级电网运行部门要认真学习国务院关于电力体制改革的有关文件，正确认识电力体制改革的重要意义，树立全局意识，讲政治、讲党性、讲原则、讲纪律，自觉地与以江泽民同志为核心的党中央保持一致，把干部职工的思想统一到党中央、国务院批准的改革方案上来。各级调度机构要加强电力体制深化改革的宣传教育工作，积极开展政治思想工作，保持干部职工思想稳定，保持职工队伍稳定，保持调度系统稳定，以确保电网安全的实际行动支持电力体制改革。

第五条 电力体制改革期间，在新的电网运行管理机构、新的管理规定和新的运行机制没有到位之前，仍然要继续执行现行调度管理规程、规定，继续按现行调度指挥系统进行调度指挥，做到生产不断，指挥不乱，保证电网调度指挥通畅。要防止出现调度指挥上的空档和失误，确保电网安全稳定运行和正常供电，严防电网瓦解、大面积停电、重大设备损坏和重大人身伤亡等恶性事故的发生。

第六条 电网调度有关单位和个人必须严格执行《电网调度管理条例》和相关的电力法律、法规，强化调度管理，严肃调度纪律。在电网调度业务上，各有关电力生产运行单位必须服从电网统一调度，下级调度必须服从上级调度指挥。对违反调度纪律者要严肃处理。不允许在调度台上出现推诿扯皮的现象。

各级调度机构必须按照调度管辖范围发布调度指令，不允许擅自变更调度管辖范围。

各发电厂、变电站必须按照调度机构下达的调度指令运行，除规程规定者外，不允许以任何借口拒绝或者拖延执行调度指令。

对违反调度纪律者要严肃处理，并追究其行政领导的责任。凡出现违反调度纪律的事件，均必须立即上报国家电力公司。

第七条 依照《电网调度管理条例》的规定，任何单位和个人均不得非法干预电网调度系统的值班人员发布或执行调度指令；调度系统的值班人员依法执行公务，有权拒绝各种非法干预。

任何单位和个人对调度指令有不同意见，必须按《电网调度管理条例实施办法》规定的程序反映。

第八条 认真贯彻“安全第一，预防为主”的方针，切实落实各级调度的安全责任制，根据1号令和国家电力公司国电调［2001］833号文件精神，扎实开展省级以上调度机构无责任事故活动，并将这项活动延伸到各调度机构和运行单位；落实各项安全措施，做到精心安排、精心调度、精心操作，杜绝违章，防止发生调度机构责任事故。

发生调度责任事故或电网重大事故的网省调度，要按照“三不放过”的原则，查找原因，认真整改，吸取教训，举一反三。发生调度责任事故或电网重大事故的网省调度机构的主要负责人须到国家电力调度通信中心做专题汇报。

第九条 各调度机构要认真研究所辖电网的运行特点，落实保证安全运行的组织措施和技术措施，通过开展事故预想、编制事故处理预案、组织有关人员学习和组织反事故演习等活动，不断提高调度人员的运行控制和事故处理能力。对电网稳定问题突出的局部电网和重要供电区要做好严重故障的事故预想和处理预案。在夏季高峰前，各网要按要求完成本网的联合反事故演习。

第十条 积极配合防洪防汛，做好水电调度工作。各单位要按照“2002年国家电力公司电力系统防汛和大坝安全工作电视电话会议”的要求，加强领导、明确责任、突出重点、狠抓落实。严格防汛值班制度，确保水情信息和调度指令的畅通。

各单位要严格按照国调中心颁发的“水库调度工作汇报制度”向国家电力公司防汛值班室汇报有关水情信息，确保汛情信息的及时畅通。

加强水库水情的测报、预报工作，配合防洪精心调度，优化水库发电运行。坚决执行国家防汛部门的指令，积极抗洪抢险，确保设计条件下水电站大坝安全渡汛。

第十一条 各单位必须按照“关于加强电力系统安全稳定工作的若干意见”（国电调［2001］368号文）的要求，进一步做好电网安全稳定工作。

各网、省调要合理安排电网运行方式，认真做好负荷预测，实现资源优化配置，认真做好电网安全稳定运行分析。必须严格执行《电力系统安全稳定导则》，凡确需暂降低标准运行者，必须经网、省公司总工程师批准，并报国家电力公司备案，同时落实相应的应急技术措施，以确保系统安全稳定运行。

第十二条 根据改革方案要求，相关电网调度机构应积极做好支持电力市场的技术准备。配合当地电力市场的发展进程，研究即期电力市场运行规则，适时建设电力市场技术支持系统。要防止盲目建设。要按照国电公司国电调［2000］448号文的精神，规范建设程序，采用开放的分布式结构，统筹考虑功能模块分布，充分支持开放电力市场的要求，留有发展余地，根据市场发展进程适时建设。研究电力市场条件下的电网安全运行模式，做好“三公”调度和调度信息披露工作。

第十三条 加强继电保护技术监督和运行维护工作。认真落实《“防止电力生产重大事故的二十五项重点要求”继电保护实施细则》、《电力系统继电保护及安全自动装置反事故措施要点》等一系列标准、规程、规定，加强继电保护的定值管理和运行管理，防止继电保护事故，提高继电保护的正确动作率。进一步完善电网故障信息处理系统，继续重视元件保护工作。

第十四条 进一步加强调度自动化系统的运行管理，尤其是要重视电源系统、实时系统中的关键设备、电力调度数据网络设备等的运行监视、维护和管理。要重视系统备份管理，做好系统关键设备故障的处理预想。自动化系统的运行维护应在设备维护的基础上进一步重视数据维护，严格执行有关运行管理制度，做到规范化，正规化。充分利用EMS应用软件为电网安全运行服务，为调度员提供方便实用的电网安全分析和辅助决策工具。

第十五条 建立健全电力调度系统安全防护体系。认真贯彻执行国家经贸委令《电网和电厂计算机监控系统及调度数据网络安全防护规定》，确保电网和电厂计算机监控系统与办公自动化系统及管理信息系统的有效隔离，确保调度专用数据网络与综合信息网络及外部因特网的物理隔离；落实安全防护责任制，建立调度系统安全联防制度；强化设计、审查、招标、实施、运行等工程各阶段的安全管理，建立健全电力调度系统信息安全防护体系。

第十六条 加强电力通信运行管理。各电网调度机构要严格按照国电人资［1999］392号、国电人资［2000］794号、国电总［2002］183号文件的要求，加大对电力通信的管理力度，保持通信机构的完整和稳定，保持电力通信职工队伍和员工思想的稳定。电力通信要牢固树立为电力安全生产服务和为电网调度服务的观念，加强对电力调度生产使用的通信电路和设备的维护和检查，对存在的安全隐患要及时进行整改，为电力生产安全稳定运行、电力市场运营、电力企业管理等提供可靠的通信保障。

第十七条 加强电网调度与电厂之间的运行协调。在保证电力系统安全运行方面，电厂与电网负有同等的安全责任，电厂应按电网安全稳定要求装设必要的继电保护和安全自动装置，其整定值要与电网侧相协调。

调度机构要认真总结电网调度与发电厂运行协调的经验，完善电厂接入电网的安全措施，坚持电网调度和电厂共同承担保证电网安全责任，坚持电厂服从电网的统一调度，坚持发电厂并入电网的安全标准。依据并网调度协议，全面规范发电企业和电网调度机构的行为，确保电网和发电厂的安全稳定运行。

第十八条 各级电网调度机构要按照年度调度生产计划，结合本网用电特点，精心组织安排月度生产计划，国调、网调、省调要紧密配合，全面完成年度调度生产任务和新设备启动调试任务。

第十九条 各有关单位要按照《特殊时期保证电网安全运行工作规范》，做好重要时期和重大政治、经济活动期间保证电网安全和可靠供电的各项工作。

第二十条 本实施意见由国家电力调度通信中心负责解释。

关于印发《华中川渝电网联络线电力电量考核管理暂行办法》的通知

（国电调［2002］353号）

国电华中公司、华东公司，四川省电力公司，重庆市电力公司：

为保证华中及川渝电网安全、优质、经济运行，国调中心本着统一调度、分级管理、平等互利的原则，组织编制了《华中川渝电网联络线电力电量考核管理暂行办法》，现印发施行。

本考核办法明确了华中、川渝电网按TBC方式控制网间联络线潮流和本系统频率的模式，及按区域控制偏差（ACE）进行电力电量考核的方法。请你单位根据本考核办法，按照国调下达的电力电量送受计划控制联络线潮流和系统频率在规定的偏差范围内，保证电网的安全稳定运行。

附件：《华中川渝电网联络线电力电量考核管理暂行办法》

二〇〇二年五月三十日

附件：

华中川渝电网联络线电力电量考核管理暂行办法

第一章 总 则

第一条 为保证华中川渝电网联络线及华中电网、川渝电网的安全、优质、经济运行，根据《电力法》、《电网调度管理条例》、《互联电网联络线调度管理规程》，依据统一调度、分级管理、平等互利的原则，制定本办法。

第二条 华中、川渝两网按TBC方式控制网间联络线潮流和本系统频率，按区域控制偏差（ACE）进行考核。

第三条 国家电力调度通信中心（以下简称国调）是华中川渝电网联络线的调度管理机构，负责调度华中川渝电网联络线并根据联络线年度送受电计划编制下达月、日电力电量送受计划。

第四条 国调委托四川省电力公司调度中心（以下简称四川省调）负责川渝电网的调频和联络线控制。华中电力调度通信中心（以下简称华中网调）和四川省调采集万龙线万县侧计量考核点的频率和电力，计算ACE并按TBC方式进行控制。在目前万县计量考核点不具备精确频率采集时，华中网调、四川省调可采集本地频率。

第五条 重庆电力调度通信中心（以下简称重庆市调）根据川渝联络线和万龙线万县侧计量考核点的数据计算ACE并采用TBC方式控制。川渝考核办法另行规定。

第六条 华中网调、四川省调按照国调下达的电力电量送受计划控制联络线潮流和系统频率，应做到：

（一）送受电力控制在规定的偏差范围内；

（二）频率控制在规定范围内。

第七条 本办法适用于国家电力公司（以下简称国电公司）、国家电力公司华东公司（以下简称华东公司）、国家电力公司华中公司（以下简称华中公司）、四川省电力公司（以下简称四川省公司）、重庆市电力公司（以下简称重庆市公司）。

第二章 联络线送受电力电量计划的编制和调整

第八条 由国电公司组织华东公司、华中公司和四川省公司、重庆市电力公司编制川电东送年度送受电力电量计划，并经国电公司行文下达。

第九条 国调根据国电公司确定的年度送受电计划，结合华东、华中、川渝电网分月电力负荷特性及与联络线有关的设备检修计划，组织华东、华中网调和四川省调、重庆市调制定华中川渝电网联络线年度分月电力电量送受计划，并于年度联络线送受电计划确定后的一个月内下达。

第十条 为编制年度华中川渝电网联络线分月电力电量送受计划，华东、华中网调和四川省调、重庆市调应根据本网上年分月负荷特性及与联络线有关的设备检修计划，提出年度分月联络线电力电量送受计划建议，于年度联络线送受电计划确定后的15天内上报国调。具体应包括：

（一）电网统调分月电力电量平衡情况和与联络线有关的设备检修计划；

（二）上年本网分月负荷特性；

（三）分月联络线电力电量送受计划建议。

第十一条 华中、川渝联络线月度送受电力电量计划的编制。华东、华中网调和四川省调、重庆市调应于每月20日前提出次月华中川渝电网联络线电力电量送受计划和与联络线有关的设备检修计划建议；国调于每月25日前依据年度分月联络线电力电量送受计划、上月送受电量计划完成情况、网省调上报的计划建议、有关设备的月度检修计划及受电网上年同期的负荷特性，制定联络线月度电力电量送受计划（包括典型日96点电力曲线），并分别下达给华东、华中网调和四川省调、重庆市调。

第十二条 华中、川渝联络线日计划的编制。日计划原则上执行月典型日96点电力曲线。华东、华中网调和四川省调、重庆市调应于前一日10时前向国调提出次日联络线送受电力电量计划申请。国调于12时前将次日联络线送受电力电量计划下达给华东、华中网调和四川省调、重庆市调。

第十三条 华中、川渝联络线日送电典型曲线分为高峰、低谷二时段，分别为当日最大计划功率的100%、70%。高峰时段8时～22时（不含22时）共14h，低谷时段22时～次日8时（不含8时）共10h，该部分电力电量通过华中转送华东。

第十四条 华东、华中网调和四川省调、重庆市调在做日计划平衡时，必须安排一定的旋转备用容量以满足ACE控制和事故处理的需要。

第十五条 华中、川渝联络线日送受电力电量计划一经确定，原则上不再修改。在下列情况下，可对原下达的日计划曲线进行调整：

（一）因电网运行方式发生变化需修改日计划曲线，必须于前日16时前向国调提出申请，国调根据联网运行情况在17时前做出答复，若同意修改，则按修改后的曲线执行；

（二）如与电网安全运行发生矛盾，国调值班调度员可根据电网安全条件修改当日联络线送受电力电量计划曲线，并按修改后的计划曲线执行；

（三）特殊情况下（如临时政治保电、恶劣天气及其他不可抗力影响下），可于当日提出修改日计划曲线的申请，经国调许可后按修改后的曲线执行。

（四）实际执行过程中，根据本网运行情况，希望修改当日联络线送受电力电量计划时，可提前向国调值班调度员提出申请，国调在收到申请后，尽快给出答复。若同意修改，则按修改后的计划曲线执行；

（五）当葛南直流不能满足川电外送功率要求时，应相应调整华中－川渝联络线送受电力电量计划。同样，三万线输送功率非计划变化时，应相应调整葛南直流计划。

（六）当葛南直流不能满足送电要求时，应优先输送川电。

第十六条 为提高电网安全稳定运行水平，华中、川渝电网应互为对方提供事故支援。当华中电网因事故一次性损失30万kW及以上发电出力或负荷，川渝电网因事故一次性损失20万kW及以上发电出力或负荷，而造成的联络线实际送受电量与计划电量的偏差，属事故支援电量。

第三章 电力电量偏离计划时的考核与经济补偿

第十七条 华中川渝联络线送受电力电量的考核依据是国调正式下达的华中川渝联络线电力电量日计划曲线（包括修改后的日电力电量计划曲线）。

第十八条 经国调批准的华中川渝联络线线路及葛南直流（包括可能导致联络线停运的有关的刀闸、开关、电抗器、继电保护及安全自动装置等）临修或检修延期，影响联络线送受电计划时，其影响的电量在华中川渝联络线分月计划中进行滚动调整，并按正常电量结算。

第十九条 事故支援电量按15min一个时间段进行计算，在事故发生后三个时间段内（含事故发生时的时间段）的电量按正常电量结算，不考核；其后3h内的偏差电量按事故支援电量进行结算，不考核；3h后按正常电量考核结算。若在这3h内双方同意修改日计划曲线，则经国调审批同意后，修改计划曲线，偏差电量计至修改曲线起始执行时间为止。

第二十条 事故支援电量为相应时段偏差电量的两倍。电价按华中川渝互供电价结算。

第二十一条 华中川渝两网按TBC方式控制联络线潮流和系统频率。区域控制误差ACE为：

$$ACE = \Delta P + \beta \times \Delta f$$

其中，负荷频率响应特性β值为本网统调最高发电负荷的1%，暂定为华中270MW/0.1Hz，川渝80MW/0.1Hz，并于每年2月底前根据上年的实际情况进行调整。

第二十二条 国调根据联网控制性能指标A1、A2对华中、川渝电网联络线送受电力进行考核。

第二十三条 A1考核：每5s采样一次系统频率和联络线功率并计算ACE，要求华中、川渝ACE在每15min内至少过零一次。不满足A1指标时，按该时段偏差电量的1.5倍计算A1考核电量，补偿对方。

第二十四条 A2考核：要求在每15min内，ACE的平均值都在规定的区域L_d以内。L_d值根据两网上年夏季（或冬季）日高峰负荷相邻两个整点之间的最大变化ΔL值确定，并每年2月底前根据上年实际情况进行调整，

$$L_d = 0.025 \times \Delta L + 5MW$$

现暂定华中80MW，川渝50MW。L_d越限时，按该时段偏差电量的1.5倍计算考核电量，补偿对方。

第二十五条 华中网调、川渝省调应将联络线无意交换电量控制到最小。月累计无意交换电量，在下月计划中滚动进行调整，至年底无法平衡时，暂按正常电量结算。

第二十六条 紧急情况下，国调调度员可直接下令华中网调、四川省网调修改联络线送受计划；计划一经修改，双方应立即按照国调下达的修改计划执行；该部分修改电量按正常电量处理。

第四章 频率考核

第二十七条 当电网频率在50±0.2Hz范围以外时，根据频率越限时的ACE值划分责任频率。当频率在50±0.1Hz至50±0.2Hz范围时，只统计，不考核。

第二十八条 当电网频率越上限时，如果一方ACE＞0，另一方ACE＜0，则ACE＞0的一方承担责任。如果双方ACE＞0，则按ACE值的比例分配频率不合格的时间，即：

$$T_{川渝} = T \times ACE_{川渝}/(ACE_{川渝} + ACE_{华中})$$

$$T_{华中} = T \times ACE_{华中}/(ACE_{川渝} + ACE_{华中})$$

其中，$T_{川渝四川}$为川渝电网承担的频率不合格时间，$T_{华中}$为华中承担的频率不合格时间，T为总频率不合格时间。$ACE_{川渝}$为川渝电网ACE值，$ACE_{华中}$为华中ACE值。

第二十九条 当电网频率越下限时，如果一方ACE＞0，另一方ACE＜0，则ACE＜0的一方承担责任。如果双方ACE＜0，则按ACE值的比例分配频率不合格的时间。

第三十条 频率的实时采集。由国调中心对互联电网频率进行采集，采集间隔为1s。过渡期间采用华中转发频率。

第五章 免于考核的处理

第三十一条 当华中电网、川渝电网由于自动化系统故障，难以计算和控制各自的ACE时，申报国调中心备案，故障期间停止考核。

第三十二条 受到不可抗力的影响期间免于考核。“不可抗力事件”指在下发本办法时不能预见、并且对其发生及后果不能避免并且超过合理控制范围的、不能克服的自然事件和社会事件。

第三十三条 由于国调调度的联络线及辅助设备故障，影响联络线输送能力时，故障期间停止考核。

第三十四条 两网许可设备故障，引起联络线稳定限额下降，不能按计划输送功率，故障期间免于考核。

第三十五条 新机组通过168h试验以前，出力在20万kW以上时跳机，3个时段内免于考核。

第三十六条 直流故障影响潮流在20万kW以上时，3个时段内免于考核。

第六章 电力电量的考核结算

第三十七条 华中川渝考核电量和无意交换电量按华中－川渝互供结算电价结算。

第三十八条 当长万线解列，万县由华中供电时，该部分电量也按华中－川渝互供结算电价，由华中公司与重庆电力公司进行结算。

第三十九条 对由于川电外送增加的华中、重庆等电网的网损，采用电量补偿的方法。计算公式为：

葛洲坝侧川电电量＝万县侧计量川电电量×（1－华中网损）

$$南桥侧川电电量 = 葛洲坝侧川电电量 \times (1 - 直流网损)$$

$$洪沟侧川电电量 = \frac{万县侧计量川电电量}{(1 - 重庆网损)}$$

其中：直流网损为7%，华中网损为2%，重庆网损为2%。

第四十条 根据第三章计算的电力电量偏离计划时的考核与经济补偿结果，按考核的电力电量进行结算，在电费结算中调整结算。

第四十一条 国调于每日12:00前向华东、华中网调和四川省调、重庆市调提供前一日华中川渝联络线送受电力电量的结算考核结果和葛南直流川电电量结算考核结果，华东、华中网调和四川省调、重庆市调于当日16:00前返回确认意见，如无异议，则按考核结果结算；如有异议，应于24h内（节假日顺延）提出书面意见，由国调组织协调解决。

第四十二条 联络线送受电量由国家电力公司电能量自动计费系统进行计算，并按国家电力公司有关规定结算。

第四十三条 华中川渝联络线的电能量结算点及电力计划执行点和考核点设在万县。联络线送受电力由国调从电能量管理系统（EMS）中读取华中川渝联网关口点电力数据，频率数据采用关口点数据，并进行考核计算。如不能采集万县关口点频率数据，则由华中网调向国调转发频率数据。

第四十四条 葛南直流南桥关口电量为华东受电结算计量关口点。由国调根据从电能量计量系统中读取的万县关口计量点和葛洲坝计量点电量数据，确定川电送华东电量。

第四十五条 葛南直流电量计划安排与结算时，优先考虑川电。

第四十六条 月度华中川渝联络线实际交际电力电量和考核结果，及华东受电电量结算结果，为每月的电费结算依据。国调应于次月5个工作日前将月度电力电量结算考核结果以电子表格的形式提供给各方确认；如认为有误，应在收到此表格后的5个工作日内提出，逾期即认为无误。最终电力电量结算考核单于每月10个工作日前，由国调中心传真给各方。

第七章 附 则

第四十七条 本办法的解释权属国家电力公司国家电力调度通信中心。

第四十八条 本办法未尽事宜由国调中心组织华东、华中、川渝各方协商确定。

第四十九条 本办法自2002年5月1起执行，自执行之日 起三个月内只统计，不考核。

关于印发《川渝电网联络线电力电量考核管理暂行办法》的通知

（国电调［2002］354号）

四川省电力公司，重庆市电力公司：

为保证川渝电网安全、优质、经济运行，国调中心组织编制了《川渝电网联络线电力电量考核管理暂行办法》，现印发施行。

本考核办法明确了川渝电网按TBC方式控制网间联络线潮流和系统频率的模式，及按区域控制偏差（ACE）进行电力电量考核的方法。请你单位根据本考核办法，按照国调下达的月度和日电力电量送受计划控制联络线潮流和系统频率在规定的偏差范围内，保证电网的安全稳定运行。

附件：《川渝电网联络线电力电量考核管理暂行办法》

二〇〇二年五月三十日

附件：

川渝电网联络线电力电量考核管理暂行办法

第一章 总 则

第一条 为保证川渝及华中电网安全、优质、经济运行，根据《电力法》和《电网调度管理条例》，本着在电网运行上实施统一调度、分级管理和在经济上平等互利的原则，制定本办法。

第二条 川渝两网按TBC方式控制川渝网间联络线潮流和本系统频率，按区域控制偏差（ACE）进行考核。

第三条 国家电力调度通信中心（以下简称国调）是川渝电网联络线的调度管理机构。四川省电力公司调度中心（以下简称四川省调）、重庆电力调通中心（以下简称重庆市调）在各自的范围内行使调度职能。国调中心授权四川省调履行川渝电网联络线的调度职能。四川省调应本着公平、公正、公开的原则进行调度工作。

第四条 国调负责根据川渝联络线年度送受电计划编制下达月度电力电量送受计划。国调委托四川省调编制川渝联络线日电力电量送受计划。

第五条 四川省调采集万龙线万县侧计量考核点的频率和电力，计算 ACE 并按 TBC 方式进行控制。重庆市调采集万龙线万县侧计量考核点的频率和电力，以及川渝联络线计量关口的电力，计算 ACE 并按 TBC 方式进行控制。（ACE 计算公式见第三十一条）。在考核点不具备精确频率采集时，四川重庆可采集本地频率。

第六条 重庆市调按照华中川渝联络线及川渝联络线电力电量送受计划控制联络线潮流和系统频率。

第七条 川渝电网联络线送受电力电量由三部分组成：

（一）川电外送华东电力电量；

（二）川渝两网互供电力电量；

（三）二滩水电厂送重庆电力电量。

第八条 川渝电网联络线交换的电力电量的总和扣除川电外送电力电量和川渝网间的互供电力电量后，剩余电力电量为重庆购入二滩的电力电量（计划或实际）。

第九条 本办法适用于国家电力公司（以下简称国电公司）、四川省电力公司（以下简称四川省公司）、重庆市电力公司（以下简称重庆市公司）。

第二章 电力电量送受计划的制订

第十条 国电公司组织四川省公司、重庆市公司编制川渝联络线年度送受电力电量计划，并经国电公司行文下达。

第十一条 国调根据国电公司确定的川渝联络线年度送受电计划，结合川渝电网分月电力负荷特性、二滩电厂水库运行安排及与联络线有关的设备检修计划，组织四川省调、重庆市调制定川渝联络线年度分月电力电量送受计划（含二滩年度分月计划），并于年度联络线送受电计划确定后的一个月内下达。

第十二条 为编制年度川渝电网分月联络线电力电量送受计划，四川省调、重庆市调应根据本网上年分月负荷特性及与联络线有关的设备检修计划，提出年度分月联络线电力电量送受计划建议，于年度联络线送受电计划确定后的 15 天内上报国调。具体应包括：

（一）电网统调分月电力电量平衡情况和与联络线有关的设备检修计划；

（二）上年本网分月负荷特性；

（三）分月联络线电力电量送受计划建议（含二滩电力电量计划建议）。

第十三条 川渝联络线月度送受电力电量计划（含两网供购电协议及二滩部分）的编制。四川省调、重庆市调分别于每月 25 日前将两网间月度联络线送受电计划报国调中心，国调中心于 28 日前下达给四川省调、重庆市调和二滩水电厂。

第十四条 川渝联络线日计划的编制。川电东送电力电量计划由国调分别下达给四川、重庆。根据国调下达的月度送受电计划和负荷预测，重庆市调于每日 12 时前提出次日川渝互供计划和二滩计划建议，四川省调于每日 16 时前编制次日川渝互供计划和二滩计划下达给重庆市调，并报国调中心备案。

第十五条 川渝电网联络线送受电计划曲线由川电东送计划曲线、川渝互供电计划曲线和二滩水电厂送电计划曲线相加而成。川渝互供电计划曲线，低谷时段电力为高峰电力的 60%，平段电力为高峰电力的 80%。

第十六条 二滩送重庆部分，由重庆市调提出建议曲线报四川省调批准，并报国调备案；四川省调应充分尊重重庆市调提出的建议曲线，如需修改应向重庆市调说明原因。

第十七条 川渝电网联络线分月送受电量计划中的川渝电网互供电力电量，按丰水期（6～10 月）80%、平水期（5 月和 11 月）20%、枯水期（1～4 月和 12 月）结零进行分解；二滩送重庆部分，按照购售电合同的有关条款执行。

第十八条 四川省调、重庆市调在做日计划平衡时，心须安排一定的旋转备用容量以满足 ACE 控制和事故处理的需要。

第三章 电力电量送受计划的调整

第十九条 川渝联络线日送受电力电量计划一经确定，除特殊情况外，原则上不再修改。

第二十条 经四川省调和重庆市调双方同意的临时调整的互供电量，由双方协商确定，达成一致意见后，修改川渝联络线计划，并报国调备案。

第二十一条 在安全和经济发生矛盾时，应以保证电网安全为原则，修改两网间的互供电计划和二滩水电厂送电计划。

第二十二条 为实施经四川省调和重庆市调协商的两网间临时电力电量交换，需修改次日联络线日送受电计划曲线时，申请方调度应于 12 时前向对方调度提出，对方调度于 16 时前给予答复。若不同意修改，则仍按原计划曲线执行；若同意修改，则按修改后的计划曲线执行并考核；修改后的计划曲线报国调中心备案。

第二十三条 川、渝电网某一方发生 20 万 kW 及以上容量的发电机组事故停运，原则上川、渝两网应分别承担 60% 和 40% 的事故容量 6h，若在 6h 内事故电网再发生机组事故停运，则由事故电网自行承担。在电网及联络线允许且非事故方有可能的情况下，非事故方也可承担更多的事故支援。因事故支援调整计划曲线应报国调中心备案。

第二十四条 事故支援电量按15min一个时间段进行计算，在事故发生后三个时间段内（含事故发生时的时间段）的电量按正常电量结算，不考核，其后6h内的偏差电量按事故支援电量结算，不考核；6h后按正常电量结算，恢复考核。若在这6h内双方同意修改日计划曲线，则偏差电量计至修改曲线开始执行时间为止。

第二十五条 事故支援电量按相应时段偏差电量的两倍计算。

第二十六条 当二滩发电机组或其送出输电线路发生故障而影响二滩电厂发电出力时，应按重庆电网的受电比例相应调减川渝电网联络线送受电计划曲线中二滩送电电力计划。

第二十七条 因下列原因四川省调可调整联络线送受电计划，并按调整后的计划曲线执行和考核：

（一）川、渝电网某一方电网发生20万kW及以上的发电机组事故停运，事故方应向对方通报情况并提出需对方事故支援的容量和时段，四川省调应按第二十二条或双方商定的意见予以调整；

（二）电力设备出现异常或故障影响联络线输送能力时，四川省调应根据设备允许载流能力及稳定限额修改联络线送受电计划，并向重庆市调说明原因；

（三）电网发生不可抗力事件及严重事故时，四川省调可视情况按全网平衡及电网安全稳定的原则修改两网间的送受电计划。

第二十八条 联络线日送受电计划在执行过程中，若一方需要调整两网间互供电计划，应提前向对方当值调度员提出。若对方不同意修改，则仍按原计划曲线执行；若同意修改，则按修改后的新计划曲线运行并考核；修改后的计划曲线报国调中心备案。重庆市调在本网负荷变化较大且难以调整时，可向四川省调申请临时修改二滩电厂供重庆负荷曲线，在电网允许的情况下，四川省调一般应根据重庆市调的要求修改联络线送受电计划。

第二十九条 修改联络线计划后，四川省调应报国调中心备案。

第四章 电力电量偏离计划的考核与经济处理

第三十条 川渝电网联络线电力电量的考核依据是国调正式下达的川电东送计划、四川省调正式下达并报国调中心备案的川渝电网网间联络线日送受电计划曲线，包括临时修改后曲线和事故支援修改后曲线。

第三十一条 川渝电网丰枯时段和峰谷时段的划分：

1．丰枯时段　丰水期：6～10月；
平水期：5月，11月；
枯水期1～4月，12月。

2．峰谷时段　高　峰：8:00～12:00；19:00～23:00
平　段：7:00～8:00；12:00～19:00
低　谷：0:00～7:00；23:00～24:00

第三十二条 川渝两网按TBC方式控制联络线潮流和系统频率。区域控制误差ACE为：

$$ACE = \Delta P + \beta \times \Delta f$$

其中，$\Delta P_{重庆} = (P_{川渝实际} + P_{万龙实际}) - (P_{川渝计划} + P_{万龙计划})$

Δf为实际频率与标准频率之差；负荷频率响应特性β值为本网统调最高负荷的1%，暂定重庆20MW/0.1Hz，并于每年2月底前根据上年的实际情况进行调整。功率方向为流出为正，流入为负。

第三十三条 国调暂委托四川根据联网控制性能指标A1、A2对川渝电网联络线运行进行考核。

第三十四条 A1考核：每5s采样一次系统频率和联络线功率并计算ACE，重庆ACE在每15min内至少过零一次。不满足A1指标时，按该时段偏差电量的1.5倍计算A1考核电量。

第三十五条 A2考核：要求在每15min内，ACE的平均值都在规定的区域L_d以内。L_d值根据两网上年夏委（或冬季）日高峰负荷相邻两个整点之间的最大变化ΔL值确定，并每年2月底前根据上年实际情况进行调整，$L_d = 0.025 \times \Delta L + 5MW$现暂定重庆30MW。$L_d$越限时，按该时段偏差电量的1.5倍计算A2考核电量。

第三十六条 重庆市调应将联络线无意交换电量控制到最小。月累计无意交换电量，在下月计划中滚动进行调整，至年底无法平衡时，暂按正常电量结算。

第三十七条 频率考核。当电网频率在50±0.2Hz范围以外时，根据频率越限时的ACE值划分责任频率。对电网频率在50±0.1Hz至50±0.2Hz范围的越限时间暂进行统计，不考核。

当电网频率越上限时，如果ACE>0则承担频率责任。

第三十八条 当电网频率越下限时，ACE<0，承担责任。

第三十九条 频率的实时采集。由四川省调采集当地频率，采集间隔为1s。

第五章 关口点的设置及调整

第四十条 川渝联络线电能计量关口按两网供购

电协议有关条款进行设置。

第四十一条 若川渝电网网络发生变化需要调整计量关口时，按联络线关口设置原则，根据两网协商的结果进行变更。

第四十二条 川渝联络线电能计量关口表双方应按规定定期进行校验和调整。

第六章 电力电量的考核结算

第四十三条 根据第四章三十一条至三十四条计算的考核电量，为重庆考核电量，由重庆电网补偿四川电网。

第四十四条 根据《华中川渝电网联络线电力电量考核管理暂行办法》计算的华中补偿川渝电量，在四川和重庆之间进行划分。划分比例根据四川、重庆考核电量确定。

第四十五条 重庆考核电量见第四十二条。根据《华中川渝电网联络线电力电量考核管理暂行办法》计算的川渝考核电量减去重庆考核电量，为四川考核电量。

第四十六条 华中补偿川渝电量的划分。

$$\text{华中补偿重庆电量}=\text{华中补偿川渝电量}\times\left(1-\frac{\text{四川考核电量}}{\text{川渝考核电量}}\right)$$

$$\text{华中补偿四川电量}=\text{华中补偿川渝电量}\times\left(1-\frac{\text{重庆考核电量}}{\text{川渝考核电量}}\right)$$

第四十七条 第四十四中计算的华中补偿四川电量和华中补偿重庆电量不能小于零。

第四十八条 考核与经济补偿结果，按电量结算，在川电外送电费中调整结算。

第四十九条 川渝联络线关口电量结算顺序为：先除去川电外送电量，再结算川渝互供部分电量，其余是二滩电量。

第五十条 四川省调于每日 12:00 前向国调提供前一日联络线电力电量考核的原始数据和考核结果结算结果，向重庆市调提供前一日联络线电力电量的考核结算结果并进行确认，在 24h 内未提出异议，按考核结算结果结算；如有异议，由双方协商解决。双方不能协商解决时，提请国调协调解决。

第五十一条 月度网间联络线考核结算结果（包括正常送受电量和非正常送受电量及考核电量），为四川省、重庆市电力公司以及二滩发电公司每月的电费结算依据。四川省电力公司应于次月 5 个工作日前以表格的形式提供给重庆电力公司确认并报国调中心备案，包括川电外送电量、川渝互供电力电量、二滩送重庆电量、考核电量。如认为有误，应在收到此表格后的 5 个工作日内提出，逾期即认为无误。

第七章 附 则

第五十二条 本办法解释权属国家电力调度通信中心。

第五十三条 本办法自 2002 年 5 月 1 日起执行，自执行之日起，但自执行之日起，三个月内只统计，不考核。

关于表彰国家电力公司第六批人才援藏工作先进单位和个人的决定

（国电人资［2002］28 号）

国家电力公司系统各有关单位：

在党中央、国务院有关支援西藏经济建设的战略决策指引下，国家电力公司对西藏开展的人才支援工作取得了显著成效。第六批“换岗顶替、对口培训”人才援藏任务在公司有关单位的大力支持和西藏电力公司等有关单位的积极配合下已圆满完成。为表彰在第六批人才援藏工作中做出突出贡献的先进单位和个人，根据《国家电力公司第六批人才援藏工作先进单位和个人评选表彰办法》（见附件 2），决定授予江苏省电力公司等 38 个单位“国家电力公司人才援藏先进单位”荣誉称号；授予西藏自治区电力公司等 7 个单位“接收援藏人员先进单位”荣誉称号；授予叶刚等 32 人“国家电力公司优秀援藏人员”荣誉称号，授予李建新等 57 人“国家电力公司人才援藏先进工作者”荣誉称号（见附件 1）。希望受到表彰的单位和个人发扬成绩，戒骄戒躁，继续做好援藏工作，努力开创援藏工作的新局面，为促进西藏经济的发展做出新的贡献。

附件 1：国家电力公司第六批人才援藏工作先进单位和个人名单（略）

附件 2：国家电力公司第六批人才援藏工作先进单位和个人评选表彰办法（略）

二〇〇二年一月十四日

关于 2001 年度三项责任制考核奖励的决定

（国电人资［2002］29 号）

公司系统各有关单位：

2001年，在党中央、国务院的正确领导下，公司系统各单位认真学习贯彻江泽民同志“七一”讲话和党的十五届五中、六中全会精神，解放思想，开拓进取，以饱满的工作热情和奋发向上的精神状态，卓有成效地开展各项工作，全面完成了年初确定的资产经营目标，安全生产、党风廉政建设等各项工作都取得了显著成绩。一年来，公司系统各单位为国家电力公司全面完成年初确定的工作目标，做出了积极贡献。按照三项责任制考核管理的有关规定，经国家电力公司总经理办公会研究决定，根据各单位三项责任制的完成情况给予各单位的领导班子一次性奖励（奖励通知单见附件）。

希望各单位振奋精神，再接再厉，开拓创新，扎实工作，在新的一年里带领全体职工为全面完成国家电力公司的各项工作任务做出新贡献。

附件：奖励通知单（另发，略）

二〇〇二年一月十四日（印）

关于对2001年度实现安全生产目标的单位和做出突出贡献的个人进行表彰的决定

（国电人资［2002］197号）

各分公司，华北电力集团公司，各省（区、市）电力公司，华能集团，华能国际，国电电力，中电国际，水电总公司，安能公司，葛洲坝集团：

根据《安全生产工作奖惩规定》，国家电力公司决定对在2001年度实现了安全生产目标、生产基建全年无人身死亡事故的山东等18个分公司、子公司和陡河电厂等576个生产施工基层单位以及在安全生产工作中作出突出贡献的刘忱等210名个人进行表彰(见附件)。各单位可根据情况对受表彰的单位和个人予以适当的物质奖励（国家电力公司“三项责任制”考核已奖励的个人除外）。

希望受表彰的单位和个人不骄不躁，再接再厉，在已取得成绩的基础上，总结经验，克服不足，进一步落实安全生产责任制和各项规章制度，力争2002年取得更好的成绩。

附件：2001年度实现安全生产目标、生产基建全年无人身死亡的单位和受表彰的个人名单（略）

二〇〇二年四月一日

关于表彰参与川电东送工程建设各有关单位的决定

（国电人资［2002］311号）

各有关单位：

“川电东送”工程是党中央、国务院实施西电东送战略中中部通道的重要组成部分，近期的主要任务是解决二滩电量消纳问题，同时实现川渝电网与华中电网的互联，进而实现川渝、华中、华东电网的联网运行，实现更大范围的资源优化配置。

国家电力公司根据实现川电东送的迫切要求，果断决定将原本非常紧张的计划工期再次大幅度提前。工程各参建单位、启动调试单位、生产运行单位克服了工期紧、任务重，施工条件恶劣，技术要求和系统情况复杂，协调力度大等诸多困难，发扬不怕困难、敢打硬仗、团结协作、严谨细致的作风，使工程建设各项指标达到了“双百”目标，高标准的完成了全系统的启动调试工作，为完成今年二滩电量外送15亿千瓦时的任务打下了坚实基础。川电东送工程的顺利建成赢得了社会各界的好评，展示了公司系统干部职工良好的精神面貌，树立了国家电力公司的良好形象，同时为跨大区电网建设及调度运行积累了经验。

经研究，公司决定对参与川电东送工程建设、启动调试、生产运行的各有关单位予以表扬（单位名单见附件）。请各有关网、省公司及单位结合本单位的具体情况对有关人员予以奖励。

附件：川电东送工程建设、调试、运行单位名单

二〇〇二年五月十四日

关于表彰电力施工机械安全管理先进单位、先进工作者的决定

（国电人资［2002］312号）

各分公司、电力集团公司、省（自治区、直辖市）电力公司，水电总公司，葛洲坝集团公司，安能公司，各水电流域开发公司，各水电、火电、送变电施工企业：

近年来，公司系统电力建设单位认真贯彻落实国

家有关部门和国家电力公司关于加强建筑施工机械管理的各项要求，贯彻执行《电力建设起重机械安全监察规定》等一系列规定和制度，不断健全和完善管理体系和管理制度，加强专业队伍建设和人员培训，电力建设施工机械管理工作已步入规范化管理轨道。公司系统保持无重大机械事故的企业逐年增多，机械安全形势稳定，有力地促进了电力基本建设。为总结经验，学习先进，进一步促进公司系统提高电力建设施工机械安全管理水平，经研究决定，对河北电建一公司等二十七个先进单位、陈家佐等六十六名先进工作者（详见附件）进行表彰，并颁发荣誉证书和奖牌。建议先进单位的上级主管部门和先进个人所在单位结合本单位的实际情况对受表彰的先进单位和先进工作者给予物质奖励。

希望受表彰的先进单位和先进工作者再接再厉，努力开拓创新，不断总结经验，提高管理水平，争取更大的成绩。各单位要认真学习先进经验，查找差距，不断强化机械管理和机械安全管理，进一步提高电力施工机械安全管理水平，为电力建设的改革与发展做出更大的贡献。

附件：国家电力公司电力施工机械安全管理先进单位、先进工作者名单

二〇〇二年五月十四日

关于表彰国家电力公司系统农村电工岗位知识及技能竞赛优胜单位和个人的通知

（国电人资［2002］420 号）

国家电力公司系统各单位：

为激发广大农村电工爱岗敬业、钻研技术的热情，全面提高农电职工队伍的思想道德素质和业务素质，巩固农电体制改革和农村电网建设与改造工作的成果，深入开展电力市场整顿和优质服务年活动，进一步做好基层服务窗口建设和县供电企业创一流工作，提高基层供电企业的优质服务水平。国家电力公司于 2001 年 8 月至 2002 年 5 月在全系统组织开展了“农村电工岗位知识及技能竞赛”活动。在各基层单位自下而上层层开展岗位培训、竞赛和选拔工作的基础上，于 2002 年 6 月 10 日至 13 日在西安举行了决赛。经过笔试、技能操作和竞答等环的角逐，山东电力集团公司等 9 个单位荣获团体一、二、三等奖；段宏亮等 6 名同志荣获“国家电力公司农村电工岗位知识及技能竞赛全能奖”；张庆祥等 10 名同志荣获“国家电力公司农村电工岗位知识及技能竞赛技能操作优胜奖”；皇甫杰等 10 名同志荣获“国家电力公司农村电工岗位知识及技能竞赛理论知识优胜奖”。另外，经竞赛委员会评审，青海省电力公司等 5 个单位荣获优秀组织奖，河北省电力公司等 2 个单位荣获风格奖（获奖名单见附件）。

为表彰在全系统“农村电工岗位知识及技能竞赛”活动中涌现出来的农村电工技术能手，经各单位选拔推荐，国家电力公司决定，授予陈德宝等 108 名参赛选手“国家电力公司优秀农村电工能手”荣誉称号。

希望各单位以此次竞赛活动为契机，进一步加大岗位培训工作力度；开展经常性的技术比武和岗位知识、技能竞赛活动；完善职业技能鉴定和持证上岗等技术培训、考评制度；建立正常化、规范化的技能人才技术职务晋升和表彰奖励制度；定期评比和表彰具有良好职业道德和高超技艺的技术技能人才，建设一支高素质的技能人才队伍，为电力企业的改革发展提供智力支持和人才保障。希望受表彰的个人戒骄戒躁、再接再厉，勤奋学习、努力工作，在本职岗位上建功立业，为农电事业的发展做出更大的贡献。

附件：农村电工知识技能竞赛获奖名单

二〇〇二年六月二十七日（印）

关于表彰人才评价工作先进单位和先进工作者的决定

（国电人资［2002］494 号）

各有关单位：

自人事部确定我公司为全国完善专业技术职务聘任制度试点单位以来，公司系统人才评价改革工作取得了阶段性成果。目前，已初步构建起了电力人才评价体系，公司系统职称评审与管理、人才评价工作的社会化，以及公司系统“两院”院士、“政府特殊津贴”人员的选拔遴选等工作，均取得了显著成绩。基本实现了用人单位在人才培养使用、竞争上岗、聘任管理方面的自主权，有力地促进了公司系统专业技术人才队伍的建设。

为总结试点经验，巩固改革成果，表彰激励先进，进一步完善专业技术职务聘任制度，加强人才资源开发，为电力工业的改革与发展提供智力保障和技

术支持。经研究决定，授予国电人才评价华北中心等3个区域评价中心和吉林省电力人才评价中心等8个省（市、区）评价中心为“国家电力公司人才评价工作先进单位”称号，授予王靖远等141位同志为“国家电力公司人才评价先进工作者”称号。建议各单位对受表彰的先进工作者给予一次性奖励，以资鼓励。

爱表彰的单位和个人要戒骄戒躁、再接再厉，继续为人才评价努力工作。希望其他单位和从事人才评价工作的同志向他们学习，为构建完整的适应现代企业制度要求的电力人才评价体系，创造激励电力人才脱颖而出的“公开、公正、公平”的良好氛围，做出更大的贡献。

附件：国家电力公司人才评价工作先进单位、先进工作者名单

二〇〇二年七月三十一日（印）

关于表彰华北电力集团公司、国电华东、南方公司和上海市电力公司的通知

（国电人资［2002］555号）

公司系统各单位：

今年入夏以来，全国大部分地区气温明显偏高，天气闷热，用电负荷迅速增长。特别是华北、华东和南方电网，用电负荷连创新高。华北电网电力负荷持续增长，其中，北京地区最大负荷突破824万kW，局部地区变电站出现过负荷现象；华东电网全网统调最高用电负荷已达到4986.5万kW，同比增长16.05%，其中，上海最高负荷达到1196.9万kW，增速为历史所仅见；南方电网全网最高负荷达3220万kW，同比增长16.20%。三地区电力供应在入夏后遇到严峻挑战。

面对严峻形势，华北电力集团公司，华东、南方公司和上海市电力公司高度重视电网运行安全，积极做好迎峰度夏工作，采取有效措施，加强电力供应，精心部署，合理安排，迅速及时处理各种事故和异常情况，使电网保持了安全稳定，没有出现大面积拉闸限电。广大干部职工战高温斗酷暑，团结拼搏，积极为广大用户排忧解难，满足了人民群众夏季用电需求，为当地经济发展、社会稳定和人民生活做出了积极贡献。为此，国家电力公司决定，对华北电力集团公司、国电华东、南方公司和上海市电力公司在今年迎峰度夏工作的突出表现给予通报表彰，并给予奖励。

希望上述单位发扬成绩、再接再厉，夺取迎峰度夏工作的全面胜利，并希望公司系统各单位以它们为榜样，认真实践“三个代表”重要思想，坚持“人民电业为人民”的宗旨，进一步加强安全管理和优质服务，为国民经济发展和人民生活水平的提高作出新贡献。

二〇〇二年八月十五日（印）

关于表彰电力系统继电保护专业技术竞赛优胜单位和个人的通知

（国电人资［2002］672号）

各有关单位：

为激发广大继电保护专业技术人员爱岗敬业、钻研技术的热情，提高继电保护队伍技术水平，鼓励继电保护人员岗位成才，国家电力公司于2001年3月至2002年7月在全系统组织开展了“电力系统继电保护专业技术竞赛”活动，并在各基层单位自下而上层层开展岗位培训、竞赛和选拔工作的基础上，于2002年8月26日至28日在郑州举行了“2002年电力系统继电保护专业技术竞赛”决赛。经过笔试、口试等环节的竞赛，河北省电力公司等6个单位荣获团体一、二、三等奖；康勇等10名同志荣获“技术能手奖”；史煜等10名同志荣获“技术竞赛优胜奖”；另经竞赛委员会评审，河南省电力公司等3个单位荣获优秀组织奖。获奖名单见附件，请各有关单位根据实际情况，对有关人员进行奖励。

为表彰在“电力系统继电保护专业技术竞赛”活动中涌现出来的优秀选手，经各单位选拔推荐，国家电力公司决定，授予张晶等87名参赛选手“继电保护专业技术竞赛优秀选手”荣誉称号。

希望各单位以此次竞赛活动为契机，进一步加大岗位培训工作力度，开展经常性的技术比武和岗位知识竞赛活动，定期评比和表彰具有良好职业道德和高超技艺的专业技术人才，建设一支高素质的专业人才队伍，为电力企业的改革发展提供智力支持和人才保障。希望受表彰的个人戒骄戒躁、再接再厉，勤奋学习、努力工作，在本职网位上建功立业，为电力事业的发展做出更大的贡献。

附件：电力系统继电保护专业技术竞赛获奖名单

二〇〇二年九月二十五日（印）

关于表彰农电优质服务标兵单位和先进个人的决定

（国电人资［2002］754号）

各分公司、电力集团公司、省（自治区、直辖市）电力公司：

近两年来，国家电力公司系统所管辖的广大农电职工认真贯彻落实江泽民总书记“三个代表”重要思想，在巩固“电力市场整顿和优质服务年”活动成果的基础上，坚持“优质、方便、规范、真诚”的供电服务方针，认真履行供电服务承诺，努力进行管理、技术和服务创新，认真组织开展了优质服务、示范窗口建设和农村供电所管理年活动，促进了农电管理和优质服务水平的进一步提高，涌现出一大批成绩突出的先进集体和先进个人。

为了表彰先进，激励全系统广大员工进一步加强优质服务和行风建设工作，不断提高优质服务水平，国家电力公司决定：授予北京市通州区西集供电所等51个单位“农电优质服务标兵单位”称号，授予天津市静海供电公司城关供电所魏立柱等100名同志“农电优质服务先进个人”称号（见附件）。

公司系统各单位要认真宣传他们的先进事迹，学习他们爱岗敬业、全心全意为客户服务的精神，激励广大干部与时俱进，开拓创新，在今后的工作中不断取得更大成绩。

附件：国家电力公司农村供电优质服务标兵单位和优质服务先进个人名单

二〇〇二年十月二十九日

关于表彰奖励华北电力集团公司的决定

（国电人资［2002］842号）

华北电力集团公司：

举世瞩目的党的十六大已经胜利闭幕。为了确保十六大期间安全可靠供电，你公司上下高度重视，精心部署，合理安排，采取了各种积极措施，全体员工努力拼搏，全力以赴，有力地保证了十六大期间的电力供应安全可靠，为十六大的顺利召开做出了积极贡献。

鉴于你公司在十六大期间保供电工作组织严密，指挥有力，措施得当，成绩突出，经公司研究决定，对你公司进行通报表彰，并奖励领导班子成员20万元。请你公司对参与此项工作的全体同志进行通报表彰并适当奖励。

希望你们认真学习贯彻十六大精神，以“三个代表”重要思想为指导，坚持“人民电业为人民“的宗旨，进一步加强安全生产和优质服务，再接再厉，继续取得新的成绩，为国民经济发展和人民生活水平的提高做出积极贡献。

二〇〇二年十一月二十日

关于表彰三峡至常州直流输电工程建设有关单位的决定

（国电人资［2002］945号）

各有关单位：

三峡至常州直流输电工程是三峡电力送出的标志性工程，是三峡送电华东的主要通道，是华中与华东电网互联的主要联络线。极1系统2002年底送电是国家电力公司的重要战略目标之一。12月21日三峡至常州±500kV直流输电工程极1送系统电成功，标志着三峡首批机组发电前的电力送出工程建设取得了决定性的阶段成果。

三峡至常州直流输电工程输送距离长、容量大、系统复杂、技术含量高，与世界上其它著名的大型直流输电工程相比，在很多方面处于领先地位。其输送电流最大，建设工期最短，实现单极送电仅29个月。该工程单极送电，标志着我国直流输电技术水平又登上了一个新的台阶。工程各参建单位、启动调试单位、生产运行单位克服了工期紧、任务重，施工条件恶劣，技术要求高和系统情况复杂，协调力度大等诸多困难，发扬不怕困难、敢打硬仗、团结协作，严谨细致的作风，高标准地完成了全系统的启动调试工作，并于12月21日送电成功。该工程的提前送电，不仅为明年三峡电力送出打下了坚实基础，而且对缓解今冬华东地区用电紧张发挥了重要作用。

经研究，公司决定对参与三峡至常州直流输电工程建设、调度调试及生产运行等有关单位予以表彰（表彰单位名单见附件）。请各单位结合本单位的具体情况对有关人员予以奖励。

附件：三峡至常州直流输电工程建设表彰单位名单

二〇〇二年十二月二十六日（印）

关于表彰2001年度财务决算工作先进单位的通报

（国电财［2002］828号）

公司系统各单位：

在公司系统各级财务部门和财会人员的共同努力下，国家电力公司2001年度财务决算工作取得了良好的成绩，会计信息质量和决算编审效率进一步提高，为加强企业管理和保障电力体制改革的顺利进行做出了突出的贡献。在财政部进行的中央企业（集团）2001年度决算报表工作考评中，国家电力公司受到通报表彰。

为了鼓励先进，根据有关规定，经对公司系统各单位2001年度财务决算组织工作、报表质量、编报效率等进行综合考评，现对2001年财务决算工作成绩突出的下列单位予以通报表彰：

优秀单位：山东电力集团公司、国电西北公司、吉林省电力有限公司、四川省电力公司、江西省电力公司、云南电力集团有限公司。

表扬单位：国电华东公司、福建省电力有限公司、黑龙江省电力有限公司、国电华中公司、河北省电力公司、甘肃省电力公司、湖南省电力公司、江苏省电力公司、河南省电力公司、中国电力技术进出口公司。

对于上述单位的有关财务人员，请各单位按照有关规定，给予适当的精神和物质奖励。

二〇〇二年十一月十九日（印）

关于表彰2001年度产权管理工作先进单位的通报

（国电财［2002］860号）

公司系统各单位：

在公司财务系统产权管理人员的共同努力下，国家电力公司2001年度产权管理工作取得了良好的成绩，国家电力公司法人资本金效绩评价工作获得国家电力公司表彰，产权登记年度检查工作按时全面完成，尤其是产权管理关系基础数据的准确填报，为厂网划分具体方案的确定及电力体制改革的顺利进行做出了贡献。

为了鼓励先进，经对公司系统各单位2001年度基本产权管理系统填报的组织工作、数据质量；产权登记年度检查；产权分析报告、效绩评价报告的质量及在电力体制改革过程中核对数据等工作进行综合考评，决定对2001年工作成绩突出的下列单位予以通报表彰。

优秀单位：福建省电力有限公司、山东电力集团公司、四川省电力公司、浙江省电力公司、吉林省电力有限公司、湖南省电力公司。

表扬单位：甘肃省电力公司、辽宁省电力有限公司、华北电力集团公司、陕西省电力公司、江苏电力公司、中国电力财务有限公司、广西电力有限公司、黑龙江省电力有限公司、国电西北公司、重庆电力公司、国电华中公司、河北省电力公司。

对于上述单位的有关产权管理人员，请各单位按照有关规定，给予适当的精神和物质奖励。希望各级产权管理人员再接再厉，在下一步电力体制改革中，继续努力，踏实工作，做出更大的成绩。

二〇〇二年十一月二十一日（印）

关于表彰2001年度预算工作先进单位的通知

（国电财［2002］963号）

公司系统各单位：

2001年，国家电力公司加强预算管理，取得了良好的效果，为确保公司年度经营目标完成和保障电力体制改革有序进行做出了突出贡献，这是公司系统各单位共同努力的结果。为总结经验，鼓励先进，促进公司系统进一步提高预算管理水平，经过综合考评，决定国电华东公司、黑龙江省电力有限公司、山东电力集团公司、福建省电力有限公司、国电南方公司、湖南省电力公司为国家电力公司2001年度预算工作先进单位，并予以表彰。

对2001年预算工作取得较好成绩的华北电力集团公司、江苏省电力公司、国电东北公司、国电西北公司、四川省电力公司、贵州省电力公司、江西省电力公司、宁夏电力公司、中国电力工程顾问有限公司、龙源电力集团公司、国电动力经济咨询有限公司等单位予以表扬。

希望受到表彰的先进单位再接再厉，在以后年度预算工作中取得更好的成绩。其他单位要积极向先进单位学习，与时俱进，开拓创新，不断提高预算管理水平。

请受表彰单位对有关人员予以表彰和适当的物质奖励。

二〇〇二年十二月三十日（印）

关于命名500kV顺义变电站工程等21项工程为达标投产输变电工程的决定

（国电网［2002］132号）

各分公司，华北电力集团公司，各省（自治区、直辖市）电力公司，电规总院：

按照国家电力公司《输变电工程达标投产考核评定标准（2000年版）》的要求，2001年国家电力公司系统共有21项500kV及330kV输变电工程完成了达标投产自检、预检工作，并通过了国家电力公司组织的达标投产复检。经研究，决定命名该21项输变电工程为国家电力公司2001年度“达标投产输变电工程”，并对有关参建单位颁发奖牌、证书。

希望有关单位继续努力，不断提高输变电工程建设管理水平和工程建设总体质量。各分公司、集团公司、省(自治区、直辖市)电力公司要继续认真抓好输变电工程达标投产工作，并以此来促进工程建设管理水平和工程整体移交质量的不断提高，争创优质工程。

2001年度国家电力公司达标投产输变电工程（排名不分先后）如下：

1. 500kV顺义变电站工程
2. 500kV张顺输电线路工程
3. 500kV姜顺输变电工程
（包括500kV姜家营变电站及姜顺输电线路）
4. 500kV廉沧输变电工程
（包括500kV沧西变电所和廉沧输电线路）
5. 500kV蔺河输变电工程
（包括500kV蔺河变电所及蔺廉、邯蔺输电线路）
6. 500kV日照变电站工程
7. 500kV东线输变电工程
（包括500kV崂山变电站和临沂－青岛－潍坊输电线路）
8. 500kV三堡开关站变电工程
9. 500kV东明开关站变电工程
10. 500kV石牌输变电工程
（包括500kV石牌变电站和斗黄线开环工程）
11. 500kV车坊输变电工程
（包括500kV车坊变电站和石坊输电线路工程）
12. 鄂赣联网500kV升压工程
13. 500kV鸭溪变电站工程
14. 500kV福泉变电站工程
15. 500kV鸭福输电线路工程
16. 500kV来玉输变电工程
（包括500kV玉林变电所及来玉输电线路）
17. 330kV平兰东输变电工程
（包括330kV兰州东变电所及平兰东双回输电线路）
18. 330kV平凉变电所工程
19. 330kV柞水变电所工程
20. 330kV榆神输变电工程
21. 330kV大杨变电所工程

二〇〇二年二月二十八日

关于命名2002年度国家电力公司送变电优质工程的决定

（国电网［2002］491号）

各分公司，华北电力集团公司，各省（市、区）电力公司：

在国家电力公司组织的2002年度送变电优质工程评选中，500kV崂山变电站等8项变电工程和500kV鸭溪—福泉线路等5项输电线路工程在工程建设综合管理、施工工艺和工程建设质量、技术性能和经济指标、安全文明施工和运行等方面成绩突出，符合《国家电力公司送变电优质工程评选办法》中规定的优质工程条件。经研究，决定命名这13项工程为“送变电优质工程”，对有关参建单位颁发奖牌、证书，项目法人单位可对参建单位给予适当的物质奖励。

近几年来，送变电工程项目法人及建设管理、设计、施工、监理、调试和运行单位通过加强工程建设管理，采用新技术、新工艺，不断提高送变电工程建设质量和整体移交水平，建成了一大批技术先进、质量优良、运行可靠的送变电工程。

希望参与送变电工程建设的有关单位继续认真学习、总结建设管理等方面的先进经验，通过强化质量意识、积极推广应用新技术等手段，使我国送变电工程建设质量和电网运行稳定可靠水平不断提高。

附：2002年度国家电力公司送变电优质工程

二〇〇二年七月二十五日

附件：

2002年度国家电力公司送变电优质工程

变电工程

1．500kV崂山变电站工程
2．500kV车坊变电站工程
3．500kV鸭溪变电站工程
4．500kV石牌变电站工程
5．500kV顺义变电站工程
6．500kV杭东变电站工程
7．220kV延西变电站工程
8．220kV富拉尔基一次变电站工程

线路工程

9．500kV鸭溪—福泉线路工程
10．500kV临沂—青岛—潍坊线路工程
11．500kV张家坊—顺义Ⅰ回线路工程
12．500kV来宾—玉林线路工程
13．220kV敦化—延西—延东线路工程

关于命名2002年度第一批达标投产输变电工程的决定

（国电网［2002］559号）

各分公司，华北电力集团公司，各省（自治区、直辖市）电力公司，电规总院：

按照国家电力公司《输变电工程达标投产考核评定标准(2000年版)》的要求，2002年上半年国家电力公司系统共有绥董及绥沙·沙董输电线路工程等24项500kV输变电工程完成了达标投产自检、预检工作，国家电力公司对上述工程组织了达标投产复检。经复检考评，上述24项输变电工程符合达标投产考核标准的必备条件，各考评项目得分率均在80%以上。

经研究，决定命名该24项输变电工程为国家电力公司2002年度第一批“达标投产输变电工程”，对有关参建单位颁发奖牌、证书。

附件：2002年度第一批达标投产输变电工程名单

二〇〇二年八月十九日

附件：

2002年度第一批达标投产输变电工程名单

（排名不分先后）

1．500kV绥董及绥沙·沙董输电线路工程
2．500kV杭瓶输变电工程
（包括杭东变及杭瓶线）
3．500kV金温输变电工程
（包括温州变及金温线）
4．500kV南阳白河变电站工程
5．500kV佳方永哈输电线路工程
6．500kV辽长吉哈输电线路工程
7．500kV四平梨树开闭所工程
8．500kV吉林包家变电所工程
9．500kV哈尔滨永源开闭所工程
10．500kV佳木斯群林变电所工程
11．500kV凤凰山—下王太（Ⅱ回）输变电工程
（含凤凰山变电站九期扩建工程）
12．500kV南昌变电站工程
13．500kV双河—荆门—南阳输变电工程
（含双河变五期扩建工程）
14．500kV南阳（白河）—郑州输变电工程
（含小刘变电站四期扩建工程）
15．500kV岗市—益阳—长沙（岗—复—沙）输电线路工程
16．500kV长沙—云田（沙云Ⅱ回）线路工程
17．500kV沙坪（长沙）变电站工程
18．500kV复兴（益阳）变电站工程
19．500kV郑州—新乡（嵩获）输电线路工程
20．500kV获嘉（新乡）变工程
21．500kV孝感变电站工程
22．500kV孝感—汉阳（玉孝）输变电工程
（含玉贤变二期扩建工程）
23．500kV迁西—绥中（绥姜）输电线路工程
24．500kV万县变电站工程

关于命名2002年度第二批达标投产输变电工程的决定

（国电网［2002］921号）

各分公司，华北电力集团公司，各省（自治区、直辖市）电力公司，电规总院：

按照国家电力公司《输变电工程达标投产考核评定标准（2000年版）》的要求，500kV大昆输变电工程等12项330kV及以上交直流输变电工程的建设单位完成了对上述工程的达标投产自检、预检工作，国家电力公司于2002年7～11月对上述工程组织了达标投产复检。经复检考评，上述12项输变电工程符合达标投产考核标准的必备条件，各考评项目得分率均在80%以上。

经研究，决定命名该12项输变电工程为国家电力公司2002年度第二批“达标投产输变电工程”，对有关参建单位颁发奖牌、证书。

附件：2002年度第二批达标投产输变电工程名单

二〇〇二年十二月二十五日

关于公布2001年度国家电力公司优秀勘测、优秀设计、优秀标准设计和优秀计算机软件项目的通知

（国电电源［2002］492号）

各分公司，集团公司，各省（自治区、直辖市）电力公司，电规总院，水规总院：

2001年度电力工程优秀勘测、优秀设计、优秀标准设计和优秀计算机软件项目的评审工作，已由电力勘测设计科技进步奖评审委员会和水电工程优秀设计评审委员会评审完成，并提出了优秀项目的推荐意见。经研究，同意宝珠寺水电站、苏州工业园华能发电厂一期等9项电源工程设计，天生桥～广州±500kV直流输电线路等18项电网工程设计，五里冲水库枢纽、双辽发电厂等18项工程勘测，600MW火电标准设计以及6个计算机软件项目为国家电力公司优秀项目，现公布并予以表彰。

希望各电力勘测设计单位和广大勘测设计人员在今后的设计工作中，进一步转变观念，注重技术创新，优化设计方案，加强环境保护，降低工程造价，不断提高勘测设计水平和质量，强化服务意识，获得更多及更加优秀的电力工程勘测设计成果，为我国的电力工业的发展做出更大的贡献。

附件：2001年度国家电力公司优秀勘测、优秀设计、优秀标准设计和优秀计算机软件项目名单

二〇〇二年七月二十九日

关于公布二〇〇二年度国家电力公司火电优质工程评选结果的通知

（国电电源［2002］585号）

各分公司，华北电力集团公司，各省（区、市）电力公司、华能集团公司：

国家电力公司二〇〇二年度火电优质工程评审工作已经结束。经过对申报材料初审、现场复查和评审，决定授予邯峰发电厂等6个工程二〇〇二年度国家电力公司火电优质工程称号（名单见附件）。

各优质工程的参建单位对复查中提出的问题要及时整改，认真总结工程建设过程中的经验，建立和完善企业的管理机制，进一步加强管理，不断提高工程建设管理水平。

各参建单位要在工程建设中树立全过程创优意识，采用现代化的管理模式和手段，加强工程的过程管理与控制，进一步提高工程建设管理水平。

对荣获优质工程的有关参建单位，国家电力公司将颁发荣誉证书，建议各工程主管单位根据具体情况给予有关参建单位适当的物质奖励。

附件：二〇〇二年度国家电力公司火电优质工程名单

二〇〇二年八月三十日（印）

关于命名菏泽发电厂3号等机组为基建移交生产达标投产机组的通知

（国电电源［2002］919号）

各分公司，华北电力集团公司，各省（市、区）电力公司，华能集团公司：

按照火电、水电机组达标投产的规定，国家电力公司对通过达标投产复检的菏泽发电厂3号等4台火电机组和江西柘林水电站扩建工程的申报材料进行了审查。

根据审查结果，决定命名菏泽发电厂3号等4台火电机组为“基建移交生产达标投产机组”、江西柘林水电站扩建工程为“基建移交生产达标投产工程”（名单见附件），并颁发奖牌和证书。其中国华电力公

司准格尔电厂1号机组，为非国家电力公司系统机组，但根据业主申请，经复检和审查，该机组也达到了基建移交生产达标投产的条件，一并予以命名，同时颁发奖牌和证书。

附件：基建移交生产达标投产机组名单

二〇〇二年十二月十八日（印）

附件：

基建移交生产达标投产机组名单

山东菏泽发电厂3号机组
江苏徐塘发电厂技改工程1号机组
山西阳城发电厂4号机组
国华准格尔发电厂1号机组
江西柘林水电站扩建工程

关于命名江苏省电力公司、安徽省电力公司为中国一流电力公司的通知

（国电发［2002］204号）

各分公司，华北电力集团公司，各省（自治区、直辖市）电力公司，华能集团，华能国际，国电电力：

根据《中国一流电力公司考核标准（试行）》，国家电力公司组织有关单位对江苏省电力公司、安徽省电力公司建设“中国一流电力公司”的工作情况进行了全面考查。根据华东公司推荐及考查结果，决定命名江苏省电力公司和安徽省电力公司为“中国一流电力公司”，并颁发奖牌和荣誉证书。

多年来，江苏省电力公司和安徽省电力公司坚持“两手抓两手都要硬”的方针，注重企业的内质外形建设、重视企业经营管理工作，使企业快速发展。在企业的改革、发展、员工队伍建设、经营管理和经济效益、安全生产、现代化管理、电网建设、主要经济技术指标、双文明建设等方面的工作在国家电力公司系统中处于领先地位。

江苏省电力公司和安徽省电力公司分别成立了建设一流领导小组，制定了建设一流工作规划，通过坚持不懈地抓改革、抓发展、抓管理、抓队伍，加快推进两个根本性转变，不断深化建设一流工作，使企业的两个文明建设实现了协调发展，取得了突出成绩。

一流管理是动态的。希望江苏、安徽电力公司戒骄戒躁，认真查找不足，提出针对性的措施，不断创新，提高经营管理水平和服务水平，在实现两个根本性转变中取得新成绩。为此，国家电力公司提出如下具体要求：

1. 全面贯彻落实党的十五届六中全会精神，进一步建立和完善法人治理结构，按照建立现代企业制度的要求，把企业办成在国内电力市场具有竞争力，有较强抗御风险能力的一流电力公司。

2. 公司的生产经营活动应当继续坚持以安全为基础，以经济效益为中心的原则，注重企业基础性的管理工作，注重对建设一流企业实施动态管理，注重科技创新，加快企业的技术进步，使公司所管理的企业具有较高的安全性、可靠性、经济性、可调性，不断提高服务水平。

3. 牢记“人民电业为人民”的宗旨，不断提高为客户服务水平，树立良好的企业形象。

各分（集团）公司，各省电力公司要进一步加强对建设一流工作的领导，以一流电力公司为目标，以安全文明生产为基础，以经济效益为中心，以优质服务为宗旨，以市场为导向，以科技进步为灵魂，不断提高企业经营管理水平，努力实现一流电力公司的目标，为实现国家电力公司两型两化国际一流的战略目标做出贡献。

二〇〇二年四月三日

关于命名一流企业的通知

（国电发［2002］376号）

各分公司，华北电力集团公司，各省（区、市）电力公司，华能集团，华能国际，国电电力，中电国际：

根据“一流企业”考核标准，国家电力公司组织有关单位对申报2001年度一流企业的辽阳电业局等企业进行了审定。根据审定结果，国家电力公司决定命名辽阳电业局等41个供电企业为“一流供电企业”、山东莱城发电厂等16个火电厂为“一流火力发电厂”，太平湾发电厂等6个水电厂为“一流水力发电厂”，山东超高压输变电分公司等3个超高压企业为“一流超高压输变电企业”，江苏省电力科学研究院有限公司等6个电力科学研究院（所）为“一流电力科学研究院（所）”，黑龙江省电力有限公司调度中心等10个调度机构为“一流电网调度机构”，河北省电力勘测设计研究院等5个设计企业为“一流电力设计企业”（名单见附件），并颁发奖牌和荣誉证书。

受广电集团、内蒙古电力集团有限责任公司、山

东省监狱管理局、新力能源开发公司的委托、对广东省电力设计研究院、内蒙古蒙电华能热电股份有限公司丰镇发电厂、山东里能里彦发电有限公司、江苏利港发电有限公司一流申报材料进行了考核审定，认为达到了一流标准。

上述单位要珍视这一荣誉,认真总结经验,进一步加强管理,建立和完善企业的管理机制,提高服务质量;坚持依靠科技进步,提高自动化水平,实现合理分流富余人员;牢固树立"人民电业为人民"的意识;坚持建设一流企业目标,不断增强企业对社会主义市场经济的适应能力和竞争能力,使企业经济效益进一步提高。

国家电力公司要求系统各分公司、省（区、市）电力公司切实加强对建设一流工作的组织领导，按照《关于新形势下建设一流企业的原则意见》和《国家电力公司系统安全文明生产及一流企业动态管理办法（试行)》的要求，坚持以市场为导向，以经济效益为中心，以安全生产为基础，以服务人民、奉献社会为宗旨；坚持高标准、严要求，坚持国际一流目标不动摇，进一步加强对建设一流的考核和指导。

对命名为"一流企业"的物质奖励，由上级主管部门根据具体情况决定。

附件：一流企业名单

二〇〇二年六月九日

关于命名国际一流发供电企业的通知

（国电发［2002］463号）

各分公司、集团公司，各省（自治区、直辖市）电力公司，华能集团，华能国际，国电电力：

根据《国家电力公司创建国际一流火力发电厂考核标准（试行)》和《国家电力公司创建国际一流供电企业考核标准（试行)》，国家电力公司组织有关人员先后对山东石横发电厂、青岛电业局、浙江北仑第一发电有限责任公司、绍兴电力局、苏州供电公司和上海市东、市区供电公司共7个单位建设国际一流发供电企业工作进行了调研。根据山东电力集团公司、华东公司推荐及考查结果，国家电力公司决定命名青岛电业局、绍兴电力局、苏州供电公司和上海市东、市区供电公司5个供电企业为"国际一流供电企业"，山东石横发电厂、浙江北仑第一发电有限责任公司2个火电厂为"国际一流火力发电厂"，并颁发奖牌和荣誉证书。

上述企业始终把建设国际一流电力企业作为寻求创新与提高、推动改革与发展的工作载体，经过近几年的艰苦努力，在安全文明生产、设备装备、效率效益，以及管理、机制和科技创新方面都达到了新的水平，已基本接近或达到了世界同类企业先进水平。

希望上述单位珍视这一荣誉，认真总结经验，坚持体现一流的电网与设备、一流的技术与指标、一流的管理与机制、一流的效率与效益、一流的质量与服务、一流的人才与文化，继续坚持建设一流企业目标，不断增强企业对社会主义市场经济的适应能力和竞争能力，使企业能始终处于世界同类企业先进水平。

建设国际一流要与时俱进，不断创新。因此，要求各分公司、集团公司、省（区、市）电力公司切实加强对建设一流工作的组织领导，坚持实事求是、讲究实效，力戒形式主义和铺张浪费。按照国家电力公司《关于新形势下建设一流企业的原则意见》和《国家电力公司系统安全文明生产及一流企业动态管理办法（试行)》的要求，坚持以市场为导向，以经济效益为中心，以安全生产为基础，以服务人民、奉献社会为宗旨；坚持高标准、严要求，坚持国际一流目标不动摇，进一步加强对建设一流的考核和指导。

对命名为"国际一流企业"的物质奖励，由上级主管部门根据具体情况决定。

二〇〇二年七月十五日

关于命名2001年度国家电力公司一流县供电企业的通知

（国电农［2002］757号）

国电东北公司、华北电力集团公司、各省（直辖市、自治区）电力公司：

按照建设一流县供电企业的总体部署和安排，近年来，公司系统各县供电企业，在加强企业管理方面，以建设一流县供电企业为载体，取得了显著成效。继2001年公司命名首批一流县供电企业之后，今年又有一些单位申报一流县供电企业的考核。依据《建设一流县供电企业标准及考核细则》，国家电力公司组织有关单位和专家对申报单位进行了审定，同时受内蒙古电力集团公司委托，对东胜供电局和集宁供电公司建设一流情况进行调研。根据审定结果，决定授予山东省荣城市电业总公司等88个单位"一流县供电企业”称号（名单见附件），现公布并予以表彰。有关对“一流企业”的物质奖励，由上级主管部门视具体情况安排。

希望荣获“一流县供电企业”单位要珍视荣誉，认真总结经验，通过科技创新、管理创新和体制创新，不断提高现代化管理水平和企业综合实力；牢固树立“人民电业为人民”的思想，深化电力“为农业、为农民、为农村经济服务”的意识；遵照建设一流企业宗旨，继续探索，不断努力，向更高目标迈进。

各网省电力公司要切实加强对建设一流县供电企业工作的组织和领导，将一流企业标准全面纳入县供电企业各项建设管理工作中。按照“全面提高、强化管理、注重过程、力戒形式”的要求，引导县供电企业积极开展建设一流工作，不断提高企业的各项管理水平和综合实力，实现县供电企业更安全、更经济、更文明、更高效、更富有竞争力的建设目标，向社会提供“优质、方便、规范、真诚”的电能服务。

按照国家电力公司《关于建设一流县供电企业考核管理工作的有关规定》，对一流县供电企业实行动态考核，各省电力公司每年要对已经命名的一流县供电企业进行复查，对不符合条件的单位将通报警告，对整改达不到要求的将取消其称号。

附件：2001年度一流县供电企业名单

二〇〇二年十一月一日

关于印发中国电力科学技术奖奖励通报（第二号）的通知

（国电科［2002］507号）

国家电力公司系统各有关单位：

根据中国电力科学技术奖励评审委员会的评审决议，决定对2002年度中国电力科学技术奖获奖项目（50项）给予奖励并通报表扬。现将中国电力科学技术奖奖励通报（第二号）印发给你们，请认真做好获奖项目的应用、推广工作，使科技成果在电力生产建设中进一步发挥作用，取得更显著的效益。

附件：中国电力科学技术奖奖励通报（第二号）

二〇〇二年七月三十日

关于命名国家电力公司重点实验室（第二批）的通知

（国电科［2002］660号）

各有关单位：

为加强国家电力公司重点实验设施的规范化管理，充分发挥实验室在公司科研、系统设计、工程建设、生产运行中的重大作用，促进技术交流与合作，提高公司技术创新能力，根据“国家电力公司重点实验室管理办法”的规定，经研究，决定命名下述实验室为国家电力公司重点实验室：

1. 自动化设备电磁兼容实验室
   依托单位：电力自动化研究院
2. 输电线路杆塔实验站
   依托单位：电力建设研究所
3. 煤洁净燃烧实验室
   依托单位：西安热工研究院
4. 电力大气环境工程实验室
   依托单位：南京电力环境保护研究所

上述四个实验室要按照“国家电力公司重点实验室管理办法”的要求，进一步加强科研技术队伍建设，实施开放式管理，规范化运行，充分发挥实验室的优势，在国家电力公司的科技进步与技术创新中发挥主力军作用，为电力的设计、建设和生产运行提供优质服务。

上述四个重点实验室的依托单位要加强对实验室的管理，为重点实验室的发展提供保障。并按照“国家电力公司重点实验室管理办法”的要求，定期将重点实验室的工作情况上报国家电力公司。

二〇〇二年九月二十六日

关于表彰国家电力公司首届青年管理创新奖的决定

（国电政［2002］93号）

国家电力公司系统各单位，各省、自治区、直辖市团委：

在国家电力公司和共青团中央联合开展的青年创新创效活动中，国家电力公司系统各单位组织动员广大青年积极投身管理创新实践，有力地促进了企业管理的科学化、规范化和实效化，提高了管理对经济效益的贡献率。为了表彰在企业管理创新工作中做出贡献的优秀青年人才，经公司系统各单位推荐，国家电力公司组织有关专家进行严格评审，国家电力公司、共青团中央决定：授予徐鹏等3名同志国家电力公司首届青年杰出管理创新奖，授予杨同贺等20名同志国家电力公司首届青年管理创新奖。各有关单位要对获奖的同志给予一定的表彰奖励。

希望获奖的同志再接再厉，不断树立与市场化运作和国际化运作接轨的管理理念，为促进企业管理创新和经济效益的提高做出更大贡献。国家电力公司系统广大青年要向获奖的同志学习，培养创新精神，提高创新能力，投身创新实践，切实提高管理水平，不断促进管理的科学化、规范化，信息化和现代化，为实现国家电力公司“两型两化，国际一流”的目标而努力。

附件1：国家电力公司首届青年杰出管理创新奖名单

附件2：国家电力公司首届青年管理创新奖名单

二〇〇二年二月二十五日（印）

关于命名和认定2001年度电力单位全国青年文明号和全国青年文明号优秀组织单位的决定

（国电政［2002］201号）

国家电力公司各单位，广东省广电集团有限公司，内蒙古电力（集团）有限责任公司，各省、市、自治区团委：

2001年，国家电力公司系统以及广东省广电集团有限公司、内蒙古电力（集团）有限责任公司各单位认真贯彻党的十五大精神，紧紧围绕电力安全文明生产和优质服务，广泛开展青年文明号创建活动，取得了新的成效，涌现出一大批具有良好职业道德、创造一流工作业绩的优秀青年集体。为表彰先进，使电力企业青年文明号创建活动向高质量、高标准、严管理发展，向科学化、规范化、项目化推进，国家电力公司、共青团中央决定：命名山东电力集团公司超高压公司500kV淄博变电站等51个青年集体、继续认定江苏省电力公司南京供电局栖霞分局营业厅等230个青年集体为2001年度全国青年文明号，命名华北电力集团公司青工部等10个单位全国青年文明号活动优秀组织单位。

希望获得全国青年文明号称号的单位、集体和全国青年文明号优秀组织单位珍惜荣誉，再接再厉，进一步提高青年文明号的管理质量，创新创建活动的方式方法，充分发挥带头示范作用，在电力企业两个文明建设中不断取得新的成绩。希望各有关部门和各级团组织要紧紧围绕电力改革发展稳定大局，以经济效益为中心，以提高青年素质为重点，以深入实施“青年文明号信用建设示范行动”为突破口，深化青年文明号活动，进一步动员和带领青年立足岗位、文明从业、优质服务、争创一流，为电力工业持续发展做出更大的贡献。

附件1：电力单位2001年度全国青年文明号名单

附件2：电力单位全国青年文明号活动优秀组织单位名单

二〇〇二年四月二十八日（印）

关于表彰全国电力系统配电线路带电作业青年技能创新创效大赛获奖集体和个人的决定

（国电政［2002］925号）

国家电力公司各分公司、集团公司、省电力公司，各省、市、自治区团委：

由团中央和国家电力公司联合举办的全国电力系统配电线路带电作业青年技能创新创效大赛圆满结束。来自全国电力系统的24个代表队参加了比赛。各参赛队精心组织，克服了准备时间短、技术标准要求高等诸多困难，赛出了水平，赛出了风格，赛出了成绩，展示了电力青年技能创新创效成果，涌现了一批有知识、肯钻研的优秀技术人才，他们代表了现在和未来一段时期我国带电技术的较高水平。

按照国电政［2002］733号文件的精神，共青团中央、国家电力公司决定：授予上海市电力公司团体一等奖；授予黑龙江省电力有限公司、河北省电力公司团体二等奖；授予吉林省电力有限公司、山东电力集团公司、国电东北公司团体三等奖。授予浙江省电力公司石宵峰、宁夏电力公司郭永峰等两名同志全国电力系统杰出青年岗位能手称号；授予黑龙江省电力有限公司罗洪舟、山东电力集团公司李红新、上海市电力公司沈钟伟、国电东北公司韩国权、吉林省电力有限公司田家龙、甘肃省电力公司穆宜、安徽省电力公司宋克东、重庆市电力公司张毅、陕西省电力公司褚长燚、河北省电力公司侯立民等十名同志全国电力系统青年岗位能手称号。各有关单位对获奖集体和个人要给予一定的物质奖励。

希望各单位认真学习贯彻党的十六大精神，努力实践“三个代表”重要思想，不断深化青年创新创效活动，为优秀青年人才的脱颖而出创造条件。希望获奖者戒骄戒躁，不断学习新知识，掌握新技能，为带电作业的新发展做出新的贡献。希望广大电力青年向受表彰的同志学习，积极投身青年创新创效活动，为加快电力发展，更好地服务社会经济发展和人民生活水平的提高贡献聪明才智。

二〇〇二年十二月十九日（印）

统计资料

国 民 经 济 主 要 指 标

	单　位	2002 年	比 2001 年增长（%）
全国总人口	万人	128453	0.65
城镇人口	万人	50212	4.47
乡村人口	万人	78241	-1.66
年末从业人员	万人	73740	0.98
国内生产总值	亿元	102398	8.00
第一产业	亿元	14883	2.90
第二产业	亿元	52982	9.90
第三产业	亿元	34533	7.30
工业增加值	亿元	45935	10.20
全社会固定资产投资总额	亿元	43202	16.10
国有经济投资总额	亿元	31020	17.00
基本建设投资	亿元	17251	16.40
更新改造投资	亿元	6584	11.10
房地产	亿元	7736	21.90
一次能源生产总量（标准煤）	亿 t	13.87	18.50
原　煤	万 t	13.80	18.90
原　油	万 t	1.67	1.80

注　国内生产总值、工业增加值绝对数按现价计算，增长速度按可比价格计算。

2002 年电力生产基本情况

	单　位	2002 年	2001 年	比 2001 年增长（%）
一、发电装机容量	**万 kW**	**35657.09**	**33848.69**	**5.34**
水　电	万 kW	8607.46	8300.64	3.70
火　电	万 kW	26554.67	25301.2	4.95
核　电	万 kW	446.80	210.00	112.76
二、单机 6000kW 及以上机组	**台**	**6100**	**5860**	**240**
	万 kW	32570.57	30924.65	5.32
水　电	台	1424	1371	53
	万 kW	6458.22	6307.14	2.40

续表

	单　位	2002年	2001年	比2001年增长（%）
火　电	台	4670	4486	184
	万kW	25665.55	24407.51	5.15
其中：供　热	台	1937	1827	110
	万kW	3743.67	3478.07	7.64
其中：国外机组	台	1125	1094	31
	万kW	9318.07	8569.66	8.73
水　电	台	151	144	7
	万kW	1624.92	1594.38	1.92
火　电	台	974	950	24
	万kW	7693.15	6975.28	10.29
平均单机容量	万kW/台	5.34	5.28	0.06
三、35kV及以上输电线路长度	**km**	**803505**	**781854**	**2.77**
其中：500kV	km	36745	31486	16.70
330kV	km	9612	9177	4.74
220kV	km	142362	135935	4.73
110kV	km	226567	220051	2.96
四、35kV及以上变电设备容量	**万kVA**	**124481**	**111771**	**11.37**
其中：500kV	万kVA	13750	11731	17.21
330kV	万kVA	1755	1527	14.93
220kV	万kVA	37209	34026	9.35
110kV	万kVA	44762	40238	11.24
五、发电量	**亿kWh**	**16541.64**	**14838.56**	**11.48**
水　电	亿kWh	2745.65	2611.08	5.15
火　电	亿kWh	13522.04	12044.78	12.26
核　电	亿kWh	264.89	174.72	51.61
六、6000kW及以上电厂供热量	**万百万kJ**	**139150.48**	**128743.69**	**8.08**
七、6000kW及以上电厂供电煤耗	**g/（kWh）**	**383**	**385**	**-2**
八、6000kW及以上电厂发电煤耗	**g/（kWh）**	**356**	**357**	**-1**
九、6000kW及以上电厂厂用电率	**%**	**6.15**	**6.24**	**-0.09**
水　电	%	0.49	0.46	0.03
火　电	%	7.10	7.25	-0.15
十、6000kW及以上电厂利用小时	**h**	**4860**	**4588**	**272**
水　电	h	3289	3129	160
火　电	h	5272	4900	372
十一、供电量	**亿kWh**	**14032.27**	**12556.45**	**11.75**
售电量	亿kWh	12976.89	11608.11	11.79
线损电量	亿kWh	1055.38	948.34	11.29
线路损失量	%	7.52	7.55	-0.03
十二、6000kW及以上电厂燃料消耗				
发电消耗标准煤量	万t	47290.08	42161.79	12.16
发电消耗燃煤量	万t	65594.55	57637.06	13.81

续表

	单　位	2002 年	2001 年	比 2001 年增长（%）
发电消耗燃油量	万 t	1089.12	1022.81	6.48
发电消耗燃气量	万 m^3	2114728	1811165	16.76
供热消耗标准煤量	万 t	5633.19	5160.31	9.16
供热消耗原煤量	万 t	7689.50	6924.35	11.05
供热消耗燃油量	万 t	153.75	148.27	3.70
供热消耗燃气量	万 m^3	1042125	915449	13.84
十三、6000kW 及以上电厂热效率				
电厂热效率	%	35.12	34.81	0.31
电厂供热效率	%	84.28	85.13	−0.85
能源转换总效率	%	40.36	40.55	−0.19
十四、发用电设备比				
发电设备容量：用电设备容量		1:2.68	1:2.46	
十五、电力弹性系数				
电力生产弹性系数		1.43	1.15	0.28
电力消费弹性系数		1.45	1.19	0.26
十六、电力消费能源占一次能源的比重	**%**	**43.56**	**42.90**	**0.66**

2002 年电力工业建设项目投资完成情况

	计算单位	2002 年	2001 年	比 2001 年增长（%）
一、固定资产投资完成额	**亿元**	**2296.92**	**1944.55**	**18.12**
基本建设投资	亿元	1238.81	1010.71	22.57
“大代小”投资	亿元	70.31	58.85	19.47
城乡电网投资	亿元	987.80	874.99	12.89
（一）基本建设投资完成额	**亿元**	**1238.81**	**1010.70**	**22.57**
1. 按资金来源分				
非经营基金	亿元	0.95	0.52	82.69
开行软贷	亿元	2.09	0.58	260.34

续表

	计算单位	2002年	2001年	比2001年增长（%）
开行贷款	亿元	238.34	207.05	15.11
商行贷款	亿元	435.19	270.03	61.16
利用外资	亿元	172.46	172.43	0.02
中央专项	亿元	2.43	19.10	-87.28
三峡基金	亿元	16.81	36.94	-54.49
煤 代 油	亿元			
企业自有	亿元	179.53	161.13	11.42
中央债券	亿元	19.25	0.19	10031.58
地方债券	亿元			
地方专项	亿元	24.15	24.32	-0.70
地方其他	亿元	35.63	42.00	-15.17
其　　他	亿元	111.67	76.60	45.78
2. 按类型分				
电　　源	亿元	677.12	592.69	14.25
电　　网	亿元	519.68	361.20	43.88
其　　他	亿元	42.01	56.82	-26.06
3. 按隶属关系分				
国家电力公司全资	亿元	504.25	394.51	27.82
国家电力公司控股	亿元	261.36	326.65	-19.99
国家电力公司参股	亿元	232.64	193.14	20.45
地方电力企业	亿元	32.22	67.29	-52.12
其他电力企业	亿元	208.34	29.12	615.45
4. 按构成分				
建筑工程	亿元	398.72	289.94	37.52
安装工程	亿元	161.92	146.03	10.88
设备工器具购置	亿元	381.50	324.72	17.49
其他工程	亿元	296.67	250.02	18.66
（二）"大代小"投资完成额	**亿元**	**70.31**	**58.85**	**19.47**
1. 按资金来源分				
开行贷款	亿元	13.24	3.36	294.05

续表

	计算单位	2002年	2001年	比2001年增长（%）
商行贷款	亿元	23.19	38.98	-40.51
利用外资	亿元	1.08	2.52	-57.14
企业自有	亿元	13.65	7.35	85.71
中央专项	亿元			
地方专项	亿元	3.88		
地方其他	亿元	1.42	4.85	-70.72
其　　他	亿元	13.87	1.79	674.86
2. 按构成分				
建筑工程	亿元	13.91	11.91	16.79
安装工程	亿元	13.77	11.60	18.71
设备工器具购置	亿元	29.43	24.98	17.81
其他工程	亿元	13.19	10.36	27.32
（三）城乡电网建设与改造投资完成额	**亿元**	**987.80**	**874.99**	**12.89**
按电网构成分				
城网部分	亿元	173.86	372.52	-53.33
农网部分	亿元	813.94	502.47	61.99
其中：农网直供部分	亿元	454.99	254.99	78.43
农网趸售部分	亿元	358.95	247.48	45.04
二、年新增固定资产	**亿元**	**911.92**	**898.10**	**1.54**
基本建设新增	亿元	833.05	841.24	-0.97
“大代小”新增	亿元	78.87	56.86	38.71
三、基建新增生产能力				
1. 新增单机500kW及以上机组	**万kW**	**1193.01**	**1586.87**	**-24.82**
水　　电	万kW	148.22	289.55	-48.81
火　　电	万kW	1044.79	1297.32	-19.47
其中：新增大中型机组	万kW	1130.36	1516.36	-25.45
水　　电	万kW	123.62	266.51	-53.62
火　　电	万kW	1006.74	1249.85	-19.45
2. 新增110kV及以上线路	**km**	**17797.95**	**14302.46**	**24.44**
500kV	km	5728.14	4335.01	32.14

续表

	计算单位	2002 年	2001 年	比 2001 年增长（%）
330kV	km	537.12	418.00	28.50
220kV	km	7385.10	7178.08	2.88
110kV	km	4147.59	2371.37	74.90
3. 新增 110kV 及以上变电设备	**万 kVA**	**5872.00**	**5319.30**	**10.39**
500kV	万 kVA	2233.00	2133.00	4.69
330kV	万 kVA	129.00	153.00	－15.69
220kV	万 kVA	2596.00	2621.00	－0.95
110kV	万 kVA	914.00	412.30	121.68
四、"大代小"投产能力				
新增单机 500kW 及以上机组	**万 kW**	**240.25**	**132.20**	**81.73**
火　电	万 kW	240.25	131.50	82.70
五、城乡电网建设与改造投产能力				
1. 投产线路	**km**	**2069595.59**	**1452278.93**	**42.51**
220kV	km	862.01	1294.76	－33.42
110kV	km	10998.62	16093.12	－31.66
35kV	km	26536.79	34203.81	－22.42
1～10kV	km	608380.16	331669.73	83.43
低压线路	km	1422818.01	1069017.51	33.10
2. 投产变电设备	**万 kVA**	**22660.65**	**12643.06**	**79.23**
220kV	万 kVA	824.10	1197.71	－31.19
110kV	万 kVA	3338.40	4627.26	－27.85
35kV	万 kVA	1734.87	2454.81	－29.33
1～10kV	万 kVA	16763.28	4363.28	284.19
六、基本建设规模				
1. 上年结转规模	**万 kW**	**6354.06**	**5528.62**	**14.93**
水　电	万 kW	3585.01	2737.62	30.95
火　电	万 kW	2769.05	2791.00	－0.79
2. 当年新开工规模	**万 kW**	**2077.50**	**2058.94**	**0.90**
水　电	万 kW	963.50	963.40	0.01
火　电	万 kW	1114.00	1095.54	1.69
3. 当年在建规模	**万 kW**	**8431.56**	**7870.42**	**7.13**

续表

	计算单位	2002年	2001年	比2001年增长（%）
水　电	万kW	4548.51	3851.52	18.10
火　电	万kW	3883.05	4081.90	-4.87
4. 当年投产规模	**万kW**	**1193.01**	**1516.36**	**-21.32**
水　电	万kW	148.22	266.51	-44.38
火　电	万kW	1044.79	1249.85	-16.41
5. 年末建设规模	**万kW**	**7238.55**	**6354.06**	**13.92**
水　电	万kW	4400.29	3585.01	22.74
火　电	万kW	2838.26	2769.05	2.50
6. 当年投产容量与建设规模比		**1:7.1**	**1:5.2**	
水　电		1:30.3	1:14.5	
火　电		1:3.7	1:3.2	

2002年全国城乡电网累计完成情况

	计算单位	到2002年底累计	2002年	2001年	2000年
一、全国城乡电网投资完成情况	**亿元**	**3877.54**	**987.80**	**874.99**	**1101.74**
按电网构成分					
城网部分	亿元	1287.81	173.86	372.52	351.12
农网部分	亿元	2589.73	813.94	502.47	750.62
其中：农网直供部分	亿元	1374.30	454.99	254.99	375.83
农网趸售部分	亿元	1215.43	358.95	247.48	374.79
二、全国城乡电网资金到位情况	**亿元**	**3568.35**	**920.45**	**786.61**	**920.17**
按电网构成分					
城网部分	亿元	1217.33	202.66	365.49	304.66
农网部分	亿元	2351.02	717.79	421.12	615.51
其中：农网直供部分	亿元	1199.80	383.98	212.95	298.63
农网趸售部分	亿元	1151.22	333.81	208.17	316.88
三、全国城乡电网投产线路情况	**km**	**6280025.82**	**2069595.59**	**1452278.93**	**1837557.75**
按电网构成分					
城网部分	km	228303.74	58202.19	66869.92	59897.59
农网部分	km	6051721.40	2011393.40	1385409.01	1777660.16
其中：农网直供部分	km	3006586.41	1076706.20	655947.99	852785.87
农网趸售部分	km	3045135.67	934687.20	729461.02	924874.29
四、全国城乡投产变电站情况	**万kVA**	**50876.61**	**22660.65**	**12643.06**	**8785.51**
按电网构成分					
城网部分	万kVA	14448.40	3871.06	4534.44	3206.72
农网部分	万kVA	36428.21	18789.59	8108.62	5578.79
其中：农网直供部分	万kVA	13123.90	4015.94	3686.22	3014.19
农网趸售部分	万kVA	23304.31	14773.65	4422.40	2564.60

2002年全国分地区发电设备容量

地区	2002年装机容量（万kW）					比2001年增减（%）				
	合计	水电	火电	核电	其他	合计	水电	火电	核电	其他
全国总计	**35657.09**	**8607.46**	**26554.67**	**446.80**	**48.18**	**5.34**	**3.70**	**4.95**	**112.76**	**30.71**
华北地区	**5380.21**	**320.69**	**5050.52**		**9.01**	**5.37**	**1.23**	**5.59**		**59.13**
北京市	444.60	103.85	340.75			−0.55	−1.85	−0.15		
天津市	625.05	0.50	624.55			10.88		10.89		
河北省	1753.51	77.59	1674.57		1.35	1.79	4.48	1.64		36.55
山西省	1512.31	79.53	1432.78			6.41	−0.08	6.80		
内蒙古自治区	1044.74	59.21	977.87		7.66	9.84	4.58	9.89		63.89
东北地区	**3628.98**	**565.02**	**3053.10**		**10.86**	**2.06**	**−0.04**	**2.32**		**69.68**
辽宁省	1572.98	126.14	1438.99		7.85	2.12	−0.03	2.22		22.71
吉林省	893.91	357.39	533.52		3.01	0.72	−0.05	0.67		
黑龙江省	1162.09	81.49	1080.60			3.05	0.02	3.29		
华东地区	**10850.49**	**1541.33**	**9135.14**	**167.80**	**6.22**	**8.62**	**5.00**	**7.66**	**459.33**	**−1.43**
上海市	1138.26		1138.26			1.33		1.33		
江苏省	2073.62	13.72	2059.90			5.25	307.12	4.73		
浙江省	2067.74	586.68	1308.24	167.80	5.02	9.88	2.34	2.72	459.33	
安徽省	970.54	64.91	905.63			1.42	6.62	1.07		
福建省	1352.39	651.20	699.99		1.20	7.19	5.37	8.96		−6.98
江西省	732.62	219.74	512.88			5.60	6.27	5.32		
山东省	2515.31	5.08	2510.24			19.70	−9.61	19.78		
中南地区	**8999.49**	**2847.33**	**5864.59**	**279.00**	**8.56**	**3.81**	**3.11**	**2.53**	**55.00**	**13.02**
河南省	1834.25	243.80	1590.45			3.12		3.62		
湖北省	1536.17	721.39	814.78			1.04	1.24	0.87		
湖南省	1111.09	613.53	497.56			1.34	2.84	−0.44		
广东省	3587.99	777.53	2523.78	279.00	7.68	6.78	6.47	3.30	55.00	14.73
广西自治区	751.95	436.33	315.62			2.42	2.82	1.87		
海南省	178.04	54.75	122.41		0.88	−0.68	1.73	−1.73		
西南地区	**3839.75**	**2161.10**	**1675.63**		**3.02**	**3.70**	**5.42**	**1.57**		
重庆市	420.00	119.55	300.45			0.81	−5.72	3.66		
四川省	1799.66	1185.46	614.20			0.49	2.80	−3.69		
贵州省	706.86	242.61	464.25			6.29	0.69	9.48		
云南省	876.91	583.63	293.27			10.42	16.83	−0.46		
西藏自治区	36.33	29.85	3.46		3.02	0.69	0.84			
西北地区	**2706.18**	**919.99**	**1775.68**		**10.51**	**5.11**	**3.69**	**5.73**		**33.13**
陕西省	819.77	146.23	673.54			5.73	0.80	6.87		
甘肃省	712.88	323.86	388.18		0.84	1.82	3.86	0.18		
青海省	401.00	320.63	80.38			2.98	2.52	4.83		
宁夏自治区	269.39	30.79	238.60			14.44		16.62		
新疆自治区	503.14	98.48	394.99		9.67	6.07	13.45	3.81		37.08
不分区	**252.00**	**252.00**								
南电联	252.00	252.00								

2002年全国分地区发电量

地区	发电量（亿kWh）					比2001年增减（%）				
	合计	水电	火电	核电	其他	合计	水电	火电	核电	其他
全国总计	**16541.64**	**2745.65**	**13522.04**	**264.89**	**9.03**	**11.48**	**5.15**	**12.26**	**51.61**	**13.66**
华北地区	**2833.68**	**34.40**	**2797.57**		**1.71**	**13.04**	**18.80**	**12.96**		**35.17**
北京市	183.52	4.66	178.86			3.89	69.57	2.85		
天津市	272.75	0.12	272.63			23.00	31.72	22.99		
河北省	1014.16	4.10	1009.70		0.36	8.82	31.41	8.73		112.38
山西省	841.34	18.78	822.56			18.33	11.78	18.49		
内蒙古自治区	521.91	6.74	513.82		1.34	12.12	8.78	12.14		23.11
东北地区	**1496.82**	**80.14**	**1415.45**		**1.23**	**5.51**	**−19.52**	**7.37**		**53.72**
辽宁省	721.24	15.51	704.50		1.23	8.52	−35.36	10.11		53.72
吉林省	309.34	49.00	260.34			0.88	−20.53	6.27		
黑龙江省	466.25	15.64	450.61			4.21	12.26	3.95		
华东地区	**5167.90**	**440.00**	**4670.15**	**56.12**	**1.63**	**12.57**	**8.76**	**12.25**	**127.02**	**54.31**
上海市	616.48		616.48			6.85		6.85		
江苏省	1168.76	1.60	1167.16			12.25	180.60	12.16		
浙江省	889.21	138.83	692.87	56.12	1.39	12.82	31.30	5.47	127.02	74.25
安徽省	470.60	13.57	457.03			12.74	46.57	11.97		
福建省	533.08	224.35	308.50		0.24	19.42	−4.30	45.72		−8.10
江西省	247.99	61.51	186.48			14.73	13.38	15.18		
山东省	1241.77	0.15	1241.62			12.44	−51.01	12.46		
中南地区	**3950.36**	**951.78**	**2788.32**	**208.77**	**1.47**	**10.65**	**5.47**	**10.81**	**39.18**	**0.31**
河南省	895.93	48.59	847.34			12.56	36.05	11.46		
湖北省	621.55	278.54	343.01			5.22	3.07	7.04		
湖南省	453.87	253.29	200.58			11.40	18.70	3.37		
广东省	1610.08	169.13	1230.81	208.77	1.35	12.34	−11.32	12.80	39.18	
广西自治区	317.03	186.34	130.69			6.67	5.82	7.92		
海南省	51.91	15.89	35.89		0.12	13.65	−2.18	22.47		3.90
西南地区	**1752.63**	**835.33**	**916.29**		**1.02**	**13.57**	**7.05**	**20.28**		
重庆市	184.75	37.48	147.27			8.41	11.75	7.60		
四川省	723.79	444.99	278.79			13.72	3.88	33.98		
贵州省	427.43	95.12	332.31			15.71	−0.56	21.39		
云南省	408.49	250.62	157.87			13.62	15.77	10.36		
西藏自治区	8.18	7.12	0.04		1.02	11.44	13.20	33.33		
西北地区	**1210.52**	**274.27**	**934.28**		**1.97**	**11.23**	**−0.07**	**15.13**		**−15.65**
陕西省	347.82	28.41	319.41			12.62	5.11	13.34		
甘肃省	342.80	107.59	235.04		0.18	16.09	−2.46	27.15		27.54
青海省	141.64	91.84	49.80			−0.05	−3.53	7.08		
宁夏自治区	163.66	8.61	155.05			14.10	2.13	14.85		
新疆自治区	214.60	37.82	174.98		1.80	7.84	12.90	7.15		−18.41
不分区	**129.72**	**129.72**				**7.42**	**7.42**			
南电联	129.72	129.72				7.42	7.42			

2002 年年底单机 6000kW 及

地 区	计算单位	发电机组总计	水轮机组合计	汽轮机组合计	其高温高压机组合计	高温高压机组供热	次高压机组
6000kW 及以上机组合计	**台**	**6100**	**1424**	**3984**	**1414**	**377**	**289**
	万 kW	**32570.57**	**6458.22**	**24446.86**	**21345.28**	**2084.40**	**478.02**
一、30 万 kW 及以上机组	**台**	**370**	**51**	**313**	**313**	**2**	
	万 kW	**13252.30**	**1730.20**	**11075.30**	**11075.30**	**60.00**	
60 万 kW	台	26		26	26		
	万 kW	1560.00		1560.00	1560.00		
35 万 kW	台	44		44	44		
	万 kW	1540.00		1540.00	1540.00		
32 万 kW	台	11	4	7	7		
	万 kW	352.00	128.00	224.00	224.00		
30 万 kW	台	223	31	191	191	2	
	万 kW	6690.00	930.00	5730.00	5730.00	60.00	
二、20 万～不足 30 万 kW 机组	**台**	**248**	**43**	**205**	**203**	**25**	**2**
	万 kW	**5131.00**	**946.00**	**4185.00**	**4141.00**	**500.00**	**44.00**
25 万 kW	台	7	5	2	2		
	万 kW	175.00	125.00	50.00	50.00		
22.5 万 kW	台	10	8	2	2		
	万 kW	225.00	180.00	45.00	45.00		
20 万 kW	台	175	15	160	160	25	
	万 kW	3500.00	300.00	3200.00	3200.00	500.00	
三、10 万～不足 20 万 kW 机组	**台**	**456**	**94**	**343**	**337**	**31**	**1**
	万 kW	**5440.55**	**1240.60**	**3979.87**	**3911.87**	**382.70**	**12.00**
17 万 kW	台	5	5				
	万 kW	85.00	85.00				
15 万 kW	台	19	19				
	万 kW	285.000	285.000				
12.5 万 kW	台	160	23	137	135	3	
	万 kW	2000.00	287.50	1712.50	1687.50	37.50	
11 万～12 万 kW	台	21	6	13	11		1
	万 kW	239.92	69.60	146.92	123.92		12.00
10 万 kW	台	174	20	144	142	14	
	万 kW	1740.00	200.00	1440.00	1420.00	140.00	
四、5 万～不足 10 万 kW 机组	**台**	**513**	**121**	**375**	**324**	**141**	**13**
	万 kW	2864.07	799.61	1949.12	1682.10	732.90	69.42
9 万 kW	台	7	7				
	万 kW	63.000	63.000				

以上发电机组分类情况

中：						在总计中：国外机组		
中温中压机组		低温低压机组	燃气轮机组	柴油机组	其他机组			
合 计	供 热					合 计	水 电	火 电
2185	**1267**	**96**	**166**	**520**	**6**	**1125**	**151**	**974**
2532.29	**1271.96**	**91.27**	**649.11**	**569.58**	**446.80**	**9318.07**	**1624.92**	**7693.15**
					6	**148**	**27**	**121**
					446.80	**6184.30**	**961.20**	**5223.10**
						16		16
						960.00		960.00
						44		44
						1540.00		1540.00
						4		4
						128.000		128.000
					1	33	19	14
					30.000	990.00	570.00	420.00
						27	**4**	**23**
						563.00	**80.00**	**483.00**
						2		2
						50.000		50.000
						2		2
						45.00		45.00
						15	4	11
						300.000	80.000	220.000
5	**4**		**17**	**2**		**66**	**11**	**55**
56.00	**45.00**		**192.34**	**27.74**		**801.17**	**154.20**	**646.97**
						8	8	
						120.000	120.000	
2	2					4		4
25.00	25.00					50.00		50.00
1			2			11	3	8
11.00			23.40			125.62	34.20	91.42
2	2		10			26		26
20.00	20.00		100.00			260.00		260.00
38	**13**		**17**			**87**	**31**	**56**
197.60	**68.30**		**115.34**			**526.75**	**203.41**	**323.34**
						7	7	
						63.00	63.00	

地区	计算单位	发电机组总计	水轮机组合计	汽轮机组合计	其中：高温高压机组 合计	其中：高温高压机组 供热	其中：次高压机组
6万～7.5万kW	台	108	72	35	30	13	2
	万kW	726.10	497.50	221.50	191.50	81.50	12.00
5万kW	台	331	30	295	263	115	6
	万kW	1655.00	150.00	1475.00	1315.00	575.00	30.00
五、2.5万～不足5万kW机组	**台**	**750**	**198**	**472**	**180**	**142**	**20**
	万kW	**2197.95**	**697.16**	**1217.53**	**469.00**	**365.20**	**58.92**
4.5万kW	台	23	18				
	万kW	103.50	81.00				
4.4万kW	台	12	12				
	万kW	52.80	52.80				
4万kW	台	30	24	5	2		3
	万kW	120.00	96.00	20.00	8.00		12.00
3.6万kW	台	50	32				
	万kW	180.00	115.20				
2.5万kW	台	457	20	423	154	127	10
	万kW	1142.50	50.00	1057.50	385.00	317.50	25.00
六、1.2万～不足2.5万kW机组	**台**	**1449**	**391**	**980**	**41**	**27**	**206**
	万kW	**1990.70**	**625.15**	**1247.00**	**53.76**	**36.66**	**264.88**
2万kW	台	70	64	5			2
	万kW	140.00	128.00	10.00			4.00
1.5万kW	台	203	92	103	3	2	46
	万kW	304.50	138.00	154.50	4.50	3.00	69.00
1.2万kW	台	837	25	806	30	17	149
	万kW	1004.40	30.00	967.20	36.00	20.40	178.80
七、0.6万～不足1.2万kW机组	**台**	**2314**	**526**	**1296**	**16**	**9**	**47**
	万kW	**1694.00**	**419.50**	**793.04**	**12.25**	**6.94**	**28.80**
1万kW	台	117	90	14	4	2	
	万kW	117.00	90.00	14.00	4.00	2.00	
0.85万kW	台	30	20	2			
	万kW	25.50	17.00	1.70			
0.6万kW	台	1295	47	1233	6	5	44
	万kW	777.00	28.20	739.80	3.60	3.00	26.40

续表

中:						在总计中：国外机组		
中温中压机组		低温低压机组	燃气轮机组	柴油机组	其他机组	合 计	水 电	火 电
合 计	供 热							
3	2		1			18	11	7
18.00	12.00		7.10			118.35	73.25	45.10
26	9		6			49	10	39
130.00	45.00		30.00			245.00	50.00	195.00
262	**60**	**10**	**78**	**2**		**176**	**55**	**121**
664.11	**152.75**	**25.50**	**278.26**	**5.00**		**560.53**	**183.12**	**377.41**
			5			7	3	4
			22.50			31.50	13.50	18.00
			1			2	2	
			4.00			8.00	8.00	
			18			25	15	10
			64.80			90.00	54.00	36.00
250	55	9	12	2		59		59
625.00	137.50	22.50	30.00	5.00		147.50		147.50
715	**435**	**18**	**21**	**57**		**137**	**22**	**115**
904.46	**545.89**	**23.90**	**34.05**	**84.50**		**209.78**	**41.89**	**167.89**
2	2	1	1			9	5	4
4.00	4.00	2.00	2.00			18.00	10.00	8.00
53	36	1	8			8	3	5
79.50	54.00	1.50	12.00			12.00	4.50	7.50
613	378	14	5	1		32		32
735.60	453.60	16.80	6.00	1.20		38.40		38.40
1165	**755**	**68**	**33**	**459**		**484**	**1**	**483**
710.12	**460.02**	**41.87**	**29.12**	**452.34**		**472.54**	**1.10**	**471.44**
10	5		1	12		12		12
10.00	5.00		1.00	12.00		12.00		12.00
2			1	7		8		8
1.70			0.85	5.95		6.80		6.80
1121	725	62	7	8		20		20
672.60	435.00	37.20	4.20	4.80		12.00		12.00

2002年发电、供热消耗燃料

地 区	发电消耗燃料			供热消耗燃料		
	6000kW及以上电厂消耗原煤量（万t）	6000kW及以上电厂消耗燃油量（万t）	6000kW及以上电厂消耗燃气量（万m^3）	供热用原煤量（万t）	供热用燃油量（万t）	供热用燃气量（万m^3）
全国总计	**65594.55**	**1089.12**	**2143826**	**7689.50**	**153.75**	**1042125**
华北地区	**14018.14**	**27.23**	**400651**	**1550.23**	**29.67**	**51940**
北京市	702.11	12.22	31303	173.65	25.06	5113
天津市	1165.66	1.90	5465	227.77	0.15	
河北省	4934.85	4.94	31808	607.98	4.07	11693
山西省	4112.73	5.28	290793	211.27	0.17	19029
内蒙古自治区	3102.79	2.88	52282	329.57	0.22	16105
东北地区	**8107.90**	**52.46**	**144802**	**2160.60**	**74.11**	**287000**
辽宁省	3632.40	40.88	103352	1085.27	67.82	236435
吉林省	1754.63	2.51	18704	544.55	3.10	42699
黑龙江省	2720.87	9.08	22746	530.78	3.19	7866
华东地区	**21240.56**	**231.25**	**1019229**	**2450.08**	**37.11**	**153502**
上海市	2401.00	54.63	737756	236.38	9.68	85176
江苏省	5362.27	14.71	83336	1.82	0.99	553
浙江省	2923.60	121.87	101962	653.35	18.87	38856
安徽省	2059.94	3.42	86579	132.08	0.38	28917
福建省	1336.49	12.60		105.21	0.15	
江西省	1122.00	2.20				
山东省	6035.26	21.82	9596	1321.23	7.04	
中南地区	**12190.08**	**764.27**	**308764**	**933.56**	**9.24**	**318984**
河南省	4470.87	5.35		252.08	0.29	
湖北省	1799.21	17.40	213879	292.70	2.58	187556
湖南省	1090.95	2.40	81766	184.61	4.87	131428
广东省	4079.18	735.29		204.16	1.50	
广西自治区	592.47	1.41				
海南省	157.40	2.43	13119			
西南地区	**5429.12**	**4.40**	**135640**	**164.27**	**0.51**	**180597**
重庆市	686.37	0.74	3051	29.81		
四川省	1919.97	1.40	88567	134.46	0.51	180597
贵州省	1697.84	1.33	44022			

续表

地 区	发电消耗燃料			供热消耗燃料		
	6000kW及以上电厂消耗原煤量（万t）	6000kW及以上电厂消耗燃油量（万t）	6000kW及以上电厂消耗燃气量（万 m^3）	供热用原煤量（万t）	供热用燃油量（万t）	供热用燃气量（万 m^3）
云南省	1124.94	0.94				
西藏自治区						
西北地区	**4608.76**	**9.50**	**123740**	**430.76**	**3.10**	**50102**
陕西省	1662.93	1.78		60.03	0.05	
甘肃省	1097.06	1.20	48171	241.91	2.40	42768
青海省	252.66	4.24	11754			
宁夏自治区	738.59	0.49				
新疆自治区	857.52	1.80	63815	128.83	0.65	7334

2002年发电技术经济指标

地 区	发电设备平均利用小时（h）			发电厂用电率（%）			标准煤耗[g/(kWh)]	
	合 计	水 电	火 电	合 计	水 电	火 电	发 电	供 电
全国总计	**4860**	**3289**	**5272**	**6.15**	**0.49**	**7.10**	**356**	**383**
华北地区	**5365**	**1071**	**5627**	**7.35**	**0.84**	**7.43**	**352**	**380**
北京市	4020	445	5056	7.78	1.09	7.95	319	350
天津市	4367		4367	7.08		7.08	328	353
河北省	5851	355	6064	6.71	2.97	6.72	348	373
山西省	5745	2546	5911	7.82	0.43	7.98	368	399
内蒙古自治区	5209	1139	5485	7.83	1.11	7.93	360	391
东北地区	**4176**	**1380**	**4690**	**7.67**	**1.95**	**7.95**	**361**	**392**
辽宁省	4663	1215	4960	7.32	2.52	7.42	351	379
吉林省	3415	1327	4781	7.04	2.19	7.81	358	388
黑龙江省	4114	1866	4280	8.63	0.75	8.88	379	416
华东地区	**5080**	**2900**	**5414**	**5.95**	**0.38**	**6.30**	**348**	**372**
上海市	5456		5456	5.44		5.44	331	351
江苏省	5802		5812	6.08	1.16	6.09	349	372
浙江省	4923	2256	5907	5.34	0.35	5.95	344	366
安徽省	4850	1849	5042	6.22	0.20	6.36	342	365
福建省	4128	3452	4819	4.75	0.27	6.68	339	364
江西省	3664	2975	3906	6.21	0.78	7.67	360	390

续表

地 区	发电设备平均利用小时（h）			发电厂用电率（%）			标准煤耗[g/(kWh)]	
	合 计	水 电	火 电	合 计	水 电	火 电	发 电	供 电
山 东 省	5415	302	5426	6.79		6.79	361	387
中 南 地 区	**4603**	**3526**	**4861**	**5.41**	**0.40**	**6.87**	**356**	**382**
河 南 省	5008	2012	5463	7.62	0.49	8.03	375	408
湖 北 省	4118	4008	4205	4.50	0.26	7.73	365	395
湖 南 省	4281	4366	4192	3.88	0.39	7.73	373	404
广 东 省	4815	1994	4977	5.22	0.75	5.58	338	358
广西自治区	4421	4498	4323	3.52	0.38	8.31	346	378
海 南 省	3003	2806	3076	5.95	1.96	7.10	358	385
西 南 地 区	**4874**	**4080**	**5740**	**5.21**	**0.42**	**8.82**	**377**	**414**
重 庆 市	4782	3203	4972	9.59	1.62	10.21	364	406
四 川 省	4111	3892	4527	4.24	0.40	9.59	409	452
贵 州 省	6649	4034	7633	6.66	0.43	7.90	355	386
云 南 省	5004	4664	5562	3.66	0.32	8.21	381	415
西藏自治区	2899	2735		6.10	3.28			
西 北 地 区	**4685**	**3047**	**5535**	**6.33**	**0.83**	**7.88**	**373**	**404**
陕 西 省	4611	2054	5136	7.30	0.39	7.87	368	399
甘 肃 省	4950	3436	6103	4.90	0.37	6.83	352	377
青 海 省	3616	2854	6749	3.33	0.42	8.40	412	450
宁夏自治区	6742	2798	7333	6.19	0.39	6.54	354	379
新疆自治区	4265	3840	4430	8.99	3.40	10.24	416	459
不 分 区	**5148**	**5148**		**0.11**	**0.11**			
南 电 联	5148	5148		0.11	0.11			

2002 年电网生产情况

地 区	装机容量（万 kW）					发电量（万 kWh）				
	合 计	水 电	火 电	核 电	其 他	合 计	水 电	火 电	核 电	其 他
华北电力系统	**4972.59**	**315.47**	**4650.17**		**6.97**	**26323966**	**339144**	**25969623**		**15199**
北 京	444.60	103.85	340.75			1835173	46577	1788596		
天 津	625.05	0.50	624.55			2727514	1225	2726289		
河 北	1753.51	77.59	1674.57		1.35	10141595	40981	10096995		3619
山 西	1512.31	79.53	1432.80			8413430	187835	8225595		
内蒙西	637.12	54.00	577.50		5.62	3206254	62526	3132148		11580

续表

地 区	装机容量（万 kW）					发电量（万 kWh）				
	合 计	水 电	火 电	核 电	其 他	合 计	水 电	火 电	核 电	其 他
东北电力系统	**3986.45**	**566.80**	**3411.81**		**7.85**	**16762839**	**803041**	**15947493**		**12305**
内蒙东	362.99	2.59	360.40			1797500	1900	1795600		
辽 宁	1572.98	126.14	1438.99		7.85	7212385	155078	7045002		12305
吉 林	893.91	357.39	536.53			3093374	489987	2603387		
黑龙江	1156.57	80.68	1075.89			4659580	156076	4503504		
华东电力系统	**6250.16**	**665.31**	**5412.03**	**167.80**	**5.02**	**31450541**	**1539949**	**29335420**	**561232**	**13940**
上 海	1138.26		1138.26			6164798		6164798		
江 苏	2073.62	13.72	2059.90			11687635	15994	11671641		
浙 江	2067.74	586.68	1308.24	167.80	5.02	8892133	1388250	6928711	561232	13940
安 徽	970.54	64.91	905.63			4705975	135705	4570270		
福建电力系统	**1340.61**	**639.42**	**699.99**		**1.20**	**5294658**	**2207323**	**3084985**		**2350**
山东电力系统	**2435.25**	**5.08**	**2430.16**			**11968552**	**1509**	**11967043**		
华中电力系统	**5056.23**	**1664.25**	**3391.98**			**21699663**	**5993372**	**15706291**		
河 南	1834.25	243.80	1590.45			8959275	485919	8473356		
湖 北	1536.17	721.39	814.78			6215487	2785410	3430077		
湖 南	1014.96	530.11	484.85			4185956	2231617	1954339		
江 西	670.85	168.95	501.90			2338945	490426	1848519		
南方联营电力系统	**5728.71**	**1880.44**	**3561.59**	**279.00**	**7.68**	**26867615**	**6393069**	**18373267**	**2087737**	**13542**
广 东	3587.99	777.53	2523.78	279.00	7.68	16100755	1691339	12308137	2087737	13542
广 西	751.95	436.33	315.62			3170265	1863363	1306902		
贵 州	599.37	159.47	439.90			3838713	636117	3202596		
云 南	789.40	507.11	282.29			3757882	2202250	1555632		
海南电力系统	**178.04**	**54.75**	**122.41**		**0.88**	**519069**	**158897**	**358948**		**1224**
重庆电力系统	**302.30**	**32.39**	**269.91**			**1445661**	**103761**	**1341900**		
四川电力系统	**1676.40**	**1065.57**	**610.83**			**6829462**	**4054628**	**2774834**		
拉萨电力系统	**23.77**	**17.98**	**3.07**		**2.72**	**63636**	**53125**			**10510**
西北电力系统	**2083.40**	**799.63**	**1282.93**		**0.84**	**9620673**	**2333077**	**7285804**		**1792**
陕 西	752.77	126.12	626.65			3246386	259090	2987296		
甘 肃	712.88	323.86	388.18		0.84	3428010	1075866	2350352		1792
青 海	392.36	318.86	73.50			1376809	911976	464833		
宁 夏	225.39	30.79	194.60			1569468	86145	1483323		
乌鲁木齐电力系统	**299.94**	**38.31**	**254.70**		**6.93**	**1324808**	**173233**	**1135586**		**15989**

2002年供、用、售电量及线损情况

单位：亿 kWh

地区	全部			其中：电力企业				
	供电量	用电量	最高负荷（万 kW）	购电量	供电量	售电量	线损电量	线损率（%）
全国总计	**14880.51**	**14090.75**		**2733.80**	**14032.27**	**12976.89**	**1055.38**	**7.52**
华北地区	2452.20	2291.18		69.23	2283.42	2145.13	138.29	6.06
北京市	416.55	384.15	817.40	1.87	395.31	370.02	25.29	6.40
天津市	250.28	232.59	442.10	20.77	231.84	220.73	11.11	4.79
河北省	886.01	829.39			861.32	812.57	48.75	5.66
山西省	551.74	513.63		36.92	461.49	424.57	36.92	8.00
内蒙古自治区	347.62	331.42		9.67	333.45	317.24	16.21	4.86
东北地区	**1400.05**	**1334.14**		**312.76**	**1224.81**	**1158.89**	**65.92**	**5.38**
辽宁省	724.65	689.73	216.00	191.29	636.44	601.51	34.93	5.49
吉林省	266.88	252.84		57.82	249.03	234.99	14.04	5.64
黑龙江省	408.52	391.57	543.90	63.65	339.34	322.39	16.95	4.99
华东地区	**4768.68**	**4458.65**		**806.83**	**4359.52**	**4048.44**	**311.08**	**7.14**
上海市	607.11	572.68		72.94	507.50	473.07	34.43	6.78
江苏省	1168.20	1063.30	1976.20	136.30	1071.08	966.18	104.90	9.79
浙江省	924.24	856.97		37.40	886.50	819.23	67.27	7.59
安徽省	353.34	335.39	781.62	6.08	329.61	307.29	22.32	6.77
福建省	473.42	432.54		367.78	383.63	363.92	19.71	5.14
江西省	209.65	246.57		112.52	197.64	184.41	13.23	6.69
山东省	1032.72	951.20		73.81	983.56	934.34	49.22	5.00
中南地区	**3638.75**	**3631.36**		**368.34**	**3439.12**	**3143.32**	**295.80**	**8.60**
河南省	758.18	770.75	916.24	23.15	758.18	682.27	75.91	10.01
湖北省	530.12	487.37	913.00		488.48	445.57	42.91	8.78
湖南省	426.53	383.55			410.99	366.19	41.53	10.11
广东省	1539.72	1638.13	2870.00	345.19	1406.82	1307.77	99.05	7.04
广西自治区	338.05	311.01	413.80		328.50	301.46	27.04	8.23
海南省	46.15	40.55			46.15	40.06	6.09	13.20
西南地区	**1691.22**	**1524.25**		**577.12**	**1668.18**	**1523.00**	**145.18**	**8.70**
重庆市	285.49	236.90		158.70	285.50	260.30	25.20	8.83
四川省	705.87	641.35	882.70	370.32	710.74	644.50	66.24	9.32
贵州省	313.78	297.19		4.17	306.86	290.28	16.58	5.40
云南省	380.84	344.34		43.93	359.84	323.45	36.39	10.11
西藏自治区	5.24	4.47			5.24	4.47	0.77	14.69
西北地区	**929.61**	**851.17**		**599.52**	**1046.37**	**958.11**	**88.26**	**8.43**
陕西省	325.30	301.06		36.46	325.30	301.06	24.24	7.45
甘肃省	317.81	296.55		245.83	300.03	278.78	21.25	7.08
青海省	119.35	102.91		116.39	116.39	109.66	6.73	5.78
宁夏自治区	167.15	150.65		101.18	162.11	149.10	13.01	8.03
新疆自治区				99.66	131.69	119.51	12.18	9.25
跨区					**10.85**		**10.85**	**100.00**

2002年年底35kV及以上输电线路及变电设备情况

地 区	输电线路（km）					变电设备（万kVA）				
	合 计	其 中				合 计	其 中			
		500kV	330kV	220kV	110kV		500kV	330kV	220kV	110kV
全 国 总 计	**803505**	**36745**	**9612**	**142362**	**226567**	**124456**	**13725**	**1755**	**37209**	**44762**
华 北 地 区	**111935**	**4890**		**21115**	**33085**	**19172**	**1828**		**6279**	**7442**
北 京 市	7523	796		1901	2534	3729	731		1358	1393
天 津 市	6494	360		1612	1694	2296	367		749	500
河 北 省	41947	1617		7452	13398	7347	455		2235	3179
山 西 省	27959	1122		5659	8902	4243	200		1349	1857
内蒙古自治区	28012	994		4491	6557	1557	75		588	514
东 北 地 区	**88984**	**5035**		**22863**	**5811**	**13655**	**1675**		**4081**	**830**
辽 宁 省	33595	2259		8689		6073	811		2091	
吉 林 省	21004	831		6475		3922	357		831	
黑 龙 江 省	34386	1945		7699	5811	3660	507		1159	830
华 东 地 区	**204675**	**10852**		**41129**	**56083**	**40351**	**4310**		**12694**	**13890**
上 海 市	6554	429		1819	762	5604	884		1820	651
江 苏 省	44682	3933		9078	11909	10485	1175		3366	3853
浙 江 省	30190	2238		6611	8897	7107	975		2187	2614
安 徽 省	28721	1378		5250	7254	3557	360		1089	1359
福 建 省	24252	998		4341	7937	3151	240		1010	1421
江 西 省	22500	159		3863	7200	1794	75		561	829
山 东 省	47775	1718		10167	12124	8628	575		2661	3163
中 南 地 区	**189153**	**7972**		**34533**	**63958**	**30173**	**3603**		**9567**	**13771**
河 南 省	35935	1258		7158	11761	6275	475		1718	2904
湖 北 省	38729	2723		6768	12169	4705	578		1539	1970
湖 南 省	37015	897		6677	12558	3761	425		1150	1688
广 东 省	40818	2536		8628	17712	12428	1850		4233	5992
广西自治区	32283	558		4719	7935	2597	275		813	998
海 南 省	4373			583	1823	407			114	218
西 南 地 区	**119542**	**4090**		**17026**	**36154**	**12033**	**1325**		**3426**	**4997**
重 庆 市	11458	722		1794	3603	1871	300		556	800

续表

地 区	输电线路（km）					变电设备（万 kVA）				
	合 计	其 中				合 计	其 中			
		500kV	330kV	220kV	110kV		500kV	330kV	220kV	110kV
四 川 省	49081	1862		7547	14501	4704	300		1244	2133
贵 州 省	23398	300		3302	7944	2518	300		746	1076
云 南 省	34594	1206		4383	9679	2911	425		880	969
西藏自治区	1010				427	29				19
西 北 地 区	**85183**		**9612**	**5568**	**31476**	**8088**		**1755**	**1160**	**3832**
陕 西 省	23225		3131	824	9989	2716		783	96	1483
甘 肃 省	27886		3859	1359	8761	2501		606	416	992
青 海 省	7297		1852		3098	779		276		397
宁夏自治区	6837		770	1307	2556	1041		90	391	445
新疆自治区	19938			2079	7073	1050			257	515
跨 区	**4034**	**3907**		**127**		**1009**	**1009**			

2002 年用电设备容量和用电量

	用电设备容量（万 kW）			用电量（万 kWh）		
	2002 年	2001 年	增长（%）	2002 年	2001 年	增长（%）
全社会用电总计	**95732.44**	**83148.23**	**15.13**	**163862757**	**146825082**	**11.60**
A. 按产业类别分						
一次产业	7210.21	6246.34	15.43	5902461	5694800	3.65
二次产业	44346.18	39834.09	11.33	119573041	106463695	12.31
三次产业	17281.93	15118.98	14.31	18372923	16313755	12.62
B. 城乡居民生活用电合计	26894.12	21948.82	22.53	20014332	18352832	9.05
其中：城市居民	16050.61	13584.67	18.15	11689453	10655106	9.71
乡村居民	10843.51	8364.15	29.64	8324879	7697726	8.15
按行业类别分						
全行业用电合计	**68838.32**	**61199.42**	**12.48**	**143848425**	**128472250**	**11.97**
一、农林牧渔水利业合计	**8977.55**	**8109.55**	**10.70**	**7762287**	**7591021**	**2.26**
其中：排灌	4330.88	4088.38	5.93	3549753	3491518	1.67
其中：农副业	2066.27	1953.41	5.78	1516367	1581592	−4.12
1. 农业	6709.75	5818.10	15.33	5333358	5178305	2.99
2. 林业	129.95	118.65	9.52	129608	121835	6.38

续表

	用电设备容量（万 kW）			用电量（万 kWh）		
	2002 年	2001 年	增长（%）	2002 年	2001 年	增长（%）
3. 畜牧业	162.42	151.25	7.38	203211	200070	1.57
4. 渔业	208.09	158.33	31.42	236284	194590	21.43
5. 水利业	929.24	1053.97	－11.83	851693	940119	－9.41
6. 其他	838.09	809.23	3.57	1008133	956102	5.44
二、工业合计	**42688.81**	**38431.90**	**11.08**	**117931635**	**105019648**	**12.29**
其中：乡镇企业	6851.21	5348.39	28.10	14110768	11893496	18.64
1. 轻工业	12938.43	11023.21	17.37	25486932	22112291	15.26
2. 重工业	29750.38	27408.69	8.54	92444703	82907357	11.50
（一）采掘业合计	4529.34	4343.10	4.29	11518713	11054064	4.20
1. 矿业合计	3722.08	3592.34	3.61	9900632	9508490	4.12
（1）煤炭采选业	1583.83	1544.55	2.54	3958395	3771625	4.95
（2）石油及天然气开采业	792.25	807.14	－1.84	2600876	2657130	－2.12
（3）黑色金属矿采选业	303.33	303.83	－0.16	924432	848537	8.94
（4）有色金属矿采选业	436.08	412.12	5.81	1177303	1144475	2.87
（5）建材及其他非金属矿采选业	513.32	441.50	16.27	1007384	891870	12.95
（6）采盐业	55.94	52.55	6.44	140198	108994	28.63
（7）其他矿采选业	37.34	30.64	21.84	92044	85859	7.20
2. 木材及竹材采运业	55.52	51.41	7.99	133061	138869	－4.18
3. 自来水生产和供应业	751.74	699.35	7.49	1485020	1406705	5.57
（二）制造业合计	38159.47	34088.80	11.94	106412922	93965584	13.25
1. 食品饮料和烟草制造业	2163.90	2043.06	5.91	3113709	2838206	9.71
2. 纺织业	2324.84	1870.67	24.28	5621235	4821714	16.58
3. 造纸及纸制品业	1087.71	884.57	22.97	2775905	2503322	10.89
4. 电力蒸汽热水生产和供应业	3245.35	3268.01	－0.69	24303544	21875625	11.10
其中：厂用电量	1865.96	1902.84	－1.94	11412204	10379228	9.95
其中：线损电量	371.46	276.01	34.58	11686651	10399488	12.38
5. 石油加工业	551.59	509.43	8.28	1833415	1649597	11.14
6. 炼焦煤气及煤制品业	299.79	258.21	16.10	501647	455459	10.14
其中：轻工业	64.23	60.13	6.83	79946	74683	7.05
7. 化学工业	3985.37	3692.43	7.93	14488174	13136487	10.29
其中：轻工业	406.70	357.07	13.90	1062988	900045	18.10
8. 医药工业	505.20	440.95	14.57	1050215	932159	12.66

续表

	用电设备容量（万 kW）			用电量（万 kWh）		
	2002 年	2001 年	增长（%）	2002 年	2001 年	增长（%）
9. 化学纤维	521.49	451.20	15.58	1899823	1694740	12.10
10. 橡胶及塑料制品业	1400.25	1227.70	14.05	3125878	2601680	20.15
其中：轻工业	608.31	572.70	6.22	1481741	1219826	21.47
11. 建材及其他非金属矿制品业	4170.79	3726.49	11.92	8779966	7919013	10.87
其中：轻工业	532.62	373.87	42.46	861176	745857	15.46
12. 黑色金属冶炼压延加工业	4242.53	3810.49	11.34	13235562	11697338	13.15
13. 有色金属冶炼压延加工业	2278.81	1997.51	14.08	8552712	7126880	20.01
14. 金属制品业	1772.98	1588.90	11.59	2949769	2541801	16.05
其中：轻工业	578.06	528.58	9.36	1012639	840978	20.41
15. 机械工业	2548.51	2411.08	5.70	3585939	3217728	11.44
其中：轻工业	396.20	359.81	10.11	616268	510825	20.64
16. 交通运输电气电子设备制造业	2253.02	2039.19	10.49	4032690	3332143	21.02
其中：轻工业	556.03	445.01	24.95	1039209	811429	28.07
17. 其他工业	4807.35	3868.93	24.26	6562739	5621692	16.74
其中：轻工业	2385.47	1883.69	26.64	3246860	2702808	20.13
三、地质普查和勘探业	**75.07**	**79.68**	**-5.79**	**99232**	**97607**	**1.66**
四、建筑业	**1657.38**	**1402.19**	**18.20**	**1641406**	**1444047**	**13.67**
五、交通运输邮电通信业	**2834.27**	**2770.96**	**2.28**	**3318578**	**2906854**	**14.16**
1. 交通运输业	2280.73	2303.33	-0.98	2511408	2176875	15.37
其中：管道运输业	104.79	68.81	52.30	129411	124797	3.70
其中：电气化铁路	1377.26	1478.29	-6.83	1470219	1215618	20.94
2. 邮电通信业	553.54	467.63	18.37	807170	729979	10.57
六、商业饮食物资供销仓储业	**5075.25**	**4302.11**	**17.97**	**5364287**	**4547160**	**17.97**
七、其他事业	**7530.00**	**6103.03**	**23.38**	**7731000**	**6865913**	**12.60**
1. 房管公共居民服务和咨询业	2233.46	1760.59	26.86	2155525	1895576	13.71
其中：市内公共交通业	325.72	194.15	67.77	325388	290209	12.12
其中：路灯业	115.35	87.30	32.13	129044	116831	10.45
2. 卫生体育和社会福利事业	670.82	577.47	16.16	754225	686640	9.84
3. 教育文艺和广播电视业	1112.41	942.53	18.02	1224763	1104432	10.90
4. 科研和综合技术服务业	416.50	390.51	6.66	493224	443025	11.33
5. 国家政党机关和社会团体	1229.77	1073.51	14.56	1334209	1224664	8.94
6. 其他	1867.04	1358.41	37.44	1769054	1511576	17.03

2002 年全国电力基本建设投资完成情况（按类型分）

单位：万元

地区	总计	按类型分					
		水电	火电	核电	送电	变电	其他
全国总计	**12388101.03**	**1613738.80**	**3797999.60**	**1359225.00**	**3117244.70**	**2064469.50**	**432378.70**
北京市	79095.00				34758.00	8237.00	36100.00
天津市	96708.00		61177.00		23531.00		12000.00
河北省	243281.00		159202.00		26429.00	47696.00	9954.00
山西省	396269.20		320377.20		38196.00	13779.00	23917.00
内蒙古自治区	548557.00		477120.00		31530.00	37425.00	2482.00
辽宁省	182191.00		25190.00		99823.00	40198.00	16980.00
吉林省	36429.00	25084.00			2958.00	7317.00	1070.00
黑龙江省	164540.00		22000.00		81030.00	23054.00	38456.00
上海市	516270.00	127.00	230016.00		194013.00	75404.00	16710.00
江苏省	1534653.40	27083.00	228162.40	615430.00	266565.00	370637.00	26776.00
浙江省	918555.60	47651.80	117818.00	421568.00	200316.70	107980.70	23220.40
安徽省	145006.00	37064.00	42488.00		15887.00	35089.00	14478.00
福建省	198148.00	55749.00			76939.00	50901.00	14559.00
江西省	178764.00	15092.00	112845.00		25864.00	13060.00	11903.00
山东省	639497.00	35000.00	451348.00		135254.00	17895.00	
河南省	186762.00	10535.00	83891.00		20610.00	58726.00	13000.00
湖北省	180971.00	111979.00			19807.00	31359.00	17826.00
湖南省	438212.00	103859.00	248075.00		35661.00	38717.00	11900.00
广东省	1553630.00		254401.00	322227.00	603191.00	373811.00	
广西壮族自治区	325660.00	221451.00			35523.00	57900.00	10786.00
海南省	26276.00		10030.00		3148.00	9534.00	3564.00
重庆市	193552.00	127400.00	32485.00		8011.00	16656.00	9000.00
四川省	453657.00	315256.00	6486.00		96941.00	32805.00	2169.00
贵州省	565431.00	51506.00	357989.00		87230.00	48206.00	20500.00
云南省	426608.00	189936.00	81000.00		93875.00	59150.00	2647.00
西藏自治区	35319.00	21288.00			14031.00		
陕西省	203323.00		121146.00		10535.00	25733.00	45909.00
甘肃省	186429.00	30694.00	83372.00		22300.00	18142.00	31921.00
青海省	190698.00	147961.00	20827.00		5051.00	14391.00	2468.00
宁夏回族自治区	159716.00		124150.00		19904.00	7773.00	7889.00
新疆自治区	191320.00	39023.00	126404.00		13079.00	11299.00	1515.00
不分区	**1189528.10**				**775254.00**	**411594.80**	**2679.30**

2002年全国基建新增发电机组

单位：万kW

地区	新增单机500kW及以上机组			其中：大中型机组		
	总计	水电	火电	合计	水电	火电
全国总计	**1193.01**	**148.22**	**1044.79**	**1130.36**	**123.62**	**1006.74**
北京市						
天津市	60.00		60.00	60.00		60.00
河北省						
山西省	75.00		75.00	75.00		75.00
内蒙古自治区	127.20		127.20	127.20		127.20
辽宁省	8.55		8.55	7.50		7.50
吉林省						
黑龙江省	36.20		36.20	36.20		36.20
上海市						
江苏省	37.02	10.00	27.02	23.50	10.00	13.50
浙江省	160.85	6.80	154.05	155.50	4.00	151.50
安徽省						
福建省	2.92	2.92		2.92	2.92	
江西省	47.00	12.00	35.00	47.00	12.00	35.00
山东省	252.00		252.00	252.00		252.00
河南省	22.55		22.55	12.50		12.50
湖北省	14.63	9.65	4.98			
湖南省	13.51	8.51	5.00	6.70	4.20	2.50
广东省	157.04	10.50	146.54	150.94	6.60	144.34
广西壮族自治区	3.94	3.94				
海南省						
重庆市						
四川省	16.40	16.40		16.40	16.40	
贵州省						
云南省	67.50	67.50		67.50	67.50	
西藏自治区						
陕西省	33.00		33.00	33.00		33.00
甘肃省	1.20		1.20			
青海省						
宁夏回族自治区	33.00		33.00	33.00		33.00
新疆自治区	23.50		23.50	23.50		23.50

2002 年新增单机 6000kW 以上发电设备能力

单位：台、万 kW

机组容量	计算单位	合计	1. 水轮发电机组	2. 汽轮发电机组						3. 燃气轮机		4. 柴油机合计	国外机组		
				合计	其中：高温高压机组				其中：供热	合计	其中：联合循环		合计	其中	
					小计	超临界	亚临界	高压						水电	火电
6000kW 及以上机组	台	112	25	53	20	1	9	2	18	2			10	4	6
	万 kW	1014.86	115.47	724.22	677.00	35.00	396.00	34.50	18.00	18.34			292.20	14.20	278.00
一、10 万 kW 以上	台	27	4	19	19	1	9	2					6		6
	万 kW	881.00	79.50	672.00	672.00	35.00	396.00	34.50					278.00		278.00
66 万 kW 及以上机组	台	5		5	5		5								
	万 kW	369.00		369.00	369.00		369.00								
60 万 kW 机组	台	2		2	2		1								
	万 kW	120.00		120.00	120.00		60.00								
35 万 kW 机组	台	4		4	4	1	3						4		4
	万 kW	140.00		140.00	140.00	35.00	105.00						140.00		140.00
33 万 kW 机组	台	4		4	4		3								
	万 kW	132.00		132.00	132.00		99.00								
30 万 kW 机组	台	2		2	2										
	万 kW	60.00		60.00	60.00										
20 万 kW 机组	台	3		2	2										
	万 kW	60.00		40.00	40.00										
二、5 万～不足 10 万 kW	台	9	2	4	1					2			2	2	
	万 kW	53.34	10.00	20.00	5.00					18.40			10.00	10.00	
5 万 kW 机组	台	7	2	4	1								2	2	
	万 kW	35.00	10.00	20.00	5.00								10.00	10.00	
三、2.5 万～不足 5 万 kW	台	10		3					1						
	万 kW	26.50		7.50					2.50						
2.5 万 kW 机组	台	7		3					1						
	万 kW	17.50		7.50					2.50						
四、1.2 万～不足 2.5 万 kW	台	35	11	11					7				2	2	
	万 kW	54.02	18.32	15.60					9.60				4.20	4.20	
1.2 万 kW 机组	台	14	3	4					4						
	万 kW	16.80	3.60	4.80					4.80						
五、0.6 万～不足 1.2 万 kW	台														
	万 kW														
0.6 万 kW 机组	台														
	万 kW														

2002 年新增输电线路

单位：km

地　　区	合　　计	其中			
		500kV	330kV	220kV	110kV
全国总计	**17797.95**	**5728.14**	**537.12**	**7385.10**	**4147.59**
北京市	111.60			111.60	
天津市	104.00	104.00			
河北省	159.50			102.50	57.00
山西省	359.70			244.90	114.80
内蒙古自治区	402.00			402.00	
辽宁省	463.53			463.53	
吉林省	12.60			12.60	
黑龙江省	29.64				29.64
上海市	27.13				27.13
江苏省	2113.62	209.60		1012.09	891.93
浙江省	986.36	123.08		639.91	223.37
安徽省	349.00			244.00	105.00
福建省	752.20	261.00		491.20	
江西省	104.00			104.00	
山东省	702.00	403.00		299.00	
河南省	365.70	163.80		165.90	36.00
湖北省	470.50			212.20	258.30
湖南省	405.30			267.29	138.01
广东省	1535.98	454.96		426.32	654.70
广西壮族自治区	318.60			272.60	46.00
海南省					
重庆市	172.17			58.00	114.17
四川省	582.24	35.50		302.00	244.74
贵州省	1332.80	569.50		389.00	374.30
云南省	1056.36	516.00		225.76	247.00
西藏自治区					
陕西省	159.25		100.25		59.00
甘肃省	237.00		237.00		
青海省	190.00				190.00
宁夏回族自治区	476.27		199.87	276.40	
新疆自治区	492.90			471.00	21.90
跨省	3079.90	2887.70		191.30	

2002 年新增变电设备

单位：万 kVA

地区	合计	其中			
		500kV	330kV	220kV	110kV
全国总计	**5872.00**	**2233.00**	**129.00**	**2596.00**	**914.00**
北京市	36.00			36.00	
天津市	75.00	75.00			
河北省	153.00			153.00	
山西省	114.00			114.00	
内蒙古自治区	106.00			106.00	
辽宁省	48.00			48.00	
吉林省	48.00			48.00	
黑龙江省	13.60				13.60
上海市	39.75			24.00	15.75
江苏省	1017.65	375.00		324.00	318.65
浙江省	516.00	150.00		285.00	81.00
安徽省	63.15			60.00	3.15
福建省	165.00	75.00		90.00	
江西省	35.00	8.00		27.00	
山东省	182.00	50.00		132.00	
河南省	239.00	150.00		81.00	8.00
湖北省	102.90			66.00	36.90
湖南省	69.15			66.00	3.15
广东省	1193.35	350.00		444.00	399.35
广西壮族自治区	163.45	75.00		78.00	10.45
海南省	12.00			12.00	
重庆市	48.00			48.00	
四川省	153.00	75.00		78.00	
贵州省	162.00	75.00		87.00	
云南省	238.00	150.00		72.00	16.00
西藏自治区					
陕西省	39.00		39.00		
甘肃省	30.00		30.00		
青海省	24.00		24.00		
宁夏回族自治区	108.00		36.00	72.00	
新疆自治区	41.00			33.00	8.00
跨省	637.00	625.00		12.00	

2002 年全国 100MW 及以上

机组容量（MW）	性质分类	台数	台年数	利用小时 UTH	可用小时		不可用小	
					运行 SH	备用 RH	计划停运	
							次数	h
100		137	135.82	5701.07	6792.62	1372.27	1.47	534.85
	燃煤	130	128.82	5910.48	7020.46	1120.66	1.53	555.83
	燃煤国产	123	121.82	5915.76	7022.19	1119.78	1.53	552.56
	燃煤进口	7	7.00	5818.59	6990.26	1136.13	1.57	612.65
	燃油国产	7	7.00	1847.51	2599.78	6002.46	0.29	148.76
110	燃煤	7	7.00	5896.34	7243.46	877.67	1.71	589.82
	燃煤国产	5	5.00	6723.46	7791.60	531.90	1.60	411.17
	燃煤进口	2	2.00	3828.54	5873.12	1742.09	2.00	1036.45
120	燃煤进口	2	2.00	5699.68	7235.80	1050.11	1.50	381.57
125		148	147.75	5794.01	7092.01	1041.62	1.45	540.64
	燃煤	140	139.75	5935.28	7231.40	886.54	1.47	552.66
	燃煤国产	137	136.75	5937.50	7232.48	894.36	1.47	552.94
	燃煤进口	3	3.00	5833.95	7182.22	529.90	1.33	539.79
	燃油国产	8	8.00	3326.23	4657.17	3750.75	1.13	330.58
135	燃煤国产	11	11.00	5894.74	7413.23	773.00	1.91	516.76
142～167	燃煤进口	6	6.00	5412.92	7187.46	852.87	1.33	688.21
199～200		180	178.91	5743.14	6999.13	972.81	1.20	662.09
	燃煤	179	177.91	5775.29	7038.02	929.49	1.21	665.82
	燃煤国产	166	165.48	5755.47	7028.53	924.84	1.25	678.38
	燃煤进口	13	12.43	6039.06	7164.32	991.32	0.64	498.67
	燃油国产	1	1.00	23.70	81.01	8678.99	0.00	0.00
210	燃煤进口	10	9.91	5287.48	6518.24	1482.15	1.01	674.33
220	燃煤	6	5.94	5875.11	7433.29	475.51	1.35	756.55
	燃煤国产	4	3.94	6076.56	7595.76	352.23	1.52	693.90
	燃煤进口	2	2.00	5496.10	7113.35	718.30	1.00	879.93
250	燃煤进口	2	2.00	6320.67	7871.23	304.54	1.00	543.77
300		192	191.54	5349.99	6880.96	1119.42	1.15	655.90
	燃煤	190	189.51	5399.09	6941.95	1052.63	1.16	660.60

火电机组运行可靠性综合指标

时及次数

非计划停运		强迫停运		降低出力等效停运小时	等效可用系数 EAF（%）	等效强迫停运率 EFOR（%）
次数	h	次数	h			
1.59	60.26	1.19	48.58	12.81	93.06	0.79
1.67	63.05	1.24	50.73	13.51	92.78	0.79
1.70	65.47	1.26	52.64	7.10	92.86	0.82
1.14	20.96	0.86	17.48	125.04	91.34	0.32
0.14	9.00	0.14	9.00	0.00	98.20	0.34
2.57	49.05	2.14	40.01	0.33	92.70	0.55
2.20	25.33	1.80	14.58	0.29	95.01	0.19
3.50	108.35	3.00	103.60	0.43	86.93	1.74
2.50	92.53	2.00	73.63	0.00	94.59	1.01
2.44	85.73	1.75	66.38	16.26	92.66	1.08
2.55	89.40	1.82	69.04	15.36	92.50	1.08
2.24	80.22	1.62	62.39	15.70	92.59	0.99
16.67	508.09	11.33	371.97	0.00	88.04	4.92
0.63	21.50	0.38	19.96	31.97	95.62	1.10
2.73	57.02	1.91	39.35	13.54	93.30	0.64
1.83	31.47	1.50	29.79	24.93	91.50	0.76
2.69	125.97	2.16	100.02	18.58	90.79	1.58
2.70	126.67	2.18	100.58	18.69	90.74	1.58
2.73	128.25	2.16	100.19	18.67	90.58	1.57
2.41	105.69	2.41	105.69	18.95	92.88	1.69
0.00	0.00	0.00	0.00	0.00	100.00	0.00
1.21	85.27	0.61	15.84	0.97	91.32	0.25
5.73	94.65	5.56	83.19	21.85	90.03	1.38
6.35	118.12	6.35	118.12	3.84	90.69	1.58
4.50	48.43	4.00	14.42	57.31	88.75	0.94
0.50	40.48	0.50	40.48	2.66	93.30	0.52
3.05	103.72	2.50	66.63	12.64	91.18	1.09
3.09	104.82	2.52	67.33	12.60	91.12	1.09

机组容量（MW）	性质分类	台数	台年数	利用小时 UTH	可用小时		不可用小	
					运行 SH	备用 RH	计划停运	
							次数	h
	燃煤国产	177	176.51	5378.47	6935.35	1067.28	1.15	654.03
	燃煤进口	13	13.00	5679.05	7031.62	853.72	1.23	749.72
	燃油国产	2	2.00	697.90	1101.72	7447.28	0.50	211.00
320	燃煤进口	2	2.00	5772.83	7501.35	580.29	0.50	646.54
330	燃煤	10	10.00	5592.82	7097.53	514.53	1.60	863.67
	燃煤国产	6	6.00	6228.11	7860.78	194.72	1.50	661.71
	燃煤进口	4	4.00	4639.89	5952.66	994.26	1.75	1166.60
350	燃煤	38	38.00	5451.08	7465.03	642.35	1.11	559.26
	燃煤国产	7	7.00	5114.83	6975.85	1003.26	1.43	497.51
	燃煤进口	31	31.00	5527.01	7575.49	560.85	1.03	573.20
360～362.50	燃煤进口	6	6.00	4374.92	6114.94	1898.78	1.00	709.27
500	燃煤进口	6	6.00	5221.67	6481.84	950.27	0.83	1011.03
600	燃煤	20	20.00	5276.10	7009.61	582.51	1.15	750.99
	燃煤国产	8	8.00	4436.23	6004.82	1031.26	1.13	905.91
	燃煤进口	12	12.00	5836.01	7679.46	283.35	1.17	647.71
660	燃煤进口	5	5.00	6118.55	8096.38	172.38	0.60	304.80
700	燃煤进口	2	2.00	6012.39	7920.85	0.00	1.50	835.14
800	燃煤进口	2	2.00	4744.24	6494.31	1614.52	1.50	593.51
100～800		792	788.83	5529.53	7003.52	989.28	1.29	638.46
	燃煤	774	770.83	5580.95	7064.15	920.86	1.30	644.52
	燃煤国产	644	641.49	5592.89	7001.56	985.38	1.34	641.32
	燃煤进口	130	129.34	5545.83	7248.31	731.03	1.10	653.92
	燃油国产	18	18.00	2017.18	2861.70	5662.66	0.67	224.52
燃气轮机		11	11.00	3089.76	4411.71	3203.71	9.91	995.52

注 1. 大港 1 号、2 号、合山 8 号机组进行重大改造，未参与统计；

2. 机组依据锅炉生产厂家划分国产、进口。

续表

时及次数

非计划停运		强迫停运		降低出力等效停运小时	等效可用系数 EAF（%）	等效强迫停运率 EFOR（%）
次数	h	次数	h			
3.03	103.33	2.50	67.41	12.43	91.21	1.09
3.85	124.94	2.85	66.25	15.02	89.84	1.13
0.00	0.00	0.00	0.00	16.37	97.40	1.40
2.00	31.83	1.00	1.65	0.00	92.26	0.02
3.60	284.27	3.30	280.42	3.56	86.85	3.84
2.17	42.80	2.00	38.69	3.93	91.91	0.54
5.75	646.49	5.25	643.01	3.02	79.27	9.78
2.71	93.37	2.26	70.60	10.94	92.43	1.05
7.00	283.38	5.86	202.21	18.88	90.87	3.05
1.74	50.46	1.45	40.88	9.15	92.78	0.63
1.83	37.01	1.67	36.01	2.49	91.45	0.62
3.50	316.86	1.50	73.76	25.09	84.56	1.47
3.50	416.89	2.80	136.26	24.14	86.39	2.04
4.50	818.00	3.63	156.27	32.78	79.95	2.68
2.83	149.48	2.25	122.92	18.39	90.69	1.71
4.20	186.44	4.20	186.44	57.51	93.74	2.93
1.50	4.02	1.50	4.02	75.74	89.56	0.42
1.50	57.67	1.50	57.67	6.09	92.50	0.97
2.57	128.75	2.02	81.38	16.01	91.06	1.30
2.62	130.47	2.07	82.42	16.00	90.97	1.30
2.59	131.74	2.04	79.12	14.64	91.01	1.25
2.76	126.73	2.18	92.12	20.00	90.86	1.45
0.33	11.12	0.22	10.51	16.72	97.12	0.93
7.00	149.06	5.09	100.02	27.38	86.62	2.23

2002年火电100～800MW机组按省及独立发电公司分类的可靠性指标

机组容量(MW)	电力企业名称	台 数	平均容量(MW/台)	等效可用系数EAF(%)	每千瓦装机发电量(MWh/kW)
100～800	深圳能源	6	316.67	94.79	5.95
	华北电力集团公司	8	230.00	94.22	5.55
	河北省电力公司	22	260.00	94.18	6.66
	北京大唐发电	26	213.46	93.86	5.46
	北京国际电力	6	183.33	93.85	4.75
	重庆市电力公司	3	200.00	93.80	7.47
	山东电力集团公司	40	181.71	93.61	6.04
	国电华东公司	4	300.00	93.52	3.75
	天津市电力公司	5	180.00	93.48	6.53
	华能国际	44	302.50	93.41	5.70
	新力能源	4	350.00	92.92	6.07
	贵州省电力公司	21	170.71	92.72	7.61
	福建省电力公司	10	145.00	92.47	4.92
	吉林省电力公司	23	170.43	92.44	4.87
	新疆区电力公司	11	122.73	91.97	5.42
	山西省电力公司	38	208.95	91.76	6.16
	江苏省电力公司	42	188.81	91.70	6.36
	国电华中公司	4	300.00	91.68	4.10
	云南电力集团公司	12	150.00	91.55	5.83
	内蒙电力集团公司	21	177.14	91.53	5.93
	华能集团	33	253.91	91.41	4.56
	安徽省电力公司	28	211.25	91.34	5.20
	山东国际电源	19	285.53	91.30	5.53
	国电电力	10	220.00	91.01	5.70
	湖北省电力公司	15	213.33	90.97	4.39
	陕西省电力公司	18	242.22	90.85	4.83
	河南省电力公司	42	204.98	90.84	5.48
	广东粤电公司	40	259.13	90.62	5.74
	湖南省电力公司	14	210.71	90.61	4.12
	浙江省电力公司	30	251.50	90.59	6.22
	上海市电力公司	23	238.91	90.50	5.83
	甘肃省电力公司	16	180.25	90.31	6.33

续表

机组容量（MW）	电力企业名称	台 数	平均容量（MW/台）	等效可用系数 EAF（%）	每千瓦装机发电量（MWh/kW）
	青海省电力公司	4	125.00	89.63	6.77
	宁夏区电力公司	8	201.25	89.54	7.43
	北京国华电力	10	389.95	89.32	5.19
	江西省电力公司	20	175.00	88.97	4.21
	广西区电力公司	8	140.00	88.67	4.61
	中电国际	22	240.91	88.63	5.55
	四川省电力公司	15	197.33	88.22	4.81
	辽宁省电力公司	22	196.59	87.09	4.77
	海南省电力公司	4	125.00	85.20	5.61
	黑龙江省电力公司	34	202.65	84.90	4.24
	国电东北公司	7	328.57	81.41	5.11
100	华能国际	1	100.00	97.80	7.47
	北京国际电力	1	100.00	97.64	6.26
	华北电力集团公司	2	100.00	96.54	6.96
	华能集团	8	100.00	96.22	2.67
	北京大唐发电	8	100.00	96.18	5.95
	上海市电力公司	1	100.00	95.72	6.33
	天津市电力公司	1	100.00	95.66	8.12
	河北省电力公司	2	100.00	95.25	7.81
	新疆区电力公司	7	100.00	94.83	6.00
	广东粤电公司	2	100.00	94.79	4.79
	北京国华电力	2	100.00	94.51	7.17
	吉林省电力公司	9	100.00	94.43	5.42
	福建省电力公司	6	100.00	94.00	4.92
	云南电力集团公司	8	100.00	93.18	6.57
	内蒙电力集团公司	10	100.00	92.81	6.45
	山东电力集团公司	8	100.00	92.76	5.78
	黑龙江省电力公司	11	100.00	92.72	4.84
	山西省电力公司	14	100.00	92.67	6.42
	宁夏区电力公司	3	100.00	92.65	7.69
	江苏省电力公司	3	100.00	92.59	6.68
	四川省电力公司	5	100.00	92.30	4.95
	河南省电力公司	4	100.00	91.18	5.88
	甘肃省电力公司	6	100.00	90.93	7.30
	辽宁省电力公司	4	100.00	90.79	4.34
	湖北省电力公司	5	100.00	88.51	3.97
	中电国际	4	100.00	86.84	5.08
	广西区电力公司	2	100.00	84.53	5.44
125	北京大唐发电	2	125.00	97.40	4.22
	广西区电力公司	2	125.00	97.10	5.14
	山东国际电源	5	125.00	96.70	5.40
	华能国际	4	125.00	96.68	5.97
	山东电力集团公司	11	125.00	95.47	6.51
	贵州省电力公司	10	125.00	94.10	7.84
	广东粤电公司	14	125.00	93.72	5.10

续表

机组容量 (MW)	电力企业名称	台 数	平均容量 (MW/台)	等效可用系数 EAF（%）	每千瓦装机发电量 (MWh/kW)
	安徽省电力公司	11	125.00	93.48	5.44
	河南省电力公司	9	125.00	93.40	6.04
	江苏省电力公司	18	125.00	93.35	6.57
	福建省电力公司	2	125.00	92.98	4.56
	新疆区电力公司	2	125.00	92.90	5.16
	湖南省电力公司	6	125.00	92.05	4.62
	中电国际	4	125.00	91.48	4.46
	上海市电力公司	9	125.00	90.98	5.10
	浙江省电力公司	14	125.00	90.89	6.07
	陕西省电力公司	4	125.00	90.68	5.84
	青海省电力公司	4	125.00	89.63	6.77
	江西省电力公司	12	125.00	89.54	5.14
	海南省电力公司	4	125.00	85.20	5.61
	辽宁省电力公司	1	125.00	85.19	3.86
199～200	山东电力集团公司	4	200.00	96.00	5.75
	北京大唐发电	5	200.00	95.68	6.40
	北京国华电力	2	200.00	94.59	6.12
	重庆市电力公司	3	200.00	93.80	7.47
	山西省电力公司	8	200.00	93.53	6.18
	北京国际电力	5	200.00	93.47	4.60
	天津市电力公司	4	200.00	93.21	6.33
	陕西省电力公司	4	200.00	92.89	5.50
	河北省电力公司	12	200.00	92.79	7.11
	中电国际	4	200.00	92.69	5.18
	贵州省电力公司	8	200.00	92.37	7.58
	华北电力集团公司	2	200.00	92.03	5.38
	吉林省电力公司	8	200.00	91.76	5.52
	湖北省电力公司	3	200.00	91.66	5.28
	湖南省电力公司	2	200.00	91.65	2.93
	国电电力	8	200.00	91.46	5.89
	内蒙电力集团公司	7	200.00	91.39	5.57
	江苏省电力公司	10	200.00	90.98	6.60
	河南省电力公司	15	200.00	90.94	5.65
	甘肃省电力公司	4	200.00	90.28	6.39
	安徽省电力公司	3	200.00	90.12	5.55
	浙江省电力公司	4	200.00	89.81	6.53
	国电东北公司	4	200.00	89.64	5.63
	黑龙江省电力公司	14	200.00	88.78	5.00
	云南电力集团公司	2	200.00	88.37	5.38
	华能国际	2	200.00	88.20	5.60
	四川省电力公司	6	200.00	88.10	4.76
	华能集团	1	200.00	87.74	5.03
	辽宁省电力公司	13	200.00	87.14	4.89
	新疆区电力公司	2	200.00	86.37	4.57
	广西区电力公司	2	200.00	85.76	4.10
	江西省电力公司	4	200.00	85.38	3.88
	广东粤电公司	5	200.00	85.18	6.32
300	华北电力集团公司	2	300.00	96.99	4.95

续表

机组容量(MW)	电力企业名称	台 数	平均容量(MW/台)	等效可用系数 EAF(%)	每千瓦装机发电量(MWh/kW)
	深圳能源	4	300.00	95.09	6.01
	陕西省电力公司	8	300.00	93.73	4.44
	四川省电力公司	2	300.00	93.62	4.97
	国电华东公司	4	300.00	93.52	3.75
	上海市电力公司	6	300.00	93.14	6.03
	北京大唐发电	8	300.00	93.02	5.14
	山东电力集团公司	7	300.00	92.93	5.85
	吉林省电力公司	4	300.00	92.84	3.85
	华能国际	18	300.00	92.82	5.96
	山西省电力公司	8	300.00	92.35	5.92
	河北省电力公司	6	300.00	92.22	6.45
	江苏省电力公司	6	300.00	91.70	6.52
	国电华中公司	4	300.00	91.68	4.10
	云南电力集团公司	2	300.00	91.52	5.13
	湖北省电力公司	7	300.00	91.36	4.23
	华能集团	10	300.00	91.34	4.78
	广东粤电公司	13	300.00	90.84	5.58
	福建省电力公司	2	300.00	90.73	5.07
	江西省电力公司	4	300.00	90.65	3.25
	贵州省电力公司	2	300.00	90.56	7.13
	安徽省电力公司	10	300.00	90.38	5.03
	甘肃省电力公司	4	300.00	90.30	5.98
	国电电力	2	300.00	89.82	5.20
	湖南省电力公司	6	300.00	89.78	4.17
	黑龙江省电力公司	2	300.00	89.69	4.16
	河南省电力公司	8	300.00	89.68	5.20
	浙江省电力公司	4	300.00	89.65	6.45
	山东国际电源	12	300.00	89.46	5.49
	宁夏区电力公司	4	300.00	88.12	7.37
	中电国际	8	300.00	86.79	5.97
	辽宁省电力公司	4	300.00	85.95	4.76
	国电东北公司	1	300.00	71.75	4.93
600	山东国际电源	2	600.00	94.00	5.71
	华能国际	2	600.00	93.44	6.28
	浙江省电力公司	5	600.00	90.09	5.98
	北京大唐发电	1	600.00	90.07	4.32
	江苏省电力公司	2	600.00	89.31	5.20
	中电国际	2	600.00	89.26	5.45
	上海市电力公司	2	600	86.59	5.68
	国电东北公司	2	600.00	78.35	4.82
	黑龙江省电力公司	2	600.00	62.73	2.50

注 本表摘自中电联《电力可靠性管理简报》(第一二二期)。

2002年全国主要电网统调发电负荷情况

电网	最高发电负荷		最高用电负荷	
	最大（万kW）	增长率（%）	最大（万kW）	增长率（%）
华北电网	3594.00	12.49	3574.00	9.90
东北电网	2560.00	11.26	2498.00	10.19
华东电网	4945.00	16.88	4615.00	7.40
华中电网	3145.00	12.52	2672.00	0.05
西北电网	1369.00	17.51	1365.00	17.17
南方电网	3232.00	2.86	2957.00	6.10
福建电网	846.00	18.49	701.00	-1.82
山东电网	1621.00	16.87	1519.00	9.52
四川电网	700.00	10.58	739.00	1.09
重庆电网	259.00	9.75	289.00	-9.40
海南电网	88.00	15.79	79.00	3.95
新疆电网	178.00	12.66	149.00	-2.61
西藏电网	14.00	27.27	13.00	18.18

2002 年 人 均 指 标

地区	人均装机容量（kW/人）	人均用电量（kWh/人）	人均生活用电量（kWh/人）	地区	人均装机容量（kW/人）	人均用电量（kWh/人）	人均生活用电量（kWh/人）
全国总计	**0.278**	**1275.66**	**155.81**	河南省	0.191	953.13	99.21
北京市	0.312	3091.80	439.95	湖北省	0.257	938.47	125.07
天津市	0.621	2724.85	291.36	湖南省	0.168	720.30	96.52
河北省	0.260	1434.05	158.98	广东省	0.457	2147.63	297.25
山西省	0.459	1909.00	101.55	广西自治区	0.156	740.25	114.71
内蒙古自治区	0.439	1346.95	110.66	海南省	0.222	610.23	95.88
辽宁省	0.374	1925.91	236.00	重庆市	0.135	798.24	179.76
吉林省	0.331	1134.84	186.53	四川省	0.208	761.57	133.07
黑龙江省	0.305	1228.56	192.13	贵州省	0.184	955.51	122.29
上海市	0.700	3973.61	380.61	云南省	0.202	815.14	103.59
江苏省	0.281	1686.96	176.02	西藏自治区	0.136	136.55	36.41
浙江省	0.445	2174.99	266.27	陕西省	0.223	968.88	108.56
安徽省	0.153	615.25	92.87	甘肃省	0.275	1309.91	88.90
福建省	0.390	1433.46	242.57	青海省	0.758	2372.57	129.17
江西省	0.174	584.00	66.33	宁夏自治区	0.471	3125.09	112.23
山东省	0.277	1367.25	157.52	新疆自治区	0.264	1126.51	100.79

2002年农村通电和电工情况

地区	乡通电率（%）		村通电率（%）		户通电率（%）		农电职工人数（人）		农村电工人数（人）	
	2002年	2001年	2002年	2001年	2002年	2001年	2002年	2001年	2002年	2001年
全国总计	**98.54**	**98.56**	**98.71**	**98.53**	**98.48**	**98.40**	**837830**	**830605**	**690628**	**755915**
北京市	100.00	100.00	100.00	100.00	100.00	100.00	2421	3589	10499	15611
天津市	100.00	100.00	100.00	100.00	100.00	100.00	4586	4273	4658	4907
河北省	100.00	100.00	100.00	100.00	100.00	99.98	46304	44581	61653	65427
山西省	100.00	100.00	99.03	98.87	99.41	99.38	17808	15654	25004	30578
内蒙古自治区	100.00	100.00	96.02	95.05	96.48	95.75	16037	15844	13537	13633
辽宁省	100.00	100.00	100.00	100.00	99.98	99.96	19679	19643	16983	17850
吉林省	100.00	100.00	100.00	100.00	100.00	100.00	13751	13170	11664	12278
黑龙江省	99.90	99.91	99.87	99.88	99.90	99.85	30470	30218	13230	13395
上海市	100.00	100.00	100.00	100.00	100.00	100.00	4168	3967	1414	1365
江苏省	100.00	100.00	100.00	100.00	99.99	99.98	22886	23128	54183	67727
浙江省	100.00	100.00	100.00	100.00	99.98	99.97	22002	21909	34698	36549
安徽省	100.00	100.00	100.00	100.00	99.87	99.85	21068	21096	34534	34806
福建省	100.00	100.00	100.00	100.00	99.85	99.82	48139	45510	22384	24848
江西省	100.00	100.00	99.72	99.48	99.37	99.15	34781	32867	18814	20047
山东省	100.00	100.00	100.00	100.00	100.00	100.00	74068	75197	58615	59310
河南省	100.00	100.00	100.00	100.00	99.20	98.55	60491	62717	47263	50291
湖北省	100.00	100.00	100.00	99.83	99.79	99.51	29374	29778	31679	36225
湖南省	100.00	100.00	99.69	99.96	99.39	99.19	53222	54265	39166	41129
广东省	100.00	100.00	100.00	100.00	99.90	99.85	51011	49711	30444	33355
广西自治区	100.00	100.00	99.16	98.92	97.78	97.03	38223	41785	27010	35230
海南省	100.00	100.00	99.71	98.81	98.27	94.72	7353	7429	2878	2499
重庆市	100.00	100.00	99.86	99.83	99.31	98.90	32158	29867	23983	25893
四川省	98.59	98.33	98.33	98.06	96.18	97.93	75332	75090	40922	41603
贵州省	100.00	100.00	97.61	95.42	92.84	88.30	15400	14552	11236	12345
云南省	100.00	98.67	98.80	98.41	93.89	92.05	37571	38335	15671	20393
西藏自治区	41.11	40.83	22.93	22.40	13.57	41.40				
陕西省	100.00	100.00	99.94	99.84	98.80	98.30	17769	17159	21135	21043
甘肃省	100.00	100.00	97.06	95.25	95.01	93.92	19861	18728	8614	9099
青海省	79.58	79.49	82.13	81.82	86.86	86.12	3713	3570	2542	3068
宁夏自治区	100.00	100.00	100.00	100.00	98.06	95.58	4419	4111		
新疆自治区	97.28	96.92	97.13	95.73	95.01	93.04	8544	8088	3775	3578
新疆建设兵团	100.00	100.00	100.00	100.00	99.96	100.00	5221	4774	2440	1833

附 表

各个时期能源和电力生产弹性系数

	能源生产弹性系数	电力生产弹性系数		能源生产弹性系数	电力生产弹性系数
“一五”时期	1.70	2.41	1994	0.55	0.85
“二五”时期	—	—	1995	0.83	0.84
1963～1965年	0.21	0.94	1996	0.21	0.74
“三五”时期	1.26	1.37	1997	0.17	0.58
“四五”时期	1.73	2.01	1998	−0.78	0.27
“五五”时期	1.08	1.75	1999	−1.62	0.92
“六五”时期	0.60	0.64	2000	−0.01	1.37
“七五”时期	0.52	1.12	2001	1.28	1.15
“八五”时期	0.36	0.85	2002	2.31	1.43

注 “四五”时期以前国民生产总值采用国民收入数。

发用电设备容量比

年 份	发电设备容量（万 kW）	用电设备容量（万 kW）	比 值	年 份	发电设备容量（万 kW）	用电设备容量（万 kW）	比 值
1981	6,913	16,040	1:2.32	1992	16,653	39,858	1:2.39
1982	7,236	17,240	1:2.38	1993	18,291	42,983	1:2.35
1983	7,644	18,635	1:2.44	1994	19,989	46,017	1:2.30
1984	8,012	19,846	1:2.48	1995	21,722	49,047	1:2.26
1985	8,705	21,258	1:2.44	1996	23,654	52,645	1:2.23
1986	9,382	23,411	1:2.50	1997	25,424	55,310	1:2.18
1987	10,090	26,095	1:2.54	1998	27,729	59,395	1:2.14
1988	11,550	28,614	1:2.48	1999	29,877	64,449	1:2.16
1989	12,664	30,859	1:2.44	2000	31,932	72,935	1:2.28
1990	13,789	34,741	1:2.52	2001	33,861	83,148	1:2.46
1991	15,147	36,726	1:2.42	2002	35,657	95,732	1:2.68

历年人均指标

年份	人均国民生产总值（元/人）	人均装机容量（kW/人）	人均发电量（kWh/人）	人均净用电量（kWh/人）	人均生活用电量（kWh/人）
1952		0.0034	12.4	10.8	
1957		0.0072	29.9	25.4	
1962		0.0194	68.1	56.1	
1965		0.0208	93.2	78.3	
1970		0.0286	139.7	116.9	
1975		0.0470	211.9	169.8	
1976		0.0503	216.7	175.8	
1977		0.0542	235.2	191.2	
1978	372.8	0.0593	266.6	218.4	
1979	409.9	0.0646	289.1	239.5	
1980	452.9	0.0667	304.5	254.6	
1981	476.9	0.0691	309.1	258.8	
1982	510.9	0.0712	322.4	270.8	
1983	563.9	0.0742	341.1	288.4	
1984	667.1	0.0768	361.3	306.3	
1985	808.5	0.0822	388.0	329.1	
1986	901.9	0.0873	418.1	353.2	21.5
1987	1,033.9	0.0941	455.0	384.3	24.5
1988	1,267.1	0.1040	491.1	415.3	29.0
1989	1,419.1	0.1124	518.9	439.4	33.0
1990	1,547.7	0.1206	543.3	458.9	40.4
1991	1,747.2	0.1308	584.9	493.7	45.9
1992	2,051.3	0.1421	643.7	543.0	54.1
1993	2,647.7	0.1543	706.6	589.1	62.0
1994	3,654.6	0.1668	774.1	642.2	73.0
1995	4,767.0	0.1793	831.4	694.4	82.9
1996	5,539.3	0.1933	881.9	737.0	93.0
1997	6,048.2	0.2057	917.4	763.2	101.4
1998	6,373.9	0.2222	927.6	773.0	111.2
1999	6,516.9	0.2373	979.4	814.7	116.7
2000	7,062.9	0.2523	1081.1	915.2	132.1
2001	7,516.7	0.2653	1162.7	995.2	144.1
2002	7,971.6	0.2780	1,275.7	1,095.8	155.8

注　净用电量为全社会用电量扣除厂用、线损电量后的用电量。

在建规模和投产容量比

年 份	在建规模（万 kW）	投产容量（万 kW）	比 值	年 份	在建规模（万 kW）	投产容量（万 kW）	比 值
1971	1,889	154	12.23	1987	4,280	603	7.10
1972	1,918	238	8.06	1988	5,980	940	6.32
1973	1,918	316	6.07	1989	6,097	842	7.24
1974	2,128	343	6.20	1990	6,886	853	8.17
1975	1,989	386	5.15	1991	6,220	1,053	5.91
1976	2,468	246	10.03	1992	7,883	1,216	6.48
1977	2,224	292	7.62	1993	7,337	1,295	5.66
1978	2,799	412	6.79	1994	7,520	1,165	6.45
1979	2,712	397	6.83	1995	6,378	1,266	5.04
1980	2,191	211	10.38	1996	6,467	1,466	4.41
1981	2,218	183	12.12	1997	6,614	1,286	5.14
1982	2,651	214	12.39	1998	8,944	1,839	4.86
1983	2,717	362	7.51	1999	8,164	1,891	4.32
1984	3,127	310	0.09	2000	7,463	1,934	3.86
1985	3,194	545	5.86	2001	7,870	1,516	5.19
1986	3,673	543	6.76	2002	6,248	1,734	3.60

电力在一次能源和终端消费中的比重

年份	电煤消费占煤炭产量的比重（%）	电力消费能源在一次能源中的比重（%）	电能在终端能源消费中的比重（%）	年份	电煤消费占煤炭产量的比重（%）	电力消费能源在一次能源中的比重（%）	电能在终端能源消费中的比重（%）
1980	17.98	20.60	6.84	1992	28.68	26.67	10.17
1981	18.13	21.18	7.05	1993	31.48	28.74	10.84
1982	18.25	21.33	7.28	1994	32.32	28.84	11.37
1983	18.28	21.29	7.34	1995	33.13	29.58	11.62
1984	18.78	21.16	7.33	1996	34.78	30.76	11.6
1985	19.14	21.32	7.43	1997	38.86	32.76	12.99
1986	20.63	22.13	7.78	1998	42.12	34.69	13.95
1987	21.33	22.79	8.09	1999	50.17	40.07	14.96
1988	22.38	23.27	8.3	2000	60.85	41.72	12.42
1989	24.24	23.95	8.59	2001	58.20	42.90	12.95
1990	25.13	24.68	9.05	2002	51.47	43.56	12.89
1991	26.67	25.46	9.53				

装机容量构成及比重

单位：万 kW、%

年份	总计	水电		火电		年份	总计	水电		火电	
		容量	比重	容量	比重			容量	比重	容量	比重
1952	197	19	9.6	178	90.4	1987	10290	3019	29.3	7271	70.7
1957	464	102	22.0	362	78.0	1988	11550	3270	28.3	8280	71.7
1962	1304	238	18.3	1066	81.7	1989	12664	3458	27.3	9206	72.7
1965	1508	302	20.0	1206	80.0	1990	13789	3605	26.1	10184	73.9
1970	2377	624	26.3	1753	73.7	1991	15147	3788	25.0	11359	75.0
1975	4341	1343	30.9	2998	69.1	1992	16653	4068	24.4	12585	75.6
1976	4715	1466	31.1	3249	68.9	1993	18291	4489	24.5	13802	75.5
1977	5145	1576	30.6	3569	69.4	1994	19990	4906	24.5	14874	74.4
1978	5712	1728	30.3	3984	69.7	1995	21722	5218	24.0	16294	75.0
1979	6302	1911	30.3	4391	69.7	1996	23654	5558	23.5	17886	75.6
1980	6587	2032	30.8	4555	69.2	1997	25424	5973	23.5	19241	75.7
1981	6913	2193	31.7	4720	68.3	1998	27729	6507	23.5	20988	75.7
1982	7236	2296	31.7	4940	68.3	1999	29877	7297	24.4	22343	74.8
1983	7644	2416	31.6	5228	68.4	2000	31932	7935	24.8	23754	74.4
1984	8012	2560	32.0	5452	68.0	2001	33849	8301	24.5	25314	74.8
1985	8705	2641	30.3	6064	69.7	2002	35657	8607	24.1	26555	74.5
1986	9382	2754	29.4	6628	70.6						

发电量构成及比重

单位：亿 kWh、%

年份	总计	水电		火电		年份	总计	水电		火电	
		容量	比重	容量	比重			容量	比重	容量	比重
1952	73	13	17.9	60	82.6	1987	4973	1002	20.1	3971	79.8
1957	193	48	24.8	145	75.0	1988	5451	1092	20.0	4359	80.0
1962	458	90	19.7	368	80.4	1989	5847	1185	20.3	4662	79.7
1965	676	104	15.4	572	84.6	1990	6213	1263	20.3	4950	79.7
1970	1159	205	17.7	954	82.3	1991	6775	1248	18.4	5527	81.6
1975	1958	476	24.3	1482	75.7	1992	7542	1315	17.4	6227	82.6
1976	2031	456	22.4	1575	77.5	1993	8364	1516	18.1	6868	82.1
1977	2234	476	21.3	1758	78.7	1994	9279	1668	18.0	7470	80.5
1978	2566	446	17.4	211	8.2	1995	10069	1868	18.6	8074	80.2
1979	2820	501	17.8	2318	82.2	1996	10794	1869	17.3	8781	81.4
1980	3006	582	19.4	2424	80.6	1997	11342	1946	17.2	9252	81.6
1981	3093	656	21.2	2437	78.8	1998	11577	2043	17.6	9388	81.1
1982	3277	744	22.7	2533	77.3	1999	12331	2129	17.3	10047	81.5
1983	3514	864	24.6	2651	75.4	2000	13685	2431	17.8	11079	81.0
1984	3770	868	23.0	2902	77.0	2001	14839	2611	17.6	12045	81.2
1985	4107	924	22.5	3183	77.5	2002	16542	2746	16.6	13522	81.7
1986	4496	945	21.0	3551	79.0						

万元国内生产总值能耗和电耗

年份	国内生产总值能耗（t/万元）		国内生产总值电耗（kWh/万元）	
	实绩	下降（%）	实绩	下降（%）
1978	15.93	—	6962	—
1979	14.65	8.03	6908	0.78
1980	13.48	7.99	6605	4.39
1981	12.45	7.64	6379	3.42
1982	11.98	3.77	6221	2.48
1983	11.41	4.75	5989	3.73
1984	10.23	10.34	5387	10.05
1985	8.99	12.12	4751	11.81
1986	8.35	7.12	4572	3.76
1987	7.66	8.26	4339	5.10
1988	6.61	13.70	3807	12.26
1989	6.06	8.32	3601	5.41
1990	5.58	7.92	3465	3.77
1991	5.14	7.89	3317	4.27
1992	4.53	11.87	3104	6.42
1993	3.58	20.97	2613	15.82
1994	2.68	25.14	2065	20.97
1995	2.33	13.06	1697	17.82
1996	2.06	11.59	1559	8.13
1997	1.93	6.31	1476	5.32
1998	1.71	11.40	1426	3.39
1999	1.49	12.87	1474	−3.36
2000	1.43	4.03	1506	−2.17
2001	1.38	3.50	1547	−2.72
2002	1.45	−5.07	1600	−3.43

电力基建投资占国内生产总值和基建投资比重

年份	国内生产总值（亿元）	全国基建投资（亿元）	电力基建投资（亿元）	电力基建投资的比重（%）	
				国内生产总值	全国基建投资
1952		43.6	2.0		4.57
1957		138.3	11.7		8.49
1962		68.6	3.1		4.54
1965		170.9	11.4		6.66
1970		312.6	20.2		6.46
1975		409.3	28.7		7.01
1976		376.4	32.2		8.55
1977		382.4	33.1		8.66

续表

年份	国内生产总值（亿元）	全国基建投资（亿元）	电力基建投资（亿元）	电力基建投资的比重(%)	
				国内生产总值	全国基建投资
1978	3588.1	500.9	49.3	1.37	9.84
1979	3998.1	523.5	47.8	1.19	9.13
1980	4470.0	558.9	41.2	0.92	7.37
1981	4773.0	442.9	34.1	0.71	7.70
1982	5193.0	555.5	42.4	0.82	7.58
1983	5809.0	594.1	55.6	0.96	9.69
1984	6962.0	743.2	71.6	1.03	9.63
1985	8857.6	1074.4	96.7	1.13	9.00
1986	9696.3	1171.1	133.1	1.37	11.37
1987	11301.0	1343.1	175.5	1.55	13.07
1988	14068.2	1525.8	214.9	1.53	14.08
1989	15993.3	1551.7	221.7	1.39	14.29
1990	17695.3	1703.8	269.9	1.53	15.84
1991	20236.3	2115.8	316.0	1.56	14.94
1992	24036.2	3012.6	400.2	1.66	13.28
1993	31280.0	4647.0	557.9	1.78	12.01
1994	43800.0	6287.2	726.0	1.66	11.55
1995	57733.0	7365.0	833.0	1.44	11.31
1996	67795.0	8611.0	974.2	1.44	11.31
1997	74772.0	9863.0	1339.4	1.79	13.19
1998	79553.0	11904.0	1422.5	1.79	11.95
1999	82054.0	12619.0	1153.7	1.41	9.14
2000	89404.0	13215.0	953.7	1.07	7.22
2001	95933.0	14567.0	1010.7	1.05	6.94
2002	102398.0	17251.0	1237.5	1.21	7.17

电力工业主要技术经济指标

年　份	发电设备平均利用小时（h）	发电厂用电率（%）	线路损失率（%）	发电标准煤耗[g/(kWh)]	供电标准煤耗[g/(kWh)]
1952	3800	6.17	11.29	727	
1957	4794	5.99	6.61	604	
1962	3554	7.87	8.73	549	605
1965	4920	6.98	7.31	477	518

续表

年 份	发电设备平均利用小时(h)	发电厂用电率(%)	线路损失率(%)	发电标准煤耗[g/(kWh)]	供电标准煤耗[g/(kWh)]
1970	5526	6.54	9.22	463	502
1971	5810	6.68	9.48	465	505
1972	5746	6.68	9.43	464	504
1973	5530	6.26	9.53	457	496
1974	5010	6.19	9.91	450	488
1975	5197	6.23	10.13	450	489
1976	4869	6.34	10.32	449	487
1977	4947	6.41	10.19	446	484
1978	5149	6.61	9.64	434	471
1979	5175	6.54	9.24	422	457
1980	5078	6.44	8.93	413	448
1981	4955	6.40	8.98	407	442
1982	5007	6.32	8.64	404	438
1983	5101	6.21	8.53	400	434
1984	5190	6.28	8.28	398	432
1985	5308	6.42	8.18	398	431
1986	5388	6.54	8.15	398	432
1987	5392	6.66	8.48	398	432
1988	5313	6.69	8.18	397	431
1989	5171	6.81	8.18	397	432
1990	5041	6.90	8.06	392	427
1991	5030	6.94	8.15	390	424
1992	5039	7.00	8.29	386	420
1993	5068	6.96	8.52	384	417
1994	5233	6.90	8.73	381	414
1995	5216	6.78	8.77	379	412
1996	5033	6.88	8.53	377	410
1997	4765	6.80	8.20	375	408
1998	4501	6.66	8.13	373	404
1999	4393	6.50	8.10	369	399
2000	4517	6.28	7.70	363	392
2001	4588	6.24	7.55	357	385
2002	4860	6.15	7.52	356	383

2000年年底世界主要国家发电设备容量

单位：MW

国别	合　计	水　电	火　电	核　电	国别	合　计	水　电	火　电	核　电
美国	861199				英国	78891	4237	61171	12486
俄罗斯	212800	44300	146800	21700	意大利	75504	20346	54788	
日　本	258837	46324	166648	45248	西班牙	55224	20076	27350	7798
中　国	319321	79352	237510	2100	澳大利亚				
法　国*	114751	25115	26213	63183	瑞　典	33565	16329	7526	9461
加拿大	111301	67407	33183	10615	印　度*	108147	24500	80345	2225
德　国*	118785	8913	86371	23501	韩　国	53679	3149	36815	13716

注　*为1999年实绩。

2000年年底世界主要国家发电量

单位：亿kW

国别	合　计	水　电	火　电	核　电	国别	合　计	水　电	火　电	核　电
美　国	37999.44				英　国	3749.00	78.04	2723.64	850.63
俄罗斯	8780.00	1650.00	5820.00	1310.00	意大利	2766.29	509.00	2251.60	
日　本	10915.00	968.17	6691.77	3220.5	西班牙	2239.44	360.42	1256.96	622.06
中　国	13684.82	2431.34	11079.17	167.37	澳大利亚*	2030.95	167.97	1862.98	
法　国	5100.68	649.89	498.79	3952.00	瑞　典	1455.85	786.19	91.92	573.16
加拿大	5822.68	3528.95	1606.95	686.79	印　度*	5273.32	814.43	4317.71	130.81
德　国	5644.50	259.62	3688.82	1696.06	韩　国	2908.69	56.10	1762.95	1089.64

注　*为1999年实绩。

2000年年底世界主要国家人均电力指标

国别	人均装机容量（kW/人）	人均发电量（kWh/人）	人均用电量（kWh/人）	国别	人均装机容量（kW/人）	人均发电量（kWh/人）	人均用电量（kWh/人）
美国	3.06	13080	12834	英国	1.32	6300	5689
俄罗斯	1.46		*5056	意大利	1.31	4789	4836
日本	2.04	8603	6614	西班牙		5742	4360
中国	0.25	1081	1064	澳大利亚		*10706	8749
法国	1.95	8661	6974	瑞典		16413	15271
加拿大	3.62	18936	16342	韩国	1.14	6152	5595
德国	1.45	6882	6095				

注 *为1999年实绩。

2000年年底世界主要国家主要技术经济指标

单位：%

国别	设备利用率	热效率	线路损失率	国别	设备利用率	热效率	线路损失率
美国	53.3	36.4	*8.9	英国	52.5	36.2	8.9
俄罗斯	***54.0	36.0		意大利	41.7	39.0	6.4
日本		40.6	5.2	西班牙	46.3		10.0
中国	51.6	39.4	7.8	澳大利亚	***54.0	35.2	
法国	**46.1	*37.6	**7.0	瑞典	49.6		7.6
加拿大	59.2	*33.5	*8.8	韩国	62.2	39.5	4.7
德国	*52.9	**40.4	4.9				

注 *为1999年实绩，**为1998年实绩，***为1997年实绩。

人 物

全国"五一"劳动奖状获得单位（电力系统）

河北保定供电公司
河北邯峰发电厂检修部
内蒙古丰镇发电厂
辽宁朝阳供电公司
吉林供电公司永吉县供电公司西阳供电所
黑龙江齐齐哈尔电业局
黑龙江鹤岗电业局
上海市电力公司市区供电公司沪北供电分公司
江苏省电力公司无锡供电公司
江苏省电力公司镇江供电公司
江苏扬州发电有限公司
江苏扬州第二发电公司生产运行处三值
江苏华能淮阴发电有限责任公司继电保护班
浙江北仑第一发电有限责任公司
安徽巢湖庐江供电有限责任公司乐桥供电所
江西赣西供电局
江西火电建设公司
山东黄台发电厂
山东青岛发电厂
山东国际电源开发股份有限公司十里泉发电厂
山东烟台电业局
河南安阳市电业局
湖北省电力公司输变电工程公司
湖南省电力公司
广东省广州电力工业局送电管理所线路七班
广东省广电集团有限公司韶关供电分公司配电管理所
重庆川东电力集团有限责任公司李渡供电所
四川成都电业局
贵州乌江渡发电厂
云南省漫湾发电厂
中国水利水电第一工程局大朝山施工局大朝山电站厂房支模班
西藏日喀则地区供电所
西藏林芝地区八一电厂线路班
陕西宝鸡供电局
青海送变电工程公司

全国"五一"劳动奖章获得者（电力系统）

王玉江　北京大唐发电高井电力检修设备分公司
董齐平　天津市电力公司军粮城发电厂
陈进行　山西省电力公司
赵凤山　内蒙古电力(集团)有限责任公司
李占柱　辽宁营口市老边区供电局
张彦启　黑龙江鹤岗发电有限责任公司
于金莲　（女）江苏省电力公司如东县供电公司
缪继明　江苏沭阳县供电局
姚庆华　浙江安吉县供电局
张云华　安徽铜陵发电厂
薛智强　安徽芜湖发电厂
唐海平　福建厦门嵩屿电厂
黄南山　福建省电力有限公司龙岩万安溪水力发电公司
魏智素　江西景德镇供电局用电分局
李廷强　山东青岛热电集团有限公司第二热力公司
战　生　山东蓬莱电业公司
王立魁　山东潍坊发电厂
郑忠广　山东邹县发电厂
吴学忠　山东文登市电业总公司
张为明　葛洲坝集团机电建设有限公司三峡工程指挥部
罗明久　华中华能发电股份有限公司
龚兰枝　（女）三峡工程开发总公司施工供电局
刘忠保　湖北清江水电开发总公司清能有限责任公司
苏仲衡　湖北汨罗市电力局电力实业公司
李建辉　（女）湖南省柘溪水电站
李言秀　（女）湖南省永州电业局祁阳电力局
冯树荣　国家电力公司中南勘测设计研究院
范超荣　广东广州发电厂
刘罗寿　广东湛江发电厂
李红明　广东广电集团公司沙角发电分公司
覃　彪　（壮族）广西钦州电厂
王思义　中国水利水电第五工程局七分局
祝　明　贵州电力试验研究院
王成荣　云南省宣威发电有限责任公司
边　琼　(藏)西藏羊卓雍湖抽水蓄能电厂
李秋伦　中国水电三局三峡工程指挥部
杨建伟　甘肃省送电五分公司
姚源涛　中国水利水电第四工程局机电安装分局
范旭华　（女）新疆电力科学研究院

（原载《中国电力报》2002年4月30日一版）

电力系统第九届全国人大代表名单

张凤祥	张贵行	王炳华	李振生
刘振亚	朱长富	李田祚	寇士清
丁中智	朱正芳	崔 翔	季新昌
王之珮	顾煜麟	朱志强	余吉安
马力克	陈笑霖	张炳惠	郭生练
陈善云	李菊根	向德洪	晏玉清
王绍贞	吴崇财	黄丽辉	

电力系统第九届全国政协委员名单

潘家铮	吴 骁	朱藻文	熊正美
邵方殷	蔡国雄	黄梦玲	王继孝
陈遇龙	凌呼君	史大桢	唐鸿千
康交阳			

（据有关资料整理，仅供参考）

附　　录

表 彰 先 进

关于表彰2000～2001年度双文明单位的决定

（国电党［2002］28号）

附件一：

2000～2001年度国家电力公司双文明公司名单

山东电力集团公司
黑龙江省电力有限公司
福建省电力有限公司
四川省电力公司
天津市电力公司
江苏省电力公司
安徽省电力公司
湖北省电力公司
宁夏回族自治区电力公司
华能国际电力股份有限公司

附件二：

2000～2001年度国家电力公司双文明单位标兵名单

东北通辽发电总厂
西北龙羊峡发电分公司
南方电力调度通信中心
南方公司平果超高压局
华北北京供电公司
华北北京大唐发电股份有限公司陡河发电厂
华能上海石洞口第二电厂
葛洲坝集团电力有限责任公司
葛洲坝集团财务有限责任公司
山东临沂电业局
云南漫湾发电厂
云南鲁布革发电总厂
辽宁大连供电公司
辽宁营口供电公司
黑龙江哈尔滨第三发电有限责任公司
黑龙江大庆电业局
吉林吉林热电厂
吉林延边供电公司
广西电力试验研究院
广西岩滩水力发电厂
福建永安火电厂
福建厦门电业局
四川成都电业局
四川内江发电总厂
重庆发电厂
重庆南岸供电局
重庆南电实业开发总公司
贵州遵义发电总厂
贵州送变电工程公司
天津第一热电厂
天津宝坻供电有限公司
河北邯郸供电公司
河北石家庄电业局
山西太原第二热电厂
山西大同供电分公司
上海市东供电公司
上海电力修造总厂有限公司
上海电力安装第一工程公司
江苏徐州供电公司
江苏谏壁发电厂
安徽芜湖发电厂
安徽合肥发电厂
浙江绍兴电力公司
浙江嘉善县供电局
湖北省超高压输变电局
湖北黄冈供电局
湖南耒阳电厂
湖南电力调度通信中心
河南郑州热电厂
河南平顶山市电业局
江西贵溪火力发电厂

陕西宝鸡供电局
陕西韩城发电厂
甘肃盐锅峡水电厂
甘肃碧口水电厂
青海西宁供电局
宁夏大武口电厂
宁夏银南供电局
中南电力设计院
华东勘测设计研究院
水电二局建筑工程分局
水电八局机电制造安装分局
中电国际安徽淮南平圩发电有限责任公司

附件三：

2000～2001年度国家电力公司双文明单位名单

东北赤峰热电厂
东北云峰热电厂
东北太平湾发电厂
东北白山发电厂
东北东元电力发展有限公司
东北通辽市科尔沁区农电局
东北赤峰市克什克腾旗农电局
华东望亭发电厂
华东富春江水电厂
华东电力调度通信中心
华东新安江水电厂
华东天荒坪抽水蓄能有限责任公司
华东杭州富春江电力发展有限公司
华东新安江电厂实业总公司
华中三门峡华阳发电有限责任公司
华中湖北襄樊发电有限责任公司
华中公司培训中心
华中公司技术中心
华中电力调度通信中心
华中武汉电力设备厂
武汉华中电力宾馆
华中三门峡大合电力（集团）有限责任公司
中国电力财务有限公司华中分公司
西北李家峡发电分公司
西北宝二发电有限公司
南方公司天生桥水力发电总厂
南方公司贵阳超高压局
南方公司广东能发企业集团
华北电力科学研究院有限责任公司
华北秦皇岛发电有限责任公司
华北十三陵蓄能电厂
华北唐山供电公司
华北北京大唐发电股份有限公司高井发电厂
华北保定电力学校
华北北京电力建设公司
华北北京第二热电厂
北京大唐发电股份有限公司下花园发电厂
华北天津大港发电厂
华北北京供电实业开发总公司
华北唐山华北电力实业总公司
华北秦皇岛热电实业开发有限责任公司
华北北京供电局平谷供电局
华北河北省迁安市电力局
华北张家口供电公司怀来供电分公司
华能珞璜电厂
华能淮阴电厂
华能太仓电厂
华能榆社电厂
华能大连电厂
华能汕头电厂
华能德州电厂
华能上安电厂
华能南通电厂
华能福州电厂
华能辛店电厂
华能长兴电厂
华能深圳汇智有限公司
华有财务公司
葛洲坝集团有限公司三峡工程施工指挥部（三峡建设承包公司）
葛洲坝集团有限公司清江建设承包公司
葛洲坝集团有限公司澜沧江建设承包公司
葛洲坝集团第四工程有限公司
葛洲坝集团第六工程有限公司
葛洲坝集团第七工程有限公司
葛洲坝集团机电建设有限公司
葛洲坝集团基础工程有限公司
葛洲坝易普力化工有限公司
葛洲坝股份有限公司试验中心
葛洲坝集团三峡旅游船有限公司
葛洲坝股份有限公司南河水电开发公司
山东潍坊发电厂
山东十里泉发电厂
山东青岛发电厂
山东日照发电厂
山东莱城发电厂
山东日照电业局

山东德州电业局
山东泰安电业局
山东威海电业局
山东莱芜电业局
山东滨州电业局
山东菏泽电业局
山东东营电业局
山东电力超高压输变电公司
山东电力送变电工程公司
山东电力调度中心
山东电力咨询院
山东电建三公司
山东电力学校
深圳山东核电工程公司
山东英大国际信托投资公司
山东重庆鲁能开发（集团）公司
山东鲁能信谊（集团）公司
山东鲁能英大集团公司
山东鲁能商贸公司
山东文登市电业总公司
山东蓬莱市电业公司
山东阳信县电业总公司
云南昆明发电厂
云南小龙潭发电厂
云南个旧供电局
云南思茅供电局
云南电力线路器材厂
云南送变电工程公司
云南滇西电业局
云南大寨电厂
云南以礼河发电厂
云南西双版纳电业局
云南电力技工学校
云南昆明耀龙供用电有限公司
云南泸西电力（集团）有限责任公司
云南个旧供电局弥勒供电分局
辽宁沈阳热电厂
辽宁铁岭发电厂
辽宁沈阳供电公司
辽宁两锦供电公司
辽宁抚顺供电公司
辽宁丹东供电公司
辽宁辽阳供电公司
辽宁本溪供电公司
辽宁电力送变电工程公司
辽宁电力科学研究院
辽宁丹东供电公司丹东电力建设总公司
辽宁本溪供电公司多种经营总公司
大连供电公司大连电力电器集团有限公司
辽宁朝阳供电公司建平农电局
辽宁营口供电公司老边供电局
辽宁鞍山供电公司海城市农电局
黑龙江齐齐哈尔电业局
黑龙江鹤岗发电有限责任公司
黑龙江佳木斯发电厂
黑龙江佳木斯第二发电厂
黑龙江富拉尔基发电总厂
黑龙江双鸭山第一发电有限责任公司
黑龙江佳木斯电业局
黑龙江牡丹江电业局
黑龙江省送变电工程公司
黑龙江电力职工大学
黑龙江齐齐哈尔恩德电力集团有限责任公司
黑龙江莲花实业集团
黑龙江哈尔滨电力实业集团
黑龙江哈尔滨市郊农电局
黑龙江尚志农电局
黑龙江望奎农电局
黑龙江集贤农电局
吉林白城供电公司
吉林长春第二热电有限责任公司
吉林长山热电厂
吉林四平热电有限责任公司
吉林珲春发电有限责任公司
吉林吉林供电公司
吉林辽源供电公司
吉林省送变电工程总公司
吉林省电力勘测设计院
吉林省电力科技有限公司
吉林长春市热电房地产开发有限公司
吉林四平市巨鹏实业有限公司
吉林辽源供电公司多种经营总公司
吉林长春供电公司德惠市供电公司
吉林通化供电公司辉南县供电公司
吉林四平供电公司梨树县供电公司
广西西津水力发电厂
广西合山火力发电厂
广西南宁供电局
广西梧州供电局
广西玉林供电局
广西桂林供电局
广西电力勘察设计院
广西电网调度中心
广西送变电建设公司

广西南宁建宁供用电工程公司
广西柳州天鹤电力有限责任公司
广西北流市供电公司
广西邕宁县电业公司
广西临桂县供电局
福建三明电业局
福建湄洲湾火电运行分公司
福建水口发电有限公司
福建漳平电厂
福建安砂水力发电厂
福建沙溪口水力发电厂
福建泉州电业局
福建漳州电业局
福建福州电业局
福建电力调度通信中心
福建电力勘测设计院
福建第二电力建设公司
福建电力试验研究院
福建亿力电力（集团）股份有限公司
福建亿力电器设备有限公司
福建亿力电力科技股份有限公司
福建永安供电局
福建石狮市电力联营公司
福建仙游县电力总公司
四川宜宾发电总厂
四川广安发电有限责任公司
四川江油发电厂
四川宝珠寺水力发电厂
四川南椏河发电厂
四川成都热电厂
四川乐山电业局
四川绵阳电业局
四川西昌电业局
四川自贡电业局
四川电力调度中心
四川电力职业技术学院
四川电力疗养院
四川攀枝花三维实业有限公司
四川成都供用电工程公司
四川德阳什邡供电局
四川达州万源供电局
四川内江隆昌供电局
重庆杨家坪供电局
重庆沙坪坝供电局
重庆江北供电局
重庆綦南供电局
重庆电力教育培训中心
重庆万州电业局
重庆城区供电局
重庆电力展新有限公司
重庆永能实业有限公司
贵州盘县发电厂
贵州贵阳发电厂
贵州贵阳市北供电局
贵州贵阳市南供电局
贵州遵义供电局
贵州安顺供电局
贵州都匀供电局
贵州电力建设第一工程公司
贵州电力建设第二工程公司
贵州宏电实业股份有限公司
贵州贵阳市乌当供电局
贵州惠水供电局
天津城南供电分公司
天津西青供电分公司
天津城东供电分公司
天津北辰供电分公司
天津滨海供电公司
天津电力高压供电公司
天津电力公司培训中心
天津三源电力集团有限公司
天津津滨电业有限公司
天津静海供电有限公司
河北衡丰发电有限责任公司
河北沧州供电公司
河北衡水供电公司
河北兴泰发电有限责任公司
河北送变电公司
河北西柏坡发电有限责任公司
河北电力试验研究所
河北衡水衡丰实业有限责任公司
河北邢台翔泰实业有限责任公司
河北孟村回族自治县电力局
河北栾城县供电局
河北临城县供电公司
山西神头第二发电厂
山西运城供电分公司
山西太原供电分公司
山西阳泉供电分公司
山西长治供电分公司
山西晋城供电分公司
山西电建四公司
山西大同电力高等技工学校
山西金光铁合金有限公司

山西侯马供电支公司
山西高平供电支公司
山西襄垣供电支公司
上海外高桥发电厂
上海市南供电公司
上海市区供电公司
上海电力表计厂
上海电力设计院有限公司
上海闸北发电厂
上海久隆电力（集团）有限公司
上海电力房地产有限公司
上海市南电力工程有限公司
上海奉贤供电分公司
上海青浦供电分公司
上海电力安装第二工程公司
上海华东送变电工程公司
江苏电力调度通信中心
江苏徐州发电厂
江苏扬州发电有限公司
江苏南京热电厂
江苏苏州供电公司
江苏南京供电公司
江苏无锡供电公司
江苏常州供电公司
江苏泰州供电公司
江苏扬州供电公司
江苏省电力设计院
江苏省电力科学研究有限公司
江苏启东市电力安装公司
江苏扬州苏源电气设备有限公司
江苏镇江苏源华电电力有限责任公司
江苏江阴市供电局
江苏昆山市供电公司
江苏溧水县供电公司
江苏扬中市供电公司
安徽铜陵供电局
安徽田家庵发电厂
安徽马鞍山发电厂
安徽淮北发电厂
安徽合肥供电局
安徽六安供电局
安徽巢湖供电局
安徽滁州供电局
安徽蚌埠供电局
安徽芜湖供电局
安徽送变电工程公司
安徽安庆电力实业总公司
安徽芜湖新环电力实业总公司
安徽淮南天河电力实业总公司
安徽电力繁昌供电有限责任公司
安徽电力庐江供电有限责任公司
安徽电力绩溪供电有限责任公司
浙江杭州市电力局
浙江嘉兴电力局
浙江金华电业局
浙江湖州电力局
浙江北仑第一发电有限责任公司
浙江镇海发电有限责任公司
浙江嘉兴发电有限责任公司
浙江温州发电有限责任公司
浙江乌溪江水力发电厂
浙江紧水滩水力发电厂
浙江台州发电厂
浙江火电建设公司
浙江兰溪市供电局
浙江诸暨市供电局
浙江临安市供电局
浙江江山市供电局
浙江绍兴电力设备成套大明公司
浙江宁波送变电建设公司
浙江湖州电力泰仑实业有限公司
浙江杭州欣美成套电器制造有限公司
湖北青山热电厂
湖北荆门热电厂
湖北黄石发电股份有限公司
湖北汉新发电公司
湖北襄樊供电局
湖北黄石供电局
湖北宜昌供电局
湖北荆门供电局
湖北荆州电力局
湖北电建一公司
湖北输变电工程公司
湖北电力试验研究院
湖北武汉电力学校
湖北荆门市华源电力有限责任公司
湖北黄冈东源电业有限公司
湖北黄石电能集团有限公司
湖北黄冈市蕲春县电力局
湖北武汉市新州区电力局
湖北孝感市孝南区电力局
湖南湘潭电业局
湖南株洲电业局
湖南益阳电业局

湖南长沙电业局
湖南岳阳电业局
湖南娄底电业局
湖南东江水电厂
湖南电力试验研究所
湖南湘潭电厂
湖南常德电业局
湖南怀化电业局
湖南电力安装工程公司
湖南电力勘测设计院
湖南电力线路器材厂
湖南送变电建设公司
湖南五强产业集团股份有限公司
湖南益阳电业局赫山供电局
湖南湘潭电业局韶山电力局
湖南株洲电业局攸县电力局
湖南五凌水电开发有限责任公司
河南平顶山电厂
河南新乡火电厂
河南洛阳首阳山电厂
河南焦作丹河电厂
河南安阳市电业局
河南洛阳供电公司
河南焦作市电业局
河南开封市电业局
河南三门峡市电业局
河南鹤壁市电业局
河南驻马店市电业局
河南送变电建设公司
河南电力试验研究所
河南省电力勘测设计院
河南安阳优创实业有限责任公司
河南电力博大实业有限责任公司
河南平顶山元丰电力实业有限责任公司
河南荥阳市电业局
河南伊川县电业局
河南林州市电业局
河南永成市供电有限责任公司
江西景德镇发电有限责任公司
江西南昌发电厂
江西九江发电厂
江西电力高级技校
江西拓林水电开发有限责任公司
江西宜春供电局
江西上饶供电局
江西赣东北供电局
江西赣西供电局
江西南昌供电局
江西九江供电局
江西省火电建设公司
江西电力调度中心
江西省多经发展公司
江西万安水电厂赣源有限责任公司
江西南康市供电有限责任公司
江西广丰县供电有限责任公司
江西南昌县供电有限责任公司
江西南城县供电有限责任公司
陕西送变电工程公司
陕西西安供电局
陕西西安高压供电局
陕西渭南供电局
陕西商洛供电局
陕西延安供电局
陕西安康供电局
陕西汉中供电局
陕西安康水电厂
陕西灞桥热电有限责任公司
陕西西北电力试验研究院
陕西宝鸡铁塔厂
陕西电力银河集团有限公司
陕西银河电力自动化股份有限责任公司
陕西汉中供电局勉县电力局
陕西咸阳供电局兴平市电力局
甘肃靖远第一发电公司
甘肃永昌电厂
甘肃兰州第二热电厂
甘肃八0三厂
甘肃八盘峡水电厂
甘肃兰州供电局
甘肃嘉峪关电业局
甘肃天水供电局
甘肃送变电工程公司
甘肃兰州电力学校
甘肃白银银珠集团公司
甘肃白银兴川公司
甘肃凉州区电力局
甘肃华池县电力局
甘肃甘谷县电力局
青海桥头发电有限责任公司
青海黄化供电局
青海海东供电局
青海电力试验研究所
青海送变电工程公司
青海西宁电力实业总公司

青海湟源县电力局
青海平安县电力局
宁夏大坝电厂
宁夏青铜峡水电厂
宁夏石嘴山供电局
宁夏电力试验研究所
宁夏调度中心
宁夏天能（集团）股份有限公司
宁夏中卫县供电局
宁夏惠农县供电局
新疆玛纳斯发电有限责任公司
新疆乌鲁木齐电业局
新疆吐鲁番电业局
新疆奎屯电业局
新疆电力教培中心
新疆电力设计院
新疆电力建设公司
新疆送变电工程公司
新疆巴州电力有限责任公司
新疆苇湖梁发电有限责任公司
新疆电力宾馆
新疆昌吉电业局玛纳斯供电有限责任公司
新疆阿克苏电力有限责任公司阿瓦提供电公司
华东电力设计院
西南电力设计院
东北电力设计院
中南勘测设计研究院
成都勘测设计研究院
昆明勘测设计研究院
水电一局基础处理分局
水电一局口前基地管理处
水电二局
水电三局机电安装公司
水电三局小浪底项目施工局
水电三局交通分局
水电四局
水电四局机电安装分局
水电五局机电安装分局
水电六局一分局
水电七局
水电七局一分局
水电七局基础工程分局
水电七局机电安装分局
水电八局常德机械厂
水电八局三峡下岸溪沙石项目部
水电九局机电安装处
水电十局机电安装分局
水电十局医院
水电十一局
水电十一局二分局
水电十三局
水电十三局三分局
水电十四局机电安装工程总公司
闽江水电工程局南平分局
闽江水电工程局机械工程公司
水电基础局第二工程处
水电九局贵阳新发展混泥土商品公司
水电十一局三岛实业总公司
闽江水电工程局厦门休养院
华电南京电力自动化设备总厂
华电杭州钻探机械制造厂
华电杭州机械设计研究院
华电扬州电讯仪器厂
华电株州电力机械技术公司
中电国际河南平顶山姚孟发电有限责任公司
中电国际辽宁清河发电有限责任公司
国电电力龙源环保工程有限公司
国电电力大同第二发电厂
国电电力朝阳发电厂
国电电力宁夏石嘴山发电有限责任公司
大渡河流域水电开发有限公司龚嘴山水力发电总厂
国电电力宣威发电有限责任公司
贵州乌江水电开发公司东风发电厂
贵州乌江水电开发公司乌江渡发电厂
华北电力大学
国家电力公司电力自动化研究院
国家电力公司热工研究院
中国电力科学研究院

附件四：

系统外 2000～2001 年度双文明单位标兵名单

内蒙蒙达发电有限责任公司
内蒙丰镇发电厂
广东粤电天生桥一级水电厂
湖北清江隔河岩水力发电厂

系统外 2000～2001 年度双文明单位名单

内蒙古呼和浩特供电局
内蒙古乌海电业局
内蒙古乌拉山发电厂
内蒙古包头第一热电厂

内蒙古华电包头第二热电厂
内蒙古电力科学研究院
内蒙古电力中心调度所
内蒙古包头供电局
内蒙古呼和浩特发电厂
内蒙古乌兰察布电业局
内蒙古巴彦淖尔电业局
内蒙古送变电有限责任公司
内蒙古超高压供电局
内蒙古包头市九原电力有限责任公司
内蒙古乌海电业局多经公司
广东粤电韶关发电厂
广东粤电珠海发电厂
广东粤电茂名热电厂
广东粤电清溪水电厂
广东粤电梅县发电厂
广东粤电长潭水电厂
广电集团深圳供电分公司
广电集团珠海供电分公司
广电集团清远供电分公司
广电集团韶关供电分公司
广电集团梅州供电分公司
广电集团汕尾供电分公司
广电集团广东电力设计研究院
广电集团广东电力调度中心
广电集团广东电力试验研究所
广电集团广东电力技术改进公司
广电集团中山市农村供电总公司
广电集团茂名供电分公司农电公司
葛州坝水力发电厂
江西东津发电有限责任公司
江西新余发电有限责任公司

关于授予黄台火力发电厂等五单位“国家电力公司2001年度精神文明建设创新奖”的决定

（国电党［2002］34号）

附件一：

国家电力公司2001年度精神文明建设创新奖获奖单位及项目

1. 山东黄台火力发电厂——“三维立体”的黄电文化；

2. 元宝山发电厂——实施价值创新理论，再造企业无限生机；

3. 福建省电力有限公司机关党委——实施“五个三”工程，拓展机关作风建设新抓手；

4. 辽宁本溪供电公司——抢占信息网络阵地，探索思想政治工作新途径；

5. 广西电力有限公司——思想政治工作综合评价体系的建立及实施。

附件二：

国家电力公司2001年度精神文明建设创新奖提名单位及项目

1. 湖北省超高压输变电局——以德治企，文明育人；

2. 辽宁电力科学研究院——“百人百事闪光点”活动；

3. 陕西宝鸡供电局——精神文明建设量化考核体系；

4. 兰州供电局——思想政治工作结合渗透法；

5. 安徽省电力公司——施行思政工作评价制度，实现工作机制创新。

附件三：

国家电力公司2001年度精神文明建设创新奖提名表彰个人名单

1. 黑龙江省佳木斯发电厂党委书记张玉仁；
2. 江西省南昌供电局党委书记夏昭仪；
3. 重庆市沙坪坝供电局党委书记、局长刘昌盛；
4. 福建省沙溪口水力发电厂党委书记王德仁；
5. 宁夏回族自治区大武口发电厂党委书记王文彪。

关于表彰国家电力公司第六批人才援藏工作先进单位和个人的决定

（国电人资［2002］28号）

附件一：

国家电力公司第六批人才援藏工作先进单位和个人名单

一、人才援藏先进单位（38个）

江苏省电力公司

国家电力公司华东公司
国家电力公司东北公司
中国华北电力集团公司
山东电力集团公司
辽宁省电力有限公司
浙江省电力公司
河北省电力公司
山西省电力公司
四川省电力公司
国家电力公司西北勘测设计研究院
国家电力公司成都援藏办事处
华北电力科学研究院有限责任公司
华北电力调度局
河北省电力试验研究所
山西电力科学研究院
南京供电公司
镇江供电公司
苏州供电公司
无锡供电公司
常州供电公司
泰州供电公司
南通供电公司
盐城供电公司
扬州供电公司
江苏省送变电公司
淄博电业局
新安江水力发电厂
富春江水力发电厂
紧水滩水力发电厂
嘉兴电力局
丰满发电厂
云峰发电厂
太平湾发电厂
白山发电厂
太平哨发电厂
桓仁发电厂
朝阳电业局

二、接收援藏人员先进单位（7个）

西藏自治区电力公司
拉萨电业局
西藏自治区电力调度通信局
西藏水电勘测设计院
西藏电力试验研究所
西藏羊卓雍湖抽水蓄能电厂
那曲地区电力公司

三、优秀援藏人员（32人）

叶　刚　淄博电业局
王建勇　新安江水力发电厂
金　斌　富春江水力发电厂
陶一军　紧水滩水力发电厂
赵　平　嘉兴电力局
才玉臣　白山发电厂
王景彤　丰满发电厂
金光年　云峰发电厂
刘力飞　太平湾发电厂
管晓光　桓仁发电厂
于邦俊　太平哨发电厂
张仁伟　华北电力科学研究院有限责任公司
牛四清　华北电力调度局
蔚晓明　山西电力科学研究院
高　骏　河北省电力试验研究所
张　峰　镇江供电公司
方　泉　泰州供电公司
王国平　盐城供电公司
焦长宁　南京供电公司
陈庆涛　南通供电公司
沈培锋　苏州供电公司
沙德明　无锡供电公司
陈　兵　江苏省送变电公司
柳惠波　常州供电公司
秦晓东　扬州供电公司
徐子军　淄博电业局
郑学友　淄博电业局
魏坚政　国家电力公司西北勘测设计研究院
王康柱　国家电力公司西北勘测设计研究院
康本贤　国家电力公司西北勘测设计研究院
沈维耘　国家电力公司西北勘测设计研究院
许子智　朝阳电业局

四、人才援藏先进工作者（57人）

李建新　中国华北电力集团公司
吴志远　国家电力公司人力资源部
张成杰　国家电力公司人力资源部
许世辉　国家电力公司人力资源部
尹正民　国家电力公司人力资源部
雷燕黎　国家电力公司人力资源部
许兴洲　国家电力公司人力资源部
郭丽杰　国家电力公司人力资源部
张东晓　国家电力公司综合计划与投融资部
曲怀生　国家电力公司人才交流服务中心
张虎林　国家电力公司人才交流服务中心

杨铁军　国家电力公司人才交流服务中心
陈　峰　国家电力公司东北公司
李跃春　国家电力公司东北公司
刘凤学　白山发电厂
方　勇　中国华北电力集团公司
齐向党　河北省电力公司
张仁和　山西省电力公司
刘许明　国家电力公司华东公司
孙　京　国家电力公司华东公司
陆景东　国家电力公司华东公司
章建美　国家电力公司华东公司
戚海峰　国家电力公司西北勘测设计研究院
笪洪兴　山东电力集团公司
吕春泉　山东电力集团公司
高　健　山东电力集团公司
邹本国　淄博电业局
屠云芬　江苏省电力公司
花林华　江苏省电力公司
于丽坤　辽宁省电力有限公司
韦兆才　辽宁省电力有限公司
单玉坤　辽宁省电力有限公司
王壮立　浙江省电力公司
徐来生　富春江水力发电厂
康忠连　新安江水力发电厂
张伟清　紧水滩水力发电厂
张永杰　嘉兴电力局
石万俭　四川省电力公司
李成玉　四川省电力公司
吕道斌　四川省电力公司
潘贤芝　四川省电力公司
孔林泉　四川省电力公司
汪朝荣　四川省电力公司
雷江海　四川省电力公司
李宗廉　国家电力公司成都援藏办事处
王连生　国家电力公司成都援藏办事处
王定国　国家电力公司成都援藏办事处
蔡　俊　国家电力公司成都援藏办事处
施溪江　国家电力公司成都援藏办事处
曾代祥　西藏自治区电力公司
白玛朗杰　西藏自治区电力公司
裴新民　拉萨电业局
何成平　西藏自治区电力调度通信局
仁　真　西藏水电勘测设计院
旺　久　西藏电力试验研究所
张　韧　西藏羊卓雍湖抽水蓄能电厂
扎　西　那曲地区电力公司

附件二：

国家电力公司第六批人才援藏工作先进单位和个人评选表彰办法

一、表彰范围和对象

表彰范围：与国家电力公司第六批“换岗顶替，对口培训”人才援藏工作有关的单位和个人。

表彰对象：承担第六批人才援藏任务的单位和进藏工作的援藏人员；从事人才援藏组织管理工作的单位和有关人员；接收援藏人员的西藏电力单位和有关人员。

二、表彰、奖励办法

对在人才援藏工作中成绩突出的援藏单位授予“国家电力公司人才援藏先进单位”荣誉称号；

对在人才援藏工作中接收援藏人员，在管理教育、发挥作用方面作得好的西藏电力单位授予“接收援藏人员先进单位”荣誉称号；

对进藏工作中表现突出，成绩优异的援藏人员授予“国家电力公司优秀援藏人员”荣誉称号；

对从事人才援藏管理工作的优秀工作人员授予“国家电力公司人才援藏先进工作者”荣誉称号。

对受表彰的单位颁发奖牌，受表彰的个人颁发将牌和奖金，予以表彰。

奖励标准：对优秀援藏人员按国家电力公司人劳工［1999］1号文件规定奖励5000元，由派出单位颁发。对人才援藏先进工作者奖励3000元，由所在单位颁发。

评选出的先进单位和个人，由国家电力公司下文通报表彰，《中国电力报》等行业报刊宣传报道。

三、评选条件

1.“人才援藏先进单位”条件：对援藏工作高度重视，周密组织，并选派技术过硬、管理能力强的人员进藏工作；关心援藏人员的思想、工作和生活，及时帮助他们解决实际困难；妥善安排援藏归来人员；积极探索人才援藏的新思路、新方法，有一套好的管理办法，圆满完成援藏任务。

2.“接收援藏人员先进单位”条件：高度重视受援工作。关心、爱护援藏人员，努力为他们创造必要的工作、生活条件；加强援藏人员教育管理；充分发挥援藏人员作用；积极探索本单位人才成长的新路子、成效突出。

3.“优秀援藏人员”条件：热爱祖国、热爱西藏、热爱援藏工作。有强烈的责任感、事业心和奉献精神；自觉执行党和国家的民族、宗教政策，尊重藏民族的风俗习惯。进藏工作期间表现突出，作用发挥好，圆满完成援藏工作任务。援藏期间无违法违纪行为，未因个人责任造成严重生产事故和重大经济损失是必备条件之一。

4．“人才援藏先进工作者”条件：重视、热爱援藏工作，对援藏工作任务认真负责；对援藏人员满腔热情，关心爱护，积极努力帮助他们解决工作、生活中的实际困难。注重调查研究，努力探索完善人才援藏和对口培训工作的新路子。工作勤奋，成绩突出。

四、评选办法

1．“人才援藏先进单位”和“接收援藏人员先进单位”，由成都援藏办事处考核评选，并征求有关分公司、省电力公司意见后填表推荐，报国家电力公司人力资源部核准。

2．“优秀援藏人员”和“人才援藏先进工作者”的评选由成都援藏办事处会同援藏人员派出单位和西藏接收援藏人员单位共同考核，在广泛征求意见的基础上填表推荐，报国家电力公司人力资源部核准。

关于2001年度三项责任制考核奖励的决定

（国电人资［2002］29号）

公司系统各有关单位：

2001年，在党中央、国务院的正确领导下，公司系统各单位认真学习贯彻江泽民同志“七一”讲话和党的十五届五中、六中全会精神，解放思想，开拓进取，以饱满的工作热情和奋发向上的精神状态，卓有成效地开展各项工作，全面完成了年初确定的资产经营目标，安全生产、党风廉政建设等各项工作都取得了显著成绩。一年来，公司系统各单位为国家电力公司全面完成年初确定的工作目标，做出了积极贡献。按照三项责任制考核管理的有关规定，经国家电力公司总经理办公会研究决定，根据各单位三项责任制的完成情况给予各单位的领导班子一次性奖励（奖励通知单见附件）。

希望各单位振奋精神，再接再厉，开拓创新，扎实工作，在新的一年里带领全体职工为全面完成国家电力公司的各项工作任务做出新贡献。

附件：奖励通知单（另发）

二〇〇二年一月十四日（印）

华北电力集团公司	青海省电力公司	中国电力报社
中国华能集团公司	湖北省电力公司	华北电力大学
福建省电力有限公司	广西电力有限公司	国电高级培训中心
山东电力集团公司	新疆电力公司	★中国电能成套设备有限公司
国电东北公司	辽宁省电力有限公司	中兴电力实业发展总公司
宁夏区电力公司	陕西省电力公司	★贵州乌江水电开发有限公司
重庆市电力公司	河南省电力公司	国电通信中心
黑龙江省电力有限公司	甘肃省电力公司	中国电力工程顾问有限公司
★西藏区电力公司	江西省电力公司	中国电力科学研究院
国电西北公司	中国电力国际有限公司	中国电力信息中心
湖南省电力公司	签订两项责任书的单位	国电动力经济研究中心
浙江省电力公司	中国水利水电工程总公司	国电电力自动化研究院
江苏省电力公司	★国电电力发展股份有限公司	国电热工研究院
四川省电力公司	葛洲坝水电工程集团公司	中国电力出版社
国电华东公司	龙源电力集团公司	★中国电力技术进出口公司
国电南方公司	签订一项责任书的单位	★龙滩水电开发有限公司
国电华中公司	中国华电工程（集团）总公司	中国水电顾问有限公司
云南电力集团有限公司	★中国电力财务有限公司	国电电力建设研究所
吉林省电力有限公司	★中国水利电力物资有限公司	国电武汉高压研究所
贵州省电力公司	★深圳国电科技发展有限公司	国电苏州热工研究所
安徽省电力公司	中能电力工业燃料公司	中国安能建设总公司

关于对2001年度实现安全生产目标的单位和做出突出贡献的个人进行表彰的决定

（国电人资［2002］197号）

附件：

2001年度实现安全生产目标、生产基建全年无人身死亡的单位和受表彰的个人名单

一、分公司、集团公司、省（区、市）电力公司及有关部门

国家电力公司调度通信中心
华东公司
东北公司
西北公司
华中公司
江苏省电力公司
天津市电力公司
山东电力集团公司
宁夏回族自治区电力公司
中国华能集团公司
云南电力集团有限公司
西藏自治区电力公司
华能国际电力股份有限公司
四川省电力公司
国电电力发展股份有限公司
福建省电力有限公司
葛洲坝水利水电工程集团有限公司
湖南省电力公司

二、火力发电企业

天津大港电厂
唐山发电厂
北京第二热电厂
滦河发电厂
秦皇岛热电厂
陡河电厂
下花园电厂
马头发电总厂
天生港发电有限公司
戚墅堰发电有限公司
扬州发电有限公司
南京热电厂
镇江发电有限公司
下关发电厂
射阳港发电有限责任公司
盐城发电厂
淮阴发电厂
嘉兴发电有限公司
镇海发电有限公司
台州发电厂
萧山发电厂
温州发电有限公司
半山发电有限公司
钱清发电有限公司
洛河发电厂
淮北发电厂
马鞍山发电厂
合肥发电厂
芜湖发电厂
铜陵发电厂
汇源发电有限公司
田家庵发电厂
万能达发电有限公司
外高桥发电厂
闸北发电厂
闸北燃机电厂
闵行发电厂
南市发电厂
开封火电厂
安阳电厂
平顶山鸿翔热电有限责任公司
郑州热电厂
新乡火电厂
洛阳首阳山电厂
洛阳双源热电有限责任公司
蒲山发电运营中心
汉新发电公司
青山热电厂
鲤鱼江电厂
株洲电厂
耒阳电厂
石门电厂
漳平电厂
嵩屿电厂
邹县发电厂
十里泉发电厂
石横发电厂
黄台发电厂

日照发电厂
黄岛发电厂
青岛发电厂
潍坊发电厂
莱城发电厂
莱芜发电厂
临沂发电公司
聊城热电公司
运河发电公司
沾化发电厂
菏泽发电厂
烟台发电厂
南定热电厂
合山电厂
华能大连电厂
华能福州电厂
华能南通电厂
华能上安电厂
华能上海石洞口第二电厂
华能汕头电厂
华能丹东电厂
华能营口电厂
华能南京电厂
华能汕头燃机电厂
华能德州电厂
华能威海电厂
华能济宁电厂
华能辛店电厂
华能白杨河电厂
大同第二发电厂
朝阳发电厂
大连开发区热电厂
华能珞璜电厂
华能石洞口一厂
华能阳逻电厂
华能伊敏电厂
华能新华电厂
华能太仓电厂
石龙坝水电厂
鲁布革电厂
硕多岗河发电公司
石泉水力发电厂
安康水力发电厂
盐锅峡水电厂
八盘峡水电厂
碧口水电厂
黄河水电公司龙羊峡分公司
青铜峡水电厂
黄河水电公司李家峡分公司
沙溪口水电厂
安砂水电厂
古田溪水电厂
华安水电厂
船场溪水电厂
岩滩水电厂
西津水电厂
麻石水电厂
天生桥水力发电总厂
龚嘴水力发电总厂
桓仁发电厂
大平哨发电厂
华能宝兴河水电厂
华能东西关水电厂
华能明台水电厂

三、供电企业

北京供电公司
唐山供电公司
秦皇岛电力公司
廊坊供电公司
张家口供电公司
承德供电公司
石家庄电业局
邯郸供电公司
保定供电公司
邢台供电公司
沧州供电公司
衡水供电公司
河北省超高压公司
太原供电分公司
盐城供电公司
淮安供电公司
镇江供电公司
连云港供电公司
宿迁供电公司
杭州电力局
嘉兴电力局
绍兴电力局
宁波电业局
丽水电业局
湖州电力局
衢州电力局
温州电业局
合肥供电局

淮北供电局
蚌埠供电局
芜湖供电局
马鞍山供电局
铜陵供电局
安庆供电局
宿州供电局
六安供电局
巢湖供电局
黄山供电局
滁州供电局
阜阳供电局
宣城供电局
池州供电局
上海市南供电公司
上海市东供电公司
郑州市电业局
平顶山市电业局
洛阳市电业局
安阳市电业局
开封市电业局
新乡市电业局
焦作市电业局
三门峡市电业局
濮阳市电业局
漯河市电业局
鹤壁市电业局
驻马店市电业局
信阳市电业局
周口市电业局
汉中供电局
白银供电局
天水供电局
张掖电力局
武威电力局
平凉电力局
陇南电力局
银川供电局
固原供电局
银南供电局
石嘴山供电局
乌鲁木齐电业局
昌吉电业局
奎屯电业局
哈密电业局
福州电业局
三明电业局
漳州电业局
南平电业局
龙岩电业局
厦门电业局
泉州电业局
莆田电业局
宁德电业局
山东超高压公司
青岛电业局
济南供电局
淄博电业局
烟台电业局
潍坊电业局
临沂电业局
济宁电业局
枣庄电业局
泰安电业局
德州电业局
滨州电业局
威海电业局
聊城电业局
菏泽电业局
莱芜电业局
日照电业局
东营电业局
南宁供电局
柳州供电局
河北省电建第二工程公司
吉林省电力建设总公司
山西省电力建设第一工程公司
黑龙江省第三工程公司
山西省电力建设第三工程公司
辽宁省电力烟塔公司
辽宁省电力第二建筑工程公司
黑龙江省第一工程公司
山西省电力建设第四工程公司
安徽电建二公司
辽宁省电力第四建筑工程公司
河南第二火电建设公司
上海电力安装第一工程公司
河南第一火电建设公司
江苏省电力建设第一工程公司
浙江省火电建设公司
江苏省电力建设第三工程公司
江西省火电建设公司
上海电力安装第二工程公司
湖南火电建设公司

四川电建二公司
四川电建三公司
贵州电建一公司
贵州电建二公司
西北电力建设第三工程公司
西藏电建总公司
西北电力建设第一工程公司
云南火电公司
西北电力建设第四工程公司
甘肃火电工程公司
宁夏电力建筑安装公司
新疆电力建设公司
福建第一电力建设公司
山东电建一公司
山东电建二公司
山东电建三公司
深圳山东核电公司
广西火电安装公司
广西火电建筑公司
葛洲坝股份公司
葛洲坝国际工程公司
葛洲坝第三工程有限公司

四、电力工程建设单位

阳城国际发电有限责任公司
吉林热电有限责任公司
辽源热电有限责任公司
大庆电业局
鸡西发电有限责任公司
哈尔滨电业局
佳木斯电业局
鸡西电业局
徐塘发电有限责任公司
绥化电业局
浙江省超高压输变电建设公司
齐齐哈尔电业局
浙江省电力建设总公司
河南电力建设总公司
许昌龙岗发电有限公司
菏泽工程管理处
湖南益阳发电有限责任公司
贵州省公司建管部
九江三期发电有限责任公司
聊城工程管理处
信阳华豫发电有限责任公司
山东 500kV 工程管理处
泰山抽水电站公司

五、受表彰的个人名单

天津市电力公司

杨　庆　李庆林　刘昌印　薛　锦　王守东
颜　保　蒋亦兵　王　欣　齐福生　刘学智

云南电力集团有限公司

肖　鹏　盛九龄　李海南　潘　福　侣蜀明
薛　武　王良刚　孙学勤　赵炳松　王　文
黄家业　唐　海

西藏自治区电力公司

杨海滨　刘晓明　高应云　何成平　杜金水
陈新民　宋玉东　边　琼　刘旭耀　贡　卓
张书旗　桑　果

宁夏回族自治区电力公司

刘应宽　曹友治　田世存　马力克　郭少锋
韩瑞祥　高凤林　王向东　赵华威　杜志强
李忠国　马林国

西北公司

刘本粹　邵仲仁　史高社　辛保安　秦云全
乔礼杰　杨玉林　丁永福　房　喜　胡跃进
韩　悌　刘伯勋

福建省电力有限公司

刘顺达　王朝旭　黄宪培　严阿章　许新生
林开龙　郑家松　张建平　陈宏衔　杨　正
邬捷龙　张国荣　李树榕　沈桂城　池致光

山东电力集团公司

曹培玺　朱长富　马炳炜　笪鸿兴　苏　力
杜至刚　唐云瑞　崔玉学　杨新培　杜宝增
李文政　郑国祥　张方正　徐相奎　李玉亭

华能国际电力股份有限公司

叶大戟　陈宝良　刘国跃　胡式海　蒋浩君
赵　平

关于表彰参与川电东送工程建设各有关单位的决定

（国电人资［2002］311 号）

附件：

川电东送工程建设、调试、运行单位名单

一、工程施工单位

贵州送变电工程公司

上海送变电工程公司
四川电力送变电建设公司
黑龙江省送变电工程公司
宁夏送变电工程公司
云南省送变电工程公司
湖北省输变电工程公司
东北电业管理局送变电工程公司
福建省第二电力建设公司
北京三维通讯工程公司

二、工程设计单位

西南电力设计院
中南电力设计院

三、工程监理单位

中国超高压输变电建设公司
江西电力建设监理有限公司
湖南电力建设监理有限公司
四川电力建设监理有限公司

四、工程运行单位

国家电力公司宜昌超高压管理处
重庆市电力公司万州电业局
重庆市电力超高压工程局
湖北超高压输变电局
湖北省输变电工程公司运检分公司

五、调试单位

国家电力调度通信中心
中国电力科学研究院
四川电力试验研究院
湖北省电力试验研究院
华中电力调度通信中心
华东电力调度通信中心
四川省电力调度通信中心
湖北省电力调度通信中心
重庆市电力调度通信中心

六、有关网省电力公司

国电华中公司
国电华东公司
四川省电力公司
重庆市电力公司
湖北省电力公司

关于表彰电力施工机械安全管理先进单位、先进工作者的决定

（国电人资［2002］312号）

附件：

国家电力公司电力施工机械安全管理先进单位、先进工作者名单

一、先进单位

1. 河北省电力建设第一工程公司
2. 浙江省火电建设公司
3. 江苏电力建设第三工程公司
4. 安徽送变电工程公司
5. 福建省第二电力建设公司
6. 山东电力建设第一工程公司
7. 北京电力建设公司
8. 上海电力安装第一工程公司
9. 山西省电建三公司
10. 东北电业管理局第一工程公司
11. 黑龙江省火电第三工程公司
12. 吉林省电力建设总公司
13. 西北电力建设第三工程公司
14. 贵州电力建设第二工程公司
15. 河南第二火电建设公司
16. 江西火电建设公司
17. 湖南省火电建设公司
18. 湖北输变电工程公司
19. 四川电力建设三公司
20. 重庆电力建设总公司
21. 青海送变电工程公司
22. 云南省送变电工程公司
23. 水电四局
24. 水电十三局
25. 葛洲坝集团公司三峡施工指挥部设备调配中心
26. 武警水电三峡工程指挥部
27. 甘肃火电工程公司

二、先进工作者

陈家佐（山西） 张玉天（华东）
宗关忠（浙江） 刘瑞华（江苏）

孙伟友（江苏） 桂 敏（安徽）
黄立新（安徽） 林兆淦（福建）
郝好峰（山东） 田复兴（山东）
张海斌（北京） 王志勇（北京）
李建华（河北） 陆慕陶（河北）
周正平（上海） 刘玉新（山西）
张峰玉（山西） 张建亮（山西）
陈丛振（辽宁） 张洪会（辽宁）
赵明久（辽宁） 方广全（黑龙江）
杨俊书（黑龙江） 闫 海（黑龙江）
王凤文（吉林） 杨 杰（陕西）
黄伟祥（华东） 薛书鳞（河北）
王甸文（贵州） 程宝俊（上海）
何晓明（陕西） 郑国辉（陕西）
蒲召文（贵州） 匡荣华（贵州）
陶金安（河南） 于满洪（河南）
郑德宝（江西） 李长林（江西）
周玉良（湖南） 侯达夫（湖南）
徐 江（湖北） 闵洪涛（湖北）
刘 彬（四川） 廖文兴（四川）
段兴禄（重庆） 邢冶保（青海）
曹向军（宁夏） 沈光陛（云南）
卫嘉华（广西） 宿桂芹（水电一局）
郭万成（水电四局） 李学义（水电七局）
陈光元（水电八局） 马建平（水电十二局）
随守信（水电十三局）卢振沪（水电闽江局）
齐 涛（葛洲坝集团）赵启英（葛洲坝集团）
郭灵敏（葛洲坝集团）杨立华（葛洲坝集团）
周健康（安能公司） 刘国平（安能公司）
李福生（水电总公司）陈志芳（中电联）
吴建明（甘肃） 刘春林（华电总公司）

关于表彰国家电力公司系统农村电工岗位知识及技能竞赛优胜单位和个人的通知

（国电人资［2002］420号）

附件：

国家电力公司农村电工岗位知识及技能竞赛获奖名单

一、荣获决赛团体奖名单

一等奖：山东电力集团公司

二等奖：湖北省电力公司
陕西省电力公司
浙江省电力公司

三等奖：福建省电力有限公司
辽宁省电力有限公司
华北电力集团公司
江苏省电力公司
国家电力公司东北公司

二、荣获优秀组织奖名单

青海省电力公司
吉林省电力有限公司
江西省电力公司
河南省电力公司
四川省电力公司

三、荣获风格奖名单

河北省电力公司
山西省电力公司

四、荣获决赛“个人全能奖”名单（按名次排列）

段宏亮 陕西省电力公司
宋杨剑 陕西省电力公司
张庆祥 山东电力集团公司
张理法 山东电力集团公司
王升钰 湖北省电力公司
李卫军 湖北省电力公司

五、荣获决赛“技能操作获”名单（按名次排列）

张庆祥 山东电力集团公司
宋杨剑 陕西省电力公司
段宏亮 陕西省电力公司
王文勇 华北电力集团公司
邓永军 国家电力公司东北公司
赵 军 国家电力公司东北公司
毕德文 辽宁省电力有限公司
张理法 山东电力集团公司
于占华 吉林省电力有限公司
王升钰 湖北省电力公司

六、荣获决赛“理论知识奖”名单（按名次排列）

皇甫杰 华北电力集团公司
陈德宝 江苏省电力公司
王衍华 山东电力集团公司

胡刚强 湖北省电力公司
陈永祥 浙江省电力公司
项修波 浙江省电力公司
王升钰 湖北省电力公司
李卫军 湖北省电力公司
张理法 山东电力集团公司
段宏亮 陕西省电力公司

七、荣获“国家电力公司优秀农村电工能手”称号名单

江苏省电力公司

陈德宝 段学慧 朱光立 左亚华

福建省电力有限公司

陈汝文 廖燕忠 叶金芳 郭先飞

河南省电力公司

孔德府 徐福强 徐云创 靳永志

天津市电力公司

崔德文 马树山 白建华 张洪奎

河北省电力公司

杨增仁 江东伦 杨顺芳 张玉峰

浙江省电力公司

项修波 黄将春 陈永祥 杨文青

国家电力公司东北公司

邓永军 赵　军 杜再峰 杨大彬

甘肃省电力公司

郭天玺 张元堂 秦维民 梁红红

云南电力集团有限公司

易江明 李光远 蒲明忠 李　森

四川省电力公司

廖忠信 刘　洪 罗家云 曾顺明

湖南省电力公司

胡清仕 王海明 龙亚林 陈义军

华北电力集团公司（冀北）

周永明 皇甫杰 王瑞杰 张立超

华北电力集团公司（北京）

邢术强 高建军 王文勇 梁武震

青海省电力公司

王永其 谢延山 樊国玉 周成荣

山西省电力公司

李燕宝 梁俊更 焦志永 李跃胜

安徽省电力公司

李樊峰 夏成功 江宝胜 张延斌

山东电力集团公司

王衍华 张理法 张庆祥 赵伟伟

宁夏电力公司

贺永平 何国礼 李自川 杨　威

广西电力有限公司

罗　耀 罗超群 吴现军 韦旭全

江西省电力公司

张金盛 涂建华 肖中南 杨千才

湖北省电力公司

胡刚强 王升钰 李卫军 郭尔坤

吉林省电力有限公司

曹　赫 伦伟东 于占华 张茂全

贵州省电力公司

廖群儒 钱　康 罗以华 高方林

黑龙江省电力公司

孔德昌 郭　建 郭立文 李忠建

辽宁省电力有限公司

赵富全 张新武 毕德文 卢秉群

重庆电力公司

肖兴波 王清渝 谢代伟 罗庆春

陕西省电力公司

段宏亮 丁高田 宋杨剑 刘忠义

关于表彰人才评价工作先进单位和先进工作者的决定

（国电人资［2002］494号）

附件：

国家电力公司人才评价工作先进单位、先进工作者名单

一、先进单位

1. 国电人才评价华北中心（含山东省电力人才评价指导中心、北京市电力人才评价指导中心、天津市电力人才评价指导中心、河北省电力人才评价指导中心、山西省电力人才评价指导中心、内蒙古自治区电力人才评价指导中心）。

2. 国电人才评价西北中心（含新疆区电力人才评价指导中心、宁夏区电力人才评价指导中心、甘肃省电力人才评价指导中心、陕西省电力人才评价指导中心、青海省电力人才评价指导中心）。

3. 国电人才评价华东中心（含江苏省电力人才评价指导中心、浙江省电力人才评价指导中心、安徽省电力人才评价指导中心、上海市电力人才评价指导中心、福建省电力人才评价指导中心）。

4. 吉林省电力人才评价中心。

5. 黑龙江省电力人才评价中心。

6. 河南省电力人才评价指导中心。

7. 江西省电力人才评价指导中心。
8. 四川省电力人才评价指导中心。
9. 云南省电力人才评价指导中心。
10. 广西区电力人才评价指导中心。
11. 贵州省电力人才评价指导中心。

二、先进工作者

1. 国电公司各人才评价中心：

王靖远(北京) 谭国志(北京)
张宣江(北京) 王 惠(北京)
于 辰(北京) 尚之伟(北京)
刘向生(北京) 程 平(北京)
王向阳(山东) 段可莹(山东)
于 杰(山东) 张 政(天津)
刘 晔(天津) 姜 垚(天津)
李耀秋(河北) 张 航(河北)
夏军路(河北) 王志毅(山西)
任 玲(山西) 王 文(山西)
托 克(内蒙古) 章 兰(内蒙古)
李 冬(内蒙古) 李跃春(辽宁)
徐学杰(辽宁) 于丽坤(辽宁)
韦兆才(辽宁) 单玉坤(辽宁)
费跃山(吉林) 张之岱(吉林)
郝桂湘(吉林) 杨继辰(龙江)
孟庆祝(龙江) 李 凤(龙江)
孙增强(上海) 卜明栋(上海)
高 波(上海) 陆正平(上海)
刘天明(上海) 肖建政(上海)
郑惠民(江苏) 方光中(江苏)
胡 军(江苏) 姜雪明(浙江)
杨鑫娟(浙江) 钱仲文(浙江)
彭忠贤(浙江) 黄锦明(安徽)
王吉灵(安徽) 尤西若(安徽)
胡致斌(福建) 刘 华(福建)
苏丽珠(福建) 张 峻(湖北)
孙望良(湖北) 乔 柏(湖北)
袁小英(湖北) 刘朝荣(湖北)
吴京伟(湖北) 邓建华(湖北)
单贤明(湖北) 王能文(湖南)
谭军武(湖南) 颜卫鹏(湖南)
左昌礼(湖南) 陈 卫(江西)
刘汪楠(江西) 吕亚非(江西)
杨朝臣(河南) 姚卫东(河南)
张新彦(河南) 康凤英(陕西)
张泾川(陕西) 田鉴定(陕西)
李 林(陕西) 李芝乾(陕西)
苏 霜(甘肃) 吴养平(甘肃)
王海武(甘肃) 汤晓坪(青海)
谢引弟(青海) 苏凤苍(青海)
董玉贞(宁夏) 马秀丽(宁夏)
王向红(新疆) 向红伟(新疆)
刘卫华(新疆) 王玉霜(广东)
徐正玺(广东) 王宜民(广西)
何燕清(广西) 王一宁(广西)
曲 聪(云南) 字正刚(云南)
陈 静(云南) 陈昌荣(贵州)
叶 莉(贵州) 杨家华(贵州)
赵学明(贵州) 孔林泉(四川)
罗跃举(四川) 李 贵(四川)
任 刚(重庆) 陈 娅(重庆)
李 欣(北京) 徐建平(北京)
刘 炜(天津) 杨实俊(河北)
赵冬梅(北京) 屈朝霞(河北)

2. 国电公司其他直属单位：

方 芳(北京) 田明忠(江苏) 王酉生(陕西)
高 扬(湖北) 田建平(北京) 李志勇(北京)
王桂芝(北京) 曹 韬(北京)

3. 国电公司人才评价中心：

李建新(北京) 孙 京(上海) 张冀贤(陕西)
尹正民(北京) 王增红(北京) 张久生(北京)
高 健(山东) 王 利(北京) 白明炬(北京)
陈淑珍(北京) 曲怀生(北京) 果 强(北京)
陈家良(北京) 肖宝玲(北京) 王 东(北京)
周志强(湖北) 朱兴林(陕西) 孙 敏(四川)
唐修德(上海) 宗文渊(北京) 赵淑芳(北京)
徐育新(北京) 黄明杰(湖北)

关于表彰电力系统继电保护专业技术竞赛优胜单位和个人的通知

(国电人资[2002]672 号)

附件：

2002 年国家电力公司继电保护专业技术竞赛获奖名单

一、团体奖名单

团体一等奖 河北省电力公司
团体二等奖 湖北省电力公司
四川省电力公司

团体三等奖 华北电力集团公司
山东电力集团公司
吉林省电力有限公司

二、优秀组织奖

河南省电力公司
国家电力公司东北公司
陕西省电力公司

三、岗位技术能手奖

康　勇 河北省电力公司邢台供电公司
刘大鹏 吉林省电力有限公司辽源供电公司
陈　军 四川省电力公司调度中心
徐挺进 湖北省电力公司荆门热电厂
王开白 国电东北公司沈阳超高压局
张立港 河北省电力公司兴泰发电公司
聊方伦 安徽省电力公司马鞍山发电厂
李本瑜 云南电力有限公司调度中心
段振坤 华北电力集团公司张家口供电公司
谢颂果 天津市电力公司高压供电公司

四、技术竞赛优胜奖

史　煜 内蒙古电力集团公司包头供电局
殷建刚 湖北省电力公司电力调度中心
王书明 山西省电力公司娘子关电厂
李会新 国电华中公司超高压局
曹树江 河北省电力公司调度通信中心
李　娜 河南省电力公司洛阳热电厂
李　磊 山东电力集团公司电力研究院
时燕新 天津市电力公司技术中心
马建生 山东电力集团公司潍坊电业局
厉志波 河南省电力公司电力试验所

五、优秀选手(87 人、排名不分先后)

张　晶 男 华北电力集团公司华北电力调度局
张巨瑞 男 华北电力集团公司大同第二发电厂
赵玉仲 男 天津市电力公司军粮城发电厂
王小琪 男 山西省电力公司长治供电公司
王俊奇 男 山西省电力公司调通中心
陈　洁 女 内蒙古电力集团公司包头第一热电厂
吴志敏 男 内蒙古电力集团公司电科院
王世海 男 国电东北公司吉林白山发电厂
孙正伟 男 国电东北公司东北网调保护处
金伟志 男 黑龙江省电力有限公司哈尔滨电业局
于海东 男 黑龙江省电力有限公司哈三发电公司
陈　铁 男 黑龙江省电力有限公司调度中心
于振宝 男 吉林省电力有限公司浑江发电公司
王建勋 男 吉林省电力有限公司调度局
陈庆军 男 辽宁省电力有限公司鞍山电业局
郭玉峰 男 辽宁省电力有限公司辽宁发电厂
钱　海 男 辽宁省电力有限公司调度中心
罗忠启 男 国电华中公司五强溪水力发电厂
陈祥文 男 国电华中公司调度通信中心
孙明浩 男 河南省电力公司郑州市电业局
周虎兵 男 湖北省电力公司超高压输变电局
李胜春 男 湖南省电力公司送变电公司
郑丙文 男 湖南省电力公司湘潭电厂
李　炜 女 湖南省电力公司调度通信中心
刘凤龙 男 江西省电力公司鹰潭供电局
赖雪华 男 江西省电力公司萍乡发电厂
唐　伟 女 江西省电力公司调度通信中心
沈　俭 男 国电华东公司望亭发电厂
高国庆 男 国电华东公司新安江水力发电厂
丁海靖 男 国电华东公司华东试验研究院
吴　蓉 女 上海市电力公司超高压公司
王振彦 男 上海市电力公司吴泾第二发电厂
肖　飞 男 上海市电力公司调度通信中心
田　涛 男 江苏省电力公司南京供电公司
倪　颖 女 江苏省电力公司徐州发电厂
陈久林 男 江苏省电力公司电科院
陈东海 男 浙江省电力公司宁波电业局
杨泽荣 男 浙江省电力公司北仑发电厂
裘愉涛 男 浙江省电力公司调度通信中心
吴克良 男 安徽省电力公司淮南供电局
柳海龙 男 安徽省电力公司电力调通中心
李希刚 男 国电西北公司靖远第一发电公司
孙显初 男 国电西北公司大坝发电厂
孙　明 男 国电西北公司陕西渭河发电公司
胡建利 男 陕西省电力公司宝鸡供电局
刘会学 男 陕西省电力公司韩城发电厂
刘　峰 男 陕西省电力公司电力调度中心
纪青春 男 甘肃省电力公司兰州供电局
伊生峰 男 甘肃省电力公司永昌电厂
刘　峻 男 甘肃省电力公司电力试验所
侯晓明 男 青海省电力公司西宁供电局
刘占云 男 青海省电力公司桥头铝电公司
牛燕雄 男 青海省电力公司电力调度中心
宋永强 男 宁夏电力公司石嘴山供电局
黄富才 男 宁夏电力公司银南供电局
崔景兰 女 宁夏电力公司大武口发电厂

罗立波 男 新疆电力公司乌鲁木齐电业局
姚 强 男 新疆电力公司红雁池第一发电厂
孟兴刚 男 新疆电力公司调度中心
谭锦鹏 男 国电南方公司梧州超高压局
袁 睿 男 国电南方公司天生桥水力发电厂
林志波 男 国电南方公司电力调度中心
吴国沛 男 广东省电力集团有限公司广州供电分公司
黎晓曼 女 广东省电力集团有限公司珠海发电厂
刘之尧 男 广东省电力集团有限公司电力调度中心
陈丕雅 男 广西电力有限公司柳州供电局
李志富 男 广西电力有限公司合山电厂
韦 恒 男 广西电力有限公司电网调度中心
罗智燃 男 贵州省电力公司遵义供电局
吴应龙 男 贵州省电力公司凯里发电厂
林 虎 男 贵州省电力公司调度通信局
吉德志 男 云南电力集团有限公司个旧供电局
王 春 男 云南电力集团有限公司漫湾发电厂
程 华 男 四川省电力公司成都电业局
王治金 男 四川省电力公司内江发电总厂
蒲彦红 男 重庆市电力公司江北供电局
王文浩 男 重庆市电力公司白鹤发电厂
刘 辉 男 重庆市电力公司调度通信中心
胡 林 男 山东电力集团公司石横发电厂
王连辉 男 福建省电力有限公司泉州电业局
陈 琼 男 福建省电力有限公司水口水电厂
陆 榛 男 福建省电力有限公司调度通信中心
赵富忠 男 西藏自治区电力公司拉萨电业局
何勇智 男 西藏自治区电力公司电力试验研究所
陈 云 男 西藏自治区电力公司调度通信局
李凤军 男 华能集团公司大庆新华发电厂
田 明 男 华能集团公司武汉华能发电公司

关于表彰农电优质服务标兵单位和先进个人的决定

（国电人资［2002］754号）

附件：

国家电力公司农村供电优质服务标兵单位和优质服务先进个人名单

标兵单位（51个）：

1. 北京市通州区西集供电所
2. 天津市宝坻供电公司城关供电所
3. 河北省廊坊大城县王文供电所
4. 河北省孟村自治县电力局牛进庄供电所
5. 河北省武安市电业公司午汲供电所
6. 山西省清徐供电支公司东于供电所
7. 山西省盐湖供电支公司姚孟供电所
8. 内蒙古通辽市科尔沁区农电局双泡子供电所
9. 辽宁省建平县农电局万寿供电所
10. 辽宁省辽阳太子河区农电局首山农场供电所
11. 吉林省梨树县供电公司十家堡供电所
12. 吉林省永吉县供电公司西阳供电所
13. 黑龙江省集贤县农电局腰屯供电所
14. 黑龙江省哈乐滨市市郊农电局西郊电管处
15. 上海市奉贤供电分公司齐贤供电站
16. 江苏省高邮市供电公司龙虬供电所
17. 江苏省溧水县供电公司柘塘供电所
18. 浙江省嘉兴城郊供电分局新塍供电所
19. 浙江省绍兴用电管理所马山供电所
20. 安徽省肥西县三河供电所
21. 安徽省阜南县三塔供电所
22. 福建省泰宁县电力公司开善供电所
23. 福建省仙游县电力公司枫亭供电所
24. 江西省赣县供电公司梅林供电所
25. 江西省浮梁县供电公司洪源供电所
26. 山东省济南市长清区供电局张夏供电所
27. 山东省烟台市蓬莱电业公司北沟供电所
28. 河南省商丘市于城县电业局李老家乡供电所
29. 河南省驻马店市西平县电业局二郎供电所
30. 湖北省老河口市供电局张集供电所
31. 湖北省沙洋县电力局后港供电所
32. 湖南省株洲市醴陵电力局泗汾供电所
33. 湖南省长沙市长沙县电力局榔梨供电所
34. 广西邕宁县电业公司五塘供电所
35. 广西临桂县供电局五通供电所
36. 重庆市江北供电局茨竹供电所
37. 四川省成都市双流供电局黄甲供电所
38. 四川省攀枝花电业局福田供电所
39. 贵州省乌当供电局羊昌供电所
40. 贵州省榕江县电力局车江供电所
41. 云南省弥勒县电力公司虹溪供电所
42. 陕西省延安供电局宝塔区电力局枣园供电所
43. 陕西省宝鸡供电局市区分局陈仓供电所
44. 甘肃省民勤县电力局大滩供电所

45. 甘肃省高台县电力局南华供电所
46. 青海省湟源县电力局和平营业所
47. 青海省民和县电力局川口供电所
48. 宁夏中宁县供电局新堡供电所
49. 宁夏惠农县供电局园艺供电所
50. 新疆巴州电力公司库尔勒供电公司阳霞供电所
51. 新疆昌吉电业局玛纳斯供电公司包家店供电所

先进个人（100名）：

1. 天津市静海供电公司城关供电所 魏立柱
2. 河北省秦皇岛抚宁县田各庄供电营业站 李友信
3. 河北省唐山丰南县东田庄电力管理所 冯玉德
4. 河北省张家口涿鹿县矾山供电所 李佃云
5. 河北省内邱县电力局城关供电所 林国华
6. 河北省深州市电力局魏桥供电所 王建兵
7. 河北省栾城县供电局栾北供电所 冯玉海
8. 河北省安新县电力局安州供电所 赵东生
9. 山西省太原南郊支公司刘家堡供电所 李晓亮
10. 山西省大同浑源供电支公司下韩供电所 戴新德
11. 山西省晋城高平供电支公司三甲供电所 李国强
12. 山西省临汾侯马供电支公司新田供电所 王林林
13. 内蒙古赤峰市宁城县农电局甸子供电所 王振国
14. 内蒙古奈曼旗农电局明仁供电所 李成双
15. 辽宁省海城市西柳供电所 程景海
16. 辽宁省法库县农电局秀水河供电所 高庆春
17. 辽宁省清原县农电局红透山供电所 盖凤琴（女）
18. 辽宁省盖州市农电局太阳升供电所 王国忠
19. 吉林省公主岭市供电公司秦家屯供电所 杜士军
20. 吉林省吉林市城郊供电公司九站乡供电所 付振龙
21. 吉林省农安县供电公司新农乡供电所 孟繁军
22. 吉林省辉南县供电公司样子哨供电所 郑松海
23. 黑龙江省望奎县电业局莲花供电所 王永鑫
24. 黑龙江省杜乐伯特自治县电业局 钟艳萍（女）
25. 黑龙江省尚志市电业局元宝镇供电所 程树君
26. 黑龙江省虎林市电业局虎头供电所 朱全胜
27. 上海市顾村供电营业站 孙勤良
28. 上海市金山供电分公司枫泾供电站 柳 勤
29. 江苏省新沂市供电公司北沟供电所 韩光玲（女）
30. 江苏省江阴市供电公司马镇供电所 黄伯刚
31. 江苏省吴江市供电公司南麻供电所 沈 杰
32. 江苏省盐都县供电公司义丰供电所 任桂章
33. 浙江省宁波慈溪供电局浒山供电所 马 旦
34. 浙江省台州椒江供电局章安供电所 胡正春
35. 浙江省杭州萧山供电局义盛供电所 陈又青
36. 浙江省金华用电管理所塔石供电所 蔚祖荣
37. 安徽省灵壁供电公司杨町供电所 李建勋
38. 安徽省金椒供电公司中心供电所 吴国祥
39. 安徽省东至供电公司香隅供电所 洪庆丰
40. 安徽省桐城市电力公司白马供电所 刘文龙
41. 福建省漳州电业局郊区供电公司天宝供电所 张仲侃
42. 福建省永定县电力公司高陂供电所 张红星
43. 福建省明溪县电力公司胡坊供电所 李水源
44. 福建省南平电业局夏道供电所 余木金
45. 江西省上饶县供电公司黄沙供电所 揭其川
46. 江西省万载县供电公司抢修中心 喻驰忠
47. 江西省芦溪县供电公司宣风供电所 陈善明
48. 山东省滕州供电公司洪绪供电所 任广玉
49. 山东省临朐县电业局蒋峪供电所 王运福
50. 山东省郯城县供电局城区供电所 陈宇（女）
51. 山东省垦利县电业局永安供电所 盖景瑞
52. 河南省郑州市电业局环城分局客户服务中心 代锦霞（女）
53. 河南省邓州市电业局十林供电所 马文钦
54. 河南省滑县电业公司牛屯供电所 唐夫州
55. 河南省沁阳市电业局柏香供电所 刘国平
56. 湖北省黄冈供电局黄州电力客户服务中心 周爱文
57. 湖北省潜江市供电局老新供电所 赵生龙
58. 湖北省应城市供电局长江供电所 丁建辉
59. 湖北省赤壁市供电局赵李桥供电所 余柒明
60. 湖南省赫山电力局新市渡供电所 陈卫兵
61. 湖南省双峰电力局永丰供电所 胡永钦

62. 湖南省鼎城电力局双桥坪供电所 韩建庭
63. 湖南省君山电力局广兴洲供电所 龙劲波
64. 广西桂平市电业公司南木供电所 蒙宗伟
65. 广西灵山县供电局檀圩供电所 黄永步
66. 广西宜州市电业公司龙江客户服务中心 吴桂岳
67. 广西北海供电局南康供电站 曹文芳（女）
68. 重庆市沙坪坝供电局回龙坝供电所 张海燕
69. 重庆市璧山供电局青杠供电所 蔡发超
70. 四川省游仙供电局魏城供电所 邓仁义
71. 四川省万源供电局白沙供电所 黄邦全
72. 四川省大安供电局大山铺供电所 杨应涛
73. 四川省井研供电局周坡供电所 张志友
74. 贵州省贵阳市南供电局龙洞堡供电所 刘贵生
75. 贵州省安顺供电局纳雍电力公司龙场供电所 岳仕永
76. 贵州省都匀供电局贵定县电力公司沿山供电所 张竹松
77. 贵州省遵义供电局湄潭县供电局永兴供电所 牛 迅
78. 云南省滇西电业局海东供电所 杨玉林
79. 云南省玉溪供电局洛河供电所 普文军
80. 云南省滇东电业局曲靖农电管理所 王捷民
81. 云南省禄丰电力公司勤丰供电所 钱振华
82. 陕西省商洛供电局山阳供电分局小河供电所 邓大文
83. 陕西省西安供电局长安供电分局东大供电所 何益新
84. 陕西省渭南供电局蒲城电力局孙镇供电所 王俊朝
85. 陕西省咸阳供电局市区电力局渭南供电站 张红起
86. 甘肃省民勤县电力局大滩供电所 陈应录
87. 甘肃省白银市平川区电力局共和供电所 徐宏凌
88. 甘肃省甘谷县电力局谢家湾供电站 魏永强
89. 青海省乐都县电力局瞿昙供电所 金元星
90. 青海省大通县电力局塔尔供电所 李增林
91. 青海省湟中县电力局鲁沙尔供电所 杨永前
92. 青海省共和县电力局 张小鹏
93. 宁夏贺兰县供电局洪广供电所 余春生
94. 宁夏中卫县供电局永康供电所 纪晓明
95. 宁夏石嘴山供电局姚伏供电所 李 福
96. 宁夏固原城区供电局南郊供电所 郭世荣
97. 新疆巴州电力公司和静供电公司乌什塔拉供电所 廉铁林
98. 新疆博尔塔拉电业局精河供电公司托里供电所 丁世贸
99. 新疆吐鲁番电业局吐鲁番供电局亚尔供电所 王福生
100. 新疆疆南电力公司莎车电力公司古勒巴格供电所 努尔买买提肉孜

关于表彰奖励华北电力集团公司的决定

（国电人资［2002］842号）

华北电力集团公司：

举世瞩目的党的十六大已经胜利闭幕。为了确保十六大期间安全可靠供电，你公司上下高度重视，精心部署，合理安排，采取了各种积极措施，全体员工努力拼搏，全力以赴，有力地保证了十六大期间的电力供应安全可靠，为十六大的顺利召开做出了积极贡献。

鉴于你公司在十六大期间保供电工作组织严密，指挥有力，措施得当，成绩突出，经公司研究决定，对你公司进行通报表彰，并奖励领导班子成员20万元。请你公司对参与此项工作的全体同志进行通报表彰并适当奖励。

希望你们认真学习贯彻十六大精神，以“三个代表”重要思想为指导，坚持“人民电业为人民”的宗旨，进一步加强安全生产和优质服务，再接再厉，继续取得新的成绩，为国民经济发展和人民生活水平的提高做出积极贡献。

二〇〇二年十一月二十日（印）

关于表彰三峡至常州直流输电工程建设有关单位的决定

（国电人资［2002］945号）

附件：

三峡至常州直流输电工程建设表彰单位名单

一、工程建设单位

国电公司电网建设分公司

二、工程施工单位

湖北省输变电工程公司
江苏送变电公司
河南送变电公司
吉林送变电公司
黑龙江省送变电工程公司
陕西送变电公司
河北送变电公司
甘肃送变电公司
山西送变电公司
华东送变电公司
安徽送变电公司
内蒙古送变电公司
北京送变电公司

三、工程设计单位

中南电力设计院
华东电力设计院

四、工程监理单位

中国超高压输变电建设公司
湖北鄂电建设监理有限责任公司
湖北中南电力工程建设监理有限责任公司
山东诚信工程建设监理有限公司
燕东工程监理咨询有限公司

五、工程运行单位

国电公司发输电部
国家电力公司电通中心
国家电力公司宜昌超高压管理处
国家电力公司常州超高压管理处
湖北超高压输变电局
安徽输变电工程公司运检分公司
江苏送变电公司运检中心
安徽芜湖供电局

六、调度及调试单位

国家电力调度通信中心
国电华中公司
国电华东公司
华中电力调度通信中心
华东电力调度通信中心
中国电力科学研究院
华东电力试验研究院
湖北省电力试验研究院
北京网联直流咨询公司

关于命名2002年度第二批达标投产输变电工程的决定

（国电网［2002］921号）

附件：

2002年度第二批达标投产输变电工程名单

（排名不分先后）

1. 500kV大昆输变电工程
（包括500kV宝峰变电所及500kV大昆南回输电线路）
2. 500kV黄河北输变电工程
（包括500kV滨州变电站和500kV淄博－滨州输电线路）
3. 500kV华能德州电厂－滨州变电站送电工程
4. 500kV泗泾变电所工程
5. 500kV郑西开关站工程
6. 丰镇电厂至万全变电站500kVⅡ回输电线路工程
7. 500kV繁昌变电所2号主变扩建工程
8. 500kV肥西变电所2号主变扩建工程
9. 天广±500kV直流输电工程天生桥换流站
（含天生桥换流站接地极与武鸣载波中继站）
10. 天广±500kV直流输电工程广州换流站
（含广州换流站接地极）
11. 天广±500kV直流输电工程天生桥－广州直流输电线路工程
（含两侧接地极线路）
12. 330kV乌格输变电工程
（包括330kV格尔木变电所及330kV乌格输电线路）

关于公布2001年度国家电力公司优秀勘测、优秀设计、优秀标准设计和优秀计算机软件项目的通知

（国电电源［2002］492号）

附件：

2001年度国家电力公司优秀勘测、优秀设计、优秀标准设计和优秀计算机软件项目名单

序号	项目名称	完成单位
一、优秀工程勘测		
1．火电		
1	双辽发电厂（4×300MW）新建工程工程地质勘测	东北电力设计院
2	漳州后石电厂（6×600MW）新建工程工程地质勘测	西南电力设计院 福建省电力勘测设计院（协作）
3	河北邯峰电厂（2×660MW）王风水源地供水水文地质勘探	河北省电力勘测设计研究院
4	山西阳城电厂500kV送出工程测量（薄壁至淮阴段）	华东电力设计院、河南省电力勘测设计院、山东电力工程咨询院、江苏省电力设计院
5	山西阳城电厂（6×350MW）供水水文地质勘测	国电华北电力设计院工程有限公司
6	漳州后石电厂（6×600MW）新建工程水文气象勘测	西南电力设计院
7	张家坊变—顺义变Ⅱ回500kV送电线路工程测量	国电华北电力设计院工程有限公司 中国电力建设工程咨询公司（协作）
8	天生桥—广州直流输电±500kV天生桥直流换流站岩土工程勘测	中南电力设计院 武汉水利电力大学（协作）
9	陕西宝鸡第二发电厂一期（4×300MW）岩土工程勘测	西北电力设计院
10	聊城—长清—济南500kV送电线路工程测量	山东电力工程咨询院
11	温州发电厂二期（2×300MW）岩土工程勘测	浙江省电力设计院
12	岗市—长沙—云田500kV送电线路工程测量	湖南省电力勘测设计院
13	大潮山—昆明北回500kV送电线路工程测量	西南电力设计院、云南省电力设计院
14	绥中电厂（2×800MW）工程水文气象勘测	东北电力设计院
15	镇江电厂一期（2×125MW）工程岩土工程勘测	江苏省电力设计院 河海大学（协作）
2．水电		
1	五里冲水库枢纽工程勘测	中南勘测设计研究院
2	棉花滩水电站工程勘测	华东勘测设计研究院
3	宝珠寺水电站工程勘测	西北勘测设计研究院
二、优秀工程设计		
1．火电		
1	苏州工业园区华能发电厂一期（2×300MW）工程	江苏省电力设计院
2	太原第一热电厂六期（2×300MW）工程	山西省电力勘测设计院
3	山东莱城电厂一期（2×300MW）工程	山东电力工程咨询院
4	四川广安电厂（2×300MW）工程	西北电力设计院
5	天津滨海电厂（38MW+18MW）联合循环工程	国电华北电力设计院工程有限公司
6	南京下关发电厂（2×125MW）技改工程	江苏省电力设计院
2．水电		
1	宝珠寺水电站工程设计	西北勘测设计研究院
2	南澳风电场四期工程设计	中国水利水电建设工程咨询公司
3	福建平潭长江澳风电场设计	福建省电力勘测设计院

续表

序号	项目名称	完成单位
3. 送电		
1	天生桥—广州±500kV直流输电线路工程	中南电力设计院
2	邯西—石南500kV送电线路工程	河北省电力勘测设计研究院
3	临沂—日照—青岛—潍坊（东线）500kV送电线路工程	山东电力工程咨询院
4	山西阳城电厂500kV送出线路工程（三堡至淮阴段）	华东电力设计院、江苏省电力设计院
5	平凉—兰州东330kV双回送电线路工程	甘肃省电力设计院
6	龙羊峡—乌兰变330kV送电线路工程	西北电力设计院、青海省电力设计院
7	温州二期—蒲州220kV送电线路瓯江大跨越工程	浙江省电力设计院
8	漫湾—下关Ⅱ回220kV送电线路工程	云南省电力设计院
9	双辽—四平500kV送电线路工程	吉林省电力勘测设计院
4. 变电		
1	500kV青岛崂山变电所工程	山东电力工程咨询院
2	500kV北京顺义变电所工程	国电华北电力设计院工程有限公司
3	500kV三堡开关站工程	华东电力设计院
4	500kV邯西蔺河变电所一期工程	河北省电力勘测设计研究院
5	500kV日照变电所工程	山东电力工程咨询院
6	220kV新兴变电所新建工程	辽宁电力勘测设计院
7	500kV自贡洪沟变电所新建工程	西南电力设计院
8	330kV柞水变电所工程	陕西省电力勘测设计院
9	330kV兰州东变电所工程	甘肃省电力设计院
三、优秀计算机软件		
1	工程设计管理系统	西南电力设计院
2	电力工程三维设计系统	河南省电力勘测设计院
3	勘测（工程地质）三维信息系统	国电华北电力设计院工程有限公司
4	变电构架设计及钢筋混凝土支架软件SSTV1.0	东北电力设计院
5	电力工程监理文档数据库管理系统PSDMSV1.0	中国电力建设工程咨询公司
6	三峡二期工程大坝混凝土浇筑模拟分析系统	成都勘测设计研究院
四、优秀标准设计		
1	火力发电厂600MW引进型机组主厂房标准设计	东北电力设计院

关于公布2002年度国家电力公司火电优质工程评选结果的通知

（国电电源［2002］585号）

附件：

2002年度国家电力公司火电优质工程名单

序号	1	2	3
工程名称	河北邯峰发电厂一期工程（660MW）	山西漳泽电力股份有限公司河津发电厂一期工程（2×350MW）	上海吴泾电厂八期工程（2×600MW）
建设单位	河北邯峰发电有限责任公司	山西漳泽电力股份有限公司河津发电厂	上海吴泾第二发电有限责任公司
生产单位	邯峰发电厂	山西漳泽电力股份有限公司河津发电厂	上海吴泾第二发电厂
主要施工单位	河北省电力建设第一工程公司	山西省电力公司电力建设二公司	上海电力建设有限责任公司
调试单位	河北省电力试验研究所	山西省电力科学研究院	上海电力建设启动调整试验所
监理单位	河北省电力建设监理有限责任公司	东北电力建设监理有限公司	上海市电力工程建设监理有限公司
设计单位	河北省电力勘测设计研究院	西北电力设计院	华东电力设计院

续表

序号	4	5	6
工程名称	山东莱城发电厂一期工程（2×300MW）	陕西宝鸡第二发电有限责任公司＃3、＃4机组工程（2×300MW）	双辽发电厂一期＃3、＃4机组工程（2×300MW）
建设单位	山东国际电源开发股份有限公司	陕西宝鸡第二发电有限责任公司	双辽发电有限责任公司
生产单位	山东莱城发电厂	陕西宝鸡第二发电有限责任公司	双辽发电厂
主要施工单位	山东电力建设第二工程公司	西北电力建设第三工程公司 西北电力建设第一工程公司 西北电力建设第四工程公司	吉林省电力建设总公司
调试单位	山东电力研究院	西北电力建设调试施工研究所	吉林省电力科学研究院
监理单位	西北电力工程监理公司	西北电力建设工程监理有限责任公司	吉林省电力建设监理有限责任公司
设计单位	山东电力咨询院	西北电力设计院	东北电力设计院

关于命名一流企业的通知

（国电发［2002］376号）

附件：

2001年度一流企业名单

1.供电企业：辽阳电业局、抚顺供电公司、辽宁朝阳供电公司、延边供电公司、白城供电公司、吉林供电公司、牡丹江电业局、铜陵供电局、马鞍山供电局、巢湖供电局、蚌埠供电局、淮北供电局、温州电业局、江苏常州供电公司、江苏宿迁供电公司、湘潭电业局、娄底电业局、岳阳电业局、长沙电业局、宜昌供电局、三门峡市电业局、开封市电业局、焦作市电业局、唐山供电公司、天津西青供电分公司、天津城南供电分公司、邢台供电公司、山西阳泉供电分公司、山西太原供电分公司、山西运城供电分公司、新疆乌鲁木齐电业局、甘肃天水供电局、陕西西安高压供电局、西安供电局、延安供电局、重庆市江北供电局、重庆市沙坪坝供电局、福建省福州电业局、福建省三明电业局、广西南宁供电局、乐山电业局。

2.火力发电厂：山东莱城发电厂、双鸭山第一发电有限责任公司、望亭发电厂、上海电力股份有限公司闵行发电厂、谏壁发电厂、淮北发电厂、河北西柏坡发电有限责任公司、山西省电力公司神头第二发电厂、山西漳泽发电厂、山西阳光发电有限责任公司、华能岳阳电厂、苏州工业园区华能发电有限责任公司、宁夏大坝发电厂、甘肃靖远第一发电有限责任公司、韩城发电厂、贵州遵义发电总厂。

3.水力发电厂：太平湾发电厂、云峰发电厂、湖南东江水力发电厂、乌溪江水力发电厂、天生桥水力发电总厂、贵州东风发电厂。

4.超高压输变电企业：山东超高压输变电分公司、天津高压供电公司、南方公司贵阳超高压局。

5.电力科学研究院（所）：江苏省电力科学研究院有限公司、浙江省电力试验研究所、安徽省电力试验研究所、河北省电力试验研究所、山西电力科学研究院、福建省电力试验研究院。

6.电网调度机构：黑龙江省电力有限公司调度中心、华北电力调度局、陕西电力调度中心、西北电力调度通信中心、华中电力调度通信中心、江西电力调度通信中心、宁夏电力调度中心、四川调度通信中心、甘肃电力调度通信中心、新疆电力公司电力调度中心。

7.设计企业：河北省电力勘测设计研究院、山西省电力勘测设计院、西南电力设计院、福建省电力勘测设计院、吉林省电力勘测设计院。

关于命名2001年度国家电力公司一流县供电企业的通知

（国电农［2002］757号）

附件：

2001年度一流县供电企业名单

山东省电力集团公司：荣成市电业总公司、高密市供电局、乳山市电业总公司、诸城市电力工业局、郯城县供电局、博兴县电业总公司、龙口市电业公司、泗水县电力局、历城区供电局、即墨市电业公司、宁阳县电业局、招远市供电公司、临淄区供电局、胶州市供电公司、平邑县电业局、五莲县电力公司、东阿县供电公司、广饶县电业公司、张店区供电局、海阳市电业公司、滕州市供电公司。

江苏省电力公司：高淳县供电公司、宜兴市供电公司、姜堰市供电公司、太仓市供电公司、张家港市供电公司、丹徒县供电公司、吴江市供电公司、常熟市供电公司、海门市供电公司、启东市供电公司、昆山市供电公司、金坛市供电公司、沛县供电公司、武进市供电公司、新沂市供电公司、靖江布供电公司、金湖县供电公司、大丰市供电公司、建湖县供电公司、溧阳市供电公司、高邮市供电公司。

浙江省电力公司：诸暨市供电局、江山市供电局、富阳市供电局、萧山供电局、永康市供电局、平湖市供电局、临安市供电局、德清县供电局、海盐县供电局、海宁市供电局、余杭供电局。

河南省电力公司：永城市供电公司、长葛市电力公司、巩义市电业局、荥阳市电业局、伊川县电业局、林州市电业局、西平县电业局、获嘉县供电公司。

湖南省电力公司：赫山电力局、临湘电力局、攸县电力局、韶山电力局、临澧电力局。

山西省电力公司：高平供电支公司、侯马供电支公司、清徐供电支公司。

河北省电力公司：隆尧县电力局、栾城县供电局、高阳供电公司。

华北电力集团公司：通州供电分公司。

黑龙江省电力公司：尚志市电业局。

辽宁省电力公司：凌海供电公司。

福建省电力公司：永安供电局、闽侯供电局。

湖北省电力公司：汉川供电局、蕲春电力局、应城电力局。

重庆市电力公司：璧山县供电局。

四川省电力公司：双流供电局、江油供电局。

陕西省电力公司：凤县供电公司、兴平电力局。

甘肃省电力公司：民勤供电公司。

内蒙古电力集团公司：东胜供电局、集宁供电公司。

关于印发中国电力科学技术奖奖励通报（第二号）的通知

（国电科［2002］507号）

奖励2002年度中国电力科学技术奖获奖项目

经研究决定，对中国电力科学技术奖励评审委员会评选出的2002年度中国电力科学技术奖获奖项目50项，给予奖励并通报表扬。

2002年度中国电力科学技术奖获奖项目及受奖单位

序号	等级	获奖项目	受奖单位
1	一	高拱坝应力控制标准研究	中国水利水电科学研究院、国家电力公司昆明勘测设计研究院、国家电力公司成都勘测设计研究院、大连理工大学、清华大学
2	一	大型电力系统中电力电子和FACTS装置仿真软件包EMTPE的研究与开发	中国电力科学研究院
3	二	RCS—978型微机变压器成套保护装置	国家电力公司电力自动化研究院、南京南瑞继保电气有限公司
4	二	水电站水情自动测报系统的开发研究	国家电力公司电力自动化研究院
5	二	PST 1200系列数字式变压器保护	国电南京自动化股份有限公司
6	二	大型油浸电力设备色谱在线监测系统	上海交通大学、南方电力平果有限公司

序号	等级	获奖项目	受奖单位
7	二	整体煤气化联合循环发电（IGCC）关键技术	国电热工研究院、华东理工大学、上海发电设备成套设计研究所、中国科学院工程热物理研究所、哈尔滨汽轮机厂有限责任公司、中国科学院山西煤炭化学研究所、哈尔滨锅炉厂有限责任公司
8	二	SA213-T91钢药芯焊丝研制	河北省电力试验研究所、北京工业大学
9	二	火力发电厂设计技术规程(DL5000-2000)	中国电力建设工程咨询公司
10	二	三峡永久船闸68m直立墙边坡开挖锚固施工技术研究与应用	武警水电三峡工程指挥部、四川九〇九建设工程有限公司预应力工程处、浙江安峡建设有限公司三峡坝区分公司、水利水电爆破咨询服务部、武汉大学
11	二	高混凝土面板堆石坝施工技术研究与发展	中国人民武装警察部队水电第一总队
12	二	300m级高拱坝抗震关键技术研究	中国水利水电科学研究院、国家电力公司昆明勘测设计研究院、国家地震局工程力学研究所、清华大学、河海大学、大连理工大学、国家电力公司成都勘测设计研究院
13	三	10kV TSC型自适应无功补偿装置	中国电力科学研究院、南阳市电业局
14	三	CG型干式硅橡胶高压穿墙套管	中国电力科学研究院
15	三	超高压输电线路应用海拉瓦技术优化路径	北京洛斯达航测技术咨询有限公司、国家电力公司电网建设分公司、中国电力建设工程咨询公司
16	三	基于TASE.2协议的EMS系统间网络通信软件	国家电力公司电力自动化研究院、江苏电力调度通信中心
17	三	GKS-IAS信息统计分析系统	南京南瑞集团公司/国电南瑞科技股份有限公司、吴县市江远热电有限公司
18	三	水电厂综合自动化系统研究	国家电力公司电力自动化研究院/南京南瑞集团公司、宝珠寺水力发电厂
19	三	500kV新型带挡板掏挖基础的试验研究与应用	广东省电力设计研究院
20	三	闽江流域水电站群水文信息自动测报及综合调度系统	福建省电力有限公司、国家电力公司电力自动化研究院
21	三	白山发电厂水库调度综合自动化系统	武汉大学、东北电力公司白山发电厂
22	三	PS 6000变电站自动化系统	国电南京自动化股份有限公司、国电南思系统控制有限公司
23	三	华东电能交易系统	华东电力调度通信中心、华东电力试验研究院
24	三	基于频率控制性能标准（CPS）的互联电网运行控制技术	华东电力调度通信中心
25	三	输电导线破损故障诊断	武汉大学
26	三	电力网电能损耗计算与分析	苏州供电局、河海大学电气工程学院
27	三	基于广域网的计量器具校验管理系统	江苏省电力科学研究院
28	三	辽宁电力信息网络视频系统	辽宁省电力有限公司信息中心
29	三	继电保护计算及管理平台RCM-Base2000	山东电力调度中心、山东工业大学电力研究所
30	三	电网规划可靠性准则建议的研究	中国电力科学研究院、重庆市电力公司
31	三	三峡电站500kV输电线路跨越永久船闸时对过闸船舶的通信干扰和工频电场安研	武汉高压研究所、中国电力科学研究院、中国船舶重工集团公司第7研究院第701研究所、长江航务管理局三峡办
32	三	双中排阴双层床试验研究	安徽省电力试验研究所、安徽省淮南田家庵发电厂
33	三	火力发电厂城市污水回用技术研究	北京国电华北电力工程有限公司、国电热工研究院、华能国际电力开发公司北京分公司
34	三	低正压气力除灰系统设计研究和应用	江苏省电力设计院
35	三	内置式除氧器	国家电力公司华东电力设计院

序号	等级	获奖项目	受奖单位
36	三	600MW 超临界汽轮发电机组基础动力特性研究	国家电力公司西南电力设计院、国家电力公司电力建设研究所
37	三	桩基原体试验测试技术与评价成果研究	中南电力设计院、华东电力设计院、山西省电力勘测设计院
38	三	电除尘器前置烟道喷雾增湿系统	甘肃省电力公司兰州电力修造厂
39	三	灰场表面固化防尘技术	华北电力大学
40	三	火力发电厂设备、系统运行节能准确在线分析系统	华北电力大学、山西地方电力公司
41	三	集成型执行器汽轮机电液控制系统	东北电力调节技术研究所、辽宁省电力有限公司生产部、北票发电厂、沈阳热电厂
42	三	中小型燃煤电站水膜除尘器简易脱硫技术与设备研究	国电环境保护研究所、江西省电力公司、江西省贵溪发电厂
43	三	碾压混凝土拌和设备研制	中国水利水电第八工程局
44	三	高拱坝坝基稳定研究	国家电力公司昆明勘测设计研究院、清华大学、四川大学、武汉大学、河海大学
45	三	工程地质综合分析技术的开发和应用	国家电力公司成都勘测设计研究院、成都理工学院、河海大学
46	三	拱坝沿拱座基面滑动机制及控制标准的研究	中国水电顾问有限公司、国家电力公司成都勘测设计研究院、国家电力公司昆明勘测设计研究院、国家电力公司西北勘测设计研究院、国家电力公司北京勘测设计研究院
47	三	黄河李家峡水电站坝前Ⅰ、Ⅱ号滑坡初期蓄水后稳定性预测研究	国家电力公司西北勘测设计研究院、黄河上游水电开发有限责任公司、成都理工大学
48	三	黄河上游中型水电站新第三系红层工程地质特性研究	国家电力公司西北勘测设计研究院、成都理工大学
49	三	自由式拉压复合型预应力锚索	国家电力公司成都勘测设计研究院
50	三	复杂地质条件下岩土地基稳定性及治理技术	河海大学

关于表彰国家电力公司首届青年管理创新奖的决定

（国电政［2002］93号）

附件1：

国家电力公司首届青年杰出管理创新奖名单

徐　鹏　山东电力集团公司临沂电业局局长
曹景山　国电东北公司元宝山发电厂厂长
周安春　华北电力集团公司唐山供电公司经理

附件2：

国家电力公司首届青年管理创新奖名单

杨同贺　河北电力公司衡丰发电公司总经理
沈兆新　上海电力公司超高压输变电公司总经理
关长祥　吉林电力公司长春供电公司副总经理
刘昌盛　重庆电力公司沙坪坝供电局局长、党委书记
许　波　华电工程集团公司副总经理
张文斌　西北电力设计院院长
董泽林　湖北电力公司钟祥供电局局长
张　宏　西北电力试验研究院院长
侯国力　黑龙江电力公司七台河发电公司经理
舒福平　四川省电力公司高坝发电厂厂长
刘向东　辽宁电力公司电建四公司经理
李英华　宁夏电力公司经营管理部主任
杨立兵　国电华东公司通调中心市场运营科科长
冯树臣　国电电力朝阳发电厂厂长
李洪应　江西火电建设公司设备制造分公司经理
葛国平　江苏电力设计院院长
付文峰　华中电力科技开发公司经理
庞　准　广西电力公司南宁供电局局长
牛贵宇　安徽电力公司芜湖发电厂副厂长
李达彪　福建电力公司嵩屿电厂厂长

关于命名和认定2001年度电力单位全国青年文明号和全国青年文明号优秀组织单位的决定

（国电政［2002］201号）

附件一：

电力单位2001年度全国青年文明号名单

一、新命名的是

华北电力集团公司廊坊供电公司开发区分公司

华北电力集团公司张家口发电厂发电部运行五值四单元

水利水电第四工程局青云公司金属结构厂

湖北黄石发电股份有限公司200MW机组

葛洲坝水电工程集团机电公司三峡泄洪坝段金结安装青年集体

上海电力建设有限责任公司电力安装一公司汽机本体班

河南省电力公司焦作市电业局供电110班

国家电力公司调度通信中心调度运行科

四川电力公司内江发电总厂高坝发电厂＃11机组

福建省电力有限公司莆田电业局城厢电力客户服务中心

内蒙古电力集团有限责任公司鄂尔多斯电业局客户服务中心

山东电力集团公司超高压公司500kV淄博变电站

山东电力集团公司滨洲电业局客户服务中心

黑龙江省电力有限公司鹤岗发电有限责任公司运行三值

黑龙江省电力有限公司大庆电业局东风供电局汇丰营业厅

中国华能集团公司浙江华能长兴电厂燃料公司电工班

吉林省电力公司吉林省辽源市西安供电营业所

东北公司哈尔滨超高压局大庆变电站运行二班

东北公司通辽发电总厂青年文明输煤段

河北省电力公司沧州供电公司客户服务中心

河北省电力公司河北电力调度通信中心调度处

中电国际淮南平圩发电有限责任公司运行部化学实验班

江苏省电力公司苏州供电公司市区营业部营业厅

武汉华中华能发电股份有限公司输煤公司机械班

甘肃省电力公司天水供电局秦城供电所配电班

宁夏电力公司银川供电局新城变电站

国电华东分公司新安江电厂经警中队

山西省电力公司洪洞供电支公司洪洞中心营业站

国电西北公司宝鸡第二发电有限责任公司锅炉分场机动班

国电西北公司调度通信中心调度处

广东省广电集团有限公司新会市电力工业局客户服务中心

广东省粤电资产经营有限公司珠海发电厂热工分部炉控班

广西电力有限公司防城港供电局新兴变电站

云南电力集团有限公司个旧供电局个旧营业厅

上海市电力公司市南供电公司金山供电所线运一班

浙江省电力公司江山供电局外线二班

安徽省电力公司铜陵供电局用电业务班

湖南省电力公司湘潭电业局荷塘变电站

江西省电力公司景德镇发电有限责任公司汽机本体班

江西省电力公司赣西供电局新余分局营业大厅

四川省电力公司宜宾电业局江南客户服务中心

西北电建四公司一O七工程队

辽宁省电力公司两锦供电公司锦州一次变工区南山一次变电所

重庆市电力公司沙坪坝供电局电力营销中心营业班

重庆市电力公司长寿供电局220kV东新村变电站

广东珠海供电局明源公司

浙江送变电工程公司110kV舟山至岱山联网输电高塔工程

陕西省电力公司安康水力发电厂电气分场保护班

湖北超高压输变电局荆门分局运检队

湖南省电力公司石门电厂发电集控室

云南电力集团公司滇中电业局青年志愿者服务队

二、继续认定的是

华北电力集团公司唐山供电公司建设路营业站

华北电力集团公司张家口供电公司宣化区供电分公司抄收班

华北电力集团公司华北网调调度运行班

华北电力集团公司北京供电局变电处昌平500kV变电站

华北电力集团公司滦河发电厂继电保护班

华北电力集团公司秦皇岛市区供电公司营抄班

华北电力集团公司十三陵蓄能电厂运行主值

华北电力集团公司大唐公司陡河发电厂运行甲值四单元

河南省电力公司洛阳热电厂1号青年机组

河南省电力公司郑州市电业局石佛变电站

河南省电力公司开封火电厂热工自动班

河南省电力公司安阳市电业局调度班

河南省电力公司第二火电建设公司锅炉钢架青年突击队

河南省电力公司开封市电业局供电抢修服务中心

河南省电力公司洛阳首阳山电厂4号青年机组

河南省电力公司送变电建设公司变电工程公司施工一队

河南省电力公司南阳市电业局青台变电站

新疆电力公司乌鲁木齐电业局市北供电局急修班

新疆电力公司乌鲁木齐电业局地调所调度运行班

新疆电力公司吐鲁番电业局220kV托克逊变电所

新疆巴州电力有限责任公司铁门关水电厂运行分场

新疆玛纳斯发电有限责任公司运行部锅炉运行三班

新疆玛纳斯发电有限责任公司检修公司汽机本体班

湖北省电力公司汉新发电有限责任公司2号青年文明机组

湖北省电力公司钟祥市供电局城区供电所

湖北省电力公司宜昌供电局东山分局优质服务快速反应“小虎队”

湖北省电力公司宜昌供电局夷陵区电力营销中心

湖北省电力公司黄石供电局市区分局黄石港供电所

湖北省电力公司武汉供电局洪山营业所

湖北省电力公司襄樊供电局襄樊供电分局客户服务中心

湖北省电力公司荆门热电厂四号机组

北京勘测设计研究院引黄入晋工程国际Ⅱ、Ⅲ标监理项目部

中国电力科学研究院电网调度自动化公司

国家电力公司西安热工研究院结构强度与管道技术研究所

中国华电工程（集团）公司物料输送部

水电四局机电安装分局水轮发电机组安装中队

水利水电闽江工程局安装公司第二分公司

国电电力发展股份有限公司大同第二发电厂发电部网控站

福建省电力有限公司福建水口发电公司自动化班

福建省电力有限公司超高压输变电局500kV泉州变电所

福建省电力有限公司龙岩电业局营业大厅

福建省电力有限公司三明电业局电力调度中心

福建省电力有限公司沙溪口水力发电厂1号机

福建省电力有限公司厦门电业局城区电力客户服务中心

福建省电力有限公司福州电业局马尾供电局

内蒙古电力公司丰镇发电厂汽机车间

内蒙古电力公司巴彦淖尔电业局调度所调度班

内蒙古电力公司内蒙古电力科学研究院热工所

内蒙古电力公司呼和浩特供电局新城分局鼓楼营业站

内蒙古电力有限公司蒙达发电有限责任公司运行部

内蒙古电力有限公司包头第一热电厂电气主控室

内蒙古电力有限公司华电包头第二热电厂电气主控室

内蒙古电力有限公司乌拉山发电厂检修公司锅炉队

内蒙古电力有限公司包头供电局调度所微波班

山东电力集团公司十里泉发电厂运行二场六号机组生产线

山东电力集团公司济南供电公司天桥电力公司营业厅

山东电力集团公司威海电业局客户服务中心营业厅

山东电力集团公司淄博电业局张店供电局配电班

山东电力集团公司枣庄市市中供电局永安所

山东电力集团公司潍坊电业局农网改造青年突击队

山东电力集团公司日照电业局客户服务中心营业厅

山东电力集团公司烟台电业局客户服务中心营业厅

山东电力集团公司济宁电业局客户服务中心

山东电力集团公司临沂电业局客户服务中心服务部

黑龙江电力有限公司佳木斯发电厂经济警察中队

黑龙江电力有限公司富拉尔基发电总厂检修公司调速班

黑龙江电力有限公司哈尔滨第三发电有限责任公司值长组

黑龙江电力有限公司佳木斯电业局浩良河供电局

黑龙江电力有限公司牡丹江电业局东安供电局

黑龙江电力有限公司齐齐哈尔电业局建华供电局售电班

黑龙江电力有限公司哈尔滨电业局道里供电局道里售电所

华能集团公司山西榆社电力有限责任公司化学车间试验班

华能集团公司江苏华能淮阴发电有限公司继电保护班

华能集团公司华能辛店电厂运行丁值一班

华能集团公司华能南京公司（电厂）运行甲值

华能集团公司华能福州电厂运行C值

华能集团公司华能德州电厂机务检修部汽机本体班

华能集团公司华能大连电厂运行部运行一值

吉林省电力有限公司吉林热电厂11号发电机组

吉林省白城供电公司洮北客户服务中心营业厅

吉林省电力有限公司吉林供电公司龙潭供电分公司营业室

吉林省电力有限公司双辽发电厂1号机组

吉林省电力有限公司长山热电厂8号机组

吉林省长春第二热电厂有限责任公司1号机组

水电三局第三分局四公司青年突击队

国家电力公司东北公司丰满发电厂运行分厂五值

国家电力公司东北公司通辽电业局河西一次变工程队

国家电力公司东北公司元宝山发电厂2号机组运行集体

河北省电力公司石家庄供电公司桥东营业大厅

河北省电力公司电建一公司锅炉大件吊装青年集体

河北省电力公司衡丰发电公司2号机组集控运行集体

河北省电力公司西柏坡发电有限责任公司1号机组运行岗位

河北省电力公司保定供电公司用电服务中心

河北省电力公司邯郸供电公司电力客户服务中心

河北省电力公司兴泰发电公司锅炉检修分场机动三班

河北省电力公司衡水供电公司用电服务中心

江苏省电力公司徐州发电厂汽机公司本体一班

江苏省电力公司徐州市西供电局用电服务中心

江苏省电力公司镇江供电公司220kV官塘变电所

江苏省电力公司南京热电厂运行部新丁班

江苏省电力公司连云港供电局连云分局业务班

江苏省电力公司南京供电局栖霞分局营业厅

江苏省电力公司常州供电公司用电服务中心

江苏省电力公司盐城供电公司城区用电营业厅青年服务队

江苏省电力公司扬州供电公司变电工区500kV江都变电所

水利水电第七工程局机电安装分局

甘肃省电力公司兰州供电局变电处桃树村变电站

甘肃省电力公司白银供电分局西区供电所

甘肃省电力公司兰州西固热电公司汽机附属一班

甘肃省电力公司庆阳地区电力局修试所高试班

甘肃省电力公司兰州供电局送电处一工区带电班

甘肃省电力公司靖远第一发电有限责任公司运行部化检班

甘肃省电力公司兰州供电局变电处海石湾变电所

宁夏自治区电力公司石嘴山发电厂高压焊工班

宁夏自治区电力公司石嘴山供电局大武口区分局营业班

宁夏自治区电力公司固原供电局固原变电所

华东分公司电力调度中心调度处

华东分公司望亭发电厂发电部电运乙1班

华东分公司富春江水力发电厂运行中控室集体

华东分公司新安江水电厂运行三组

山西省电力公司长治供电分公司大用户营业所

山西省电力公司运城供电分公司继电保护自动化所

山西省电力公司忻州供电分公司匡村220kV变电站

山西省电力公司太原供电分公司建北营业站

山西省电力公司山西大同供电公司城区公司新开路营业所

山西省电力公司太原二电厂7号文明皮带间

贵州省电力公司贵阳发电厂运行分场(9号机组)

贵州省电力公司遵义供电局南白分局大客户站

贵州省电力公司都匀供电局自动化班

贵州省电力公司贵州清镇发电厂“1号机炉”

西北分公司龙羊峡发电分公司运行分场

西北分公司黄河水电公司检修安装分公司水轮调速班

西北分公司李家峡发电分公司电气部分自控班

天津市电力公司滨海供电公司塘沽营业站

天津市电力公司城南供电分公司河西营业站

天津市电力公司电网调度运行组

天津市电力公司高压供电公司继电保护管理所

天津市电力公司天津第一热电厂汽机运行热水网岗位

天津市电力公司天津市城东供电分公司河北营业站

葛洲坝水利水电工程集团有限公司葛洲坝一公司

三峡建设公司泄洪坝段混凝土浇青年突击队

青海省电力公司青海火电工程公司桥电项目部

青海省电力公司青海送变电工程公司送电四处三队

青海省电力公司海东供电局送电工区带电班

青海省电力公司湟源县电力局

青海省电力公司城东电力营业所

青海省电力公司桥头发电有限责任公司发电二部2号机组

青海省电力公司桥头发电有限责任公司汽机分场

国家电力公司南方公司天生桥水利发电总厂水工部水调班

国家电力公司南方公司梧州超高压局500kV梧州变电站

国家电力公司南方公司南方公司调通中心调度科

广东省广电集团有限公司茂名电力工业局分界供电所

广东省广电集团有限公司输变电工程公司变电工程处

广东省广电集团有限公司广州电力工业局用电处业扩组

广东省广电集团有限公司500kV汕头变电站

广东省广电集团有限公司深圳分公司客户信息服务中心

广东省粤电资产经营公司黄埔发电厂燃丁分岗

广东省粤电资产经营公司沙角A电厂燃料运行E班司机组

广西电力有限公司梧州供电局平浪变电站

广西电力有限公司岩滩水力发电厂发电部

广西电力有限公司桂林供电局电力故障报修服务中心

广西电力有限公司柳州供电局沙塘500kV变电站

广西电力有限公司南宁供电局配电抢修中心

云南电力集团有限公司滇西电业局西洱河电站运行一值

云南电力集团有限公司昆明供电局城区供电分公司电费组

云南电力集团有限公司云南送变电工程公司送电三处

云南电力集团有限公司小龙潭发电厂运行部5号机炉

云南电力集团有限公司漫湾发电厂6号机组青年集体

云南电力集团有限公司滇东电业局三岔变电站

云南电力集团有限公司鲁布革发电厂计算机班

上海市电力公司沪西供电公司线路一班

上海市电力公司浦东供电公司营业部

上海市电力公司超高压输变电公司500kV南桥交直流变电站

上海市电力公司闵行发电厂13号机组

上海市电力公司上海输能电力工程公司青年突击队

上海市电力公司外高桥发电厂三号机组集控运行青年集体

上海市电力公司电缆工程公司二分公司青年工程队

浙江省电力公司绍兴电力局用电管理所营业服务部

浙江省电力公司杭州电力局城南供电局营业厅

浙江省电力公司金华电业局电力设计所有限公司

浙江省电力公司温州电业局送电工区运检二工段

浙江省电力公司嘉兴电力局城郊分局操作二班

浙江省电力公司镇海发电公司燃灰煤运一班

浙江省电力公司台州发电厂程控班

安徽省电力公司芜湖供电局用电营业大厅

安徽省电力公司淮北发电厂5号主机

安徽省电力公司马鞍山供电局配网检修班

安徽省电力公司安庆供电局调度所调度组

安徽省电力公司巢湖供电局用电营业大厅

安徽省电力公司合肥供电局用电所营业厅营业班

江西省电力公司贵溪发电厂检修公司继电保护班

江西省电力公司江西省送变电建设公司送电一处二队

江西省电力公司万安水力发电厂大修青年突击队

江西省电力公司九江供电局妙智变电站

江西省电力公司赣西供电局220kV白沙变电站

江西省电力公司江西省水电工程局一分局第一工程队

江西省电力公司景德镇供电局用电营业厅

江西省电力公司赣州供电局用电管理所客户服务中心

江西省电力公司江西省火电建设公司调试青年突击队

华北电力设计院张顺二回500kV输电线路工程青年突击队

西北电力设计院工程项目处

陕西省电力公司西安高压供电局兰田变电站

陕西省电力公司黄陵县电力局城区供电所

陕西省电力公司西安灞桥热垫有限责任公司电气主控室

陕西省电力公司西北电建调试施工研究所

陕西省电力公司西安供电局城南供电分局西郊营业站

陕西省电力公司陕西浦城发电公司锅炉检修管阀班
辽宁省电力公司沈阳电业局送电工区青年群体
辽宁省电力公司沈阳供电公司和平营业厅
辽宁省电力公司鞍山供电公司二次集控站
辽宁省电力公司鞍山供电公司用电服务中心
辽宁省电力公司营口供电公司西市分公司用户服务中心
辽宁省电力公司送变电公司工程公司送电第五分公司
辽宁省电力有限公司铁岭发电厂锅炉分厂制粉班
辽宁省电力有限公司大连电业局金州供电局营业服务班
辽宁省电力有限公司大连电业局甘井子供电局用电服务处
华中分公司华阳发电有限责任公司电检二班
华中分公司湖北襄樊发电有限责任公司发电部四值
华中分公司中国电力财务有限公司华中分公司
重庆市电力公司城区供电局用电营业厅
重庆市电力公司万州电业局三峡供电局电力营销中心
重庆市电力公司江北供电局电力营销中心用电营业部
重庆市电力公司杨家坪供电局巴山变电站
重庆市电力公司北碚供电局梅花山变电站
重庆市电力公司南岸供电局用电营业厅
湖南省电力公司电力调度通讯中心调度科
湖南省长沙电业局天顶变电站
湖南省五强溪水力发电厂修试总公司试验工区
湖南省长沙电业局城南供电局营业站
湖南省电力公司民丰 500kV 变电站
湖南省株洲电业局云天变电站

附件二：

全国青年文明号活动优秀组织单位名单

华北电力集团公司青工部
山东电力集团公司团委
四川省电力公司团委
国电东北分公司青工处
河北省电力公司青工处
江苏省电力公司青工部
甘肃省电力公司团工委
中国葛洲坝水电工程集团公司团委
安徽省电力公司思政部青年科
江西省电力公司团委

世界主要国家资料选编

法国电力工业

概况　法兰西共和国（简称法国），位于欧洲西部，国土面积为 55.1 万 km^2，海岸线长约 3000km，1997 年人口为 5860 万人。

能源生产和消费　法国有丰富的天然铀，占世界铀储量的 3%。经济可开发水能资源 720 亿 kWh/a，1987 年水电发电量为 694 亿 kWh，其水能资源的开发程度已接近 100%。法国的石油和天然气资源贫乏，大量依靠进口，煤炭资源也极少。80 年代后，由于核电迅速发展，使煤炭工业日趋萧条。随之，石油、天然气和煤炭的生产都在逐年减少，而核电在能源生产中一直占主导地位，并逐年在增长。

法国 1998 年一次能源生产量为 11990 万 t 油当量，一次能源消费量为 24940 万 t 油当量。在一次能源消费量中石油和一次电力所占比重较大，分别为 39.7% 和 35.5%，其次为天然气占 13.7%，煤炭占 6.3%，可再生能源有较大增长，约占 4.7%。一次能源生产和消费量的变化见表 1。

装机容量和发电量　1997 年法国总装机容量为 12394.4 万 kW。其中火电为 2849.8 万 kW，占 23.0%，核电为 7031.9 万 kW，占 56.7%，水电为 2512.7 万 kW，占 20.3%。1997 年法国电力公司（EDF）装机容量为 10853.5 万 kW；占总装机容量的 87.6%，其中火电为 1956.3 万 kW，核电为 6886.9 万 kW，水电为 2010.3 万 kW。表 2 为法国 20 多年来装机容量的增长情况。

表 1 一次能源生产量和消费量的变化
（万 t 油当量）

年 份	1980	1985	1990	1995	1996	1997	1998
一次能源生产量	5580	8670	10050	11600	11800	12310	11990
一次能源消费量	19190	19360	21490	23030	23450	24560	24940
其中：煤炭	3470	2410	1910	1470	1550	1370	1580
石油	10210	8430	9130	9490	9490	9730	9910
天然气	2360	2330	2640	3030	3190	3250	3410
一次电力	2900	5800	7390	8620	8800	8980	8860
可再生能源	320	390	420	420	420	230	1170
能源自给率（%）	29.1	44.8	46.8	51.0	50.1	51.2	48.5

资料来源 日本《海外电气事业统计》1999。

表 2 法国装机容量的增长

年份	装机容量（万 kW）				法国电力公司占总装机容量比重（%）
	火电	核电	水电	合计	
1970	2181.9	177.1	1521.9	3880.9	74.1
1975	2852.8	309.8	1757.4	4920.0	75.1
1980	3135.2	1610.3	1944.1	6689.6	81.7
1985	3148.1	4250.8	2197.2	9596.1	86.8
1990	2590.8	6302.7	2464.1	11357.6	88.0
1995	2607.7	6570.2	2502.0	11679.9	88.7
1996	2839.1	6724.1	2510.8	12074.0	87.2
1997	2849.8	7031.9	2512.7	12394.4	87.6

资料来源 日本《海外电气事业统计》1999。

1997 年法国净发电量为 4757.06 亿 kWh。其中火电为 377.81 亿 kWh，约占 8.0%；核电为 3759.35 亿 kWh，约占 79.0%；水电为 619.90 亿 kWh，占 13.0%。1997 年法国电力公司发电量为 4331.50 亿 kWh，占总发电量的 91.1%，其中火电为 162.35 亿 kWh，核电为 3759.35 亿 kWh，水电为 409.80 亿 kWh。表 3 为法国 20 多年来发电量的增长。

用电构成 1997 年法国总用电量为 3816.2 亿 kWh，比上一年略有下降；在用电构成中，工业用电为 1541.5 亿 kWh，占 40.4%；交通为 108.6 亿 kWh，占 2.9%；农业为 27.2 亿 kWh，占 0.7%；生活为 1190.8 亿 kWh，占 31.2%；商业和其它为 948.0 亿 kWh，占 24.8%。从 1990 年以来的用电构成中，工业用电比重一直稳定在 40% 左右，生活用电占 30% 左右，商业和服务业用电占 25% 左右，交通、农业等用电比重较小。表 4 为 1970 年以来用电构成的变化情况。

表 3 法国发电量的变化

年份	发电量（亿 kWh）				法国电力公司占总发电容量比重（%）
	火电	核电	水电	合计	
1970	789.49	51.47	564.33	1405.29	
1975	1011.71	174.51	595.90	1782.12	75.4
1980	1188.45	579.39	688.55	2456.39	78.9
1985	520.59	2130.87	609.19	3260.65	85.8
1990	450.85	2979.49	522.70	3953.04	89.3
1995	368.02	3587.79	715.60	4671.41	90.5
1996	416.81	3782.25	640.97	4840.03	90.7
1997	377.81	3759.35	619.90	4757.06	91.1

资料来源 日本《海外电气事业统计》1999。

表 4 法国 1970 年以来用电量的变化

年份	全国用电量（亿 kWh）	工业（%）	交通（%）	农业（%）	生活（%）	商业、服务业及其他（%）
1970	1301.0	62.8	5.4	0.6	16.5	14.7
1975	1682.0	54.2	4.3	0.7	22.9	17.8
1980	2316.7	50.9	3.0	0.7	26.6	18.9
1985	2795.0	53.9	3.0	0.8	29.9	12.3
1990	3232.5	42.1	2.7	0.7	30.0	24.6
1995	3678.9	40.5	2.6	0.7	29.6	26.6
1996	3841.8	39.9	2.8	0.7	31.4	25.2
1997	3816.2	40.4	2.9	0.7	31.2	24.8

资料来源 OECD 历年 *Energy Statistics of OECD countries*，
OECD *Electricity Information* 1998。

发电能源构成 从表 5 发电能源构成中分析，法国从 1970 年以来发电能源构成变化较大。核电比重增长迅速，从 1975 年的 9.8% 增长到 1997 年的 79.0%。火电比重下降很快，由 1975 年的 56.8% 降为 1997 年的 8.0%。

火电 法国缺乏煤、石油、天然气等资源，火电燃料主要依靠进口。70 年代初，火电燃料进口量的比重约占全国能源需求量的 75%。自 1973 年石油危机后，石油价格上涨使火电成本激增，而水能资源又已大部分开发，为了减少对进口石油的依赖，采取了积极发展核电的方针。因此，自 70 年代中期以后，随着核电比重加大，火电比重迅速减少。

表5　法国发电能源构成的变化

年份	总发电量（亿 kWh）	发电能源构成（%）		
		火电	核电	水电
1970	1405.29	56.2	3.7	40.1
1975	1782.12	56.8	9.8	33.4
1980	2456.39	48.4	23.6	28.0
1985	3260.65	16.0	65.3	18.7
1990	3953.04	11.4	75.4	13.2
1995	4671.41	7.9	76.8	15.3
1996	4840.03	8.6	78.1	13.3
1997	4757.06	8.0	79.0	13.0

法国火电机组的容量等级较少，主要是12.5万kW、25万kW、60万kW和70万kW共4级。1955年第一台12.5万kW高温高压中间再热（12.7MPa、540/540℃）机组投入运行。1961年开始投入25万kW（14.1MPa、540/540℃）机组。1968年和1976年又分别投入了60万kW（16.6MPa、565/565℃）机组和70万kW（16.6MPa、540/540℃）机组。到1996年全国运行的火电机组中12.5万kW机组6台，25万kW机组33台，60万kW机组12台，70万kW机组4台。目前，25万kW和60万kW两个等级的机组所占火电装机容量的比例较大。按照法国电力公司火电机组退役标准，除一大批12.5万kW以下的小机组已退役外，运行小时超过10万h的12.5万kW以上的机组也要退役。因此，60年代前后投入运行的12.5万kW机组和较早投入运行的9台25万kW燃油机组都要退役。表6为法国主要火电厂。

表6　法国主要火电厂

电厂名称	机组容量和台数（万 kW×台）	燃料	开始运行年份
科尔德曼	70×2，60×3	煤、油	1970
波什维尔B	60×4	油	1968
勒·阿弗尔	60×3，25×1	煤、油	1968
阿拉蒙	70×2	油	1977
耶米尔·于谢	60×2	煤、油	1971
维特利	25×2，32×2	煤、油	1966
布勒诺	25×4	煤、油	1968
加尔达纳	82.5	—	—
马尔蒂格	25×3	煤、油	1971

资料来源　日本《海外电气事业统计》1999。

核电　在法国电力工业中核电起着重要作用。50年代开始发展气冷堆，同时研究开发轻水堆、重水堆和快中子增殖堆。曾两次引起选择堆型的争论，到1969年决定发展压水堆。1973年发生石油危机后，法国重新制定了能源政策，决定停止发展火电，优先发展核电。据此政策，80年代核电迅速增长，由1980年的1610.3万kW增加到1990年的6302.7万kW。10年增加了2.9倍。表7为法国主要核电站。

表7　法国主要核电站

电站名称	容量和台数（万 kW×台）	堆型	开始投运年份
布热	90×4	PWR	1978
希农B	90×4	PWR	1982
克律亚斯	90×4	PWR	1983
当皮埃尔	90×4	PWR	1980
费森海姆	90×2	PWR	1977
格拉夫林	90×6	PWR	1980
布莱耶	90×4	PWR	1981
圣洛朗B	90×2	PWR	1981
特里卡斯坦	90×4	PWR	1980
贝尔维尔	131×2	PWR	1987
加特农	130×4	PWR	1986
弗拉芒维尔	130×2	PWR	1985
戈尔费什	130×2	PWR	1990
诺让	130×2	PWR	1987
帕吕埃尔	130×4	PWR	1984
庞里	130×4	PWR	1990
圣阿尔邦	130×2	PWR	1985
超“凤凰”	117	FBR	1988

资料来源　日本《海外电气事业统计》1999。

法国是最早研究快中子增殖堆的国家。1973年建成了23.3万kW（电功率）的“凤凰”原型快中子增殖堆，以后，又同意大利、德国共同完成了超“凤凰”快中子增殖堆（FBR），于1988年并网发电。但其发电成本为压水堆的二倍以上，因而欧洲共同体成员国的法、德、意、英、比等5国正在协同设计、研究新型的快中子增殖堆（EFR），目的在于使其发电成本降为压水堆的1.1～1.2倍。

水电　法国经济可开发的水能资源为720亿kWh/a，到1987年其开发利用程度基本上已接近100%。随着核电比重不断增大，水电比重逐年缩小。1970年水电在总发电量中占40.1%，至1980年降为28.0%，1997年降为13.0%。法国水电建设的方针是改造现有水电站，发展抽水蓄能电站，不断提高水电的利用率和经济性。法国共有20万kW以上的水电站25座，10.1万～20万kW的有33座，5.1万～10万kW的有41座，1.1万～5万kW的有180座。表8为法国主要水电站。

法国第一座抽水蓄能电站于1939年并网发电。之后，又陆续建设了若干座抽水蓄能电站。20世纪末，法国已建成1万kW以上、机组容量和特点各异的抽水蓄能电站18座。其中最大的是大屋抽水蓄能电站，建于1987年，装有4台15万kW冲击式机组和8台15万kW可逆式机组，总装机容量为180万kW，该电站是欧洲最大的抽水蓄能电站之一。

此外，法国的朗斯潮汐电站至今仍是世界上运行中的最大潮汐电站，共装有24台1万kW的双向可逆式灯泡机组，总装机容量为24万kW，年发电量为5.70亿kWh。

表8　法国主要的水电站

电站名称	型式	装机容量（万kW）	水头（m）	开始运行年份
大屋	抽水蓄能	180	905	1987
蒙特齐克	抽水蓄能	96.6	423	1982
勒万	抽水蓄能	80.0	246	1974
絮佩·比索特	抽水蓄能	74.6	1164	1987
拉·巴蒂	常规	54.6	1203	1960
勒·谢拉斯	抽水蓄能	48.5	261	1980
维拉罗丹	常规	48.4	882	1968
勒·普盖	常规	44.6		1981
布罗马	常规	41.6		1975
热尼西亚	常规	40.5	69	1948
谢尔邦松	常规	38.5	127	1960
蒙台纳尔	常规	36.4	128	1962
莱格尔	常规	36.0		1982
博来恩	常规	34.5		
拉·科什	抽水蓄能	31.0	932	1977

资料来源　日本《海外电气事业统计》1999。

输变电和电网　法国电网的标准交流电压等级有：400kV、225kV、150kV、90kV、63kV、20kV、15kV、380V、220V等，1997年运行中的150kV～400kV的高压和超高压输电线路48807km，其中150kV的线路1458km，占3.0%；225kV的26206km，占53.7%；400kV的20866km，占42.8%。1997年运行中的150kV～400kV的高压和超高压变电设备35098.6万kV·A，其中150kV的变电设备367.2万kV·A，约占1.1%；225kV变电设备14327.0万kV·A，占40.8%；400kV变电设备20404.4万kV·A，占58.1%。

在直流输电方面，法国于1961年开始运行±100kV的英法海峡直流输电电缆，输送能力为16万kW，全长65km；1986年又建成了±270kV英法海峡直流输电电缆，输送能力为200万kW，全长70km。1985年敷设的连接意大利—科西嘉岛—萨丁岛的±200kV、长158km的输电电缆已投入运行，这是世界上第一条三端直流线路。表9列出了输电线路和变电设备容量的变化。

法国现已形成以400kV输电线路为主要网架的全国统一电网，其分布状况是以巴黎为中心，呈辐射状向外延伸。法国电网有以下4个特点。

（1）与西欧电网（UCPTE）联网运行，有20条交流400kV线路、13条交流225kV线路、一条直流±270kV线路与比利时、德国、瑞士、意大利、西班牙和英国等的电网相连。

（2）能保持全国7个地区（北区、诺曼底·巴黎区、东区、罗讷·阿尔卑斯区、地中海区、西南区和西区）之间电网的负荷平衡。其电力消费和生产之间尽量保持平衡。

（3）电网结构有很强的抗事故能力，由400kV输电线路为网架，以巴黎为中心，形成了双层网和三层网，输电线路多采取单回路布置，不致发生多重重大事故。

（4）变电设备设计裕度大，每座变电所接有多回路引线（最少二回），并装有备用变压器，可自动切换。

法国电网的运行由总调度中心和7个地区调度中心分工管理。总调度中心负责225kV以上电网的监视、记录、频率调整和电力潮流控制，各地区发电量的调整和经济分配，以及国际电力交换的协调等。7个地区调度中心（里尔、鲁昂、南锡、里昂、马赛、波尔多、南特）负责各地区内的发电和用电平衡、电力交换、电网的正常操作和事故处理，汇集本地区电网运行的全部信息和指令传送给总调度中心、电厂和变电所。

法国电网除向国内用户供电外，还与周边国家相互交换电量，每年出口的电量均大于进口电量。

表 9　　法国输电线路和变电设备的增长

年 份	输电线路长度 (km)				变电设备容量 (万 kVA)			
	合计	150kV	225kV	400kV	合计	150kV	225kV	400kV
1975	35436	6526	22688	6222	10744.0	1245.8	7201.6	2296.6
1980	39905	5270	24448	10187	16538.3	1218.6	9144.3	6175.4
1985	44387	3733	24848	15806	24105.7	987.3	11254.0	11864.4
1990	46908	2396	25493	19019	30256.2	529.5	12625.1	17101.6
1995	48202	1585	26063	20554	34271.6	387.6	14061.8	19822.2
1996	48441	1584	26075	20782	34434.0	378.6	14068.2	19987.2
1997	48807	1458	26206	20866	35098.6	367.2	14327.0	20404.4

资料来源　日本《海外电气事业统计》1999。

发电和输变电运行技术经济指标　法国在发电能源构成中，核电占主导地位，在电网中承担基本负荷，其年利用小时较高为 5000h 以上。火电所占比重较小，运行中的火电机组主要为 25 万 kW、60 万 kW 和 70 万 kW，其热效率较高，因此供电煤耗率较低，约为 350g/ (kWh)。高压输电线路在电网中所占的比重较大，故线损率较低。表 10 为发电和输变电运行主要技术经济指标情况。

表 10　发电和输变电运行主要技术经济指标

年 份	供电煤耗率 [g/(kWh)]	设备年利用小时 (h)			厂用电率 (%)	线损率 (%)
		火电	核电	水电		
1975	345	3714	5554	3110	4.0	7.2
1980	350	3846	3548	3057	4.4	7.1
1985	372	1183	5011	2356	4.6	7.7
1990	343	1340	4818	1656	4.7	7.5
1995	356	911	5580	2339	4.4	7.3
1996	349	1086	5685	2120	4.4	7.4
1997	346	832	5457	2041	4.5	6.9

资料来源　日本《海外电气事业统计》1999；OECD *Electricity Information* 1998。

电力工业体制和机构

电力管理机构　法国 1946 年以前电力工业主要是私有制。根据 1946 年电力工业国有化法案，把 1000 多家私营电力企业收归国有，组建了法国电力公司 (EDF)，成立了统一管理全国电业的机构。除法国电力公司外，煤炭、冶金等大型企业也有自己的电力机构，经营着少量的电力，还有一些企业有自备电厂，均向法国电力公司供电。

法国电力公司的决策机构是董事会，由 18 名成员组成，其中 6 名为政府代表，6 名为重工业用户和金融部门的代表，其余 6 名为公司职工代表。董事会成员任期 5 年。其职责是根据国家总的方针，讨论确定公司的各项方针政策、经营管理和建设投资等方面的问题，并监督执行。电力企业的管理由总经理全权负责。

电力科研单位　主要科研单位有：①雷纳第试验研究所，主要进行高压技术的研究，高压设备和材料的研制、试验、事故分析等。②克拉马特试验研究所，主要进行电机、变压器的绝缘技术研究、核能方面的研究，超导技术的研究，以及对电网自动化和继电保护的研究等。③夏图试验研究所，主要进行热传导、热力学和烟气除尘方面的研究，进行生产过程自动化的研究。④圣代尼试验研究所，负责进行热工试验研究等。

电力设备制造企业　主要有：①阿尔斯通—大西洋公司，是法国生产动力设备主要公司之一。生产大型锅炉、汽轮机、发电机、原子能发电设备、大型电动机、变压器和开关电器等。②电气机械公司，生产大型发电设备、开关设备、变压器等。③克勒索·鲁瓦尔公司，生产火电和核电大容量汽轮机、核反应堆以及水轮机等。④拉托·施乃德公司，生产汽轮机、压气机、泵类和阀门等。

意大利电力工业

概况　意大利共和国（简称意大利），大部分国土位于欧洲南部亚平宁半岛上，其余部分是西西里岛和撒丁岛。全境五分之四为山岳地带，最大河流为波河，国土面积 30.1 万 km^2，海岸线长 7000 余 km。1998 年人口为 5737 万人。意大利北部山区属温带大陆性气候，半岛和岛屿属亚热带地中海式气候。意大利的能源资源较少，有少量的天然气、石油和地热资源。可开发的水能资源约650亿kWh/a。煤炭探明储量仅2亿t，而且大部分为褐煤。意大利一直是欧洲较大的石油进口国，世界石油危机发生后，逐步减少了对石油的依赖，增加了天然气和煤炭的消费量。

装机容量和发电量　1997年，意大利总装机容量7042万kW，其中水电为1995万kW，占28.3%；火电为4966万kW，占70.5%。地热及其他为81万kW，占1.2%。原有核电112万kW，全部停止发电。1997年意大利总发电量2514.6亿kWh，其中水电发电量为465.5亿kWh，占18.5%；火电发电量为2001.9亿kWh，占79.6%，地热及其他能源发电量47.3亿kWh，占1.9%。表1为意大利装机容量和发电量的增长情况。

表1　意大利装机容量和发电量的增长

年份	装机容量(万kW)				发电量(亿kWh)			
	水电	火电	核电	合计	水电	火电	核电	合计
1970	1333.5	1652.1	55.2	3040.8	413.0	729.5	31.8	1174.3
1980	1582.6	2957.4	142.4	4682.4	475.1	1360.2	22.1	1857.4
1985	1781.6	3653.7	127.3	5562.6	446.0	1341.2	70.2	1857.4
1990	1877.0	3777.8	0	5654.8	350.8	1818.1	0	2168.9
1995	1984.4	4597.7	0	6582.1	419.1	1995.7	0	2414.8
1996	1987.6	4827.0	0	6814.6	470.7	1943.4	0	2414.1
1997	1995.0	5047.0	0	7042.0	465.5	2049.1	0	2514.6

注　火电中含地热及其他能源的数据。

资料来源　联合国历年 *Energy Statistics Yearbook*；OECD *Electricity Information* 1999；日本《海外电气事业统计》1999。

用电构成　1997年意大利总用电量为2536.7亿kWh，其中工业用电占54.0%，生活用电占23.1%，商业及其他用电量比重占21.2%，农业用电量比重占1.7%。表2为意大利用电构成的变化情况。

水电　20世纪60年代以前，水电发电量在全国总发电量中一直占主导地位。早年建设的多为小容量径流式水电站，多数已停止运行。60年代后期，火电比重超过水电。在水电建设方面一方面开始建设大型常规水电站和抽水蓄能电站，另一方面对一些小水电站进行自动化改造，实现无人值班。1997年水电站的装机总容量为1995.0万kW。78%的水电站都分布在意大利北部阿尔卑斯山地一带，水能资源开发利用程度已达70.8%。表3是意大利的主要水电站。

表2　意大利用电构成和总用电量的变化

年份	用电构成（%）				总用电量（亿kWh）
	工业	农业	生活	商业及其他	
1970	65.4	1.0	18.4	15.2	1056.37
1980	61.1	1.6	23.1	14.2	1636.45
1985	56.2	1.8	25.1	16.9	1775.09
1990	54.6	1.9	24.1	19.4	2187.00
1995	54.4	1.7	23.5	20.4	2434.7
1996	53.9	1.7	23.6	20.9	2459.5
1997	54.0	1.7	23.1	21.2	2536.7

资料来源　OECD *Electricity Information* 1999；历年 *Energy Statistics of OECD countries*。

火电　1997年全国火电装机容量为4966万kW，占全国总装机容量的70.5%。火电机组大部分烧油。1973年后，因油价上涨而改烧天然气和煤，使燃油机组比重从1980年的60.0%逐渐减少到1997年的34.9%。燃煤机组由于环保问题，比重增加缓慢。1990年后燃气机组比重逐渐增加，从1990年的1.3%增加到1997年的6.9%。还有相当部分油、煤、气混燃机组。现有的100万kW以上大型火电厂共16座，规模最大的3座是：蒙塔尔托·迪·卡斯特罗（268万kW）、托莱港（264万kW）和托雷·瓦尔达利加（北）（264万kW）。表4列出了意大利100万kW以上的火电厂。

表3　意大利的主要水电站

序号	水电站名称	装机容量（万kW）	机组台数（台）	开始运行年份
1	埃多罗	108	8	1982
2	希俄塔斯（抽水蓄能）	106.4	8	1982
3	普里森扎罗	50	2	1985
4	塔罗西渥	42.8	4	1960
5	马逊扎	35	6	1962
6	塔莱罗（抽水蓄能）	24	3	1978
7	索维尔曾	22	4	1956
8	蒂姆帕格兰德	19	3	1978

表4　　意大利100万kW以上的火电厂

序号	火电厂名称	装机容量（万kW）	单机容量与台数（万kW×台）	燃料	开始运行年份
1	蒙塔尔托·迪·卡斯特罗	268	12×4，44×2，66×2	油、煤、气	1992
2	托莱港	264	66×4	油	1981
3	托雷·瓦尔达利加（北）	264	66×4	油	1984
4	拉·斯佩齐亚	183.5	31×1，32.5×1，60×2	煤	1962
5	图尔比戈·莱万特	180	33×3，37×1，44×1	油	1967
6	罗萨诺	164	32×1，44×3	油	1976
7	沃多·利古列	132	33×4	煤	1970
8	奥斯蒂利亚	132	33×4	油	1967
9	布林迪西（南）	132	66×2	油、煤、气	1992
10	拉·卡塞拉	128	32×4	油	1971
11	布林迪西	128	32×4	油	1969
12	圣·飞利浦	128	16×4，32×2	油	1971
13	塞尔米代	128	32×4	油	1982
14	皮翁比诺	128	32×4	油	1977
15	托雷·瓦尔达利加	114	18×1，32×3	油	1964
16	塔瓦扎诺	105	6.5×2，14×2，32×2	油	1959

燃料来源　日本《海外电气事业统计》1999。

核电　1945年第二次世界大战结束后即开始研究开发核电，1964年1月第一台21万kW气冷堆（GCR）在拉提纳核电厂投入运行，同年6月一台15万kW沸水堆（BWR）在加里利亚诺核电厂运行。1965年1月一台26万kW的压水堆（PWR）在特利诺韦切累斯核电厂运行。此后核电发展缓慢。至1981年建成考尔索核电厂，一台86万kW的沸水堆投入运行。自1986年苏联切尔诺贝利核电厂发生了事故后，意大利反核运动高涨，在1987年举行国民投票后，政府决定关闭拉提纳核电厂，取消准备兴建的特利诺韦切累斯第二核电厂（100万kW压水堆两台）；并将正在施工中的蒙塔托·迪·卡斯特罗核电厂（101万kW沸水堆两台）改建为火电厂。于1990年6月将运行的考尔索核电厂（86万kW，一台沸水堆）和特利诺韦切累斯核电厂（26万kW，一台压水堆）全部关闭。核电发电量，1986年为87.58亿kWh，次年锐减为17.4亿kWh，自1988年起，核电发电量为零。表5列出了意大利核电厂开始运行和关闭时间。

地热发电　意大利是世界上最早利用地热发电的国家。1913年拉德雷洛地热电站250kW机组投入运行，开创了世界地热发电的历史。1916年建成了塞拉扎罗地热电站，后来地热电站逐渐增加，至1997年地热电站装机容量共有53万kW，约占全国总装机容量的0.8%；发电量39.1亿kWh，约占全国总发电量的1.6%，最大的地热电站是拉德雷洛电站，有11台机组，装机容量共8.45万kW。

表5　意大利核电厂开始运行和关闭时间

序号	核电厂名称	净功率（万kW）	堆型	开始运行年份	关闭时间
1	拉提纳	21	GCR	1964.1	1981.12
2	加里利亚诺	15	BWR	1964.6	1982.3
3	特利诺韦切累斯	26	PWR	1965.1	1990.6
4	考尔索	86	BWR	1981.12	1990.6

输变电和电网　意大利在50年代的输电线路电压多为150kV，60年代以后以220kV为主，并开始采用380kV。1997年已建有直流200kV输电线路513km，交流220kV输电线路13037km，380kV输电线路9590km。意大利本土与撒丁岛之间以200kV直流海底电缆相联，其输送能力为30万kW。当岛上煤电电量有剩余时，可往本土输送。这条直流电缆敷设初期为两端送电，1987年在科研取得新成就的基础上建成三端换流站，因而可同时向法属科西嘉岛送电。在世界上第一次实现了直流三端送电。意大利已

形成了全国统一电网，以220kV、380kV线路为骨干网架，今后将以380kV为标准电压等级。本土与西西里岛之间原有220kV架空线通过墨西拿海峡相联，1985年敷设了380kV海底电缆，实现了与本土以380kV联网。意大利北部建设的电源点较多，北部电量剩余甚多，而南部电力不足，因而经常须将西北部都灵地区和东北部威尼斯地区的大量电力输送到南部的罗马地区和那不勒斯地区。意大利参加了西欧8国发输电协调联盟，还参加了南欧4国协调机构(SUDEL)。意大利与其邻国建有多条联络干线：如意—法，有380kV线路3条、220kV、150kV线路各1条；意—瑞士，有380kV线路2条、220kV线路6条、150kV线路1条；意—奥，有220kV线路1条；意—南斯拉夫，有380kV、220kV线路各1条。各国间有大量电力交换，1997年意大利输出电力9.95亿kWh，输入电力398.3亿kWh。

表6为意大利发电和输变电运行主要技术经济指标变化情况

管理体制和机构　意大利电力工业早期主要由私营企业经营，1962年后根据"公共电业国有法"政府接管了全国的私营电力工业公司，组建了国有的意大利国家电力公司（ENEL），对发、输、配电采用垂直管理体制，是意大利最大的发电供电商。随着欧洲经济一体化的进程，欧盟国家也要建立统一的欧盟内部电力市场。早在1988年，欧盟就通过了"能源内部市场"文件，文件中强调了为提高供电可靠性，降低成本，加强欧洲经济的竞争能力建立无障碍的内部能源市场的必要性；1992年通过了"电力内部市场的公共准则"，提出了发电部门自由化、向中间用户引入第三方托送以及打破垂直管理体制。1996年又批准了新的关于电力市场竞争的导则，提出了竞争的两个主要方面：发电商的选择和用户的选择，即新的发电商可与老的发电商竞争；中间用户可选择供电商而不必须从他所在的电网的供电商那里购电，用户只需向所在电网支付电网使用费即可。这个导则已在1997年1月1日生效。意大利为提高其电力部门的国际竞争能力，于1992年8月将意大利国家电力公司改为股份制公司，100%股份由财政部持有。1997年1月意大利公布了电气事业改革方案，该方案提出了要进一步放松管制，把意大利国家电力公司的输、配电部门从意大利国家电力公司分离出来，与其他拥有输电线路的国营部门组成新公司，按资产额成为新股东；配电部门将重新组成14个配电公司，各配电公司的最小规模在30～50万户。同时，意大利国家电力公司的组织机构也发生了变化，从1997年1月1日起公司按新机构运行。

表6　发电和输变电运行主要技术经济指标

年份	供电煤耗率[g/(kWh)]	厂用电率(%)	线损率(%)	设备年利用小时(h)
1970	339	5.0	8.8	3862
1975	334	4.4	9.2	3762
1980	330	4.6	9.2	3967
1985	332	5.3	9.0	3339
1990	326	5.4	7.0	3705
1995	318	5.1	6.7	3662
1996	317	4.9	6.4	3583
1997	313	4.8	6.5	3311

资料来源　日本《海外电气事业统计》1999。

索 引

内 容 索 引

说 明

一、本索引是全书条目和条目内容的主题分析索引。索引主题按汉语拼音字母的顺序并辅以汉字笔画、起笔笔形顺序排列。同音时，按汉字笔画由少到多的顺序排列，笔画数相同的按起笔笔形一（横）、丨（竖）、丿（撇）、丶（点）、㇕（折，包括㇆乚〈等）的顺序排列。第一字相同时，按第二字，余类推。

二、索引主题之后的阿拉伯数字是主题内容所在的页码，数字之后的小写拉丁字母表示索引内容所在的版面区域。本书正文的版面区域划分见右图。

a	d
b	e
c	f

A

B

C

D

E

F

G

H

I

J

K

L

M

N

《中国电力年鉴》编辑出版人员

责任编辑	肖　兰	姜丽敏	高　军	刘瑞玲
	刘丽平	邓　春	栾广杰	陈　雷
封面设计	勾春华			
版式设计	张秋雁			
责任校对	刘振英	罗凤贤		
出版印制	蔺义舟	杨志国		